한자 학습 사전

김수찬 지음

* 본 사전은 한자 학습과 한자 사전의 기능을 특화해 만들었습니다.
저자의 다년간의 연구와 혼신의 집필 결과(집필 노트)를 오류 없이 보여주는 데 초점을 맞췄습니다.

왜 한자인가요?

흔히 21세기를 국제화·정보화 시대라고 합니다.
이러한 시대에 발맞춰 한자는 영어, IT와 함께 꼭 익혀야 할 필수 교양입니다.
우리는 다양한 정보를 1차적으로는 우리말과 우리글로 받아들이게 됩니다.
이때 우리말의 70% 이상이 한자어이기 때문에
한자를 아는 것은 우리말과 글에 대한 이해를 높여
정보를 보다 정확하고 정교하게 습득할 수 있음을 의미합니다.
한자는 중국어와 일본어를 배우기 위해서도 필요합니다.
이제 국어사전과 더불어 <한자 학습 사전>도 수시로 찾아보는 습관을 들이길 바랍니다.
<한자 학습 사전>을 학습서 삼아 처음부터 끝까지 전체적으로 학습해도 좋습니다.

한자, 어떻게 학습하면 좋을까요?

1. 쉽고 자주 쓰이는 하위 급수 8급부터 상위 급수로 1급까지 범위를 넓혀가며 익힙니다.
2. 국어 사전식의 가나다 순서로 총 획수가 적은 간단한 글자부터 복잡한 글자로 익힙니다.
3. 모양이 비슷한 같은 음(音)의 형성자(形聲)字끼리 묶어서 쉽게 찾고 쉽게 기억할 수 있습니다.
4. 일본 약자, 중국의 간체자와 병음, 영어 단어와 함께 한자의 뜻을 이해합니다.
5. '부수(部首)자로 찾기'는 총 획수 순서로 찾고 뜻까지도 쉽게 알 수 있습니다.
6. 교과서에서 쓰는 단어, 한자성어와 생활용어, 성씨와 인명자까지도 한자로 쓰고 활용해 봅니다.

<한자 학습 사전>은 이 점이 좋습니다.

1. 급수별 배정 한자를 8급부터 특급(총 5,978자)까지 급수별로 정리했습니다.
2. 1급 한자 3500자를 가나다 순서 형성자끼리 묶어 익숙한 색상으로 표시해 찾기 쉽습니다.
2. 한쪽에 15글자씩 배치하고 일련번호와 한국어문회 급수를 서울 지하철 색상으로 표시했습니다.
3. 한자에 해당하는 영어 단어를 실어 뜻의 이해를 돕고 영어단어 공부에도 도움이 됩니다.
4. 일본의 약자(略字)와 중국의 간체자와 병음을 표시하였습니다.
5. 실생활에 활용되는 예시 단어를 선별하여 최대한 수록하고 필요한 것은 설명을 달았습니다.
6. 전통적인 부수(部首)자 찾기를 통해 비슷한 뜻을 가진 글자끼리 쉽게 찾고 공부할 수 있습니다.
7. 부수(部首)자 일련번호를 붙여 획수에 따라 색의 밝기를 달리하여 찾기 쉽습니다.
8. 일상에서 많이 쓰이는 한자성어 700개를 한자 가나다순서로 정리했습니다.
9. 대법원에서 인명용 한자로 발표한 8,636자(이형 한자 포함)를 가나다 순서 형성자끼리 정리했습니다.

목차(目次)

육서(六書) · 004~005
한자능력검정시험 안내 · 006
급수별 배정 한자 (8급부터~특급까지) · 007~041

본문(本文) · 042
가나다 순서 형성자(形聲字)끼리 · 043~276

부록(附錄) 1 · 277
부수(部首)자 214개 획수별 정리표 · 278~281
부수(部首)로 한자 찾기 3500자 · 282~356

부록(附錄) 2 · 357
약자(略字) 대비표(對比表) · 358~359
주요 유사자(類似字) · 360~363
상대적인 뜻을 가진 한자 · 364
둘 이상의 음을 가진 한자 · 365
잘못 읽기 쉬운 한자 · 366
한자성어(漢字成語) 700 · 367~395
십간(十干)·십이지(十二支)·육십갑자(六十甲子) · 396~397
연령에 따른 호칭 · 398
결혼기념일을 나타내는 한자어 · 399
24방위(方位) / 24절기(節氣) · 400
한국의 성씨(姓氏)와 본관(本貫) · 401
성씨 가나다 순서 인구수 표시 · 402~403
인명용 한자 조회_가나다 순서 형성자끼리 8,636자 · 404~464

한자의 구성 원리
육서(六書)

한자는 수(數)도 많고 복잡한데 일정한 원칙 아래서 만들어졌다.
육서라고 하는 원칙은 한자를 이해하는 데 기본이 되므로 반드시 익혀 두어야 한다.

1. 상형(象形)문자
한자 구성의 가장 기본이 되는 것으로 구체적인 물건의 형상을 본떠서 만든 글자이다.
※ 많은 부수자(部首字)가 상형문자이다.

예)	日(해 일)	月(달 월)	山(뫼 산)	川(내 천)
	人(사람 인)	目(눈 목)	水(물 수)	木(나무 목)
	門(문 문)	車(수레 차)	雨(비 우)	羊(양 양)
	己(몸 기)	工(장인 공)	弓(활 궁)	角(뿔 각)
	高(높을 고)	馬(말 마)	魚(고기 어)	鳥(새 조)

2. 지사(指事)문자
사물의 추상적인 개념을 점이나 선 또는 부호로 표시 글자를 만드는 방법으로, 글자의 모양이 어떤 사물의 위치나 수량 따위를 가리킨다.

예)	一(한 일)	二(두 이)	三(석 삼)	四(넉 사)
	上(위 상)	中(가운데 중)	下(아래 하)	寸(마디 촌)
	末(끝 말)	本(밑, 근본 본)	丹(붉을 단)	朱(붉을 주)
	音(소리 음)	參(간여할 참)	凹(오목할 요)	凸(볼록할 철)

3. 회의(會意)문자
이미 만들어진 둘 이상의 한자를 합하고 그 뜻도 합성하여 글자를 만드는 방법이다.
한자 1자에 뜻의 갈래가 10여 가지 있는 글자도 생겨났다.

예)	加(더할 가)	可(옳을 가)	看(볼 간)	明(밝을 명)
	林(수풀 림)	位(자리 위)	信(믿을 신)	朋(벗 붕)
	念(생각할 념)	軍(군사 군)	好(좋을 호)	孝(효도 효)
	守(지킬 수)	安(편안할 안)	男(사내 남)	兄(맏 형)
	休(쉴 휴)	孫(손자 손)	間(틈, 사이 간)	監(볼 감)

4. 형성(形聲)문자

이미 만들어진 두 글자를 합하여 새 글자를 만드는 방법으로,
한쪽은 뜻을 나타내고 다른 쪽은 음(音)을 나타낸다.
※ 한자(漢字) 가운데 약 80%가 형성자(形聲字)로 가장 많은 비중을 차지한다.

예)	架(시렁 가)	歌(노래 가)	價(값 가)	嫁(시집갈 가)
	功(공 공)	攻(칠 공)	空(빌 공)	貢(바칠 공)
	球(공 구)	驅(몰 구)	鷗(갈매기 구)	銅(구리 동)
	油(기름 유)	柱(기둥 주)	精(정할 정)	靜(고요할 정)
	淸(맑을 청)	晴(갤 청)	請(청할 청)	輕(가벼울 경)

5. 전주(轉注)문자

이미 있는 한자의 뜻을 확대·발전시켜 다른 뜻으로 쓰는 방법으로, 음이 바뀌기도 한다. 한자의 3요소 形·音·義 중, 형태는 놓아두고 '音'과 '義'만을 만들어 쓰는 글자의 운용 방식을 '전주'라고 한다.

예)	降(내릴 강)	降(항복할 항)	
	更(고칠 경)	更(다시 갱)	
	說(말씀 설)	說(기쁠 열)	說(달랠 세)
	樂(풍류 악)	樂(즐길 락)	樂(좋아할 요)

6. 가차(假借)문자

어떤 뜻을 나타내는 한자가 없을 때 뜻은 다르나 음이 같은 글자를 빌려 쓰는 방법으로, 원래 '보리'를 뜻하는 '來'자를 빌려 '오다'를 뜻하는 글자로 쓰고 여기에 夊(뒤져서 올 치)자가 더해진 麥(보리 맥)자가 '보리'라는 뜻을 대신하고 있다.
※ 외래어 표기에 많이 쓰인다.

예)	我(나 아) '나'(1인칭 대명사)	弗(아닐 불) '달러'($, dollar)
	印尼(인니) '인도네시아'	印度(인도) '인도'
	佛蘭西(불란서) '프랑스'	西班牙(서반아) '스페인'
	亞細亞(아세아) '아시아'	伊太利(이태리) '이탈리아'

한자능력검정시험 안내

韓國漢字能力檢定會 https://www.hanja.re.kr

민간자격은 8급·7급II·7급·6급II·6급·5급II·5급·4급II·4급입니다. 민간자격의 등록번호는 '제2008-0645호'입니다.
공인자격은 3급II·3급·2급·1급·특급II·특급이며, 공인번호는 '시험안내>자격소개' 메뉴에서 확인할 수 있음

순번	급수(級數) 서울 지하철 노선색상으로 표시	읽기 배정한자	새로 배울 한자	쓰기	수준 및 특성	학습 권장시기
01	8급	50자	50자	없음	漢字 學習 동기 부여를 위한 급수 (상용한자 50자)	초등학교 1~2학년
02	7급II	100자	50자	없음	기초 常用漢字 활용의 초급 단계 (상용한자 100자)	초등3학년
03	7급	150자	50자	없음	기초 常用漢字 활용의 초급 단계 (상용한자 150자)	초등4학년
04	6급II	225자	75자	8급 50자	기초 常用漢字 활용의 중급 단계 (상용한자 225자, 쓰기 50자)	초등5학년
05	6급	300자	75자	7급 150자	기초 常用漢字 활용의 고급 단계 (상용한자 300자, 쓰기 150자)	초등6학년
06	5급II	400자	100자	6급II 225자	중급 常用漢字 활용의 초급 단계 (상용한자 400자, 쓰기 225자)	중1학년
07	5급	500자	100자	6급 300자	중급 常用漢字 활용의 초급 단계 (상용한자 500자, 쓰기 300자)	중2학년
08	4급II	750자	250자	5급II 400자	중급 常用漢字 활용의 중급 단계 (상용한자 750자, 쓰기 400자)	중3학년
09	4급	1,000자	250자	5급 500자	중급 常用漢字 활용의 고급 단계 (상용한자 1000자, 쓰기 500자)	고1학년
10	3급II	1,500자	500자	4급II 750자	고급 常用漢字 활용의 초급 단계 (상용한자 1500자, 쓰기 750자)	고2학년
11	3급	1,817자	317자	4급 1,000자	고급 常用漢字 활용의 중급 단계 (상용한자 1817자-교육부 1800자 모두 포함, 쓰기 1000자)	고교졸업
12	2급	2,355자	188+350 538자	3급 1,817자	常用漢字를 활용하는 것은 물론 인명지명용 기초한자 활용 단계 (상용한자188+인명지명용350 한자 도합 2355자, 쓰기 1817자)	대학생
13	1급	3,500자	1,145자	2급 2,005자 인명, 지명자 350자 제외	國漢混用 古典을 불편 없이 읽고, 연구할 수 있는 수준 초급 (상용한자+준상용한자 도합 3500자, 쓰기 2005자)	전공자
14	특급II	4,918자	1,150자	2급 2,355자 인명·지명한자 350자 포함	國漢混用 古典을 불편 없이 읽고, 연구할 수 있는 수준 중급 (KSX1001 한자 4888자 포함, 전체 4918자, 쓰기 2355자)	한자관련 전문가
15	특급	5,978자	1,328자	1급 3,500자	國漢混用 古典을 불편 없이 읽고, 연구할 수 있는 수준 고급 (韓中 古典 추출한자 도합 5978자, 쓰기 3500자)	한자관련 전문가

8급 배정 한자 처음 배우는 50자

6級 II 쓰기배정한자

校	학교 교:	母	어미 모:	小	작을 소:	弟	아우 제:
敎	가르칠 교:	木	나무 목	水	물 수	中	가운데 중
九	아홉 구	門	문 문	室	집 실	靑	푸를 청
國	나라 국	民	백성 민	十	열 십	寸	마디 촌:
軍	군사 군	白	흰 백	五	다섯 오:	七	일곱 칠
金	쇠 금 / 성(姓) 김	父	아비 부	王	임금 왕	土	흙 토
南	남녘 남	北	북녘 북 / 달아날 배:	外	바깥 외:	八	여덟 팔
女	계집 녀	四	넉 사:	月	달 월	學	배울 학
年	해 년	山	메 산	二	두 이:	韓	한국/나라 한(:)
大	큰 대(:)	三	석 삼	人	사람 인	兄	형 형
東	동녘 동	生	날 생	一	한 일	火	불 화(:)
六	여섯 륙	西	서녘 서	日	날 일		
萬	일만 만:	先	먼저 선	長	긴 장(:)		

7급II 배정 100자 중 新習漢字 50자

6級 쓰기배정한자

家	집 가	動	움직일 동:	時	때 시	足	발 족
間	사이 간(:)	力	힘 력	市	저자 시:	左	왼 좌:
江	강 강	立	설 립	食	밥/먹을 식	直	곧을 직
車	수레 거 / 수레 차	每	매양 매(:)	安	편안 안	平	평평할 평
工	장인 공	名	이름 명	午	낮 오:	下	아래 하:
空	빌 공	物	물건 물	右	오를/오른(쪽) 우:	漢	한수/한나라 한:
氣	기운 기	方	모[棱] 방	子	아들 자	海	바다 해:
記	기록할 기	不	아닐 불	自	스스로 자	話	말씀 화
男	사내 남	事	일 사:	場	마당 장	活	살 활
內	안 내:	上	윗 상	電	번개 전:	孝	효도 효:
農	농사 농	姓	성 성:	前	앞 전	後	뒤 후:
答	대답 답	世	인간 세:	全	온전 전		
道	길 도:	手	손 수(:)	正	바를 정(:)		

7급 배정 150자 중 新習漢字 50자

6級 쓰기배정한자

歌	노래 가	文	글월 문	然	그럴 연	天	하늘 천
口	입 구(:)	問	물을 문:	有	있을 유:	川	내 천
旗	기 기	百	일백 백	育	기를 육	草	풀 초
同	한가지 동	夫	지아비 부	邑	고을 읍	村	마을 촌:
洞	골 동: / 밝을 통:	算	셈 산:	入	들 입	秋	가을 추
冬	겨울 동(:)	色	빛 색	字	글자 자	春	봄 춘
登	오를 등	夕	저녁 석	祖	할아비 조	出	날[生] 출
來	올 래(:)	少	적을 소:	住	살 주	便	편할 편(:) / 똥오줌 변
老	늙을 로:	所	바 소:	主	임금/주인 주	夏	여름 하:
里	마을 리:	數	셈 수:	重	무거울 중:	花	꽃 화
林	수풀 림	植	심을 식	紙	종이 지	休	쉴 휴
面	낯 면	心	마음 심	地	따 지		
命	목숨 명:	語	말씀 어:	千	일천 천		

6급II 배정 225자 중 新習漢字 75자

5級 II 쓰기배정한자

各	각각	각	讀	읽을 | 구절	독 두	成	이룰	성	昨	어제	작
角	뿔	각	童	아이	동(:)	省	살필 | 덜	성 생	才	재주	재
界	지경	계:	等	무리	등:	消	사라질	소	戰	싸움	전:
計	셀	계:	樂	즐길 | 노래 | 좋아할	락 악 요	術	재주	술	庭	뜰	정
高	높을	고	利	이할	리:	始	비로소	시:	第	차례	제:
公	공평할	공	理	다스릴	리:	身	몸	신	題	제목	제
共	한가지	공:	明	밝을	명	神	귀신	신	注	부을	주:
功	공[勳]	공	聞	들을	문(:)	信	믿을	신:	集	모을	집
果	실과	과:	半	반(半)	반:	新	새	신	窓	창	창
科	과목	과	反	돌이킬/돌아올	반:	弱	약할	약	淸	맑을	청
光	빛	광	班	나눌	반	藥	약	약	體	몸	체
球	공	구	發	필	발	業	업	업	表	겉	표
今	이제	금	放	놓을	방(:)	勇	날랠	용:	風	바람	풍
急	급할	급	部	떼	부	用	쓸	용:	幸	다행	행:
短	짧을	단(:)	分	나눌	분(:)	運	옮길	운:	現	나타날	현:
堂	집	당	社	모일	사	音	소리	음	形	모양	형
代	대신할	대:	書	글	서	飮	마실	음(:)	和	화할	화
對	대할	대:	線	줄	선	意	뜻	의:	會	모일	회:
圖	그림	도	雪	눈	설	作	지을	작			

6급 배정 300자 중 新習漢字 75자

5級 쓰기배정한자

感	느낄	감:	綠	푸를	록	勝	이길	승	者	놈	자
強	강할	강(:)	李	오얏(자두)/성(姓)	리:	式	법	식	章	글	장
開	열	개	目	눈	목	失	잃을	실	在	있을	재:
京	서울	경	美	아름다울	미(:)	愛	사랑	애(:)	定	정할	정:
古	예	고:	米	쌀	미	夜	밤	야:	朝	아침	조
苦	쓸[味覺]	고	朴	성(姓)/후박나무	박	野	들[坪]	야:	族	겨레	족
交	사귈	교	番	차례	번	陽	볕	양	晝	낮	주
區	구분할/지경	구	別	다를/나눌	별	洋	큰 바다	양	親	친할	친
郡	고을	군:	病	병	병:	言	말씀	언	太	클	태
根	뿌리	근	服	옷	복	英	꽃부리	영	通	통할	통
近	가까울	근:	本	근본	본	永	길	영:	特	특별할	특
級	등급	급	死	죽을	사:	溫	따뜻할	온	合	합할	합
多	많을	다	使	하여금/부릴	사:	園	동산	원	行	다닐/항렬	행(:)/항
待	기다릴	대:	石	돌	석	遠	멀	원:	向	향할	향:
度	법도/헤아릴	도(:)/탁	席	자리	석	由	말미암을	유	號	이름	호(:)
頭	머리	두	速	빠를	속	油	기름	유	畫	그림/그을(劃)	화:/획
例	법식	례:	孫	손자	손(:)	銀	은	은	黃	누를	황
禮	예도	례:	樹	나무	수	醫	의원	의	訓	가르칠	훈:
路	길	로:	習	익힐	습	衣	옷	의			

5급II 배정 400자 중 新習漢字 100자

4급II 쓰기배정한자

價 값 가	團 둥글 단	士 선비 사:	惡 악할/미워할 악/오	情 뜻 정
客 손 객	當 마땅 당	仕 섬길/벼슬할 사(:)	約 맺을 약	調 고를 조
格 격식 격	德 큰 덕	史 사기/역사 사:	養 기를 양:	卒 마칠/군사 졸
見 볼/뵈올 견:/현:	到 이를 도:	産 낳을 산:	要 요긴할 요(:)	種 씨 종(:)
決 결단할 결	獨 홀로 독	相 서로 상	友 벗 우:	州 고을 주
結 맺을 결	朗 밝을 랑:	商 장사 상	雨 비 우:	週 주일 주
敬 공경할 경:	良 어질 량	仙 신선 선	雲 구름 운	知 알 지
告 고할/알릴 고:	旅 나그네 려	鮮 고울/생선 선	元 으뜸 원	質 바탕 질
課 공부할/과정 과(:)	歷 지날 력	說 말씀/달랠 설/세:	偉 클 위	着 붙을 착
過 지날 과:	練 익힐 련:	性 성품 성:	以 써 이:	參 참여할 참
關 관계할/빗장 관	勞 일할 로	洗 씻을 세:	任 맡길 임(:)	責 꾸짖을 책
觀 볼 관	流 흐를 류	歲 해 세:	材 재목 재	充 채울 충
廣 넓을 광:	類 무리 류(:)	束 묶을 속	財 재물 재	宅 집 택
具 갖출 구(:)	陸 뭍 륙	首 머리 수	的 과녁 적	品 물건 품:
舊 예 구	望 바랄 망:	宿 잘/별자리 숙/수:	典 법 전:	必 반드시 필
局 판[形局] 국	法 법 법	順 순할 순:	展 펼 전:	筆 붓 필
己 몸 기	變 변할 변:	識 알/기록할 식/지	傳 전할 전	害 해할 해:
基 터 기	兵 병사 병	臣 신하 신	切 끊을/온통 절/체	化 될 화(:)
念 생각 념:	福 복 복	實 열매 실	節 마디 절	效 본받을 효:
能 능할 능	奉 받들 봉:	兒 아이 아	店 가게 점:	凶 흉할 흉

5급 배정 500자 중 新習漢字 100자

4級 쓰기배정한자

可	옳을 가:	汽	물 끓는 김 기	比	견줄 비:	完	완전할 완	止	그칠 지
加	더할 가	期	기약할 기	費	쓸 비:	曜	빛날 요:	唱	부를 창:
改	고칠 개(:)	吉	길할 길	鼻	코 비:	浴	목욕할 욕	鐵	쇠 철
去	갈 거:	壇	단/제단 단	氷	얼음 冰(본자) 빙	牛	소 우	初	처음 초
擧	들 거:	談	말씀 담	思	생각 사(:)	雄	수컷 웅	最	가장 최:
件	물건 건	島	섬 도	査	조사할 사	院	집 원	祝	빌 축
建	세울 건:	都	도읍 도	寫	베낄 사	原	언덕/근본 원	致	이를 치:
健	굳셀/건강할 건:	落	떨어질 락	賞	상줄 상	願	원할 원:	則	법칙 칙 | 곧 즉
景	볕 경(:)	冷	찰 랭:	序	차례 서:	位	자리 위	他	다를 타
輕	가벼울 경	量	헤아릴 량	船	배 선	耳	귀 이:	打	칠 타:
競	다툴 경:	令	하여금/명령할 령(:)	善	착할 선	因	인할 인	卓	높을 탁
固	굳을 고(:)	領	거느릴/옷깃 령	選	가릴 선:	再	두 재:	炭	숯 탄:
考	생각할 고(:)	料	헤아릴 료(:)	示	보일 시:	災	재앙 재	板	널 판
曲	굽을 곡	馬	말 마	案	책상 안:	爭	다툴 쟁	敗	패할 패:
橋	다리 교	末	끝 말	魚	고기/물고기 어	貯	쌓을 저:	河	물 하
救	구원할 구:	亡	망할 망	漁	고기 잡을 어	赤	붉을 적	寒	찰 한
貴	귀할 귀:	買	살 매:	億	억[數字] 억	停	머무를 정	許	허락할 허
規	법 규	賣	팔 매(:)	熱	더울 열	操	잡을 조(:)	湖	호수 호
給	줄 급	無	없을 무	葉	잎 엽	終	마칠 종	患	빛날 환:
技	재주 기	倍	곱 배(:)	屋	집 옥	罪	허물 죄:	黑	검을 흑

4급II 배정 750자 중 新習漢字 250자

3급II 쓰기배정한자

漢字	訓	音	漢字	訓	音	漢字	訓	音	漢字	訓	音	漢字	訓	音	漢字	訓	音	漢字	訓	音
假	거짓	가:	黨	무리	당	伐	칠[討]	벌	稅	세금	세:	誤	그르칠	오:	濟	건널	제:	快	쾌할	쾌
街	거리	가(:)	帶	띠	대(:)	罰	벌할	벌	勢	형세	세:	玉	구슬	옥	早	이를	조:	態	모습	태:
減	덜	감:	隊	무리	대	壁	벽	벽	笑	웃음	소:	往	갈	왕:	助	도울	조:	統	거느릴	통:
監	볼	감	導	인도할	도:	邊	가[側]	변	素	본디/흴[白]	소(:)	謠	노래	요	鳥	새	조	退	물러날	퇴:
康	편안	강	毒	독	독	步	걸음	보:	掃	쓸	소(:)	容	얼굴	용	造	지을	조:	波	물결	파
講	욀	강:	督	감독할	독	保	지킬	보(:)	俗	풍속	속	員	인원	원	尊	높을	존	破	깨뜨릴	파:
個	낱	개(:)	銅	구리	동	報	갚을/알릴	보:	續	이을	속	圓	둥글	원	宗	마루	종	布	베/펼 | 보시	포(:) | 보:
檢	검사할	검:	斗	말	두	寶	보배	보:	送	보낼	송:	爲	하/할	위(:)	走	달릴	주	包	쌀[裹]	포(:)
缺	이지러질	결	豆	콩	두	復	회복할|다시	복|부:	守	지킬	수	衛	지킬	위	竹	대	죽	砲	대포	포:
潔	깨끗할	결	得	얻을	득	府	마을[官廳]	부(:)	收	거둘	수	肉	고기	육	準	준할	준:	暴	사나울|모질	폭|포:
經	지날/글	경	燈	등	등	婦	며느리	부	受	받을	수(:)	恩	은혜	은	衆	무리	중:	票	표	표
境	지경	경	羅	벌릴/벌일	라	副	버금	부:	授	줄	수	陰	그늘	음	增	더할	증	豊	풍년	풍
慶	경사	경:	兩	두	량:	富	부자	부:	修	닦을	수	應	응할	응:	支	지탱할	지	限	한할	한:
警	깨우칠	경:	麗	고울	려	佛	부처	불	純	순수할	순	義	옳을	의:	至	이를	지	航	배	항:
係	맬	계:	連	이을	련	非	아닐	비(:)	承	이을	승	議	의논할	의(:)	志	뜻	지	港	항구	항:
故	연고	고(:)	列	벌릴/벌일	렬	悲	슬플	비:	施	베풀	시:	移	옮길	이	指	가리킬	지	解	풀	해:
官	벼슬	관	錄	기록할	록	飛	날	비	是	이[斯]/옳을	시:	益	더할	익	職	직분	직	香	향기	향
句	글귀	구	論	논할	론	備	갖출	비:	視	볼	시:	引	끌	인	眞	참	진	鄕	시골	향
究	연구할	구	留	머무를	류	貧	가난할	빈	詩	시	시	印	도장	인	進	나아갈	진:	虛	빌	허
求	구할[索]	구	律	법칙	률	寺	절	사	試	시험	시(:)	認	알[知]	인	次	버금	차	驗	시험	험
宮	집	궁	滿	찰	만(:)	舍	집	사	息	쉴	식	將	장수	장(:)	察	살필	찰	賢	어질	현
權	권세	권	脈	줄기	맥	師	스승	사	申	납[猿]	신	障	막을	장	創	비롯할	창:	血	피	혈
極	다할/극진할	극	毛	터럭	모	謝	사례할	사:	深	깊을	심	低	낮을	저:	處	곳	처:	協	화할	협
禁	금할	금:	牧	칠[養]	목	殺	죽일|감할/빠를	살|쇄:	眼	눈	안:	敵	대적할	적	請	청할	청	惠	은혜	혜:
起	일어날	기	武	호반	무:	床	상	상	暗	어두울	암:	田	밭	전	銃	총	총	戶	집	호:
器	그릇	기	務	힘쓸	무:	狀	형상|문서	상|장:	壓	누를	압	絶	끊을	절	總	다[皆]	총:	好	좋을	호:
暖	따뜻할	난:	未	아닐	미(:)	常	떳떳할	상	液	진	액	接	이을	접	蓄	모을	축	呼	부를	호
難	어려울	난(:)	味	맛	미:	想	생각	상:	羊	양	양	政	정사(政事)	정	築	쌓을	축	護	도울	호:
努	힘쓸	노	密	빽빽할	밀	設	베풀	설	如	같을	여	程	한도/길[道]	정	忠	충성	충	貨	재물	화:
怒	성낼	노:	博	넓을	박	星	별	성	餘	남을	여	精	정할	정	蟲	벌레	충	確	굳을	확
單	홑	단	防	막을	방	城	재	성	逆	거스릴	역	制	절제할	제:	取	가질	취:	回	돌아올	회
端	끝	단	房	방	방	盛	성할	성:	硏	갈	연:	製	지을	제:	測	헤아릴	측	吸	마실	흡
檀	박달나무	단	訪	찾을	방:	誠	정성	성	煙	연기	연	除	덜	제	治	다스릴	치	興	일[盛]	흥(:)
斷	끊을	단:	背	등	배:	聖	성인	성:	演	펼	연:	祭	제사	제:	置	둘[措]	치:	希	바랄	희
達	통달할	달	拜	절	배:	聲	소리	성	榮	영화	영	提	끌	제	齒	이	치			
擔	멜	담	配	나눌/짝	배:	細	가늘	세:	藝	재주	예:	際	즈음/가[邊]	제:	侵	침노할	침			

4급 배정 1000자 중 新習漢字 250자

3級 쓰기배정한자

暇	틈/겨를 가:	攻	칠[擊] 공:	妹	누이 매	秀	빼어날 수	疑	의심할 의	鍾	쇠북 鐘(中) 종	投	던질 투
刻	새길 각	管	대롱/주관할 관	勉	힘쓸 면:	叔	아재비 숙	儀	거동 의	座	자리 좌:	鬪	싸움 투
覺	깨달을 각	鑛	쇳돌 광:	鳴	울 명	肅	엄숙할 숙	異	다를 이:	朱	붉을 주	派	갈래 파
干	방패 간	構	얽을 구	模	본뜰 모	崇	높을 숭	仁	어질 인	周	두루 주	判	판단할 판
看	볼 간	君	임금 군	妙	묘할 묘:	氏	각시/성씨 씨	姊	손윗누이 자	酒	술 주(:)	篇	책 편
簡	대쪽/간략할 간(:)	群	무리 군	墓	무덤 묘:	額	이마 액	姿	모양 자:	證	증거 증	評	평할 평:
甘	달 감	屈	굽힐 굴	舞	춤출 무:	樣	모양 양	資	재물 자	持	가질 지	閉	닫을 폐:
敢	감히/구태여 감:	窮	다할/궁할 궁	拍	칠 박	嚴	엄할 엄	殘	남을 잔	智	슬기/지혜 지	胞	세포 포(:)
甲	갑옷 갑	卷	책 권(:)	髮	터럭 발	與	더불/줄 여:	雜	섞일 잡	誌	기록할 지	爆	불 터질 폭
降	내릴 강:/항복할 항	券	문서 권	妨	방해할 방	易	바꿀 역/쉬울 이:	壯	장할 장:	織	짤 직	標	표할 표
巨	클 거:	勸	권할 권:	犯	범할 범:	域	지경 역	裝	꾸밀 장	珍	보배 진	避	피할 피:
拒	막을 거:	歸	돌아갈 귀:	範	법 범:	延	늘일 연	奬	장려할 장(:)	陣	진칠 진	疲	피곤할 피
居	살 거	均	고를 균	辯	말씀 변:	鉛	납 연	張	베풀 장	盡	다할 진:	恨	한[怨] 한:
據	근거 거:	劇	심할 극	普	넓을 보:	緣	인연 연	帳	장막 장	差	다를 차	閑	한가할 한
傑	뛰어날 걸	筋	힘줄 근	伏	엎드릴 복	燃	탈 연	腸	창자 장	讚	기릴 찬:	抗	겨룰 항:
儉	검소할 검:	勤	부지런할 근(:)	複	겹칠 복	迎	맞을 영	底	밑 저:	採	캘 채:	核	씨 핵
激	격할 격	奇	기특할 기	否	아닐 부:	映	비칠 영(:)	賊	도둑 적	冊	책 책	憲	법 헌:
擊	칠[打] 격	寄	부칠 기	負	질[荷] 부:	營	경영할 영	適	맞을 적	泉	샘 천	險	험할 험:
犬	개 견	紀	벼리 기	憤	분할 분:	豫	미리 예:	積	쌓을 적	聽	들을 청	革	가죽 혁
堅	굳을 견	機	틀 기	粉	가루 분(:)	郵	우편 우	績	길쌈 적	廳	관청 청	顯	나타날 현:
更	고칠 경/다시 갱:	納	들일 납	批	비평할 비:	遇	만날 우:	籍	문서 적	招	부를 초	刑	형벌 형
傾	기울 경	段	층계 단	祕	숨길 비:	優	넉넉할 우	專	오로지 전	推	밀 추	或	혹 혹
鏡	거울 경:	逃	도망할 도	碑	비석 비	怨	원망할 원(:)	轉	구를 전:	縮	줄일 축	混	섞을 혼:
驚	놀랄 경	徒	무리 도	私	사사(私事) 사	援	도울 원:	錢	돈 전:	就	나아갈 취:	婚	혼인할 혼
戒	경계할 계:	盜	도둑 도(:)	射	쏠 사(:)	源	근원 원	折	꺾을 절	趣	뜻 취:	紅	붉을 홍
系	이어맬 계:	亂	어지러울 란:	絲	실 사	危	위태할 위	占	점령할/점칠 점:	層	층[層階] 층	華	빛날 화
繼	이을 계:	卵	알 란:	辭	말씀 사	委	맡길 위	點	점 점(:)	針	바늘 침	環	고리 환(:)
季	계절 계:	覽	볼 람	散	흩을 산:	威	위엄 위	丁	고무래/장정 정	寢	잘 침:	歡	기쁠 환
階	섬돌 계	略	간략할/약할 략	象	코끼리 상	圍	에워쌀 위	整	가지런할 정	稱	일컬을 칭	況	상황 황:
鷄	닭 계	糧	양식 량	傷	다칠 상	慰	위로할 위	靜	고요할 정	彈	탄알 탄:	灰	재 회
孤	외로울 고	慮	생각할 려:	宣	베풀 선	乳	젖 유	帝	임금 제:	歎	탄식할 탄:	厚	두터울 후:
庫	곳집 고	烈	매울 렬	舌	혀 설	遊	놀 유	條	가지 조	脫	벗을 탈	候	기후 후:
穀	곡식 곡	龍	용 룡	屬	붙일 속	儒	선비 유	組	짤 조	探	찾을 탐	揮	휘두를 휘
困	곤할 곤:	柳	버들 류(:)	損	덜 손:	遺	남길 유	潮	밀물/조수 조	擇	가릴 택	喜	기쁠 희
骨	뼈 골	輪	바퀴 륜	松	소나무 송	隱	숨을 은	存	있을 존	討	칠 토(:)		
孔	구멍 공:	離	떠날 리	頌	기릴/칭송할 송:	依	의지할 의	從	좇을 종(:)	痛	아플 통:		

3급Ⅱ 배정 1500자 중 新習漢字 500자 (1/2)

2급 쓰기배정한자

漢字	訓	音	漢字	訓	音	漢字	訓	音	漢字	訓	音	漢字	訓	音	漢字	訓	音	漢字	訓	音
佳	아름다울	가	供	이바지할	공:	娘	계집	낭	聯	연이을	련	盟	맹세	맹	補	기울	보:	桑	뽕나무	상
架	시렁/가로지른 선반	가:	恭	공손할	공	耐	견딜	내:	戀	그리워할/그릴	련:	免	면할	면:	譜	족보	보:	喪	잃을	상(:)
脚	다리	각	貢	바칠	공:	寧	편안	녕	裂	찢어질	렬	眠	잘	면	腹	배	복	詳	자세할	상
閣	집	각	恐	두려울	공(:)	奴	종	노	嶺	고개	령	綿	솜	면	覆	덮을/다시	부/복	像	모양	상
刊	새길	간	誇	자랑할	과:	腦	골/뇌수	뇌	靈	신령	령	滅	꺼질/멸할	멸	封	봉할	봉	霜	서리	상
肝	간	간(:)	寡	적을	과:	泥	진흙	니	爐	화로	로	銘	새길	명	峯	봉우리	봉	索	찾을/노[새끼줄]	색/삭
幹	줄기	간	冠	갓	관	茶	차	다/차	露	이슬	로(:)	貌	모양	모	逢	만날	봉	塞	막힐/변방	색/새
懇	간절할	간:	貫	꿸	관(:)	丹	붉을	단	祿	녹	록	慕	그릴	모:	鳳	봉새	봉:	恕	용서할	서:
鑑	거울	감	慣	익숙할	관	旦	아침	단	弄	희롱할	롱:	謀	꾀	모	付	부칠	부:	徐	천천할	서(:)
剛	굳셀	강	寬	너그러울	관	但	다만	단:	雷	우레	뢰	睦	화목할	목	附	붙을	부(:)	署	마을[官廳]	서:
綱	벼리	강	館	집	관	淡	맑을	담	賴	의뢰할	뢰:	沒	빠질	몰	符	부호	부(:)	緖	실마리	서:
鋼	강철	강	狂	미칠	광	踏	밟을	답	累	여러/자주	루:	夢	꿈	몽	腐	썩을	부:	惜	아낄	석
介	낄	개:	怪	괴이할	괴(:)	唐	당나라/당황할	당(:)	漏	샐	루:	蒙	어두울	몽	扶	도울	부	釋	풀	석
蓋	덮을	개(:)	壞	무너질	괴:	糖	엿	당	樓	다락	루	茂	무성할	무:	浮	뜰	부	旋	돌[廻]	선
概	대개	개:	巧	공교할	교	貸	빌릴/뀔	대:	倫	인륜	륜	貿	무역할	무:	賦	부세	부:	禪	선	선
距	상거할	거:	較	견줄/비교할	교	臺	대	대	栗	밤	률	墨	먹	묵	簿	문서	부:	訴	호소할	소
乾	하늘/마를	건	久	오랠	구:	刀	칼	도	率	비율/거느릴	률/솔	默	잠잠할	묵	奔	달릴	분	疏	소통할	소
劍	칼	검:	丘	언덕	구	倒	넘어질	도:	隆	높을	륭	紋	무늬	문	奮	떨칠	분:	燒	사를	소(:)
隔	사이 뜰	격	拘	잡을	구	桃	복숭아	도	陵	언덕	릉	勿	말[禁]	물	紛	어지러울	분	蘇	되살아날	소
訣	이별할	결	菊	국화	국	陶	질그릇	도	吏	벼슬아치/관리	리:	尾	꼬리	미:	拂	떨칠	불	訟	송사할	송:
兼	겸할	겸	弓	활	궁	途	길[行中]	도:	裏	속	리:	微	작을	미	妃	왕비	비	刷	인쇄할	쇄:
謙	겸손할	겸	拳	주먹	권:	渡	건널	도	履	밟을	리:	迫	핍박할	박	肥	살찔	비:	鎖	쇠사슬	쇄:
徑	지름길/길	경	鬼	귀신	귀:	突	갑자기	돌	臨	임할	림	薄	엷을	박	卑	낮을	비:	衰	쇠할	쇠
耕	밭갈	경	菌	버섯	균	凍	얼	동:	麻	삼	마(:)	般	가지/일반	반	婢	계집종	비:	垂	드리울	수
頃	이랑/잠깐	경	克	이길	극	絡	이을/얽을	락	磨	갈	마	盤	소반	반	司	맡을	사	帥	장수	수
硬	굳을	경	琴	거문고	금	欄	난간	란	莫	없을	막	飯	밥	반	詞	말/글	사	殊	다를	수
契	맺을	계:	禽	새	금	蘭	난초	란	漠	넓을	막	拔	뽑을	발	邪	간사할	사	愁	근심	수
桂	계수나무	계:	錦	비단	금:	浪	물결	랑(:)	幕	장막	막	芳	꽃다울	방	沙	모래	사	壽	목숨	수
啓	열	계:	及	미칠	급	郎	사내	랑	晩	늦을	만:	培	북돋울	배:	祀	제사	사	需	쓰일/쓸/구할	수
械	기계	계:	企	꾀할	기	廊	사랑채/행랑	랑	妄	망령될	망:	排	밀칠	배	蛇	긴 뱀	사	隨	따를	수
溪	시내	계	其	그	기	涼	서늘할	량	梅	매화	매	輩	무리	배:	斜	비낄	사	輸	보낼	수
姑	시어미	고	祈	빌	기	梁	들보/돌다리	량	媒	중매	매	伯	맏	백	削	깎을	삭	獸	짐승	수
鼓	북	고	畿	경기	기	勵	힘쓸	려:	麥	보리	맥	繁	번성할	번	森	수풀	삼	淑	맑을	숙
稿	원고/볏짚	고	騎	말 탈	기	曆	책력	력	盲	소경/눈멀	맹	凡	무릇	범(:)	尙	오히려	상(:)	熟	익을	숙
谷	골	곡	緊	긴할	긴	蓮	연꽃	련	孟	맏	맹(:)	碧	푸를	벽	裳	치마	상	旬	열흘	순
哭	울	곡	諾	허락할	낙	鍊	쇠불릴/단련할	련:	猛	사나울	맹:	丙	남녘	병:	償	갚을	상	巡	돌[廻]/순행할	순

3급II 배정 1500자 중 新習漢字 500자 (2/2)

2級 쓰기배정한자

漢字	訓	音	漢字	訓	音	漢字	訓	音	漢字	訓	音	漢字	訓	音	漢字	訓	音	漢字	訓	音
瞬	눈깜짝일	순	譯	번역할	역	維	벼리	유	廷	조정	정	執	잡을	집	値	값	치	陷	빠질	함:
述	펼	술	驛	역	역	誘	꾈	유	征	칠	정	徵	부를	징	恥	부끄러울	치	恒	항상	항
拾	주울/열	습/십	沿	물 따라갈/따를	연(:)	潤	불을	윤:	貞	곧을	정	此	이	차	稚	어릴	치	項	항목	항:
濕	젖을	습	宴	잔치	연:	乙	새	을	亭	정자	정	借	빌/빌릴	차:	漆	옻	칠	響	울릴	향:
襲	엄습할	습	軟	연할	연:	淫	음란할	음	頂	정수리	정	錯	어긋날	착	沈	잠길/성(姓)	침(:)/심:	獻	드릴	헌:
昇	오를	승	燕	제비	연(:)	已	이미	이:	淨	깨끗할	정	贊	도울	찬:	浸	잠길	침:	玄	검을	현
乘	탈	승	悅	기쁠	열	翼	날개	익	齊	가지런할	제	昌	창성할	창(:)	奪	빼앗을	탈	懸	달[繫]	현:
僧	중	승	炎	불꽃	염	忍	참을	인	諸	모두	제	倉	곳집	창(:)	塔	탑	탑	穴	굴	혈
侍	모실	시:	染	물들	염:	逸	편안할	일	兆	억조	조	蒼	푸를	창	湯	끓을	탕:	脅	위협할	협
飾	꾸밀	식	鹽	소금	염	壬	북방	임:	租	조세	조	彩	채색	채:	殆	거의	태	衡	저울대	형
愼	삼갈	신:	影	그림자	영:	賃	품삯	임:	照	비칠	조:	菜	나물	채:	泰	클	태	慧	슬기로울	혜:
甚	심할	심:	譽	기릴/명예	예:	刺	찌를	자/척	縱	세로	종	債	빚	채:	澤	못	택	虎	범	호(:)
審	살필	심(:)	烏	까마귀	오	紫	자줏빛	자	坐	앉을	좌:	策	꾀	책	吐	토할	토(:)	胡	되[狄]	호
雙	두/쌍	쌍	悟	깨달을	오:	慈	사랑	자	宙	집	주:	妻	아내	처	兎	토끼	토	浩	넓을	호:
牙	어금니	아	獄	옥[囚舍]	옥	暫	잠깐	잠(:)	柱	기둥	주	尺	자	척	透	사무칠	투	豪	호걸	호
芽	싹	아	瓦	기와	와:	潛	잠길	잠	洲	물가	주	拓	넓힐	척	版	판목	판	惑	미혹할	혹
雅	맑을	아(:)	緩	느릴	완:	丈	어른	장:	奏	아뢸	주(:)	戚	친척	척	片	조각	편(:)	魂	넋	혼
我	나	아:	辱	욕될	욕	莊	씩씩할	장	珠	구슬	주	淺	얕을	천:	偏	치우칠	편	忽	갑자기	홀
亞	버금	아(:)	欲	하고자할	욕	掌	손바닥	장:	株	그루	주	踐	밟을	천:	編	엮을	편	洪	넓을	홍
阿	언덕	아	慾	욕심	욕	粧	단장할	장	鑄	쇠 불릴	주	賤	천할	천:	肺	허파	폐:	禍	재앙	화:
岸	언덕	안:	羽	깃	우:	葬	장사지낼	장:	仲	버금	중(:)	遷	옮길	천:	廢	폐할/버릴	폐:	換	바꿀	환:
顔	낯	안:	宇	집	우:	藏	감출	장:	卽	곧	즉	哲	밝을	철	弊	폐단/해질	폐:	還	돌아올	환
巖	바위	암	偶	짝	우:	臟	오장	장:	症	증세	증(:)	徹	통할	철	捕	잡을	포:	皇	임금	황
央	가운데	앙	愚	어리석을	우	栽	심을	재:	曾	일찍	증	滯	막힐	체	浦	개[水邊]	포	荒	거칠	황
仰	우러를	앙:	憂	근심	우	裁	옷 마를	재	憎	미울	증	肖	닮을/같을	초	楓	단풍	풍	悔	뉘우칠	회:
哀	슬플	애	韻	운	운:	載	실을	재:	蒸	찔	증	超	뛰어넘을	초	皮	가죽	피	懷	품을	회
若	같을/반야	약/야	越	넘을	월	抵	막을	저:	之	갈	지	礎	주춧돌	초	彼	저	피:	劃	그을	획
揚	날릴	양	胃	밥통	위	著	나타날	저:	池	못	지	促	재촉할	촉	被	입을	피:	獲	얻을	획
壤	흙덩이	양:	謂	이를	위	笛	피리	적	枝	가지	지	觸	닿을	촉	畢	마칠	필	橫	가로	횡
讓	사양할	양:	僞	거짓	위	寂	고요할	적	辰	별/때	진/신	催	재촉할	최:	何	어찌	하	胸	가슴	흉
御	거느릴	어:	幼	어릴	유	跡	발자취	적	振	떨칠	진:	追	쫓을/따를	추	荷	멜	하(:)	稀	드물	희
抑	누를	억	柔	부드러울	유	摘	딸[手收]	적	震	우레	진:	畜	짐승	축	賀	하례할	하:	戱	놀이	희
憶	생각할	억	幽	그윽할	유	蹟	자취	적	陳	베풀/묵을	진:/진	衝	찌를	충	鶴	학	학			
亦	또	역	悠	멀	유	殿	전각	전:	鎭	진압할	진	吹	불	취:	汗	땀	한(:)			
役	부릴	역	裕	넉넉할	유:	漸	점점	점:	秩	차례	질	醉	취할	취:	割	벨	할			
疫	전염병	역	猶	오히려	유	井	우물	정(:)	疾	병	질	側	곁	측	含	머금을	함			

3급 배정 1,817자 중 新習漢字 317자 (1/2)

2級 쓰기배정한자

한자	훈	음	한자	훈	음	한자	훈	음	한자	훈	음	한자	훈	음
却	물리칠	각	叫	부르짖을	규	劣	못할	렬	敏	민첩할	민	祥	상서	상
姦	간음할	간:	糾	얽힐	규	廉	청렴할	렴	憫	민망할	민	嘗	맛볼	상
渴	목마를	갈	斤	근[무게]/날[刃]	근	獵	사냥	렵	蜜	꿀	밀	庶	여러	서:
皆	다[總]	개	僅	겨우	근:	零	떨어질/영[數]	령	泊	머무를/배댈	박	敍	펼	서:
慨	슬퍼할	개:	謹	삼갈	근:	隷	종	례:	伴	짝	반:	逝	갈[往]	서:
乞	빌	걸	肯	즐길	긍:	鹿	사슴	록	叛	배반할	반:	誓	맹세할	서:
肩	어깨	견	忌	꺼릴	기	了	마칠	료:	返	돌이킬	반:	暑	더울	서:
牽	끌	견	豈	어찌	기	僚	동료	료	邦	나라	방	昔	예[古]	석
絹	비단	견	旣	이미	기	淚	눈물	루:	倣	본뜰	방	析	쪼갤	석
遣	보낼	견:	飢	주릴	기	屢	여러	루:	傍	곁	방	涉	건널	섭
庚	별	경	棄	버릴	기	梨	배	리	杯	잔	배	攝	다스릴/잡을	섭
竟	마침내	경:	欺	속일	기	隣	이웃	린	煩	번거로울	번	召	부를	소
卿	벼슬	경	幾	몇	기	慢	거만할	만:	飜	번역할	번	昭	밝을	소
癸	북방/천간	계:	那	어찌	나	漫	흩어질	만:	辨	분별할	변	蔬	나물	소
繫	맬	계:	乃	이에	내:	忙	바쁠	망	竝	나란히	병:	騷	떠들	소
枯	마를	고	奈	어찌	내	忘	잊을	망	屛	병풍	병(:)	粟	조	속
顧	돌아볼	고	惱	번뇌할	뇌	罔	없을	망	卜	점	복	誦	욀	송:
坤	따	곤	畓	논	답	茫	아득할	망	蜂	벌	봉	囚	가둘	수
郭	둘레/외성	곽	挑	돋울	도	埋	묻을	매	赴	다다를	부:	須	모름지기	수
掛	걸[懸]	괘	跳	뛸	도	冥	어두울	명	墳	무덤	분	搜	찾을	수
塊	흙덩이	괴	塗	칠할	도	某	아무	모:	朋	벗	붕	睡	졸음	수
愧	부끄러울	괴:	稻	벼	도	侮	업신여길	모(:)	崩	무너질	붕	遂	드디어	수
郊	들[野]	교	篤	도타울	독	冒	무릅쓸	모	賓	손	빈	誰	누구	수
矯	바로잡을	교:	豚	돼지	돈	募	모을/뽑을	모	頻	자주	빈	雖	비록	수
狗	개	구	敦	도타울	돈	暮	저물	모:	聘	부를	빙	孰	누구	숙
苟	진실로/구차할	구	屯	진칠	둔	卯	토끼	묘:	巳	뱀	사:	殉	따라죽을	순
俱	함께	구	鈍	둔할	둔:	苗	모	묘:	似	닮을	사:	脣	입술	순
龜	거북|거북|터질	구|귀|균	騰	오를	등	廟	사당	묘:	捨	버릴	사:	循	돌[環]	순
驅	몰	구	濫	넘칠	람:	戊	천간	무:	斯	이	사	戌	개	술
懼	두려워할	구	掠	노략질할	략	霧	안개	무:	詐	속일	사	矢	화살	시:
厥	그[其]	궐	諒	살펴 알/믿을	량	眉	눈썹	미	賜	줄	사:	辛	매울	신
軌	바퀴자국	궤:	憐	불쌍히 여길	련	迷	미혹할	미(:)	朔	초하루	삭	伸	펼	신

3급 배정 1,817자 중 新習漢字 317자 (2/2)   2級 쓰기배정한자

晨	새벽 신	曰	가로 왈	宰	재상 재:	抄	뽑을 초	早	가물 한:
尋	찾을 심	畏	두려워할 외:	滴	물방울 적	秒	분초 초	咸	다 함
餓	주릴 아:	腰	허리 요	竊	훔칠 절	燭	촛불 촉	巷	거리 항:
岳	큰 산 악	搖	흔들 요	蝶	나비 접	聰	귀 밝을 총	亥	돼지 해
雁	기러기 안:	遙	멀 요	訂	바로잡을 정	抽	뽑을 추	該	갖출/마땅 해
謁	뵐 알	庸	떳떳할 용	堤	둑 제	醜	추할 추	奚	어찌 해
押	누를 압	又	또 우:	弔	조상할 조:	丑	소 축	享	누릴 향:
殃	재앙 앙	于	어조사 우	燥	마를 조	逐	쫓을 축	軒	집 헌
涯	물가 애	尤	더욱 우	拙	졸할 졸	臭	냄새 취:	絃	줄 현
厄	액 액	云	이를 운	佐	도울 좌:	枕	베개 침:	縣	고을 현:
也	잇기/어조사 야	違	어긋날 위	舟	배 주	妥	온당할 타	嫌	싫어할 혐
耶	어조사 야	緯	씨 위	俊	준걸 준:	墮	떨어질 타:	亨	형통할 형
躍	뛸 약	酉	닭 유	遵	좇을 준:	托	맡길 탁	螢	반딧불 형
楊	버들 양	唯	오직 유	贈	줄[送] 증	濁	흐릴 탁	兮	어조사 혜
於	어조사 어 | 탄식할 오	惟	생각할 유	只	다만 지	濯	씻을 탁	互	서로 호:
焉	어찌 언	愈	나을 유	遲	더딜/늦을 지	誕	낳을/거짓 탄:	乎	어조사 호
予	나 여	閏	윤달 윤	姪	조카 질	貪	탐낼 탐	毫	터럭 호
汝	너 여:	吟	읊을 음	懲	징계할 징	怠	게으를 태	昏	어두울 혼
余	나 여	泣	울 읍	且	또 차:	把	잡을 파:	弘	클 홍
輿	수레 여:	凝	엉길 응:	捉	잡을 착	頗	자못 파	鴻	기러기 홍
閱	볼[覽] 열	矣	어조사 의	慘	참혹할 참	播	뿌릴 파(:)	禾	벼 화
泳	헤엄칠 영:	宜	마땅 의	慙	부끄러울 참	罷	마칠 파:	擴	넓힐 확
詠	읊을 영:	而	말 이을 이	暢	화창할 창:	販	팔[賣] 판	穫	거둘 확
銳	날카로울 예:	夷	오랑캐 이	斥	물리칠 척	貝	조개 패:	丸	둥글 환
汚	더러울 오:	姻	혼인 인	薦	천거할 천:	遍	두루 편	曉	새벽 효:
吾	나 오	寅	범[虎]/동방 인	尖	뾰족할 첨	幣	화폐 폐:	侯	제후 후
娛	즐길 오:	恣	방자할 자:	添	더할 첨	蔽	덮을 폐:	毁	헐 훼:
嗚	슬플 오	玆	이 자	妾	첩 첩	抱	안을 포:	輝	빛날 휘
傲	거만할 오:	酌	잔질할 작	晴	갤 청	飽	배부를 포:	携	이끌 휴
翁	늙은이 옹	爵	벼슬 작	替	바꿀 체	幅	폭 폭		
擁	낄 옹:	墻	담 장	逮	잡을 체	漂	떠다닐 표		
臥	누울 와:	哉	어조사 재	遞	갈릴 체	匹	짝 필		

2급 배정 2,355자 중 新習漢字 538자 (1/3) 常用漢字 188

1級 쓰기배정한자

葛	칡	갈	悼	슬퍼할	도	搬	옮길	반	殖	불릴	식	艇	배	정	衷	속마음	충
憾	섭섭할	감:	棟	마룻대	동	紡	길쌈	방	紳	띠[帶]	신	劑	약제	제	炊	불 땔	취:
坑	구덩이	갱	桐	오동나무	동	俳	배우	배	腎	콩팥	신:	措	둘[置]	조	託	부탁할	탁
揭	높이들/걸[掛]	게:	謄	베낄	등	賠	물어줄	배:	握	쥘	악	釣	낚을/낚시	조	琢	다듬을	탁
憩	쉴	게:	藤	등나무	등	柏	측백	백	癌	암	암:	彫	새길	조	胎	아이 밸	태
雇	품팔	고	裸	벗을	라:	閥	문벌	벌	礙	거리낄	애:	綜	모을	종	颱	태풍	태
戈	창	과	洛	물 이름	락	汎	넓을	범:	惹	이끌	야:	駐	머무를	주:	霸	으뜸	패:
瓜	외	과	爛	빛날	란:	僻	궁벽할	벽	孃	아가씨	양	准	비준	준:	坪	들[野]	평
菓	과자/실과	과	藍	쪽	람	倂	아우를	병:	硯	벼루	연:	旨	뜻	지	抛	던질	포
款	항목	관:	拉	끌	랍	俸	녹(祿)	봉:	厭	싫어할	염:	脂	기름	지	怖	두려워할	포
傀	허수아비	괴:	輛	수레	량:	縫	꿰맬	봉	預	맡길/미리	예:	津	나루	진(:)	鋪	펼/가게	포
絞	목맬	교	煉	달굴	련	敷	펼	부(:)	梧	오동나무	오(:)	診	진찰할	진	虐	모질	학
僑	더부살이	교	籠	대바구니	롱(:)	膚	살갗	부	穩	편안할	온	塵	티끌	진	翰	편지	한:
膠	아교	교	療	병 고칠	료	弗	아닐/말[勿]	불	歪	기울 / 기울	왜 / 외	窒	막힐	질	艦	큰 배	함:
歐	구라파/칠	구	硫	유황	류	匪	비적	비:	妖	요사할	요	輯	모을	집	弦	시위	현
鷗	갈매기	구	謬	그르칠	류	唆	부추길	사	傭	품 팔	용	遮	가릴	차(:)	峽	골짜기	협
購	살	구	痲	저릴	마	赦	용서할	사:	熔	녹을	용	餐	밥	찬	型	모형	형
掘	팔	굴	摩	문지를	마	飼	기를	사	鬱	답답할	울	札	편지	찰	濠	호주	호
窟	굴	굴	魔	마귀	마	傘	우산	산	苑	나라동산	원:	刹	절	찰	酷	심할	혹
圈	우리[牢]	권	膜	꺼풀/막	막	酸	실[味覺]	산	尉	벼슬	위	斬	벨	참(:)	靴	신[履, 鞋]	화
闕	대궐	궐	娩	낳을	만:	蔘	삼	삼	融	녹을	융	滄	큰 바다	창	幻	헛보일	환:
閨	안방	규	灣	물굽이	만	揷	꽂을	삽	貳	두/갖은두	이:	彰	드러날	창	滑	미끄러울/익살스러울	활/골
棋	바둑	기	蠻	오랑캐	만	箱	상자	상	刃	칼날	인:	悽	슬퍼할	처:	廻	돌[旋]	회
濃	짙을	농	網	그물	망	瑞	상서	서:	壹	한/갖은한	일	隻	외짝	척	喉	목구멍	후
尿	오줌	뇨	枚	낱	매	碩	클	석	妊	아이밸	임:	撤	거둘	철	勳	공(功)	훈
尼	여승	니	魅	매혹할	매	繕	기울	선	磁	자석	자	諜	염탐할	첩	姬	계집	희
溺	빠질	닉	蔑	업신여길	멸	纖	가늘	섬	雌	암컷	자	締	맺을	체	熙	빛날	희
鍛	쇠 불릴	단	矛	창	모	貰	세놓을	세:	諮	물을	자:	哨	망볼	초	噫	한숨 쉴	희
潭	못[池]	담	帽	모자	모	紹	이을	소	蠶	누에	잠	焦	탈[燥]	초			
膽	쓸개	담:	沐	머리 감을	목	盾	방패	순	沮	막을[遮]	저:	趨	달아날	추	姓名·地名用 漢字 350字는 다음 쪽에		
垈	집터	대	紊	어지러울/문란할	문	升	되	승	呈	드릴	정	軸	굴대	축			
戴	일[首荷]	대:	舶	배	박	屍	주검	시:	偵	염탐할	정	蹴	찰	축			

2급 배정 2,355자 중 新習漢字 538자 (2/3)

姓名·地名用 漢字 350字 特級Ⅱ 쓰기배정한자

한자	뜻	음	한자	뜻	음	한자	뜻	음	한자	뜻	음	한자	뜻	음	한자	뜻	음
伽	절	가	玖	옥돌	구	董	바를[正]	동:	茅	띠[草名]	모	馥	향기	복	邵	땅이름/성(姓)	소
迦	부처이름	가	邱	언덕	구	杜	막을	두	謨	꾀	모	蓬	쑥	봉	巢	새집	소
柯	가지	가	鞠	성(姓)/국문할	국	鄧	나라이름	등:	穆	화목할	목	阜	언덕	부:	宋	성(姓)	송
軻	수레/사람이름	가	圭	서옥(瑞玉)/쌍토	규	萊	명아주	래	昴	별이름	묘	釜	가마[鬴]	부	洙	물가	수
賈	성(姓)|장사	가|고	奎	별	규	亮	밝을	량	汶	물 이름	문	傅	스승	부:	銖	저울눈	수
珏	쌍옥	각	珪	홀	규	樑	들보	량	彌	미륵/오랠	미	芬	향기	분	隋	수나라	수
艮	괘 이름	간	揆	헤아릴	규	呂	성(姓)/법칙	려:	旻	하늘	민	鵬	새	붕	洵	참으로	순
杆	몽둥이	간	瑾	아름다운 옥	근:	廬	농막집	려	旼	화할	민	丕	클	비	荀	풀이름	순
鞨	오랑캐이름	갈	槿	무궁화	근:	礪	숫돌	려	玟	아름다운 돌	민	泌	분비할|스며흐를	비:|필	珣	옥 이름	순
岬	곶(串)	갑	兢	떨릴	긍:	驪	검은말	려/리	閔	성(姓)	민	毖	삼갈	비	淳	순박할	순
鉀	갑옷	갑	沂	물 이름	기	漣	잔물결	련	珉	옥돌	민	毘	도울	비	舜	순임금	순
岡	산등성이	강	岐	갈림길	기	濂	물 이름	렴	潘	성(姓)	반	彬	빛날	빈	瑟	큰 거문고	슬
崗	언덕	강	耆	늙을	기	玲	옥 소리	령	磻	반계(磻溪)	반/번	馮	탈(乘)|성(姓)	빙|풍	繩	노끈	승
姜	성(姓)	강	淇	물 이름	기	醴	단술[甘酒]	례:	渤	바다 이름	발	泗	물 이름	사:	柴	섶[薪]	시:
彊	굳셀	강	琪	아름다운 옥	기	魯	노나라/노둔할	로	鉢	바리때	발	庠	학교	상	湜	물 맑을	식
疆	지경	강	箕	키	기	盧	성(姓)	로	旁	곁	방:	舒	펼	서	軾	수레 가로나무	식
价	클	개:	騏	준마	기	蘆	갈대	로	龐	높은 집	방	晳	밝을	석	瀋	즙낼/물 이름	심
塏	높은 땅	개:	麒	기린	기	鷺	해오라기/백로	로	裵	성(姓)	배	奭	클/쌍백	석	閼	막을	알
鍵	자물쇠/열쇠	건:	琦	옥 이름	기	遼	멀	료	筏	뗏목	벌	錫	주석	석	鴨	오리	압
杰	뛰어날	걸	璣	별이름	기	劉	죽일/묘금도(卯金刂)	류	范	성(姓)	범:	瑄	도리옥	선	艾	쑥	애
桀	하(夏)왕 이름/홰	걸	冀	바랄	기	崙	산 이름	륜	卞	성(姓)	변:	璇	옥	선	埃	티끌	애
甄	질그릇	견	驥	천리마	기	楞	네모질	릉	弁	고깔	변:	璿	구슬	선	倻	가야	야
炅	빛날	경	湍	여울	단	麟	기린	린	秉	잡을	병:	卨	사람이름	설	襄	도울	양(:)
儆	경계할	경:	塘	못[池]	당	靺	말갈(靺鞨)	말	昞	밝을	병:	薛	성(姓)	설	彦	선비	언:
璟	옥빛	경:	悳	큰[德]	덕	貊	맥국(貊國)	맥	昺	밝을	병:	陝	땅이름	섬	衍	넓을	연:
瓊	구슬	경	燾	비칠	도	覓	찾을	멱	柄	자루	병:	暹	햇살치밀/나라이름	섬	妍	고울	연:
皐	언덕	고	惇	도타울	돈	沔	물 이름/빠질	면:	炳	불꽃	병:	蟾	두꺼비	섬	淵	못	연
串	꿸|땅이름	관|곶	燉	불빛	돈	俛	힘쓸/구푸릴	면:	甫	클	보:	燮	불꽃	섭	閻	마을	염
琯	옥피리	관	頓	조아릴	돈	冕	면류관	면:	輔	도울	보:	晟	밝을	성	燁	빛날	엽
槐	회화나무/느티나무	괴	乭	이름	돌	牟	성(姓)/보리	모	潽	물 이름	보:	沼	못	소	盈	찰[滿]	영

2급 배정 2,355자 중 新習漢字 538자 (3/3)

姓名·地名用 漢字 350字　特級 II 쓰기배정한자

漢字	뜻	음	漢字	뜻	음	漢字	뜻	음	漢字	뜻	음	漢字	뜻	음	漢字	뜻	음
瑛	옥빛	영	頊	삼갈	욱	獐	노루	장	燦	빛날	찬:	扁	작을	편	樺	벚나무/자작나무	화
暎	비칠	영:	芸	향풀	운	璋	홀[圭]	장	瓚	옥잔	찬:	葡	포도	포	桓	굳셀	환
芮	성(姓)	예:	蔚	고을이름	울	蔣	성(姓)	장	鑽	뚫을	찬	鮑	절인 물고기	포	煥	빛날	환
睿	슬기	예:	熊	곰	웅	甸	경기	전	昶	해길	창:	杓	북두자루	표	晃	밝을	황
濊	종족이름	예:	袁	성(姓)	원	汀	물가	정	敞	시원할	창	弼	도울	필	滉	깊을	황
吳	성(姓)	오	瑗	구슬	원	玎	옥 이름	정	采	풍채	채:	邯	조나라 서울 / 사람이름	한/감	淮	물 이름	회
塢	물가	오:	媛	계집	원	旌	기	정	埰	사패지(賜牌地)	채:	亢	높을	항	檜	전나무	회:
沃	기름질	옥	韋	가죽	위	晶	맑을	정	蔡	성(姓)	채:	沆	넓을	항:	后	임금/왕후	후:
鈺	보배	옥	渭	물 이름	위	鼎	솥	정	陟	오를	척	杏	살구	행:	熏	불길	훈
邕	막힐	옹	魏	성(姓)	위	楨	광나무	정	釧	팔찌	천	赫	빛날	혁	壎	질 나팔	훈
雍	화(和)할	옹	兪	대답할(人月)	유	禎	상서로울	정	喆	밝을/쌍길[吉]	철	爀	불빛	혁	薰	향 풀	훈
甕	독	옹:	踰	넘을	유	鄭	나라	정:	澈	맑을	철	炫	밝을	현	徽	아름다울	휘
莞	빙그레할/왕골	완/관	楡	느릅나무	유	祚	복(福)	조	瞻	볼	첨	鉉	솥귀	현	烋	아름다울	휴
汪	넓을	왕(:)	庾	곳집/노적가리	유	曺	성(姓)	조	楚	초나라	초	峴	고개	현:	匈	오랑캐	흉
旺	왕성할	왕:	尹	성(姓)	윤:	趙	나라	조:	蜀	나라이름	촉	陜	좁을/땅이름	협/합	欽	공경할	흠
倭	왜나라	왜	允	맏[伯]	윤:	琮	옥홀	종	崔	성(姓)/높을	최	邢	성(姓)	형	嬉	아름다울	희
姚	예쁠	요	鋆	창	윤	疇	이랑	주	楸	가래	추	炯	빛날	형	熹	빛날	희
堯	요임금	요	胤	자손	윤	峻	높을/준엄할	준:	鄒	추나라	추	瑩	밝을/옥돌	형/영	憙	기뻐할	희
耀	빛날	요	垠	지경	은	埈	높을	준:	椿	참죽나무	춘	瀅	물 맑을	형:	禧	복(福)	희
溶	녹을	용	殷	은나라	은	浚	깊게할	준:	沖	화(和)할	충	馨	꽃다울	형	羲	복희(伏羲)	희
瑢	패옥소리	용	誾	향기	은	晙	밝을	준:	聚	모을	취:	昊	하늘	호:			
鎔	쇠녹일	용	鷹	매	응(:)	駿	준마	준:	峙	언덕	치	祜	복(福)	호			
鏞	쇠북	용	伊	저[彼]	이	濬	깊을	준:	雉	꿩	치	扈	따를	호:			
佑	도울	우:	怡	기쁠	이	址	터	지	灘	여울	탄	晧	밝을	호			
祐	복(福)	우:	珥	귀고리	이:	芝	지초	지	耽	즐길	탐	皓	흴[白]	호			
禹	성(姓)	우(:)	翊	도울	익	稙	올벼	직	台	별	태	澔	넓을	호			
旭	아침 해	욱	佾	줄춤	일	稷	피[穀名]	직	兌	바꿀/기쁠	태	壕	해자	호			
郁	성할	욱	鎰	무게이름	일	秦	성(姓)	진	坡	언덕	파	鎬	호경	호:			
昱	햇빛밝을	욱	滋	불을[益]	자	晉	진나라	진:	阪	언덕	판	泓	물 깊을	홍			
煜	빛날	욱	庄	전장(田莊)	장	璨	옥빛	찬	彭	성(姓)	팽	嬅	탐스러울	화			

1급 배정 3,500자 중 新習漢字 1,145자 (1/6) 特級 쓰기배정한자

漢字	訓	音	漢字	訓	音	漢字	訓	音	漢字	訓	音	漢字	訓	音	漢字	訓	音
呵	꾸짖을	가:	薑	생강	강	叩	두드릴	고	罫	줄[罫線]	괘	毆	때릴	구	亘	뻗칠/베풀	긍:/선
苛	가혹할	가:	芥	겨자	개	股	넓적다리	고	乖	어그러질	괴	謳	노래	구	矜	자랑할	긍:
哥	성(姓)	가	凱	개선할	개:	呱	울	고	拐	후릴	괴	軀	몸	구	杞	구기자/나무 이름	기
袈	가사(袈裟)	가	愷	성낼	개:	拷	칠	고	魁	괴수/으뜸	괴	衢	네거리	구	伎	재간	기
嘉	아름다울	가	箇	낱	개(:)	袴	바지	고:	宏	클	굉	窘	군색할	군:	妓	기생	기:
駕	멍에	가(:)	漑	물댈	개:	辜	허물	고	肱	팔뚝	굉	穹	하늘	궁	肌	살[膚肉]	기
嫁	시집갈	가	羹	국	갱:	痼	고질	고	轟	울릴/수레 소리	굉	躬	몸	궁	朞	돌(1주년)	기
稼	심을	가	倨	거만할	거:	錮	막을	고	咬	물[齧]/새소리	교	倦	게으를	권:	崎	험할	기
恪	삼갈	각	渠	개천	거	敲	두드릴	고	狡	교활할	교	捲	거둘/말	권	畸	뙈기밭/불구(不具)	기
殼	껍질	각	醵	추렴할	거/각	膏	기름	고	皎	달 밝을	교	眷	돌볼	권:	綺	비단	기
奸	간사할	간	巾	수건	건	梏	수갑(手匣)	곡	蛟	교룡(蛟龍)	교	蹶	일어설/넘어질	궐	羈	굴레/나그네	기
竿	낚싯대	간	虔	공경할	건	鵠	고니/과녁	곡	喬	높을	교	几	안석(案席)	궤:	嗜	즐길	기
揀	가릴	간:	腱	힘줄	건	昆	맏	곤	嬌	아리따울	교	机	책상	궤:	譏	비웃을	기
諫	간할	간:	劫	위협할	겁	棍	몽둥이	곤	轎	가마	교	詭	속일	궤:	拮	일할	길
澗	산골 물	간:	怯	겁낼	겁	袞	곤룡포	곤:	驕	교만할	교	潰	무너질	궤:	喫	먹을	끽
癇	간질	간(:)	偈	불시(佛詩)	게:	汨	골몰할/물 이름	골/멱	攪	흔들	교	櫃	궤짝	궤:	拏	잡을	나:
墾	개간할	간	膈	가슴	격	拱	팔짱낄	공:	仇	원수(怨讐)	구	硅	규소	규	拿	잡을[拏同]	나:
艱	어려울	간	覡	박수[男巫]	격	鞏	굳을	공	鳩	비둘기	구	逵	길거리	규	懦	나약할	나:
喝	꾸짖을	갈	檄	격문(檄文)	격	顆	낱알	과	臼	절구	구	葵	아욱/해바라기	규	儺	푸닥거리	나
竭	다할	갈	鵑	두견새	견	廓	둘레/클	곽/확	舅	시아비/외삼촌	구	窺	엿볼	규	煖	더울/따뜻할	난:
褐	갈색/굵은 베	갈	繭	고치	견:	槨	외관(外棺)	곽	灸	뜸	구:	橘	귤	귤	捏	꾸밀	날
柑	귤	감	譴	꾸짖을	견:	藿	콩잎/미역	곽	柩	널[棺]	구	剋	이길	극	捺	누를	날
疳	감질	감	勁	굳셀	경	棺	널	관	垢	때	구	戟	창	극	衲	기울[縫]	납
紺	감색/연보라	감	脛	정강이	경	灌	물댈	관	枸	구기자	구	棘	가시	극	囊	주머니	낭
勘	헤아릴	감	莖	줄기	경	顴	광대뼈	관	鉤	갈고리	구	隙	틈	극	撚	비빌/비틀	년
堪	견딜/하늘	감	痙	경련	경	刮	긁을	괄	駒	망아지	구	覲	뵐	근	涅	열반(涅槃)	널
瞰	굽어볼	감	頸	목	경	括	묶을	괄	矩	모날/법	구	饉	주릴	근:	弩	쇠뇌	노
匣	갑(匣)	갑	梗	줄기/막힐	경	匡	바룰	광	寇	도적(盜賊)	구	衾	이불	금:	駑	둔한 말	노
閘	수문	갑	憬	깨달을/동경할	경	胱	오줌통	광	溝	도랑	구	擒	사로잡을	금	膿	고름	농
腔	속 빌	강	鯨	고래	경	壙	뫼/구덩이	광:	廐	마구간	구	襟	옷깃	금:	撓	휠	뇨
慷	슬플	강:	磬	경쇠	경	曠	빌/밝을	광:	嶇	험할	구	汲	물길을	급	訥	말 더듬거릴	눌
糠	겨	강	悸	두근거릴	계:	卦	점괘	괘	嘔	게울	구(:)	扱	거둘/꽂을	급/삽	紐	맺을	뉴

1급 배정 3,500자 중 新習漢字 1,145자

特級 쓰기배정한자

한자	훈	음	한자	훈	음	한자	훈	음	한자	훈	음	한자	훈	음	한자	훈	음
匿	숨길	닉	沌	엉길	돈	瀝	스밀(액체가 배어들다)	력	戮	죽일	륙	瞞	속일	만	渺	아득할/물 질펀할	묘:
蛋	새알	단:	疼	아플	동:	礫	조약돌	력	淪	빠질	륜	彎	굽을	만	毋	말[勿]	무
緞	비단	단	胴	큰창자/몸통	동	輦	가마	련	綸	벼리	륜	沫	물거품	말	巫	무당	무
簞	소쿠리	단	憧	동경할	동	斂	거둘	렴	慄	떨릴	률	抹	지울, 바를	말	拇	엄지손가락	무:
疸	황달	달	瞳	눈동자	동	殮	염(殮)할	렴	肋	갈빗대	륵	襪	버선	말	畝	이랑/이랑	무:/묘:
撻	때릴	달	兜	투구/도솔천	두/도	簾	발	렴	勒	굴레	륵	芒	까끄라기	망	誣	속일	무
痰	가래, 담	담:	痘	역질(疫疾)	두	囹	옥(獄)	령	凜	찰	름	惘	멍할	망	憮	어루만질	무
曇	흐릴	담	遁	숨을	둔:	怜	쾌할/굳셀	령	凌	업신여길	릉	呆	어리석을	매	撫	어루만질	무(:)
澹	맑을	담	臀	볼기	둔:	鈴	방울	령	菱	마름	릉	昧	어두울	매	蕪	거칠 무	무
憺	참담할	담	橙	귤/등자/걸상	등	齡	나이	령	稜	모날	릉	寐	잘	매:	蚊	모기	문
譚	클/말씀/이야기	담	螺	소라	라	虜	사로잡을	로	綾	비단	릉	煤	그을음	매	媚	아첨할/예쁠	미
遝	뒤섞일	답	懶	게으를	라:	擄	노략질할	로	俚	속될	리:	罵	꾸짖을	매:	薇	장미	미
棠	아가위	당	癩	문둥이	라:	撈	건질	로	裡	속	리:	邁	갈[行]	매	靡	쓰러질	미
螳	버마재비(사마귀)	당	邏	순라	라	碌	푸른 돌	록	釐	다스릴	리	萌	움[芽]	맹	悶	답답할	민
撞	칠	당	烙	지질	락	麓	산기슭	록	俐	영리할	리	眄	곁눈질할	면:	謐	고요할	밀
袋	자루(깊고 크게 만든 주머니)	대	酪	쇠젖	락	壟	밭두둑	롱:	痢	이질	리:	麵	국수	면	珀	호박(琥珀)	박
擡	들[擧]	대	駱	낙타	락	瓏	옥 소리	롱	罹	걸릴	리	棉	목화	면	箔	발[簾]	박
掉	흔들	도	瀾	물결	란	聾	귀먹을	롱	籬	울타리	리	緬	가는 실	면(:)	粕	지게미	박
淘	쌀일	도	鸞	난새(중국 전설 상상의 새)	란	牢	우리[畜舍]	뢰	吝	아낄	린	皿	그릇	명	剝	벗길	박
萄	포도	도	剌	발랄할	랄	賂	뇌물	뢰	燐	도깨비불	린	酩	술 취할	명:	搏	두드릴	박
堵	담	도	辣	매울	랄	磊	돌무더기	뢰	鱗	비늘	린	溟	바다	명	膊	팔뚝	박
屠	죽일	도	籃	대바구니	람	儡	꼭두각시	뢰:	躪	짓밟을	린	暝	저물/어두울	명	縛	얽을	박
睹	볼	도	臘	섣달(음력 12월)	랍	聊	애오라지(겨우/오로지)	료	淋	임질	림	螟	멸구/마디충	명	駁	논박할	박
賭	내기	도	蠟	밀(물 찌꺼기 끓인 기름)	랍	寥	쓸쓸할	료	笠	삿갓	립	袂	소매	몌	撲	칠[擊]	박
搗	찧을	도	狼	이리	랑:	寮	동관(同官)	료	粒	낟알	립	牡	수컷	모	樸	순박할	박
滔	물 넘칠	도	倆	재주	량	燎	횃불	료	寞	고요할	막	耗	소모할	모	拌	버릴	반
蹈	밟을	도	粱	기장	량	瞭	밝을	료	卍	만(卍)	만:	摸	더듬을	모	畔	밭두둑	반
鍍	도금할	도:	戾	어그러질	려:	陋	더러울	루:	挽	당길	만:	摸	모호할	모	絆	얽어맬	반
濤	물결	도	侶	짝	려:	壘	보루	루	輓	끌/애도할	만:	歿	죽을	몰	斑	아롱질	반
禱	빌	도	閭	마을	려	琉	유리	류	蔓	덩굴	만	杳	아득할	묘	頒	나눌	반
禿	대머리	독	黎	검을	려	溜	처마 물	류	饅	만두	만	描	그릴	묘:	槃	쟁반	반
瀆	도랑/더럽힐	독	濾	거를	려:	瘤	혹	류	鰻	뱀장어	만	猫	고양이	묘:	蟠	서릴	반

1급 배정 3,500자 중 新習漢字 1,145자 (3/6) 特級 쓰기배정한자

攀 더위잡을 반	璧 구슬 벽	盆 동이 분	瀕 물가/가까울 빈	棲 깃들일 서	贖 속죄할 속
礬 백반 반	癖 버릇 벽	雰 눈 날릴 분	憑 비길[依] 빙	黍 기장 서	遜 겸손할 손:
勃 노할/우쩍 일어날 발	闢 열 벽	焚 불사를 분	些 적을 사	犀 무소 서	悚 두려울 송
跋 밟을 발	瞥 눈깜짝할 별	噴 뿜을 분	祠 사당 사	鼠 쥐 서	碎 부술 쇄:
魃 가물 발	鼈 자라 별	糞 똥 분	紗 비단 사	嶼 섬 서(:)	灑 뿌릴 쇄:
潑 물 뿌릴 발	瓶 병 병	彿 비슷할 불	娑 춤출/사바세상 사	曙 새벽 서:	戍 수자리 수
撥 다스릴 발	餠 떡 병:	棚 사다리 붕	徙 옮길 사:	薯 감자 서	狩 사냥할 수
醱 술 괼 발	洑 보/스며흐를 보	硼 붕사(硼砂) 붕	奢 사치할 사	潟 개펄 석	袖 소매 수
尨 삽살개 방	堡 작은 성 보:	繃 묶을 붕	嗣 이을 사:	扇 부채 선	羞 부끄러울 수
彷 헤맬 방(:)	菩 보살 보	匕 비수 비:	獅 사자 사(:)	煽 부채질할 선	嫂 형수 수
坊 동네 방	匐 길 복	庇 덮을 비:	蓑 도롱이 사	羨 부러워할/무덤길 선:/연:	瘦 여윌 수
昉 밝을 방	輻 바퀴살/바퀴살 복/폭	妣 죽은 어미 비	瀉 쏟을 사(:)	腺 샘 선	酬 갚을 수
肪 기름 방	僕 종 복	秕 쭉정이 비:	麝 사향노루 사:	銑 무쇠 선	竪 세울 수
枋 다목 방	鰒 전복 복	砒 비상 비:	刪 깎을 산	膳 선물/반찬 선:	粹 순수할 수
幇 도울 방	捧 받들 봉	琵 비파 비	珊 산호 산	泄 샐 설	蒐 모을 수
膀 오줌통 방	棒 막대 봉	沸 끓을/용솟음할 비:/불	疝 산증(疝症) 산	洩 샐/퍼질 설/예	穗 이삭 수
榜 방(榜)붙일 방:	烽 봉화 봉	脾 지라 비	煞 죽일 살	屑 가루 설	繡 수놓을 수:
謗 헐뜯을 방:	鋒 칼날 봉	裨 도울 비	撒 뿌릴 살	渫 파낼 설	讐 원수 수
胚 아기 밸 배	斧 도끼 부	痺 저릴 비	薩 보살 살	閃 번쩍일 섬	髓 뼛골 수
陪 모실 배:	芙 연꽃 부	扉 사립문 비	渗 스밀 삼	殲 다 죽일 섬	夙 이를 숙
徘 어정거릴 배	咐 분부할/불[吹] 부	蜚 바퀴/날[飛] 비	澁 떫을 삽	醒 깰 성	菽 콩 숙
湃 물결칠 배	俯 구부릴 부:	緋 비단 비:	爽 시원할 상:	宵 밤[夜] 소	塾 글방 숙
帛 비단 백	腑 육부(六腑) 부	翡 물총새 비:	翔 날[飛] 상	逍 노닐 소	筍 죽순 순
魄 넋 백	駙 부마 부:	誹 헐뜯을 비	觴 잔 상	梳 얼레빗 소	馴 길들일 순
蕃 불을 번	訃 부고 부:	鄙 더러울 비:	孀 홀어미 상	疎 성길 소	醇 전국술 순
藩 울타리 번	剖 쪼갤 부:	憊 고단할 비:	璽 옥새(玉璽) 새	甦 깨어날 소	膝 무릎 슬
氾 넘칠 범:	埠 부두 부	臂 팔 비:	嗇 아낄 색	搔 긁을 소	丞 정승 승
帆 돛 범	孵 알 깔 부	譬 비유할 비:	牲 희생 생	瘙 피부병 소	柿 감 시
梵 불경 범:	賻 부의 부:	嬪 궁녀벼슬이름 빈	甥 생질 생	塑 흙 빚을 소	豺 승냥이 시
泛 뜰 범:	扮 꾸밀 분	濱 물가 빈	抒 풀 서	遡 거스를 소	匙 숟가락 시
劈 쪼갤 벽	吩 분부할 분	殯 빈소 빈	胥 서로 서	蕭 쓸쓸할 소	猜 시기할 시
擘 엄지손가락 벽	忿 성낼 분:/불	嚬 찡그릴 빈	壻 사위 서:	簫 퉁소 소	媤 시집 시

1급 배정 3,500자 중 新習漢字 1,145자

弒	윗사람죽일 시:	鴦	원앙 앙	鳶	솔개 연	饒	넉넉할 요	戎	병장기/오랑캐 융	灼	불사를 작
諡	시호 시:	崖	언덕 애	焰	불꽃 염	窯	기와/가마 요	絨	가는베 융	炸	터질 작
拭	씻을 식	隘	좁을 애	艶	고울 염	邀	맞을 요	蔭	그늘 음	雀	참새 작
熄	불 꺼질 식	曖	희미할 애	嬰	어린아이 영	擾	시끄러울 요	揖	읍할 읍	綽	너그러울 작
蝕	좀먹을 식	靄	아지랑이 애:	曳	끌 예:	涌	물 솟을 용:	膺	가슴 응:	鵲	까치 작
迅	빠를 신	扼	잡을 액	詣	이를[至] 예:	踊	뛸 용:	椅	의자 의	嚼	씹을 작
訊	물을 신:	腋	겨드랑이 액	裔	후손 예:	茸	풀 날 l 버섯 용:/이:	誼	정(情) 의	棧	사다리 잔
呻	읊조릴 신	縊	목맬 액	穢	더러울 예:	聳	솟을 용:	毅	굳셀 의	盞	잔 잔
宸	대궐 신	櫻	앵두 앵	伍	다섯 사람 오:	蓉	연꽃 용	擬	비길 의:	箴	경계 잠
娠	아이 밸 신	鶯	꾀꼬리 앵	寤	잠깰 오	迂	에돌 우	弛	늦출 이:	簪	비녀 잠
蜃	큰 조개 신	冶	풀무 야:	奧	깊을 오(:)	隅	모퉁이 우	姨	이모 이	仗	의장(儀仗) 장
薪	섶 신	揶	야유할 야	懊	한할 오	嵎	산굽이 우	痍	상처 이	杖	지팡이 장(:)
燼	불탄 끝 신:	爺	아비 야	蘊	쌓을 온:	寓	부칠[寄] 우:	爾	너 이:	匠	장인 장
悉	다 실	葯	꽃밥 약	甕	막을 옹	虞	염려할/나라이름 우	餌	미끼 이:	漿	즙 장
什	열사람 l 세간 십 l 집	恙	병/근심할 양:	訛	그릇될 와:	耘	김맬 운	翌	다음날 익	醬	장 장:
俄	아까 아	瘍	헐 양	渦	소용돌이 와	隕	떨어질 운:	咽	목구멍/목멜 l 삼킬 인/열/연	薔	장미 장
訝	의심할 아	癢	가려울 양:	蝸	달팽이 와	殞	죽을 운:	蚓	지렁이 인	檣	돛대 장
啞	벙어리 아(:)	攘	물리칠 양:	阮	성(姓) 완	冤	원통할 원(:)	靭	질길 인	滓	찌끼 재
衙	마을[官廳] 아	釀	술빚을 양	玩	즐길 완	猿	원숭이 원	湮	묻힐 인	齋	재계할/집 재
堊	흰 흙 악	圄	옥 어	頑	완고할 완	鴛	원앙 원	佚	편안 l 질탕 일/질	錚	쇳소리 쟁
愕	놀랄 악	瘀	어혈질 어:	宛	완연할 완	萎	시들 위	溢	넘칠 일	邸	집 저
顎	턱 악	禦	막을 어:	婉	순할/아름다울 완:	柚	유자 유	孕	아이 밸 잉:	觝	씨름 저
按	누를 안(:)	臆	가슴 억	腕	팔뚝 완(:)	宥	너그러울 유	剩	남을 잉:	咀	씹을 저:
晏	늦을 안:	堰	둑 언	枉	굽을 왕:	游	헤엄칠 유	仔	자세할 자	狙	원숭이/엿볼 저:
鞍	안장 안:	諺	언문/속담 언:	矮	난쟁이 왜	揄	야유할 유	炙	구울 l 구울 자/적	詛	저주할 저:
軋	삐걱거릴 알	奄	문득 엄	猥	외람할 외:	喩	깨우칠 유	疵	허물 자	箸	젓가락 저
斡	돌 알	掩	가릴 엄	巍	높고 클 외	愉	즐거울 유	瓷	사기그릇 자	豬	돼지 저
庵	암자 암	儼	엄연할 엄	夭	일찍 죽을 요	諭	타이를 유	煮	삶을 자(:)	躇	머뭇거릴 저
闇	숨을 암:	繹	풀[解] 역	凹	오목할 요	鍮	놋쇠 유	蔗	사탕수수 자	狄	오랑캐 적
昂	높을 앙	捐	버릴 연:	拗	우길 요	癒	병 나을 유	藉	깔/핑계할 자:	迹	자취 적
怏	원망할 앙	筵	대자리 연	窈	고요할 요	諛	아첨할 유	勺	구기 작	嫡	정실 적
秧	모 앙	椽	서까래 연	僥	요행 요	蹂	밟을 유	芍	함박꽃 작	謫	귀양갈 적

特級 쓰기배정한자

1급 배정 3,500자 중 新習漢字 1,145자 (5/6) 特級 쓰기배정한자

悛	고칠 전:	悌	공손할 제:	紬	명주 주	嗟	탄식할 차:	滌	씻을 척	叢	떨기/모일 총
栓	마개 전	梯	사다리 제	做	지을 주	蹉	미끄러질 차	擲	던질 척	寵	사랑할 총:
銓	사람가릴 전(:)	啼	울 제	註	글 뜻 풀 주:	窄	좁을 착	穿	뚫을 천:	撮	모을/사진 찍을 촬
剪	가위 전(:)	蹄	굽 제	誅	벨 주	搾	짤 착	喘	숨찰 천:	酋	우두머리 추
煎	달일 전(:)	爪	손톱 조	嗾	부추길 주	鑿	뚫을 착	擅	멋 대로할 천:	蒭	꼴 추
箭	살[矢] 전:	阻	막힐 조	廚	부엌 주	撰	지을 찬:	闡	밝힐 천:	椎	쇠몽치/등골 추
奠	정할/제사 전:	粗	거칠 조	輳	몰려들 주	饌	반찬 찬:	凸	볼록할 철	錐	송곳 추
塡	메울 전	凋	시들 조	躊	머뭇거릴 주:	篡	빼앗을 찬:	綴	엮을 철	槌	칠[擊]/방망이 추/퇴
顚	엎드러질/이마 전:	稠	빽빽할 조	竣	마칠 준:	纂	모을 찬:	轍	바퀴자국 철	鎚	쇠망치 추
癲	미칠 전:	眺	볼 조:	樽	술통 준	擦	문지를 찰	僉	다/여러 첨	樞	지도리 추
箋	기록할 전	曹	무리 조	蠢	꾸물거릴 준:	站	역(驛)마을 참(:)	諂	아첨할 첨	墜	떨어질 추
餞	보낼 전:	漕	배로 실어 나를 조	櫛	빗 즐	塹	구덩이 참	籤	제비(점대) 첨	錘	저울추 추
篆	전자(篆字) 전:	遭	만날 조	汁	즙 즙	僭	주제넘을 참	帖	문서 첩	鰍	미꾸라지 추
廛	가게 전	槽	구유 조	葺	기울 즙	懺	뉘우칠 참	貼	붙일 첩	黜	내칠 출
纏	얽을 전	糟	지게미 조	肢	팔다리 지	讖	예언 참	捷	빠를 첩	悴	파리할 췌:
澱	앙금 전	棗	대추 조	祉	복(福) 지	讒	참소할 참	牒	편지 첩	萃	모을 췌:
輾	돌아누울 전	詔	조서 조:	枳	탱자 지/기 [枳椇子]	倡	광대 창:	疊	거듭 첩	膵	췌장 췌:
氈	담(毯) 전:	肇	비롯할 조:	咫	여덟 치 지	娼	창녀 창(:)	涕	눈물 체	贅	혹 췌:
顫	떨 전:	嘲	비웃을 조	摯	잡을 지	猖	미쳐 날뛸 창	諦	살필 체	脆	연할 취:
截	끊을 절	繰	고치 켤 조	疹	마마 진	菖	창포 창	炒	볶을 초	娶	장가들 취:
粘	붙을 점	藻	마름 조	嗔	성낼 진	脹	부을 창:	梢	나무 끝 초	翠	푸를/물총새 취:
霑	젖을 점	躁	조급할 조	叱	꾸짖을 질	漲	넘칠 창:	硝	화약 초	惻	슬플 측
町	밭두둑 정	簇	가는대 족 [小竹]	帙	책권차례 질	愴	슬플 창:	稍	점점 초	侈	사치할 치
酊	술 취할 정	猝	갑자기 졸	迭	갈마들 질	槍	창 창	貂	담비 초	痔	치질 치
釘	못 정	腫	종기 종:	跌	거꾸러질 질	瘡	부스럼 창	醋	초 초	嗤	비웃을 치
穽	함정 정	踵	발꿈치 종	桎	차꼬 질	艙	부두 창	憔	파리할 초	馳	달릴 치
挺	빼어날 정	踪	자취 종	膣	음도 질	廠	공장 창	蕉	파초 초	幟	기(旗) 치
幀	그림족자 정	慫	권할 종	嫉	미워할 질	寨	목책(木柵) 채	樵	나무할 초	熾	성할 치
靖	편안할 정(:)	挫	꺾을 좌:	朕	나 짐:	柵	울타리 책	礁	암초 초	緻	빽빽할 치
睛	눈동자 정	呪	빌 주:	斟	짐작할 짐	凄	쓸쓸할 처	囑	부탁할 촉	癡	어리석을 치
碇	닻 정	紂	주 임금 주	澄	맑을 징	脊	등마루 척	忖	헤아릴 촌:	勅	칙서 칙
錠	덩이 정	胄	자손 주	叉	갈래 차	瘠	여윌 척	塚	무덤 총	砧	다듬잇돌 침:

1급 배정 3,500자 중 新習漢字 1,145자 (6/6) 特級 쓰기배정한자

漢	訓	音	漢	訓	音	漢	訓	音	漢	訓	音	漢	訓	音	漢	訓	音
鍼	침(鍼)	침	妬	샘낼	투	圃	채마 밭	포	鹹	짤[鹽味]	함	狐	여우	호	哮	성낼	효
蟄	숨을	칩	套	씌울	투	逋	도망갈	포	銜	재갈	함	琥	호박(琥珀)	호:	酵	삭힐	효
秤	저울	칭	慝	사특할	특	脯	포(脯)	포	檻	난간	함:	瑚	산호	호	嚆	울릴	효
陀	비탈질/부처	타	巴	꼬리	파	蒲	부들	포	盒	합(盒)	합	糊	풀칠할	호	朽	썩을	후:
舵	키[正船木]	타	爬	긁을	파	褒	기릴	포	蛤	조개	합	渾	흐릴	혼:	吼	울부짖을	후:
駝	낙타	타	芭	파초	파	瀑	폭포/소나기	폭/포	肛	항문	항	笏	홀(笏)	홀	逅	만날	후:
唾	침[涎]	타:	琶	비파	파	曝	쪼일/쪼일	폭/포	缸	항아리	항	惚	황홀할	홀	嗅	맡을	후:
惰	게으를	타:	婆	할미	파	豹	표범	표	咳	기침	해	哄	떠들썩할	홍	暈	무리[光環]	훈
楕	길고 둥글	타:	跛	절름발이/비스듬히설	파/피:	剽	겁박할	표	骸	뼈	해	虹	무지개	홍	喧	지껄일	훤
擢	뽑을	탁	辦	힘들일	판	慓	급할	표	駭	놀랄	해	訌	어지러울	홍	卉	풀	훼
鐸	방울	탁	沛	비 쏟아질	패:	飄	나부낄	표	偕	함께	해	宦	벼슬	환:	喙	부리	훼
呑	삼킬	탄	佩	찰[帶]	패:	稟	여쭐	품:	楷	본보기	해	喚	부를	환	彙	무리	휘
坦	평탄할	탄:	唄	염불소리	패:	諷	풍자할	풍	諧	화할	해	鰥	홀아비	환	麾	기(旗)	휘
綻	터질	탄:	悖	거스를	패:	披	헤칠	피	懈	게으를	해:	驩	기뻐할	환	諱	숨길/꺼릴	휘
憚	꺼릴	탄:	牌	패(牌)	패	疋	필(匹)	필	邂	우연히 만날	해:	猾	교활할	활	恤	불쌍할	휼
眈	노려볼	탐	稗	피[穀類]	패:	乏	모자랄	핍	劾	꾸짖을	핵	闊	넓을	활	兇	흉악할	흉
搭	탈[乘]	탑	澎	물소리	팽	逼	핍박할	핍	嚮	길 잡을	향:	恍	황홀할	황	洶	용솟음칠	흉
宕	호탕할	탕:	膨	불을	팽	遐	멀	하	饗	잔치할	향:	凰	봉황	황	欣	기쁠	흔
蕩	방탕할	탕:	愎	강퍅할	퍅	瑕	허물	하	噓	불[吹]	허	徨	헤맬	황	痕	흔적	흔
汰	일[淘]	태	鞭	채찍	편	蝦	두꺼비/새우	하	墟	터	허	惶	두려울	황	欠	하품	흠
苔	이끼	태	騙	속일	편	霞	노을	하	歇	쉴	헐	煌	빛날	황	歆	흠향할	흠
笞	볼기칠	태	貶	낮출	폄:	瘧	학질[瘧疾]	학	眩	어지러울	현:	遑	급할	황	恰	흡사할	흡
跆	밟을	태	萍	부평초[浮萍草]	평	謔	희롱할	학	衒	자랑할	현:	慌	어리둥절할	황	洽	흡족할	흡
撐	버틸	탱	陛	대궐섬돌	폐:	壑	구렁	학	絢	무늬	현:	恢	넓을	회	犧	희생	희
攄	펼	터:	斃	죽을	폐:	罕	드물	한:	俠	의기로울	협	徊	머뭇거릴	회	詰	꾸짖을	힐
桶	통(桶)	통	泡	거품	포	悍	사나울	한:	挾	낄	협	蛔	회충	회			
筒	통(筒)	통	咆	고함지를[咆哮]	포	澣	빨래할/열흘	한	狹	좁을	협	晦	그믐	회			
慟	서러워할	통:	庖	부엌	포	轄	다스릴	할	頰	뺨	협	誨	가르칠	회:			
堆	쌓을	퇴	疱	물집	포:	函	함(函)	함	荊	가시	형	賄	재물/뇌물	회:			
腿	넓적다리	퇴:	袍	도포	포	涵	젖을	함	彗	살별/쓰는 비	혜:	膾	회(膾)	회:			
褪	바랠[褪色]	퇴:	匍	길	포	喊	소리칠	함	醯	식혜	혜	繪	그림	회:			
頹	무너질	퇴	哺	먹일	포	緘	봉할	함	弧	활	호	爻	사귈/가로 그을	효			

특급 II 배정 4,650자 중 新習漢字 1,150자 (1/6)

한자	뜻	음	한자	뜻	음	한자	뜻	음	한자	뜻	음	한자	뜻	음	한자	뜻	음
珂	옥 이름	가	盍	덮을[蓋]	개(:)	倞	굳셀	경	控	당길	공:	麴	누룩	국	祺	길할	기
訶	꾸짖을	가	愷	즐거울	개:	曔	밝을	경	跨	넘을	과	裙	치마	군	碁	바둑	기
茄	가지	가	鎧	갑옷	개:	絅	당길/홑옷	경:	鍋	노구솥	과	堀	팔	굴	琪	피변 옥	기
枷	칼/도리깨	가	喀	토할	객	擎	받들	경	梡	도마	관	芎	궁궁이	궁	錤	호미	기
痂	헌데딱지	가	粳	메벼	갱	璥	옥 이름	경	菅	왕골	관	淃	돌아 흐를	권	磯	여울돌	기
跏	책상다리할	가	炬	횃불	거:	屆	이를[至]	계:	瓘	옥	관	獗	날뛸	궐	畿	밭갈	기
愨	정성/삼갈	각	鉅	톱/클	거:	堺	지경[界]	계:	罐	물동이	관	蕨	고사리	궐	饑	주릴	기
侃	강직할	간:	祛	떨어없앨	거	棨	중계[棨戟]	계:	适	빠를	괄	饋	먹일	궤	夔	조심할	기
柬	가릴	간	據	일할/의거할	거	誡	경계할	계:	恝	괄시할	괄	晷	해 그림자	귀	佶	바를	길
桿	막대	간	踞	걸어앉을	거:	稽	머무를	계	肱	빛날	광	赳	헌걸찰	규	桔	도라지	길
稈	볏짚	간	鋸	톱	거:	磎	시내	계	侊	성할	광	槻	물푸레나무	규	娜	아리따울	나
磵	시내[澗]	간:	遽	급할	거:	谿	시내	계	洸	물 솟을	광	竅	구멍	규	柟	녹나무	남
乫	땅이름	갈	愆	허물	건	尻	꽁무니	고	珖	옥피리	광	勻	고를	균	湳	물 이름	남
曷	어찌	갈	楗	문빗장	건	攷	상고할[考]	고(:)	筐	광주리	광	昀	밭 일굴	균	楠	녹나무	남
碣	비석	갈	蹇	절	건	沽	살/팔	고	紘	벼리	굉	鈞	무거울	균	柰	사과/어찌	내
蝎	전갈	갈	騫	이지러질	건	苽	줄|오이	고과	嶠	산길	교	筠	대껍질	균	秊	해[年]	년
坎	구덩이	감	鈐	자물쇠	검	菰	줄풀	고	蕎	메밀	교	劤	힘셀	근	拈	집을|집을	념점
嵌	끼울	감	黔	검을	검	羔	새끼 양	고	餃	교자	교	芹	미나리	근	恬	편안할	념
戡	이길	감	劒	칼	검:	誥	깨우칠	고:	鮫	상어	교	菫	씀바귀	근	捻	비틀	념
橄	감람나무	감	瞼	눈시울	검	睾	불알	고	翹	우뚝할	교	懃	은근할	근	寗	차라리	녕
鑑	거울[鑑]	감	迲	자래[單位]	겁	暠	밝을|흴	고호	勾	굽을	구	妗	외숙모	금	獰	사나울	녕
龕	감실	감	抉	도려낼	결	槁	마를	고	咎	허물	구	昑	밝을	금	瑙	마노	노
胛	어깻죽지	갑	鉗	집게	겸	藁	짚	고	坵	언덕[丘]	구	芩	풀이름	금	鬧	지껄일	뇨
羌	오랑캐	강	箝	재갈	겸	蠱	독벌레/고혹할	고	柩	널[柩]	구	衿	옷깃	금	嫩	어릴	눈:
舡	배	강	慊	앙심먹을|족할	겸협	斛	휘	곡	耉	늙은이	구	檎	능금	금	杻	싸리|수갑	뉴:추:
堈	독	강	鎌	낫	겸	梱	문지방	곤	逑	짝	구	伋	생각할	급	彖	판단할	단
絳	짙게 붉을	강:	坰	들[野]	경	崑	산 이름	곤	毬	제기/공	구	圻	경기[京畿]	기	袒	옷 벗어 멜	단
强	강할[强]	강(:)	俓	지름길[徑]	경	琨	옥돌	곤	絿	급할	구	玘	패옥	기	亶	진실로	단
襁	포대기	강	涇	물 이름	경	鯤	곤어	곤	銶	끌	구	祁	클	기	鄲	한단	단
疆	지경[疆]	강	逕	길	경	滾	넘쳐흐를	곤	廐	마구간[廏]	구	祇	지신	기	澾	미끄러울	달
鱇	아귀	강	耿	빛날	경	琪	큰옥	공	瞿	놀랄	구	埼	갑	기	獺	수달	달
疥	옴	개	劻	굳셀	경	蚣	지네	공	鞫	국문할	국	錡	가마 솥/세발 가마	기	坍	무너질	담

- 29 -

특급 II 배정 4,650자 중 新習漢字 1,150자

聃	귓바퀴 없을 담	芚	싹 돋을 둔	岺	산 깊을 령	浬	해리 리	芼	나물 모	璞	옥 덩어리 박
啖	씹을 담	嶝	고개 등	怜	영리할 령	鯉	잉어 리	姆	여스승 모	泮	얼음 풀릴/학교 반
錟	창 담	喇	나팔 라	聆	들을 령	唎	소리 리	眸	눈동자 모	盼	눈 예쁠 반
覃	깊을 담	蘿	담쟁이 라	羚	영양 령	莉	말리 리	瑁	대모 모	瘢	흉터 반
湛	즐길ㅣ잠길 담/잠	珞	구슬 락	笭	다래끼 령	璃	유리 리	募	모뜰 모	磐	너럭바위 반
葚	지모ㅣ쐐기풀 담/심	欒	단란할 란	翎	깃 령	羸	야윌 리	鶩	집오리 목	蚌	조개 방
沓	겹칠 답	嵐	아지랑이 람	澧	물 이름 례	潾	맑을 린	朦	몽롱할 몽	舫	쌍배 방
幢	기 당	擥	잡을[攬] 람:	鹵	개펄 로	璘	옥빛 린	渺	묘할[妙] 묘:	滂	비 퍼부을 방
戇	어리석을 당	襤	남루할 람	輅	수레 로	藺	골풀 린	錨	닻 묘	蒡	우엉 방
垈	돈대 대	攬	잡을 람:	潞	물 이름 로	琳	아름다운 옥 림	无	없을[無] 무	磅	돌 떨어지는 소리 방
岱	산 이름 대	欖	감람나무 람	瀘	물 이름 로	霖	장마 림	珷	옥돌 무	盃	잔[杯] 배
玳	대모(玳瑁) 대	纜	닻줄 람	櫓	노/방패 로	砬	돌 소리 립	楙	모과나무 무	焙	불 쬘 배
黛	눈썹그릴 대	琅	옥소리 랑	蓼	조개풀 록	瑪	마노 마	懋	힘쓸 무:	裵	성[裴] 배
棹	노ㅣ책상 도/탁	瑯	법랑 랑	瀧	젖을 롱	碼	마노 마	繆	얽을ㅣ어그러질 무/류	褙	배자 배
嶋	섬 도	螂	사마귀 랑	朧	몽롱할 롱	邈	멀 막	鸚	앵무새 무:	佰	우두머리 백
覩	볼 도	峽	산이름 래	賚	줄[賜] 뢰	万	일만[萬] 만:	刎	목자를 문	栢	측백[柏] 백
櫂	상앗대 도	徠	올 래	瀨	여울 뢰	曼	길[長] 만	吻	입술 문	樊	울 번
韜	감출 도	涼	서늘할[涼] 량	廖	공허할 료	巒	멧부리 만	們	무리 문	幡	기 번
犢	송아지 독	粮	양식 량	蓼	여뀌 료:	茉	말리 말	雯	구름무늬 문	燔	구울 번
牘	편지 독	犁	쟁기ㅣ얼룩소 려/리	婁	끌 루	秣	끝 말	汩	아득할 물	琺	법랑 법
纛	둑[儀仗旗] 독	藜	명아주 려	蔞	물쑥 루	邙	북망산 망	梶	나무 끝 미	檗	황벽나무 벽
旽	밝을 돈	欄	종려나무 려	褸	남루할 루	莽	풀 망	湄	물놀이 미	蘗	황경나무 벽
焞	어스름할ㅣ성할 돈/퇴	儷	짝 려	瘻	부스럼 루	輞	바퀴 테 망	湄	물가 미	霹	벼락 벽
墩	돈대 돈	蠣	굴 려:	縷	실오리 루:	陌	밭두둑길 맥	嵋	산 이름 미	駢	쌍말ㅣ나란히 할 변/병
暾	해 돋을 돈	驪	나귀 려	鏤	새길 루	驀	뛰어넘을 맥	楣	인중방 미	鱉	자라[鼈] 별
遯	도망할ㅣ도망할 돈/둔	轢	차에 치일/삐걱거릴 력	旒	깃발 류	氓	백성 맹	謎	수수께끼 미	幷	아우를 병
仝	한가지[同] 동	霹	벼락 력	榴	석류 류	冪	덮을 멱	黴	기미낄 미	軿	수레 병
潼	물 이름 동	璉	호련 련	瑠	유리 류	麵	국수[麪] 면	泯	빠질 민	棅	자루[柄] 병:
蚪	주두 두	攣	손발 굽을 련	瀏	맑을 류	茗	차싹 명	岷	산이름 민	珤	보배[寶] 보:
荳	팥 두	洌	찰 렬	侖	산 이름/차례 륜	椧	홈통 명	忞	슬퍼할 민	湺	사람이름 보
逗	머무를 두	冽	맑을 렬	厘	다스릴[釐]ㅣ가게[廛] 리/전	蓂	명협 명	緡	돈꿰미 민	褓	포대기 보
竇	구멍 두	伶	악공/영리할 령	狸	삵 리	瞑	눈감을 명	雹	우박 박	宓	성(姓) 복

특급 II 배정 4,650자 중 新習漢字 1,150자

茯	복령	복	俟	기다릴	사	墅	농막	서:	嘯	휘파람	소	徇	부릴/조리돌릴	순	諶	믿을	심
菔	무	복	梭	북[織具]	사	鋤	호미	서	瀟	물 이름	소	栒	나무이름	순	娥	예쁠	아
輹	바퀴통	복	柶	숟가락/윷	사	汐	조수	석	篠	조릿대	소	詢	물을	순	峨	산 높을	아
鄷	땅이름	볼	駟	사마[駟馬]	사	淅	쌀일	석	涑	물 이름	속	楯	난간	순	莪	다북쑥	아
峯	멧부리	봉	砂	모래	사	蓆	클	석	謖	일어날	속	蓴	순채	순	蛾	누에나방	아
燧	내자옥할	봉	莎	사초	사	琁	옥	선	飧	밥 | 벼슬이름	손찬	諄	거듭 이를	순	鵝	거위	아
琫	칼 장식	봉	裟	가사(袈裟)	사	渲	바림	선	巽	부드러울	손	錞	악기이름	순	鴉	갈 까마귀	아
缶	장군	부	渣	찌끼	사	詵	말 전할/많을	선	蓀	향풀	손	橓	무궁화나무	순	鄂	땅이름	악
孚	믿을	부	肆	방자할/베풀	사:	跣	맨발	선	淞	물 이름	송	蕣	무궁화	순	鍔	칼날	악
荢	갈청 | 굵어죽을	부표	瑣	잘게 부술	사새	僊	춤 훨훨 출	선	釗	쇠	쇠	銖	돗바늘	술	鰐	악어	악
艀	거룻배	부	篩	체	사	嬋	고울	선	峀	산굴	수	崧	산 높을	숭	渥	비 젖을/두터울	악
趺	가부좌할	부	汕	오구	산	蟬	매미	선	峃	산굴[岫]	수	嵩	산 높을	숭	幄	장막(帳幕)	악
鳧	물오리	부	蒜	마늘	산	詵	사람이름	선	茱	수유	수	蝨	이	슬	齷	악착할	악
溥	넓을	부	霰	싸락눈	산	鐥	대야	선	琇	옥돌	수	褶	사마치/주름 | 겹옷	습첩	嶽	큰산[岳]	악
汾	물 이름	분	乷	땅이름	살	饍	반찬[膳]	선:	銹	쇳 녹날	수	陞	오를	승	鮟	아귀	안
盼	햇빛	분	杉	삼나무	삼	蘚	이끼	선	脩	길[長]	수	蠅	파리	승	岩	바위[巖]	암
賁	클 | 꾸밀	분비	衫	적삼	삼	癬	버짐	선:	蓚	수산	수	尸	주검	시	唵	움켜먹을	암
枇	비파나무	비	芟	풀벨	삼	楔	문설주	설	綏	편안할 | 기 드리움	수유	豕	돼지	시	菴	암자	암
毗	도울	비	鈒	새길	삽	齧	깨물	설	綬	인끈	수	屎	똥	시	狎	친압할	압
粃	쭉정이	비	颯	바람소리	삽	褻	무람없을	설	漱	양치할	수	恃	믿을	시:	昂	높을[昻]	앙
祕	숨길[祕]	비:	牀	평상[床]	상	贍	넉넉할	섬	嗽	기침할	수	蒔	모종할	시	厓	언덕	애
斐	아롱질	비	峠	고개	상	筬	서고	성	隧	길[路]	수	翅	날개	시	磑	거리낄[礙]	애:
菲	엷을	비	湘	물이름	상	珹	옥이름	성	璲	패옥	수	蓍	시초	시	掖	낄/겨드랑이	액
榧	비자나무	비	廂	곁채	상	筬	바디	성	燧	봉화	수	嘶	말 울/목쉴	시	罌	양병	앵
牝	암컷	빈	橡	상수리	상	惺	깨달을	성	邃	깊을	수	埴	찰흙 | 찰흙	식치	鸚	앵무새	앵
玭	진주	빈	賽	굿할	새	猩	성성이	성	藪	숲/늪	수	寔	이(是)	식	椰	야자나무	야
浜	물가	빈	穡	거둘	색	腥	비릴	성	鬚	수염	수	餮	땅이름	식	蒻	부들	약
斌	빛날	빈	笙	생황	생	笹	가는대[細竹]	세	讐	원수	수	侁	걷는 모양	신	佯	거짓	양
檳	빈랑나무	빈	栖	깃들일[棲]	서:	炤	밝을 | 비출	소조	琡	옥 이름	숙	莘	세신[細辛]	신	痒	가려울[癢]	양:
騁	달릴	빙	捿	깃들일	서:	韶	풍류/아름다울	소	潚	물 맑을	숙	蓋	조개풀	신	敭	날릴[揚]	양
乍	잠깐	사	絮	솜 | 성	서여	遡	거슬러 올라갈	소	璹	옥 그릇	숙	沁	스며들	심	暘	해 돋을	양
伺	엿볼	사	筮	점대	서	銷	쇠 녹일	소	恂	미쁠/무서울	순	芯	골풀	심	煬	녹일	양

특급 II 배정 4,650자 중 新習漢字 1,150자 (4/6)

漢	뜻	음	漢	뜻	음	漢	뜻	음	漢	뜻	음	漢	뜻	음	漢	뜻	음
瀁	물 깊을	양	渶	물 이름	영	蔿	버들고리	오	甬	종꼭지	용	寃	원통할[冤]	원(:)	薏	율무 | 연밥 속	의/억
禳	빌[祈]	양	煐	빛날	영	隩	물굽이	오	俑	허수아비	용	嫄	여자이름	원	艤	배댈	의
穰	볏 줄기	양	鍈	방울소리	영	瑥	사람이름	온	埇	길 돋울	용:	愿	삼갈	원	蟻	개미	의
馭	말부릴	어	霙	진눈깨비	영	瘟	염병	온	慂	권할	용	轅	끌채	원	懿	아름다울	의
齬	이어긋날	어:	楹	기둥	영	縕	묵은 솜	온:	湧	물 솟을[涌]	용:	鉞	도끼	월	苡	율무/질경이[苢]	이:
檍	참죽나무	억	塋	무덤	영	兀	우뚝할	올	墉	담[垣]	용	暐	빛날	위	苐	흰 비름 | 띠 싹	이/제
偃	쓰러질	언	濚	물소리	영	瓮	독	옹	榕	나무이름	용	葦	갈대	위	貤	줄[與]	이
孼	서자	얼	濴	물 졸졸 흐를	영	饔	아침밥	옹	玗	옥돌	우	瑋	옥이름	위	飴	엿	이
蘖	싹	얼	嶸	산 가파를	영	癰	종기	옹	芋	토란	우:	幃	휘장	위	肄	익힐	이:
俺	나	엄	穎	이삭	영	蛙	개구리	와	旴	해뜰	우	蝟	고슴도치	위	彛	떳떳할[彝]	이
淹	담글	엄	潁	물 이름	영	窪	웅덩이	와	盂	바리	우	蔿	애기 풀	위	邇	가까울	이:
嶪	산 높을	업	瀛	바다	영	窩	움집	와	紆	얽힐	우	攸	아득할	유	謚	빙그레할 | 시호	익/시
茹	꼭두서니	여	瓔	옥돌	영	浣	빨	완	釪	바리때	우	臾	잠깐	유	瀷	물 이름	익
艅	배이름	여	纓	갓끈	영	脘	중완[胃脘]	완	雩	기우제	우	侑	짝/권할	유:	茵	자리/사철 쑥	인
璵	옥	여	乂	깎을	예	琓	나라이름	완	瑀	옥돌	우	洧	물 이름	유	絪	기운	인
歟	어조사	여	刈	벨	예	翫	구경할	완:	褕	복	우	釉	유약	유	靭	가슴걸이	인
礜	돌	여	汭	물굽이	예	椀	주발[碗]	완	藕	연뿌리	우:	萸	수유	유	馹	역말[驛馬]	일
轝	수레[輿]	여:	倪	어릴	예	琬	홀	완	栯	나무이름	욱	瑜	아름다운 옥	유	妊	아이 밸[妊]	임:
沇	물 이름	연	猊	사자	예	碗	주발[椀]	완:	彧	문채	욱	逾	넘을	유	恁	생각할	임
涓	졸졸/흐를	연	霓	암무지개	예	豌	완두	완	稢	무성할	욱	猷	꾀할	유	荏	들깨	임
娟	예쁠	연	叡	밝을	예:	娃	예쁠 | 미인	왜/와	勖	힘쓸	욱	楢	졸참나무	유	稔	익을 | 익을	임/념
涎	침	연	蘂	꽃술[蕊]	예:	嵬	높을	외	煴	노란모양	운	孺	어릴	유	廿	스물[卄]	입
挻	당길	연	旿	밝을	오	瑤	아름다운 옥	요	澐	큰 물결	운	濡	젖을/막힐	유	仍	인할	잉
烟	연기[煙]	연	晤	맞이할	오	繇	성할 | 부드러울	요/유	蕓	평지	운	堉	기름진 땅	육	芿	새 풀싹	잉
堧	빈땅	연	晤	밝을	오	嶢	높을	요	橒	나무이름	운	毓	키울	육	孜	부지런할	자
縯	길 | 당길	연/인	敖	거만할	오	橈	노/꺾어질	요	兀	땅이름	울	玧	귀막이옥/붉은 옥	윤/문	咨	차탄할/물을	자
嚥	침 삼킬	연	熬	볶을	오	蟯	요충	요	円	둥글[圓]	원	贇	물 깊고 넓을	윤	茨	남가새	자
苒	풀 우거질	염	獒	사나운 개	오	繞	두를	요	沅	물 이름	원	贇	예쁠 | 예쁠	윤/빈	斫	쪼갤	작
剡	날카로울	염	鼇	자라	오	燿	비칠/빛날	요	洹	물이름	원	聿	붓	율	孱	잔약할	잔
琰	옥	염	鼇	자라	오	褥	요[薦]	욕	垣	담	원	融	물 깊고 넓을	융	潺	물 졸졸 흐를	잔
髥	구레나룻	염	塢	산언덕	오:	縟	화문 놓을	욕	爰	이에	원	慇	은근할	은	岑	산 높을	잠
曄	빛날	엽	蜈	지네	오	冗	한산할/번잡할	용:	湲	물 졸졸 흐를	원	倚	기댈	의	臧	착할	장

특급Ⅱ 배정 4,650자 중 新習漢字 1,150자 (5/6)

贓	장물 장	佃	밭갈 전	霽	갤 제:	楫	노 즙	侄	어리석을 질	詹	이를(至) 첨
橵	장롱 장:	畑	화전 전	吊	조상할 조: [弔]	緝	거둘|거둘 즙집	蛭	거머리 질	簽	이름 둘 첨
暲	해 돋을 장	鈿	비녀 전	俎	도마 조	拯	건질 증	瓆	사람이름 질	堞	성가퀴 첨
樟	녹나무 장	佺	신선이름 전	蚤	벼룩 조	烝	찔/뭇 증	潗	샘물 솟을 집	睫	속눈썹 첨
牆	담 장	筌	통발 전	晁	아침 조	甑	시루 증	鏶	쇳조각 집	輒	문득 첨
梓	가래나무 재:	詮	갖출 전	窕	그윽할 조	繒	비단 증	侘	자랑할/실의할 차	菁	순무|빛날 청정
縡	일[事] 재	琠	옥 이름 전	雕	아로새길 조	沚	물가 지	嵯	산 높고 험할|산세 울쭉날쭉한 모양 차치	鯖	청어 청
溨	강 이름 재	塼	벽돌[甎] 전	璪	면류관장식 조	芷	구릿대 지	磋	갈[磨] 차	剃	머리 깎을 체
齎	가질|가질 재제	鐫	새길 전	鏃	살촉 족	趾	발 지	箚	글/찌를|글/찌를 차잡	艸	풀 초
箏	쟁[악기이름] 쟁	浙	강 이름 절	倧	신인(神人) 종	祇	공경할 지	齪	악착할 착	苕	완두 초
諍	간할 쟁	癤	부스럼 절	淙	물소리 종	砥	숫돌 지	粲	선명할/하얀 쌀밥 찬	酢	초|술 권할 초작
佇	우두커니 설 저:	岾	절이름|고개 점재	悰	즐길 종	漬	적실 지	澯	맑을 찬	椒	산초나무 초
苧	모시 저:	点	점[點] 점(:)	椶	종려나무[椶] 종	蜘	거미 지	篡	빼앗을[簒] 찬:	剿	끊을/노략질할 초
紵	모시 저:	鮎	메기 점	鐘	쇠북 종 중학 교육용	贄	폐백 지	竄	도망할/내칠 찬:	醮	초례 초
杵	공이 저	摺	접을|접을 접섭	侏	난쟁이 주	殄	끊을/다할 진	纘	이을 찬	矗	우뚝 솟을 촉
姐	맏누이 저	玎	옥 소리 정	姝	예쁠 주	畛	밭두렁 진	紮	묶을 찰	邨	마을[村] 촌:
疽	종기 저	淳	물괼 정	蛛	거미 주	袗	홑옷 진	砦	목책 채	悤	바쁠 총
菹	김치 저	諄	조정할 정	胄	투구 주	軫	수레 뒤턱나무 진	寀	채지 채	摠	거느릴 총
雎	물수리 저	妌	단정할 정	炷	심지 주	唇	놀랄 진	綵	비단 채:	憁	실심할 총
齟	이어긋날|이어긋날 저서	婷	빛날 정	酎	진한 술 주	桭	처마 진	釵	비녀|비녀 채차	蔥	파 총
這	이 저:	戩	동틀 정	湊	모일 주	賑	진휼 진:	剔	뼈 바를 척	湫	늪|웅덩이 추초
渚	물가 저:	鉦	징 정	綢	빽빽할 주	晉	성(姓)/나아갈[晋] 진:	倜	얽매이지 않을 척	萩	다북쑥 추
猪	돼지[豬] 저	淀	얕은 물 정	澍	단비 주	搢	꽂을 진	慽	근심할 척	諏	가릴 추
楮	닥나무 저	湞	물 이름 정	籌	산가지/헤아릴 주:	瑨	옥돌 진	蹠	밟을 척	皺	주름질 추
藷	감자 저	綎	인끈 정	粥	죽 죽	縉	꽂을 진	仟	일천 천	雛	새새끼 추
儲	쌓을 저	鋌	쇳덩이 정	逡	물러갈 준	臻	많을 진	阡	밭둑길 천	騶	마부 추
樗	가죽나무 저	霆	벼락 정	焌	불태울 준	榛	개암나무 진	舛	어그러질 천:	竺	천축 축
迪	나아갈 적	檉	능수버들 정	畯	농부 준	臻	이를 진	玔	옥고리 천	筑	악기이름 축
荻	물 억새 적	瀞	맑을 정	雋	영특할|살질 준전	蓁	사철 쑥 진	韆	그네 천	蹙	찡그릴/움츠릴 축
勣	공(功) 적	醍	제호 제	儁	영특할 준:	瞋	부릅뜰 진	輟	그칠 철	椿	옥 이름 춘
翟	꿩 적	臍	배꼽 제	寯	모을 준	縝	맺을 진	沾	젖을 첨	朮	삽주 출
鏑	살촉 적	薺	냉이 제:	茁	풀싹|풀싹 줄절	璡	옥돌 진	恬	달[甘] 첨	嘴	부리 취:

특급Ⅱ 배정 4,650자 중 新習漢字 1,150자

漢字	訓	音	漢字	訓	音	漢字	訓	音	漢字	訓	音	漢字	訓	音	漢字	訓	音
鷲	독수리	취:	杷	비파나무/써레	파	瀚	넓고 클	한	脇	갈비[脅]	협	确	굳을	확	煦	따스할	후
驟	빠를	취:	擺	벌릴/열	파	啣	재갈[銜]	함	泂	멀	형	攫	움킬	확	薰	향내	훈
仄	기울	측	坂	언덕	판	哈	마실	합	逈	멀	형	奐	빛날	환	勛	공[勳]	훈
厠	뒷간	측	鈑	금박	판	閤	합문	합	珩	패옥	형	渙	물 흩어질	환:	塤	질나발[壎]	훈
蚩	어리석을	치	瓣	꽃잎/날름	판	闔	문짝	합	烱	빛날	형	紈	흰 깁	환	燻	연기치밀	훈
梔	치자나무	치:	叭	나팔	팔	伉	강직할/짝	항:	熒	등불 반짝거릴	형	晥	밝을	환	薨	죽을	훙
淄	강 이름	치	捌	깨뜨릴	팔	杭	거룻배	항	滎	실개천	형	豁	넓을	활	暄	따뜻할	훤
緇	검을	치	浿	강 이름	패:	姮	항아(姮娥)	항	鎣	줄	형	晄	밝을	황	萱	원추리	훤
輜	짐수레	치	狽	이리	패:	桁	차꼬/도리	항형	瀅	사람이름	형	怳	들뜰	황	烜	밝을	훤
痴	어리석을[癡]	치	覇	으뜸[霸]	패:	嫦	항아/항아	항상	暳	별 반짝거릴	혜	幌	휘장	황	輝	빛날/햇무리	휘운
稚	어릴	치	烹	삶을	팽	孩	어린아이	해	鞋	신	혜	榥	책상	황	暉	햇빛	휘
飭	신칙할	칙	翩	빨리 날	편	垓	땅 가장자리	해	蕙	난초/혜초	혜:	隍	해자	황	畦	밭이랑/밭이랑	휴규
柒	옻[漆]	칠	枰	바둑판	평	蟹	게	해	蹊	지름길	혜	湟	웅덩이	황	虧	이지러질	휴
琛	보배	침	吠	짖을	폐	瀣	이슬	해	岵	초목이 우거진 산	호	蝗	황충[食苗蟲]	황	譎	속일	휼
朶	꽃송이	타	嬖	사랑할	폐	荇	마름 풀	행	岵	지황	호	篁	대숲	황	鷸	도요새	휼
拖	끌	타	佈	펼	포:	倖	요행	행:	淏	맑을	호:	潢	웅덩이	황	昕	해 돋을	흔
咤	꾸짖을	타	苞	떨기	포	珦	옥구슬	향	瓠	박	호	璜	패옥	황	炘	화끈거릴	흔
馱	짐 실을	타	匏	박	포	餉	먹일/양식	향:	壺	병	호	簧	생황	황	屹	산 우뚝할	흘
坼	터질	탁	俵	나누어줄	표	櫶	나무이름	헌	葫	물외/마늘	호	茴	회향	회	吃	말더듬을	흘
柝	쪼갤/딱따기	탁	彪	범	표	奕	클	혁	蝴	나비	호	匯	물돌아모일	회	紇	질낮은실	흘
倬	클	탁	瓢	표주박	표	泫	눈물 흘릴/이슬 맺힐	현:	滸	물가	호	澮	봇도랑	회	訖	이를[至]	흘
晫	밝을	탁	驃	누런 말	표	玹	옥돌	현	蒿	다북쑥/다북쑥	호고	獪	교활할/교활할	회쾌:	翕	모을	흡
琸	사람이름	탁	飇	폭풍	표	舷	뱃전	현	縞	흰 깁	호	宖	집 울릴	횡	晞	마를	희
啄	쫄	탁	陂	방죽/언덕	피파	睨	엿볼	현	濩	퍼질/낙숫물떨어지는 땅	호확	鐄	큰 쇠북	횡	僖	즐거울	희
嘆	한숨 쉴[歎]	탄:	苾	필추	필	晛	햇살	현	頀	구할	호	肴	안주	효	憘	기쁠[喜]	희
榻	긴 걸상	탑	珌	칼집장식 옥	필	眴	눈 불거질	현	顥	클	호	淆	뒤섞일	효	熺	빛날[熹]	희
帑	국고/재물|처자	탕:노	馝	향기로울	필	孑	외로울	혈	灝	물줄기 멀	호	涍	물 이름	효	熙	화할	희
邰	나라이름	태	昰	여름[夏]/이[是]	하:시:	頁	머리	혈	琿	아름다운 옥	혼	梟	올빼미	효	戲	놀이[戱]	희
撑	버틸[撐]	탱	厦	큰집	하:	夾	낄	협	汞	수은	홍	斅	가르칠	효	曦	햇빛	희
兔	토끼[兎]	토	廈	큰집	하:	浹	두루 미칠	협	烘	불 쬘	홍	驍	날랠	효	囍	쌍희(雙喜)	희
偸	훔칠	투	鰕	새우	하	莢	콩꼬투리	협	畵	그림/그을[畫]	화획	珝	옥 이름	후			
覗	엿볼	틈	閒	한가할	한	鋏	가위	협	譁	지껄일	화	帿	과녁	후			

특급 배정 5,978자 중 新習漢字 1,328자 (1/7)

漢字	뜻	음	漢字	뜻	음	漢字	뜻	음	漢字	뜻	음	漢字	뜻	음	漢字	뜻	음
珈	머리꾸미개	가	莒	나라이름	거	焭	외로울	경	轂	수레바퀴 통	곡	虢	나라 이름	괵	漚	물거품	구
哿	가할	가:	筥	광주리 | 밥통	거: 려:	煢	외로울	경	梱	문지방	곤	觥	뿔잔	굉	璆	옥경 쇠	구
斝	옥잔	가	琚	패옥	거	惸	근심할	경	髡	머리 깎을	곤	鞃	고삐	굉	糗	미숫가루	구
葭	갈대 | 멀	가하	椐	느티나무	거	瞏	놀라서 볼	경	緄	띠 | 오랑캐 이름	곤혼	佼	예쁠 / 업신여길	교	窶	가난할 | 기울어진 땅	구: 루:
檟	가나무 (떡갈나무)	가	虡	쇠북 걸이 틀	거	熲	빛날	경	錕	붉은 쇠	곤	姣	아름다울 / 아양 부릴	교	屨	신	구:
却	물리칠	각	蕖	패랭이꽃	거	褧	홑옷	경	鯀	큰 물고기	곤	茭	마른 꼴 | 풀뿌리	교효	匊	움큼	국
桷	서까래	각	籧	대자리	거	罄	다할	경:	邛	수고할	공	莜	당 아욱	교	詘	말 막힐 | 내칠	굴출
玕	옥돌	간	褰	걷을	건	檠	등잔걸이	경	悾	정성	공	嘐	깨물 | 클	교효	棬	나무그릇	권
衎	즐길 / 곧을	간	朅	떠날	결	鶊	꾀꼬리	경	夸	사치할 / 자랑할	과	憍	갈	교	睠	돌아볼	권:
幹	줄기 | 우물난간	간한	跲	엎드러질	겁	黥	자자할 (刺字)	경	稞	쌀	과	曒	밝을	교	綣	정다울	권
蕳	난초 / 연밥	간	愒	쉴 | 탐할	게개	綌	굵은 갈포	격	笄	비녀	계	敎	맬	교	鬈	머리 고울	권
瞯	엿볼 | 곁눈질할	간: 한:	鵅	왜가리 백로(白鷺)	격	焇	화덕	계	蜾	나나니벌	과	蹻	발들 | 짚신	교각	沇	구멍 샘	궤
秸	볏짚	갈	鵙	때까치	격	雞	닭	계	薖	너그러울	과	鷮	꿩	교	匭	상자	궤
減	덜	감	繳	주살 | 동일	격교	杲	밝을	고	癨	곽란 체하여 토하고 설사	곽	磽	자갈땅	교	垝	무너질	궤
酣	술 즐길	감	岍	산 이름	견	刳	가를	고	鞹	가죽	곽	艽	변방 | 진교	교구	跪	꿇어앉을	궤:
欿	서운할	감:	豣	돼지 / 노루	견	栲	북나무	고	躩	바삐 갈	곽	扣	두드릴	구	匱	갑(匣) / 다할	궤:
歛	바랄	감	畎	밭고랑	견	羖	염소	고:	卝	쌍상투	관	劬	수고할	구	簣	삼태기	궤:
瞰	엿볼	감:	狷	고집스러울	견	罛	큰 물고기 그물	고	祼	강신제 (降神祭)	관	篛	통발	구	簋	제기 이름 (祭器)	궤:
杠	깃대	강	睊	흘겨볼	견	觚	술잔	고	痯	병에 지칠	관	雊	장끼 울	구	餽	먹일	궤:
樌	참죽나무	강	獧	뛸 | 급할	견현	罟	그물	고:	綰	얽을	관	疚	오랜 병	구	宄	간악할	귀
玠	큰 홀	개	繾	곡진할	견:	酤	단술	고	錧	비녀장	관	韭	부추	구	糺	살필	규
湝	물 흐를	개	蠲	덜 / 정결할	견	楛	거칠 | 나무이름	고호	瘝	앓을	관	姤	만날	구	刲	찌를 / 벨	규
喈	새소리 / 빠를	개	袺	옷섶 잡을	결	槀	마른나무	고	鸛	황새	관	俅	공순할	구	頄	광대뼈 / 광대뼈	규 구
槩	평미레	개:	闋	마칠	결	熇	말릴	고	佸	모일	괄	捄	흙 파 올릴	구	頍	머리들	규
嘅	탄식할	개	觼	쇠고리	결	稾	원고 / 볏짚	고	栝	전나무	괄	裘	갖옷	구	戣	창	규
秔	메벼	갱	歉	흉년들	겸	鹽	짠못 / 마실	고	聒	떠들썩할	괄	觩	뿔 굽을	구	睽	어그러질 / 반목할	규
硜	돌 소리	갱	蒹	갈대	겸	翶	노닐	고	迋	속일 | 갈	광왕	彀	활 당길	구:	騤	말 건장할	규
賡	이을	갱	冂	멀	경	瞽	소경	고	誑	속일	광	媾	겹혼인 / 화친할	구	樛	휠	규
鏗	금석소리	갱	冏	빛날	경	鼛	큰북	고	桄	광랑나무	광	搆	얽을	구	闚	엿볼	규
羹	순대	갱	冋	빛날	경	櫜	칼집	고	纊	고운 솜	광:	遘	만날	구	菌	죽순	균
秬	검은 기장	거	駉	살찌고 큰	경	牿	외양간	곡	瑰	옥돌	괴	覯	만나볼	구	麕	노루	균
袪	소매	거:	脛	소 정강이뼈	경	觳	곱송그릴 | 비교할	곡각	蕢	흙덩이 | 삼태기	괴궤	嫗	할미	구	亟	빠를 | 자주	극기

특급 배정 5,978자 중 新習漢字 1,328자 (2/7)

殛	귀양 보낼 극	鼐	큰솥 내:	窞	구덩이 담	侗	지각없을/키 멀쑥할 동	蛉	고추잠자리 령	鄰 이웃 린
郄	틈 극	佞	재주 있을/아첨할 녕	髧	머리 늘어질 담	烔	뜨거울 동	鱧	가물치 례	苙 구릿대/짐승 우리 립
襋	옷깃 극	寗	차라리 녕	黕	검을/오디 담: 심	蝀	무지개 동:	簵	대 이름 로	禡 마제 (禡祭) 마
漌	맑을 근	孥	자식 노	驔	정강이 흰말 담	僮	아이 종 동	壚	검은 흙 로	瘼 병들 막
墐	묻을 근	峱	어지러울 노	儻	만일/노닐 당 상	眾	새그물 동	纑	베올 로	藐 멀/작을 막 묘
岌	산 높을 급	呶	지껄일 노	螗	씽씽 매미 당	斁	무너질/싫어할 두 역	淥	새길 록	墁 바를 만
亙	뻗칠 긍:	砮	돌 살촉 노	鏜	종고 소리 당	滕	물 솟아오를 등	隴	언덕 롱:	鏝 금 만
屺	민둥산 기	猱	산 이름 노	鐺	목 쇠사슬/노구 당 쟁	縢	등사 등	耒	따비 뢰:	秣 말먹이 말
芑	흰 차조 기	獶	원숭이 노	儅	고상할/구차할 당	縢	노/꿰맬 등	罍	술잔 뢰	蕄 힘쓸 망
忮	사나울 기	穠	무성할 농	祋	창 대	蠃	나나니벌 라	敹	가릴 료	沫 희미할/낯 씻을 매 회
歧	두 갈래길 기	餒	주릴 뇌	憝	원망할/악할 대:	臝	벌거벗을 라	漻	장마/장마 료: 로:	韎 가죽 매
跂	육발이/발돋움할 기	耨	호미 누:	懟	원망할 대:	雒	올빼미/표가라 락	繚	동일 료	苺 딸기 매
旂	용대기 기	忸	익을/부끄러울 뉴 뉵	懟	원망할 대	闌	가로막을 란	摟	안을 루	脢 등심 매
軝	수레 굴통 대 기	狃	익숙할 뉴:	忉	근심할 도	瓓	옥빛 란	罶	통발 류:	痗 병들 매
掎	당길 기	鈕	인꼭지 뉴	叨	탐할 도	捋	뽑을/문지를 랄	駵	월따말 류	鋂 사슬 고리 매
棊	바둑 기	你	너 니	咷	울 도	稂	가라지/강아지풀 랑	懰	근심할/아름다울 류	浼 더럽힐/편안히 흐를 매 면
僛	비틀거려 춤출 기	怩	부끄러워할 니	鞀	소고 도	勑	위로할/조서 래: 칙	藟	덩굴 풀 류	勱 힘쓸 매
綦	들메끈 기	柅	괵목 니	鼗	작은북 도	倈	올/위로할 래	廩	가둘/가둘 류: 루	霾 흙비 매
頎	헌걸찰 기	昵	친할/아비사당 닐 녜	荼	씀바귀 도	騋	큰말 래	虆	덩굴 류	貉 오랑캐 맥
暣	볕 기	爹	아비 다	稌	찰벼 도	膂	등골뼈 려	僇	욕할 륙	霢 가랑비 맥
墍	흙 바를 기	煅	쇠 불릴 단	慆	기뻐할 도	厲	엄할/숫돌 려:	穋	올벼 륙	湎 빠질 면
曁	미칠 기	漙	이슬 많을 단	謟	의심할 도	藘	꼭두서니 려	懍	두려워할 름	篾 대껍질 멸
夔	조심할 기	愽	근심할 단	絢	노 꼴 도	蠡	좀먹을/소라 려 라	廩	쌀 곳간 름	幦 덮개 멸
羇	굴레/나그네 기	癉	앓을 단	瘏	앓을 도	鬲	솥/가로막을 력 격	俐	영리할 리	眳 눈 흐릴/늙을 모
羈	굴레/나그네 기	襢	웃통 벗을/흰 베 단 전	閣	성문 도	櫟	떡갈나무 력	涖	임할 리	耗 늙을 모
姞	삼갈 길	怛	슬플 달	擣	찧을 도	酈	땅이름/땅이름 력 리	莅	임할 리	旄 털기 (旗) 모
赧	부끄러울 난:	闥	궐문 달	檮	등걸/산대 도 주	孌	아름다울 련	梩	삼태기 리	髦 다박머리 모
戁	두려워할 난	耼	귓바퀴 없을 담	幡	깃 일산 도	栵	산밤나무/늘어설 렬 례	离	도깨비/산신 리	麰 보리 모
陧	위태할 날	惔	속탈 담	匵	손궤 독	蘞	거지덩굴 렴	縭	신 꾸밀 리	蝥 해충 모
靹	고삐 납	菼	달 담:	櫝	궤 독	姈	여자 영리할 령	詈	꾸짖을 리	綦 수레 장식 목
曩	지난번 낭:	餤	먹을 담	黷	더러울 독	昤	햇빛 령	纚	맬/머리 싸개 리 사	霂 가랑비 목
迺	이에 내:	菡	연 봉오리 담	彤	붉은 칠할 동	苓	복령 (茯苓) 령	潾	물 맑을 린	濛 이슬비 몽

특급 배정 5,978자 중 新習漢字 1,328자 (3/7)

字	訓	音	字	訓	音	字	訓	音	字	訓	音	字	訓	音	字	訓	音
幪	덮을	몽	襮	수놓은 깃	박	丰	예쁠	봉	緋	인끈	불	儐	인도할	빈	諝	슬기	서
矇	소경	몽	胖	살찔	반	芃	풀 무성할	봉	艴	성 발끈 낼	불/발	擯	물리칠	빈	噬	씹을	서:
饛	밥 수북이 담을	몽	鞶	가죽 띠	반	唪	크게 웃을	봉	紱	인끈	불	瑸	옥의 무늬	빈	澨	물가	서
眇	애꾸	묘	茇	풀뿌리	발	菶	풀 우거질	봉	黻	슬갑/보불	불	繽	어지러울	빈	瘰	근심 병	서
茆	띠/갯버들	묘/류	軷	길 제사	발	葑	순무	봉	圮	무너질	비:	蠙	진주조개	빈	婼	아름다울/마	서/여
貓	고양이	묘	浡	우쩍 일어날	발	芣	질경이	부	仳	떠날	비	鬢	살쩍	빈	鱮	연어	서
髳	다박머리	무	厖	클	방	紑	옷 깨끗할	부	紕	꾸밀	비	豳	나라 이름	빈	舃	신 황·왕비의 예장용 신	석
廡	행랑	무	逄	막을	방	拊	어루만질	부:	伾	힘셀	비	蘋	마름	빈	腊	육포	석
膴	두터울	무	雱	눈 내릴	방	祔	합장할	부	岯	산 겹칠	비	糸	실/가는 실	사/멱	裼	벗어 맬/포대기	석/체
儛	춤출	무:	魴	방어	방	鮒	붕어	부:	秠	검은 기장	비	汜	늪	사:	鉐	놋쇠	석
繆	노	묵	幫	도울	방	俘	사로잡을	부	駓	황 부루	비	厃	문지방	사	鼯	다람쥐	석
炆	따뜻할	문	桮	술잔	배	桴	대 마루 재목에서 가장 높게 마루진 부분	부	畀	줄	비	涘	물가	사	螫	쏠	석
抆	어루만질	문	袢	속옷	번	罦	덮을	부	渒	물 이름	비	耜	따비/보습	사	毨	털갈	선
璊	붉은 옥	문	墦	무덤	번	蜉	하루살이	부	痹	저릴	비	笥	옷상자	사	琁	옥돌	선
虋	붉은 기장/검은 기장	문/미	翻	날/뒤칠	번	掊	헤칠	부	朏	초승달	비	傞	취한 춤	사	愃	상쾌할/너그러울	선/훤
弭	활고자	미:	蘩	흰 쑥	번	鈇	작두/도끼	부	荆	발 벨	비	葸	겁낼	사	僎	갖출/준작	선/준
敉	어루만질	미	枕	나무 이름	범	痡	앓을	부	悱	분할	비	榭	정자/사당	사	墡	흰 흙	선
糜	죽	미	辟	물리칠	벽	裒	모을	부	棐	도지개	비	葰	다섯 곱	사	墠	제터	선
麋	고라니	미	甓	벽돌	벽	枌	흰 느릅나무	분	腓	장딴지	비	蹝	천천히 걸을	사	挈	끌/이지러질	설/계
郿	땅이름	미	采	나눌	변	棼	어지러울	분	霏	눈 펄펄 내릴	비	簑	도롱이	사	偰	맑을	설
瀰	물 가득할	미	籩	제기 이름	변	苯	우거질	분	篚	대 광주리	비:	鯊	상어/모래무지	사	紲	고삐	설
壐	힘쓸	미	怲	근심할	병	濆	물가	분	騑	곁 마	비	鑠	쇠 녹일	삭	線	맬/소매	설/예
忞	힘쓸	민	苪	풀 이름	병	鼖	재갈 장식	분	俾	하여금	비:	潸	눈물 줄줄 흘릴	산	禼	설만할 무례하고 거만하다.	설
潣	물 줄줄 흐를	민	逬	흩어질	병	蕡	열매 많을	분	庳	낮을	비	歃	마실	삽	憸	아첨할	섬
敃	힘쓸	민	餠	병	병	豶	불깐 돼지[去勢]	분	埤	더할	비	塽	높고 밝은 땅	상	韘	깍지	섭
暋	강할/번민할	민	鴇	너새	보:	饙	진 밥	분	鞞	마상 북/칼집	비/병	殤	어려서 죽을	상	娍	아름다울	성
黽	힘쓸/맹꽁이/땅이름	민/맹/면	黼	수놓은 옷	보	鼖	큰북	분	閟	닫을	비	顙	이마	상:	瑆	옥빛	성
痻	병들	민	扑	칠	복	市	슬갑(膝甲) 무릎까지 내려오는 옷	불	貔	맹수 이름	비	鱨	자가사리/날치	상	騂	붉은 소	성
慜	총명할	민	福	뿔막이/뿔막이	복/벽	茀	슬갑/우거질	불	霙	장대할	비	眚	재앙	생	帨	수건	세
亳	땅이름	박	葍	순무	복	咈	어길	불	羆	곰	비	紓	늘어질	서	玿	아름다운옥	소
鉑	금박	박	濮	물 이름	복	葍	우거질	불	轡	고삐	비:	湑	이슬 맺힐	서	招	나무 흔들릴	소
鎛	호미	박	鍑	솥	복	簠	수레 가리개	불	邠	나라 이름	빈	婿	사위	서:	埽	쓸	소(:)

특급 배정 5,978자 중 新習漢字 1,328자 (4/7)

漢字	訓	音	漢字	訓	音	漢字	訓	音	漢字	訓	音	漢字	訓	音	漢字	訓	音
蛸	갈거미	소	俶	비롯할	숙	鴈	기러기	안:	嶷	숙성할|산 이름	억의	燄	불 당길	염	鋈	도금할	옥
霄	하늘	소	橚	무성할	숙	歹	뼈 앙상할|나쁠	알대	唁	위문할	언	檿	산뽕나무	염	昷	온화할	온
翛	날개소리	소	肫	광대뼈	순	訐	들추어낼	알	鰋	메기	언:	饜	싫을|배부를	염:	慍	성낼	온:
愫	소란스러울|고달플	소초	䣒	나라 이름	순	戛	창|어근버근할	알	臬	문지방	얼	豔	고울[艶]	염:	媼	할미	온
愫	정성	소	犉	입술 검은 누렁소	순	揠	뽑을	알	臲	위태할	얼	爗	빛날	엽	醞	술빚을	온:
愬	하소연할|두려워할	소색	鶉	메추리	순	遏	막을	알	孼	서자	얼	饁	들밥 먹일	엽	韞	감출	온:
艘	배	소	湏	물가	순	頞	콧대	알	渰	구름일	엄	咏	읊을	영	扤	움직일	올
繅	고치 켤	소	璱	아름다운 옥	슬	黯	검을	암:	揜	가릴	엄	郢	땅이름	영	杌	가지 없는 나무|위태로울	올
蠨	갈 거미	소	熠	빛날	습	卬	나	앙	閹	고자|내시	엄	縈	얽힐	영	阢	위태할	올
觫	곱송그릴|몸을 잔뜩 움츠리다.	속	隰	진펄	습	泱	물 깊고 넓을|흰 구름일	앙영	溎	물 이름|축축할	역	贏	가득할	영	顒	우러를	옹
餗	삶은 나물	속	兕	외뿔 소	시	盎	동이	앙	畬	새 밭|따비밭	여사	贏	남을	영	雝	화할|할미새	옹
楝	참나무	속:	枲	수삼	시:	鞅	가슴걸이	앙	旟	기(旗)	여	攖	찌를|가까이할	영	灉	물 이름	옹
萩	푸성귀	속	偲	힘쓸	시	僾	비슷할|돋보기	애	鷽	갈 까마귀	여	羿	사람 이름	예:	壅	막힐	옹
薥	쇠귀나물	속	緦	시마 (緦麻)	시	餲	밥 쉴	애:	埸	지경|밭두둑	역	蚋	모기	예:	吪	움직일	와
飧	저녁밥|물만밥	손	啻	뿐	시:	藹	초목 우거질	애:	暘	햇살 약할	역	堄	성가퀴	예	垸	회 섞어 바를	완
飱	저녁밥	손	塒	홰	시	戹	좁을	액	淢	빨리 흐를|해자	역혁	睨	흘겨볼	예:	盌	주발	완
蟀	귀뚜라미	솔	鳲	뻐꾸기	시	阨	막힐|좁을	액애	棫	두릅나무	역	輗	멍에 막이	예	婠	품성 좋을	완
竦	공경할|두려울	송:	諟	다스릴	시:	額	이마	액	罭	물고기 그물	역	麑	사슴새끼	예	騧	공골 말|털빛이 누른 말	왜
洒	뿌릴|씻을	쇄:세:	釃	술 거를	시	嚶	꾀꼬리 소리	앵	緆	혼솔|홈질한 옷의 솔기	역	勩	수고로울|수고로울	예이	殀	일찍 죽을	요
璅	옥가루	쇄:	栻	점치는 판	식	淪	데칠|지질	약	閾	문지방	역	瘱	묻을	예:	喓	벌레 소리	요
殳	창	수	矧	하물며	신:	禴	봄 제사	약	嶧	산 이름	역	藝	심을	예:	葽	아기 풀	요
叟	늙은이	수	哂	웃을	신:	籥	피리	약	懌	기뻐할	역	蘂	꽃술	예:	徭	구실	요
廋	숨길	수	甡	수두룩할	신	昜	볕	양	鶂	거위 소리|거위 소리	역예	棨	드리울	예	蕘	나무할	요
瞍	소경	수	駪	많을	신	錫	말 이마 치장	양	鸚	칠면조	역	翳	가릴	예:	徼	구할|변방	요:교:
售	팔	수	璶	옥돌	신	颺	날릴	양	兗	땅이름	연	鷖	갈매기	예	鷂	암꿩이울	요
睟	바로 볼	수	贐	노자 (路資)	신:	漾	물 출렁거릴	양	悁	성낼|조급할	연견	汙	더러울	오:	宂	일없을|번잡할	용:
豎	세울	수	蟋	귀뚜라미	실	瀼	이슬 많은 모양	양	蜎	벌레 꿈틀거릴	연	朽	흙손	오	廱	나라이름	용
漱	물 이름|노려볼	수휴	葚	오디	심	孃	건량	양	掾	아전	연	忤	거스를	오:	踴	뛸	용:
樠	산 배|돌배나무	수	諗	고할	심	敔	막을	어	醼	잔치	연	珸	아름다운 돌	오	吁	탄식할	우
穟	벼 이삭	수	迓	맞을	아	圉	마부	어	噎	목멜	열	熬	거만할	오	盱	눈 부릅뜰	우
繻	고운비단	수	愕	깜짝 놀랄	악	飫	배부를	어:	冄	나아갈	염	謷	시끄러울	오	訏	속일	우
讎	미워할|미워할	수추	犴	들개|옥(獄)	안	饇	배부를	어	焱	불꽃|불꽃	염혁	隩	감출	오	俁	클	우

특급 배정 5,978자 중 新習漢字 1,328자 (5/7)

嚘	떼 지을/웃는 모양 우	䄷	곡식 무성할 유	劓	코 벨 의	柘	메 뽕나무 자	岨	돌산 저	梃	몽둥이 정
訧	허물 우	莠	가라지/강아지풀 유	薿	우거질/우거질 의억	秄	북돋울 자	筯	젓가락 저	瑆	옥 이름 정
堣	땅이름 우	帷	휘장/장막 유	饐	밥 쉴/밥 쉴 의애	茲	초목 무성할 자	逖	멀 적	桯	탁자 정
耦	짝 우:	濰	물 이름 유	弬	그만둘 이	孳	새끼 칠 자	蹢	조심해서 걸을/밟을 적	裎	옷 벗을 정
楀	나무이름 우	揉	휠 유	杝	나무이름/쪼갤 이치	鎡	호미 자	簖	가늘고 길 적	酲	숙취 정
踽	홀로 걸을 우	楰	산유자나무 유	迤	든든할/어정거릴 이타	粢	서직/젯밥 자	趯	뛸/뛸 적약	鋌	칼날세울 정:
麀	암사슴 우	窬	판장문(板牆門) 유	訑	자랑할/방탕할 이탄	胾	고깃점 자	糴	쌀 사들일 적	棖	문설주 정
麌	수사슴/떼 지어 모일 우	緌	갓끈 유	佴	귀 벨 이	貲	재물 자	覿	볼 적	靚	단장할 정
憂	근심할 우	瀢	물 흐르는 모양 유	苢	질경이 이:	訾	훼방할/헐뜯을 자	畋	사냥할 전	赬	붉을 정
耰	고무래 우	楢	화톳불 놓을 유	洟	콧물 이	呰	훼방할/헐뜯을 자	旃	기(旗) 전	泲	물 이름 제
勖	힘쓸 욱	輶	가벼운 수레 유	栘	가시목 이	鼒	옹솥 자	荃	향초 전	娣	제수 제:
稶	서직 무성할 욱	褎	옷 잘 입을/나아갈/소매 유수	詒	줄/속일 이태	赭	붉은 흙 자	牷	희생 전	稊	가라지/강아지풀 제
奧	머루 욱	牖	깨우칠/창 유	頤	턱 이	柞	떡갈나무 작	飦	죽 전	鵜	사다새 제
燠	더울 욱	曘	햇빛 유	樲	멧대추나무 이:	偼	갖출/욕할 잔	腆	두터울 전:	隄	둑/막을 제
沄	물 콸콸 흐를 운	醹	술맛진할 유	彝	떳떳할 이	戕	찌를 장	戩	다할 전	瑅	옥 이름 제
篔	왕대 운	籲	부르짖을 유	杙	주살 익	斨	도끼 장	翦	자를 전	禔	편안할 제
菀	무성할/동산/개미취 울원:완	籲	부르짖을 유	仞	길 인:	奘	클 장	瘨	앓을 전	懠	성낼 제
黿	큰 자라 원	狁	오랑캐 이름 윤	牣	가득할 인:	牂	암양 장	闐	성할 전	隮	오를 제
騵	붉은 말 원	阭	높을 윤	訒	말더듬거릴 인:	鏘	옥 소리 장	巓	산꼭대기 전	嚌	맛볼 제
刖	발꿈치 벨 월	汨	물 흐를/빠질 율골	靭	바퀴고임나무 인	麞	보리수 장	靦	부끄러울 전:	穧	볏단 제
軏	멍에 막이 월	欥	빨리 날 율	陻	막을/막힐 인	粻	양식 장	遭	머뭇거릴 전	蠐	굼벵이 제
喟	한숨 쉴 위	繘	두레박줄 율	禋	제사지낼 인	漳	물 이름 장	鱣	전어/드렁 허리 전:선:	躋	오를 제
煒	빛날 위	驈	샅 흰 검은말 율	闉	성문 인	烖	재앙 재	顓	오로지 전	皂	검을/하인 조:
闈	대궐 작은 문 위	訔	언쟁할 은	誾	공손할 인	賫	가질 재	瀍	물 이름 전	皁	검을/하인 조:
韡	밝고 성한 모양 위	溵	물 이름 은	駰	회색얼룩말 인	纔	겨우 재	晢	밝을/별 반짝일 절제	阼	동편섬돌 조
蔿	익모초 위	憖	물을/원할 은	泆	음탕할/넘칠 일	氐	근본 저	晣	밝을/별 반짝일 절제	徂	갈 조
卣	술통 유	嚚	어리석을 은	衽	옷깃 임	疷	앓을 저	坫	잔 돌려놓는 자리 점	殂	죽을 조
呦	사슴 울 유	檼	마룻대/도지개 은	袵	옷깃 임	羜	숫양 저	玷	옥티 점	佻	경박할 조
黝	검푸를 유	挹	뜰/읍할 읍	陹	담쌓는 소리 잉	羝	새끼 양 저	墊	빠질 점	恌	경박할 조
羑	인도할 유	浥	젖을 읍	姊	손윗누이 자 중학교육용 추가	杼	북(織具) 저:	簟	대자리 점	洮	씻을 조
囿	동산 유:	扆	병풍 의	胏	밥찌끼 자	苴	암삼/두엄 풀 저자	阱	함정 정	旐	기 조
鮋	상어 유	猗	불깐 개/부드러울 의아	秭	천억 자	罝	짐승그물 저	涏	물결 곧을/윤이 날 정전	罩	가리 조

특급 배정 5,978자 중 新習漢字 1,328자 (6/7)

漢字	訓音	漢字	訓音	漢字	訓音	漢字	訓音	漢字	訓音	漢字	訓音
慥	독실할 조	鬻	죽|팔 죽육	仳	작을 차	倩	아름다울|사위 천:청:	漼	눈 서리 쌓일 최	廁	뒷간 측
蜩	매미 조	隼	새매 준	泚	물 맑을 차	梴	나무 밋밋할 천	摧	꺾을 최	庤	쌓을 치
蔦	담쟁이덩굴 조	埻	과녁 준	瑳	옥빛 차	邅	빠를 천	嘬	물(齧) 최:	哆	입 벌릴 치
篠	삼태기 조	噂	수군거릴 준	斲	벨 착	幝	해진 모양 천	棸	나무 이름 추	甾	묵정밭|재앙 치재
絛	고삐 조	蹲	걸어앉을 준	斵	깎을 착	啜	훌쩍거릴 철	緅	아청빛 추	絺	가는 칡 베 치
鰷	피라미 조	鱒	송어 준	湌	먹을|밥 찬손	掇	주울 철	鄒	나라 이름 추	寘	둘 치
懆	근심할 조	崒	산 높을 줄	巑	높이 솟을 찬	惙	근심할 철	萑	익모초|물 억새 추환	褫	옷 벗길|빼앗을 치
螬	굼벵이 조	騭	수말 즐	爨	불 땔 찬:	歠	마실 철	騅	푸르고 흰 얼룩말 추	鴟	솔개 치
晁	아침 조	戢	거둘 즙	扎	뽑을 찰	驖	구렁말 철	雛	비둘기 추	憒	성낼 치
竈	부엌 조	濈	화목할 즙	憯	마음 아플 참	忝	욕될 첨	甃	우물 벽돌 추	懥	성낼 치
尰	수중다리 종	璔	옥(玉) 증	譖	참소할 참	覘	엿볼|엿볼 첨점	鷲	무수리 추	觶	술잔 치
椶	종려나무 종	坻	모래섬|무너질 지저	毚	약은 토끼 참	餂	핥을 첨	蝤	나무굼벵이|하루살이 추유	忱	정성 침
豵	모일 종	蚔	개미 알 지	艸	향 풀 창	襜	수레휘장 첨	瘳	병 나을 추	綝	붉은 실|비단 침섬
樅	전나무 종	輊	수레 숙어질 지	悵	슬플 창:	杕	나무 우뚝 설|키 체타	縐	주름 추	寢	잘 침:
瑽	패옥소리 종	踟	머뭇거릴 지	韔	활집 창	彘	돼지 체	麤	거칠 추	駸	말달릴 침
蹤	자취 종	鋕	새길 지	窓	창 창	棣	산 앵두나무|익숙할 체태	妯	동서|슬퍼할 축추	縶	말 맬 집
豵	돼지새끼 종	篪	저[笛] 지	搶	빼앗을 창	摕	빗치개|버릴 체제	柷	악기이름 축	夬	괘 이름|결단할 쾌
螽	메뚜기 종	紾	비틀|거칠 진	瑲	옥 소리 창	遰	갈마들|두를 체대	蓫	참 소리쟁이 축	噲	목구멍 쾌:
脞	잗달 좌	蓁	우거질 진	蹡	추창할 창	禘	큰제사 체	踧	삼갈|평평할 축척	它	다를|뱀 타사
姝	여자 예쁜 모양 주	螓	쓰르라미 진	鶬	왜가리|꾀꼬리 창	掣	끌|당길 체철	蹴	종종걸음칠 축	佗	짊어질|다를 타
霔	시우 주	瑱	귀막이옥 진	瘥	병 나을|역질 채차	髢	딴 머리 체	顣	찡그릴 축	沱	물 이름|눈물 흐를 타
侏	가릴 주	禛	복 받을 진	瘵	허로 병 채	蝃	무지개 체	杶	참죽나무 춘	紽	타래 타
咮	새부리 주	鬒	숱 많고 검을 진	蠆	벌(蜂)|전갈 채:	寱	꼭지|엎어질 체치	賰	넉넉할 춘	鮀	모래무지 타
邾	나라이름 주	垤	개밋둑 질	簣	살 평상 책	嚔	재채기할 체	怵	두려울 출	隋	산 좁고 길 타
驫	뒷발이 흰말 주	挃	벼벨 질	萋	풀 성할 처	悄	근심할 초	虫	벌레|벌레 충훼	鼉	자라|악어 타
輈	수레 주	絰	요질|수질 질	坧	터 척	誚	꾸짖을 초	忡	근심할 충	椓	칠 탁
遒	굳셀 주	耋	늙을 질	跖	발바닥 척	勦	노곤할 초	珫	귀막이 충	橐	전대 탁
裯	홑이불|소매 주도	銍	짧은 낫 질	惕	두려워할 척	譙	꾸짖을 초	揣	헤아릴|헤아릴 췌취	籜	낙엽 탁
幬	휘장|덮을 주도	庢	북치 질	感	근심할 척	蠋	뽕나무벌레 촉	惴	두려워할 췌	僤	빠를 탄
燽	드러날 주	蒺	남가새 질	蹐	잔걸음 척	躅	자취 촉	瘁	병들|병들 췌:	嘽	헐떡거릴|느릿할 탄:천
譸	속일 주	礩	주춧돌 질	蹢	머뭇거릴|굽 척적	冢	클|무덤 총	毳	솜털 취:	殫	다할 탄
躊	머뭇거릴 주	扲	도울 차	僉	엷을 천	漎	물 모일 총	昃	해 기울 측	驒	연전총(連錢驄) 탄

특급 배정 5,978자 중 新習漢字 1,328자 (7/7)

疃	짐승발자국 / 마을	탄	徧	두루 | 두루	편변	煆	클	하	莧	비름	현	懽	기뻐할	환	遹	좋을 / 간사할	휼
梲	막대기 | 동자기둥	탈절	褊	옷 좁을	편	騢	적부루마	하	儇	영리할	현	濶	넓을	활	訩	흉악할 / 다툴	흉
噃	먹는 소리 / 많을	탐	諞	교묘히 말할	편	鷽	함치르할	학	嬛	산뜻할 | 외로울	현경	喤	울음소리	황	忻	기뻐할	흔
醓	육장	탐	苹	다북쑥	평	扞	막을	한	鞙	멍에 끈	현	堭	해자	황	釁	틈	흔
漯	물이모이는모양 | 강 이름	탑루	敝	해질	폐:	鼾	코 고는 소리	한	騆	검푸른 말	현	媓	어머니	황	仡	날랠 | 배 흔들리는 모양	흘을
蝪	땅거미	탕	炰	구울	포	僩	너그러울 / 노할	한	絜	잴 | 깨끗할	혈결	洄	거슬러 흐를 / 돌아 흐를	회	汔	거의	흘
盪	씻을	탕:	炮	싸서 구울	포	暵	마를 / 말릴	한	洽	젖을	협	頮	낯 씻을	회	迄	이를	흘
簜	왕대	탕	麃	고라니 | 김맬	포표	熯	마를 / 말릴	한	協	맞을	협	薈	초목 무성할	회	齕	씹을 / 깨물	흘
迨	미칠	태	餔	저녁밥	포	劼	삼갈	할	盻	눈 흘길	혜	擭	잡을 | 덫	획확	潝	물 빨리 흐를	흡
駘	말 빨리 달릴	태	褒	기릴	포	轄	비녀장	할	徯	기다릴 / 가둘	혜	効	본받을 [效]	효:	咥	웃을 | 깨물	희절
魨	톤	톤	殍	굶어 죽을	표	菡	연꽃봉오리	함	傒	기다릴	혜:	傚	본받을	효	豨	돼지	희
噸	무게단위	톤	摽	칠	표	諴	화할	함	嘒	반짝거릴 / 작은 소리	혜	虓	범 울부짖을	효	嘻	탄식하는 소리 / 화락할	희
啍	느릿할 | 일깨울	톤순	嘌	빠를	표	鬫	범 우는소리	함	憓	사랑할	혜	殽	섞일 / 안주	효	榿	나무 이름	희
惇	느릿할 | 일깨울	톤순	淲	물 흐르는 모양 | 물 흐르는 모양	표퓨	柙	짐승 우리	합	譓	슬기로울	혜	嘵	두려워할	효	饎	주식	희
暾	염우 없을 | 빈터	톤탄	儦	떼 지어 다닐	표	盍	덮을 | 새 이름	합갈	怙	믿을	호:	鴞	부엉이 / 올빼미	효	餼	보낼	희
恫	슬플 | 으를	통롱	瀌	눈비 퍼부음	퓨	嗑	입 다물	합	嘑	부르짖을	호	囂	들렐	효	爔	불	희
隤	무너질	퇴	鑣	재갈	표	頏	새 날아 내릴 / 목구멍	항	皞	힐	호	酗	주정할	후	襭	옷자락에 꽂을	힐
蓷	익모초	퇴	飆	폭풍	표	陔	섬돌	해	皡	밝을	호	詡	자랑할	후			
魋	짐승이름 | 북상투	퇴추	豐	풍년	풍	醢	젓	해	薅	김맬	호	鍭	화살촉	후			
渝	변할	투	灃	강 이름	풍	覈	핵실할 사건의 실상을 조사함	핵	惛	흐릴 / 번민할	혼민	餱	건량	후			
忒	변할	특	詖	치우칠	피	悻	발끈 성낼	행:	洚	물 넘칠	홍	纁	분홍빛	훈			
豝	암퇘지	파	佖	점잖을 / 가득할	필	栩	상수리나무	허우	鉷	쇠뇌	홍	纁	금빛 바랠	훈			
嶓	산 이름	파	怭	설만할	필	巚	산봉우리	헌	鬨	싸움소리	홍	咺	울	원			
皤	머리 흴	파	鉍	창 자루	필	獫	오랑캐 이름 | 개	험렴	臐	붉을 / 진사(辰砂)	확	貆	담비 새끼	원			
簸	까부를	파:	飶	음식의 향기	필	玃	오랑캐 이름	험	矍	두리번거릴	확	諠	지껄일 / 잊을	원			
阪	클	판	駜	말 살찔	필	洫	고요할	혁	芄	왕골	환	諼	속일 / 잊을	원			
孛	살별 | 안색 변할	패발	觱	피리 / 쌀쌀할	필	洫	빌[虛] | 넘칠	혁	逭	도망할	환	虺	독사 / 작은 뱀	훼:			
斾	기(旗)	패	韠	슬갑 | 칼집	필병	焃	붉을	혁	睆	밝을	환	翬	날개 훨훨 칠 / 꿩	휘			
茷	풀잎 무성할	패	偪	핍박할	핍	虩	두려워할	혁	豢	기를	환	咻	지껄일 | 따뜻하게 할	휴후			
粺	정미(精米)	패	芐	지황 | 지황	하호	嚇	애통해할	혁	圜	두를 / 둥글	환원	睢	부릅떠볼 / 물 이름	휴수			
伻	심부름꾼	팽	呀	입 벌릴	하	衒	팔	현	鐶	고리	환	攜	끌	휴			
祊	제사이름	팽	菏	풀이름 / 늪 이름	하	晛	햇빛	현	鍰	무게단위 / 고리	환	觿	뿔송곳	휴			

본*문

가나다 순서 형성자(形聲字)끼리

급수	부수	한자	훈	음	中	예시
中 5급 0001	口 02 총05획	可	옳을 right; permission	가	可 kě, kè	可決(가결) 可恐(가공) 可觀(가관) 可能(가능) 可當(가당) 可動(가동) 可望(가망) 可變(가변) 可否(가부) 可笑(가소) 可視(가시) 可逆(가역) 可用(가용) 可憎(가증) 可及的(가급적)
1급 0002	口 05 총08획	呵	꾸짖을 scold/ blow	가	呵 hē, kē 啊 ā, ǎ, á	呵喝(가갈): 큰 소리로 꾸짖음 呵叱(가질): 큰 소리로 꾸짖음 呵責(가책): 자기나 남의 잘못에 대하여 꾸짖어 책망함. 양심의 가책을 느끼다. 呵凍(가동): 입김으로 녹임 呵呵大笑(가가대소): 소리를 내어 크게 웃음
2급(名) 0003	木 05 총09획	柯	가지 branch	가	柯 kē	柯葉(가엽): 지엽(枝葉) 柯條(가조): 나뭇가지 柯亭笛(가정적): 피리 爛柯之樂(난가지락): 바둑을 두는 재미 爛柯仙客(난가선객): 바둑돌 南柯一夢(남가일몽): 꿈과 같이 헛된 한때의 부귀영화. 南柯之夢
1급 0004	⺿艸05 총09획	苛	가혹할 harsh; severity	가	苛 kē	苛斂(가렴): 조세 따위를 가혹하게 거두어들임. 가렴주구(苛斂誅求) 苛性(가성) 苛疾(가질) 苛責(가책) 苛酷(가혹): 모질고 혹독함 苛政猛於虎(가정맹어호): 가혹한 정치는 호랑이보다 더 무섭다.
1급 0005	口 07 총10획	哥	성(姓) surname	가	哥 gē	哥(가): 성씨를 낮추어 이르는 말 哥哥(가가): 형을 부르는 말 哥器(가기): 장청자(章靑瓷)의 하나 哥窯紋(가요문): 잘게 갈라진 것같이 보이는 도자기의 무늬 哥薩克(가살극): Cossack [Kazak]
中 7급 0006	欠 10 총14획	歌	노래 song	가	歌 gē	歌曲(가곡) 歌劇(가극): 오페라(opera) 歌舞(가무) 歌詞(가사) 歌辭(가사) 歌手(가수) 歌謠(가요) 歌集(가집) 歌唱(가창) 歌姬(가희) 國歌(국가) 軍歌(군가) 聖歌(성가) 愛國歌(애국가)
2급(名) 0007	車 05 총12획	軻	수레 wagon 사람이름	가	軻 kē, kě	孟軻敦素 史魚秉直(맹가돈소 사어병직): 맹가(孟軻: 맹자(孟子)의 이름)는 근본을 두터이 닦았으며 사어는 올곧음을 견지했다. 千字文 ※ 阿(언덕 아), 何(어찌 하), 荷(연/ 멜 하), 河(강 이름 하)
中 5급 0008	力 03 총05획	加	더할 add	가	加 jiā	加減(가감) 加擊(가격) 加工(가공) 加擔(가담) 加盟(가맹) 加速(가속) 加熱(가열) 加壓(가압) 加入(가입) 加重(가중) 加害者(가해자) 加減乘除(가감승제): '더하기·빼기·곱하기·나누기'
2급(名) 0009	亻人05 총07획	伽	절 temple	가	伽 jiā qié, gā	伽藍(가람): 승가람마(僧伽藍摩)의 준말 伽倻(가야) 伽倻琴(가야금) 伽倻山(가야산) 伽陀(가타): 부처의 공덕·교리를 찬미하는 노래 글귀 迦陵頻伽(가릉빈가): 불경에 사람의 머리에 새의 몸을 한 상상의 새
2급(名) 0010	辶辵05 총09획	迦	부처 이름 Buddha	가	迦 jiā	迦羅(가라): 육가야(六伽倻) 迦羅國(가라국) 迦茶龍(가도룡): 잠을 자고 있다가 석가모니가 보리수로 향하는 사자보에 놀라 깨었다는 용 釋迦牟尼(석가모니) 摩訶迦葉(마하가섭): 부처 제자 대음광(大飮光)
高 3급Ⅱ 0011	木 05 총09획	架	시렁 shelf	가	架 jià	架構(가구): 재료를 조립하여 만든 구조물 架空(가공) 架橋(가교) 架設(가설): 건너질러 설치함 架子(가자): 시렁 書架(서가): 책꽂이 畵架(화가): 이젤 十字架(십자가): 형틀 高架道路(고가도로)
1급 0012	衣 05 총11획	袈	가사(袈裟) surplice, cope	가	袈 jiā	袈裟(가사): 스님들이 장삼 위에 걸쳐 입는 옷 袈裟佛事(가사불사) 僧雖憎 袈裟何憎(승수증 가사하증): 중이 밉기로 가사(袈裟)도 미우랴. 어떤 사람이 밉다고 그 사람에 딸린 것까지 미워할 것 없다는 뜻의 속담
1급 0013	馬 05 총15획	駕	멍에 yoke	가(:)	驾 jià	駕轎(가:교): 조선시대 임금과 세자의 장거리 행차에 사용하던 가마 駕御(가어): 말을 마음대로 다루어 부림 駕洛國(가락국): 가야(伽倻) 駕輕就熟(가경취숙): 어떤 일에 숙련되어 있음. 경거숙로(輕車熟路)
1급 0014	口 11 총14획	嘉	아름다울 fine; praise auspicious	가	嘉 jiā	嘉慶(가경) 嘉禮(가례) 嘉名(가명) 嘉賓(가빈) 嘉事(가사) 嘉尙(가상): 착하고 기특하다. 嘉祥(가상) 嘉賞(가상) 嘉優(가우) 嘉行(가행) 嘉俳節(가배절): 추석 嘉會洞(가회동): 서울 종로구
中 3급Ⅱ 0015	亻人06 총08획	佳	아름다울 beautiful	가	佳 jiā	佳客(가객) 佳境(가경) 佳句(가구) 佳配(가배) 佳賓(가빈) 佳約(가약) 佳釀(가양) 佳作(가작) 仲秋佳節(중추가절) 佳人薄命(가인박명): 아름다운 사람은 운명(運命)이 기박(奇薄)하다. 美人薄命

번호	급수	부수/획수	漢字	훈	음	中文	용례
0016	中 4급II	行 06 총12획	街	거리 street	가(:)	街 jiē	街道(가:도) 街頭(가:두) 街角(가각) 街說(가설) 街販(가판) 商街(상가) 街路燈(가로등) 街路樹(가로수) 市街地(시가지) 街談巷說(가담항설): 거리나 항간에 떠도는 소문. '뜬소문'으로 순화
0017	中 7급II	宀 07 총10획	家	집 house; home	가	家 jiā ·jia	家系(가계) 家寶(가보) 家事(가사) 家屋(가옥) 家庭(가정) 家族(가족) 家畜(가축) 家親(가친) 家訓(가훈) 作家(작가) 家計簿(가계부) 家政婦(가정부) 家和萬事成(가화만사성)
0018	1급	女 10 총13획	嫁	시집갈 marry	가	嫁 jià	嫁期(가기): 시집갈 만한 나이 嫁娶(가취): 시집가고 장가듦 嫁禍(가화): 화를 남에게 넘겨씌움 出嫁(출가): 처녀가 시집을 감 轉嫁(전가): 죄과·책임 등을 남에게 넘겨씌움 責任轉嫁(책임전가)
0019	1급	禾 10 총15획	稼	심을 operation	가	稼 jià	稼器(가기) 稼動(가동) 稼得(가득) 稼穡(가색): 곡식농사 稼樹(가수) 出稼(출가): 일정한 기간 타향에서 돈벌이를 함 稼動率(가동률) 稼行炭田(가행탄전): 채광 작업이 진행 중인 탄광
0020	中 4급II	亻(人)09 총11획	假	거짓 lie; false	가:	仮/假 jiǎ jià	假量(가량) 假令(가령) 假面(가면) 假說(가설) 假設(가설) 假飾(가식) 假裝(가장) 假定(가정) 假稱(가칭) 假建物(가건물) 假登記(가등기) 假支給(가지급) 假處分(가처분) **특외** 叚(빌릴 가)
0021	高 4급	日 09 총13획	暇	틈/겨를 leisure	가:	暇 xiá	暇隙(가극) 暇逸(가일) 告暇(고가) 公暇(공가) 賜暇(사가) 餘暇(여가) 年暇(연가) 請暇(청가) 閑暇(한가) 休暇(휴가) 席不暇暖(석불가난): 앉은 자리가 따뜻할 겨를이 없다. 바쁘게 활동함
0022	2급(名)	貝 06 총13획	賈	성(姓)/장사 trade	가 고	贾 jiǎ gǔ	賈島(가도): 당(唐)나라 때의 시인 賈誼島(가의도): 충남 태안군 賈竪(고수): 장사치 賈人(고인): 상인 都賈(도고) 商賈(상고) 商賈船(상고선) 多錢善賈(다전선고): 밑천이 넉넉하면 장사를 잘할 수 있다.
0023	中 5급II	亻(人)13 총15획	價	값 value; price	가	価/价 jià	價格(가격) 價金(가금) 價値(가치) 高價(고가) 代價(대가) 物價(물가) 市價(시가) 時價(시가) 株價(주가) 定價(정가) 評價(평가) 價值觀(가치관) 價性比(가성비): 가격 대비 성능
0024	中 6급II	口 03 총06획	各	각각 each	각	各 gè gě	各各(각각) 各級(각급) 各其(각기) 各論(각론) 各別(각별) 各自(각자) 各種(각종) 各處(각처) 各界各層(각계각층) 各樣各色(각양각색) 各自圖生(각자도생): 제각기 살길을 도모함
0025	1급	忄(心)06 총09획	恪	삼갈 cautious	각	恪 kè	恪虔(각건) 恪恭(각공) 恪謹(각근): 마음가짐과 몸가짐을 조심함 恪別(각별) 恪肅(각숙) 恪循(각순) 恪愼(각신) 恪遵(각준): 정성껏 따르고 지킴 恪勤勉勵(각근면려): 정성을 다하여 부지런히 힘씀
0026	高 3급II	門 06 총14획	閣	집 cabinet; tall building	각	阁 gé gǎo	閣監(각감) 閣令(각령) 閣僚(각료) 閣議(각의) 閣筆(각필) 閣下(각하) 改閣(개각) 樓閣(누각) 鐘閣(종각) 殿閣(전각) 閣外協力(각외협력) 內閣責任制(내각책임제): 의원(議院) 내각제
0027	中 6급II	角 00 총07획	角	뿔 horn; angle	각	角 jiǎo jué	角度(각도) 角木(각목) 角質(각질) 角膜(각막) 角形(각형) 角化(각화) 頭角(두각) 角逐戰(각축전) 三角形(삼각형) 角者無齒(각자무치): 뿔이 있는 짐승은 이가 없다. 복을 겸하지 못함
0028	高 3급	卩 05 총07획	却	물리칠 repulse; rejection	각	却 què	却說(각설) 却下(각하) 却行(각행) 棄却(기각) 賣却(매각) 退却(퇴각) 消却(소각) 燒却場(소각장) 減價償却(감가상각) 却之不恭(각지불공): 주는 것을 거절하여 물리치는 일은 공손하지 못함
0029	中 3급II	月肉07 총11획	脚	다리 leg	각	脚 jiǎo jué	脚光(각광): 조명 脚本(각본): 극본(劇本) 脚色(각색): 재미있게 꾸밈 失脚(실각) 行脚(행각) 脚氣病(각기병) 脚線美(각선미) 脚硬症(각경증): 다리가 뻣뻣하여 자유롭지 못한 병증 ↔ 脚軟症(각연증)
0030	高 4급	刀 06 총08획	刻	새길 carve; sculpture	각	刻 kè kē	刻苦(각고) 刻薄(각박) 刻印(각인) 刻字(각자) 彫刻(조각) 刻苦勉勵(각고면려) 刻骨難忘(각골난망) 刻薄成家(각박성가) 刻舟求劍(각주구검): 미련하고 융통성이 없음 刻畫無鹽(각화무염)

급수	부수/획수	漢字	訓/뜻	音	简体/pinyin	용례
2급(名) 0031	玉05 총09획	珏	쌍옥(雙玉) pair gem	각	珏 jué	崔珏圭(최각규): 1933년 강릉에서 출생 1975년부터 1977년까지 농수산부 장관, 1988년부터 1992년까지 제13대 국회의원, 1991년부터 1993년까지 부총리 겸 경제기획원 장관 1995~1998 강원도 도지사
1급 0032	殳08 총12획	殼	껍질 shell	각	壳 ké qiào	殼果(각과) 殼膜(각막) 殼物(각물) 殼頂(각정) 殼皮(각피) 龜殼(귀각) 卵殼(난각) 地殼(지각) 脫殼(탈각) 貝殼(패각) 甲殼類(갑각류): 딱딱한 등딱지로 덮여있는 게·가재·새우 따위
高4급 0033	見13 총20획	覺	깨달을 awake; conscious	각	觉/觉 jué jiào	覺苦(각고) 覺來(각래) 覺書(각서) 覺醒(각성) 覺樹(각수) 覺悟(각오) 覺位(각위) 感覺(감각) 味覺(미각) 視覺(시각) 知覺(지각) 錯覺(착각) 聽覺(청각) 觸覺(촉각) 嗅覺(후각)
中4급 0034	干00 총03획	干	방패 shield	간	干 gān gàn	干羽(간우): 무무(武舞)를 추는 사람의 방패와 문무(文舞)를 추는 사람의 새의 깃 干滿(간만) 干涉(간섭) 干城(간성) 干與(간여): 간예(干預) 干潮(간조) 干支(간지) 干戚舞(간척무): 방패와 도끼를 들고 추는 춤
高3급II 0035	刀03 총05획	刊	새길/ 책 펴낼 print; publish	간	刊 kān	刊刻(간각) 刊經(간경) 刊校(간교): 교정(校正) 刊剝(간박) 刊本(간본) 刊布(간포) 刊行(간행) 發刊(발간) 日刊(일간) 月刊(월간) 出刊(출간) 創刊(창간) 朝刊新聞(조간신문)
1급 0036	女03 총06획	奸	간사할 guile	간	奸 jiān	奸巧(간교) 奸徒(간도) 奸吏(간리) 奸婦(간부) 奸邪(간사) 奸詐(간사) 奸惡(간악) 奸慝(간특) 奸凶(간흉) 奸臣(간신) 奸細之輩(간세지배): 간사한 짓을 하는 못된 사람의 무리 奸細輩
2급(名) 0037	木03 총07획	杆	몽둥이 heavy stick	간	杆 gān gǎn	桿의 본자 杆棒(간봉): 몽둥이 杆城邑(간성읍): 강원 고성군 杆太(간태): 강원도 간성(杆城) 앞바다에서 잡히는 명태 欄杆(干)(난간): 층계나 다리의 가장자리에 막아 세워 놓은 구조물
高3급II 0038	月肉03 총07획	肝	간 liver	간(ː)	肝 gān	肝腸(간장) 肝氣(간ː기) 肝腦(간ː뇌) 肝油(간ː유) 肝癌(간ː암) 肝炎(간ː염) 肝臟(간ː장) 肝肺(간ː폐) 肝硬變症(간ː경변증) 肝腦塗地(간ː뇌도지) 肝膽相照(간ː담상조): 속마음을 터놓고 사귐
1급 0039	竹03 총09획	竿	낚싯대/ 장대 fishing rod/ pole	간	竿 gān	竿頭(간두): 장대나 대막대기 따위의 끝 釣竿(조간): 낚싯대 幢竿(당간): 당(幢)을 달아 세우는 대 百尺竿頭(백척간두) 竿頭之勢(간두지세): 대막대기 끝에 선 것 같은 아주 위태로운 형세
高3급II 0040	干10 총13획	幹	줄기 trunk; stem	간	干 gàn	幹理(간리): 관리(管理) 幹部(간부) 幹事(간사) 根幹(근간) 樹幹(수간) 語幹(어간) 主幹(주간): 어떤 일을 책임지고 처리함 幹線道路(간선도로) 基幹産業(기간산업): 산업의 바탕이 되는 산업
2급(名) 0041	艮00 총06획	艮	괘 이름/ 그칠 cease	간	艮 gèn gěn	艮方(간방): 24方位 北東을 중심 15도 범위/ 8方 북동 중심 45도 艮時(간시): 02:30~03:30 艮峴(간현): 강원 海艮島(해간도): 통영 艮卦(간괘): 팔괘의 하나 상형(象形)는 '☶'으로, 산을 상징함
1급 0042	土13 총16획	墾	개간할 reclaim	간	垦 kěn	開墾(개간): 거친 땅을 일구어 논밭이나 쓸모 있는 땅으로 만듦 墾租(간조): 개간조세 墾鑿(간착): 황무지를 개간하고 도랑을 팜 公墾田(공간전): 품삯을 주고 일군, 관아 소유의 논밭 新墾畓(신간답)
高3급II 0043	心13 총17획	懇	간절할 earnest; sincerity	간ː	恳 kěn	懇曲(간곡): 간절하고 정성스럽다. 懇求(간구) 懇誠(간성) 懇切(간절): 더없이 지성스럽고 절실하다. 懇請(간청) 懇囑(간촉) 懇談會(간담회): 서로 터놓고 정답게 이야기를 나누는 모임
1급 0044	艮11 총17획	艱	어려울 difficult	간	艰 jiān	艱苦(간고) 艱苟(간구) 艱窘(간군) 艱辛(간신) 艱深(간심): 해석하기 어렵고 뜻이 깊다 艱楚(간초): 힘들고 고생스럽다 艱禍(간화) 艱患(간환) 艱難(간난) 內艱(내간) 艱難辛苦(간난신고)
高3급 0045	女06 총09획	姦	간음할 adultery	간ː	奸 jiān	姦所(간소): 간통한 곳 姦淫(간음): 부부가 아닌 남녀가 성적 관계를 맺음 姦通(간통): 배우자 있는 사람이 배우자 이외의 이성과 성적 관계를 맺는 일 姦非(간비) 強姦(강간) 劫姦(겁간) 輪姦(윤간) 通姦(통간)

中 4급 0046	目 04 총09획	看	볼 see; watch	간	看 kàn kān	看經(간경) 뗸 독경(讀經) 看過(간과) 看山(간산) 看色(간색) 看守(간수) 看做(간주): ① 그러한 것으로 여김 ② 그렇다고 침 看破(간파) 看板(간판) 看病(간병) 看護(간호) 看護師(간호사)
1급 0047	扌手09 총12획	揀	가릴 select	간:	拣 jiǎn	揀擇(간택): ① 분간하여 선택함 ② 왕·왕자·왕녀의 배우자를 선택함 揀拔(간발) 揀選(간선): 가려서 뽑음 揀閱(간열): 가리기 위하여 하나씩 쭉 점고하는 일 分揀(분간): 선악·대소·경중·시비 등을 가려서 앎
1급 0048	言 09 총16획	諫	간할 expostulate	간:	谏 jiàn	諫言(간언): (임금에게) 간하는 말 諫鼓(간고) 諫果(간과): 감람(橄欖) 諫官(간관) 諫疏(간소) 諫臣(간신): 왕에게 옳은 말로 간하는 신하 司諫院(사간원): 조선 때, 임금에게 간(諫)하는 일을 맡아보던 관아
中 7급Ⅱ 0049	門 04 총12획	間	사이 interval	간(:)	间 jiān xián	間隔(간격) 間隙(간극) 間年(간:년) 間斷(간:단) 間伐(간:벌) 間食(간:식) 間紙(간:지) 間接(간:접) 間諜(간:첩) 間歇(간:헐) 間或(간:혹) 間歇的(간:헐적): 일정한 시간 간격을 두고 되풀이되는 것
1급 0050	氵水12 총15획	澗	산골 물 valley stream	간:	涧 jiàn	澗谷(간곡): 산골짜기(산과 산 사이의 움푹 들어간 곳) 澗溪(간계): 산골 물. 계류(溪流) 澗壑(간학): 물이 흐르는 골짜기 石澗(석간): 돌이 많은 산골짜기에 흐르는 시내
1급 0051	疒 12 총17획	癎	간질 epilepsy	간(:)	痫 xián	癎氣(간:기): '뇌전증' 癎癖(간:벽): 버럭 신경질을 잘 내는 버릇 癎疾(간:질): '뇌전증(腦電症)'의 전 용어. 경련을 일으키고 의식 장애를 일으키는 발작 증상이 되풀이하여 나타나는 병
高 4급 0052	竹 12 총18획	簡	대쪽/ 간략할 split bamboo/ simple	간(:)	简 jiǎn	簡檄(간격): 편지와 격문 簡紙(간:지) 簡札(간:찰) 書簡(서간) 簡擇(간택): 여럿 중에서 골라냄 書簡文(서간문)/ 簡潔(간결) 簡單(간단) 簡略(간략) 簡素(간소) 簡便(간편) 簡易(간:이)
中 3급 0053	氵水09 총12획	渴	목마를 thirst	갈	渴 kě	渴求(갈구) 渴急(갈급) 渴望(갈망) 渴仰(갈앙) 渴愛(갈애) 渴症(갈증) 解渴(해갈) 渴筆(갈필): 먹을 슬쩍 묻혀서 쓴 글씨 渴水期(갈수기) 渴而穿井(갈이천정): 목이 말라야 우물을 판다.
1급 0054	口 09 총12획	喝	꾸짖을 scold	갈	喝 hē hè	喝食(갈식) 喝采(갈채): 외침이나 박수로 칭찬이나 환영함 喝取(갈취) 喝破(갈파) 恐喝(공갈) 一喝(일갈): 한 번 큰 소리로 꾸짖음 傳喝(전갈) 喝道聲(갈도성): 길을 비키도록 길을 인도하는 사람이 지르던 소리
2급 0055	++艹09 총13획	葛	칡 arrowroot	갈	葛 gé gě	葛藤(갈등): 칡과 등나무가 서로 얽히는 것과 같이 서로 적대시하거나 충돌함 葛根(갈근) 葛粉(갈분) 葛布(갈포) 葛皮(갈피) 葛筆(갈필) 葛峴洞(갈현동) 葛巾野服(갈건야복): 처사(處士)의 소박한 옷차림
1급 0056	立 09 총14획	竭	다할 run out; exhaust	갈	竭 jié	竭力(갈력): 있는 힘을 다해 애씀 竭盡(갈진): 다하여 없어짐 盡心竭力(진심갈력) 竭忠報國(갈충보국): 진충(盡忠)보국 血竭(혈갈): 종려과 기린갈나무의 진을 말린 것. 기린갈(麒麟竭)
1급 0057	衤衣 09 총14획	褐	갈색/ 굵은베 brown	갈	褐 hè	褐銅(갈동) 褐色(갈색): Brown 褐炭(갈탄): 갈색의 석탄 褐夫(갈부): 거친 베옷을 입은 남자 褐藻類(갈조류): 갈색 해조류 褐寬博(갈관박): 거친 베로 헐렁하게 지어 입은 추레한 옷
2급(名) 0058	革 09 총18획	鞨	오랑캐이름 uncivilized	갈	鞨 hé	靺鞨(말갈): 수나라·당나라 때, 둥베이(東北) 지방에 있던 퉁구스계의 일족《여진족·만주족이 이 종족의 후예임》
中 4급 0059	甘 00 총05획	甘	달 sweet	감	甘 gān	甘露(감로) 甘味(감미) 甘美(감미) 甘受(감수) 甘草(감초) 甘言利說(감언이설): 달콤한 말과 이로운 조건을 내세워 꾀는 말 甘吞苦吐(감탄고토): 제 비위에 맞으면 좋아하고 맞지 않으면 싫어한다.
1급 0060	木 05 총09획	柑	귤/ 감자나무 mandarin [tangerine] orange	감	柑 gān	柑果(감과) 柑橘(감귤) 柑子(감자) 柑皮(감피) 金柑(금감) 蜜柑(밀감) 唐柑子(당감자): 중국에서 들여 온 밀감 黃柑製(황감제): 제주도에서 진상하는 황감을 성균관과 사학 유생들에게 내리고 실시하던 과거

급수	부수/획수	한자	훈음	음	간체	예시
1급 0061	疒 05 총10획	疳	감질 disease of child-hood	감	疳 gān	疳疾(감질): ① 감병 (疳病) ② 먹고 싶거나 갖고 싶거나 하고 싶어 애타는 마음 ③ 바라는 마음에 못 미쳐서 성에 차지 않음 無辜疳(무고감): 어린아이의 얼굴이 누렇게 뜨고 몸이 바짝 마르는 감병
1급 0062	糸 05 총11획	紺	감색 dark blue; navy blue	감	绀 gàn	紺色(감색): 검은빛을 띤 남빛 紺碧(감벽): 검은빛을 띤 짙은 청색 紺宇(감우): 절 紺園(감원) 紺岳山(감악산): 바위사이로 검은 빛과 푸른빛이 동시에 쏟아져 나온다는 파주시, 양주시, 연천군 사이에 있는 산
1급 0063	力 09 총11획	勘	헤아릴 consider	감	勘 kān	勘檢(감검) 勘斷(감단): 죄를 심리하여 처단함 勘審(감심) 勘案(감안): 헤아려 살핌 勘處(감처) 勘判(감판): 생각하여 판단함 勘緘(감함): 비위를 감사(監査)하기 위하여 밀봉한 편지로 사실을 묻는 것
1급 0064	土 09 총12획	堪	견딜 endure	감	堪 kān	堪耐(감내): 어려움을 참고 견딤 堪能(감능) 堪當(감당): 맡아서 당해냄 不堪當(불감당) 堪勝(감승): 잘 견디어 이겨 냄 難堪(난감): 처지가 매우 딱하다. 堪輿(감여): 만물을 포용하여 싣고 있는 물건, 하늘과 땅
中 4급 0065	攵攴08 총12획	敢	감히/ 구태여 venture; bravery	감:	敢 gǎn	敢然(감연) 敢行(감행) 敢鬪(감투) 果敢(과감) 勇敢(용감) 敢不生心(감불생심): 감히 엄두도 내지 못함. 감불생의(敢不生意) 敢怒不敢言(감노불감언): 성은 나도 감히 그것을 입 밖에 내지 않음
1급 0066	目 12 총17획	瞰	굽어볼 look down	감	瞰 kàn	瞰視(감시): 높은 데서 내려다봄 瞰下(감하): 내려다봄 俯瞰(부감): 높은 데서 굽어 내려다봄 烏瞰圖(오감도): 이상(李箱)이 지은 연작시 鳥瞰圖(조감도): 새가 높은 곳에서 내려다본 상태의 그림이나 지도
中 4급II 0067	氵水09 총12획	減	덜 subtract; decrease	감:	减 jiǎn	減量(감량) 減免(감면) 減俸(감봉) 減産(감산) 減稅(감세) 減少(감소) 減殺(감쇄) 減壽(감수) 減點(감점) 減縮(감축) 減價償却(감가상각): 고정 자산에 가치의 소모를 셈하는 회계절차
中 6급 0068	心 09 총13획	感	느낄 feeling; sense	감:	感 gǎn	感覺(감각) 感激(감격) 感動(감동) 感謝(감사) 感想(감상) 感傷(감상) 感性(감성) 感染(감염) 感泣(감읍) 感情(감정) 感知(감지) 感觸(감촉) 感慨無量(감개무량) 感[かん]じ: 간지
2급 0069	忄心13 총16획	憾	섭섭할 sorry; reluctant	감:	憾 hàn	憾情(감정): 마음에 언짢게 여기어 원망하거나 성내는 마음 憾情的(감정적): (자제하지 못하고)감정(感情)에 치우치는 것 憾怨(감원): 원망(怨望)함 遺憾(유감): 마음에 남아있는 섭섭한 마음
高 4급II 0070	皿 09 총14획	監	볼 oversee; supervision	감	监 jiān jiàn	監禁(감금) 監督(감독) 監理(감리) 監事(감사) 監修(감수) 監視(감시) 監營(감영) 監獄(감옥) 監察(감찰) 監聽(감청) 監査院(감사원) 監齋使者圖(감재사자도): 명부전에 지옥사자도
高 3급II 0071	金 14 총22획	鑑	거울 mirror	감	鉴 jiàn	鑑戒(감계) 鑑別(감별) 鑑賞(감상): 즐기고 평가함 鑑識(감식) 鑑定(감정) 年鑑(연감) 圖鑑(도감) 明心寶鑑(명심보감) 鑑貌辨色(감모변색): 모양과 거동으로 그 마음속을 분별할 수 있음. 千字文
中 4급 0072	田 00 총05획	甲	갑옷/ 첫째 armor/first/ tortoise shell	갑	甲 jiǎ	甲殼(갑각) 甲骨(갑골) 甲長(갑장): 같은 나이 甲狀腺(갑상선) 甲男乙女(갑남을녀) 甲論乙駁(갑론을박) 甲申政變(갑신정변) 甲午改革(갑오개혁): 1894년 정치 제도를 근대적으로 개혁한 일
1급 0073	匚 05 총07획	匣	갑(匣)/ 작은 상자 case	갑	匣 xiá	鏡匣(경갑) 文匣(문갑) 寶匣(보갑) 粉匣(분갑) 手匣(수갑) 藥匣(약갑) 紙匣(지갑) 冊匣(책갑) 筆匣(필갑): 붓을 넣어 두는 갑 印朱匣(인주갑): 인주를 담아 쓰는 작은 상자 彈藥匣(탄약갑)
2급(名) 0074	山 05 총08획	岬	곶(串) cape	갑	岬 jiǎ	岬角(갑각): 바다에 뾰족 나온 육지 沙岬(사갑): 모래곶 道岬寺(도갑사): 전남 영암군 월출산에 있는 대흥사(大興寺)의 말사 鵲岬寺(작갑사): 경북 청도군 운문사의 처음 이름
2급(名) 0075	金 05 총13획	鉀	갑옷 armor	갑	钾 jiǎ	貫甲(鉀)(관갑): 조선 시대에 군인이 입던 가죽으로 만든 갑옷 皮甲(鉀)(피갑): 돼지가죽으로 만든 갑옷 被甲(鉀)(피갑): 갑옷을 입음 鉀[jiǎ] 鉀 칼륨(potassium, K)

급수	부수	한자	훈음	음	간체	예시
1급 0076	門 05 총13획	閘	수문 sluice; floodgate	갑	闸 zhá	閘門(갑문): 운하·방수로 따위에서 수위를 일정하게 하는 데 쓰는 문 閘頭(갑두) 閘夫(갑부) 閘門港(갑문항) 水閘稅(수갑세) 閘下勢(갑하세): 물문의 빗장을 지르듯이 낭선(狼筅)을 쓰는 자세의 한 가지
中 7급II 0077	氵水03 총06획	江	강 river	강	江 jiāng	江山(강산) 江南(강남) 江陵(강릉) 江邊(강변) 江北(강북) 江村(강촌) 漢江(한강) 江原道(강원도) 江華島(강화도) 江湖煙波(강호연파): 강·호수 위에 안개처럼 보얗게 이는 잔물결
1급 0078	月肉08 총12획	腔	속 빌 cavity	강	腔 qiāng	腔(강): 악곡의 마디 腔線(강선): 총포의 내부에 나사 모양으로 판 홈 腔腸(강장): 강장동물의 체강(體腔)《고등 동물의 체강과 소화기를 겸함》 腔血(강혈): 몸 안에 담긴 피 口腔(구강) 腹腔(복강) 胸腔(흉강)
2급(名) 0079	山 05 총08획	岡	산등성이 ridge	강	冈 gāng	岡陵(강릉): 언덕이나 작은 산(山) 따위 岡巒(강만): 언덕과 산 岡阜(강부): 언덕 丘岡(구강): 땅이 비탈지고 조금 높은 곳 龍岡(용강): 평안남도 黃岡(황강): 경북 영천, 中國 湖北省
2급(名) 0080	山 08 총11획	崗	언덕 hillock	강	岗 gǎng gāng	花崗巖(화강암): 석영·정장석·사장석·운모 등을 주성분으로 하는 심성암 花崗石(화강석) 半花崗巖(반화강암) 花崗巖層(화강암층) 岡의 俗字 HSK 6 岗位[gǎngwèi]: 경관·보초가 보초 서는 곳. 직책
高 3급II 0081	刀 08 총10획	剛	굳셀 firm; rectitude	강	刚 gāng	剛健(강건) 剛勁(강경) 剛斷(강단) 剛性(강성) 剛柔(강유) 剛直(강직) 剛戾自用(강려자용): 고집 세고 비꼬여 자기 멋대로 함 剛柔兼全(강유겸전): 굳세고 부드러운 성품을 겸하여 갖춤
高 3급II 0082	糸 08 총14획	綱	벼리 guide ropes; summary	강	纲 gāng	綱領(강령) 綱目(강목) 綱常(강상) 綱要(강요) 綱維(강유) 紀綱(기강): 기율과 법도 大綱(대강) 要綱(요강): 중요한 사항 三綱(삼강): 군위신강(君爲臣綱)·부위자강(父爲子綱)·부위부강(夫爲婦綱)
高 3급II 0083	金 08 총16획	鋼	강철 steel	강	钢 gāng gàng	鋼管(강관) 鋼橋(강교) 鋼線(강선) 鋼材(강재) 鋼鐵(강철) 鋼板(강판) 硬鋼(경강) 製鋼(제강) 鐵鋼(철강) 粗鋼(조강): 제강로에서 제조된 그대로의 강철 鋼構造(강구조): steel structure
2급(名) 0084	女 06 총09획	姜	성(姓) surname 'Kang'	강	姜 jiāng	姜太公(강태공): 주(周)나라 정치가. 본명은 여상(呂尙) 薑(생강 강) 간체자 生姜(생강) 姜黃(강황) 姜粉(강분): 생강가루
中 4급 0085	阝阜06 총09획	降	내릴|항복할 descent capitulation	강|항	降 jiàng xiáng	降等(강등) 降臨(강림) 降神(강신) 降雨(강우) 降任(강임) 降下(강하) 昇降機(승강기): 엘리베이터 乘降場(승강장): 정류장 降伏(항복): 진 것을 인정하고 굴복함 降將(항장): 항복한 장수
高 4급II 0086	广 08 총11획	康	편안할 tranquility; health	강	康 kāng	康健(강건) 康樂(강락) 康寧(강녕) 康旺(강왕) 健康(건강) 康衢煙月(강구연월): 태평한 세월 康哉之歌(강재지가): 태평함을 칭송한 노래 康熙字典(강희자전): 강희 55년(1716) 중국 최대의 자전
1급 0087	忄心11 총14획	慷	슬플 indignant	강	慷 kāng	慷慨(강개): 의롭지 못한 것을 보고 의기가 복받치어 원통하고 슬픔 慷慨無量(강개무량): 의기에 북받쳐 원통하고 슬픔이 한이 없음 悲憤慷慨(비분강개): 슬프고 분해서 의분(義憤)이 북받침
1급 0088	米 11 총17획	糠	겨 bran	강	糠 kāng	糠粥(강죽): 겨죽 糠粕類(강박류): 겨와 깻묵 따위 糟糠之妻(조강지처): 지게미와 쌀겨로 끼니를 이을 때의 아내라는 뜻으로, 가난하고 천할 때부터 고생을 함께 겪어온 아내
中 6급 0089	弓 08 총11획	強	강할 strong	강(:)	强 qiáng qiǎng jiàng	强姦(강:간) 强勸(강:권) 强盜(강:도) 强忍(강:인) 强制(강:제) 强硬(강경) 强國(강국) 强軍(강군) 强大(강대) 强度(강도) 强力(강력) 强賣(강매) 强性(강성) 强弱(강약) 强壯劑(강장제)
2급(名) 0090	弓 13 총16획	疆	굳셀 strong	강	疆 jiāng qiáng	疆梧(강오): 天干의 넷째인 정(丁) 盛疆(성강): 힘이 강하고 번성하다. 新疆省(신강성): 중국 신강성 疆弩將軍(강노장군): 한나라 관직 聖壽無疆樂(성수무강악): 임금의 수명과 편안함을 기원하는 악곡

급수	부수	한자	훈	음	중국어	예시
1급 0091	++艸13 총17획	薑	생강 ginger	강	姜 jiāng	乾薑(건강) 生薑(생강) 片薑(편강) 乾薑末(건강말) 薑粉丸(강분환) 桂薑丸(계강환): 계피와 생강으로 만든 환약 石毛薑(석모강)= 넉줄고사리(여러해살이풀 뿌리는 약용한다)
2급(名) 0092	田 14 총19획	疆	지경 realm; domain	강	疆 jiāng	疆土(강토): 국경 안에 있는 땅. 境土(경토) 疆界(강계): 강경(疆境) 疆域(강역): 강토의 구역 無疆(무강): 한이 없다 萬壽無疆(만수무강): 건강과 장수를 빌 때 쓰는 말 만세무강(萬世無疆)
中 4급II 0093	言 10 총17획	講	욀/ 익힐 lecture	강:	讲 jiǎng	講究(강구) 講壇(강단) 講堂(강당) 講論(강론) 講演(강연) 講士(강사) 講師(강사) 講習(강습) 講義(강의) 講座(강좌) 講和(강화) 講話(강화) 講書院(강서원) 講經及第(강경급제)
高 3급II 0094	人 02 총04획	介	낄 intervention	개:	介 jiè gà	介殼(개각) 介立(개립) 介馬(개마) 介意(개의) 介入(개입) 介在(개재) 紹介(소개) 媒介體(매개체) 仲介人(중개인) 公認仲介士(공인중개사): 토지·건물 등의 중개를 업으로 삼는 사람
2급(名) 0095	亻人04 총06획	价	클/ 착할/ 심부름꾼 messenger	개:	价 jiè jiè	貴价(귀개): 지위가 고귀함 卑价(비개): 직급이 낮은 사람이 온 외국 사신 使价(사개): 사신 賀价(하개): 외국에 경사 때 축하하기 위해 보내는 사신 价川郡(개천군): 평안남도 / 價 간체 价[jià] 값, 가격, 가치
1급 0096	++艸04 총08획	芥	겨자 mustard	개	芥 jiè gài	芥溜(개류): 버린 쓰레기를 모으는 곳 芥視(개시): 티끌처럼 가볍게 봄 芥塵(개진): 먼지, 티끌 芥菜(개채): 겨자와 갓의 총칭 芥醋(개초) 風芥菜(풍개채) 芥子紅菹(개자홍저): 겨자깍두기
中 5급 0097	攵攴03 총07획	改	고칠 reform	개(:)	改 gǎi	改札(개찰) 改漆(개칠) 改閣(개:각) 改過(개:과) 改良(개:량) 改善(개:선) 改惡(개:악) 改正(개:정) 改定(개:정) 改訂(개:정) 改造(개:조) 改編(개:편) 改革(개:혁) 改過遷善(개:과천선)
中 3급 0098	白 04 총09획	皆	다[總] all	개	皆 jiē	皆勤(개근) 皆納(개납) 皆勞(개로) 皆無(개무) 皆濟(개제) 皆骨山(개골산) 皆旣月蝕(개기월식) 皆旣日蝕(개기일식) 國民皆兵制度(국민개병 제도): 국민 모두에게 병역의 의무를 지우는 제도
中 4급II 0099	亻人08 총10획	個	낱 piece; personal	개(:)	个 gè gē	個當(개당) 個所(개소) 個數(개수) 個月(개월) 個人(개인) 個中(개:중) 個物(개:물) 個別(개:별) 個性(개:성) 個體(개:체) 各個戰鬪(각개전투): 병사 개개인이 총검술 따위로 벌이는 전투
1급 0100	竹 08 총14획	箇	낱 piece; individual	개(:)	个 gè	箇果(개과) 箇滿(개만) 箇數(개수) 箇箇(개:개) 箇中(개:중) 箇滿守令(개만수령): 임기가 만료된 고을 수령. 고만수령(考滿守令) 箇月去官(개월거관): 벼슬의 임기인 달수가 차면 물러나는 일
中 6급 0101	門 04 총12획	開	열 open; unlock	개	开 kāi	開講(개강) 開館(개관) 開校(개교) 開幕(개막) 開門(개문) 開發(개발) 開放(개방) 開封(개봉) 開始(개시) 開業(개업) 開拓(개척) 開閉(개폐) 開學(개학) 開花(개화) 開化(개화)
1급 0102	几 10 총12획	凱	개선할 triumphal	개:	凯 kǎi	凱切(개절): 알맞고 적절함 凱澤(개택): 평화(平和)의 은택(恩澤) 凱風(개풍): 따뜻한 바람 凱旋(개선): 싸움에서 이기고 돌아옴. 凱陣 凱樂(개악) 凱旋歌(선가) 凱旋門(개선문) 凱旋將軍(개선장군)
2급(名) 0103	土 10 총13획	塏	높은땅 highland	개:	垲 kǎi	塽塏(상개): 위치가 높아서 앞을 내다보기에 썩 좋은 곳 勝塏(승개): 경치(景致)가 좋은 높고 밝은 곳 李塏(이개): 조선 단종(端宗) 때 사육신(死六臣)의 한 사람
1급 0104	忄心10 총13획	愾	성낼 hostile	개:	忾 kài xì, qì	愾憤(개분): 몹시 분개(憤慨)함 敵愾心(적개심): 적에 대하여 느끼는 분노와 증오
高 3급II 0105	++艸10 총14획	蓋	덮을 lid; cover	개(:)	盖 gài gě	蓋棺(개관) 蓋草(개초) 蓋覆(개:복) 蓋石(개:석) 蓋瓦(개:와): 기와로 지붕을 임 蓋然性(개:연성): 그럴 것이라고 생각되는 성질 無蓋車(무개차) 蓋馬高原(개:마고원) 蓋世英雄(개:세영웅)

급수	부수	한자	훈	음	中	단어
高3급 0106	忄心11 총14획	慨	슬퍼할 lament; deplore	개:	慨 kǎi	慨歎(개탄): 분하거나 못마땅하게 여겨 한탄함. 같은 말 개한(慨恨) 慷慨(강개) 憤慨(분개): 몹시 분하게 여김 悲慨(비개): 슬퍼하고 개탄함 感慨無量(감개무량): 마음속에서 느끼는 감동이나 느낌이 끝이 없음
1급 0107	氵水11 총14획	漑	물 댈 irrigation	개:	溉 gài	灌漑(관개): 농사를 짓는 데 필요한 물을 논밭에 대는 것 灌漑用水(관개용수) 灌漑園(관개원): 물을 대어 가꾸는 밭 灌漑地(관개지): 농사에 필요한 물을 물길을 이용하여 끌어 쓰는 땅
高3급II 0108	木11 총15획	概	대개/ generally 평미레 平木	개:	概 gài	概觀(개관) 概括(개괄) 概念(개념) 概略(개략) 概論(개론) 概勢(개세): 대개의 형세나 형편 概述(개술): 줄거리만 대강 말함 概要(개요) 概況(개황) 大概(대개): 대부분, 기본적인 줄거리
中5급II 0109	宀06 총09획	客	손/ 손님 guest	객	客 kè	客間(객간) 客觀(객관) 客館(객관) 客舍(객사) 客席(객석) 客室(객실) 客員(객원) 客車(객차) 客體(객체) 客觀的(객관적) 客反爲主(객반위주): 손님이 도리어 주인 노릇을 함. 주객전도(主客顚倒)
2급 0110	土04 총07획	坑	구덩이 pit	갱	坑 kēng	坑口(갱구) 坑道(갱도) 坑木(갱목) 坑夫(갱부) 坑儒(갱유) 焚書坑儒(분서갱유): 진시황이 학자들의 정치 비평을 금하기 위하여 경서를 태우고 학자들을 구덩이에 생매장한 가혹한 정치. 갱유분서(坑儒焚書)
1급 0111	羊13 총19획	羹	국 soup; broth	갱:	羹 gēng	羹器(갱기) 羹粥(갱죽) 羹汁(갱즙) 羹獻(갱헌): 종묘 제사나 향음주례에 쓰던 삶은 개고기 大羹(대갱): 제사에 쓰던 순 고깃국 羹墻錄(갱장록): 조선 왕조 역대 임금의 업적을 서술. 정조10년 1786년 간행
中5급 0112	厶03 총05획	去	갈 go; leave	거:	去 qù	去來(거래) 去留(거류) 去般(거반) 去勢(거세) 去處(거처) 去益(거익): 갈수록 더욱 去就(거취) 去取(거취) 去弊(거폐) 去頭截尾(거두절미) 去去益甚(거거익심) 去益甚焉(거익심언)
中4급 0113	工02 총05획	巨	클 big; great	거:	巨 jù	巨大(거대) 巨軀(거구) 巨物(거물) 巨富(거부) 巨船(거선) 巨視(거시) 巨額(거액) 巨作(거작) 巨匠(거장) 巨創(거창) 巨家大族(거가대족): 지체 높고 번창한 집안. 거실세족(巨室世族)
高4급 0114	扌手05 총08획	拒	막을 resist; refuse	거:	拒 jù	拒却(거각) 拒否(거부) 拒逆(거역) 拒戰(거전) 拒絶(거절) 拒斥(거척) 抗拒(항거) 拒否權(거부권) 拒食症(거식증) 拒門不納(거문불납): 문을 닫고 사람이나 물건 따위를 들이지 않음
高3급II 0115	足05 총12획	距	상거할 distant	거:	距 jù	距今(거금): 지금을 기준으로 지나간 어느 때까지 거슬러 올라가서 距離(거리): 두 곳 사이의 떨어진 정도 相距(상거): 서로 떨어짐. 떨어져 있는 두 곳의 거리
1급 0116	氵水09 총12획	渠	개천/ 도랑 ditch; dock	거	渠 qú	渠壁(거벽) 溝渠(구거): 개골창 渠輩(거배): 저 사람들 渠帥(거수): 악당의 우두머리 乾式船渠(건식선거) 閘船渠(갑선거): 갑문을 설치하고 선거(船渠) 항상 일정한 수위로 유지하는 계선독(繫船dock)
中7급II 0117	車00 총07획	車	수레 cart 수레 car	거 차	车 jū chē	車駕(거가) 車馬(거마) 自轉車(자전거) 車載斗量(거재두량) 車水馬龍(거수마룡): 수레와 말의 왕래가 많아 매우 떠들썩한 상황 車氏(차씨) 車輛(차량) 車線(차선) 車費(차비) 車幅(차폭)
中4급 0118	尸05 총08획	居	살 live; dwell; reside	거	居 jū	居家(거가) 居留(거류) 居所(거소) 居室(거실) 居第(거제): 주택 居處(거처) 居住地(거주지) 居安思危(거안사위): 평안할 때 미리 위기를 대비함 安居樂業(안거낙업): 평안히 살면서 즐겁게 일함
1급 0119	亻人08 총10획	倨	거만할 haughty	거:	倨 jù	倨氣(거기): 거만한 태도나 기색 倨慢(거만): 잘난 체하는 건방진 태도 倨侮(거모): 거만하여 남을 업신여김 倨傲(거오): 거만스럽고 오만하다. 倨峻(거준): 거만하고 준열하다. 簡倨(간거): 성격이나 태도가 거만하다.
高4급 0120	扌手13 총16획	據	근거 basis	거:	据 jù jū	據點(거점): 근거가 되는 중요한 지점 論據(논거) 依據(의거) 根據(근거): ① 근본이 되는 터전 ② 의논·의견 등에 그 근본이 되는 사실 證據(증거) 據理責之(거리책지): 사리를 따져 잘못을 꾸짖음

급수	부수/획수	한자	훈	음	중국어	용례
1급 0121	酉 13 총20획	醵	추렴할 collection of money	거:/갹	醵 jù	醵宴(거연): 여러 사람이 돈이나 물건을 추렴하여 잔치를 베풂 醵出(갹출): 한 목적에 대하여 여러 사람이 각기 금품을 냄
中 5급 0122	手 14 총18획	擧	들 lift; raise	거:	擧/举 jǔ	擧皆(거개): 거의 모두. 대부분 擧國(거국): 온 나라 擧動(거동) 擧名(거명) 擧論(거론) 擧事(거사) 擧手(거수) 擧行(거행) 擧國內閣(거국내각) 擧世皆濁(거세개탁) 擧案齊眉(거안제미)
1급 0123	巾 00 총03획	巾	수건 towel	건	巾 jīn	巾冠(건관): 성인(成人)이 되는 예식에 쓰던 관 巾櫛(건즐): 수건과 빗 網巾(망건): 상투를 튼 사람이 머리에 두르는 그물처럼 생긴 물건 手巾(수건) 宕巾(탕건): 벼슬아치가 갓 아래에 받쳐 쓰던 관(冠)
高 5급 0124	亻人04 총06획	件	물건/ 사건 object; thing / event	건	件 jiàn	件件(건건): 이일 저일 件名(건명) 件別(건별) 件數(건수) 文件(문건) 物件(물건) 事件(사건) 案件(안건) 與件(여건) 要件(요건) 立件(입건) 條件(조건) 事事件件(사사건건)
中 5급 0125	廴 06 총09획	建	세울 build	건:	建 jiàn	建功(건공) 建國(건국) 建立(건립) 建物(건물) 建設(건설) 建議(건의) 建材(건재) 建造(건조) 建築(건축) 建坪(건평) 建陽多慶(건양다경): 입춘을 맞이하여 길운을 기원하는 글
高 5급 0126	亻人09 총11획	健	굳셀/ 건강할 health	건:	健 jiàn	健脚(건각) 健康(건강) 健勝(건승) 健爽(건상) 健實(건실) 健兒(건아) 健全(건전) 健食(건식): 음식을 가리지 않고 잘 먹음 健壯(건장): 몸이 튼튼하고 기운이 세다. 健在(건재) 健忘症(건망증)
1급 0127	月肉09 총13획	腱	힘줄 tendon	건	腱 jiàn	腱索(건삭): 심실(心室)의 안벽 유두근(乳頭筋)의 끝에 있는 건 腱反射(건반사): 건의 기계적 자극에 근육이 연축을 일으키는 반사
2급(名) 0128	金 09 총17획	鍵	자물쇠/ 열쇠 lock/ key	건:	键 jiàn	鍵盤(건반): 키보드 白鍵(백건): 흰 건반 黑鍵(흑건): 검은 건반 鍵層(건층): 수평으로 연속된 단층 關鍵(관건): 빗장과 자물쇠 電鍵(전건): 전기 회로를 개폐하여 전신 부호를 보내는 용수철 장치의 기기
1급 0129	虍 04 총10획	虔	공경할 respect; piety	건:	虔 qián	虔恪(건각): 성격, 태도 따위가 조심스럽고 공손하다. 虔虔(건건): 항상 조심하고 삼가는 모양 虔恭(건공) 虔肅(건숙) 敬虔(경건): 우러르고 받드는 마음으로 삼가고 조심하는 상태
中 3급Ⅱ 0130	乙 10 총11획	乾	하늘/ 마를 sky/ dry	건	乾 gān qián	乾綱(건강) 乾坤(건곤) 乾德(건덕)/ 乾薑(건강) 乾果(건과) 乾杯(건배) 乾性(건성) 乾濕(건습) 乾燥(건조) 乾魚物(건어물) 乾電池(건전지): 휴대하거나 다루기에 편리하게 만든 전지(電池)
高 3급 0131	乙 02 총03획	乞	빌 beg	걸	乞 qǐ	乞暇(걸가) 乞巧(걸교) 乞盟(걸맹) 乞士(걸사) 乞食(걸식) 乞兒(걸아) 求乞(구걸) 乞粒(걸립): 여러 사람들이 패를 짜 각처로 돌아다니며 풍악을 치고 돈이나 곡식을 얻는 일, 탁발하는 일 걸립패(乞粒牌)
2급(名) 0132	木 04 총08획	杰	뛰어날 outstanding	걸	杰 jié	人名字(인명자) 傑(뛰어날 걸)의 俗字
2급(名) 0133	木 06 총10획	桀	하(夏)왕 이름 tyrant / 홰 perch; roost	걸	桀 jié	桀(홰 걸): 홰(닭이 올라앉게 만든 막대) 桀惡(걸악): 매우 포악(暴惡)함 桀紂(걸주): 중국 하(夏)나라의 걸왕(桀王)과 은(殷)나라의 주왕(紂王) 곧 천하의 폭군을 비유하는 말 夏桀(하걸): 중국 하(夏)왕조 최후의 왕
高 4급 0134	亻人10 총12획	傑	뛰어날 heroic; outstanding	걸	杰 jié	傑閣(걸각) 傑傑(걸걸) 傑句(걸구): 썩 잘 지은 시구 傑大(걸대) 傑立(걸립) 傑然(걸연): 매우 뛰어남 傑作(걸작): 매우 훌륭한 작품 傑出(걸출): 남보다 훨씬 뛰어남 英傑(영걸) 俊傑(준걸) 豪傑(호걸)
高 4급 0135	亻人13 총15획	儉	검소할 thrift	검:	儉/俭 jiǎn	儉德(검덕): 검소한 행실이나 마음가짐 儉吝(검린): 검소하고 인색하다. 儉朴(검박): 검소하고 꾸밈이 없다. 儉省(검생): 절약하여 비용을 줄임 儉素(검소): 사치하지 않고 수수함 儉約(검약): 물자를 아껴 씀

급수	부수	한자	훈	음	中	예시
高 3급II 0136	刀 13 총15획	劍	칼 sword	검	剣/剑 jiàn	劍客(검객) 劍戟(검극) 劍道(검도) 劍舞(검무) 劍法(검법) 劍術(검술) 劍尖(검첨) 劍訣(검결) 短劍(단검) 長劍(장검) 劍林地獄(검림지옥): 무자비한 죄를 지은 사람이 죽어서 떨어지는 지옥
高 4급II 0137	木 13 총17획	檢	검사할 checkup; inspection	검	検/检 jiǎn	檢擧(검거) 檢査(검사) 檢事(검사) 檢察(검찰) 檢索(검색) 檢束(검속) 檢疫(검역) 檢閱(검열) 檢認(검인) 檢證(검증) 檢討(검토) 檢定(검정) 檢察廳(검찰청) 檢察總長(검찰총장)
1급 0138	力 05 총07획	劫	위협할 menace	겁	劫 jié	劫姦(겁간) 劫盜(겁도) 劫掠(겁략) 劫迫(겁박): 으르고 협박함 劫運(겁운) 劫會(겁회) 劫奪(겁탈): 남의 것을 폭력으로 빼앗음 億劫(억겁): 셀 수 없이 긴 오랜 동안 永劫(영겁): 영원한 세월
1급 0139	忄心05 총08획	怯	겁낼 fear	겁	怯 qiè	怯懦(겁나): 겁이 많고 나약하다. 怯劣(겁렬) 怯夫(겁부) 怯怖(겁포) 恐怯(공겁) 無怯(무겁): 겁이 없다. 卑怯(비겁) 食怯(식겁): 뜻밖에 놀라 겁을 먹음 喫怯(끽겁) 破怯(파겁)
1급 0140	亻人09 총11획	偈	불시(佛詩) Buddhist text in verse	게	偈 jì / jié	偈句(게구): 가타(伽陀)의 글귀. 사구(四句)의 게(偈) 偈頌(게송) 梵偈(범게) 寶偈(보게) 佛偈(불게) 禮讚偈(예찬게): 불교 예찬의 뜻을 쓴 게
2급 0141	扌手09 총12획	揭	높이들[擧]/ 걸[掛] hoist	게	揭 jiē	揭虔(게건) 揭告(게고) 揭榜(게방) 揭付(게부) 揭揚(게양) 揭載(게재) 揭帖(게첩) 揭擊勢(게격세) 揭示板(게시판) 揭竿而起(게간이기): 장대를 높이 들고 일어난다. 민중 봉기
2급 0142	心 12 총16획	憩	쉴 rest	게	憩 qì	憩泊(게박) 憩息(게식) 憩室(게실) 憩止(게지) 憩休(게휴) 憩潮(게조): 밀물과 썰물이 바뀔 때 일어나는 조류의 정지 상태. 게류(憩流) 流憩(유게): 이리저리 거닐며 쉼 憩水站(게수참) 休憩室(휴게실)
高 5급II 0143	木 06 총10획	格	격식 formality; social rules	격	格 gé / gē	格間(격간) 格式(격식) 格言(격언) 格倭(격왜) 格子(격자) 格調(격조) 格鬪(격투) 合格(합격) 格納庫(격납고): hangar 格物致知(격물치지): 실제 사물의 이치를 연구하여 지식을 완전하게 함
高 3급II 0144	阝阜10 총13획	隔	사이 뜰 separate; every other	격	隔 gé	隔年(격년) 隔離(격리) 隔隣(격린) 隔壁(격벽) 隔心(격심) 隔意(격의) 隔週(격주) 隔差(격차) 隔世之感(격세지감) 隔歲顔面(격세안면): 해가 바뀌도록 오래 만나지 못하다가 처음 만나는 얼굴
1급 0145	月肉10 총14획	膈	가슴/ 흉격 breast/ chest	격	膈 gé / gē	膈癇(격간): 풍담(風痰)이 가슴에 몰려 생긴 간질 膈痰(격담) 膈膜(격막): 기관이나 조직 따위를 가르고 있는 막 胸膈(흉격) 橫膈膜(횡격막): 복강과 흉강과의 경계에 있는 근육성의 막
1급 0146	見 07 총14획	覡	박수[男巫] wizard; male shaman	격	觋 xí	巫覡(무격): 무당(巫堂)과 박수(남자 무당) 巫覡稅(무격세): 국가에서 무당과 박수에게 부과하는 세금
高 4급 0147	氵水13 총16획	激	격할 violent; raging wave	격	激 jī	激怒(격노) 激突(격돌) 激動(격동) 激浪(격랑) 激勵(격려) 激烈(격렬) 激論(격론) 激變(격변) 激憤(격분) 激甚(격심) 激昂(격앙): 감정·기운이 거세게 일어나 높아짐 激讚(격찬) 激化(격화)
1급 0148	木 13 총17획	檄	격문(檄文) declaration	격	檄 xí	檄木(격목): 탄환을 격발시키는 화포(火砲)의 한 부분 檄文(격문): ① 널리 일반에게 알려 부추기기 위한 글 ② 급히 여러 사람들에게 알리려고 각처로 보내는 글 격서(檄書) 檄召(격소): 격문을 돌려 동지를 불러 모음
高 4급 0149	手 13 총17획	擊	칠[打] strike; batting	격	击 jī	擊劍(격검) 擊鼓(격고) 擊滅(격멸) 擊沈(격침) 擊破(격파) 擊墜(격추) 攻擊(공격) 擊壤歌(격양가) 射擊場(사격장) 擊蒙要訣(격몽요결): 율곡 이이가 한문으로 지은 어린이용 학습서
中 4급 0150	犬 00 총04획	犬	개 dog	견	犬 quǎn	犬公(견공) 狂犬(광견) 猛犬(맹견) 忠犬(충견) 鬪犬(투견) 愛玩犬(애완견) 犬馬之勞(견마지로) 犬猿之間(견원지간) 犬兔之爭(견토지쟁): 개와 토끼의 싸움에 제삼자가 이익을 봄

급수	부수	漢字	訓音	簡體/拼音	용례
中 5급II 0151	見 00 총07획	見	볼 see; look 뵈올 audience	견 현	见 jiàn / xiàn	見聞(견문) 見本(견본) 見習(견습) 見積(견적) 見地(견지) 見學(견학) 見解(견해) 謁見(알현): 지체 높은 사람을 찾아 뵘 見利思義(견리사의): 이익을 보면 의를 생각한다. 見物生心(견물생심)
高 3급 0152	月肉04 총08획	肩	어깨 shoulder	견	肩 jiān	肩頭(견두) 肩膊(견박) 肩部(견부) 肩臂(견비) 肩羽(견우) 肩章(견장): 어깨에 붙이는 표장 肩次(견차) 肩胛骨(견갑골): 어깨 뒤쪽에 넓적한 뼈 肩臂痛(견비통): 어깨나 어깨에서 팔까지의 신경통
中 4급 0153	土 08 총11획	堅	굳을 hard	견	坚 jiān	堅剛(견강) 堅勁(견경) 堅固(견고) 堅果(견과) 堅牢(견뢰) 堅實(견실) 堅持(견지) 堅振(견진): 견진성사(堅振聖事)의 준말 中堅(중견) 中堅手(중견수) 堅甲利兵(견갑이병): 갑옷과 무기
高 3급 0154	牛 07 총11획	牽	이끌/ 끌 lead; pull	견	牵 qiān	牽經(견경) 牽連(견련) 牽挽(견만) 牽曳(견예) 牽引(견인) 牽制(견제) 牽牛織女(견우직녀): 견우와 직녀. 또는 견우성과 직녀성 牽強附會(견강부회): 억지로 끌어 붙여 자기에게 유리하게 함
高 3급 0155	糸 07 총13획	絹	비단(緋緞) silk	견	绢 juàn	絹綿(견면) 絹毛(견모) 絹物(견물) 絹絲(견사) 絹織(견직) 絹布(견포): 비단과 무명을 아울러 이르는 말 本絹(본견) 生絹(생견) 純絹(순견) 領絹(영견) 絹織物(견직물): 명주실로 짠 피륙
1급 0156	鳥 07 총18획	鵑	두견새 little cuckoo	견	鹃 juān	杜鵑(두견): ① 두견이(뻐꾸기과). 동양고전에서는 소쩍새(올빼밋과) ② 진달래 춘견(春鵑). 두견화(杜鵑花) 杜鵑煎餅(두견전병): 진달래꽃을 박아서 만든 부꾸미
2급(名) 0157	瓦 09 총14획	甄	질그릇 clay ware; earthen ware	견	甄 zhēn	甄萱(견훤): 후삼국시대에 후백제를 세운 왕(재위 900~935) 甄差(견차): 조선시대 나이가 많아 사임한 사람을 다시 불러 관직을 맡기던 일
高 3급 0158	辶辵10 총14획	遣	보낼 dispatch	견	遣 qiǎn	遣歸(견귀) 遣悶(견민): 답답한 속을 풂 遣外(견외) 分遣(분견) 派遣(파견) 遣唐使(견당사) 遣奠祭(견전제): 노전(路奠) 歲遣船(세견선) 情恕理遣(정서이견): 정으로 부드럽게 용서하고 달래줌
1급 0159	言 14 총21획	譴	꾸짖을 reprove	견	谴 qiǎn	譴責(견책): 잘못을 꾸짖고 나무람 譴告(견고) 譴怒(견노) 譴罰(견벌) 譴罷(견파): 관원의 잘못을 벌하기 위해 파면하던 일 譴斥(견척): 꾸짖어 내침 神譴(신견): 신의 책망 嚴譴(엄견)
1급 0160	糸 13 총19획	繭	고치 cocoon	견	茧 jiǎn	繭綿(견면): 고치솜 繭紙(견지) 繭質(견질) 繭層(견층) 繭形(견형) 結繭(결견): 고치틀기 山繭(산견) 上繭(상견) 選繭(선견) 野繭(야견) 繭脣症(견순증): 입술이 오그라지는 증상
中 5급II 0161	氵水04 총07획	決	결단할 decision; determination	결	决 jué	決斷(결단) 決裂(결렬) 決論(결론) 決算(결산) 決勝(결승) 決心(결심) 決意(결의) 決議(결의) 決定(결정) 決判(결판) 決裁(결재): 재가(裁可) 決濟通貨(결제통화) 決河之勢(결하지세)
高 4급II 0162	缶 04 총10획	缺	이지러질 wane; absent; defect	결	缺 quē	缺勤(결근) 缺禮(결례) 缺席(결석) 缺損(결손) 缺食(결식) 缺如(결여) 缺場(결장) 缺點(결점) 缺乏(결핍) 缺陷(결함) 缺航(결항) 無缺(무결) 缺席屆(결석계): 결석신고서 특급II 屆(이를 계)
3급II 0163	言 04 총11획	訣	이별할 parting/ secret; key	결	诀 jué	訣別(결별) 訣辭(결사) 訣宴(결연) 永訣式(영결식): 영원히 이별하는 의식/ 土亭祕訣(토정비결): 조선 이지함이 지은 예언서 祕訣(비결): 숨겨 두고 쓰는 좋은 방법 要訣(요결): 일의 중요한 방법
中 5급II 0164	糸 06 총12획	結	맺을 join; conclude	결	结 jié / jiē	結果(결과) 結局(결국) 結論(결론) 結末(결말) 結氷(결빙) 結成(결성) 結束(결속) 結節(결절) 結合(결합) 結婚(결혼) 結髮夫妻(결발부처) 結者解之(결자해지) 結草報恩(결초보은)
中 4급II 0165	氵水12 총15획	潔	깨끗할 purity	결	潔/洁 jié	潔廉(결렴) 潔白(결백) 潔齋(결재) 簡潔(간결) 高潔(고결) 皎潔(교결) 不潔(불결) 聖潔(성결) 純潔(순결) 貞潔(정결) 淨潔(정결) 淸潔(청결) 潔癖症(결벽증): 깨끗한 것에 집착하는 증상

급수	부수/획수	한자	훈	음	중국어	용례
高 3급II 0166	八 08 총10획	兼	겸할 double as	겸	兼 jiān	兼備(겸비) 兼用(겸용) 兼事(겸사) 兼業(겸업) 兼營(겸영) 兼有(겸유) 兼任(겸임) 兼職(겸직): 다른 직무를 함께 맡아 함 兼監牧官(겸감목관): 지방 수령이 겸임하여 목장에 관한 일을 맡아보던 벼슬
高 3급II 0167	言 10 총17획	謙	겸손할 humility	겸	谦 qiān	謙遜(겸손) 謙廉(겸렴): 겸손하고 청렴하다 謙卑(겸비): 겸손하게 자기를 낮춤 謙德(겸덕) 謙辭(겸사) 謙稱(겸칭) 謙讓(겸양) 謙退(겸퇴) 謙虛(겸허) 謙和(겸화) 謙齋(겸재): 조선후기 화가 정선(鄭敾)의 호
中 4급 0168	日 03 총07획	更	고칠 change 다시 again	경 갱:	更 gēng gèng	更新(경신): 이미 있던 것을 고쳐 새롭게 함 更正(경정) 更迭(경질) 變更(변경) 甲午更張(갑오경장): '갑오개혁(甲午改革)'의 구 용어 / 更改(갱개) 更考(갱고) 更生(갱생) 更新(갱신) 更年期(갱년기)
1급 0169	木 07 총11획	梗	줄기/ 막힐 generally/ blocked	경	梗 gěng	梗槪(경개): 전체 줄거리 梗梗(경경): 올바르고 용감함 梗塞(경색): 사물이 소통되지 못하고 막힘 梗正(경정): 강하고 바르다. 南梗北頑(남경북완): 남쪽의 왜구(倭寇)와 북쪽의 완악(頑惡)한 야인
高 3급II 0170	石 07 총12획	硬	굳을 hard; hardness	경	硬 yìng	硬球(경구) 硬度(경도) 硬性(경성) 硬軟(경연) 硬直(경직) 硬質(경질) 硬化(경화) 强硬(강경): 굳세게 버티어 굽히지 않음 硬口蓋音(경구개음): 경구개와 혓바닥과의 사이에서 나는 음
2급(名) 0171	火 04 총08획	炅	빛날 shine	경	炅 jiǒng guì	인명용 한자 1. 빛나다, 환하다 2. (빛이)나타나다 3. 열(熱), 열기(熱氣)
中 3급 0172	广 05 총08획	庚	별/ 일곱째천간	경	庚 gēng	庚伏(경복): 삼복 庚時(경시): 초저녁 庚辰(경진): 60甲子의 17째 庚戌國恥(경술국치): 1910. 8. 29. 庚坐甲向(경좌갑향): 북동향 庚申加定米(경신가정미): 정조24년(1800) 경신년에 더 바치게 한 쌀
中 4급II 0173	心 11 총15획	慶	경사 happy event	경:	庆 qìng	慶事(경사) 慶兆(경조): 기쁜 일이 있을 조짐 慶弔(경조) 慶祝(경축) 慶賀(경하) 慶尙道(경상도) 慶州市(경주시) 慶熙宮(경희궁) 國慶日(국경일): 三一節·制憲節·光復節·開天節·한글날 등이 있음
中 6급 0174	亠 06 총08획	京	서울 capital	경	京 jīng	京官(경관): 경관직(京官職)↔외관(外官) 京劇(경극): 중국의 전통 연극 京畿(경기) 京都(경도) 京府(경부) 京師(경사) 京城(경성) 京仁(경인) 京鄕(경향) 京畿道(경기도) 京釜線(경부선)
中 5급 0175	日 08 총12획	景	볕 view	경(:)	景 jǐng	景槪(경개) 景氣(경기): 매매나 거래에 나타나는 경제(經濟) 활동 상태 景觀(경관) 景光(경광) 景慕(경:모): 우러러 사모함 景仰(경:앙) 景致(경치) 景品(경품) 景勝(경승) 風景(풍경) 景福宮(경:복궁)
1급 0176	忄心12 총15획	憬	깨달을/ 동경할 realize	경:	憬 jǐng	憬夷亭(경이정): 충남 태안. 경피회이(憬彼淮夷) 저 회이를 깨달으라. 憧憬(동경): 간절히 그리워해서 그것만을 생각함 憧憬心(동경심) 憬悟[jǐng wù]: 깨닫다
2급(名) 0177	王玉 12 총16획	璟	옥빛 jade-green	경:	璟 jǐng	宋璟(송경): 중국 당(唐)나라의 재상(宰相). 성격이 강직(剛直)하여 농공상벌(論功賞罰)에 사사로움이 없었음
1급 0178	魚 08 총19획	鯨	고래 whale	경	鲸 jīng	鯨濤(경도) 鯨蠟(경랍) 鯨浪(경랑) 鯨吞(경탄) 捕鯨(포경) 鯨腦油(경뇌유) 鯨飮馬食(경음마식): 고래처럼 마시고 말처럼 먹는다. 鯨戰蝦死(경전하사): 고래 싸움에 새우가 죽는다는 속담의 한역(漢譯)
1급 0179	力 07 총09획	勁	굳셀 strong	경	劲 jìn jìng	勁健(경건): 굳세고 튼튼함 勁騎(경기) 勁弩(경노): 단단하고 튼튼한 활 勁敏(경민) 勁兵(경병) 勁敵(경적): 강적(强敵) 勁松(경송) 勁節(경절) 勁風(경풍): 세게 부는 바람 勁筆(경필): 힘찬 필력
高 3급II 0180	彳 07 총10획	徑	지름길/길 shortcut/ road	경	径/径 jìng	徑輪(경륜) 徑出(경출) 口徑(구경) 半徑(반경) 直徑(직경) 捷徑(첩경): 지름길 徑情直行(경정직행): 곧이곧대로 행함 徑先賣買(경선매매): 소송 중에 있는 전답 따위를 판결 전에 매매하는 일

급수	부수/획수	한자	훈	음	간체/병음	용례
1급 0181	月肉 07 총11획	脛	정강이 shin	경	胫 jìng	脛骨(경골): 하지골(下肢骨)의 하나로 하퇴부 안쪽에 있는 긴 뼈 脛節(경절): 종아리마디 脚脛布(각경포): 각반(脚絆) 虎脛骨(호경골): 호랑이의 앞 정강뼈. 강장제로 쓴다.
1급 0182	++艸 07 총11획	莖	줄기 stem	경	茎/茎 jīng	莖葉(경엽): 줄기와 잎 莖節(경절): 줄기의 마디 莖菜類(경채류) 根莖(근경): 뿌리줄기 球莖(구경): 알줄기 塊莖(괴경): 덩이줄기 男莖(남경) 玉莖(옥경) 陰莖(음경) 包莖手術(포경수술)
1급 0183	疒 07 총12획	痙	경련 spasm	경	痉 jìng	痙攣(경련): 근육이 자기의사에 반하여 병적으로 수축하는 현상 書痙(서경): 붓글씨를 많이 쓰는 사람에게 오는 신경증 聲門痙攣(성문경련): '분노발작[temper tantrum]'의 전 용어
中 4급II 0184	糸 07 총13획	經	지날/ 글/ 세로줄/다스릴 pass/scripture/vertical line	경	経/经 jīng jìng	經過(경과) 經驗(경험)/ 經書(경서): 詩經·書經·易經 經典(경전)/ 經度(경도) 經緯(경위)/ 經綸(경륜) 經理(경리) 經費(경비) 經營(경영) 經濟(경제) 經國大典(경국대전) 經世濟民(경세제민)
中 5급 0185	車 07 총14획	輕	가벼울 lightweight	경	轻/轻 qīng	輕減(경감) 輕微(경미) 輕薄(경박) 輕率(경솔) 輕視(경시) 輕油(경유) 輕重(경중) 輕車(경차) 輕快(경쾌) 輕工業(경공업) 輕擧妄動(경거망동) 輕車熟路(경거숙로) 輕敵必敗(경적필패)
1급 0186	頁 07 총16획	頸	목 neck	경	頚/颈 jǐng gěng	頸骨(경골) 頸椎(경추) 頸動脈(경동맥) 頸胸飾(경흉식) 頸聯(경련): 한시의 율시(律詩)에서, 다섯째 구(句)와 여섯째 구(句) 頸神經節(경신경절): 경추의 횡돌기 앞에 있는 교감신경계 신경절
高 3급II 0187	頁 02 총11획	頃	이랑/ 잠깐 ridge/moment	경	顷 qǐng	頃刻(경각): 눈 깜빡할 사이 食頃(식경): 얼마 안 되는 동안 頃畝法(경무법): 토지의 면적단위법 100보를 1무(畝), 100무를 1경(頃) 萬頃蒼波(만경창파): 만 이랑의 푸른 물결, 한없이 넓고 푸른 바다
高 4급 0188	亻人 11 총13획	傾	기울 incline	경	倾 qīng	傾角(경각) 傾倒(경도) 傾動(경동) 傾眠(경면) 傾斜(경사) 傾危(경위) 傾注(경주) 傾聽(경청) 傾仄(경측) 傾向(경향) 傾家破産(경가파산) 傾國之色(경국지색) 傾動地塊(경동지괴)
中 3급II 0189	耒 04 총10획	耕	밭갈[犁田] plowing	경	耕 gēng	耕具(경구) 耕植(경식) 耕作地(경작지) 耕耘機(경운기) 耕者有田(경자유전) 耕田埋春色 汲水斗月光(경전매춘색 급수두월광): 밭을 가니 봄빛을 묻고, 물을 길으니 달빛을 되질함 [推句]
高 3급 0190	立 06 총11획	竟	마침내 finally; ultimate	경	竟 jìng	竟境(경경): 지역 따위가 나누이는 자리 竟夜(경야): 밤새도록 究竟(구경): 마지막에 이르는 것. 가장 지극한 깨달음 畢竟(필경): 마침내. 결국에는 竟敢[jìnggǎn]: 감히 …하다.
高 4급II 0191	土 11 총14획	境	지경 boundary	경	境 jìng	境界(경계) 境內(경내) 境遇(경우) 境地(경지) 佳境(가경) 困境(곤경) 國境(국경) 邊境(변경): 나라의 경계가 되는 변두리 땅 地境(지경): 나라나 지역을 가르는 경계 環境(환경): environment
高 4급 0192	金 11 총19획	鏡	거울 mirror	경	镜 jìng	鏡架(경가) 鏡匣(경갑) 鏡戒(경계): 잘못을 거울로 삼는 경계(警戒) 鏡臺(경대) 鏡浦臺(경포대) 望遠鏡(망원경) 顯微鏡(현미경) 鏡映(경영) 眼鏡(안경) 明鏡止水(명경지수): 맑은 거울과 고요한 물
中 5급 0193	立 15 총20획	競	다툴 compete	경	竞 jìng	競技(경기) 競起(경기) 競落(경락) 競輪(경륜) 競馬(경마) 競賣(경매) 競步(경보) 競選(경선) 競演(경연) 競泳(경영) 競爭(경쟁) 競艇(경정) 競走(경주) 競進(경진) 競合(경합)
高 3급 0194	卩 10 총12획	卿	벼슬 government post; sir	경	卿 qīng	卿懇(경간) 卿相(경상) 卿尹(경윤): 재상(宰相) 卿爵(경작) 卿宰(경재): 재상 公卿(공경) 卿大夫(경대부) 樞機卿(추기경) 卿士大夫(경사대부): 영의정, 좌의정, 우의정 이외의 모든 벼슬아치
中 5급II 0195	攵攴 09 총13획	敬	공경할 respect	경	敬 jìng	敬虔(경건) 敬禮(경례) 敬老(경로) 敬愛(경애) 敬意(경의) 敬畏(경외) 敬遠(경원) 敬聽(경청) 敬老孝親(경로효친) 敬神崇祖(경신숭조) 敬而遠之(경이원지) 敬天愛人(경천애인)

급수	부수/획수	漢字	훈음	음	简体/拼音	용례
2급(名) 0196	亻人 13 총15획	儆	경계할 be alert	경:	儆 jǐng	規儆(규경): 바르게 경계(警戒)함. 규경(規警) 儆新中·高等學校(경신중·고등학교): 1886년 언더우드 선교사가 설립 서울 '경신'은 '깨우쳐 새롭게' ※ 慶信高等學校(경신고등학교) 대구(大邱)
高 4급Ⅱ 0197	言 13 총20획	警	깨우칠 be awaken; warn	경:	警 jǐng	警覺(경각) 警告(경고) 警戒(경계) 警報(경보) 警備(경비) 警笛(경적) 警覺心(경각심) 警察階級(경찰계급): 巡警-警長- 警查-警衛-警監-警正-總警-警務官-治安監-治安正監-治安總監
中 4급 0198	馬 13 총23획	驚	놀랄 frighten; surprise	경	惊 jīng	警句(경구) 驚氣(경기) 驚起(경기) 驚倒(경도) 驚濤(경도) 驚愕(경악) 驚異(경이) 驚歎(경탄) 驚蟄(경칩) 驚喜(경희) 驚弓之鳥(경궁지조) 驚神泣鬼(경신읍귀) 驚天動地(경천동지)
1급 0199	石 11 총16획	磬	경쇠 korean musical instrument made of stone	경:	磬 qìng	風磬(풍경): 처마 끝에 다는 경쇠 唐磬(당경) 鐘磬(종경) 特磬(특경) 編磬(편경): 'ㄱ'자 모양의 돌 16개를 매어 단 악기 磬懸絲(경현사): 특경·편경을 달아매는 끈 三角磬(삼각경): triangle
2급(名) 0200	王玉 15 총19획	瓊	구슬 gem; jade	경	琼 qióng	瓊團(경단): 찹쌀가루나 수수가루로 만든 고물을 묻힌 작은 떡 瓊樓(경루): 궁전 瓊杯(경배) 瓊音(경음) 瓊姿(경자): 아름다운 자태 瓊章(경장): 구슬 같은 문장 瓊玉膏(경옥고): 혈액 순환을 돕는 보약
高 4급 0201	戈 03 총07획	戒	경계할 command	계:	戒 jiè	戒名(계명) 戒法(계법) 戒嚴(계엄) 戒律(계율) 戒場(계장) 家戒(가계) 警戒(경계) 齋戒(재계) 懲戒(징계) 訓戒(훈계) 戒急乘緩(계급승완): 계를 지키기에만 힘쓰고, 지혜 닦기에는 힘쓰지 아니함
高 3급Ⅱ 0202	木 07 총11획	械	기계 machine	계:	械 xiè	器械(기계): 동력 없음 器械體操(기계체조) 實驗器械(실험기계) 機械(기계): 동력장치 있음 農機械(농기계) 機械工學(기계공학)
高 4급 0203	糸 01 총07획	系	이어맬 connect; system	계:	系 xì	系圖(계도) 系連(계련) 系譜(계보) 系列(계열) 系統(계통) 系派(계파) 傍系(방계) 直系(직계) 體系(체계) 統系(통계) 系統發生學(계통발생학): 생물의 발생 과정을 계통학적으로 연구하는 학문
高 4급Ⅱ 0204	亻人 07 총09획	係	맬 relation	계:	系 xì	係戀(계련) 係員(계원) 係長(계장) 係數(계수): 탄성~, 팽창~ 關係(관계): 둘 이상의 사람·사물·현상 따위가 서로 관련(關聯)을 맺음 상호(相互)관계, 이해(利害)관계, 인과(因果)관계, 종속(從屬)관계
高 3급 0205	糸 13 총19획	繫	맬 tie; mooring	계:	系 jì/xì	繫械(계계): 죄인을 형틀에 묶음 繫纜(계람): 닻줄을 맴 繫念(계념): 마음에 두고 잊지 아니함 동 괘념(掛念) 繫累(계루) 繫留(계류) 繫縛(계박) 繫屬(계속): 매여 딸림 繫囚(계수)
高 4급 0206	糸 14 총20획	繼	이을 connect; continue	계:	継/继 jì	繼起(계기) 繼代(계대) 繼母(계모) 繼父(계부) 繼妃(계비) 繼續(계속) 繼承(계승) 繼走(계주) 繼投(계투) 承繼(승계) 引繼(인계) 中繼(중계): 중간에서 이어 줌 中繼放送(중계방송)
中 4급 0207	子 05 총08획	季	계절/막내 season; last born	계:	季 jì	季刊(계간) 季報(계보) 季節(계절) 季秋(계추): 9월 四季(사계) 四季朔(사계삭): 음력 3월·6월·9월·12월 季氏(계씨): 남의 남동생 季父(계부): 막내 아버지 季嫂(계수): 아우의 아내 季指(계지): 새끼손가락
1급 0208	忄心 08 총11획	悸	두근거릴 agitated	계:	悸 jì	悸病(계병) 悸慄(계율): 무섭거나 두려워 몸이 벌벌 떨리다. 전율(戰慄) 驚悸(경계): 놀라서 가슴이 두근거리는 병증 悸心痛(계심통) 心悸亢進(심계항진): 흥분·발열·운동으로 심장의 박동이 빠르고 세어지는 일
高 3급Ⅱ 0209	大 06 총09획	契	맺을 bond; contract	계:	契 qì/Xiè	契勘(계감) 契機(계기) 蘭契(난계): 난교(蘭交) 契約(계약) 契約書(계약서) 假契約(가계약): 정식 계약 전에 임시로 맺는 계약 同甲契(동갑계) 契丹(글안): 거란(내몽골 지방에서 유목하던 부족)
中 6급Ⅱ 0210	田 04 총09획	界	지경(地境) world; bound	계:	界 jiè	界限(계한) 各界(각계) 境界(경계) 經界(경계) 官界(관계) 寶界(보계) 仙界(선계) 世界(세계) 視界(시계) 業界(업계) 財界(재계) 政界(정계) 地界(지계) 他界(타계) 限界(한계)

급수	부수	漢字	훈음	음	简体/拼音	단어 예시
中 6급II 0211	言 02 총09획	計	셀 count; account	계:	计 jì	計巧(계교) 計略(계략) 計量(계량) 計利(계리) 計理(계리) 計算(계산) 計定(계정) 計座(계좌) 計策(계책) 計劃(계획) 大計(대계) 設計(설계) 統計(통계) 會計(회계) 家計簿(가계부)
中 3급 0212	癶 04 총09획	癸	북방 north 열째천간	계:	癸 guǐ	癸期(계기): 월경을 하는 시기 癸方(계방) 癸時(계시): 00:30~01:30 癸未字(계미자): 1403년 구리 활자 癸酉靖難(계유정난): 1453년 癸坐丁向(계좌정향) 癸丑日記(계축일기): 광해군 때, 궁녀가 쓴 한글 수필
高 3급II 0213	木 06 총10획	桂	계수나무 cinnamon; cassia tree	계:	桂 guì	桂林(계림) 桂馬(계마) 桂月(계월) 桂皮(계피) 桂香(계향) 桂冠詩人(계관시인): 영국 왕실에서 뛰어난 시인에게 내리는 명예 칭호 桂林一枝 崑山片玉(계림일지 곤산편옥): 진사에 급제한 일을 겸손하게 표현
高 3급II 0214	口 08 총11획	啓	열 enlighten; Revelation	계:	启 qǐ	啓告(계고) 啓導(계도) 啓螺(계라) 啓明(계명) 啓蒙(계몽) 啓殯(계빈) 啓發(계발) 啓蟄(계칩): 겨울잠에서 깨어나 움직임 啓稟(계품) 啓仕郞(계사랑): 정9품 啓示錄(계시록): 요한 계시록
高 4급 0215	阝阜09 총12획	階	섬돌 stair	계	阶 jiē	階級(계급) 階段(계단) 階節(계절): 무덤 앞에 평평하게 만든 땅 階梯(계제): 계단과 사닥다리, 일이 진행되는 순서나 절차 階層(계층) 段階(단계) 層階(층계) 品階(품계) 階卑職高(계비직고)
中 3급II 0216	氵水10 총13획	溪	시내 stream; rivulet; brook	계	渓/溪 xī	溪谷(계곡) 溪流(계류) 溪蓀(계손): 붓꽃 溪水(계수): 시냇물 深溪(심계) 淸溪(청계) 退溪(퇴계) 溪鬼蟲(계귀충): 물여우 溪西野談(계서야담): 조선 후기에 이희준이 편찬한 문헌설화집
中 4급 0217	鳥 10 총21획	鷄	닭 cock; chicken	계	鷄/鸡 jī	鷄膏(계고) 鷄冠(계관) 鷄卵(계란) 鷄龍(계룡) 鷄肋(계륵) 鷄林(계림) 鷄肉(계육) 鷄口牛後(계구우후): 소의 꼬리보다 닭의 부리 鷄犬相聞(계견상문) 鷄鳴狗盜(계명구도) 鷄鳴之助(계명지조)
1급 0218	口 02 총05획	叩	두드릴 knock	고	叩 kòu	叩頭(고두) 叩門(고문) 叩謝(고사) 叩算(고산): 고주(叩籌) 叩頭謝罪(고두사죄): 머리를 조아려 사죄함 叩地叫天(고지규천): 땅을 치고 하늘을 향하여 울부짖는다. 부모상을 당한 사람의 슬픈 모습
中 6급 0219	口 02 총05획	古	예 old; classic	고:	古 gǔ	古丘(고구) 古宮(고궁) 古今(고금) 古代(고대) 古都(고도) 古來(고래) 古物(고물) 古墳(고분) 古典(고전): classic 古典主義(고전주의) 自古以來(자고이래): 예로부터 지금까지
高 3급II 0220	女 05 총08획	姑	시어미 mother-in-law	고	姑 gū	姑娘(고낭) 姑婦(고부) 姑母(고모) 姑從四寸(고종사촌) 姑捨(고사): ~는 고사하고 姑洗(고선): 동양 음악에서 12율의 5째 음 姑息之計(고식지계): 당장 편한 것만 택하는 꾀나 방법 姑息策(고식책)
中 5급 0221	口 05 총08획	固	굳을 solid; firm	고(:)	固 gù	固辭(고사): 굳이 사양하다 固守(고수) 固意(고의) 固有(고유) 固定(고정) 固持(고지) 固執(고집) 固着(고착) 固體(고체) 固寵(고총): 변함이 없이 총애를 받음 固城郡(고성군): 경상남도
1급 0222	疒 08 총13획	痼	고질 chronic disease	고	痼 gù	痼癖(고벽) 痼疾(고질): 오래되어 고치기 어려운 병 痼疾病(고질병) 痼疾的(고질적) 痼弊(고폐): 뿌리가 깊어 고치기 어려운 폐단 根痼(근고) 沈痼(침고) 痼冷症(고랭증): 늘 싸늘하고 아픈 위장병 증세
1급 0223	金 08 총16획	錮	막을 tinker; stuck; confine.	고	锢 gù	錮宦(고환): 벼슬길이 막힘 黨錮(당고) 着錮(착고) 차꼬 禁錮(금고): ① 조선 허물이 있어 벼슬에 오르지 못하게 하던 일 ② 自由刑의 하나. 교도소에 감금만 하고 노역은 시키지 않는 형
高 3급 0224	木 05 총09획	枯	마를 dried; wither	고	枯 kū	枯渴(고갈) 枯骨(고골) 枯淡(고담) 枯木(고목) 枯死(고사) 枯凋(고조) 枯草(고초) 枯旱(고한) 枯卉(고훼) 枯葉劑(고엽제) 枯木發榮(고목발영): 고목생화(枯木生花) 枯木死灰(고목사회)
中 4급II 0225	攵攴05 총09획	故	연고(緣故) reason; relation	고(:)	故 gù	故國(고:국) 故友(고:우) 故人(고:인) 故障(고:장) 故鄕(고향) 忌故(기고) 無故(무고) 別故(별고) 事故(사고) 緣故(연고) 有故(유고) 作故(작고) 故意的(고의적) 故事成語(고:사성어)

급수	부수	한자	훈/뜻	음	簡体	用例
中 6급 0226	⺿艸05 총09획	苦	쓸[味覺] bitter; trouble	고	苦 kǔ	苦惱(고뇌) 苦樂(고락) 苦味(고미) 苦悶(고민) 苦杯(고배) 苦生(고생) 苦戰(고전) 苦衷(고충) 苦痛(고통) 苦學(고학) 苦輪之海(고륜지해) 苦肉之計(고육지계) 苦盡甘來(고진감래)
1급 0227	辛05 총12획	辜	허물 fault	고	辜 gū	辜負(고부): ☞ 고부(孤負): 마음에 거슬림. 생각대로 되지 않음 辜限(고한): 남을 상해(傷害)한 사람에 대하여 상처가 다 나을 때까지 처벌을 보류하는 기간. 保辜期限 無辜(무고): 잘못이나 허물이 없음
中 5급 0228	老02 총06획	考	생각할 think; consider	고(ː)	考 kǎo	考慮(고려) 考案(고안) 考位(고위) 考證(고증) 考察(고찰) 備考(비고) 思考(사고) 相考(상고) 詳考(상고) 先考(선고) 考課(고ː과) 考究(고ː구) 考查(고ː사) 考試(고ː시) 考古學(고ː고학)
1급 0229	扌手06 총09획	拷	칠 torture	고	拷 kǎo	拷問(고문): 자백을 강요하며 육체적 고통을 주어 신문(訊問)함. 拷器(고기) 拷掠(고략) 拷打(고타) 拷限(고한): 고신(拷訊)기한 拷槃餘事(고반여사): 명(明) 문방청완(文房淸玩)의 취미를 설명한 책
中 5급Ⅱ 0230	口04 총07획	告	고할/ 알릴 tell; notice	고ː	告 gào	告明(고명) 告發(고발) 告白(고백) 告別(고별) 告祀(고사) 告訴(고소) 告示(고시) 告知(고지) 公告(공고) 廣告(광고) 申告(신고) 忠告(충고) 告天拜斗(고천배두) 告解聖事(고해성사)
1급 0231	月肉04 총08획	股	넓적다리 thigh	고	股 gǔ	股肱(고굉): ① 다리와 팔, 온몸 ② '고굉지신(股肱之臣)'의 준말 股本(고본): 출자금 股肉(고육) 股慄(고율): 무서워서 다리가 떨림 股關節(고관절): 비구(髀臼)관절 股靜脈(고정맥): 대퇴(大腿) 정맥
1급 0232	口05 총08획	呱	울 cry	고	呱 guā, gū, guǎ	1. 울다 2. 아이 우는 소리 3. 새 울음소리 呱呱(고고): 젖먹이의 우는 울음 呱呱之聲(고고지성): 응애 소리
高 4급 0233	子05 총08획	孤	외로울 lonely	고	孤 gū	孤高(고고) 孤寡(고과) 孤單(고단) 孤島(고도) 孤獨(고독) 孤陋(고루) 孤立(고립) 孤兒(고아) 孤寂(고적) 孤哀子(고애자) 孤軍奮鬪(고군분투) 孤立無援(고립무원) 孤掌難鳴(고장난명)
高 4급 0234	广07 총10획	庫	곳집 storage; warehouse	고	库 kù	庫間(곳간) 庫裡(고리) 庫房(고방) 庫舍(고사) 國庫(국고) 金庫(금고) 文庫(문고) 寶庫(보고) 書庫(서고) 在庫(재고) 車庫(차고) 倉庫(창고) 冷藏庫(냉장고) 火藥庫(화약고)
中 6급Ⅱ 0235	高00 총10획	高	높을 high	고	高 gāo	高價(고가) 高架(고가) 高空(고공) 高貴(고귀) 高級(고급) 高度(고도) 高等(고등) 高麗(고려) 高齡(고령) 高尙(고상) 高速(고속) 高壓(고압) 高位(고위) 高低(고저) 高層(고층) 高下(고하) 高大廣室(고대광실)
1급 0236	攴10 총14획	敲	두드릴 knock; beat	고	敲 qiāo	敲熱(고열): 음력 6월 더위 敲擊(고격): 손이나 발 따위를 이용하여 치고 때림 敲氷求火(고빙구화): 얼음을 두드려 불을 구(求)한다. 불가능함을 비유 推敲(퇴고): 미느냐(=推) 두드리느냐(=敲), 자구(字句)를 여러 번 고침
1급 0237	月肉10 총14획	膏	기름 fat; lard; grease	고	膏 gāo, gào	膏藥(고약) 軟膏(연고) 膏沃(고옥) 膏澤(고택) 膏土(고토) 膏血(고혈) 石膏(석고) 民膏民脂(민고민지): 조세로 거둔 돈이나 곡식 膏粱珍味(고량진미): 기름진 고기와 좋은 곡식으로 만든 맛있는 음식
高 3급Ⅱ 0238	禾10 총15획	稿	원고/볏짚 manuscript/ straw	고	稿 gǎo	稿料(고료) 貴稿(귀고) 玉稿(옥고) 草稿(초고) 脫稿(탈고) 寄稿(기고): 신문사나 잡지사로 원고(原稿)를 써서 보냄 原稿紙(원고지) 孤山遺稿(고산유고): 윤선도의 시문집
2급(名) 0239	白06 총11획	皐	언덕 hill / 부르는 소리	고	皋 gāo	皐復(고복): 사람이 죽은 뒤에 초혼(招魂)하고 발상(發喪)하는 의식 皐蘭草(고란초): 상록 여러해살이풀 張保皐(장보고): 신라의 무장 殆辱近恥 林皐幸卽(태욕근치 임고행즉): 千字文(천자문) 90/125
1급 0240	衤衣06 총11획	袴	바지 pants; trousers	고ː	裤 kù	袴衣(고의): (여름에 입는) 남자(男子)의 바지와 저고리 暖袴(난고) 綾袴(능고) 短袴(단고) 唐袴(당고) 綿袴(면고) 油袴(유고) 窄袴(착고): 통이 좁은 바지 闊袴(활고): 통이 넓은 바지

급수	부수	한자	훈음	음	간체/병음	용례
2급 0241	隹 04 총12획	雇	품 팔 hire	고	雇 gù	雇工(고공) 雇用(고용): 삯을 주고 사람을 부림 雇用主(고용주) 雇傭(고용): 삯을 받고 남의 일을 해 줌 雇傭人(고용인): employee 解雇(해고) 雇傭保險(고용보험) 雇傭勞動部(고용노동부)
高 3급 0242	頁 12 총21획	顧	돌아볼 look back; look after adviser	고	顾 gù	顧客(고객) 顧命(고명) 顧問(고문): 의견을 물음. 자문에 응하는 직책 顧復(고복): 어버이가 자식을 기름 顧助(고조): 돌보아 도와줌 顧問官(고문관): 자문에 응하여 의견을 말하는 관리. 어수룩한 사람을 놀리는 말
高 3급II 0243	鼓 00 총13획	鼓	북 drum	고	鼓 gǔ	鼓膜(고막) 鼓舞(고무) 鼓手(고수) 鼓吹(고취): 북을 치고 피리를 붊 鼓子(고자): 생식기가 완전하지 못한 남자 鼓腹擊壤(고복격양): 태평한 세월을 즐김 鼓盆之痛(고분지통): 아내의 죽음을 서러워함
中 5급 0244	日 02 총06획	曲	굽을 curve; bent	곡	曲 qū / qǔ	曲肱(곡굉) 曲線(곡선) 曲禮(곡례) 曲折(곡절) 曲直(곡직) 曲藝(곡예) 曲調(곡조) 曲陣(곡진) 曲盡其情(곡진기정) 曲學阿世(곡학아세): 바른 길에서 벗어난 학문으로 세상 사람들에게 아첨함
中 3급II 0245	谷 00 총07획	谷	골 valley	곡	谷 gǔ / yù	谷澗(곡간): 산골짜기에 흐르는 시냇물 谷地(곡지) 谷風(곡풍) 溪谷(계곡) 深山幽谷(심산유곡): 깊은 산속의 으슥한 골짜기 進退維谷(진퇴유곡): 꼼짝할 수 없는 궁지에 몰림. 진퇴양난(進退兩難)
高 3급II 0246	口 07 총10획	哭	울 cry; weep	곡	哭 kū	哭臨(곡림) 哭壁(곡벽): 통곡의 벽 哭婢(곡비) 哭聲(곡성) 哭泣(곡읍) 弔哭(조곡) 止哭(지곡) 痛哭(통곡) 鬼哭聲(귀곡성): 귀신의 울음소리 大聲痛哭(대성통곡): 큰 소리로 목 놓아 슬피 욺
1급 0247	木 07 총11획	梏	수갑(手匣) handcuff	곡	梏 gù	桎梏(질곡): 차꼬[足枷]와 수갑, 즉 속박(束縛)이라는 뜻
1급 0248	鳥 07 총18획	鵠	고니 / 과녁 swan/ target	곡	鹄 hú / gǔ	鵠髮(곡발) 鵠的(곡적): 과녁의 중심점 鵠志(곡지) 正鵠(정곡) 射空中鵠(사공중곡): 무턱대고 쏘아 과녁을 맞혔다 貴鵠賤鷄(귀곡천계) 鵠不浴而白(곡불욕이백): 천성이 선한 이는 배우지 않아도 착하고 훌륭하다.
中 4급 0249	禾 10 총15획	穀	곡식 corn	곡	谷 gǔ	穀間(곡간) 穀物(곡물) 穀食(곡식) 穀雨(곡우) 穀倉(곡창) 米穀(미곡) 五穀(오곡): ① 쌀·보리·콩·조·기장 ② 곡식의 총칭 穀頭生角(곡두생각): 싹이 나다 穀腹絲身(곡복사신): 먹는 것과 입는 것
中 4급 0250	囗 04 총07획	困	곤할 poverty; distress	곤	困 kùn	困却(곤각) 困境(곤경) 困苦(곤고) 困氣(곤기) 困窮(곤궁) 困難(곤란) 困憊(곤비) 困辱(곤욕) 困知(곤지) 困乏(곤핍) 困惑(곤혹) 困獸猶鬪(곤수유투) 困而得之(곤이득지)
中 3급 0251	土 05 총08획	坤	따 earth	곤	坤 kūn	땅, 대지, 괘(卦)의 이름, 서남쪽, 왕비, 황후 乾坤(건곤): 하늘과 땅 坤卦(곤괘) 坤宮(곤궁) 坤德(곤덕) 坤命(곤명) 坤方(곤방) 坤殿(곤전) 坤輿圖(곤여도): 세계지도
1급 0252	日 04 총08획	昆	맏 eldest/ insect; bug	곤	昆 kūn	맏, 형, 자손, 후예(後裔), 벌레(=蜫), 종족의 이름 昆季(곤계) ☞ 형제(兄弟) 昆孫(곤손): 육대손(六代孫) 昆蟲(곤충): 벌레의 속칭 昆蟲類(곤충류): '곤충강(綱)'의 관용어
1급 0253	木 08 총12획	棍	몽둥이 club	곤	棍 gùn	棍棒(곤봉): 짤막한 방망이 棍杖(곤장): 볼기를 치던 형구(刑具) 棍汰(곤태): 곤장을 쳐서 파면함 棍笞(곤태): 곤장과 태장(笞杖) 棍刑(곤형) 治盜棍(치도곤): 몹시 혼남 挾挾棍(협협곤): 주리를 틂
1급 0254	衣 05 총11획	袞	곤룡포 royal robe	곤	衮 gǔn	袞馬(곤마) 袞冕(곤면): 곤룡포와 면류관 袞寶(곤보) 袞服(곤복) 袞職(곤직): ① 임금의 직책 ② 임금을 보좌하는 삼공의 직책 御袞(어곤): 임금이 입는 옷 袞龍袍(곤룡포): 임금이 입는 정복
1급 0255	氵水04 총07획	汩	골몰할 / 물이름 absorption	골 / 멱	汩 gǔ	汩汩(골골): 물이 흐르는 모양 汩沒(골몰): 온 정신을 쏟음 汩活(골활): 물이 빠르고 세차게 흐르는 모양 渴汩(갈골): 일에 파묻혀 몹시 바쁘다. 汩羅水(멱라수): 초나라의 굴원이 투신한 강 汩水(멱수)

#	部首	漢字	訓·音	音	简体/拼音	例語
中 4급 0256	骨 00 총10획	骨	뼈 bone	골	骨 gǔ / gū	骨幹(골간) 骨格(골격) 骨盤(골반) 骨髓(골수) 骨子(골자) 骨折(골절) 骨節(골절) 骨組(골조) 骨多孔症(골다공증) 骨肉相殘(골육상잔): 가까운 혈족끼리 서로 해치고 죽임
中 7급II 0257	工 00 총03획	工	장인[匠人] artisan	공	工 gōng	工巧(공교) 工具(공구) 工團(공단) 工房(공방) 工兵(공병) 工夫(공부): 학문이나 기술을 배우고 익힘 工事(공사) 工業(공업) 工作(공작) 工場(공장) 工程(공정) 工廠(공창) 工産品(공산품)
中 6급II 0258	力 03 총05획	功	공[勳] merits; succeed	공	功 gōng	功過(공과) 功德(공덕) 功勞(공로) 功名(공명) 功臣(공신) 功績(공적) 功效(공효) 功勳(공훈) 武功(무공) 成功(성공) 恩功(은공) 功過相半(공과상반) 功在不舍(공재불사)
高 4급 0259	攴支03 총07획	攻	칠[擊] attack	공:	攻 gōng	攻擊(공격) 攻略(공략) 攻駁(공박) 攻防(공방) 攻勢(공세) 攻守(공수) 攻襲(공습) 專攻(전공) 侵攻(침공) 挾攻(협공) 攻玉以石(공옥이석): 옥을 가는 데 돌로 한다. 천한 물건으로 귀한 것을 만듦
中 7급II 0260	穴 03 총08획	空	빌 empty; hollow	공	空 kōng / kòng	空間(공간) 空軍(공군) 空氣(공기) 空洞(공동) 空論(공론) 空白(공백) 空腹(공복) 空想(공상) 空席(공석) 空轉(공전) 空港(공항) 空虛(공허) 空豁(공활) 空中樓閣(공중누각)
高 3급II 0261	貝 03 총10획	貢	바칠 tribute; dedicate	공:	貢 gòng	貢納(공납): 백성이 그 지방의 특산물을 조정에 바치던 일 貢物(공물) 貢獻(공헌) 租貢(조공): 나라에 조세를 바침 朝貢(조공): 속국이 종주국에게 때맞추어 예물을 바치던 일 또는 그 예물
高 3급II 0262	心 06 총10획	恐	두려울 fear	공(:)	恐 kǒng	恐喝(공:갈) 恐悸(공계) 恐懼(공:구) 恐龍(공:룡) 恐怖(공:포) 恐惶(공황): 두려워 어찌할 바를 모름 恐慌(공:황): 갑자기 일어나는 불안 상태 恐水病(공:수병) 恐慌障礙(공:황장애) 經濟恐慌(경제공황)
1급 0263	革 06 총15획	鞏	굳을 firm	공	巩 gǒng	鞏固(공고): 견고하고 튼튼하다. 鞏膜炎(공막염): 눈알의 겉을 싼 얇은 막에 반점이 생기는 눈병 鞏皮症(공피증): 피부가 굳어지는 병 外禦內鞏(외어내공): 외부의 침략을 막고 내부의 결속을 공고히 함
高 4급 0264	子 01 총04획	孔	구멍 hole/ 공자(孔子) Confucius	공:	孔 kǒng	孔隙(공극) 孔穴(공혈) 孔孟(공맹) 孔子家語(공자가어) 孔子穿珠(공자천주): 모르는 것을 묻는 것은 부끄러운 일이 아님 孔席不暇暖(공석불가난) 孔子曰 孟子曰(공자왈 맹자왈)
中 6급II 0265	八 02 총04획	公	공평할 impartial; public	공	公 gōng	公開(공개) 公共(공공) 公立(공립) 公募(공모) 公務(공무) 公私(공사) 公式(공식) 公園(공원) 公義(공의) 公的(공적) 公主(공주) 公衆(공중) 公證(공증) 公職(공직) 公平(공평) 公務員(공무원) 公明正大(공명정대)
中 6급II 0266	八 04 총06획	共	한가지 together	공:	共 gòng	共感(공감) 共同(공동) 共謀(공모) 共犯(공범) 共産(공산) 共生(공생) 共用(공용) 共有(공유) 共著(공저) 共助(공조) 共通(공통) 共學(공학) 共和國(공화국) 共存共榮(공존공영)
高 3급II 0267	亻人06 총08획	供	이바지할 offer; contribute	공:	供 gòng / gōng	供饋(공궤): 윗사람에게 음식을 드림 供給(공급): 필요에 따라 물품을 제공 供覽(공람): 여러 사람이 돌려 보게 함 供物(공물) 供述(공술) 供與(공여) 供出(공출) 供養米(공양미) 供託金(공탁금)
1급 0268	扌手06 총09획	拱	팔짱 낄 fold one's arm	공:	拱 gǒng	拱架(공가): arch가 굳을 때까지 버티는 틀 拱門(공문): 아치 拱木(공목): 아름드리나무 拱手(공수): 두 손을 맞잡아 공경의 뜻을 나타냄 拱揖(공읍): 두 손을 마주 모아 잡고 인사함 拱陣(공진) 拱辰丹(공진단)
高 3급II 0269	忄心06 총10획	恭	공손할 polite	공	恭 gōng	恭虔(공건) 恭儉(공검) 恭敬(공경) 恭待(공대) 恭順(공순) 恭遜(공손): 예의 바르고 겸손하다. 恭賀(공하): 공경하여 축함 恭安之曲(공안지곡): 납향(臘享)때 음식을 뒤로 물리면서 연주하던 악곡
2급 0270	戈 00 총04획	戈	창[槍] spear	과	戈 gē	戈甲(과갑) 戈劍(과검) 戈矛(과모) 戈兵(과병) 戈鋒(과봉) 干戈(간과): 병장기(兵仗器)의 총칭 兵戈(병과) 倒置干戈(도치간과): 무기를 거꾸로 놓는다. 세상이 평화로워졌음

#	급수	부수/획수	한자	훈	음	간체/병음	용례
0271	2급	瓜 00 / 총05획	瓜	오이 cucumber	과	瓜 guā	瓜菜(과채) 瓜年(과년) 甘瓜(감과) 瓜葛之親(과갈지친) 瓜田李下(과전이하) 破瓜之年(파과지년): 여자 16세 또는 남자 64세 瓜田不納履(과전불납리): 남의 오이 밭에서 신을 고쳐 신지 말라
0272	中 6급II	木 04 / 총08획	果	실과 fruit	과:	果 guǒ	果實(과실) 果梗(과경): 열매꼭지 果糖(과당) 結果(결과) 成果(성과) 果樹園(과수원) 果敢(과감): 과단성이 있고 용감하다 果報(과보): 인과응보(因果應報) 果是(과시) 果然(과연)
0273	2급	++艸08 / 총12획	菓	과자 cookie / 실과 fruit	과:/과	菓 guǒ	菓子(과자) 茶菓(다과) 氷菓(빙과) 藥菓(약과) 製菓(제과) 韓菓(한과) 乾菓子(건과자) 糖菓婚式(당과혼식): 결혼 3주년 油蜜菓(유밀과): 기름에 튀겨 조청을 바르고 튀밥이나 깨를 입힌 과자
0274	中 5급II	言 08 / 총15획	課	공부할/ 과정/ 매길 lesson; task	과(:)	课 kè	課業(과업) 課外(과외) 課程(과정) 課題(과제) 課稅(과세) 課標(과표): 과세표준 賦課(부과): 세금이나 책임, 일 따위를 부담하게 함 課徵金(과징금) 公課金(공과금) 總務課(총무과) 課長(과장)
0275	1급	頁 08 / 총17획	顆	낟알 grain	과	颗 kē	顆粒(과립): 둥글고 자질구레한 물품의 통틀어 일컬음 粒(알 립) 飯顆(반과): 밥알 橘顆(귤과): 귤 알 顆粒機(과립기) 顆粒說(과립설): 원형질이 과립의 집합으로 이루어졌다고 하는 설
0276	中 6급II	禾 04 / 총09획	科	과목 subject	과	科 kē	科擧(과거) 科料(과료) 科目(과목) 科程(과정): 학과과정 科學(과학) 敎科(교과) 內科(내과) 單科(단과) 外科(외과) 學科(학과) 前科者(전과자): 이전에 형벌을 받은 사실이 있는 사람
0277	中 5급II	辶辵09 / 총13획	過	지날 pass; exceed; excessive	과:	过 guò, guō, guò	過去(과거) 過激(과격) 過度(과도) 過勞(과로) 過熱(과열) 過誤(과오) 過慾(과욕) 過剩(과잉) 過程(과정) 過怠料(과태료) 過失相規(과실상규) 過猶不及(과유불급): 중용(中庸)이 중요함
0278	高 3급II	言 06 / 총13획	誇	자랑할 boast; show off	과:	夸 kuā	誇矜(과긍) 誇負(과부): 뽐내며 자부함 誇尙(과상) 誇示(과시) 誇言(과언): 자만하며 말을 함 誇張(과장) 誇稱(과칭): 뽐내어 말함 誇大妄想(과대망상) 自誇自尊(자과자존): 제 스스로를 자랑하고 높임
0279	高 3급II	宀 11 / 총14획	寡	적을 few	과:	寡 guǎ	寡宅(과댁) 寡婦(과부) 寡默(과묵) 寡少(과소) 寡慾(과욕) 寡占(과점) 寡頭政治(과두정치): 적은 수의 사람들이 국가의 지배권을 장악한 정치 寡聞淺識(과문천식): 보고 들은 것이 적고 배움이 얕음
0280	高 3급	阝邑08 / 총11획	郭	둘레/ 외성 castle wall	곽	郭 guō	郭公(곽공): 뻐꾸기 城郭(성곽) ① 내성과 외성 ② 성과 성의 둘레 郭覺先生(곽각선생): 점을 치는 맹인들이 모시는 수호신 郭汾陽八字(곽분양팔자): 모든 부귀와 공명을 한 몸에 지니는 좋은 팔자
0281	1급	广 11 / 총14획	廓	둘레 circumference / 클 broad	곽/확	廓 kuò	街廓(가곽) 外廓(외곽) 輪廓(윤곽): ① 대강의 줄거리 ② 사물의 테두리 廓大(확대): 넓혀서 크게 함 廓然(확연): 넓게 텅 비어 있다 廓正(확정): 잘못을 널리 바로잡아 고침 廓淸(확청): 쓸어 없애 맑게 하는 것
0282	1급	木 11 / 총15획	槨	외관(外棺)/ 덧널 tomb	곽	椁 guǒ	槨室(곽실) 槨板(곽판) 棺槨(관곽) 木槨(목곽) 石槨(석곽) 棺槨匠(관곽장) 石槨墓(석곽묘) 石槨墳(석곽분) 甎槨墳(전곽분): 벽돌로 시체실을 만든 무덤. 입구는 아치모양 천장은 돔 모양
0283	1급	++艸16 / 총20획	藿	콩잎/ 미역 seaweed	곽	藿 huò	鹿藿(녹곽): 여우콩. 쥐눈이콩 藿藥(곽약): 떡갈나무의 잎으로 만든 약재 藿耳(곽이): 미역귀 藿田(곽전): 미역을 따는 곳 藿湯(곽탕) 藿巖(곽암) 藿香(곽향): 배초향(방아잎) 產藿(산곽): 해산미역
0284	2급(名)	丨 06 / 총07획	串	꿸 skewer / 땅이름	관/ 곶	串 chuàn	串柹(관시): 곶감 串里島(관리도): 전북 군산 곶지도(串芝島) 石串洞(석관동) 親串(친관): 친하여 가까워짐 月串(월곶): 시흥시 長山串(장산곶): 황해도 虎尾串(호미곶): 경상북도 포항시
0285	中 4급II	宀 05 / 총08획	官	벼슬 government post	관	官 guān, guān	官家(관가) 官給(관급) 官僚(관료) 官吏(관리) 官婢(관비) 官舍(관사) 官認(관인) 官長(관장) 官邸(관저) 官職(관직) 官廳(관청) 法官(법관) 長官(장관) 貪官汚吏(탐관오리)

급수	부수/획수	한자	훈	음	中文/拼音	용례
1급 0286	木 08 총12획	棺	널 coffin	관	棺 guān	棺柩(관구) 棺殮(관렴) 棺文(관문) 棺材(관재) 木棺(목관) 石棺(석관) 入官(입관) 下棺(하관) 剖棺斬屍(부관참시) 蓋棺事定(개관사정): 시체를 관에 넣고 뚜껑을 덮은 후에야 일을 결정할 수 있다.
2급(名) 0287	王玉 08 총12획	琯	옥피리 a flute made of jade	관	琯 guǎn	1. 옥피리 2. 율관(律管: 원통형의 대나무 관) 3. 옥(玉) 장식 4. 옥돌의 이름 5. (옥을 다듬어)빛내다
高 4급 0288	竹 08 총14획	管	대롱/ pipe; tube/ 주관할 management	관	管 guǎn	管見(관견) 血管(혈관) 管樂器(관악기) 管絃樂(관현악) 主管(주관) 管內(관내) 管理(관리) 管掌(관장) 管轄(관할) 管鮑之交(관포지교): 관중(管仲)과 포숙아(鮑叔牙)의 사귐이 매우 친밀하였다
高 3급Ⅱ 0289	食 08 총17획	館	집/ 객사 house/ hotel	관	馆 guǎn	館舍(관사) 館長(관장) 開館(개관) 公館(공관) 別館(별관) 本館(본관) 新館(신관) 旅館(여관) 會館(회관) 休館(휴관) 大使館(대사관) 圖書館(도서관) 美術館(미술관) 博物館(박물관)
高 3급Ⅱ 0290	冖 07 총09획	冠	갓 Gat, traditional hat	관	冠 guān guàn	冠帶(관대) 冠禮(관례) 冠帽(관모) 冠詞(관사) 冠形詞(관형사) 弱冠(약관): 20세 冠蓋相望(관개상망): 사신의 왕래가 끊이지 아니함 冠履顚倒(관리전도): 뒤바꾸어 일을 그르침 冠婚喪祭(관혼상제)
高 3급Ⅱ 0291	貝 04 총11획	貫	꿸 penetrate	관(:)	貫 guàn	貫祿(관록): 몸에 갖추어진 위엄이나 권위 貫流(관류) 貫籍(관적) 貫珠(관주) 貫穿(관천) 貫徹(관철): 끝까지 밀고 나아가 목적을 이룸 貫衆(관중) 貫通(관통) 貫鄕(관향): 본관(本貫) 一貫性(일관성)
高 3급Ⅱ 0292	忄心11 총14획	慣	익숙할 accustomed	관	惯 guàn	慣例(관례): 이전부터 해 내려와서 습관처럼 되어 버린 일 慣性(관성) 慣熟(관숙) 慣習(관습) 慣用(관용) 慣行(관행) 習慣(습관) 慣習法(관습법) 慣用的(관용적): 습관적으로 오랫동안 써서 굳어진 것
2급 0293	欠 08 총12획	款	항목/ 정성 article	관:	款 kuǎn	款項(관항): 조항이나 항목 落款(낙관): 글씨나 그림에 작가가 도장을 찍는 일 約款(약관): 법령·조약·계약 등에 정한 조항 定款(정관) 借款(차관) 款待(관대) 款誠(관성) 款接(관접) 情款(정관): 두터운 정의(情誼)
高 3급Ⅱ 0294	宀 12 총15획	寬	너그러울 generous	관	宽 kuān	寬大(관대): 관홍(寬弘) 寬待(관대) 寬免(관면) 寬恕(관서) 寬容(관용) 寬宥(관유) 寬裕(관유) 寬仁(관인) 寬政(관정) 寬厚(관후) 寬則得衆(관즉득중): 사람에게 관대하면 인심을 얻음
中 5급Ⅱ 0295	門 11 총19획	關	관계할/ relate to/ 빗장 crossbar	관	関/关 guān	關鍵(관건) 關係(관계) 關聯(관련) 關門(관문) 關稅(관세) 關心(관심) 關與(관여) 關節(관절) 機關(기관) 稅關(세관) 關東別曲(관동별곡): 정철(鄭澈) 關聖帝君(관성제군): 관우(關羽)
1급 0296	氵水18 총21획	灌	물댈 irrigation	관	澴/灌 guàn	灌木(관목): 밑동에서 가지를 많이 치는 키 작은 나무 ↔ 喬木(교목) 灌漑用水(관개용수): 농사에 필요하여 끌어 쓰는 물 灌項之水必流足底(관항지수필류족저): 목에 부은 물은 발바닥까지 흐른다.
中 5급Ⅱ 0297	見 18 총25획	觀	볼 look; watch	관	観/观 guān guàn	觀光(관광) 觀念(관념) 觀覽(관람) 觀相(관상) 觀象(관상) 觀賞(관상) 觀點(관점) 觀衆(관중) 觀察(관찰) 觀測(관측) 觀過知仁(관과지인): 과오를 보고 그 어짊과 어질지 못함을 알 수 있다.
1급 0298	頁 18 총27획	顴	광대뼈 cheekbone	관	颧 quán	顴骨(관골): 광대뼈 顴骨筋(관골근): 안면근(顔面筋)의 하나 광대뼈에서 뺨을 거쳐 입아귀에 이르는 가는 근육의 다발. 4급 勸(권할 권) 4급Ⅱ 權(권세 권)
1급 0299	刀 06 총08획	刮	긁을 scrape; scratch	괄	刮 guā	刮取(괄취): [북한어] 재물 따위를 긁어 앗아 감 刮垢磨光(괄구마광) 刮目相對(괄목상대): 남의 학식이나 재주가 놀랄 만큼 부쩍 는 것 刮腸洗胃(괄장세위): 칼로 창자를 도려내고 잿물로 위를 씻어 낸다.
1급 0300	扌手06 총09획	括	묶을 tie; fasten bundle up	괄	括 guā kuò	括線(괄선) 括弧(괄호) 槪括(개괄) 一括(일괄) 統括(통괄) 總括(총괄) 括約筋(괄약근): 수축·이완할 수 있는 고리 모양의 근육 括胎蟲(괄태충): 민달팽이 頭括式(두괄식): 글의 첫머리에 중심 내용

급수	부수	한자	훈	음	중국어	용례
1급 0301	匚 04 총06획	匡	바룰 correct	광	匡 kuāng	匡諫(광간): 올바르게 간함 匡困(광곤): 도와줌 匡勵(광려) 匡定(광정) 匡正(광정): 바로잡아 고침 匡濟(광제): 잘못 따위를 바르게 고쳐 구제함 匡弼(광필): 고치어 보완함 匡靖大夫(광정대부)
中 6급II 0302	儿 04 총06획	光	빛 light	광	光 guāng	光景(광경) 光明(광명) 光復(광복) 光線(광선) 光速(광속) 光束(광속): 빛다발 光色(광색) 光陰(광음) 光州(광주): 빛고을 光彩(광채) 光澤(광택) 光化門(광화문) 光明正大(광명정대)
1급 0303	月肉06 총10획	胱	오줌통 bladder	광	胱 guāng	膀胱(방광): 콩팥에서 나오는 오줌을 모았다가 배출하는 주머니 모양 膀胱鏡(방광경) 膀胱狀(방광상): 방광의 형상 膀胱癌(방광암) 膀胱炎(방광염): 세균의 감염 등으로 방광 점막에 생기는 염증
高 3급II 0304	犭犬04 총07획	狂	미칠 insane	광	狂 kuáng	狂歌(광가) 狂犬(광견) 狂氣(광기) 狂亂(광란): 미친 듯이 날뜀 狂奔(광분) 狂言(광언) 狂症(광증) 狂風(광풍) 狂牛病(광우병) 狂談悖說(광담패설): 이치에 맞지 아니하고 도의(道義)에 벗어나는 말
中 5급II 0305	广 12 총15획	廣	넓을 wide; broad	광	广.广 guǎng	廣告(광고) 廣衢(광구) 廣漠(광막) 廣域(광역) 廣葉(광엽) 廣場(광장) 廣州(광주): 경기도 廣闊(광활) 廣範圍(광범위) 廣寒樓(광한루): 남원 廣狹長短(광협장단) 廣大無邊(광대무변)
1급 0306	土 15 총18획	壙	뫼구덩이 tomb	광	圹 kuàng	壙中(광중): 시체를 묻는 구덩이 壙穴(광혈) 開壙(개광) 破壙(파광) 退壙(퇴광) 仰天壙(앙천광) 土壙墓(토광묘) 掩壙奠(엄광전): 관을 구덩이 속에 넣고 흙으로 덮은 뒤에 지내는 제사
1급 0307	日 15 총19획	曠	빌/ 밝을 vacant	광	旷 kuàng	曠劫(광겁): 지극히 오랜 세월 曠茫(광망): 한없이 넓고 아득하다 曠(廣)野(광야) 曠田(광전) 曠職(광직) 曠世之才(광세지재): 세상에 보기 드문 재주 曠前絶後(광전절후): 앞에는 비었고, 뒤에는 끊어짐
高 4급 0308	金 15 총23획	鑛	쇳돌 mineral; ore of metal	광	鉱/矿 kuàng	鑛塊(광괴) 鑛區(광구) 鑛脈(광맥) 鑛物(광물) 鑛夫(광부) 鑛山(광산) 鑛床(광상) 鑛石(광석) 鑛業(광업) 鑛泉(광천) 金鑛(금광) 採鑛(채광) 鐵鑛(철광) 炭鑛(탄광) 廢鑛(폐광)
1급 0309	卜 06 총08획	卦	점괘 divination sign	괘	卦 guà	卦象(괘상): 역괘에서 길흉을 나타내는 상(象) 卦辭(괘사) 師卦(사괘) 占卦(점괘) 六十四卦(육십사괘): 팔괘를 두 괘씩 겹쳐 얻은 8X8=64 太極旗(태극기) 4괘: 건곤감리(乾坤坎離) 주역에 나오는 8괘 중 네 괘의 이름
高 3급 0310	扌手08 총11획	掛	걸[懸] hang	괘	挂 guà	掛竿(괘간): 바지랑대 掛金(괘금) 掛念(괘념): 마음에 걸려 잊지 아니함. 괘의(掛意). 괘심(掛心) 掛圖(괘도) 掛燈(괘등) 掛曆(괘력) 掛榜(괘방): 방(榜)을 붙임 掛書(괘서) 掛鐘時計(괘종시계)
1급 0311	罒网08 총13획	罫	줄[罫線] ruled line	괘	罫 guà	罫線(괘선): 가로 또는 세로로 일정하게 그은 줄 罫紙(괘지): 괘선이 그어져 있는 종이. 인찰지 罫中(괘중) 罫版(괘판) 五線罫(오선괘) 輪廓罫(윤곽괘) 波濤罫(파도괘) 方罫[fāng guà] 바둑판의 눈
1급 0312	丿 07 총08획	乖	어그러질 deviate	괴	乖 guāi	乖覺(괴각): 재주가 있고 총명한 사람 乖隔(괴격) 乖戾(괴려) 乖離(괴리): 서로 등져 떨어짐, 갈라짐 乖反(괴반): 어그러져 틀림 乖愎(괴팍) 乖僻(괴벽): 성격 따위가 괴상하고 까다롭다. 괴까다롭다.
1급 0313	扌手05 총08획	拐	후릴/ 속일 snatch; kidnap	괴	拐 guǎi	拐帶(괴대): 남이 맡겨 놓은 물건을 가지고 도망함 掉拐(도괴) 拐引(괴인): 꾀를 쓰거나 유혹하여 남을 어느 곳으로 나오게 함 誘拐犯(유괴범): 사람을 속여 꾀어내거나 납치하는 범죄를 저지른 사람
高 3급II 0314	忄心05 총08획	怪	괴이할 queer; monster	괴(:)	怪 guài	怪常(괴상) 怪異(괴이) 怪傑(괴:걸) 怪奇(괴:기) 怪談(괴:담) 怪力(괴:력) 怪物(괴:물) 怪變(괴:변) 怪狀(괴:상) 怪聲(괴:성) 怪獸(괴:수) 怪訝(괴:아) 怪人(괴:인) 怪疾(괴:질) 怪漢(괴:한)
2급 0315	亻人10 총12획	傀	허수아비 puppet; marionette	괴:	傀 kuǐ guī	傀奇(괴기): 이상하고 기이함 傀儡(괴뢰): ① 꼭두각시 ② 망석중 ③ 허수아비 傀儡軍(괴뢰군) 傀儡劇(괴뢰극) 傀儡師(괴뢰사): 꼭두각시를 놀리는 사람 傀儡政權(괴뢰정권) 傀儡政府(괴뢰정부)

급수	부수/획수	漢字	훈/뜻	음	简体/拼音	용례
高3급 0316	土 10 총13획	塊	흙덩이 clod; lump; ingot	괴	块 kuài	塊莖(괴경) 塊鑛(괴광) 塊根(괴근) 塊狀(괴상) 塊石(괴석) 塊鐵(괴철) 塊炭(괴탄) 金塊(금괴) 鋼塊(강괴): 강철 덩어리 剛塊(강괴): 지각변동(地殼變動)을 받지 않은 매우 안정된 대륙지각
高3급 0317	忄心10 총13획	愧	부끄러울 shame; bashful	괴	愧 kuì	愧服(괴복) 愧死(괴사) 愧色(괴색) 愧羞(괴수) 愧心(괴심) 愧辱(괴욕) 愧恨(괴한) 愧汗(괴한) 慙愧(참괴): 매우 부끄럽게 여김 自愧感(자괴감): 스스로 부끄럽게 여기는 느낌이나 감정
2급(名) 0318	木 10 총14획	槐	회화나무/ 느티나무 pagoda tree zelkova	괴	槐 huái	槐木(괴목): ① 회화나무(콩과의 낙엽 활엽 교목) ② 느티나무 槐夢(괴몽) 槐宸(괴신): 임금의 궁전 槐位(괴위) 槐庭(괴정): 조정 槐鼎(괴정): 삼공(三公)이 임금을 돕는 일 槐山郡(괴산군): 충청북도
1급 0319	鬼 04 총14획	魁	괴수 boss; beast	괴	魁 kuí	魁甲(괴갑) 魁傑(괴걸) 魁奇(괴기) 魁榜(괴방) 魁選(괴선) 魁星(괴성) 魁首(괴수): 못된 짓을 하는 무리의 우두머리 魁帥(괴수) 魁殊(괴수) 魁岸(괴안) 魁偉(괴위): 체격이 장대하고 훌륭하다.
高3급II 0320	土 16 총19획	壞	무너질 collapse; ruin; bad	괴	坏 huài	壞決(괴결) 壞苦(괴고) 壞落(괴락) 壞亂(괴란) 壞滅(괴멸) 壞相(괴상) 壞廢(괴폐) 崩壞(붕괴) 損壞(손괴) 破壞(파괴) 壞汝萬里長城(괴여만리장성): 너의 만리장성을 허무는구나!
1급 0321	宀 04 총07획	宏	클 grand; magnificent	굉	宏 hóng	宏廓(굉곽): 넓고 깊음 宏規(굉규) 宏達(굉달) 宏圖(굉도) 宏謀(굉모): 굉장히 큰 계획 宏辯(굉변) 宏富(굉부) 宏儒(굉유) 宏壯(굉장): 크고 훌륭하다. 宏才卓識(굉재탁식): 큰 재주와 뛰어난 식견
1급 0322	月肉04 총08획	肱	팔뚝 forearm	굉	肱 gōng	肱康(굉강): 고굉지신(股肱之臣)이 나라를 편안하게 만듦 曲肱(곡굉): 팔을 굽힘 曲肱之樂(곡굉지락): 청빈한 도를 즐김 曲肱而枕之(곡굉이침지): 팔을 베개로 삼고 잠을 잔다. 가난한 생활
1급 0323	車 14 총21획	轟	울릴/ 수레소리 rumble	굉	轰 hōng	轟轟(굉굉): 소리가 몹시 요란함 轟裂(굉렬) 轟發(굉발) 轟笑(굉소) 轟然(굉연) 轟音(굉음): 크게 울리는 소리. 轟沈(굉침): 배가 폭파되어 큰 소리를 내며 가라앉음 轟破(굉파)
高3급II 0324	工 02 총05획	巧	공교할 skillful; cunning	교	巧 qiǎo	工巧(공교): 뜻밖에 서로 맞거나 틀리는 것이 기이한 듯하다. 巧構(교구) 巧妙(교묘) 巧敏(교민) 巧辯(교변) 巧詐(교사) 巧言令色(교언영색): 아첨하는 교묘한 말과 보기 좋게 꾸미는 얼굴빛
中6급 0325	亠 04 총06획	交	사귈 associate with	교	交 jiāo	交感(교감) 交代(교대) 交流(교류) 交涉(교섭) 交易(교역) 交際(교제) 交替(교체) 交通(교통) 交換(교환) 交子床(교자상) 交叉路(교차로) 交友以信(교우이신): 벗을 사귀는 데 믿음으로 함
1급 0326	口 06 총09획	咬	물[齧] bite 새소리	교	咬 yǎo	咬痙(교경): 입이 다물어 지는 증상 咬咬(교교): 새 우는 소리 咬傷(교상): 물려 상처를 입음 咬創(교창): 동물에게 물린 상처 咬齒(교치): 이를 갊 咬牙切齒(교아절치): 몹시 분하여 이를 갊
1급 0327	犭犬06 총09획	狡	교활할 guile; cunning	교	狡 jiǎo	狡智(교지) 狡猾(교활): 간사하고 꾀가 많다. 狡獪(교쾌) 狡兔死走狗烹특급II(교토사주구팽): 토끼가 잡히고 나면 사냥개도 쓸모가 없어서 잡아먹게 된다는 뜻으로 일이 끝나면 돌보지 않고 학대함
高3급 0328	阝邑06 총09획	郊	들[野] suburb	교	郊 jiāo	郊外(교외): 도시 둘레의 들이나 논밭이 비교적 많은 곳, 들 밖 郊里(교리): 마을(주로 시골에서, 여러 집이 모여 사는 곳) 江郊(강교): 강이 있는 교외 近郊(근교): 도시에 가까운 주변
中8급 0329	木 06 총10획	校	학교 school 본받다. 가르치다.	교	校 xiào jiào	校歌(교가) 校監(교감) 校具(교구) 校門(교문) 校服(교복) 校友(교우) 校是(교시) 校長(교장) 校庭(교정) 校訓(교훈) 學校(학교)/ 校閱(교열) 校正(교정)/ 校卒(교졸) 將校(장교)
1급 0330	白 06 총11획	皎	달 밝을 moonlight	교	皎 jiǎo	皎潔(교결): ① 달이 밝고도 맑음 ② 조촐하고 깨끗함 皎皎(교교): 달이 썩 맑고 밝다 皎鏡(교경): 밝은 거울, 달을 뜻함 皎朗(교랑): 맑고 밝음 皎月(교월): 희고 밝게 비치는 달

급수	부수/획수	한자	훈음	음	중국어	용례
2급 0331	糸 06 총12획	絞	목맬 strangle	교	绞 jiāo	絞帶(교대): 상복(喪服)에 띠는 삼베 띠 絞面(교면) 絞死(교사) 絞殺(교살): 목을 졸라 죽임 絞床(교상) 絞罪(교죄) 絞布(교포) 絞首臺(교수대) 絞首刑(교수형): 사형수의 목을 매어 죽이는 형벌
1급 0332	虫 06 총12획	蛟	교룡(蛟龍) dragon	교	蛟 jiāo	蛟龍(교룡): 전설 속에 나오는 동물의 하나《모양이 뱀과 같다 함》 蛟龍旗(교룡기): 임금의 거둥 때 행렬의 앞에 세우던 큰 기 蛟龍山城(교룡산성): 남원시 蛟山(교산): 허균(許筠) 호 潛蛟(잠교)
高 3급Ⅱ 0333	車 06 총13획	較	견줄/ 비교할 compare	교	较 jiào	較略(교략): 대략(大略), 줄거리 較問(교문): 맞는지 아닌지를 물어 봄 較差(교차): 최고와 최저의 차 日較差(일교차) 年較差(연교차) 比較(비교) 比較級(비교급) 比較的(비교적) 比較心理(비교심리)
中 8급 0334	攴攵07 총11획	教	가르칠 teach	교	教/教 jiāo jiào	敎務(교무) 敎師(교사) 敎授(교수) 敎室(교실) 敎科書(교과서) 敎養(교양) 敎員(교원) 敎育(교육) 敎材(교재) 敎卓(교탁) 敎訓的(교훈적) 敎外別傳(교외별전) 敎學相長(교학상장)
1급 0335	口 09 총12획	喬	높을 tall	교	乔 qiáo	喬木(교목): 큰키나무 喬嶽(교악) 喬陟(교척): 높은 산. 중첩해 있는 산 喬答彌(교답미): 석가를 기른 숙모 喬桐島(교동도): 인천 강화군 喬松之壽(교송지수): 큰 소나무의 수명처럼 오래 삶을 이르는 말
2급 0336	亻人12 총14획	僑	더부살이 sojourn; resident	교	侨 qiáo	僑軍(교군): 객병(客兵)(다른 곳에서 온 병졸) 僑民會(교민회) 僑民(교민): 외국에 살고 있는 동포 僑胞(교포): 외국에 살고 있는 동포 僑寓(교우): 타향에 임시로 몸을 붙여 사는 것 僑接(교접) ☞ 우거(寓居)
1급 0337	女 12 총15획	嬌	아리따울 flirtatious	교	娇 jiāo	嬌客(교객): 상대편을 높이어 그의「사위」를 이르는 말 嬌童(교동): 미소년 嬌言(교언): 요염하게 교태를 띤 말 嬌容(교용) 嬌姿(교자) 嬌態(교태): 아름답고 아양 부리는 자태(姿態)
中 5급 0338	木 12 총16획	橋	다리 bridge	교	桥 qiáo	橋脚(교각): 다리의 몸체를 받치는 기둥 橋梁(교량) 橋架(교가) 架橋(가교) 假橋(가교) 廣橋(광교) 筏橋(벌교) 陸橋(육교) 鐵橋(철교) 板橋(판교) 橋頭堡(교두보): 어떤 일을 위한 발판
高 3급 0339	矢 12 총17획	矯	바로잡을 reform; correction	교	矫 jiǎo	矯正(교정) 矯導(교도): 잘못을 바로잡아 인도함 矯導所(교도소) 矯角殺牛(교각살우): 뿔을 바로잡으려다가 소를 죽인다. 지나쳐 일을 그르침 矯枉過直(교왕과직): 굽은 것을 바로잡으려다가 지나쳐 오히려 나쁘게 됨
1급 0340	車 12 총19획	轎	가마 palanquin; sedan chair	교	轿 jiào	轎軍(교군): ① 가마 ② 가마를 메는 일 ③ '교군꾼'의 준말 轎輿(교여): 가마와 수레라는 뜻으로, 탈것을 통틀어 이르는 말 轎子(교자) 轎丁(교정) 駕轎(가교): 임금이 타는 특별히 꾸민 가마
1급 0341	馬 12 총22획	驕	교만할 arrogant; haughty	교	骄 jiāo	驕倨(교거) 驕桀(교걸) 驕矜(교긍) 驕慢(교만) 驕傲(교오) 驕佚(교일) 驕亢(교항): 교만하고 자존심이 강함 驕兵必敗(교병필패) 驕奢淫佚(교사음일): 교만하며 사치스럽고 방탕한 사람을 이르는 말
2급 0342	月肉11 총15획	膠	아교 glue	교	胶 jiāo	膠分(교분) 膠泥(교니): 모르타르 膠着(교착): 단단히 달라붙음 阿膠(아교): 갖풀 膠原病(교원병): 류머티즘·피부근염·경피증 따위 膠漆之交(교칠지교): 아주 친밀하여 떨어질 수 없는 교분(交分)
1급 0343	扌手20 총23획	攪	흔들 disturb	교	搅/挠 jiāo	攪車(교거): 씨아(목화의 씨를 빼는 기구) 攪棍(교곤): 사침대 攪亂(교란): 뒤흔들어서 어지럽게 함 攪拌(교반): 휘저어 섞음 攪鍊法(교련법) 攪拌機(교반기) 攪土器(교토기): 곰방메
中 8급 0344	乙 01 총02획	九	아홉 nine	구	九 jiǔ	九月(구월) 九天(구천) 九雲夢(구운몽): 부귀영화가 한낱 꿈에 지나지 않음을 주제로 한 조선시대 김만중 소설 九曲肝腸(구곡간장) 九牛一毛(구우일모) 九折羊腸(구절양장) 九重宮闕(구중궁궐)
1급 0345	亻人02 총04획	仇	원수(怨讐) enemy	구	仇 chóu qiú	仇杞(구기): 신라의 장군 仇讐(구수): 원수 仇怨(구원): 원수 三仇(삼구): 육신과 세속과 마귀(魔鬼) 恩反爲仇(은반위구) 親痛仇快(친통구쾌): 자기편을 해롭게 하고 적을 이롭게 하는 일

급수	부수	한자	훈	음	중국어	용례
中 4급II 0346	穴 02 총07획	究	연구할 research	구	究 jiū	究竟(구경): ① 궁극. ② 사리(事理)를 끝까지 추구하는 일 究極(구극) 究明(구명) 講究(강구) 窮究(궁구) 硏究(연구) 探究(탐구) 追究(추구) 學究(학구) 究厥心腸(구궐심장): 남의 마음을 헤아림
1급 0347	鳥 02 총13획	鳩	비둘기 pigeon	구	鸠 jiū	鳩聚(구취): 한데 모음 鳩合(구합): 규합(糾合) 頒鳩(반구): 산비둘기 鳩居鵲巢(구거작소): 비둘기는 자기의 집을 짓지 않고 까치집에서 사는 데서 鳩首會議(구수회의): 머리를 맞대고 의논함. 구수응의(鳩首凝議)
中 3급II 0348	丿 02 총03획	久	오랠 long time	구ː	久 jiǔ	久久(구구): 기간이 길다 久安(구안) 久遠(구원): 아득히 멀고 오래됨 영원하고 무궁함 久任(구임) 永久(영구) 悠久(유구) 長久(장구) 未久(미구) 耐久性(내구성) 持久力(지구력) 恒久的(항구적)
2급(名) 0349	王 玉 03 총07획	玖	옥돌 gemstone; jade; jadeite	구	玖 jiǔ	玖珠町[지명] 구스 정(오이타 현) 玖村駅 [くむらえき] [교통] 구무라 역 玖珂郡 和木町 [くがぐん わきちょう] [지명] 구가군 와키초
1급 0350	火 03 총07획	灸	뜸 moxibustion	구ː	灸 jiǔ	灸治(구치) 灸穴(구혈) 鍼灸(침구): 침과 뜸 鍼灸術(침구술) 面灸(면구): 남을 마주 대하기에 부끄러운 데가 있음. 부끄럽다 無病自灸(무병자구): 병이 없는 데 스스로 뜸질을 한다. '긁어 부스럼'
1급 0351	木 05 총09획	柩	널[棺] coffin	구	柩 jiù	柩衣(구의) 棺柩(관구): 관(棺)(시체를 담는 궤) 返柩(반구) 屍柩(시구) 運柩(운구) 靈柩(영구): 시체를 넣은 관 停柩(정구) 出柩(출구) 靈柩車(영구차): 시체를 넣은 관을 실어 나르는 장례 차량
中 7급 0352	口 00 총03획	口	입 mouth	구(ː)	口 kǒu	口文(구문) 口錢(구전) 口腔(구ː강) 口訣(구ː결) 口頭(구ː두) 口令(구ː령) 口味(구ː미) 口辯(구ː변) 口脣(구ː순) 口述(구ː술) 口語(구ː어) 口號(구ː호) 口蓋音(구ː개음) 口蜜腹劍(구ː밀복검)
中 4급II 0353	口 02 총05획	句	글귀 phrase	구	句 jù gōu	글句(글귀) 句文(구문): 귀글 句節(구절): 한 토막의 말이나 글 文句(문구) 語句(어구) 句讀點(구두점): 쉼표와 마침표 句句節節(구구절절): 모든 구절 句兵(구병): 날 끝이 굽은 창
高 3급II 0354	扌 手 05 총08획	拘	잡을 imprison	구	拘 jū	拘禁(구금) 拘留(구류) 拘束(구속): 체포하여 신체를 속박함 拘囚(구수) 拘礙(구애): 거리끼거나 얽매임 拘引狀(구인장) 拘置所(구치소) 不拘束(불구속) 拘束令狀(구속영장)
高 3급 0355	犭 犬 05 총08획	狗	개 dog	구	狗 gǒu	狗寶(구보): 병든 개의 쓸개 狗盜(구도) 狗肉(구육) 走狗(주구) 黃狗(황구) 堂狗風月(당구풍월) 喪家之狗(상가지구) 狗猛酒酸(구맹주산): 개가 사나우면 술이 시어진다. 간신이 있으면 나라가 쇠퇴함
高 3급 0356	⺾ 艸 05 총09획	苟	진실로/ truly 구차할 very poor	구	苟 gǒu	苟免(구면): 간신히 벗어남 苟命(구명) 苟生(구생): 구차하게 삶 苟安(구안): 편안함을 꾀함 苟存(구존): 그럭저럭 되는대로 살아감 苟且(구차): 가난하고 궁색함 苟充(구충): 겨우 채움 苟合(구합)
1급 0357	木 05 총09획	枸	구기자 Chinese matrimony vine	구	枸 gōu	枸橘(구귤): 탱자나무 枸杞子(구기자): 구기자나무의 열매 해열제와 강장제로 쓴다. 枸櫞(구연): 레몬 枸櫞酸(구연산): '시트르산'의 구칭 枸櫞油(구연유): 레몬 껍질에서 짜낸 기름 枸櫞皮(구연피): 레몬의 껍질
1급 0358	金 05 총13획	鉤	갈고리 hook	구	钩 gōu	鉤鉅(구거): 미늘(작은 갈고리) 鉤蟲(구충): 촌충(寸蟲)의 구 용어 鉤勒法(구륵법): 윤곽선으로 묶고 그 안을 색칠하는 법 單鉤法(단구법) 雙鉤法(쌍구법) 中鉤之魚(중구지어): 낚시 미늘에 걸린 생선
1급 0359	馬 05 총15획	駒	망아지 foal	구	驹 jū	隙駒(극구): 달리는 말을 문틈으로 본다. 세월이 빠름 駒城洞(구성동): 용인 白駒過隙(백구과극): 세월이 덧없이 짧음 千里之駒(천리지구) 鳴鳳在樹 白駒食場(명봉재수 백구식장): 평화스럽게 다스려지는 시대 千字文
高 3급II 0360	一 04 총05획	丘	언덕 hill	구	丘 qiū	丘壟(구롱): ① 언덕 ② 조상의 산소 丘陵(구릉): 언덕 丘墓(구묘) 丘墳(구분) 丘塚(구총) 丘墓之鄕(구묘지향): 선산이 있는 고향 首丘初心(수구초심): 여우가 죽을 때 머리를 자기가 살던 굴 쪽으로 둔다.

급수	부수	한자	훈/음	음	중국어	용례
2급(名) 0361	阝邑05 총08획	邱	언덕/ 땅이름 hill	구	邱 qiū	靑丘(邱)(청구): 예전에, 중국에서 우리나라를 이르던 말 邱井面(구정면): 강원도 강릉시 大邱廣域市(대구광역시) 一邱一壑(일구일학): 한 언덕과 한 골짜기, 은자(隱者)가 사는 곳
1급 0362	臼 00 총06획	臼	절구 jeolgu (mortar)	구	臼 jiù	臼磨(구마): 절구 臼狀(구상): 우묵하게 생긴 모양 臼齒(구치): 어금니 科臼中人(과구중인): 절구질하는 사람. 평범(平凡)한 사람을 비유 井臼之役(정구지역): 물을 긷고 절구질하는 일 下顎脫臼(하악탈구)
1급 0363	臼 07 총13획	舅	시아비/ 외삼촌 father in law maternal uncle	구	舅 jiù	舅姑(구고): 시부모 舅父(구부): 외삼촌 舅弟(구제): 외사촌 國舅(국구): 임금의 장인 內舅(내구): 외숙 外舅(외구): 장인
中 5급II 0364	臼 12 총18획	舊	예 old	구:	旧/旧 jiù	舊習(구습) 舊式(구식) 舊正(구정) 舊態(구태) 舊派(구파) 復舊(복구) 親舊(친구) 舊石器(구석기) 舊年親舊(구년친구) 舊態依然(구태의연) 舊弓新矢(구궁신시): 의외로 서로 잘 맞는 것
中 4급II 0365	水 02 총07획	求	구할[索] seek; look for	구	求 qiú	求乞(구걸) 求索(구색) 求愛(구애) 求人(구인) 求職(구직) 求刑(구형) 求道者(구도자) 求心力(구심력) 求心點(구심점) 求償權(구상권): 채무자에게 갚아 준 돈의 반환을 청구(請求)하는 권리
中 5급 0366	攵攴07 총11획	救	구원할 salvation; rescue; relief	구:	救 jiù	救國(구국) 救贖(구속) 救援(구원) 救濟(구제) 救助(구조) 救出(구출) 救恤(구휼) 救急車(구급차) 救命艇(구명정) 救世主(구세주) 救國干城(구국간성): 나라를 지키는 군인(軍人)
高 6급II 0367	王玉07 총11획	球	공 ball	구	球 qiú	球技(구기): 籠球(농구) 排球(배구) 野球(야구) 蹴球(축구) 卓球(탁구) 球菌(구균) 球根(구근) 球團(구단) 球面(구면) 球速(구속) 球場(구장) 眼球(안구) 電球(전구) 地球(지구) 赤血球(적혈구)
高 5급II 0368	八 06 총08획	具	갖출 equip; tool up	구(:)	具 jù	具格(구격) 具備(구비) 具象(구상) 具色(구색) 具案(구안) 具眼(구안) 具陳(구진) 具現(구현) 家具(가구) 工具(공구) 敎具(교구) 器具(기구) 道具(도구) 文具(문구) 具體的(구체적)
高 3급 0369	亻人08 총10획	俱	함께 together	구	俱 jù jū	俱備(구비): 골고루 갖춤 俱存(구존): 부모가 모두 살아 계심 俱現(구현): 내용이 속속들이 다 드러남. 俱樂部(구락부): '클럽(club)' 不俱戴天之怨讐(불구대천지원수): 하늘을 같이 이지 못하는 원수
1급 0370	土 06 총09획	垢	때 dirt	구	垢 gòu	三垢(삼구): 사람의 마음을 더럽히는 세 가지 번뇌. 욕심, 성냄, 어리석음 刮垢磨光(괄구마광): 때를 벗기고 닦아 광채를 낸다. 결점을 고쳐 장점을 발휘 純眞無垢(순진무구): 티 없이 순진하다. • 어린아이와 같은 순진무구한 표정
1급 0371	矢 05 총10획	矩	모날/ 법/ 곱자, 곡척 carpenter's square	구	矩 jǔ	矩度(구도): 법도. 법칙 矩墨(구묵): 곱자와 먹물 矩地(구지): 大地 矩尺(구척): 90도 각자 規矩法(규구법): 입체를 필요한 모양으로 만드는 법 矩步引領(구보인령): 걸음을 바르게 하며 옷차림을 단정히 한다. 千字文
1급 0372	宀 08 총11획	寇	도적(盜賊) thief	구	寇 kòu	寇盜(구도): 도둑 寇掠(구략): 공격하여 약탈함 寇賊(구적): 나라를 침범하는 외적 寇奪(구탈): 사람을 해치고 재물을 약탈함 窮寇莫追(궁구막추): 궁지에 몰린 적이나 원수를 모질게 다루지 말라는 뜻
高 6급 0373	匚 09 총11획	區	구분할/ 지경(地境) partition; district	구	区/区 qū ōu	區間(구간) 區內(구내) 區民(구민) 區別(구별) 區分(구분) 區域(구역) 區廳(구청) 區劃(구획) 敎區(교구) 地區(지구) 特區(특구) 區廳長(구청장) 自治區(자치구) 地域區(지역구)
1급 0374	山 11 총14획	嶇	험할 steep; unlucky	구	岖 qū	崎嶇(기구): ① 산이 가파르고 험하다 ② 삶이 순조롭지 못하고 온갖 어려움 崎嶇罔測(기구망측): 산길이 험하기 짝이 없다 崎嶇險路(기구험로): 아주 험악한 산길 嶇路(구로): 험악한 길
1급 0375	口 11 총14획	嘔	게울 vomit	구(:)	呕 ǒu ōu, òu, xū	嘔家(구가): 항상 메스껍고 구토 증상이 있는 환자 嘔氣(구기) 嘔逆(구역): 욕지기 嘔逆症(구역증) 乾嘔逆(건구역) 嘔吐(구토): 먹은 음식물을 토함. 게움. 吐逆(토역) 嘔吐症(구토증)

급수	부수/획수	한자	훈음	음	간체/병음	용례
2급 0376	欠 11 총15획	歐	구라파/Europe의 약칭 칠	구	欧/欧 ōu	歐美(구미) 東歐(동구) 西歐(서구) 南歐(남구) 北歐(북구) 歐羅巴(구라파): '유럽'의 한자말 歐羅琴(구라금): 양금(洋琴) 歐陽詢(구양순): (557~641) 당(唐)나라 초의 서예가 해서(楷書)의 모범
1급 0377	殳 11 총15획	毆	때릴 hit; beat	구	殴/殴 ōu	毆擊(구격): 함부로 치고 때리다 毆罵(구매): 때리고 욕함 毆縛(구박): 때리고 묶음 毆傷(구상): 때려 상처를 냄 毆殺(구살): 때려죽임 毆打(구타): 사람이나 짐승을 함부로 치고 때림
1급 0378	言 11 총18획	謳	노래 sing; song	구	讴 ōu	謳歌(구가): 많은 사람이 입을 모아 칭송함. 행복한 처지나 기쁜 마음 따위를 거리낌 없이 나타냄・전성기를 ~하다. 謳吟(구음): 노래를 부름 婚弟有謳 姻兄先唱(혼제유구 인형선창): 아가사창(我歌査唱)
1급 0379	身 11 총18획	軀	몸 body	구	躯/躯 qū	軀幹(구간): 몸통 軀命(구명): 신명(身命) 巨軀(거구): 큰 몸뚱이 老軀(노구): 늙은 몸 矮軀(왜구): 키가 작은 체구 體軀(체구): 몸집 賤軀(천구): '자기 몸'의 겸사 千金之軀(천금지구): 천금같이 소중한 몸
高3급 0380	馬 11 총21획	驅	몰 drive	구	驱/驱 qū	驅迫(구박): 못 견디게 괴롭힘 驅馳(구치): 몰아 빨리 달림 驅使(구사): 몰아쳐 부림. 자유자재로 다루어 씀. 驅逐艦(구축함) 長驅大進(장구대진): 멀리 몰아서 단번에 거침없이 나아가다.
2급 0381	鳥 11 총22획	鷗	갈매기 seagull	구	鸥/鸥 ōu	白鷗(백구) 白鷗詞(백구사) 鷗鷺(구로): 갈매기와 해오라기 伴鷗亭(반구정): 파주시(황희) 狎鷗亭(압구정): 서울 강남구(한명회) 海翁好鷗(해옹호구): 친하게 지내던 새도 잡으려고 하면 가까이하지 않는다.
1급 0382	氵水10 총13획	溝	도랑 ditch	구	沟 gōu	溝渠(구거): 개골창 溝橋(구교): 터널 모양의 지하의 물길 溝壑(구학): 구렁(땅이 움쑥하게 팬 곳) 下水溝(하수구) 地溝盆地(지구분지): 열곡(裂谷)으로 이루어진 단층 분지
高4급 0383	木 10 총14획	構	얽을 construct	구	构 gòu	構圖(구도) 構想(구상) 構成(구성) 構造(구조) 構築(구축) 機構(기구) 虛構(허구) 構成員(구성원) 構造調整(구조조정) 國際機構(국제기구) 世界貿易機構(세계무역기구) WTO
2급 0384	貝 10 총17획	購	살 buy	구	购 gòu	購求(구구) 購讀(구독) 購買(구매): 물건 따위를 사들임. 구입(購入) 購販場(구판장): 조합 따위에서 공동으로 사서 싸게 판매하는 곳 購捕贖良(구포속량): 범인을 잡게 함으로써 양인의 신분을 얻던 일
1급 0385	广 11 총14획	廏	마구간 stall	구	厩 jiù	廏肥(구비): 외양간두엄 廏舍(구사): 마구간 龍廏(용구): 어마(御馬)를 기르던 곳 麟廏(인구): 御馬를 기르던 곳 馬廏間(마구간): 말을 기르는 곳 마구(馬廏)
高3급 0386	龜 00 총16획	龜	거북/땅이름 거북 tortoise 터질 crack	구 귀 균	龟/龟 guī qiū, jūn	龜尾市(구미시): 경북 龜浦洞(구포동): 부산 龜旨歌(구지가) 龜鑑(귀감) 龜甲(귀갑) 龜船(귀선) 龜兎說(귀토설) 龜毛兎角(귀모토각) 龜背刮毛(귀배괄모) 龜裂(균열)
高3급 0387	忄心18 총21획	懼	두려워할 afraid; fear	구	惧 jù	懼憂(구우): 두려워하고 근심함 敬懼(경구) 戒懼(계구) 恐懼(공구) 兢懼(긍구): 삼가고 두려워함 悚懼(송구): 마음에 두렵고 거북하다. 危懼(위구) 喜懼(희구) 疑懼心(의구심): 의심하고 두려워하는 마음
1급 0388	行 18 총24획	衢	네거리 crossroad	구	衢 qú	衢街(구가): 큰 길거리 衢國(구국): 적의 침공을 받기 쉬운 지세의 곳 衢路(구로) 通衢(통구) 暗衢明燭(암구명촉): 어두운 거리에 밝은 등불 康衢煙月(강구연월): 태평한 시대의 큰 길거리의 평화로운 풍경
高5급II 0389	尸 04 총07획	局	판[形局] bureau; situation	국	局 jú	局度(국도) 局量(국량) 局面(국면) 局長(국장) 局地(국지) 局限(국한) 佳局(가국) 開局(개국) 難局(난국) 當局(당국) 時局(시국) 藥局(약국) 政局(정국) 形局(형국) 放送局(방송국)
中8급 0390	口 08 총11획	國	나라 nation	국	国 guó	國家(국가) 國軍(국군) 國旗(국기) 國紀(국기) 國民(국민) 國防(국방) 國寶(국보) 國史(국사) 國稅(국세) 國語(국어) 國有(국유) 國政(국정) 國際(국제) 國土(국토) 國會(국회)

급수	부수	한자	훈/음	음	간체	예시
高 3급II 0391	⺿艸 08 총12획	菊	국화 chrysanthemum	국	菊 jú	菊花(국화) 黃菊(황국) 甘菊煎(감국전) 菊花展(국화전) 十日之菊(십일지국): 9월 10일의 국화. 한창 때가 지나 때늦은 것을 비유 秋凉黃菊發(추량황국발): 가을이라 서늘하니 누런 국화피고. 出典-推句
2급(名) 0392	革 08 총17획	鞠	성(姓)/ 국문할/ interrogate 공/ 기를	국	鞠 jū	鞠躬(국궁): 윗사람이나 위패(位牌) 앞에서 존경하는 뜻으로 몸을 굽힘 鞠(鞫)問(국문): 임금이 중대한 죄인을 국청(鞫廳)에서 신문(訊問)하던 일 鞠子(국자) 鞠養(국양): 아이를 보살펴서 자라게 함 鞠育(국육)
中 4급 0393	口 04 총07획	君	임금 king; monarch	군	君 jūn	君國(군국) 君德(군덕) 君臨(군림) 君王(군왕) 君子(군자) 君主(군주) 光海君(광해군) 大院君(대원군) 君臣有義(군신유의) 君師父一體(군사부일체)/ -君(-군): 친구나 손아래 남자를 부르는 말
中 6급 0394	阝邑 07 총10획	郡	고을 county	군:	郡 jùn	郡界(군계) 郡內(군내) 郡民(군민) 郡守(군수) 郡邑(군읍) 郡制(군제) 郡廳(군청) 郡縣(군현) 州郡(주군) 漢四郡(한사군) 市郡區(시군구): 행정구역 단위 平昌郡(평창군) 洪川郡(홍천군)
1급 0395	穴 07 총12획	窘	군색할 poor	군:	窘 jiǒng	窘境(군경) 窘困(군곤) 窘窮(군궁) 窘急(군급) 窘乏(군핍) 窘塞(군색): ① 필요한 것이 없어 옹색함 ② 일이 떳떳하지 못하여 거북함 窘辱(군욕) 窘拙(군졸) 困窘(곤군): 어렵고 구차하다 窮窘(궁군)
高 4급 0396	羊 07 총13획	群	무리 crowd; flock; group	군	群 qún	群居(군거) 群島(군도) 群落(군락) 群舞(군무) 群像(군상) 群生(군생) 群衆(군중) 群集(군집) 群盲撫象(군맹무상) 群鷄一鶴(군계일학) 群小政黨(군소정당) 群雄割據(군웅할거)
中 8급 0397	車 02 총09획	軍	군사 soldier; military	군	军 jūn	軍歌(군가) 軍犬(군견) 軍警(군경) 軍紀(군기) 軍氣(군기) 軍隊(군대) 軍旅(군려) 軍番(군번) 軍兵(군병) 軍服(군복) 軍士(군사) 軍事(군사) 軍裝(군장) 軍卒(군졸) 軍艦(군함)
高 4급 0398	尸 05 총08획	屈	굽힐 bent; bend	굴	屈 qū	屈强(굴강) 屈巾(굴건) 屈曲(굴곡) 屈伏(굴복) 屈服(굴복) 屈辱(굴욕) 屈折(굴절) 屈指(굴지) 屈光性(굴광성) 不撓不屈(불요불굴): 한번 먹은 마음이 흔들리거나 굽힘이 없음
2급 0399	扌手 08 총11획	掘	팔 dig; undermine	굴	掘 jué	掘江(굴강) 掘井(굴정) 掘鑿(굴착) 盜掘(도굴) 發掘(발굴) 試掘(시굴) 採掘(채굴) 掘業島(굴업도): 인천광역시 옹진군 掘墓鞭屍(굴묘편시): 묘를 파헤쳐 시체에 매질을 한다. 지나친 복수
2급 0400	穴 08 총13획	窟	굴 cave; lair	굴	窟 kū	窟穴(굴혈): 바위나 땅 따위에 깊숙하게 팬 굴 =巢窟(소굴): 범죄자나 악한들의 무리가 모이는 본거지 洞窟(동굴) 魔窟(마굴) 石窟(석굴) 仙窟(선굴) 暗窟(암굴) 土窟(토굴) 虎窟(호굴) 貧民窟(빈민굴)
中 3급II 0401	弓 00 총03획	弓	활 bow	궁	弓 gōng	弓家(궁가) 弓角(궁각) 弓袋(궁대) 弓手(궁수) 弓術(궁술) 弓矢(궁시) 弓箭(궁전) 梗弓(경궁) 國弓(국궁) 洋弓(양궁) 角弓反張(각궁반장): 물건이 뒤틀어진 형태 傷弓之鳥(상궁지조)
1급 0402	穴 03 총08획	穹	하늘 sky	궁	穹 qióng	穹橋(궁교): 홍예다리 穹窿(궁륭): 돔(dome) 穹窿形(궁륭형) 穹壤(궁양): 하늘과 땅 穹蒼(궁창): 높고 푸른 하늘. 창천(蒼天) 穹豊(궁풍): 높고 큼 高穹(고궁) 靑穹(청궁): 청천(靑天)(푸른 하늘)
1급 0403	身 03 총10획	躬	몸 body; personally	궁	躬 gōng	躬稼(궁가): 자기가 직접 농사를 지음 躬耕(궁경): 임금이 적전(籍田)에 나와 몸소 농사를 짓던 일 躬進(궁진): 몸소 나감 躬聽(궁청): 몸소 들음 躬行(궁행): 몸소 실행함 躬化(궁화): 임금이 본을 보여 백성을 교화함
高 4급 0404	穴 10 총15획	窮	다할/ 궁할 exhausted	궁	穷 qióng	窮交(궁교) 窮寇(궁구): 궁지에 빠진 도적 窮極(궁극): 마지막이나 끝 窮理(궁리): 깊이 생각함 窮地(궁지) 困窮(곤궁) 無窮花(무궁화) 窮交貧族(궁교빈족) 窮途之哭(궁도지곡): 가난으로 겪는 슬픔
高 4급II 0405	宀 07 총10획	宮	집 palace	궁	宫 gōng	宮家(궁가) 宮闕(궁궐) 宮女(궁녀) 宮裏(궁리) 宮城(궁성) 宮殿(궁전) 宮廷(궁정) 宮庭(궁정) 宮中(궁중) 王宮(왕궁) 東宮(동궁) 景福宮(경복궁) 宮合(궁합) 宮刑(궁형) 子宮(자궁)

번호	급수	부수/획수	한자	훈음	음	간체/병음	용례
0406	高 4급	刀 06 총08획	券	문서 bond; document	권	券 quàn	文券(문권) 發券(발권) 旅券(여권) 株券(주권) 證券(증권) 債券(채권): 공채(公債)·국채·사채(私債) 등의 유가증권(有價證券) 商品券(상품권) 乘車券(승차권) 入場券(입장권) 航空券(항공권)
0407	中 4급	卩 06 총08획	卷	책 scroll; book; volume	권(ː)	卷/巻 juǎn	卷甲(권갑) 卷頭(권두) 卷數(권수) 卷雲(권운) 卷紙(권지) 卷帙(권질) 卷軸(권축) 卷煙(궐ː연) 席卷(석권): 빠른 기세로 세력을 넓힘 壓卷(압권) 手不釋卷(수불석권): 손에서 책을 놓지 않고 늘 글을 읽음
0408	1급	亻人08 총10획	倦	게으를 lazy	권ː	倦/倦 juàn	倦憩(권게) 倦困(권곤) 倦勤(권근) 倦游(권유) 倦疲(권피) 倦怠(권태): 게으름이나 싫증 好學不倦(호학불권): 게으름이 없음 不倦不懈(불권불해): 싫증내지도 아니하고 게을리 하지도 아니함
0409	1급	扌手08 총11획	捲	거둘/말 roll up	권	捲/卷 juǎn	捲線(권선): 코일(coil) 捲舌音(권설음): 혀끝을 말아 올려 내는 소리 捲揚機(권양기): 윈치(winch), 굽은 축, 크랭크; (낚시용의) 릴 捲土重來(권토중래): 흙먼지를 날리며 다시 온다. 몇 번이고 다시 일어남
0410	2급	囗 08 총11획	圈	우리[牢] pen; zone	권	圈/圈 quān juàn	圈牢(권뢰): 짐승 우리 圈域(권역): 범위 안의 지역이나 영역 野圈(야권) 與圈(여권) 大氣圈(대기권) 上位圈(상위권) 成層圈(성층권) 首都圈(수도권): 서울을 중심으로 한 경기도 일대
0411	高 3급Ⅱ	手 06 총10획	拳	주먹 fist	권ː	拳 quán	拳法(권법) 拳術(권술) 拳勇(권용ː): 용맹스러운 힘이 있음 拳銃(권총) 拳鬪(권투) 跆拳(태권) 跆拳道(태권도) 赤手空拳(적수공권): 맨손과 맨주먹 곧 아무 것도 가진 것이 없음
0412	1급	目 06 총11획	眷	돌볼 look back	권ː	眷 juàn	眷口(권구): 한집에 사는 식구 眷屬(권속): 집에 딸린 식구 眷率(권솔): 식솔 眷佑(권우) 眷遇(권우) 眷顧之恩(권고지은): 돌봐 준 은혜 眷眷不忘(권권불망): 가엾게 여겨 늘 돌보며 생각함
0413	中 4급	力 18 총20획	勸	권할 advice; encourage; exhortation	권ː	勸/劝 quàn	勸告(권고) 勸農(권농) 勸勵(권려) 勸勉(권면) 勸相(권상) 勸誘(권유) 勸獎(권장) 勸師(事,士)(권사): 권면하고 돌보는 교회 직분 勸告辭職(권고사직) 勸上搖木(권상요목) 勸善懲惡(권선징악)
0414	中 4급Ⅱ	木 18 총22획	權	권세 power; authority	권	權/权 quán	權力(권력) 權利(권리) 權勢(권세) 權輿(권여): 저울대와 수레 바탕 權威(권위) 權定(권정): 임시로 결정함 權限(권한): 권력이 미치는 범위 權謀術數(권모술수): 모략과 중상 등 온갖 수단과 방법을 쓰는 술책
0415	高 3급	厂 10 총12획	厥	그[其] it; the; that	궐	厥 jué	厥公(궐공): 궐자(厥者) 厥也(궐야): 그 사람 厥心腸(궐심장): 남의 마음을 미루어 헤아림 農夫餓死 枕厥種子(농부아사 침궐종자): 농사꾼이 굶어 죽어도 그 종자를 베고 죽는다. 현재에 급급해 미래를 망쳐서는 안 된다.
0416	2급	門 10 총18획	闕	대궐 royal palace	궐	阙 quē què	大闕(대궐) 闕內(궐내) 闕下(궐하) 九重宮闕(구중궁궐) 闕失(궐실): 하여야 할 일을 하지 못한 허물. 이지러져 없어짐 補闕(보궐) 補闕選擧(보궐선거): 보결(補缺) 임시 선거
0417	1급	足 12 총19획	蹶	일어설/ stand up 넘어질 fall down	궐	蹶 jué	蹶起(궐기): 각오를 다지거나 결심을 굳히면서 기운차게 일어서는 것 蹶起大會(궐기대회): 여러 사람들이 함께 궐기의 뜻을 공식적으로 나타내는 모임 蹶然(궐연): 벌떡 일어남 蹶子[juězi]: 뒷발질
0418	1급	几 00 총02획	几	안석(案席) sitting cushion	궤ː	几 jǐ	几几(궤궤) 几案(궤안): 의자·사방침(四方枕)·안석(案席) 几筵(궤연): 영궤(靈几)와 혼백·신주(神主)를 모셔 두는 곳. 영실(靈室) 几杖(궤장): 궤장연(几杖宴) 때에 70세 이상 대신에게 하사하던 궤(几)와 지팡이
0419	1급	木 02 총06획	机	책상 table	궤ː	机 jī	机上(궤상): 책상 위 机下(궤하): ① 책상 아래. ② 편지 겉봉의 받는 사람 이름 뒤에 쓰는 높임말 机上肉(궤상육): 도마에 오른 고기, 막다른 운명 明窓淨机(명창정궤): 햇빛이 잘 비치는 창밑 깨끗한 책상. 말끔히 정돈된 서재
0420	高 3급	車 02 총09획	軌	바퀴자국 rut; track	궤ː	轨 guǐ	軌道(궤도): ① 차가 지나다니는 길 ② 물체가 일정한 힘에 의해 움직이는 경로 軌跡(궤적): 수레바퀴가 지나간 자국 常軌(상궤): 늘 변하지 않는 규칙 本軌道(본궤도) 車同軌書同文(거동궤서동문): 천하가 통일됨

급수	부수/획수	한자	훈	음	간체/병음	용례
1급 0421	言 06 총13획	詭	속일 cheat; sophistry	궤	诡 guǐ	詭計(궤계): 간사한 속임수의 꾀 詭僻(궤벽): 사리에 어긋나고 편벽됨 詭辯(궤변): ① 도리에 맞지 않는 변론 ② 참이 아닌 것을 참인 것처럼 꾸며대는 논법 詭辭(궤사): 거짓 꾸며대는 말 詭僞(궤위): 거짓으로 속임
1급 0422	氵水12 총15획	潰	무너질 ulcer; collapse	궤	溃 kuì huì	潰滅(궤멸): 무너지거나 흩어져 없어짐 潰裂(궤열): 헐거나 해져 찢어짐 潰瘍(궤양): 피부나 점막에 상처가 생기고 헐어서 출혈하기 쉬운 상태 魚潰鳥散(어궤조산): 물고기 떼나 새 떼처럼 흩어진다. 크게 패망함
1급 0423	木 14 총18획	櫃	궤짝 box; crate	궤	柜 guì	櫃封(궤봉): 물건을 궤에 넣고 봉함 金櫃(금궤) 鐵櫃(철궤) 玉石同櫃(옥석동궤): 옥과 돌이 한 궤짝 속에 있다. HSK 5급 柜台[guìtái]: 계산대 1. 궤 2. 카운터 3. 상점
高 3급II 0424	鬼 00 총10획	鬼	귀신 ghost; demon	귀	鬼 guǐ	鬼哭(귀곡) 鬼傀(귀괴): 광대놀음 鬼淚(귀루): 거문고 붉고 푸른 명주실 鬼魅(귀매) 鬼謀(귀모) 鬼面(귀면) 鬼才(귀재) 鬼卒(귀졸) 鬼神(귀신): 사람의 죽은 넋. 사람에게 복과 화를 준다는 정령(精靈)
中 5급 0425	貝 05 총12획	貴	귀할 noble; valuable	귀	贵 guì guǐ	貴官(귀관) 貴宅(귀댁) 貴賓(귀빈) 貴人(귀인) 貴族(귀족) 貴中(귀중) 貴重(귀중) 貴紙(귀지) 貴賤(귀천) 貴側(귀측) 貴下(귀하) 貴夫人(귀부인) 貴婦人(귀부인) 貴重品(귀중품)
中 4급 0426	止 14 총18획	歸	돌아갈 return	귀	帰/归 guī	歸家(귀가) 歸結(귀결) 歸國(귀국) 歸巢(귀소) 歸屬(귀속) 歸順(귀순) 歸依(귀의) 歸正(귀정) 歸重(귀중) 歸着(귀착) 歸還(귀환) 歸去來辭(귀거래사) 歸馬放牛(귀마방우): 종전(終戰)
高 3급 0427	口 02 총05획	叫	부르짖을 shout; cry; outcry	규	叫/叫 jiào	叫聲(규성) 叫喚(규환) 絶叫(절규) 高聲大叫(고성대규) 叫天呼地(규천호지): 몹시 슬프거나 분하여 하늘과 땅을 향하여 울부짖음 叫喚地獄(규환지옥): 삶아지거나 불 속에 던져져 괴로움에 울부짖는다.
高 3급 0428	糸 02 총08획	糾	얽힐/ 꼴 entangle	규	糾/纠 jiū	糾明(규명): 따져서 밝힘 糾彈(규탄): 따지고 나무람 糾錯(규착): 얽히고 뒤섞임 糾合(규합): 어떤 목적을 이루려고 사람이나 세력을 모음 糾問主義(규문주의): 법원이 직접 체포·심리·재판하는 원칙.↔ 탄핵주의
2급(名) 0429	土 03 총06획	圭	서옥(瑞玉) 홀(笏)/쌍토 ritual baton	규	圭 guī	圭(규): ① 옥으로 만든 홀(笏) ② 모. 귀퉁이 圭角(규각): ① 모나 귀퉁이의 뾰족한 곳 ② 서로 맞지 않음 圭璋(규장): 임금이 쓴 글이나 글씨 圭田(규전): ① 이등변삼각형으로 된 논밭 ② 수확물로 제사를 드리는 밭
2급(名) 0430	大 06 총09획	奎	별 이름	규	奎 kuí	奎閣(규각) 奎文(규문) 奎璧(규벽) 奎星(규성): 문운(文運)을 맡은 별 奎運(규운) 奎章閣(규장각): 조선 정조(1776) 설치한 왕실도서관 奎章全韻(규장전운): 규장각에서 편찬한 한자의 운(韻)자에 대한 사전
2급(名) 0431	王玉06 총10획	珪	홀/ 서옥 ritual baton	규	圭 guī	규(圭·珪): ① 옥으로 만든 홀(笏). 옛날, 중국에서 천자가 제후를 봉하거나 신을 모실 때 썼음. ② 모. 귀퉁이. 珪幣(규폐): 신에게 바치는 귀중한 예물
1급 0432	石 06 총11획	硅	규소 silicon	규	硅 guī	硅酸(규산): 규소·산소·수소의 화합물 약한산《유리 등을 만드는 데 씀》 硅素(규소): 【화학】silicon (기호 Si) 硅藻(규조) 硅藻土(규조토) 硅化木(규화목): 땅속에 묻혀 규화된 나무 二酸化硅素(이산화규소)
2급 0433	門 06 총14획	閨	안방 a woman's living room	규	闺 guī	閨閣(규각) 閨閥(규벌): 처의 친척을 중심으로 이루어진 파벌 閨秀(규수) 閨愛(규애) 閨怨歌(규원가) 閨房歌詞(규방가사) 閨中七友爭論記(규중칠우쟁론기): 조선후기 작자 미상의 한글 수필
高 5급 0434	見 04 총11획	規	법 rule; regular regulation.	규	规 guī	規格(규격) 規例(규례) 規免(규면) 規模(규모) 規範(규범) 規約(규약) 規律(규율) 規切(규절) 規定(규정) 規程(규정) 規制(규제) 規準(규준) 規則(규칙) 規劃(규획) 法規(법규)
1급 0435	穴 11 총16획	窺	엿볼 peep	규	窥 kuī	窺見(규견) 窺視(규시): 몰래 훔쳐봄 엿봄 軍窺(군규): 정탐(偵探) 窺衡(규형): ① 땅의 원근을 측량하는 기구 ② 엿보고 헤아림 管窺(관규): 견식이 좁음. 이관규천(以管窺天) 窺巖面(규암면): 부여군

급수	부수	漢字	訓音	音	简体/拼音	用例
1급 0436	辶辵08 총12획	逵	길거리/한길/큰길 main road	규	逵 kuí	逵路(규로): 사방으로 통하는 큰 길. =九逵(구규) 九逵(구규): 아홉 방향으로 통한 길 큰길, 여러 갈래로 된 도시의 큰길 天逵(천규): 천자의 사신이 가는 길
2급(名) 0437	扌手09 총12획	揆	헤아릴 consider	규	揆 kuí	揆路(규로) 揆地(규지): ① 해의 그림자로 땅을 측량함 ② 재상의 지위 端揆(단규): 우규(右揆) 우의정 左揆(좌규): ☞ 좌의정(左議政) 元揆(원규): 모든 벼슬아치 가운데에서 으뜸 영의정(領議政)
1급 0438	⺾艸09 총13획	葵	아욱/해바라기 sunflower	규	葵 kuí	葵懇(규간): 임금에게 향한 정성스러운 마음 葵菜(규채): 아욱 葵花(규화): 해바라기 꽃 葵花簪(규화잠): 해바라기 모양의 비녀 金葵花(금규화): 해바라기. 신하가 임금을 비유하는 말 向日葵(향일규)
中 4급 0439	土 04 총07획	均	고를 even; equality	균	均 jūn jùn	均等(균등) 均一(균일) 均配(균배) 均齊(균제) 均質(균질) 均衡(균형) 平均(평균) 均輸法(균수법) 均役法(균역법): 영조 26년(1750)에 백성의 부담을 덜기 위해 만든 납세 제도 均田論(균전론)
高 3급Ⅱ 0440	⺾艸08 총12획	菌	버섯 mushroom; germ	균	菌 jūn jùn	菌絲(균사) 滅菌(멸균) 無菌(무균) 病菌(병균) 殺菌(살균) 細菌(세균) 種菌(종균) 菌絲體(균사체) 大腸菌(대장균) 菌交代症(균교대증): 균의 교대 현상으로 서로 증식된 균에 의하여 생기는 질환
1급 0441	木 12 총16획	橘	귤 mandarin orange	귤	橘 jú	橘顆(귤과) 橘皮(귤피) 柑橘(감귤) 金橘(금귤) 橘薑茶(귤강차): 귤병(橘餠)과 편강(片薑)을 넣고 끓인 차 橘化爲枳(귤화위지): 남쪽 땅의 귤나무를 북쪽에 옮겨 심으면 탱자나무로 변함 남귤북지(南橘北枳)
高 3급Ⅱ 0442	儿 05 총07획	克	이길 overcome	극	克 kè	克家(극가) 克己(극기) 克難(극난) 克明(극명) 克服(극복) 克己復禮(극기복례) 克世拓道(극세척도): 어려움을 극복하고 길을 개척 克伐怨慾(극벌원욕): 이기고, 뽐내고, 원망하고, 탐욕하는 네 가지 나쁜 행위
1급 0443	刀 07 총09획	剋	이길 conflict; destructive	극	克 kè kēi	剋減(극감): 깎아 내어 줄임 剋虞(극우): 백제 16등위 官階 相剋(상극) 下剋上(하극상): 규율을 무시하고 윗사람을 꺾고 오름 水火相剋(수화상극): 물과 불이 서로 용납하지 않음, 서로 원수같이 지냄
中 4급Ⅱ 0444	木 08 총12획	極	다할/극진할 utmost; extreme	극	极 jí	極端(극단) 極度(극도) 極東(극동) 極樂(극락) 極烈(극렬) 極熱(극열) 極盛(극성) 極性(극성) 極小(극소) 極甚(극심) 極盡(극진) 極讚(극찬) 極限(극한) 極寒(극한) 南極(남극)
1급 0445	戈 08 총12획	戟	창 spear	극	戟 jǐ	戟盾(극순): 창과 방패를 아울러 이르는 말 劍戟(검극): 칼과 창 矛戟(모극): 창 刺戟(자극): 일정한 현상이 촉진되도록 충동함 刺戟的(자극적) 刺戟劑(자극제) 刺戟反應(자극반응)
1급 0446	木 08 총12획	棘	가시 thorn	극	棘 jí	加棘(가극): 집의 담이나 울타리에 가시나무를 밖으로 둘러치는 일 荊棘(형극): ① 나무의 가시 ② 고난의 길 一日不讀書(일일부독서) 口中生荊棘(구중생형극): 하루라도 글을 읽지 않으면, 입안에 가시가 돋는다.
1급 0447	阝阜10 총13획	隙	틈 gap; crack	극	隙 xì	間隙(간극): ① 사물 사이의 틈 ② 사귀는 사이나 의견 등에서 생기는 틈 暇隙(가극) 孔隙(공극): 틈. 구멍 隙駒光陰(극구광음): 내달리는 말을 문틈으로 보는 것과 같다. 세월의 흐름이 썩 빠름. 光陰은 歲月임.
高 4급 0448	刀 13 총15획	劇	심할 violent 연극 drama	극	剧 jù	劇物(극물) 劇性(극성) 劇藥(극약) 毒劇物(독극물)/ 劇團(극단) 劇壇(극단) 劇作(극작) 劇場(극장) 劇的(극적) 京劇(경극) 悲劇(비극) 演劇(연극) 喜劇(희극) 劇藝術(극예술)
高 3급 0449	斤 00 총04획	斤	근/날[刃] 600g; edge 도끼 axe	근	斤 jīn	斤(근): 600g, 375g 兩(량): 60g 斤量(근량): 저울로 단 무게 斤數(근수) 斤重(근중) 斤秤(근칭): 백 근까지 달 수 있는 큰 저울 斤斧(근부): 작은 도끼와 큰 도끼 千斤萬斤(천근만근): 아주 무거움
中 6급 0450	辶辵04 총08획	近	가까울 near	근	近 jìn	近郊(근교) 近代(근대) 近來(근래) 近隣(근린) 近方(근방) 近似(근사) 近視(근시) 近接(근접) 近處(근처) 近親(근친) 近海(근해) 近墨者黑(근묵자흑) 近者說遠者來(근자열원자래)

급수	부수/획수	한자	훈	음	중국어	용례
中 6급 0451	木 06 총10획	根	뿌리 root	근	根 gēn	根幹(근간) 根據(근거) 根氣(근기) 根脈(근맥) 根本(근본) 根性(근성) 根源(근원) 根底(근저) 根絶(근절) 根治(근치) 根抵當(근저당): 채권의 담보로서 미리 질권(質權)이나 저당권을 설정함
4급 0452	竹 06 총12획	筋	힘줄 tendon	근	筋 jīn	筋骨(근골) 筋肉(근육) 筋縮(근축) 鐵筋(철근) 骨格筋(골격근) 括約筋(괄약근) 隨意筋(수의근) 筋膜痛症(근막통증) 筋持久力(근지구력): 오랜 동안 일정한 근력을 지속적으로 발휘할 수 있는 능력
中 4급 0453	力 11 총13획	勤	부지런할 diligent	근(:)	勤 qín	勤儉(근검) 勤勉(근면) 勤務(근무) 勤仕(근사) 勤事(근사) 勤續(근속) 勤息(근식) 勤怠(근태) 勤厚(근후) 勤勞者(근로자) 勤爲無價之寶(근위무가지보): 부지런함은 값으로 따질 수 없는 보배요
高 3급 0454	亻人11 총13획	僅	겨우 barely	근:	仅 jǐn jìn	僅僅(근근): 겨우. 근근이 僅僅得生(근근득생) 僅少(근소): 아주 적어서 얼마 되지 않다. 幾死僅生(기사근생): 거의 죽다가 겨우 살아남 僅具人形(근구인형): 겨우 사람의 형상을 갖춤. 속이 빈 철없는 사람
2급(名) 0455	王玉11 총15획	瑾	아름다운 옥 brilliant jade	근:	瑾 jǐn	瑾瑜(근유): 아름다운 옥(玉)을 이르는데, 학문을 비유하기도 함. 허물을 덮어주 "근유(瑾瑜)는 하자(瑕疵)를 감추고, 임금은 허물을 감싸준다." 細瑾(세근): 사소한 흠 瑕瑾(하근): 흠, 단점, 결점
2급(名) 0456	木 11 총15획	槿	무궁화 an althea; a rose of Sharon	근:	槿 jǐn	槿域(근역): 무궁화가 많은 땅 우리나라 槿花(근화) 槿花鄕(근화향) 槿花一朝夢(근화일조몽): 인간의 부귀영화가 덧없음 꽃 한 송이 한 송이는 아침에 피었다가 저녁에 시드는 데서 그 뜻이 유래 (槿花一日榮)
1급 0457	見 11 총18획	覲	뵐 see; meet elder	근	觐 jìn	覲光(근광): 윗사람을 만나 뵘 覲禮(근례): 제후가 임금을 뵙는 예 覲聘(근빙): 제후가 조정에 나아가 천자를 찾아 뵘 覲謁(근알) 覲親(근친): 친정에 가서 어버이를 뵘 覲見(근현): 윗사람을 만나 뵘
高 3급 0458	言 11 총18획	謹	삼갈 respectful	근:	谨 jǐn	謹啓(근계): 삼가 아룁니다. 謹封(근봉): '삼가 봉함'의 뜻. 근함(謹緘) 謹愼(근신): 말이나 행동을 삼가고 조심함 謹審(근심) 謹呈(근정) 謹弔(근조): 삼가 조상(弔喪)함 謹厚(근후) 謹賀新年(근하신년)
1급 0459	食 11 총20획	饉	주릴 famine	근:	馑 jǐn	飢(饑)饉(기근): 식량이 모자라 굶주리는 상태 凶饉(흉근): 흉작으로 인한 기근 棉花飢饉(면화기근): 1861~1865년 미국의 남북전쟁으로 기인한 사건
中 6급II 0460	人 02 총04획	今	이제 now	금	今 jīn	今般(금반): 이번 今番(금번) 古今(고금) 昨今(작금) 只今(지금) 今昔之感(금석지감) 今始初聞(금시초문): 이제야 비로소 처음으로 들음 今是昨非(금시작비): 과거의 잘못을 지금에 와서야 비로소 깨달음
1급 0461	衣 04 총09획	衾	이불 quilt; coverlet	금	衾 qīn	衾具(금구) 衾枕(금침) 綾衾(능금): 무늬가 있는 비단 이불 寢衾(침금): 이부자리 翡翠衾(비취금) 孤枕單衾(고침단금) 長枕大衾(장침대금): 긴 베개와 큰 이불 형제간에 우애가 두터움
高 3급II 0462	王玉08 총12획	琴	거문고 geomungo; Korean harp	금	琴 qín	琴瑟(금슬): 거문고와 비파. 부부사이의 정 琴徽(금휘): 기러기발 彈琴臺(탄금대): 충북 충주시 伽倻琴(가야금): 12줄 현악기 琴瑟之樂(금슬지락): '금실지락'의 본딧말 對牛彈琴(대우탄금)
中 8급 0463	金 00 총08획	金	쇠 metal; gold 성(姓) surname Kim	금 김	金 jīn	金銅(금동) 金屬(금속) 金石(금석) 金融(금융) 金銀(금은) 金額(금액) 金剛山(금강산) 金本位(금본위) 金一封(금일봉) 金枝玉葉(금지옥엽) 金九(김구): 백범(白凡) (1876~1949) 독립운동가
高 3급II 0464	金 08 총16획	錦	비단 silk	금:	锦 jǐn	錦江(금강): 6대 하천의 하나 錦湖(금호) 錦山郡(금산군): 충청남도 錦屛繡簇(금병수족) 錦上添花(금상첨화) 錦繡江山(금수강산) 錦衣夜行(금의야행) 錦衣玉食(금의옥식) 錦衣還鄕(금의환향)
高 3급II 0465	内 08 총13획	禽	새/ 날짐승 birds	금	禽 qín	禽獸(금수): 「날짐승과 길짐승」 무례하고 추잡한 행실을 하는 사람 禽獲(금획): 새나 날짐승을 사로잡음 家禽(가금) 胎禽(태금): 두루미 禽困覆車(금곤복거): 짐승도 궁지에 몰리면 사냥꾼의 수레를 엎어 버린다.

급수	부수	한자	훈	음	中	예
1급 0466	扌手13 총16획	擒	사로잡을 capture	금	擒 qín	擒生(금생): 생포(生捕)(산 채로 잡음) 擒捉(금착): 산 채로 붙잡음 生擒(생금): 사로잡음. 생포 七縱七擒(칠종칠금): 제갈공명의 전술(戰術)로 일곱 번 놓아주고 일곱 번 잡는다는 말. 상대를 마음대로 함
中 4급II 0467	示 08 총13획	禁	금할 forbid	금ː	禁 jìn jīn	禁忌(금기) 禁物(금물) 禁書(금서) 禁食(금식) 禁煙(금연) 禁慾(금욕) 禁止(금지) 禁錮刑(금고형) 義禁府(의금부) 禁輸措置(금수조치): 특정국을 경제적으로 고립시키기 위해 사용
1급 0468	衤衣13 총18획	襟	옷깃 neck; collar	금ː	襟 jīn	襟帶(금대): ① 깃과 띠 ② 산천에 둘린 요충지 襟度(금도): 남을 용납할 만한 도량 襟懷(금회): 마음속에 깊이 품은 회포 斂襟(염금) 馬牛而襟裾(마우이금거): 자리만 차지하고 있는 무식한 사람
中 3급II 0469	又 02 총04획	及	미칠 reach	급	及 jí	及落(급락): 급제와 낙제 及第(급제): 과거에 합격하던 일 及唱(급창): 군아에서 부리던 사내종 普及(보급) 遡及(소급) 言及(언급) 波及(파급) 及其也(급기야) 可及的(가급적)
1급 0470	氵水04 총07획	汲	물길을 draw water	급	汲 jí	汲古(급고): 고서를 탐독함 汲汲(급급): 한 가지 일에만 정신을 쏟아 다른 일을 할 마음의 여유가 없다 汲水(급수): 물을 길음 汲引(급인): ① (물을)길어 올림 ② 인재를 가려서 씀 汲水婢(급수비)
1급 0471	扌手04 총07획	扱	거둘 harvest; treatment	급	扱 chā xī	小扱(소급): 한 화차에 차지 못하는 짐을 개별적으로 운송하는 방법 取扱(취급): ① 물건을 사용하거나 소재나 대상으로 삼음 ② 어떤 태도로 대하거나 처리함 車扱(차급): 짐차를 단위로 해서 짐을 운송하는 방법
高 6급 0472	糸 04 총10획	級	등급 class; grade	급	级 jí	級類(급류) 級數(급수) 級友(급우) 級訓(급훈) 高級(고급) 階級(계급) 同級(동급) 等級(등급) 職級(직급) 進級(진급) 學級(학급) 級間分散(급간분산): 각 부분 집단에 산술 평균의 분산
中 6급II 0473	心 05 총09획	急	급할 urgent	급	急 jí	急減(급감) 急激(급격) 急擊(급격) 急騰(급등) 急落(급락) 急流(급류) 急賣(급매) 急迫(급박) 急變(급변) 急性(급성) 急所(급소) 急速(급속) 急增(급증) 急進(급진) 急成長(급성장)
中 5급 0474	糸 06 총12획	給	줄 provide; distribute	급	给 gěi jǐ	給料(급료) 給付(급부) 給仕(급사) 給事(급사) 給水(급수) 給食(급식) 給與(급여) 給油(급유) 給債(급채) 供給(공급) 官給(관급) 都給(도급) 需給(수급) 月給(월급) 支給(지급)
1급 0475	二 04 총06획	亘	뻗칠 extend 베풀	긍ː 선	亘 gèn	亘古(긍고): 옛날에까지 걸침 亘長(긍장): 송배전 선로나 통신 선로에서 일정한 구간의 수평 거리 亘萬古(긍만고): 아주 옛날까지 뻗침 綿亘(면긍): 실처럼 길게 끊임없이 뻗쳐 이어짐 延亘(연긍): 길게 뻗침
高 3급 0476	月肉04 총08획	肯	즐길 affirm; agree with	긍ː	肯 kěn	肯可(긍가): ☞ 허락 首肯(수긍): 옳다고 인정함. 긍수(肯首) 肯定(긍정): 옳다고 인정함 肯定的(긍정적)↔부정적(否定的) 肯構肯堂(긍구긍당): 집터를 닦고 집을 짓다. 자식이 이를 계승함
1급 0477	矛 04 총09획	矜	자랑할/ pride; boast 불쌍히 여길	긍ː	矜 jīn	矜勇(긍용) 矜持(긍지): 자기 능력을 믿으며 가지는 자랑 自矜心(자긍심) 矜憐(긍련): 불쌍하고 가엾다. 矜悶(긍민): 가엾게 여김 矜哀(긍애): 불쌍히 여김 矜恤(긍휼): 불쌍히 여김 可矜(가긍): 불쌍하고 가엾다.
2급(名) 0478	儿 12 총14획	兢	떨릴/ 삼갈 trembling	긍ː	兢 jīng	兢恪(긍각): 두려워하고 삼감 兢戒(긍계) 兢懼(긍구) 兢兢(긍긍) 兢齋(긍재): 조선 화가 김득신 호(號) 兢惕(긍척) 兢惶(긍황) 兢兢業業(긍긍업업): 항상 조심하여 삼감 戰戰兢兢(전전긍긍)
中 5급II 0479	己 00 총03획	己	몸 / self 여섯째 천간	기	己 jǐ	自己(자기) 己利(기리) 己出(기출) 己丑(기축) 己亥(기해) 己卯士禍(기묘사화) 己未獨立運動(기미독립운동): 1919 삼일운동. 己所不欲勿施於人(기소불욕 물시어인): 자기가 싫은 것을 남에게 베풀지 말라
1급 0480	木 03 총07획	杞	구기자 matrimony vine	기	杞 qǐ	枸杞子(구기자): 열매는 해열제·강장제로 쓰임 杞憂(기우): 군걱정 杞人憂天(기인우천): 중국의 기(杞)나라 사람이 하늘이 무너질까봐 침식을 잊고 근심 걱정하였다. 杞人之憂(기인지우): 쓸데없는 군걱정

급수	부수/획수	한자	훈/뜻	음	简体/拼音	용례
高 3급 0481	心 03 총07획	忌	꺼릴 avoid	기	忌 jì	忌日(기일): ① 제삿날 ② 불길하다 하여 꺼리는 날 忌祭(기제) 忌避(기피): 꺼리거나 싫어하여 피함 忌晨(辰)祭(기신제) 禁忌(금기) 猜忌(시기): 샘을 내서 미워함 妬忌(투기)= 질투(嫉妬)
高 4급 0482	糸 03 총09획	紀	벼리 guide ropes	기	纪 jì	紀綱(기강): 기율과 법도 紀律(기율): 표준이 될 만한 질서. 규율 世紀(세기): 서력(西曆)에서 100년을 단위로 하여 연대를 세는 말 風紀(풍기) 紀(記)念(기념) 綱紀肅正(강기숙정) 風紀紊亂(풍기문란)
中 7급Ⅱ 0483	言 03 총10획	記	기록할 record	기	记 jì	記功(기공) 記念(기념) 記錄(기록) 記名(기명) 記事(기사) 記述(기술) 記憶(기억) 記入(기입) 記者(기자) 記載(기재) 記號(기호) 附記(부기) 簿記(부기) 書記(서기) 日記帳(일기장)
中 4급Ⅱ 0484	走 03 총10획	起	일어날 rise	기	起 qǐ	起工(기공) 起立(기립) 起床(기상) 起訴(기소) 起源(기원) 起用(기용) 起因(기인) 起點(기점) 起死回生(기사회생) 起承轉結(기승전결): 시문(詩文)을 짓는 격식. 글을 짜임새 있게 짓는 형식
1급 0485	亻人04 총06획	伎	재간 talent	기	伎 jì	伎樂(기악): 6세기 초에 성행한 백제의 가무 伎藝天(기예천): 예술의 신 伎癢(기양): 솜씨를 보여 주고 싶어 좀이 쑤심 伎會(기회): 가무연희 五伎(오기): 신라시대 다섯 가지 탈춤 獅子伎(사자기): 사자놀이
中 5급 0486	扌手04 총07획	技	재주 skill	기	技 jì	技工(기공) 技巧(기교) 技能(기능) 技倆(기량) 技法(기법) 技士(기사) 技師(기사) 技術(기술) 技藝(기예) 競技(경기) 實技(실기) 演技(연기) 雜技(잡기) 珍技(진기) 特技(특기)
1급 0487	女 04 총07획	妓	기생 kisaeng	기	妓 jì	妓女(기녀) 妓樓(기루) 妓舞(기무) 妓生(기생) 歌妓(가기) 官妓(관기) 名妓(명기) 妙妓(묘기) 藝妓(예기) 妓生房(기생방) 妓不如通(기불여통): 기생이 통인(通引: 잔심부름하는 어린 아전)만 못하다
2급(名) 0488	山 04 총07획	岐	갈림길 fork road	기	岐 qí	岐路(기로): 여러 갈래로 갈린 길. 갈림길 分岐點(분기점): 몇 갈래로 갈라지는 지점. 또는 그런 시점 多岐亡羊(다기망양): 달아난 양을 찾다가 여러 갈래 길에서 길을 잃음
高 3급Ⅱ 0489	人 04 총06획	企	꾀할 plan; project	기	企 qǐ	企圖(기도): 일을 꾸며 내려고 꾀함 企劃(기획): 일을 계획함 企業(기업): 영리를 목적으로 생산·판매·서비스 따위의 경제 활동을 하는 조직체 公企業(공기업) 中小企業(중소기업) 企劃財政部(기획재정부)
1급 0490	月肉02 총06획	肌	살[膚肉] flesh; skin	기	肌 jī	肌傷(기상): 말이 너무 걸어서 생기는 살이 자꾸 빠지어 마르는 병 肌表(기표): 살갗 氷肌(빙기): 빙부(氷膚) 雪肌(설기): 설부(雪膚) 刻肌削骨(각기삭골): 「살을 에고 뼈를 깎는다」 고통이 극심함
高 3급 0491	食 02 총11획	飢	주릴 straveling	기	饥 jī	飢渴(기갈) 飢饉(기근) 飢死(기사) 飢(饑)餓(기아): 굶주림 飢不擇食(기불택식) 人飢己飢(인기기기) 我腹旣飽 不察奴飢(아복기포 불찰노기): 제 배 부르면 종 배고픈 줄 모른다.
2급(名) 0492	氵水04 총07획	沂	물 이름 river in Shan dong province	기	沂 yí	沂州(기주): 산동(山東) 성 남동부의 도시 南沂里(남기리): 밀양시 舞沂里(무기리): 함안군 浴沂之樂(욕기지락): 기수(沂水)에서 목욕하는 즐거움, 명리를 잊고 아무 속박 없이 마음껏 즐기는 즐거움
高 3급Ⅱ 0493	示 04 총09획	祈	빌 pray	기	祈 qí	祈求(기구) 祈望(기망) 祈福(기복) 祈願(기원) 祈雨祭(기우제) 祈禱(기도) 仲保祈禱(중보기도): 자신이 아닌 타인을 위해 하는 기도 祈穀大祭(기곡대제): 임금이 한 해의 농사가 잘되기를 빌며 지내던 제사
5급 0494	氵水04 총07획	汽	물 끓는 김 steam	기	汽 qì	汽罐(기관): 보일러 汽笛(기적) 汽車(기차) 汽罐車(기관차) 汽水湖(기수호): 바다와 연결되어, 바닷물과 민물이 섞여 있는 호수 汽锅(qìguō) 보일러 汽油[qìyóu] 휘발유 汽车[qìchē] 버스[巴士]
中 7급Ⅱ 0495	气 06 총10획	氣	기운 vigor/ 공기 air; atmosphere	기	気/气 qì	**氣運(기운)** 氣概(기개) 氣力(기력) 氣分(기분) 氣像(기상) 氣色(기색) 氣勢(기세) 氣絶(기절) 氣質(기질) **空氣(공기)** 氣流(기류) 氣象(기상) 氣溫(기온) 氣體(기체) 氣候(기후)

급수	부수	한자	훈	음	병음	용례
中 3급II 0496	八 06 총08획	其	그 he; the; that	기	其 qí, jī	其間(기간): 그 사이 其餘(기여): 그 나머지 其他(기타): 그밖에 各其(각기): 각각 저마다 及其也(급기야) 其亦是(기역시) 其利斷金(기이단금): 그 날카로움이 금을 끊느니라. 절친한 친구 사이
2급(名) 0497	氵水08 총11획	淇	물이름 the river in Henan county	기	淇 qí	淇園長(기원장): '대나무'를 달리 이르는 말 淇水[Qíshuǐ] 치수이강 淇河[qíhé] 하남성 冰淇淋 [bīngqílín] 아이스크림
中 5급II 0498	土 08 총11획	基	터 basis	기	基 jī	基幹(기간): 어떤 분야나 부문에서 으뜸이 되거나 중심이 되는 부분 基金(기금) 基盤(기반) 基本(기본) 基源(기원) 基準(기준) 基地(기지) 基礎(기초) 基督教(기독교) 基調演說(기조연설)
中 5급 0499	月 08 총12획	期	기약할 expect; term; period	기	期 qī	期間(기간) 期待(기대) 期末(기말) 期成(기성) 期數(기수) 期約(기약) 期日(기일) 期促(기촉) 期必(기필) 期限(기한) 末期(말기) 時期(시기) 延期(연기) 適期(적기) 初期(초기)
1급 0500	月 08 총12획	朞	돌(1주년) the first anniversary	기	朞 jī	朞(期)年(기년): ① 한 돌이 되는 해 ② 기한이 된 해 朞年服(기년복): 일 년 동안 입는 상복(喪服) 朞功親(기공친): 상을 당하였을 때 기복이나 공복을 입는 가까운 친척
2급(名) 0501	王玉08 총12획	琪	아름다운 옥 beautiful gem	기	琪 qí	琪樹(기수): ① 옥(玉)처럼 아름다운 나무 ② 눈이 많이 쌓인 나무의 모양 琪花(기화): 아름답고 고운 꽃 琪花里(기화리): 평창군 미탄면 온갖 꽃이 많다 하여 붙여진 지명 琪花瑤草(기화요초): 아름다운 꽃과 풀
高 3급 0502	欠 08 총12획	欺	속일 cheat; deceit	기	欺 qī	欺弄(기롱) 欺瞞(기만) 欺罔(기망) 欺誣(기무) 欺詐(기사) 欺笑(기소) 欺心(기심) 欺隱(기은) 欺惑(기혹) 詐欺(사기) 可欺以方(가기이방): 그럴듯한 말로써 남을 속일 수 있음
2급 0503	木 08 총12획	棋	바둑 paduk; go	기	棋 qí	棋客(기객) 棋局(기국) 棋石(기석) 棋盤(기반) 棋院(기원) 棋子(기자): 바둑돌 棋戰(기전) 博棋(박기) 將棋(장기) 擧棋不定(거기부정): 포석할 자리를 결정하지 않으면 이기기 어렵다.
高 7급 0504	方 10 총14획	旗	기/깃발 flag; ensign	기	旗 qí	旗章(기장) 旗幟(기치): ① 옛날 군에서 쓰던 깃발 ② 내세우는 태도나 주장 旗幅(기폭) 國旗(국기) 校旗(교기) 軍旗(군기) 黨旗(당기) 白旗(백기) 角星旗(각성기) 五星旗(오성기) 太極旗(태극기)
2급(名) 0505	竹 08 총14획	箕	키 winnow	기	箕 jī	箕裘(기구): 키와 갖옷, 선대의 가업을 이어받음 箕城(기성): 평양 箕叟(기수): 늙은이 箕子(기자): 중국 상(商)의 군주인 문정의 아들 箕山之節(기산지절) 箕山之志(기산지지): 은둔하는 고결한 뜻
2급(名) 0506	馬 08 총18획	騏	준마 swift horse	기	騏 qí	騏廏(기구): 말을 기르던 곳 騏驥(기기): 몹시 빨리 달리는 말 騏驎(기린): 하루에 천 리를 달린다는 말 騏驎竭(기린갈): 종려과의 열매에서 삼출(滲出)된 수지(樹脂)로 만든 덩어리 한약재명. 혈갈(血竭)
2급(名) 0507	鹿 08 총19획	麒	기린 giraffe	기	麒 qí	麒麟(기린): 목과 다리가 긴 동물. 신령한 동물 麒麟面(기린면): 인제군 麒麟兒(기린아): 슬기와 재주가 남달리 뛰어난 젊은이 吾家麒麟(오가기린): 부모가 그 아들의 준수함을 이르는 말
高 4급 0508	大 05 총08획	奇	기특할 strange	기	奇 qí, jī	奇妙(기묘) 奇拔(기발) 奇別(기별) 奇事(기사) 奇異(기이) 奇人(기인) 奇蹟(기적) 奇數(기수): 홀수↔우수(偶數): 짝수 奇特(기특): 말이나 행동이 기이하고 귀염성이 있다. 奇巖怪石(기암괴석)
高 4급 0509	宀 08 총11획	寄	부칠 donate; rely on	기	寄 jì	寄稿(기고) 寄附(기부) 寄生(기생) 寄與(기여) 寄贈(기증) 寄託(기탁) 寄航(기항) 寄港(기항) 寄宿舍(기숙사) 寄與補裨(기여보비): 이익을 주고 모자라는 것을 보탬
1급 0510	山 08 총11획	崎	험할 steep	기	崎 qí	崎嶇(기구): 산길이 험하다. 세상살이가 순탄하지 못하고 가탈이 많다 崎險(기험): ☞ 기구(崎嶇) 기구험로(崎嶇險路) 崎嶇罔測(기구망측): ① 산길이 험하기 짝이 없다 ② 운수가 사납기 짝이 없다

급수	부수/획수	漢字	훈음	中	용례
2급(名) 0511	王(玉) 08 총12획	琦	옥이름 jade name 기	琦 qí	人名字(인명자) 옥 이름 훌륭하다, 기이하다.
1급 0512	田 08 총13획	畸	뙈기밭/ 불구(不具) cripple 기	畸 jī	畸人(기인): ① 세상의 풍속과 다른 면이 있는 사람 ② 불구자(不具者) 畸形(기형): 정상과는 다른 모양 畸形兒(기형아) 畸形的(기형적) 孤畸(고기): 독신과 불구자 窮畸(궁기): 궁벽한 곳에 있는 농지
1급 0513	糸 08 총14획	綺	비단 silk 기	绮 qǐ	綺語(기어): 잘 꾸며대는 말 綺羅星(기라성): 밤하늘에 무수한 별 綺想曲(기상곡): 자유로운 기악곡 綺紈公子(기환공자): 재산이 많고 지위가 높은 집안의 자제 綺回漢惠 說感武丁(기회한혜 설감무정) 千字文
高 3급II 0514	馬 08 총18획	騎	말 탈 ride 기	骑 qí	騎馬(기마) 騎士道(기사도): 중세 기사로서 지켜야 했던 도덕·윤리 輕騎兵(경기병) 騎虎難下(기호난하) 騎虎之勢(기호지세) 騎馬欲率奴(기마욕솔노): 말을 타면 노비를 거느리고 싶다.
1급 0515	罒网 19 총22획	羈	굴레 halter 나그네 traveler 기	羁 jī	羈絆(기반): 굴레를 씌우는 일 羈束(기속): 얽어매어 묶음 不羈奔放(불기분방): 속박 받지 않고 자유롭다 豪宕不羈(호탕불기) 羈旅(기려): 객지에 머무는 나그네 羈愁(기수): 객지에서 느끼는 시름
高 3급 0516	豆 03 총10획	豈	어찌 how 기	岂 qǐ kǎi	豈敢(기감):어찌 감히 豈不(기불): 어찌~않으랴 豈亦(기역): 어찌 또 豈敢毁傷(기감훼상): 어찌 감히 훼상할 수 없음 一心精到(일심정도) 豈不成功(기불성공): 한마음으로 정진하면 어찌 성공하지 못하겠냐!
2급(名) 0517	老 04 총10획	耆	늙을 elderly 기	耆 qí	耆老(기로): 육십 세 이상의 노인 耆艾(기애):☞ 노인(老人) 宿耆(숙기): 늙은이
1급 0518	口 10 총13획	嗜	즐길 prefer 기	嗜 shì	嗜客(기객) 嗜眠(기면) 嗜癖(기벽) 嗜玩(기완) 嗜慾(기욕) 嗜好(기호) 最嗜(최기): 가장 즐겨서 좋아함 嗜酒症(기주증) 嗜虐症(기학증): sadism 嗜好品(기호품): 즐기고 좋아하는 음식물
中 3급 0519	旡 07 총11획	旣	이미 already 기	既/旣 jì	旣望(기망): 음력매달 16일 旣往(기왕) 旣定(기정) 旣存(기존) 旣得權(기득권) 旣往不咎(기왕불구): 이미 지나간 일은 탓하지 않음 旣借堂又借房(기차당우차방): 대청(大廳) 빌면 안방 빌자 한다.
高 3급 0520	木 08 총12획	棄	버릴 abandon; renunciation 기	弃 qì	棄却(기각): 내버려 문제 삼지 않음 遺棄(유기) 廢棄(폐기) 抛棄(포기) 棄權(기권): 권리를 스스로 포기하고 행사하지 않음 自暴自棄(자포자기): 절망에 빠져 자신을 포기하고 돌아보지 않음
中 3급 0521	幺 09 총12획	幾	몇 several 기	几 jī jǐ	幾微(기미): 낌새 幾何(기하): ① 얼마 ② '기하학'의 준말 幾回(기회): 몇 번 幾死之境(기사지경) 幾至死境(기지사경) 景幾體歌(경기체가): 한문 투의 장가(長歌) 늑 경기하여가·경기하여체가
高 4급 0522	木 12 총16획	機	틀/ 기회 machinery/ chance opportunity 기	机 jī	機械(기계) 機關(기관) 機具(기구) 機構(기구) 機器(기기) 機能(기능) 敵機(적기) 飛行機(비행기) 機敏(기민) 機密(기밀) 機會(기회) 動機(동기) 無機質(무기질) 有機農業(유기농업)
2급(名) 0523	王(玉) 12 총16획	璣	별 이름 star is called 기	玑 jī	璣衡(기형): 천체(天體)의 운행과 위치를 관측하던 기계 天璣(천기): 북두칠성의 머리 쪽에 있는 네 개의 별 가운데 셋째 별. gamma星 큰곰자리의 으로, 밝기는 2등급이다. 璣田里(기전리): 충북 진천군
1급 0524	言 12 총19획	譏	비웃을 censure 기	讥 jī	譏弄(기롱): 실없는 말로 놀림 譏謗(기방): 남을 헐뜯어서 말함 譏刺(기자): 허물을 헐어 비웃고 비꼼 譏察(기찰): 행동을 넌지시 살핌 譏察捕校(기찰포교): 죄인의 탐정 수사에 종사하던 포도청의 한 벼슬
高 3급II 0525	田 10 총15획	畿	경기(京畿) Seoul suburb 기	畿 jī	京畿(경기): 서울을 중심으로 한 가까운 주위의 땅 京畿道(경기도): 한반도 중부 지방 서쪽에 있는 도 畿湖學派(기호학파): 이이(李珥)를 조종으로 이루어진 성리학의 한 파

급수	부수	한자	훈음	음	중국어	용례
高 4급II 0526	口 13 총16획	器	그릇 vessel; utensil	기	器 qì	器官(기관) 器具(기구) 器械(기계) 器量(기량) 器物(기물) 器機(기기): 기구(器具)·기계(機械)의 총칭 容器(용기) 用器(용기) 器皿折枝圖(기명절지도): 그릇과 꽃가지, 과일 따위를 그린 그림
2급(名) 0527	八 14 총16획	冀	바랄 hope	기	冀 jì	冀望(기망): 희망(希望). 소원(所願) 冀願(기원): ☞ 희망(希望) 冀(기): 춘추시대의 나라 冀北(기북): 기주의 북쪽. 말의 산지(産地)임 冀州市 [Jìzhōu Shì]: 지저우시: 허베이성
2급(名) 0528	馬 16 총26획	驥	천리마 swift hors	기	骥 jì	驥廐(기구): 연산군(燕山君) 때 말을 기르던 곳의 하나 驥尾(기미) 駿驥(준기): 뛰어나게 좋은 말 老驥(노기): 늙은 준마 나이 많은 준걸 驥服鹽車(기복염거): 천리마가 소금 수레를 끈다. 유능한 사람이 천한 일을 함
高 3급II 0529	糸 08 총14획	緊	긴할 urgent	긴	紧 jǐn	緊急(긴급) 緊密(긴밀) 緊迫(긴박) 緊要(긴요): 매우 필요하고 중요하다. 緊張(긴장): 정신을 바짝 차림 緊札(긴찰): 긴요한 내용의 편지. 緊簡(긴간) 緊縮(긴축) 緊幹事(긴간사): 매우 요긴한 볼일
中 5급 0530	口 03 총06획	吉	길할 lucky	길	吉 jí	吉慶(길경) 吉夢(길몽) 吉事(길사) 吉相(길상) 吉祥(길상) 吉人(길인) 吉日(길일) 吉兆(길조) 吉鳥(길조) 吉凶(길흉) 吉祥寺(길상사) 吉祥善事(길상선사) 吉凶禍福(길흉화복)
1급 0531	扌手06 총09획	拮	일할 busy work	길	拮 jié	拮据(길거): 애써서 몹시 바빠 일함 拮抗(길항): 맞버팀 拮据黽勉(길거민면): 몹시 바쁘게 힘써서 일함 拮抗作用(길항작용): 동시에 작용하면서 서로 그 효과를 줄이는 작용
1급 0532	口 09 총12획	喫	먹을 eat; drink	끽	吃 chī	喫怯(끽겁): 몹시 겁을 집어 먹음 喫煙(끽연): 담배를 피우는 것 喫着(끽착): 먹을 것과 입을 것 滿喫(만끽): 마음껏 먹고 마시는 것 喫着不盡(끽착부진): 먹을 것과 입을 것이 모자람 없이 넉넉함
高 3급 0533	阝邑04 총07획	那	어찌 how; what	나:	那 nà nèi	那移(나이): 수입과 지출을 정당하게 하지 않고, 조작하거나 유용하던 일 那(奈)落(나락): 지옥 那邊(나변): 그곳, 어느 곳 那何(나하): 어찌 任那說(임나설): 일본이 4세기 후반에 한반도 남부를 지배하였다는 설
1급 0534	手 05 총09획	拏	잡을 arrest	나:	拿 ná rú	拏捕(나포): 붙잡아 가둠 紛拏(분나): ☞ 분란(紛亂) 漢拏山(한라산): 제주특별자치도 중앙에 있는 산 1,950m 龍拏虎擲(용나호척): 용과 범이 맞붙어 싸움. 영웅들이 서로 싸움
1급 0535	手 06 총10획	拿	잡을[拏同] capture	나:	拿 ná	拿鞫(나국): 죄인을 잡아다 국청(鞫廳)에서 신문하던 일 拿處(나처) 拿致(나치): 죄인을 붙잡아 강제로 데려 감 拿捕(나포): 죄인을 붙잡는 일 先拿後奏(선나후주): 죄지은 사람을 먼저 잡아 놓고, 후에 임금께 아뢰던 일
1급 0536	忄心14 총17획	懦	나약할 feeble	나:	懦 nuò	懦怯(나겁): 마음이 여리고 겁이 많음 懦夫(나부): 겁이 많은 사내 懦薄(나박): 마음이 약하고 덕이 없다 懦劣(나열): 마음이 약하고 못남 懦弱(나약): 의지가 굳세지 못함 懦頑(나완): 나약하고 완악함
1급 0537	亻人19 총21획	儺	푸닥거리 exorcise	나	傩 nuó	儺禮(나례): 음력 섣달그믐날 밤에 악귀를 쫓기 위하여 베푸는 의식 驅儺(구나): 섣달그믐에 궁중, 민가에서 마귀와 잡신을 쫓아내는 의식 儺禮歌(나례가) 儺儺之聲(나나지성) 儺禮都監(나례도감)
高 3급II 0538	言 09 총16획	諾	허락할 agreement	낙락	诺 nuò	內諾(내락) 受諾(수락) 承諾(승낙) 許諾(허락) 快諾(쾌락) 欣諾(흔낙): 흔쾌히 승낙함 季布一諾(계포일낙): 절대로 틀림없는 승낙 輕諾寡信(경낙과신): 대번 승낙하는 사람은 실행하는 일이 드묾
中 4급II 0539	日 09 총13획	暖	따뜻할 warm	난:	暖 nuǎn	暖帶(난대) 暖冬(난동) 暖簾(난렴) 暖寮(난료) 暖流(난류) 暖房(난방) 暖色(난색) 暖春(난춘) 暖飽(난포) 溫暖(온난) 寒暖(한란) 暖衣飽食(난의포식): 따뜻이 입고 배불리 먹음
1급 0540	火 09 총13획	煖	더울 warm;	난:	暖 nuǎn xuān	暖과 同字 煖爐(난로) 煖房(난방) 冷煖房(냉난방) 煖(暖)肝煎(난간전): 간신(肝腎)이 차가워져서 아랫배와 옆구리 쪽이 갑자기 뭉치고 아프거나 생식기가 당기고 아픈 것을 치료하는 구기자, 당귀 따위 처방임

급수	부수/획	한자	훈	음	中文	예시
中 4급II 0541	隹 11 총19획	難	어려울 difficult	난(:)	难 nán nàn	難關(난관) 難局(난국) 難民(난민) 難題(난제) 難治(난치) 難處(난처) 難解(난해) 難易度(난이도) 難攻不落(난공불락) 難堪(난:감) 難色(난:색) 難處(난:처) 難兄難弟(난:형난제)
1급 0542	扌手07 총10획	捏	꾸밀 fudge	날	捏 niē	捏辭(날사): 사실인 듯이 말을 날조함 捏和(날화): 이기고 반죽하는 일 捏造(날조): 사실이 아닌 것을 사실인 것처럼 거짓으로 꾸미는 것 構虛捏無(구허날무): 터무니없는 말을 만들어 냄. 구날(構捏)
1급 0543	扌手08 총11획	捺	누를 press	날	捺 nà	捺印(날인): 도장을 찍음. 기명날인(記名捺印) 서명날인(署名捺印) 捺染(날염): 피륙에 부분적으로 착색하여 무늬가 나타나게 염색하는 방법 漢捺(하날): 〚借〛하늘 捺絃引(날현인): 신라시대 담수가 지은 가요
中 7급II 0544	田 02 총07획	男	사내 man; male	남	男 nán	男根(남근) 男女(남녀) 男妹(남매) 男性(남성) 男優(남우) 男子(남자) 男爵(남작) 男便(남편) 男尊女卑(남존여비) 男女七歲不同席(남녀칠세부동석): 일곱 살만 되면 남녀 구별을 엄하게 함
中 8급 0545	十 07 총09획	南	남녘 south	남	南 nán	南極(남극) 南道(남도) 南東(남동) 南美(남미) 南部(남부) 南北(남북) 南側(남측) 南侵(남침) 南風(남풍) 南韓(남한) 南海(남해) 南向(남향) 南大門(남대문) 南男北女(남남북녀)
1급 0546	衤衣04 총09획	衲	기울[縫] patch	납	衲 nà	衲衣(납의): 승려의 어깨에 걸치는 검은색의 법의. 누덕누덕 기워 만든 옷 衲僧(납승): 납의(衲衣)를 입은 사람, 절간의 승려(僧侶) 衲子(납자): 납의(衲衣)를 입고 돌아다니는 승려. 특히 선승(禪僧)
高 4급 0547	糸 04 총10획	納	들일 receive; payment	납	纳 nà	納骨(납골) 納得(납득) 納付(납부) 納稅(납세) 納入(납입) 納品(납품) 軍納(군납) 未納(미납) 半納(반납) 返納(반납) 收納(수납) 容納(용납) 滯納(체납) 出納(출납) 獻納(헌납)
高 3급II 0548	女 07 총10획	娘	계집 girl; young lady	낭	娘 niáng	娘家(낭가): 어머니의 친정 娘娘(낭랑): 왕비나 귀족의 아내 娘子(낭자): ① 소녀 ② 어머니 ③ 아내 ④ 젊은 여자의 높임말 娘細胞(낭세포): 딸세포 娘子軍(낭자군): 여자로 편성된 군대
1급 0549	口 19 총22획	囊	주머니 cyst; vesica	낭	囊/橐 náng	囊裏(낭리) 囊子(낭자) 背囊(배낭) 牛囊(우랑) 囊縮症(낭축증) 被囊體(피낭체) 囊中取物(낭중취물): 아주 손쉬운 일의 일컬음 囊中之錐(낭중지추): 빼어난 사람은 숨어 있어도 저절로 드러남
中 3급 0550	丿 01 총02획	乃	이에 namely	내:	乃 nǎi	乃父(내부): 그이의 아버지. '네 아비', '이 아비' 乃後(내후): 자손 終乃(종내): 마침내 人乃天(인내천) 乃武乃文(내무내문) 始制文字 乃服衣裳(시제문자 내복의상): 문자를 만들고, 이에 의상을 입음
中 7급II 0551	入 02 총04획	內	안 inside	내:	內 nèi	內閣(내각) 內幕(내막) 內面(내면) 內密(내밀) 內部(내부) 內紛(내분) 內賓(내빈) 內需(내수) 內申(내신) 內緣(내연) 內容(내용) 內外(내외) 內政(내정) 內包(내포) 內訌(내홍)
高 3급 0552	大 05 총08획	奈	어찌 why; how	내	奈 nài	奈率(내솔): 백제 관직의 하나 奈何(내하): 어찌함, 어떻게. 물음씨끝 奈勿王(내물왕): 신라 제17대 왕, 고대 중앙 집권 국가로 발전시켰다. 莫無可奈(막무가내): 도무지 어찌할 수 없음 無可奈何(무가내하)
高 3급II 0553	而 03 총09획	耐	견딜 endure	내:	耐 nài	耐力(내력) 耐熱(내열) 耐震(내진) 耐火(내화) 耐久(내구) 堪耐(감내) 忍耐(인내) 耐久性(내구성) 耐震設計(내진설계) 耐怨害忍(내원해인): 남의 해침을 받고도 앙갚음을 하지 않는 일
中 8급 0554	女 00 총03획	女	계집 female; lady; woman	녀	女 nǚ	女監(여감) 女戒(여계) 女史(여사) 女性(여성) 女王(여왕) 女優(여우) 女子(여자) 男女(남녀) 少女(소녀) 淑女(숙녀) 孝女(효녀) 女必從夫(여필종부): 아내는 반드시 남편을 따라야 한다.
中 8급 0555	干 03 총06획	年	해 year	년	年 nián	年暇(연가) 年間(연간) 年鑑(연감) 年金(연금) 年代(연대) 年齡(연령) 年輪(연륜) 年末(연말) 年輩(연배) 年俸(연봉) 年歲(연세) 年次(연차) 年初(연초) 來年(내년) 豊年(풍년)

급수	부수/획수	漢字	訓·뜻	音	簡體/拼音	용례
1급 0556	扌手12 총15획	撚	비빌 twist	년	捻 niǎn	撚斷(연단): 손끝으로 비벼서 끊음　撚索(연색): 새끼를 꼼 撚紙(연지): 비벼 꼰 종이 끈　檢撚器(검년기): 섬유(纖維) 시험기구 撚絲機(연사기): 몇 가닥의 실을 꼬아서 한 가닥의 실을 만드는 기계
1급 0557	氵水07 총10획	涅	열반 nirvana 개흙 black mud	녈 열	涅 nie	涅槃(열반): 불도(佛道)를 이루어 일체의 번뇌를 해탈한 최고의 경지 拂涅(불열): 말갈의 한 부족　涅齒(열치): 이를 검게 물들이는 일
中 5급Ⅱ 0558	心 04 총08획	念	생각 think	념	念 niàn	念頭(염두) 念慮(염려) 念願(염원) 念佛(염불) 念珠(염주) 槪念(개념) 觀念(관념) 記念(기념) 斷念(단념) 默念(묵념) 信念(신념) 留念(유념) 理念(이념) 專念(전념) 通念(통념)
高 3급Ⅱ 0559	宀 11 총14획	寧	편안할 peaceful	녕 령	宁 níng nìng	康寧(강녕) 安寧(안녕): 아무 탈 없이 편안함　丁寧(정녕): 틀림없이 寧越郡(영월군) 保寧市(보령시) 讓寧大君(양녕대군): 태종의 첫째　孝寧大君(효령대군): 둘째　忠寧大君(충녕대군): 셋째
高 3급Ⅱ 0560	女 02 총05획	奴	종 slave	노	奴 nú	奴(노): 명사에 붙어 놈, 사내종　奴輩(노배) 奴僕(노복): 사내종 奴婢(노비): 사내종과 계집종　奴隷(노예) 奴顔婢膝(노안비슬) 奴婢按檢法(노비안검법): 956년 奴婢還賤法(노비환천법): 987년
高 4급Ⅱ 0561	力 05 총07획	努	힘쓸 endeavor	노	努 nǔ	努力(노력): 목적을 위해서 힘을 다해 애를 씀　努肉(노육): 궂은살 努力家(노력가): 목적을 이루기 위하여 끈질기게 애를 쓰는 사람
1급 0562	弓 05 총08획	弩	쇠뇌 crossbow	노	弩 nǔ	弩砲(노포): (역) 쇠뇌　弓弩手(궁노수): 활과 쇠뇌를 쏘던 군사 弩末之勢(노말지세): 강한 힘도 마지막에는 쇠퇴하고 만다. 強弩之末(강노지말): 강한 화살도 나중에는 힘이 떨어짐
中 4급Ⅱ 0563	心 05 총09획	怒	성낼 angry	노	怒 nù	怒氣(노기) 怒責(노책) 怒號(노호) 怒發大發(노발대발) 怒甲移乙(노갑이을): 어떤 사람에게 당한 노염을 다른 사람에게 화풀이함 怒蠅拔劍(노승발검): 파리를 보고 칼을 뽑는다. 특급Ⅱ 蠅(파리 승)
1급 0564	馬 05 총15획	駑	둔한말 dull horse	노	驽 nú	駑鈍(노둔): 미련하고 둔함　駑馬(노마): 걸음이 느린 말. 둔한 말 駑性(노성): 우둔(愚鈍)한 성질　駑駘(노태): 동작이 둔한 말
中 7급Ⅱ 0565	辰 06 총13획	農	농사 agriculture	농	农 nóng	農耕(농경) 農民(농민) 農夫(농부) 農事(농사) 農業(농업) 農場(농장) 農村(농촌) 農土(농토) 農協(농협) 農作物(농작물) 農林畜産食品部(농림축산식품부) 農者天下之大本(농자천하지대본)
2급 0566	氵水13 총16획	濃	짙을 thick	농	浓 nóng	濃淡(농담): 짙음과 옅음. 또는 진함과 묽음　濃度(농도) 濃霧(농무) 濃墨(농묵) 濃密(농밀) 濃艶(농염) 濃縮(농축) 濃湯(농탕) 濃厚(농후) 濃彩畫(농채화): 채색을 두텁고 진하게 칠하는 그림. 眞彩畫
1급 0567	月肉13 총17획	膿	고름 pus; purulent	농	脓 nóng	膿瘤(농류) 膿栓(농전): 혈관에 고름이 괴는 병 膿泡(농포) 膿胸(농흉) 膿痂疹(농가진): 고름집이 생겼다가 딱지가 앉는 피부병　肝膿瘍(간농양) 蓄膿症(축농증) 化膿性炎(화농성염)
高 3급 0568	忄心09 총12획	惱	번뇌할 troubles	뇌	恼/悩 nǎo	惱殺(뇌쇄): 특히, 여자가 남자를 매혹시켜 애가 타게 하는 것 苦惱(고뇌): 괴로워하고 번뇌함　煩惱(번뇌): 마음이 시달려 괴로움 百八煩惱(백팔 번뇌): 불교 사람이 지닌 108가지의 번뇌
高 3급Ⅱ 0569	月肉09 총13획	腦	골/뇌수 brain	뇌	脑/脳 nǎo	腦裡(뇌리) 腦死(뇌사) 腦髓(뇌수) 腦炎(뇌염) 腦波(뇌파) 頭腦(두뇌) 腦梗塞(뇌경색) 腦溢血(뇌일혈) 腦卒中(뇌졸중) 腦出血(뇌출혈) 腦血管(뇌혈관) 腦動脈硬化(뇌동맥경화)
2급 0570	尸 04 총07획	尿	오줌 urine; piss	뇨	尿 niào suī	尿道(요도) 尿路(요로) 尿素(요소): 질소 화합물　尿意(요의): 오줌이 마려운 느낌　糞尿(분뇨) 糖尿(당뇨) 頻尿症(빈뇨증) 數尿症(삭뇨증): 오줌을 자주 누는 병　泌尿器科(비뇨기과)

급수	부수/획수	한자	훈	음	简体/拼音	용례
1급 0571	扌手12 총15획	撓	휠 bend	뇨	挠 náo	撓改(요개): 휘어서 고침 撓奪(요탈): 부당하게 강제로 빼앗음 可撓(가요): 마음대로 구부릴 수 있음 百折不撓(백절불요): 백 번 꺾여도 휘지 않는다. 不撓不屈(불요불굴): 휘지도 않고 굽히지도 않는다.
1급 0572	言04 총11획	訥	말 더듬거릴 stammer	눌	讷 nè	訥辯(눌변): 더듬거리는 말솜씨 訥澁(눌삽): 말이 더듬거려 답답함 訥言敏行(눌언민행): 군자는 말은 둔하여도 행동은 민첩해야 함 大辯如訥(대변여눌): 워낙 말 잘하는 사람은 도리어 말더듬이처럼 보임
1급 0573	糸04 총10획	紐	맺을/ 끈 tie; knot; fasten; bind	뉴	纽 niǔ	紐帶(유대): 끈, 띠 紐情(유정): 정(情)에 끌리는 마음 結紐(결뉴): 끈을 맴 多紐(鈕)細文鏡(다뉴세문경): 청동 잔무늬 거울 紐帶關係(유대관계): 둘 이상을 서로 연결하거나 결합하는 관계
中 5급II 0574	月肉06 총10획	能	능할 ability	능	能 néng	能動(능동) 能力(능력) 能率(능률) 能熟(능숙) 可能(가능) 技能(기능) 機能(기능) 修能(수능) 有能(유능) 才能(재능) 能小能大(능소능대): 모든 일에 두루 능함 能手能爛(능수능란)
2급 0575	尸02 총05획	尼	여승 Buddhist nun	니	尼 ní	尼僧(이승): 비구니(比丘尼): 여자 승려 釋迦牟尼(석가모니) 印尼(인니): 인도네시아 尼丘山(이구산): 경남 사천 摩尼山(마니산) 仲尼之徒(중니지도): 공자(孔子)의 문인(門人)들
高 3급II 0576	氵水05 총08획	泥	진흙 mud	니	泥 ní	泥誥(이고): 임금의 도장을 찍어 봉함한 직첩 泥田鬪狗(이전투구): 진흙탕에서 싸우는 개. 명분 없이 몰골사납게 싸움 泥中之蓮(이중지련): 나쁜 환경에 있어도 그것에 물들지 않는 훌륭한 삶
1급 0577	匚09 총11획	匿	숨길/ 숨을 hide; concealment	닉	匿 nì	匿奸(익간) 匿名(익명) 匿挾(익협): 불법으로 숨겨서 차지함 隱匿(은닉) 隱匿罪(은닉죄): 범인이나 장물 따위를 숨긴 죄 能士匿謀(능사익모): 재능이 있는 자는 계책을 숨기고 남에게 알리지 않음
2급 0578	氵水10 총13획	溺	빠질 drown; sink	닉	溺 nì	溺死(익사) 溺惑(익혹): 어떤 일에 즐겨 빠짐 耽溺(탐닉) 己飢己溺(기기기익): 다른 사람의 고통을 자기의 고통으로 여겨 도움 人溺己溺(인익기익) 溺缸(요강) 〚借〛 요강. 溺江. 溺缸
中 6급 0579	夕03 총06획	多	많을 many	다	多 duō	多寡(다과) 多段(다단) 多量(다량) 多福(다복) 多産(다산) 多少(다소) 多數(다수) 多濕(다습) 多樣(다양) 多幸(다행) 多多益善(다다익선) 多事多難(다사다난) 多情多感(다정다감)
高 3급II 0580	⺿艸06 총10획	茶	차 tea	다 차	茶 chá	茶果(다과) 茶器(다기) 茶道(다도) 茶母(다모) 茶毘(다비) 茶房(다방) 茶禮(차례) 茶盞(찻잔) 綠茶(녹차) 紅茶(홍차) 茶飯事(다반사) 家常茶飯(가상다반) 恒茶飯事(항다반사)
中 3급II 0581	丶03 총04획	丹	붉을 red	단	丹 dān	丹色(단색) 丹心(단심) 丹楓(단풍): 붉은색 丹粧(단장) 丹靑(단청) 契丹(거란) 牡丹(모란) 一片丹心(일편단심) 丹脣皓齒(단순호치): 붉은 입술과 흰 이, 아름다운 여자의 비유
高 3급II 0582	日01 총05획	旦	아침 morning	단	旦 dàn	旦明(단명)☞ 여명(黎明) 旦暮(단모): 아침저녁 旦夕(단석): ① 아침과 저녁 ② 시기나 상태 따위가 위급한 모양 旦晝(단주) 昧旦(매단) 元旦(원단): 설날 아침 一旦(일단): 우선 먼저 잠깐
中 3급II 0583	亻人05 총07획	但	다만 only	단	但 dàn	但書(단서): 본문 다음에 그에 대한 조건이나 예외 따위를 나타내는 글 非但(비단): '다만'의 뜻 부정의 경우에 씀 但只(단지): 다만, 겨우, 오직, 한갓 不但空(부단공): ≒(畢竟空)
高 5급 0584	土13 총16획	壇	단/ 제단 platform; altar	단	坛 tán	壇法(단법) 壇上(단상) 壇所(단소) 講壇(강단) 敎壇(교단) 戒壇(계단) 基壇(기단) 登壇(등단) 論壇(논단) 文壇(문단) 演壇(연단) 戎壇(융단) 祭壇(제단) 齋壇(재단) 花壇(화단)
高 4급II 0585	木13 총17획	檀	박달나무 birch; sandalwood	단	檀 tán	檀國(단국) 檀紀(단기): BC2333년 檀園(단원): 김홍도(金弘道)의 호 眞檀(진단) 檀香木(단향목): (자단, 백단 따위의 향나무를 통틀어) 檀君神話(단군신화) 檀君王儉(단군왕검) 檀君朝鮮(단군조선)

급수	부수/획수	한자	훈/뜻	음	간체/병음	용례
高 4급 0586	殳 05 총09획	段	층계(層階) stair	단	段 duàn	段階(단계) 段丘(단구) 段步(단보): 1단보는 300평 段落(단락) 段別(단별) 段數(단수) 階段(계단) 分段(분단) 手段(수단) 昇段(승단) 特段(특단) 段階的(단계적) 九九段(구구단)
2급 0587	金 09 총17획	鍛	쇠 불릴 forging; temper iron	단	锻 duàn	鍛鍊(단련): 쇠를 불에 달구어 두드려서 단단하게 함 鍛冶(단야): 대장일 鍛造(단조): 금속을 불에 달구어 두드리거나 눌러서 필요한 형체로 만듦 可鍛性(가단성) 鍛冶硏磨(단야연마): 단련하고 또 단련하여 갈고 닦음
1급 0588	糸 09 총15획	緞	비단 silk	단	缎 duàn	緋緞(비단): 명주실로 광택이 나게 짠 피륙의 총칭 禮緞(예단): 예물로 주는 비단　　羽緞(우단): 벨벳, 비로드 絨緞(융단): 카펫, 양탄자　月光緞(월광단): 달무늬를 놓은 비단
1급 0589	虫 05 총11획	蛋	새알 bird's egg; protein	단:	蛋 dàn	蛋白(단백): 달걀·새알 따위의 흰자위　蛋白石(단백석): 오팔(opal) 蛋白質(단백질): 아미노산이 펩티드 결합하여 생긴 고분자 화합물. 흰자질
中 6급II 0590	矢 07 총12획	短	짧을 short	단(:)	短 duǎn	短歌(단:가) 短劍(단:검) 短見(단:견) 短期(단:기) 短慮(단:려) 短命(단:명) 短文(단:문) 短長(단:장) 短折(단:절) 短調(단:조) 短打(단:타) 短篇(단:편) 短點(단점) 短縮(단축) 短距離(단거리)
2급(名) 0591	氵水09 총12획	湍	여울 rapid stream	단	湍 tuān	湍流(단류): 급하고 세차게 흐르는 물　急湍(급단): 물살이 빠른 여울 激湍(격단): 매우 급히 흐르는 여울 懸湍(현단)☞ 폭포수(瀑布水) 長湍面(장단면) 性猶湍水(성유단수): 사람의 본성은 여울물과도 같다
中 4급II 0592	立 09 총14획	端	끝/ 바를 end; tip; decency	단	端 duān	端緖(단서): 문제를 해결하는 방향의 첫 부분 端午(단오): 음력 5월 5일 端的(단적) 端正(단정) 端整(단정) 極端(극단) 發端(발단) 端初(단초): 실마리 端末機(단말기): 정보를 입력, 출력하는 장치
中 4급II 0593	口 09 총12획	單	홑 single; unit	단	单/单 dān chán	單價(단가) 單獨(단독) 單複(단복) 單數(단수) 單色(단색) 單手(단수) 單純(단순) 單式(단식) 單位(단위) 單調(단조) 單刀直入(단도직입): 여러 말을 늘어놓지 않고 요점을 바로 말함
1급 0594	竹 12 총18획	簞	소쿠리 bamboo basket	단	箪/箪 dān	簞食(단사): 대나무로 된 도시락에 담은 밥 簞食豆羹(단사두갱): 변변치 못한 음식 簞食瓢飮(단사표음): 대그릇의 밥과 표주박의 물 簞瓢陋巷(단표누항): 청빈한 선비의 생활을 비유 특급II 瓢(박 표)
高 5급II 0595	口 11 총14획	團	둥글 mass	단	団/团 tuán	團結(단결) 團欒(단란) 團束(단속) 團員(단원) 團圓(단원) 團地(단지) 團長(단장) 團體(단체) 公團(공단) 敎團(교단) 球團(구단) 師團(사단) 財團(재단) 宗團(종단) 集團(집단)
高 4급II 0596	斤 14 총18획	斷	끊을 cut off	단:	断/断 duàn	斷續(단속) 斷食(단식) 斷言(단언) 斷折(단절) 斷切(단절) 斷絶(단절) 斷腸(단장) 斷定(단정) 斷罪(단죄) 斷乎(단호) 斷金之契(단금지계) 斷金之交(단금지교) 斷機之戒(단기지계)
1급 0597	疒 05 총10획	疸	황달 jaundice	달	疸 dǎn	黃疸(황달): 간(肝)의 이상으로 쓸개즙의 색소가 혈액에 옮아가서 살갗과 오줌이 누렇게 되는 병 疸症(달증): 〔한의〕 황달 女勞疸(여로달): 피로나 지나친 성생활로 생기는 황달. 색달(色疸)
中 4급II 0598	辶辵09 총13획	達	통달할 mastery	달	达 dá tà	達觀(달관) 達磨(달마) 達辯(달변) 達人(달인) 達成(달성) 乾達(건달) 到達(도달) 未達(미달) 發達(발달) 配達(배달) 熟達(숙달) 傳達(전달) 調達(조달) 通達(통달) 豁達(활달)
1급 0599	扌手13 총16획	撻	때릴 cane; lashing	달	挞 tà	撻楚(달초): 잘못을 경계하느라고 회초리로 종아리를 때림 撻辱(달욕): 종아리를 때려서 욕을 보임 鞭撻(편달): ① 채찍으로 때림 ② 종아리나 볼기를 침 ③ 타이르고 격려함
高 3급II 0600	氵水08 총11획	淡	맑을 watery	담	淡 dàn	淡淡(담담) 淡泊(담박): ① 마음이 깨끗하다. ② 맛이 산뜻하다. 淡白(담백) 淡水(담수) 淡粧(담장) 淡彩(담채) 淡蕩(담탕): 맑고 넓음. 맑고 화창함 淡水之交(담수지교): 물과 같은 담박한 사귐

급수	부수/획수	한자	훈음	음	간체/병음	용례
1급 0601	疒 08 총13획	痰	가래 / phlegm; expectorate	담	痰 tán	痰病(담병): 몸의 분비액이 큰 열을 받아서 일어나는 병의 총칭. 담증(痰症) 痰塊(담괴) 痰壅(담옹) 痰瘧(담학) 痰火(담화) 喀痰(객담) 驚痰(경담) 冷痰(냉담) 流注痰(유주담) 消痰之劑(소담지제)
中 5급 0602	言 08 총15획	談	말씀 / talk/ saying	담	谈 tán	談論(담론) 談笑(담소) 談叢(담총) 談判(담판) 談合(담합) 談話(담화) 弄談(농담) 德談(덕담) 漫談(만담) 面談(면담) 相談(상담) 俗談(속담) 餘談(여담) 雜談(잡담) 會談(회담)
2급 0603	氵水12 총15획	潭	못[池] / pond; pool; reservoir	담	潭 tán	潭潭(담담): 물이 깊은 모양 潭思(담사): 심사(深思)(깊이 생각함) 潭石(담석) 潭水(담수): 깊은 못이나 늪의 물 潭陽郡(담양군) 潭深(담심) 白鹿潭(백록담): 한라산 百潭寺(백담사): 설악산
1급 0604	言 12 총19획	譚	클 / 말씀 talk	담	谭 tán	譚歌(담가) 譚詩(담시) 奇譚(기담) 民譚(민담) 英雄譚(영웅담) 實歷譚(실력담) 譚詩曲(담시곡): 발라드(ballad) 聖譚曲(성담곡): 오페라 요소를 가미한 종교적 악극. oratorio
1급 0605	日 12 총16획	曇	흐릴 / cloudy; overcast	담	昙 tán	曇育(담육): 신라 승려 曇徵(담징): 고구려 승려 일본 호류사에 금당벽화 曇天(담천): 구름이 끼어 흐린 하늘 曇硝子(담초자): 젖빛 유리 曇後晴(담후청): 날씨가 흐렸다가 뒤에는 갬
高 4급II 0606	扌手13 총16획	擔	멜 / bear	담	担/担 dān dàn	擔當(담당) 擔保(담보) 擔稅(담세) 擔任(담임) 擔銃(담총) 擔着(담착): 담당 加擔(가담) 負擔(부담) 分擔(분담) 自擔(자담) 專擔(전담) 擔當科目(담당과목) 擔任敎師(담임교사)
1급 0607	氵水13 총16획	澹	맑을 / clear	담	澹 dàn tán	澹泊(담박): 욕심이 없고 마음이 깨끗하다 澹艶(담염): 산뜻하고 아름답다 暗澹(암담): ① 어두컴컴하고 쓸쓸함 ② 희망이 없고 막연함 沖澹(충담): 성질이 맑고 깨끗하다 平澹(평담): 고요하고 깨끗해서 산뜻하다
1급 0608	忄心13 총16획	憺	참담할 / misery	담	憺 dàn	慘憺(澹)(참담): ① 참혹하고 암담함 ② 가슴 아플 정도로 비참함 憺畏(담외): 두려워함 意匠慘憺(의장참담): 작품 제작에 애씀 苦心慘憺(고심참담): 몹시 애를 태우고 마음을 쓰며 걱정을 함
2급 0609	月肉13 총17획	膽	쓸개 / gall	담	胆/胆 dǎn	膽力(담력) 膽汁(담즙) 膽智(담지) 肝膽(간담) 落膽(낙담) 大膽(대담) 膽石症(담석증) 膽汁質(담즙질): 움직임이 활발하며 진취력이 강하고 인내력이 강한 반면, 고집이 세고 거만한 태도가 있는 기질
高 3급 0610	田 04 총09획	畓	논 / rice field	답	畓 dá	畓穀(답곡) 畓券(답권) 畓農(답농): 논농사 畓主(답주) 反畓(번답): 밭을 논으로 만듦 田畓(전답) 奉天畓(봉천답) 天水畓(천수답): 빗물을 이용하여 경작하는 논 門前沃畓(문전옥답)
高 3급II 0611	足 08 총15획	踏	밟을 / tread	답	踏 tà	踏步(답보): 제자리걸음 踏査(답사): 현장에 가서 보고 듣고 조사함 踏襲(답습): 예로부터 해 오던 방식이나 수법을 좇아 그대로 행함 踏靑節(답청절): 삼짇날 前人未踏(전인미답): 발을 들여놓은 사람이 없음
中 7급II 0612	竹 06 총12획	答	대답 / answer respond	답	答 dá	答酬(답수) 答禮(답례) 答訪(답방) 答辯(답변) 答謝(답사) 答辭(답사) 答申(답신) 答信(답신) 答狀(답장) 答案紙(답안지) 對答(대답) 問答(문답) 應答(응답) 正答(정답) 解答(해답)
1급 0613	辶辵10 총14획	遝	뒤섞일 / throng	답	遝 tà	遝至(답지): 한군데로 몰려듦. 온정의 손길답지. 성금답지 衆拳遝至眼爲眩閃(중권답지안위현섬): 주먹질에 눈이 번쩍하다 後嶺雜遝如驚奔(후령잡답여경분): 뒤 산봉은 뒤얽혀 놀라 달아나네
高 3급II 0614	口 07 총10획	唐	당나라 / 당황할 Tang confused	당	唐 táng	唐机(당궤) 唐麪(당면) 唐宋(당송) 唐詩(당시) 唐冊(당책) 唐尺(당척) 唐學(당학) 唐三彩(당삼채): 綠·藍·黃 채색 도자기 唐津郡(당진군) 唐突(당돌) 唐惶(당황): 놀라서 어찌할 바를 모름
2급(名) 0615	土 10 총13획	塘	못[池] / pond	당	塘 táng	塘報(당보): 조선시대의 정찰병이 기로 하던 신호 蓮塘(연당): 연못 柳塘春水漫 花塢夕陽遲(유당춘수만 화오석양지): 버들나무 연못에 봄물은 넘치고, 꽃동산에 저녁볕은 더딤. 출전 推句(추구)

급수	부수/획수	한자	훈	음	중국어	용례
高 3급II 0616	米 10 총16획	糖	엿 sugar	당	糖 táng	糖類(당류) 糖蜜(당밀) 糖分(당분) 沙糖(사탕) 雪糖(설탕) 果糖(과당) 血糖(혈당) 糖尿病(당뇨병) 葡萄糖(포도당) 糖衣錠(당의정): 먹기 쉽게 겉에 단 물질을 입힌 정제나 환약(丸藥)
中 6급II 0617	土 08 총11획	堂	집 house; hall	당	堂 táng	堂堂(당당): 의젓하고 드레진 모습이나 태도 堂舍(당사): 큰 집과 작은 집 堂叔(당숙): '종숙(從叔) 아버지의 사촌 형제로 오촌이 되는 관계' 講堂(강당) 書堂(서당) 聖堂(성당) 食堂(식당) 議事堂(의사당)
1급 0618	虫 11 총17획	螳	버마재비 (사마귀) mantis	당	螳 táng	螳螂拒轍(당랑거철): 사마귀가 수레바퀴를 막는다. 강자에게 함부로 덤빔 螳臂當車(당비당거): 사마귀의 팔뚝이 수레를 당하다 용감무쌍한 것을 뜻함 螳螂捕蟬 黃雀在後(당랑포선 황작재후): 이익에 눈이 어두워 위기는 보지 못함
1급 0619	木 08 총12획	棠	아가위/ 팥배나무 hawthorn	당	棠 táng	棠梨(당리): 팥배. 팥배나무의 열매 甘棠之愛(감당지애) 棠毬子(당구자)☞ 山査子: 산사나무의 열매. 껍질이 단단하며 신맛이 남 海棠花(해당화): 장미과 갈잎 떨기나무 늦봄에 붉은 다섯잎꽃이 아름답게 핌
中 5급II 0620	田 08 총13획	當	마땅 suitable	당	当/当 dāng dàng	當今(당금) 當局(당국) 當落(당락) 當付(당부) 當選(당선) 當時(당시) 當然(당연) 當場(당장) 當初(당초) 當事者(당사자) 當今無輩(당금무배) 當意卽妙(당의즉묘): 임기응변(臨機應變)
高 4급II 0621	黑 08 총20획	黨	무리 party; faction	당	党/党 dǎng	黨論(당론) 黨員(당원) 黨籍(당적) 黨派(당파) 野黨(야당) 與黨(여당) 政黨(정당) 黜黨(출당) 黨同伐異(당동벌이) 黨錮之禍(당고지화): 중국 후한 반대파를 종신금고에 처하여 벼슬길을 막은 일
1급 0622	扌手12 총15획	撞	칠 strike	당	撞 zhuàng	撞杆(당간): 대포에 탄약을 장전할 때 밀어 넣는 막대 撞球(당구) 撞突(당돌): 충돌(衝突) 撞着(당착): 앞뒤가 서로 맞지 아니함 撞球場(당구장) 自家撞着(자가당착): 모순당착(矛盾撞着)
中 8급 0623	大 00 총03획	大	큰 big; vast; great	대(:)	大 dà dài	大邱(대구) 大田(대전) 大腦(대:뇌) 大小(대:소) 大幅(대:폭) 大寒(대:한) 大學(대:학) 大使館(대:사관) 大統領(대:통령) 大器晩成(대:기만성) 大同團結(대:동단결) 大韓民國(대:한민국)
中 6급II 0624	亻人03 총05획	代	대신할 substitute	대:	代 dài	代價(대가) 代納(대납) 代金(대금) 代代(대대) 代理(대리) 代辨(대변) 代辯(대변) 代身(대신) 代案(대안) 代役(대역) 代用(대용) 代替(대체) 代置(대치) 代表(대표) 代行(대행)
2급 0625	土 05 총08획	垈	집터 ground housing site	대	垈 dài	垈田(대전): ① 텃밭 ② 집터와 밭 垈地(대지): 집터로서의 땅 落星垈(낙성대): 별이 떨어진 터, 인헌공(仁憲公) 강감찬(姜邯贊) 고려 장군을 모시는 안국사(安國祠). 낙성대공원(落星垈公園) 서울시 관악구
1급 0626	衣 05 총11획	袋	자루 sack. bag	대	袋 dài	袋鼠(대서): 캥거루 麻袋(마대) 負袋(부대) 沙袋(사대) 包袋(포대) 袋荷包(대하포) 救助袋(구조대) 有袋類(유대류) 酒袋飯囊(주대반낭): 술과 음식을 축내며 일은 하지 않는 사람
高 3급II 0627	貝 05 총12획	貸	빌릴/ 뀔 lend	대:	贷 dài	貸金(대금) 貸給(대급) 貸物(대물) 貸邊(대변) 貸付(대부) 貸損(대손) 貸與(대여) 貸切(대절): '전세(專貰)'의 구칭 貸借(대차) 貸出(대출) 賃貸料(임대료) 當座貸越(당좌대월)
中 6급 0628	彳 06 총09획	待	기다릴 wait; stay; entertain	대:	待 dài dāi	待機(대기) 待客(대객) 待令(대령) 待望(대망) 待命(대명) 待遇(대우) 待接(대접) 待避(대피) 期待(기대) 待合室(대합실) 待臨節(대림절): 크리스마스 전 4주간의 일컬음. 대강절(待降節)
高 4급II 0629	巾 08 총11획	帶	띠 belt	대(:)	带/带 dài	帶劍(대검) 帶同(대동) 帶域(대역) 帶子(대자) 帶妻(대처) 帶下(대하) 熱帶(열대) 溫帶(온대) 寒帶(한대) 革帶(혁대) 帶分數(대분수) 帶狀疱疹(대상포진) 帶率下人(대솔하인)
高 4급II 0630	阝阜09 총12획	隊	무리 band; corps	대	隊/队 duì	隊商(대상) 隊列(대열) 隊員(대원) 隊長(대장) 軍隊(군대) 部隊(부대) 樂隊(악대) 入隊(입대) 縱隊(종대)↔橫隊(횡대) 艦隊(함대) 示威隊(시위대) 特攻隊(특공대) 海兵隊(해병대)

급수	부수/획수	한자	훈음	음	중국어	용례
中 6급II 0631	寸 11 총14획	對	대할 confront	대:	対/对 duì	對決(대결) 對談(대담) 對答(대답) 對立(대립) 對面(대면) 對比(대비) 對備(대비) 對象(대상) 對外(대외) 對應(대응) 對策(대책) 對處(대처) 對稱(대칭) 對抗(대항) 對話(대화)
高 3급II 0632	至 08 총14획	臺	대/ 돈대 stage	대	台/台 tái	臺灣(대만): Taiwan 臺本(대본): 연극·영화의 각본 臺詞(대사) 臺帳(대장): 장부나 원부 臺望(대망) 臺通(대통) 墩臺(돈대) 燈臺(등대) 舞臺(무대) 土臺(토대) 高臺廣室(고대광실)
1급 0633	扌手14 총17획	擡	들[擧] raise	대	抬 tái	擡擧(대거): 들어 올림 擡頭(대두): 어떤 세력이나 현상이 나타남 擡袖(대수): 춤을 출 때 소매를 치켜드는 춤사위
2급 0634	戈 13 총17획	戴	일[首荷] coronation	대:	戴 dài	推戴(추대) 戴冠式(대관식) 戴星馬(대성마): 이마에 흰 털 박힌 말 戴星之行(대성지행): 타향에서 어버이의 부음에 밤새 집으로 돌아가는 길 戴天之讐(대천지수): 하늘을 함께 이지 못한다.≒불공대천(不共戴天) 不俱戴天
2급(名) 0635	心 08 총12획	悳	큰[德] virtue; goodness	덕	惪/德 dé	德(덕)의 古字 덕(德), 선행(善行), 선심(善心)의 일컬음 --- 德隆望尊(덕륭망존): 덕행(德行)이 높고 인망(人望)이 두터움
中 5급II 0636	彳 12 총15획	德	큰 virtue	덕	德 dé	德談(덕담) 德望(덕망) 德目(덕목) 德分(덕분) 德澤(덕택) 德行(덕행) 道德(도덕) 德壽宮(덕수궁) 四德(사덕): 孝悌忠信 德無常師(덕무상사) 德業相勸(덕업상권) 德必有隣(덕필유린)
中 3급II 0637	刀 00 총02획	刀	칼 knife	도	刀 dāo	刀圭(도규): ① 가루약을 뜨던 숟가락. ② 의술(醫術) 刀圭界(도규계): 의사(醫師)들의 사회 刀墨(도묵): 칼로 이마에 먹으로 문신하던 형벌 刀布(도포): 주나라 때에 화폐로 쓰던 도전(刀錢)과 포폐(布幣)를 합친 말
中 5급II 0638	刀 06 총08획	到	이를 reach	도:	到 dào	到達(도달) 到來(도래) 到底(도저) 到着(도착) 到處(도처) 殺到(쇄도) 當到(당도) 到彼岸(도피안):='바라밀다'(波羅蜜多) 到底ㅡ(도저히) 精神ㅡ到 何事不成(정신일도 하사불성)
高 3급II 0639	亻人08 총10획	倒	넘어질 fall down; perverse	도:	倒 dào dǎo	倒産(도산) 倒顚(도전) 倒置(도치): 차례나 위치 따위가 뒤바뀜 傾倒(경도) 罵倒(매도) 壓倒(압도) 卒倒(졸도) 倒錯症(도착증) 主客顚倒(주객전도): 객반위주(客反爲主) 抱腹絶倒(포복절도)
中 6급 0640	广 06 총09획	度	법도 rule; degree 헤아릴 count	도(:) 탁	度 dù duó	度量(도량) 度數(도수) 法度(법도) 溫度(온도) 制度(제도) 度量衡(도량형): 자와 되와 저울 度外視(도외시): 가외의 것으로 봄 度支部(탁지부): 대한제국 때, 정부의 재무를 맡아보던 중앙 관아
高 3급II 0641	氵水09 총12획	渡	건널 go across	도	渡 dù	渡江(도강) 渡來(도래) 渡美(도미) 渡航(도항) 渡河(도하) 賣渡(매도) 明渡(명도) 不渡(부도) 讓渡(양도) 言渡(언도) 渡船場(도선장) 渡河訓練(도하훈련) 讓渡所得稅(양도소득세)
1급 0642	金 09 총17획	鍍	도금할 plating	도:	镀 dù	鍍金(도금): 녹을 막거나 장식을 위하여 금속 표면에 금이나 은·니켈 따위의 얇은 막을 입히는 일 金鍍金(금도금): 금의 얇은 막을 올림 電氣鍍金(전기도금): 전기 분해를 이용해 얇은 막을 입히는 방법
高 3급 0643	扌手06 총09획	挑	돋울 provoke	도	挑 tiāo tiǎo	挑燈(도등) 挑出(도출): 싸움을 걺 挑發(도발) 挑發的(도발적) 挑戰(도전): 상대와 맞서 싸움을 걺 어려운 사업이나 기록 경신에 맞섬 挑戰狀(도전장) 挑戰的(도전적) 挑禍(도화): 화(禍)를 일으킴
高 3급II 0644	木 06 총10획	桃	복숭아 peach	도	桃 táo	桃李(도리): 복숭아와 자두 桃色(도색) 桃仁(도인) 桃花(도화) 桃源境(도원경) 武陵桃源(무릉도원): 도연명의 세속을 떠난 별천지 桃園結義(도원결의): 촉나라의 유비·관우·장비가 도원에서 의형제를 맺음
高 4급 0645	辶走06 총10획	逃	도망할 escape	도	逃 táo	逃亡(도망) 逃走(도주) 逃避性(도피성): 도망하여 몸을 피하는 성질 逃避城(도피성): 실수로 살인한 사람을 보호하기 위해 특별히 설치된 성읍 夜半逃走(야반도주): 남의 눈을 피하여 한밤중에 도망함. 야간도주

급수	부수/획수	한자	훈	음	중국어	용례
高3급 0646	足 06 총13획	跳	뛸 jump	도	跳 tiào	跳梁(도량): 함부로 날뜀 跳躍(도약): 뛰어오름. 더 높은 단계로 발전함 高跳(고도): 높이 뜀 千里一跳(천리일도): 큰 새가 단번에 천 리를 난다. 跳梁跋扈(도량발호): 권력이나 세력을 부리며 함부로 날뛰는 행동이 만연한다.
中5급 0647	山 07 총10획	島	섬 island	도	岛 dǎo	島嶼(도서): 크고 작은 섬들 孤島(고도) 群島(군도) 落島(낙도) 獨島(독도) 鬱陵島(울릉도) 韓半島(한반도) 日本列島(일본열도) 減死島配(감사도배): 죽을죄를 지은 죄인을 죽이지 않고 섬으로 귀양 보내던 일
1급 0648	扌手10 총13획	搗	찧을 grind	도	捣 dǎo	搗基(도기): 달구질을 하여 터를 다짐 搗藥(도약): 환약 재료를 찧는 일 搗精(도정): 곡식 등을 찧거나 쓿는 일 搗練紙(도련지): 다듬이질한 종이 搗練紬契(도련주계): 다듬어 손질한 명주를 공물(貢物)로 바치던 계(契)
中4급 0649	彳 07 총10획	徒	무리 clique; fellow	도	徒 tú	徒黨(도당): 집단을 이룬 무리 徒輩(도배) 徒步(도보) 生徒(생도) 聖徒(성도) 信徒(신도) 使徒(사도) 徒勞(도로): 헛되이 수고함 徒勞無功(도로무공) 徒命(도명): 기약이 없는 목숨 徒刑(도형)
2급 0650	忄心08 총11획	悼	슬퍼할 mourning; lamentation	도	悼 dào	悼歌(도가) 悼詞(도사) 悼惜(도석) 謹悼(근도) 哀悼(애도) 追悼式(추도식) 悼亡詩(도망시): 아내의 죽음을 슬퍼하며 지은 시 悼二將歌(도이장가): 고려 예종이 개국공신 신숭겸과 김낙을 추도한 8구체 향가
1급 0651	扌手08 총1획	掉	흔들 wag	도	掉 diào	掉拐(도괴): 씨아(목화의 씨를 빼는 기구)의 손잡이 拐(후릴, 속일 괴) 掉尾(도미): ① 꼬리를 흔듦 ② 끝판에 더욱 활약함 尾大難掉(미대난도): 일의 끝이 크게 벌어져서 처리하기가 어려움
高3급Ⅱ 0652	阝阜08 총11획	陶	질그릇 pottery; unglazed	도	陶 táo yáo	陶工(도공) 陶瓷(磁)(도자) 陶製(도제) 陶俑(도용) 陶鎔(도용) 陶冶(도야) 陶醉(도취) 陶潛歸隱(도잠귀은): 도연명(陶淵明)의 은거 陶山書院(도산서원): 퇴계 이황을 모신 安東에 있는 사액서원(賜額書院)
1급 0653	氵水08 총11획	淘	쌀일 scour	도	淘 táo	淘淸(도청): 탁한 액체를 가라앉혀서 맑고 깨끗하게 함 淘汰(도태): 물에 넣고 일어서 쓸데없는 것을 가려서 버림 淘汰法(도태법): 비중의 차를 이용하여 鑛粒·鑛砂 등을 선별하는 방법
1급 0654	⺿艸08 총12획	萄	포도 grape	도	萄 táo	葡萄(포도) 葡萄糖(포도당) 葡萄園(포도원) 葡萄酒(포도주) 山葡萄(산포도) 靑葡萄(청포도) 葡萄牙(포도아): 포르투갈 (Portugal) (유럽 남부 이베리아 반도 서쪽 끝에 있는 공화국)'의 음역어
高3급Ⅱ 0655	辶辵07 총11획	途	길[行中] road	도:	途 tú	途中(도중): 길을 가고 있는 동안 中途(중도): 하던 일의 도중 別途(별도): ① 딴 방면 ② 본디의 것에 덧붙인 것 用途(용도): 쓰이는 데 日暮途遠(일모도원): 날은 저물고 갈 길은 멀다, 할 일은 많지만 시간이 없음
高3급 0656	土 10 총13획	塗	칠할 paint	도	涂 tú	塗料(도료) 塗抹(도말): 발라서 가림 塗裝(도장): 도료를 바르거나 칠함 塗漆(도칠): 칠을 바름 塗炭(도탄): 몹시 곤궁하거나 고통스러운 지경 塗炭之苦(도탄지고) 道聽塗說(도청도설): 길거리에 뜬소문
高4급 0657	皿 07 총12획	盜	도둑 thief	도(:)	盗 dào	盜跖(도:척) 盜掘(도굴) 盜難(도난) 盜伐(도벌) 盜犯(도범) 盜殺(도살) 盜用(도용) 盜賊(도적) 盜聽(도청) 強盜(강도) 盜亦有道(도역유도) 鷄鳴狗盜(계명구도): 남을 속이는 하찮은 재주
中5급 0658	阝邑09 총12획	都	도읍 city/ 모두 total	도	都 dū dōu	都城(도성) 都市(도시) 都心(도심) 都邑(도읍) 古都(고도) 首都(수도) 王都(왕도) 都會地(도회지)/都給(도급) 都統(도통) 都合(도합) 都大體(도대체) 都散賣(도산매) 下都給(하도급)
1급 0659	尸 09 총12획	屠	죽일 butcher	도	屠 tú	屠鷄(도계) 屠戮(도륙): 무참하게 마구 죽임 屠殺(도살) 屠宰(도재): 동물을 잡아 죽임 屠畜(도축) 浮屠(부도): 승탑(僧塔) 屠龍之技(도룡지기) 屠所之羊(도소지양): 도살장으로 끌려가는 양
1급 0660	土 09 총12획	堵	담 wall	도	堵 dǔ	堵列(도열): 죽 늘어선 대열 田堵(전도): 전택(田宅)(논밭과 집) 安堵感(안도감): 편안한 느낌 率堵婆(솔도파): 스투파 stūpa(범) 불교에서 불타의 사리를 봉안한 기념비적인 건조물. 솔탑파(率塔婆)

급수	부수/획수	한자	훈	음	简体/拼音	용례
1급 0661	目 09 총14획	睹	볼 look	도	睹 dǔ	目睹(목도): 목격　睹聞(도문): 보고 들음　始睹(시도): 처음 봄 逆睹(역도): 앞일을 미리 내다봄, 선견(先見)　片葉障目 謂人莫睹 (편엽장목 위인막도): 가랑잎으로 눈 가리고 아웅 한다.
1급 0662	貝 09 총16획	賭	내기 gamble	도	赌 dǔ	賭技(도기)　賭博(도박): 요행을 바라고 돈을 거는 일　賭書(도서) 賭租(도조): 남의 논밭을 빌려서 부치고 세로 해마다 내는 곡식. 도지(賭地) 賭局(도국)　賭勝(도승)　賭錢(도전)　一擲賭乾坤(일척도건곤)
中 7급II 0663	辶辵09 총13획	道	길 road; route; morality	도:	道 dào	道具(도구)　道路(도로)　道程(도정)　道聽塗說(도청도설) 道伯(도백): 도지사(道知事)　道政(도정)　道廳(도청)　道敎(도교) 道德(도덕)　道理(도리)　道術(도술)　道義(도의)　道通(도통)
高 4급II 0664	寸 13 총16획	導	인도할 guide	도:	导 dǎo	導入(도입)　導出(도출)　先導(선도)　善導(선도)　指導(지도) 導體(도체): 전도율이 큰 물체　半導體(반도체)　不導體(부도체) 引導(인도)　導迎和氣(도영화기): 온화한 기색으로 남의 환심을 사는 일
1급 0665	氵水10 총13획	滔	물넘칠 overflow	도	滔 tāo	滔滔(도도): ① 물이 그득 퍼져 흘러가는 모양　② 말을 거침없이 잘하는 모양 滔天(도천): 높은 하늘에 널리 퍼짐 滔蕩(도탕): 넓고 성한 모양　滔乎(도호): 넓고 큰 모양
高 3급 0666	禾 10 총15획	稻	벼 rice plant	도	稻 dào	稻植(도식)　稻作(도작): 벼농사　稻田(도전)　稻蟲(도충) 稻扱機(도급기): 벼훑이　稻熱病(도열병): 잎 마르게 되는 병 立稻先賣(입도선매): 아직 논에서 자라고 있는 벼를 미리 팖
1급 0667	足 10 총17획	蹈	밟을 tread	도	蹈 dǎo	蹈舞(도무):☞ 手舞足蹈(수무족도): 몹시 좋아서 날뜀 蹈襲(도습): 옛것을 좇아서 그대로 함. 답습(踏襲) 舞蹈會(무도회): 여러 사람이 사교춤을 추는 모임. 댄스파티
中 6급II 0668	囗 11 총14획	圖	그림 drawing; picture	도	図/图 tú	圖謀(도모)　圖面(도면)　圖書(도서)　圖式(도식)　圖案(도안) 圖章(도장)　圖形(도형)　圖畫(도화)　試圖(시도)　意圖(의도) 圖畫署(도화서)　圖南鵬翼(도남붕익): 대업을 계획하는 큰 뜻
1급 0669	氵水14 총17획	濤	물결 billow	도	涛 tāo	濤灣(도만): 파도가 이는 포구　鯨濤(경도): 고래 같은 파도 怒濤(노도): 무섭게 밀려오는 큰 파도　波濤(파도): 큰 물결 疾風怒濤(질풍노도): 몹시 빠르게 부는 바람과 무섭게 소용돌이치는 물결
2급(名) 0670	灬火14 총18획	燾	비칠/ 비출 shine on	도	焘 dào tāo	燾育(도육): 덮어 잘 보호하여 기름. 천지가 만물을 양육함을 이르는 말
1급 0671	示 14 총19획	禱	빌 pray	도	祷/祷 dǎo	禱堂(도당)　禱祠(도사)　祈禱(기도)　默禱(묵도)　默祈禱(묵기도) 禱告(도고): 다른 사람을 대신해서 하나님께 간구하고 청원하는 일 禱千手觀音歌(도천수관음가): 신라 희명(希明)이 지은 10구체 향가
1급 0672	禾 02 총07획	禿	대머리 bald	독	秃 tū	禿巾(독건): 두건을 쓰지 않음　禿頭(독두)　禿髮(독발): 대머리 禿樹(독수)　禿翁(독옹)　禿丁(독정)　禿頂(독정): 대머리 禿鷲(독취): 독수리　禿筆(독필): 몽당붓　禿山洞(독산동): 금천구
高 4급II 0673	毋 05 총09획	毒	독 poison	독	毒/毒 dú	毒感(독감)　毒氣(독기)　毒杯(독배)　毒蛇(독사)　毒殺(독살) 毒舌(독설)　毒性(독성)　毒素(독소)　毒弑(독시)　毒藥(독약) 毒種(독종)　毒酒(독주)　毒蟲(독충)　毒害(독해)　毒劇物(독극물)
高 4급II 0674	目 08 총13획	督	감독할 direction	독	督 dū	督勵(독려): 감독하며 격려함　督撫(독무): 총독과 순무사(巡撫使) 督捧(독봉): 독촉하여 거두어들임　督視(독시)　督責(독책)　督促(독촉) 監督(감독)　提督(제독)　總督(총독)　星火督促(성화독촉)
中 5급II 0675	犭犬13 총16획	獨	홀로 alone	독	独/独 dú	獨島(독도)　獨立(독립)　獨白(독백)　獨逸(독일)　獨自(독자) 獨裁(독재)　獨占(독점)　獨特(독특)　獨寡占(독과점): 독점과 과점 獨不將軍(독불장군)　獨也靑靑(독야청청)　獨守空房(독수공방)

급수	부수/획수	한자	훈/음	한글	간체/병음	용례
高3급 0676	竹 10 총16획	篤	도타울 generous; warm hearted	독	笃 dǔ	篤實(독실): 믿음이 두텁고 성실하다. 敦篤(돈독): 도탑고 성실하다. 篤志家(독지가): 공공의 일에 마음을 쓰고 협력·원조하는 사람
1급 0677	氵水15 총18획	瀆	도랑/ 더럽힐 defile	독	渎/读 dú	瀆冒(독모) 瀆職(독직): 어떤 직책에 있는 사람이 그 직책을 더럽힘 瀆聖(독성) 瀆神(독신): 신을 모독함 瀆汚(독오) 冒瀆(모독) 經於溝瀆(경어구독): 스스로 목매어 도랑에 익사하다. 개죽음
中 6급II 0678	言 15 총22획	讀	읽을 read 구절 phrase	독 두	読/读 dú dòu	讀經(독경) 讀書(독서) 讀音(독음) 讀者(독자) 多讀(다독) 精讀(정독) 吏讀(이두): 漢字의 음과 뜻을 빌려 우리말을 적던 표기법 句讀法(구두법) 男兒須讀五車書(남아수독오거서)
1급 0679	氵水04 총07획	沌	엉길 chaos	돈	沌 dùn zhuàn	混(渾)沌(혼돈): ① 사물의 구별이 확실하지 않음. 또는 그런 상태. ② 하늘과 땅이 아직 나뉘지 않은 상태 混沌衣(혼돈의): 태(胎) 混沌開闢(혼돈개벽): 혼돈한 시대를 버리고 새로운 시대를 연다. 탕평(蕩平)
2급(名) 0680	頁 04 총13획	頓	조아릴 deep bow	돈:	頓 dùn dú	頓服(돈복): 한꺼번에 다 먹음 頓死(돈사): 갑작스럽게 죽음 頓悟(돈오): 별안간 깨달음 頓寫(돈사) 停頓(정돈) 整頓(정돈) 挫頓(좌돈) 頓首再拜(돈수재배) 頓不顧見(돈불고견)
高3급 0681	豕 04 총11획	豚	돼지 pig	돈	豚 tún	豚犬(돈견): 돼지와 개 豚舍(돈사) 豚兒(돈아): 가아(家兒) 豚肉(돈육) 豚脂(돈지) 養豚(양돈) 豚肪膏(돈방고): 돼지기름 豚蹄一酒(돈제일주): 돼지 발굽과 술 한 잔, 작은 성의로 많은 것을 구함
2급(名) 0682	忄心08 총11획	惇	도타울 cordial	돈	惇 dūn	惇大(돈대): 두텁고 큼 惇德(돈덕): (인정이)도타운 덕행 惇信(돈신): 두텁게 믿음 든든히 믿음 惇儒(돈유): 부지런하고 정성스러운 선비 惇惠(돈혜): 두터운 은혜
高3급 0683	攴攵08 총12획	敦	도타울 generous	돈	敦 dūn duì	敦寧(돈녕) 敦篤(돈독) 敦勉(돈면) 敦睦(돈목) 敦信(돈신) 敦定(돈정) 敦親(돈친) 敦厚(돈후) 敦化門(돈화문): 창덕궁 정문 敦信大夫(돈신대부) 敦勇校尉(돈용교위) 敦煌石窟(돈황석굴)
2급(名) 0684	火 12 총16획	燉	불빛 light	돈	炖 dùn	人名字(인명자) 1. 불빛 2. (불이)이글이글하다 3. 따뜻하다
2급(名) 0685	乙 05 총06획	乭	이름 name	돌	乭 shí	우리나라에서 만든 한자 李世乭(이세돌): 1983년생 바둑기사 한국기원 프로 九단
高3급II 0686	穴 04 총09획	突	갑자기 suddenly	돌	突 tū	突擊(돌격) 突厥(돌궐) 突發(돌발) 突變(돌변) 突然(돌연) 突入(돌입) 突進(돌진) 突破(돌파) 左衝右突(좌충우돌) 突梯滑稽(돌제골계): 게을러서 빈둥거리며 살아가는 것을 형용하는 말
中 7급 0687	冫03 총05획	冬	겨울 winter	동(:)	冬 dōng	冬季(동계) 冬期(동기) 冬眠(동면) 冬帽(동모) 冬服(동복) 冬扇(동선) 冬至(동지) 冬天(동천) 冬寒(동한) 孟冬(맹동) 冬將軍(동장군) 冬蟲夏草(동충하초) 冬嶺秀孤松(동령수고송)
1급 0688	疒 05 총10획	疼	아플 ache	동:	疼 téng	疼痛(동통): (신경 자극에 의하여) 몸이 쑤시게 느껴지는 아픔 頭疼(두동): 두통 瘡疼(창동): 부스럼
中 7급 0689	口 03 총06획	同	한가지 same	동	同 tóng	同感(동감) 同僚(동료) 同盟(동맹) 同伴(동반) 同時(동시) 同質(동질) 同窓(동창) 同行(동행) 同鄕(동향) 同一視(동일시) 同病相憐(동병상련) 同床異夢(동상이몽) 同族相殘(동족상잔)
中 7급 0690	氵水06 총09획	洞	골 village 밝을/ 꿰뚫을	동: 통	洞 dòng tóng	洞窟(동굴) 洞里(동리) 洞民(동민) 洞長(동장) 邑面洞(읍면동) 空洞化(공동화): 마땅히 있어야 할 것이 없어져 속이 텅 비게 됨 洞見(통견) 洞貫(**통**관) 洞觀(**통**관) 洞察(**통**찰): 꿰뚫어 봄

급수	부수/획수	한자	훈	음	간체	용례
2급 0691	木 06 총10획	桐	오동나무 paulownia	동	桐 tóng	桐油(동유): 유동(油桐)씨에서 짠 건성의 기름《인쇄잉크·도료의 원료》 桐梓(동재): 좋은 재목 絲桐(사동): 거문고의 별칭 梧桐(오동): 낙엽 활엽 교목. 재목은 거문고·장롱 따위를 만듦
1급 0692	月肉06 총10획	胴	큰창자/ 몸통 body	동	胴 dòng	胴間(동간): 몸통의 길이 胴金(동금): 쇠로 만든 가락지 胴衣(동의) 胴體(동체): 비행기의 몸체 부분 胴體着陸(동체착륙) 鏡胴(경동): 망원경의 몸통 胴枯病(동고병): 줄기마름병 救命胴衣(구명동의)
高 4급II 0693	金 06 총14획	銅	구리 copper	동	铜 tóng	銅鏡(동경) 銅綠(동록): 구리의 표면에 푸른빛의 녹 銅賞(동상): 3등 상 銅像(동상) 銅線(동선) 銅錢(동전) 靑銅(청동): 구리와 주석의 합금 黃銅(황동): 구리와 아연의 합금 銅婚式(동혼식): 결혼 15주년
中 8급 0694	木 04 총08획	東	동녘 east	동	东 dōng	東京(동경) 東經(동경) 東歐(동구) 東方(동방) 東邦(동방) 東部(동부) 東北(동북) 東西(동서) 東洋(동양) 東夷(동이) 東風(동풍) 東學(동학) 東向(동향) 東軒(동헌) 東海(동해)
高 3급II 0695	冫 08 총10획	凍	얼 freeze	동ː	冻 dòng	凍結(동결) 凍裂(동렬) 凍梨(동리) 凍氷(동빙) 凍傷(동상) 凍土(동토) 凍破(동파) 冷凍(냉동) 解凍(해동) 不凍液(부동액) 凍氷可折(동빙가절) 凍氷寒雪(동빙한설) 凍足放尿(동족방뇨)
2급 0696	木 08 총12획	棟	마룻대 ridgepole	동	栋 dòng	棟椽(동연): 중도리에서 마룻대에 걸쳐 댄 서까래 1棟(1동) A棟(A동) 別棟(별동) 病棟(병동): 병원 안의, 여러 개의 병실로 된 한 채의 건물 本棟(본동) 棟梁之材(동량지재): 중임을 맡을만한 큰 인재(人材)
中 7급II 0697	力 09 총11획	動	움직일 move	동ː	动 dòng	動機(동기) 動力(동력) 動脈(동맥) 動物(동물) 動産(동산) 動搖(동요) 動員(동원) 動靜(동정) 動態(동태) 動向(동향) 勞動(노동) 運動(운동) 自動(자동) 行動(행동) 活動(활동)
2급(名) 0698	⺿艸09 총13획	董	바를[正] control	동ː	董 dǒng	董督(동독): 감시하며 독촉하고 격려함 董役(동역): 큰 공사를 감독함 骨董品(골동품): 오래되고 희귀한 자질구레한 물건 세간이나 미술품 董狐直筆(동호직필): 죽음을 두려워않고 사실(史實)을 바르게 기록한다.
中 6급II 0699	立 07 총12획	童	아이 child	동(ː)	童 tóng	童男(동남) 童詩(동시) 童心(동심) 童顔(동안) 童謠(동요) 童子(동자) 童貞(동정) 童孩(동해) 童話(동화) 兒童(아동) 牧童(목동) 童貞女(동정녀) 童蒙先習(동몽선습): 조선 서당교재
1급 0700	忄心12 총15획	憧	동경할 yearning; longing.	동ː	憧 chōng	憧憬(동경): 어떤 것을 간절히 그리워해서 그것만을 생각함. 동경(憧憬)의 대상, 이상 세계를 동경(憧憬)하다. 憧憬心(동경심): 어떤 것을 간절히 그리워해서 그것만을 생각하는 마음
1급 0701	目 12 총17획	瞳	눈동자 pupil	동ː	瞳 tóng	瞳孔(동공): 눈동자 瞳孔反射(동공반사) 瞳人(仁)(동인): 눈부처 瞳子(동자): 눈동자 散瞳(산동): 동공이 확대되는 현상 凹 縮瞳(축동) 龍瞳鳳頸(용동봉경): 「용의 눈동자와 봉황의 목」 잘 생긴 귀인의 얼굴
中 4급II 0702	斗 00 총04획	斗	말 10되, 18.039ℓ measure 별 이름 Great Bear	두	斗 dǒu	斗穀(두곡) 斗量(두량): 곡식을 되어서 셈 斗頓(두둔): 편들어서 감싸 줌 斗星(두성): ① 이십팔수의 여덟째 별자리 ② 북두칠성(北斗七星) 斗宇(두우): 온 세상 斗酒不辭(두주불사): 말술도 사양하지 않는다.
2급(名) 0703	木 03 총07획	杜	막을 shut	두	杜 dù	杜甫(두보): 盛唐시대의 시성(詩聖) 杜撰(두찬): 저술에 오류가 많음 杜絶(두절) 杜門不出(두문불출): 집에 틀어박혀 나가지 않음 杜漸防萌(두점방맹): 점점 퍼지기 전에 막아 싹이 못나오게 하다.
中 4급II 0704	豆 00 총07획	豆	콩 bean	두	豆 dòu	豆腐(두부) 豆芽(두아) 豆乳(두유) 豆油(두유) 豆太(두태) 大豆(대두) 綠豆(녹두) 豆滿江(두만강): 백두산에서 동해로 흐르는 강 種豆得豆(종두득두): 콩을 심으면 반드시 콩이 나온다. 원인에 따라 결과가 생김
1급 0705	疒 07 총12획	痘	역질(疫疾) smallpox	두	痘 dòu	痘務(두무): 우두(牛痘)를 놓는 일 痘瘡(두창): 천연두 水痘(수두): 작은 마마 天然痘(천연두): 여과성 바이러스 때문에 일어나며, 피부에 발진이 나서 나은 뒤에도 마맛자국이 남는 병.

급수/번호	부수/획수	한자	훈	음	중국어	용례
中 6급 0706	頁 07 총16획	頭	머리 head	두	头 tóu	頭角(두각) 頭腦(두뇌) 頭領(두령) 頭目(두목) 頭髮(두발) 頭部(두부) 頭緒(두서) 頭錢(두전) 頭註(두주) 頭痛(두통) 頭東尾西(두동미서): 제사상에 생선 머리는 동쪽, 꼬리는 서쪽으로 놓는 일
1급 0707	儿 09 총11획	兜	투구 helmet 도솔천	두 도	兜 dōu	兜矛(牟)(두모): 투구 兜羅錦(두라금): 인도 생산되던 피륙 兜矛匣(두모갑): 투구를 넣는 갑 平兜輦(평두연): 임금이 타는 수레 兜率歌(도솔가): 신라 유리왕 때 지어진 가악(歌樂)의 시초
高 3급 0708	屮 01 총04획	屯	진칠 station	둔	屯 tún	屯監(둔감) 屯卦(둔괘) 屯戍(守)(둔수): 군영을 지킴 屯衛(둔위) 屯田(둔전): 주둔한 군대의 군량이나 관청의 경비에 쓰도록 지급된 토지 駐屯(주둔): 군대가 임무 수행을 위해 어떤 지역에 머무름
高 3급 0709	金 04 총12획	鈍	둔할 dull	둔	钝 dùn	鈍角(둔각) 鈍感(둔감) 鈍器(둔기) 鈍刀(둔도) 鈍利(둔리): 무딤과 날카로움 鈍兵(둔병) 鈍才(둔재) 鈍重(둔중) 鈍濁(둔탁) 鈍化(둔화) 老鈍(노둔) 愚鈍(우둔) 銳鈍(예둔) 鈍鉅齒(둔거치)
1급 0710	辶(辵)09 총13획	遁	숨을 hide	둔	遁 dùn	遁甲(둔갑): 재주를 부려 변신하는 술법 遁逃(둔도) 遁絶(둔절) 遁辭(둔사) 遁世(둔세) 遁俗(둔속) 遁迹(둔적) 遁走(둔주) 遁避(둔피) 隱遁(은둔): 세상을 버리고 숨음 遁村洞(둔촌동): 강동구
1급 0711	月肉13 총17획	臀	볼기 buttocks; nates	둔	臀 tún	臀部(둔부): 엉덩이 臀肉(둔육): 볼기에 붙은 살 臀位(둔위) 臀圍(둔위): 엉덩이의 둘레 臀腫(둔종): 볼기짝에 나는 종기(腫氣) 臀笞法(둔태법): 죄인의 아랫도리를 벗기고 볼기를 곤장으로 치던 형벌
中 4급II 0712	彳 08 총11획	得	얻을 get; acquire	득	得 dé děi	得男(득남) 得達(득달) 得道(득도) 得度(득도): 득오(得悟) 得勢(득세) 得失(득실) 得音(득음) 得意(득의) 得點(득점) 得票(득표) 納得(납득) 習得(습득) 利得(이득) 獲得(획득)
中 6급II 0713	竹 06 총12획	等	무리 group; band	등	等 děng	等級(등급) 等數(등수) 等式(등식) 等神(등신) 等身像(등신상) 等外(등외) 等位(등위) 等差(등차) 高等(고등) 均等(균등) 平等(평등) 等高線(등고선) 等閑視(등한시) 二等邊(이등변)
中 7급 0714	癶 07 총12획	登	오를 climb	등	登 dēng	登校(등교) 登極(등극) 登記(등기) 登壇(등단) 登錄(등록) 登山(등산) 登用(등용) 登院(등원) 登場(등장) 登載(등재) 登頂(등정) 登程(등정) 登板(등판) 登高自卑(등고자비)
2급(名) 0715	阝邑12 총15획	鄧	나라이름 family name	등	邓 dèng	鄧小平[dèng xiǎo píng] 1904~1997 1970년대 말 '흑묘백묘(黑猫白猫)' 鄧麗君[Deng Li Jun](1953~1995): 1970~1990년대에 타이완 출신 여가수로, '첨밀밀(甛蜜蜜)', '夜來香', '月亮代表我的心' 등 히트곡
1급 0716	木 12 총16획	橙	귤/ 걸상 bitter orange	등	橙 chéng	橙色(등색): 오렌지색, 붉은빛을 띤 노란빛. 등빛 橙子(등자): 운향과의 상록 활엽 교목에서 나는 열매 겨울에 노랗게 익는다. 열매는 발한제, 건위제, 조미료, 향료로 쓴다. 橙黃色(등황색)
中 4급II 0717	火 12 총16획	燈	등 lamp; lantern	등	灯/灯 dēng	燈臺(등대) 燈油(등유) 燈盞(등잔) 燈節(등절) 燈燭(등촉) 燈火(등화) 點燈(점등) 燈下不明(등하불명): 등잔 밑이 어둡다. 燈火可親(등화가친): 서늘한 가을밤은 등불을 가까이하여 글 읽기에 좋다.
2급 0718	⺿艸15 총19획	藤	등나무 wistaria	등	藤 téng	藤梨(등리): 다래나무 藤席(등석): 등으로 짠 자리 葛藤(갈등) 南藤(남등): 마가목 藤牌(등패): 등으로 엮은 둥근 방패 藤鞭(등편): 무장할 때 쓰거나 대취타의 연주를 지휘할 때 쓰는 채찍
2급 0719	言 10 총17획	謄	베낄 copy	등	誊 téng	謄本(등본): 원본의 내용을 전부 베낌. 謄寫(등사): 등사기로 박음 謄抄(등초): 원본에서 베낌 功臣謄錄(공신등록): 조선시대 공신의 공적과 그들에 대한 예우 등을 기록한 책 備邊司謄錄(비변사등록)
高 3급 0720	馬 10 총20획	騰	오를 mount	등	腾 téng	騰貴(등귀): 물건 값이 뛰어오름. 앙등(昂騰) 急騰(급등): 갑자기 오름 騰達(등달): 위로 올라감. 출세 沸騰(비등): 끓어오름 暴騰(폭등) 騰蛟起鳳(등교기봉): 뛰어오르는 교룡과 날아오르는 봉황, 재능이 뛰어남

급수	부수	한자	훈	음	중국어	용례
2급 0721	衤衣08 총13획	裸	벗을 nude; naked body	라	裸 luǒ	裸麥(나맥): 쌀보리 裸婦(나부) 裸體(나체): 알몸 半裸(반라) 全裸(전라) 裸體像(나체상) 裸子植物(나자식물): 겉씨식물 赤裸裸(적나라): 발가벗는다. 있는 그대로 드러내어 숨김이 없다.
1급 0722	虫 11 총17획	螺	소라 conch; spiral	라	螺 luó	螺角(나각): 소라의 껍데기로 만든 옛 군대 악기 螺絲(나사): 나사못 螺髮(나발): 나선형 모양의 머리카락 螺旋形(나선형): 나사처럼 생긴 모양 啓螺(계라): 임금이 거둥할 때 취타(吹打)를 연주하던 일. 또는 그 음악
1급 0723	忄心16 총19획	懶	게으를 lazy; sloth; idleness	라	懶 lǎn	懶農(나농): 농사일을 게을리 함. 태농(怠農) ⛔ 근농(勤農) 懶傭(나용): 게으른 머슴 懶惰(나타) 懶怠(나태): 게으르고 느림 懶士對卷閱紙頻過(나사대권열지빈과): 게으른 선비 책장 넘기듯
1급 0724	疒 16 총21획	癩	문둥이 leprosy; Hansen's disease	라	癩 lài là	癩菌(나균) 癩病(나병): 나균에 의하여 감염되는 만성 전염성 난치병 癩疹(나진): 나병의 癩漢(나한): 추남(醜男)(얼굴이 못생긴 남자) 風癩(풍라): 문둥병 癩患者(나환자): 나병에 걸린 사람
高 4급Ⅱ 0725	罒网14 총19획	羅	벌릴(일)/ 새그물 spread fowling net	라	罗 luó	羅緞(나단): 주란사실로 짠 피륙 羅紗(나사): 양복감으로 쓰는 모직물 羅代(나대): 新羅(신라) 羅列(나열): 죽 벌여 놓음 網羅(망라) 羅針盤(나침반) 歐羅巴(구라파) 羅浮少女(나부소녀): 미인
1급 0726	辶辵19 총23획	邏	순라 patrol	라	逻 luó	邏卒(나졸): 순찰을 돌던 병졸(兵卒) 警邏(경라): 순찰하며 경계함 巡邏(순라): 순찰하던 군졸(軍卒) 偵邏(정라) 巡邏軍(순라군) 巡邏曲(순라곡): 군대의 행진이 점점 가까워지고 다시 멀어지는 것을 묘사한 곡
2급 0727	氵水06 총09획	洛	물이름 Luoyang; name of a river	락	洛 luò	洛水(낙수) 洛陽(낙양): 중국 河南省의 도시. 東周, 後漢, 魏, 西晉, 南北朝의 北魏, 唐 등의 도읍 洛陽紙貴(낙양지귀): 문장이나 저서가 호평을 받아 잘 팔림 洛東江(낙동강): 영남지방을 流域圈으로 하는 강
1급 0728	火 06 총10획	烙	지질 brand; bake	락	烙 lào luò	烙印(낙인): ① 불도장 ② 다시 씻기 어려운 불명예스러운 판정이나 평가 烙畫(낙화): 인두로 지져서 그린 그림 烙刑(낙형): 단근질. 불에 달군 쇠로 살을 지지는 형벌 壓烙(압락): 압슬형(壓膝刑)과 낙형(烙刑)
高 3급Ⅱ 0729	糹 06 총12획	絡	이을/ 얽을 connect	락	络 luò lào	經絡(경락): 몸 안의 경맥(經脈)과 낙맥(絡脈). 침이나 뜸으로 자극하여 치료함 脈絡(맥락): ① 혈맥이 서로 연락되어 있는 계통 ② 이어져 있는 관계나 연관 連絡(연락) 人馬絡繹(인마낙역): 사람과 말의 왕래가 끊이지 아니함
1급 0730	酉 06 총13획	酪	쇠젖 milk/ 진한유즙	락	酪 lào	酪農(낙농): 젖소나 염소 등을 길러 젖을 짜거나 그 젖으로 버터·치즈 등을 만드는 농업 酪酸(낙산): 부티르(butyric)산(酸) 酪素(낙소): 카세인(casein) 乾酪(건락): 치즈(cheese)
中 5급 0731	⺿艸09 총13획	落	떨어질 fall	락	落 luò là, lào	落果(낙과) 落膽(낙담) 落榜(낙방) 落選(낙선) 落葉(낙엽) 落伍(낙오) 落第(낙제) 落札(낙찰) 落後(낙후) 落下(낙하) 落下傘(낙하산) 落膽喪魂(낙담상혼) 落花流水(낙화유수)
1급 0732	馬 06 총16획	駱	낙타 camel	락	骆 luò	駱駝(낙타): 소목 낙타과 낙타속 동물의 총칭 駱駝地(낙타지): 낙타의 털로 짠 고급 모직물. 흔히 외툿감으로 쓴다. 駱山公園(낙산공원): 서울 종로구 동숭동 낙산(駱山)에 있는 근린공원
中 6급Ⅱ 0733	木 11 총15획	樂	즐길 pleasure 노래 music 좋아할 pleased	락악요	樂/乐 lè yuè yào	樂觀(낙관) 樂園(낙원) 苦樂(고락) 極樂(극락) 安樂(안락) 娛樂(오락)/樂曲(악곡) 樂器(악기) 樂譜(악보) 音樂(음악)/ 樂山樂水(요산요수): 산과 물을 좋아함. 곧, 자연을 즐기고 좋아함
中 4급 0734	卩 05 총07획	卵	알 egg	란	卵 luǎn	卵球(난구) 卵白(난백) 卵巢(난소) 卵子(난자) 卵胞(난포) 卵黃(난황) 鷄卵(계란) 卵圓形(난원형) 受精卵(수정란) 有精卵(유정란) 卵生動物(난생동물) 以卵擊石(이란격석)
高 4급 0735	乙 12 총13획	亂	어지러울 dizzy	란	乱/乱 luàn	亂刀(난도) 亂離(난리) 亂麻(난마) 亂賣(난매) 亂民(난민) 亂想(난상) 亂政(난정) 動亂(동란) 民亂(민란) 搖亂(요란) 混亂(혼란) 自中之亂(자중지란): 같은 무리 속에서 일어나는 싸움

급수	부수/획수	漢字	訓/뜻	音	簡体	用例
1급 0736	氵水 17 총20획	瀾	물결 billow	란	澜 lán	瀾汗(난한): 큰 물결 碧瀾渡(벽란도): 개경 가까이에 있던 국제 무역항 驚瀾(경란) 波瀾(파란): 순탄하지 않고 계속되는 갖가지 어려움이나 시련 波瀾曲折(파란곡절) 波瀾萬丈(파란만장) 波瀾重疊(파란중첩)
高 3급Ⅱ 0737	++艹 17 총21획	蘭	난초 orchid	란	兰 lán	蘭契(난계): 난교(蘭交) 蘭殿(난전) 蘭亭(난정) 蘭草(난초) 玉蘭(옥란): 백목련 波蘭(파란): '폴란드'의 음역 洪蘭坡(홍난파) 金蘭之交(금란지교) 金蘭之契(금란지계) 金蘭之誼(금란지의)
2급 0738	火 17 총21획	爛	빛날 bright 문드러질	란:	烂 làn	爛漫(난만): 꽃이 활짝 많이 피어 화려함. 광채가 강하고 선명함 爛報(난보): 朝報, 기별(奇別) 爛商(난상): 충분히 의논함. 난의(爛議) 爛嚼(난작): 잘 씹음 爛漫同歸(난만동귀): 옳지 않은 일에 한통속이 됨
高 3급Ⅱ 0739	木 17 총21획	欄	난간 handrail	란	栏 lán	欄干(난간): 떨어지지 않도록 가장자리를 막은 부분 欄界(난계) 欄頭(난두) 空欄(공란): 지면에 글자 없이 비워 둔 난 本欄(본란) 備考欄(비고란): 비고로 마련해 둔 난 讀者 投稿欄(독자 투고란)
1급 0740	鳥 19 총30획	鸞	난새 Chinese phoenix	란	鸾 luán	鸞駕(난가): 임금이 타는 가마 鸞鳳(난봉): ① 난조(鸞鳥)와 봉황(鳳凰) ② 뛰어난 인물 鸞殿(난전) 鸞鳥(난조): 봉황과 비슷하다는 상상의 새 鸞坡(난파): 한림원(고려 임금의 명령을 받아 문서를 맡아보던 관아)
1급 0741	刀 07 총09획	剌	발랄할 vivid; royal meal	랄	剌 là	潑剌(발랄): 표정이나 행동이 밝고 활기차다. 生氣潑剌(생기발랄)하다. 跋剌(발랄): 물고기가 팔딱팔딱 水剌(수라): 임금께 올리는 진지 水剌間(수라간): 임금의 진지를 짓는 부엌 3급Ⅱ 刺(찌를 자) 刺戟(자극)
1급 0742	辛 07 총14획	辣	매울 pungent	랄	辣 là	辣腕(날완): 매서운 수완 苛辣(가랄): 몹시 악독하고 잔인하다 辛辣(신랄): 맛이 몹시 쓰고 매움 惡辣(악랄): 악독하고 잔인함 老辣餠(노랄병): 노인의 몸을 보호하기 위해 먹던 생강, 계피를 넣은 전통 떡
高 3급 0743	氵水 14 총17획	濫	넘칠 overflow	람:	滥 làn	濫發(남발) 濫伐(남벌) 濫罰(남벌) 濫賞(남상) 濫用(남용) 濫吹(남취) 濫獲(남획) 汎(氾)濫(범람): 큰물이 넘쳐흐름. 범일(氾溢) 南郭濫吹(남곽남취): 남곽이 우를 함부로 붊. 전문지식도 없이 함부로 날뜀
2급 0744	++艹 14 총18획	藍	쪽 indigo; deep blue	람	蓝 lán	藍色(남색) 靑出於藍(청출어람): 푸른색이 쪽에서 나왔으나 쪽보다 더 푸르다는 뜻으로, 제자가 스승보다 나은 것을 비유. 청어람(靑於藍) 僧伽藍摩(승가람마): 승려가 살면서 불도를 닦는 집. 줌 가람(伽藍)
1급 0745	竹 14 총20획	籃	대바구니 bamboo basket	람	篮 lán	籃輿(남여): 대를 엮어서 만든 의자같이 생긴 가마 搖籃(요람): 젖먹이를 놀게 하거나 재우기 흔들도록 만든 물건 魚籃(어람) 圓籃(원람): 바구니 提籃(제람) 竹籃(죽람)
高 4급 0746	見 14 총21획	覽	볼 viewing	람	览 lǎn	觀覽(관람): 연극, 영화 따위를 구경함 閱覽(열람): 책 등을 두루 훑어서 봄 要覽(요람) 遊覽(유람) 縱覽(종람) 便覽(편람) 回覽(회람) 博覽會(박람회) 展覽會(전람회) 東國輿地勝覽(동국여지승람)
2급 0747	扌手 05 총08획	拉	끌 drag; kidnap	랍	拉 lā	拉北(납북): 북한으로 강제로 데려감 被拉(피랍): 납치를 당하다. 拉致(납치): 강제 수단을 써서 억지로 데리고 감 拉麵(납면): 면발이 가는 중국 → 라멘(ラーメン) 면발이 굵은 일본→ 라면 한국
1급 0748	月肉 15 총19획	臘	섣달 last month of the year; December	랍	腊 là	臘日(납일) 臘月(납월): 음력 섣달의 별칭 臘享(납향): 납평제(臘平祭) 舊臘(구랍): 지난해의 섣달. 객랍(客臘) 窮臘(궁랍): 한 해의 마지막 때 法臘(법랍): 승려가 된 뒤로부터 치는 나이 希臘語(희랍어): 그리스어
1급 0749	虫 15 총21획	蠟	밀 beeswax; paraffin	랍	蜡/蜡 là	蜜蠟(밀랍): 꿀벌이 벌집을 만들기 위해 분비하는 물질 蠟花(납화): 밀랍을 물들여 만든 꽃 蠟畵(납화): 이집트·그리스에서 백랍에 색채 회화 木蠟(목랍) 白蠟(백랍) 石蠟(석랍) 魚蠟(어랍) 蜜蠟人形(밀랍인형)
中 3급Ⅱ 0750	氵水 07 총10획	浪	물결 wave	랑(:)	浪 làng	浪漫(낭만): 공상의 세계를 즐기며 매우 정서적·이상적으로 인생을 대하는 일 浪費(낭비) 浪說(낭설) 浪人(낭인) 激浪(격랑) 樂浪(낙랑) 孟浪(맹랑) 流浪(유랑) 風浪(풍랑) 浪漫主義(낭만주의)

급수	부수	한자	훈	음	간체 / 병음	용례
1급 0751	犭犬07 총10획	狼	이리 wolf	랑ː	狼 láng	狼戾(낭려): 이리처럼 욕심(慾心)이 많고 도리에 어긋남 狼煙(낭연): 봉화(烽火) 狼藉(낭자): 흩어져 어지러움 狼狽(낭패): 실패(失敗) 狼狽不堪(낭패불감): 이러지도 저러지도 못하는 어려운 처지에 놓임
中 3급II 0752	阝邑07 총10획	郞	사내 lad; husband	랑	郎 láng	郞君(낭군) 新郞(신랑) 郞子(낭자) 花郞(화랑): 신라 때에 인재를 선발할 목적으로 만든 조직 務功郞(무공랑): 문관 정7품 花郞徒(화랑도) 花郞五戒(화랑오계): 事君以忠, 事親以孝, 交友以信, 臨戰無退, 殺生有擇
高 3급II 0753	广 10 총13획	廊	사랑채/ 행랑 corridor	랑	廊 láng	廊廟(낭묘) 廊下(낭하) 行廊(행랑) 畫廊(화랑) 舍廊房(사랑방) 廊廟之器(낭묘지기) 廊廟之材非一木之枝(낭묘지재비일목지지): 낭묘에 쓰이는 재목은 한 나무의 가지가 아니다. 부족한 자는 재상(宰相)이 못됨
5급II 0754	月 07 총11획	朗	밝을 brightness	랑ː	朗 lǎng	明朗(명랑): 밝고 환함 朗讀(낭독): 소리를 높이어 밝게 읽음 朗報(낭보): 기쁘고 반가운 소식 朗誦(낭송): 소리 내어 글을 욈 朗目疎眉(낭목소미): 맑고도 밝은 눈과 성긴 눈썹, 청수(淸秀)한 모습
中 7급 0755	人 06 총08획	來	올 come, next	래(ː)	来/来 lái	來年(내년) 來歷(내력) 來臨(내림) 來訪(내방) 來賓(내빈) 來世(내세) 來往(내왕) 來日(내일) 來週(내주) 去來(거래) 到來(도래) 未來(미래) 往來(왕래) 元(原)來(원래) 招來(초래)
2급(名) 0756	++艸08 총12획	萊	명아주 wild spinach	래	莱/莱 lái	萊蕪(내무): 잡초가 우거지고 거친 땅 蓬萊山(봉래산): 금강산의 여름 東萊區(동래구): 부산시 老萊之戱(노래지희): 노래자(老萊子)가 70에 어린애의 옷을 입고 늙은 부모 앞에서 재롱을 부림. 斑衣之戱
中 5급 0757	冫 05 총07획	冷	찰 cold	랭ː	冷 lěng	冷却(냉각) 冷淡(냉담) 冷待(냉대) 冷凍(냉동) 冷麵(냉면) 冷房(냉방) 冷笑(냉소) 冷戰(냉전) 冷情(냉정) 冷徹(냉철) 冷靜(냉정): 감정에 사로잡히지 않고 침착함 冷酷(냉혹): 차갑고 혹독하다.
高 4급 0758	田 06 총11획	略	간략할/ 다스릴 simplicity; strategy	략	略 lüè	略圖(약도) 略歷(약력) 略少(약소) 略述(약술) 略字(약자) 略稱(약칭) 簡略(간략) 大略(대략) 省略(생략) 略取(약취) 計略(계략) 戰略(전략) 政略(정략) 策略(책략) 侵略(침략)
高 3급 0759	扌手08 총11획	掠	노략질할 plunder	략	掠 lüè	掠取(약취): 훔쳐서 빼돌려 가지거나 약탈하여 가짐. 掠治(약치): 죄인의 볼기를 치며 신문하던 일 掠奪(약탈): 폭력을 써서 남의 것을 억지로 빼앗음 劫掠(겁략) 攻掠(공략) 擄掠(노략) 殺掠(살략) 侵掠(침략)
中 5급II 0760	艮 01 총07획	良	어질 good; gentle; kindhearted	량	良 liáng	良民(양민) 良書(양서) 良善(양선) 良俗(양속) 良識(양식) 良心(양심) 良質(양질) 良妻(양처) 良好(양호) 善良(선량) 良禽擇木(양금택목) 良藥苦口(양약고구) 美風良俗(미풍양속)
中 4급II 0761	入 06 총08획	兩	두 both	량ː	両/两 liǎng	兩國(양국) 兩極(양극) 兩難(양난) 兩端(양단) 兩得(양득) 兩面(양면) 兩班(양반) 兩性(양성) 兩側(양측) 兩親(양친) 兩棲類(양서류) 兩手兼將(양수겸장): 장기에서, 한꺼번에 장을 부름
1급 0762	亻人08 총10획	倆	재주 skill; talent	량	俩 liǎ liǎng	技(伎)倆(기량): 기술적인 재간이나 솜씨 • 마음껏 ~을 발휘하다.
2급 0763	車 08 총15획	輛	수레 vehicles; cars; cart	량ː	辆 liàng	車輛(차량): ① 기차의 한 칸 ② 여러 가지 수레의 총칭(總稱) 車輛稅(차량세): 지방세의 하나. 각종 차량에 대하여 그 소유자에게 매기었음 → 자동차세(自動車稅)
2급(名) 0764	亠 07 총09획	亮	밝을 bright	량	亮 liàng	淸亮(청량): 소리가 맑고 깨끗함 諸葛亮(제갈량): (181~234) 중국 삼국시대 촉한(蜀漢)의 정치가 자는 공명(孔明). 유비를 도와 오(吳)나라와 연합하여 조조(曹操)의 위(魏)나라 군사를 대파하고 파촉(巴蜀)을 얻어 촉한을 세웠다.
中 3급II 0765	氵水08 총11획	涼	서늘할 cool	량	凉 liáng liàng	涼材(양재): 찬 성질(性質)이 있는 약재(藥材). 몸의 열(熱)을 내리게 함 涼快 涼天(양천): 서늘한 일기 秋涼(추량): 가을의 서늘한 기운(氣運) 淸涼劑(청량제): 복용하면 기분이 상쾌해지는 약. 涼快 [liáng·kuai]

급수	부수/획수	한자	훈음	음	간체/병음	용례
高3급 0766	言 08 총15획	諒	살펴알/ 믿을 deliberate/ trust	량	谅 liàng	諒知(양지): 살펴 앎 諒解(양해): 사정을 헤아려 너그러이 받아들임 諒會(양회): 사정이나 형편을 자세히 살피어 훤히 앎 原諒(원량) 惠諒(혜량) 深諒處之(심량처지): 사정 따위를 깊이 헤아려 처리함
高3급Ⅱ 0767	木 07 총11획	梁	들보 beam 성씨(姓氏)	량	梁 liáng	梁木(양목): 들보, 현인(賢人)을 비유 橋梁(교량): 다리 棟梁(동량): 마룻대와 들보 梁山市(양산시): 경상남도 脊梁骨(척량골): 등골뼈 梁上君子(양상군자): 들보 위의 군자, 도둑을 완곡하게 이르는 말
2급(名) 0768	木 11 총15획	樑	들보 girder; crossbeam; ridgepole	량	梁 liáng	上樑(상량): ① 기둥에 보를 얹고 그 위에 마룻대를 올림 ② 마룻대 退樑(퇴량) 上樑文(상량문): 상량식 때에 읽는 상량을 축복하는 글 泰山樑木(태산양목): 태산이나 지붕을 받치는 대들보처럼 의지가 되는 것
1급 0769	米 07 총13획	粱	기장 millet	량	粱 liáng	高粱(고량): 수수 高粱酒(고량주): 수수를 원료로 빚은 중국식 증류주 玉高粱(옥고량): 옥수수 青粱米(청량미): 생동쌀 黃粱一炊夢 (황량일취몽): 조밥이 채 익지 않은 짧은 동안. 부귀와 공명의 덧없음
中5급 0770	里 05 총12획	量	헤아릴 measure	량	量 liáng	量産(양산): 대량생산 計量(계량) 度量(도량) 少量(소량) 力量(역량) 容量(용량) 度量衡(도량형): 자와 되와 저울의 총칭 量體裁衣(양체재의): 몸에 맞춰 옷을 만든다. 칭체재의(稱體裁衣)
高4급 0771	米 12 총18획	糧	양식 food	량	粮 liáng	糧食(양식): 살림살이에 드는 식량, 지식·물질·사상 등의 원천이 되는 것 糧穀(양곡) 食糧(식량) 絶糧(절량) 軍糧米(군량미): 군수미(軍需米) 老少異糧(노소이량): 늙은이와 젊은이의 식사(食事)가 다름
2급(名) 0772	口 04 총07획	呂	성(姓)/ 법칙/ 음률 rhythm	려	呂 lǚ	律呂(율려): 음악이나 음성의 가락 呂翁枕(여옹침): 인생의 덧없음과 영화의 헛됨을 비유 呂氏春秋(여씨춘추): 중국 진(秦)나라의 재상인 여불위(呂不韋)가 기원전 239년 주도하여 편집한 사론서(史論書)
1급 0773	亻人07 총09획	侶	짝 partner; Buddhist monk	려	侶 lǚ	群侶(군려): 많은 동료 僧侶(승려) 法侶(법려) 禪侶(선려) 淨侶(정려): 청정 결백한 승려 學侶(학려): 같은 학문을 하는 벗 伴侶(반려): 짝이 되는 동무 伴侶者(반려자): 짝이 되는 사람
1급 0774	門 07 총15획	閭	마을 village	려	闾 lú	閭閻(여염): 백성의 살림집이 많이 모여 있는 곳 閭巷(여항)☞ 여염(閭閻) 比閭(비려): 마을. 동네 倚閭之望(의려지망): 자녀가 돌아오기를 기다리는 어머니의 마음
1급 0775	戶 04 총08획	戾	어그러질 be [go] against	려	戾/戾 lì	戾道(여도): 돌아가는 길 返戾(반려): 결재하지 않고 되돌려 보내는 것 狼戾(낭려): 이리처럼 욕심이 많고 도리에 어긋남이 있다 3급 淚 (눈물 누(루), 물이 빠르게 흐르는 모양 려)
中5급Ⅱ 0776	方 06 총10획	旅	나그네 traveler/ brigade	려	旅 lǚ	旅客(여객) 旅館(여관) 旅券(여권) 旅體(여체) 旅行(여행) 旅進旅退(여진여퇴): 주견(主見) 없이 남이 하는 대로 덩달아 행동함 行旅病者(행려병자)/ 軍旅(군려) 旅團(여단) 旅團長(여단장)
1급 0777	黍 03 총15획	黎	검을 black; dark	려	黎 lí	黎明(여명): ① 희미하게 날이 밝을 무렵. 갓밝이 ② 희망의 빛 黎民(여민): 백성(에스러운 말씨), 검수(黔首): 일반 백성 愛育黎首(애육여수): 백성을 친자식처럼 아껴 기르면 千字文 15/125
高4급 0778	心 11 총15획	慮	생각할 consider	려	虑 lù	考慮(고려) 無慮(무려) 配慮(배려) 思慮(사려) 熟慮(숙려) 念慮(염려) 憂慮(우려) 朝不慮夕(조불려석): 아침에 저녁 일을 헤아리지 못함 千慮一得(천려일득): 천 번을 생각하여 하나를 얻는다.
1급 0779	氵水15 총18획	濾	거를 filtration	려	滤 lù	濾過(여과): 거르기. 액체 속의 침전물을 걸러 냄. 부정적인 요소를 걸러 냄 濾過器(여과기) 濾過池(여과지): 물을 여과하기 위해서 바닥에 모래를 깔아 놓은 못 濾過紙(여과지): 거름종이 濾水路(여수로)
2급(名) 0780	广 16 총19획	廬	농막(農幕)/ 오두막집 hut; cabin	려	庐 lú	廬落(여락): 민가가 모여 있음 屋廬(옥려): 살림집 草廬(초려) 三顧草廬(삼고초려): 인재를 맞아들이기 위하여 참을성 있게 노력함. 촉한의 유비가 은거하고 있던 제갈량의 초옥(草屋)으로 세 번이나 찾아감

급수	부수/획수	한자	훈	음	중국어	용례
高 3급II 0781	力 15 총17획	勵	힘쓸 encourage	려:	励/励 lì	勵節(여절) 勵操(여조) 勵振(여진) 勵行(여행) 激勵(격려) 匡勵(광려) 勸勵(권려) 督勵(독려) 勉勵(면려) 獎勵(장려) 精勵(정려) 激勵辭(격려사) 獎勵賞(장려상) 刻苦精勵(각고정려)
2급(名) 0782	石 15 총20획	礪	숫돌 whetstone; grindstone	려:	砺/砺 lì	礪山(여산): 전북 익산 지역의 옛 지명 礪山面(여산면): 익산시 礪石(여석) 磨礪(마려) 河山帶礪(하산대려): 황하(黃河)가 허리띠같이 태산(泰山)이 숫돌만큼 작아져도 변하지 않겠다.
高 4급II 0783	鹿 08 총19획	麗	고울 beauty; splendor	려	丽 lì	麗句(여구) 麗姬(여희) 高麗(고려) 秀麗(수려) 壯麗(장려) 華麗(화려) 麗水市(여수시) 高句麗(고구려) 高麗葬(고려장) 美辭麗句(미사여구) 山明水麗(산명수려) 山紫水麗(산자수려)
2급(名) 0784	馬 19 총29획	驪	검은말 all-black horse	려	骊 lí	驪駒(여구): 가라(加羅)말 驪興(여흥): 경기도 여주(驪州)의 옛 지명 驪州市(여주시) 驪鳴犬吠(여명견폐): 가라말이 울고 개가 짖는다. 들을 가치가 없는 이야기나 보잘것없는 문장(文章)을 이르는 말
中 7급II 0785	力 00 총02획	力	힘 power; strength	력	力 lì	力量(역량) 力戰(역전) 力鬪(역투) 力投(역투) 強力(강력) 權力(권력) 能力(능력) 勢力(세력) 力拔山氣蓋世(역발산기개세): 힘은 산을 빼어 던질 만큼 매우 세고 기력은 세상을 덮을 정도로 웅대함
高 3급II 0786	日 12 총16획	曆	책력 almanac; calendar	력	曆/历 lì	曆法(역법) 曆書(역서) 曆學(역학) 西曆(서력): 西曆紀元. 西紀 陽曆(양력) 陰曆(음력) 冊曆(책력) 編曆(편력) 還曆(환력) 萬歲曆(만세력) 天之曆數(천지역수): 천명을 받아 제위를 잇는 순서
中 5급II 0787	止 12 총16획	歷	지날 history	력	歷/历 lì	歷代(역대) 歷訪(역방): 여러 곳을 차례로 방문함. 역문(歷問) 歷史(역사) 歷任(역임) 歷程(역정) 經歷(경력) 來歷(내력) 病歷(병력) 前歷(전력) 履歷書(이력서) 歷歷可知(역력가지)
1급 0788	氵水16 총19획	瀝	스밀 soak; asphalt	력	沥 lì	瀝青(역청): 천연 아스팔트·콜타르·석유 아스팔트·피치(pitch) 따위 瀝青巖(역청암) 瀝青炭(역청탄) 餘瀝(여력): 먹고 남은 음식 竹瀝(죽력) 吐肝瀝膽(토간역담): 품은 바를 숨김없이 드러내 보임
1급 0789	石 15 총20획	礫	조약돌 gravel stone	력	砾 lì	礫塊(역괴): 자갈과 흙덩이. 아무 가치도 없는 물건 沙(砂)礫(사력): 자갈 瓦礫(와력): 깨진 기와 조각 角礫巖(각력암): 모가 난 자갈이 들어 있는 역암의 일군
中 4급II 0790	辶辵07 총11획	連	이을 connect; sequence	련	连 lián	連結(연결) 連繫(연계) 連動(연동) 連絡(연락) 連累(연루) 連續(연속) 連鎖(연쇄) 連勝(연승) 連霸(연패): 연속 패권을 잡음 連敗(연패): 잇따라 패함 連理枝(연리지): 맞닿아서 결이 통한 나무
2급(名) 0791	氵水11 총14획	漣	잔물결 ripples; wavelets	련	涟 lián	漣然(연연): 눈물 흘리는 모양 漣波(연파): 잔물결 漣州(연주): 연천의 옛 이름 漣川郡(연천군): 경기도 북부 細漣(세련): 잔잔한 파도 淸漣(청련): 맑고 잔잔함
高 3급II 0792	++艸11 총15획	蓮	연꽃 lotus flower	련	莲 lián	蓮根(연근) 木蓮(목련) 心蓮(심련): 심장(心臟)의 다른 이름 蓮花世界(연화세계): 극락세계 泥中之蓮(이중지련): 진흙 속의 연꽃 一蓮托生(일련탁생): 죽은 뒤에도 함께 극락에서 같은 연꽃 위에 왕생함
1급 0793	車 08 총15획	輦	가마 sedan chair; palanquin	련:	辇 niǎn	輦輿(연여): 천자(天子)가 타는 수레 輦路(연로): 임금이 거둥하는 길 京輦(경련): 서울 玉輦(옥련): '연(輦)'을 높여 이르던 말 高冠陪輦(고관배련): 높은 관을 쓴 관리들이 임금의 수레를 모신다.
2급 0794	火 09 총13획	煉	달굴 heat; make hot	련:	炼 liàn	煉禱(연도): ☞ 慰靈祈禱 煉藥(연약): 고아서 만든 약 煉瓦(연와) 煉乳(연유): 달여서 진하게 만든 우유 煉鐵(연철): 단련할 수 있는 철 煉炭(연탄): 석탄을 굽혀 만든 연료 煉白粉(연백분): 크림 모양의 분
中 5급II 0795	糸 09 총15획	練	익힐 practice; exercise	련:	练 liàn	練習(연습) 練祥(연상): 소상(小祥), 일주기 練修(연수): 인격, 기술, 학문을 몸과 마음을 닦아서 익힘 未練(미련): 끌리는 데가 남아 있는 마음 洗練(세련) 熟練(숙련) 精練(정련) 練兵場(연병장) 練習帳(연습장)

급수	부수/획수	한자	훈	음	간체/병음	용례
高 3급II 0796	金 09 총17획	鍊	쇠 불릴/단련할 refine/training	련ː	炼 liàn	鍊鍛(연단) 鍛鍊(단련) 修鍊(수련) 精鍊(정련) 製鍊(제련) 操鍊(조련) 訓鍊(練)(훈련) 鍊武臺(연무대) 調鍊師(조련사) 修鍊醫(수련의): 전문의 자격을 얻기 위한 인턴과 레지던트. 전공의
高 3급 0797	忄心12 총15획	憐	불쌍히여길 pity	련	怜 lián	憐憫(憫)(연민): ① 가엾어 함 ② 불쌍히 여김 可憐(가련) 哀憐(애련) 同病相憐(동병상련): 어려운 처지에 있는 사람끼리 서로 동정하고 도움 乞人憐天(걸인연천): 불행한 처지에 사람이 부질없이 행복한 사람을 동정함
高 3급II 0798	耳 11 총17획	聯	연이을 associate	련	联 lián	聯關(연관) 聯句(연구) 聯盟(연맹) 聯邦(연방) 聯臂(연비) 聯想(연상) 聯政(연정) 關聯(관련) 對聯(대련): 대구(對句) 聯邦制(연방제) 聯合軍(연합군) 國際聯合(국제연합): UN
高 3급II 0799	心 19 총23획	戀	그리워할/그릴 love	련ː	恋/恋 liàn	戀歌(연가) 戀結(연결) 戀慕(연모) 戀書(연서) 戀愛(연애) 戀人(연인) 戀敵(연적) 戀情(연정) 悲戀(비련) 思戀(사련) 邪戀(사련) 失戀(실연) 戀戀不忘(연연불망): 그리워서 잊지 못함
高 3급 0800	力 04 총06획	劣	못할 inferior	렬	劣 liè	劣等(열등) 劣勢(열세) 劣性(열성) 劣惡(열악) 劣位(열위) 劣敗(열패) 劣品(열품) 劣後(열후) 卑劣(비열) 優劣(우열) 劣等感(열등감): 용모・능력 등에서 남보다 못하다는 느낌
中 4급II 0801	刀 04 총06획	列	벌일(릴) arrange	렬	列 liè	列強(열강) 列舉(열거) 列國(열국): 열방(列邦) 列島(열도) 列眉(열미): 명백함의 비유 列外(열외) 列傳(열전) 列車(열차) 列次(열차) 列侯(열후) 系列(계열) 隊列(대열) 行列(항렬/행렬)
中 4급 0802	灬火06 총10획	烈	매울 violent; furious	렬	烈 liè	烈女(열녀) 烈士(열사) 烈日(열일) 激烈(격렬) 猛烈(맹렬) 烈風(열풍): 사납고 거세게 부는 바람. 매우 세차게 일어나는 기운이나 기세 烈不二更(열불이경): 열녀는 정절을 지켜 두 남편을 고쳐 섬기지 않는다.
高 3급II 0803	衣 06 총12획	裂	찢어질 tear; disunion	렬	裂 liè	裂開(열개) 裂谷(열곡) 裂麻(열마) 裂傷(열상) 裂片(열편) 決裂(결렬) 潰裂(궤열) 龜裂(균열) 滅裂(멸렬) 分裂(분열) 炸裂(작렬) 破裂(파열) 橫裂(횡렬) 四分五裂(사분오열)
高 3급 0804	广 10 총13획	廉	청렴할 integrity; thin	렴	廉/廉 lián	廉價(염가) 廉介(염개) 廉儉(염검) 廉潔(염결) 廉問(염문) 廉察(염찰) 廉恥(염치): 체면을 차릴 줄 알며 부끄러움을 아는 마음 廉探(염탐) 淸廉(청렴) 按廉使(안렴사) 淸廉潔白(청렴결백)
2급(名) 0805	氵水13 총16획	濂	물 이름	렴	濂 lián	濂洛(염락): 송(宋) 성리학자인 주돈이(周敦頤)와 정호(程顥)・정이(程頤)를 대표, 이들이 살던 염계(濂溪)와 낙양(洛陽)인 데서 유래함. 濂洛六君子 周濂溪集(주렴계집): 주돈이의 문집 濂湖里(염호리): 경남 통영시
1급 0806	竹 13 총19획	簾	발 bamboo blind	렴	帘 lián	垂簾(수렴): 발을 드리움 珠簾(주렴): 구슬을 꿰어 만든 발 撒簾(철렴) 簾前親試(염전친시): 과거를 보일 때, 임금이 직접 보이는 친시(親試) 飛簾及第(비렴급제): 대번에 大科에 급제 垂簾聽政(수렴청정)
1급 0807	歹 13 총17획	殮	염(殮)할 dressing the deceased;	렴ː	殓 liàn	殮具(염구) 殮葬(염장): 시체를 염습(殮襲)하여 장사 지냄 殮襲(염습): 죽은 사람의 몸을 씻은 뒤에 수의를 입히고 염포로 묶는 일 殮匠(염장) 殮布(염포) 殮昏(염혼)☞ 황혼(黃昏) 小殮(소렴)
1급 0808	攵攴13 총17획	斂	거둘 gather	렴ː	敛 liǎn	收斂(수렴): 거두어들임 後斂(후렴): 끝에 붙어, 반복해 부르는 짧은 가사 苛斂誅求(가렴주구): 세금을 혹독하게 거두고, 재물을 강제로 빼앗음 斂膝端坐(염슬단좌): 무릎을 모으고 옷자락을 바로 하여 단정히 앉음
高 3급 0809	犭犬15 총18획	獵	사냥 hunting; shooting	렵	猎/猎 liè	獵奇(엽기): 비정상적이고 괴이한 일이나 사물에 흥미를 느끼고 찾아다님 獵期(엽기) 獵師(엽사) 獵色(엽색) 獵酒(엽주) 獵銃(엽총) 禁獵(금렵) 密獵(밀렵) 涉獵(섭렵) 狩獵(수렵) 田獵(전렵)
中 5급 0810	人 03 총05획	令	하여금 let; order	령(ː)	令 lìng	假令(가령)/ 令郞(영랑) 令愛(영애): 윗사람의 딸에 대한 높임말. 영교(令嬌), 영양(令孃) 令夫人(영부인): 영실(令室) / 命令(명령) 法令(법령) 傳令(전령) 司令塔(사령탑) 拘束令狀(구속영장)

급수	부수/획수	한자	훈음	음	간체/병음	용례
1급 0811	囗 05 총08획	圄	옥(獄) prison	령	圄 líng	囹圄(영어): 죄수(罪囚)를 가두는 곳. 감옥(監獄) 倉廩實而囹圄空(창름실이영어공): 백성의 생계가 풍족하게 되며 자연히 죄를 저지르는 자도 없게 되므로, 따라서 감옥은 텅 비게 된다.
2급(名) 0812	玉 05 총09획	玲	옥소리 clear and bright sound	령	玲 líng	玲瓏(영롱): ① 광채가 찬란함 ② 금옥(金玉)이 울리는 소리가 맑고 산뜻함 五色玲瓏(오색영롱): 여러 가지 빛깔이 한데 섞여 찬란함 八面玲瓏(팔면영롱): 어느 면으로 보아도 아름답게 빛나고 맑음
高 3급 0813	雨 05 총13획	零	떨어질/ 영[數字] drop/ zero	령	零 líng	零細(영세): ① 작고 가늘어 변변하지 못함 ② 살림이 보잘것없고 몹시 가난함 零落(영락) 零墨(영묵) 零上(영상) 零點(영점) 零丁(영정) 零下(영하): 온도계의 0℃ 이하 ↔ 영상(零上) 零細民(영세민)
1급 0814	金 05 총13획	鈴	방울 bell	령	铃 líng	鈴聲(영성): 방울 소리 巫鈴(무령): 무당이 손에 들고 흔드는 방울 金鈴傳(금령전): 조선 후기의 영웅 소설 猫項懸鈴(묘항현령) 掩耳盜鈴(엄이도령) 耳懸鈴鼻懸鈴(이현령비현령)
中 5급 0815	頁 05 총14획	領	거느릴/ 옷깃 command; territory	령	领 lǐng	領空(영공) 領水(영수) 領域(영역) 領主(영주) 領土(영토) 領海(영해) 綱領(강령) 受領(수령) 要領(요령) 領收證(영수증) 領導(영도) 首領(수령) 大統領(대통령) 領袖會談(영수회담)
高 3급II 0816	山 14 총17획	嶺	고개 ridge	령	岭 lǐng	嶺南(영남)鳥嶺 竹嶺 梨花嶺 嶺西(영서): 강원 대관령 서쪽지역 嶺東(영동): 강원도 동쪽지역 관동(關東). 大關嶺, 陳富嶺, 彌矢嶺, 寒溪嶺 分水嶺(분수령) 高峯峻嶺(고봉준령) 泰山峻嶺(태산준령)
1급 0817	齒 05 총20획	齡	나이 age	령	齡/龄 líng	高齡(고령) 老齡(노령) 妙齡(묘령) 芳齡(방령) 年齡(연령) 學齡(학령) 鶴齡(학령) 高齡化(고령화) 學齡期(학령기) 犬馬之齡(견마지령): 개나 말이 하는 일없이 나이만 더하듯
1급 0818	辶辵07 총11획	逞	쾌할/ 굳셀 willful	령	逞 chěng	逞兵(영병): 뛰어나게 강한 병사 逞銳(영예): 날카로운 기세를 드러냄 狂逞(광령): 미친 듯이 마구 날뜀 不逞之徒(불령지도): 나라에 대하여 불만이나 불평을 품고 제 마음대로 행동하는 무리. 不逞分子
高 3급II 0819	雨 16 총24획	靈	신령 soul; ghost; divine spirit	령	霊/灵 líng	靈駕(영가) 靈感(영감) 靈山(영산) 靈眼(영안) 靈藥(영약) 靈魂(영혼) 神靈(신령) 心靈(심령) 惡靈(악령) 精靈(정령) 幽靈(유령) 魂靈(혼령) 靈安室(영안실) 靈長類(영장류)
中 6급 0820	亻人06 총08획	例	법식 example; rules and forms	례	例 lì	例規(예규) 例年(예년) 例文(예문) 例事(예사) 例示(예시) 例外(예외) 例題(예제) 慣例(관례) 規例(규례) 範例(범례) 法例(법례) 事例(사례) 類例(유례) 前例(전례) 條例(조례)
高 3급 0821	隶 08 총16획	隷	종 servant	례	隶 lì	隷書(예서): 전서(篆書)의 번잡함을 생략해서 만든 서체 草隷(초례): 초서(草書)와 예서(隷書) 隷屬(예속): 딸려서 매임 奴隷(노예) 僕隷(복례): 시중꾼 輿隷(여례): 수레를 모는 하인
中 6급 0822	示 13 총18획	禮	예도(禮度) etiquette; courtesy	례	礼/礼 lǐ	禮記(예기) 禮度(예도) 禮物(예물) 禮訪(예방) 禮拜(예배) 禮式(예식) 禮遇(예우) 禮節(예절) 禮讚(예찬) 禮儀(예의) 禮義廉恥(예의염치): 예절·의리·청렴·부끄러움을 아는 태도. 사유(四維)
2급(名) 0823	酉 13 총20획	醴	단술[甘酒] sweet drink	례	醴 lǐ	醴泉(예천): 중국에서 태평한 때에 단물이 솟는다고 하는 샘 甘醴(감례): 단술 醴泉郡(예천군): 경상북도 醴酒不設(예주불설): 스승을 대접하는 예의가 차차 없어짐
中 7급 0824	老 00 총06획	老	늙을 old	로	老 lǎo	老軀(노구) 老年(노년) 老鍊(노련) 老妄(노망) 老母(노모) 老少(노소) 老熟(노숙) 老眼(노안) 老人(노인) 老子(노자) 老後(노후) 老益壯(노익장): 늙었지만 의욕이나 기력은 점점 좋아짐
中 5급II 0825	力 10 총12획	勞	일할 labor	로	劳/劳 láo	勞苦(노고) 勞困(노곤) 勞動(노동) 勞務(노무) 勞使(노사) 勞役(노역) 勞賃(노임) 勞組(노조) 勤勞(근로) 功勞(공로) 勞心焦思(노심초사) 勞而無功(노이무공): 애쓴 보람이 없음

급수	부수/획수	한자	훈음	음	간체/병음	용례
1급 0826	扌手12 총15획	撈	건질 fishing; fishery	로	捞 lāo	撈網(노망): 반두(두 사람이 맞잡고 물고기를 몰아 잡도록 만든 그물) 撈採(노채): 물속으로 들어가 채취함 漁撈(어로): 수산물을 잡거나 채취함 漁撈期(어로기): 고기잡이하기에 알맞은 시기 漁撈船(어로선)
中 6급 0827	足 06 총13획	路	길 way; road; street	로	路 lù	路肩(노견): 갓길 路面(노면) 路上(노상) 路線(노선) 路程(노정) 路祭(노제) 經路(경로) 道路(도로) 路柳墻花(노류장화) 路(道)不拾遺(노불습유): 나라가 잘 다스려져 모든 백성이 매우 정직한 모양
中 3급Ⅱ 0828	雨 13 총21획	露	이슬 dew 드러날 exposure/ Russia(러시아)	로(:)	露 lù lòu	露酒(노주) 白露(백로) 寒露(한로)/ 露檄(노격): 봉하지 않은 글 露骨(노골) 露禱(노도) 露宿(노숙) 露店(노점) 露呈(노정) 露地(노지) 露天(노천) 露出(노출) 暴露(폭로)/露西亞(노서아)
2급(名) 0829	鳥 13 총24획	鷺	백로/ 해오라기 white heron	로	鹭 lù	白鷺(백로): 왜가릿과의 새를 통틀어 이르는 말 紫鷺(자로): 붉은 왜가리 蒼鷺(창로): 해오라기 鷺梁津(노량진): 서울특별시 동작구 '백로가 노닐던 나루터'
1급 0830	虍 07 총13획	虜	사로잡을 captive	로	虏 lǔ	虜艦(노함): 적의 군함 虜獲(노획): 적을 사로잡거나 목을 베는 것 捕虜(포로): 전투에서 적에게 사로잡힌 병사 破虜湖(파로호): 강원도 화천군, 한국전쟁 중 중국 공산군을 깨뜨리고 사로잡아 명명한 호수
1급 0831	扌手12 총15획	擄	노략질할 rob; pillage	로	掳 lǔ	擄掠(노략): 떼로 돌아다니며 사람을 해치거나 재물을 강제로 빼앗음 斬擄(참로): 전투 과정에서 적병의 목을 베고 사로잡음 侵擄(침노): 남의 나라에 불법으로 쳐들어감 被擄(피로): 노략질을 당함
2급(名) 0832	皿 11 총16획	盧	성(姓) surname	로	卢 lú	盧泰愚(노태우): 13대 대통령 재임(1988~1993) 盧武鉉(노무현): 16대 대통령 재임(2003~2008) 盧生之夢(노생지몽): 노생의 꿈, 한바탕 꿈 盧弓盧矢(노궁노시): 천자가 검은 활과 화살을 하사, 정벌의 권한을 상징
2급(名) 0833	⺾艸16 총20획	蘆	갈대 reed	로	芦 lú, lǔ	蘆管(노관): 노적(蘆笛: 갈대 잎을 말아서 만든 피리) 蘆嶺驛(노령역): 호남선 전북 정읍시 입암면 蘆原區(노원구): 서울시 政如蒲蘆(정여포로): 정치는 부들과 갈대가 빨리 자라듯이 효력이 빨리 나타남
高 3급Ⅱ 0834	火 16 총20획	爐	화로 fireplace	로	炉/炉 lú	高爐(고로) 煖爐(난로) 冶爐(야로): 풀무(풍구) 香爐(향로) 火爐(화로) 輕水爐(경수로) 鎔鑛爐(용광로) 鎔解爐(용해로) 原子爐(원자로) 爐邊情談(노변정담) 夏爐冬扇(하로동선)
2급(名) 0835	魚 04 총15획	魯	노나라/ 노둔할 stupidity	로	鲁 lǔ	魯(로): 周나라의 제후국(BC1043~BC249) 魯莽(노망): 거칠고 서투르다. 去魯歌(거로가): 공자(孔子)가 조국인 노나라를 떠나면서 지은 노래 魯陽之戈(노양지과): 楚나라 魯陽公이 창으로 해를 멈추게 한 일. 위세가 대단함
高 3급 0836	鹿 00 총11획	鹿	사슴 deer	록	鹿 lù	鹿角(녹각) 鹿骨(녹골) 鹿茸(녹용): 사슴의 새로 돋은 연한 뿔 鹿砦(녹채) 鹿野苑(녹야원) 白鹿潭(백록담) 小鹿島(소록도) 鹿死誰手(녹사수수): 사슴이 누구의 손에 죽는지를 알 수 없다, 승패를 가리지 못함
1급 0837	鹿 08 총19획	麓	산기슭 foot of a mountain	록	麓 lù	短麓(단록): 길지 않은 산기슭 林麓(임록): 평지의 숲과 산기슭의 숲 殘山短麓(잔산단록): 작고 나지막한 산들 특외 轆轤(녹로): 오지그릇을 만드는 데 쓰는 물레. 돌림판 특외 轆(도르래 록) 轤(도르래 로)
1급 0838	石 08 총13획	碌	푸른 돌 stony; ordinary	록	碌 lù liù	碌碌(녹록): ① 평범하고 보잘것없다 ② 만만하고 상대하기 쉽다 阿碌碌(아록록): 이것저것 많기는 하나 쓸 만한 것이 없음 碌磻洞(녹번동) 碌碌无能[lùlùwúnéng]: 극히 평범하고 아무 능력도 없음
高 3급Ⅱ 0839	示 08 총13획	祿	녹 salary; wage	록	禄 lù	祿俸(녹봉): 관원에게 일 년 또는 계절 단위로 나누어 주던 금품 祿地(녹지) 家祿(가록) 貫祿(관록) 國祿(국록) 大祿(대록) 微祿(미록) 俸祿(봉록) 封祿(봉록) 食祿(식록) 爵祿(작록)
中 6급 0840	糸 08 총14획	綠	푸를 green; rust	록	绿 lǜ lù	綠豆(녹두) 綠林(녹림) 綠末(녹말) 綠色(녹색) 綠營(녹영) 綠陰(녹음) 綠地(녹지) 綠茶(녹차) 綠靑(녹청) 草綠(초록) 綠林豪傑(녹림호걸): 화적(火賊)이나 도둑 綠衣紅裳(녹의홍상)

급수	부수/획수	한자	훈/뜻	음	간체/병음	용례
高 4급II 0841	金 08 총16획	錄	기록할 record	록	录 lù	錄囚(녹수): 죄수에 대하여 그 죄상과 처결 상황 따위를 살피던 일 錄音(녹음) 錄牒(녹첩) 錄取(녹취) 錄畫(녹화) 記錄(기록) 圖錄(도록) 登錄(등록) 附錄(부록) 收錄(수록) 語錄(어록)
中 4급II 0842	言 08 총15획	論	논할 argue; discuss	론	论 lùn/lún	論據(논거) 論告(논고) 論考(논고) 論難(논란) 論理(논리) 論文(논문) 論述(논술) 論語(논어) 論議(논의) 論爭(논쟁) 論評(논평) 論功行賞(논공행상): 공적에 따라 상을 주는 일
高 3급II 0843	廾 04 총07획	弄	희롱할 ridicule; taunt	롱:	弄 nòng	弄奸(농간) 弄權(농권) 弄談(농담) 弄璋(농장) 弄調(농조) 弄壎(농훈) 愚弄(우롱) 才弄(재롱) 嘲弄(조롱) 戲弄(희롱) 弄假成眞(농가성진) 弄瓦之慶(농와지경) 弄璋之慶(농장지경)
1급 0844	土 16 총19획	壟	밭두둑 ridge	롱:	垄 lǒng	壟斷(농단): 깎아 세운 듯이 높이 솟은 언덕. 이익이나 권리를 독차지함. 國政壟斷 壟畔(농반): 밭의 경계. 밭두둑 丘壟(구롱) 土壟(토롱): 토분(土墳) 壟斷之術(농단지술): 이익을 혼자 차지하는 재주
1급 0845	王玉 16 총20획	瓏	옥소리 clear and bright sound	롱	珑 lóng	瓏瓏(농롱): 옥 따위가 부딪쳐서 나는 소리가 매우 맑다. 빛이 매우 찬란하다. 玲瓏(영롱): ① 광채가 찬란함 ② 금옥이 울리는 소리가 맑고 산뜻함 五色玲瓏(오색영롱) 八面玲瓏(팔면영롱)
2급 0846	竹 16 총22획	籠	대바구니 bamboo basket	롱(:)	笼 lóng/lǒng	籠球(농구): 바스켓볼 籠絡(농락): 남을 속여 놀리거나 이용함 籠城(농성): ① 성문을 굳게 닫고 성을 지킴 ② 줄곧 한자리를 떠나지 않고 시위함 籠鳥戀雲(농조연운): 새장에 갇힌 새가 구름을 그리워한다. 자유를 그리워함
1급 0847	耳 16 총22획	聾	귀먹을 deaf	롱	聋 lóng	聾昧(농매): 사리에 어두움 聾啞(농아): 듣지 못하고 말하지 못하는 사람 聾暗(농암) 聾巖集(농암집): 이현보 시문집 治聾酒(치롱주) 借聽於聾(차청어롱): 소경에게 다른 사람이 네게 뭐라고 하더냐고 묻는다.
1급 0848	牛 03 총07획	牢	우리[畜舍] cage	뢰	牢 láo	牢約(뇌약): 굳게 약속함 牢獄(뇌옥): 죄인을 가두는 옥 堅牢(견뢰): 단단하여 쉽게 부서지지 않음 周牢(주뢰): '주리'의 본딧말 亡羊補牢(망양보뢰) 亡牛補牢(망우보뢰): 소 잃고 외양간 고친다.
高 3급II 0849	雨 05 총13획	雷	우레 thunder	뢰	雷 léi	雷管(뇌관) 雷同(뇌동) 雷聲(뇌성) 機雷(기뢰) 水雷(수뢰) 地雷(지뢰) 角式機雷(각식기뢰) 機械水雷(기계수뢰) 雷勵風飛(뇌려풍비): ① 벼락같이 날쌔고 빠름 ② 명령이 엄함
1급 0850	貝 06 총13획	賂	뇌물 bribe	뢰	赂 lù	賂物(뇌물): 남에게 몰래 주는 정당하지 못한 돈이나 물건 賂物罪(뇌물죄): 뇌물을 주고받거나 알선하고 전달함으로써 성립하는 범죄 背任受賂(배임수뢰): 주어진 임무를 저버리고 뇌물을 받음
1급 0851	石 10 총15획	磊	돌무더기 pile of stones	뢰	磊 lěi	磊落(뇌락): 작은 일에 거리낌 없음 磊竹里(뇌죽리): 전남 곡성군 落落磊磊(낙락뇌뢰): 돌이 반듯하게 포개져 쌓여 있는 모양 豪放磊落(호방뇌락): 기개(氣槪)가 장하고 도량(度量)이 넓고 큼
高 3급II 0852	貝 09 총16획	賴	의뢰할 request; trust	뢰:	賴/赖 lài	依賴(의뢰): ① 남에게 의지함 ② 남에게 부탁함 信賴(신뢰) 無賴漢(무뢰한): 일정한 직업이 없이 돌아다니며 불량한 짓을 하는 사람 賴及萬方(뇌급만방): 만방이 극히 넓으나 어진 덕이 고루 미치게 됨
1급 0853	亻人 15 총17획	儡	꼭두각시 puppet	뢰:	儡 lěi	儡身(뇌신): 실패하여 영락한 몸 傀儡(괴뢰): 꼭두각시 傀儡劇(괴뢰극): 인형극 傀儡師(괴뢰사): 꼭두각시를 놀리는 사람 傀儡面牽絲斷(괴뢰면견사단): 끈 떨어진 망석중이 傀儡軍(괴뢰군)
高 3급 0854	亅 01 총02획	了	마칠 finish; complete	료:	了 liǎo/le	了勘(요감): 끝을 막음 了結(요결) 了然(요연): 분명한 모양 了叉(요차): 공손히 손을 마주 잡음 了解(요해): 깨달아 알아냄 結了(결료) 滿了(만료) 修了(수료) 完了(완료) 終了(종료)
中 5급 0855	斗 06 총10획	料	헤아릴 estimate; expect; material	료(:)	料 liào	料金(요금) 料量(요량): 앞일을 잘 생각하여 헤아림 料理(요리) 稿料(고료) 給料(급료) 塗料(도료) 無料(무료) 有料(유료) 肥料(비료) 燃料(연료) 原料(원료) 資料(자료) 材料(재료)

급수	부수/획수	한자	훈/음	음	간체/병음	용례
1급 0856	耳 05 총11획	聊	애오라지 somewhat	료	聊 liáo	聊賴(요뢰): 남에게 의지하여 살아감 聊爾(요이): 구차한 모양 無聊(무료): 흥미 있는 일이 없어 심심하고 지루함 聊齋志異(요재지이): 청초(淸初) 포송령이 지은 괴이(怪異) 소설집
1급 0857	宀 11 총14획	寥	쓸쓸할 solitary; lonely	료 요	寥 liáo	寥闊(요활): 텅 비고 넓음 寂寥(적요): 적적하고 고요함 淸寥(청료): 맑고 고요함 閑寥(한료): 한가롭고 조용함 寥寥無聞(요요무문): 명성이 보잘것없어 남에게 알려지지 아니함
高 3급 0858	亻人12 총14획	僚	동료 colleague;	료	僚 liáo	僚堂(요당) 僚吏(요리) 僚屬(요속) 閣僚(각료) 官僚(관료) 群僚(군료) 黨僚(당료) 同僚(동료) 幕僚(막료) 陪僚(배료) 官僚主義(관료주의): 민의를 무시하고 권위를 내세우는 태도나 경향
1급 0859	宀 12 총15획	寮	동관(同官) colleague (작은)집	료	寮 liáo	寮舍(요사): 승려들이 거처하는 방이 있는 집 寮屬(요속) 寮元(요원): 선사(禪寺)의 소임. 소제·세탁·삭발·경전 등에 관한 일을 맡음 寮主(요주): 요원(寮元)을 보좌하는 사람 學寮(학료): 학교의 기숙사
1급 0860	火 12 총16획	燎	햇불 torchlight	료	燎 liáo	燎光(요광) 燎壇(요단) 燎所(요소) 燎瘞(요예): 축문을 불살라 묻는 일 특급 瘞(묻을 예) 燎原(요원) 燎火(요화) 燎原之火(요원지화): 타들어 가는 들판의 불길처럼 회복하기 어려운 상태 급외 尞(햇불 료)
2급(名) 0861	辶辵12 총16획	遼	멀 far; faraway	료	辽 liáo	遼: 916년에 거란족이 세운 나라 遼東(요동): 요령성 남동부 일대에 걸친 땅 遼河(요하) 遼寧省(요녕성): 중국 동북지방 성도는 선양(瀋陽) 遼廓(요확): 하늘. 허공 遼東豕(요동시): 어리석음을 비웃는 말
2급 0862	疒 12 총17획	療	병고칠 (medical) treatment	료	疗 liáo	療養(요양): 병의 치료와 몸조리를 하는 일 醫療(의료): 의술로 병을 고치는 일 診療(진료): 진찰하고 치료함 治療(치료): 다스려 낫게 함 割股療親(할고료친): 허벅지의 살을 잘라내어 부모를 치료한다. 孝行
1급 0863	目 12 총17획	瞭	밝을 plain; clearness	료	了 liǎo	瞭望(요망): 높은 곳에서 적의 동정을 살펴 바라봄 明瞭(명료): 분명하고 똑똑함 簡單明瞭(간단명료) 一目瞭然(일목요연): 한 번 보고도 분명히 안다.
高 4급 0864	龍 00 총16획	龍	용 dragon	룡	竜/龙 lóng	龍駕(용가) 龍車(용거) 龍紋(용문) 龍象(용상) 龍床(용상) 龍壽(용수) 龍山區(용산구) 龍仁市(용인시) 登龍門(등용문) 龍頭蛇尾(용두사미): 머리는 용이고 꼬리는 뱀, 처음은 왕성하나 끝이 흐지부지됨
1급 0865	阝阜06 총09획	陋	더러울 filthy; dirty	루:	陋 lòu	陋名(누명): 오명(汚名) 陋醜(누추): 더럽고 못났음 固陋(고루) 頑迷固陋(완미고루): 완고(頑固)하여 사물을 바로 판단하지 못함 陋巷簞瓢(누항단표): 가난한 사람의 생활형편
高 3급II 0866	糸 05 총11획	累	여러/ 자주 add/ often	루:	累 lèi lěi	累(누): 남의 잘못으로 말미암아 받게 되는 정신적인 괴로움이나 물질적인 손해 累加(누가) 累計(누계) 累德(누덕) 累積(누적) 累差(누차) 累回(누회) 連累(연루) 累卵之勢(누란지세) 累卵之危(누란지위)
高 3급 0867	氵水08 총11획	淚	눈물 tear	루:	淚/泪 lèi	淚管(누관): 눈물관 淚腺(누선): 눈물샘 淚痕(누흔): 눈물 자국 鬼淚(귀루): 거문고의 한 부분 이름 落淚(낙루): 눈물을 흘림 垂淚(수루): 눈물을 흘리는 것 催淚彈(최루탄) 孤臣冤淚(고신원루)
高 3급II 0868	氵水11 총14획	漏	샐 leak; leakage	루:	漏 lòu	漏落(누락): 기록에서 빠짐 漏泄(누설): 비밀이 밖으로 새어 나감 漏出(누출) 脫漏(탈루): 밖으로 빠져나가 샘 上漏下濕(상루하습): 허술하고 가난한 집을 비유 天機漏洩(천기누설): 중대한 기밀이 누설됨
高 3급 0869	尸 11 총14획	屢	여러 frequently	루:	屡/屢 lǚ	屢空(누공): 어려운 처지. 항상 가난하다. 屢屢(누누): 여러 번. 자꾸 屢次(누차): 여러 차례 屢回(누회) 屢典郡邑(누전군읍): 여러 고을의 수령을 지냄 屢見不鮮(누견불선): 자주 대하니 신선함이 없다.
高 3급II 0870	木 11 총15획	樓	다락 tower; upper story	루	楼/楼 lóu	樓閣(누각): 사방이 탁 트이게 높이 지은 다락집. 대각(臺閣) 樓臺(누대) 望樓(망루) 戍樓(수루) 慶會樓(경회루): 국보 224호 摩天樓(마천루) 登樓去梯(등루거제): 어려운 처지에 빠지게 함

급수	부수/획수	한자	훈음	음	간체/병음	용례
1급 0871	土 15 총18획	壘	보루 fort; camp	루	垒/垒 lěi	壘(루): 베이스 壘手(누수): 야구에서, 각 베이스를 지키는 선수 堅壘(견루): 튼튼한 보루 盜壘(도루): 야구 수비자의 틈을 타서 다음 누로 가는 일 堡壘(보루): 적의 접근을 막기 위해 튼튼하게 쌓은 구축물
中 4급 0872	木 05 총09획	柳	버들/ 성(姓) willow	류(:)	柳 liǔ	柳京(유경): 평양(平壤) 柳眉(유미): 미인의 눈썹 柳葉(유엽) 柳腰(유요): 버들가지처럼 가늘고 부드러운 미인의 허리 柳寬順(유관순): (1902~1920) 柳一韓(유일한): (1895~1971)
中 5급II 0873	氵水07 총10획	流	흐를 flow	류	流 liú	流浪(유랑) 流離(유리) 流星(유성) 流水(유수) 流入(유입) 流出(유출) 流通(유통) 流派(유파) 流行(유행) 交流(교류) 流芳百世(유방백세): 꽃다운 이름이 후세에 길이 전함
1급 0874	王玉 07 총11획	琉	유리 glass	류	琉 liú	琉璃(유리): 글라스 琉璃王(유리왕): 고구려 2대왕(재위 BC 19~AD 18) 琉球使臣贈答錄(유구사신증답록): 조선 이수광(李睟光)이 명나라에 사신으로 갔다가 북경에서 유구국(琉球國)의 사신을 만나 서로 주고받은 말을 기록
2급 0875	石 07 총12획	硫	유황 sulfur	류	硫 liú	硫黃(유황): 원자번호 16 원소기호 S. 냄새가 없는 황색의 결정 화약·성냥·의약품 등의 원료 脫硫(탈류): 황 성분을 제거하는 일 三硫化燐(삼유화인): 삼황화인(황인)의 하나
中 4급II 0876	田 05 총10획	留	머무를 stay	류	留 liú	留級(유급) 留念(유념) 留保(유보) 留意(유의) 留任(유임) 留置(유치) 留學(유학) 人死留名 豹死留皮(인사유명 표사유피) 虎死留皮(호사유피) 특급II 榴(석류나무 류) 手榴彈(수류탄)
1급 0877	氵水10 총13획	溜	처마물/ 방울져 떨어질 drip; distill	류	溜 liū	蒸溜(증류): 증기를 냉각시켜 다시 액체로 만들어 정제하는 일 蒸溜酒(증류주): 일단 만든 술을 다시 증류해서 도수를 높인 술 山溜穿石(산류천석): 흐르는 낙숫물이 바위를 뚫는다. 점적천석(點滴穿石)
1급 0878	疒 10 총15획	瘤	혹 tumor; wen	류:	瘤 liú	瘤胃(유위): 혹위 瘤贅(유췌): 혹 瘤腫(유종) 膿瘤(농류) 脂瘤(지류) 瘤狀物(유상물) 根瘤菌(근류균): 뿌리혹박테리아 動脈瘤(동맥류) 靜脈瘤(정맥류): 혈행(血行)장애로 볼록하게 된 혹
2급(名) 0879	刀 13 총15획	劉	죽일/ 성(姓) 묘금도(卯金刂) family name	류	刘 liú	劉邦(유방): 전한(前漢)의 고조 劉備(유비): 촉한(蜀漢)의 1대 황제 劉寄奴草(유기노초): 엉거시과에 딸린 여러해살이풀, 活血通經劑 劉賓客集(유빈객집): 당(唐)나라 시인 유우석(劉禹錫)의 시문집
2급 0880	言 11 총18획	謬	그르칠 error; mistake	류	谬 miù	謬見(유견): 틀린 견해, 잘못된 생각 謬習(유습): 잘못된 버릇이나 습관 過謬(과류): 실수 인한 잘못, 과실 誤謬(오류): 그릇되어 이치에 어긋남 魯魚之謬(노어지류): 노(魯)와 어(魚)는 비슷해 글자를 잘못 쓰는 일
高 5급II 0881	頁 10 총19획	類	무리 class; kind	류(:)	类 lèi	類例(유례) 類似(유사) 類推(유추) 類型(유형) 種類(종류) 類義語(유의어): 비슷한 말 類人猿(유인원): 침팬지·고릴라 類類相從(유유상종): 같은 무리끼리 서로 어울려 사귐
中 8급 0882	八 02 총04획	六	여섯 six	륙 육	六 liù/lù	六甲(육갑) 六角(육각) 六年(육년) 六旬(육순) 六月(육월)→ 유월 六合(육합): 천지와 사방 六面體(육면체) 六欲天(육욕천) 六何原則(육하원칙): 6가지 누가, 언제, 어디서, 무엇을, 어떻게, 왜
中 5급II 0883	阝阜08 총11획	陸	뭍 land	륙	陆 lù	陸橋(육교) 陸軍(육군) 陸路(육로) 陸棚(육붕) 陸上(육상) 陸送(육송) 陸運(육운) 陸地(육지) 大陸(대륙) 着陸(착륙) 陸地行船(육지행선): 육지에서 배를 저으려 한다. 억지로 하고자 함
1급 0884	戈 11 총15획	戮	죽일 kill	륙	戮 lù	戮殺(육살): 사람을 마구 죽임 戮屍(육시): 죽은 사람의 목을 베던 일 戮屍處斬(육시처참) 殺戮之變(살육지변): 사람을 마구 죽이는 변고 萬戮猶輕(만륙유경): 만 번 죽여도 오히려 가볍다, 죄가 매우 무거움
中 3급II 0885	亻人08 총10획	倫	인륜 moral	륜	伦 lún	倫綱(윤강) 倫理(윤리) 倫匹(윤필) 不倫(불륜) 人倫(인륜) 五倫(오륜): 君臣有義·父子有親·夫婦有別·長幼有序·朋友有信 絶倫(절륜) 天倫(천륜) 悖倫(패륜) 三綱五倫(삼강오륜)

급수/번호	부수/획수	한자	훈/뜻	음	중국어	용례
2급(名) 0886	山 08 총11획	崙	산이름 Kunlun Mountain	륜	崙/岺 lún	崑崙山(곤륜산): 곤산(崑山). 중국 전설 속에 나오는 산 拿破崙(나파륜): '나폴레옹(Napoléon)'의 음역어 프랑스의 황제(1769~1821) 재위 기간은 1804~1815년
1급 0887	氵水08 총11획	淪	빠질 sink	륜	沦 lún	淪落(윤락): 여자가 타락하여 몸을 파는 처지에 빠짐 淪落女(윤락녀) 淪滅(윤멸): 망하여 없어짐 淪沒(윤몰): 빠져 들어감. 쇠하여 없어짐 淪塞(윤색): 가라앉아 막힘. 낙오되어 불행하게 됨 隱淪(은륜) 沈淪(침륜)
1급 0888	糸 08 총14획	綸	벼리 guide ropes; seal chain	륜	纶 lún guān	綸恭(윤공): 성실하고 공손하다 綸音(윤음): 임금이 신하나 백성에게 내리는 말. 윤언(綸言). 윤지(綸旨) 經綸(경륜): 포부를 가지고 일을 조직적으로 계획함. 나라를 다스림 經綸之士(경륜지사): 경륜가
高 4급 0889	車 08 총15획	輪	바퀴 wheel	륜	轮 lún	輪廓(윤곽) 輪彩(윤채) 輪禍(윤화) 輪廻思想(윤회사상) 日輪(일륜): 태양 前輪(전륜) 後輪(후륜) 五輪旗(오륜기) 輪中堤(윤중제): 섬의 둘레를 둘러서 쌓은 제방 隻輪不返(척륜불반)
中 4급Ⅱ 0890	彳 06 총09획	律	법칙 law; a rule	률	律 lǜ	律動(율동) 律呂(율려) 律法(율법) 律士(율사) 律師(율사) 律詩(율시) 戒律(계율) 規律(규율) 法律(법률) 韻律(운율) 音律(음률) 自律(자율) 調律(조율) 二律背反(이율배반)
高 3급Ⅱ 0891	木 06 총10획	栗	밤 chestnut	률	栗 lì	栗谷(율곡): 조선 학자 이이(李珥)의 호 栗谷全書(율곡전서) 栗峴(율현): 밤 고개 生栗(생률): 날밤 他人之宴 曰梨曰栗 (타인지연 왈리왈률): 남의 잔치에 배 놓아라. 밤 놓아라 한다.
1급 0892	忄心10 총13획	慄	떨릴 tremble; shiver	률	栗 lì	慄然(율연): 두려워하여 떠는 모양 股慄(고율): 두려워서 다리가 떨림 戰慄(전율): 무섭거나 두려워 몸이 벌벌 떨림. 전전율율(戰戰慄慄) 不寒而慄(불한이율): 날씨가 춥지 않아도 떨릴 만큼 두려워하는 것
高 3급Ⅱ 0893	玄 06 총11획	率	비율 ratio 거느릴 lead	률 솔	率 lǜ shuài	倍率(배율) 比率(비율) 利率(이율) 確率(확률) 換率(환율) 稼動率(가동률) 成長率(성장률) 率直(솔직) 食率(식솔) 率先垂範(솔선수범) 率獸食人(솔수식인): 포악한 정치, 학정(虐政)
高 3급Ⅱ 0894	阝阜09 총12획	隆	높을 eminent;	륭	隆 lóng	隆起(융기) 隆老(융로) 隆冬(융동) 隆盛(융성) 隆崇(융숭) 隆準(융준) 隆替(융체) 隆興(융흥) 隆熙(융희):순종연호 1907-1910 隆準龍眼(융준용안): 콧대가 우뚝 솟고 얼굴의 생김새가 용과 같다. 임금의 상을 비유
1급 0895	月肉02 총06획	肋	갈빗대 rib	륵	肋 lèi	肋間(늑간) 肋骨(늑골) 肋膜(늑막): 가슴막, 흉막(胸膜) 肋木(늑목): 체조에 쓰는 기구 鷄肋(계륵): 닭의 갈빗대, 먹기에는 적고 버리기에는 아까워 이러지도 저러지도 못하는 형편 肋膜炎(늑막염)
1급 0896	力 09 총11획	勒	굴레 bridle	륵	勒 lè lēi	勒掘(늑굴): 남의 무덤을 강제로 파게 함 勒約(늑약): 억지로 맺은 조약 勒住(늑주): 억지로 머무르거나 살게 함 策功茂實 勒碑刻銘(책공무실 늑비각명): 공을 기록하여 상을 크게 내리고 비를 새기고 명문을 새기니라. 千字文
1급 0897	氵 13 총15획	凜	찰 cold	름	凛/凛 lǐn	凜坎(늠감) 凜氣(늠기) 凜凜(늠름): 의젓하고 당당함 凜嚴(늠엄) 凜烈(늠렬): 추위가 살을 엘 듯함 凜然(늠연): 위엄이 있고 씩씩함 凜慄(늠률): 추워서 벌벌 떪 凜綴(늠철): 숨이 끊어질듯 말듯함
1급 0898	冫 08 총10획	凌	업신여길 despise; exceed	릉	凌 líng	凌駕(능가): 훨씬 뛰어남 凌喬(능교) 凌蔑(능멸): 업신여겨 깔봄. 능모(凌侮) 凌遲處斬(능지처참): 머리·몸통·팔·다리를 토막 쳐 죽이던 극형 凌雲之志(능운지지): 속세에 초연한 태도 以少凌長(이소능장)
高 3급Ⅱ 0899	阝阜08 총11획	陵	언덕 hill; royal grave	릉	陵 líng	陵踏(능답): 업신여겨 깔봄 陵園(능원): 왕족들의 무덤 王陵(왕릉) 宣陵(선릉): 9대 성종 英陵(영릉): 세종과 소헌왕후의 합장릉 여주시 陵谷之變(능곡지변): 언덕과 골짜기가 뒤바뀐다. 세상일의 극심한 변천
1급 0900	⺿艸08 총12획	菱	마름 lozenge	릉	菱 líng	菱仁(능인): 마름 열매 菱塘(능당): 마름이 덮인 연못의 둑 菱堤(능제): 김제 만경읍 菱鐵(능철): 마름쇠 菱形(능형): 마름모 菱鐵鑛(능철광): siderite; spathic iron. 菱亞鉛鑛(능아연광)

급수/번호	부수/획수	한자	훈/뜻	음	중국어	용례
1급 0901	禾 08 총13획	稜	모날 edge/angle	릉	稜 léng líng	稜角(능각): 물체의 뾰족한 모서리 稜威(능위): 매우 존엄한 위세 稜線(능선): 산등성이를 따라 죽 이어진 선 山稜(산릉): 산꼭대기와 다음 산꼭대기로 이어진 줄기 稜疊(능첩): 낭떠러지 따위가 모가 나고 겹친 모양
1급 0902	糸 08 총14획	綾	비단 silk	릉	绫 líng	綾羅(능라): 무늬가 있는 두꺼운 비단과 얇은 비단(緋緞). 능단(綾緞) 綾城(능성): 현(縣) 이름 지금의 전라남도 화순군 능주면(綾州面) 綾羅島(능라도): 평양 대동강(大同江) 가운데 있는 섬
2급(名) 0903	木 09 총13획	楞	네모질[四角]/ 모 square	릉	楞 léng	楞伽經(능가경): 대승 경전의 하나 楞伽寺(능가사): 전남 고흥, 경남 함안 楞嚴經(능엄경): 선종(禪宗)의 주요 경전으로, 인연과 만유를 설명하였음
高 3급Ⅱ 0904	口 03 총06획	吏	벼슬아치/ 관리 officer	리ː	吏 lì	吏讀(이두) 吏房(이방) 吏胥(이서) 官吏(관리) 鄕吏(향리) 淸白吏(청백리) 白酒紅人面 黃金黑吏心(백주홍인면 황금흑리심): 흰 술은 사람의 얼굴을 붉게 하고, 황금은 아전(衙前)의 마음을 검게 함
中 6급 0905	木 03 총07획	李	오얏(자두)/ 성(姓) plum/ surname	리ː	李 lǐ	李樹(이수) 李花(이화): 자두나무의 꽃 李白(이백): 李太白 李珥(이이): 율곡(栗谷) 李舜臣(이순신) 行李(행리): 행장(行裝) 李下不整冠(이하부정관): 자두나무 밑에서 갓을 고쳐 쓰지 말라.
中 7급 0906	里 00 총07획	里	마을 village	리ː	里 lǐ	里長(이장) 洞里(동리) 村里(촌리) 鄕里(향리) 里: 0.39km 里程標(이정표) 千里馬(천리마) 不遠千里(불원천리) 五里霧中(오리무중): 무슨 일에 대해 방향이나 갈피를 잡을 수 없음
1급 0907	亻人07 총09획	俚	속될 vulgar	리ː	俚 lǐ	俚歌(이가): 입으로 전하여 세상에 널리 불리는 속된 노래 俚言(이언): 항간(巷間)에 떠돌며 쓰이는 속된 말. 상말. 이어(俚語) 俚諺(이언): 항간에 퍼져 있는 속담 俚謠(이요): 잡가(雜歌)
中 6급Ⅱ 0908	王玉07 총11획	理	다스릴 regulate/ principle	리ː	理 lǐ	理工(이공) 理念(이념) 理髮(이발) 理事(이사) 理想(이상) 理由(이유) 理財(이재) 理致(이치) 理解(이해) 管理(관리) 理判事判(이판사판): 막다른 데서 어찌할 수 없게 된 지경. 불교에서 유래
1급 0909	衤衣07 총12획	裡	속 implicit	리ː	里 lǐ	腦裡(뇌리): 생각하는 머릿속 掌裡(장리): 손바닥 안 祕密裡(비밀리) 極祕裡(극비리) 極祕密裡(극비밀리) 盛況裡(성황리) 暗暗裡(암암리): 남이 모르는 사이. 암중(暗中)
高 3급Ⅱ 0910	衣 07 총13획	裏	속 inside	리ː	里 lǐ	裏面(이면): ① 물체의 뒤쪽에 있는 면 ② 내부의 사정이나 사실 禁裏(금리): 대궐 안 囊裏(낭리): 주머니 속 內裏(내리): 품고 있는 마음이나 생각 心裏(심리): 마음의 속 掌裏(장리): 손바닥 안
1급 0911	里 11 총18획	釐	다스릴 arrangement	리	厘 lí	釐正(이정): 문서나 글을 정리하여 바로 잡음 毫釐(호리): 몹시 적은 釐毫(이호): 조금 아주 조금 만큼의 뜻. 부정(否定)의 뜻을 나타냄 釐金稅(이금세): 청나라 말기부터 시행한 물품 통과세, 이연(釐捐)
中 6급Ⅱ 0912	刀 05 총07획	利	이할 benefit; profit	리ː	利 lì	利得(이득) 利用(이용) 利益(이익) 利子(이자) 利潤(이윤) 利害(이해) 權利(권리) 福利(복리) 複利(복리) 勝利(승리) 銳利(예리) 營利(영리) 利涉大川(이섭대천): 利川市 고려 태조 왕건
1급 0913	忄心07 총10획	俐	영리할 clever; bright	리	俐 lì	怜俐(영리): ① 눈치가 빠르고 똑똑함 ② 슬기롭고 민첩(敏捷)함 • 영리한 아이 • 머리가 영리하다.
高 3급 0914	木 07 총11획	梨	배 pear	리	梨 lí	梨熟(이숙): 배숙 梨花(이화): 배꽃 凍梨(동리): 언 배 桃梨千機錦(도리천기금): 복숭아꽃과 배꽃은 베틀에 있는 비단 같고 他人之宴 曰梨曰栗(타인지연 왈리왈률): 남의 일에 쓸데없는 참견을 한다.
1급 0915	疒 07 총12획	痢	이질 dysentery	리ː	痢 lì	痢症(이증) 痢疾(이질): 똥에 곱이 섞여 나오면서 뒤가 잦고 당기는 병 虛痢(허리): 허설(虛泄)이 아주 심한 증세 痢疾菌(이질균): 이질의 병원균. 그람 음성의 간균(桿菌)으로 편모(鞭毛)가 없어 비운동성임. 적리균(赤痢菌)

급수	부수	한자	훈/음	음	간체	용례
高3급II 0916	尸 12 총15획	履	밟을/ 신 step on; footgear	리	履 lǚ	履歷(이력): 지금까지 거쳐 온 학업·직업 등의 경력 履歷書(이력서) 履修(이수): 차례를 밟아 학과를 공부하여 마침 履長(이장): 동지(冬至) 履塵(이진) 履踐(이천) 履行(이행): 실제로 행함. 말과 같이 함.
1급 0917	罒网11 총16획	罹	걸릴 incur	리	罹 lí	罹病(이병): 병에 걸림 罹災(이재) 罹患(이환): 병에 걸림 橫罹(횡리): 뜻밖의 재앙을 당함 罹災民(이재민): 재해를 입은 백성 兔羅雉罹(토라치리): 토끼 잡는 그물에 꿩이 걸린다. 군자가 화를 당함
高4급 0918	隹 11 총19획	離	떠날 leave	리	离 lí	離間(이간) 離陸(이륙) 離反(叛)(이반) 離別(이별) 離任(이임) 離籍(이적) 離脫(이탈) 離婚(이혼) 距離(거리) 隔離(격리) 亂離(난리) 分離(분리) 長距離(장거리) 離散家族(이산가족)
1급 0919	竹 19 총25획	籬	울타리 fence	리	篱 lí	籬菊(이국) 籬窺(이규): 울타리 사이로 엿봄 籬落(이락) 江籬(강리): 꼬시래기 缺籬(결리) 槿籬(근리) 短籬(단리) 東籬(동리) 藩籬(번리) 牆籬(장리): 담, 울타리 竹籬(죽리)
1급 0920	口 04 총07획	吝	아낄 stingy	린	吝 lìn	吝嗇(인색): 체면을 돌아보지 않고 재물을 지나치게 아낌 儉吝(검린): 검소하고 물건을 아낌 繫吝(계린): 욕심에 얽매어 인색함 鄙吝(비린): 몹시 다랍게 인색함 貪吝(탐린): 탐욕스럽고 인색함
高3급 0921	阝阜12 총15획	隣	이웃 neighbour	린	邻 lín	隣近(인근): 이웃한 가까운 곳 隣接(인접): 이웃해 있음 近隣(근린) 善隣(선린): 이웃과 사이좋게 지냄. 선린우호(善隣友好) 遠族近隣(원족근린): 먼 친척보다 가까운 이웃이 낫다.
1급 0922	火 12 총16획	燐	도깨비불 phosphorus	린	磷 lín	燐(인): 비금속 원소 기호 P 燐光(인광): 황린(黃燐)이 어두운데서 나타내는 청백색의 약한 빛 燐肥(인비) 燐酸(인산) 燐火(인화) 黃燐(황린) 燐酸鹽(인산염) 燐中毒(인중독) 燐脂質(인지질)
1급 0923	魚 12 총23획	鱗	비늘 scale;	린	鳞 lín	角鱗(각린) 魚鱗(어린) 片鱗(편린) 逆鱗(역린): 임금의 분노 鱗潛羽翔(인잠우상): 고기는 물속에 잠기고, 새는 공중에 낢. 千字文 9/125 魚鱗鶴翼(어린학익): 물고기 비늘의 진과 학의 날개를 편 것 같은 진(陣)
2급(名) 0924	鹿 12 총23획	麟	기린 giraffe	린	麟 lín	麒麟(기린): ① 포유류 중에 가장 큰 키는 6미터 정도 ② 상상의 상서로운 동물 麒麟兒(기린아): 지혜와 재주가 썩 뛰어난 젊은이 麟蹄郡(인제군): 강원도 吾家麒麟(오가기린): 부모가 그 아들의 준수함을 이르는 말
1급 0925	足 20 총27획	躙	짓밟을 trample	린	躏 lìn	蹂躙(유린): 남의 권리나 인격을 함부로 짓밟음 人權蹂躙(인권유린): 권력이 기본적 인권을 침해하는 일을 이름
中7급 0926	木 04 총08획	林	수풀 forest	림	林 lín	林道(임도) 林野(임야) 林業(임업) 桂林(계림) 鷄林(계림) 山林(산림) 森林(삼림) 林産物(임산물) 鶴林玉露(학림옥로): 남송때 나대경(羅大經)이 지은 수필집. 문인과 학자의 시문에 대한 논평
1급 0927	氵水08 총11획	淋	임질 gonorrhea	림	淋 lín	淋菌(임균): 임질을 일으키는 병원균《요도(尿道) 등 점막에 부착》 淋瀝(임력) 膿淋(농림) 沙淋(사림) 熱淋(열림): 열로 생긴 임증 淋疾(임질): 임균이 일으키는 요도 점막의 염증《주로 성교에 의해 전염됨》
高3급II 0928	臣 11 총17획	臨	임할 confront	림	临 lín	臨床(임상) 臨時(임시) 臨政(임정) 臨終(임종): 죽음을 맞이함 臨在(임재): 하나님이 인간에게 나타나는 일 臨齋(임재): 12시 공양 臨渴掘井(임갈굴정) 臨機應變(임기응변) 臨戰無退(임전무퇴)
中7급II 0929	立 00 총05획	立	설 stand	립	立 lì	立脚(입각) 立國(입국) 立冬(입동) 立法(입법) 立席(입석) 立案(입안) 立場(입장) 立志(입지) 立地(입지) 立體(입체) 立夏(입하) 建立(건립) 立身揚名(입신양명) 立春大吉(입춘대길)
1급 0930	竹 05 총11획	笠	삿갓 bamboo hat	립	笠 lì	新着笠(신착립): 관례(冠禮) 뒤 초립을 벗고 처음으로 검은 갓을 쓰는 일 草笠童(초립동): 초립둥이 平凉笠(평량립): 패랭이 笠上頂笠(입상정립): 삿갓 위에 또 삿갓을 쓴다, 쓸모없는 사물

번호	급수	부수/획수	漢字	훈/뜻	음	간체/병음	용례
0931	1급	米 05 / 총11획	粒	낟알 grain	립	粒 lì	粒子(입자): 물질을 이루는 매우 작은 낱낱의 알갱이 乞粒(걸립) 顆粒(과립) 素粒子(소립자) 輕粒子(경입자) 微粒子(미립자) 粒粒辛苦(입립신고): 쌀 한 톨 한 톨마다 모두 고생이 배어 있다.
0932	中 5급	馬 00 / 총10획	馬	말 horse	마:	马 mǎ	馬具(마구) 馬廐(마구) 馬力(마력) 馬房(마방) 馬夫(마부) 馬賊(마적) 馬蹄(마제) 馬車(마차) 馬匹(마필) 馬舞災(마무재): 화재(火災) 馬耳東風(마이동풍) 馬行處牛亦去(마행처우역거)
0933	高 3급II	麻 00 / 총11획	麻	삼/ 대마(大麻) hemp; flax marijuana	마(:)	麻 má	麻姑(마고): 전설에 나오는 신선 할미 麻袋(마대) 麻衣(마의) 麻立干(마립간): 신라 임금의 칭호 麻衣太子(마의태자): 경순왕의 태자 麻中之蓬(마중지봉): 삼밭 속의 쑥, 선한 사람과 사귀면 선해짐을 비유
0934	2급	疒 08 / 총13획	痲	저릴 numb; paralysis; narcotic	마	痳 má	痲木(마목): 근육이 굳는 병 痲痺(마비): 신경·근육이 기능을 잃는 병 痲藥(마약): 아편·모르핀·코카인·헤로인 따위 痲醉(마취): 약물로 얼마 동안 의식이나 감각을 잃게 함. 몽혼(朦昏) 痲疹(마진): 홍역(紅疫)전용어
0935	2급	手 11 / 총15획	摩	문지를 rub	마	摩 mó	摩天(마천): 하늘을 만질 만큼 높음 摩天樓(마천루): 아주 높은 고층 건물 摩拳擦掌(마권찰장): 주먹을 문지르고 손바닥을 비빈다, 단단히 벼름 摩尼山(마니산): 강화도 단군이 하늘에 제사를 지냈다는 참성단(塹星壇)
0936	高 3급II	石 11 / 총16획	磨	갈 polish	마	磨 mó	磨耗(마모): 닳아서 작아지거나 없어짐 不磨(불마): 닳아 없어지지 아니함 研(練·鍊)磨(연마): ① 갈고 닦음 ② 정신이나 학문, 기술을 닦음 ③ 깊이 연구함 磨斧爲針(마부위침): 도끼를 갈아서 바늘을 만든다. 磨製石器(마제석기)
0937	2급	鬼 11 / 총21획	魔	마귀 evil spirit; devil; demon	마	魔 mó	魔鬼(마귀) 魔女(마녀) 魔力(마력): 사람을 현혹하는, 알 수 없는 힘 魔神(마신): 재앙을 주는 신 魔戱(마희): 귀신의 장난 惡魔(악마) 伏魔殿(복마전): 마귀가 숨어 있는 집이나 굴, 나쁜 일을 꾸미는 무리가 모인 곳
0938	中 3급II	艹艸07 / 총11획	莫	없을 not	막	莫 mò	莫強(막강) 莫及(막급) 莫大(막대) 莫論(막론) 莫甚(막심) 莫若(막약): ~만 같은 것이 없음 莫重(막중) 莫無可奈(막무가내) 莫上莫下(막상막하) 莫逆之友(막역지우): 허물없이 아주 친한 벗
0939	高 3급II	氵水11 / 총14획	漠	넓을/ 사막 wide; vague/ desert	막	漠 mò	漠然(막연): 아득하여 분명하지 않은 모양 廣漠(광막): 넓고 아득하다 沙(砂)漠(사막) 漠漠大海(막막대해): 망망대해(茫茫大海) 漠然不知(막연부지): 어렴풋하여 알지 못함
0940	1급	宀 11 / 총14획	寞	고요할 lonely	막	寞 mò	寞寞(막막): ① 고요하고 쓸쓸하다. ② 의지할 데 없이 답답하고 외롭다. 寂寞(적막): 쓸쓸하고 고요함. 寂寞江山(적막강산): 아주 적막하고 쓸쓸한 풍경, 앞일을 내다볼 수 없게 캄캄하고 답답한 지경이나 심정
0941	高 3급II	巾 11 / 총14획	幕	장막/ 군막 tent; screen; curtain	막	幕 mù	幕舍(막사) 開幕(개막) 煙幕(연막) 字幕(자막) 帳幕(장막) 天幕(천막) 閉幕(폐막) 幕天席地(막천석지): 지기(志氣)가 웅대함 幕後交涉(막후교섭): 겉으로 드러나지 않게 행하여지는 교섭
0942	2급	月肉11 / 총15획	膜	꺼풀/ 막(膜) membrane	막	膜 mó	角膜(각막) 鼓膜(고막) 鞏膜(공막): 백막(白膜) 肋膜(늑막) 網膜(망막) 粘膜(점막) 腸膜(장막) 胸膜(흉막) 細胞膜(세포막) 橫膈(隔)膜(횡격막): 포유류의 복강과 흉강 사이에 있는 근육성의 막
0943	1급	十 04 / 총06획	卍	만(卍) fylfot; swastika	만:	卐 wàn	인도에서 전해 오는 길상(吉祥)의 표상. 불상의 가슴·손·발 따위에 그려, 공덕이 원만함을 나타내는 상(相)으로, 석가의 가슴 복판에 찍혀 있었다는 표지《불교나 절의 표지로 씀》. 卍字(만자) 卍字窓(만자창) 卐: 나치스의 문장
0944	2급	女 07 / 총10획	娩	낳을 childbirth; parturition	만:	娩 miǎn wǎn	分娩(분만): 해산(解産): 아이를 낳음 分娩室(분만실) 分娩痛(분만통) 婉娩(완만): 태도가 온순하고 부드럽다. 擬娩(의만): 아내의 분만 때, 남편이 함께 누워 진통과 분만의 시늉을 하는 풍속
0945	1급	扌手07 / 총10획	挽	당길 draw	만:	挽 wǎn	挽留(만류): 붙들고 하지 못하게 말림. 만지(挽止). 만집(挽執) 挽曳(만예): 당기어 끎 挽引(만인) 挽回(만회): 바로잡아 회복함 挽弩不勝體(만노불승체): 쇠뇌를 이기지 못하는 것과 같이 어려운 문제

급수	부수/획수	한자	훈음	음	간체/병음	용례
中 3급II 0946	日 07 총11획	晚	늦을 late	만:	晚 wǎn	晚期(만기) 晚年(만년) 晚成(만성) 晚餐(만찬) 晚秋(만추) 晚婚(만혼) 晚時之歎(만시지탄): 시기에 늦어 안타까워하는 한탄 大器晚成(대기만성): 크게 될 사람은 늦게 이루어진다는 말.
1급 0947	車 07 총14획	輓	끌/ 애도할 pull/mourning	만:	挽 wǎn	輓歌(만가): 상엿소리 輓近(만근): 몇 해 전부터 현재까지의 기간 輓詞(만사) 輓詩(만시) 輓章(만장): 죽은 사람을 슬퍼하여 지은 글을 적어 기(旗)처럼 만든 것 他弓莫輓(타궁막만): 남의 활을 당겨 쏘지 말라
中 8급 0948	⺾艸09 총13획	萬	일만 ten thousand	만:	万/万 wàn	萬金(만금) 萬能(만능) 萬物(만물) 萬般(만반) 萬歲(만세) 萬若(만약) 萬一(만일) 萬丈(만장) 萬古絶色(만고절색) 萬事休矣(만사휴의) 萬壽無疆(만수무강) 萬全之計(만전지계)
中 4급II 0949	氵水11 총14획	滿	찰 full	만(:)	满/滿 mǎn	滿開(만개) 滿期(만기) 滿了(만료) 滿發(만발) 滿朔(만삭) 滿船(만선) 滿身(만신) 滿員(만원) 滿點(만점) 滿潮(만조) 滿足(만족) 滿醉(만취) 滿則溢(만즉일) 滿場一致(만장일치)
1급 0950	目 11 총16획	瞞	속일 deceive	만	瞒 mán	瞞官(만관): 백성이 관가를 속임 瞞過(만과): 속여 넘김 瞞報(만보): 속여서 거짓으로 보고함 瞞着(만착): 속여 넘김 瞞奪(만탈): 속이어 빼앗음 瞞蔽(만폐): 사실을 속이어 숨김 欺瞞(기만): 남을 그럴 듯하게 속여 넘김
高 3급 0951	忄心11 총14획	慢	거만할 arrogant	만:	慢 màn	慢性(만성): 급히 악화되지도 않고 쉽사리 낫지도 않는 병의 성질 ↔ 급성(急性) 倨慢(거만) 驕慢(교만) 傲慢(오만) 緩慢(완만) 怠慢(태만) 自慢自足(자만자족): 스스로 자랑스럽게 여겨 뽐내며 흡족해함
高 3급 0952	氵水11 총14획	漫	흩어질/ 질펀할 diffuse	만:	漫 màn	漫談(만담) 漫文(만문) 漫然(만연) 漫評(만평) 漫筆(만필) 漫畫(만화) 爛漫(난만) 浪漫(낭만) 放漫(방만) 散漫(산만) 漫筆畫(만필화) 浪漫主義(낭만주의) 天眞爛漫(천진난만)
1급 0953	⺾艸11 총15획	蔓	덩굴 vine	만	蔓 wàn màn	蔓延(만연): 널리 번지어 퍼짐 蔓草(만초): 덩굴 풀. 만초한연(蔓草寒煙) 刪蔓(산만): 편지 첫머리, 인사는 생략하고 적겠다. 蔓衍體(만연체): 많은 어구로 부연(敷衍)하여 장황하게 표현하는 문체
1급 0954	食 11 총20획	饅	만두 Mandu	만	馒 mán	饅頭(만두): 밀가루를 반죽하여 고기나 야채 등을 다져 만든 소를 넣고 둥글거나 길둥글게 빚어 찌거나 삶거나 튀긴 음식 素饅頭(소만두): 고기 없이 채소 따위로만 소를 만들어 넣은 만두
1급 0955	魚 11 총22획	鰻	뱀장어 eel	만	鳗 mán	鰻(만): 민물에 살지만 깊은 바다에 가서 알을 낳으며, 어린 뱀장어는 1~2년을 바다에서 살다가 봄철에 강을 거슬러 올라와 자란다. 만리(鰻鱺), 만리어, 백선(白鱓), 민물장어, 뱀장어, 뱀당구 등으로도 불린다.
1급 0956	弓 19 총22획	彎	굽을 bend	만	弯 wān	彎曲(만곡): 활처럼 휘우듬하게 굽음. 만굴(彎屈) 彎弓(만궁): 활을 잡아당김 彎生胚珠(만생배주): 배병(胚柄)과 직각으로 교차하여 배병의 끝에 모로 구부러져 붙은 밑씨
2급 0957	氵水22 총25획	灣	물굽이 bay; gulf	만	湾/湾 wān	灣(만): 바다가 육지 속으로 파고들어 와 있는 곳 灣口(만구) 灣岸(만안): 만의 연안(沿岸) 港灣(항만) 階段灣(계단만) 臺灣(대만): 타이완 光陽灣(광양만) 珍珠灣(Pearl Harbor): 하와이
2급 0958	虫 19 총25획	蠻	오랑캐 barbarian 남만(南蠻)	만	蛮/蛮 mán	蠻貊(만맥): 중국에서 남쪽과 북쪽에 살던 민족을 낮잡아 이르던 말 南蠻北貊 蠻行(만행): 야만스러운 행동 野蠻(야만): 미개해서 수준이 낮은 상태 蠻觸之爭(만촉지쟁): 시시한 일로 다툼 南蠻北狄(남만북적)
中 5급 0959	木 01 총05획	末	끝 end	말	末 mò	末技(말기) 末期(말기) 末端(말단) 末路(말로) 末尾(말미) 末伏(말복) 末世(말세) 末葉(말엽) 結末(결말) 本末(본말) 始末(시말) 終末(종말) 週末(주말) 末梢神經(말초신경)
1급 0960	氵水05 총08획	沫	물거품 foam; froth; bubble	말	沫 mò	白沫(백말): 흰빛으로 부서지는 물거품 飛沫(비말): 튀어 올랐다 흩어지는 물방울 涌沫(용말): 솟아나온 거품 泡沫(포말): 물거품 泡沫夢幻(포말몽환): 물 위에 뜨는 거품과 꿈, 삶의 덧없음

급수	부수	한자	훈	음	중국어	용례
1급 0961	扌手05 총08획	抹	지울 delete	말	抹 mǒ	抹去(말거) 抹消(말소): 지워 없애 버림 抹殺(말살): 뭉개어 없애 버림 一抹(일말): 약간·조금 抹額兒掩(말액아엄): 쓰개(마래기)의 일종 淡粧濃抹(담장농말): ① 엷은 화장과 짙은 화장 ② 개거나 비가 오거나 하는 날씨
2급(名) 0962	革 05 총14획	靺	말갈(靺鞨) Mohe people	말	靺 mò	靺鞨(말갈): [역] 중국 수나라·당나라 때, 둥베이(東北) 지방에 있던 퉁구스계의 일족 《여진족·만주족이 이 종족의 후예임》
1급 0963	衤衣15 총20획	襪	버선 sock	말	袜 wà	襪繫(말계) 綿襪(면말): 솜버선 毛襪(모말): 털가죽으로 크게 만든 버선 帽襪(모말): 모자와 버선 洋襪(양말) 赤襪(적말) 紅襪(홍말) 四十初襪(사십초말): 갓 마흔에 첫 버선이라, 뒤늦게 비로소 일을 해 봄
中 5급 0964	亠 01 총03획	亡	망할 ruin; downfall	망	亡 wáng wú	亡靈(망령) 亡命(망명) 亡父(망부) 亡夫(망부) 亡身(망신) 亡兒(망아) 亡兆(망조) 逃亡(도망) 滅亡(멸망) 死亡(사망) 亡國的(망국적) 亡羊之歎(망양지탄) 亡徵敗兆(망징패조)
高 3급II 0965	女 03 총06획	妄	망령될 dotage	망	妄 wàng	妄覺(망각) 妄靈(망령): 정신이 흐려서 말이나 행동이 정상을 벗어남 妄發(망발) 妄想(망상) 妄言(망언) 輕妄(경망) 老妄(노망) 妄自尊大(망자존대): 망령되이 자기만 잘났다고 뽐내며 남을 업신여김
中 3급 0966	忄心03 총06획	忙	바쁠 busy	망	忙 máng	煩(繁)忙(번망): 번거롭고 매우 바쁨 奔忙(분망): 매우 바쁨 慌忙(황망): 몹시 급하고 당황하여 어리둥절함 忙中閑(망중한): 바쁜 가운데에서도 한가로울 때 多事多忙(다사다망): 일이 많아 몹시 바쁨
中 3급 0967	心 03 총07획	忘	잊을 forget	망	忘 wàng	忘却(망각) 忘年(망년) 忘失(망실) 忘憂(망우) 忘恩(망은) 難忘(난망) 不忘(불망) 健忘症(건망증) 勿忘草(물망초) 備忘錄(비망록) 背恩忘德(배은망덕): 남한테 입은 은덕을 저버림
1급 0968	++艸03 총07획	芒	까끄라기 awn, arista	망	芒 máng	芒種(망종): 24절기의 하나. 6월 5일경 보리가 익고 모를 심기 좋은 때 芒刺在背(망자재배): 가시를 등에 지고 있다. 조마조마함 光芒(광망): 혜성의 꼬리 竹杖芒鞋(죽장망혜): 대지팡이와 짚신
高 3급 0969	++艸06 총10획	茫	아득할 remote; far; faraway	망	茫 máng	茫漠(망막): 넓고 멀다. 茫茫(망망) 茫洋(망양): 끝없이 넓은 바다 茫茫大海(망망대해) 茫無頭緖(망무두서): 정신이 아득하여 두서가 없음 茫無涯畔(망무애반) 茫然自失(망연자실): 멍하니 정신을 잃음
高 3급 0970	罒网03 총08획	罔	없을 not; immeasurable	망	罔 wǎng	罔極(망극) 罔夜(망야): 밤을 새움 罔測(망측): 보기가 민망하다. 罔極之痛(망극지통): 한이 없는 슬픔 罔赦之罪(망사지죄): 용서할 수 없는 큰 죄 罔知所措(망지소조): 너무 급하여 어찌할 바를 모름
1급 0971	忄心08 총11획	惘	멍할 stupefied	망	惘 wǎng	惘惘(민망): 답답하고 딱하여 안타까움 悵惘(창망): 근심 걱정으로 경황(景況)이 없음
2급 0972	糸 08 총14획	網	그물 net	망	网 wǎng	網羅(망라): 널리 구하여 모두 받아들임의 일컬음 網巾(망건) 網膜(망막) 漁網(어망) 鐵條網(철조망) 網擧目隨(망거목수): 그물을 들면 그물눈도 따라 올라간다.
中 5급II 0973	月 07 총11획	望	바랄 hope; promising	망	望 wàng	可望(가망) 所望(소망) 展望(전망) 有望(유망) 絶望(절망) 希望(희망) 望洋之歎(망양지탄): 힘이 미치지 못할 때에 하는 탄식 望雲之情(망운지정): 어버이를 그리워하는 마음. 망운지회(望雲之懷)
1급 0974	口 04 총07획	呆	어리석을 dementia	매	呆 dāi	癡呆(치매): 지능, 의지, 기억 따위가 지속적·본질적으로 상실되는 병 주로 노인에게 나타난다. 인지증(認知症) 呆住[dāizhù] 꼼짝 않고 멍청해지다. 呆板[dāibǎn] 딱딱하다 경직되다
中 7급II 0975	毋 03 총07획	每	매양 always; every	매(ː)	每 měi	每年(매년) 每番(매번) 每事(매사) 每常(매상) 每時(매시) 每月(매월) 每人(매인) 每日(매일) 每週(매주) 每回(매회) 每時間(매시간) 每事不成(매사불성) 每人悅之(매인열지)

급수	부수	한자	훈	음	간체/병음	용례
高 3급II 0976	木 07 총11획	梅	매화 Japanese apricot flower	매	梅 méi	梅毒(매독) 梅信(매신) 梅實(매실) 梅雨(매우) 梅花(매화) 烏梅(오매) 探梅(탐매) 雪中梅(설중매) 梅蘭菊竹(매란국죽) 梅妻鶴子(매처학자): 매화를 아내로 삼고 학을 자식으로 삼는다. 풍류생활
2급 0977	木 04 총08획	枚	낱 piece	매	枚 méi	枚擧(매거): 낱낱이 들어 말함 枚報(매보): 낱낱이 적어서 보고함 枚數(매수): 종이 같이 장으로 세는 단위 枚移(매이) 枚陳(매진): 낱낱이 들어 사실(事實)대로 말함 二枚貝(이매패) 千枚巖(천매암)
中 4급 0978	女 05 총08획	妹	누이 younger sister	매	妹 mèi	妹夫(매부): 누이의 남편. 자형(姉兄) 男妹(남매) 姉妹(자매) 妹弟(매제): 손아래 누이동생의 남편 ↔ 매형(妹兄) 無妹獨子(무매독자): 딸이 없는 집안의 외아들
1급 0979	日 05 총09획	昧	어두울 obscure	매	昧 mèi	昧旦(매단) 昧爽(매상): 먼동이 틀 무렵 曖昧(애매) 愚昧(우매) 三昧(삼매) 三昧境(삼매경) 讀書三昧(독서삼매): 오직 책 읽기에만 골몰함 無知蒙昧(무지몽매): 지식이 없고 사리에 어두움
1급 0980	宀 09 총12획	寐	잘 sleep	매:	寐 mèi	假寐(가매): ① 거짓으로 자는 체함 ② 잠자리를 제대로 보지 않고 잠 夢寐(몽매): 잠을 자며 꿈을 꿈 夢寐間(몽매간): 꿈을 꾸는 동안 寤寐(오매): 깨어 있는 때나 자는 때 寤寐不忘(오매불망)
2급 0981	鬼 05 총15획	魅	매혹할 charm; attraction	매	魅 mèi	魅力(매력): 사람의 마음을 사로잡아 끄는 힘 魅力的(매력적) 魅了(매료): 사람의 마음을 완전히 사로잡아 홀림 魅惑(매혹): 남의 마음을 호려 현혹하게 함 妖魅(요매): 사람을 홀릴 정도로 요사스럽다.
高 3급 0982	土 07 총10획	埋	묻을 bury	매	埋 mái mán	埋立(매립) 埋沒(매몰) 埋伏(매복) 埋玉(매옥) 埋怨(매원) 埋藏(매장): 묻어서 감춤 埋葬(매장): 송장을 땅에 묻음 埋積(매적) 埋伏組(매복조) 埋頭沒身(매두몰신): 일에 파묻혀 헤어나지 못함
高 3급II 0983	女 09 총12획	媒	중매(仲媒) matchmaking	매	媒 méi	媒子(매자) 媒合(매합): 중매 하거나 남녀 사이에 다리를 놓아 줌 媒合容止(매합용지) 媒婆(매파) 仲媒(중매) 媒介(매개) 媒體(매체) 溶媒(용매) 媒熔劑(매용제): 쟁물이 빨리 녹도록 하는 물질
1급 0984	火 09 총13획	煤	그을음 soot	매	煤 méi	煤氣(매기): ① 그을음이 섞여 있는 공기 ② 석탄 가스 煤肥(매비): 그을음으로 만든 거름 煤煙(매연): 그을음과 연기 石煤(석매): 석탄 煤塵(매진) 煤炭窯(매탄요): 석탄을 때어서 그릇을 굽는 가마
中 5급 0985	貝 05 총12획	買	살 buy	매:	买 mǎi	買戾(매려): 환매(還買) 買入(매입) 購買(구매): 물건 따위를 사들임 買占賣惜(매점매석): 많이 사둔 다음 오를 때까지 팔지 않는 것 買死馬骨(매사마골): 귀중한 것을 손에 넣기 위해 먼저 희생을 치름
中 5급 0986	貝 08 총15획	賣	팔 sell	매(:)	売/卖 mài	賣却(매각) 賣渡(매도): 물건을 팔아넘김 賣買(매매) 賣惜(매석) 賣店(매점) 賣盡(매진) 賣出(매출) 賣票(매표) 賣國奴(매국노) 賣劍買牛(매검매우): 평화스런 세상이 됨 賣鹽逢雨(매염봉우)
1급 0987	罒网10 총15획	罵	꾸짖을 abuse	매:	骂 mà	罵倒(매도): 심하게 욕하거나 꾸짖음 罵聲(매성): 꾸짖으며 떠드는 소리 毆罵(구매) 冷罵(냉매) 怒罵(노매) 侮罵(모매) 面罵(면매) 笑罵(소매) 嘲罵(조매) 醉罵(취매) 痛罵(통매): 몹시 꾸짖음
1급 0988	辶辵13 총17획	邁	갈[行] proceed	매	迈 mài	邁進(매진): 힘써 나아감 高邁(고매): 높고 빼어나다. 邁進一路(매진일로) 勇往邁進(용왕매진) 直往邁進(직왕매진) 我日斯邁(아일사매): 나는 나날이 나아가고. 시경 소아(詩經 小雅)
高 4급II 0989	月肉06 총10획	脈	줄기 pulse; range	맥	脉 mài mò	脈動(맥동) 脈絡(맥락) 脈搏(맥박) 動脈(동맥)↔靜脈(정맥) 文脈(문맥) 山脈(산맥) 診脈(진맥) 血脈(혈맥) 不整脈(부정맥) 脈候鑑(맥후감): 궁중에서, 임금을 진찰함 脈絡貫通(맥락관통)
中 3급II 0990	麥 00 총11획	麥	보리 barley	맥	麦/麦 mài	麥角(맥각): 맥각균의 균사를 말린 것. ergot 麥酒(맥주) 麥秋(맥추) 精麥(정맥) 麥芽糖(맥아당): 말토오스 小麥粉(소맥분): 밀가루 麥秀之歎(맥수지탄): 고국의 멸망을 한탄함 麥秀黍油(맥수서유)

급수/번호	부수/획수	한자	훈	음	중국어	용례
2급(名) 0991	豸 06 총13획	貊	맥국(貊國)	맥	貊 mò háo 담비	貊國(맥국): 맥(貊)은 예(濊)·한(韓)과 더불어 우리 민족의 주된 구성체 貊弓(맥궁): 고구려의 소수맥에서 나던 좋은 활 梁貊國(양맥국): 고구려시대, 만주 지방에 있었던 예맥족의 부족 국가
高 3급II 0992	目 03 총08획	盲	소경/ 눈멀 blind	맹	盲 máng	盲目(맹목) 盲信(맹신) 盲人(맹인) 盲腸(맹장) 盲點(맹점) 盲從(맹종) 盲進(맹진) 盲聾敎育(맹롱교육): 맹아와 농아에 대한 교육 盲者丹靑(맹자단청): 맹인의 단청구경. 사물을 이해할 능력이 없이 보는 것
高 3급II 0993	子 05 총08획	孟	맏 first	맹(:)	孟 mèng	孟浪(맹랑): 허망하다. 깜찍하다. 어렵고 묘하다 孟冬(맹:동): 초겨울 孟秋(맹:추): 초가을 孟嘗君(맹:상군): 계명구도지웅(鷄鳴狗盜之雄) 孟子(맹:자) 孟母斷機(맹:모단기) 孟母三遷之敎(맹:모삼천지교)
高 3급II 0994	犭犬 08 총11획	猛	사나울 fierce	맹:	猛 měng	猛犬(맹견) 猛烈(맹렬) 猛獸(맹수) 猛威(맹위) 猛潮(맹조) 猛虎伏草(맹호복초): 영웅은 한때 숨어 있어도 때가 되면 반드시 나타난다. 猛虎出林(맹호출림): 평안도 사람의 용맹하고 성급한 성격. 石田耕牛
1급 0995	++艸 08 총12획	萌	움[芽]/ 싹 bud	맹	萌 méng	萌動(맹동): 싹이 틈 未萌(미맹): 아직 싹이 트지 않음 萌芽(맹아): ① 식물에 새로 트는 싹 ② 사물의 시초가 되는 것 杜漸防萌(두점방맹): 싹이 나오지 못하도록 막는다. 미연에 방지하다.
高 3급II 0996	皿 08 총13획	盟	맹세 oath; vow alliance; league	맹	盟 méng	盟邦(맹방) 盟誓(맹세): 굳게 약속하거나 다짐함 盟約(맹약) 同盟(동맹) 聯盟(연맹) 金石盟約(금석맹약): 금석지약(金石之約) 城下之盟(성하지맹): 항복하고 맺는 굴욕적인 강화(講和)의 맹약
2급(名) 0997	見 04 총11획	覓	찾을 seek; search	멱	覓 mì	覓句(멱구): 시인이 훌륭한 시를 지으려고 애써 좋은 글귀를 찾는 일 覓得(멱득): 구해 얻음 覓索(멱색): 찾음 木覓山(목멱산): 서울 남산 覓祖峴(멱조현): 아이 업고 시아버지를 찾아 나선 효부. 메주고개. 용인시
中 3급II 0998	儿 05 총07획	免	면할 avoid	면:	免 miǎn	免稅(면세) 免役(면역) 免除(면제) 免職(면직) 免脫(면탈) 免不得(면부득): 아무리 애를 써도 면할 수 없음 免疫體(면역체) 免罪符(면죄부) 免許證(면허증) 免責特權(면책특권): 국회의원
中 4급 0999	力 07 총09획	勉	힘쓸 make efforts	면:	勉 miǎn	勉勵(면려) 勉副(면부): 임금이 의정(議政)의 사직(辭職)을 허락하던 일 勉學(면학): 학문에 힘씀 勸勉(권면): 권하고 격려하여 힘쓰게 함 勤勉(근면) 刻苦勉勵(각고면려): 고생을 무릅쓰고 부지런히 힘씀
2급(名) 1000	亻人 07 총09획	俛	힘쓸/ 구푸릴 stoop	면:	俛 miǎn	俛首(면수): 머리를 숙임 俛仰(면앙): 아래를 굽어봄과 위를 우러러봄 俛首帖耳(면수첩이): 머리를 수그리고 귀를 드리워 엎드림. 연민을 구함 俛仰亭歌(면앙정가): 중종 때 면앙정(俛仰亭) 송순(宋純)이 지은 가사
2급(名) 1001	冂 09 총11획	冕	면류관 crown; diadem	면:	冕 miǎn	冕服(면복): 제왕(帝王)의 정복 冠冕(관면): 벼슬하는 것을 일컫던 말 袞冕(곤면): 임금의 정복(正服)인 곤룡포(袞龍袍)와 면류관(冕旒冠) 掛冕(괘면): 대부(大夫) 이상의 높은 벼슬을 내놓던 일
2급(名) 1002	氵水 04 총07획	沔	물 이름/ 빠질	면:	沔 miǎn	沔水(면수): 중국 섬서성(陜西省)에 있는 한수(漢水)의 상류 沔川面(면천면): 당진시 沔彼流水 朝宗于海(면피유수 조종우해): 넘치는 저 물, 신하가 임금께 조회하듯 흘러 바다로 들어가나니 詩經
1급 1003	目 04 총09획	眄	곁눈질할 squint	면:	眄 miǎn miàn	眄視(면시): 곁눈질을 함 顧眄(고면): 돌아다봄. 돌이켜 봄 仰眄(앙면): 앙시(仰視)(존경하는 마음으로 우러러봄) 左顧右眄(좌고우면): 이쪽저쪽을 돌아본다, 앞뒤를 재고 망설임
1급 1004	麥 04 총15획	麪	국수 noodle	면	麪 miàn	冷麪(냉면): 차게 해서 먹는 국수 溫麪(온면): 더운 장국에 만 국수 麥(보리 맥)+丏(가릴 면)=麪 특급II 麵(국수/ 밀가루 면)
中 7급 1005	面 00 총09획	面	낯 face	면:	面 miàn	面談(면담) 面刀(면도) 面貌(면모) 面目(면목) 面像(면상) 面識(면식) 面帳(면장) 面積(면적) 面前(면전) 面接(면접) 邑面長(읍면장) 面張牛皮(면장우피) 面從腹背(면종복배)

급수	부수/획수	한자	훈	음	간체/병음	용례
1급 1006	糸 09 총15획	緬	멀 distant/ 가는 실	면(:)	缅 miǎn	邈緬(막면): 아득하게 멂 緬禮(면례): 무덤을 옮기어 장사를 다시 지냄 緬服(면복): 부모의 면례(緬禮) 때 입는 시마복 緬奉(면봉): 이장(移葬) 緬(綿)羊(면양): 털을 직물의 원료로 쓰는 양 緬甸(면전): Myanmar
中 3급II 1007	目 05 총10획	眠	잘 sleep	면	眠 mián	眠食(면식) 眠蠶(면잠) 高眠(고면) 冬眠(동면) 睡眠(수면) 永眠(영면) 休眠(휴면) 不眠症(불면증) 高枕安眠(고침안면): 근심 없이 편안히 잘 지냄 不眠不休(불면불휴): 쉴 새 없이 힘써 일함
1급 1008	木 08 총12획	棉	목화 cotton plant	면	棉 mián	棉油(면유): 목화씨(木花-) 기름 棉花(면화)☞ 목화(木花) 陸地棉(육지면): upland cotton 미국, 소련, 한국, 만주 등에서 재배되는 목화의 품종. 수량이 많고 섬유가 길어 품질이 좋다.
高 3급II 1009	糸 08 총14획	綿	솜 cotton	면	绵 mián	綿篤(면독): 병이 매우 중하다. 綿綿(면면): 끊이지 아니하고 끝없이 이어 있다. 綿密(면밀): 자세하고도 빈틈이 없음 綿棒(면봉) 綿織物(면직물) 綿裏針(면리침): 솜 속에 감춘 바늘, 부드러운 체하나 속으로는 아주 흉악함
高 3급II 1010	氵水10 총13획	滅	꺼질/ 멸할 destroy	멸	灭 miè	滅菌(멸균) 滅度(멸도) 滅裂(멸렬) 滅亡(멸망) 滅沒(멸몰) 滅門(멸문) 滅殺(멸살) 滅失(멸실) 滅族(멸족) 滅種(멸종) 不滅(불멸) 消滅(소멸) 必滅(필멸) 滅私奉公(멸사봉공)
2급 1011	++艸11 총15획	蔑	업신여길 scorn; despise	멸	蔑 miè	蔑待(멸대): 업신여기어 차갑게 대함 蔑視(멸시): 업신여김 輕蔑(경멸): 낮추어 보거나 업신여겨 싫어하거나 미워하는 것 凌蔑(능멸): 업신여겨 깔봄 侮蔑(모멸): 업신여기고 얕잡아 봄
1급 1012	皿 00 총05획	皿	그릇 vessel	명:	皿 mǐn	器皿(기명): (살림살이에 쓰이는) 그릇붙이 膝皿(슬명): 종지뼈 皿秤(명칭): 접시저울 器皿圖(기명도): 진귀한 그릇 따위를 그린 그림 銀器皿(은기명): 은그릇 琉璃器皿(유리기명): 유리그릇
中 7급II 1013	口 03 총06획	名	이름 name	명	名 míng	名分(명분) 名譽(명예) 名節(명절) 名札(명찰) 名稱(명칭) 名銜(명함) 名實相符(명실상부): 이름과 실상이 서로 꼭 맞음 名不虛傳(명불허전): 명성이나 명예가 헛되이 전하여지는 것이 아니다.
1급 1014	酉 06 총13획	酩	술 취할 get drunk	명:	酩 mǐng	酩酊(명정): 정신을 차리지 못할 정도로 술에 몹시 취함. 대취(大醉). 만취(滿醉)
高 3급II 1015	金 06 총14획	銘	새길 engrave	명	铭 míng	銘肝(명간) 銘記(명기) 銘心(명심): 잊지 않도록 마음속에 새겨 둠 座右銘(좌우명): 늘 자리 옆에 갖추어 두고 가르침으로 삼는 말이나 문구 銘文(명문) 刻骨銘心(각골명심): 마음속 깊이 새겨서 잊지 아니함
中 6급II 1016	日 04 총08획	明	밝을 bright; plain	명	明 míng	明記(명기) 明器(명기) 明朗(명랑) 明白(명백) 明細(명세) 明示(명시) 明暗(명암) 明哲(명철) 明暢(명창) 明確(명확) 明心寶鑑(명심보감) 明若觀火(명약관화) 明智的見(명지적견)
中 7급 1017	口 05 총08획	命	목숨 life	명:	命 mìng	命令(명령) 命脈(명맥) 命名(명명) 命運(명운) 命題(명제) 生命(생명) 壽命(수명) 宿命(숙명) 人命(인명) 任命(임명) 運命(운명) 殞命(운명): 목숨이 끊어짐 命在頃刻(명재경각)
高 3급 1018	冖 08 총10획	冥	어두울 dark; meditation	명	冥 míng	冥契(명계): 알지 못하는 가운데 서로 마음이 맞음. 명혼(冥婚) 冥沐(명목): 가는 비 冥福(명복): 저승에서 받는 복 冥府殿(명부전) 瞑(冥)想(명상) 冥王星(명왕성): Pluto 冥冥之中(명명지중)
1급 1019	氵水10 총13획	溟	바다 sea; ocean	명	溟 míng	溟州(명주): 강릉(江陵)의 옛 이름 溟渤(명발): 큰 바다 溟洲(명주): 큰 바다 가운데 있는 섬 溟海(명해): 망망한 바다 四溟大師(사명대사): 임진왜란 때 나라를 구한 승려. 법명은 유정(惟政)
1급 1020	日 10 총14획	暝	저물 to get dark	명	暝 míng	暝(冥)途(명도): 사람이 죽은 뒤에 그 영혼이 간다고 하는 암흑의 세계 暝色 [míngsè] 땅거미 薄暝 [báomíng] 황혼 晦暝[huìmíng] 어둡다. 특급II 瞑(눈 감을 명) 瞑目(명목) 瞑坐(명좌) 瞑想(명상) 瞑想錄(명상록)

급수	부수	漢字	訓	音	简体/拼音	用例
1급 1021	虫 10 총16획	螟	멸구 rice-borer; leafhopper	명	螟 míng	螟嗣(명사): 양아들　螟蛉子(명령자)☞ 양자(養子)　螟養(명양) 螟蟲(명충): 명나방의 애벌레. 마디충　螟蛉(명령): ① 푸른 나방과 나비의 어린벌레 ② 나나니가 **명령**을 업어 기른다, '**양아들**'을 비유
中 4급 1022	鳥 03 총14획	鳴	울 crow	명	鸣 míng	鳴管(명관)　鳴器(명기)　鳴囊(명낭): 울음주머니　鳴動(명동) 鳴砂(명사)　共鳴(공명)　雷鳴(뇌명)　悲鳴(비명)　自鳴鐘(자명종) 百家爭鳴(백가쟁명): 많은 학자나 문화인 등이 논쟁하고 토론하는 일
1급 1023	衤衣04 총09획	袂	소매 sleeve	메	袂 mèi	袂口(메구): 소맷부리　短袂(단메): 짧은 옷소매 袂別(메별): 소매를 잡고 작별한다는 뜻으로, 섭섭히 헤어지는 것 連袂(연메): 행동을 같이 함, 연공(聯節)　衣袂(의메): 옷소매
中 4급Ⅱ 1024	毛 00 총04획	毛	터럭 / 털 hair	모	毛 máo	毛孔(모공)　毛根(모근)　毛髮(모발)　毛布(모포)　毛皮(모피) 羊毛(양모)　毛織物(모직물)　毛澤東(모택동): [Mao Zedong] 毛細血管(모세혈관)　毛遂自薦(모수자천): 자기 자신을 추천함
1급 1025	耒 04 총10획	耗	소모할 consumption	모	耗 hào	耗穀(모곡): 곡식을 쌓아 둘 동안 축이 날 것을 미리 셈하여 덧붙여 받던 곡식 耗損(모손): 닳아 없어짐　磨耗(마모)　消耗(소모): 써서 없앰 衰耗(쇠모): 쇠퇴하여 줄어듦　消耗戰(소모전)　消耗品(소모품)
中 8급 1026	母 01 총05획	母	어미 mother	모:	母 mǔ	母校(모교)　母國(모국)　母女(모녀)　母法(모법)　母性(모성) 母韻(모운)　母乳(모유)　母音(모음)　母子(모자)　母慈(모자) 母情(모정)　母酒(모주)　母親(모친)　母胎(모태)　母艦(모함)
高 3급 1027	亻人07 총09획	侮	업신여길 insult; contempt	모(:)	侮 wǔ	侮蔑(모멸): 업신여기고 얕잡아 봄　侮辱(모욕): 깔보고 욕보임 受侮(수모): 모욕을 받음　凌侮(능모): 능멸(凌蔑) (업신여겨 깔봄) 外禦其侮(외어기모): 밖에서 모욕(侮辱)을 당(當)하면 함께 이를 막음
2급 1028	矛 00 총05획	矛	창(槍) spear	모	矛 máo	矛(모): 긴 자루 끝에 금속 창날을 장착한 고대의 병기　矛戈(모과): 창(槍) 矛戟(모극): 창(槍)　矛盾(모순): 창과 방패. 말이나 행동 또는 사실의 앞뒤가 서로 맞지 않음　矛盾撞着(모순당착): 자가당착(自家撞着)
2급(名) 1029	⺾艸05 총09획	茅	띠[草名] cogon	모	茅 máo	茅根(모근): 띠의 뿌리　茅芒(모망): 도자기 전두리에 있는 흠 茅沙(모사)　茅舍(모사)　茅屋(모옥): 띠 풀로 엮은 집　茅草(모초) 茅塞(모색): 길이 띠로 인하여 막힌다, 마음이 물욕에 가리어 어리석고 무지함
2급(名) 1030	牛 02 총06획	牟	성(姓)/ 보리[大麥] barley	모	牟 móu mù	牟麥(모맥): 밀과 보리. 팔레스타인에서는 4-5월경이 모맥을 수확하는 시기다. 謀(牟)利(모리): 도덕과 의리는 생각지 않고 오직 부정한 이익만 꾀함 釋迦牟尼(석가모니): 불교의 개조(開祖). 싯다르타. 석씨
1급 1031	牛 03 총07획	牡	수컷 male	모	牡 mǔ	牡牛(모우): 소의 수컷 ↔ 빈우(牝牛)　牡丹峯(모란봉): 평양 牡丹(모란): 작약과(芍藥科) 늦은 봄에 여러 겹의 붉고 큰 꽃이 핌 牡丹亭(모란정): 환혼기(還魂記) 중국 명나라 탕현조가 지은 희곡
高 3급 1032	冂 07 총09획	冒	무릅쓸 risk; adventure;	모	冒 mào mò	冒瀆(모독): 말이나 행동으로 더럽혀 욕되게 함　冒頭(모두): 말이나 문장의 첫머리　冒險(모험)　冒萬死(모만사): 만 번 죽기를 무릅쓴다, 온갖 어려움을 무릅씀　冒沒廉恥(모몰염치): 모몰(冒沒), 모렴(冒廉)
2급 1033	巾 09 총12획	帽	모자 hat; cap	모	帽 mào	帽子(모자)　冠帽(관모): 벼슬아치들이 쓰던 모자　紗帽(사모): 벼슬아치들이 쓰던, 검은 사붙이로 만든 예모　着帽(착모)↔脫帽(탈모) 脫帽露頂王公前(탈모노정왕공전): 왕공 앞에서도 의관 없이 나서네
高 3급 1034	木 05 총09획	某	아무 anyone	모:	某 mǒu	某年(모년)　某氏(모씨): 아무개. 어떤 양반　某月(모월)　某日(모일) 某處(모처): 아무 곳 어떠한 곳　某種(모종): 어떠한 종류 어느 종류 某某諸人(모모제인): 아무아무 여러 사람. 모모인(某某人)
高 3급Ⅱ 1035	言 09 총16획	謀	꾀 device; trick; stratagem	모	谋 móu	謀略(모략): 속임수를 써서 일을 꾸밈　謀反(모반)　謀叛(모반) 謀免(모면)　謀逆(모역)　謀議(모의)　謀事(모사)　謀陷(모함) 陰謀(음모)　參謀(참모)　謀利輩(모리배): 자신의 이익만을 꾀하는 사람

급수	부수/획수	한자	훈/음	음	中	
高3급 1036	力 11 총13획	募	모을/ 뽑을 collect; recruit	모	募 mù	募金(모금) 募屬(모속): 사람이나 물품 따위를 모집하여 일정한 곳에 소속시킴 募集(모집) 應募(응모) 公募展(공모전) 公募株(공모주) 私募fund(사모펀드) 募集公債(모집공채) 公採募集(공채모집)
1급 1037	扌手11 총14획	摸	더듬을 grope	모	摸 mō	摸索(모색): 좋은 방법이나 돌파구를 이리저리 생각하여 찾는 것 暗中摸索(암중모색): 어둠 속에서 손을 더듬어 찾는다. 摸不得 [mōbude]: 만질 수 없다. 건드려서는[거슬러서는] 안 된다.
高4급 1038	木 11 총15획	模	본뜰/ 법 model	모	模 mó	模倣(모방) 模範(모범) 模本(모본) 模寫(모사) 模襲(모습) 模樣(모양) 模造(모조) 模楷(모해): ☞모범(模範) 模型(모형) 模糊(모호): 흐리터분하여 분명하지 않다 模擬考査(모의고사)
1급 1039	米 11 총17획	糢	모호할 vague	모	糢 mó	模의 俗字. 米(쌀 미)+莫(없을 막{저물 모}) 模(糢)糊(모호): 말이나 태도가 흐리터분하여 분명하지 않다.
2급(名) 1040	言 11 총18획	謨	꾀 wise; device	모	謨 mó	廟謨(묘모): 조정에서 세우는 국가 대사에 관한 계책 典謨(전모): 백대에 항상 행할 도(道)를 기록한 글인 전(典)과 계책을 기록한 글인 모(謨) 與羊謨肉(여양모육): 양에게 양고기를 내놓으라고 꾄다. 이룰 수 없는 일
中3급 1041	日 11 총15획	暮	저물 grows dark	모:	暮 mù	暮秋(모추): 늦가을 旦暮(단모): 아침저녁 歲暮(세모): 세밑 日暮途遠(일모도원) 朝變夕改(조변석개) 朝令暮改(조령모개) 朝秦暮楚(조진모초): 아침 북방의 진나라, 저녁 남방의 초나라에서 거처한다.
高3급Ⅱ 1042	小心11 총15획	慕	그릴/ 그리워할 yearn	모:	慕 mù	慕仰(모앙) 慕愛(모애) 景慕(경모) 思慕(사모) 愛慕(애모) 哀慕(애모) 戀慕(연모) 悅慕(열모) 追慕(추모) 欽慕(흠모) 慕華思想(모화사상): 중국의 문물과 사상을 흠모하여 따르려는 사상
高3급Ⅱ 1043	豸 07 총14획	貌	모양/ 얼굴 shape/ face	모	貌 mào	貌侵(모침): ① 됨됨이가 활발하지 못함 ② 몸집이 작고 생김생김이 좀 모자람 面貌(면모) 變貌(변모) 禮貌(예모) 外貌(외모) 容貌(용모) 全貌(전모) 貌合心離(모합심리): 겉으로만 친한 척할 뿐, 마음은 딴 데 있음
中8급 1044	木 00 총04획	木	나무 tree	목	木 mù	木工(목공) 木棺(목관) 木蓮(목련) 木馬(목마) 木手(목수) 木材(목재) 木造(목조) 木彫(목조) 木質(목질) 木枕(목침) 木板(목판) 木版(목판) 木曜日(목요일) 木管樂器(목관악기)
2급 1045	氵水04 총07획	沐	머리감을 bath; wash	목	沐 mù	沐間(목간): ① '목욕간'의 준말 ② 목욕간에서 목욕함 沐浴(목욕): 머리를 감으며 몸을 씻는 일 沐雨(목우): 목욕하듯이 비를 흠뻑 맞음. 풍우에 시달리며 고생함 沐浴湯(목욕탕) 沐浴桶(목욕통)
中6급 1046	目 00 총05획	目	눈 eye	목	目 mù	目擊(목격) 目睹(목도) 目錄(목록) 目禮(목례) 目的(목적) 目次(목차) 目測(목측) 目標(목표) 眼目(안목) 耳目(이목) 條目(조목) 項目(항목) 目不識丁(목불식정) 目不忍見(목불인견)
高3급Ⅱ 1047	目 08 총13획	睦	화목할 harmony	목	睦 mù	睦氏(목씨): 사천(泗川) 경상남도 敦睦(돈목): 정이 두텁고 화목함 親睦(친목): 서로 친해 화목함 和睦(화목): 서로 뜻이 맞고 정다움 兄弟和睦父母喜之(형제화목부모희지): 형제가 화목하면 부모님이 기뻐하심
2급(名) 1048	禾 11 총16획	穆	화목할 best virtue	목	穆 mù	穆如(목여) 穆焉(목언) 穆然(목연) 내면의 덕(德)이 아름다움 穆宗(목종): 고려 제7대 왕 穆如淸風 (목여청풍): 조화됨이 맑은 바람 같아라 落落穆穆(낙락목목): 뜻이 크고 마음이 청렴함
高4급Ⅱ 1049	牛 04 총08획	牧	칠[養] shepherd; pastor	목	牧 mù	牧(목): 큰 고을에 두었던 지방 행정 단위 牧使(목사): 정3품 외직 문관 牧師(목사): 개신교 성직자의 하나 牧民官(목민관): 고을의 원(員) 牧民心書(목민심서): 정약용 牧童(목동) 牧舍(목사) 牧場(목장)
高3급Ⅱ 1050	氵水04 총07획	沒	빠질 sink	몰	沒 méi mò	沒頭(몰두) 沒落(몰락) 沒殺(몰살) 沒世(몰세) 沒收(몰수) 沒入(몰입) 沒廉恥(몰염치) 沒人情(몰인정) 沒知覺(몰지각) 沒骨法(몰골법): 한국화에서 윤곽선을 그리지 않고 한 붓에 沒線描法

급수	부수/획수	한자	훈/음	간체/병음	용례
1급 1051	歹 04 총08획	歿	죽을 die; death 몰	歿 mò	歿後(몰후) 戰歿(전몰): 전사(戰死): 전쟁터에서 적과 싸우다 죽음 盡歿(진몰): 모조리 다 죽음 陣歿(진몰): 싸움터에서 죽음 戰歿將兵(전몰장병) 全歿知覺(전몰지각): 전혀 지각이 없음
高 3급II 1052	夕 11 총14획	夢	꿈 dream 몽	梦 mèng	夢寐(몽매) 夢色(몽색) 夢泄(몽설) 夢遺(몽유) 夢精(몽정) 夢想家(몽상가) 夢遊病(몽유병) 非夢似夢(비몽사몽) 夢遊桃源圖(몽유도원도): 조선 안견(安堅)이 그린 안평대군의 꿈 이야기
高 3급II 1053	++艹10 총14획	蒙	어두울 ignorant 몽	蒙 méng	蒙古(몽고) 蒙求(몽구): 당나라의 어린이용 역사서 啓蒙(계몽) 蒙昧(몽매): 어리석고 사리에 어두움 蒙塵(몽진) = 파천(播遷) 蒙網捉魚(몽망착어): 우연히 운이 좋았음 吳下阿蒙(오하아몽)
中 3급 1054	卩 03 총05획	卯	토끼 rabbit 넷째지지(地支) 묘	卯 mǎo	卯時(묘시): 12시 넷째(05시~07시), 24시의 일곱째(05:30~06:30) 卯酒(묘주): 아침술 己卯士禍(기묘사화): 조선 중종 14년(1519) 己卯名賢(기묘명현): 조선 중종 때 기묘사화로 화를 입은 사람
2급(名) 1055	日 05 총09획	昴	별이름 Pleiades; small things 묘	昴 mǎo	昴星(묘성): 이십팔수(二十八宿)의 열여덟째 별. 육안으로는 6개 昴宿(묘수): =묘성(昴星)(이십팔수(二十八宿)의 열여덟째 별자리의 별들) 昴星旗(묘성기): 조선시대 때의 의장기의 하나 묘성을 상징하는 삼각기
中 4급 1056	女 04 총07획	妙	묘할 exquisite 묘	妙 miào	妙齡(묘령): 여자의 스물 안팎의 꽃다운 나이 妙策(묘책) 巧妙(교묘): 재치가 있고 약삭빠르다. 奇妙(기묘) 微妙(미묘) 妙年才格(묘년재격): 젊은 나이에 타고난 재주와 높은 품격
1급 1057	氵水09 총12획	渺	아득할/ dim 물질펀할 묘	渺 miǎo	渺漠(묘막):☞ 광막(廣漠) 渺然(묘연): 아득히 멂 渺遠(묘원): 눈이 미치지 않은 만큼 까마득하게 멂 渺滄海之一粟(묘창해지일속): 넓고 푸른 망망한 바다에 한 알의 좁쌀
1급 1058	木 04 총08획	杳	아득할 obscure 묘	杳 yǎo	杳冥(묘명): 어둠침침하고 아득함 杳杳(묘묘): 멀어서 아득하다 杳然(묘연): ① 그윽하고 멀어서 눈에 아물아물함 ② 오래 되어 기억이 흐릿함 ③ 소식이 없어 행방을 알 수 없음. 행방묘연(行方杳然)
高 3급 1059	++艹05 총09획	苗	모/ 싹 sprout 묘	苗 miáo	苗根(묘근) 苗脈(묘맥) 苗木(묘목) 苗床(묘상) 苗緖(묘서) 苗胤(묘윤) 苗族(묘족): 먀오 족 苗節(묘절): 산삼 잎을 발견하기 쉬울 때 苗條(묘조): 식물의 발생 초기 잎과 줄기 苗種(묘종) 苗板(묘판)
1급 1060	扌手09 총12획	描	그릴 depiction; delineation 묘	描 miáo	描寫(묘사): 언어로 서술하거나 그림을 그려서 나타냄 描畫(묘화) 素描(소묘): 형태와 명암을 위주로 단색으로 그린 그림. 데생(dessin) 描虎類犬(묘호류견): 호랑이를 그리려고 했으나 개와 비슷하게 되었다.
1급 1061	犭犬09 총12획	猫	고양이 cat 묘	猫 māo	猫雀圖(묘작도): 고양이와 고목에 앉은 참새 그림. 조선 변상벽(卞相璧) 猫鼠同眠(묘서동면): 쥐와 고양이가 함께 잔다. 결탁하여 나쁜 짓을 함 猫項懸鈴(묘항현령): '쥐가 고양이 목에 방울 달기' 공연히 의논만 함
高 4급 1062	土 11 총14획	墓	무덤 grave; tomb; cemetery 묘	墓 mù	墓碣(묘갈) 墓碑(묘비) 墓域(묘역) 墓主(묘주) 墓地(묘지) 墓誌(묘지) 墓表(묘표) 陵墓(능묘) 墳墓(분묘) 省墓(성묘) 丘墓之鄕(구묘지향): 선산(先山: 조상의 묘가 있는)이 있는 고향
高 3급 1063	广 12 총15획	廟	사당 shrine 묘	庙 miào	宗廟(종묘): 왕과 왕후 사당(祠堂) 廟啓(묘계): 조정에서 임금에게 상주(上奏)하던 일 廟祠(묘사): 신위를 모신 사당 廟社(묘사): 종묘와 사직(社稷) 廟堂公論(묘당공론): 조정(朝廷)에서 나라의 일을 논의하는 일
1급 1064	毋 00 총04획	毋	말[勿] not 무	毋 wú	毋岳―(무악재): 서울 서대문구 현저동과 홍제동 사이를 잇는 고개 毋望之福(무망지복): 뜻하지 않은 복 毋望之人(무망지인): 뜻밖의 도움을 주는 사람
1급 1065	扌手05 총08획	拇	엄지손가락 thumb 무	拇 mǔ	拇印(무인)=지장(指章): 손가락에 인주 따위를 묻혀 그 지문(指紋)을 찍은 것 拇指(무지): 엄지손가락 大拇指(대무지): 엄지손가락

급수	부수	한자	훈음	음	간체/異體	용례
中 3급 1066	戈 01 총05획	戊	다섯째 천간 fifth of the ten Heavenly Stems	무:	戊 wù	戊子(무자) 戊辰年(무진년) 戊戌年(무술년) 戊戌酒(무술주): 누런 수캐의 고기를 삶아서 찹쌀과 섞어 함께 쪄서 빚은 약술. 개소주 戊午士禍(무오사화): 연산군4년 훈구파가 사림파 문관을 죽이고 귀양 보낸 사화
中 3급Ⅱ 1067	⺿艸05 총09획	茂	무성할 exuberant; luxuriant	무:	茂 mào	茂盛(무성): 풀이나 나무가 우거지어 성함 茂朱郡(무주군): 전라북도 根深枝茂(근심지무): 뿌리가 깊으면 가지가 무성하다 松柏之茂(송백지무): 소나무와 잣나무가 푸른 것처럼 영원토록 번영함
中 4급Ⅱ 1068	止 04 총08획	武	호반(虎班)/ 굳셀 knight; warrior	무:	武 wǔ	武官(무관) 武器(무기) 武力(무력) 武班(무반): 호반(虎班) 武士(무사) 武術(무술) 武藝(무예) 武裝(무장) 武勇談(무용담) 武功勳章(무공훈장) 文武兼全(문무겸전): 문무를 다 갖추고 있음
1급 1069	工 04 총07획	巫	무당 witch; exorcist	무:	巫 wū	巫覡(무격): 무당과 박수 巫堂(무당): 귀신을 섬겨 길흉을 점치고 굿을 하는 여자 巫山之夢(무산지몽): 무산의 꿈이라는 뜻으로, 남녀의 정교(情交)
1급 1070	言 07 총14획	誣	속일 innocent; a false charge	무:	诬 wū	誣供(무공): 죄인이 거짓으로 꾸며대는 진술 誣啓(무계): 임금에게 거짓으로 아리는 것 誣欺(무기) 誣陷(무함): 없는 사실로 속여 곤경에 빠뜨림 誣告罪(무고죄): 관련 기관에 허위 사실을 신고함으로써 성립하는 죄
1급 1071	田 05 총10획	畝	이랑 ridge and furrow	무: 묘:	亩 mǔ	頃畝法(경무법): 100보(步)를 1무(畝), 100무를 1경(頃) 畝溝(묘구): 고랑. 두둑한 땅과 땅 사이에 길고 좁게 들어간 곳 田畝(전묘): 밭이랑(한 두둑과 한 고랑을 아울러 이르는 말)
中 4급Ⅱ 1072	力 09 총11획	務	힘쓸 affair; endeavor	무:	务 wù	勤務(근무) 實務(실무) 用務(용무) 義務(의무) 任務(임무) 業務(업무) 常務(상무) 總務(총무) 務實力行(무실역행): 실속 있도록 힘써 실행함 開物成務(개물성무): 만물의 뜻을 깨달아 모든 일을 이룸
高 3급 1073	雨 11 총19획	霧	안개 fog	무:	雾 wù	霧帶(무대): 넓은 띠 모양으로 길게 낀 안개 霧露(무로): 안개와 이슬 霧散(무산) 霧堤(무제): 육지처럼 보이는 먼 바다의 안개 霧集(무집) 五里霧中(오리무중): 일의 갈피를 잡기 어려움 雲消霧散(운소무산)
高 3급Ⅱ 1074	貝 05 총12획	貿	무역할 trade; commerce	무:	贸 mào	貿易(무역): 나라와 나라 사이에 상품을 사고팔고 하는 일 貿易風(무역풍): 아열대 지방의 중위도 고압대에서 적도 저압대로 부는 바람 貿賤賣貴(무천매귀) 世界貿易機構(WTO) 自由貿易協定(FTA)
中 5급 1075	灬火08 총12획	無	없을 nothing	무	无 wú mó	無故(무고) 無關(무관) 無期(무기) 無料(무료) 無償(무상) 無視(무시) 無識(무식) 無敵(무적) 無限(무한) 無效(무효) 無所不爲(무소불위) 無依無托(무의무탁) 無主空山(무주공산)
1급 1076	忄心12 총15획	憮	어루만질 console	무:	怃 wǔ	憮然(무연): 무연(憮然)히(크게 낙심하여 허탈해하거나 멍하게) 懷憮(회무): 잘 달래서서 안심(安心)시킴. 잘 달램
1급 1077	扌手12 총15획	撫	어루만질 caress; stroke	무(:)	抚 fǔ	撫摩(무마): 분쟁이나 사건 따위를 어물어물 덮어 버림 按撫(안무) 愛撫(애무) 撫育(무육): 잘 돌보아 사랑하여 기름 督撫(독무): 總督과 巡撫使 群盲撫象(군맹무상): 여러 맹인이 코끼리를 더듬는다.
1급 1078	⺿艸12 총16획	蕪	거칠 rough	무	芜 wú	蕪菁(무청): 궁궁이의 싹을 약재로 이르는 말 蕪辭(무사): 난잡하게 늘어놓아 변변치 못한 말 蕪淺(무천) 蕪草(무초) 荒蕪地(황무지) 田園將蕪(전원장무): 논밭과 동산이 황폐해지려고 함 歸去來辭 -陶淵明
中 4급 1079	舛 08 총14획	舞	춤출 dance	무:	舞 wǔ	舞臺(무대) 舞童(무동) 舞踊(무용) 舞天(무천) 舞筆(무필) 舞蹈會(무도회): 사교춤을 추는 모임 舞馬之災(무마지재): 火災 舞文弄筆(무문농필): 문부(文簿)·법규를 함부로 고쳐 농락함. 舞文曲筆
中 3급Ⅱ 1080	土 12 총15획	墨	먹 ink stick	묵	墨 mò	墨光(묵광) 墨線(묵선) 墨跡(묵적) 水墨(수묵) 紙筆墨(지필묵) 墨子悲染(묵자비염): 묵자가 물들이는 것을 슬퍼한다. 묵자읍사(墨子泣絲) 墨城之守(묵성지수): 묵자가 성을 지키는 데 조금도 굴하지 않았다. 묵수(墨守)

급수	부수	한자	훈	음	简体/拼音	용례
高 3급II 1081	黑 04 총16획	默	잠잠할 quiet; tacit	묵	默 mò	默契(묵계) 默念(묵념) 默禱(묵도) 默殺(묵살) 默認(묵인) 沈默(침묵) 默祈禱(묵기도) 默秘權(묵비권) 默示錄(묵시록) 默默不答(묵묵부답) 默然不答(묵연부답): 침묵할 뿐 대답이 없음
中 7급 1082	文 00 총04획	文	글월 sentence; civil	문	文 wén	文件(문건) 文明(문명) 文武(문무) 文書(문서) 文選(문선) 文藝(문예) 文字(문자) 文章(문장) 文學(문학) 文獻(문헌) 文化(문화) 文房四友(문방사우): 종이·붓·먹·벼루의 네 문방구
2급(名) 1083	氵水04 총07획	汶	물이름 river; defile	문	汶 wèn	汶山邑(문산읍): 파주시 중앙부에 있는 읍. 문산리, 당도리, 임진리 汶湖里(문호리): 경기 양평군 서종면 汶汶(문문): 수치스러운 모양 汶 [Wèn]: 원수이(汶水). [산둥(山東)성에 있는 강 이름] (=大汶河, 汶河)
3급II 1084	糸 04 총10획	紋	무늬 pattern; design	문	纹 wén	紋緞(문단) 紋章(문장) 指紋(지문) 龍紋(용문) 波紋(파문) 花紋席(화문석): 물들인 왕골로 꽃무늬 등을 놓아 짠 돗자리, 꽃돗자리 紋繡之服(문수지복): 무늬가 있고 아름다운 수가 놓인 비단으로 지은 옷
2급 1085	糸 04 총10획	紊	어지러울/ 문란할 disorder	문	紊 wěn	紊亂(문란): 도덕이나 질서, 규칙 등이 어지러움 風紀紊亂(풍기문란): 풍속의 질서가 바로 서 있지 않고 어지러움
1급 1086	虫 04 총10획	蚊	모기 mosquito	문	蚊 wén	蚊不死(문불사): 곰보를 농조로 이르는 말 飛蚊症(비문증): 눈앞에 물체가 날아다니는 듯이 보이는 증상 見蚊拔劍(견문발검): 모기를 보고 칼을 뺀다. 하찮은 일에 너무 성내어 덤빔
中 8급 1087	門 00 총08획	門	문 door; gate	문	门 mén	門閥(문벌) 門地(문지) 門下(문하) 大門(대문) 部門(부문) 專門(전문) 窓門(창문) 門外漢(문외한) 門閥主義(문벌주의) 門前乞食(문전걸식) 門前成市(문전성시) 門前沃畓(문전옥답)
中 7급 1088	口 08 총11획	問	물을 ask; inquire	문ː	问 wèn	問答(문답) 問病(문병) 問喪(문상) 問安(문안) 問議(문의) 問題(문제) 問診(문진) 問責(문책) 問招(문초) 問項(문항) 顧問(고문) 訪問(방문) 弔問(조문) 質問(질문) 學問(학문)
中 6급II 1089	耳 08 총14획	聞	들을 hear	문(ː)	闻 wén	見聞(견문) 所聞(소문) 新聞(신문) 聽聞(청문) 醜聞(추문) 風聞(풍문) 聞慶市(문경시): 경상북도 聞一知十(문:일지십) 聞信一念(문신일념) 鷄犬相聞(계견상문): 人家가 잇대어 있음의 비유
中 3급II 1090	勹 02 총04획	勿	말[禁] do not	물	勿 wù	勿驚(물경): 놀라지 말라 勿拘(물구) 勿論(물론): 말할 것도 없음 勿忘草(물망초) 勿失好機(물실호기): 좋은 기회를 놓치지 않음 勿揀赦前(물간사전): 은사(恩赦)를 입지 못할 무거운 죄
中 7급II 1091	牛 04 총08획	物	물건 thing; object; material	물	物 wù	物價(물가) 物件(물건) 物量(물량) 物理(물리) 物資(물자) 物質(물질) 物體(물체) 物品(물품) 物質代謝(물질대사) 物心一如(물심일여): 사물과 마음이 구분 없이 하나의 근본으로 통합됨
中 4급II 1092	木 01 총05획	未	아닐 not; yet	미(ː)	未 wèi	未決(미결) 未納(미납) 未達(미달) 未來(미래) 未滿(미만) 未詳(미상) 未成(미성) 未遂(미수) 未熟(미숙) 未然(미연) 未完(미완) 未知(미지) 未盡(미진) 未洽(미흡) 未曾有(미증유)
中 4급II 1093	口 05 총08획	味	맛 taste; flavor; zest; savor	미ː	味 wèi	味覺(미각) 味讀(미독) 加味(가미) 佳味(가미) 甘味(감미) 苦味(고미) 口味(구미) 妙味(묘미) 別味(별미) 意味(의미) 調味(조미) 珍味(진미) 趣味(취미) 風味(풍미) 興味(흥미)
中 6급 1094	米 00 총06획	米	쌀 rice	미	米 mǐ	米價(미가) 米穀(미곡) 米壽(미수): 八十八歲 米飲(미음) 白米(백미) 玄米(현미) 落庭米(낙정미) 米珠薪桂(미주신계): 쌀은 구슬 보다, 땔감은 계수나무보다 비싸다. 물가가 치솟아 생활하기 어렵다.
高 3급 1095	辶辵06 총10획	迷	미혹할 delusion	미(ː)	迷 mí	迷宮(미궁) 迷路(미로) 迷夢(미몽) 迷息(미식): 자기의 아들이나 딸에 대한 겸칭 迷信(미신): 망령(妄靈)되다고 생각되는 믿음 迷兒(미아): 길을 잃고 헤매는 아이 迷惑(미혹): 홀려 정신을 차리지 못함

급수	부수	한자	훈	음	中	용례
中 3급II 1096	尸 04 총07획	尾	꼬리 tail	미:	尾 wěi	尾骨(미골) 尾星(미성): 이십팔수(宿)의 여섯째 별, 혜성(彗星) 尾宿(미수) 尾行(미행): 남의 뒤를 몰래 따라감 語尾(어미) 尾生之信(미생지신): 우직하여 융통성이 없이 약속만을 굳게 지킴
中 6급 1097	羊 03 총09획	美	아름다울 beautiful; U.S.A.	미(:)	美 měi	美國(미국) 美軍(미군) 美文(미문) 美貨(미화)/ 美德(미덕) 美麗(미려) 美貌(미모) 美聞(미문) 美門(미문): 예루살렘 황금문 美術(미술) 美人(미인) 美醜(미추) 美辭麗句(미사여구)
高 3급 1098	目 04 총09획	眉	눈썹 eyebrow	미	眉 méi	眉間(미간) 眉斧(미부) 白眉(백미): 여럿 중에서 가장 뛰어남 纖眉(섬미): 가느다란 눈썹, '미인(美人)' 焦眉(초미): 매우 위급함 眉去眼來(미거안래): 눈썹이 가고 눈이 온다, 서로 미소를 보냄
1급 1099	女 09 총12획	媚	아첨할/ flattery 예쁠 pretty	미	媚 mèi	媚笑(미소): 아양을 떨며 아첨하듯이 웃는 웃음 媚悅(미열): 남의 환심을 사거나 잘 보이려고 알랑거림 媚態(미태) 狐媚(호미) 風光明媚(풍광명미): 산수의 경치가 너무 맑고 아름다움
高 3급II 1100	彳 10 총13획	微	작을 micro; tiny	미	微/微 wēi	微妙(미묘) 微細(미세) 微笑(미소) 微服(미복) 微分(미분) 微行(미행) 微積分(미적분) 微服潛行(미복잠행): 미복으로 남모르게 다님 微吟緩步(미음완보) 微雲過河漢(미운과하한)
1급 1101	++艸13 총17획	薇	장미 rose	미	薇 wēi	薔薇(장미): 장미과의 낙엽 관목(灌木) 野薔薇(야장미): 찔레나무 薇院(미원):☞ 사간원(司諫院) 采薇歌(채미가): '백이와 숙제가 고사리(薇)를 캐며 부른 노래', '절개 있는 선비가 초야에서 부르는 노래'
2급(名) 1102	弓 14 총17획	彌	미륵/ Maitreya 오랠 두루 widely	미	弥/弥 mí	彌勒(미륵): 미륵보살/ 彌久(미구): 매우 오래됨/ 彌滿(미만): 널리 가득하다. 彌縫(미봉): 임시변통 彌縫策(미봉책): 눈가림 대책 彌阿洞(미아동): 서울시 강북구 彌특급II鄒忽(미추홀): 인천광역시
1급 1103	非 11 총19획	靡	쓰러질 fall down	미	靡 mí mǐ	靡寧(미령): 어른이 병으로 편하지 못함 風靡(풍미): 널리 사회에 퍼짐 靡不用極(미불용극): 마음과 힘을 다하여 함 靡不有初鮮克有終 (미불유초선극유종): 처음은 누구나 노력하지만 끝까지 계속하는 사람은 적다.
中 8급 1104	氏 01 총05획	民	백성 people	민	民 mín	民間(민간) 民泊(민박) 民法(민법) 民事(민사) 民生(민생) 民選(민선) 民俗(민속) 民心(민심) 民營(민영) 民謠(민요) 民意(민의) 民願(민원) 民族(민족) 民主(민주) 民衆(민중)
2급(名) 1105	王玉 05 총09획	珉	옥돌 gemstone	민	珉 mín	珉燈(민등)길: 전남 고흥군 徐珉濠(서민호)길: 전남 고흥군 珉周之山(민주지산): 충청북도 영동군 용화면·상촌면, 전라북도 무주군 설천면, 경상북도 김천시 부항면 삼도를 가르는 삼도봉을 거느린 명산 1,242m
2급(名) 1106	日 04 총08획	旼	화할 mildness; gentleness	민	旼 mín	인명용 한자 1. 화(和)하다 2. 온화(溫和)하다 3. 화락(和樂)하다
2급(名) 1107	日 04 총08획	旻	하늘 sky	민	旻 mín	旻天(민천): 가을 하늘 九旻(구민): 맑게 갠 가을 하늘 旻天大闕(민천대궐): 민천사라는 절을 궁궐로 삼았기 때문에 이르는 말 고려 말 조선 초 개성에 있던 정전(正殿) 수창궁(壽昌宮)을 달리 부르는 말
2급(名) 1108	王玉 04 총08획	玟	아름다운 돌 gemstone	민	玟 mín	玟坯釉(민배유): 자기(瓷器)의 겉에 바르는 유리 성질의 가루. 윤이 나고 물이 스며들지 않는다.
高 3급 1109	攵攴07 총11획	敏	민첩할 quickness	민	敏 mǐn	敏感(민감): 날카롭고 빠르다. 敏銳(민예): 총명하고 예민(銳敏)하다. 敏捷(민첩): 재빠르고 날쌔다. 機敏(기민): 날쌔고 눈치가 빠르다. 精敏强幹(정민강간): 사리에 밝고 판단에 민첩하며, 역량과 재능이 있음
1급 1110	心 08 총12획	悶	답답할 agonize	민	悶 mèn mèn	悶渴(민갈): 속이 답답하고 목이 탐 悶慮(민려): 답답하게 염려스러움 悶死(민사): 고민하다가 죽음 悶塞(민색): 울화가 치밀어 속이 꽉 막힘 悶鬱(민울): 안타깝고 답답하다. 悶絶(민절) 苦悶(고민) 煩悶(번민)

급수	부수	한자	훈	음	간체/병음	용례
2급(名) 1111	門 04 총12획	閔	성(姓) surname	민	闵 mǐn	閔妃(민비): 명성황후(明成皇后) 閔哀王(민애왕): 신라 44대 임금 閔泳翊(민영익): 1860~1914. 근대 초기의 정치가이자 문인화가. 閔泳煥(민영환): 조선 말기 을사늑약에 항거해 자결. 閔忠正公遺稿
高 3급 1112	忄心12 총15획	憫	민망할 embarrassed	민	悯 mǐn	憫憐(민련): 딱하고 가엾다 憫惘(민망): 답답하고 딱하여 안타까움 憫憫(민민): 매우 딱함 憫笑(민소) 憫情(민정) 憫燥(민조) 憫酒(민주) 憫恤(민휼): 불쌍한 사람을 도와줌 憐憫(연민)
中 4급II 1113	宀 08 총11획	密	빽빽할 dense; secret	밀	密 mì	密敎(밀교) 密談(밀담) 密度(밀도) 密獵(밀렵) 密封(밀봉) 密輸(밀수) 密栓(밀전) 密接(밀접) 密集(밀집) 密着(밀착) 機密(기밀) 祕密(비밀) 密陽市(밀양시) 密雲不雨(밀운불우)
高 3급 1114	虫 08 총14획	蜜	꿀 honey	밀	蜜 mì	蜜蠟(밀랍): 꿀벌이 벌집을 만들기 위해 분비하는 물질 蜜蜂(밀봉): 꿀벌 蜜語(밀어): 남녀 사이의 정담 蜜月(밀월) 木蜜(목밀) 蜂蜜(봉밀) 蜜源植物(밀원식물) 蜜月旅行(밀월여행) 口蜜腹劍(구밀복검)
1급 1115	言 10 총17획	謐	고요할 quiet	밀	谧 mì	安謐(안밀): 조용하고 평안함 靜謐(정밀): 고요하고 편안함 四海靜謐(사해정밀): 천하의 풍파가 진정(鎭靜)되어 태평(太平)함
中 6급 1116	木 02 총06획	朴	성(姓) surname 후박나무	박	朴 piáo pò	素朴(소박): 꾸밈이나 거짓이 없고 수수하다. 淳朴(순박): 순량하고 소박하다. 質朴(질박): 꾸민 데가 없이 수수하다. 厚朴(후박): 인정이 두텁고 거짓이 없다. 朴赫居世(박혁거세): 신라의 시조(B.C.69~A.D.4)
高 4급 1117	扌手05 총08획	拍	칠 clap/ beat	박	拍 pāi pò	拍手(박수) 拍子(박자): 음악적 시간을 구성하는 기본적 단위. 拍車(박차): 일의 촉진을 위해 더하는 힘 間拍(간박): 장구를 칠 때 중간 박 拍案大叫(박안대규) 拍案大聲(박안대성) 拍掌大笑(박장대소)
高 3급 1118	氵水05 총08획	泊	머무를/ 배댈 stay; anchoring	박	泊 bó	憩泊(게박): 쉬려고 머무름 宿泊(숙박): 자고 머무름 淡泊(담박): ① 마음이 깨끗함 ② 맛이나 빛이 산뜻함 漂泊(표박): 정처 없이 물 위에 떠도는 것 碇泊(정박): 배가 닻을 내리고 머무름 碇泊地(정박지)
1급 1119	竹 08 총14획	箔	발[簾] bamboo blind	박	箔 bó	金箔(금박): 금 또는 금빛 나는 물건을 두드려 종이처럼 얇게 만든 물건 錫箔(석박): 은종이 銀箔紙(은박지) 蠶箔(잠박): 누에 채반
高 3급II 1120	辶走05 총09획	迫	핍박할 persecute	박	迫 pò pǎi	迫害(박해) 驅迫(구박) 急迫(급박) 壓迫(압박) 切迫(절박) 逼迫(핍박): 바싹 죄어서 몹시 괴롭게 굶 脅迫(협박): 으르면서 다잡음 迫不得已(박부득이): 일이 매우 급하게 닥쳐와서 어찌할 수 없이
1급 1121	王玉05 총09획	珀	호박(琥珀) amber	박	珀 pò	琥珀(호박): 지질 시대의 나무의 송진 따위가 땅속에 파묻혀서 수소, 산소, 탄소 따위와 화합하여 돌처럼 굳어진 광물 琥珀光(호박광): 맑고 아름다운 술의 누런빛 琥珀酸(호박산): succinic酸 조미료로 씀
1급 1122	米 05 총11획	粕	지게미 lees; residue	박	粕 pò	糟粕(조박): 재강. 술을 걸러 내고 남은 찌꺼. 大麻粕(대마박): 삼씨로 기름을 짜낸 뒤에 남은 찌끼 澱粉粕(전분박): 감자·옥수수 따위에서 전분을 뽑아내고 남은 찌끼
2급 1123	舟 05 총11획	舶	배 ship; vessel; shipping	박	舶 bó	舶來(박래) 舶物(박물) 舶商(박상) 舶用(박용) 船舶(선박): 상당히 큰 규모로 만들어진 배를 가리킴 船舶復原性(선박복원성): 배가 한쪽으로 기울어 졌다가 다시 제자리를 되돌아가는 성질
1급 1124	刀 08 총10획	剝	벗길 strip	박	剥/剥 bāo bō	剝離(박리): 벗겨 냄 剝製(박제) 剝皮(박피): 껍질이나 가죽을 벗김 剝脫(박탈): 벗겨져 떨어짐 剝奪(박탈): 강제로 빼앗음 剝膚槌髓(박부추수): 껍질을 벗기고 골수를 긁어내, 벼슬아치의 횡렴(橫斂)
高 4급II 1125	十 10 총12획	博	넓을 wide; extensive	박	博 bó	博士(박사) 博愛(박애): 널리 사랑함. 범애(汎愛) 博物館(박물관) 博古知今(박고지금) 博覽强記(박람강기) 博而不精(박이부정) 博引旁證(박인방증) 博採衆議(박채중의) 博學多識(박학다식)

급수	부수	한자	훈	음	中	예
1급 1126	扌手10 총13획	搏	두드릴 strike; pulsation	박	搏 bó	搏擊(박격) 搏動(박동): 맥이 뛰는 것 搏殺(박살): 쳐서 죽이는 것 脈搏(맥박): 심장의 박동에 따라 일어나는 혈관 벽의 주기적인 파동 龍虎相搏(용호상박): 용과 범이 서로 싸운다. 강자끼리 서로 싸움
1급 1127	月肉10 총14획	膊	팔뚝 forearm	박	膊 bó	膊(박): ① 위팔과 팔뚝을 두루 일컬음 ② 위팔의 바깥쪽 부위 上膊(상박) 下膊(하박) 上膊筋(상박근): 상박의 근육 前膊骨(전박골): 하박골(下膊骨) 二頭膊筋(이두박근): 상완 이두근
1급 1128	糸10 총16획	縛	얽을/묶을 bind	박	缚 fù	縛拷(박고): 죄인을 묶어 놓고 고문함 結縛(결박) 劫縛(겁박) 繫縛(계박) 束縛(속박) 縛之打之(박지타지): 몸을 묶어 놓고 때림 自繩自縛(자승자박): 자신이 한 말과 행동에 자신이 구속되어 괴로움을 당함
高 3급II 1129	++艸13 총17획	薄	엷을 thin; flimsy	박	薄 báo bó	薄德(박덕) 薄命(박명) 薄福(박복) 薄俸(박봉) 薄氷(박빙) 薄謝(박사) 薄儀(박의) 薄石(박석) 薄利多賣(박리다매) 美人薄命(미인박명): 미인은 불행하거나 병약하여 요절하는 일이 많음
1급 1130	馬04 총14획	駁	논박할 refutation	박	驳 bó	駁擊(박격) 駁啓(박계) 駁設(박설) 攻駁(공박) 反駁(반박) 論駁(논박): 어떤 주장이나 의견에 그 잘못된 점을 조리 있게 공격하여 말함 甲論乙駁(갑론을박): 자기주장을 내세우고 상대방의 주장을 반박함
1급 1131	扌手12 총15획	撲	칠[擊] beat	박	扑 pū	撲滅(박멸): 모조리 잡아 없애 버림 撲殺(박살): 때려죽임 打撲(타박): 때리고 침 打撲傷(타박상): 맞거나 부딪쳐 난 상처 撲朔迷離(박삭미리): 사물이나 상황이 마구 뒤섞여 있어 갈피를 잡을 수 없음
1급 1132	木12 총16획	樸	순박할/통나무 simplicity	박	朴 pǔ	樸陋(박루): 수수하고 허름하다. 樸直(박직): 순박하고 정직하다. 樸學(박학): 유교 樸厚(박후) 淳樸(순박): 순량하고 소박하다. 質樸(질박): 꾸밈없이 수수하다. 樸頭箭(박두전): 촉이 나무로 된 화살
中 6급II 1133	又02 총04획	反	돌이킬/되돌릴 anti; react; dissent	반:	反 fǎn	反共(반공) 反對(반대) 反面(반면) 反復(반복) 反覆(반복) 反射(반사) 反省(반성) 反映(반영) 反影(반영) 反應(반응) 反則(반칙) 反面教師(반면교사): 나쁜 본보기로서의 사람이나 일
高 3급 1134	辶辵04 총08획	返	돌아올 return	반:	返 fǎn	返歌(반가) 返却(반각) 返納(반납) 返戾(반려) 返路(반로) 返報(반보) 返送(반송) 返信(반신) 返濟(반제) 返魂(반혼) 返札(반찰) 返品(반품) 返還(반환): ① 도로 돌려줌 ② 되돌아오거나 감
高 3급 1135	又07 총09획	叛	배반할 rebel	반:	叛 pàn	叛軍(반군) 叛旗(반기) 叛奴(반노) 叛徒(반도) 叛戾(반려) 叛亂(반란): 정부나 지배자에 대항하여 내란을 일으킴 叛臣(반신) 叛逆(반역) 謀叛(모반) 背叛(배반): 믿음과 의리를 저버리고 돌아섬
中 3급II 1136	食04 총13획	飯	밥 boiled rice	반	饭 fàn	飯店(반점) 飯酒(반주) 飯饌(반찬) 白飯(백반) 朝飯(조반) 飯床器(반상기): 격식을 갖추어 밥상 하나를 차리게 만든 한 벌의 그릇 飯米農家(반미농가) 家常茶飯(가상다반): 집에서 먹는 평소의 식사
中 6급II 1137	十03 총05획	半	반(半) half	반:	半 bàn	半島(반도) 半白(반백) 半切(반절) 上半(상반) 前半(전반) 折半(절반) 半導體(반도체) 半面識(반면식) 半世紀(반세기) 下半期(하반기) 半信半疑(반신반의) 半身不隨(반신불수)
高 3급 1138	亻人05 총07획	伴	짝 pair; couple	반:	伴 bàn	伴侶(반려) 伴隨(반수) 伴奏(반주) 伴行(반행) 同伴(동반) 隨伴(수반) 作伴(작반) 伴侶者(반려자): 짝이 되는 사람《배우자》 伴食宰相(반식재상): 하는 일 없이 자리만 지키고 있는 무능한 재상
1급 1139	扌手05 총08획	拌	버릴/뒤섞을 discard agitate	반	拌 bàn	攪拌(교반) 攪拌機(교반기): 섞거나 부수거나 또는 열을 골고루 전달시키기 위하여 뒤섞어 휘젓는 기구나 장치. 믹서(mixer), 젓개 拌飯 [bànfàn]: 비빔밥 拌桔梗 [bànjiégěng]: 도라지 무침
1급 1140	田05 총10획	畔	밭두둑 shore	반	畔 pàn	溪畔(계반): 냇가 岸畔(안반): 바다 기슭이나 강기슭의 가. 부둣가 河畔(하반): 강 가 湖畔(호반): 호숫가 湖畔詩人(호반시인) 茫無涯畔(망무애반): 아득하게 넓고 멀어 끝이 없음. 망무제애(茫無際涯)

급수	부수/획수	한자	훈음	음	간체/병음	용례
1급 1141	糸 05 총11획	絆	얽어맬 bind	반	绊 bàn	絆籠(반롱): 얽어매어 가두는 일 絆緣(반연): 얽혀서 맺어지는 인연 脚絆(각반): 발목에서 무릎 아래까지 감는 헝겊 띠 羈絆(기반): ① 굴레 ② 굴레를 씌우듯 자유를 얽매는 일 絆瘡膏(반창고): 의료용 테이프
高 6급II 1142	王玉 06 총10획	班	나눌 share; class	반	班 bān	班常(반상): 양반과 상사람 班列(반열): 품계나 신분, 등급의 차례 班位(반위) 班次(반차) 班長(반장) 學班(학반) 兩班(양반) 武班(무반) 虎班(호반) 文班(문반) 鶴班(학반) 優劣班(우열반)
1급 1143	文 08 총12획	斑	아롱질/ 얼룩 stain	반	斑 bān	斑狀(반상) 斑駁(반박): 여러 빛깔이 뒤섞여 아롱진 모양 斑點(반점) 紅斑(홍반) 蒙古斑(몽고반) 虎斑釉(호반유): 호랑이 얼룩무늬 잿물 斑衣之戱(반의지희): 때때옷을 입고 논다, 늙어서도 효도한다는 말
高 3급II 1144	舟 04 총10획	般	가지/ 일반 general	반	般 bān	般樂(반락) 各般(각반) 去般(거반) 過般(과반) 今般(금반) 先般(선반) 一般(일반) 全般(전반) 諸般(제반) 一般的(일반적) 全般的(전반적) 般若心經(반야심경): 260자로 된 짧은 불경
2급 1145	扌手 10 총13획	搬	옮길 carry; transport; conveyance	반	搬 bān	搬送(반송): 물건 따위를 운반하여 보냄 搬移(반이): 짐을 운반하여 옮김 搬入(반입) 搬出(반출) 搬送波(반송파): 음성이나 영상의 신호파를 전송하는데 사용하는 고주파 전류 運搬船(운반선): 물건을 실어 나르는 배
1급 1146	木 10 총14획	槃	쟁반 tray	반	盘 pán	盥槃(관반): 제사 때에 제관이 세수를 할 대야를 받쳐 놓는 소반 특급 盥(대야 관)/ 槃特(반특): 석가의 제자 涅槃(열반): 산 nirvāna 無餘涅槃(무여열반): 번뇌와 괴로움이 완전히 소멸된 상태
高 3급II 1147	皿 10 총15획	盤	소반 a small dining table	반	盘 pán	盤踞(반거) 盤據(반거) 盤石(반석) 盤旋(반선) 盤松(반송) 盤錯(반착) 基盤(기반) 小盤(소반) 錚盤(쟁반) 地盤(지반) 盤溪曲徑(반계곡경) 盤根錯節(반근착절) 杯盤狼藉(배반낭자)
1급 1148	頁 04 총13획	頒	나눌 distribute; promulgate	반	颁 bān	頒曆(반력) 頒祿(반록): 임금이 관리에게 녹봉을 주던 일. 반급(頒給) 頒賜(반사): 임금이 물건을 나누어 줌 頒宣(반선) 頒扇(반선) 頒布(반포): 세상에 널리 펴서 퍼뜨림 •1446년 訓民正音이 頒布되었다.
2급(名) 1149	氵水 12 총15획	潘	성(姓)	반	潘 pān	潘基文(반기문): 2007.01~2016.12 제8대 UN 사무총장 潘楊之好(반양지호): 반씨(潘氏)와 양씨(楊氏)의 다정한 사이 혼인(婚姻)으로 인척(姻戚) 관계까지 겹친 오래된 좋은 사이
2급(名) 1150	石 12 총17획	磻	반계(磻溪) river	반	磻 pán	磻溪(반계): 주(周)의 강태공이 낚시질을 하다가 문왕(文王)을 만난 곳 磻溪隨錄(반계수록): 반계(磻溪) 유형원이 지은 제도에 관한 고증을 하고 그 개혁의 경위 등을 기록한 책으로 균전제를 중심으로 하는 토지 개혁안이 있음
1급 1151	虫 12 총18획	蟠	서릴 coil; winding	반	蟠 pán	蟠桃(반도): 삼천 년마다 한 번씩 열매가 열린다는 선경에 있는 복숭아 龍蟠虎踞(용반호거): 용이 서리고 범이 걸앉은 듯한 웅장한 산세(山勢)를 비유적으로 이르는 말
1급 1152	手 15 총19획	攀	더위잡을 climb up	반	攀 pān	攀登(반등): 높은 데의 것을 휘어잡고 오름 登攀(등반): 험한 산이나 높은 곳의 정상 따위에 기어오름 攀緣植物(반연식물): 호박·나팔꽃·수세미 攀龍附鳳(반룡부봉): 훌륭한 임금을 좇아서 공명을 세움. 용과 봉은 임금
1급 1153	石 15 총20획	礬	백반 alum	반	矾 fán	白礬(백반): 황산알루미늄과 알칼리 금속이나 암모니아 따위의 황산염으로 이루어진 복염(複鹽). 무색투명한 결정으로 수렴성(收斂性), 매염제(媒染劑)·제지(製紙) 등에 씀 明礬(명반) 燒明礬(소명반)
高 3급II 1154	扌手 05 총08획	拔	뽑을 pick up/ selection	발	拔 bá	拔根(발근): 뿌리째 뽑음 拔群(발군): 여럿 가운데에서 특별히 뛰어남 拔進(발진): 여러 사람 가운데서 뽑아 승진시킴 拔齒(발치): 이를 뽑아냄 拔擢(발탁): 사람을 뽑아 씀 拔本塞源(발본색원): 근원을 아주 없애 버림
1급 1155	足 05 총12획	跋	밟을 tread	발	跋 bá	跋辭(발사): ① 발문 ② 발미 跋文(발문): 책 끝에 본문 내용의 대강이나 발간 경위에 관한 사항을 간략하게 적은 글 跋尾(발미): 검시관이 살인의 원인과 경과 따위를 조사하여 적어 넣는 의견서 跋扈(발호): 제멋대로 함부로 날뜀

급수	부수	한자	훈	음	中	예시
1급 1156	鬼 05 총15획	魃	가물 dry; drought	발	魃 bá	魃虐(발학): 가물이 극심함 ⇨ 가뭄 旱魃(한발): ① 가뭄 ② 가뭄을 맡은 귀신 耐旱魃性(내한발성): 가뭄을 잘 타지 않는 성질
高4급 1157	髟 05 총15획	髮	터럭 hair	발	发 fà	髮膚(발부): 머리털과 피부 髮怨(발원): 아주 작고 하찮은 원망 假髮(가발) 結髮(결발) 頭髮(두발) 白髮(백발) 理髮(이발) 髮短心長(발단심장): 머리털은 빠져서 짧으나 마음은 길다. 나이는 먹었으나 슬기는 많음
1급 1158	力 07 총09획	勃	노할/ 우쩍 일어날 erect	발	勃 bó	勃慢(발만) 勃啓(발계): 어떤 일이 갑자기 일어나거나 우쩍 왕성해짐 勃起(발기): ① 별안간 성이 발끈 일어남 ② 음경(陰莖)이 꼿꼿하게 되는 상태 勃發(발발): 전쟁이나 큰 사건이 갑자기 일어남 勃然(발연) 勃興(발흥)
2급(名) 1159	氵水09 총12획	渤	바다이름 Balhae Kingdom	발	渤 bó	渤海(발해): 장수 대조영이 고구려 유민과 말갈족으로 세운 나라(698~926) 渤海考(발해고): 유득공(柳得恭)이 1784년에 쓴 발해에 관한 역사책 渤海灣(발해만): 랴오둥반도와 산둥반도로 둘러싸인 보하이해 서쪽에 있는 만
中6급II 1160	癶 07 총12획	發	필 shoot; spout	발	発/发 fā	發刊(발간) 發券(발권) 發起(발기) 發給(발급) 發達(발달) 發射(발사) 發想(발상) 發生(발생) 發言(발언) 發音(발음) 發展(발전) 發電(발전) 發表(발표) 發行(발행) 發祥地(발상지)
1급 1161	氵水12 총15획	潑	물뿌릴 sprinkle	발	泼/泼 pō	潑剌(발랄): 표정이나 행동이 밝고 활기차다. 生氣潑剌(생기발랄) 潑墨(발묵): 먹물이 번져 퍼지게 하는 기법 潑皮(발피): 떠돌아다니는 부랑자 活潑潑地(활발발지): 물고기 따위가 펄펄 뛰는 모양. 생기가 철철 넘치는 모양
1급 1162	扌手12 총15획	撥	다스릴 subjugate	발	拨 bō	撥軍(발군): 역마를 몰아 중요 공문서를 변방에 전하던 군졸. 발졸(撥卒) 撥亂(발란): 난리를 평정함 撥憫(발민) 反撥(반발): 되받아서 퉁김 撥亂反正(발란반정): 난리를 평정하여 질서 있는 세상을 회복함
1급 1163	酉 12 총19획	醱	술괼 brew; ferment	발	酦/酸 fā pō	醱酵(발효): 효모·박테리아 따위 미생물의 작용으로 유기물이 분해되는 현상 醱酵食品(발효식품): 젖산균이나 효모(酵母) 등 미생물(微生物)의 발효작용을 이용하여 만든 식품. 김치, 된장, 술, 간장, 치즈
2급(名) 1164	金 05 총13획	鉢	바리때 bowl	발	钵 bō	鉢盂(발우): 승려의 식기. 바리때 鉢山洞(발산동): 서울 강서구 沙鉢(사발): 사기로 만든 아래는 좁고 위는 넓게 만들어 밥이나 죽을 담음 沙鉢通文(사발통문): 주동자가 드러나지 않게 관계자 이름을 빙 둘러 적은 통문
中7급II 1165	方 00 총04획	方	모[棱] angular; square	방	方 fāng	方途(방도) 方面(방면) 方法(방법) 方式(방식) 方案(방안) 方位(방위) 方針(방침) 方便(방편) 方向(방향) 方眼紙(방안지) 四方(사방) 八方(팔방) 地方(지방) 方底圓蓋(방저원개)
1급 1166	土 04 총07획	坊	동네 village	방	坊 fāng fáng	坊曲(방곡): 마을 坊店(방점): 가게 僧坊(승방): 절, 사원(寺院) 春坊(춘방): 세자시강원(世子侍講院)을 달리 이르는 말 坊坊曲曲(방방곡곡): 어느 한 군데도 빼놓지 않은 모든 곳
中4급II 1167	阝阜04 총07획	防	막을 defend	방	防 fáng	防備(방비) 防禦(방어) 防疫(방역) 防衛(방위) 防敵(방적) 防除(방제) 防止(방지) 防諜(방첩) 防牌(방패) 防寒(방한) 防波堤(방파제) 防僞私通(방위사통): 아전들이 주고받던 공문
1급 1168	彳 04 총07획	彷	헤맬 wander	방(:)	彷 páng fāng	彷彿(방;불): ① 거의 비슷함 ② 무엇과 같다고 느끼게 하다. 彷徨(방황): 방향이나 위치를 잘 몰라 이리저리 헤매는 것 彷徨變異(방황변이): 개체변이 夢中彷徨(몽중방황)
高4급 1169	女 04 총07획	妨	방해할 disturbance	방	妨 fáng	妨礙(방애): ① 막아 거리끼게 함 ② 거치적거려 순조로이 진행되지 못하게 함 妨害(방해): 남의 일에 헤살을 놓아 해를 끼침 無妨(무방): 괜찮음 妨工害事(방공해사): 남의 일을 방해(妨害)하여 해롭게 함
高3급II 1170	++艸04 총08획	芳	꽃다울 fragrance; virtue	방	芳 fāng	芳年(방년): 이십 세 전후의 꽃다운 나이 芳埃(방애): 향기로운 티끌 芳春(방춘): 여자의 젊은 시절. 방기(芳紀) 芳薰(방훈): 꽃다운 향기 芳名錄(방명록): 참석자 이름을 적어 놓은 책 芳香劑(방향제)

급수	부수/획수	한자	훈	음	简体/拼音	용례
1급 1171	日 04 총08획	昉	밝을 bright	방	昉 fǎng	李昉(이방): 송(宋) 나라 태종 때 명신으로 성품이 온화하고 도타웠으며, 인재를 공평하게 채용하였다고 함. 태종의 명으로 지은 백과사전 ≪태평어람(太平御覽)≫을 찬(撰)하였음.
1급 1172	月肉04 총08획	肪	기름 fat; lard; grease	방	肪 fáng	脂肪(지방): 굳기름, 동물·식물 등에 포함되어 있는 불휘발성의 탄수화물로서 글리세린과 지방산(酸)이 결합한 것. 脂肪肝(지방간) 脂肪酸(지방산) 飽和脂肪酸(포화지방산)
中 4급II 1173	戶 04 총08획	房	방 room	방	房 fáng	房門(방문) 空房(공방) 閨房(규방) 暖房(난방) 冷房(냉방) 茶房(다방) 獨房(독방) 文房(문방) 貰房(셋방) 藥房(약방) 店房(점방) 洞房華燭(동방화촉): 신랑이 신부의 방에서 첫날밤을 지내는 일
1급 1174	木 04 총08획	枋	다목 lintel; threshold	방	枋 fāng	다목: 콩과의 상록 교목. 동인도 원산으로 따뜻한 곳에서 재배함. 引枋(인방): 기둥과 기둥 사이 또는 문이나 창의 아래나 위로 가로지른 나무 門地枋(문지방): 문설주 사이의 문 밑에 마루보다 조금 높게 가로 댄 나무
中 6급II 1175	攵攴04 총08획	放	놓을 release	방(:)	放 fàng	放尿(방뇨) 放漫(방만) 放免(방면) 放牧(방목) 放飼(방사) 放送(방송) 放恣(방자) 放電(방전) 放縱(방종) 放出(방출) 放置(방치) 放學(방학) 放射能(방사능) 放聲痛哭(방성통곡)
高 3급 1176	亻人08 총10획	倣	본뜰 imitate	방	仿 fǎng	倣刻(방각): 본디 모양을 본떠서 새김 倣似(방사): 아주 비슷함 倣此(방차): 이것과 같이 본을 떠서 함 模倣(모방): 본뜨거나 본받음 倣古主義(방고주의): 옛날의 한문학(漢文學)을 따르는 태도
2급 1177	糸 04 총10획	紡	길쌈 spinning	방	纺 fǎng	紡績(방적): 실을 만듦 紡織(방직): 실을 뽑아서 피륙을 짜는 일 紡錘體(방추체): 세포가 유사 분열을 할 때 방추사로 이루어진 구조물 전체 紡錘型(방추형): 가락꼴 可紡性(가방성): 실을 뽑을 수 있는 성질
中 4급II 1178	言 04 총11획	訪	찾을 visit	방:	访 fǎng	訪問(방문) 訪美(방미) 訪中(방중) 訪採(방채) 訪韓(방한) 來訪(내방) 答訪(답방) 巡訪(순방) 尋訪(심방) 禮訪(예방) 察訪(찰방) 探訪(탐방) 訪問客(방문객) 家庭訪問(가정방문)
2급(名) 1179	方 06 총10획	旁	곁/ 두루 side/ around	방:	旁 páng	旁(방): '利'에서 '刂', '旣'에서 '旡' 따위 旁求(방구): 널리 찾아 구함 旁支(방지) 旁死魄(방사백): 음력 초이튿날 上雨旁風(상우방풍): 낡은 집 旁谿曲逕(방계곡경): 바른 길을 밟지 않고 굽은 길을 간다.
高 3급 1180	亻人10 총12획	傍	곁 side; beside	방:	傍 bàng	傍系(방계) 傍觀(방관) 傍點(방점) 傍助(방조) 傍證(방증) 傍若無人(방약무인): 곁에 아무도 없는 것처럼 여긴다. 제멋대로 행동함 傍蹊曲逕(방혜곡경): 좁고 꼬불꼬불한 옆길, 옳지 못한 수단이나 방법
1급 1181	木 10 총14획	榜	방(榜)붙일 placard	방:	榜 bǎng	榜目(방목) 榜文(방문) 榜眼(방안) 掛榜(괘방) 落榜(낙방) 同榜(동방) 標榜(표방) 紙榜(지방): 종이로 만든 신주(神主) 落榜擧子(낙방거자): ① 과거에 떨어진 선비 ② 한몫 끼이려다가 따돌린 사람
1급 1182	月肉10 총14획	膀	오줌통 bladder	방	膀 bàng	膀胱(방광): 신장(腎臟)에서 흘러내리는 오줌을 한동안 저장했다가 일정량이 되면 요도를 통해 배출시키는 주머니 모양의 기관. 오줌통 膀胱癌(방광암) 膀胱炎(방광염) 膀胱腫瘍(방광종양)
1급 1183	言 10 총17획	謗	헐뜯을 disparage	방:	谤 bàng	謗國(방국): 제 나라를 비방함 謗議(방의): 남을 비방하는 의논 譏謗(기방): 남을 헐뜯어서 말함 誹謗(비방): 남을 헐뜯어 말함 毁謗(훼방): ① 남을 헐뜯어 비방함 ② 남의 일을 방해함
高 3급 1184	阝邑04 총07획	邦	나라 nation; state	방	邦 bāng	邦家(방가): 영토와 국민과 주권을 갖춘 사회. 국가(國家) 邦刑(방형) 盟邦(맹방): 동맹을 맺은 나라 殊邦(수방): 다른 나라 萬邦(만방) 聯邦(연방) 列邦(열방) 友邦(우방) 異邦(이방) 合邦(합방)
1급 1185	尢 04 총07획	尨	삽살개 shaggy dog	방	尨 máng méng	尨服(방복): ① 염색한 옷 ② 여러 가지 색이 섞인 옷 尨然(방연): 두툼하고 크다. 獅子尨(사자방): 사자와 개 사이에서 태어난 트기 尨茸[méng róng]: 흐트러지다. 난잡하다. 텁수룩하다. 복슬복슬하다.

급수	부수	한자	훈	음	中	용례
1급 1186	巾 09 총12획	幇	도울 backing; supporter	방	帮 bāng	幇助(방조): 어떠한 일을 거들어서 도와줌. 나쁜 일의 뒤를 도울 때 씀 幇助犯(방조범) 幇助罪(방조죄) 幇判(방판): 조선 말기 벼슬 四人幇(사인방): 4인 '무리'의 뜻을 더하는 접미사
2급(名) 1187	龍 03 총19획	龐	높은 집/ 성(姓)/ 클	방	庞 páng	성(姓)의 하나. 본관은 개성(開城), 태원(太元), 갈양(渴陽) 등이 현존한다. 龐眉皓髮(방미호발): 눈썹이 크고 머리가 희다는 뜻. 노인을 이르는 말 龐大[pángdà] HSK6 방대하다, 거대하다 厖大(방대) 특급 厖(클 방)
中 3급 1188	木 04 총08획	杯	잔(盞) cup 盃(俗字)	배	杯 bēi	杯盤(배반) 乾杯(건배) 苦杯(고배) 毒杯(독배) 優勝杯(우승배) 杯中蛇影(배중사영): 술잔 속에 비친 활 그림자를 뱀으로 착각하다. 杯水車薪(배수거신): 한 잔 물로 수레에 실린 나무에 붙은 불을 끌 수 없음
1급 1189	月肉05 총09획	胚	아기 밸 pregnant	배	胚 pēi	胚囊(배낭): 종자식물의 자성(雌性) 배우체 胚柄(배병) 胚葉(배엽): 동물의 수정란(受精卵)이 많은 세포로 분열되어 생기는 세 개의 세포층 胚孕(배잉) 胚珠(배주): 밑씨 胚芽米(배아미): 씨눈이 있게 쓿은 쌀
高 4급II 1190	月肉05 총09획	背	등 back	배:	背 bèi	背景(배경) 背囊(배낭) 背反(배반) 背部(배부) 背信(배신) 背泳(배영) 背任(배임) 背馳(배치) 背後(배후) 背水陣(배수진) 背夫棄家(배부기가) 背恩忘德(배은망덕) 背任收財罪(배임수재죄)
中 4급II 1191	手 05 총09획	拜	절 bow	배:	拜/拜 bài	拜別(배별): 절하고 작별한다. 拜上(배상): 엎드려 절함 拜伏(배복): 절하고 올림 拜覆(배복): 삼가 회답한다 三拜(삼배) 歲拜(세배) 崇拜(숭배) 禮拜(예배) 再拜(재배) 參拜(참배)
1급 1192	氵水09 총12획	湃	물결칠 surge	배	湃 pài	澎湃(팽배): ① 큰 물결이 맞부딪쳐 솟구침 ② 어떤 기세(氣勢)나 사조(思潮) 따위가 매우 거세게 일어남 滂湃[pāngpài]: 물살이 거세다
高 4급II 1193	酉 03 총10획	配	나눌/ 짝 divide/ couple	배:	配 pèi	配給(배급) 配達(배달) 配慮(배려) 配付(배부) 配分(배분) 配定(배정) 配置(배치) 配布(배포) 配匹(배필) 分配(분배) 手配(수배) 支配(지배) 配偶者(배우자) 集配員(집배원)
2급 1194	亻人08 총10획	俳	배우 actor; actress	배	俳 pái	俳諧(배해): 남을 웃기려고 하는 소리 俳戲(배희): 익살스러운 짓거리 俳優(배우): 연극·영화 등에서 어떤 역을 맡아 연기하는 사람 女俳優(여배우) 映畵俳優(영화배우) 主演俳優(주연배우)
高 3급II 1195	扌手08 총11획	排	밀칠 push; reject	배	排 pái/pǎi	排水(배수): 물빼기 排斥(배척): 거부하여 물리침 排中律(배중률) 排滿復明(배만복명): 청나라를 물리치고 명나라를 도와 부흥시키자는 주장 排山壓卵(배산압란): 가볍게 물리침 排佛崇儒政策(배불숭유정책)
1급 1196	彳 08 총11획	徘	어정거릴 roam; loiter; wander	배	徘 pái	徘徊(배회): 목적 없이 거닒 徘徊症(배회증): 이렇다 할 목적지도 없이 여기저기를 배회하는 증상 徘徊顧眄(배회고면): 목적 없이 이리저리 거닐면서 여기저기 기웃거림
2급(名) 1197	衣 08 총14획	裵	성(姓) surname	배	裴 péi	裵脫稻(배탈도): 〖借〗 배탈벼. 늦벼의 한 가지 裵回花(배회화): 관목(灌木). 해당화와 비슷하며 향기가 좋은 꽃이 핀다. 裵裨將傳(배비장전): 조선 후기에 지어진 작자 미상의 고전소설
高 3급II 1198	車 08 총15획	輩	무리 fellow	배:	辈 bèi	輩流(배류) 輩出(배출): 인재를 길러 사회에 내보냄 先輩(선배) 年輩(연배) 後輩(후배) 同年輩(동년배) 浮浪輩(부랑배) 暴力輩(폭력배) 當今無輩(당금무배): 세상에서는 겨룰 사람이 없음
高 5급 1199	亻人08 총10획	倍	곱 double	배(:)	倍 bèi	倍加(배가) 倍數(배수) 倍額(배액) 倍率(배율) 倍前(배전) 倍增(배증) 倍版(배판) 倍脚綱(배각강): 절지동물문의 한 강 倍達民族(배달민족): 우리 민족을 일컫는 말. 배달겨레
高 3급II 1200	土 08 총11획	培	북돋울 cultivation	배:	培 péi	培根(배근) 培植(배식): 식물을 재배함 培養(배양): 북돋아 기름 培栽(배재) 培地(배지) 培土(배토) 栽培(재배) 培養液(배양액) 培材高等學校(배재고등학교): 1885년 아펜젤러 선교사 培材學堂

급수/번호	부수/획수	漢字	訓音	급	中文	用例
1급 1201	阝阜08 총11획	陪	모실/ 도울 jury(sitting)	배	陪 péi	陪僚(배료): 몸종 陪席(배석): 윗사람을 모시고 어떤 자리에 함께 참석함 陪審(배심): 재판의 심리에 배석함 陪從(배종): 모시고 뒤에서 따라감 陪審員(배심원): 일반국민으로부터 선출되어 배심 재판에 참여하는 사람
2급 1202	貝 08 총15획	賠	물어줄 reparation; compensation	배	赔 péi	賠款(배관): 손해를 배상한다고 약속한 조목 賠償(배상): ① 남에게 입힌 손해를 갚아줌 ② 남의 권리를 침해한 자가 그 손해를 보상하는 일 賠償額(배상액) 賠償金(배상금) 損害賠償(손해배상)
中 8급 1203	白 00 총05획	白	흰 white	백	白 bái	白軍(백군) 白露(백로) 白鷺(백로) 白色(백색) 白雪(백설) 白巖(백암) 白衣(백의) 白丁(백정) 白紙(백지) 白齒(백치) 白頭山(백두산) 白凡 逸志(백범 일지) 白衣從軍(백의종군)
高 3급II 1204	亻人05 총07획	伯	맏/ 맏이 firstborn; eldest	백	伯 bó bǎi	伯爵(백작) 伯兄(백형) 道伯(도백): 관찰사, 도지사 叔伯(숙백): 아우와 형 畵伯(화백) 伯牙絶絃(백아절현): 자기를 알아주는 참다운 벗의 죽음을 슬퍼함 伯仲之勢(백중지세): 서로 우열을 가리기 힘든 형세
1급 1205	巾 05 총08획	帛	비단 silk; satin	백	帛 bó	帛絲(백사): 윤기가 흐르는 흰 명주실 財帛(재백): 재화와 포백(布帛) 竹帛(죽백): 서적이나 사기 魂帛(혼백): 생명주나 모시를 접어서 만든 신위 幣帛(폐백): 신부가 혼례를 마치고 시부모와 여러 시댁 어른들에게 드리는 첫인사
2급 1206	木 05 총09획	柏	측백나무 Thuja koraiensis	백	柏 bǎi bó	側柏(측백) 柏木(백목): 잣나무 冬柏(동백): 동백나무의 열매 松柏(송백): ① 소나무와 잣나무 ② 껍질을 벗기어 솔잎에 꿴 잣 柏谷集(백곡집): 조선 김득신의 문집 歲寒松柏(세한송백)
1급 1207	鬼 05 총15획	魄	넋 soul	백	魄 pò	魄散(백산) 桂魄(계백): 달 氣魄(기백): 씩씩한 기상과 진취적인 정신 落魄(낙백): 넋을 잃음 生魄(생백): 음력 매달 16일 魂魄(혼백): 넋 魄悸魂搖(백계혼요): 몹시 놀라서 넋이 나가 어쩔 줄을 모름
中 7급 1208	白 01 총06획	百	일백 hundred	백	百 bǎi bó	百姓(백성) 百日(백일) 百濟(백제) 百中(백중) 百千萬(백천만) 百貨店(백화점) 百年佳約(백년가약) 百年大計(백년대계) 百年河淸(백년하청) 百發百中(백발백중) 百折不屈(백절불굴)
中 6급 1209	田 07 총12획	番	차례 turn number	번	番 fān pān	番上(번상): 지방의 군사를 뽑아서 차례로 서울의 군영으로 보내던 일 番地(번지): 토지(土地)를 조각조각 나누어서 매겨 놓은 땅의 번호 番號(번호): 차례를 나타내는 숫자 順番(순번) 番號板(版)(번호판)
1급 1210	⺾艸12 총16획	蕃	불을/ 우거질 increase; flourish	번	蕃 fán	蕃盛(번성): ① (자손이) 늘어 퍼지는 것 ② 초목이 무성한 상태가 되는 것 蕃衍(번연) 蕃地(번지): ① 오랑캐가 사는 땅. 번토(蕃土) ② 미개한 땅 蕃族(번족): 자손이 많아 번성한 집안 蕃國(번국): 오랑캐 나라
1급 1211	⺾艸15 총19획	藩	울타리 fence	번	藩 fán	藩境(번경): 국경 藩封(번봉): ① 제후(諸侯) ② 제후의 봉지(封地) 藩鎭(번진): 당(唐)나라 때의 절도사(節度使) 藩籬(번리): 울타리 再造藩邦志(재조번방지): 임란 전후 조선과 명나라의 관계를 기록한 외교서
高 3급 1212	飛 12 총21획	飜	번역할 translation	번	翻 fān	飜覆(번복): ① 이리저리 뒤집힘 ② 뒤쳐서 고침 飜身上馬(번신상마) 飜案(번안): ① 원작을 시대나 풍토에 맞게 바꾸어 고침 ② 안건을 뒤집음 飜譯(번역): 어떤 말의 글을 다른 나라 말의 글로 옮김 飜譯文(번역문)
高 3급 1213	火 09 총13획	煩	번거로울 anxiety; troublesome	번	烦 fán	煩渴(번갈) 煩苦(번고) 煩劇(번극) 煩多(번다) 煩勞(번로) 煩惱(번뇌): 마음이 시달려서 괴로움 煩文(번문) 煩悶(번민) 煩數(번삭): 번거롭게 잦다. 煩說(번설) 煩雜(번잡) 煩燥(번조)
高 3급II 1214	糸 11 총17획	繁	번성할 prosper	번	繁 fán pó	繁務(번무): 몹시 바쁜 일 繁茂(번무) 繁盛(번성) 繁殖(번식) 繁榮(번영) 繁昌(번창) 繁華(번화) 繁花曲(번화곡): 신라의 가요 頻繁(빈번) 繁分數(번분수) 繁殖力(번식력) 農繁期(농번기)
中 4급II 1215	亻人04 총06획	伐	칠[討] attack	벌	伐 fá	伐木(벌목) 伐善(벌선) 伐採(벌채) 伐草(벌초) 間伐(간벌) 皆伐(개벌) 開伐(개벌) 矜伐(긍벌) 殺伐(살벌) 自伐(자벌) 征伐(정벌) 討伐(토벌) 伐木工(벌목공) 十伐之木(십벌지목)

급수	부수	한자	훈	음	간체	용례
2급(名) 1216	竹 06 총12획	筏	뗏목 raft	벌	筏 fá	筏橋(벌교): 뗏목을 엮어 만든 다리 筏橋邑(벌교읍): 전남 보성군 筏夫(벌부): 뗏목에 물건을 실어 나르는 인부 筏亭里(벌정리): 전남 강진군 陽筏里(양벌리): 경기 광주 炭筏洞(탄벌동): 경기 광주시
2급 1217	門 06 총14획	閥	문벌 clan; clique; pedigree	벌	阀 fá	閥閱(벌열): 나라에 공로가 많고 벼슬 경력이 많음 閥族(벌족) 門閥(문벌): 내려오는 그 집안의 신분이나 지위 家閥(가벌) 軍閥(군벌) 黨閥(당벌) 財閥(재벌) 族閥(족벌) 派閥(파벌) 學閥(학벌)
高 4급II 1218	罒网09 총14획	罰	벌할 punish; punishment	벌	罚 fá	罰金(벌금) 罰俸(벌봉) 罰點(벌점) 罰則(벌칙) 賞罰(상벌) 嚴罰(엄벌) 懲罰(징벌) 處罰(처벌) 刑罰(형벌) 罰金刑(벌금형) 罰科金(벌과금) 一罰百戒(일벌백계) 信賞必罰(신상필벌)
中 3급II 1219	几 01 총03획	凡	무릇 common; widely; general	범(:)	凡 fán	凡例(범례) 凡夫(범부) 凡常(범상) 凡聖(범성) 凡手(범수) 凡數(범수): 수많은 범부 凡愚(범우) 凡人(범인) 非凡(비범) 平凡(평범) 凡聖一如(범성일여) 禮儀凡節(예의범절)
2급 1220	氵水03 총06획	汎	넓을 wide; broad	범:	泛 fàn	汎愛(범애): 널리 사랑함 汎論(범론) 汎游(범유) 大汎(泛)(대범) 汎野圈(범야권): 현재 정권을 잡고 있지 아니한 모든 정당을 통틀어 이르는 말 汎國民的(범국민적) 汎太平洋(범태평양): 태평양 전역에 걸침
1급 1221	巾 03 총06획	帆	돛 sail; canvas	범:	帆 fān	帆船(범선): 돛단배 帆檣(범장): 돛대 帆布(범포): 돛의 천 孤帆(고범) 歸帆(귀범) 出帆(출범): 돛을 달고 항구를 떠남 機帆船(기범선): 모터 돛배 風帆船(풍범선): 큰 돛단배
1급 1222	木 07 총11획	梵	불경 Buddhist scripture	범:	梵 fàn	梵衲(범납): 절에서 살면서 불도를 닦고 실천하며 포교하는 사람 梵語(범어): 산스크리트(Sanskrit) 梵宇(범우): 절 梵典(범전) 梵殿(범전): 불당(佛堂) 梵鐘(범종): 절에서 치는 큰 종 梵刹(범찰)
高 4급 1223	犭犬02 총05획	犯	범할 offend	범:	犯 fàn	犯法(범법) 犯意(범의) 犯人(범인) 犯罪(범죄) 犯行(범행) 共犯(공범) 防犯(방범) 事犯(사범) 主犯(주범) 戰犯(전범) 侵犯(침범) 犯罪人(범죄인) 犯則金(범칙금) 輕犯罪(경범죄)
1급 1224	氵水02 총05획	氾	넘칠 inundate; flooding	범:	泛 fàn	氾(汎)濫(범람): 큰물이 넘쳐흐름 氾(汎)溢(범일): 물이 넘쳐흐름 氾濫灣(범람만): 바닷물이 범람하여 이루어진 만. 지반의 침강으로 생긴 저지(低地)에 많이 생기며, 보하이만(渤海灣)이 대표적이다.
2급(名) 1225	⺿艹05 총09획	范	성(姓) surname	범:	范 fàn	본관은 금성(錦城): 나주(羅州)의 다른 이름) 단본이다. 範(법 범: 竹-총15획; fàn)의 간체자 范
高 4급 1226	竹 09 총15획	範	법 law; model	범:	范 fàn	範軌(범궤): 본보기가 될 만한 법도 範圍(범위) 範疇(범주) 規範(규범) 閨範(규범) 模範(모범) 師範(사범) 示範(시범) 典範(전범) 師範大學(사범대학) 率先垂範(솔선수범)
1급 1227	氵水05 총08획	泛	뜰 float	범:	泛 fàn	泛過(범과): 정신을 차리지 않고 데면데면하게 지나감 泛讀(범독) 泛論(범론): 널리 논함 泛然(범연) 泛齊(범제): 범주(泛酒) '탁주' 泛舟(범주) 大泛(대범): 사소한 것에 얽매이지 않으며 너그럽다.
中 5급II 1228	氵水05 총08획	法	법 law	법	法 fǎ	法度(법도) 法道(법도) 法律(법률) 法師(법사) 法案(법안) 法院(법원) 方法(방법) 司法(사법) 立法(입법) 佛法(불법) 憲法(헌법) 法古創新(법고창신): 옛것을 본받아 새로운 것을 창조한다.
高 3급II 1229	石 09 총14획	碧	푸를 bluish green	벽	碧 bì	碧空(벽공): 푸른 하늘. 碧天 碧眼(벽안): 안구가 푸른 눈. 서양사람 碧海(벽해): 짙푸른 바다 碧梧桐(벽오동) 碧昌牛(벽창우): 벽창호 碧玉婚式(벽옥혼식): 결혼 40주년 桑田碧海(상전벽해): 창상(滄桑)
1급 1230	刀 13 총15획	劈	쪼갤 rend	벽	劈 pī	劈開(벽개) 劈頭(벽두) 劈鍊(벽련) 劈理(벽리) 劈析(벽석) 劈破(벽파) 劈開面(벽개면) 劈鍊木(벽련목): 대강 다듬질한 나무 劈破門閥(벽파문벌): 사람을 등용시키는 데 문벌을 가리지 아니함

급수	부수/획수	漢字	훈/영	음	中/日	용례
2급 1231	亻人 13 총15획	僻	궁벽할 secluded; out of the way	벽	僻 pì	窮僻(궁벽): 후미지고 으슥하다. 僻陋(벽루): 성질이 괴팍하고 고루하다. 僻地(벽지): 으슥하고 한적한 곳 乖僻(괴벽): 괴상하고 까다롭다. 破僻(파벽) 偏僻(편벽) 窮村僻地(궁촌벽지) 山間僻地(산간벽지)
高 4급Ⅱ 1232	土 13 총16획	壁	벽 wall	벽	壁 bì	壁經(벽경) 壁面(벽면) 壁報(벽보) 壁紙(벽지) 壁畫(벽화) 防壁(방벽) 城壁(성벽) 岸壁(안벽) 巖壁(암벽) 絶壁(절벽) 障壁(장벽) 壁煖爐(벽난로) 防火壁(방화벽) 赤壁賦(적벽부)
1급 1233	手 13 총17획	擘	엄지손가락 thumb; big finger	벽	擘 bò	擘指(벽지): 엄지손가락 擘黑(벽흑): 부화한 지 사흘째 되는 날 누에를 잠박(蠶箔)에 나누어 놓는 일 巨擘(거벽): 학식이나 전문적인 분야에서 뛰어난 사람 특급 辟 (임금 벽, 피할 피, 비유할 비, 그칠 미)
1급 1234	玉 13 총18획	璧	구슬 gem; jewel	벽	璧 bì	璧水(벽수): 성균관(成均館)이나 문묘에 있는 연못 璧玉(벽옥): 고상한 인품을 비유 璧人(벽인): 매우 아름다운 사람 完璧歸趙(완벽귀조): 조나라로 화씨(和氏) 벽(璧)이 온전하게 돌아옴.
1급 1235	疒 13 총18획	癖	버릇 habit	벽	癖 pǐ	癎癖(간벽): 버럭 신경질을 잘 내는 버릇 怪癖(괴벽) 盜癖(도벽) 惡癖(악벽) 潔癖症(결벽증) 自勝之癖(자승지벽): 남보다 나은 줄로 여기는 버릇 自是之癖(자시지벽): 자기 의견만 옳은 줄로 여기는 버릇
1급 1236	門 13 총21획	闢	열 open; the Creation	벽	辟 pì	開闢(개벽): 세상이 처음으로 생김. 천지개벽 ② 세상이 어지럽게 뒤집힘 闢土地(벽토지): 버려두었던 땅을 갈고 다루어서 쓸모 있게 만듦 社會開闢(사회개벽): 후천적 인문개벽 宇宙開闢論(우주개벽론)
2급(名) 1237	卜 02 총04획	卞	성(姓) surname	변ː	卞 biàn	卞相燮(변상섭): 일제 강점기 마산 지역에서 활동한 독립운동가 卞庭實(변정실): 밀양 변씨 시조 고려 성종(成宗) 때 문과에 급제 卞學道(변학도): 고대소설 "춘향전"의 등장하는 탐관오리(貪官汚吏)
2급(名) 1238	廾 02 총05획	弁	고깔 peaked hat	변ː	弁 biàn	弁韓(변한): 삼한의 하나. 낙동강 하류지방에 부족 국가로 구성된 나라 弁轉疑星(변전의성): 고깔을 장식한 보석이 하늘거려 별인 듯 어리둥절하다 赤弁丈人(적변장인): '고추잠자리'를 다르게 이르는 말
高 3급 1239	辛 09 총16획	辨	분별할 distinguish	변ː	弁/辨 biàn	辨理(변리) 辨明(변명) 辨別(변별) 辨償(변상) 辨濟(변제) 代辨(대변) 分辨(분변) 不辨(불변) 思辨(사변) 辨理士(변리사) 辨證法(변증법) 未辨東西(미변동서): 사리를 분변하지 못함
高 4급 1240	辛 14 총21획	辯	말씀 eloquent	변ː	弁/辯 biàn	辯論(변론) 辯明(변명) 辯士(변사) 辯舌(변설): 말을 잘하는 재주 辯護(변호) 強辯(강변) 詭辯(궤변) 答辯(답변) 代辯(대변) 雄辯(웅변) 抗辯(항변) 辯護士(변호사) 大辯如訥(대변여눌)
高 4급Ⅱ 1241	辶辵 15 총19획	邊	가[側] side; edge	변	边 biān	邊境(변경) 邊方(변방): 나라의 경계가 되는 변두리 땅 爐邊(노변) 江邊(강변) 海邊(해변) 身邊(신변) 周邊(주변) 一邊倒(일변도) 多邊化(다변화) 廣大無邊(광대무변) 無量無邊(무량무변)
中 5급Ⅱ 1242	言 16 총23획	變	변할 change; accident	변ː	変/变 biàn	變更(변경) 變貌(변모) 變動(변동) 變數(변수) 變身(변신) 變異(변이) 變種(변종) 變質(변질) 變遷(변천) 變通(변통) 變形(변형) 變化(변화) 變故(변고) 變亂(변란) 變曲點(변곡점)
中 6급 1243	刀 05 총07획	別	다를/ 나눌 different/ separate	별	别 bié	別個(별개) 別館(별관) 別途(별도) 別般(별반) 別世(별세) 別時(별시) 別試(별시) 別添(별첨) 個別(개별) 區別(구별) 離別(이별) 作別(작별) 差別(차별) 特別(특별) 別世界(별세계)
1급 1244	目 12 총17획	瞥	눈 깜짝할 glance	별	瞥 piē	瞥見(별견): 흘끗 봄 瞥觀(별관): 잠깐 봄. 얼른 봄 一瞥(일별): ① 한 번 흘깃 봄 ② 한 번 죽 훑어봄 瞥眼間(별안간): ① 눈 깜짝할 동안 ② 갑자기 ③ 난데없이
1급 1245	黽 12 총25획	鱉	자라 soft-shelled turtle	별	鳖 biē	鱉盌(별완): 그릇의 전이 자라 입처럼 울뭉줄뭉하게 된 자기 鱉盞(별잔) 鱉燈(별등) 鱉主簿(별주부) 鱉主簿傳(별주부전) 兔鱉山水錄(토별산수록): 음악 '수궁가'의 다른 이름. 兔生員傳

급수	부수	한자	훈	음	中文	용례
中 3급II 1246	一 04 총05획	丙	남녘/ 셋째천간 south	병:	丙 bǐng	丙方(병방): 정남(正南)에서 약간 동쪽 丙坐壬向(병좌임향): 北向 丙寅洋擾(병인양요): 1866년 프랑스함대 丙子胡亂(병자호란): 1636년 丙舍傍啓(병사방계): 신하들의 병사문은 정전(正殿) 곁에 열려 있다. 千字文
2급(名) 1247	火 05 총09획	炳	불꽃 flame; blaze	병:	炳 bǐng	炳然(병연): 빛이 비쳐 밝은 모양 炳映(병영): 번쩍번쩍 빛남 炳燿(병요): 밝게 드러나 빛남 炳煜(병욱): 밝게 빛남 金炳淵(김병연): 조선 후기의 방랑 시인 일명 김삿갓
2급(名) 1248	日 05 총09획	昺	밝을/ 빛날 light; bright	병:	昺 bǐng	炳 불꽃 병/ 밝을 병 (동자) 昞 불꽃 병/ 밝을 병 (동자)
2급(名) 1249	日 05 총09획	昞	밝을 light; bright	병:	昞 bǐng	炳 불꽃 병/ 밝을 병 (동자) 昺 불꽃 병/ 밝을 병 (동자)
2급(名) 1250	木 05 총09획	柄	자루 handle; grip	병:	柄 bǐng	柄部(병부): 어떤 형체나 물건에서 자루가 되는 부분 身柄(신병): 보호나 구금의 대상이 되는 본인의 몸 有柄(유병): 잎자루가 있음 政柄(정병)☞ 정권(政權) 殺生之柄(살생지병): 죽이고 살리는 권리
中 6급 1251	疒 05 총10획	病	병 ill; sick; disease	병:	病 bìng	病菌(병균) 病名(병명) 病床(병상) 病原(병원) 病院(병원) 病者(병자) 病疾(병질) 病廢(병폐) 病弊(병폐) 發病(발병) 疾病(질병) 病原菌(병원균) 痼疾病(고질병) 傳染病(전염병)
中 5급II 1252	八 05 총07획	兵	병사/ 군사 soldier	병	兵 bīng	兵車(병거) 兵戈(병과) 兵科(병과) 兵器(병기) 兵力(병력) 兵法(병법) 兵役(병역) 兵營(병영) 兵丁(병정) 兵卒(병졸) 兵站(병참) 兵馬之權(병마지권): 군을 편제·통수(統帥)할 수 있는 권력
2급(名) 1253	禾 03 총08획	秉	잡을 hold; take	병:	秉 bǐng	秉權(병권): 권력을 잡음 秉銓(병전): 전조(銓曹)의 일을 맡음 秉燭(병촉): 촛불을 켬 秉燭夜遊(병촉야유) 秉燭夜行(병촉야행): 촛불을 들고 밤길을 간다. 秉筆之任(병필지임): 사필(史筆)을 잡은 소임
高 3급 1254	立 05 총10획	竝	나란히 side by side	병:	並/并 bìng	竝肩(병견): 어깨를 나란히 함 竝設(병설): 한데에 함께 설치함 竝行(병행): 둘 이상이 나란히 감 竝州故鄕(병주고향): 제2의 고향 釋紛利俗 竝皆佳妙 (석분이속 병개가묘): 千字文 117/125
2급 1255	亻人08 총10획	倂	아우를 put join; together	병:	倂/并 bìng	倂記(병기): 함께 아울러 적는 것 合倂(합병): 둘 이상의 단체나 조직, 국가 등을 하나로 합침. 또는 그렇게 만듦. 倂合(병합) 合倂症(합병증) 淸濁倂呑(청탁병탄): 맑은 것과 탁한 것을 함께 삼킨다. 도량이 큼
高 3급 1256	尸 08 총11획	屛	병풍 folding screen	병(:)	屛/屏 píng	屛風(병풍): 바람을 막거나 무엇을 가리거나 또는 장식용으로 방에 치는 물건 屛帳(병장): 병풍과 장막 畫屛(화병) 江山一畫屛(강산일화병) 屛去(병거): 물리쳐 버림 屛居(병거): 세상에서 물러나 집에만 있음
1급 1257	瓦 08 총13획	甁	병/ 단지 bottle	병	甁/瓶 píng	甁沙(병사) 丹甁(단병): 주사(朱砂)를 입힌 붉은 병 酒甁(주병) 花甁(화병) 古銅甁(고동병): 구리로 만든 옛날의 병 大銀甁(대은병) 北水甁(북수병): 뒷물을 담아 들고 다니는 병 壽酒甁(수주병)
1급 1258	食 08 총17획	餠	떡 rice cake	병:	餠/饼 bǐng	月餠(월병): 달떡 煎餠(전병): 부꾸미 畫餠(화병): 그림의 떡 無酵餠(무교병): 누룩을 넣지 않고 만든 빵 兩手執餠(양수집병) 甕算畫餠(옹산화병): 독장수의 셈과 그림의 떡 畫中之餠(화중지병)
中 4급II 1259	止 03 총07획	步	걸음 walk	보:	步 bù	步道(보도) 步兵(보병) 步調(보조) 步幅(보폭) 步行(보행) 競步(경보) 踏步(답보): 제자리걸음 徒步(도보) 獨步的(독보적) 讓步(양보) 進步(진보) 初步(초보) 闊步(활보) 進一步(진일보)
2급(名) 1260	用 02 총07획	甫	클 big; large; great	보:	甫 fǔ	甫田(보전): 큰 밭 杜甫(두보): 712~770 성당(盛唐) 시기의 시성(詩聖) 皇甫 仁(황보 인): (1387~1453) 세종 때의 상신(相臣). 호는 지봉(芝峰) 甫羅洞(보라동): 경기도 용인시 甫吉島(보길도): 전라남도 완도군

#	급수	부수/획	漢字	訓/뜻	音	简体/拼音	用例
1261	高 3급II	衤衣07 총12획	補	기울 repair; fill; reinforce	보:	补 bǔ	補强(보강) 補講(보강) 補備(보비) 補償(보상) 補修(보수) 補身(보신) 補藥(보약) 補任(보임) 補正(보정) 補佐(보좌) 補充(보충) 補過拾遺(보과습유) 補中益氣湯(보중익기탕)
1262	2급(名)	車 07 총14획	輔	도울 assistance	보:	辅 fǔ	輔導(보도): 도와서 바르게 이끎. 輔弼(보필): 윗사람의 일을 도움 輔車相依(보거상의): 수레의 덧방나무(輔)와 바퀴(車)가 서로 의지한다는 뜻으로, 서로 도와서 의지하는 깊은 관계를 이르는 말
1263	1급	氵水06 총09획	洑	보 dam | 스며흐를	보 복	洑 fú/fù	洑主(보주) 民洑(민보) 洑水稅(보수세) 洑通里(보통리): 연기 世宗洑(세종보) 驪州洑(여주보) 蠶室水中洑(잠실수중보) 洑谷里(복곡리): 경상북도 영덕 洑坪里(복평리): 경기도 안성
1264	中 4급II	亻人07 총09획	保	지킬 protect	보(:)	保 bǎo	保健(보건) 保管(보관) 保留(보류) 保守(보수) 保身(보신) 保有(보유) 保障(보장) 保全(보전) 保證(보증) 保持(보지) 保險(보험) 保護(보호) 擔保(담보) 安保(안보) 確保(확보)
1265	1급	土 09 총12획	堡	작은 성 fort	보:	堡 bǎo	堡壘(보루): ① 적의 침입을 막기 위한 견고한 구축물 ② 어떤 일을 위한 튼튼한 발판. 보채(堡砦) 廣城堡(광성보): 강화도에 두었던 성보(城堡) 橋頭堡(교두보) 角面堡(각면보) 水安堡面(수안보면): 충주시
1266	中 4급II	土 09 총12획	報	갚을/ 알릴 reward; report	보:	报 bào	報答(보답) 報復(보복) 報償(보상) 報酬(보수) 報恩(보은) 結草報恩(결초보은) 果報(과보) 因果應報(인과응보) / 報告(보고) 報道(보도) 報道局(보도국) 勝戰報(승전보)
1267	1급	⺿艸08 총12획	菩	보살 Bodhisattva	보	菩 pú	菩薩(보살): ① 부처의 다음가는 성인. 보리살타 ② 보살승 ③ 여자 신도를 대접해 부르는 말 菩提樹(보리수): 불교의 상징이 된 나무 彌勒菩薩(미륵보살) 上求菩提(상구보리) 觀世音菩薩(관세음보살)
1268	高 4급	日 08 총12획	普	넓을 general; ordinary	보:	普 pǔ	普及(보급) 普世(보세) 普天(보천) 普通(보통) 普遍(보편) 普及所(보급소) 普遍的(보편적) 普信閣鐘(보신각종) 普天率土(보천솔토) 普通敎育(보통교육) 普遍妥當(보편타당)
1269	2급(名)	氵水12 총15획	潽	물이름 name	보:	潽 pū	潽坪길(보평길): 전라북도 순창군(淳昌郡) 쌍치면(雙置面) 尹潽善(윤보선): 1897~1990 대한민국의 제4대 대통령(1960~1962) 尹潽善家(윤보선가): 종로구 안국동 尹潽善路(윤보선로): 아산시
1270	高 3급II	言 12 총19획	譜	족보 genealogy	보:	谱 pǔ	譜系(보계) 譜曲(보곡) 譜錄(보록) 譜牒(보첩) 譜表(보표) 譜學(보학) 系譜(계보): 혈통과 집안의 역사를 적은 책 樂譜(악보) 年譜(연보) 族譜(족보) 氏譜(씨보) 派譜(파보) 勝戰譜(승전보)
1271	高 4급II	宀 17 총20획	寶	보배 treasure	보:	宝/宝 bǎo	寶駕(보가) 寶劍(보검) 寶界(보계) 寶庫(보고) 寶物(보물) 寶石(보석) 寶貝(보패) 寶貨(보화) 國寶(국보) 御寶(어보) 古文眞寶(고문진보) 同文之寶(동문지보) 明心寶鑑(명심보감)
1272	高 3급	卜 00 총02획	卜	점 divination	복	卜 bǔ	卜居(복거) 卜吉(복길) 卜術(복술) 卜地(복지) 卜債(복채) 占卜(점복) 卜不襲吉(복불습길): 길조를 얻으면 더 점을 칠 필요가 없음 卜晝卜夜(복주복야): 낮밤의 길흉을 점침. 절제하지 않고 밤낮으로 노는 사람
1273	中 4급	亻人04 총06획	伏	엎드릴 prostrate	복	伏 fú	伏線(복선): 만일의 경우에 대비해서 남모르게 미리 꾸며 놓은 일 伏乞(복걸) 屈伏(굴복) 三伏(삼복): 初伏, 中伏, 末伏 降伏(항복) 雌伏(자복) 伏魔殿(복마전): 악의 근거지 伏地不動(복지부동)
1274	中 6급	月 04 총08획	服	옷/ 복무 clothes/ serve/submit	복	服 fú	服飾(복식) 服裝(복장) 服制(복제) 校服(교복) 衣服(의복) 着服(착복) 服務(복무) 服屬(복속) 服藥(복약) 服用(복용) 服役(복역) 服從(복종) 服罪(복죄) 克服(극복) 承服(승복)
1275	1급	勹 09 총11획	匐	길 creeping	복	匐 fú	匍匐(포복): 배를 땅에 대고 김 匍匐莖(포복경): 기는줄기 匍匐之義(포복지의): 가까운 사람이 상사(喪事)를 당한 것을 이르는 말 韓信匍匐(한신포복): 큰 뜻을 가진 자는 눈앞의 부끄러움을 참고 이겨냄

급수	부수	한자	훈음	음	简体	용례
中 5급II 1276	示 09 총14획	福	복 blessing	복	福 fú	福券(복권): 로또복권 福祿(복록): 복과 녹. 복되고 영화로운 삶 福利(복리) 福費(복비) 福音(복음) 福祉(복지): 행복(幸福)한 삶 五福(오복): 수(壽)·부(富)·강녕(康寧)·유호덕(攸好德)·고종명(考終命)
1급 1277	車 09 총16획	輻	바퀴살 spoke	복/폭	辐 fú	輻輳(복주): 두 눈의 주시선(注視線)이 눈앞의 한 점으로 집중하는 일 輻輳幷臻(폭주병진): 수레바퀴의 살이 바퀴통에 모이듯 한다는 뜻으로, 한곳으로 많이 몰려듦을 이르는 말 특례 臻(이를 진)
中 4급II 1278	彳 09 총12획	復	회복할 recovery 다시 again	복/부:	复 fù	復刊(복간) 復舊(복구) 復權(복권) 復歸(복귀) 復碁(복기) 復禮(복례) 復讐(복수) 復習(복습) 復元(복원) 復職(복직) 復唱(복창) 光復(광복) 回復(회복) 復活(부활) 復興(부흥)
高 3급II 1279	襾 12 총18획	覆	다시/뒤집힐 again 덮을 cover	복/부	覆 fù	覆刻(복각) 覆啓(복계) 覆蓋(복개) 覆面(복면) 覆轍(복철) 覆土(복토) 反覆(반복) 飜覆(번복) 顚覆(전복) 覆盆子(복분자) 覆車之戒(복거지계) 仁覆之下(인부지하): 임금이 백성을 사랑하는 마음이 충만한 사회
高 3급II 1280	月肉09 총13획	腹	배 belly; abdomen	복	腹 fù	腹背(복배) 腹部(복부) 腹水(복수) 腹案(복안): 마음속 생각 腹痛(복통) 開腹(개복) 鼓腹(고복) 同腹(동복) 異腹(이복) 腹上死(복상사) 面從腹背(면종복배) 抱腹絶倒(포복절도)
高 4급 1281	衤衣 09 총14획	複	겹칠 double; plural	복	复 fù	複道(복도) 複利(복리) 複文(복문) 複寫(복사) 複線(복선) 複數(복수) 複式(복식) 複葉(복엽) 複音(복음) 複雜(복잡) 複製(복제) 複合(복합) 重複(중복) 複雜多端(복잡다단)
2급(名) 1282	香 09 총18획	馥	향기 perfume	복	馥 fù	馥郁(복욱): 풍기는 향기(香氣)가 그윽함 郁馥(욱복): 향기(香氣)가 매우 짙음 馥馥花香[fùfùhuāxiāng] 몹시 짙은 꽃향기
1급 1283	魚09 총20획	鰒	전복 abalone	복	鳆 fù	全鰒(전복): 전복과의 조개. 껍데기는 나전 세공의 재료로 씀 生鰒(생복) 熟鰒(숙복) 無穴鰒(무혈복): ① 꼬챙이에 꿰지 않고 말린 큰 전복 ② 과거를 볼 때 엄히 감시해서 협잡을 부리지 못하게 함
1급 1284	亻人12 총14획	僕	종 servant	복	仆 pú	公僕(공복): 공무원 奴僕(노복): 사내종 臣僕(신복): 신하(臣下) 從僕(종복): 줏대 없이 남이 시키는 대로 따라서 하는 사람의 비유 內司僕寺(내사복시): 조선시대 왕의 말과 수레를 관리하던 관청
中 6급 1285	木 01 총05획	本	근본(根本) origin	본	本 běn	本格(본격) 本能(본능) 本論(본론) 本末(본말) 本部(본부) 本色(본색) 本性(본성) 本心(본심) 本業(본업) 本意(본의) 本人(본인) 本店(본점) 本質(본질) 本體(본체) 本鄕(본향)
中 5급II 1286	大 05 총08획	奉	받들 service	봉:	奉 fèng	奉公(봉공) 奉導(봉도) 奉讀(봉독) 奉仕(봉사) 奉事(봉사) 奉祀(봉사) 奉養(봉양) 奉醫(봉의) 奉職(봉직) 奉天(봉천) 奉享(봉향) 奉獻(봉헌) 奉恩寺(봉은사) 奉公滅私(봉공멸사)
2급 1287	亻人08 총10획	俸	녹(祿)/ 봉급 salary	봉:	俸 fèng	俸給(봉급) 俸祿(봉록) 俸銀(봉은) 俸秩(봉질): 관리에게 주는 급료 加俸(가봉) 減俸(감봉) 祿俸(녹봉) 薄俸(박봉) 罰俸(벌봉) 月俸(월봉) 年俸(연봉) 增俸(증봉) 號俸(호봉) 年俸制(연봉제)
1급 1288	扌手08 총11획	捧	받들 lift (up)	봉	捧 pěng	捧納(봉납) 捧上(봉상) 捧入(봉입) 徵捧(징봉): ☞ 징수(徵收) 督捧(독봉): 조세를 독촉하여 거두어들임 加捧女(가봉녀): 의붓딸 捧腹絶倒(봉복절도): 배를 안고 몸을 가누지 못할 만큼 웃음. 抱腹絶倒
1급 1289	木 08 총12획	棒	막대/ 몽둥이 stick; pole	봉	棒 bàng	棒鋼(봉강) 棒狀(봉상) 棒杖(봉장) 棒戲(봉희) 杆棒(간봉) 棍棒(곤봉) 綿棒(면봉) 木棒(목봉) 鐵棒(철봉) 槍棒(창봉) 水平棒(수평봉) 平行棒(평행봉) 針小棒大(침소봉대)
高 3급II 1290	寸 06 총09획	封	봉할 seal; feudal; blockade	봉	封 fēng	封墓(봉묘) 封墳(봉분) 封鎖(봉쇄) 封印(봉인) 封窓(봉창) 封套(봉투) 封土(봉토) 封建時代(봉건시대): 6-15세기 말까지 封庫罷職(봉고파직): 부정을 저지른 관리를 파면시키고 관고를 봉하여 잠그는 일

급수	부수	漢字	訓·音	音	簡體/拼音	用例
高 3급II 1291	山 07 총10획	峯	봉우리 peak	봉	峰 fēng	峯勢(봉세): 산봉우리의 형세 高峯(고봉): 높은 산봉우리 雪峯(설봉) 中峯(중봉) 最高峯(최고봉) 道峯山(도봉산) 韓石峯(한석봉) 특급II 峰(봉우리 봉) 서울시 道峯區(도봉구) 峯과 同字
中 3급II 1292	辶辵07 총11획	逢	만날 meet	봉	逢 féng	逢變(봉변): 변이나 망신스러운 일을 당함. 逢別(봉별): 만남과 이별 逢福(봉복): 복을 얻음 逢辱(봉욕): 욕된 일을 당함 逢着(봉착): 만나서 부닥침. 만남 相逢(상봉): 서로 만남
1급 1293	火 07 총11획	烽	봉화 signal fire	봉	烽 fēng	烽鼓(봉고): 봉화(烽火)와 북이라는 뜻으로, 병란(兵亂), 전쟁(戰爭) 烽樓(봉루) 烽所(봉소) 烽卒(봉졸) 烽火(봉화) 烽火干(봉화간) 烽火臺(봉화대) 烽燧(봉수) 특급II 燧(봉화, 횃불, 부싯돌 수)
高 3급 1294	虫 07 총13획	蜂	벌 bee	봉	蜂 fēng	蜂起(봉기): 벌떼처럼 일어남 蜂屯(봉둔): 벌떼처럼 무리 지어 모임 蜜蜂(밀봉): 꿀벌, 참벌 養蜂(양봉): 벌을 침 蜂房水渦(봉방수와): 건물이 꽉 들어차 있는 모양 蜂準長目(봉준장목): 영특하고 사려 깊은 인상
1급 1295	金 07 총15획	鋒	칼날/ 칼끝 blade; point of a knife	봉	锋 fēng	交鋒(교봉):☞ 교전(交戰) 先鋒(선봉): 맨 앞장 論鋒(논봉) 舌鋒(설봉) 銳鋒(예봉): 날카로운 끝 筆鋒(필봉): 붓끝 先鋒隊(선봉대) 先鋒將(선봉장) 八面鋒(팔면봉): 古今歷代撮要
2급(名) 1296	++艸11 총15획	蓬	쑥 wormwood	봉	蓬 péng	蓬丘(봉구) 蓬萊山(봉래산): 금강산의 여름 蓬士(봉사): 가난한 선비 蓬矢(봉시) 蓬頭垢面(봉두구면): 외양(外樣)에 개의하지 아니함 蓬萊弱水(봉래약수): 봉래와 약수의 차이, 서로 멀리 떨어져 있음. 列仙傳
2급 1297	糸 11 총17획	縫	꿰맬 needlework; sewing	봉	缝 féng fèng	縫補(봉보): 떨어지거나 해어진 자리를 꿰매고 기움 縫衣(봉의) 縫製(봉제): 재봉틀 따위로 박아서 만듦 縫合(봉합) 裁縫(재봉) 彌縫策(미봉책) 天衣無縫(천의무봉): 완전무결해 흠이 없음
高 3급II 1298	鳥 03 총14획	鳳	봉새 phoenix	봉	凤 fèng	鳳德(봉덕) 鳳鸞(봉란) 鳳梨(봉리) 鳳凰(봉황) 鳳仙花(봉선화) 鳳梧洞(봉오동) 鳳麟芝蘭(봉린지란): 젊은 남녀의 아름다움을 형용 鳴鳳在樹 白駒食場(명봉재수 백구식장): 聖君의 태평성대 千字文
中 7급 1299	大 01 총04획	夫	지아비 husband	부	夫 fū	夫君(부군) 夫人(부인): 남의 아내의 높임말 工夫(공부) 人夫(인부) 丈夫(장부) 士大夫(사대부) 夫乙那(부을나): 부씨(夫氏)의 시조 夫唱婦隨(부창부수) 夫和婦順家之本(부화부순가화지본)
中 3급II 1300	扌手04 총07획	扶	도울 help; assist	부	扶 fú	扶桑(부상): 해가 뜨는 동쪽 바다 扶養(부양) 扶助(부조) 扶持(부지) 扶風(부풍): 몹시 세게 부는 바람 扶安郡(부안군) 扶餘郡(부여군) 扶植綱常(부식강상): 인륜의 길을 바로 세움 扶老携幼(부로휴유)
1급 1301	++艸04 총08획	芙	연꽃 lotus flower	부	芙 fú	芙蓉(부용): ①연꽃 ②목부용(木芙蓉) ③부용장(芙蓉帳) 阿芙蓉(아부용): 양귀비꽃 啞芙蓉(아부용): 아편의 딴 이름 芙江面(부강면): 세종 芙水洞(부수동): 대전 芙蓉里(부용리): 양평
中 8급 1302	父 00 총04획	父	아비 father	부	父 fù fǔ	父母(부모) 父子(부자) 父主(부주): 아버님《편지에 쓰는 말》 父親(부친) 父兄(부형) 祖父(조부) 父子有親(부자유친) 父傳子傳(부전자전) 父生我身 母育吾身(부생아신 모육오신)
1급 1303	斤 04 총08획	斧	도끼 ax; chopper	부	斧 fǔ	斧柯(부가): 도끼의 자루. 정권(政權) 斧石(부석): 도끼 모양의 결정 광물 雷斧(뇌부): 석기시대의 유물인 돌도끼 揭斧入淵(게부입연): 도끼를 들고 못에 들어간다. 磨斧爲針(마부위침): 인내로 성공하고야 만다.
2급(名) 1304	金 02 총10획	釜	가마[鬴] kettle; cauldron	부	釜 fǔ	釜山市(부산시) 釜中之魚(부중지어): 솥 안에서 헤엄치는 물고기 魚遊釜中(어유부중) 仰釜日影(앙부일영): 해시계. 앙부일구(仰釜日晷) 破釜沈舟(파부침주): 솥을 깨뜨리고 배를 가라앉혔다. 결사적 각오로 싸우겠다는 결의
高 3급II 1305	亻人03 총05획	付	부칠 affix commit	부	付 fù	付壁(부벽): 벽에 붙이는 글씨나 그림 付丙(부병): 비밀 편지 끝에 쓰임 付紙(부지) 付上(부상) 付託(부탁) 交付(교부) 納付(납부) 當付(당부) 配付(배부) 付祿忠義(부록충의): 봉록(俸祿)을 받는 충의

급수	부수	漢字	訓	音	中	예시
高 3급II 1306	阝阜05 총08획	附	붙을 attach	부(ː)	附 fù	附加(부가) 附款(부관) 附近(부근) 附錄(부록) 附與(부여) 附接(부접) 附票(부표) 寄附(기부) 添附(첨부) 附屬品(부속품) 附和雷同(부화뇌동): 주견이 없이 남의 의견에 따라 같이 행동함
1급 1307	口 05 총08획	吩	분부할/ 불[吹] command	부	吩 fù	吩咐(분부):☞ 분부(分付): 윗사람이 아랫사람에게 명령을 내림 嚴吩咐(엄분부): 엄한 분부(分付·吩咐) 咐囑(부촉): 부탁(付託)하여 맡김
高 4급II 1308	广 05 총08획	府	마을[官廳] village; government	부(ː)	府 fǔ	府庫(부고) 政府(정부) 議政府(의정부) 椿府丈(춘부장) 三府(삼부) 立法府(입법부) 司法府(사법부) 行政府(행정부) 府院君(부원군) 司憲府(사헌부) 府部院廳(부부원청): 관아(官衙)
1급 1309	亻人08 총10획	俯	구부릴 stoop (down)	부ː	俯 fǔ	俯瞰(부감): 높은 곳에서 내려다봄 俯伏(부복): 고개를 숙이고 엎드림 俯仰(부앙): 아래를 굽어봄과 위를 우러러봄 俯仰無愧(부앙무괴) 俯察仰觀(부찰앙관) 父母臥命俯首聽之(부모와명부수청지)
高 3급II 1310	竹 05 총11획	符	부호 mark; sign; symbol	부(ː)	符 fú	符信(부신) 符節(부절): 돌이나 대나무 따위로 만들어 신표로 삼던 물건 符合(부합): 틀림없이 서로 꼭 들어맞음 符號(부호): 뜻을 나타내는 기호 兵符(병부): 발병부(發兵符) 免罪符(면죄부) 名實相符(명실상부)
1급 1311	月肉08 총12획	腑	육부(六腑) six entrails	부	腑 fǔ	六腑(육부): 배 속 여섯 가지 기관(器官). 위(胃), 쓸개[膽], 작은창자[小腸], 큰창자[大腸], 방광(膀胱), 삼초(三焦)를 이른다. 五臟六腑(오장육부): 내장의 총칭 즉, 오장과 육부. 장부(臟腑)
高 3급II 1312	肉 08 총14획	腐	썩을 rotten	부ː	腐 fǔ	腐刻(부각) 腐蝕(부식) 腐心(부심) 腐敗(부패) 豆腐(두부) 陳腐(진부) 腐葉土(부엽토) 不正腐敗剔抉(부정부패적결) 流水不腐(유수불부) 切齒腐心(절치부심) 草木同腐(초목동부)
1급 1313	馬 05 총15획	駙	부마 a royal son-in-law	부ː	驸 fù	駙馬(부마): 임금의 사위. 공주(公主)의 부군(夫君) 駙馬府(부마부): 부마에 관한 사무를 맡아 보는 관아 駙馬都尉(부마도위): 임금의 사위에게 주던 칭호
中 4급 1314	口 04 총07획	否	아닐 denial; negation	부ː 비	否 fǒu pǐ	否決(부결) 否認(부인) 否定(부정)↔肯定(긍정) 拒否(거부) 否定文(부정문): 부정을 나타내는 부사 '아니(안)·못' 또는 부정의 뜻을 나타내는 용언 否塞(비색): 운수가 꽉 막힘 否運(비운): 막힌 운수
2급(名) 1315	阜 00 총08획	阜	언덕 hill; knoll	부ː	阜 fù	岡阜(강부) 曲阜(곡부): 산둥성 노(魯)나라 공자(孔子)가 태어난 곳 丘阜(구부): 언덕 大阜島(대부도): 경기도 안산시 奄宅曲阜 (엄택곡부): (주공 단은 하사 받은 땅인) 곡부에 오래 거주했다 千字文
1급 1316	土 08 총11획	埠	부두 pier; wharf	부ː	埠 bù	埠頭(부두): 배를 대어 사람과 짐이 뭍으로 오르내릴 수 있도록 만들어 놓은 곳 埠頭稅(부두세): 선박 소유주가 국가에 내는 부두의 사용료 船埠(선부): 나루터. 선창(船艙)
高 4급 1317	貝 02 총09획	負	질[荷] bear	부ː	负 fù	負擔(부담) 負袋(부대) 負傷(부상) 負商(부상) 負約(부약) 負債(부채) 負荷(부하) 勝負(승부) 抱負(포부) 自負心(자부심) 負薪入火(부신입화) 男負女戴(남부여대): 남자는 지고 여자는 인다.
高 3급 1318	走 02 총09획	赴	다다를 arrive; reach 갈[趨] come	부ː	赴 fù	赴救(부구): 구원하러 감 赴援(부원) 赴任(부임): 임명이나 발령을 받아 근무할 곳으로 감 赴湯蹈火(부탕도화): 끓는 물에 뛰어들고 불을 밟는다. 어떤 괴로움이나 위험도 피하지 않는 태도를 이르는 말
1급 1319	言 02 총09획	訃	부고(訃告) an obituary notice	부ː	讣 fù	訃告(부고): 사람의 죽음을 알림. 또는 그런 글 訃聞(부문) 訃報(부보) 訃音(부음) 聞訃(문부) 通訃(통부) 告訃使(고부사) 告訃單使(고부단사): 國喪이 났을 때 알리기 위하여 중국에 보내던 사신
1급 1320	刀 08 총10획	剖	쪼갤 split	부ː	剖 pōu	剖檢(부검): 사망 원인 따위를 조사하기 위하여 사후(死後) 검진을 함 解剖(해부): 생물체 해부. 어떤 대상을 깊이 분석하여 연구함 剖棺斬屍(부관참시): 관을 쪼개어 시체의 목을 벰 剖鹽石魚(부염석어)

급수	부수	한자	훈음	중국어	용례
中 6급II 1321	阝邑 08 총11획	部	떼 / group 거느릴	部 bù	部隊(부대) 部署(부서) 部員(부원) 部長(부장) 部族(부족) 部處(부처) 部下(부하) 教育部(교육부) 部類(부류) 部門(부문) 部分(부분) 部屬(부속) 部首(부수) 部位(부위) 部品(부품)
中 3급II 1322	氵水 07 총10획	浮	뜰 float	浮 fú	浮刻(부각) 浮屠(부도) 浮力(부력) 浮浪(부랑) 浮上(부상) 浮揚(부양) 浮言(부언) 浮遊(游)(부유) 浮彫(부조) 浮沈(부침) 浮動票(부동표) 浮生如夢(부생여몽): 덧없는 인생은 꿈과 같다.
1급 1323	子 11 총14획	孵	알깔 hatch	孵 fū	孵卵(부란): (물고기나 날짐승의) 알을 까거나 깨는 일 孵化(부화): 동물(動物)의 알이 깨는 것. 알깨기 孵化場(부화장) 孵卵器(부란기): 달걀이나 물고기의 알을 인공적으로 까는 기구(器具)
中 4급II 1324	女 08 총11획	婦	며느리 ㅣ daughter-in-law 지어미 wife	妇 fù	婦人(부인): 결혼한 여자 婦女(부녀) 婦女子(부녀자) 奸婦(간부) 姑婦(고부) 寡婦(과부) 夫婦(부부) 新婦(신부) 主婦(주부) 家政婦(가정부) 內命婦(내명부): 왕의 후궁 産婦人科(산부인과)
高 4급II 1325	刀 09 총11획	副	버금 second	副 fù	副官(부관) 副詞(부사): 品詞 어찌씨 副賞(부상) 副食(부식) 副業(부업) 副應(부응) 副題(부제) 副次(부차) 副作用(부작용) 副葬品(부장품) 副次的(부차적) 副總理(부총리) 副會長(부회장)
中 4급II 1326	宀 09 총12획	富	부자/ 가멸 rich	富 fù	富强(부강) 富貴(부귀) 富榮(부영) 富裕(부유) 富者(부자) 富豪(부호) 甲富(갑부) 巨富(거부) 豐富(풍부) 富益富(부익부) 富裕層(부유층) 富國强兵(부국강병) 富貴榮華(부귀영화)
2급(名) 1327	亻人 10 총12획	傅	스승 teacher; master	傅 fù	師傅(사부): 스승 太傅(태부) 傅說(부열): 중국 은나라 고종 때의 재상 傅生之論(부생지론): 이미 내린 사형 선고에 다른 의견으로 감형을 주장하는 변론 木石不傅(목석불부): 나무에도 돌에도 붙일 데가 없다, 의지할 곳이 없는 처지
高 3급II 1328	竹 13 총19획	簿	문서/ 장부(帳簿) account book	簿 bù	簿記(부기): 재산의 출납·변동 따위를 밝히는 記帳法 名簿(명부) 帳簿(장부) 置簿(치부): ① 금전·물품의 출납을 기록함 ② 마음속에 새겨 둠 家計簿(가계부) 登記簿(등기부) 生活記錄簿(생활기록부)
1급 1329	貝 10 총17획	賻	부의(賻儀) contribute	赙 fù	賻儀(부의): 초상집에 부조로 보내는 돈이나 물품 賻儀金(부의금) 致賻(치부): 임금이 신하가 죽었을 때에 부의를 내림 別致賻(별치부) 賜賻(사부): 임금이 신하에게 부의를 내려 줌 弔賻(조부): 조문과 부의
2급 1330	攵攴 11 총15획	敷	펼 spread	敷 fū	敷設(부:설): 철도·다리·지리 따위를 설치함 敷衍(부:연): 덧붙여 알기 쉽게 자세히 설명을 늘어놓음 敷地(부지): 건축물이나 도로에 쓰이는 땅. 대지, 터 敷土(부토): 흙이나 모래를 펴서 까는 일 또는 그 흙이나 모래, 흙갈기, 흙펴기
2급 1331	月肉 11 총15획	膚	살갗 skin	肤 fū	膚敏(부민): 뛰어나고 재주가 있음 膚淺(부천): 지식이나 말이 천박함 皮膚(피부): 척추동물의 몸의 겉을 싼 외피(外皮) 皮膚病(피부병) 雪膚花容(설부화용) 身體髮膚受之父母(신체발부수지부모)
高 3급II 1332	貝 08 총15획	賦	부세(賦稅) taxation	赋 fù	賦(부):《시경》(六義: 風·賦·比·興·雅·頌)의 하나로 시의 내용에 따른 분류 賦課(부과) 賦金(부금) 賦稅(부세) 賦與(부여) 賦役(부역) 賦題(부제) 天賦的(천부적) 割賦(할부) 賦存資源(부존자원)
中 8급 1333	匕 03 총05획	北	북녘 ㅣ north 달아날 runaway	北 běi bèi	北京(북경) 北歐(북구) 北極(북극) 北美(북미) 北方(북방) 北部(북부) 北緯(북위) 北側(북측) 北風(북풍) 北韓(북한) 北向(북향) 北半球(북반구) 北漢山(북한산) / 敗北(패배)
中 6급II 1334	刀 02 총04획	分	나눌 divide; part; minute	分 fēn fèn	分家(분가) 分類(분류) 分離(분리) 分明(분명) 分配(분배) 分散(분산) 分析(분석) 分野(분야) 分讓(분양) 分裂(분열) 分秒(분초) 分割(분할) 分解(분해) 分量(분:량) 分數(분:수)
1급 1335	口 04 총07획	吩	분부할 order; command	吩 fēn	吩咐(분부): ☞ 분부(分付): 아랫사람에게 명령을 내림. 또는 그 명령 嚴吩咐(엄분부): 엄한 분부(分付·吩咐)

급수	부수	漢字	훈	음	中	용례
1급 1336	扌手04 총07획	扮	꾸밀 make-up; dress-up	분	扮 bàn	扮飾(분식): 몸치장 扮演(분연): 극중의 인물로 분장하여 출연함 扮裝(분장): 등장인물의 성격, 나이, 특징 따위에 맞게 배우를 꾸밈 扮裝師(분장사) 假扮(가분): 거짓으로 꾸며 분장(扮裝)함
1급 1337	心 04 총08획	忿	성낼 angry	분	忿 fèn	忿憤(분분): 분하고 원통하게 여김 忿怨(분원): 몹시 분하여 원망함 忿爭(분쟁): 성이 나서 다툼 忿爭之頭(분쟁지두): 분한 마음이 왈칵 일어난 바람 忿怒(분노)☞ 분노(憤怒) 激忿(격분): 격노(激怒)
2급(名) 1338	++艸04 총08획	芬	향기 perfume	분	芬 fēn	芬蘭(분란): 핀란드(Finland) 芬芳(분방): 꽃다운 향내 芬皇寺模磚石塔(분황사모전석탑): 국보 30호. 신라시대. 경주시 芬香(분향): [fēnxiāng]: 1.향기 2.향기롭다, 향기가 그윽하다
1급 1339	皿 04 총09획	盆	동이 basin	분	盆 pén	盆栽(분재): 화초나 나무 등을 화분에 심어 가꿈. 또는 그런 화초나 나무. 盆花(분화) 花盆(화분) 盆地(분지): 산지로 둘러싸인 평평한 지역 盆唐區(분당구): 경기도 성남시 覆盆子(복분자): 복분자 딸기의 열매
高 3급II 1340	糸 04 총10획	紛	어지러울 confusion	분	纷 fēn	紛糾(분규) 紛亂(분란) 紛紛(분분): 떠들썩하고 뒤숭숭함 紛失(분실) 紛擾(분요): 어수선하고 소란스럽다. 紛爭(분쟁) 紛錯(분착): 뒤섞이어 어지럽다. 紛喧(분훤) 勞使紛糾(노사분규)
高 4급 1341	米 04 총10획	粉	가루 powder	분(:)	粉 fěn	粉食(분식) 粉乳(분유) 粉湯(분탕) 粉土(분토) 粉筆(분필) 粉紅色(분홍색) 粉骨碎身(분골쇄신) 粉青沙器(분청사기) 粉飾會計(분식회계): 기업이 고의로 자산이나 이익을 부풀려 계산하는 회계
1급 1342	雨 04 총12획	雰	눈 날릴/ snowfall/ 안개 fog	분	雰 fēn	雰虹(분홍): 공중에 떠 있는 물방울이 햇빛을 받아 나타나는 무지개 雰圍氣(분위기): ① 대기(大氣). ② 어떤 장소나 회합에 감도는 기분 ③ 주위의 상황이나 환경 ④ 사람이나 사물의 독특한 느낌. 지적인 분위기
高 3급II 1343	大 05 총08획	奔	달릴 busy	분	奔 bēn bèn	奔告(분고) 奔騰(분등) 奔忙(분망): 매우 바쁨 奔放(분방): 제멋대로임 奔走(분주): 이리저리 바쁨 狂奔(광분): 미친 듯이 날뜀 東奔西走(동분서주): 동쪽으로 뛰고 서쪽으로 뜀. 사방으로 바빠 돌아다님
高 4급 1344	忄心12 총15획	憤	분할 chagrin	분:	愤 fèn	憤慨(분개): 몹시 분하게 여김 憤怒(분노) 憤嘆(분탄) 激憤(격분) 公憤(공분) 刻骨憤恨(각골분한): 마음속 깊이 분하고 한스러움 憤氣衝天(분기충천) 發憤忘食(발분망식) 悲憤慷慨(비분강개)
高 3급 1345	土 12 총15획	墳	무덤 grave; tomb	분	坟 fén	墳墓(분묘) 封墳(봉분): 흙더미를 쌓아올려 만든 둥근 모양의 무덤 墳塋(분영) 墳塚(분총) 古墳(고분) 丘墳(구분) 雙墳(쌍분) 荒墳(황분): 버려두어 헐고 거칠어진 분묘 古墳壁畫(고분벽화)
1급 1346	口 12 총15획	噴	뿜을 spout	분	喷 pēn pèn	噴飯(분반): 웃음이 터짐 噴水(분수): 물을 뿜어내게 되어 있는 설비 噴出(분출): 뿜어 나옴 噴火(분화) 噴霧器(분무기) 噴水臺(분수대) 噴火口(분화구) 含血噴人(함혈분인)
1급 1347	火 08 총12획	焚	불사를 burn	분	焚 fén	焚身(분신) 焚蕩(분탕): ① 재산을 없애 버림 ② 소동을 일으킴 焚香(분향): 향을 피움 焚書坑儒(분서갱유): 진시황이 민간의 서적을 불사르고 수많은 유생(儒生)을 구덩이에 묻어 죽인 일. 갱유분서(坑儒焚書)
高 3급II 1348	大 13 총16획	奮	떨칠 rouse	분:	奋 fèn	奮發(분발): 가라앉은 마음과 힘을 떨쳐 일으킴 奮勇(분용) 奮戰(분전) 奮鬪(분투): 있는 힘을 다하여 싸우거나 노력함 奮鬪努力(분투노력) 孤軍奮鬪(고군분투) 興奮(흥분): 어떤 자극으로 감정이 북받쳐 일어남
1급 1349	米 11 총17획	糞	똥 feces	분	粪 fèn	糞尿(분뇨): 똥과 오줌 人糞(인분): 사람의 똥 胎糞(태분): 배내똥 嘗糞之徒(상분지도): 똥을 핥을 놈, 남에게 아첨하는 사람이나 그 무리
中 7급II 1350	一 03 총04획	不	아닐 not	불 부	不 bù	不可(불가) 不具(불구) 不及(불급) 不能(불능) 不良(불량) 不滿(불만) 不安(불안) 不便(불편) 不要不急(불요불급)/ 不渡(부도) 不正(부정) 不淨(부정) 不足(부족) 不動産(부동산)

급수	부수	한자	훈/뜻	음	中	설명
2급 1351	弓 02 총05획	弗	아닐/말[勿] not; dollar	불	弗 fú	弗素(불소): 플루오르 弗化酸素(불화산소) 弗化水素(불화수소) 弗貨(불화): 달러를 단위로 한 화폐 造次弗離(조차불리): 잠시도 자리를 떠나지 않음 衆人弗勝(중인불승): 보통사람은 감당하지 못함
中 4급II 1352	亻人05 총07획	佛	부처 l Buddha 프랑스 France	불	佛 fó fú	佛家(불가) 佛經(불경) 佛敎(불교) 佛紀(불기) 佛像(불상) 佛語(불어) 佛陀(불타) 佛畫(불화) 佛蘭西(불란서): 프랑스 佛頭着糞(불두착분): 깨끗한 것을 더럽힘. 좋은 저서에 변변치 않은 서문
1급 1353	亻 05 총08획	彿	비슷할 similar	불	彿 fú	怫燃(불연): 성이 나서 못마땅한 모양. 성이 나서 뿌루퉁한 모양 彷彿(방불): ① 거의 비슷함 ② 흐릿하거나 어렴풋함 ③ 무엇과 같다고 느끼게 함 佛流江(불류강): 평안남도 150.5㎞ 대동강(大同江)에 합치는 강
高 3급II 1354	扌手05 총08획	拂	떨칠 wipe out; payment	불	拂 fú	拂拭(불식): 말끔하게 치워 없앰 拂下(불하) 假拂(가불): 가지급(假支給) 先拂(선불) 後拂(후불) 完拂(완불) 支拂(지불): 값을 내어 줌 滯拂(체불) 還拂(환불): 돈을 되돌려 줌 換拂(환불): 환산하여 지급함
中 3급 1355	月 04 총08획	朋	벗 friend	붕	朋 péng	朋友(붕우) 朋知(붕지) 朋執(붕집) 同朋(동붕): ☞ 친구(親舊) 朋友有信(붕우유신): 벗 사이의 도리는 믿음에 있음. 오륜(五倫)의 하나 朋友責善(붕우책선): 벗끼리 서로 좋은 일을 하도록 권함
高 3급 1356	山 08 총11획	崩	무너질 collapse	붕	崩 bēng	崩壞(붕괴): 허물어져 무너짐 崩御(붕어): 임금이 세상을 떠나는 것 崩頹(붕퇴): ☞ 붕괴(崩壞) 崩城之痛(붕성지통): 남편이 죽은 슬픔 崩天之痛(붕천지통): 아버지가 돌아가신 슬픔 天崩地壞(천붕지괴)
1급 1357	木 08 총12획	棚	사다리 ladder	붕	棚 péng pēng	棚棧(붕잔) 氷棚(빙붕): 거대한 얼음 덩어리 山棚(산붕): 산디 山棚戱(산붕희): 산대(山臺)놀음(우리나라 가면극) 大陸棚(대륙붕): 대륙이나 큰 섬 주위의 깊이가 평균 200m까지의 완만한 경사면
1급 1358	石 08 총13획	硼	붕사(硼砂) borax	붕	硼 péng	硼沙(붕사): 붕소를 함유한 백색 결정체. 강한 열에 녹이면 유리와 비슷하게 변함 硼酸(붕산): 무색·무취의 광택이 있는 비늘 모양의 결정. 방부제·소독제 원료 硼素(붕소): 비금속 원소의 하나. 흑갈색의 금속. 광택이 나는 고체
1급 1359	糸 11 총17획	繃	묶을 band	붕	绷 bēng běng	繃結(붕결): 맺거나 맺히거나 함 繃帶(붕대): 헌데나 상처에 감는, 소독한 헝겊. 면포·거즈 따위로 만듦 繃渤(붕발): 흐르는 큰 물결이 서로 부딪쳐서 나는 소리
2급(名) 1360	鳥 08 총19획	鵬	새/ 붕새 a roc	붕	鵬 péng	鵬圖(붕도): 원대한 계획 鵬翼(붕익): 붕새의 날개 鵬鳥(붕조): 대붕(大鵬): 하루에 9만 리(里)를 난다는 상상(想像)의 큰 새 鵬程萬里(붕정만리): ① 앞길이 매우 멀고도 멂 ② '전도가 양양한 장래'
1급 1361	匕 00 총02획	匕	비수 dagger	비ː	匕 bǐ	匕首(비수): 날이 썩 날카롭고 짧은 칼 匕盤(비반): 숟가락을 올려놓는 소반 匕箸(비저): 숟가락과 젓가락 棘匕(극비): 국자 飯匕(반비): 숟가락 鼎匕(정비): 정(鼎)에 담긴 희생(犧牲)을 들어내는 데 쓰는 칼 비슷한 기구
中 5급 1362	比 00 총04획	比	견줄 compare	비ː	比 bǐ	比肩(비견) 比較(비교) 比例(비례) 比喩(비유) 比率(비율) 比重(비중) 比丘(비구) 比丘尼(비구니) 比翼連理(비익연리) 比屋可封(비옥가봉): 집마다 가히 표창(表彰)할만한 인물이 많다
1급 1363	广 04 총07획	庇	덮을 shelter	비ː	庇 bì	庇匿(비닉): 덮어서 감춤 庇護(비호): 편들어서 감싸 주고 보호함. 曲庇(곡비) 隱庇(은비) 庇仁面(비인면): 서천군 庇護權(비호권): 외국의 정치범이나 피란자 등 보호를 요청해 온 외국인을 보호하는 국가의 권리
高 4급 1364	扌手04 총07획	批	비평할 criticize	비ː	批 pī	批准(비준): 체결된 조약에 대해 당사국에서 최종적으로 확인·동의하는 절차 批判(비판): 비평하고 판단함 批判的 觀念論(비판적 관념론) 批評(비평): 사물의 선악·시비·미추(美醜)를 평가하여 그 가치를 논하는 일
1급 1365	女 04 총07획	妣	죽은 어미 deceased mother	비	妣 bǐ	妣位(비위): 돌아가신 어머니와 그 윗대 할머니들의 위(位). ↔고위(考位). 考妣(고비) 先妣(선비) 祖妣(조비) 顯妣(현비) 顯祖妣(현조비) 考西妣東(고서비동): 아버지 신위는 서쪽, 어머니 신위는 동쪽에 모심

급수	부수	한자	훈음	음	중국어	용례
2급(名) 1366	比 05 총09획	毖	삼갈 caution	비	毖 bì	懲毖錄(징비록): 조선 선조 때 영의정으로 도체찰사를 겸하고 전쟁터에서 지휘 했던 서애(西厓) 유성룡(柳成龍:1542~1607)이 눈물과 회한으로 쓴 전란의 기록 임진왜란 야사. 활자본. 16권 7책
1급 1367	禾 04 총09획	秕	쭉정이 chaff	비:	秕 bǐ	秕政(비정): ① 몹시 어지러운 정치(政治) ② 나쁜 정치. 썩은 정치 秕糠(비강): ① 쭉정이와 겨 ② 변변치 못한 음식 ③ 하찮은 물건 특급Ⅱ 粃(쭉정이 비)
1급 1368	石 04 총09획	砒	비상 arsenic	비:	砒 pī	砒酸(비산) 砒霜(비상): 비석(砒石)을 승화(昇華)시켜서 만든 결정체 砒石(비석): 비소(砒素)와 유황(硫黃)과 철(鐵)로 된 광물(鑛物) 砒素(비소): 독성이 강하며, 농약, 의약에 사용 『화학』 arsenic (As).
2급(名) 1369	比 05 총09획	毗	도울 help	비	毗 pí	毗盧峯(비로봉): 내금강에 딸린 금강산 중의 최고봉 金毗羅(금비라): 불법(佛法)을 수호한다는 야차(夜叉)의 우두머리 茶毗(다비): 불교에서 火葬 藍毗尼園(남비니원): 부처가 태어난 곳
1급 1370	王玉 08 총12획	琵	비파 Korean mandolin	비	琵 pí	琵琶(비파): 타원형의 몸통에 곧고 짧은 자루가 달린 현악기의 하나 4줄의 당(唐)비파와 5줄의 향(鄕)비파가 있고 거문고·가야금과 함께 삼현(三絃)의 하나 琵瑟山(비슬산) 대구시 달성군과 경북 청도군사이
2급(名) 1371	一 04 총05획	丕	클 great; Crown Prince	비	丕 pī	丕構(비구): ☞ 홍업(洪業) 丕子(비자): 천자(天子)의 적자(嫡子) 태자 원자(元子) 황태자 曹丕(조비): 위(魏)나라의 초대 황제. 조조(曹操)의 맏아들
高 3급Ⅱ 1372	女 03 총06획	妃	왕비 queen	비	妃 fēi	妃偶(비우): ☞ 배우자 楊貴妃(양귀비): 당나라 현종(玄宗)의 비(妃) 妃嬪(비빈): 왕비와 궁녀 王妃(왕비): 임금의 아내 大妃(대비): 선왕의 후비(后妃) 大王大妃(대왕대비): 왕의 살아 있는 할머니
高 3급Ⅱ 1373	月肉 04 총08획	肥	살찔 fatness	비:	肥 féi	肥大(비대) 肥料(비료): 질소(窒素)·인산(燐酸)·칼륨은 비료의 3요소 肥滿(비만) 肥饒(비요) 肥沃(비옥) 肥土(비토) 施肥(시비) 草肥(초비): 풋거름 堆肥(퇴비): 두엄 間接肥料(간접비료)
2급(名) 1374	氵水 05 총08획	泌	분비할 secretion 스며흐를	비: 필	泌 bì	分泌(분비): 세포가 그 대사물질을 세포 밖으로 방출하는 현상 分泌物(분비물) 內分泌(내분비) 外分泌(외분비) 泌尿器科(비뇨기과) 金鍾泌(김종필): 1926년~2018년 정치인
高 4급 1375	示 05 총10획	祕	숨길 conceal; secrecy 특급Ⅱ 秘(通字)	비:	祕 mì bì	祕訣(비결) 祕境(비경) 祕經(비경) 祕密(비밀) 祕方(비방) 祕法(비법) 祕報(비보) 祕寶(비보) 祕本(비본) 祕書(비서) 祕策(비책) 神祕(신비) 祕書官(비서관) 祕資金(비자금)
1급 1376	氵水 05 총08획	沸	끓을 boiling 용솟음할	비: 불	沸 fèi	沸騰(비등): 액체가 끓어오름 沸騰點(비등점): ☞ 증기점(蒸氣點) 白沸湯(백비탕): 맹물탕 沸波(불파): 물수리 수릿과의 새 沸星(불성): 『佛』 이십팔수(二十八宿)의 하나인 상서(祥瑞)로운 별
高 5급 1377	貝 05 총12획	費	쓸 spend	비:	費 fèi bì	費用(비용) 經費(경비) 浪費(낭비) 歲費(세비) 消費(소비) 學費(학비) 消費者(소비자) 交通費(교통비) 研究費(연구비) 醫療費(의료비) 人件費(인건비) 減價償却費(감가상각비)
高 3급Ⅱ 1378	十 06 총08획	卑	낮을 inferior	비:	卑/卑 bēi	卑怯(비겁) 卑屈(비굴) 卑近(비근) 卑俗(비속) 卑語(비어) 卑劣(비열) 卑賤(비천) 卑下(비하) 卑屬(비속): 항렬이 아래인 친족 登高自卑(등고자비) 男尊女卑(남존여비) 眼高手卑(안고수비)
高 3급Ⅱ 1379	女 08 총11획	婢	계집종 maid servant	비:	婢 bì	婢女(비녀) 婢妾(비첩): 종으로 첩이 된 계집 家婢(가비) 歌婢(가비) 哭婢(곡비) 官婢(관비) 奴婢(노비): 사내종과 계집종 侍婢(시비) 從婢(종비) 賤婢(천비) 官奴婢(관노비) 家內奴婢(가내노비)
1급 1380	月肉 08 총12획	脾	지라 spleen	비(:)	脾 pí	脾臟(비장): 위(胃)의 뒤쪽, 백혈구의 생성과 노폐 적혈구를 파괴 脾胃(비위): ① 지라와 위 ② 음식물을 먹고 싶은 기분 ③ 무엇을 하고 싶은 마음 歸脾湯(귀비탕) 淸脾錄(청비록): 조선 후기 이덕무의 시평집(詩評集)

급수	부수	한자	훈음	음	간체/병음	용례
1급 1381	衤衣08 총13획	裨	도울 benefit; profit	비	裨 bì	裨補(비보): 도와서 채움 裨益(비익): 보익(補益) 補裨(보비): 補助 裨將(비장): 조선 감사(監司)·유수(留守)·병사(兵使)·수사(水使)·견외(遣外) 사신을 따라다니던 무관(武官) 裵裨將傳(배비장전): 실전판소리 작품
1급 1382	疒08 총13획	痺	저릴 numb; paralysis	비	痹 bì	痺疳(비감) 痺病(비병): 뼈마디가 저리고 아프며 심하면 팔다리가 붓는 증상 脈痺(맥비) 麻痺(마비) 風痺(풍비) 皮痺(피비) 單麻痺(단마비) 小兒麻痺(소아마비) 心臟麻痺(심장마비) 不全麻痺(부전마비)
高 4급 1383	石08 총13획	碑	비석 tombstone	비	碑/碑 bēi	碑銘(비명) 碑文(비문) 碑石(비석) 碑誌(비지) 碑表(비표) 口碑(구비) 墓碑(묘비) 石碑(석비) 詩碑(시비) 功德碑(공덕비) 紀念碑(기념비) 巡狩碑(순수비) 廣開土王碑(광개토왕비)
中 4급II 1384	非00 총08획	非	아닐 not; blame	비(:)	非 fēi	非難(비난) 非但(비단) 非理(비리) 非命(비명) 非番(비번) 非凡(비범) 非常(비상) 非違(비위) 非人(비인) 非行(비행) 非課稅(비과세) 非武裝(비무장) 非一非再(비일비재)
2급 1385	匚08 총10획	匪	비적 bandit	비:	匪 fěi	匪賊(비적): 무장을 하고 떼를 지어 다니며 사람들을 해치는 도둑 匪徒(비도) 匪擾(비요): 비적 소요 共匪(공비): 공산당의 유격대 匪夷所思(비이소사): 평범하지 않는 생각 如匪行邁謀(여비행매모)
1급 1386	戶08 총12획	扉	사립문 brushwood door	비	扉 fēi	扉紙(비지): 속표지 扉窓(비창): 왼쪽 오른쪽으로 열어젖혀 여닫게 된 창문 門扉(문비) 柴扉(시비): 사립문 竹扉(죽비): 대사립 天扉(천비): 대궐의 문 鐵扉(철비): 쇠 문짝 水密扉(수밀비): 선박(船舶) 출입구의 문
中 4급II 1387	心08 총12획	悲	슬플 sad; grieve	비:	悲 bēi	悲歌(비가) 悲觀(비관) 悲劇(비극) 悲鳴(비명) 悲哀(비애) 悲願(비원) 悲壯(비장) 悲慘(비참) 悲歎(嘆)(비탄) 慈悲(자비) 喜悲(희비) 悲觀的(비관적) 悲劇的(비극적) 慈悲心(자비심)
1급 1388	虫08 총14획	蜚	바퀴/ 날[飛] cockroach	비	蜚 fēi fěi	蜚蠊(비렴): 바퀴 (바큇과의 곤충) 급수외 蠊(바퀴 렴) 三年不蜚(삼년불비): 웅비(雄飛)할 기회를 기다림 流言蜚語(유언비어): 아무 근거 없이 널리 퍼진 소문 뜬소문 浮言浪說
1급 1389	糸08 총14획	緋	비단 red silk	비:	绯 fēi	緋甲(비갑) 緋衲(비납): ① 붉은 비단옷 ② 붉은 승의(僧衣) 緋緞(비단): 명주실(明紬-)로 두껍고도 윤이 나게 잘 짠 피륙 緋衿誓幢(비금서당): 통일 신라 시대에 둔 구서당(九誓幢)의 하나
1급 1390	羽08 총14획	翡	물총새 green jadeite	비:	翡 fěi	翡色(비색): 고려청자(靑瓷)에서 볼 수 있는 빛깔과 같은 푸른 빛깔 翡玉(비옥): 붉은 점이 있는 비취옥 翡翠(비취): 물총새. 翡翠玉 翡翠衾(비취금): 신혼부부가 덮는 화려한 이불 翡翠椽木(비취연목)
1급 1391	言08 총15획	誹	헐뜯을 slander	비	诽 fěi	誹謗(비방): 남을 헐뜯어 말함 腹誹(복비): 말없이 마음속으로 나무람 誹謗之木(비방지목): 고대 중국에서 요(堯)임금이 자신의 정치에 대해 잘못된 점이나 불만을 가지게 된 점을 써 붙이도록 궁궐 다리에 세웠던 기둥
中 4급II 1392	飛00 총09획	飛	날 fly	비	飞 fēi	飛檄(비격) 飛橋(비교) 飛禽(비금) 飛騰(비등) 飛報(비보) 飛散(비산) 飛上(비상) 飛翔(비상) 飛雪(비설) 飛躍(비약) 飛行(비행) 飛虎(비호) 飛火(비화) 飛禍(비화) 飛天像(비천상)
中 4급II 1393	亻人10 총12획	備	갖출 prepare	비:	备 bèi	備考(비고) 備蓄(비축) 備品(비품) 具備(구비) 對備(대비) 設備(설비) 豫備(예비) 裝備(장비) 準備(준비) 備忘錄(비망록) 備盡事情(비진사정) 餘不備禮(여불비례) 有備無患(유비무환)
1급 1394	心12 총16획	憊	고단할 tired	비:	惫 bèi	憊困(비곤) 憊色(비색) 憊衰(비쇠) 憊臥(비와) 憊殘(비잔) 憊敗(비패) 憊眩(비현) 困憊(곤비) 頓憊(돈비) 衰憊(쇠비) 疲憊(피비) 虛憊(허비) 熱疲憊(열피비): 열사병(熱射病)
中 5급 1395	鼻00 총14획	鼻	코 nose	비:	鼻 bí	鼻孔(비공) 鼻骨(비골) 鼻笑(비소) 鼻炎(비염) 鼻音(비음) 鼻祖(비조): 시조(始祖) 鼻居刀船(비거도선): 조선시대 소형 전투선 鼻元思案(비원사안): 당장만을 생각하는 얕은 생각 鼻元料簡(비원요간)

급수	부수	한자	훈	음	중국어	용례
1급 1396	阝邑11 총14획	鄙	더러울 dirty	비:	鄙 bǐ	鄙陋(비루): 너절하고 더럽다 鄙詐(비사): 비루하고 속임 鄙詞(비사): 점잖지 못하고 상스럽게 하는 말 鄙儒(비유): 비속한 유생 鄙地(비지): 비변(鄙邊). 비처(鄙處) 鄙淺(비천): 천박하고 상스러움
1급 1397	月肉13 총17획	臂	팔 arm	비:	臂 bì bèi	臂膊(비박): 팔과 어깨 肩臂(견비): 어깨와 팔 肩臂痛(견비통) 臂環(비환): 팔찌 聯臂(연비): 간접적인 연줄로 하여 서로 알게 되는 일 八面六臂(팔면육비): 어떤 일에 부딪치더라도 능히 처리하여 내는 수완과 능력
1급 1398	言 13 총20획	譬	비유할 simile	비:	譬 pì	譬喩(비유)☞ 比喩(비유): 어떤 현상이나 사물을 직접 설명하지 아니하고 다른 비슷한 현상이나 사물에 빗대어서 설명하다. · 예로부터 우리 민족은 용감무쌍한 사람을 호랑이에 **비유**해 왔다.
中 4급II 1399	貝 04 총11획	貧	가난할 poor	빈	贫 pín	貧家(빈가) 貧困(빈곤) 貧國(빈국) 貧窮(빈궁) 貧民(빈민) 貧富(빈부) 貧弱(빈약) 貧者(빈자) 貧賤(빈천) 貧血(빈혈) 極貧(극빈) 赤貧(적빈) 賤貧(천빈) 淸貧(청빈) 貧益貧(빈익빈)
2급(名) 1400	彡 08 총11획	彬	빛날 brilliant	빈	彬 bīn	彬蔚(빈울): 문채(文彩)가 찬란(燦爛)함 文質彬彬(문질빈빈): 문과 질이 알맞게 섞여 조화를 이루는 일. 곧 겉모양의 아름다움과 속내의 미가 서로 잘 어울린 모양.
高 3급 1401	貝 07 총14획	賓	손/ 손님 guest	빈	宾 bīn	賓客(빈객) 賓格(빈격) 賓主(빈주) 賓天(빈천): 천자(天子)가 세상을 떠남 佳賓(가빈) 國賓(국빈) 貴賓(귀빈) 主賓(주빈) 迎賓館(영빈관) 賓主之禮(빈주지례) 回賓作主(회빈작주)
1급 1402	女 14 총17획	嬪	궁녀 벼슬이름 Crown Princess	빈	嫔 pín	嬪(빈): 내명부(內命婦)의 하나로 정1품 품계인 임금의 후궁과 세자의 적실(嫡室) 嬪宮(빈궁) 宮嬪(궁빈) 妃嬪(비빈): 왕비와 궁녀 嬪御(빈어) 賓從(빈종) 嬪妾(빈첩) 世孫嬪(세손빈) 世孫嬪宮(세손빈궁)
1급 1403	氵水14 총17획	濱	물가 beach	빈	浜/滨 bīn	哈爾濱(합이빈): 하얼빈, 중국 흑룡강성의 성도(省都) 普天之下 率土之濱(보천지하 솔토지빈): 하늘이 두루 덮고 있는 밑과, 육지가 연속해 있는 끄트머리. 천하(天下)를 나타내는 말.
1급 1404	歹 14 총18획	殯	빈소 mortuary	빈	殡 bìn	殯禮(빈례) 殯所(빈소): 상여(喪輿)가 나갈 때까지 관을 놓아두는 방 殯殿(빈전) 啓殯(계빈): (발인을 위해) 출구(出柩)하려고 빈소를 엶 山殯(산빈) 斂殯(염빈) 草殯(초빈) 出殯(출빈) 殯含玉(빈함옥)
高 3급 1405	頁 07 총16획	頻	자주 often	빈	频 pín	頻度(빈도) 頻發(빈발) 頻繁(빈번) 頻數(빈삭): 도수(度數)가 매우 잦다. 頻尿症(빈뇨증) 頻度數(빈도수) 迦陵頻迦(가릉빈가): 불경에 나오는, 사람의 머리에 새의 몸을 한 상상의 새. 준말 빈가(頻伽)
1급 1406	口 16 총19획	嚬	찡그릴 frown	빈	嚬 pín	嚬笑(빈소): 찡그림과 웃음 嚬呻(빈신): 찡그리고 끙끙거림 嚬蹙(특례)(빈축) 毛施淑姿工嚬妍笑(모시숙자 공빈연소): 모장(毛嬙)과 서시(西施)는 자태가 아름다워 공교하게 찡그리고 곱게 웃었다. 千字文 118/125
1급 1407	氵水16 총19획	瀕	물가/ 가까울 beach/ dying	빈	濒 bīn	瀕死(빈사): 거의 죽을 지경(地境)에 이름 瀕海(빈해): 어떤 지역이 바다에 가까움 또는 그런 땅 瀕湖脈學(빈호맥학): 명나라 이시진(李時珍)이 1564년에 편찬한 맥학(脈學)에 관한 저서
中 5급 1408	水 01 총05획	氷	얼음 ice 冰(本字)	빙	氷 bīng	氷壁(빙벽) 氷晶(빙정) 氷點(빙점) 氷質(빙질) 氷板(빙판) 氷河(빙하) 結氷(결빙) 解氷(해빙) 氷炭不相容(빙탄불상용) 氷山一角(빙산일각) 氷姿玉質(빙자옥질) 氷貞玉潔(빙정옥결)
2급(名) 1409	馬 02 총12획	馮	탈[乘] | 성(姓) ride	빙 풍	冯 féng píng	馮河(빙하): 황하를 걸어서 건넌다. 馮虛(빙허): 하늘 높이 오름 暴虎馮河(포호빙하): 무모한 행동 또는 어떤 것도 두려워하지 않는 만용 馮氏(풍씨) 馮夷(풍이): 고구려 시조 동명왕의 외조부인 '하백(河伯)'의 이름
1급 1410	心 12 총16획	憑	비길[依] rely; depend	빙	凭 píng	憑據(빙거) 憑藉(빙자): 남의 힘을 빌려서 의지함 信憑性(신빙성) 憑公營私(빙공영사): 공적인 일을 빙자하여 개인의 이익을 꾀함 憑几之命(빙궤지명): 임금의 유명(遺命) 證憑書類(증빙서류)

급수	부수/획수	한자	훈/뜻	음	中文	용례
高 3급 1411	耳 07 총13획	聘	부를 a call; invite	빙	聘 pìn	聘家(빙가): 아내의 본집　聘父(빙부): 아내의 친정(親庭) 아버지 聘母(빙모): 다른 사람의 장모(丈母)　聘丈(빙장): 남의 장인(丈人)의 존칭 聘妻(빙처): 예를 다하고서 맞아 **아내**를 삼는다.　雇聘(고빙)　招聘(초빙)
中 5급Ⅱ 1412	士 00 총03획	士	선비 scholar	사:	士 shì	士兵(사병)　軍士(군사)　技士(기사)　道士(도사)　武士(무사) 博士(박사)　兵士(병사)　人士(인사)　碩士(석사)　志士(지사) 學士(학사)　技能士(기능사)　辯護士(변호사)　會計士(회계사)
中 5급Ⅱ 1413	亻人03 총05획	仕	섬길 serve	사(:)	仕 shì	仕加(사가): 조선 임기를 마치면 사만(仕滿)으로 품계를 올리던 일[加階] 仕進(사진): 벼슬아치가 출근함　强仕(강사): 마흔 살　求仕(구사) 奉仕(봉사)　仕非爲貧(사비위빈): 벼슬은 가난을 면하려는 것이 아니다
中 3급 1414	己 00 총03획	巳	뱀/ snake 여섯째지지	사:	巳 sì	巳方(사방): 24방위. 정남에서 동으로 30도를 중심한 15도 각도 안의 범위 巳月(사월): 음력 4월　上巳(상사): 삼짇날. 음력 3월 3일 乙巳條約(을사조약): 1905년 일본이 대한제국의 외교권을 빼앗는 조약
高 3급Ⅱ 1415	示 03 총08획	祀	제사 memorial service	사	祀 sì	祭祀(제사): 신령이나 죽은 사람의 넋에 음식을 바쳐 정성을 나타냄 節祀(절사): 철이나 명절(名節)을 따라 지내는 제사　合祀(합사) 無祀鬼神(무사귀신): 자손이 모두 죽어 제사를 지내 줄 사람이 없는 귀신
中 8급 1416	囗 02 총05획	四	넉 four	사:	四 sì	四端(사단): 仁義禮智　四面(사면)　四方(사방): 東西南北 四書(사서): 論語·孟子·中庸·大學　四寸(사촌)　四君子(사군자) 四大門(사대문)　文房四友(문방사우)　四顧無親(사고무친)
2급(名) 1417	氵水05 총08획	泗	물 이름 river	사:	泗 sì	泗水(사수): 중국 산동성에 있는 강　泗川市(사천시): 경상남도 泗沘城(사비성):☞ 부소산성(扶蘇山城): 부여군　**특급외** 沘(강 이름 **비**) 泗縣 [Sìxiàn] 쓰현. 안후이성(安徽省) ※ 四川 [Sìchuān] 쓰촨성
中 5급Ⅱ 1418	口 02 총05획	史	사기(史記) history; chronicle	사:	史 shǐ	史官(사관)　史觀(사관)　史劇(사극)　史記(사기)　史料(사료) 史上(사상)　史書(사서)　史乘(사승)　史籍(사적)　史冊(사책) 史跡地(사적지)　經史百子(경사백자): 경서와 사서, 제자백가의 많은 책
中 6급 1419	亻人06 총08획	使	하여금/ 부릴 use; employ	사:	使 shǐ	使臣(사신)　使役(사역)　使用(사용)　使者(사자)　驅使(구사) 勞使(노사)　大使(대사)　差使(차사)　天使(천사)　使徒(사도): 거룩한 일을 위하여 헌신하는 사람.　사도신경(使徒信經)　사도행전(使徒行傳)
高 3급Ⅱ 1420	口 02 총05획	司	맡을 preside	사	司 sī	司正(사정)　三司(삼사): 사간원(司諫院), 사헌부(司憲府), 홍문관(弘文館) 上司(상사): 직속의 상급 관아　司法府(사법부)　司會者(사회자) 司令官(사령관)　司馬遷(사마천): 前漢의 역사가　公司(공사): 會社
1급 1421	示 05 총10획	祠	사당 ancestral tablet hall	사	祠 cí	祠堂(사당): 조상(祖上)의 신주(神主)를 모셔 놓은 집 祠宇(사우)　墓祠(묘사)　神祠(신사)　生祠堂(생사당) 忠烈祠(충렬사)　表忠祠(표충사): 밀양　顯忠祠(현충사): 아산
高 3급Ⅱ 1422	言 05 총12획	詞	말/ 글 word; speech; sentence	사	词 cí	詞林(사림)　詞藻(사조)　詞海(사해)　詞命(사명)　詞伯(사백) 品詞(품사): 名詞·代名詞·動詞·形容詞·助詞·感歎詞·冠形詞·副詞·數詞 歌詞(가사): 가곡·가요·오페라 따위의 노래 내용이 되는 글. 노랫말.
1급 1423	口 10 총13획	嗣	이을 successor	사:	嗣 sì	嗣子(사자): 대(代)를 이을 아들　無嗣(무사)　絶嗣(절사) 世嗣(세사):☞ 후손(後孫)　承嗣(승사): 뒤를 이음　宗嗣(종사) 後嗣(후사): 대를 잇는 자식　嗣續之望(사속지망): 대(代)를 이을 희망
2급 1424	食 05 총14획	飼	기를/ 먹일 feed; forage	사	饲 sì	飼料(사료)　飼馴(사순): 사육하며 길들임　飼養(사양)　飼育(사육) 乾飼(건사): 마른먹이　放飼(방사): 놓아먹임　飼育場(사육장) 粗飼料(조사료): 거친 먹이　飼養人(사양인): 사육인(飼育人)
中 4급Ⅱ 1425	寸 03 총06획	寺	절 temple	사	寺 sì	寺門(사문)　寺社(사사)　寺院(사원)　寺址(사지): 절터　寺刹(사찰) 寺塔(사탑)　浮石寺(부석사)　佛國寺(불국사)　海印寺(해인사) 司農寺(사농시): 제향(祭享)에 쓰는 물자와 적전의 일을 맡아보던 관아

#	級	部首/劃	漢字	訓	音	中國音	用例
1426	中 6급	歹 02 총06획	死	죽을 die; death	사:	死 sǐ	死亡(사망) 死歿(사몰) 死生(사생) 死守(사수) 死因(사인) 死藏(사장) 死體(사체) 死海(사해) 死活(사활) 死傷者(사상자) 死刑囚(사형수) 死角地帶(사각지대) 死後藥方文(사후약방문)
1427	中 4급	禾 02 총07획	私	사사(私事) private	사:	私 sī	私權(사권) 私立(사립) 私募(사모) 私事(사사) 私設(사설) 私淑(사숙) 私乘(사승) 私益(사익) 私人(사인) 私的(사적) 私學(사학) 私法人(사법인) 私生活(사생활) 私利私慾(사리사욕)
1428	高 3급II	阝邑04 총07획	邪	간사할 cunning	사	邪 xié yé	奸邪(간사): 나쁜 꾀를 부리는 등 마음이 바르지 않다. 邪曲(사곡) 邪道(사도) 邪惡(사악) 邪慾(사욕) 邪風(사풍) 邪學(사학) 邪不犯正(사불범정) 邪思妄念(사사망념): 좋지 못한 온갖 망령된 생각
1429	高 3급	亻人05 총07획	似	닮을 alike; similar	사:	似 sì	近似(근사): ① 아주 비슷함 ② 그럴싸하게 좋음 類似(유사) 恰似(흡사) 近似値(근사치) 近似計算(근사계산) 似而非(사이비): 겉은 비슷하나 속은 완전히 다름. 사시이비(似是而非). 似而非者(사이비자)
1430	高 3급II	氵水04 총07획	沙	모래 sand	사	沙 shā shà	沙果(사과) 沙(砂)器(사기) 沙(砂)漠(사막) 沙石(사석) 黃沙(砂)(황사) 沙上樓閣(사상누각) 沙中偶語(사중우어): 신하가 몰래 謀反하려는 계책 白沙靑松(백사청송): 바닷가의 아름다운 경치
1431	1급	女 07 총10획	娑	춤출/ dance 사바세상	사	娑 suō sā, shā	娑婆(사바): ① 괴로움이 많은 인간 세계. 석가모니불이 교화하는 세계 ② 자유로운 세계를 속되게 이르는 말 婆娑(파사): ① 춤추는 소매의 날림이 가볍다 ② 몸이 가냘프다 ③ 세력이나 형세 따위가 쇠하여 약하다
1432	1급	糸 04 총10획	紗	비단 thin silk	사	紗 shā	紗帽(사모): 검은 사붙이로 만든 예모(禮帽). 사모관대(紗帽冠帶) 紗屬(사속): 사붙이 紗帳(사장): 비단으로 만든 휘장 吉祥紗(길상사): 중국에서 나는 생사로 짠 깁의 한 가지
1433	中 7급II	亅 07 총08획	事	일 work; affair; event	사:	事 shì	事件(사건) 事故(사고) 事務(사무) 事物(사물) 事例(사례) 事變(사변) 事實(사실) 事案(사안) 事業(사업) 事前(사전) 事大主義(사대주의) 事事件件(사사건건) 事必歸正(사필귀정)
1434	高 6급II	示 03 총08획	社	모일 society	사	社 shè	社會(사회): 같은 무리끼리 모여 이루는 집단. 국제사회(國際社會) 會社(회사): 상행위나 그 밖의 영리를 추구할 목적으로 설립된 사단 법인 社稷(사직): 토지신(土地神)과 곡식신(穀食神) 社稷壇(사직단)
1435	1급	二 06 총08획	些	적을 petty; slight; insignificant	사	些 xiē	些事(사사) 些細(사세) 些少(사소): ① 매우 적음 ② 하찮음 些末的(사말적): 자질구레하여 중요하지 아니한 些少之事(사소지사) 些些之食 可放纖矢(사사지식 가방섬시): 적게 먹고 가늘게 내보낸다.
1436	中 4급II	舌 02 총08획	舍	집 house	사:	舍/舎 shè	舍廊(사랑) 舍監(사감) 舍宅(사택) 鷄舍(계사) 畜舍(축사) 精舍(정사): ① 학문을 가르치고 정신을 수양하는 집 ② 절 廳舍(청사) 寄宿舍(기숙사) 作舍道傍(작사도방): 길가에 집짓기
1437	高 3급	扌手08 총11획	捨	버릴 cast away; throw away	사:	捨/舍 shě	用捨(용사) 取捨(취사) 喜捨(희사) 捨短取長(사단취장) 捨量沈舟(사량침주): 목숨을 걸고 어떤 일에 대처함 捨生取義(사생취의): 목숨을 버리더라도 옳은 일을 함
1438	中 5급	心 05 총09획	思	생각 thinking	사(:)	思 sī	思考(사고) 思念(사념) 思慮(사려) 思料(사료) 思慕(사모) 思辨(사변) 思想(사상) 思索(사색) 思惟(사유) 思潮(사조) 思春期(사춘기) 思無邪(사무사) 不可思議(불가사의)
1439	高 5급	木 05 총09획	査	조사할 investigation	사	査 chá zhā	査得(사득) 査證(사증) 査閱(사열) 査定(사정) 査察(사찰) 檢査(검사) 審査(심사) 調査(조사) 査頓(사돈): 혼인관계 戚分 査丈(사장) 我歌査唱(아가사창): 책망당할 사람이 도리어 책망한다는 말
1440	2급	口 07 총10획	唆	부추길 instigate	사	唆 suō	唆囑(사촉): ☞ 사주(使嗾) 示唆(시사): 미리 암시하여 일러줌 敎唆(교사): 남을 꾀거나 부추기어 못된 짓을 하게 함 敎唆者(교사자) 敎唆犯(교사범): 공범의 하나로 남을 꾀거나 부추기어 범죄를 저지르게 만든 사람

급수	부수/획수	한자	훈	음	중국어	용례
中 4급II 1441	巾 07 총10획	師	스승 teacher/master	사	师 shī	師道(사도) 師範(사범) 師傅(사부) 師父(사부) 師表(사표) 師匠(사장): 학문이나 기예에 뛰어나 남의 스승이 될 만한 사람 師弟(사제) 師團(사단): 군대 편제 出師表(출사표) 師出以律(사출이율)
1급 1442	犭(犬)10 총13획	獅	사자 lion	사(:)	狮 shī	獅子伎(사자기): 사자놀음 獅子舞(사자무) 獅子吼(사자후): ① 부처의 설법에 모든 짐승이 두려워하고 굴복함 ② 크게 부르짖어 열변을 토함 獅子奮迅(사자분신): 사자가 성낸 듯 그 기세(氣勢)가 거세고 날램
中 4급 1443	寸 07 총10획	射	쏠 shoot	사(:)	射 shè	射擊(사격) 射臺(사대) 射殺(사살) 射手(사수) 射場(사:장) 射精(사정) 射程(사정) 射亭(사:정) 射出(사출) 射倖心(사행심) 射石爲虎(사석위호): 돌을 호랑이로 알고 쏘았더니 돌에 화살이 꽂혔다.
中 4급II 1444	言 10 총17획	謝	사례할 thanks	사:	谢 xiè	謝過(사과) 謝罪(사죄) 感謝(감사) 謝禮(사례) 謝恩(사은) 謝儀(사의) 謝意(사의) 謝絶(사절) 謝肉祭(사육제): carnival 代謝(대사) 物質代謝(물질대사) 新陳代謝(신진대사)
1급 1445	鹿 10 총21획	麝	사향노루 musk	사:	麝 shè	麝膏(사고): 사향을 원료로 하여 만든 고약 麝鼠(사서): 사향뒤쥐 麝香(사향): 향낭(香囊)에서 채취되는 흑갈색 가루《약재·향료로 씀》 土麝(토사): 궁노루 鄕麝香(향사향): 우리나라에서 나는 사향
高 3급II 1446	斗 07 총11획	斜	비낄 slant/oblique	사	斜 xié	斜脚(사각) 斜角(사각) 斜面(사면) 斜線(사선) 斜揷(사삽) 斜視(사시) 斜陽(사양) 斜長石(사장석) 斜投影(사투영) 傾斜面(경사면) 斜方晶系(사방정계) 斜風細雨(사풍세우)
2급 1447	赤 04 총11획	赦	용서할 forgive	사:	赦 shè	赦免(사면): ① 죄나 허물을 용서하여 놓아 줌 ② 죄를 용서하여 형벌을 면제, 감소, 변경하는 일. 대통령의 권한임 赦罪(사죄): 죄를 용서해서 죄인을 석방함 赦罪之恩(사죄지은) 特別赦免(특별사면) 光復節特赦(광복절특사)
1급 1448	彳 08 총11획	徙	옮길 move; removal	사:	徙 xǐ	徙居(사거) 移徙(이사) 三徙(삼사) 徙家忘妻(사가망처) 徙木之信(사목지신): 나무 옮기기로 백성들에게 믿음을 주었다. 曲突徙薪(곡돌사신): 화근을 미리 방지함 全家徙邊刑(전가사변형)
高 3급II 1449	虫 05 총11획	蛇	긴 뱀 snake/serpent	사	蛇 shé yí	蛇尾(사미): 뱀의 꼬리 蛇足(사족): 쓸데없는 일 毒死(독사) 委蛇(위타): 미꾸라지 委蛇(위이): 침착하고 느긋한 모양. 배를 땅에 대고 기어가는 모양. 구불구불 구부러진 모양 蛇行川(사행천): 曲流
中 4급 1450	糸 06 총12획	絲	실 thread	사	丝 sī	絲髮(사발): 실과 머리카락, 매우 적음 絹絲(견사) 綿絲(면사) 生絲(생사) 原絲(원사) 製絲(제사) 鐵絲(철사) 加工絲(가공사) 絲來線去(사래선거): 얽히고설켜 몹시 번거로움 一絲不亂(일사불란)
高 3급 1451	言 05 총12획	詐	속일 deceive; fraud	사	诈 zhà	詐欺(사기): 나쁜 꾀로 남을 속임. 사기죄(詐欺罪) 詐病(사병): 꾀병 詐取(사취) 詐稱(사칭): 성명·직업·주소 따위를 거짓으로 속여 말함 詐害行爲(사해행위): 고의로 재산을 줄여서 변제를 받지 못하게 하는 행위
1급 1452	大 09 총12획	奢	사치할 luxury	사	奢 shē	奢佚(사일): 사치스럽고 방탕하게 놀다 奢侈(사치): 필요 이상의 돈이나 물건을 쓰거나 분수에 지나친 생활을 함 豪奢(호사): 호화롭게 사치함 由奢入儉(유사입검): 사치하지 아니하고 검소하려고 힘씀
高 3급 1453	斤 08 총12획	斯	이 this	사	斯 sī	斯盧(사로): ☞ 신라(新羅) 如斯(여사) 俄羅斯(아라사): 러시아 阿斯達(아사달): 단군 조선 개국 때의 도읍지 斯文亂賊(사문난적): 유교(儒敎) 교리를 어지럽히고 사상에 어긋나는 언행을 하는 사람
1급 1454	++(艸)10 총14획	蓑	도롱이 straw raincoat	사	蓑 suō	蓑笠(사립): 도롱이와 삿갓 綠蓑衣(녹사의): 도롱이 蓑衣(사의): 도롱이, 짚, 띠 따위로 엮어 허리나 어깨에 걸쳐 두르는 비웃 蓑翁(사옹): 조선선비의 자존심 김굉필 호 "겉은 젖을망정 속까지 젖지는 않겠다."
高 3급 1455	貝 08 총15획	賜	줄 bestow; Royal gift	사:	赐 cì	賜名(사명): 임금이 이름을 지어 줌 賜姓(사성): 임금이 내린 성(姓) 賜宴(사연) 膳賜(선사) 下賜品(하사품) 賜几杖(사궤장) 賜牌田(사패전) 賜額書院(사액서원) 君賜之物(군사지물)

급수	부수	한자	훈	음	中	용례
高5급 1456	宀 12 총15획	寫	베낄 copy	사	写/寫 xiě	寫本(사본) 寫生(사생) 寫眞(사진) 描寫(묘사) 複寫(복사) 試寫會(시사회) 圖寫禽獸 畵綵仙靈(도사금수 화채선령): 새와 짐승을 그린 그림으로 장식되어 있고, 신선과 신령그림도 채색하였다. 千字文 55/125
1급 1457	氵水15 총18획	瀉	쏟을 vomit; bloodletting	사:	泻 xiè	瀉血(사혈): 치료의 목적으로 환자의 혈액을 몸 밖으로 뽑아냄 補瀉(보사) 吐瀉(토사) 止瀉劑(지사제): 설사(泄瀉)를 멎게 하는 약 上吐下瀉(상토하사) 一瀉千里(일사천리): 거침없이 빨리 진행됨
高4급 1458	辛 12 총19획	辭	말씀 word; speech	사	辞 cí	辭讓(사양): 겸손해서 받지 않거나 응하지 않음 辭任(사임) 辭職(사직) 辭退(사퇴) 辭表(사표) 固辭(고사) 辭讓之心(사양지심) 辭典(사전) 頌辭(송사) 讚辭(찬사) 祝辭(축사) 送別辭(송별사)
高3급II 1459	刀 07 총09획	削	깎을 cut	삭	削 xiāo xuē	削減(삭감): 비용 따위를 깎아서 줄임 削蹄(삭제): 가축의 굽을 깎다 削除(삭제): 깎아서 없애거나 지워 버림 添削(첨삭): 더하거나 깎음 削髮爲僧(삭발위승) 削株堀根(삭주굴근) 削奪官職(삭탈관직)
高3급 1460	月 06 총10획	朔	초하루 first day of the month	삭	朔 shuò	朔氣(삭기): 한기(寒氣) 朔鼓(삭고) 朔望(삭망): 초하루와 보름 朔方(삭방): 북방 朔月(삭월) 朔朝(삭조) 朔風(삭풍): 겨울 北風 滿朔(만삭) 月朔(월삭) 朔州郡(삭주군): 평북 東方朔(동방삭)
中8급 1461	山 00 총03획	山	메(뫼) mountain	산	山 shān	山林(산림) 山脈(산맥) 山水(산수) 山地(산지) 山岳(산악) 山羊(산양) 山積(산적) 山川(산천) 山村(산촌) 山河(산하) 山紫水明(산자수명) 山川草木(산천초목) 山海珍味(산해진미)
1급 1462	疒 03 총08획	疝	산증(疝症) colic	산	疝 shàn	疝症(산증): 생식기와 고환이 붓고 아픈 병증. 산기(疝氣). 산병(疝病). 疝痛(산통): 복부 내장에 되풀이하여 일어나는 격심한 발작성의 복통 氣疝(기산): 허리와 음낭이 아픈 증상 寒疝(한산): 불알이 아픈 병증
1급 1463	刀 05 총07획	刪	깎을 cut	산	删 shān	刪減(산감) 刪蔓(산만): 편지 첫머리, 인사는 생략하고 적겠다. 刪削(산삭) 刪修(산수): 쓸데없는 글자나 구절을 깎고 다듬어서 정리함. 國朝詩刪(국조시산): 허균이 조선 전기의 한시(漢詩) 888수를 뽑아 엮은 책
1급 1464	王玉05 총09획	珊	산호 coral	산	珊 shān	珊瑚(산호): 산호충의 군체의 중축 골격 珊瑚礁(산호초): 산호충 군체의 골격이 퇴적하여 생긴 암초나 섬 珊瑚蟲(산호충): 강장동물의 한 과. 나뭇가지 모양·덩이 모양·잎 모양을 이루며 식물처럼 보임
中5급II 1465	生 06 총11획	産	낳을 product; childbirth	산:	产 chǎn	産母(산모) 産婦(산부) 出産(출산) 産婦人科(산부인과) 産卵(산란) 産物(산물) 産殖(산식) 産業(산업) 産出(산출) 生産(생산) 資産(자산) 財産(재산) 破産(파산) 不動産(부동산)
中4급 1466	攴攵08 총12획	散	흩을 disperse	산:	散 sǎn sàn	散開(산개) 散亂(산란) 散漫(산만) 散賣(산매) 散文(산문) 散步(산보) 散策(산책) 散在(산재) 發散(발산) 分散(분산) 離散(이산) 閑散(한산) 解散(해산) 擴散(확산) 散發的(산발적)
2급 1467	人 10 총12획	傘	우산 umbrella	산	伞 sǎn	傘壽(산수): 산(傘)자의 팔(八)과 십(十)을 팔십(八十)으로 80세를 일컬음 傘緣(산연) 傘下(산하): 산하기관(機關), 산하단체(團體) 陽傘(양산) 雨傘(우산) 日傘(일산) 落下傘(낙하산) 雨後送傘(우후송산)
2급 1468	酉 07 총14획	酸	실[味覺] acidity	산	酸 suān	酸性(산성): 신맛을 내고, 푸른색 리트머스 시험지를 붉은색으로 변화 酸素(산소): [8번:O:16] 대기의 5분의 1 酸辛(산신) 酸化(산화) 鹽酸(염산) 窒酸(질산) 醋酸(초산) 炭酸(탄산) 二酸化(이산화)
中7급 1469	竹 08 총14획	算	셈 count	산:	算 suàn	算法(산법) 算數(산수) 算術(산술) 算入(산입) 算出(산출) 算定(산정) 算筒(산통): 점치는 산가지를 넣는 통 決算(결산) 計算(계산) 豫算(예산) 精算(정산) 淸算(청산) 算術的(산술적)
中4급II 1470	殳 07 총11획	殺	죽일 kill | 감할/ 빠를 reduce	살 쇄:	杀 shā	殺菌(살균) 殺傷(살상) 殺害(살해) 自殺(자살) 被殺(피살) 殺生有擇(살생유택) 殺身成仁(살신성인) 殺身立節(살신입절) 殺到(쇄도) 減殺(감쇄) 惱殺(뇌쇄) 相殺(상쇄): 상계(相計)

급수	부수/획수	한자	훈음	음	중국어	용례
1급 1471	灬火09 총13획	煞	죽일 kill	살	煞 shà/shā	急煞(급살): ① 보게 되면 운수가 나빠진다는 별 ② 갑자기 닥쳐오는 재액(災厄) 制煞(제살): 살풀이를 하여 미리 재액을 막음 空房煞(공방살): 부부사이가 나쁜 살 驛馬煞(역마살): 늘 분주하게 떠돌아다니는 액운
1급 1472	扌手12 총15획	撒	뿌릴 scatter	살	撒 sǎ/sā	撒袋(살대): 뿌리는 자루 撒肥(살비): 비료를 뿌림 撒砂(살사): 모래를 뿌림 撒種(살종) 撒播(살파): 씨를 뿌림 撒布(살포): 흩어 뿌림 撒水車(살수차) 撒布灌漑(살포관개) 傳單撒布(전단살포)
1급 1473	++艸14 총18획	薩	보살 Buddhist saint	살	萨 sà	菩薩(보살) 菩薩乘(보살승) 彌勒菩薩(미륵보살) 薩水大捷(살수대첩): 612년(영양왕 23) 중국 수(隋)나라의 군대를 고구려 을지문덕 장수 군대가 살수(薩水: 청천강)에서 크게 격파한 싸움
中 8급 1474	一02 총03획	三	석 three	삼	三 sān	三角(삼각) 三權(삼권) 三面(삼면) 三伏(삼복) 三府(삼부) 三巡(삼순) 三寸(삼촌) 三角洲(삼각주) 三國遺事(삼국유사) 三位一體(삼위일체) 三旬九食(삼순구식) 三從之道(삼종지도)
1급 1475	氵水11 총14획	滲	스밀 soak	삼	渗 shèn	滲漏(삼루) 滲泄(삼설) 滲入(삼입) 滲出(삼출): 밖으로 스며 나옴 滲出法(삼출법) 滲出液(삼출액) 滲出性炎(삼출성염) 滲炭(삼탄): 탄소를 철 속에 스며들게 하는 일 滲透壓(삼투압)
2급 1476	++艸11 총15획	蔘	삼 ginseng	삼	蔘 shēn	家蔘(가삼) 乾蔘(건삼) 苦蔘(고삼) 曲蔘(곡삼) 白蔘(백삼) 山蔘(산삼) 水蔘(수삼) 人蔘(인삼) 紅蔘(홍삼) 蔘鷄湯(삼계탕) 長腦蔘(장뇌삼): 사람이 기른 산삼 光蔘(광삼): 극피동물 海蔘(해삼)
3급II 1477	木08 총12획	森	수풀 full of trees	삼	森 sēn	森列(삼렬) 森立(삼립) 森嚴(삼엄): 질서가 바로 서고 매우 엄중하다. 森林(삼림): 나무가 많이 우거진 수풀 森林浴(삼림욕): 산림욕 森羅萬象(삼라만상): 우주에 존재하는 온갖 사물과 현상. 만휘군상(萬彙群象)
2급 1478	扌手09 총12획	插	꽂을 insert; put in [into]	삽	插 chā	挿木(삽목): 꺾꽂이 挿樹(삽수): 꺾꽂이 挿穗(삽수): 꺾꽂이모 挿匙(삽시): 제사 때 숟가락을 밥그릇에 꽂는 의식 挿入(삽입) 挿花(삽화): 꽃꽂이 挿話(삽화): 에피소드 挿畫(삽화): 일러스트레이션
1급 1479	氵水12 총15획	澁	떫을 rough; astringent	삽	渋/涩 sè	澁柿(삽시): 떫은 감 澁滯(삽체): 일이 더디어 잘 나가지 못하는 것 乾澁(건삽): 말라서 윤택이 없고 껄껄하다. 梗澁(경삽): 막혀서 통하지 않음 難澁(난삽): 이해하기 어렵고 까다로움 訥澁(눌삽): 말을 더듬어 답답함
中 7급II 1480	一02 총03획	上	윗 upper	상	上 shàng/shǎng	上京(상경) 上級(상급) 上納(상납) 上流(상류) 上部(상부) 上司(상사) 上訴(상소) 上昇(상승) 上院(상원) 上位(상위) 上程(상정) 上層(상층) 上品(상품) 上下(상하) 世上(세상)
高 4급II 1481	广04 총07획	床	상/ 평상 bed; desk 특급II 牀의 俗字	상	床 chuáng	起床(기상) 飯床(반상) 病床(병상) 冊床(책상) 平床(평상) 臨床(임상): 환자를 진료하거나 의학을 연구하기 위해 병상에 임하는 일 飮食床(음식상) 溫床(온상) 沈床(침상): 제방이나 護岸의 구조물
高 4급II 1482	犬04 총08획	狀	형상 ǀ form 문서 document	상 장:	狀/状 zhuàng	狀態(상태) 狀況(상황) 情狀(정상) 症狀(증상) 現狀(현상) 形狀(형상) 白紙狀態(백지상태) 狀啓(장계) 賞狀(상장) 令狀(영장) 免許狀(면허장) 年賀狀(연하장) 表彰狀(표창장)
中 3급II 1483	小05 총08획	尙	오히려 rather; respect	상(:)	尚 shàng	尙古(상고) 尙今(상금) 尙武(상무) 尙文(상문) 尙子(상자): 맏아들 尙早(상조) 尙宮(상궁): 女官 尙饗(상향): 제물을 받으소서 嘉尙(가상) 高尙(고상) 崇尙(숭상) 尙州市(상주시): 慶尙北道
中 4급II 1484	巾08 총11획	常	떳떳할/ honorable; 항상(恒常) constantly	상	常 cháng	常務(상무) 常備(상비) 常事(상사) 常時(상시) 常識(상식) 常用(상용) 常住(상주) 常駐(상주) 常置(상치) 無常(무상) 正常(정상) 恒常(항상) 常目在之(상목재지): 늘 눈여겨보게 됨
高 3급 1485	口11 총14획	嘗	맛볼 taste	상	尝 cháng	嘗膽(상담) 嘗味(상미) 未嘗不(미상불): 아닌 게 아니라 과연 嘗試之計(상시지계): 남의 뜻을 시험하여 알아내려는 꾀 嘗糞之徒(상분지도): 똥도 핥을 놈 臥薪嘗膽(와신상담)

급수	부수/획수	한자	훈/음	음	중국어	단어 예시
高 3급II 1486	衣 08 총14획	裳	치마 skirt	상	裳 shǎng cháng	衣裳(의상): 저고리와 치마 紅裳(홍상) 同價紅裳(동가홍상) 綠衣紅裳(녹의홍상) 始制文字 乃服衣裳(시제문자 내복의상): 비로소 글자를 만들었고, 황제는 의제(衣制)를 만들어 착용하도록 하였다. 千字文
中 5급 1487	貝 08 총15획	賞	상줄 reward; admiration	상	賞 shǎng	賞罰(상벌) 賞狀(상장) 賞讚(상찬) 賞品(상품) 大賞(대상) 受賞(수상) 施賞(시상) 懸賞(현상) 賞心(상심): 경치를 즐기는 마음 또는 즐겁고 기쁜 마음 鑑賞(감상) 賞春客(상춘객) 觀賞魚(관상어)
高 3급II 1488	亻人15 총17획	償	갚을 repay	상	偿 cháng	償還(상환) 代償(대상) 辨償(변상) 無償(무상) 補償(보상) 減價償却(감가상각) 求償貿易(구상무역) 損害賠償(손해배상) 辦償(판상) 有償增資(유상증자) 國債報償運動(국채보상운동)
2급(名) 1489	广 06 총09획	庠	학교 school	상	庠 xiáng	庠序(상서): 향교(鄉校)를 주(周)나라에서는 상(庠), 은(殷)나라에서는 서(序)라고 부른 데서 학교의 딴 이름 庠選(상선): 성균시(成均試)에 합격하여 뽑힘 庠榜(상방) 庠試(상시) 庠田(상전) 鄉庠(향상): 향교(鄉校)
高 3급 1490	示 06 총11획	祥	상서 auspicious	상	祥 xiáng	祥符(상부) 祥事(상사): 대상(大祥): 두 돌 만에 지내는 제사. 소상(小祥): 일주기(一週忌) 祥桑(상상) 祥瑞(상서): 복되고 길한 일이 일어날 징조 吉祥(길상) 發祥(발상) 不祥事(불상사) 吉祥善事(길상선사)
1급 1491	羽 06 총12획	翔	날[飛] soar	상	翔 xiáng	翔空(상공): 공중으로 훨훨 날아다님 翔貴(상귀):☞ 등귀(騰貴) 翔集(상집): 날아와서 모임 高翔(고상): 높이 날아오름 飛翔(비상): 공중을 날아다님 鳳翔(봉상) 雲翔(운상) 回翔(회상)
高 3급II 1492	言 06 총13획	詳	자세할 detailed	상	详 xiáng	詳報(상보): 자세하게 보고함 詳細(상세): 자세하고 세밀함 詳述(상술): 자세하게 설명하여 말함 未詳(미상): 알려지지 않음 昭詳(소상): 분명하고 자세함 仔詳(자상): 자세하고 찬찬하다
中 5급II 1493	目 04 총09획	相	서로 mutual	상	相 xiāng xiàng	相關(상관) 相談(상담) 相當(상당) 相對(상대) 相面(상면) 相憐(상련) 相引(상인) 相照(상조) 相通(상통) 相互(상호) 相扶相助(상부상조) 觀相(관상) 色相(색상) 樣相(양상)
中 4급II 1494	心 09 총13획	想	생각 idea/ think	상	想 xiǎng	想起(상기) 想念(상념) 想像(상상) 假想(가상) 構想(구상) 妄想(망상) 冥想(명상) 默想(묵상) 發想(발상) 思想(사상) 豫想(예상) 回想(회상) 感想文(감상문) 無想無念(무상무념)
2급 1495	竹 09 총15획	箱	상자 box; case; chest; casket	상	箱 xiāng	箱子(상자): 네모난 그릇 書箱(서상): 책을 넣는 상자 巢箱(소상): 벌집 巾箱本(건상본): 중국에서, 소형의 책자를 이르는 말 藥箱子(약상자) 魂帛箱子(혼백상자): 신위(神位)를 두는 상자
中 3급II 1496	雨 09 총17획	霜	서리 frost	상	霜 shuāng	霜降(상강): 10월 23일경 霜露(상로) 霜信(상신): 기러기 霜刃(상인) 秋霜烈日(추상열일): 형벌이 엄하고 권위가 있음 春風秋霜(춘풍추상): 남에게는 부드럽게, 자신에게는 엄격하게 한다.
1급 1497	女 17 총20획	孀	홀어미 widow	상	孀 shuāng	孀老(상로): 늙은 과부 孀婦(상부): 남편이 죽어서 혼자 사는 젊은 여자 孀娥(상아): 홀어미. 과붓집 孤孀(고상): 고아와 과부. 고과(孤寡) 靑孀寡婦(청상과부): 젊어서 과부가 된 여자. 청상과수(靑孀寡守)
高 3급II 1498	木 06 총10획	桑	뽕나무 mulberry	상	桑 sāng	桑門(상문): ① 불가(佛家) ② 승려 桑實(상실): 뽕나무의 열매. 桑弧(상호): 뽕나무로 만든 활 桑林禱(상림도): 성인이 백성을 근심함 桑田碧海(상전벽해): 뽕나무밭이 푸른 바다가 되었다. 몰라 볼 정도로 바뀐 것
1급 1499	爻 07 총11획	爽	시원할 refreshing	상	爽 shuǎng	爽氣(상기): 매우 상쾌한 기분 爽涼(상량): 정신이 밝고 맑음 爽漿(상장) 爽秋(상추) 爽快(상쾌): 마음이 아주 시원하고 거뜬함 爽闊(상활) 競爽(경상) 昧爽(매상) 精爽(정상) 豪爽(호상)
中 5급II 1500	口 08 총11획	商	장사 trade; business; commerce	상	商 shāng	商街(상가) 商權(상권) 商圈(상권) 商談(상담) 商業(상업) 商人(상인) 商品(상품) 商魂(상혼) 通商(통상) 協商(협상) 商行爲(상행위) 無本大商(무본대상) 士農工商(사농공상)

#	부수/획수	한자	훈/뜻	음	중국어	용례
中 3급II 1501	口 09 총12획	喪	잃을 mourning	상(:)	喪 sāng sàng	喪失(상실) 喪魂(상혼) 落膽喪魂(낙담상혼): 마음이 상해서 넋을 잃음 喪家(상가) 喪故(상고) 喪禮(상례) 喪服(상복) 喪事(상사) 喪制(상제) 喪祭(상제) 喪中(상중) 喪妻(상처) 初喪(초상)
高 4급 1502	豕 05 총12획	象	코끼리/ elephant 꼴/ 모양 symbol	상	象 xiàng	象牙(상아) 象徵(상징) 假象(가상) 具象(구상)↔抽象(추상) 氣象(기상) 對象(대상) 心象(심상) 表象(표상) 現象(현상) 形象(像.狀): 사물의 생긴 모양이나 상태 象形文字(상형문자)
高 3급II 1503	亻人12 총14획	像	모양 shape; icon; idol; image; picture	상	像 xiàng	氣像(기상): 사람의 타고난 성품과 몸가짐 銅像(동상) 想像(상상) 偶像(우상): idol 畫像(화상) 動映像(동영상) 肖像畫(초상화) 等像(등상): 등신(等神): 어리석은 사람 等身像(등신상): 실물 크기 조각
中 4급 1504	亻人11 총13획	傷	다칠 hurt; wound	상	伤 shāng	傷心(상심) 傷處(상처) 傷害(상해) 感傷(감상) 凍傷(동상) 負傷(부상) 殺傷(살상) 損傷(손상) 傷弓之鳥(상궁지조) 傷哉之歎(상재지탄): 살림이 가난하고 궁색(窮塞)한 데 대한 한탄
1급 1505	角 11 총18획	觴	잔 cup; goblet	상	觞 shāng	濫觴(남상): 큰 강물도 그 근원은 술잔이 넘칠 정도의 작은 물에서 시작한다. 寶觴(보상): 보옥으로 만든 술잔 流觴曲水(유상곡수): 曲水宴 一觴一詠(일상일영): 시를 읊으며 술을 마심 接杯擧觴(접배거상)
1급 1506	玉 14 총19획	璽	옥새(玉璽) Royal Seal	새	玺 xǐ	玉璽(옥새): ① 옥으로 만든 국새 ② 국새의 미칭(美稱) 國璽(국새): '대한민국(大韓民國)'의 국가의 인장(印章) 御璽(어새): '옥새(玉璽)'의 존칭 靈璽(영새):☞ 국새(國璽)
中 7급 1507	色 00 총06획	色	빛 color; sexual	색	色 sè shǎi	色盲(색맹) 色弱(색약) 色相(색상) 色調(색조) 色彩(색채) 色慾(색욕) 色情(색정) 色卽是空(색즉시공): 공즉시색(空卽是色) 色思必溫貌思必恭(색사필온모사필공): 얼굴빛은 온화하게 모습은 공손하게
高 3급II 1508	糸 04 총10획	索	찾을 I index; search 노[동아줄] rope	색 삭	索 suǒ	索引(색인) 檢索(검색) 搜索(수색) 索隱行怪(색은행괴): 궁벽한 것을 캐내고 괴이한 일을 행함 索莫(삭막): ① 잊어버려 생각이 아득함 ② 황폐하여 쓸쓸함 索然(삭연) 索道(삭도): ropeway, 케이블카
高 3급II 1509	土 10 총13획	塞	막힐 I blocked 변방 side area	색 새	塞 sāi sài, sè	塞源(색원) 塞栓(색전) 窘塞(군색) 梗塞(경색) 語塞(어색) 閉塞(폐색) 要塞(요새): 군사적으로 중요한 곳에 건설한 방어 시설 塞翁之馬(새옹지마) 塞翁得失(새옹득실) 塞翁禍福(새옹화복)
1급 1510	口 10 총13획	嗇	아낄 stingy	색	啬 sè	嗇夫(색부): ① 인색한 남자 ② 한(漢)나라 때 소송·조세를 담당하던 하급 관리 吝嗇(인색): 재물을 지나치게 아낌 珍嗇(진색): 몸을 진중하게 여기고 아낌 貪嗇(탐색): 욕심이 많고 인색함 偏嗇(편색): 생각이 치우치고 인색함
中 8급 1511	生 00 총05획	生	날 birth; born; life; living production	생	生 shēng	生計(생계) 生徒(생도) 生理(생리) 生命(생명) 生物(생물) 生死(생사) 生産(생산) 生育(생육) 生存(생존) 生活(생활) 生寄死歸(생기사귀): 삶은 잠깐 죽음으로 돌아간다. 生者必滅(생자필멸)
1급 1512	牛 05 총09획	牲	희생 sacrifice	생	牲 shēng	犧牲(희생): 천지신명, 묘사(廟社) 따위에 제사 지낼 때 제물로 바치는 산 짐승 牲牢(생뢰)☞ 희생(犧牲) 牲幣(생폐): 희생과 폐백(幣帛) 省牲(성생): 희생을 검사하던 일 犧牲羊(희생양) 犧牲者(희생자)
1급 1513	生 07 총12획	甥	생질 one's sister's son	생	甥 shēng	甥姪(생질): 누이의 아들 甥姪女(생질녀): 누이의 딸 甥姪婦(생질부): 누이의 며느리 甥姪壻(생질서): 누이의 사위 外甥(외생): 사위가 장인(丈人)·장모(丈母)에게 대하여 자기를 이르는 말
中 8급 1514	西 00 총06획	西	서녘 west	서	西 xī	西京(서경) 西歐(서구) 西南(서남) 西紀(서기) 西方(서방) 西北(서북) 西洋(서양) 西域(서역) 西便(서편) 西向(서향) 西海(서해) 西班牙(서반아): 스페인 西方極樂(서방극락)
中 5급 1515	广 04 총07획	序	차례 order; opening	서:	序 xù	序頭(서두): 첫머리 序幕(서막): 처음 여는 막 序文(서문): 머리말 권두언 序詞(서사) 序題(서제) 序論(서론): 머리말. 서설(序說) 序詩(서시) 序列(서열): 순서를 좇아 늘어섬 順序(순서) 秩序(질서)

급수	부수	한자	훈	음	중국어	용례
1급 1516	扌手04 총07획	抒	풀/토로할 lyricism	서:	抒 shū	抒誠(서성): 정성을 쏟음 抒(敍)情(서정): 자기의 감정이나 정서를 시·글 따위에 나타내는 일 抒情詩(서정시): 자기의 감정이나 정서(情緖)를 주관적으로 나타낸 시 抒情的(서정적) 3급 予(나 여)
2급(名) 1517	舌 06 총12획	舒	펼 spread; expand	서	舒 shū	舒遲(서지): 여유가 있고 침착함 安舒(안서): 마음이 편안하고 조용하다. 舒弗邯(서불한): 이벌찬(伊伐湌). 角干 舒川郡(서천군): 충청남도 平心舒氣(평심서기): ① 마음을 평온하고 순화롭게 함 ② 또는 그런 마음
1급 1518	月肉05 총09획	胥	서로 mutually	서	胥 xū	胥戴(서대): 서로 윗사람으로 떠받듦 胥命(서명): 임금의 처분 명령을 기다림 胥吏(서리): 조선 때, 관아에 딸려 말단의 행정 실무에 종사하던 吏屬 胥失(서실) 胥動浮言(서동부언): 거짓말을 퍼뜨려 민심을 선동함
1급 1519	土 09 총12획	壻	사위 특급 婿 son-in-law	서:	壻/婿 xù	壻郞(서랑): 남의 사위를 높이어 일컫는 말 佳壻(가서): 참하고 훌륭한 사위 同壻(동서) 女壻(여서): 사위. 딸의 남편 豫壻(예서): 데릴사위 贅壻(췌서): 데릴사위 賢壻(현서): 어진 사위. 사위를 대접하여 이르는 말
中 6급Ⅱ 1520	曰 06 총10획	書	글 letter; write	서	书 shū	書架(서가) 書記(서기) 書堂(서당) 書類(서류) 書室(서실) 書藝(서예) 書院(서원) 書齋(서재) 書籍(서적) 書店(서점) 書帙(서질) 書札(서찰) 書冊(서책) 書體(서체) 書翰(서한)
高 3급Ⅱ 1521	心 06 총10획	恕	용서할 excuse; forgive	서:	恕 shù	容恕(용서): 관용을 베풀어 벌하지 않음 恕宥(서유): 잘못을 너그럽게 용서함 忠恕(충서): 충직(忠直)하고 동정심이 많음 4급Ⅱ 如(같을 여) 以恕己之心恕人(이서기지심서인): 자기를 용서하는 마음으로 남을 용서함
高 3급Ⅱ 1522	彳 07 총10획	徐	천천할 slow	서()	徐 xú	徐徐(서서): 천천히 徐行(서행): 자동차, 기차 따위가 천천히 감 徐熙(서희): 고려 외교가(942~998) 徐羅伐(서라벌): '경주'의 옛 이름 徐波睡眠(서파수면): 뇌파가 완만하여 거의 꿈을 꾸지 않는 숙면상태
高 3급 1523	攴 07 총11획	敍	펼/차례 서술할 state; order	서:	叙/敘 xù	敍事(서사): 사실을 있는 그대로 적음 敍事曲(서사곡) 敍事詩(서사시) 敍事體(서사체) 敍述(서술): 사건이나 생각 따위를 차례를 좇아 적거나 말함 敍述形(서술형) 敍任(서임) 敍勳(서훈) 自敍傳(자서전)
高 3급 1524	广 08 총11획	庶	여러 many	서:	庶 shù	庶母(서모) 庶叔(서숙) 庶子(서자) 庶出(서출) 庶兄(서형) 庶僚(서료) 庶務(서무) 庶民(서민) 庶人(서인) 庶幾(서기): 거의 庶幾之望(서기지망) 庶幾中庸(서기중용) 庶政刷新(서정쇄신)
高 3급 1525	辶辵07 총11획	逝	갈[往] die; death; pass away	서:	逝 shì	逝去(서거): 죽어서 이 세상을 떠나 감 逝世(서세) 逝者(서자) 逝川(서천) 急逝(급서) 傷逝(상서) 善逝(선서) 永逝(영서) 夭逝(요서) 遠逝(원서) 長逝(장서) 早逝(조서) 卒逝(졸서)
高 3급 1526	言 07 총14획	誓	맹세할 swear; oath; pledge; vow	서:	誓 shì	盟誓(맹세): 맹서(盟誓) 誓盟(서맹) 誓約(서약) 誓文(서문) 誓詞(서사) 誓言(서언) 誓願(서원) 誓海魚龍動 盟山草木知: 바다에 서약하니 물고기와 용이 감동하고 산에 맹세하니 초목이 아는구나. 이순신
1급 1527	木 08 총12획	棲	깃들일 roost	서:	栖 qī xī	棲宿(서숙): 서식 棲息(서식): 동물이 깃들여 삶 棲息地(서식지) 棲屑(서설): 한곳에 머물지 않고 떠돌아다님 隱棲(은서): 은거(隱居) 兩棲類(양서류) 林深鳥棲(임심조서): 숲이 깊으면 새가 깃들인다.
1급 1528	黍 00 총12획	黍	기장 millet	서:	黍 shǔ	黍離(서리): 망국의 성터가 황폐해서, 기장 같은 식물이 자라 쓸쓸한 광경 黍粟(서속): 기장과 조 黍皮(서피): 담비 가죽 黍皮契(서피계) 唐黍(당서) 蜀黍(촉서): 수수 玉蜀黍(옥촉서): 옥수수
1급 1529	牛 08 총12획	犀	무소 (코뿔소) rhinoceros	서:	犀 xī	犀角(서각): 약재로 쓰는 무소의 뿔 犀利(서리): 단단하고 날카로움 犀帶(서대): 정일품·종일품의 벼슬아치가 허리에 두르던 띠. 서각대(犀角帶) 寶犀(보서): 물소의 뿔을 이르는 말 烏犀角(오서각): 코뿔소의 뿔
1급 1530	鼠 00 총13획	鼠	쥐 mouse	서:	鼠 shǔ	鼠李(서리): 갈매나무 鼠尾(서미) 鼠婦(서부) 鼠竊(서절): 좀도둑 鼠族(서족) 鼠破(서파) 鼠咬症(서교증) 鼠同知傳(서동지전) 鼠兎科(서토과) 老鼠燒尾(노서소미): 재능이 없으면서 과거에 급제함

급수	부수	한자	훈음	음	간체/병음	용례
2급 1531	王玉 09 총13획	瑞	상서 lucky; good; happy augury	서:	瑞 ruì	祥瑞(상서): 경사롭고 길한 징조 瑞光(서광) 瑞氣(서기) 瑞世(서세) 瑞花(서화): 풍년이 들게 하는 꽃, '눈'의 이칭 瑞西(서서): 스위스 瑞典(서전): 스웨덴 瑞山市(서산시): 충남 瑞草區(서초구): 서울
中 3급 1532	日 09 총13획	暑	더울 hot	서:	暑 shǔ	小暑(소서): 7월 7일경 大暑(대서): 7월 23일경 處暑(처서): 8월 23일경 暑炎(서염) 極暑(극서) 賣暑(매서) 消暑(소서) 烈暑(열서) 暴暑(폭서) 避暑(피서) 寒暑(한서) 向暑(향서) 酷暑(혹서)
高 3급II 1533	四网 09 총14획	署	마을[官廳]/ 관청 office	서:	署 shǔ	署名(서명): sign 副署(부서) 連署(연서) 署理(서리): 직무를 대리함 署長(서장) 公署(공서) 官署(관서) 局署(국서) 部署(부서) 官公署(관공서) 警察署(경찰서) 稅務署(세무서) 消防署(소방서)
1급 1534	⺾艸 14 총18획	薯	감자 yam; potato	서:	薯 shǔ	甘薯(감서) 薯童謠(서동요): 백제 무왕이 신라 진평왕의 딸 선화 공주를 사모한 끝에, 이 노래를 지어 아이들에게 부르게 하였다 함 薯童路(서동로): 전북 익산시, 충남 부여군 馬鈴薯(마령서): 감자
1급 1535	日 14 총18획	曙	새벽 dawn	서:	曙 shǔ	曙光(서광): 새벽 빛 曙烏(서오): 새벽녘에 울며 나는 까마귀 曙日(서일): 날 샐 무렵의 햇빛 曙鐘(서종): 새벽 종소리 達曙(달서): 밤새움 迎曙(영서) 延曙路(연서로): 은평구
高 3급II 1536	糸 09 총15획	緒	실마리 clue	서:	绪 xù	端緒(단서): ① 일의 처음 ② 일의 실마리 頭緒(두서): 일의 차례나 갈피 情緒(정서): 사람의 마음에 일어나는 온갖 감정 情緒的(정서적) 千緒萬端(천서만단): 천 가지 만 가지 일의 실마리, 수없이 많은 일의 갈피
1급 1537	山 14 총17획	嶼	섬(작은 섬) island	서(:)	屿 yǔ	嶼草(서초): 풀등. 곧 강물 속에 모래가 쌓여 그 위에 풀이 수북하게 난 곳 草嶼 綠嶼(녹서): 초목(草木)이 우거진 작은 섬 島嶼(도서): 크고 작은 섬들 •~ 지방
中 7급 1538	夕 00 총03획	夕	저녁 evening	석	夕 xī	夕刊(석간) 夕景(석경) 夕霧(석무) 夕食(석식) 夕陽(석양) 夕陰(석음) 夕照(석조) 夕潮(석조) 朝夕(조석) 秋夕(추석) 夕奠(석전): 염습 때부터 장사 때까지 저녁마다 신위 앞에 제물을 올리는 의식
中 6급 1539	石 00 총05획	石	돌 stone	석	石 shí dàn	石橋(석교) 石佛(석불) 石油(석유) 石造(석조) 石彫(석조) 石炭(석탄) 石塔(석탑) 石灰石(석회석) 石器時代(석기시대) 一石二鳥(일석이조) 見金如石(견금여석): 황금 보기를 돌같이 하라.
2급 1540	石 09 총14획	碩	클 great; Master	석	硕 shuò	碩量(석량): 큰 도량 碩人(석인) 碩座敎授(석좌교수) 碩學(석학): 학식이 많고 깊은 사람. 석사(碩師) 碩士學位(석사학위) 碩果不食(석과불식): 큰 과실은 다 먹지 않고 남긴다. 자손에게 복을 줌
高 3급 1541	日 04 총08획	昔	예[古] ancient	석	昔 xī	昔年(석년): 여러 해전. 옛 날 昔歲(석세): 지난해 昔時(석시): 옛적 昔人(석인) 昔日(석일): 옛날 昔者(석자): 예전 昔賢(석현): 古賢 今昔之感(금석지감): 지금과 옛날을 비교할 때, 차이가 너무 심한 느낌
中 3급II 1542	忄心 08 총11획	惜	아낄 grudge	석	惜 xī	惜別(석별): 서로 떨어지기를 서운하게 여김 哀惜(애석) 愛惜(애석) 賣惜(매석) 惜敗(석패): 아깝게 지는 일. 憤敗(분패) 惜敗率(석패율) 不惜身命(불석신명): 몸이나 목숨을 아끼지 않고 수행·교화·보시하는 일
中 3급 1543	木 04 총08획	析	쪼갤 split/ analysis	석	析 xī	分析(분석): 복잡한 것을 풀어 그 요소나 성분·측면 등을 확실히 밝힘 析出(석출): 화합물을 분석해서 어떤 물질을 분리해 냄 解析(해석): 사물을 자세하게 풀어서 이론적으로 연구함 血液透析(혈액투석)
2급(名) 1544	日 08 총12획	晳	밝을 clarity; lucidity	석	晰 xī	明晳(명석): 생각이나 판단력이 분명하고 똑똑하다. • 두뇌가 ~ • 명석한 판단을 내리다. 白晳(백석): 얼굴빛이 희고 잘생김 •~의 청년 학자.
中 6급 1545	巾 07 총10획	席	자리 seat; position	석	席 xí	席卷(석권) 席次(석차) 公席(공석) 首席(수석) 座席(좌석) 出席(출석) 參席(참석) 席不暇暖(석불가난): 앉은 자리가 따뜻할 겨를이 없이 바쁘게 활동함 坐不安席(좌불안석): 안절부절못하는 모양

급수	부수/획수	한자	훈	음	중국어	용례
1급 1546	氵水12 총15획	潟	개펄 tide land	석	舄 xì	潟湖(석호): 사구(砂丘)·사주(砂洲)·삼각주(三角洲) 등에 의하여 외해(外海)와 분리되어 생긴 호수, 속초시 영랑호·청초호 따위가 있다 干潟地(간석지): 밀물과 썰물이 드나드는 개펄
2급(名) 1547	大 12 총15획	奭	클/ big; great 쌍백(雙百)	석	奭 shì	李範奭(이범석): 1900~1972 독립운동가·정치인 友奭路(우석로): 강원 춘천시 洪奭周(홍석주): 1774(영조 50)~1842(헌종 8). 조선 후기의 문신
2급(名) 1548	金 08 총16획	錫	주석 tin	석	锡 xī	錫箔(석박): 은종이. 납과 주석(朱錫)의 합금을 종이처럼 얇게 늘인 것 朱錫(주석): 은백색 금속광택을 지니고, 전연성이 풍부함 錫杖(석장) 巡錫(순석) 錫婚式(석혼식): 결혼 10주년 酸化朱錫(산화주석)
高 3급Ⅱ 1549	釆 13 총20획	釋	풀 explain	석	釈/释 shì	釋放(석방): 구속을 풀어 자유롭게 하는 일 釋然(석연): 마음이 환하게 풀림 解釋(해석) 釋迦牟尼(석가모니) 釋紛利俗 竝皆佳妙(석분이속 병개가묘): 얽힌 것을 풀어 세상을 이롭게 하니 모두 다 아름답고 묘한 것들이었다.
中 5급Ⅱ 1550	亻人03 총05획	仙	신선 hermit	선	仙 xiān	仙境(선경) 仙界(선계)↔俗界(속계) 仙道(선도) 仙侶(선려) 仙靈(선령) 仙人(선인) 仙才(선재) 神仙(신선) 仙人掌(선인장) 水仙花(수선화) 仙姿玉質(선자옥질) 仙風道骨(선풍도골)
中 8급 1551	儿 04 총06획	先	먼저 first	선	先 xiān	先覺(선각) 先納(선납) 先代(선대) 先例(선례) 先物(선물) 先發(선발) 先輩(선배) 先生(선생) 先烈(선열) 先祖(선조) 先親(선친) 先後(선후) 先驅者(선구자) 先公後私(선공후사)
1급 1552	金 06 총14획	銑	무쇠 cast iron; iron	선	铣 xiǎn xǐ	銑鋼(선강) 銑鐵(선철): 무쇠(철에 2.0% 이상의 탄소가 들어 있는 합금) 白銑(백선) 鼠銑(서선) 鎔銑爐(용선로) 混銑爐(혼선로) 銑鋼一貫作業(선강일관작업): 제선, 제강, 압연(壓延)의 세 단계 작업
高 4급 1553	宀 06 총09획	宣	베풀 proclaim	선	宣 xuān	宣告(선고) 宣敎(선교) 宣陵(선릉): 조선 9대 성종 宣誓(선서) 宣揚(선양) 宣言(선언) 宣傳(선전) 宣祖(선조) 宣布(선포) 宣敎郞(선교랑) 宣敎師(선교사) 宣戰布告(선전포고)
2급(名) 1554	王玉 09 총13획	瑄	도리옥 jade	선	瑄 xuān	도리옥: 벼슬아치의 관모(冠帽)에 붙이던 옥관자{(玉貫子: 옥으로 만든 망건 관자. 옥권(玉圈)}. 환옥(環玉) 瑄玉(선옥): 여섯 치 구슬
1급 1555	戶 06 총10획	扇	부채 fan	선	扇 shàn	鳳扇(봉선) 傘扇(산선): 임금이 행차할 때 우산같이 만든 의장(儀仗) 素扇(소선) 扇狀地(선상지): 쓸려온 토사가 부채 모양으로 쌓여 생긴 지형 扇風機(선풍기) 夏爐冬扇(하로동선) 夏扇冬曆(하선동력)
1급 1556	火 10 총14획	煽	부채질할 agitate	선	煽 shān	煽動(선동) 煽亂(선란) 煽石(선석): 화산암맥과 접촉하여 변질된 석탄 煽揚(선양): 부추겨 일으킴 煽情(선정): 정욕을 일으킴 煽火(선화) 煽惑(선혹) 煽動家(선동가) 煽動的(선동적) 煽情的(선정적)
中 5급 1557	舟 05 총11획	船	배 ship	선	船 chuán	船舶(선박) 船上(선상) 船商(선상) 船首(선수) 船員(선원) 船長(선장) 船積(선적) 船籍(선적) 船主(선주) 船隻(선척): 배 商船(상선) 漁船(어선) 造船(조선) 艦船(함선) 船着場(선착장)
高 3급Ⅱ 1558	方 07 총11획	旋	돌[廻] revolve	선	旋 xuán	旋網(선망): 두릿그물 旋盤(선반): 공작 기계 旋回(선회): 빙빙 돎 旋光能(선광능) = 선광도(旋光度) 旋偏光(선편광) = 회전 편광 旋乾轉坤(선건전곤): ① 천지를 뒤집는다. ② 나라의 나쁜 풍습을 크게 고침
2급(名) 1559	王玉 11 총15획	璇	옥 jade	선	璇 xuán	璇宮(선궁): 옥으로 장식한 아름다운 궁 璇極(선극): 임금의 자리나 대궐 璇室(선실) 璇宇(선우): 대궐 天璇(천선): 북두칠성의 둘째 별 璇璣玉衡(선기옥형):☞ 혼천의(渾天儀) 璇璣懸斡(선기현알) 千字文
中 5급 1560	口 09 총12획	善	착할 good	선	善 shàn	善導(선도) 善良(선량) 善隣(선린) 善心(선심) 善意(선의) 善惡(선악) 善用(선용) 善戰(선전) 善政(선정) 善處(선처) 善行(선행) 最善(최선) 善竹橋(선죽교) 善男善女(선남선녀)

급수	부수	한자	훈음	음	간체	용례
1급 1561	月肉12 총16획	膳	선물/ 반찬 gift; present; savoury food	선	膳 shàn	膳物(선물): 축하나 고마움의 뜻을 담아 어떤 물건 따위를 선사함 膳賜(선사): 존경·축하·애정의 뜻으로 남에게 선물을 줌 饌膳(찬선) 貢膳定例(공선정례): 각 관아에서 왕실에 바치는 물품에 관한 규정을 적은 책
2급 1562	糸 12 총18획	繕	기울 repair; mend	선	缮 shàn	繕補(선보): 고치고 기움 繕寫(선사): 잘못을 바로잡아 다시 고쳐 베낌 修繕(수선): 낡거나 허름한 것을 손보아 고침 營繕(영선): 건축물 따위를 새로 짓거나 수리함 營繕司(영선사) 繕工司(선공사)
1급 1563	羊 07 총13획	羨	부러워할 envy 무덤길	선 연	羡 xiàn	羨結(선결) 羨望(선망): 부러워함 羨慕(선모): 부러워하며 사모함 健羨(건선): 매우 부러워함 仰羨(앙선): 우러러 부러워함 艶羨(염선): 남의 좋은 점을 부러워함 欽羨(흠선) 羨道(연도): 널길
1급 1564	月肉09 총13획	腺	샘 gland	선	腺 xiàn	腺毛(선모): 식물과 곤충 따위의 몸 겉에 있는 털 腺病(선병) 腺熱(선열) 甲狀腺(갑상선): 목밑샘 淋巴腺(임파선): 림프선 生殖腺(생식선) 扁桃腺(편도선): 입속 양쪽 구석에 있는, 편평한 타원형의 림프 조직
中 6급Ⅱ 1565	糸 09 총15획	線	줄 line	선	线 xiàn	線路(선로) 幹線(간선)↔支線(지선) 曲線(곡선) 光線(광선) 路線(노선) 單線(단선)↔複線(복선) 無線(무선) 視線(시선) 一線(일선) 前線(전선) 電線(전선) 點線(점선) 直線(직선)
中 5급 1566	辶辵12 총16획	選	가릴 select	선	選/选 xuǎn	選擧(선거) 選拔(선발) 選別(선별) 選手(선수) 選任(선임) 選定(선정) 選出(선출) 選擇(선택) 選好(선호) 競選(경선) 當選(당선) 大選(대선) 人選(인선) 入選(입선) 總選(총선)
高 3급Ⅱ 1567	示 12 총17획	禪	선/ Zen 봉선(封禪) meditation	선	禅/禅 chán shàn	禪房(선방) 禪師(선사) 禪院(선원) 禪定(선정) 禪宗(선종) 封禪(봉선) 參禪(참선) 禪位(선위): 왕위를 물려줌. 선양(禪讓) 禪主云亭(선주운정): 봉선제를 올리는 운정은 태산(泰山)에 있다. 千字文
中 5급Ⅱ 1568	魚 06 총17획	鮮	고울/ 생선(生鮮) fresh	선	鲜 xiān	鮮度(선도) 鮮明(선명) 鮮血(선혈) 生鮮(생선) 新鮮(신선) 鮮卑(선비): 고대 아시아의 몽골 족에 속하는 유목 민족 朝鮮(조선) 檀君朝鮮(단군조선) 朝鮮王朝實錄(조선왕조실록)
2급(名) 1569	王玉 14 총18획	璿	구슬 jewel 아름다운 옥	선	璇 xuán	璿譜(선보):☞ 선원보략(璿源譜略): 조선시대 이씨(李氏) 왕가의 세보 璿源錄(선원록):☞ 선원계보기략(璿源系譜記略) 璿源大鄕(선원대향): 조선시대 李氏왕실의 본관을 높여 이르던 말
中 4급 1570	舌 00 총06획	舌	혀 tongue	설	舌 shé	舌端(설단) 舌論(설론) 舌音(설음) 舌戰(설전) 舌禍(설화) 毒舌(독설) 惡舌(악설) 舌强症(설강증) 舌顚音(설전음) 口舌數(구설수) 半舌音(반설음) 舌芒於劍(설망어검)
1급 1571	氵水05 총08획	泄	샐 leak	설	泄 xiè	泄公(설공) 泄瀉(설사): 배탈 등이 났을 때 누는 묽은 똥 泄患(설환) 久泄(구설) 漏泄(누설) 夢泄(몽설) 排泄(배설) 濕泄(습설) 淸泄(청설) 洞泄(통설) 暴泄(폭설) 虛泄(허설) 排泄物(배설물)
1급 1572	氵水09 총12획	渫	파낼/ 칠 dredge	설	渫 xiè	浚渫(준설): 하천이나 해안의 바닥에 쌓인 흙이나 암석 따위를 쳐내어 바닥을 깊게 하는 일 浚渫船(준설선): 준설기(浚渫機)를 장치한 배
1급 1573	氵水06 총09획	洩	샐 leak 퍼질	설 예	泄 xiè	洩憤(설분): 분한 마음을 풀어 없앰 勿洩(물설): 새어 나가지 않게 함 漏洩(누설):☞ 누설(漏泄) 天機漏泄(洩)(천기누설): 하늘의 비밀이 새어 나감. 중대한 비밀이 새어서 알려짐
1급 1574	尸 07 총10획	屑	가루 fragment	설	屑 xiè	屑塵(설진) 白屑風(백설풍): 머리가 늘 가려우며 비듬이 생기는 병 竹頭木屑(죽두목설): 하찮은 물건이라도 소홀히 하지 않음 閑談屑話(한담설화): 실없는 잡담 吐佳言如屑(토가언여설)
中 6급Ⅱ 1575	雨 03 총11획	雪	눈 snow	설	雪 xuě	雪景(설경) 雪原(설원) 雪辱(설욕) 雪中(설중) 小雪(소설) 大雪(대설) 白雪(백설) 雪泥鴻爪(설니홍조): 눈 위의 기러기 발자취 雪膚花容(설부화용) 雪上加霜(설상가상) 雪中松柏(설중송백)

급수	부수/획수	漢字	훈/뜻	음	简体/拼音	용례
中 4급II 1576	言 04 총11획	設	베풀 establish	설	设 shè	設計(설계) 設問(설문) 設立(설립) 設備(설비) 設定(설정) 設置(설치) 假設(가설) 架設(가설) 開設(개설) 建設(건설) 施設(시설) 新設(신설) 設令(설령): 설사(設使), 설약(設若), 설혹(設或)
2급(名) 1577	卜 09 총11획	卨	사람 이름 person's name	설	卨 xiè	인명용 한자 离(卨) 은(殷)나라 시조(始祖)의 이름
中 5급II 1578	言 07 총14획	說	말씀 speech 달랠 soothe	설 세	说 shuō, shuì, yuè	說得(설득) 說明(설명) 說法(설법) 說伏(설복) 說破(설파) 說話(설화) 小說(소설) 演說(연설) 辱說(욕설) 傳說(전설) 說往說來(설왕설래) 說客(세객) 遊說(유세) 誘說(유세)
2급(名) 1579	++艹13 총17획	薛	성(姓) surname	설	薛 xuē	薛聰(설총): 신라 35대 경덕왕 때의 문신·학자. 원효(元曉) 대사의 아들 薛仁貴(설인귀): 당(唐)나라 고종 때의 장군 고구려가 망한 뒤 당나라가 평양에 설치한 안동도호부의 도호
2급(名) 1580	阝阜07 총10획	陝	땅이름 place name	섬	陕 shǎn	陝縣(섬현): [Shanxian] 허난(河南)성 장안(서안)과 낙양을 잇는 요지 陝西省(섬서성): 성도는 서안(西安), 북부의 위수(渭水) 유역과 남부의 한수(漢水) 유역으로 나뉨 비 2급 陜川郡(합천군): 경상남도
1급 1581	門 02 총10획	閃	번쩍일 flash	섬	闪 shǎn	閃光(섬광): 순간적으로 강렬하게 번쩍이는 빛 閃影(섬영) 閃火(섬화) 角閃石(각섬석): 흑갈색이고 기둥 모양의 결정체를 이루는 광물 東閃西忽(동섬서홀): 동에서 번쩍 서에서 얼씬한다, 이리 갔다 저리 갔다 함
2급(名) 1582	日 12 총16획	暹	햇살치밀/ 나라이름	섬	暹 xiān	暹羅(섬라): 타이(Thailand)의 예전 이름인 시암(Siam)의 한자음(漢字音) 표기 暹羅國(섬라국): 나라 이름. 샴(siam), 곧 지금의 태국(泰國)
2급(名) 1583	虫 13 총19획	蟾	두꺼비 toad	섬	蟾 chán	蟾蛇(섬사): 살무사 蟾兔(섬토): 금 두꺼비와 옥토끼. 곧, 달의 별칭 玉蟾(옥섬): 달 속에 있다는 두꺼비 蟾津江(섬진강): 전북 진안에서 시작 경남 하동을 지나 남해로 흘러 들어가는 강 3급II 擔(멜 담) 2급 膽(쓸개 담)
1급 1584	歹 17 총21획	殲	다 죽일 annihilation	섬	歼 jiān	殲撲(섬박): 때려 부숨 殲滅(섬멸): (적을)모조리 무찔러 없애는 것 殲滅的(섬멸적) 殲滅戰(섬멸전): 적을 모조리 무찔러서 없애는 싸움
2급 1585	糸 17 총23획	纖	가늘 delicacy; fineness; fiber	섬	纤 xiān	纖眉(섬미) 纖細(섬세) 纖婉(섬완): 날씬하고 섬세하며 아름답다 纖維(섬유): 실 모양으로 된 고분자 물질 纖維腫(섬유종): 양성종양 長纖維(장섬유) 化纖絲(화섬사) 纖纖玉手(섬섬옥수)
高 3급 1586	氵水07 총10획	涉	건널 cross	섭	涉 shè	涉歷(섭력): 여러 가지 일을 많이 겪음 涉獵(섭렵): 온갖 여러 일을 찾아다니며 경험함 涉外(섭외): 외부와 연락·교섭하는 일 干涉(간섭): 부당하게 참견함 交涉(교섭): 일을 이루기 위하여 서로 의논함
2급(名) 1587	火 13 총17획	燮	불꽃 flame; blaze	섭	燮 xiè	燮理(섭리): 음양(陰陽)을 고르게 다스림 5급II 變,变(변할 변) 燮和(섭화): 음양이나 정치 따위를 잘 조화시켜 다스림 李仲燮(이중섭): 1916~1956「싸우는 소」,「흰소」을 그린 화가
高 3급 1588	扌手18 총21획	攝	다스릴/ 당길/ 잡을 providence; regency; ingest	섭	摂/摄 shè	攝理(섭리): ① 아픈 몸을 잘 조리함 ② 자연계를 지배하고 있는 원리와 법칙 攝心(섭심) 攝政(섭정) 攝職(섭직) 攝取(섭취) 包攝(포섭) 攝氏溫度(섭씨온도) 攝取不捨(섭취불사) 攝化利生(섭화이생)
中 6급II 1589	戈 03 총07획	成	이룰 accomplish 成 (본자)	성	成 chéng	成功(성공) 成果(성과) 成分(성분) 成熟(성숙) 成長(성장) 成績(성적) 成就(성취) 構成(구성) 達成(달성) 養成(양성) 完成(완성) 育成(육성) 作成(작성) 編成(편성) 形成(형성)
中 4급II 1590	土 07 총10획	城	재 castle 城 (본자)	성	城 chéng	城閣(성각) 城郭(성곽) 城壘(성루) 城樓(성루) 城壁(성벽) 城壕(성호) 干城(간성) 開城(개성) 華城(화성) 城南市(성남시) 城北區(성북구) 孤城落日(고성낙일) 金城湯池(금성탕지)

급수	부수/획수	한자	훈음	음	간체/병음	용례
2급(名) 1591	日 07 총11획	晟	밝을 light; bright 晟 (본자)	성	晟 shèng Chéng	晟化(성화): 임금의 밝은 교화(教化) 大晟樂(대성악): 중국 송(宋)나라 휘종이 1107년 대성부(大晟府)라는 관청에 명하여 작곡, 반포(頒布) 《고려·조선 시대 아악(雅樂)의 기초가 됨》
中 4급II 1592	皿 07 총12획	盛	성할 thrive 盛 (본자)	성:	盛 shèng chéng	盛大(성대) 盛世(성세): 한창 융성한 세대. 성대(盛代) 盛衰(성쇠) 盛業(성업) 盛典(성전): 성대한 의식(儀式) 盛行(성행) 盛況(성황) 茂盛(무성) 旺盛(왕성) 豊盛(풍성) 盛者必衰(성자필쇠)
中 4급II 1593	言 07 총14획	誠	정성 sincerity 誠 (본자)	성	诚 chéng	誠金(성금) 誠實(성실) 誠意(성의) 熱誠(열성) 精誠(정성) 致誠(치성) 忠誠(충성) 孝誠(효성) 誠心誠意(성심성의) 誠意正心(성의정심) 犬馬之誠(견마지성) 至誠感天(지성감천)
中 5급II 1594	忄心 05 총08획	性	성품 nature/sex/ temperament	성:	性 xìng	性格(성격) 性急(성급) 性味(성미) 性品(성품) 性質(성질) 性向(성향) 性理學(성리학): 송학(宋學)/ 性交(성교) 性別(성별) 性慾(성욕) 性徵(성징) 男性(남성) 女性(여성) 異性(이성)
中 7급II 1595	女 05 총08획	姓	성/ 성씨 surname	성:	姓 xìng	姓名(성명) 姓氏(성씨) 姓銜(성함) 同姓同本(동성동본) 易姓革命(역성혁명): 혁세(革世): 나라의 왕조가 바뀜. 역세(易世)혁명 二姓之樂(이성지락): 금실(琴瑟) 二姓之合(이성지합): 혼인(婚姻)
中 4급II 1596	日 05 총09획	星	별 star	성	星 xīng	星光(성광) 星團(성단) 星壇(성단) 星圖(성도) 星霜(성상) 星宿(성수) 星辰(성신) 星雲(성운) 星座(성좌) 金星(금성) 火星(화성) 北極星(북극성) 星旗電戟(성기전극): 軍容이 대단함
1급 1597	酉 09 총16획	醒	깰 sober	성	醒 xǐng	覺醒(각성): ① 눈을 떠서 정신을 차림 ② 깨달아 정신을 바로 차림 ③ 자기의 잘못을 깨달음 半醒(반성) 醒酒湯(성주탕) 大悟覺醒(대오각성) 獨淸獨醒(독청독성) 半睡半醒(반수반성) 半醉半醒(반취반성)
中 6급II 1598	目 04 총09획	省	살필 watch 덜 reduce	성 생	省 shěng xǐng	省墓(성묘) 省察(성찰) 反省(반성) 三省吾身(삼성오신) 人事不省(인사불성) 昏定晨省(혼정신성): 定省/ 省略(생략)/ 國防省(국방성) 外務省(외무성) 吉林省(길림성): 중국 省都는 長春
中 4급II 1599	耳 07 총13획	聖	성인 saint/ 거룩할 holy	성:	圣 shèng	聖歌(성가) 聖君(성군) 聖經(성경) 聖代(성대) 聖堂(성당) 聖靈(성령) 聖父(성부) 聖書(성서) 聖所(성소) 聖神(성신) 聖人(성인) 聖域(성역) 聖子(성자) 聖者(성자) 聖誕節(성탄절)
中 4급II 1600	耳 11 총17획	聲	소리 voice; sound	성	声/声 shēng	聲價(성가) 聲帶(성대) 聲量(성량) 聲明(성명) 聲勢(성세) 聲樂(성악) 聲優(성우) 聲援(성원) 聲討(성토) 名聲(명성) 聲氣相通(성기상통): 마음과 뜻이 서로 통함 聲東擊西(성동격서)
中 7급II 1601	一 04 총05획	世	인간 human; generation	세:	世 shì	世界(세계) 世上(세상) 世上萬事(세상만사) 世紀(세기) 世代(세대) 世世(세세) 世孫(세손) 世子(세자) 世丈(세장) 世俗五戒(세속오계): 事君以忠, 事親以孝, 交友以信, 臨戰無退, 殺生有擇
2급 1602	貝 05 총12획	貰	세놓을/ 세낼 lease/ rent	세:	贳 shì	貰家(세가) 貰盆(세분) 貰錢(세전) 房貰(방세) 月貰(월세) 專貰(전세): 약속한 일정 기간 그 사람에게만 빌려주는 일. 대절(貸切) 傳貰(전세): 일정 금액을 지불하고 남의 **부동산**을 일정 기간 빌려 쓰는 일
中 5급II 1603	氵水 06 총09획	洗	씻을 wash	세:	洗 xǐ Xiǎn	洗腦(세뇌) 洗練(세련) 洗禮(세례): 죄악을 씻는 표시로 하는 의식 洗兵(세병): 전쟁을 끝냄 洗手(세수) 洗足(세족) 洗濯(세탁) 洗踏足白(세답족백): 상전의 빨래를 하느라 종의 발꿈치가 하얘진다.
中 4급II 1604	糸 05 총11획	細	가늘 thin; fine	세:	细 xì	細工(세공) 細菌(세균) 細密(세밀) 細部(세부) 細分(세분) 細胞(세포) 細心(세심) 細則(세칙) 詳細(상세) 零細(영세) 仔細(자세) 細微之事(세미지사): 자질구레하고 대수롭지 않은 일
中 4급II 1605	禾 07 총12획	稅	세금 tax	세:	税 shuì	稅金(세금) 稅收(세수) 稅制(세제) 課稅(과세) 租稅(조세) 稅務署(세무서) 國稅廳(국세청) 稅熟貢新(세숙공신): 익은 곡식으로 세금 내고 새 곡식으로 종묘에 제사를 지내는데 千字文 84/125

급수	부수	한자	훈	음	중국어	용례
中 5급II 1606	止 09 총13획	歲	해 year; age	세:	岁 suì	歲暮(세모) 歲拜(세배) 歲首(세수) 歲月(세월) 歲初(세초) 歲費(세비): ① 국가 기관의 일 년간의 경비. 세용 ② 국회의원의 보수 歲入(세입) 歲出(세출) 歲寒三友(세한삼우): 소나무·대나무·매화나무
中 4급II 1607	力 11 총13획	勢	형세/ 권세 situation/ force	세:	势 shì	勢道(세도) 勢力(세력) 強勢(강세) 權勢(권세) 氣勢(기세) 時勢(시세) 弱勢(약세) 優勢(우세) 運勢(운세) 威勢(위세) 姿勢(자세) 情勢(정세) 地勢(지세) 態勢(태세) 形勢(형세)
中 8급 1608	小 00 총03획	小	작을 small	소:	小 xiǎo	小滿(소만): 5월 21일경 小暑(소서): 7월 7일경 小雪(소설): 11월 22일경 小寒(소한) 小隊(소대) 小量(소량) 小賣(소매) 小便(소변) 小說(소설) 小數(소수) 小學(소학) 小貪大失(소탐대실)
中 7급 1609	小 01 총04획	少	적을 little; young	소:	少 shǎo shào	少女(소녀) 少年(소년) 少量(소량) 少數(소수) 少額(소액) 少尉(소위) 少領(소령) 少將(소장) 少長(소장) 減少(감소) 多少(다소) 少壯派(소장파) 少年易老學難成(소년이로학난성)
高 3급 1610	口 02 총05획	召	부를 call up	소	召 zhào Shào	召命(소명): 부름을 받음 召募(소모): 의병 따위를 불러 모음 召集(소집) 召喚(소환): 법원이 나올 것을 명령하는 일 召還(소환): (파견 직원을) recall 干三召二(간삼조이): 한약에 '간(干)'은 '강(薑)'을, '조(召)'는 '조(棗)'를 취함
2급(名) 1611	阝(邑)05 총08획	邵	땅이름 (읍邑名)/ district 성(姓)	소	邵 shào	邵城(소성): 인천(仁川)의 신라시대 이름 邵城路(소성로): 인천 남구 邵氏(소씨): 본관 평산(平山) 黃海道 邵康節(소강절): 宋나라 儒學者 邵齡(소령): 고령(高齡) 인명자 卲(높을 소) 성(姓) (邵와 통자)
2급(名) 1612	氵(水)05 총08획	沼	못/ 늪 marsh; swamp	소	沼 zhǎo	沼畔(소반): 늪가 늪 언저리 沼澤(소택): 늪과 못 沼池(沼池) 沼湖(소호): 늪과 호수 龍沼(용소): 폭포 밑에 깊은 웅덩이 沼澤地(소택지): 늪과 못으로 둘러싸인 습한 땅
高 3급 1613	日 05 총09획	昭	밝을 bright	소	昭 zhāo	昭光(소광): 밝게 반짝이는 빛 昭明(소명): 사물을 분간함이 밝고 똑똑함 昭詳(소상): 분명하고 자세함 昭和(소화): '쇼와'1926년~1989년 일본 연호 昭陽江(소양강): 춘천 북한강에 합류하는 강 孝昭王(효소왕): 신라의 왕
2급 1614	糸 05 총11획	紹	이을 introduce	소	绍 shào	紹介(소개) 紹復(소복) 紹介業(소개업) 紹介狀(소개장) 紹介所(소개소) 自己紹介(자기소개) 職業紹介(직업소개) 紹修書院(소수서원): 조선시대 영주시 순흥면에 세운 우리나라 최초의 서원
中 7급 1615	戶 04 총08획	所	바 place	소:	所 suǒ	所感(소감) 所管(소관) 所得(소득) 所望(소망) 所聞(소문) 所屬(소속) 所用(소용) 所願(소원) 所有(소유) 所在(소재) 所長(소장) 所掌(소장) 所藏(소장) 所重(소중) 所持(소지)
中 4급II 1616	竹 04 총10획	笑	웃음 smile; laugh	소:	笑 xiào	談笑(담소): 웃으면서 이야기함 微笑(미소): 소리를 내지 않고 빙긋이 웃는 것 嘲笑(조소): 조롱하여 비웃음 笑裏藏刀(소리장도): 웃음 속에 칼을 감춤 拍掌大笑(박장대소) 拈花微笑(염화미소) 특급II 拈(집을 념{염})
中 4급II 1617	糸 04 총10획	素	본디/ 흴[白] originally/ white	소(:)	素 sù	素量(소:량) 素望(소:망) 素描(소:묘) 素服(소:복) 素饌(소:찬) 素朴(소박) 素養(소양) 素願(소원) 素材(소재) 素地(소지) 素志(소지) 素質(소질) 儉素(검소) 要素(요소) 平素(평소)
中 6급II 1618	氵(水)07 총10획	消	사라질 disappear	소	消 xiāo	消却(소각) 消毒(소독) 消燈(소등) 消滅(소멸) 消耗(소모) 消防(소방) 消費(소비) 消息(소식) 消失(소실) 消盡(소진) 解消(해소) 消極的(소극적) 消火器(소화기) 消化劑(소화제)
1급 1619	宀 07 총10획	宵	밤[夜] night	소	宵 xiāo	半宵(반소): ① 한밤중 ② 반밤 晝宵(주소): 낮밤 中宵(중소): 한밤중 秋宵(추소): 가을밤 春宵一刻值千金(춘소일각치천금) 春宵花月值千金(춘소화월치천금): 봄철 밤의 꽃과 달을 상찬(賞讚)한 말
1급 1620	辶(辵)07 총11획	逍	노닐/ 거닐 ramble	소	逍 xiāo	逍遙(소요): 슬슬 거닐어 돌아다님 逍遙山(소요산): 동두천시에 있는 산 逍遙散(소요산): 신경 쇠약에 쓰는 한약 逍遙吟詠(소요음영) 逍風(소풍): 자연 관찰이나 역사 유적 따위의 견학을 겸해 야외로 갔다 오는 일

급수	부수/획	한자	훈/음	음	중국어	용례
高 4급II 1621	扌手08 총11획	掃	쓸[掃除] sweep	소(:)	扫 sǎo sào	掃拭(소식): 쓸고 닦음 掃除(소제) 掃蕩(소탕): 휩쓸어 모조리 없애 버림 一掃(일소) 掃地無餘(소지무여): 다 쓸어 낸 듯이 전혀 없음 花落憐不**掃** 月明愛無眠(화락연불소 월명애무면): 출전: 推句
2급(名) 1622	巛 08 총11획	巢	새집 bird nest	소	巢/巢 cháo	巢窟(소굴): 범죄자나 악한들의 무리가 모이는 근거지. 소혈(巢穴). 卵巢(난소)↔精巢(정소) 巢林一枝(소림일지): 작은집에 만족함 巢毀卵破(소훼난파): 새집이 부서지면 알도 깨진다. 歸巢本能(귀소본능)
1급 1623	木 07 총11획	梳	얼레빗 comb	소	梳 shū	梳洗(소세): 머리를 빗고 낯을 씻는 일 梳櫛(소즐): 빗질 僧梳(승소): 승려의 빗, 쓸모없는 물건 雄梳城(웅소성): 충남 서산 晝寢夜梳(주침야소): 낮에 자고 밤에 머리를 빗는다. 위생에 해로운 일
1급 1624	疋 07 총12획	疎	성길 sparse; 疏(同字)	소	疎/疏 shū	疎(疏)外(소외): 따돌리거나 멀리함 疎(疏)遠(소원): 멀리 있어서 서먹서먹하다 疎(疏)忽(소홀): 정성이 부족함 生疎(疏)(생소): 낯이 설다 疎雨滴梧桐(소우적오동): 가랑비는 오동나무를 적심 정철(1536~1593)
高 3급II 1625	疋 07 총12획	疏	소통할 communication	소	疏 shū	疏文(소문) 疏明(소명): 이유를 밝혀 설명함 疏薄(소박): 처나 첩을 박대함 疏遠(소원) 疏外(소외) 疏脫(소탈) 上疏文(상소문) 疏通(소통): 잘 통함 疏食菜羹(소사채갱): 거친 음식과 나물국
高 3급 1626	++艸12 총16획	蔬	나물 vegetables	소	蔬 shū	菜蔬(채소): 무·배추·상추·시금치·오이·호박·토마토 따위 곡류는 제외 菜蔬菓(채소과): 기름에 띄워 지진 유밀과(油蜜果) 乾菜蔬(건채소) 蔬筍之氣(소순지기): 육식을 하지 않는 사람의 기상. 승려의 기풍
高 3급II 1627	言 05 총12획	訴	호소할 appeal	소	诉 sù	訴訟(소송): 법률상의 판결을 법원에 요구하는 일 訴願(소원) 訴追(소추) 公訴(공소) 起訴(기소) 上訴(상소): 상급 법원에 심리를 청구하는 일 抗訴(항소): 제일심의 종국 판결에 대하여 불복하여 상소함 呼訴(호소)
1급 1628	生 07 총12획	甦	깨어날 revive	소	苏 sū	甦生(소생): ☞ 소생(蘇生): 거의 죽어 가다가 다시 살아남. 회생(回生) 甦息(소식): ☞ 소식(蘇息): 거의 끊어질듯 하던 숨이 되살아남
高 3급II 1629	++艸16 총20획	蘇	되살아날 revive	소	苏 sū	蘇莖(소경): 차조기의 줄기 蘇生(소생): 거의 죽어 가다가 다시 살아남 蘇聯(소련): 소비에트 연방 1922~1991 蘇州(소주): 장쑤성(江蘇省) 蘇軾(소식): 소동파(蘇東坡) 蘇秦(소진): 전국시대의 모사(謀士)
1급 1630	土 10 총13획	塑	흙 빚을 clay craft; plasticity	소	塑 sù	塑性(소성): 외력에 의해 변한 물체가 외력이 없어져도 원래의 형태로 돌아오지 않는 물질의 성질. 가소성(可塑性) 塑造(소조): 찰흙·석고 따위로 원형을 만듦 可塑劑(가소제): 성형가공을 용이하게 하는 물질
1급 1631	辶辵10 총14획	遡	거스를/ 거슬러 올라갈 going back; retroactivity	소	溯 sù	遡及(소급): 지나간 일에까지 거슬러 올라가서 미치게 하는 것 遡及力(소급력) 不遡及(불소급): 과거로 거슬러 올라 미치지 않음 遡求權(소구권): 상환청구권(償還請求權) 遡求權者(소구권자)
1급 1632	扌手10 총13획	搔	긁을 scratch; pruritus;	소	搔/搔 sāo	搔爬(소파): 조직을 긁어내는 일《인공 유산 등에 행함》 搔痒症(소양증): 피진을 빼고 가려움만 있는 상태 **특급II** 痒(앓을 **양**) 隔靴搔癢(격화소양): 신을 신고 발바닥을 긁는다, 성에 차지 않음
1급 1633	疒 10 총15획	瘙	피부병 pruritus; itching.	소	瘙 sào	皮膚瘙癢症(피부소양증):☞ 소양증(搔痒症) 피부가 발작적으로 몹시 가렵기만 하고 발진이 없는 상태. 긁은 자리, 가피(痂皮) 등을 동반하게 되는 만성 피부 질병을 말한다. '가려움증'의 전 용어
高 3급 1634	馬 10 총20획	騷	떠들 make a noise	소	骚 sāo	騷動(소동) 騷亂(소란) 騷音(소음): 불쾌하고 시끄러운 소리 騷擾(소요): 여러 사람이 떠들썩하게 들고일어남 騷擾事態(소요사태) 騷人墨客(소인묵객): 시문(詩文)과 서화(書畫)를 일삼는 사람
高 3급II 1635	火 12 총16획	燒	사를 burn	소(:)	燒/烧 shāo	燒却(소각) 燒髮(소발) 燒散(소산) 燒失(소실) 燒酒(소주) 燒盡(소진) 燒火(소화) 燒化(소화) 燒眉之急(소미지급): 초미(焦眉) 老鼠燒尾(노서소미): 재능이 없으면서 과거에 급제함

급수	부수	한자	훈	음	中文	용례
1급 1636	++艸 13 총17획	蕭	쓸쓸할 lonesome	소	萧 xiāo	蕭寂(소적): 쓸쓸하고 호젓하다. 蕭條(소조) 蕭牆之變(소장지변): 내부에서 일어난 변란 蕭規曹隨(소규조수): 前漢의 정치가 소하(蕭何)가 제정한 법규를 조참(曹參)이 따른다. 옛날의 법도를 그대로 물려 쓰는 것
1급 1637	竹 13 총19획	簫	퉁소 bamboo flute	소	箫 xiāo	퉁소: 가는 대로 만들며 여섯 구멍이 있는데 한 구멍은 뒤에 있음 簫管(소관): 대금(大笒) 短簫(단소): 향악기에 속하는 피리의 한 가지 玉洞簫(옥통소) 太平簫(태평소): 날라리. 나팔 모양으로 된 관악기
高 5급II 1638	木 03 총07획	束	묶을 bind	속	束 shù	束縛(속박): 행위나 권리 행사를 자유롭게 행하지 못하도록 얽어매거나 제한함 拘束(구속) 團束(단속) 約束(약속) 束手無策(속수무책): 어쩔 도리가 없어 꼼짝 못함 束之高閣(속지고각): 묶어서 높은 곳에 얹어 둔다.
中 6급 1639	辶辵 07 총11획	速	빠를 quick	속	速 sù	速球(속구) 速度(속도) 速力(속력) 速報(속보) 速步(속보) 速成(속성) 迅速(신속) 早速(조속) 拙速(졸속) 低速(저속) 速達郵便(속달우편) 速戰速決(속전속결) 高速道路(고속도로)
中 4급II 1640	亻人 07 총09획	俗	풍속 custom	속	俗 sú	俗界(속계) 俗談(속담) 俗說(속설) 俗世(속세) 俗人(속인) 俗字(속자) 俗稱(속칭) 民俗(민속) 世俗(세속) 良俗(양속) 低俗(저속) 風俗(풍속) 俗離山(속리산) 美風良俗(미풍양속)
高 3급 1641	米 06 총12획	粟	조 millet	속	粟 sù	黍粟(서속): 기장과 조 粟麥出擧(속맥출거): 곡물을 일정한 정도의 이자를 받고 빌려주던 일 納粟加資(납속가자): 정삼품 명예벼슬을 주던 일 鳳飢不啄粟(봉기불탁속): 봉(鳳)은 굶주려도 좁쌀을 쪼지 않는다.
高 4급 1642	尸 18 총21획	屬	붙일/ 무리 attach	속	属/属 shǔ zhǔ	屬國(속국) 屬性(속성) 屬縣(속현) 繫屬(계속) 歸屬(귀속) 金屬(금속) 部屬(부속) 附屬(부속) 所屬(소속) 隸屬(예속) 直屬(직속) 洞洞屬屬(동동촉촉): 사랑하는 가운데 공경하는 마음이 있음
中 4급II 1643	糸 15 총21획	續	이을 inherit; continue	속	续/续 xù	續刊(속간) 續開(속개) 續篇(속편) 續編(속편) 續貂(속초) 續絃(속현) 繼續(계속) 相續(상속) 連續(연속) 持續(지속) 續美人曲(속미인곡): 조선 선조 때, 송강(松江) 정철(鄭澈)이 지은 가사
1급 1644	貝 15 총22획	贖	속죄할 expiate; redemption	속	赎 shú	贖罪(속죄): ① 물건을 주거나 공을 세우는 따위로 지은 죄를 비겨 없앰 ② 예수가 인류의 죄를 대신해 십자가에 못 박힌 일 贖良(속량) 贖身(속신) 贖錢(속전) 代贖(대속) 贖罪羊(속죄양) 購捕贖良(구포속량)
中 6급 1645	子 07 총10획	孫	손자 grandchild	손:	孙 sūn	孫兒(손아): 손자(孫子)(아들의 아들) 孫子(손자) 孫女(손녀) 孫婦(손부) 令孫(영손) 子孫(자손) 祖孫(조손) 後孫(후손) 孫康映雪(손강영설): 손강이 가난하여 겨울밤 눈의 빛으로 공부하였다.
1급 1646	辶辵 10 총14획	遜	겸손할 humility; modesty	손:	逊 xùn	遜色(손색): (주로 '없다'와 함께 쓰여) 서로 견주어 보아 못한 점 謙遜(겸손) 恭遜(공손) 不遜(불손) 傲慢不遜(오만불손) 傲岸不遜(오안불손): 행동거지가 오만불손하고 잘난 체하는 태도
高 4급 1647	扌手 10 총13획	損	덜 diminish; damage	손:	损 sǔn	損壞(손괴) 損金(손금) 損傷(손상) 損失(손실) 損害(손해) 損益分岐點(손익분기점) 三損友(삼손우): 손해가 되는 세 종류의 벗 편벽한 벗 착하기만 하고 줏대가 없는 벗 말만 잘하고 성실하지 못한 벗
2급(名) 1648	宀 04 총07획	宋	성(姓)/ 송나라 Dynastie Song	송:	宋 sòng	宋時烈(송시열): 조선 후기 문신 겸 학자, 노론의 영수. 주자학의 대가 北宋(북송): 중국의 왕조(960~1127) 南宋(남송): 송나라 후기(1127~1279) 금나라에 밀려 남쪽으로 내려가 항저우(杭州)에 세운 나라《원나라에 망함》
中 4급 1649	木 04 총08획	松	소나무 pine tree	송	松 sōng	松島(송도) 松柏(송백) 松炭(송탄) 歲寒松柏(세한송백) 松南雜識(송남잡지): 조선 후기 백과사전 松茂柏悅(송무백열): 소나무가 무성하면 잣나무가 기뻐한다. 벗이 잘되는 것을 기뻐함
高 3급II 1650	言 04 총11획	訟	송사할 lawsuit	송:	讼 sòng	訟事(송사): 백성끼리의 분쟁이 있을 때, 관부에 호소하여 판결을 구하던 일 訟理(송리): 송사하는 이유 訴訟(소송): 재판을 걺 爭訟(쟁송) 訴訟法(소송법) 自責內訟(자책내송): 스스로 제 언행을 꾸짖음

급수	부수/획수	한자	훈	음	中文	용례
高 4급 1651	頁 04 총13획	頌	기릴/ 칭송할 praise	송:	颂 sòng	頌歌(송가): 공덕을 기리는 노래 讚頌(찬송): 미덕을 기리고 칭찬함 稱頌(칭송): 공덕을 일컬어 기림. 또는 그런 말. 송찬(頌讚) 讚頌歌(찬송가) 萬口稱頌(만구칭송): 만구칭찬(萬口稱讚)
1급 1652	忄心07 총10획	悚	두려울 fear	송:	悚 sǒng	悚懼(송구): 두려워서 마음이 몹시 거북함 悚然(송연): 두려워 몸을 옹송그릴 정도로 오싹 소름이 끼치는 듯하다 罪悚(죄송) 惶悚(황송) 毛骨悚然(모골송연): 끔찍스러워 몸이 으쓱하며 털끝이 쭈뼛해짐
中 4급Ⅱ 1653	辶辵06 총10획	送	보낼 send	송:	送 sòng	送金(송금) 送年(송년) 送別(송별) 送付(송부) 送信(송신) 送狀(송장) 送傳(송전) 送電(송전) 送出(송출) 送還(송환) 發送(발송) 運送(운송) 送油管(송유관) 送舊迎新(송구영신)
高 3급 1654	言 07 총14획	誦	욀 recitation	송:	诵 sòng	誦經(송경): ① 경문을 읽음. ② 불경을 읽음. 염불송경(念佛誦經) 誦讀(송독): ① 소리 내어 읽음 ② 외워서 읽음 記誦(기송): 기억하여 외움 朗誦(낭송) 讀誦(독송) 暗誦(암송): 보지 않고 소리 내어 욈
高 3급Ⅱ 1655	刀 06 총08획	刷	인쇄할/ 쓸 printing/renovate	쇄:	刷 shuā shuà	印刷(인쇄) 假刷(가쇄): 교정용으로 찍는 인쇄. 교정쇄(校正刷) 刷掃(쇄소): 쓸고 닦아 깨끗이 함 刷新(쇄신): 묵은 것을 없애고 새롭게 함 未刷(미쇄): 미수(未收): 돈이나 물건 따위를 아직 다 거두어들이지 못함.
1급 1656	石 08 총13획	碎	부술 crush; grinding	쇄:	砕/碎 suì	碎屑(쇄설): 깨어진 부스러기 磨碎(마쇄) 粉碎(분쇄) 破碎(파쇄) 粉骨碎身(분골쇄신): 뼈가 가루가 되고 몸이 부서진다. 힘을 다해 노력함 玉石同碎(옥석동쇄): =玉石俱焚. 옥석(玉石)구별 없이 모두 재앙을 받음
高 3급Ⅱ 1657	金 10 총18획	鎖	쇠사슬 chain	쇄:	锁 suǒ	鎖骨(쇄골): 빗장뼈 鎖金(쇄금): 자물쇠 鎖陽(쇄양): 한약재 封鎖(봉쇄) 足鎖(족쇄) 閉鎖(폐쇄) 項鎖(항쇄) 連鎖的(연쇄적) 連鎖反應(연쇄반응) 鎖國政策(쇄국정책) 鎖門逃走(쇄문도주)
1급 1658	氵水19 총22획	灑	뿌릴 sprinkle	쇄:	洒 sǎ	灑掃(쇄소): 물을 뿌리고 비로 쓰는 일 灑脫(쇄탈): 소탈(疏脫)하다. 掃灑(소쇄) 精灑(정쇄): 맑고 깨끗하다. 脫灑(탈쇄) 揮灑(휘쇄) 灑掃巾櫛(쇄소건즐): 물을 뿌리고 비로 쓸며 낯을 씻고 머리를 빗는 잔시중
高 3급Ⅱ 1659	衣 04 총10획	衰	쇠할 fail; decline	쇠	衰 shuāi cuī	衰亡(쇠망) 衰弱(쇠약) 衰殘(쇠잔) 衰盡(쇠진) 衰廢(쇠폐) 衰退(頹)(쇠퇴): 기세나 상태가 쇠하여 전보다 못하여 감 老衰(노쇠) 榮枯盛衰(영고성쇠) 往來盛衰(왕래성쇠) 興亡盛衰(흥망성쇠)
中 8급 1660	水 00 총04획	水	물 water	수	水 shuǐ	水分(수분) 水素(수소) 水泳(수영) 水位(수위) 水準(수준) 水質(수질) 水平(수평) 水産物(수산물) 水曜日(수요일) 水族館(수족관) 水魚之交(수어지교) 水隨方圓器(수수방원기)
中 7급Ⅱ 1661	手 00 총04획	手	손 hand	수(:)	手 shǒu	手巾(수건) 手匣(수갑) 手段(수단) 手動(수동) 手術(수술) 手足(수족) 手帖(수첩) 失手(실수) 着手(착수) 手數料(수수료) 手貨物(수화물): 작은 짐 手不釋卷(수불석권): 늘 글을 읽음
高 3급 1662	口 02 총05획	囚	가둘 imprison	수	囚 qiú	囚禁(수금): 죄인을 잡아 가두어 둠 囚縛(수박): 붙잡아 묶다 囚獄(수옥) 囚人(수인) 拘囚(구수) 錄囚(녹수) 罪囚(죄수) 旣決囚(기결수) 未決囚(미결수) 死刑囚(사형수) 長期囚(장기수)
中 4급Ⅱ 1663	攵攴02 총06획	收	거둘 collect; gather	수	收 shōu	收監(수감) 收去(수거) 收納(수납) 收斂(수렴) 收錄(수록) 收拾(수습) 收用(수용) 收益(수익) 收入(수입) 收支(수지) 收穫(수확) 徵收(징수) 回收(회수) 收容施設(수용시설)
1급 1664	戈 02 총06획	戍	수자리 watchtower	수	戍 shù	戍樓(수루): 수자리 터에 지은 망대 戍役(수역) 戍卒(수졸) 防戍(방수) 衛戍令(위수령): 군부대가 주둔하여, 경비와 질서 유지 및 군기의 감시와 군에 딸린 건축물·시설물 등을 보호하도록 규정한 대통령령
中 4급Ⅱ 1665	宀 03 총06획	守	지킬 keep goal	수	守 shǒu	守備(수비) 守勢(수세) 守護(수호) 固守(고수) 墨守(묵수) 保守(보수) 遵守(준수) 守錢奴(수전노): 돈을 모으기만 하는 사람 守株待兎(수주대토): 되지도 않을 일을 공연히 고집하는 어리석음을 비유

급수	부수	한자	훈	음	중국어	용례
1급 1666	犭犬 06 총09획	狩	사냥할 hunting	수	狩 shòu	狩犬(수견) 狩獵(수렵): 사냥 狩獵圖(수렵도) 狩獵場(수렵장) 狩人(수인) 巡狩(순수): 임금이 나라 안을 두루 보살피며 돌아다님 北漢山 新羅 振興王 巡狩碑(북한산 신라 진흥왕 순수비)
中 4급 1667	禾 02 총07획	秀	빼어날 excellent	수	秀 xiù	秀傑(수걸) 秀麗(수려) 秀敏(수민): 재주가 뛰어나고 민첩하다 秀雅(수아) 秀作(수작) 秀才(수재) 秀越性敎育(수월성교육): 뛰어나고 우월한 능력을 가진 피교육자에 대하여, 그 능력을 개발하려는 교육
中 4급Ⅱ 1668	又 06 총08획	受	받을 receive	수(ː)	受 shòu	受講(수강) 受苦(수ː고) 受難(수난) 受納(수납) 受諾(수락) 受領(수령) 受賞(수상) 受信(수신) 受業(수업) 受容(수용) 受益(수익) 受精(수정) 受驗(수험) 受惠(수혜) 受動的(수동적)
中 4급Ⅱ 1669	扌手 08 총11획	授	줄 award	수	授 shòu	授權(수권) 授受(수수) 授業(수업) 授與(수여) 授乳(수유) 授任(수임) 授爵(수작) 授精(수정) 敎授(교수) 傳授(전수) 見危授命(견위수명): 나라가 위태로울 때는 자신의 목숨까지도 바친다.
高 3급Ⅱ 1670	土 05 총08획	垂	드리울 hang; let down	수	垂 chuí	垂簾(수렴): 발을 드리움. 수렴청정(垂簾聽政) 垂範(수범): 본보기가 됨 垂直(수직) 懸垂幕(현수막) 垂堂之戒(수당지계): 위험에 놓여 있음을 경계한 말 山上垂訓(산상수훈): 마태복음 5-7장 예수의 교훈
高 3급 1671	目 08 총13획	睡	졸음 sleep	수	睡 shuì	睡眠(수면): 잠. 잠을 잠 睡眠病(수면병) 睡眠欲(수면욕) 寢睡(침수): '잠·수면' 半睡半醒(반수반성): 깨어 있는지 자는지 모를 몽롱한 상태 昏睡狀態(혼수상태): 의식을 잃고 인사불성이 된 상태
中 5급Ⅱ 1672	首 00 총09획	首	머리 head	수	首 shǒu	首肯(수긍) 首腦(수뇌) 首都(수도) 首領(수령) 首相(수상) 首席(수석) 首長(수장) 首任房(수임방): 보부상의 총본부 首丘初心(수구초심): 고향을 그리워하는 마음 首鼠兩端(수서양단)
高 3급Ⅱ 1673	巾 06 총09획	帥	장수 general; commander	수	帅 shuài	帥先(수선): 솔선(率先) 元帥(원수): 군인의 가장 높은 계급 將帥(장수): 군사(軍士)를 거느리는 우두머리 總帥(총수) 統帥(통수) 統帥權(통수권): 한 나라의 병력을 지휘하고 통솔(統率)하는 권한
2급(名) 1674	氵水 06 총09획	洙	물가/ 강 이름 waterside	수	洙 zhū	洙泗(수사): 중국의 산둥(山東) 성을 흐르는 강 수수(洙水)와 사수(泗水)를 지칭함. 공자가 이 근처에서 강학(講學) 활동을 하였다. 수사정학(洙泗正學) 洙陽里(수양리): 경남 고성군 洙淸里(수청리): 경남 사천시
高 3급Ⅱ 1675	歹 06 총10획	殊	다를 different	수	殊 shū	殊邦(수방): 다른 나라 殊死(수사): 목을 베어 죽임. 또는 그런 형벌 殊常(수상): 보통과는 달리 이상하여 의심스럽다 殊勳(수훈): 뛰어난 공훈 文殊(문수): 지혜를 맡은 보살 特殊(특수): 특별히 다름. 특수교육. 특수부대
2급(名) 1676	金 06 총14획	銖	저울눈 (한 냥(兩)의 1/24, 1.56g)	수	铢 zhū	銖兩(수량): ① 얼마 안 나가는 무게 ② 근소하거나 경미한 것을 비유 五銖錢(오수전): 전한의 무제 때 사용하던 동전 무게가 5수(銖) 7.8g 銖積寸累(수적촌루): 아주 적은 것이라도 쌓이고 쌓이면 큰 것이 됨
1급 1677	衤衣 05 총10획	袖	소매 sleeve leader; chief	수	袖 xiù	袖手傍觀(수수방관): 팔짱을 끼고 보고 있다. '내버려 둠', '보고만 있음' 領袖(영수): 여럿 중의 우두머리 領袖會談(영수회담): 정당, 단체 대표자의 회담 長袖善舞(장수선무): 소매가 길면 춤추기가 수월하다
高 3급 1678	扌手 09 총12획	搜	찾을 search	수	搜 sōu	搜査(수사) 搜索(수색) 搜索隊(수색대) 搜索令狀(수색영장) 搜檢(수검) 搜所聞(수소문): 세상에 떠도는 소문을 두루 찾아 살핌 搜査機關(수사기관): 범죄 수사의 권한을 가진 국가 기관《검사·사법 경찰관 따위》
1급 1679	女 09 총12획	嫂	형수 one's elder brother's wife	수	嫂 sǎo	季嫂(계수): ① 아우의 아내. 제수 ② 형제가 여럿일 때 막내아우의 아내 伯嫂(백수): 맏형수 弟嫂(제수): 아우의 아내 兄嫂(형수): 형의 아내 從嫂(종수): 사촌 형이나 아우의 아내 皇嫂(황수): 임금의 형수
1급 1680	广 09 총14획	瘦	여월 become thin; emaciation	수	瘦 shòu	瘦果(수과): 식물의 열매로 폐과의 하나 메밀·민들레·해바라기 따위의 열매 瘦軀(수구): 수척한 몸 여읜 몸 瘦馬(수마) 瘦死(수사) 瘦削(수삭) 瘦損(수손): 여위거나 마른 데가 있음 瘦瘠(수척): 몸이 마르고 파리하다.

中 4급II 1681	亻人08 총10획	修	닦을 develop; practice	수	修 xiū	修交(수교) 修能(수능) 修道(수도) 修鍊(練)(수련) 修理(수리) 修辭(수사) 修習(수습) 修飾(수식) 修養(수양) 修正(수정) 修整(수정) 修行(수행) 修人事(수인사) 修學旅行(수학여행)
中 3급 1682	頁 03 총12획	須	모름지기 should; essential	수	须 xū	須要(수요): 필요(必要) 須知(수지): 모름지기 알아야 함 必須(필수) 必須的(필수적) 須彌山(수미산): 불교의 우주관에서 세계의 중앙에 솟아 있다는 산 不須多言(불수다언): 여러 말을 할 필요가 없음
1급 1683	羊 05 총11획	羞	부끄러울 ashamed	수	羞 xiū	內羞(내수): 대궐 음식 羞恥(수치) 羞恥心(수치심) 羞惡之心(수오지심): 자기의 옳지 못함을 부끄러워하고 남의 착하지 못함을 미워하는 마음 羞花閉月(수화폐월): 달이 숨고 꽃이 부끄러워한다.
2급(名) 1684	阝阜09 총12획	隋	수나라 Dynastie Su	수	隋 suí	隋岡(수강): 사도세자의 무덤 隋城(수성): 수원(水原)의 옛 이름 隋(수): (581~618년 중국) 隋書(수서): 수나라의 역사를 기록한 정사 隋珠(수주): 수나라의 국보였던 구슬 隋和之材(수화지재): 뛰어난 인재
高 3급II 1685	阝阜13 총16획	隨	따를 follow	수	随/随 suí	隨感(수감) 隨伴(수반) 隨時(수시) 隨意(수의) 隨筆(수필): 산문(散文) 隨行員(수행원) 隨問隨答(수문수답): 묻는 대로 거침없이 대답함 隨衆逐隊(수중축대): 여러 사람의 틈에 끼어 덩달아 행동을 함
1급 1686	骨 13 총23획	髓	뼛골/ 골수 bone marrow	수	髓/髓 suǐ	骨髓(골수): ① 뼛골, 뼛속 ② 마음속 깊은 곳 ③ 요점, 골자 骨髓分子 精髓(정수): 뼈 속 골수, 사물의 중심을 이루는 가장 뛰어나고 중요한 것 脊髓(척수): 뇌에 연결되는 긴 관상의 신경 중추. 신경 세포와 섬유로 되어 있음
1급 1687	立 08 총13획	竪	세울 stand	수	竖 shù	竪爐(수로): 축(軸)이 위아래로 통해, 연료를 넣을 수 있는 가마 竪立(수립): 꼿꼿하게 세움 賈竪(고수): 장사치 童竪(동수): 童僕 橫說竪說(횡설수설): 두서가 없이 조리가 없는 말을 함부로 지껄임
中 3급II 1688	心 09 총13획	愁	근심 worry; anxiety	수	愁 chóu	愁眉(수미): 근심에 잠겨 찌푸린 눈썹. 또는 그런 얼굴이나 기색(氣色) 愁心(수심): 애를 태우거나 불안해하는 마음 萬端愁心(만단수심) 憂愁(우수) 鄕愁(향수) 桂玉之愁(계옥지수): 생활이 빈곤함
1급 1689	酉 06 총13획	酬	갚을/ 술 권할 repay	수	酬 chóu	酬價(수가): 보수로 주는 대가 酬酌(수작): 술잔을 주고받음 報酬(보수): ① 고마움을 갚음 ② 근로의 대가로 주는 금전이나 물품 無報酬(무보수) 左酬右應(좌수우응): 여기저기 바쁘게 응수함
高 3급 1690	辶辵09 총13획	遂	드디어/ 이를, 이룰 at last performance	수	遂 suì	遂道(수도): 기혈이 통하는 길 '경맥(頸脈)' 遂事(수사): 이미 다 된 일 遂行(수행): 계획한 대로 해냄. 수행평가(遂行評價) 공무수행(公務遂行) 旣遂(기수) 未遂(미수) 完遂(완수): 뜻한 바를 완전히 이루거나 다 해냄
中 3급II 1691	士 11 총14획	壽	목숨 lifespan	수	寿/寿 shòu	壽命(수명) 壽宴(수연): 환갑잔치 長壽(장수) 天壽(천수): 天命 祝壽(축수) 喜壽(희수): 77세 傘壽(산수): 80세 米壽(미수): 88세 卒壽(졸수): 90세 壽福康寧(수복강녕) 壽則多辱(수즉다욕)
高 3급II 1692	雨 06 총14획	需	쓰일/쓸/ 구할 demand	수	需 xū	需給(수급): 수요와 공급 需要(수요): 재화나 용역을 사려고 하는 욕구 內需(내수): 국내에서의 수요 非需期(비수기) 盛需期(성수기) 必需品(필수품) 需世之才(수세지재): 쓸모가 있어 등용할 만한 인재
1급 1693	⺾艸10 총14획	蒐	모을 collect	수	搜 sōu	蒐輯(수집): 여러 가지 자료를 찾아 모아서 편집함 蒐集(수집): 취미나 연구를 위해 여러 가지 물건이나 재료를 찾아 모음 蒐集狂(수집광) 蒐集癖(수집벽) 郵票蒐集(우표수집)
1급 1694	米 08 총14획	粹	순수할 pure	수	粹/粹 cuì	純粹(순수): ① 다른 것이 조금도 섞이지 않음 ② 욕심이나 못된 생각이 없음 粹靈(수령) 國粹(국수): 그 나라의 고유한 역사·문화·국민성의 장점 精粹(정수): 깨끗하고 순수하다 純粹科學(순수과학) 國粹主義(국수주의)
中 7급 1695	攵攴11 총15획	數	셈 count; mathematics 자주	수 삭	数/数 shù, shǔ shuò	數間(수간) 數年(수년) 數理(수리) 數字(숫자) 數値(수치) 數學(수학) 多數(다수) 算數(산수) 額數(액수) 點數(점수) 總數(총수) 相當數(상당수) 煩數(번삭) 數尿症(삭뇨증)

급수	부수/획수	한자	훈/음	음	간체/병음	용례
中 3급 1696	言 08 총15획	誰	누구 who; whoever	수	谁 shéi shuí	誰某(수모): 아무개　誰何(수하): 어떤 사람. 어느 누구 莫敢誰何(막감수하): 어느 누구도 감(敢)히 어찌하지 못함 誰怨誰咎(수원수구): 누구를 원망하며 누구를 탓하랴　특급Ⅱ 咎(허물 구)
1급 1697	言 16 총23획	讎	원수 enemy; foe	수	雠 chóu shòu	怨讎(원수): 원한이 맺힐 정도로 자기에게 해를 끼친 사람이나 집단 恩讎分明(은수분명): 은혜와 원수를 분명히 함. 은혜(恩惠)는 꼭 갚고, 원수(怨讐)는 꼭 앙갚음을 함　특급Ⅱ 讐(원수 수)
中 3급 1698	隹 09 총17획	雖	비록 even if	수	虽 suī	雖然(수연): 그렇지만, 그렇다지만, 비록 ~라 하더라도, 비록 ~라고는 하지만 雖乞食 厭拜謁(수걸식 염배알): 빌어먹어도 절하고 싶지는 않다. 雖有他親 豈若兄弟(수유타친 기약형제): 비록 다른 친척이 있으나, 어찌 형제와 같겠는가?
中 6급 1699	木 12 총16획	樹	나무 tree	수	树 shù	樹林(수림)　樹齡(수령)　樹立(수립): 이룩하여 세움　樹木(수목) 樹液(수액)　樹種(수종)　樹脂(수지): 나무의 진　常綠樹(상록수) 樹欲靜而風不止(수욕정이풍부지): 나무는 고요하고자 하나 바람이 그치지 않는다.
高 3급Ⅱ 1700	車 09 총16획	輸	보낼/ 나를 transport	수	输 shū	輸送(수송)　輸入(수입)　輸出(수출)　輸血(수혈)　空輸(공수) 輸精管(수정관)　心腹輸寫(심복수사): 마음속의 생각을 모두 털어놓음 運輸業(운수업)　十輸其一(십수기일): 열 가운데에서 하나를 줌
1급 1701	禾 12 총17획	穗	이삭 ear of grain	수	穗 suì	穗狀(수상): 이삭과 같은 모양. 이삭꼴　穗狀花(수상화) 穗波(수파): 많은 이삭이 바람에 물결치듯 흔들리는 모양 落穗(낙수): 추수 후 땅에 떨어진 이삭　拔穗(발수)　發穗(발수)
高 3급Ⅱ 1702	犬 15 총19획	獸	짐승 creeping animal	수	獣/兽 shòu	獸疫(수역)　禽獸(금수): 날짐승과 길짐승　猛獸(맹수)　惡獸(악수) 野獸(야수)　鳥獸(조수)　獸醫大(수의대)　獸醫師(수의사) 野獸派(야수파)　困獸猶鬪(곤수유투)　人面獸心(인면수심)
1급 1703	糸 13 총19획	繡	수놓을 embroidery; needlework	수	繍/绣 xiù	繡房(수방)　繡花(수화)　繡畫(수화)　錦繡(금수): 수를 놓은 비단 刺繡(자수): 수를 놓음　十字繡(십자수)　繡衣夜行(수의야행): 비단옷을 입고 밤길을 걷는다. 영광스러움을 알리지 않음 야행피수(夜行被繡)
高 4급 1704	聿 07 총13획	肅	엄숙할 solemnity	숙	粛/肃 sù	肅拜(숙배): ① 왕이나 왕족에게 하던 절 ② 편지 끝에 쓰는 말　肅然(숙연) 肅靜(숙정): 정숙(靜肅)　肅整(숙정): 행동이 단정하고 예의가 바르다. 肅正(숙정): 부정을 엄격히 다스려 바로잡음　肅淸(숙청)　嚴肅(엄숙)
1급 1705	夕 03 총06획	夙	이를/ 일찍 early	숙	夙 sù	夙起(숙기): 일찍 일어남　夙成(숙성): 지각이나 발육이 빠르다. 夙夜(숙야): 이른 아침과 깊은 밤　夙悟(숙오): 어릴 때부터 영리함 夙興夜寐(숙흥야매): 아침 일찍 일어나고 밤에 늦게 자며 부지런히 일함
中 4급 1706	又 06 총08획	叔	아재비 uncle	숙	叔 shū	叔伯(숙백): 아우와 형　叔父(숙부): 아버지의 아우　叔母(숙모) 叔姪(숙질): 아저씨와 조카　叔行(숙항)　堂叔(당숙): 5촌 종숙(從叔) 伯仲叔季(백중숙계): 백은 맏이, 중은 둘째, 숙은 셋째, 계는 막내
中 3급Ⅱ 1707	氵水08 총11획	淑	맑을 pure	숙	淑 shū	淑女(숙녀): ① 교양·예의·품격을 갖춘 점잖은 여자 ② 성숙한 여자 私淑(사숙): 그 사람의 인격이나 학문을 본으로 삼고 배움 淑婉(숙완): 아름답고 상냥하다.　淑姿(숙자): 숙녀의 덕스러운 자태
1급 1708	++艹08 총12획	菽	콩 beans	숙	菽 shū	菽麥(숙맥): 콩과 보리　菽麥不辨(숙맥불변): 어리석고 못난 사람 菽水之歡(숙수지환): 가난한 중에도 부모를 잘 섬겨 그 마음을 기쁘게 함 半菽孔碩 他人所穫(반숙공석 타인소확): 콩 반 알도 남의 몫에 지어 있다.
中 5급Ⅱ 1709	宀 08 총11획	宿	잘 sleep 별자리	숙 수:	宿 sù xiŭ	宿命(숙명)　宿泊(숙박)　宿所(숙소)　宿食(숙식)　宿約(숙약) 宿怨(숙원)　宿願(숙원)　宿主(숙주)　宿題(숙제)　宿直(숙직) 宿患(숙환)　宿虎衝鼻(숙호충비)/ 星宿(성수)　辰宿(진수)
高 3급 1710	子 08 총11획	孰	누구 who	숙	孰 shú	孰是(숙시)　孰若(숙약): 어느 편이　孰能御之(숙능어지): 누가 감히 막을 수 있겠느냐　孰是孰非(숙시숙비): 시비(是非)가 분명하지 않음 孰知盲子而不終孝(숙지맹자이불종효): 눈 먼 자식이 효자 노릇한다.

급수	부수/획수	한자	훈/음	음	간체/병음	용례
1급 1711	土 11 총14획	塾	글방 schoolroom; private school	숙	塾 shú	塾堂(숙당) 塾師(숙사) 塾舍(숙사) 塾生(숙생) 塾長(숙장) 家塾(가숙): 개인이 설립한 글방. 사숙(私塾) 家塾本(가숙본) 門塾(문숙) 私塾(사숙) 書塾(서숙) 義塾(의숙) 村塾(촌숙)
高 3급II 1712	灬火11 총15획	熟	익을 ripe	숙	熟 shú shóu	熟考(숙고) 熟達(숙달) 熟練(숙련) 熟路(숙로) 熟眠(숙면) 熟成(숙성) 熟手(숙수) 熟語(숙어) 熟議(숙의) 熟知(숙지) 熟淸(숙청) 未熟(미숙) 成熟(성숙) 完熟(완숙) 圓熟(원숙)
高 3급II 1713	日 02 총06획	旬	열흘 ten days	순	旬 xún	旬刊(순간) 旬報(순보) 六旬(육순) 七旬(칠순) 八旬(팔순) 上旬(상순) 中旬(중순) 下旬(하순) 三旬九食(삼순구식) 漢城旬報(한성순보): 1883년에 창간되었던 열흘 간격으로 발행한 신문
2급(名) 1714	氵水06 총09획	洵	참으로 truth; reality	순	洵 xún	蘇洵(소순): 당송팔대가(唐宋八大家)의 한 사람. 문장이 힘차고 웅장하여 모방하는 이들이 많았으며, 아들인 소식(蘇軾)·소철(蘇轍)과 함께 삼소(三蘇)라 일컬어짐
高 3급 1715	歹 06 총10획	殉	따라죽을 die for	순	殉 xùn	殉敎(순교) 殉國(순국) 殉愛(순애) 殉葬(순장) 殉職(순직) 殉愛譜(순애보): 사랑을 위해 모든 것을 바치는 유형의 이야기 殉國烈士(순국열사) 殉國義擧(순국의거) 蘭亭殉葬(난정순장)
2급(名) 1716	王玉06 총10획	珣	옥 이름 jade; gem; jewel	순	珣 xún	名珣(명순) 珣玗琪(순우기): [xúnyúqí]: 고서에 나오는 아름다운 옥.
2급(名) 1717	++艸06 총10획	荀	풀이름 sprout	순	荀 xún	荀(순): 나뭇가지나 풀줄기로 된 길게 돋은 싹. 오늘날 소그룹 목회를 하는 교회들에서 구역이나 속회 조직을 대신하는 용어로 사용하고 있다. 荀子(순자): 전국시대 사상가이며 조(趙)나라 사람 성악설(性惡說)을 주장
1급 1718	竹 06 총12획	筍	죽순 bamboo shoot a sprout	순	笋 sǔn	竹筍(죽순): 대의 땅속줄기에서 돋아나는 어리고 연한 싹《식용함》대순 石筍(석순): 종유굴 안의 천장에 매달려 있는 종유석에서 떨어진 물이 죽순(竹筍) 모양으로 이루어진 돌 기물. 돌순
高 3급II 1719	巛 04 총07획	巡	돌[廻]/ 순행할 patrol	순	巡 xún	巡警(순경) 巡禮(순례) 巡訪(순방) 巡査(순사) 巡視(순시) 巡察(순찰) 巡行(순행) 巡幸(순행) 巡廻(순회) 巡狩碑(순수비) 巡撫使(순무사): 조선 때, 전시의 군무(軍務)를 맡아보던 임시 벼슬
中 4급II 1720	糸 04 총10획	純	순수할 pure; naive	순	纯 chún	純潔(순결) 純系(순계) 純金(순금) 純度(순도) 純綿(순면) 純毛(순모) 純粹(순수): 다른 것이 조금도 섞이지 않음 純熟(순숙): 완전히 익음 純情(순정) 純種(순종) 純眞(순진) 純利益(순이익)
2급 1721	目 04 총09획	盾	방패 shield	순	盾 dùn	戟盾(극순): 창과 방패 盾戈(순과): 방패와 창 盾鼻(순비): 방패의 손잡이 矛盾(모순): 창과 방패 矛盾性(모순성) 矛盾的(모순적) 矛盾撞着(모순당착) 自己矛盾(자기모순) 前後矛盾(전후모순)
高 3급 1722	彳 09 총12획	循	돌[環] revolve; follow	순	循 xún	循環(순환) 循環期(순환기) 循環器(순환기) 善循環(선순환): 순환이 잘됨. 또는 좋은 현상이 끊임없이 되풀이됨 惡循環(악순환) 循環之理(순환지리) 入鄕循俗(입향순속) 血液循環(혈액순환)
高 3급 1723	月肉07 총11획	脣	입술 lip	순	唇 chún	脣頭(순두) 繭脣(견순) 口脣(구순) 丹脣(단순) 朱脣(주순) 丹脣皓齒(단순호치) 脣亡齒寒(순망치한): 입술을 잃으면 이가 시리다 脣齒輔車(순치보거): 서로 없어서는 안 될 밀접한 관계를 이르는 말
2급(名) 1724	氵水08 총11획	淳	순박할 simplicity	순	淳 chún	淳良(순량) 淳朴(樸)(순박): 거짓이나 꾸밈이 없이 순수하며 인정이 두텁다 淳俗(순속) 淳風(순풍): 순박한 풍속 淳(醇)厚(순후): 순박하고 인정이 두텁다 淳風美俗(순풍미속): 인정이 두텁고 아름다운 풍속이나 습관
1급 1725	酉 08 총15획	醇	전국술/ 순후할 warmhearted	순	醇 chún	醇酒(순주):☞ 無灰酒(무회주)(다른 것을 섞지 않은, 전국으로 된 술) 醇化(순화): ① 정성 어린 가르침으로 감화함 ② 잡스러운 것을 걸러서 순수하게 함. 언어순화(言語醇化) 淳(醇)厚(순후): 순박하고 인정이 두텁다.

급수	부수	한자	훈	음	中	용례
中 5급II 1726	頁 03 총12획	順	순할 propitious	순	順 shùn	順理(순리) 順喪(순상) 順序(순서) 順位(순위) 順應(순응) 順從(순종) 順服(순복) 順延(순연) 順調(순조) 順坦(순탄) 順行(순행) 名正言順(명정언순): 명분이 정당하고 말이 사리에 맞음
1급 1727	馬 03 총13획	馴	길들일 tame	순	驯 xún	馴良(순량) 馴鹿(순록) 馴服(순복) 馴象(순상) 馴性(순성) 馴熟(순숙) 馴雅(순아) 馴養(순양) 馴育(순육) 馴致(순치) 馴雉(순치) 馴行(순행) 馴化(순화) 馴獅旗(순사기): 사자가 그려진 기
2급(名) 1728	舛 06 총12획	舜	순임금 Emperor Shun	순	舜 shùn	舜(蕣)花(순화)☞ 무궁화 李舜臣(이순신): (1545~1598) 선조 때의 장군. 시호는 충무(忠武)《난중일기》거북선을 창안 노량해전 중에 전사함 堯舜時代(요순시대): 요임금과 순임금이 덕으로 천하를 다스리던 태평한 시대
高 3급II 1729	目 12 총17획	瞬	눈깜짝일 blink	순	瞬 shùn	瞬間(순간): ① 잠깐 동안. 아주 짧은 동안 ② 어떤 일이 일어난 바로 그때 瞬時(순시) 轉瞬(전순): 눈을 깜빡함 또는 눈을 깜빡할 정도의 짧은 시간 瞬息間(순식간): 눈을 한 번 깜짝하거나 숨을 한 번 쉴 만한 아주 짧은 동안
中 3급 1730	戈 02 총06획	戌	개/dog 열한째 지지	술	戌 xū qù	戌方(술방): 정서(正西)에서 북(北)으로 30도의 방위를 중심한 15도 각도 戌時(술시): 오후 7시~9시 사이 甲戌(갑술): 11째 戊戌(무술): 35째 壬戌(임술): 59째 庚戌國恥(경술국치) 1급 戍(지킬, 수자리 수)
高 3급II 1731	辶辵 05 총09획	述	펼/지을 state; description	술	述 shù	述部(술부): 설명부 記述(기술) 旣述(기술) 論述(논술) 敍述(서술) 著述(저술) 陳述(진술) 撰述(찬술) 纂述(찬술) 敍述語(서술어) 述而不作(술이부작) 述者之能(술자지능)
高 6급II 1732	行 05 총11획	術	재주 art; skill; trick; technique	술	术 shù zhú	術計(술계) 術數(술수) 術策(술책) 術後(술후) 技術(기술) 美術(미술) 算術(산술) 手術(수술) 施術(시술) 醫術(의술) 藝術(예술) 戰術(전술) 呪術(주술) 鍼術(침술) 學術(학술)
中 4급 1733	山 08 총11획	崇	높을 sublimity	숭	崇 chóng	崇儉(숭검) 崇敬(숭경) 崇古(숭고) 崇高(숭고) 崇美(숭미) 崇拜(숭배) 崇尙(숭상) 崇實(숭실) 崇仰(숭앙) 崇嚴(숭엄) 崇義(숭의) 崇禮門(숭례문) 崇德廣業(숭덕광업): 높은 덕과 큰 사업
2급(名) 1734	王玉 09 총13획	瑟	큰 거문고 kŏmungo; Korean harp with six strings	슬	瑟 sè	琴瑟(금슬): ① 거문고와 비파(琵琶) ② 부부(夫婦) 사이의 정 淸瑟(청슬): 맑은 거문고 소리 琵瑟山(비슬산): 대구시 달성군 유가읍 琴瑟之樂(금슬지락): 금실지락 부부간의 화목한 즐거움 琴瑟相和
1급 1735	月肉 11 총15획	膝	무릎 knee	슬	膝 xī	膝骨(슬골) 膝皿(슬명) 膝蓋骨(슬개골) 膝寒症(슬한증) 膝下(슬하): 부모의 보살핌 아래 膝甲盜賊(슬갑도적): 문필도적 加膝墜淵(가슬추연): 사랑과 미움을 기분에 따라 나타냄
中 3급II 1736	扌手 06 총09획	拾	주울 pick up 열 ten	습 십	拾 shí shè	拾得(습득): 주인 잃은 물건을 주워서 얻음 拾得物(습득물) 收拾(수습): 거두어 바로잡음 收拾策(수습책) 參拾(삼십): 三十갖은자 道不拾遺(도불습유): 나라가 태평하여 길에 떨어진 물건도 주워 가지지 아니함
中 6급 1737	羽 05 총11획	習	익힐 learn; study	습	习 xí	習慣(습관) 習得(습득) 習字(습자) 習作(습작) 講習(강습) 見習(견습) 慣習(관습) 敎習(교습) 自習(자습) 練習(연습) 學習(학습) 三歲之習(삼세지습) 習慣成自然(습관성자연)
高 3급II 1738	氵水 14 총17획	濕	젖을 wet	습	湿/湿 shī	濕氣(습기) 濕度(습도) 濕痰(습담) 濕式(습식) 濕潤(습윤) 濕地(습지) 濕疹(습진) 濕布(습포) 乾濕(건습) 冷濕(냉습) 暑濕(서습) 陰濕(음습) 濕電池(습전지) 高溫多濕(고온다습)
高 3급II 1739	衣 16 총22획	襲	엄습할 attack; assault	습	袭 xí	襲擊(습격) 掩襲(엄습): 불시에 습격함 攻襲(공습) 空襲(공습) 來襲(내습) 逆襲(역습) 被襲(피습) 奇襲攻擊(기습공격) 踏襲(답습) 模襲(모습) 世襲(세습) 殮襲(염습) 因襲(인습)
2급 1740	十 02 총04획	升	되 measure 오를 rise	승	升 shēng	升斗之利(승두지리): 되나 말만 한, 대수롭지 않은 이익을 이르는 말 升鑑(승감) 升啓(승계): 편지 '앞' 升庠(승상): 성균관에 입학함 升堂入室(승당입실): 학문이 점점 깊어짐 升天懸椎(승천현추)

급수	부수	漢字	훈	음	简体	용례
高 3급II 1741	日 04 총08획	昇	오를 promotion	승	升 shēng	昇格(승격) 昇進(승진) 昇平(승평): 나라가 태평함 昇遐(승하) 昇天(승천): 하늘에 오름 上昇(상승) 昇降機(승강기): 엘리베이터 昇華(승화): 더 높은 수준으로 발전하는 일. 고체가 곧바로 기체로 변하는 것
1급 1742	一 05 총06획	丞	정승 minister	승	丞 chéng	丞相(승상) 政丞(정승): 의정(議政)의 대신. 영의정·좌의정·우의정을 일컫던 말 三政丞(삼정승) 三政丞勿交愼吾身(삼정승물교신오신): 삼정승 사귀지 말고 내 한 몸조심하라. 아첨하지 말고 자신의 처지에서 일을 잘 하라
中 4급II 1743	手 04 총08획	承	이을 consent; succession	승	承 chéng	承繼(승계) 承諾(승낙) 承命(승명) 承恩(승은) 承認(승인) 起承轉結(기승전결): 글의 첫머리를 기(起), 그 뜻을 이어받아 쓰는 것을 승(承), 뜻을 한번 바꾸는 것을 전(轉), 전체를 맺는 것을 결(結)이라 함
中 3급II 1744	丿 09 총10획	乘	탈 ride	승	乘 chéng shèng	乘客(승객) 乘馬(승마) 乘輿(승여) 乘除(승제): 곱하기와 나누기 乘車(승차) 搭乘(탑승) 便乘(편승): 차편을 얻어 탐 換乘(환승) 乘降場(승강장) 乘務員(승무원) 乘用車(승용차) 大乘的(대승적)
中 6급 1745	力 10 총12획	勝	이길 win; victory	승	胜 shèng	勝機(승기): 이길 수 있는 기회 勝率(승률) 勝利(승리) 勝負(승부) 勝算(승산) 勝訴(승소) 勝敗(승패) 名勝(명승): 이름난 경치 決勝戰(결승전) 百戰百勝(백전백승): 싸울 때마다 번번이 이김
高 3급II 1746	亻人 12 총14획	僧	중 Buddhist monk	승	僧 sēng	僧伽(승가) 僧家(승가) 僧侶(승려) 僧舞(승무) 僧院(승원) 帶妻僧(대처승): 아내를 두고 살림을 하는 승려 ↔ 比丘僧(비구승) 理判僧(이판승): 속세를 떠나 수도만 전심하는 승려 ↔ 事判僧(사판승)
2급(名) 1747	糸 13 총19획	繩	노끈 string	승	绳 shéng	結繩(결승): 끈으로 매듭을 지음 繩索(승삭): 노와 새끼 捕繩(포승) 引繩批根(인승비근): 새끼줄을 걸어서 잡아당겨 뿌리째 뽑아 버린다. 自繩自縛(자승자박): 자신이 한 말과 행동에 자신이 구속되어 괴로움을 당함
高 3급 1748	矢 00 총05획	矢	화살 arrow	시	矢 shǐ	弓矢(궁시): 활과 화살 流矢(유시): ① 빗나간 화살. ② 비시(飛矢) 嚆矢(효시): 우는 화살. 맨 처음 約矢投檄(약시투격): 격문을 화살에 묶어서 쏘아 보냄 中石沒矢(중석몰시): 쏜 화살이 돌에 박힌다.
中 7급II 1749	巾 02 총05획	市	저자 market 도시 city	시	市 shì	市價(시가) 市場(시장) 市井(시정) 門前成市(문전성시) 市道之交(시도지교): 장사꾼과 같은 교제/ 市內(시내) 市道(시도) 市民(시민) 市長(시장) 市政(시정) 市廳(시청) 市街地(시가지)
1급 1750	木 05 총09획	柿	감 persimmon 枾(本字)	시	柿 shì	柿雪(시설): 시상(柿霜): 곶감 거죽에 돋은 흰 가루 串柿(관시): 곶감 盤柿(반시): 납작감 熟柿(숙시): 익은 감 軟柿(연시) 紅柿(홍시) 柿樹下開口臥(시수하개구와): 감나무 밑에 누워서 홍시 떨어지기를 바란다.
中 5급 1751	示 00 총05획	示	보일 show; suggestion	시	示 shì	示達(시달) 示範(시범) 示唆(시사) 開示(개시) 揭示(게시) 啓示(계시) 明示(명시) 暗示(암시) 例示(예시) 豫示(예시) 展示(전시) 提示(제시) 指示(지시) 訓示(훈시) 示威隊(시위대)
中 4급II 1752	見 05 총12획	視	볼 look; seeing	시	视 shì	視角(시각) 視覺(시각) 視界(시계) 視力(시력) 視線(시선) 視野(시야) 視點(시점) 視差(시차) 視察(시찰) 視聽(시청) 度外視(도외시) 白眼視(백안시): 업신여기거나 냉대하여 흘겨봄
中 6급II 1753	女 05 총08획	始	비로소 start; beginning	시	始 shǐ	始動(시동) 始末(시말) 始發(시발) 始作(시작) 始祖(시조) 始終(시종) 始初(시초) 開始(개시) 無始(무시) 原始(원시) 始務式(시무식) 始終如一(시종여일) 始終一貫(시종일관)
高 3급II 1754	亻人 06 총08획	侍	모실 serve	시	侍 shì	侍女(시녀) 侍婢(시비) 侍從(시종) 內侍(내시): 내관(內官) 侍史(시사): 윗사람을 옆에서 모시면서 문서 작성 및 그 처리를 하는 사람 侍講院(시강원) 侍衛隊(시위대) 老親侍下(노친시하)
中 7급II 1755	日 06 총10획	時	때 time	시	时 shí	時刻(시각) 時間(시간) 時計(시계) 時急(시급) 時給(시급) 時期(시기) 時機(시기) 時代(시대) 時節(시절) 時點(시점) 時調(시조): 우리 고유의 定型詩 時限(시한) 臨時(임시) 隨時(수시)

급수	부수/획수	漢字	訓音	音	簡體	用例
中 4급II 1756	言 06 총13획	詩	시 poetry; verse	시	诗 shī	詩家(시가) 詩歌(시가) 詩客(시객) 詩經(시경) 詩句(시구) 詩文(시문) 詩書(시서) 詩人(시인) 詩集(시집) 古詩(고시) 童詩(동시) 漢詩(한시) 詩禮之訓(시례지훈): 아들에게 주는 교훈
中 4급II 1757	方 05 총09획	施	베풀 give; perform	시:	施 shī	施工(시공) 施肥(시비) 施賞(시상) 施設(시설) 施術(시술) 施藥(시약) 施主(시주) 施策(시책) 施行(시행) 施惠(시혜) 西施(서시): 월(越)나라의 미인. 서시봉심(西施捧心) 서시빈목(西施矉目)
2급 1758	尸 06 총09획	屍	주검 corpse (dead) body	시:	尸 shī	屍軀(시구): 송장 屍身(시신): 송장 屍體(시체): 죽은 사람의 몸 屍斑(시반): 죽은 사람에 생기는 반점 屍口門(시구문): 시체를 내가는 문 剖棺斬屍(부관참시): 죽은 사람에게 내리던 극형. 관을 쪼개어 시체의 목을 벰
中 4급II 1759	日 05 총09획	是	이[斯] 옳을 this right	시:	是 shì	是非(시비): 옳으니 그르니 하는 말다툼 是認(시인) 是正(시정) 國是(국시): 국가 이념이나 국가 정책의 기본 방침 必是(필시): 반드시, 필연 或是(혹시): 만일에 是是非非(시시비비) 是也非也(시야비야)
1급 1760	匕 09 총11획	匙	숟가락 spoon	시:	匙 chí shi	匙箸(시저): 수저 茶匙(다시): 찻숟가락 銀匙箸(은시저): 은수저 揷匙(삽시): 제사 지낼 때 숟가락을 메에 꽂음. 또는 그런 의식 十匙一飯(십시일반): 여럿이 조금씩 힘을 합하면 한 사람을 돕기 쉬움
2급(名) 1761	木 06 총10획	柴	섶[薪] firewood; brushwood	시:	柴 chái	柴扉(시비): 사립문 柴薪(시신): 땔나무 柴窯(시오): 주(周)나라 때 그릇을 굽던 가마 柴炭(시탄): 땔나무와 숯 또는 석탄 따위. 땔거리 柴祭祀(시제사): 섶을 불살라 하늘에 지내는 제사
1급 1762	豸 03 총10획	豺	승냥이 wolf	시:	豺 chái	豺狗(시구): 승냥이 豺牙(시아): 승냥이의 어금니 豺虎(시호): 승냥이와 호랑이 豺狐(시호): 승냥이와 여우 豺狼當路(시랑당로): 승냥이와 이리처럼 탐욕스럽고 잔혹한 사람이 중요한 자리에 앉아 권세를 휘두르고 있음
1급 1763	犭犬08 총11획	猜	시기할 jealous	시	猜 cāi	猜忌(시기): 남이 잘되는 것을 샘하여 미워함 猜殘(시잔) 猜妬(시투): 시기하고 질투함 猜惡之心(시오지심): 시기하고 미워하는 마음 兩小無猜(양소무시): 두 아이가 시기하지 않는다, 아이들의 천진한 모습
1급 1764	女 09 총12획	媤	시집 husband's home	시	媤 sī	媤家(시가): 시집 媤宅(시댁): '시가(媤家)'의 높임말 媤母(시모): 시어머니 媤父母(시부모): 시아버지와 시어머니 媤祖父(시조부) 媤外祖父(시외조부): 남편의 외할아버지
1급 1765	弋 09 총12획	弑	윗사람죽일 regicide; assassination	시:	弑 shì	弑殺(시살): 부모나 임금을 죽임 弑害(시해): 부모나 임금을 죽이는 일 篡弑(찬시): 임금을 죽이고 그 자리를 빼앗음 특급 篡(빼앗을 찬) 篡弑之變(찬시지변): 임금을 죽이고 임금 자리를 빼앗는 괴변
中 4급II 1766	言 06 총13획	試	시험 test; examination	시(:)	试 shì	試圖(시도) 試鍊(시련) 試料(시료) 試案(시안) 試食(시식) 試藥(시약) 試演(시연) 試飮(시음) 試行(시행) 試驗(시험) 入試(입시) 應試(응시) 試金石(시금석) 試寫會(시사회)
1급 1767	言 09 총16획	諡	시호 posthumous title	시:	谥 shì	諡法(시법) 諡號(시호): 제왕이나 재상, 유현(儒賢) 들이 죽은 뒤에, 그들의 공덕을 칭송하여 임금이 추증하던 이름 賜諡(사시): 임금이 죽은 대신이나 장수에게 내리던 시호 私諡(사시) 上諡(상시) 淸諡(청시)
中 6급 1768	弋 03 총06획	式	법 rule; style; formality	식	式 shì	式順(식순) 式場(식장) 式典(식전) 式前(식전) 格式(격식) 公式(공식) 方式(방식) 樣式(양식) 洋式(양식) 儀式(의식) 形式(형식) 結婚式(결혼식) 葬禮式(장례식) 卒業式(졸업식)
1급 1769	扌手06 총09획	拭	씻을 wipe	식	拭 shì	拭巾(식건): '행주'의 북한어 拭淨(식정): 말끔하게 씻어 깨끗이 함 拂拭(불식): 말끔히 떨어 없앰 掃拭(소식): 쓸고 닦음 膏脣拭舌 (고순식설): 입술에 기름을 바르고 혀를 훔친다. 남을 비방할 만반의 준비를 갖춤
2급(名) 1770	車 06 총13획	軾	수레 가로나무 cross piece	식	轼 shì	蘇軾(소식): 송(宋)나라 호는 동파(東坡) 金富軾(김부식): 고려《삼국사기》 有車必見其軾(유거필견기식): 수레가 있으면 반드시 거기에 무엇이 실렸는가를 보게 된다. 무슨 일이든지 하면 반드시 이루어지는 것이 있음

中 7급II 1771	食 00 총09획	食	밥/ 먹을 meal; food/ eat	식	食 shí, yì	食堂(식당) 食量(식량) 食糧(식량) 食事(식사) 食飮(식음) 食卓(식탁) 食貪(식탐) 食品(식품) 給食(급식) 糧食(양식) 食爲民天(식위민천) 東家食西家宿(동가식서가숙)
高 3급II 1772	食 05 총14획	飾	꾸밀 decorate; ornament	식	饰 shì	假飾(가식) 粧飾(장식): 겉을 매만져 꾸밈 裝飾(장식): 아름답게 꾸밈 虛飾(허식) 粉飾(분식): ① 내용이 없이 거죽만을 좋게 꾸밈 ② 실제보다 좋게 보이려고 사실을 숨기고 거짓으로 꾸밈 粉飾會計(분식회계)
1급 1773	虫 09 총15획	蝕	좀먹을 moth-eaten; spoil; affect	식	蚀 shí	蝕溪(식계): 몹시 급한 물길 腐蝕(부식): 썩어서 벌레 먹은 것처럼 삭음 侵蝕(침식): 세력이나 범위 따위가 점점 줄어듦 浸蝕(침식): 지표가 자연현상으로 깎이는 일 日蝕(일식) 月蝕(월식) 金環蝕(금환식)
高 4급II 1774	心 06 총10획	息	쉴 breathe	식	息 xī	息耗(식모): 이익과 손실 息鄙(식비): 남에게 자기 딸을 이르는 말 棲息(서식) 消息(소식) 令息(영식) 子息(자식) 休息(휴식) 姑息之計(고식지계): 당장 편한 것만 택하는 꾀나 방법. 고식책(姑息策)
1급 1775	火 10 총14획	熄	불 꺼질 extinguish	식	熄 xī	熄滅(식멸): ① 불이 꺼져 없어짐 ② 자취도 없이 없애 버림 熄燼(식신): 불에 타고 남은 재 未熄(미식): 사건이나 변고가 그치지 않음 終熄(종식): 한때 매우 성하던 일이 끝나거나 없어짐·내전을 ~시키다.
2급(名) 1776	氵水09 총12획	湜	물 맑을 clear	식	湜 shí	湜湜(식식): 바닥이 보일 만큼 물이 맑은 모양 淸湜(청식) 李湜(이식):(1458~1488)-(世宗의 孫子 서울에 關한 작품을 남긴 詩人)
中 7급 1777	木 08 총12획	植	심을 plant	식	植 zhí	植木(식목) 植物(식물) 植樹(식수) 植民(식민) 植民地(식민지) 植民主義歷史觀(식민주의역사관) 孤根弱植(고근약식) 植松望亭(식송망정): 솔을 심어 정자를 삼는다, 바라는 일이 까마득함
2급 1778	歹 08 총12획	殖	불릴 breed; multiply	식	殖 zhí, shi	殖利(식리) 殖産(식산): ① 생산물을 늘림 ② 재산을 불리어 늘림. 식재(殖財) 繁殖(번식) 産殖(산식) 生殖(생식) 養殖(양식) 增殖(증식) 生殖器(생식기) 繁殖期(번식기) 繁殖器官(번식기관)
中 5급II 1779	言 12 총19획	識	알 know 적을 sign	식 지	识 shí, zhì	識見(식견) 識別(식별) 常識(상식) 意識(의식) 認識(인식) 知識(지식) 學識(학식) 標識板(표지판) 識字憂患(식자우환) 目不識丁(목불식정) 博學多識(박학다식) 一字無識(일자무식)
中 4급II 1780	田 00 총05획	申	납[猿]/ 아홉째지지 알릴 report	신	申 shēn	申方(신방): 西南과 西方 사이 申時(신시) 申告(신고) 申請(신청) 內申(내신) 答申(답신) 上申(상신) 申聞鼓(신문고): 백성이 하소연할 때 치게 하던 북 甲申政變(갑신정변): 1884년 개화당 정변
高 3급 1781	亻人05 총07획	伸	펼 stretch; expand	신	伸 shēn	伸長(신장): 길이 따위를 길게 늘임 伸張(신장): 물체나 세력 따위를 늘려 넓게 펴거나 뻗침 伸縮(신축): 늘고 줆 追伸(추신) 伸冤雪恥(신원설치): 가슴에 맺힌 원통함을 풀고 부끄러운 일을 씻어 버림 雪憤伸冤
1급 1782	口 05 총08획	呻	읊조릴 groan; moan	신	呻 shēn	呻吟(신음): 병이나 고통으로 앓는 소리를 냄 呻吟聲(신음성) 呻呼(신호) 呻喚(신환) 無病呻吟(무병신음): 병도 아닌 데 괴로워 앓는 소리를 낸다, 곧 별것도 아닌 데 떠벌려 소란을 떨거나 엄살을 피움
中 6급II 1783	示 05 총10획	神	귀신 God; spirit	신	神 shén	神格(신격) 神經(신경) 神曲(신곡) 神氣(신기) 神道(신도) 神靈(신령) 神妙(신묘) 神祕(신비) 神像(신상) 神仙(신선) 神聖(신성) 神位(신위) 神殿(신전) 神通(신통) 神學(신학) 神話(신화) 神出鬼沒(신출귀몰)
2급 1784	糸 05 총11획	紳	띠[帶] gentleman	신	绅 shēn	紳士(신사): ① 태도나 행동이 점잖고 예의가 바르며 교양이 있는 남자 ② '성인 남자'를 높여 이르는 말. 紳士道(신사도) 紳士服(신사복) 紳商(신상): 상류층에 속하는 점잖은 상인 廷紳(정신): 조정의 고관
中 5급II 1785	臣 00 총06획	臣	신하 subject	신	臣 chén	臣道(신도) 臣僚(신료): 많은 관리 臣服(신복): 신하가 되어 복종함 臣僕(신복): 신하와 종 臣妾(신첩): 여자가 임금에게 대해 스스로를 일컫던 말 臣忠(신충) 臣下(신하) 功臣(공신) 小臣(소신) 忠臣(충신)

급수	부수	한자	훈	음	중국어	용례
2급 1786	月肉08 총12획	腎	콩팥 kidney	신ː	腎 shèn	腎經(신경): 신장의 경락 腎莖(신경): 음경 腎氣(신기) 腎囊(신낭) 腎臟(신장): 콩팥 副腎(부신): 좌우 양쪽 콩팥의 위에 있는 내분비 기관 腎氣丸(신기환) 腎動脈(신동맥) 腎不全(신부전) 腎臟炎(신장염)
中 6급II 1787	身 00 총07획	身	몸 body	신	身 shēn	身檢(신검) 身命(신명) 身邊(신변) 身病(신병) 身柄(신병) 身分(신분) 身世(신세) 身元(신원) 身長(신장) 身體(신체) 分身(분신) 修身(수신) 心身(심신) 肉身(육신) 立身(입신) 自身(자신) 身言書判(신언서판)
中 3급 1788	辛 00 총07획	辛	매울 hot; bitter	신	辛 xīn	辛苦(신고): ① 매운 것과 쓴 것 ② 어려운 일을 당하여 몹시 애씀 辛辣(신랄): 매우 쓰고 맵다. 辛酸(신산): 세상살이가 힘들고 고생스럽다. 艱難辛苦(간난신고) 千辛萬苦(천신만고): 온갖 어려움에 고생함
1급 1789	辶辵03 총07획	迅	빠를 quick; swift	신	迅 xùn	迅速(신속): 날쌔고 빠르다. 迅速性(신속성): 매우 빠른 성질 疾風迅雷(질풍신뢰): 사납게 부는 바람과 빠른 번개 獅子奮迅(사자분신): 사자가 성낸 듯 그 기세가 거세고 날램
1급 1790	言 03 총10획	訊	물을 inquire	신ː	讯 xùn	訊檢(신검): 물어보고 조사함 訊問(신문): ① 알고 있는 사실을 캐어물음 ② 검찰이나 경찰이 증인이나 피고인 등에 대해 말로 물어 사건을 조사함 訊服(신복) 訊死(신사) 訊杖(신장) 訊問調書(신문조서)
中 6급II 1791	亻人07 총09획	信	믿을 trust; believe	신ː	信 xìn	信念(신념) 信望(신망) 信賴(신뢰) 信心(신심) 信仰(신앙) 信用(신용) 信義(신의) 信疑(신의) 信任(신임) 信聽(신청) 信託(신탁) 信標(신표) 信號(신호) 書信(서신) 通信(통신)
1급 1792	宀 07 총10획	宸	대궐 royal palace	신	宸 chén	宸襟(신금): 임금의 마음 宸慮(신려): 임금의 뜻. 임금의 마음 宸旨(신지) 宸所(신소): 임금이 거처하는 곳 宸心(신심): 임금의 마음 宸宴(신연): 임금이 베푸는 주연 宸聽(신청) 宸筆(신필): 임금의 글씨
1급 1793	女 07 총10획	娠	아이 밸 pregnant	신	娠 shēn	妊娠(임신): 아이나 새끼를 뱀. 잉태(孕胎) 회임(懷妊) 회잉(懷孕) 姙娠婦(임신부): 아이를 밴 부인(婦人). 임부(姙婦)
高 3급 1794	日 07 총11획	晨	새벽 dawn	신	晨 chén	晨光(신광) 晨明(신명) 晨夕(신석) 晨星(신성) 晨謁(신알) 晨夜(신야) 晨朝(신조) 晨鐘(신종) 晨昏(신혼) 晨興(신흥) 看晨月坐自夕(간신월좌자석): 새벽달 보자고 초저녁부터 나와 앉아 있으랴
1급 1795	虫 07 총13획	蜃	큰 조개 big shellfish; mirage	신ː	蜃 shèn	蜃蛤(신합): 무명조개 대합조개 蜃樓脂(신루지): 고래의 기름 蜃氣樓(신기루): 바다 위나 사막에서, 엉뚱한 곳에 물상(物像)이 있는 것처럼 보이는 현상 蜃景[shènjǐng]: 공중누각. 허무맹랑한 사물
高 3급II 1796	忄心10 총13획	愼	삼갈 careful; discretion	신ː	慎.慎 shèn	愼獨(신독): 홀로 있을 때에도 언행을 삼감 愼其獨(신기독): 백범 유묵 愼日(신일): 설날 愼終(신종): 상사(喪事)를 당해 예절을 정중히 함 愼重(신중) 愼是護身之符(신시호신지부): 진중함은 몸을 보호하는 부적임
中 6급II 1797	斤 09 총13획	新	새 new; fresh	신	新 xīn	新刊(신간) 新舊(신구) 新規(신규) 新年(신년) 新羅(신라) 新聞(신문) 新婦(신부) 新鮮(신선) 新設(신설) 新進(신진) 新築(신축) 新型(신형) 新婚(신혼) 新陳代謝(신진대사)
1급 1798	⺾艸13 총17획	薪	섶/ 땔나무 firewood	신	薪 xīn	薪籬(신리): 섶나무 울타리 薪樵(신초): 땔나무 薪炭(신탄): 땔나무와 숯 柴薪(시신): 땔나무 薪水之勞(신수지로): 나무를 하고 물을 긷는 수고 臥薪嘗膽(와신상담): 섶에 누워 쓸개를 맛본다. 괴로움과 어려움을 참고 견딤
1급 1799	火 14 총18획	燼	불탄 끝 ember	신ː	烬 jìn	燼滅(신멸): ① 몽땅 없애 버림 ② 남김없이 멸망시킴 燼餘(신여) 灰燼(회신): ① 불에 타고 남은 끄트러기나 재 ② 흔적 없이 타 없어짐 除燼器(제신기): 그을음이 날리는 것을 막도록 쇠망을 굴뚝의 끝에 단 장치
中 6급 1800	大 02 총05획	失	잃을 lose	실	失 shī	失望(실망) 失手(실수) 失業(실업) 失意(실의) 失節(실절) 失政(실정) 失踪(실종) 失職(실직) 失錯(실착) 失墜(실추) 失敗(실패) 過失(과실) 得失(득실) 紛失(분실) 損失(손실)

급수	부수/획수	한자	훈	음	중국어	단어
中 8급 1801	宀 06 총09획	室	집 room; chamber	실	室 shì	室內(실내) 室溫(실온) 室外(실외) 室長(실장) 居室(거실) 廣室(광실) 敎室(교실) 密室(밀실) 病室(병실) 産室(산실) 溫室(온실) 蠶室(잠실) 寢室(침실) 室家之樂(실가지락)
1급 1802	心 07 총11획	悉	다 all	실	悉 xī	悉皆(실개): 모두 다. 悉直(실직): 삼척의 신라 시대이름 悉曇(실담) 悉達(실달) 悉達多(실달다): '싯다르타' 謹悉(근실) 詳悉(상실) 熟悉(숙실): 충분히 앎 悉盡法(실진법): 무한소멸법, 착출법, 짜내기 법
中 5급Ⅱ 1803	宀 11 총14획	實	열매 fruit; result	실	实 shí	實果(실과) 實利(실리) 實務(실무) 實習(실습) 實施(실시) 實戰(실전) 實際(실제) 實踐(실천) 實學(실학) 實驗(실험) 實話(실화) 實事求是(실사구시): 사실에 토대를 두어 진리를 탐구하는 일
中 7급 1804	心 00 총04획	心	마음 heart; mind	심	心 xīn	心境(심경) 心靈(심령) 心理(심리) 心臟(심장) 心情(심정) 關心(관심) 民心(민심) 中心(중심) 疑心(의심) 操心(조심) 核心(핵심) 心心相印(심심상인): 마음과 마음으로 뜻이 통함
中 3급Ⅱ 1805	甘 04 총09획	甚	심할 very; extreme	심:	甚 shèn	甚難(심난): 몹시 어렵다 甚大(심대) 甚暑(심서) 甚深(심심): 매우 깊고 간절하다 甚風(심풍) 激甚(격심) 極甚(극심) 莫甚(막심) 尤甚(우심) 益甚(익심) 特甚(특심) 酷甚(혹심) 甚至於(심지어)
中 4급Ⅱ 1806	氵水08 총11획	深	깊을 deep	심	深 shēn	深刻(심각) 深度(심도) 深谷(심곡) 深山(심산) 深夜(심야) 深處(심처) 深醉(심취) 深層(심층) 深海(심해) 深化(심화) 深謀遠慮(심모원려) 深目高準(심목고준) 深思熟考(심사숙고)
高 3급 1807	寸 09 총12획	尋	찾을 search for	심	寻 xún	尋訪(심방): 방문해서 찾아봄. 심문(尋問) 尋常(심상): 예사롭다. 推尋(추심): 찾아내서 가지거나 받아냄 尋章摘句(심장적구): 옛사람의 글귀를 따서 글을 지음 故尋事端(고심사단): 일부러 말썽이 될 일을 일으킴
高 3급Ⅱ 1808	宀 12 총15획	審	살필 inquiry; observation	심(:)	审 shěn	審理(심리) 審問(심문) 審査(심사) 審議(심의) 審判(심판) 伏審(복심): 삼가 공손히 살핀다. 覆審(복심): 다시 심사하거나 조사함 不審檢問(불심검문) 博學審問(박학심문) 顧答審詳(고답심상)
2급(名) 1809	氵水15 총18획	瀋	즙낼 juice/ 물 이름	심:	沈 shěn	瀋陽(심양): 중국 요령성(遼寧省)의 성도(星都). 청조(淸朝) 초기의 수도 瀋漿(심장): 속뜨물. 곡식을 여러 번 씻어 버린 다음에 나오는 깨끗한 뜨물
中 8급 1810	十 00 총02획	十	열 ten	십	十 shí	十干(십간) 十戒(십계): 불교 사미와 사미니가 지켜야 할 열 가지 계율(戒律) 十誡(십계): 하나님이 모세에게 내렸다고 하는 열 가지 계율. 십계명(十誡命) 十字(십자) 十二支(십이지) 十長生(십장생) 十匙一飯(십시일반)
1급 1811	亻人02 총04획	什	열사람 chief 세간 furniture	십 집	什 shí shén	什長(십장): ① 공사장 따위에서 인부를 감독·지시하는 책임자 ② 병졸 열 사람의 책임자 什具(집구) 什物(집물): 집 안이나 사무실에서 쓰는 온갖 기구. 집기(什器) 家什(가집) 佳什(가집): 아름답게 잘 지은 詩歌
高 3급Ⅱ 1812	隹 10 총18획	雙	두/ 쌍 pair; couple; twin	쌍	双/双 shuāng	雙肩(쌍견) 雙頭(쌍두) 雙務(쌍무) 雙方(쌍방) 雙壁(쌍벽): ① 두 개의 구슬 ② 여럿 가운데 우열을 가리기 힘든 특히 뛰어난 둘 雙曲線(쌍곡선) 雙球菌(쌍구균) 雙生兒(쌍생아) 雙和湯(쌍화탕)
中 4급 1813	氏 00 총04획	氏	각시/ 성씨(姓氏) surname	씨	氏 shì zhī	氏名(씨명) 氏族(씨족): 원시 사회에서 공동의 조상을 가진 혈족 단체 姓氏(성씨): '성'의 높임말. 金氏(김씨) 李氏(이씨) 朴氏(박씨) 崔氏(최씨) 創氏改名(창씨개명) 攝氏溫度計(섭씨온도계)
高 3급Ⅱ 1814	牙 00 총04획	牙	어금니 molar tooth	아	牙 yá	牙城(아성): ① 주장(主將)이 있던 내성. 본거 ② 매우 중요한 근거지 牙錢(아전): 구전(口錢), 구문(口文): 흥정을 붙여 주고 그 보수로 받는 돈 牙笛(아적) 象牙(상아) 齒牙(치아) 牙山市(아산시): 충청남도
高 3급Ⅱ 1815	⺾艸04 총08획	芽	싹 sprout	아	芽 yá	芽生(아생): 발아(發芽) 豆芽(두아): 콩나물 麥芽(맥아): 엿기름 萌芽(맹아) 發芽(발아) 胚芽(배아) 腋芽(액아) 珠芽(주아) 麥芽糖(맥아당) 肉芽腫(육아종): 육아 조직을 형성하는 염증성 종양

급수	부수	한자	훈	음	간체/병음	용례
1급 1816	言 04 총11획	訝	의심할/ 맞을 doubt	아	讶 yà	訝鬱(아울): 의심스러워 답답하다. 訝惑(아혹): 괴이하고 의심쩍다. 驚訝(경아): 놀라고 의아하게 여김 疑訝(의아): 의심스럽고 이상함 訝賓(아빈): 임금의 명령으로 손님을 맞이하여 접대하던 일
高 3급II 1817	隹 04 총12획	雅	맑을/ 바를 elegance	아(:)	雅 yǎ	雅歌(아가) 雅潔(아결) 雅淡(아담) 雅量(아량) 雅馴(아순) 雅樂(아악) 雅正(아정) 雅趣(아취) 雅兄(아형) 雅號(아호) 高雅(고아) 端雅(단아) 優雅(우아) 典雅(전아) 淸雅(청아)
中 3급II 1818	戈 03 총07획	我	나 I; my; me	아:	我 wǒ	我軍(아군) 我國(아국) 我等(아등) 我邦(아방) 我意(아의) 我執(아집) 沒我(몰아) 無我(무아) 小我(소아) 自我(자아) 無我境(무아경) 我田引水(아전인수) 唯我獨尊(유아독존)
1급 1819	亻人07 총09획	俄	아까/ 갑자기 suddenly/ Russia	아	俄 é	俄間(아간): '아까'를 예스럽게 이르는 말 俄頃(아경): 조금 후, 조금 전 俄然(아연): 급작스러운 모양 俄館播遷(아관파천): 1896년 2월 11일부터 약 1년간 고종과 태자가 러시아[俄羅斯] 공사관에 거처한 사건
高 3급 1820	食 07 총16획	餓	주릴 starvation	아:	饿 è	餓鬼(아귀): ① 계율을 어기거나 악업을 저질러 아귀도(餓鬼道)에 빠진 귀신 ② 염치없이 먹을 것이나 탐하는 사람 ③ 성질이 사납고 탐욕스러운 사람 餓死(아사): 굶어 죽음 飢餓(기아): 굶주림 餓死之境(아사지경)
中 5급II 1821	儿 06 총08획	兒	아이 child	아	児/儿 ér ní	兒童(아동) 兒名(아명) 兒役(아역) 家兒(가아): 돈아(豚兒) 孤兒(고아) 棄兒(기아) 迷兒(미아) 嬰兒(영아) 乳兒(유아) 幼兒(유아): 어린아이 胎兒(태아): 모체 안에서 자라고 있는 어린 생명체
3급II 1822	阝阜05 총08획	阿	언덕 hill	아	阿 ā, ē	阿膠(아교) 阿附(아부) 阿諂(아첨) 阿片(아편): 양귀비 열매 진 阿膠質(아교질) 阿修羅(아수라): 싸우기를 좋아하는 귀신 阿附迎合(아부영합) 阿鼻叫喚(아비규환): 고통으로 울부짖는 소리
高 3급II 1823	二 06 총08획	亞	버금 second	아(:)	亜/亚 yà	亞麻(아마) 亞父(아부) 亞流(아류) 亞銓(아전): 이조참판(吏曹參判) 亞聖(아성): 맹자(孟子) 亞歲(아세): 동지(冬至) 亞鉛(아연): Zn. zinc 亞獻(아헌) 亞窒酸(아질산) 亞細亞(아세아) 亞熱帶(아열대)
1급 1824	口 08 총11획	啞	벙어리 dumb	아(:)	哑/啞 yǎ, yā	啞然(아연): 너무 놀라 어안이 벙벙한 모양 啞然失色(아연실색): 뜻밖의 일에 너무 놀라서 얼굴빛이 변함. 啞者(아자): 언어 장애인 啞羊僧(아양승): 계율을 범하고도 뉘우칠 줄 모르는 승려를 벙어리 양에 비유
1급 1825	行 07 총13획	衙	마을[官廳] government office	아	衙 yá	衙奴(아노): 수령이 사사로이 부리던 사내종. 衙婢(아비): 수령(守令)이 사사로이 부리던 계집종. 衙前(아전): 조선 때, '서리(胥吏)'의 딴 이름. 소리(小吏). 하전(下典): 官衙(관아): 공아(公衙) 郡衙(군아) 殿衙(전아)
高 3급 1826	山 05 총08획	岳	큰 산 high mountain	악	岳 yuè	岳母(악모): 장모 岳父(악부): 장인 岳翁(악옹) 岳丈(악장): 장인 岳頭(악두): 산꼭대기 山岳(산악): 높고 험준하게 솟은 산들 冠岳山(관악산) 특급II 嶽(큰 산, 매우 높은 산 악) 雪嶽山(설악산)
1급 1827	土 08 총11획	堊	흰 흙 white clay	악	垩 è	白堊(백악): 석회질의 흰 암석 素堊(소악): 흰 흙 白堊館(백악관): 미국 워싱턴에 있는 대통령의 관저. White House 白堊紀(백악기): 지질(地質) 시대의 하나로 중생대(中生代)의 말기
中 5급II 1828	心 08 총12획	惡	악할 wicked 미워할 hate	악 오	恶/恶 è, wù ě, wu	惡談(악담) 惡毒(악독) 惡靈(악령) 惡夢(악몽) 惡手(악수) 惡習(악습) 惡役(악역) 惡緣(악연) 惡材(악재) 惡化(악화) 惡循環(악순환) 惡衣惡食(악의악식) 羞惡(수오) 憎惡(증오)
2급 1829	扌手09 총12획	握	쥘 grasp	악	握 wò	握手(악수) 手握(수악): 손아귀 掌握(장악) 把握(파악) 吐哺握髮(토포악발): 중국의 주공이 식사 때나 목욕할 때 내객이 있으면 먹던 것을 뱉고, 감고 있던 머리를 거머쥐고 영접하였다. 인재를 구하려고 애씀
1급 1830	忄心09 총12획	愕	놀랄 surprise	악	愕 è	驚愕(경악): 소스라치게 깜짝 놀람 愕視(악시): 깜짝 놀라서 서로 바라 봄 錯愕(착악): 뜻밖의 일로 놀람 慘愕(참악): 참혹한 형상에 놀람 駭愕(해악): 몹시 놀람 愕然失色(악연실색): 깜짝 놀라 얼굴빛이 달라짐

급수	부수/획수	한자	훈	음	중국어	용례
1급 1831	頁 09 총18획	顎	턱 jaw	악	颚 è	間顎骨(간악골): 위턱 앞부분에 있는 한 쌍의 뼈 上顎骨(상악골) 上顎洞(상악동): 부비강(副鼻腔)의 하나. 상악골 가운데에 있는 한 쌍의 공동(空洞) 下顎骨(하악골) 毛顎動物(모악동물): 화살벌레 따위
中 7급Ⅱ 1832	宀 03 총06획	安	편안할 ease; security	안	安 ān	安寧(안녕) 安樂(안락) 安保(안보) 安否(안부) 安息(안식) 安心(안심) 安危(안위) 安逸(안일) 安全(안전) 安定(안정) 安靜(안정) 安住(안주) 安置(안치) 安貧樂道(안빈낙도)
1급 1833	扌手06 총09획	按	누를 massage	안(:)	按 àn	按舞(안:무): 음악에 맞는 춤 按撫(안무): 백성을 살펴 어루만져 위로함 按摩(안:마): 마사지 按排(配)(안배): 알맞게 잘 배치하거나 처분함 按酒(안주) 按治(안치): 조사하여 다스림 按察(안찰): 조사하여 살핌
中 5급 1834	木 06 총10획	案	책상/ table; desk/ 생각 idea	안:	案 àn	案件(안건) 案內(안내) 案席(안석) 勘案(감안) 几案(궤안) 方案(방안) 腹案(복안) 事案(사안) 議案(의안) 提案(제안) 懸案(현안) 擧案齊眉(거안제미) 拍案大叫(박안대규): 拍案大聲
1급 1835	日 06 총10획	晏	늦을 late	안:	晏 yàn	晏駕(안가):☞ 붕어(崩御)(임금이 세상을 떠남. 선어(仙馭)) 晏起(안기): 아침 늦게 일어남 晏眠(안면): 아침 늦도록 잠을 잠 晏然(안연): 마음이 편하고 침착하다. 안여(晏如)하다.
1급 1836	革 06 총15획	鞍	안장 saddle	안:	鞍 ān	鞍裝(안장): 사람이 타는 데 쓰는 가죽으로 만든 제구. 새들(saddle) 鞍籠(안롱): 수레나 가마 등을 덮는 우비 孤鞍(고안): 홀로 타고 가는 말 鞍馬之勞(안마지로): 말에 안장을 얹는 수고, 먼 길을 달려가는 수고
高 3급Ⅱ 1837	山 05 총08획	岸	언덕 quay; coast; seashore	안:	岸 àn	岸壁(안벽): ① 깎아지른 듯이 험한 물가 ② 물가에 배를 대기 좋게 쌓은 벽 兩岸(양안) 沿岸(연안) 海岸(해안) 對岸之火(대안지화) 高岸深谷(고안심곡): 높은 언덕이 깊은 골짜기가 된다, 산천이나 세상이 크게 변함
中 4급Ⅱ 1838	目 06 총11획	眼	눈 eye	안:	眼 yǎn	眼鏡(안경) 眼界(안계): 눈으로 바라볼 수 있는 범위 眼科(안과) 眼球(안구) 眼目(안목) 眼睛(안정) 眼疾(안질) 白眼視(백안시) 眼中無人(안중무인) 眼中之人(안중지인) 眼下無人(안하무인)
高 3급 1839	隹 04 총12획	雁	기러기 wild goose	안:	雁 yàn	雁王(안왕): 부처 雁使(안사): 소식을 전하는 사람 雁書(안서): 멀리서 소식을 전하는 편지. 안백(雁帛), 안신(雁信), 안찰(雁札) 雁行(안항): 기러기의 행렬(行列), 남의 형제를 높여 이르는 말
中 3급Ⅱ 1840	頁 09 총18획	顔	낯/ 얼굴 face	안:	颜 yán	顔面(안면): ① 얼굴 ② 서로 낯이나 익힐 만한 친분 顔色(안색) 顔回(안회): 중국 춘추시대. 자는 자연(子淵). 공자의 수제자 隔歲顔面(격세안면) 破顔大笑(파안대소) 厚顔無恥(후안무치)
1급 1841	車 01 총08획	軋	삐걱거릴 creak	알	轧 yà zhá	軋弓(알궁): 아쟁을 켜는 활 軋尊(알존): 웃어른을 능멸함 軋刑(알형): 수레바퀴 밑에 깔아 뼈를 부수어 죽이던 고대 형벌 軋轢(알력): ① 수레바퀴의 삐걱거림 ② 의견이 서로 충돌됨 특례 轢(삐걱거릴 력)
1급 1842	斗 10 총14획	斡	돌/ 관리할 go around; arrangement	알	斡 wò	斡流(알류): 물이 돌아 흐름. 또는 그렇게 흐르는 물 斡旋(알선): ① 남의 일이 잘 되도록 마련하여 줌. 주선(周旋) ② 장물인 줄 알면서도 매매를 주선하고 수수료를 받는 행위 斡旋收財(알선수재)
高 3급 1843	言 09 총16획	謁	뵐/ 아뢸 audience	알	谒 yè	謁聖(알성): 임금이 성균관 문묘(文廟)의 공자 신위에 참배하던 일 謁聖試(알성시) 謁聖及第(알성급제): 조선 때, 알성시에 합격하던 일 謁見(알현): 지체 높은 사람을 찾아뵙는 일 拜謁(배알): 어른을 찾아가 뵘
2급(名) 1844	門 08 총16획	閼	막을 keep away	알	阏 è yān	金閼智(김알지): 경주김씨의 시조. 65년 탈해왕이 금성 서쪽 시림의 수풀 속에서 닭 울음소리를 듣고서 금함(金函) 속의 사내아이를 발견 閼伽棚(알가붕): 부처에게 바치는 물이나 꽃 등을 올려놓는 시렁
1급 1845	广 08 총11획	庵	암자 hut; small temple	암	庵 ān	幻庵(환암): '보각국사'의 호 福泉庵(복천암): 법주사의 말사(末寺) 石窟庵(석굴암): 경주 토함산 우리나라의 대표적인 석굴 사원(寺院) 尤庵集(우암집): 조선 숙종 때의 문신 우암(尤庵) 송시열의 유고집

급수	부수	한자	훈	음	简体/拼音	용례
中 4급II 1846	日 09 총13획	暗	어두울 dark	암	暗 àn	暗記(암기) 暗澹(암담) 暗幕(암막) 暗算(암산) 暗殺(암살) 暗誦(암송) 暗示(암시) 暗躍(암약) 暗鬱(암울) 暗鬪(암투) 暗票(암표) 暗中摸索(암중모색) 暗行御史(암행어사)
1급 1847	門 09 총17획	闇	숨을 hide	암	暗 àn	闇鈍(암둔): 어리석고 우둔함 闇弱(암약): 어리석고 겁이 많으며 줏대가 없다. 昏闇(혼암): 어리석어 사리에 어둡다. 諒闇(양암): 임금이 부모의 상중에 있을 때 거처하는 방. 거처하는 기간 黑闇女(흑암녀): 재난을 주는 악신
2급 1848	疒 12 총17획	癌	암 cancer	암	癌 ái yán	癌乳(암유) 癌的(암적) 癌腫(암종) 肝癌(간암) 發癌(발암) 腺癌(선암) 舌癌(설암) 胃癌(위암) 肺癌(폐암) 抗癌(항암) 癌細胞(암세포) 大腸癌(대장암) 膵臟癌(췌장암) 皮膚癌(피부암)
中 3급II 1849	山 20 총23획	巖	바위 rock	암	巖/岩 yán	巖窟(암굴) 巖盤(암반) 巖壁(암벽) 巖山(암산) 巖石(암석) 白巖(백암) 鎔巖(용암) 花崗巖(화강암) 奇巖怪石(기암괴석) 巖下古佛(암하고불): ① 바위 밑의 오래된 불상 ② 산골에 사는 착하기만 한 사람
高 3급 1850	扌手05 총08획	押	누를 press; seizure	압	押 yā	押留(압류) 押付(압부) 押送(압송) 押收(압수) 押守(압수) 押韻(압운) 押釘(압정) 押紙(압지) 畵押(화압) 假押留(가압류) 押收搜索令狀(압수수색영장) 특례 狎(친압할 압) 狎鷗亭(압구정)
2급(名) 1851	鳥 05 총16획	鴨	오리 duck; drake	압	鸭 yā	家鴨(가압): 집오리 野鴨(야압): 청둥오리 油鴨(유압): 논병아리 鴨綠江(압록강): 백두산에서 시작하는 강 雁鴨池(안압지): 경주시 打鴨驚鴛鴦(타압경원앙): 물오리를 쳐서 잡으려다가 원앙새를 놀라게 한다.
高 4급II 1852	土 14 총17획	壓	누를 press; suppress	압	圧/压 yā yà	壓卷(압권): 가장 잘 지은 대목이나 시문 壓倒(압도): ① 눌러서 넘어뜨림 ② 월등한 힘이나 능력으로 상대를 누름 壓力(압력) 壓迫(압박) 壓縮(압축) 抑壓(억압) 制壓(제압) 鎭壓(진압) 彈壓(탄압)
高 3급II 1853	大 02 총05획	央	가운데 center	앙	央 yāng	央土(앙토) 扇央(선앙): 선상지(扇狀地)의 가운데 부분. 年央(연앙): 한 해의 중간 中央(중앙) 中央黨(중앙당) 中央政府(중앙정부) 震央(진앙): 지진(地震)의 진원(震源) 바로 위에 있는 지점
1급 1854	忄心05 총08획	怏	원망할 resentment	앙	怏 yàng	怏憤(앙분) 怏宿(앙숙): 앙심을 품고 서로 미워하는 사이 怏心(앙심) 怏怏之心(앙앙지심): 마음에 차지 않거나 야속하게 여기는 마음 怏怏不樂(앙앙불락): 마음에 차지 않거나 야속하게 여겨 즐거워하지 아니함
高 3급 1855	歹 05 총09획	殃	재앙 calamity	앙	殃 yāng	災殃(재앙): 불행한 변고. 또는 천재지변으로 인한 불행한 사고 殃慶(앙경): 재앙과 경사 殃禍(앙화): ① 어떤 일로 인하여 생기는 재난 ② 지은 죄의 앙갚음으로 받는 재앙 殃及池魚(앙급지어): 엉뚱하게 당하는 재난
1급 1856	禾 05 총10획	秧	모 rice seedling	앙	秧 yāng	秧稻(앙도): 볏모 秧苗(앙묘): 벼의 싹. 볏모 秧板(앙판): 못자리 乾秧(건앙): 건모 揷秧(삽앙): 논에 모를 꽂음 移秧(이앙): 모내기 移秧期(이앙기): 모내기 철 移秧機(이앙기): 모를 내는 데 쓰는 기계
1급 1857	鳥 05 총16획	鴦	원앙 mandarin duck	앙	鸯 yāng	鴛鴦(원앙): ① 오릿과의 물새. 수컷은 칼깃 도가머리가 있음 ② 금실이 좋은 부부의 비유 鴛鴦衾(원앙금) 鴛鴦之契(원앙지계) 鴦伽社多(앙가사다): 불교에서, 남자의 생식기(生殖器)를 이르는 말
中 3급II 1858	亻人04 총06획	仰	우러를 adore; respect	앙	仰 yǎng	仰望(앙망) 仰慕(앙모) 仰祝(앙축) 崇仰(숭앙) 信仰(신앙) 推仰(추앙) 仰事俯育(앙사부육): 부모를 섬기고 처자를 보살핌 仰天大笑(앙천대소) 仰天俯地(앙천부지) 仰不愧於天(앙불괴어천)
1급 1859	日 04 총08획	昂	높을/오를 high; rise	앙	昂 áng	昂貴(앙귀): 물건 값이 뛰어오르다 앙등(昂騰) 昂奮(앙분): 매우 흥분함 昂揚(앙양): 드높이고 북돋움 激昂(격앙): 거세게 일어나 높아짐 軒昂(헌앙): 헌거(軒擧)하다. (풍채가 좋고 의기가 당당하다)
2급(名) 1860	++艸02 총06획	艾	쑥 wormwood	애	艾 ài yì	艾老(애로): 쑥처럼 머리가 하얗게 세었다. 쉰 살이 넘음 또는 그런 사람 艾葉(애엽): 약쑥의 잎 蘭艾(난애): 난초와 쑥, 군자와 소인 蓬艾(봉애): 다북쑥 艾葉豹(애엽표): 쑥잎 같은 무늬가 불규칙한 표범

급수	부수	한자	훈음	음	中文	예시
中 3급II 1861	口 06 총09획	哀	슬플 sad; sorrow; lamentation	애	哀 āi	哀歌(애가) 哀悼(애도): 애척(哀戚) 哀憐(애련) 哀慕(애모) 哀惜(애석) 哀愁(애수) 哀然(애연) 哀怨(애원) 哀願(애원) 哀痛(애통) 哀歡(애환) 哀乞伏乞(애걸복걸): 애처롭게 빌고 또 빎
2급(名) 1862	土 07 총10획	埃	티끌 dust; bit	애	埃 āi	埃(애): 진(塵)의 10분의 1이 되는 수. 예전에 진의 억분의 1이 되는 수 埃及(애급): '이집트'의 음역 涓埃(연애): 물방울과 티끌, 매우 작은 양 埃滅(애멸) 塵埃(진애): ① 티끌과 먼지 ② 세상의 속된 것을 비유
高 3급 1863	氵水08 총11획	涯	물가 waterside	애	涯 yá	涯角(애각): 궁벽하고 먼 땅 涯岸(애안) 涯際(애제) 境涯(경애) 生涯(생애) 天涯(천애): ① 하늘 끝 ② 아득히 멀리 떨어진 낯선 곳 茫無涯畔(망무애반): 아득하게 넓고 멀어 끝이 없음. 망무제애(茫無際涯)
1급 1864	山 08 총11획	崖	언덕/ 낭떠러지 precipice	애	崖 yá	崖脚(애각): 낭떠러지의 아래 끝부분 崖路(애로): 절벽 위나 산허리의 험한 길 磨崖(마애): 암벽이나 석벽에 글자·그림 따위를 새김. 蒼崖(창애) 斷崖(단애): 낭떠러지 절애(絶崖) 磨崖佛(마애불): 암벽에 새긴 불상
中 6급 1865	心 09 총13획	愛	사랑 love	애(:)	愛 ài	愛顧(애고) 愛國(애국) 愛讀(애독) 愛憐(애련) 愛戀(애련) 愛慕(애모) 愛撫(애무) 愛誦(애송) 愛玩(애완) 愛情(애정) 愛憎(애증) 令愛(영애) 友愛(우애) 愛之重之(애지중지)
1급 1866	日 13 총17획	曖	희미할 obscurity	애	曖 ài	曖昧(애매): 희미하여 분명하지 않음 曖昧說(애매설): 19세기 프랑스 탐미파 언어는 작가의 깊은 사상이나 복잡한 감정을 표현할 수 없다는 학설 曖昧模糊(애매모호): 말이나 태도 따위가 분명하지 아니하고 희미함
1급 1867	阝阜10 총13획	隘	좁을 narrow; bottleneck	애	隘 ài	隘口(애구): 험하고 좁은 목 隘路(애로): ① 좁고 험한 길 ② 지장(支障) 禁隘(금액): 출입이 금지된 요새 偏隘(편애): 성질이 한쪽에 치우치고 좁다. 狹隘(협애): ① 지세가 좁고 험하다. ② 마음씨가 너그럽지 못하고 좁다.
2급 1868	石 14 총19획	礙	거리낄 obstacle; hindrance	애:	碍 ài	礙眼(애안) 拘礙(구애): 거리끼거나 얽매임 障礙(장애): ① 어떤 일을 하는 데 방해가 되는 일이나 물건 ② 신체 기능에 결함이 있는 상태 障礙人(장애인) 無障無礙(무장무애): 아무런 장애나 거리낌이 없음
1급 1869	雨 16 총24획	靄	아지랑이 haze; shimmer	애:	靄 ǎi	靄然(애연): 구름이나 안개 따위가 짙게 끼다. 暗靄(암애): 컴컴하게 낀 음기 窈靄(요애): 멀고 까마득하다. 蒼靄(창애): 푸른 아지랑이 和氣靄靄(화기애애): 여럿이 모인 자리에서 부드러운 기운이 넘쳐흐름
高 3급 1870	厂 02 총04획	厄	액/ 재앙 misfortune	액	厄 è	厄運(액운): 액을 당할 운수 災厄(재액): 재앙(災殃)과 액운(厄運) 困厄(곤액): 몹시 딱하고 어려운 사정과 재앙(災殃)이 겹친 불운 落眉之厄(낙미지액) 燃眉之厄(연미지액) 橫來之厄(횡래지액)
1급 1871	扌手04 총07획	扼	잡을 clutch	액	扼 è	扼守(액수): 중요(重要)한 곳을 굳게 지킴 扼腕(액완): ① 분격하여 팔짓을 함 ② 성나고 분하여 주먹을 쥠 扼險(액험): 지세가 험한 요해처를 누름 扼喉(액후): 목을 누름
4급II 1872	氵水08 총11획	液	진 liquid; resin; sap	액	液 yè	液量(액량) 液狀(액상) 液晶(액정) 液體(액체) 液化(액화) 髓液(수액) 溶液(용액) 胃液(위액) 粘液(점액) 津液(진액) 唾液(타액) 血液(혈액) 消化液(소화액) 水溶液(수용액)
1급 1873	月肉08 총12획	腋	겨드랑이 armpit	액	腋 yè	腋氣(액기) 腋芽(액아) 腋臭(액취) 腋汗(액한) 腋花(액화) 扶腋(부액): 곁부축 葉腋(엽액) 腋臭症(액취증): 암내를 풍기는 병 一狐之腋(일호지액): 아주 값이 비싼 물건. 한 사람의 바른말 하는 선비
1급 1874	糸 10 총16획	縊	목맬 hang	액	缢 yì	縊死(액사): 목을 매어 죽음 縊殺(액살): 목을 매어 죽임 縊刑(액형): 교수형(絞首刑) 絞縊(교액): 목을 조르는 형벌 自縊(자액): 스스로 목매어 죽음 縊法場(액법장): 사형을 집행하는 장소
高 4급 1875	頁 09 총18획	額	이마 forehead/ the amount money	액	额 é	額角(액각) 額子(액자) 賜額(사액) 題額(제액) 扁額(편액)/ 金額(금액) 額數(액수) 額面(액면) 價額(가액) 加額(가액) 巨額(거액) 高額(고액) 少額(소액) 增額(증액) 總額(총액)

급수	부수/획수	한자	훈	음	중국어	용례
1급 1876	木 17 총21획	櫻	앵두/앵두나무 cherry	앵	桜/樱 yīng	櫻桃(앵도): '앵두'의 잘못 櫻脣(앵순): 앵두와 같이 고운 입술 櫻實(앵실): 벚나무의 열매. 버찌 櫻月(앵월): 음력삼월 櫻草(앵초) 櫻筒(앵통) 櫻花(앵화) 山櫻(산앵): 산 벚나무 櫻桃熟(앵도숙)
1급 1877	鳥 10 총21획	鶯	꾀꼬리 oriole	앵	莺 yīng	鶯歌(앵가) 鸚谷(앵곡) 鶯舌(앵설): 꾀꼬리의 혀, 꾀꼬리의 울음소리 鶯聲(앵성) 鶯遷(앵천) 老鶯(노앵): 늦은 봄에 우는 꾀꼬리 晚鶯(만앵): 늦봄이나 첫여름에 우는 꾀꼬리 黃鶯(황앵): 꾀꼬리
中 3급 1878	乙 02 총03획	也	잇기/어조사 at last; in the end	야ː	也 yě	必也(필야) 或也(혹야) 及其也(급기야): 마지막에 가서는, 마침내는 也無妨(야무방) 獨也靑靑(독야청청): 홀로 푸르고 푸르다 焉哉乎也(언재호야): 이 네 글자는 어조사임 言則是也(언즉시야)
1급 1879	冫 05 총07획	冶	풀무 bellows; forge	야ː	冶 yě	冶具(야구) 冶金(야금): 광석에서 쇠붙이를 골라내거나 합금을 만드는 일. 冶容(야용): 예쁘게 단장함 冶隱(야은): 길재(吉再)의 호 冶匠(야장) 鍛冶(단야) 陶冶(도야): 훌륭한 인격을 갖추려고 몸과 마음을 닦아 기름
中 6급 1880	夕 05 총08획	夜	밤 night	야ː	夜 yè	夜景(야경) 夜間(야간) 夜勤(야근) 夜半(야반) 夜行性(야행성) 深夜(심야) 午夜(오야): 자정(子正). 晝夜(주야) 徹夜(철야) 夜半逃走(야반도주) 夜郎自大(야랑자대): 야랑국이 강하여 오만하였다.
高 3급 1881	耳 03 총09획	耶	어조사 particle	야	耶 yé yē	耶蘇(야소): 예수(Jesus)의 음역어 干將莫耶(간장막야): 명검(名劍) 有耶無耶(유야무야): 있는지 없는지 흐리멍덩함. 흐지부지하게 처리함 千耶萬耶(천야만야): 천길만길이나 되는 듯 까마득하게 높거나 깊은 모양
2급(名) 1882	亻人 09 총11획	倻	가야 Gaya confederacy	야	倻 yē	伽倻國(가야국): (신라 유리왕 19년에 낙동강 하류 지역 김수로왕의 형제들이 세운 여섯 나라) 고령의 **대가야**, 김해의 **금관가야**, 함안의 **아라가야**, 고성의 **소가야**, 성주의 **성산가야**, 진주의 **고령가야** 562년에 신라에 흡수 伽倻山(가야산)
1급 1883	扌手 09 총12획	揶	야유할 ridicule	야ː	揶 yé	揶揄(야유): 남을 빈정거려 놀림 또는 그런 말이나 몸짓 　　　　유의어 놀림. 우롱(愚弄). 조소(嘲笑)
1급 1884	父 09 총13획	爺	아비 papa; father	야	爷 yé	爺爺(야야): 아버지를 높여 이르던 말 爺孃(야양): 부모를 속되게 이르는 말 老爺(노야): 늙은 남자 노옹(老翁) 阿爺(아야): 아버지 아(阿)는 친밀감을 나타내는 어조사
中 6급 1885	里 04 총11획	野	들[坪] field; wild	야ː	野 yě	野球(야구) 野圈(야권) 野黨(야당) 野蠻(야만) 野望(야망) 野卑(鄙)(야비) 野山(야산) 野生(야생) 野獸(야수) 野心(야심) 野外(야외) 野菜(야채) 林野(임야) 平野(평야) 廣野(광야)
2급 1886	心 09 총13획	惹	이끌 provoke; clamor; row	야ː	惹 rě	惹起(야기): 일이나 사건 등을 끌어 일으킴 惹鬧(야료) 惹出(야출) 惹端(야단): 떠들썩하고 부산하게 일을 벌임 惹起鬧端(야기요단): 시비의 실마리를 끌어 일으킴. 야단·야료
中 3급Ⅱ 1887	⺿艸 05 총09획	若	같을 like 반야(般若)	약 야	若 ruò rě	若干(약간): 얼마 되지 않음 얼마쯤 若是(약시): 이러하다 若何(약하): 어떠함 萬若(만약): 만일(萬一) 若存若亡(약존약망): 있는 둥 마는 둥 般若心經(반야심경): 〔불〕260자로 된 짧은 경
中 5급Ⅱ 1888	糸 03 총09획	約	맺을 contract	약	约 yuē yāo	約款(약관) 約束(약속) 約定(약정) 約條(약조) 約婚(약혼) 契約(계약) 公約(공약) 空約(공약) 誓約(서약) 言約(언약) 節約(절약) 制約(제약) 條約(조약) 約矢投機(약시투격)
1급 1889	⺿艸 09 총13획	葯	꽃 밥 anther	약	苭 yào	葯胞(약포): 꽃 밥 去葯(거약): 수꽃술을 따냄 內向葯(내향약) 外向葯(외향약) 脚生葯(각생약): 수술 끝에 곧게 붙어 있는 꽃밥 多胞葯(다포약) 單胞葯(단포약) 丁字形葯(정자형약)
中 6급Ⅱ 1890	弓 07 총10획	弱	약할 weak; feeble	약	弱 ruò	弱冠(약관): 남자 나이 20세 弱勢(약세) 弱小(약소) 弱者(약자) 弱點(약점) 強弱(강약) 衰弱(쇠약) 軟弱(연약) 柔弱(유약) 弱馬卜重(약마복중): 재주와 힘에 겨운 일을 맡음 弱肉強食(약육강식)

급수	부수	한자	훈	음	中/中 병음	용례
中 6급II 1891	⺾艸15 총19획	藥	약 medicine	약	藥/药 yào	藥局(약국) 藥師(약사) 藥典(약전) 藥劑(약제) 藥酒(약주) 藥品(약품) 藥效(약효) 痲藥(마약) 補藥(보약) 醫藥(의약) 藥方文(약방문) 藥籠中物(약롱중물): 약롱 속의 약품, 꼭 필요한 사람
高 3급 1892	足 14 총21획	躍	뛸 jump	약	跃 yuè	躍起(약기) 躍動(약동) 躍增(약증) 躍出(약출) 躍進(약진): ① 힘차게 앞으로 뛰어 나아감 ② 빠르게 발전하거나 진보함 躍進相(약진상) 躍層(약층): 물의 온도가 수면과 수직 방향으로 불연속적으로 급변하는 층
中 4급II 1893	羊 00 총06획	羊	양 sheep	양	羊 yáng	羊毛(양모) 羊腸(양장) 羊皮(양피) 綿羊(면양) 山羊(산양) 羊頭狗肉(양두구육): 겉으로는 훌륭하게 내세우나 속은 변변찮음 多岐亡羊(다기망양) 亡羊之歎(망양지탄) 亡羊補牢(망양보뢰)
中 6급 1894	氵水06 총09획	洋	큰 바다 ocean	양	洋 yáng	洋襪(양말) 洋服(양복) 洋式(양식) 洋食(양식) 洋酒(양주) 大洋(대양) 東洋(동양) 西洋(서양) 遠洋(원양) 海洋(해양) 五大洋(오대양): 太平洋·大西洋·印度洋(인도양)·南氷洋·北氷洋(북빙양)
1급 1895	心 06 총10획	恙	병/ 근심할 anxiety	양	恙 yàng	恙憂(양우): 염려되는 일이나 근심 無恙(무양): 몸에 병이나 탈이 없음 微恙(미양) ① 가벼운 병 ② 자기 병의 겸칭 小恙(소양): 대수롭지 않은 병 心恙(심양): 마음의 병 疹恙(진양): 홍역 賤恙(천양): 자기 병의 겸칭
高 4급 1896	木 11 총15획	樣	모양 shape	양	樣/样 yàng	樣相(양상) 樣式(양식) 見樣(견양) 多樣(다양) 模樣(모양) 仕樣書(사양서): 공사의 내용이나 방법 등의 설명서. 기능사양서(機能仕樣書) 樣態副詞(양태부사): '과연'·'결코'·'설마'·'제발'·'모름지기' 따위
中 5급II 1897	食 06 총15획	養	기를 breeding	양	养 yǎng	養鷄(양계) 養豚(양돈) 養分(양분) 養成(양성) 養殖(양식) 養育(양육) 養護(양호) 養老院(양로원) 養虎遺患(양호유환) 子欲養而親不待(자욕양이친부대): 부모가 살아계실 때 효도를 다하라
1급 1898	疒 15 총20획	癢	가려울 itchy	양	痒 yǎng	技(伎)癢(기양): 지니고 있는 재주를 쓰지 못하여 안달함을 비유 技癢症(기양증) 隔靴搔癢(격화소양): 신을 신고 발바닥을 긁는다, 성에 차지 않거나 철저하지 못한 안타까움을 이르는 말. 격화파양(隔靴爬癢)
中 6급 1899	阝阜09 총12획	陽	볕 sunshine	양	阳 yáng	陽刻(양각) 陽氣(양기) 陽傘(양산) 陽地(양지) 太陽曆(태양력) 陽動作戰(양동작전): 어떤 행동을 드러내어 적의 주의를 쏠리게 하는 작전 陽奉陰違(양봉음위): 겉으로는 복종하는 체하면서 내심으로는 배반하다.
中 3급II 1900	扌手09 총12획	揚	날릴/ 오를 raise	양	扬 yáng	揚陸(양륙): 배에 짐을 뭍으로 운반함 揚名(양명): 이름을 들날림 浮揚(부양): 가라앉은 것이 떠오름 止揚(지양): 양기(揚棄) 讚揚(찬양) 國旗揭揚(국기게양) 國威宣揚(국위선양) 意氣揚揚(의기양양)
高 3급 1901	木 09 총13획	楊	버들 willow	양	杨 yáng	楊氏(양씨) 楊柳(양류): 버드나무 楊貴妃(양귀비) 楊州(양주) 楊平郡(양평군): 경기도 楊布之狗(양포지구): 양포가 외출할 때에는 흰 옷을 입었다가 귀가 때 검은 옷을 입었더니 개가 주인을 알아보지 못해
1급 1902	疒 09 총14획	瘍	헐/ 종기 tumor	양	疡 yáng	骨瘍(골양): 카리에스 膿瘍(농양) 潰瘍(궤양) 胃潰瘍(위궤양) 腫瘍(종양): 세포가 병적으로 증식하여 쓸모없는 덩어리를 만드는 병증 肝膿瘍(간농양) 骨膿瘍(골농양) 肺膿瘍(폐농양) 腦腫瘍(뇌종양)
2급(名) 1903	衣 11 총17획	襄	도울 help	양(:)	襄 xiāng	襄禮(양례): 장례(葬禮)(장사를 지내는 일) 襄陽郡(양양군): 강원도 蔡襄(채양): 중국 북송의 문인·서예가(1012~1060) 宋襄之仁(송양지인): 「송나라 襄公의 어짊」 쓸데없이 베푸는 인정
1급 1904	扌手17 총20획	攘	물리칠 repel	양(:)	攘 rǎng	攘伐(양벌) 攘夷(양이): 외국 사람을 오랑캐로 얕보고 배척(排斥)함 攘竊(양절) 攘除(양제) 攘斥(양척) 攘奪(양탈) 擾攘(요양) 龍攘虎搏(용양호박): 용과 호랑이가 서로 싸운다. 龍虎相搏(용호상박)
2급 1905	女 17 총20획	孃	아가씨 miss	양	孃/娘 niáng	孃(양): 의존명사 아랫사람을 조금 높여 이르거나 부르는 말. 성 뒤에 쓰일 때는 낮잡는 느낌을 줄 수도 있다. 金孃(김양) 老孃(노양) 令孃(영양) 桃金孃科(도금양과): 쌍떡잎식물 갈래꽃류 열대지방에 많음

급수	부수/획수	한자	훈	음	간체/병음	용례
高 3급II 1906	土 17 총20획	壤	흙덩이 soil	양ː	壤/壤 rǎng	霄壤(소양): 하늘과 땅 天壤(천양) 土壤(토양) 平壤市(평양시) 鼓腹擊壤(고복격양): 매우 살기 좋은 시절 天壤之差(천양지차) 黃壤之客(황양지객): 황천객(黃泉客) 죽은 사람을 가리키는 말
1급 1907	酉 17 총24획	釀	술빚을 brew	양ː	釀/酿 niàng	釀造(양조): 술·간장·식초 등을 담가서 만드는 일 釀造酒(양조주) 釀母(양모) 효모균(酵母菌) 家釀酒(가양주): 집에서 빚은 술 釀造場(양조장) 釀酒場(양주장): 술도가(都家): 술을 만들어 도매하는 집
中 3급II 1908	言 17 총24획	讓	사양할 refusal; concession	양ː	讓/让 ràng	讓渡(양도): 권리·재산 및 법률상의 지위 등을 타인에게 넘겨줌 讓渡所得稅(양도소득세) 讓步(양보) 分讓(분양): 나누어 팖 謙讓之德(겸양지덕) 辭讓之心(사양지심) 一步不讓(일보불양)
中 3급 1909	方 04 총08획	於	어조사/ 탄식할 sigh	어 오	於 yú wū, Yū	於焉(어언) 於是乎(어시호) 於中間(어중간) 於此彼(어차피) 於干野談(어우야담): 어우당이 지은 야담 止於至善(지어지선) 間於齊楚(간어제초): 약자가 강자 틈에 끼어 괴로움을 받는 것
1급 1910	疒 08 총13획	瘀	어혈질 extravasated blood	어ː	瘀 yū	瘀血(어혈): 타박상 따위로 살 속에 피가 맺힘. 또는 그 피 瘀血腫(어혈종) 瘀血痛(어혈통) 瘀血腰痛(어혈요통) 驅瘀血(구어혈): '당귀 작약산', '계지 복령환'이 대표적인 약이다.
1급 1911	口 07 총10획	圄	옥 prison	어	圄 yǔ	囹圄(영어): ① 죄수(罪囚)를 가두는 곳. 감옥(監獄) ② 감옥을 매우 제한된 문맥에서 완곡하게 쓰는 말
中 7급 1912	言 07 총14획	語	말씀 words	어ː	语 yǔ yù	語句(어구) 語錄(어록) 語尾(어미) 語法(어법) 語塞(어색) 語源(어원) 語學(어학) 語彙(어휘) 國語(국어) 單語(단어) 熟語(숙어) 言語(언어) 語不成說(어불성설): 말이 사리에 맞지 않음
中 5급 1913	魚 00 총11획	魚	고기/ 물고기 fish	어	鱼 yú	魚群(어군) 魚雷(어뢰) 魚類(어류) 魚物(어물) 魚眼(어안) 魚肉(어육) 魚族(어족) 魚醬(어장) 魚缸(어항) 魚物廛(어물전) 魚貝類(어패류) 魚東肉西(어동육서) 魚魯不辨(어로불변)
中 5급 1914	氵水11 총14획	漁	고기 잡을 fishing	어	渔 yú	漁撈(어로) 漁網(어망) 漁民(어민) 漁業(어업) 漁場(어장) 漁夫(父)(어부) 漁船(어선) 漁村(어촌) 漁港(어항) 漁獲(어획) 出漁(출어) 漁夫之利(어부지리) 漁父四時詞(어부사시사)
高 3급II 1915	彳 08 총11획	御	거느릴/ 어거할 command; empire	어ː	御 yù	御駕(어가) 御溝(어구) 御命(어명) 御使(어사) 御用(어용) 御苑(어원) 御殿(어전) 御眞(어진) 暗行御史(암행어사) 制御(제어) 御製戒酒綸音(어제계주윤음): 영조가 금주 명을 기록한 책
1급 1916	示 11 총16획	禦	막을 defend	어ː	御 yù	强禦(강어): 억세어 남의 충고를 듣지 않음 防禦(방어): 상대 공격을 막음 防禦使(방어사): 종이품 무관 防禦陣(방어진) 守禦將臺(수어장대) : 남한산성 外禦內鞏(외어내공): 외부의 침략을 막고 내부를 공고히 함
高 3급II 1917	扌手04 총07획	抑	누를 suppression	억	抑 yì	抑留(억류) 抑憤(억분) 抑塞(억색) 抑壓(억압) 抑揚(억양) 抑鬱(억울) 抑制(억제) 抑止(억지) 抑强扶弱(억강부약) 抑何心情(억하심정): 무슨 생각으로 그러는지 그 마음을 모르겠다는 말
中 5급 1918	亻人13 총15획	億	억[數字] hundred million	억	亿 yì	億劫(억겁): 무한하게 오랜 시간. 또는 그 세상. 억천만겁 億臺(억대) 億萬(억만) 十億(십억) 億萬之心(억만지심): 백성마다 제각각의 마음 億萬長者(억만장자): 재산가 億兆蒼生(억조창생): 수많은 백성(百姓)
中 3급II 1919	忄心13 총16획	憶	생각할 recall	억	忆 yì	記憶(기억) 追憶(추억) 回憶(회억) 記憶力(기억력) 憶昔當年(억석당년): 오래전에 지나간 일을 돌이켜 생각함 憶吹簫樂(억취소악): 퉁소를 불고 음악을 생각한다. 자기가 아는 대로 추측함
1급 1920	月肉13 총17획	臆	가슴 breast; chest	억	臆 yì	臆見(억견) 臆計(억계) 臆斷(억단) 臆算(억산) 臆塞(억색): 억울하거나 원통해서 가슴이 답답함 臆意(억의) 臆定(억정) 臆持(억지) 臆測(억측) 胸臆(흉억) 生臆持(생억지) 腸斷臆裂(장단억렬)

급수	부수/획수	한자	훈음	음	중국어	용례
中 6급 1921	言 00 총07획	言	말씀 speech; language	언	言 yán	言及(언급) 言動(언동) 言論(언론) 言文(언문) 言辯(언변) 言辭(언사) 言語(언어) 言質(언질) 言中有骨(언중유골) 言近旨遠(언근지원): 말은 알아듣기 쉬우나 뜻은 깊고 오묘함
2급(名) 1922	彡 06 총09획	彦	선비 gentleman; classic scholar	언ː	彦 yàn	彦士(언사): 재능과 덕망이 뛰어난 선비 彦聖(언성) 彦俊(언준) 英彦(영언) 偉彦(위언) 才彦(재언) 後彦(후언): 후진의 영재 彦州路(언주로): 서울 강남구　3급II 顔(얼굴 **안**) 顔面(안면)
1급 1923	言 09 총16획	諺	언문/ 속담/상말 proverb	언ː	谚 yàn	諺文(언문): 한글을 낮잡아 일컫던 말 諺簡(언간): 한글로 쓴 편지 諺語(언어) 諺譯(언역) 世諺(세언) 俗諺(속언) 俚諺(이언) 諺文風月(언문풍월) 杜詩諺解(두시언해) 敬信錄諺解(경신록언해)
高 3급 1924	灬火 07 총11획	焉	어찌/ 어조사 how	언	焉 yān	於焉(어언) 焉烏(언오): 글자가 서로 닮아 틀리기 쉬운 일 缺焉(결언): 결여 終焉(종언) 焉敢生心(언감생심) 焉哉乎也(언재호야) 而名不稱焉(이명불칭언): 이름이 일컬어지지 않는 것을 걱정한다.
1급 1925	土 09 총12획	堰	둑 dike; dam	언	堰 yàn	堰堤(언제): 둑. 제언(堤堰) 堰柱(언주) 堰層(언층): 장벽층 堰塞湖(언색호): 토사의 붕괴로 냇물이 막혀서 된 호수. 폐색호(閉塞湖) 堰堤工(언제공): 둑 쌓기 可動堰(가동언): 가동댐 角落堰(각락언)
1급 1926	大 05 총08획	奄	문득 suddenly	엄ː	奄 yǎn	奄然(엄연): 매우 급작스러운 모양 奄忽(엄홀) 奄成老人(엄성노인) 奄宅曲阜 微旦孰營(엄택곡부 미단숙영): 곡부에 궁전을 세워 살며 어루만져 가라앉히니, 주공(周公) 단(旦)이 아니면 누가 다스릴 수 있었겠는가 천자문 68/125
1급 1927	扌手 08 총11획	掩	가릴 cover	엄ː	掩 yǎn	掩塞(엄색): 덮어 막음 掩襲(엄습): 엄격(掩擊) 掩蔽(엄폐): 掩諱 掩護(엄호) 掩蔽壕(엄폐호) 掩目捕雀(엄목포작): 눈을 가리고 새를 잡는다. 일을 건성으로 함 掩耳盜鈴(엄이도령): 다 드러난 것을 속이려함
中 4급 1928	口 17 총20획	嚴	엄할 strict; solemn	엄	严/严 yán	嚴格(엄격) 嚴君(엄군) 嚴密(엄밀) 嚴罰(엄벌) 嚴父(엄부) 嚴色(엄색) 嚴肅(엄숙) 嚴正(엄정) 嚴重(엄중) 嚴親(엄친) 嚴酷(엄혹) 威嚴(위엄) 莊嚴(장엄) 嚴冬雪寒(엄동설한)
1급 1929	亻人 20 총22획	儼	엄연할/ 의젓할 decent	엄ː	俨 yǎn	儼恪(엄각) 儼然(엄연): ① 부인할 수 없을 만큼 뚜렷하다 ② 의젓하고 점잖다. 儼雅(엄아) 儼存(엄존) 儼乎(엄호) 儼然曲(엄연곡) 金佛儼坐 其中土苙(금불엄좌기중토개): 부처 밑을 기울이면 삼가웃이 드러난다.
中 6급II 1930	木 09 총13획	業	업/ 일 business	업	业 yè	業鬼(업귀) 業報(업보): 업과(業果) 自業自得(자업자득) 業務(업무) 業績(업적) 業體(업체) 業種(업종) 企業(기업) 事業(사업) 職業(직업) 創業(창업) 就業(취업) 罷業(파업)
高 3급 1931	亅 03 총04획	予	나 I	여	予 yú / yǔ	予曰(여왈): 내게 말하기를　予小子(여소자): 나는 어린 아이요 予取予求(여취여구): 남이 나에게서 얻고 나에게서 구함 予所憎兒 先抱之懷(여소증아 선포지회): 미운 아이 먼저 품어라
中 3급 1932	氵水 03 총06획	汝	너 you	여ː	汝 rǔ	汝矣島(여의도): 서울특별시 영등포구에 있는 한강의 하중도(河中島) 汝自灣(여자만): 전라남도 여수시 화정면 **여자도(汝自島)**를 중심으로 보성군·순천시·여수시·고흥군으로 둘러싸여 있는 내해(內海)
中 4급II 1933	女 03 총06획	如	같을 like	여	如 rú	如干(여간): (주로 부정하는 말과 함께 쓰여) 보통으로. 조금. 어지간하게 如月(여월): 음력 2월 如前(여전) 如此(여차) 如三秋(여삼추) 如鼓琴瑟(여고금슬) 如履薄氷(여리박빙) 如怨如慕(여원여모)
中 3급 1934	人 05 총07획	余	나 I	여	余 yú	余等(여등): 우리들《문어적인 표현》 오등(吾等) 余輩(여배): 우리의 무리. 우리네　余月(여월): 음력 4월의 이칭
中 4급II 1935	食 07 총16획	餘	남을 remain	여	余/馀 yú	餘暇(여가) 餘念(여념) 餘力(여력) 餘白(여백) 餘分(여분) 餘憤(여분) 餘勢(여세) 餘裕(여유) 餘韻(여운) 餘波(여파) 餘裕滿滿(여유만만) 餘皆倣此(여개방차): 다른 나머지도 다 이와 같음

- 171 -

급수	부수/획수	한자	훈음	음	중국어	용례
中 4급 1936	臼 07 총14획	與	더불/ 줄 join in/ give; grant	여:	与/与 yǔ yù, yú	與件(여건) 與圈(여권) 與黨(여당) 與否(여부) 與信(여신) 與野(여야) 與奪(여탈): 주는 일과 빼앗는 일 授與(수여) 贈與(증여) 與民同樂(여민동락) 與羊謀肉(여양모육) 與虎謀皮(여호모피)
高 3급 1937	車 10 총17획	輿	수레 cart	여:	舆 yú	輿論(여론): 사회 대중의 공통된 의견. 세상 사람들의 의견. 輿論調査 權輿(권여): 사물의 시초 籃輿(남여): 뚜껑이 없는 작은 가마 의자와 비슷함 大東輿地圖(대동여지도): 1861년 김정호가 만든 우리나라의 대축척 지도
中 3급Ⅱ 1938	亠 04 총06획	亦	또 also	역	亦 yì	亦是(역시) 亦然(역연): 또한 그러함. 亦如是(역여시): 이것도 또한 學而時習之不亦說乎 有朋自遠方來不亦樂乎: 배우고 때때로 익히면 또한 기쁘지 아니한가? 벗이 멀리서 찾아주니 또한 즐겁지 아니한가? 論語 學而編
高 3급Ⅱ 1939	彳 04 총07획	役	부릴 labor; service	역	役 yì	役軍(역군): 역부(役夫) 役事(역사) 役員(역원) 役割(역할) 勞役(노역) 配役(배역) 兵役(병역) 賦役(부역) 使役(사역) 用役(용역) 雜役(잡역) 重役(중역) 懲役(징역) 現役(현역)
高 3급Ⅱ 1940	疒 04 총09획	疫	전염병 epidemic	역	疫 yì	疫鬼(역귀) 疫病(역병) 疫神(역신) 疫疾(역질) 疫學(역학) 疫患(역환) 檢疫(검역) 防疫(방역) 獸疫(수역) 時疫(시역) 紅疫(홍역) 感染免疫(감염면역) 經口免疫(경구면역)
中 4급 1941	日 04 총08획	易	바꿀 exchange 쉬울 easy	역 이:	易 yì	易經(역경) 交易(교역) 貿易(무역) 易子敎之(역자교지): 자식을 서로 바꾸어 가르친다. 易地思之(역지사지) 萬古不易(만고불역) 安易(안이) 難易度(난이도) 少年易老學難成(소년이로학난성)
中 4급Ⅱ 1942	辶走06 총10획	逆	거스를 reverse; contrary	역	逆 nì	逆鱗(역린) 逆耳(역이) 逆轉(역전) 逆戰(역전) 逆風(역풍) 逆行(역행) 拒逆(거역) 反(叛)逆(반역) 大逆無道(대역무도) 逆取順守(역취순수): 도리에 어긋난 행위로 천하를 빼앗아 바른 도리로 지킴
高 4급 1943	土 08 총11획	域	지경 boundary	역	域 yù	域內(역내) 域外(역외) 疆域(강역) 區域(구역) 槿域(근역): 무궁화나무가 많은 땅 聖域(성역) 水域(수역) 領域(영역) 流域(유역) 音域(음역) 異域(이역) 全域(전역) 地域(지역)
1급 1944	糸 13 총19획	繹	풀[解] solve	역	绎 yì	絡繹(낙역): 왕래가 끊임없다 思繹(사역): 생각하고 찾아서 구함 演繹(연역): 논리의 절차를 밟아 결론을 이끌어 냄 演繹法(연역법) 人馬絡繹(인마낙역): 사람과 말의 왕래가 끊이지 아니한다. 번화한 도시
高 3급Ⅱ 1945	言 13 총20획	譯	번역할 interpret	역	訳/译 yì	譯科(역과) 譯官(역관) 譯書(역서) 譯院(역원) 譯者(역자) 內譯(내역) 累譯(누역) 飜譯(번역) 誤譯(오역) 音譯(음역) 通譯(통역) 漢譯(한역) 通譯官(통역관) 譯語類解(역어유해)
高 3급Ⅱ 1946	馬 13 총23획	驛	역 station; depot	역	駅/驿 yì	驛馬(역마) 驛夫(역부) 驛舍(역사) 驛前(역전) 驛卒(역졸) 驛站(역참): 역말을 갈아타던 곳 驛勢圈(역세권) 電鐵驛(전철역) 驛馬直星(역마직성): 늘 분주하게 떠돌아다니는 사람을 이르는 말
高 4급 1947	廴 04 총07획	延	늘일 delay; prolong	연	延 yán	延經(연경): 연송(延頌) 延期(연기) 延命(연명) 延滯(연체) 延長戰(연장전) 延禧洞(연희동): 서대문구 延頸鶴望(연경학망) 延年益壽(연년익수) 延命息災(연명식재) 延世大學校(연세대학교)
1급 1948	竹 07 총13획	筵	대자리 bamboo seat; bamboo mat	연	筵 yán	筵席(연석) 筵奏(연주) 筵稟(연품) 慶筵(경연): 경사스런 잔치자리 經筵(경연): 임금 앞에서 경서(經書)를 강론하게 하던 일. 또는 그 자리 壽筵(수연): 수연(壽宴): 장수를 축하하는 잔치《환갑잔치》酒筵(주연)
高 3급Ⅱ 1949	氵水05 총08획	沿	물 따라갈 along	연(:)	沿 yán	沿道(연도) 沿邊(연변) 沿線(연선) 沿襲(연습) 沿革(연혁): 변천하여 온 과정 沿岸(연안) 沿岸國(연안국) 沿岸海(연안해) 沿岸漁業(연안어업) 沿海州(연해주) 沿海氣候(연해기후)
高 4급 1950	金 05 총13획	鉛	납 lead	연	铅 qiān yán	鉛(연): Pb; 82 푸르스름한 잿빛의 금속 원소 鉛緣(연연) 鉛絲(연사) 鉛直(연직) 鉛錘(연추) 鉛筆(연필) 硬鉛(경연) 丹鉛(단연) 白鉛(백연) 亞鉛(아연) 黑鉛(흑연) 鉛重石(연중석): 납과 텅스텐 광석

급수	부수	한자	훈	음	中	예시
2급(名) 1951	行 03 총09획	衍	넓을/넘칠 wide; broad; large; spread	연:	衍 yǎn	衍文(연문): 군더더기 글귀 衍義(연의): 의미를 널리 해설함 衍字(연자): 군더더기 글자 蔓衍體(만연체) 衍(延)禧宮(연희궁) 富衍(부연): 재산이 넉넉함 敷衍(演)(부연): 덧붙여 설명을 늘어놓음
2급(名) 1952	女 06 총09획	姸	고울 pretty; beautiful	연:	妍 yán	姸麗(연려): 어여쁘고 아름다움 姸艶(연염): 곱고 아름답다 姸姿(연자): 곱고 아름다운 자태 姸粧(연장): 예쁘게 단장(丹粧)함 姸醜(연추): 아름다움과 추함 濃姸(농연) 纖姸(섬연) 精姸(정연)
中 4급II 1953	石 06 총11획	硏	갈 grind; polish	연:	研 yán yàn	硏究(연구): ① 깊이 조사하여 밝힘 ② 조사하고 생각하여 진리를 알아 냄 硏究所, 硏究員 硏(練,鍊)磨(연마): ① 갈고 닦음 ② 힘써 배우고 닦음 硏修(연수): 연구하고 닦음 硏鑽(연찬): 학문 따위를 깊이 연구함
高 3급II 1954	宀 07 총10획	宴	잔치 feast; banquet	연:	宴 yàn	宴會(연회): 여러 사람이 모여 음식과 술을 먹으면서 즐기는 모임 訣宴(결연): 헤어짐을 아쉬워하여 베푸는 연회 壽宴(수연): 환갑잔치 披露宴(피로연): 결혼·출생 등을 널리 알리는 뜻으로 베푸는 연회
1급 1955	扌手07 총10획	捐	버릴 abandon	연:	捐 juān	捐金(연금) 捐命(연명) 義捐(의연) 出捐(출연) 捐補金(연보금) 義捐金(의연금): 자선이나 공익을 위해 내는 돈 捐金沈珠(연금침주): 금을 산에 버리고 구슬을 못에 버린다. 재물을 가벼이 보고 부귀를 탐하지 않음
高 3급II 1956	車 04 총11획	軟	연할 soft	연:	软 ruǎn	軟膏(연고) 軟骨(연골) 軟球(연구) 軟禁(연금) 軟弱(연약) 軟餌(연이) 軟質(연질) 柔軟(유연) 疲軟(피연) 軟豆色(연두색) 軟着陸(연착륙) 軟體動物(연체동물) 軟口蓋音(연구개음)
2급 1957	石 07 총12획	硯	벼루 inkstone; ink slab	연:	砚 yàn	硯滴(연적) 硯池(연지) 同硯(동연): 同接 (같은 곳에서 학업을 닦음) 筆硯(필연): 붓과 벼루 端溪硯(단계연): 단계석으로 만든 벼루 紙筆硯墨(지필연묵): 종이·붓·벼루·먹 문방사우(文房四友)
2급(名) 1958	氵水09 총12획	淵	못 pond; pool	연	渊 yuān	淵源(연원): 사물의 근본. 本源. 淵潭(연담) 深淵(심연): 깊은 못 顔淵(안연): 노(魯)나라의 현인 陶淵明(도연명): 진(晉)나라의 시인 揭斧入淵(게부입연) 淵蓋蘇文(연개소문): 고구려 장군
中 7급 1959	灬火08 총12획	然	그럴 so; such; nature	연	然 rán	然則(연즉) 然後(연후) 固然(고연) 果然(과연) 當然(당연) 突然(돌연) 漠然(막연) 不然(불연) 偶然(우연) 自然(자연) 天然(천연) 泰然(태연) 必然(필연) 忽然(홀연) 確然(확연)
高 4급 1960	火 12 총16획	燃	탈 burn; combustion	연	燃 rán	燃燈(연등) 燃料(연료) 燃費(연비) 燃燒(연소) 可燃性(가연성) 內燃機關(내연기관) 燃眉之厄(연미지액): 매우 급하게 닥치는 재액 死灰復燃(사회부연): 죽은 불씨에 다시 불이 붙었다. 다시 세력을 얻음
中 4급II 1961	火 09 총13획	煙	연기 smoke	연	烟 yān	煙景(연경) 煙氣(연기) 煙幕(연막) 煙霧(연무) 煙塵(연진) 煙草(연초) 煙火(연화) 禁煙(금연) 喫煙(끽연) 無煙(무연) 煤煙(매연) 吸煙(흡연) 煙戶軍(연호군): 고려 말 각호 징발한 군대
1급 1962	木 09 총13획	椽	서까래 rafter	연	椽 chuán	附椽(부연): 처마 서까래의 끝에 덧얹는 서까래. 며느리서까래 野椽(야연): 들연 長椽(장연): 오량(五梁) 이상으로 지은 집의 맨 끝에 걸리는 서까래 平椽(평연) 椽大之筆(연대지필): 훌륭한 문장(文章)
高 4급 1963	糸 09 총15획	緣	인연 affinity; relation	연	缘 yuán	緣故(연고) 緣分(연분) 緣由(연유) 事緣(사연) 因緣(인연) 地緣(지연) 緣木求魚(연목구어): 나무에 올라가서 물고기를 구함 緣高木望四方(연고목망사방): 높은 나무 위에 올라가 사방을 바라본다.
1급 1964	鳥 03 총14획	鳶	솔개 kite	연	鸢 yuān	鳶絲(연사): 연(鳶)실 防牌鳶(방패연): 방패 모양으로 만든 연 鳶島里(연도리): 여수시 鳶生三年獲一雌雉(연생삼년획일자치) 有鳶其騰 我視作鷹(유연기등 아시작응): 솔개를 매로 보았다.
高 4급II 1965	氵水11 총14획	演	펼 extend; perform	연:	演 yǎn	演劇(연극) 演技(연기) 演壇(연단) 演說(연설) 演習(연습) 演繹(연역) 演藝(연예) 演奏(연주) 演出(연출) 講演(강연) 公演(공연) 試演(시연) 實演(실연) 再演(재연) 出演(출연)

급수	부수/획수	한자	훈	음	중국어	용례
高 3급II 1966	灬火 12 총 16획	燕	제비 swallow	연(ː)	燕 yàn	燕(연): 춘추전국시대에 북부에 있던 나라 기원전 222년에 진(秦)에 멸망 燕口(연귀): 45° 각도로 맞춘 곳 燕岐郡(연기군) 燕山君(연산군) 燕鴻之歎(연홍지탄): 여름철새 제비와 겨울철새 기러기처럼 서로 반대
中 3급II 1967	忄心 07 총 10획	悅	기쁠 joy; glad	열	悦 yuè	悅樂(열락): 기뻐하고 즐거워함. 큰 기쁨 悅愛(열애): 기쁜 마음으로 사랑함 喜悅(희열) 悅人讚者 百事皆僞(열인찬자 백사개위): 남의 칭찬(稱讚)을 좋아하는 사람은 온갖 일이 모두 거짓됨
高 3급 1968	門 07 총 15획	閱	볼[覽] perusal; censorship	열	阅 yuè	閱覽(열람): 책 등을 두루 훑어서 봄 檢閱(검열): 검사하여 살펴봄 校閱(교열): 인쇄물이나 원고 따위의 잘못을 바로잡고 보완함 我躬不閱(아궁불열): 자기 자신이 궁하여 남을 돌볼 처지가 못 됨
中 5급 1969	灬火 11 총 15획	熱	더울 hot	열	热 rè	熱氣(열기) 熱湯(열탕) 熱風(열풍) 熱火(열화) 熱帶魚(열대어) 熱帶夜(열대야) 不因人熱(불인인열): 독립하여 남의 힘을 빌리지 않음 以熱治熱(이열치열): 열은 열로써 다스린다. 힘은 힘으로 물리침
中 3급II 1970	火 04 총 08획	炎	불꽃 flame	염	炎 yán	炎涼(염량) 炎魃(염발): ① 가뭄 ② 가뭄을 맡은 신(神) 炎蒸(염증) 炎天(염천) 炎夏(염하) 盛炎(성염) 暴炎(폭염) 酷炎(혹염) 炎症(염증) 肝炎(간염) 腦炎(뇌염) 鼻炎(비염) 肺炎(폐렴)
高 3급II 1971	木 05 총 09획	染	물들 dye	염ː	染 rǎn	染料(염료) 染色(염색) 染指(염지): 옳지 못한 방법으로 가짐 染紙(염지) 染織(염직) 染疾(염질) 感染(감염) 防染(방염) 汚染(오염) 浸染(침염) 染色體(염색체) 傳染病(전염병)
1급 1972	火 08 총 12획	焰	불꽃 flame	염	焰/燄 yàn	光焰(광염): 빛과 불꽃 氣焰(기염): 불꽃처럼 대단한 기세 氣焰萬丈(기염만장) 防焰(炎)(방염): 불에 타지 않게 막음 火焰(화염): 불꽃 火焰瓶(화염병) 火焰放射器(화염방사기)
2급(名) 1973	門 08 총 16획	閻	마을 village	염	阎 yán	閭閻(여염): 백성의 집이 많이 모여 있는 곳. 여리(閭里). 여항(閭巷). 閻浮提(염부제): 수미산의 사방(四方) 네 육지 중 남쪽에 위치한 육지 閻羅大王(염라대왕): 인간이 지은 생전의 죄악을 심판·징벌하는 대왕
2급 1974	厂 12 총 14획	厭	싫어할 repugnance dislike;	염ː	厌 yàn	厭世(염세) 厭惡(염오) 厭症(염증) 老馬厭太乎(노마염태호) 兵不厭詐(병불염사): 군사에서는 적을 속이는 간사한 꾀도 꺼리지 아니함 山不厭高 水不厭深: 산은 높아지는 것을 싫어하지 않고 물은 깊어지는 것을 싫어하지 않는다.
1급 1975	色 13 총 19획	艷	고울 beauty	염ː	艳 yàn	艷聞(염문) 艷書(염서): 남녀 사이에 애정을 담아 써서 보내는 편지 艷羨(염선) 濃艷(농염) 芳艷(방염) 浮艷(부염) 妖艷(요염) 千態萬艷(천태만염): 여러 가지 모양으로 곱고 아름다운 모습 특급 艶
高 3급II 1976	鹵 13 총 24획	鹽	소금 salt	염	塩/盐 yán	鹽氣(염기) 鹽基(염기) 鹽分(염분) 鹽酸(염산) 鹽素(염소) 鹽池(염지) 鹽指(염지): 집게손가락 鹽化(염화) 天日鹽(천일염) 刻畵無鹽(각화무염): 아무리 꾸며도 무염(無鹽). 비교가 되지 않음
中 5급 1977	艹艸 09 총 13획	葉	잎 leaf	엽	叶 yè	葉序(엽서) 葉書(엽서) 假葉(가엽) 枯葉(고엽) 落葉(낙엽) 末葉(말엽) 中葉(중엽) 枝葉(지엽) 葉綠素(엽록소): 잎파랑이 葉煙草(엽연초): 잎담배 針葉樹(침엽수) 闊葉樹(활엽수)
2급(名) 1978	火 11 총 15획	燁	빛날 bright	엽	烨 yè	燁燁(엽엽): 빛나는 모양 특급II 曄然(엽연): 기상(氣象)이 빛나고 성하다. 曄曄(엽엽): 기상이 뛰어나고 성하다. 특급II 曄(빛날 엽)
中 6급 1979	水 01 총 05획	永	길 forever; eternal; permanent	영ː	永 yǒng	永劫(영겁) 永久(영구) 永眠(영면) 永生(영생) 永續(영속) 永遠(영원) 永有(영유) 永存(영존) 永訣式(영결식): 장례식 永住權(영주권) 永世不忘(영세불망) 永遠無窮(영원무궁)
高 3급 1980	氵水 05 총 08획	泳	헤엄칠 swim	영ː	泳 yǒng	泳脚(영각) 泳路(영로) 水泳(수영) 繼泳(계영) 背泳(배영) 遊泳(유영) 潛泳(잠영) 蝶泳(접영) 平泳(평영) 混泳(혼영) 金泳三(김영삼): 1927~2015 제14대 대통령(1993년 2월~1998년 2월)

高 3급 1981	言 05 총12획	詠	읊을 recite; sing	영:	咏 yǒng	詠歌(영가): 시가를 읊음. 창가(唱歌) 詠詩(영시) 詠唱(영창): 아리아 詠嘆(영탄): 목소리를 길게 뽑아 깊은 정회(情懷)를 읊음 詠歎法(영탄법) 詠雪之才(영설지재): 여자의 뛰어난 글재주
中 4급 1982	辶辵04 총08획	迎	맞을 receive; welcome	영	迎 yíng	迎鼓(영고) 迎年(영년) 迎歲(영세) 迎新(영신) 迎阿(영아) 迎入(영입) 迎接(영접) 迎合(영합) 歡迎(환영) 迎賓館(영빈관) 迎日灣(영일만) 迎神君歌(영신군가): 임금을 맞이하는 노래 龜旨歌
2급(名) 1983	皿 04 총09획	盈	찰[滿] fill	영	盈 yíng	盈滿(영만) 盈盛(영성) 盈盈(영영) 盈月(영월) 盈溢(영일) 盈車(영차) 盈尺(영척) 盈縮(영축) 盈虛(영허) 盈德郡(영덕군) 盈科而後進(영과이후진): 학문은 모든 과정을 차근차근 밟아야 한다.
中 6급 1984	++艸05 총09획	英	꽃부리 corolla	영	英 yīng	英國(영국) 英語(영어) 英文學(영문학) 英韓辭典(영한사전) 英明(영명) 英敏(영민) 英靈(영령) 英才(영재) 英祖(영조) 英俊(영준) 英特(영특) 英賢(영현) 英雄豪傑(영웅호걸)
高 4급 1985	日 05 총09획	映	비칠 reflect; movie	영(:)	映 yìng	映寫(영사) 映像(영상) 映窓(영:창) 映彩(영:채) 映畫(영화) 反映(반영) 放映(방영) 映湖樓(영호루): 안동시 動映像(동영상) 孫康映雪(손강영설): 몹시 가난하여 겨울밤에는 눈빛으로 공부하였다.
2급(名) 1986	日 09 총13획	暎	비칠 reflect 映의 俗字	영:	映 yìng	暎發(영발): 번쩍번쩍 광채가 남 暎虛(영허): 조선 해일(海日)의 호 暎湖亭(영호정): 평안북도 압록강의 지류인 초산천(楚山川)에 있는 정자 暎花堂(영화당): 창덕궁 왕이 입회하는 특별한 과거시험을 치르던 곳
2급(名) 1987	王玉 09 총13획	瑛	옥빛 jade-green	영	瑛 yīng	藍瑛(남영): 중국 명나라 말기에서 청나라 초기의 화가(1585~1664). 文瑛(문영): 문익점(文益漸)의 아들 赤瑛(적영): 붉은 옥(玉)
中 4급Ⅱ 1988	木 10 총14획	榮	영화 prosperity	영	荣/荣 róng	榮光(영광) 榮譽(영예) 榮位(영위) 榮轉(영전) 榮華(영화) 榮慕(영모): 덕을 칭찬하고 흠모함 繁榮(번영): 성하게 살뜨여 영화로움 榮枯盛衰(영고성쇠): 인생이나 사물의 성하고 쇠함이 서로 뒤바뀌는 현상
高 4급 1989	火 13 총17획	營	경영할 management	영	营/营 yíng	營農(영농) 營利(영리) 營業(영업) 營養(영양) 營爲(영위) 經營(경영) 營營區區(영영구구): 이익에 아득바득함 營內(영내) 營門(영문) 營倉(영창) 軍營(군영) 兵營(병영) 陣營(진영)
高 3급Ⅱ 1990	彡 12 총15획	影	그림자 shadow	영:	影 yǐng	影閣(영각) 影像(영상) 影幀(영정) 影響(영향) 反影(반영) 本影(본영) 射影(사영) 印影(인영) 殘影(잔영) 照影(조영) 眞影(진영) 撮影(촬영) 投影(투영) 幻影(환영) 影響力(영향력)
1급 1991	女 14 총17획	嬰	어린아이 baby	영	婴 yīng	嬰視(영시) 嬰兒(영아): 젖먹이 嬰孩(영해): 어린아이 句嬰(구영) 聖嬰(성영): 아기 예수 育嬰(육영) 退嬰(퇴영): 囧 진취(進取) 嬰記號(영기호): 올림표 嬰陽王(영양왕): 고구려 26대 임금
1급 1992	日 02 총06획	曳	끌 drag	예:	曳 yè	曳白(예백): 답안지를 백지로 내놓는 일 曳引(예인) 曳引船(예인선) 曳尾塗中(예미도중): 진흙탕 속에서 꼬리를 끌며 살아도 죽은 후의 호강보다 좋다 曳牛却行(예우각행): 소를 끌고 뒷걸음질한다. 매우 힘이 셈을 이르는 말
2급(名) 1993	++艸04 총08획	芮	성(姓) surname	예:	芮 ruì	芮(예): 의성(義城), 의흥(義興) 芮芮(예예): 풀이나 싹이 나서 뾰족뾰족하게 자라는 모양 石龍芮(석용예): 개구리자리 미나리아재빗과의 두해살이풀
1급 1994	言 06 총13획	詣	이를[至] reach	예:	诣 yì	詣闕(예궐): 대궐에 들어감 參詣(참예): 신이나 부처에게 나아가 뵘 造詣(조예): 학문이나 기예에 대한 지식이나 경험이 깊은 경지에 이른 정도 詣侍衛(예시위): 봉도(奉導) 때 외치던 소리로, '모시고 나가자'라는 뜻
1급 1995	衣 07 총13획	裔	후손 descendant	예:	裔 yì	裔孫(예손): 먼 자손 遠裔(원예): 먼 후세의 자손. 來裔(내예): 후세(後世)의 자손 後裔(후예): 후손(後孫) 弓裔(궁예): 후고구려(後高句麗)를 건국한 왕 (재위(在位) 901~918)

급수/연도	부수/획수	한자	훈	음	중국어	용례
2급 1996	頁 04 총13획	預	맡길/미리 deposit	예:	预 yù	預貸(예대): 예금과 대출 預入(예입) 預差(예차) 預置(예치) 預託(예탁) 參預(참예)☞참여(參與) 預金計座(예금계좌) 預告祭(예고제): 제사지낼 대상에게 미리 날짜를 알리고 지내는 제사
高 4급 1997	豕 09 총16획	豫	미리 beforehand	예:	予/豫 yù	豫告(예고) 豫令(예령) 豫備(예비) 豫算(예산) 豫言(예언) 豫告制(예고제): 미리 알려 주는 제도 豫選戰(예선전): 예선경기 豫探神祀(예탐신사): 기쁜 일이 있을 때 미리 조상에게 알리는 굿 (=여탐굿)
2급(名) 1998	目 09 총14획	睿	슬기 intelligence	예:	睿 ruì	睿哲(예철): 지혜가 깊고 사리에 밝다. 睿德(예덕): ① 뛰어난 덕망 ② 왕세자의 덕망 睿製(예제): 왕세자나 왕세손이 글을 지음 睿宗(예종): 조선 8대왕 睿旨(예지): 왕세자가 임금을 대신하여 정치를 할 때 내리는 명령
高 3급 1999	金 07 총15획	銳	날카로울 sharp	예:	锐 ruì	銳角(예각) 銳感(예감) 銳刀(예도) 銳鈍(예둔) 銳利(예리) 銳敏(예민) 銳意(예의) 銳智(예지) 銳進(예진) 銳陣(예진) 輕銳(경예) 果銳(과예) 新銳(신예) 精銳(정예) 尖銳(첨예)
2급(名) 2000	氵水13 총16획	濊	종족이름 the name of ancient Korean tribe	예:	濊 huì	濊國(예국): 삼국 시대 초기 강릉시를 중심으로 그 일대에 있었던 부족 국가 濊貊(예맥): 고대 만주지역에 거주한 한국의 종족 명칭. 고조선의 관할 경계 내에 있던 나라. 그로부터 부여와 고구려가 갈려 나왔다.
1급 2001	禾 13 총18획	穢	더러울 dirty	예:	秽 huì	穢德(예덕): 좋지 않은 행실 穢土(예토): 더러운 땅 '이승' ↔정토(淨土) 蕪穢(무예): 잡초(雜草)가 무성(茂盛)하여 거칠고 지저분하게 됨 穢德先生傳(예덕선생전): 박지원의 한문단편소설 5급 歲(해 세)
中 4급Ⅱ 2002	++艸15 총19획	藝	재주 talent; skill	예:	芸/艺 yì	藝能(예능) 藝林(예림) 藝術(예술) 藝苑(예원) 工藝(공예) 技藝(기예) 武藝(무예) 文藝(문예) 書藝(서예) 演藝(연예) 園藝(원예) 學藝(학예) 藝文館(예문관) 藝術品(예술품)
高 3급Ⅱ 2003	言 14 총21획	譽	기릴/명예 honor	예:	誉/誉 yù	譽言(예언): 남을 칭찬하여 기리는 말 榮譽(영예): 영광스러운 명예 名譽(명예): 세상에서 훌륭하다고 일컬어지는 이름이나 자랑 名譽職(명예직) 名譽退職(명예퇴직) 名譽毁損罪(명예훼손죄)
中 7급Ⅱ 2004	十 02 총04획	午	낮/일곱째 지지 noon; midday	오:	午 wǔ	午睡(오수) 午前(오전) 午後(오후) 午餐(오찬) 正午(정오) 午後閑良(오후한량): 한량음식(배고픈 차에 음식을 마구 먹는 짓) 午(오): 十二支의 일곱째 말[馬] 갑오년(甲午年) 무오사화(戊午史禍)
中 8급 2005	二 02 총04획	五	다섯 five	오:	五 wǔ	五倫(오륜): 君臣有義·父子有親·夫婦有別·長幼有序·朋友有信 五福(오복): 수(壽)·부(富)·강녕(康寧)·유호덕(攸好德)·고종명(考終命) 五臟(오장): 간장·심장·비장·폐장·신장(腎臟) 五十步百步(오십보백보)
1급 2006	亻人04 총06획	伍	다섯 사람 five people	오:	伍 wǔ	伍列(오열) 伍長(오장) 軍伍(군오) 落伍(낙오) 隊伍(대오): 군대의 行伍. 군대 행렬의 줄 部伍(부오) 束伍(속오) 編伍(편오) 伍兩卒旅(오량졸려): 군대 단위 伍:5명, 兩:25명, 卒:1백 명, 旅:5백 명
中 3급 2007	口 04 총07획	吾	나 I; we	오	吾 wú	吾等(오등): 우리들 吾輩(오배): 우리의 무리 吾人(오인): 나. 우리 吾兄(오형): 정다운 벗 사이의 편지에 상대를 서로 일컫는 말 吾不關焉(오불관언) 吾鼻三尺(오비삼척) 三省吾身(삼성오신)
中 3급Ⅱ 2008	忄心07 총10획	悟	깨달을 understanding	오:	悟 wù	悟道(오도): 불도의 진리를 깨달음 悟性(오성): 지성이나 사고의 능력 悟悔(오회) 覺悟(각오): 도리를 깨쳐 앎 改悟(개오) 開悟(개오) 大悟覺醒(대오각성): 진실을 깊이 깨닫고 올바르게 정신을 가다듬음
2급 2009	木 07 총11획	梧	오동나무 paulownia (tree)	오(:)	梧 wú	梧桐(오동) 梧亭區(오정구): 부천시 梧桐斷角(오동단각) 梧桐一葉(오동일엽): 오동 한 잎을 보고 가을이 온 것을 안다. 梧桐早凋(오동조조): 오동잎은 가을이면 다른 나무보다 먼저 마름
1급 2010	宀 11 총14획	寤	잠깰 awake	오	寤 wù	寤夢(오몽): 낮에 일어난 일을 꿈에서 봄 寤寐求之(오매구지): 자나 깨나 항상 찾음 寤寐不忘(오매불망): 자나 깨나 잊지 못함 寤寐思服(오매사복): 자나 깨나 생각하는 것을 말함

급수	부수/획수	한자	훈/음	한국음	중국어	용례
高3급 2011	氵水03 총06획	汚	더러울 dirty	오	污 wū	汚隆(오륭): 쇠함과 융성함 汚名(오명) 汚物(오물) 汚世(오세) 汚損(오손) 汚水(오수) 汚染(오염): 더럽게 물듦 汚染源(오염원) 汚辱(오욕): 더럽히고 욕되게 함 汚點(오점) 汚濁(오탁): 더럽고 흐림
2급(名) 2012	口 04 총07획	吳	성(姓)/ 나라이름 춘추전국시대	오	吴/吳 wú	吳吟(오음): 고향을 그리워함 吳回(오회): 불의 신(神) 吳姬(오희): 아름다운 여자 吳越同舟(오월동주): 사이 나쁜 사람들이 한 배에 타고 협력함 吳越春秋(오월춘추): 춘추시대의 오와 월의 분쟁의 전말을 기록한 史書
高3급 2013	女 07 총10획	娛	즐길 amuse; enjoy	오	娱/娛 yú	娛樂(오락) 娛遊(오유): 즐기고 놂 喜娛(희오) 戲娛(희오) 娛樂室(오락실) 家庭娛樂(가정오락) 大衆娛樂(대중오락) 娛安樂(오안악): 문묘 제향에서, 변(籩)과 두(豆)를 아릴 때에 연주하는 곡
中4급II 2014	言 07 총14획	誤	그르칠 mistake	오	误/誤 wù	誤謬(오류) 誤書(오서) 誤字(오자) 誤差(오차) 誤解(오해) 過誤(과오) 錯誤(착오) 正誤表(정오표): 잘못된 부분을 바로잡은 표 魯魚之誤(노어지오): 노(魯) 자와 어(魚) 자가 비슷하여 틀리기 쉽다
中3급II 2015	灬火06 총10획	烏	까마귀 crow	오	乌 wū wù	烏竹軒(오죽헌) 烏飛梨落(오비이락) 烏合之卒(오합지졸) 烏魚之瑞(오어지서): 붉은 까마귀와 흰 물고기의 상서(祥瑞)로운 조짐 烏鳥私情(오조사정): '까마귀의 사사로운 정' 부모를 섬기는 지극한 효심
高3급 2016	口 10 총13획	嗚	슬플 sigh	오	呜 wū	嗚咽(오열): 목메어 욺 嗚泣(오읍): 같은 말 : 오열(嗚咽) (목메어 욺) 嗚呼(오호): 슬플 때나 탄식할 때 내는 소리. 아. 오 ·~라 슬프도다. 嗚呼痛哉(오호통재): '아, 비통하다', 슬플 때나 탄식할 때 하는 말
高3급 2017	亻人11 총13획	傲	거만할 proud; haughty	오	傲 ào	傲氣(오기) 傲慢(오만): 건방지고 거만함 傲然(오연) 倨傲(거오) 傲慢不遜(오만불손) 傲霜孤節(오상고절): 서릿발이 심한 추위 속에서도 굴하지 않고 홀로 꼿꼿하다, 충신(忠臣) 또는 국화(菊花)를 말함
1급 2018	大 10 총13획	奧	깊을 deep; profound	오(;)	奥 ào	奧妙(오묘): 심오하고 미묘하다. 奧義(오의): 깊은 뜻. 오지(奧旨) 奧地(오지): 두메산골 深奧(심오) 奧密稠密(오밀조밀): 정교하고 세밀한 모양. 자상한 모양 究其堂奧(구기당오): 학문의 깊은 뜻을 연구함
1급 2019	忄心13 총16획	懊	한할 regret	오	懊 ào	懊惱(오뇌): 뉘우쳐 한탄하고 번뇌함. 근심하여 괴로워함. 懊恨(오한):☞ 회한(悔恨): 뉘우치고 한탄함 懊悔(오회):☞ 회한(悔恨): 뉘우치고 한탄함
2급(名) 2020	土 13 총16획	墺	물가 waterside; shore; beach	오	墺 ào	墺地利(오지리): '오스트리아(Australia)'의 음역(音譯) 호주(濠洲)《정식명 the Commonwealth of Australia》.
中4급II 2021	玉 00 총05획	玉	구슬 jade	옥	玉 yù	玉圭(옥규): 옥으로 만든 홀(笏) 玉蘭(옥란): 백목련 玉寶(옥보) 玉璽(옥새) 玉碎(옥쇄): 명예나 충절을 위해 깨끗이 죽음 玉詠(옥영) 玉帝(옥제) 玉篇(옥편) 玉石俱焚(옥석구분): 선악이 함께 망함
2급(名) 2022	金 05 총13획	鈺	보배 treasure	옥	钰 yù	인명용 한자
2급(名) 2023	氵水04 총07획	沃	기름질 fertility	옥	沃 wò	沃畓(옥답): 기름진 논 沃野(옥야): 기름진 들 沃土(옥토): 기름진 땅 沃沮(옥저): 함경도 일대에 있던 고조선의 한 부족국가 肥沃(비옥): 땅이 걸고 기름짐 門前沃畓(문전옥답) 門前沃土(문전옥토)
中5급 2024	尸 06 총09획	屋	집 house	옥	屋 wū	屋廬(옥려): 살림집 屋上(옥상) 家屋(가옥) 書屋(서옥) 酒屋(주옥) 屋上架屋(옥상가옥): 지붕 위에 거듭 지붕을 얹는다는 뜻으로, 물건이나 일을 부질없이 거듭함의 비유 三間草屋(삼간초옥)
高3급II 2025	犭犬11 총14획	獄	옥[囚舍] prison	옥	狱 yù	獄苦(옥고) 獄吏(옥리) 獄死(옥사) 獄舍(옥사) 獄事(옥사) 監獄(감옥) 牢獄(뇌옥) 囚獄(수옥) 地獄(지옥) 投獄(투옥) 獄鎖匠(옥쇄장) 劍林地獄(검림지옥) 無間地獄(무간지옥)

급수	부수/획수	한자	훈	음	중국어	용례
中 6급 2026	氵水 10 총13획	溫	따뜻할 warm; gentle; mild	온	温/溫 wēn	溫氣(온기) 溫暖(온난) 溫度(온도) 溫冷(온랭) 溫涼(온량) 溫室(온실) 溫情(온정) 氣溫(기온) 三寒四溫(삼한사온) 常溫(상온) 溫故知新(온고지신): 옛것을 익히고 미루어 새것을 앎
1급 2027	⺿艸 16 총20획	蘊	쌓을 collect	온:	蘊 yùn	蘊奧(온오): 학문이나 기예 따위의 이치가 깊고 오묘하다. 五蘊(오온) 五蘊盛苦(오온성고): 오온(五蘊)인 색(色), 수(受), 상(想), 행(行), 식(識) 즉 정신세계와 물질세계가 너무 성성한 고통
2급 2028	禾 14 총19획	穩	편안할 serenity; calmness	온	穩/稳 wěn	穩健(온건): 사리에 맞고 건실함 穩當(온당): 사리에 어긋나지 않고 알맞다 穩全(온전): 본바탕 그대로 고스란하다 不穩(불온): ① 온당하지 않음 ② 치안을 해칠 우려가 있음 安穩(안온) 平穩(평온): 조용하고 평안함
高 3급 2029	羽 04 총10획	翁	늙은이 old	옹	翁 wēng	翁(옹): 늙은이, 어르신네, 아버지, 장인, 시아버지, (새의)목털 翁壻(옹서): 장인과 사위 翁主(옹주): 임금의 후궁에게서 태어난 딸 老翁(노옹) 塞翁之馬(새옹지마): 길흉화복을 예측할 수 없다.
2급(名) 2030	邑 03 총10획	邕	막힐[壅]/ 화락할[雍] harmony	옹	邕 yōng	邕氏(옹씨): 본관은 옥천(沃川), 순창(淳昌), 부령(富寧) 邕水(옹수) 邕穆(옹목): 화목함 邕邕(옹옹): 조화(調和)한 모양 邕劇[yōngjù]: 옹극 광시(广西)성 융장(邕江) 유역의 전통극의 일종
2급(名) 2031	隹 05 총13획	雍	화(和)할/ 화락할 peace	옹	雍 yōng	雍容(옹용): 화락하고 조용함 雍睦(옹목): 화목 雍齒(옹치): 늘 싫어하고 미워하는 사람 雍也可使南面(옹야가사남면): "옹은 임금을 시킬 만하다." 雍安樂(옹안락): 종묘와 사직의 제향에 변두(籩豆)를 거둘 때에 아뢰는 악장
高 3급 2032	扌手 13 총16획	擁	낄/ 안을 embrace; hug	옹:	拥 yōng	擁立(옹립): 임금으로 받들어 모심 擁壁(옹벽) 擁衛(옹위) 抱擁(포옹) 擁護(옹호) 擁書萬卷(옹서만권): 많은 책을 가지고 있음 群星擁北(군성옹북): 많은 별이 북극성을 따른다. 많은 文士들이 모여듦
1급 2033	土 13 총16획	壅	막을 close up	옹	壅 yōng	痰壅(담옹): 가래가 기관지나 허파 꽈리 내에 걸려서 나올 수 없는 병 壅劫(옹겁): 정(情) 따위를 막아 버림 壅塞(옹색): 매우 비좁다. 壅拙(옹졸): 너그럽지 못하고 소견이 좁다. 壅固執(옹고집): 매우 심한 고집
2급(名) 2034	瓦 13 총18획	甕	독 pottery	옹:	瓮 wèng	甕器(옹기) 甕城(옹성): ① 철옹산성(鐵甕山城)' ② 성문 밖에 쌓은 작은 성 糟甕(조옹): 술찌끼의 독(槽(함 독)) 甕津郡(옹진군): 인천광역시 甕裏醯鷄(옹리혜계): 술독 속에 초파리, 식견이 좁고 세상 물정을 잘 모르는 사람
中 3급Ⅱ 2035	瓦 00 총05획	瓦	기와 roof tile	와:	瓦 wǎ	瓦器(와기) 瓦礫(와력): 깨진 기와 조각 瓦解(와해): 무너져 흩어짐 煉瓦(연와) 瓦斯體(와사체): 일정한 모양과 부피가 없는 물질 黃鐘毀棄瓦釜雷鳴(황종훼기와부뇌명): 君子은 버림을 받고 소인이 발호함
中 3급 2036	臣 02 총08획	臥	누울 lie	와:	卧 wò	臥龍(와룡) 臥病(와병) 臥床(와상) 臥佛(와불) 臥像(와상) 臥牛(와우) 臥瘡(와창) 臥薪嘗膽(와신상담): 섶에 누워 쓸개를 맛본다. 원수를 갚거나 마음먹은 일을 이루려고 괴로움과 어려움을 참고 견딤
1급 2037	言 04 총11획	訛	그릇될 go wrong	와:	讹 é	訛謬(와류): 오류(誤謬) 訛言(와언): ① 잘못 전해진 말, 와설 ② 사투리 訛音(와음): 잘못 전해진 글자의 음 訛傳(와전): 사실과 다르게 전함 以訛傳訛(이와전와): 거짓말에 또 거짓말이 섞여 자꾸 전하여 감
1급 2038	氵水 09 총12획	渦	소용돌이 whirlpool	와	涡 wō Guō	渦度(와도) 渦雷(와뢰) 渦流(와류) 渦紋(와문) 渦狀(와상) 渦旋(와선) 渦中(와중) 渦形(와형) 渦動輪(와동륜): 渦動環 渦電流(와전류): 맴돌이 전류 渦狀星雲(와상성운): 소용돌이 모양의 은하
1급 2039	虫 09 총15획	蝸	달팽이 snail	와	蜗 wō	蝸角(와각): 더듬이 蝸牛(와우): 달팽이 蝸牛殼(와우각): 달팽이관 蝸角之爭(와각지쟁) 蝸牛角上(와우각상): 세상이 좁은 것을 일컫는 말 蝸牛殼狀(와우각상): 달팽이 껍데기처럼 생긴 모양. 속이 비어 있는 나선형
中 5급 2040	宀 04 총07획	完	완전할 complete; perfect	완	完 wán	完決(완결) 完結(완결) 完納(완납) 完璧(완벽) 完成(완성) 完遂(완수) 完勝(완승) 完全(완전) 未完(미완) 補完(보완) 完璧歸趙(완벽귀조) 完如盤石完如盤石(완여반석) 完全無缺(완전무결)

급수	부수	한자	훈	음	中	뜻풀이
2급(名) 2041	⺾艸07 총11획	莞	빙그레할/ 왕골 sedge mat	완ː	莞 guān, wǎn	莞爾(완이): 빙그레 웃는 모양 莞靑(완청): 골풀 莞草(완초): 왕골 莞花(완화): 팥꽃나무의 꽃봉오리를 말린 약재《부종·창증(脹症)·해수에 씀》 莞島(완도): 전라남도 莞浦(완포): 현(縣) 이름. 창원시(昌原市) 지역
1급 2042	⻖阜04 총07획	阮	성(姓) surname	완ː	阮 ruǎn	阮堂(완당): 추사 김정희(金正喜)의 호 阮堂集(완당집): 김정희의 시문집 阮堂印譜(완당인보) 阮堂尺牘(완당척독): 편지를 수집하여 엮은 책 阮丈(완장): 남의 삼촌의 존칭 阮咸(완함): 중국의 현악기=월금(月琴)
1급 2043	王玉04 총08획	玩	즐길 play; toy	완ː	玩 wán	玩具(완구) 玩賞(완상) 玩好(완호) 玩火自焚(완화자분) 玩人喪德 玩物喪志(완인상덕 완물상지): 소인과 희롱하면 마침내 자신의 덕을 잃게 되고, 쓸데없는 물건을 가지고 놀면 본심을 잃게 된다.
1급 2044	頁04 총13획	頑	완고할 obstinacy	완	頑 wán	頑强(완강): 태도와 의지가 굳세다. 頑剛(완강): 기질이 꿋꿋하고 고집이 셈 頑固(완고): 융통성이 없이 올곧고 고집이 세다. 頑夫(완부) 頑守(완수) 頑廉懦立(완렴나립): 완악한 자 염치 있게 하고, 게으른 자는 뜻을 세움
1급 2045	宀05 총08획	宛	완연할 obvious	완	宛 wǎn, yuān	宛然(완연): 뚜렷하다. 宛轉(완전): 순탄하고 원활하여 구차하지 않다. 宛丘(완구): 신대우(申大羽)의 호 조선 후기의 문신 시문과 서예에 능하였다. 宛丘遺集(완구유집): 조선 정조(正祖) 때 신대우(申大羽)의 시문집
1급 2046	女08 총11획	婉	순할/ round 아름다울 beauty	완ː	婉 wǎn	婉曲(완곡) 婉麗(완려) 婉媚(완미) 婉淑(완숙) 婉順(완순) 婉弱(완약) 婉語(완어) 婉婉(완완) 婉容(완용) 婉轉(완전): 순탄하고 원활하여 구차하지 않다. 婉峻(완준) 貞婉(정완) 淸婉(청완)
1급 2047	月肉08 총12획	腕	팔뚝 arm	완(ː)	腕 wàn	腕力(완ː력): 팔의 힘 腕部(완부) 腕章(완ː장): 팔에 두르는 표장 腕法(완법): 서예 팔의자세 침완법(枕腕法)·제완법(提腕法)·현완법(懸腕法) 手腕(수완): ① 일을 꾸미거나 처리 나가는 재간 ② 손목의 잘록하게 들어간 곳
高 3급Ⅱ 2048	糸09 총15획	緩	느릴 slow; loose	완ː	缓 huǎn	緩曲(완곡) 緩急(완급): 느림과 빠름(급함) 緩帶(완대): 마음을 풂 緩慢(완만): ① 느릿느릿하다. ② 가파르지 않다. 緩衝(완충) 緩治(완치) 緩行(완행) 緩和(완화): 느슨하게 함 弛緩(이완): 긴장이 풀려 느슨해짐
中 3급 2049	曰00 총04획	曰	가로 say	왈	曰 yuē	曰牌(왈패): 말이나 행동이 단정하지 못하고 수선스러운 사람. 왈짜 或曰(혹왈) 曰可曰否(왈가왈부): 옳다 거니 그르다 거니 말함 孔子曰 孟子曰(공자왈 맹자왈): 공리공론만 일삼음을 보고하는 말
中 8급 2050	王玉00 총04획	王	임금 king	왕	王 wáng	王家(왕가) 王宮(왕궁) 王道(왕도) 王陵(왕릉) 王妃(왕비) 王孫(왕손) 王室(왕실) 王子(왕자) 王朝(왕조) 王祖(왕조) 王儉城(왕검성): 고조선의 도읍지 王大夫人(왕대부인): 남의 할머니의 존칭
2급(名) 2051	氵水04 총07획	汪	넓을 vast	왕(ː)	汪 wāng	汪洋(왕ː양): ① 바다가 끝없이 넓음 ② 미루어 헤아리기 어려움 汪然(왕ː연): ① 바다나 호수 따위가 넓고 깊다 ② 눈물이 줄줄 흐르다. 汪汪(왕ː왕): 물이 끝없이 넓고 깊음 汪兆銘(왕조명): 중국정치가
中 4급Ⅱ 2052	彳05 총08획	往	갈 go	왕ː	往 wǎng	往年(왕년) 往來(왕래) 往復(왕복) 往診(왕진) 已往(이왕) 旣往之事(기왕지사) 說往說來(설왕설래) 右往左往(우왕좌왕) 往而不來者年也(왕이불래자년야): 가서 오지 않는 것은 해 歲月
2급(名) 2053	日04 총08획	旺	왕성할 prosperous	왕ː	旺 wàng	旺盛(왕성): 한창 성함 萬旺(만왕): 윗사람의 원기가 매우 왕성하다 金旺之節(금왕지절): 가을 木旺之節(목왕지절): 봄 火旺之節(화왕지절): 화기(火氣)가 왕성한 절기, '여름'을 이르는 말
1급 2054	木04 총08획	枉	굽을 bend	왕ː	枉 wǎng	枉曲(왕곡): 휘어 구부러짐, 또는 휘어 굽힘 枉臨(왕림): 남이 자기가 있는 곳으로 옴의 경칭. 왕가(枉駕) 왕고(枉顧) 혜고(惠顧) 枉尺直尋(왕척직심): 짧은 것은 굽히고 긴 것을 편다, 소를 희생시켜 대를 살림
2급 2055	止05 총09획	歪	기울 aslant; devious	왜 외	歪 wāi	歪力(왜력)=변형력 歪曲(왜곡): 사실과 다르게 해석하거나 그릇되게 함 歪像(왜상): 왜곡된 형상 歪形(왜형): 비뚤어진 모양 歪調(외조): 본래의 조에서 다른 조로 넘어갔다가 다시 자기 조로 되돌아오는 화성 진행 형태

급수	부수	한자	훈	음	中	용례
2급(名) 2056	亻人08 총10획	倭	왜나라 Japanese	왜	倭 wō	倭警(왜경) 倭館(왜관) 倭寇(왜구) 倭軍(왜군) 倭女(왜녀) 倭奴(왜노) 倭商(왜상) 倭食(왜식) 倭人(왜인) 倭將(왜장) 倭紙(왜지) 倭靑(왜청) 館守倭(관수왜) 壬辰倭亂(임진왜란)
1급 2057	矢 08 총13획	矮	난쟁이 dwarf	왜	矮 ǎi	矮軀(왜구) 矮陋(왜루): ① 작고 보기에 흉하다 ② 집이 낮고 누추하다 矮小(왜소) 矮屋(왜옥) 矮人看戱(왜인간희): 키가 작은 사람이 큰 사람 틈에 끼여 구경은 못하고서 앞사람의 이야기만 듣고 자기가 본 체한다.
中 8급 2058	夕 02 총05획	外	바깥 outside; external	외ː	外 wài	外科(외과) 外廓(외곽) 外交(외교) 外國(외국) 外面(외면) 外貌(외모) 外部(외부) 外祖(외조) 外戚(외척) 外出(외출) 外患(외환) 外換(외환) 外三寸(외삼촌) 外柔內剛(외유내강)
高 3급 2059	田 04 총09획	畏	두려워할 awe; afraid	외ː	畏 wèi	畏懼(외구) 畏服(외복) 可畏(가외) 敬畏(경외) 無所畏(무소외): 두려움이 없음 畏首畏尾(외수외미): 남이 알게 되는 것을 꺼리고 두려워함 畏人之多言(외인지다언): 세상 사람들이 비방하는 것을 두려워함
1급 2060	犭犬09 총12획	猥	외람할 presumption; impertinence	외ː	猥 wěi	猥濫(외람): 하는 짓이 분수에 지나치다. 분에 넘치다. 猥褻(외설): 사람의 성욕을 함부로 자극해서 난잡함 특급Ⅱ 褻(더러울 설) 猥雜(외잡): 음탕하고 어지러움. 난잡(亂雜)
1급 2061	山 18 총21획	巍	높고 클 lofty	외	巍 wēi	巍巍(외외): 산 따위가 높고 우뚝하다 외아(巍峨)하다 외연(巍然)하다 巍擢(외탁): 높은 지위에 발탁되거나 발탁(拔擢)됨 巍蕩(외탕): 높고 넓음 巍煥(외환): 두드러지게 뛰어나고 빛남
1급 2062	大 01 총04획	夭	일찍 죽을/ 어릴 die young	요ː	夭 yāo	夭厲(요려): 유행병 夭折(요절): 젊은 나이에 죽음. 요사(夭死). 요함(夭陷) 免夭(면요): 나이 쉰 살을 겨우 넘기고 죽음 桃夭時節(도요시절) 夭夭貞靜(요요정정): 나이가 젊고 용모가 아름다우며 마음이 올바르고 침착하다.
2급 2063	女 04 총07획	妖	요사할 strange; fickle	요	妖 yāo	妖怪(요괴) 妖魔(요마) 妖妄(요망): 요사스럽고 망령됨 妖婦(요부) 妖邪(요사): 요망하고 간사함 妖艶(요염): 사람을 홀릴 만큼 매우 아름다움 妖由人興(요유인흥): 요사스러움은 사람이 양심을 잃었을 때에 일어남
1급 2064	凵 03 총05획	凹	오목할 concave	요	凹 āo wā	凹角(요각) 凹鏡(요경) 凹隆(요륭): 지면이 꺼졌다 솟았다 함 凹面(요면) 凹彫(요조) 凹處(요처) 凹凸(요철) 凹版(요판) 凹陷(요함) 凹地湖(요지호): 수면(水面)이 해수면보다 낮은 호수
1급 2065	扌手05 총08획	拗	우길 persist	요	拗 niù ào, ǎo	執拗(집요): ① 고집스럽게 끈질김 ② 성가시게 따라붙어 떨어지지 않음 拗執(요집): 외통으로 우기며 고집함 拗體(요체): 근체 한시(近體漢詩) 拗引脅持(요인협지): 집요하게 끌어다 대고, 상대방을 위협하여 휘어잡음
1급 2066	穴 05 총10획	窈	고요할 silent	요ː	窈 yǎo	窈冥(요명): 날이 어스레함 窈靄(요애): 멀고 까마득하다 靄(아지랑이 애) 窈然(요연): 아득하다 窈窕(요조): 여자의 행동이 얌전하고 정숙하다 窈窕淑女(요조숙녀): 말과 행동이 품위 있고 정숙(貞淑)한 여자
2급(名) 2067	女 06 총09획	姚	예쁠 beauty	요	姚 yáo	姚冶(요야): 요염(妖艶)하도록 아름답다. 姚江派(요강파): '양명학파' 왕양명(王陽明)이 浙江省의 요강 사람 姚江學(요강학): ☞ 陽明學: 지행합일(知行合一)을 꾀해야 한다는 주장
中 5급Ⅱ 2068	襾 03 총09획	要	요긴할 request; important	요(ː)	要 yào yāo	要綱(요강) 要求(요구) 要緊(요긴) 要領(요령) 要望(요망) 要約(요약) 要點(요점) 要請(요청) 要諦(요체) 需要(수요) 主要(주요) 重要(중요) 必要(필요) 要領不得(요령부득)
高 3급 2069	月肉09 총13획	腰	허리 waist	요	腰 yāo	腰帶(요대): 허리띠 腰輿(요여): 혼백과 신주를 모시고 돌아오는 작은 가마 腰圍(요위) 腰痛(요통) 蜂腰(봉요) 山腰(산요) 細腰(세요) 柳腰(유요) 腰折腹痛(요절복통): 우스워 허리가 꺾이고 배가 아플 지경임
2급(名) 2070	土 09 총12획	堯	요임금 Emperor Yao	요	堯/尧 yáo	堯舜時代(요순시대): 중국 고대의 성천자(聖天子)인 요임금과 순임금이 덕으로 천하를 다스리던 시절. 나라가 태평한 시대를 일컫는 말 見堯於墻(견요어장): 舜(순)임금이 죽은 堯(요)임금을 그리워 잊지 않음

급수	부수/획수	한자	훈/음	음	간체/병음	용례
1급 2071	亻人12 총14획	僥	요행/바랄 luck	요	侥 jiāo yáo	僥冒(요모): 요행히 벼슬길에 낌 僥倖(요행): ① 행복을 바람 ② 뜻밖에 얻는 행복 또는 뜻밖으로 운수가 좋음 僥倖數(요행수): 뜻밖에 얻는 좋은 운수
1급 2072	食 12 총21획	饒	넉넉할 plenty	요	饶 ráo	饒富(요부): 살림이 넉넉함 饒舌(요설): 쓸데없이 말을 많이 함 饒足(요족): 요부(饒富)하다. 肥饒(비요): 땅이 걸고 기름짐 豊饒(풍요): 매우 많아서 넉넉함. 풍유(豊裕) · ~를 누리다
高3급 2073	扌手10 총13획	搖	흔들 shake	요	摇/摇 yáo	搖改(요개) 搖車(요거) 搖落(요락) 搖(擾)亂(요란) 搖籃(요람) 搖動(요동) 搖聲(요성): 국악 떠는 소리 動搖(동요): 움직이고 흔들림 勸上搖木(권상요목) 搖尾乞憐(요미걸련) 搖之不動(요지부동)
高3급 2074	辶辵10 총14획	遙	멀/거닐 distant	요	遥/遥 yáo	遙拜(요배): 망배(望拜): 멀리서 연고가 있는 쪽을 향해 절을 함 遙山(요산) 遙昔(요석): 먼 옛날 遙遠(요원): 까마득히 멂 遙天(요천): 먼 하늘 遙度(요탁): 먼 곳에서 남의 심정을 헤아림 逍遙(소요): 산책(散策)
高4급II 2075	言 10 총17획	謠	노래 song	요	谣/谣 yáo	歌謠(가요) 農謠(농요) 童謠(동요) 民謠(민요) 俗謠(속요) 詩謠(시요) 麗謠(여요): 고려 때의 민간 노래 歌謠曲(가요곡) 高麗歌謠(고려가요) 風謠續選(풍요속선) 海東歌謠(해동가요)
1급 2076	穴 10 총15획	窯	기와 가마 kiln	요	窑 yáo	窯址(요지): 가마터 窯業(요업): 도자기·유리·시멘트·기와·벽돌 등을 만드는 제조업 官窯(관요) 陶窯(도요): 도기를 굽는 가마 民窯(민요) 煤炭窯(매탄요) 毛柴窯(모시요): 잡목으로 불을 때어 도자기를 굽는 가마
1급 2077	辶辵13 총17획	邀	맞을 meet	요	邀 yāo	邀擊(요격): 공격해 오는 대상을 기다리고 있다가 도중에서 맞받아침 邀來(요래): 맞아서 옴 邀招(요초): 청하여 맞아들임 請邀(청요) 邀處無往處多(요처무왕처다): 오라는 데는 없어도 갈 데는 많다.
1급 2078	扌手15 총18획	擾	시끄러울 clamor; uproar	요	扰 rǎo	擾亂(요란) 擾攘(요양): 한꺼번에 떠들어서 어수선하다 民擾(민요) 騷擾(소요): 여러 사람이 떠들썩하게 들고일어남 喧擾(훤요): 시끄럽게 떠듦 丙寅洋擾(병인양요): 1866년에 프랑스 함대가 강화도를 침범한 사건
5급 2079	日 14 총18획	曜	빛날 rays; weekdays	요:	曜 yào	曜魄(요백): 북두성(北斗星)을 달리 이르는 말 金曜日(금요일) 曜日(요일): 日·月·火·水·木·金·土에 붙여 1주일의 각 날을 나타내는 말 壽曜南極之曲(수요남극지곡): 궁중 정재(宮中呈才)의 반주 음악
2급(名) 2080	羽 14 총20획	耀	빛날 brightness	요	耀 yào	光耀(광요) 榮耀(영요) 昱耀(욱요) 榮耀榮華(영요영화) 李光耀(이광요): (1923~2015) 리콴유 (Lee Kuan Yew) 싱가포르 총리 胡耀邦(호요방): (1915~1989) 후야오방 (Hu Yao Bang) 중국 정치인
高3급II 2081	辰 03 총10획	辱	욕될 disgrace	욕	辱 rǔ	辱知(욕지): 상대에게 자기를 겸손하게 이르는 말. 욕교(辱交), 욕우(辱友) 辱說(욕설): 남을 저주하거나 욕되게 하는 말 困辱(곤욕) 屈辱(굴욕) 侮辱(모욕): 깔보고 욕되게 함 榮辱(영욕) 恥辱(치욕): 수치와 모욕
中5급 2082	氵水07 총10획	浴	목욕할 bathing	욕	浴 yù	浴沂(욕기): 명리(名利)를 잊고 유유자적함을 비유한 말 浴室(욕실) 浴槽(욕조): 목욕물을 담는 용기 沐浴(목욕): 머리를 감으며 몸을 씻는 일 沐浴齋戒(목욕재계): 부정을 타지 않도록 목욕하고 마음을 가다듬는 일
中3급II 2083	欠 07 총11획	欲	하고자할 desire	욕	欲 yù	欲界(욕계) 欲求(욕구) 欲念(욕념) 欲望(욕망) 欲情(욕정) 意欲(의욕) 欲巧反拙(욕교반졸): 너무 잘하려 하면 도리어 잘 안됨 欲速不達(욕속부달) 欲蓋彌彰(욕개미창): 덮고자하면 더욱 드러남
高3급II 2084	心 11 총15획	慾	욕심 greed	욕	欲 yù	慾氣(욕기) 慾心(욕심): 분수에 지나치게 탐내거나 누리고자 하는 마음 色慾(색욕) 性慾(성욕) 肉慾(육욕) 淫慾(음욕) 情慾(정욕) 食慾(식욕) 貪慾(탐욕) 願慾(원욕) 私利私慾(사리사욕)
中6급II 2085	用 00 총05획	用	쓸 use	용:	用 yòng	用件(용건) 用具(용구) 用器(용기) 用途(용도) 用務(용무) 用語(용어) 用役(용역) 雇用(고용) 費用(비용) 使用(사용) 信用(신용) 運用(운용) 利用(이용) 作用(작용) 適用(적용) 活用(활용) 用意周到(용의주도)

급수	부수	한자	훈	음	중국어	용례
中 6급II 2086	力 07 총09획	勇	날랠 bravery	용:	勇 yǒng	勇敢(용감) 勇氣(용기) 勇斷(용단) 勇猛(용맹) 勇烈(용렬) 勇士(용사) 勇躍(용약) 勇將(용장) 勇退(용퇴) 強勇(강용) 剛勇(강용) 蠻勇(만용) 武勇談(무용담) 義勇隊(의용대)
1급 2087	氵水07 총10획	涌	물 솟을 spring; gush	용:	涌 yǒng chōng	涌沫(용말): 솟아오르는 거품 涌溢(용일): 물이 솟아서 넘침 특례 湧(물 솟을, 샘솟을 용) 湧泉(용천): 물이 솟아나오는 샘 湧出(용출): 물이 솟아나옴
1급 2088	足 07 총14획	踊	뛸 jump	용:	踊 yǒng	舞踊(무용): 음악에 맞추어서 몸을 움직여 감정과 의지를 표현하는 예술. 댄스 踊躍(용약): 좋아서 뜀 舞踊劇(무용극) 舞踊團(무용단) 舞踊服(무용복) 舞踊手(무용수) 舞踊塚(무용총): 고구려 고분
高 3급 2089	广 08 총11획	庸	떳떳할/ 쓸 honorable/ employ	용	庸 yōng	庸劣(용렬): 사람이 변변하지 못하고 졸렬하다. 庸人(용인): 범인(凡人) 中庸(중용): 어느 쪽으로나 치우침이 없이 올바르며 변함이 없는 상태나 정도 中庸之道(중용지도): 극단에 치우치지 않고 평범함 속에서 찾는 진실한 도리
2급 2090	亻人11 총13획	傭	품 팔/ 품팔이 laborer	용	傭 yōng yòng	傭兵(용병): 봉급을 받고 복무하는 병사. 영입한 외국 국적의 선수 傭聘(용빙): 사람을 쓰려고 맞아들임 傭員(용원): 임시채용 품팔이꾼 傭船(용선): 삯배 雇傭(고용) 日傭職(일용직): 날품팔이
2급(名) 2091	金 11 총19획	鏞	쇠북/ 종 bell	용	镛 yōng	鏞鼓(용고): 종과 북 丁若鏞(정약용): (1762~1836) 조선 후기의 실학자 자는 미용(美庸) 호는 다산(茶山)·사암(俟菴)·여유당(與猶堂) 저서에 ≪목민심서≫, ≪흠흠신서≫, ≪경세유표≫, ≪여유당전서≫따위가 있다.
1급 2092	++艸06 총10획	茸	풀날/ 녹용 downy young deer antlers	용:	茸 róng	鹿茸(녹용): 사슴의 새로 돋은 연한 뿔, 피를 돕고 심장을 강하게 하는 힘이 있어 보약으로 귀하게 씀 蒙茸(몽용): 풀 따위가 더부룩하게 나 있다. 질서 없이 뒤섞여 달리거나 나는 듯하다.
1급 2093	耳 11 총17획	聳	솟을 rise up	용:	耸 sǒng	聳拔(용발): 우뚝 솟아 빼어나 있음 聳聽(용청): 귀를 솟구어 듣는다. 聳出(용출): 우뚝 솟아남 椎輕釘聳(추경정용): 마치가 가벼우면 못이 솟는다. 윗사람이 약하면 아랫사람이 말을 듣지 아니함. 槌輕釘聳(퇴경정용)
中 4급II 2094	宀 07 총10획	容	얼굴 face/ capacity; pardon	용	容 róng	容貌(용모) 美容(미용) 形容(형용) 容器(용기) 容量(용량) 容積(용적) 內容(내용) 容恕(용서) 容納(용납) 容易(용이) 容認(용인) 寬容(관용) 受容(수용) 包容(포용) 許容(허용)
2급(名) 2095	氵水10 총13획	溶	녹을 melting; liquefy	용	溶 róng	溶媒(용매) 溶液(용액) 溶融(용융) 溶劑(용제) 溶質(용질) 溶解(용해) 可溶(가용) 不溶性(불용성) 貧溶媒(빈용매) 水溶性(수용성) 水溶液(수용액) 溶存酸素量(용존산소량)
2급(名) 2096	王玉10 총14획	瑢	패옥 소리	용	瑢 róng	인명용 한자
1급 2097	++艸10 총14획	蓉	연꽃 lotus/ cotton rose	용	蓉 róng	芙蓉(부용): ① 연꽃 ② 목부용(木芙蓉): 아욱과의 낙엽 관목. 높이 1-3m이고 초가을에 잎겨드랑이에서 꽃자루가 나와서 하얀 혹은 엷은 붉은색의 꽃이 핌 ③ 부용장(芙蓉帳): 부용을 그리거나 수놓은 방장(房帳)
2급 2098	火 10 총14획	熔	녹을 fusion; dissolve.	용	熔 róng	鎔(熔)融(용융): 융해(融解): 고체에 열을 가했을 때 액체로 되는 현상 熔(녹일 용)의 속자(俗字)
2급(名) 2099	金 10 총18획	鎔	쇠 녹일 fusion; melting	용	熔 róng	鎔度(용도): 녹는점 鎔巖(용암): 화산의 분화구에서 분출된 마그마 鎔融(용융): 고체가 열에 녹아 액체로 되는 일 鎔接(용접) 鎔銑(용선) 鎔鑄(용주) 鎔鑛爐(용광로) 鎔融點(용융점) 鎔解爐(용해로)
中 3급 2100	又 00 총02획	又	또 again	우:	又 yòu	又賴(우뢰) 又曰(우왈) 又況(우황): 하물며 又重之(우중지): 더욱이 罪中又犯(죄중우범): 형기가 끝나기 전에 거듭 죄를 지음 日新又日新(일신우일신): 날로 새롭고 또, 날로 새로워짐

급수	부수/획수	한자	훈	음	中	용례
中 5급II 2101	又 02 총04획	友	벗 friend	우:	友 yǒu	友軍(우군) 友邦(우방) 友愛(우애) 友誼(우의) 友人(우인) 友情(우정) 友好(우호) 朋友(붕우) 戰友(전우) 親友(친우) 莫逆之友(막역지우) 文房四友(문방사우) 知己之友(지기지우)
中 3급 2102	二 01 총03획	于	어조사 more	우	于 yú	于歸(우귀): 우례(于禮) 于今(우금): 지금까지 于先(우선): 먼저 于勒(우륵): 신라의 가야금 명인 于山國(우산국): '울릉도'의 옛 이름 三歲之習至于八十(삼세지습지우팔십): 세 살 버릇 여든까지 감
中 3급II 2103	宀 03 총06획	宇	집 universal	우:	宇 yǔ	宇宙(우주): ① 천지 사방과 古今往來. ② 세계 또는 천지간. 만물을 포용하는 공간 ③ 물질과 복사(輻射)가 존재하는 모든 공간 ④ 모든 천체를 포함하는 전 공간 宇宙船(우주선) 宇宙基地(우주기지)
1급 2104	辶辵03 총07획	迂	에돌/ 멀 distant	우	迂 yū	迂妄(우망): '오망(迂妄): 괴상스럽고 요망함 또는 그런 태도'의 본딧말 迂儒(우유): 세상 물정에 어두운 선비 迂廻(우회): 멀리 돌아서 감 迂廻的(우회적) 迂餘曲折(우여곡절): 뒤얽혀 복잡하여진 사정
中 3급 2105	尢 01 총04획	尤	더욱 to	우	尤 yóu	尤隙(우극): 틈이 생김. 사이가 나빠짐, 말다툼 尤極(우극): 더욱, 더욱 심(甚)하게 尤甚(우심): 더욱 심(甚)함 不怨天不尤人(불원천불우인): 하늘을 원망하지도 사람을 탓하지도 않는다.
中 5급 2106	牛 00 총04획	牛	소 cow; bull; ox; beef	우	牛 niú	牛步(우보) 牛乳(우유) 牛脂(우지) 牛黃(우황) 肉牛(육우) 牛耳洞(우이동) 牛耳讀經(우이독경) 面張牛皮(면장우피) 狂牛病(광우병) 矯角殺牛(교각살우) 九牛一毛(구우일모)
中 7급II 2107	口 02 총05획	右	오를/ 오른쪽 right	우:	右 yòu	右傾(우경) 右相(우상) 右側(우측) 右便(우편) 右回轉(우회전) 右翼(우익): ① 오른쪽 날개 ② 오른편의 부대. 대열의 오른편 ③ 보수파 右派(우파) 右翼手(우익수) 右議政(우의정) 右往左往(우왕좌왕)
2급(名) 2108	亻人05 총07획	佑	도울 aid; help	우:	佑 yòu	佑助(우조): 돕다(남이 하는 일이 잘되도록 거들거나 힘을 보태다) 保佑(보우): 보살피고 도와줌 聖佑(성우): 하느님의 특별한 사랑과 은혜 神佑(신우) 恩佑(은우) 天佑神助(천우신조): 하늘이 돕고 신이 도움
2급(名) 2109	示 05 총10획	祐	복(福) blessing	우:	祐 yòu	嘉祐(가우) 冥祐(명우): 모르는 사이에 입는 신불(神佛)의 도움 郭再祐(곽재우): 임진왜란 의병장 指薪修祐(지신수우): 복을 닦는 것은 나무 섶의 불씨에 비유되니, 영원히 편안하고 길상이 높아진다. 千字文
高 3급 2110	羽 00 총06획	羽	깃 feathers	우	羽 yǔ	羽毛(우모): ① 깃과 털 ② 깃털 毛羽未成(모우미성): 사람이 아직 어림 積羽沈舟(적우침주): 새털 같은 가벼운 것도 많이 쌓이면 배를 침몰시킨다. 宮商角徵羽(궁상각치우): 오음(五音)의 각 명칭. 羽: (가장 맑은 음)
中 5급II 2111	雨 00 총08획	雨	비 rain	우:	雨 yǔ yù	雨期(우기) 雨氣(우기) 雨雹(우박) 雨備(우비) 雨傘(우산) 雨水(우수): 빗물. 2월 18일경 暴雨(폭우) 雨順風調(우순풍조): 비가 때맞추어 알맞게 내리고 바람이 고르게 분다. 雨後竹筍(우후죽순)
2급(名) 2112	内 04 총09획	禹	성(姓) surname	우(:)	禹 yǔ	禹倬(우탁): 고려 후기의 유학자. '역동선생'이라고도 불렸다. 禹域(우역) 夏禹氏(하우씨): 중국 하(夏)나라의 우(禹)임금을 이르는 말 禹行舜趨(우행순추): 우임금과 같이 걷고 순임금과 같이 빨리 걷는다. 흉내만 냄
高 3급II 2113	亻人09 총11획	偶	짝 couple; pair; idol; icon	우:	偶 ǒu	偶像(우상): 나무·돌·쇠붙이·흙 따위로 만든 상(像). 신처럼 숭배의 대상이 되는 물건이나 사람 偶數(우수) 偶然(우연) 偶因(우인): 기회 원인 偶人(우인) 偶發的(우발적) 偶然的(우연적) 配偶者(배우자)
1급 2114	阝阜09 총12획	隅	모퉁이 corner	우	隅 yú	隅曲(우곡): 구석, 또는 모퉁이 隅坐(우좌): 구석에 앉음. 겸손의 뜻을 표함
1급 2115	山 09 총12획	嵎	산굽이 the bend in the foot of a mountain.	우	嵎 yú	嵎谷(우곡) 嵎嵎(우우): 산이 겹쳐지고 높음 嵎夷(우이): 해가 돋는 곳

급수	부수	한자	훈	음	中	예시
1급 2116	宀 09 총12획	寓	부칠[寄] dwell	우	寓 yù	寓居(우거): 임시로 몸을 붙여 삶 寓話(우화): 동물이나 무생물을 의인화하여 꾸며낸 짧은 이야기 寓目囊箱(우목낭상): 왕충이 한번 읽으면 잊지 아니하여 글을 주머니나 상자에 둠과 같다고 했음 千字文
高 3급Ⅱ 2117	心 09 총13획	愚	어리석을 foolish	우	愚 yú	愚鈍(우둔) 愚弄(우롱) 愚昧(우매) 愚夫(우부) 愚直(우직) 愚公移山(우공이산): 끊임없이 노력하면 반드시 이루어짐 愚問賢答(우문현답): 어리석은 질문에 대한 현명한 대답
中 4급 2118	辶辵09 총13획	遇	만날 meet	우	遇 yù	境遇(경우) 待遇(대우) 不遇(불우) 禮遇(예우) 遭遇(조우) 處遇(처우) 盲龜遇木(맹귀우목): 눈먼 거북이 물에 뜬 나무를 만났다. 千載一遇(천재일우): 천 년에 한 번 만난다. 좀처럼 만나기 어려운 기회
高 4급 2119	阝邑08 총11획	郵	우편 postal; mail	우	邮 yóu	郵票(우표) 郵便(우편) 郵遞局(우체국) 郵遞筒(우체통) 郵便物(우편물) 郵便函(우편함) 郵便番號(우편번호) 登記郵便(등기우편) 速達郵便(속달우편) 國際郵便(국제우편)
1급 2120	虍 07 총13획	虞	염려할/ 나라이름 anxious	우	虞 yú	虞犯(우범): 범죄를 저지를 우려가 있음 虞人(우인): 경험 많은 능숙한 사냥꾼 虞候(우후): 무관 벼슬 返虞(반우): 장사 지낸 뒤에 신주를 집으로 모셔 오는 일 虞美人(우미인): 진나라 항우의 寵姬 虞美人草(우미인초): 개양귀비
中 3급Ⅱ 2121	心 11 총15획	憂	근심 anxiety	우	忧 yōu	憂慮(우려) 憂悸(우계): 우구(憂懼) 憂虞(우우): 근심하고 걱정함 憂愁(우수) 憂鬱(우울) 憂患(우환) 懼憂(구우) 內憂(내우) 忘憂(망우) 喜憂(희우) 憂鬱症(우울증) 憂國衷情(우국충정)
高 4급 2122	亻人15 총17획	優	넉넉할 enough; excellence; actor	우	优 yōu	優待(우대) 優等(우등) 優良(우량) 優秀(우수) 優勝(우승) 優劣(우열) 優位(우위) 俳優(배우) 女優(여우) 優先株(우선주) 優柔不斷(우유부단) 優孟衣冠(우맹의관): 사이비(似而非)한 것의 비유
2급(名) 2123	日 02 총06획	旭	아침 해 rising sun	욱	旭 xù	旭光(욱광): 솟아오르는 아침 햇빛 旭日(욱일): 아침 해 旭日旗(욱일기): 제2차 세계대전 기간 중 사용한 일본 군국주의를 상징하는 깃발 旭日昇天(욱일승천): 떠오르는 아침 해, 기세나 세력이 성대함의 비유
2급(名) 2124	阝邑06 총09획	郁	성할 fragrant, aromatic	욱	郁 yù	郁烈(욱렬): 매우 향기로움. 향기가 몹시 남 馥郁(복욱): 풍기는 향기가 그윽함 郁郁靑靑(욱욱청청): 향기가 대단히 좋고 나무가 우거져 푸름
2급(名) 2125	日 05 총09획	昱	햇빛밝을 sunshine	욱	昱 yù	昱耀(욱요): 밝게 빛남 玄昱(현욱): 신라의 승려. 봉림산문(鳳林山門)의 개산조(開山祖)
2급(名) 2126	火 09 총13획	煜	빛날 bright	욱	煜 yù	炳煜(병욱): 밝게 빛남 煜煜(욱욱): 빛나서 환하다
2급(名) 2127	頁 04 총13획	頊	삼갈 refrain	욱	顼 xū	頊頊(욱욱): 넋을 잃은 모양
中 3급 2128	二 02 총04획	云	이를 say	운	云 yún	云云(운운): ① 어떠하다고 말함. 글이나 말을 인용하거나 생략할 때 쓰는 말 ② 여러 가지의 말 云謂(운위): 일러 말함 或云(혹운): 어떠한 사람이 말하는 바 不知所云(부지소운): 무어라고 말해야 좋을지 모름
2급(名) 2129	⺿艸04 총08획	芸	향풀 polymorpha 藝 약자	운	芸 yún	芸窓(운창): 글을 읽는 방 芸編(운편): '서책'의 미칭《좀을 막기 위해 책갈피에 초(芸草) 잎을 넣어 두던 데서 나온 말》 芸草(운초): 궁궁이 芸香(운향) 궁궁이 芸穫(운확): 풀을 베고 곡식을 거두어들임
1급 2130	耒 04 총10획	耘	김맬 root out weeds	운	耘 yún	耕耘(경운): 논밭을 갈고 김을 맴 耕耘機(경운기): 논밭을 갈아 일구는 농사 기계 耘穫(운확): 풀을 베고 곡식(穀食)을 거두어들임 耘稻[yúndào]: 논의 김을 매다.

#	부수/획수	한자	훈	음	간체/병음	용례
中 5급II 2131	雨 04 총12획	雲	구름 cloud	운	云 yún	雲霧(운무) 雲峰(운봉) 雲師(운사) 雲煙(운연) 雲影(운영) 雲雨(운우): 구름과 비 雲集(운집): 사람들이 모여듦 雲海(운해) 雲捲天晴(운권천청) 雲泥之差(운니지차) 雲散鳥沒(운산조몰)
中 6급II 2132	辶辵09 총13획	運	옮길 transport/ luck; chance	운:	运 yùn	運動(운동) 運用(운용) 運營(운영) 運搬(운반) 運送(운송) 運輸(운수) 運轉(운전)/運命(운명) 運數(운수): 天運과 氣數 否運(비운) 悲運(비운) 運否天賦(운부천부): 운명의 길흉은 하늘이 내림
1급 2133	阝阜10 총13획	隕	떨어질 fall	운:	陨 yǔn yuán	隕石(운석): 지구에 떨어진 별똥 隕星(운성): 유성(流星) 隕鐵(운철): 철을 주성분으로 하는 운석 石質隕石(석질운석) 哀隕(애운): 매우 슬픔 痛隕罔極(통운망극): 그지없이 슬픔
1급 2134	歹 10 총14획	殞	죽을 die	운:	殒 yǔn	殞感(운감): 제사 때에 차려 놓은 음식을 귀신이 맛봄 殞絶(운절) 殞命(운명): 사람의 목숨이 끊어짐 殞泣(운읍): 눈물을 흘리면서 울다. 殞首結草(운수결초): 살아서는 목숨을 바치고 죽어서는 은혜를 갚는다.
高 3급II 2135	音 10 총19획	韻	운 rhyme	운:	韵 yùn	韻文(운문): 일정한 운자(韻字)를 써서 지은 글 시(詩), 부(賦). 율어(律語) 韻士(운사) 韻事(운사) 韻律(운율) 韻致(운치) 고상하고 우아한 멋 哀韻(애운): 슬픈 가락 玉韻(옥운) 音韻(음운) 氣韻生動(기운생동)
2급(名) 2136	++艸11 총15획	蔚	고을이름/ 무성할	울	蔚 wèi yù	蔚然(울연): ① 나무가 무성하게 우거지다 ② 크게 성하다 蔚珍郡(울진군): 경상북도 동북단(東北端)에 있는 군 蔚山廣域市(울산광역시): 경상남도 울산시에서 1997년 광역시로 승격
2급 2137	鬯 19 총29획	鬱	답답할/ 막힐 depression	울	郁 yù	鬱痰(울담) 鬱積(울적) 鬱蒼(울창) 憂鬱(우울) 鬱陵島(울릉도) 宮殿盤鬱(궁전반울): 궁전은 울창한 나무 사이에 서린 듯 위치함 鬱鬱蒼蒼(울울창창): 큰 나무들이 아주 빽빽하고 푸르게 우거져 있다.
中 5급 2138	隹 04 총12획	雄	수컷 male; great	웅	雄 xióng	雄強(웅강) 雄據(웅거) 雄大(웅대) 雄辯(웅변) 雄飛(웅비) 雄雌(웅자) 雄姿(웅자) 雄壯(웅장) 雄志(웅지) 雄渾(웅혼) 群雄(군웅) 桓雄(환웅) 大雄殿(대웅전) 英雄豪傑(영웅호걸)
2급(名) 2139	灬火10 총14획	熊	곰 bear	웅	熊 xióng	熊女(웅녀) 熊膽(웅담) 熊夢(웅몽) 熊魚(웅어): 드렁허리 熊津(웅진): 충청남도 공주(公州)의 백제시대 이름 熊川(웅천) 大熊星(대웅성): 큰곰별 熊津渡(웅진도): 나루 이름. 공주시 금강(錦江)
中 5급II 2140	儿 02 총04획	元	으뜸 first; principal	원	元 yuán	元來(원래) 元老(원로) 元利(원리) 元旦(원단) 元素(원소) 元首(원수) 元帥(원수) 元祖(원조) 復元(복원) 次元(차원) 元亨利貞(원형이정): 역학(易學)에서 말하는 천도의 네 원리
高 5급 2141	阝阜07 총10획	院	집 house; hospital; Assembly	원	院 yuàn	院內(원내) 院生(원생) 院長(원장) 法院(법원) 病院(병원) 寺院(사원) 書院(서원) 醫院(의원) 入院(입원) 學院(학원) 監査院(감사원) 大學院(대학원) 議院內閣制(의원내각제)
中 4급 2142	心 05 총09획	怨	원망할 grudge	원(:)	怨 yuàn	怨望(원망) 怨讐(원수) 怨恨(원한) 愁怨(수원): 근심하고 원망함 怨入骨髓(원입골수) 怨天尤人(원천우인): 하늘을 원망하고 사람을 탓함 克伐怨慾(극벌원욕) 誰怨誰咎(수원수구) 戴天之怨讐(대천지원수)
2급 2143	++艸05 총09획	苑	나라동산 royal garden; circle	원:	苑 yuàn Yuán	苑沼(원소) 宮苑(궁원) 禁苑(금원) 祕苑(비원) 御苑(어원) 後苑(후원) 文苑(문원): 문단(文壇) 藝苑(예원): 예술계. 예림(藝林). 法苑珠林(법원주림) 桂苑筆耕集(계원필경집): 최치원의 시문집
1급 2144	鳥 05 총16획	鴛	원앙 mandarin duck	원	鸳 yuān	鴛侶(원려): ① 배필 ② 동료 벼슬아치 鴛鴦(원앙): ① 오릿과의 물새. 수컷은 칼깃이 있으며 뒷머리에 도가머리가 있음 ② 금실이 좋은 부부의 비유 鴛鴦契(원앙계) 鴛鴦衾(원앙금): 원앙을 수놓은 부부가 덮는 이불
1급 2145	冖 08 총10획	冤	원통할 특급II 寃 grievous	원(:)	冤 yuān	冤痛(원통): 분하고 억울함 冤訴(원:소): 억울함을 호소함 冤罪(원:죄): 억울하게 뒤집어쓴 죄 冤獄(원:옥) 冤鬱(원:울): 원통하고 억울함 冤魂(원:혼): 억울하게 죽은 사람의 넋 至冤極痛(지원극통)

#	부수/획수	漢字	훈/음	음	简体/拼音	예시
高 4급II 2146	口 07 총10획	員	인원 the number of people	원	员 yuán/yún/yùn	敎員(교원) 隊員(대원) 動員(동원) 社員(사원) 委員(위원) 議員(의원) 人員(인원) 全員(전원) 定員(정원) 職員(직원) 會員(회원) 公務員(공무원) 構成員(구성원) 從業員(종업원)
中 4급II 2147	口 10 총13획	圓	둥글 round; circle	원	円/圆 yuán	圓光(원광) 圓丘(원구) 圓滿(원만) 圓相(원상) 圓熟(원숙) 圓周(원주) 圓卓(원탁) 圓筒(원통) 圓形(원형) 圓滑(원활) 圓佛敎(원불교) 破鏡重圓(파경중원): 깨졌던 거울이 다시 둥글게 되다.
中 5급 2148	厂 08 총10획	原	언덕 plateau 근본 original	원	原 yuán	中原(중원) 高原(고원) 原價(원가) 原告(원고) 原來(원래) 原論(원론) 原料(원료) 原理(원리) 原始(원시) 原審(원심) 原案(원안) 原油(원유) 原因(원인) 原作(원작) 原則(원칙)
高 4급 2149	氵水10 총13획	源	근원 source	원	源 yuán	源流(원류) 源泉(원천) 根源(근원) 起源(기원) 語源(어원) 資源(자원) 財源(재원) 桃源境(도원경) 桃花源(도화원) 源泉課稅(원천과세) 武陵桃源(무릉도원) 拔本塞源(발본색원)
中 5급 2150	頁 10 총19획	願	원할 desire; want	원	愿 yuàn	願力(원력) 願書(원서) 願人(원인) 祈願(기원) 民願(민원) 訴願(소원) 依願(의원) 請願(청원) 所願成就(소원성취) 願乞終養(원걸종양): 부모가 돌아가시는 날까지 봉양하기를 원하다.
2급(名) 2151	衣 04 총10획	袁	성(姓) surname	원	袁 yuán	袁紹(원소): (?-202) 중국 동한의 야심가 군사를 일으켜 동탁을 토벌 袁世凱(원세개)[yuán shì kǎi](1859~1916) 중화민국의 초대 대총통 袁安高臥(원안고와): 어려운 처지에 있어도 절조(節操)를 굳게 지킴
中 6급 2152	口 10 총13획	園	동산 garden	원	园 yuán	園耕(원경) 園所(원소): 왕세자·왕세자빈과 왕의 친척 등의 산소 園兒(원아) 園藝(원예) 園池(원지) 公園(공원) 樂園(낙원) 庭園(정원) 園頭幕(원두막) 幼稚園(유치원) 果樹園(과수원)
1급 2153	犭犬10 총13획	猿	원숭이 monkey	원	猿 yuán	猿臂(원비): 원숭이의 팔 猿人(원인) 類人猿(유인원): 원숭이류 중 가장 진화한 것《성성이·침팬지·고릴라 따위》犬猿之間(견원지간) 猿臂之勢(원비지세): 원숭이 팔의 형세, 진퇴와 공수(攻守)를 자유로이 함
中 6급 2154	辶走10 총14획	遠	멀 far; distant	원	远 yuǎn	遠隔(원격) 遠景(원경) 遠近(원근) 遠代(원대) 遠大(원대) 遠視(원시) 遠洋(원양) 遠征(원정) 遠族(원족) 遙遠(요원) 遠親不如近隣(원친불여근린): 먼 데 있는 친척은 가까운 이웃만 못함
高 4급 2155	扌手09 총12획	援	도울 aid; support	원	援 yuán	援軍(원군) 援兵(원병) 援用(원용) 援助(원조) 援護(원호) 救援(구원) 應援(응원) 支援(지원) 後援(후원) 援助金(원조금) 開發援助(개발원조) 經濟援助(경제원조) 軍事援助(군사원조)
2급(名) 2156	女 09 총12획	媛	계집/ 미인 lady	원	媛 yuán/yuàn	媛妃(원비): 아리따운 여자 淑媛(숙원): 내명부(內命婦)의 종4품 품계 昭媛(소원): 내명부의 정4품 품계 良媛(양원): 내명부의 벼슬 종3품 令媛(영원): 남을 높이어 딸을 이르는 말 才媛(재원): 재주가 있는 젊은 여자
2급(名) 2157	王玉09 총13획	瑗	구슬 jewel	원	瑗 yuàn	가운데 큰 구멍이 뚫린 옥 벽(璧) 고리 모양의 옥 瑗瑤(원요): 싸라기눈(빗방울이 갑자기 얼어서 떨어지는 쌀알 같은 눈)
中 8급 2158	月 00 총04획	月	달 moon; month	월	月 yuè	月刊(월간) 月間(월간) 月經(월경) 月光(월광) 月蝕(월식) 月給(월급) 月曆(월력) 月末(월말) 月貰(월세) 月中(월중) 月初(월초) 月桂冠(월계관) 月桂樹(월계수) 月明星稀(월명성희)
高 3급II 2159	走 05 총12획	越	넘을 overpass	월	越 yuè	越境(월경) 越權(월권) 越冬(월동) 越等(월등) 越班(월반) 越北(월북) 越牆(월장) 越尺(월척) 超越(초월) 追越(추월) 卓越(탁월) 越南戰爭(월남전쟁) 越鳥巢南枝(월조소남지)
中 4급 2160	卩 04 총06획	危	위태할 danger	위	危 wēi	危空(위공) 危機(위기) 危篤(위독) 危亂(위란) 危重(위중) 危殆(위태) 危害(위해) 危險(위험) 危如累卵(위여누란) 危機一髮(위기일발): 여유가 조금도 없이 아슬아슬하게 닥친 위기의 순간

급수	부수	한자	훈	음	간체	예시
中 5급 2161	亻人05 총07획	位	자리 position	위	位 wèi	位階(위계) 位格(위격) 位相(위상) 位置(위치) 位牌(위패) 神位(신위) 高位(고위) 單位(단위) 等位(등위) 方位(방위) 部位(부위) 順位(순위) 地位(지위) 職位(직위) 品位(품위)
高 4급 2162	女 05 총08획	委	맡길 entrust	위	委 wěi	委棄(위기) 委寄(위기): 위임 委叛(위반): 배반(背反) 委席(위석) 委員(위원) 委任(위임) 委囑(위촉) 委託(위탁) 委員會(위원회) 委任狀(위임장) 國務委員(국무위원) 常任委員會(상임위원회)
1급 2163	++艸08 총12획	萎	시들 wither	위	萎 wěi	萎病(위병) 萎落(위락) 萎縮(위축): 시들어서 오그라지고 쪼그라듦 骨萎(골위) 肝萎縮症(간위축증): 간의 조직이 파괴되어 축소되는 병 萎靡沈滯(위미침체): 활기가 없어 진보, 발전하는 움직임이 보이지 않음
2급(名) 2164	鬼 08 총18획	魏	성(姓)/ 나라이름 surname	위	魏 wèi	魏氏(위씨) 魏(위): (BC403~225) 전국시대의 칠웅(七雄)의 하나 魏斯(위사) 魏闕(위궐): 조정(朝廷) 魏書(위서) 魏志(위지) 北魏(북위): 선비족의 탁발부가 중국 화북지역에 세운 북조 최초의 왕조(386~534)
中 4급 2165	女 06 총09획	威	위엄 dignity	위	威 wēi	威光(위광) 威力(위력) 威勢(위세) 威信(위신) 威壓(위압) 威嚴(위엄) 威容(위용) 威儀(위의) 威脅(위협) 國威(국위) 權威(권위) 猛威(맹위) 示威(시위) 威風堂堂(위풍당당)
高 3급Ⅱ 2166	月肉05 총09획	胃	밥통 stomach	위	胃 wèi	胃壁(위벽) 胃散(위산) 胃酸(위산) 胃癌(위암) 胃炎(위염) 胃腸(위장) 胃臟(위장) 胃虛(위허) 胃痛(위통) 胃痙攣(위경련) 胃寒(위한) 胃潰瘍(위궤양) 胃腸藥(위장약) 胃出血(위출혈)
2급(名) 2167	氵水09 총12획	渭	물 이름 Weishui river [渭水]江	위	渭 wèi	涇渭(경위): 중국의 경수(涇水)는 항상 흐리고, 위수(渭水)는 항상 맑아 구별이 분명한 데서 사리의 옳고 그름이나 이러하고 저러함에 대한 분별 渭樹江雲(위수강운): 친한 친구가 멀리 떨어져 있어 서로 그리워함
高 3급Ⅱ 2168	言 09 총16획	謂	이를 speak of	위	谓 wèi	可謂(가위) 所謂(소위): 이른바 云謂(운위): 일러 말함 謂語助者(위어조자): 어조(語助)라 함은 한문(漢文)의 조사(助辭) 天命之謂性(천명지위성): 하늘이 만물에게 부여해준 것을 본성(本性)
2급(名) 2169	韋 00 총09획	韋	가죽 leather strap	위	韦 wéi	韋陀(위타) 韋庵文稿(위암문고): 위암(韋庵) 장지연(張志淵)의 시문집 韋編三絶(위편삼절): 책을 엮은 가죽 끈이 세 번이나 닳아 끊어졌다. 韋弦之佩(위현지패): 자기의 성질을 고치는 경계(警戒)의 표지로 삼음
中 5급Ⅱ 2170	亻人09 총11획	偉	클 great	위	伟 wěi	偉擧(위거) 偉觀(위관) 偉大(위대) 偉略(위략) 偉力(위력) 偉業(위업) 偉容(위용) 偉人(위인) 偉才(위재) 偉勳(위훈) 奇偉(기위) 英偉(영위) 偉人傳(위인전) 偉人傳記(위인전기)
高 4급 2171	囗 09 총12획	圍	에워쌀/ 둘레 surround bounds	위	囲/围 wéi	圍棋(위기): 바둑을 둠 圍排(위배): 둘러서 벌여 놓음 圍城(위성) 圍塹(위참) 防圍(방위) 範圍(범위) 周圍(주위) 包圍(포위) 暈圍(훈위) 胸圍(흉위) 雰圍氣(분위기) 包圍網(포위망)
高 3급 2172	辶辵09 총13획	違	어긋날 break	위	违 wéi	違反(위반) 違背(위배) 違法(위법) 違約(위약) 違越(위월) 違憲(위헌) 違和(위화) 非違(비위) 相違(상위): 서로 어긋남 違和感(위화감) 大違所料(대위소료): 생각하는 바와 많이 다름
高 4급Ⅱ 2173	行 09 총15획	衛	지킬 defense; guard	위	卫 wèi	衛兵(위병) 衛星(위성) 衛生(위생) 警衛(경위) 防衛(방위) 守衛(수위) 護衛(호위) 自衛隊(자위대) 人工衛星(인공위성) 衛正斥邪(위정척사): 조선 주자학을 지키고, 천주교를 물리치려던 주장
高 3급 2174	糸 09 총15획	緯	씨 woof; width latitude	위	纬 wěi	緯度(위도): 적도에 평행하게 가로로 위치를 나타내는 좌표 緯線(위선) 經緯(경위): ① 직물의 날과 씨 ② 일이 진행되어 온 과정 北緯(북위) 經天緯地(경천위지) 天經地緯(천경지위): 천지의 올바른 도(道)
2급 2175	寸 08 총11획	尉	벼슬 government post	위	尉 wèi yù	尉官(위관) 准尉(준위) 少尉(소위) 中尉(중위) 大尉(대위) 校尉(교위): 고려·조선 시대에 오·육품 무관의 품계에 붙이던 칭호 駙馬都尉(부마도위): 임금의 사위. 국서(國壻). 의빈(儀賓)

급수	부수	한자	훈	음	간체/병음	용례
高 4급 2176	心 11 총15획	慰	위로할 comfort	위	慰 wèi	慰樂(위락) 慰靈(위령) 慰勞(위로) 慰問(위문) 慰安(위안) 慰留(위류) 自慰(자위): ① 스스로 위로함 ② 수음(手淫) 弔慰(조위) 慰安婦(위안부) 慰藉料(위자료) 慰禮城(위례성): 백제 초기 도읍
中 4급II 2177	爪 08 총12획	爲	하/할 do/ make	위(:)	为 wéi	爲計(위계) 爲己(위기) 爲民(위민) 爲始(위시) 爲業(위업) 爲主(위주) 當爲(당위) 無爲(무위) 所爲(소위) 營爲(영위) 行爲(행위) 爲政者(위정자) 人爲的(인위적) 作爲的(작위적)
高 3급II 2178	亻人12 총14획	僞	거짓 false	위	伪 wěi	僞冒(위모) 僞善(위선) 僞飾(위식) 僞裝(위장) 僞造(위조) 僞證(위증) 僞幣(위폐) 眞僞(진위) 虛僞(허위) 僞善者(위선자) 僞造紙幣(위조지폐) 防僞私通(방위사통): 아전끼리 주고받던 공문
中 3급II 2179	幺 02 총05획	幼	어릴 infancy	유	幼 yòu	幼齡(유령) 幼弱(유약) 幼兒(유아) 幼子(유자) 幼蟲(유충) 幼稚(유치) 長幼(장유) 幼年期(유년기) 幼稚園(유치원) 蒙幼未知(몽유미지): 철이 없는 어린아이는 알지 못한다는 말
中 6급 2180	田 00 총05획	由	말미암을 cause; reason	유	由 yóu	由來(유래) 由緖(유서) 由緣(유연): 인연(因緣) 經由(경유) 事由(사유) 緣由(연유) 原由(원유) 理由(이유) 自由(자유) 許由(허유) 經由地(경유지) 自由財(자유재) 自由型(자유형)
中 6급 2181	氵水05 총08획	油	기름 oil; grease	유	油 yóu	油價(유가) 油田(유전) 油井(유정) 油脂(유지) 油畫(유화) 輕油(경유) 燈油(등유) 石油(석유) 精油(정유) 中油(중유) 重油(중유) 油槽船(유조선) 油頭粉面(유두분면): 여자 화장한 모습
1급 2182	木 05 총09획	柚	유자 citron	유	柚 yòu	柚子(유자): 유자(柚子)나무의 열매 柚漿(유장) 柚脯(유포) 橘柚(귤유): 귤과 유자(柚子) 柚子酒(유자주) 柚子茶(유자차) 柚子淸(유자청) 柚子正果(유자정과) 山柚子木(산유자목)
中 7급 2183	月 02 총06획	有	있을 have/ possess	유:	有 yǒu	有功(유공) 有權(유권) 有給(유급) 有利(유리) 有名(유명) 有無(유무) 有識(유식) 有用(유용) 有益(유익) 有罪(유죄) 有害(유해) 有效(유효) 有名無實(유명무실) 有備無患(유비무환)
1급 2184	宀 06 총09획	宥	너그러울/ 용서할 pardon	유	宥 yòu	宥釋(유석): 죄인을 용서하여 놓아 줌 宥罪(유죄): 죄를 너그러이 용서함 宥世(유세): 공신의 자손에게 여느 범죄 행위를 용서하는 특전 宥除(유제) 宥旨(유지): 죄인을 특사하던 명령 宥和(유화): 서로 용서하고 화합함
中 3급 2185	酉 00 총07획	酉	닭/ 열째지지 cock	유	酉 yǒu	酉時(유시): 12시의 오후 5시~7시 乙酉(을유): 60갑자의 22째 乙酉字(을유자): 1465년 銅活字 癸酉靖難(계유정난): 1453년 丁酉再亂(정유재란): 1597년 卯坐酉向(묘좌유향): 서향(西向)
中 3급II 2186	犭犬09 총12획	猶	오히려/ 같을·원숭이 yet/	유	犹 yóu Yóu	猶豫(유예): ① 망설여 일을 결행하지 않음 ② 시일을 미루거나 늦춤 猶不足(유부족): 오히려 부족함 猶父猶子(유부유자): 삼촌과 조카 猶魚有水(유어유수): 물고기와 물과의 관계 過猶不及(과유불급)
高 4급 2187	乙 07 총08획	乳	젖 milk	유	乳 rǔ	乳糖(유당) 乳母(유모) 乳房(유방) 乳腺(유선) 乳兒(유아) 乳汁(유즙) 乳臭(유취) 母乳(모유) 粉乳(분유) 授乳(수유) 牛乳(우유) 初乳(초유) 乳脂肪(유지방) 脫脂粉乳(탈지분유)
高 3급II 2188	幺 06 총09획	幽	그윽할 dim; gloomy	유	幽 yōu	幽谷(유곡) 幽都(유도): 저승 幽靈(유령): 죽은 사람의 혼령 幽明(유명): ① 어둠과 밝음 ② 저승과 이승 幽囚(유수): 잡아가둠 幽深(유심) 幽寂(유적): 깊숙하고 고요하다 幽宅(유택): 무덤
中 3급II 2189	木 05 총09획	柔	부드러울 soft; tender	유	柔 róu	柔道(유도): 두 경기자가 맨손으로 맞잡고 승부를 겨루는 운동. 柔順(유순): 성질이나 성격이 부드럽고 온순하다. 柔弱(유약) 柔軟(유연): 부드럽고 연함 柔和(유화) 內柔外剛(내유외강)
1급 2190	足 09 총16획	蹂	밟을 tread	유	蹂 róu	蹂躪(유린): 남의 권리나 인격을 함부로 짓밟음 人權蹂躪(인권유린) 入門蹂躪(입문유린): 조선 시대에, 과거 응시자가 아닌 사람이 과장(科場)에 들어가던 일. 과거 제도의 여덟 가지 폐단 가운데 하나이다.

급수	부수	한자	훈/뜻	음	간체	용례
2급(名) 2191	入 07 총09획	兪	대답할/ permission 성(姓)	유	俞 yú	兪(성씨) 兪音(유음): 신하가 아뢰는 말에 대하여 임금이 내리는 대답 允兪(윤유): 윤허(允許): 임금이 신하의 청을 허락함 兪扁(유편): 유부(兪跗)와 편작(扁鵲) 모두 뛰어난 명의(名醫)이다.
1급 2192	扌手09 총12획	揄	야유할 ridicule / 끌 trail	유	揄 yú	揶揄(야유): 남을 빈정거려 놀림. 또는 그런 말이나 몸짓 揄袂(유몌): 소매가 길게 늘어짐. 또 그 소매 揄揚(유양): ① 끌어올림 ② 칭찬함
1급 2193	口 09 총12획	喩	깨우칠 enlighten; metaphor	유	喻 yù	比(譬)喩(비유): 비슷한 다른 현상이나 사물을 빌려 표현하는 일 直喩法(직유법): '그는 여우처럼 교활하다', '쟁반같이 둥근 달' 따위 隱喩法(은유법): 사물의 상태나 움직임을 암시적으로 나타내는 수사법
1급 2194	忄心09 총12획	愉	즐거울 pleasant	유	愉 yú	愉色(유색) 愉樂(유락): 마음이나 기분이 즐겁고 유쾌함 愉悅(유열) 愉逸(유일) 愉快(유쾌): 즐겁고 상쾌하다. 不愉快(불유쾌) 愉絶快絶(유절쾌절): 더없이 유쾌함. 한껏 유쾌함
高 3급 2195	心 09 총13획	愈	나을/ 더욱 heal/ more	유	愈 yù	愈盛(유성): 더욱 성함 愈甚(유심): 더욱 심하다. 韓愈(한유): 768~824 당나라의 문인 愈出愈怪(유출유괴): 갈수록 더 괴상함 言傳愈濫(언전유람): 말은 전해질수록 더욱 넘친다. 옮겨가면 과장되기 마련
1급 2296	疒 13 총18획	癒	병 나을 cure; healing	유	愈 yù	癒着(유착): 생체기관의 조직 면이 섬유성 조직으로 연결·융합하는 일 政經癒着(정경유착): 정치인과 기업가 사이에 이루어지는 부도덕한 밀착 관계 治癒(치유) 快癒(쾌유): 병이나 상처가 깨끗이 나음. 쾌차(快差)
2급(名) 2197	木 09 총13획	楡	느릅나무 elm tree	유	榆 yú	楡谷里(유곡리): 강원도 철원군 楡川洞(유천동): 강원도 강릉시 楡柳蔭後簷(유류음후첨): 느릅나무 버드나무 뒤 처마에 그늘지고 도연명(陶淵明)의 귀원전거(歸園田居)
2급(名) 2198	足 09 총16획	踰	넘을 Passover	유	踰 yú	踰年(유년) 踰歷(유력) 踰嶺(유령) 踰月(유월) 踰越(유월) 水踰洞(수유동): 서울 강북구 城踰里(성유리): 경북 문경 특급 逾 逾(踰)越節(유월절): 이스라엘 민족이 이집트에서 탈출한 것을 기념하는 명절
1급 2199	言 09 총16획	諭	타이를 admonish	유	谕 yù	諭書(유서): 관찰사·절도사·방어사 등이 부임할 때 왕이 내리던 명령서 諭示(유시) 勸諭(권유) 訓諭(훈유) 敦諭(돈유): 교지(敎旨)를 내려 정승이나 유학자가 노력하도록 권하던 임금의 말 萬端改諭(만단개유)
1급 2200	金 09 총17획	鍮	놋쇠 brass	유	鍮 dòu	鍮器(유기): 놋그릇 眞鍮(진유): 놋쇠 鍮達山(유달산): 목포시 동쪽에서 해가 떠오를 때 그 햇빛을 받아 봉우리가 마치 쇠가 녹아내리는 색으로 변한다하여 유달산(鍮達山)이라 하였다. 유달정(儒達亭) 건립 후 유달산(儒達山)
高 3급II 2201	心 07 총11획	悠	멀 distant	유	悠 yōu	悠久(유구) 悠然(유연): 여유가 있다 悠遠(유원) 悠長(유장) 悠悠自適(유유자적) 悠悠緩緩(유유완완): 걱정이 없이 느긋한 모양 採菊東籬下 悠然見南山(채국동리하 유연견남산): 은자의 초연한 심경
2급(名) 2202	广 08 총11획	庾	곳집/ 노적가리 storage	유	庾 yǔ	庾廩(유름): 곡식(穀食) 창고 특급 廩(곳집 름) 庾積(유적): 창고에 곡식을 쌓아 둠 庾倉(유창): 쌀 창고(倉庫) 金庾信(김유신): 신라의 삼국통일에 중추적인 역할을 담당한 장수
1급 2203	言 08 총15획	諛	아첨할 flatter	유	谀 yú	諛佞(유녕): 남에게 아첨(阿諂)함 諛辭(유사): 아첨하는 말씨 諛言(유언): 아첨하는 말 諂諛(첨유): 알랑거리며 아첨하는 것 阿諛(아유): 아첨 阿諛苟容(아유구용): 남에게 아첨하여 구차스럽게 굶
高 3급 2204	忄心08 총11획	惟	생각할 thought	유	惟 wéi	惟憂(유우): 심각하게 걱정함 恭惟(공유): 삼가 생각함 思惟(사유): ① 대상을 두루 생각하는 일 ② 개념·구성·판단·추리 따위를 행하는 인간의 이성적인 작용 半跏思惟像(반가사유상): 국보 78호, 83호
中 3급 2205	口 08 총11획	唯	오직 only	유	唯 wéi	唯(惟)獨(유독): 많은 가운데 홀로 唯唯(유유) 唯一(유일) 唯物論(유물론) 唯心論(유심론) 唯一無二(유일무이) 唯我獨尊(유아독존) 唯唯諾諾(유유낙낙): 명령하는 대로 순종함

급수	부수/획수	한자	훈	음	간체/병음	용례
高3급II 2206	糸 08 총14획	維	벼리 guide ropes	유	维 wéi	維新(유신): 낡은 제도를 아주 새롭게 고침 維歲次(유세차): 이해의 차례는 維持(유지): 어떤 상태나 현상을 그대로 보존하거나 변함없이 지탱함 四維(사유): ① 네 방위 건(乾)·곤(坤)·간(艮)·손(巽) ② 예(禮)·의(義)·염(廉)·치(恥)
高3급II 2207	衤衣07 총12획	裕	넉넉할 wealthy	유	裕 yù	裕寬(유관) 裕福(유복): 살림이 넉넉하다. 裕餘(유여) 裕足(유족) 豊裕(풍유): 풍요 富裕(부유) 富裕稅(부유세) 富裕層(부유층) 餘裕(여유) 餘裕滿滿(여유만만) 餘裕綽綽(여유작작)
1급 2208	氵水09 총12획	游	헤엄칠 swim	유	游 yóu	游泳(유영): 물속에서 헤엄치며 놂 回游(회유): 물고기가 알을 낳거나 먹이를 찾기 위해 계절을 따라 정기적으로 떼 지어 옮겨 다니는 일 游於釜中(유어부중): 가마솥 안에서 헤엄치며 놀고 있다, 매우 위험한 상태
中4급 2209	辶辵09 총13획	遊	놀 tour; travel	유	游 yóu	遊廓(유곽) 遊觀(유관) 遊樂(유락) 遊覽(유람) 遊離(유리) 遊牧(유목) 遊說(유세) 遊興(유흥) 遊戲(유희) 遊園地(유원지) 遊魚出聽(유어출청): 거문고 소리가 빼어나 물고기가 떠올라 들을 정도라는 뜻
高3급II 2210	言07 총14획	誘	꾈 induce; seduce	유	诱 yòu	誘拐(유괴) 誘導(유도) 誘發(유발) 誘因(유인) 誘引(유인) 誘致(유치): ① 꾀어서 데려옴 ② 행사나 사업 따위를 이끌어 들임 誘惑(유혹) 誘拐犯(유괴범) 誘導彈(유도탄) 誘導作戰(유도작전)
中4급 2211	辶辵12 총16획	遺	남길 inheritance	유	遗 yí wèi	遺憾(유감) 遺棄(유기) 遺物(유물) 遺産(유산) 遺書(유서) 遺言(유언) 遺跡(蹟)(유적) 遺傳(유전) 遺族(유족) 遺訓(유훈) 後遺症(후유증) 遺臭萬年(유취만년): 더러운 이름을 후세에 오래도록 남김
高4급 2212	亻人14 총16획	儒	선비 scholar; Confucian	유	儒 rú	儒家(유가) 儒冠(유관) 儒敎(유교) 儒生(유생) 儒學(유학) 崇儒(숭유) 儒理王(유리왕): 신라 제3대 왕 儒佛仙(유불선) 儒胥必知(유서필지): 한문의 각종 서식을 실은 서리(胥吏)들의 서식 대전
中4급II 2213	肉 00 총06획	肉	고기 meat/ 몸 body	육	肉 ròu	肉類(육류) 肉食(육식) 肉質(육질) 肉脯(육포) 鷄肉(계육) 豚肉(돈육) 牛肉(우육) 精肉(정육) 精肉店(정육점) 肉薄(육박) 肉身(육신) 肉眼(육안) 肉體(육체) 筋肉(근육) 肉薄戰(육박전)
中7급 2214	月肉04 총08획	育	기를 bring up	육	育 yù yò	育苗(육묘) 育林(육림) 育成(육성) 育兒(육아) 育英(육영) 敎育(교육) **智育(지육) 德育(덕육) 體育(체육)** 發育(발육) 保育(보육) 飼育(사육) 養育(양육) 敎育課程(교육과정)
2급(名) 2215	尸 01 총04획	尹	성(姓)/ surname 다스릴	윤	尹 yǐn	尹善道(윤선도): 1587~1671 호는 고산(孤山) 시조작가이자 문신 官尹(관윤): 관청(官廳), 또는 관리(官吏) 卿尹(경윤): ☞ 재상(宰相) 京兆尹(경조윤): 한성부 판윤(判尹): 조선 때, 한성부의 으뜸 벼슬
2급(名) 2216	儿 02 총04획	允	맏[伯]/ eldest 진실로	윤	允 yǔn	允(胤)玉(윤옥): 令息: 윗사람의 아들을 높여 이르는 말 윤군(允(胤)君). 允兄(윤형) 允(胤)友(윤우): 웃어른에 대해, 그의 열댓 살 이상 된 아들을 이르는 말 允許(윤허): 임금이 신하의 청을 허락함 允可 允恭(윤공): 진실로 공손하다
2급(名) 2217	金 04 총12획	鈗	창/ 병기 spear; lance	윤	铳 yǔn	주로 시신(侍臣), 근신(近臣)이 가지는 창(槍), 병기(兵器) 무기의 하나 執鈗(집윤): 임금을 가까이 모시는 신하가 잡는 창
2급(名) 2218	月肉05 총09획	胤	자손 posterity; descendant	윤	胤 yìn	胤君(윤군): ☞ 윤군(允君) 苗胤(묘윤): 먼 자손 令胤(영윤): 영식(令息: 윗사람의 아들에 대한 높임말) 後胤(후윤): ☞ 후손(後孫) 車胤聚螢(차윤취형): 차윤이 반딧불 이를 모아 그 빛으로 글을 읽었다는 고사
高3급 2219	門 04 총12획	閏	윤달 intercalary month;	윤	闰 rùn	閏年(윤년): 윤달이나 윤일이 든 해 閏月(윤월): 윤달(태양력에서는 2월이 평년보다 하루 많고, 태음력에서는 평년보다 한 달을 더하여 윤달을 만듦) 閏朔(윤삭) 閏餘(윤여): 실지의 한 해가 달력상의 한 해보다 많은 나머지 부분
高3급II 2220	氵水12 총15획	潤	불을/ plenty 윤택할 glowing	윤	润 rùn	潤氣(윤기) 潤文(윤문) 潤色(윤색) 潤飾(윤식) 潤彩(윤채) 潤澤(윤택) 潤筆(윤필) 德潤(덕윤) 明潤(명윤) 滲潤(삼윤) 濕潤(습윤) 利潤(이윤) 浸潤(침윤) 膨潤(팽윤) 潤滑油(윤활유)

급수	부수	한자	훈	음	중국어	용례
1급 2221	戈 02 총06획	戎	병장기/오랑캐 weapon	융	戎 róng	戎車(융거) 戎馬(융마) 戎士(융사):☞ 병사(兵士) 戎軒(융헌) 棄筆從戎(기필종융): 붓을 버리고 군대를 따른다. 투필종융(投筆從戎) 夷蠻戎狄(이만융적): 동쪽·남쪽·서쪽·북쪽 오랑캐 즉 사방의 오랑캐
1급 2222	糸 06 총12획	絨	가는베 flannel; carpet	융	绒 róng	絨(융): 솜털이 일어나게 짠 피륙 絨緞(융단): 양탄자. 카펫 絨毛(융모) 絨衣(융의): 나사(羅紗)로 만든 옷 絨毛布(융모포) 承火絨(승화융): 부싯깃. 화용(火茸). 화융 絨緞爆擊(융단폭격)
2급 2223	虫 10 총16획	融	녹을 fusion; melting	융	融 róng	融資(융자) 融通(융통): 금전·물품 등을 서로 돌려씀 融合(융합) 融解(융해) 融和(융화) 融化(융화) 金融(금융): ① 돈의 융통 ② 경제상 자금의 수요와 공급의 관계 鎔融點(용융점) 核融合(핵융합)
2급(名) 2224	土 06 총09획	垠	지경(地境) boundary	은	垠 yín	垠際(은제): 가장자리 끝 九垠(구은): 천지(天地)의 끝. 구천의 끝 李垠(이은): 대한제국 고종의 7째 아들인 왕자 황태자 영친왕(英親王)
中 6급 2225	金 06 총14획	銀	은 silver	은	银 yín	銀塊(은괴) 銀輪(은륜) 銀幕(은막) 銀箔(은박) 銀髮(은발) 銀賞(은상) 銀製(은제) 銀燭(은촉) 銀河(은하) 銀杏(은행) 銀行(은행) 金銀(금은) 銀河水(은하수) 韓國銀行(한국은행)
中 4급II 2226	心 06 총10획	恩	은혜 favor; benefit	은	恩 ēn	恩功(은공) 恩德(은덕) 恩補(은보) 恩師(은사) 恩恕(은서) 恩義(은의) 恩典(은전) 恩寵(은총) 恩澤(은택) 恩惠(은혜) 恩反爲仇(은반위구) 恩甚怨生(은심원생): 지나친 은혜는 원망을 받게 됨
2급(名) 2227	殳 06 총10획	殷	은나라 Yin	은	殷 yīn yǐn	殷(은): 중국 고대에 탕왕(湯王)이 하(夏)나라의 걸왕(桀王)을 물리치고 세운 나라 殷鑑(은감): 하(夏)가 멸망한 것을 거울로 삼아 殷鑑不遠(은감불원) 殷墟(은허) 殷豊(은풍): 풍성하다 朴殷植(박은식): 독립운동가
2급(名) 2228	言 08 총15획	誾	향기 perfume	은	訚 yín	南誾(남은): 1354(공민왕 3)~1398(태조 7) 고려 말 조선 초의 문신
高 4급 2229	阝阜14 총17획	隱	숨을 hide	은	隱/隐 yǐn	隱居(은거) 隱匿(은닉) 隱遁(은둔) 隱密(은밀) 隱喩(은유) 隱退(은퇴) 隱蔽(은폐) 隱忍自重(은인자중) 隱不違親(은불위친) 三隱(삼은): 高麗 목은(牧隱) 이색, 포은(圃隱) 정몽주, 야은(冶隱) 길재
中 3급II 2230	乙 00 총01획	乙	새 bird/둘째천간	을	乙 yǐ	乙酉(을유): 육십갑자의 스물두째 乙巳條約(을사조약): 1905년에 일본이 외교권을 빼앗는 다섯 조문으로 된 조약 甲男乙女(갑남을녀) 乙夜之覽(을야지람): 밤 10시경 정무(政務)를 끝내고 하는 임금의 독서
中 3급 2231	口 04 총07획	吟	읊을 recite	음	吟 yín	吟客(음객):☞ 시인(詩人) 吟味(음미) 吟詠(음영) 吟遊(음유) 吟風弄月(음풍농월): 맑은 바람과 밝은 달에 대하여 시를 짓고 즐겁게 놂 음풍영월(吟風詠月) 微吟緩步(미음완보): 작은 소리로 읊으며 천천히 거닒
中 6급II 2232	音 00 총09획	音	소리 sound; music; noise	음	音 yīn	音階(음계) 音律(음률) 音盤(음반) 音聲(음성) 音速(음속) 音樂(음악) 音域(음역) 音譯(음역) 音韻(음운) 音節(음절) 音質(음질) 音響(음향) 五音(오음): 궁상각치우(宮商角徵羽)
高 3급II 2233	氵水08 총11획	淫	음란할 obscene	음	淫 yín	淫女(음녀) 淫婦(음부) 淫亂(음란) 淫樂(음악) 淫佚(음일) 淫貪(음탐) 淫蕩(음탕) 淫畫(음화) 淫談悖說(음담패설) 淫荒(음황): 주색에 빠져 행동이 거칠다. 姦淫(간음) 觀淫症(관음증)
中 4급II 2234	阝阜08 총11획	陰	그늘 shade	음	阴 yīn	陰莖(음경) 陰德(음덕) 陰曆(음력) 陰謀(음모) 陰散(음산) 陰性(음성) 陰濕(음습) 陰陽(음양) 陰影(음영) 陰地(음지) 陰沈(음침) 陰畫(음화) 陰凶(음흉) 光陰(광음): 시간이나 세월
1급 2235	艹艸11 총15획	蔭	그늘/덕택 obscurity/care	음	荫 yīn yìn	蔭官(음관): 과거를 거치지 않고 조상의 공덕으로 맡은 벼슬. 음사(蔭仕) 蔭職(음직) 山蔭(산음) 功蔭田柴(공음전시): 고려시대, 전시과의 규정으로 공신과 오품 이상의 벼슬아치에게 토지와 시지(柴地)를 지급하던 제도

급수	부수/획수	한자	훈	음	简体/拼音	용례
中 6급II 2236	食 04 총13획	飮	마실 drink	음(:)	饮 yǐn	飮毒(음독) 飮料(음료) 飮食(음식) 飮酒(음주) 試飮(시음) 飮水思源(음수사원): 물을 마시며 그 근원을 생각하다. 근원을 잊지 말라는 뜻 飮至策勳(음지책훈): 개선하여 종묘에 이르러 술을 마시고 전공(戰功)을 기록함
中 7급 2237	邑 00 총07획	邑	고을 county; town	읍	邑 yì	邑內(읍내) 邑民(읍민) 邑例(읍례) 邑長(읍장) 邑面洞(읍면동) 邑各不同(읍각부동): ① 규칙이나 풍속이 각 고을마다 차이가 있음 ② 사람마다 의견이 서로 다름 所經列邑(소경열읍): 중도에 지나는 여러 고을
中 3급 2238	氵水05 총08획	泣	울 weep; sob	읍	泣 qì	泣哭(읍곡): 소리를 크게 내어 욺 泣訴(읍소): 눈물로 간절히 호소함 泣顔(읍안) 泣兒授乳(읍아수유) 泣斬馬謖(읍참마속): 촉(蜀)나라 제갈량이 눈물을 머금고 마속(馬謖)의 목을 벰 특례 謖(일어날 **속**)
1급 2239	扌手09 총12획	揖	읍할 bow	읍	揖 yī	揖讓(읍양): ① 예를 다해 사양함 ② 읍하는 동작과 사양하는 동작 拱揖(공읍) 揖讓之風(읍양지풍): 읍양의 예를 잘 지키는 풍속 開門揖盜(개문읍도): 문을 열어 도둑을 맞이한다. 스스로 화를 불러들임
高 3급 2240	冫 14 총16획	凝	엉길 clot; congeal	응:	凝 níng	凝固(응고): 액체가 고체로 변함 凝結(응결) 凝視(응시) 凝集(응집) 凝縮(응축): ① 엉기어 굳어서 줄어듦 ② 기체가 액체로 변하는 일 凝着(응착) 凝粧盛飾(응장성식): 얼굴을 단장하고 옷을 잘 차려입음
中 4급II 2241	心 13 총17획	應	응할 respond	응:	応/应 yīng yìng	應急(응급) 應答(응답) 應對(응대) 應待(응대) 應募(응모) 應變(응변) 應報(응보) 應分(응분) 應試(응시) 應用(응용) 應援(응원) 對應(대응) 反應(반응) 適應(적응) 應接室(응접실)
1급 2242	月肉13 총17획	膺	가슴 chest	응:	膺 yīng	膺受(응수): ① 선물 따위를 받음 ② 책임이나 의무를 짐 膺懲(응징): ① 잘못을 깨우쳐 뉘우치도록 징계함 ② 적국을 정복함 服膺(복응): 교훈 따위를 마음에 간직하여 잊지 않음
2급(名) 2243	鳥 13 총24획	鷹	매 hawk; falcon	응(:)	鹰 yīng	鷹犬(응견): ① 사냥매와 사냥개 ② 주구(走狗) 魚鷹(어응): 물수리 鷹視(응시): 매처럼 날카롭게 노려봄 鷹峯山(응봉산): 서울 성동구 鷹坊(응방): 매의 사육과 사냥을 맡아보던 관아 鷹坊都監(응방도감)
中 6급 2244	衣 00 총06획	衣	옷 clothes	의	衣 yī/yì	衣架(의가) 衣冠(의관) 衣類(의류) 衣服(의복) 衣裳(의상) 衣食(의식) 錦衣(금의) 內衣(내의) 麻衣(마의) 上衣(상의) 壽衣(수의) 脫衣(탈의) 衣食住(의식주) 人相着衣(인상착의)
中 4급 2245	亻人06 총08획	依	의지할 dependence	의	依 yī	依據(의거): 의빙(依憑) 依舊(의구) 依法(의법) 依賴(의뢰) 依然(의연) 依存(의존) 依支(의지) 依願免職(의원면직) 依他心(의타심) 依病除隊(의병제대) 依家事除隊(의가사제대)
中 3급 2246	矢 02 총07획	矣	어조사 classical final particle	의	矣 yǐ	矣夫(의부): 감탄의 허자(虛字) 矣任(의임): 육의전의 하공원(下公員) 矣哉(의재): ~이런가. ~인가 矣乎(의호): 감탄의 허자 過而不改 是謂過矣(과이불개 시위과의): 잘못한 줄 알고서도 고치지 않으면 이것이 잘못이다.
高 3급 2247	宀 05 총08획	宜	마땅 suitable; fitting	의	宜 yí	宜當(의당): 마땅히. 으레 宜寧郡(의령군) 便宜店(편의점) 宜家之樂(의가지락): 실가지락(室家之樂)(부부 사이의 화목한 즐거움) 不達時宜(부달시의): 아주 완고하여 시대의 흐름에 따르는 변통성이 없음
1급 2248	言 08 총15획	誼	정(情)/옳을 friendly	의	谊 yì	誼分(의분): 의좋게 지내는 정분(情分) 恩誼(은의): 은혜로운 정의(情誼) 禮誼(예의): 사람으로서 마땅히 지켜야 할 도리 友誼(우의): 친구 사이의 정의 情誼(정의): 서로 사귀어 친하여진 정 情誼敦睦(정의돈목)
1급 2249	木 08 총12획	椅	의자 chair	의	椅 yǐ	椅(의)나무: 산유자나뭇과의 낙엽 활엽 교목 倚子(의자) 高椅(고의) 交椅(교의): ① 의자 ② 제사를 지낼 때 신주(神主)를 모시는, 다리가 긴 의자 竹椅(죽의) 曲交椅(곡교의) 龍交椅(용교의) 長椅子(장의자)
中 6급II 2250	心 09 총13획	意	뜻 intention; meaning	의:	意 yì	意見(의견) 意圖(의도) 意味(의미) 意思(의사) 意識(의식) 意欲(의욕) 意義(의의) 意匠(의장) 意志(의지) 意向(의향) 意氣揚揚(의기양양) 意氣投合(의기투합) 意味深長(의미심장)

급수	부수/획수	한자	훈	음	중국어	용례
中 4급II 2251	羊 07 총13획	義	옳을 righteous	의:	义 yì	義擧(의거) 義氣(의기) 義理(의리) 義務(의무) 義士(의사) 義人(의인) 義足(의족) 結義(결의) 講義(강의) 義捐金(의연금) 義俠心(의협심) 義以建利(의이건리): 의(義)로써 이(利)의 근본을 삼음
高 4급 2252	亻人13 총15획	儀	거동 behavior	의	仪 yí	儀式(의식) 儀典(의전) 賻儀(부의) 禮儀(예의) 儀仗隊(의장대) 印地儀(인지의) 地球儀(지구의) 外受傅訓 入奉母儀(외수부훈 입봉모의): 밖에서는 스승의 가르침을 받고, 집에 돌아와서는 어머니의 거동을 본받는다.
中 4급II 2253	言 13 총20획	議	의논할 consultation	의(:)	议 yì	議決(의결) 議論(의논) 議院(의원) 議長(의장) 議會(의회) 論議(논의) 熟議(숙의) 審議(심의) 討議(토의) 協議(협의) 議事堂(의사당) 國會議員(국회의원) 議院內閣制(의원내각제)
高 4급 2254	疋 09 총14획	疑	의심할 doubt	의	疑 yí	疑問(의문) 疑心(의심) 疑訝(의아) 疑惑(의혹) 疑懼心(의구심) 容疑(용의) 疑心暗鬼(의심암귀) 疑人勿使 使人勿疑(의인물사 사인물의): 의심하는 사람이면 쓰지 말 것이며, 일단 쓴 바에는 의심하지 말라는 말
1급 2255	扌手14 총17획	擬	비길 liken	의:	拟 nǐ	擬律(의율) 擬音(의음): 인공으로 흉내 내는 소리 擬皮(의피): 인조가죽 模擬(모의): 실제의 것을 본떠서 시험적으로 해 봄. 모의고사(模擬考査) 擬聲語(의성어) 擬人化(의인화) 擬態語(의태어): 슬금슬금,화끈화끈
1급 2256	殳 11 총15획	毅	굳셀 stout	의	毅 yì	毅然(의연): 의지가 굳세어 당당하다 •의연한 태도•의연한 모습을 보이다. 剛毅(강의): 강직하여 굴하지 않음 嚴毅(엄의): 엄숙(嚴肅)하고 굳셈 剛毅木訥(강의목눌): 강직하고 굳세며 순박하고 말투가 어눌함
中 6급 2257	酉 11 총18획	醫	의원 doctor; surgeon	의	医/医 yī	醫療(의료) 醫師(의사) 醫術(의술) 醫員(의원) 醫院(의원) 醫藥(의약) 醫學(의학) 名醫(명의) 獸醫(수의) 洋醫(양의) 韓醫(한의) 先病者醫(선병자의): 먼저 병을 앓아 본 사람이 의원(醫員)
中 8급 2258	二 00 총02획	二	두 two	이:	二 èr	二級(이급) 二等(이등) 二流(이류) 二次(이차) 二毛作(이모작) 二重苦(이중고) 二姓之合(이성지합) 二律背反(이율배반) 二重唱(이중창) 二重過歲(이중과세) 二酸化炭素(이산화탄소)
2급 2259	貝 05 총12획	貳	두/ 갖은두 two	이:	弍/貳 èr	貳上(이상): 좌의정, 우의정 貳相(이상): 삼정승 다음 가는 벼슬, 左右贊成 貳臣(이신): 두 가지 마음을 가진 신하 貳心(이심): 배반하는 마음 任賢勿貳(임현물이): 현자(賢者)에게 일을 맡김에 두 마음을 갖지 말라
中 3급II 2260	己 00 총03획	已	이미 already	이:	已 yǐ	已往(이왕): ①지금보다 이전 ②'이왕에'의 준말. 기왕 不得已(부득이): 마지못해 하는 수 없이. 불가부득(不可不得) 已往之事(이왕지사): 이미 지나간 일. 기(旣)왕지사 이과(過)지사
中 5급II 2261	人 03 총05획	以	써 by; with	이:	以 yǐ	以內(이내) 以外(이외) 以來(이래) 以上(이상) 以下(이하) 以前(이전) 以後(이후) 以實直告(이실직고) 以心傳心(이심전심) 以信稱義(이신칭의): 믿음으로 의롭다고 칭하여진다. 自古以來(자고이래)
中 3급 2262	而 00 총06획	而	말 이을 and; but	이	而 ér	而立(이립): 30세 而已(이이): ~할 따름 ~뿐임 ~일 따름임 而今以後(이금이후): 지금부터 이후 激而行之(격이행지): 사람의 본성은 선(善)하지만 욕심이 가로막으면 악(惡)을 행하게 됨을 이르는 말
2급(名) 2263	亻人04 총06획	伊	저[彼] that	이	伊 yī	伊時(이시): 그때 伊太利(이태리): 이탈리아 黃眞伊(황진이): 기생 磻溪伊尹 佐時阿衡(반계이윤 좌시아형): 반계의 태공은 문왕을 도왔고, 伊尹(이윤)은 탕왕을 보좌하여 아형이 되었다. 千字文 67/125
1급 2264	弓 03 총06획	弛	늦출 loosen	이:	弛 chí	弛緩(이완): 긴장이 풀려 느슨해짐 弛張(이장): 느즈러짐과 켕김 一張一弛(일장일이): 활시위를 죄었다 늦추었다 한다. 알맞게 부리고 알맞게 쉬게 함 解弛(해이): 마음의 긴장·규율 등이 풀리어 느즈러짐
中 5급 2265	耳 00 총06획	耳	귀 ear	이:	耳 ěr	耳目(이목) 耳順(이순) 中耳炎(중이염) 耳目口鼻(이목구비) 耳目之官(이목지관) 耳提面命(이제면명) 耳下腺炎(이하선염) 耳懸鈴鼻懸鈴(이현령비현령): 귀에 걸면 귀걸이, 코에 걸면 코걸이라는 뜻

급수	부수	한자	훈	음	중국어	용례
2급(名) 2266	玉 06 총10획	珥	귀고리 earring	이:	珥 ěr	珥玉(이옥): 옥관자(玉貫子). 또는 망건에 옥으로 만든 관자를 끼워 닮 玉珥(옥이) 兩珥(양이): 햇무리 하여 두 귀고리 모양으로 겹쳐 보이는 현상 李珥(이이): 1536~1584 호는 율곡(栗谷) 조선 문신(文臣)·학자(學者)
1급 2267	食 06 총15획	餌	미끼/ 먹이 feed	이:	饵 ěr	餌乞(이걸): ① 먹이를 구걸함. 걸식(乞食) ② '거지'의 방언(함남) 餌藥(이약): '보약(補藥)' 軟餌(연이): 익혀서 부드럽게 한 모이 食餌療法(식이요법): 음식물을 조절하여 질병을 치료하거나 예방하는 방법
高 3급 2268	大 03 총06획	夷	오랑캐/ savage 동이(東夷)	이	夷 yí	夷國(이국) 夷蠻(이만) 夷昧(이매) 夷滅(이멸) 夷狄(이적) 夷齊(이제): 伯夷와 叔齊 夷粲(이찬) 夷則(이칙) 夷險(이험) 夷蠻戎狄(이만융적): 동이(東夷)·남만(南蠻)·서융(西戎)·북적(北狄) 오랑캐
1급 2269	女 06 총09획	姨	이모 mother's sister	이	姨 yí	姨母(이모): 어머니의 자매　姨從(이종):☞ 이종사촌(姨從四寸) 姨叔(이숙): 이모부　姨母夫(이모부): 이모의 남편 姨姪(이질): ① 자매간의 아들딸 ② 아내의 자매의 아들딸
1급 2270	疒 06 총11획	痍	상처 wound	이	痍 yí	傷痍(상이): 부상(負傷). 상처(傷處)　創痍(창이): 병기에 다친 상처 傷痍軍人(상이군인) 傷痍記章(상이기장) 傷痍勇士(상이용사) 滿身瘡痍(만신창이): ① 온몸이 상처투성이가 됨 ② 어떤 사물이 엉망이 됨
2급(名) 2271	忄心05 총08획	怡	기쁠 glad; happy; pleased	이	怡 yí	怡然(이연): 기쁘고 좋다.　怡愉(이유): 즐겁고 기쁨 南怡(남이): (1441~1468) 태종의 외손자, 17세에 무과에 장원급제. 1467년 이시애의 난을 진압 28세에 병조판서가 되었으나, 유자광의 무고로 처형됨
中 4급 2272	田 06 총11획	異	다를 different	이:	异 yì	異見(이견) 異國(이국) 異端(이단): 전통이나 권위에 반항하는 주장이나 이론 異動(이동) 異例(이례) 異變(이변) 異常(이상) 異狀(이상) 異相(이상) 異域(이역) 異意(이의) 異議(이의) 異體(이체)
中 4급II 2273	禾 06 총11획	移	옮길 remove; shift	이	移 yí	移居(이거) 移動(이동) 移徙(이사): 사는 곳을 다른 데로 옮김 移植(이식) 移讓(이양) 移轉(이전) 移住(이주) 移替(이체) 移木之信(이목지신) 移天易日(이천역일): 정권(政權)을 빼앗음
1급 2274	爻 10 총14획	爾	너 you	이:	尔 ěr	聊爾(요이): 구차한 모양　蠢爾(준이): 벌레 따위가 꾸물꾸물 움직임 爾小子(이소자): 너희 어린이들아! 出爾反爾(출이반이): 너에게 나간 것은 너에게 돌아간다. 愛爾蘭(애이란): 아일랜드　首尔[Shǒu'ěr]: 서울
中 4급II 2275	皿 05 총10획	益	더할 profit; helpful	익	益/益 yì	益友(익우) 益鳥(익조) 益蟲(익충) 權益(권익) 國益(국익) 損益(손익) 收益(수익) 純益(순익) 有益(유익) 利益(이익) 三益友(삼익우): 이로운 세 가지 벗. 정직한 사람, 믿음직한 사람, 견문이 많은 사람
2급(名) 2276	羽 05 총11획	翊	도울 help; aid; assist	익	翊 yì	翊戴(익대): 받들어 정성스럽게 추대함　翊成(익성): 도와주어 이루게 함 翊善(익선) 翊衛(익위) 翊贊(익찬): 보도(輔導): 도와서 바르게 이끎 奉翊(봉익) 翊衛司(익위사) 左馮翊(좌풍익) 忠翊府(충익부)
1급 2277	羽 05 총11획	翌	다음날 next day	익	翌 yì	翌年(익년) 翌晚(익만) 翌夕(익석) 翌夜(익야) 翌月(익월) 翌日(익일) 翌朝(익조) 翌週(익주) 翌秋(익추) 翌春(익춘) 翌曉(익효) 翌翌年(익익년) 翌日宴(익일연) 翌翌日(익익일)
高 3급II 2278	羽 11 총17획	翼	날개 wing	익	翼 yì	翼輔(익보): 보좌　雙翼(쌍익): 양쪽 날개　右翼(우익) 左翼(좌익) 比翼鳥(비익조): ① 짝을 짓지 않으면 날지 못한다는 전설상의 새 비익(比翼) ② 남녀나 부부 사이의 두터운 정 比翼連理(비익연리)
中 8급 2279	人 00 총02획	人	사람 man	인	人 rén	人間(인간) 人格(인격) 人權(인권) 人類(인류) 人物(인물) 人事(인사) 人性(인성) 人才(인재) 人材(인재) 人品(인품) 人體(인체) 人形(인형) 人乃天(인내천) 人死留名(인사유명)
中 4급 2280	亻人02 총04획	仁	어질 humanity	인	仁 rén	仁德(인덕) 仁術(인술) 仁慈(인자) 仁兄(인형) 仁川市(인천시) 仁者無敵(인자무적) 仁者樂山(인자요산) 仁慈隱惻(인자은측) 仁義禮智信(인의예지신): 사람이 마땅히 갖추어야 할 다섯 가지 도리

급수	부수/획수	한자	훈	음	간체/병음	용례
2급 2281	刀 01 총03획	刃	칼날 blade; edge	인:	刃 rèn	刃傷(인상): 칼날 등에 다침. 또는 그 상처 刃創(인창): 칼날에 다친 흉 白刃(백인): 서슬이 시퍼렇게 번쩍이는 칼날. 白兵(백병) 兵刃(병인) 兩刃(양인): 조갯날 兵不血刃(병불혈인) 迎刃自解(영인자해)
中 3급II 2282	心 03 총07획	忍	참을 bear	인	忍 rěn	忍苦(인고) 忍耐(인내) 忍辱(인욕) 忍從(인종) 強忍(강인) 忍冬草(인동초) 堅忍不拔(견인불발): 굳게 참고 견뎌 흔들리지 않음 書忍字一百(서인자일백): 가정의 화목은 서로가 인내하는데 있다.
1급 2283	革 03 총12획	靭	질길 tough	인	韧 rèn	靭帶(인대): 관절을 튼튼하게 하고 그 운동을 제한하는 작용을 하는 결합 조직 섬유 靭性(인성): 재료의 질긴 정도 強靭(강인): 억세고 질기다. 堅靭(견인): 단단하고 질기다. 柔靭(유인): 부드러우면서 질기다.
中 4급II 2284	言 07 총14획	認	알[知] recognize	인	认 rèn	認可(인가) 認識(인식) 認定(인정) 認准(인준) 認證(인증) 認知(인지) 認許(인허) 公認(공인) 默認(묵인) 否認(부인) 承認(승인) 是認(시인) 確認(확인) 自他共認(자타공인)
中 4급II 2285	弓 01 총04획	引	끌 draw	인	引 yǐn	引導(인도) 引渡(인도) 引力(인력) 引上(인상) 引率(인솔) 引揚(인양) 引用(인용) 引責(인책) 引出(인출) 引下(인하) 牽引(견인) 割引(할인) 吸引力(흡인력) 引受引繼(인수인계)
1급 2286	虫 04 총10획	蚓	지렁이 earthworm	인	蚓 yǐn	海蚓(해인): 갯지렁이 以蚓投魚(이인투어): 지렁이를 낚시 미끼 春蚓秋蛇(춘인추사): 봄철의 지렁이와 가을철의 뱀, 매우 치졸한 글씨 莫誣蚯蚓 踐亦發動(막무구인 천역발동) 특급외 蚯(지렁이 구)
中 4급II 2287	卩 04 총06획	印	도장 seal	인	印 yìn	印刷(인쇄) 印章(인장) 印朱(인주) 烙印(낙인) 印象派(인상파) 無常印(무상인): 모든 현상은 시시각각으로 생멸·변화하여 항상 변천한다. 印上加書(인상가서) 印度(인도): 인디아 印尼(인니): 인도네시아
中 5급 2288	囗 03 총06획	因	인할 cause	인	因 yīn	因習(인습) 因襲(인습) 因緣(인연) 因人(인인) 因子(인자) 因果關係(인과관계) 因果應報(인과응보) 因數分解(인수분해) 因循姑息(인순고식): 구습을 고치지 않고 눈앞의 편안함만을 취함
高 3급 2289	女 06 총09획	姻	혼인 marriage	인	姻 yīn	姻家(인가) 姻叔(인숙) 姻親(인친) 姻戚(인척) 姻末(인말): 편지에서, 자기 이질(姨姪) 또는 처질(妻姪)에게 자신을 일컫는 말. 婚姻聖事(혼인성사) 婚姻死喪 隣保相助(혼인사상 인보상조)
1급 2290	口 06 총09획	咽	목구멍 throat 목멜	인 열	咽 yān yàn, yè	咽喉(인후): 식도와 기도를 통하는 입속 깊숙한 곳 咽喉之地(인후지지) 咽頭(인두) 耳鼻咽喉科(이비인후과)| 咽響(열향) 硬咽(경열) 聲咽(성열) 哀咽(애열): 슬퍼서 목메어 욺 嗚咽(오열): 목메어 욺
中 3급 2291	宀 08 총11획	寅	범/ 동방 tiger/east 셋째지지	인	寅 yín	甲寅字(갑인자): 세종16년(1434) 구리 활자 寅不祭祀(인불제사) 寅葬卯發(인장묘발): 묏자리를 잘 써서 곧 운이 트이고 복을 받음 丙寅洋擾(병인양요) 甲己之年丙寅頭(갑기지년병인두)
1급 2292	氵水09 총12획	湮	묻힐 sink; extinction	인	湮 yān	湮滅(인멸): 자취도 없이 모두 없어짐. 湮淪(인륜) 湮沒(인몰) 證據湮滅罪(증거인멸죄): 타인의 형사 사건 또는 징계 사건에 관하여 증거를 인멸·은닉·위조·변조하거나 그 사건과 관련된 증인을 은닉·도피시킴
中 8급 2293	一 00 총01획	一	한 one	일	一 yī	一旦(일단) 一團(일단) 一般(일반) 一部(일부) 一定(일정) 一擧兩得(일거양득) 一連番號(일련번호) 一絲不亂(일사불란) 一衣帶水(일의대수) 一致團結(일치단결) 一片丹心(일편단심)
2급 2294	士 09 총12획	壹	한/ 갖은한 one	일	壹 yī	壹萬(일만) 壹是(일시): 모두 일체(一切) 오로지 모두 한결같이 壹旱支(일한지): 신라 시대의 17관등(官等)의 하나 갖은자 壹(일), 貳(이), 參(삼), 拾(십), 佰(백), 仟(천)
中 8급 2295	日 00 총04획	日	날 day; sun	일	日 rì	日刊(일간) 日工(일공) 日光(일광) 日記(일기) 日氣(일기) 日沒(일몰) 日本(일본) 日用(일용) 日月(일월) 日淺(일천) 日出(일출) 日月星辰(일월성신): 해와 달과 별 日就月將(일취월장)

급수	부수	한자	훈음	음	중국어	용례
1급 2296	亻人05 총07획	佚	편안| comfortable 질탕(佚蕩)	일 질	佚 yì	佚民(일민): 세상을 등지고 숨어 사는 백성. 달아나는 백성 驕佚(교일): 교만하고 방자하여 버릇이 없다. 散佚(산일): 흩어져 없어짐 以佚待勞(이일대로): 휴식으로 전력을 비축한 뒤 피로해진 적을 상대하는 전략
2급(名) 2297	亻人06 총08획	佾	춤출 perform dance	일	佾 yì	佾舞(일무): 종묘나 문묘 제향 때, 여러 사람이 여러 줄로 벌여 서서 추는 춤 八佾舞(팔일무): 팔일무는 한 줄에 8명씩 8줄로 늘어서서 64명이 추며, 문무(文舞)는 왼손에 약, 오른손에 적을 들고 추며, 무무(武舞)는 앞은 검(劍), 뒤는 창(槍)을 들고 춘다.
高 3급II 2298	辶走08 총12획	逸	편안할/ ease 달아날 escape	일	逸 yì	逸走(일주): 도망쳐 달아남 逸脫(일탈): 빗나가고 벗어남 逸話(일화): 알려지지 않은 이야기 安逸(안일): 편안하고 한가로움 一勞永逸(일로영일): 한때 고생하고 오랫동안 편안하게 지냄
1급 2299	氵水10 총13획	溢	넘칠 overflow	일	溢/溢 yì	溢血(일혈): 신체 조직 사이에 일어나는 내출혈 腦溢血(뇌일혈) 氾溢(범일): 물이 넘쳐흐름. 범람 海溢(해일): 바다에 큰 물결이 육지로 넘쳐 오르는 일 溢美之言(일미지언): 지나치게 칭찬(稱讚)하는 말
2급(名) 2300	金 10 총18획	鎰	무게이름 weight	일	镒 yì	1鎰은 20兩 '공손추하(公孫丑下)' 편에는 제(齊)나라 왕이 맹자(孟子)에게 겸금(兼金) 100일(鎰)을 주었는데 받지 않았고, 송(宋)나라에서 준 70일(鎰)과 설(薛)나라에서 준 50일(鎰)은 받았다.
中 3급II 2301	士 01 총04획	壬	북방/ north 아홉째천간	임:	壬 rén	壬戌(임술): 육십갑자 59째 壬午軍亂(임오군란): 1882년(고종 19) 壬辰倭亂(임진왜란): 선조 때인 1592년부터 1598년까지 일본이 조선을 침략 壬坐丙向(임좌병향): 서북 방향을 등지고 동남(東南) 방향을 바라보는 방향
高 5급II 2302	亻人04 총06획	任	맡길 entrust; charge	임(:)	任 rèn Rén	任官(임관) 任期(임기) 任命(임명) 任務(임무) 任用(임용) 任員(임원) 任意(임의) 任地(임지) 任職(임직) 擔任(담임) 責任(책임) 就任(취임) 任重道遠(임중도원): 책임은 무겁고 길은 멂
高 3급II 2303	貝 06 총13획	賃	품삯 wage	임:	赁 lìn	賃金(임금): ① 근로자가 노동의 대가로 받는 보수. 삯돈. 노임(勞賃) ② 임대차(賃貸借)에서 차용물 사용의 대가 賃貸(임대) 賃借(임차) 工賃(공임) 賃加工(임가공) 賃貸料(임대료) 賃借料(임차료)
2급 2304	女 04 총07획	妊	아이밸 pregnancy 특급II 姙	임:	妊 rèn	妊婦(임부): 아이를 밴 여자. 잉부(孕婦) 임신부(姙娠婦) 妊産(임산) 妊娠(임신) 不妊(불임) 避妊(피임) 懷妊(회임) 妊産婦(임산부): 임신부(姙娠婦)와 해산부(解産婦) 避妊劑(피임제)
中 7급 2305	入 00 총02획	入	들 enter	입	入 rù	入納(입납) 入隊(입대) 入力(입력) 入門(입문) 入社(입사) 入選(입선) 入試(입시) 入營(입영) 入札(입찰) 入學(입학) 入山忌虎(입산기호): 산속에 들어가고서 범 잡을 것을 꺼린다.
1급 2306	子 02 총05획	孕	아이밸 pregnant	잉:	孕 yùn	孕婦(잉부) 孕重(잉중) 降孕(강잉) 育孕(육잉) 孕胎(잉태) 孕時患難於産(잉시환난어산): 처음 시작이 순조롭지 못하면 내내 순조롭지 못한다. 不孕兒強産(불잉아강산): 무턱대고 무리한 요구를 한다.
1급 2307	刀 10 총12획	剩	남을 surplus	잉:	剩/剩 shèng	剩穀(잉곡) 剩官(잉관) 剩數(잉수) 剩餘(잉여) 剩餘金(잉여금) 過剩(과잉): 예정한 수량이나 필요한 수량보다 많음 過剩數(과잉수) 公剩色(공잉색): 조선, 선혜청에 속하여 잡비의 조달과 지출을 맡아보던 부서
中 7급II 2308	子 00 총03획	子	아들 son	자	子 zǐ ·zi	子宮(자궁) 子女(자녀) 子婦(자부) 子孫(자손) 子息(자식) 子音(자음) 子時(자시) 子正(자정): 밤 12시 子午線(자오선) 子欲養而親不待(자욕양이친부대): 자식이 부모 봉양하고자 하나 기다려 주지 않는다.
1급 2309	亻人03 총05획	仔	자세할 detailed	자	仔 zǐ zǎi zī	仔詳(자상): ① 자세하고 찬찬하다. ② 인정이 넘치고 마음 씀씀이가 넉넉하다. 仔細(자세): 아주 작고 하찮은 부분까지 구체적이고 분명하다. • 자세한 설명 仔豚(자돈): 새끼 돼지 仔畜(자축): 새끼 집짐승 仔蟲(자충): 유충(幼蟲)
中 7급 2310	子 03 총06획	字	글자 letter	자	字 zì	字幕(자막) 字牧(자목): 고을 원이 백성을 사랑으로 다스림 字源(자원) 字義(자의) 字體(자체) 字形(자형) 字型(자형) 字訓(자훈) 文字(문자) 數字(숫자) 赤字(적자) 黑字(흑자) 漢字(한자)

급수	부수/획수	한자	훈	음	中	예
中 7급II 2311	自 00 총06획	自	스스로 oneself	자	自 zì	自動(자동) 自習(자습) 自身(자신) 自然(자연) 自律(자율) 自主(자주) 自體(자체) 自信感(자신감) 自給自足(자급자족) 自由自在(자유자재) 自暴自棄(자포자기) 自初至終(자초지종)
中 4급 2312	女 05 총08획	姉	손윗누이 elder sister 姊(중학용)	자	姉 zǐ	姉妹(자매): ① 여자끼리의 동기(同氣). 언니와 여동생 사이. 여자 교우(敎友) ② 같은 계통에 속하여 서로 밀접한 관계가 있거나 친선 관계가 있음을 이르는 말 姉夫(자부) 姉兄(자형) 姉母會(자모회) 姉妹結緣(자매결연)
高 3급II 2313	刀 06 총08획	刺	찌를 pierce	자, 척	刺 cì, cī	刺客(자객) 刺激(자격) 刺股(자고) 刺戟(자극): 일정한 현상이 촉진되도록 충동함 刺刑(자형) 刺殺(척살): 칼 따위로 사람을 찔러 죽임 刺股懸梁(자고현량): 분발하여 열심히 공부함 刺草之臣(자초지신)
1급 2314	火 04 총08획	炙	구울 roast	자, 적	炙 zhì	膾炙(회자): 회와 구운 고기, 칭찬을 받으며 사람의 입에 자주 오르내림 炙色(적색): 대궐 안에서 고기를 굽는 일을 맡아 하는 사람 炙鐵(적철) 散炙(산적): 쇠고기 따위를 양념해 꼬챙이에 꿰어서 구운 적
中 6급 2315	老 05 총09획	者	놈/ 사람 man	자	者 zhě	記者(기자) 讀者(독자) 牧者(목자) 富者(부자) 貧者(빈자) 聖者(성자) 勝者(승자) 業者(업자) 著者(저자) 打者(타자) 他者(타자) 敗者(패자) 筆者(필자) 學者(학자) 患者(환자)
1급 2316	⺊⺌火 09 총13획	煮	삶을 boil	자(:)	煮 zhǔ	煮乾(자건) 煮繭(자견): 누에고치를 삶음 煮沸(자비): 펄펄 끓음 煮鹽(자염): 끓여 만든 소금 煮醬(자장) 煮煎(자전): 끓여서 달임 煮酒(자주) 煮豆腐(자두부) 煮硝方(자초방): 화약을 만드는 방법
高 4급 2317	女 06 총09획	姿	모양 aspect	자:	姿 zī	姿勢(자세): ① 몸을 움직이거나 가누는 모양 ② 사물을 대할 때 가지는 마음가짐이나 태도 姿態(자태): ① 고운 몸가짐과 맵시 ② 모양이나 모습 毛施淑姿(모시숙자): 모장(毛嬙)과 서시(西施)는 자태가 아름다웠다. 千字文
高 3급 2318	心 06 총10획	恣	마음대로/ 방자할 impudence	자:	恣 zì	恣肆(자사): 제멋대로 하는 면이 있음 특급II 肆(방자할, 늘어놓을 사) 恣行(자행): 방자하게 행동함 恣意的(자의적): 자기 마음대로 하는 것 放恣(방자): 건방지다. 放恣無忌(방자무기): 건방지고 꺼림이 없음
1급 2319	瓦 06 총11획	瓷	사기그릇 (沙器—) porcelain	자	瓷 cí	瓷器(자기): 사기그릇. 고령토 따위를 원료로 빚어서 아주 높은 온도로 구운 그릇 瓷佛(자불) 瓷胎(자태): 돌의 고운 가루 白瓷(백자) 靑瓷(청자) 陶瓷器(도자기): 도기(陶器)·자기(瓷器)·석기(石器)·토기(土器)의 총칭임
高 4급 2320	貝 06 총13획	資	재물 property	자	資 zī	資格(자격) 資金(자금) 資料(자료) 資本(자본) 資産(자산) 資質(자질) 資稟(자품): 사람의 타고난 바탕과 성품 資本金(자본금) 投資(투자) 資父事君(자부사군): 아버지 섬기는 효도로 임금을 섬겨야 함
2급 2321	言 09 총16획	諮	물을 inquiry; consultation	자:	谘 zī	諮考(자고) 諮問(자문): 관련된 전문가나 전문 기관에 의견을 물음 諮議(자의): 물어 의논함. 고려 동궁 정6품, 조선 세자시강원에 속한 정7품 右諮議(우자의): 조선 초 삼사(三司)의 정4품 左諮議(좌자의): 정4품
高 3급 2322	玄 05 총10획	玆	이/ 검을 this/ black	자	兹 zī, cí	今玆(금자): 올해 來玆(내자): 다음 해 玆山魚譜(자산어보): 1814 정약전(丁若銓)이 黑山島에서 지은 어류학서 玆(한양해서체)玆 잘못표기 특급/高 茲(무성할 자): 艹-총10획 다른 글자인데 혼용하여 사용함
2급(名) 2323	氵水 09 총12획	滋	불을[益] increase; nutrition	자	滋 zī	滋茂(자무) 滋味(자미) 滋繁(자번) 滋殖(자식) 滋甚(자심) 滋案(자안) 滋養(자양): 몸의 영양이 됨 滋養分(자양분) 滋雨(자우): 알맞게 오는 비 滋弊(자폐): 폐단이 되풀이됨
中 3급II 2324	心 09 총13획	慈	사랑 affection; loving; kind	자	慈 cí	慈母(자모): 자식에 대한 사랑이 깊다는 뜻으로 '어머니' 慈愛(자애) 慈悲(자비): 남을 사랑하고 가엾게 여김 慈鳥(자조): 까마귀 先慈(선자): 세상을 떠난 어머니 慈親(자친): 어머니↔嚴親(엄친): 아버지
2급 2325	石 09 총14획	磁	자석 magnet; compass	자	磁 cí	磁氣(자기): 쇠붙이를 끌어당기거나 남북을 가리키는 등 자석이 갖는 작용이나 성질 磁南(자남) 磁北(자북) 磁石(자석) 磁性(자성) 磁針(자침) 磁化(자화) 磁氣場(자기장) 磁針路(자침로) 磁(瓷)器(자기)

급수	부수/획수	한자	훈	음	중국어	용례
1급 2326	疒 06 총11획	疵	허물 blemish	자	疵 cī	瑕疵(하자): 흠. 결점(缺點) 疵議(자의): 남을 헐뜯어 의논함 疵點(자점): 흠점(欠點) 疵政(자정): 나라를 잘못 다스림 3급Ⅱ 此(이 **차**) 吹毛求疵(취모구자): 억지로 남의 작은 허물을 들추어냄. 취모멱자(吹毛覓疵)
高 3급Ⅱ 2327	糸 06 총12획	紫	자줏빛 purple	자	紫 zǐ	紫鷺(자로): 붉은 왜가리 紫薇(자미): 백일홍 紫朱(자주): 자줏빛 紫外線(자외선): 자색 바깥쪽의 파장이 긴 복사선 紫木蓮(자목련) 萬紫千紅(만자천홍) 山紫水明(산자수명) 紫文羅窄衣(자문라착의)
2급 2328	隹 06 총14획	雌	암컷 female; hen-bird	자	雌 cí	雌雄(자웅): ① 암수 ② 강약·승부·우열 따위의 비유 雄雌(웅자) 雌伏(자복): ① 남에게 굴복함 ② 때를 기다려 가만히 숨어서 지냄 凹 雄飛 雌花(자화): 암꽃 雌雄同體(자웅동체) 孤雌寡鶴(고자과학)
1급 2329	++艸11 총15획	蔗	사탕수수 sugar cane	자	蔗 zhè	蔗境(자경): 담화나 문장 또는 사건 따위가 점점 재미있어지는 대목 甘蔗(감자): 사탕수수. 볏과의 여러해살이풀 甘蔗糖(감자당): 사탕수수로 만든 설탕 ※ 감자{甘藷(감저)}: 마령서(馬鈴薯) potato
1급 2330	++艸14 총18획	藉	깔/ 핑계할 spread	자	藉 jiè jí	藉藉(자자): 여러 사람의 입에 오르내려 떠들썩하다 狼藉(낭자): 여기저기 흩어져 어지럽다 憑藉(빙자): 남의 힘을 빌려서 의지함 慰藉料(위자료): 정신적 고통과 손해에 대한 배상금 藉其勢力(자기세력): 남의 세력에 의지함
1급 2331	勹 01 총03획	勺	구기 ladle; dipper	작	勺 sháo	龍勺(용작): 제사에 쓰던 국자 眞勺(진작): 고려 때 속가(俗歌)에서 가장 빠른 곡조의 이름 勺水不入(작수불입): 물 한 모금도 마시지 못한다. 勺藥之贈(작약지증): 함박꽃을 보내어 남녀 간의 정을 두텁게 한다.
1급 2332	++艸03 총07획	芍	함박꽃 peony	작	芍 sháo	芍藥(작약): 백(白)작약·산(山)작약·호(胡)작약·적(赤)작약 등의 총칭 木芍藥(목작약): ☞ 모란(牡丹) 家白芍藥(가백작약): 집에서 재배한 백작약. 뿌리는 약재(藥材)로 씀
1급 2333	火 03 총07획	灼	불사를 burn	작	灼 zhuó	灼鐵(작철): 석쇠 鑽灼(찬작): 갈고닦으며 연구함 熏灼(훈작): 불에 태움. 큰 세력을 가짐을 비유적으로 이르는 말 夭夭灼灼(요요작작): 나이가 젊고 용모(容貌)가 꽃같이 아름다움
高 3급 2334	酉 03 총10획	酌	술 부을/ 잔질할 pour alcohol	작	酌 zhuó	酌定(작정): 일의 사정을 헤아려 결정함 自酌自飮(자작자음) 酬酌(수작): ① 술잔을 주고받음 ② 남의 말·행동이나 계획 따위를 낮잡는 말 斟酌(짐작): 어림쳐서 헤아림 參酌(참작) 情狀參酌(정상참작)
中 6급Ⅱ 2335	亻人05 총07획	作	지을 work; make	작	作 zuò zuó zuō	作家(작가) 作曲(작곡) 作動(작동) 作文(작문) 作事(작사) 作詞(작사) 作成(작성) 作詩(작시) 作業(작업) 作用(작용) 作定(작정) 作態(작태) 作品(작품) 作心三日(작심삼일)
1급 2336	火 05 총09획	炸	터질 burst; explode	작	炸 zhà zhá	炸裂(작렬): ① 폭발물이 터져서 산산이 흩어짐 ② 포탄이 터지듯 극렬하게 터져 나오는 것을 비유 炸發(작발): 화약(火藥)이 폭발함 炸彈(작탄): ① 작약(炸藥)을 넣은 탄환 ② 손으로 던져서 터뜨리는 폭탄
中 6급Ⅱ 2337	日 05 총09획	昨	어제 yesterday	작	昨 zuó	昨今(작금): ① 어제와 오늘 ② 요즈음 ③ 요사이 昨年(작년) 昨日(작일): 어제 再昨年(재작년) 昨葉荷花(작엽하화)=바위솔 昨非今是(작비금시): 전에는 그르다고 여기던 일이 지금은 옳다고 여기게 됨
1급 2338	隹 03 총11획	雀	참새 sparrow	작	雀 què	雀羅(작라): 새 그물 孔雀(공작) 麻雀(마작): 중국에서 온 실내 오락 朱雀(주작): 붉은 봉황으로 형상화한 남쪽 방위를 지키는 신령을 상징한 짐승 黃雀(황작): ① 참새 ② 꾀꼬리 雀舌茶(작설차) 銅雀區(동작구)
1급 2339	糸 08 총14획	綽	너그러울 generous	작	綽 chāo chuò	綽約(작약): 몸매가 가냘프고 아리땁다 綽然(작연): 침착하고 여유가 있다 綽子(작자): 조끼와 같이 생긴 웃옷의 한 가지 綽綽(작작): 여유가 있는 모양 綽態(작태): 여유 있는 모습 巡綽船(순작선) 餘裕綽綽(여유작작)
高 3급 2340	爪 14 총18획	爵	벼슬 peerage	작	爵 jué	爵祿(작록) 封爵(봉작) 天爵(천작) 高官大爵(고관대작) 五等爵(오등작): 다섯 등급으로 나눈 작위(爵位). 1.공작(公爵) 2.후작(侯爵) 3.백작(伯爵) 4.자작(子爵) 5.남작(男爵)

급수	부수/획수	漢字	訓음	음	中	용례
1급 2341	口 18 총21획	嚼	씹을 chew	작	嚼 jiáo/jué	咀嚼(저작): 음식을 입에 넣어 씹음 咀嚼筋(저작근) 咀嚼口(저작구) 屠門大嚼(도문대작): 고깃간 문 앞에서 입을 크게 벌려 씹음. 許筠의 저서 肉必細嚼方覺美味(육필세작 방각미미): 고기는 씹어야 맛이다.
1급 2342	鳥 08 총19획	鵲	까치 magpie	작	鹊 què	烏鵲橋(오작교): 칠월 칠석날 까마귀와 까치가 은하(銀河)에 놓는다는 다리 烏鵲通巢(오작통소) 月明星稀 烏鵲南飛(월명성희 오작남비): 달은 밝고 별은 성긴데 까막까치는 남으로 날아가네 <위무제 조조(曹操) 단가행>
高4급 2343	歹 08 총12획	殘	남을/해칠 remain/cruel	잔	残 cán	殘留(잔류): 남아 처져 있음 殘額(잔액): 나머지 액수. 殘高. 殘金 殘像(잔상) 殘忍(잔인) 殘在(잔재) 殘滓(잔재) 殘虐(잔학) 殘酷(잔혹) 殘杯冷炙(잔배냉적): 마시다 남은 술과 다 식은 구운 고기
1급 2344	木 08 총12획	棧	사다리 scaffold	잔	栈 zhàn	棧橋(잔교): ① 절벽 사이에 걸쳐 놓은 다리 ② 부두에서 선박에 걸쳐 놓은 다리 棧道(잔도): 험한 벼랑에 선반처럼 달아 낸 길. 비계(飛階) 棧防(잔방) 棧牀(잔상) 棧板(잔판) 雲棧(운잔): 구름에 닿을 정도로 높은 사다리
1급 2345	皿 08 총13획	盞	잔 cup	잔	盏 zhǎn	盞臺(잔대): 잔을 받치는 접시 모양의 그릇 茶盞(찻잔): 차를 담아 마시는 잔 燈盞(등잔) 火燈盞(화등잔): 놀라거나 앓아서 퀭하여진 눈을 비유 華燈盞(화등잔): 꽃무늬로 장식된 화려한 등잔 無祝單盞(무축단잔)
高3급Ⅱ 2346	日 11 총15획	暫	잠깐/잠시 moment	잠(:)	暂 zàn	暫間(잠간) 暫見(잠견) 暫留(잠류) 暫罰(잠벌) 暫別(잠별) 暫逢(잠봉) 暫時(잠시) 暫定(잠정) 暫借(잠차) 暫許(잠허) 暫革(잠혁) 暫佛馬(잠불마): 뺨에 흰 줄이 있고 눈에 누런빛을 띤 말
1급 2347	竹 09 총15획	箴	경계 caution	잠	箴 zhēn	箴(잠): 훈계하는 뜻을 적은 글의 형식 箴諫(잠간): 훈계(訓戒)해서 간함 箴警(잠경) 箴規(잠규) 箴言(잠언): 교훈이 되고 경계가 되는 짧은 말 솔로몬 왕의 경계와 교훈을 내용으로 함 視箴(시잠): 예가 아니면 보지 말라
高3급Ⅱ 2348	氵水12 총15획	潛	잠길 dive	잠	潜/潜 qián	潛伏(잠복) 潛潛(잠잠) 潛跡(迹)(잠적) 潛在(잠재) 潛行(잠행) 潛函(잠함): 케이슨(caisson) 潛水服(잠수복) 潛水艦(잠수함) 潛谷筆談(잠곡필담) 赤道潛流(적도잠류): 적도 수심을 흐르는 해류
1급 2349	竹 12 총18획	簪	비녀 hairpin	잠	簪 zān	簪纓(잠영): ① 관원이 쓰던 비녀와 갓끈 ② 양반의 별칭 특급Ⅱ 纓 簪筆(잠필): 붓을 지니고 다님 金簪(금잠): 금비녀 鳳簪(봉잠): 봉황을 새긴 큼직한 비녀 金簪草(금잠초): 민들레 葵花簪(규화잠)
2급 2350	虫 18 총24획	蠶	누에 silkworm	잠	蚕/蚕 cán	蠶食(잠식): 누에가 뽕잎을 먹듯이 점차 조금씩 침략하여 먹어 들어가다. 蠶室(잠실): 누에를 치는 방 蠶室驛(잠실역) 蠶室球場(잠실구장) 蠶絲牛毛(잠사우모): 고치실과 쇠털, 일의 가닥이 많고 어수선함을 비유
高4급 2351	隹 10 총18획	雜	섞일 mixed	잡	雜/杂 zá	雜穀(잡곡) 雜念(잡념) 雜多(잡다) 雜談(잡담) 雜務(잡무) 雜夫(잡부) 雜費(잡비) 雜役(잡역) 雜音(잡음) 雜種(잡종) 雜誌(잡지) 雜草(잡초) 雜湯(잡탕) 雜學(잡학) 雜貨(잡화)
高3급Ⅱ 2352	一 02 총03획	丈	어른 elder	장:	丈 zhàng	丈夫(장부) 丈母(장모) 丈人(장인): 아내의 아버지. 빙부(聘父) 先考丈(선고장): 세상을 떠난 남의 아버지의 존칭. 先丈 春府丈(춘부장) 氣高萬丈(기고만장) 家有賢妻丈夫不遭橫事(가유현처장부부조횡사)
1급 2353	亻人03 총05획	仗	의장(儀仗) honor guard / 무기 weapon	장	仗 zhàng	儀仗(의장): 천자·왕공(王公) 등 지위가 높은 사람이 행차할 때 위엄을 보이기 위해 격식을 갖추어 세우는 무기나 물건 仗器(장기): ☞ 무기(武器) 甲仗(갑장): 갑옷과 창검 등의 병기 儀仗旗(의장기): 백호기·청룡기 따위
1급 2354	木 03 총07획	杖	지팡이 stick	장(:)	杖 zhàng	杖鼓(장고): '장구'의 잘못 杖板(장·판): 장형(杖刑)을 집행할 때 죄인을 엎드리게 하고 팔다리를 매던 틀 竹杖(죽장) 賊反荷杖(적반하장) 棍杖(곤장): 죄를 다스릴 때 볼기를 치던 형구(刑具). 또는 그 형벌(刑罰)
1급 2355	匚 04 총06획	匠	장인 artisan; craftsman	장	匠 jiàng	匠人(장인): 손으로 물건 만드는 것을 업으로 하는 사람. 장색(匠色) 巨匠(거장): great artist 名匠(명장): 기술이 뛰어나 이름난 장인 美匠(미장) 意匠(의장): 시각을 통하여 미감을 일으키는 것. design

급수	부수/획수	한자	훈음	약자	중국어	용례
2급(名) 2356	广 03 총06획	庄	전장(田莊) one's farmstead	장	庄 zhuāng	宮庄(궁장): 각 궁에 딸렸던 논밭 農庄(농장): ① 농장 관리를 위하여 농장 근처에 모든 설비를 갖추어 놓은 집 ② 고려 말 조선 초에 세력가들이 차지하고 있던 넓은 농지 村庄(촌장): 시골에 따로 장만하여 두는 집
高 3급II 2357	米 06 총12획	粧	단장할 make up; toilet	장	妆 zhuāng	丹粧(단장): 얼굴을 곱게 하고 머리나 옷맵시를 매만져 꾸밈 美粧(미장) 治粧(치장) 化粧室(화장실) 淡粧濃抹(담장농말): ① 여자의 엷은 화장과 짙은 화장 ② 개거나 비가 오거나 하는 날씨에 따라 변하는 풍경
中 4급 2358	士 04 총07획	壯	장할 admirable; excellent	장:	壮/壮 zhuàng	壯觀(장관): ① 훌륭하여 볼 만한 광경 ② 남의 행동이나 어떤 상태를 비웃는 말 壯骨(장골) 壯年(장년) 壯談(장담) 壯大(장대) 壯麗(장려) 壯士(장사) 壯雪(장설) 壯言(장언) 壯元(장원) 雄壯(웅장)
高 3급II 2359	⺾ 艸 07 총11획	莊	씩씩할 valiant/grandeur	장	庄/庄 zhuāng	莊嚴(장엄): 웅장하며 위엄 있고 엄숙함 莊重(장중) 莊子(장자): 중국 전국시대의 사상가 無爲自然의 이치를 주장 莊園(장원): 중세 유럽 귀족이나 교회가 사유하던 토지 山莊(산장) 別莊(별장) 田莊(전장)
高 4급 2360	衣 07 총13획	裝	꾸밀 decorate	장	装/装 zhuāng	裝甲(장갑) 裝備(장비) 裝束(장속) 裝飾(장식) 裝藥(장약) 裝塡(장전) 裝幀(장정) 裝柱(장주) 裝着(장착) 裝置(장치) 裝彈(장탄) 武裝(무장) 服裝(복장) 包裝(포장) 裝甲車(장갑차)
中 4급II 2361	寸 08 총11획	將	장수/ commander 장차 future	장(:)	将/将 jiāng jiàng	將校(장교): 육해공군의 위관(尉官)·영관(領官)·장관(將官) 군인 將官(장관): 원수(元帥)·대장(大將)·중장(中將)·소장(小將) 및 준장(准將)의 총칭 將軍(장군) 將帥(장수) 將來(장래) 將次(장차) 將就(장취)
2급(名) 2362	⺾ 艸 11 총15획	蔣	성(姓)/ surname 줄(식물)	장	蒋/蒋 jiǎng	蔣介石(장개석): [장제스] 1887~1975 중국 국민당 총재, 타이완 중화민국 총통 蔣英實(장영실): 1390년경~? 조선 시대 세종대의 최고의 과학자 자격루 주대(周代)의 나라 이름. 줄(볏과의 여러해살이풀)
1급 2363	水 11 총14획	漿	즙(汁) juice/serum	장	浆 jiāng	漿液(장액): ① 점액이 들어 있지 않은 맑은 액체 ② 장막(漿膜)에서 분비되는 투명한 황색의 액체 爽漿(상장): 水正果를 달리 이르는 말 血漿(혈장): 피의 혈구(血球)를 제외한 액상(液狀) 성분
高 4급 2364	犬 11 총15획	獎	장려할 encourage 奬 略字 高 大 총14획	장(:)	奖/奖 jiǎng	獎勸(장:권): 장려하여 권함. 권장 獎勵(장:려): 좋은 일에 힘쓰도록 북돋아 줌 激獎(격장): 격려하고 장려함 褒獎(포장): 칭찬하고 장려함. 포양(褒揚) 獎忠壇(장충단): 충신·열사를 제사지내던 제단 獎學金(장:학금)
1급 2365	酉 11 총18획	醬	장 soybean paste	장:	醬/酱 jiàng	醬味(장미): 장맛 醬油(장유): 간장과 먹는 기름 醬滓(장재): 된장 醬散灸(장산적): 약(藥)산적 炸醬麵(자장면) 1급炸(터질 작) 辛不合醬(신불합장): 장담기를 꺼리는 신(辛)일 紅不甘醬(홍불감장)
高 3급II 2366	⺾ 艸 14 총18획	藏	감출 hide; store	장:	藏/藏 cáng zàng	藏拙(장졸) 冷藏(냉장) 死藏(사장) 所藏(소장) 貯藏(저장) 內藏山(내장산): 정읍 藏頭露尾(장두노미) 藏頭隱尾(장두은미) 藏修遊息(장수유식): 학문을 전심으로 닦음 八萬大藏經(팔만대장경)
高 3급II 2367	月肉 18 총22획	臟	오장 five viscera	장:	臟/脏 zàng	五臟(오장): ① 다섯가지 내장(內臟). 간장(肝臟), 폐장(肺臟), 심장(心臟), 비장(脾臟), 신장(腎臟) ② 속을 이루는 다섯 가지 내장 '마음보'를 비유 五臟六腑(오장육부): 내장의 총칭. 즉 오장과 육부, 장부(臟腑)
中 8급 2368	長 00 총08획	長	긴/ 어른 long /chief	장(:)	长 cháng zhǎng	長江(장강) 長久(장구) 長期(장기) 長技(장기) 長短(장단) 長髮(장발) 長壽(장수) 長身(장신) 長點(장점) 長距離(장거리) 長官(장:관) 長男(장:남) 長老(장:로) 長幼有序(장:유유서)
高 4급 2369	弓 08 총11획	張	베풀 extend	장	张 zhāng	張力(장력) 張數(장수): 넓적한 물건의 수효 張星(장성): 28수의 26째 별 張皇(장황): 번거롭고 길다. 低張(저장): 다른 용액의 삼투압에 비하여 낮음 張勉 內閣(장면 내각): 2공화국 張三李四(장삼이사): 평범한 사람들
高 4급 2370	巾 08 총11획	帳	장막/ 휘장 curtain; book	장	帐 zhàng	帳幕(장막): 한데에서 볕 또는 비바람을 피할 수 있도록 둘러치는 막 揮帳(휘장) 帳簿(장부): 수입과 지출을 기록하는 책 日記帳(일기장) 臺帳(대장): 일정한 양식으로 기록한 장부나 원부 預金通帳(예금통장)

급수	부수	한자	훈	음	中	예
中 6급 2371	立 06 총11획	章	글 sentence; chapter	장	章 zhāng	章句(장구): ① 글의 장과 구 ② 문장의 단락 權利章典(권리장전) 圖章(도장) 印章(인장) 文章(문장) 褒章(포장) 憲章(헌장) 勳章(훈장) 徽章(휘장) 法三章(법삼장) 斷章取義(단장취의)
高 4급II 2372	阝阜11 총14획	障	막을 obstacle	장	障 zhàng	障壁(장벽) 障礙(장애) 障害(장해) 故障(고장) 支障(지장) 障盡解脫(장진해탈): 수행을 가로막는 모든 번뇌를 끊고, 자유로운 경지에 이르는 일 自障障他(자장장타): 그릇된 이치를 믿어 자신을 해롭게 하고 남까지도 잘못되게 함
2급(名) 2373	犭犬11 총14획	獐	노루 roe	장	獐 zhāng	獐睡犬夢(장수견몽): 노루잠에 개꿈이라. 장면구몽(獐眠狗夢) 走獐落兔(주장낙토): 뜻밖의 이익을 얻음 避獐逢虎(피장봉호) 見奔獐放獲兔(견분장방획토): 달아나는 노루를 잡으려다가 잡아 놓은 토끼마저 놓친다.
2급(名) 2374	王玉11 총15획	璋	홀[圭]/ 반쪽 홀 scepter	장	璋 zhāng	弄璋(농장): 장(璋)은 사내아이의 장난감인 구슬, 아들을 낳는 일 弄璋之慶(농장지경): 아들을 낳은 경사. ⇔ 농와지경(弄瓦之慶) 圭璋(규장): 예식 때 장식으로 쓰는 귀한 옥(玉) 훌륭한 인품을 비유
高 3급II 2375	手 08 총12획	掌	손바닥 palm	장	掌 zhǎng	掌匣(장갑) 掌裏(장리) 掌握(장악): 손안에 잡아 쥔다. 掌中(장중) 管掌(관장) 掌樂院(장악원): 조선, 음악에 관한 일을 맡아보던 관아 如反掌(여반장): 매우 쉽다. 仙人掌(선인장) 拍掌大笑(박장대소)
中 7급II 2376	土 09 총12획	場	마당 ground; place	장	场 chǎng cháng	場面(장면) 場稅(장세) 場勢(장세) 場所(장소) 場外(장외) 開場(개장) 工場(공장) 廣場(광장) 當場(당장) 登場(등장) 市場(시장) 入場(입장) 立場(입장) 閉場(폐장) 運動場(운동장)
高 4급 2377	月肉09 총13획	腸	창자 intestines	장	肠 cháng	腸炎(장염) 大腸(대장) 小腸(소장) 十二指腸(십이지장) 九曲肝腸(구곡간장): 깊은 마음속이나 시름이 쌓인 마음속의 비유 九折羊腸(구절양장): 꼬불꼬불하고 험한 산길을 일컫는 말
高 3급II 2378	⺾艸09 총13획	葬	장사지낼 bury	장	葬 zàng	葬禮(장례) 葬儀(장의) 國葬(국장) 埋葬(매장) 殉葬(순장) 火葬(화장) 葬禮式(장례식) 逾月而葬(유월이장): 죽은 다음 달에 장사를 지냄 病救死葬(병구사장): 병이 나면 돕고 죽으면 장례를 치러 줌
高 3급 2379	土 13 총16획	牆	담 fence; barrier	장	墙 qiáng	墻下(장하): 담 밑 담 가까이 路柳墻花(노류장화): 길 가의 버들과 담 밑의 꽃. 기생(妓生)을 말함 특례 牆(담 장) 牆籬(장리): 담장. 울타리 牆壁(장벽): 담과 벽 障壁(장벽): 밖을 가려 막은 벽. 방해가 되는 것
1급 2380	⺾艸13 총17획	薔	장미 rose	장	蔷 qiáng	薔薇(장미): 장미과의 낙엽 관목(灌木). 높이는 2-3m, 가시가 많으며, 5~6월에 여러 빛깔의 고운 꽃이 핌. 종류가 썩 많음 野薔薇(야장미) 薔花紅蓮傳(장화홍련전): 억울하게 죽은 장화와 홍련의 원한을 풀어 주는 내용
1급 2381	木 13 총17획	檣	돛대 mast	장	樯 qiáng	檣樓(장루): 군함의 돛대 위에 꾸며 놓은 대. 전망대나 포좌(砲座)로 쓴다. 船檣(선장): ① 배의 돛대 ② 배의 무전 안테나의 지주(支柱), 선기(船旗)의 게양, 중기의 받침대 등에 쓰는 기둥. 마스트 艦檣(함장): 군함의 돛대
中 6급II 2382	扌手00 총03획	才	재주 talent	재	才 cái	才氣(재기) 才能(재능) 才談(재담) 才色(재색) 才媛(재원) 才質(재질) 才致(재치) 三才(삼재): ① 하늘, 땅, 사람 ② 이마와 코와 턱 秀才(수재) 英才(영재) 天才(천재) 蓋世之才(개세지재)
中 5급II 2383	木 03 총07획	材	재목 timber	재	材 cái	材器(재기) 材料(재료) 材木(재목) 教材(교재) 木材(목재) 素材(소재) 人材(인재) 資材(자재) 題材(제재) 鐵材(철재) 取材(취재) 棟梁之材(동량지재): 한 나라의 기둥이 될 만한 인재
中 5급II 2384	貝 03 총10획	財	재물 property	재	财 cái	財界(재계) 財團(재단) 財力(재력) 財物(재물) 財閥(재벌) 財産(재산) 財數(재수) 財源(재원) 財政(재정) 財貨(재화) 累巨萬財(누거만재) 德本財末(덕본재말) 不義之財(불의지재)
中 6급 2385	土 03 총06획	在	있을 existence	재	在 zài	在京(재경) 在庫(재고) 在來(재래) 在室(재실) 在野(재야) 在位(재위) 在任(재임) 在籍(재적) 在中(재중) 在職(재직) 在學(재학) 實在(실재) 存在(존재) 現在(현재) 在所者(재소자)

급수	부수/획수	한자	훈	음	중국어	용례
中 5급 2386	冂 04 총06획	再	두 again	재ː	再 zài	再改(재개) 再開(재개) 再建(재건) 再考(재고) 再起(재기) 再臨(재림) 再發(재발) 再生(재생) 再選(재선) 再修(재수) 再演(재연) 再議(재의) 再次(재차) 再湯(재탕) 再版(재판) 再編(재편) 再現(재현) 再活(재활)
高 5급 2387	火 03 총07획	災	재앙 calamity	재	灾 zāi	災難(재난) 災殃(재앙) 災害(재해) 災禍(재화) 人災(인재) 天災(천재) 火災(화재) 水災民(수재민) 罹災民(이재민) 福過災生(복과재생): 복이 너무 지나치면 도리어 재앙(災殃)이 생김
中 3급 2388	口 06 총09획	哉	어조사 (語助辭)	재	哉 zāi	哀哉(애재): '슬프도다'의 뜻 快哉(쾌재): 마음먹은 대로 일이 잘되어 만족스럽게 여김 哉生明(재생명): 초사흗날 時哉時哉(시재시재) 焉哉乎也(언재호야) 嗚呼痛哉(오호통재): '아, 비통하다'
中 3급II 2389	木 06 총10획	栽	심을 plant	재ː	栽 zāi	栽培(재배): 식용·약용·관상용 등의 목적으로 식물을 심어서 기름 栽植(재식): 초목이나 농작물을 심음 植栽(식재): 초목을 심어 재배함 系統栽培(계통재배) 網室栽培(망실재배) 溫室栽培(온실재배)
高 3급II 2390	衣 06 총12획	裁	옷 마를/ 마름질 cut out	재	裁 cái	裁可(재가) 裁決(재결) 裁斷(재단) 裁量(재량) 裁縫(재봉) 裁定(재정) 裁判(재판): 옳고 그름을 살피어 판단함. 制裁(제재) 稱體裁衣(칭체재의): 몸에 맞추어 옷을 마른다. 형편에 적합하게 일을 처리
高 3급II 2391	車 06 총13획	載	실을 load	재ː	載 zài zǎi	載送(재송) 載積(재적): 실어서 쌓음 載筆(재필): 붓을 듦. 역사를 씀 揭載(게재) 登載(등재) 連載(연재) 積載(적재) 全載(전재) 轉載(전재) 載道之器(재도지기): 도덕적 가치를 담는 그릇 '문학' 또는 '시'
高 3급 2392	宀 07 총10획	宰	재상 the prime minister	재ː	宰 zǎi	宰相(재상): 임금을 보필하던 최고책임자의 총칭 宰人(재인): 백정(白丁) 宰制(재제) 宰割(재할) 主宰(주재): 어떤 일을 중심이 되어 맡아 처리함 三可宰相(삼가재상): 황희 정승이 세 사람의 말을 모두 옳다고 판단했다.
1급 2393	氵水10 총13획	滓	찌끼 residue	재	滓 zǐ	殘滓(잔재): ① 쓰고 남은 찌꺼기 ② 지난날의 낡은 사고방식이나 생활양식의 찌꺼기. 일제잔재(日帝殘滓) 刮佛本麻滓出(괄불본마재출): 부처 밑을 기울이면 삼거웃이 드러난다. 남의 허물을 들추면 자기 허물도 반드시 드러나게 된다.
1급 2394	齊 03 총17획	齋	재계할 purification/ 집 library	재	斎/斋 zhāi	齋戒(재계): 의식 따위를 치르기 위해 마음과 몸을 깨끗이 하고 부정한 일을 멀리함 齋式(재식) 齋閣(재각) 齋室(재실): 제사 지내는 집 潔齋(결재) 書齋(서재) 臨齋(임재): 오시(午時)에 재식(齋食)하는 자리에서 공양하는 일
中 5급 2395	爪 04 총08획	爭	다툴 contest	쟁	争/争 zhēng	爭議(쟁의) 爭點(쟁점) 爭取(쟁취) 爭奪(쟁탈) 爭霸(쟁패) 競爭(경쟁) 紛爭(분쟁) 戰爭(전쟁) 政爭(정쟁) 鬪爭(투쟁) 百家爭鳴(백가쟁명): 많은 학자·지식인 등의 활발한 논쟁(論爭)과 토론
1급 2396	金 08 총16획	錚	쇳소리 gong	쟁	铮 zhēng zhèng	錚盤(쟁반): 운두가 얕고 동글납작하거나 네모난 그릇 錚錚(쟁쟁): ① 쇠붙이가 맞부딪쳐 맑게 울리는 소리 ② 여럿 중에 매우 뛰어나다. 中錚(중쟁): 크기가 중간 정도 되는 징 鐵中錚錚(철중쟁쟁)
中 4급II 2397	亻人05 총07획	低	낮을 low	저ː	低 dī	低價(저가) 低減(저감) 低級(저급) 低廉(저렴) 低俗(저속) 低速(저속) 低劣(저열) 低熱(저열) 低溫(저온) 低賃(저임) 低質(저질) 低下(저하) 低地帶(저지대) 低頭平身(저두평신)
高 4급 2398	广 05 총08획	底	밑 bottom	저ː	底 dǐ de	底力(저력): 숨은 힘 底邊(저변): 밑바탕 부분 底意(저의): 속뜻 根底(근저): 사물의 밑바탕 基底(기저) 到底(도저): 생각이 매우 깊다. 徹底(철저): 밑바닥까지 투철함 海底(해저) 底引網漁業(저인망어업)
高 3급II 2399	扌手05 총08획	抵	막을[抗]/ resist 거스를	저ː	抵 dǐ	抵觸(저촉) 抵抗(저항): 맞서서 버팀 大抵(대저): 대체로 보아. 대컨. 무릇 抵當權(저당권) 抵死爲限(저사위한): 죽기를 각오하고 굳세게 저항함 家書抵萬金(가서저만금): 타국, 타향에 살 때는 고향소식이 소중하다는 말
1급 2400	阝邑05 총08획	邸	집 residence; mansion	저ː	邸 dǐ	邸宅(저택): ① 왕후(王侯)의 집 ② 규모가 큰 집 官邸(관저): 장관급 이상의 고관들이 살도록 정부에서 마련한 집 私邸(사저): ① 개인의 저택 ② 고관이 사사로이 거주하는 저택

급수	부수	한자	훈음	음	中	용례
1급 2401	角 05 총12획	觝	씨름 ssirŭm; Korean wrestling	저	觝 dǐ zhǐ	角抵(觝)(각저): ① 고구려의 유희의 하나. 두 사람이 맞붙어 힘을 겨루거나 활쏘기·말타기·기타 다른 여러 가지 기예도 경쟁하였음. 각희(角戲) ② 씨름 角抵塚(각저총): 중국 길림성 집안현에 있는 고구려시대의 벽화고분
2급 2402	氵水05 총08획	沮	막을[遮] stop up; interception	저	沮 jǔ jù	沮喪(저상): 기운을 잃음 沮塞(저색) 沮止(저지) 沮止線(저지선) 沮害(저해): 막아서 하지 못하게 해침 沮害要因(저해요인) 沃沮(옥저): 함경도 일대에 위치하고 있던 고조선의 한 부족
1급 2403	口 05 총08획	咀	씹을 chew	저	咀 jǔ zuǐ	咀嚼(저작): 음식을 입에 넣어 씹음 咀嚼口(저작구): 곤충 메뚜기나 잠자리 따위에서 먹기 알맞은 입 咀嚼筋(저작근): 씹는 작용을 하는 얼굴에 있는 근육 如咀濕飯(여저습반): 진밥 씹듯, 사소한 일을 가지고 잔소리를 두고두고 한다.
1급 2404	犭犬05 총08획	狙	원숭이/ 엿볼 monkey	저	狙 jū	狙公(저공): '원숭이' 원숭이를 가지고 재주를 부리게 하여 돈벌이를 하던 사람 狙擊(저격): 몰래 숨어서 특정 목표를 겨냥하여 쏨 狙擊犯(저격범) 狙擊手(저격수) 狙擊彈(저격탄) 狙縛(저박): 틈을 보아 얽어맴
1급 2405	言 05 총12획	詛	저주할 curse; imprecate	저	诅 zǔ	詛(咀)呪(저주): 남에게 재앙이나 불행이 일어나도록 빌고 바람 其留如詛盟(기류여저맹): 신에게 맹세한 것처럼 꿈쩍하지 않음 莊子 齊物論 특급 姐(누이 저) 小姐(소저): 아가씨 姐姐(저저): 누님
中 5급 2406	貝 05 총12획	貯	쌓을 store	저	贮 zhù	貯穀(저곡) 貯金(저금) 貯望(저망) 貯養(저양) 貯油(저유) 貯藏(저장) 貯蓄(저축) 貯炭(저탄) 貯水池(저수지) 金屋貯嬌(금옥저교): 집을 화려하게 꾸며 놓고 총애하는 미인을 살게 함
中 3급II 2407	⺿艸09 총13획	著	나타날/ 분명할 notable	저	著 zhù	著名(저명) 著書(저서) 著述(저술) 著者(저자) 著作權(저작권) 著作(저작) 顯著(현저): 뚜렷이 드러나 분명하다 著名人士(저명인사) 入耳著心(입이저심): 들은 것을 마음속에 간직하여 잊지 않음
1급 2408	竹 09 총15획	箸	젓가락 chopsticks	저	箸 zhù	箸筒(저통) 木箸(목저) 匙箸(시저): 수저 玉箸(옥저) 鍮箸(유저) 竹箸(죽저) 火箸(화저) 象牙箸(상아저) 銀匙箸(은시저) 象箸玉杯(상저옥배): 상아로 만든 젓가락과 구슬로 만든 잔. 사치의 마음이 싹틈
1급 2409	豕 09 총16획	豬	돼지 boar; hog; pig	저	猪 zhū	豬加(저가): 부여 시대의 관직 豬公(저공): 수컷의 돼지. (=수퇘지) 豬毛(저모): 돼지 털. 豚毛(돈모) 豬肉(저육): '제육'의 본딧말 豬突的(저돌적): 앞뒤를 헤아리지 않고 돌진하는 (것)
1급 2410	足 13 총20획	躊	머뭇거릴 hesitate	저	躊 chú	躊躇(주저): 머뭇거리며 망설임 躊躇躊躇(주저주저): 몹시 머뭇거리며 망설이는 모양 躊躇滿志(주저만지): 무슨 일을 끝마치고 스스로 만족해함을 형용하는 말
中 5급 2411	赤 00 총07획	赤	붉을 red	적	赤 chì	赤道(적도) 赤色(적색) 赤字(적자) 赤化(적화) 赤信號(적신호) 赤外線(적외선) 赤血球(적혈구) 赤手空拳(적수공권): 맨손과 맨주먹 赤貧如洗(적빈여세): 마치 물로 씻은 듯이 아무것도 가진 것이 없이 가난함
1급 2412	犭犬04 총07획	狄	오랑캐 savage	적	狄 dí	北狄(북적) 戎狄(융적) 夷狄(이적) 狄踰嶺(적유령): 평안북도 南蠻北狄(남만북적): 중국의 남쪽과 북쪽에 있는 오랑캐 夷蠻戎狄(이만융적): 동쪽·남쪽·서쪽·북쪽 오랑캐. 즉 사방의 오랑캐
中 5급II 2413	白 03 총08획	的	과녁 target	적	的 de, dì, dí	的實(적실): 틀림이 없이 확실하다 的中(적중): 목표에 어김없이 들어맞음 目的(목적) 標的(표적) 具體的(구체적) 肯定的(긍정적) 弓的相適(궁적상적): 활과 과녁이 서로 맞았다. 기회가 서로 들어맞는다는 말
1급 2414	辶辵06 총10획	迹	자취 traces; marks	적	迹 jì	轍迹(철적): 수레바퀴의 자국, 어떤 사물의 지나간 흔적을 일컫는 말 軌跡(迹)(궤적): 바퀴자국 痕跡(迹)(흔적): 뒤에 남은 자취나 자국 形跡(迹)(형적): 사물의 형상과 자취를 아울러 이르는 말. 또는 남은 흔적
高 3급II 2415	足 06 총13획	跡	발자취 trace; track footstep	적	迹 jī	追跡(추적): 도망하는 사람의 뒤를 밟아서 쫓음. 사물의 자취를 더듬어 감 軌跡(迹)(궤적) 潛跡(迹)(잠적) 形跡(迹)(형적) 痕跡(迹)(흔적) 人跡(迹)(인적) 行跡(迹)(행적): 나쁜 행실로 남긴 흔적(痕跡/迹)

급수	부수	漢字	훈	음	簡 / 拼音	용례
3급II 2416	竹 05 총11획	笛	피리 flute; horn	적	笛 dí	警笛(경적): 위험을 알리거나 경계를 위하여 소리를 울리는 장치 汽笛(기적): 기차나 기선 따위에서, 소리를 내는 신호 鼓笛隊(고적대) 胡笛(호적): '태평소' 萬波息笛(만파식적): 신라 때의 전설상의 피리
高 3급II 2417	宀 08 총11획	寂	고요할 loneliness	적	寂 jì	寂寞(적막): 쓸쓸하고 고요함 寂滅(적멸): 번뇌의 경계를 떠남 寂默(적묵) 寂寥(적요) 寂寂(적적) 潛寂(잠적): 고요하고 쓸쓸함 靜寂(정적): 고요하여 잠잠함 寂兮寥兮(적혜요혜): 형체도 소리도 없다.
高 4급 2418	貝 06 총13획	賊	도둑 thief; robber	적	贼 zéi	盜賊(도적): 도둑 山賊(산적) 紅巾賊(홍건적) 海賊船(해적선) 賊反荷杖(적반하장): 도둑이 도리어 매를 든다. 잘못한 사람이 도리어 화를 냄 開門納賊(개문납적) 奸臣賊子(간신적자) 亂臣賊子(난신적자)
高 3급II 2419	扌手11 총14획	摘	딸[手收] pick	적	摘 zhāi	摘發(적발): 숨겨진 일이나 물건을 들추어냄 摘示(적시): 지적하여 제시함 摘出(적출): 끄집어내거나 도려냄 指摘(지적): 손가락질해 가리킴 尋章摘句(심장적구): 다른 사람의 글귀를 따서 글을 짓다.
高 3급 2420	氵水11 총14획	滴	물방울 drop	적	滴 dī	滴瀝(적력): 물방울이 뚝뚝 떨어짐 滴水(적수): 떨어지는 물방울 滴定(적정): 시료의 농도를 산출하는 일 點滴(점적): 한 방울씩 떨어뜨림 大海一滴(대해일적): 큰 바다 가운데 물 한 방울 '창해일속(滄海一粟)'
1급 2421	女 11 총14획	嫡	정실(正室) legal wife	적	嫡 dí	嫡子(적자): 정실이 낳은 아들. 적남(嫡男)↔서자(庶子) 嫡家(적가) 嫡女(적녀) 嫡母(적모) 嫡弟(적제) 嫡妻(적처) 嫡妾(적첩) 嫡後嗣續(적후사속): 적자(嫡子)된 자, 즉 장남은 뒤를 계승하여 대를 이룸
中 4급II 2422	攵支11 총15획	敵	대적할/원수 enemy; hostility	적	敌 dí	敵境(적경) 敵國(적국) 敵軍(적군) 敵壘(적루) 敵愾心(적개심) 敵對視(적대시) 敵國破謀臣亡(적국파모신망): 적국이 있는 동안은 모신이 우대를 받으나 적국이 망하면 모반(謀叛)할까 염려하여 모신(謀臣)을 죽임
中 4급 2423	辶辵11 총15획	適	맞을 fit; proper moderation	적	适 shì	適格(적격) 適期(적기) 適當(적당) 適齡(적령) 適法(적법) 適性(적성) 適時(적시) 適用(적용) 適應(적응) 適任(적임) 適切(적절) 適合(적합) 自適(자적) 適材適所(적재적소)
1급 2424	言 11 총18획	謫	귀양 갈 exile	적	谪 zhé	謫降(적강): 신선이 인간 세상에 내려오거나 사람으로 태어남. 외직으로 좌천됨 謫客(적객) 謫居(적거) 謫交(적교) 謫落(적락) 謫福(적복) 謫仙(적선) 謫所(적소) 配謫(배적): 죄인을 귀양지로 보내는 일
高 4급 2425	禾 11 총16획	積	쌓을 accumulate	적	积 jī	積極(적극) 積金(적금) 積立(적립) 積雪(적설) 積財(적재) 積載函(적재함) 積水成淵(적수성연) 積土成山(적토성산) 積弊淸算(적폐청산): 오랜 기간에 걸쳐 쌓아온 악습의 청산. 문제인 정부 구호
高 4급 2426	糸 11 총17획	績	길쌈/실 낳을 weave spinning	적	绩 jī	紡績(방적): 동식물의 섬유나 화학 섬유를 가공하여 실을 뽑는 일 功績(공적) 事績(사적) 成績(성적) 實績(실적) 業績(업적) 治績(치적) 行績(행적): ① 행위의 실적이나 자취 ② 평생 동안 한 일이나 업적
3급II 2427	足 11 총18획	蹟	자취/사적 traces/historical spot	적	迹 jī	古蹟(跡)(고적): ① 남아 있는 옛 물건이나 건물 ② 옛 건물이 있던 터 고적지 史蹟(跡)(사적): 역사적으로 중요한 사건이나 시설의 자취 遺蹟(跡)(유적) 行蹟(績)(행적) 古蹟(跡)踏査(고적답사)
高 4급 2428	竹 14 총20획	籍	문서 register; book	적	籍 jí	籍(耤)田(적전): 임금이 몸소 농민을 두고 농사를 짓던 논밭. 제전(祭田) 國籍(국적) 黨籍(당적) 無籍(무적) 兵籍(병적) 書籍(서적) 在籍(재적) 除籍(제적) 典籍(전적) 學籍(학적) 戶籍(호적)
中 4급II 2429	田 00 총05획	田	밭 field; farmland	전	田 tián	田畓(전답) 田獵(전렵) 田園(전원) 田制(전제) 田地(전지) 屯田(둔전) 桑田(상전) 鹽田(염전) 油田(유전) 火田(화전) 大田市(대전시) 我田引水(아전인수) 瓜田不納履(과전불납리)
2급(名) 2430	田 02 총07획	甸	경기 imperial domain	전	甸 diàn	甸服(전복): 하(夏)나라 제도로 왕성 주위 500리(里) 이내의 땅을 가리킴 京甸(경전): 한 나라의 서울을 중심으로 기내(畿內) 지역 畿甸(기전): ☞ 기내(畿內) 羅甸語(나전어): '라틴(Latin)어'의 음역어

中 7급II 2431	入 04 총06획	全	온전(穩全) whole; totality	전	全 quán	全科(전과) 全校(전교) 全國(전국) 全無(전무) 全般(전반) 全部(전부) 全盛(전성) 全身(전신) 全員(전원) 全人(전인) 全體(전체) 完全(완전) 全日制(전일제) 全心全力(전심전력)	
1급 2432	木 06 총10획	栓	마개 plug	전	栓 shuān	給水栓(급수전) 消火栓(소화전) 發火栓(발화전): 점화 플러그 血栓(혈전): 혈관 안에서, 피가 엉겨 굳어서 된 덩어리 腦栓塞(뇌전색) 塞栓症(색전증): 혈관을 막아 생기는 병증 細胞塞栓症(세포색전증)	
1급 2433	金 06 총14획	銓	사람가릴 selection; choice	전(:)	铨 quán	銓考(전고) 銓選(전선) 銓注(전주): 인물을 적당한 벼슬자리에 배정함 銓汰(전태): 유능한 사람은 선발하고 무능한 사람은 도태(淘汰)시킴 銓衡(전형): 인물의 됨됨이나 재능 따위를 시험하여 뽑음. 선고(選考)	
中 5급II 2434	八 06 총08획	典	법 law; canon	전:	典 diǎn	典當(전당) 典範(전범) 典籍(전적) 典型(전형) 經典(경전) 古典(고전) 法典(법전) 盛典(성전) 儀典(의전) 字典(자전) 典型的(전형적) 國語辭典(국어사전) 百科事典(백과사전)	
中 7급II 2435	刀 07 총09획	前	앞 front	전	前 qián	前過(전과): 전에 저지른 잘못이나 죄 前科(전과): 이전에 형벌을 받은 사실 前期(전기) 前導(전도) 前歷(전력) 前面(전면) 前半(전반) 前提(전제) 前後(전후) 前科者(전과자) 前代未聞(전대미문)	
1급 2436	刀 09 총11획	剪	가위 shear; scissors	전(:)	剪 jiǎn	剪斷(전단) 剪刀(전도): 가위 剪裁(전재): 마름질 剪除(전제): 불필요한 것을 베어서 없애 버림 剪定(전정): 가지치기 剪枝(전지): 가지치기 剪草除根(전초제근): 미리 폐단(弊端)의 근본을 없애 버림	
1급 2437	灬火09 총13획	煎	달일 decoct	전(:)	煎 jiān	煎餅(전병): ① 부꾸미 ② 제대로 되지 아니하였거나 아주 잘못된 것을 비유 花煎(화전): 꽃전 酒煎子(주전자) 膏火自煎(고화자전): 기름 등불이 자신을 태운다. 재주 있는 사람이 그 재주로 인해 화(禍)를 입는 것을 비유	
1급 2438	竹 09 총15획	箭	살[矢] arrow	전:	箭 jiàn	箭書(전서): 화살대에 매어 쏘아 전하는 글 箭筒(전통): 화살을 담아 두는 통 勁箭(경전): 강한 화살 弓箭(궁전): 활과 화살 響箭(향전)☞ 효시(嚆矢) 神機箭(신기전): 화약을 장치하거나 불을 달아 쏘던 화살	
1급 2439	忄心07 총10획	悛	고칠 fix	전:	悛 quān	悛容(전용): 위엄 있는 태도나 차림새를 갖추어 얼굴빛을 고침 改悛(개전): 행실이나 태도의 잘못을 뉘우치고 마음을 바르게 고쳐먹음 悛心(전심): 개전(改悛) 悛惡更善(전악경선): 악을 고쳐서 선으로 바꿈	
中 5급II 2440	尸 07 총10획	展	펼 spread	전:	展 zhǎn	展開(전개): 눈앞에 벌어짐 展覽(전람) 展望(전망): 멀리 바라봄 展眉(전미): 찡그렸던 눈썹이 퍼진다. 展拜(전배): 전알(展謁) 展示(전시) 展轉(전전) 展覽會(전람회) 展示會(전시회)	
1급 2441	車 10 총17획	輾	돌아누울 turn sleep	전:	辗 zhǎn niǎn	輾轉(전전): ① 누워서 이리저리 몸을 뒤척임 ② 구르거나 회전함 輾轉機(전전기): 광물을 압착하여 깨뜨리는 분쇄기 輾轉不寐(전전불매): 이리저리 뒤척이며 잠을 이루지 못함. 輾轉反側	
高 4급 2442	寸 08 총11획	專	오로지 exclusively	전	專/专 zhuān	專決(전결) 專攻(전공) 專門(전문) 專貰(전세): 貰切 專修(전수) 專心(전심) 專用(전용) 專一(전일) 專主(전주) 專橫(전횡) 專對之才(전대지재) 專任講師(전임강사) 專制君主(전제군주)	
中 5급II 2443	亻人11 총13획	傳	전할 transmit	전	伝/传 chuán zhuàn	傳家(전가) 傳單(전단) 傳達(전달) 傳道(전도) 傳導(전도) 傳來(전래) 傳說(전설) 傳世(전세) 傳送(전송) 傳受(전수) 傳授(전수) 傳染(전염) 傳統(전통) 傳播(전파) 傳貰權(전세권)	
高 4급 2444	車 11 총18획	轉	구를 turn	전:	転/转 zhuàn zhuǎn	轉交(전교) 轉勤(전근) 轉貸(전대) 轉乘(전승) 轉用(전용) 轉位(전위) 轉任(전임) 轉出(전출) 轉學(전학) 轉向(전향) 轉迷開悟(전미개오): 번뇌에서 벗어나 열반의 깨달음 轉禍爲福(전화위복)	
1급 2445	大 09 총12획	奠	정할/ 제사 settle	전:	奠 diàn	奠居(전거): 머물러 살 만한 곳을 정함. 奠接. 奠都(전도): 수도를 정함 奠禮(전례): 신위 앞에 음식을 차려 놓고 애도의 뜻을 표하는 예 奠鴈(전안) 奠儀(전의): 부의(賻儀) 奠幣(전폐) 祭奠(제전)	

급수	부수/획수	한자	훈	음	중국어	용례
中 7급II 2446	雨 05 총13획	電	번개 lightning	전!	电 diàn	電擊(전격) 電極(전극) 電氣(전기) 電力(전력) 電流(전류) 電算(전산) 電壓(전압) 電子(전자) 電池(전지) 電鐵(전철) 電波(전파) 電話(전화) 電磁波(전자파) 電光石火(전광석화)
高 3급II 2447	殳 09 총13획	殿	전각/ 큰집 royal palace	전!	殿 diàn	殿閣(전각) 殿堂(전당) 殿下(전하) 宮殿(궁전) 內殿(내전) 大殿(대전) 寶殿(보전) 聖殿(성전) 神殿(신전) 正殿(정전) 寢殿(침전) 勤政殿(근정전) 大雄殿(대웅전) 金殿玉樓(금전옥루)
1급 2448	氵水13 총16획	澱	앙금 dregs; starch	전!	淀 diàn	澱粉(전분): 녹말 澱粉糖化素(전분당화소): 녹말효소 沈澱(침전): 액체 속의 물질이 밑바닥에 가라앉음 沈澱物(침전물) 沈澱巖(침전암) 沈澱池(침전지): 물을 맑게 만들기 위하여 만든 못
1급 2449	土 10 총13획	塡	메울 fill	전	填/填 tián	塡刻(전각) 塡塞(전색): 메어서 막힘. 또는 메어서 막음 補塡(보전) 裝塡(장전) 充塡所(충전소): 자동차에 LPG, 수소를 넣어 주는 곳 精衛塡海(정위전해): 정위(精衛)라는 작은 새가 바다를 메우려 한다.
1급 2450	頁 10 총19획	顚	엎드러질 fall down	전!	颠/颠 diān	顚倒(전도): 엎어져서 넘어짐 顚末(전말): 일의 처음부터 끝까지의 양상 顚覆(전복): 뒤집혀 엎어짐 顚頓狼狽(전돈낭패): 엎어지고 자빠지며 갈팡질팡함 七顚八起(칠전팔기): 실패해도 굴하지 않고 노력함
1급 2451	疒 19 총24획	癲	미칠 mad	전!	癫 diān	癲癎(전간): 간질(癎疾) 癲疾(전질): 지랄병 癲狂(전광): ① 정신 이상으로 실없이 잘 웃는 병 ② 광증(狂症)
1급 2452	竹 08 총14획	箋	기록할/ 찌지 record/ paper	전	笺 jiān	箋(전): 찌지, 부전(附箋), 주해(註解) 箋文(전문): 길흉사가 있을 때 임금이나 왕후, 태자에게 올리던 四六體 글 附箋(부전): 덧붙이는 쪽지 處方箋(처방전): 약제의 처방을 적은 종이 약전(藥箋). 약방문(藥方文)
中 4급 2453	金 08 총16획	錢	돈 money	전!	錢/钱 qián	金錢(금전) 口錢(구전):☞ 구문(口文) 銅錢(동전) 無錢(무전) 本錢(본전) 葉錢(엽전) 紙錢(지전) 換錢(환전) 守錢奴(수전노) 多錢善賈(다전선고): 밑천이 넉넉하면 장사를 잘할 수 있다는 말
1급 2454	食 08 총17획	餞	보낼 farewell	전!	饯 jiàn	餞別(전별): 떠나는 사람을 위하여 잔치를 베풀어 작별함 餞送(전송) 餞需(전수): 전별하는 데 드는 여러 가지 물품 餞宴(전연): 전배(餞杯) 餞迎(전영): 전별하고 영접함 郊餞(교전) 勝餞(승전): 성대한 송별연
1급 2455	竹 09 총15획	篆	전자(篆字) "seal" character	전!	篆 zhuàn	篆刻(전각): 나무·돌·금속·옥 따위에 인장을 새김 篆書(전서): 획이 복잡하고 곡선이 많은 글씨로 大篆과 小篆으로 구별함. 도장이나 전각에 흔히 사용됨 篆字(전자): 한자의 한 서체. 전서(篆書)
1급 2456	广 12 총15획	廛	가게 store; site	전!	廛 chán	廛房(전방): 물건을 늘어놓고 파는 가게 廛鋪(전포):☞ 전방(廛房) 廛市(전시): 작은 규모로 물건을 파는 집 肆廛(사전) 衣廛(의전) 古物廛(고물전) 魚物廛(어물전): 어물전 망신은 꼴뚜기가 시킨다.
1급 2457	糸 15 총21획	纏	얽을 binding	전	缠 chán	纏足(전족): 중국의 옛 풍습 여자의 발을 작게 하려고 피륙으로 감던 일 衣纏(의전): 옷 在纏(재전) 出纏(출전): 번뇌의 얽매임에서 벗어남 情緖纏綿(정서전면): 마음이 깊게 얽히고 감겨 떨어지기 어려움
中 6급II 2458	戈 12 총16획	戰	싸움 fight	전!	戰/战 zhàn	戰略(전략) 戰歿(전몰) 戰士(전사) 戰死(전사) 戰史(전사) 戰術(전술) 戰友(전우) 戰爭(전쟁) 戰鬪(전투) 戰艦(전함) 前半戰(전반전) 戰戰兢兢(전전긍긍) 山戰水戰(산전수전)
1급 2459	毛 13 총17획	氈	담(毯) felt	전!	毡 zhān	氈冠(전관): 모전으로 만든 관 氈笠(전립): 군뢰복다기: 벙거지 氈衫(전삼): 전으로 만든 적삼 氈帳(전장): 모전(毛氈)으로 만든 장막 毛氈(모전): ① 짐승의 털로 두툼하게 짠 부드러운 요 ② 융단 양탄자
1급 2460	頁 13 총22획	顫	떨 shiver	전!	颤 chàn zhàn	顫聲(전성): 떨리는 목소리 顫音(전음): 트릴(trill): '떤음' 振顫(진전): '떨림'의 전 용어 舌顫音(설전음): 혀끝을 비교적 빠르게 떨면서 내는 소리. 전동음(顫動音) 手顫症(수전증): 손이 떨리는 증세

급수	부수/획수	한자	훈	음	简/同	예시
高 5급II 2461	刀 02 총04획	切	끊을 cut / 온통 all	절/체	切 qiē/qiè	切感(절감) 切開(절개) 切急(절급) 切斷(절단) 切迫(절박) 切實(절실) 懇切(간절) 切望(절망) 切齒腐心(절치부심) 一切(일절): 전혀. 아주. 도무지. 一切(일체): 모두, 모든 것. 통틀어서
高 4급 2462	扌手04 총07획	折	꺾을 break	절	折 zhé/zhē/shé	折半(절반) 折衷(절충) 折衝(절충) 曲折(곡절) 骨折(골절) 屈折(굴절) 斷折(단절) 短折(단절) 夭折(요절) 挫折(좌절) 九折羊腸(구절양장) 百折不屈(백절불굴) 百折不撓(백절불요)
中 4급II 2463	糸 06 총12획	絕	끊을 cut off 絶(同字)	절	绝 jué	絕交(절교) 絕對(절대) 絕倒(절도) 絕倫(절륜) 絕望(절망) 絕妙(절묘) 絕緣(절연) 絕絃(절현) 拒絕(거절) 根絕(근절) 絕世佳人(절세가인) 氣急絕死(기급절사) 萬古絕色(만고절색)
1급 2464	戈 10 총14획	截	끊을 sever	절	截 jié	簡明直截(간명직절): 간단명료하고 직선적이어서 에두르거나 모호함이 없다. 去頭截尾(거두절미): ① 머리와 꼬리를 자름 ② 요점만 간단히 말함 截髮易酒(절발역주): 머리카락을 잘라서 술과 바꾸다. 자식에 대한 지극함
中 5급II 2465	竹 09 총15획	節	마디 joint; temperance	절	节 jié/jiē	節減(절감) 節儉(절검) 節約(절약) 節電(절전) 節制(절제)/ 節槪(절개) 節婦(절부) 節度(절도) 節次(절차) 禮節(예절)/ 關節(관절) 調節(조절)/ 季節(계절) 節氣(절기) 節候(절후)
高 3급 2466	穴 17 총22획	竊	훔칠 theft	절	窃.窃 qiè	竊盜(절도): 남의 재물을 훔침 竊位(절위) 竊取(절취) 剽竊(표절) 竊發之患(절발지환): 강도나 절도로 말미암아 생기는 근심 竊符求趙(절부구조): 훔친 병부(兵符)로 조(趙)나라를 구했다는 뜻
高 4급 2467	卜 03 총05획	占	점칠 divination/ 차지할 occupy	점(:)	占 zhān/zhàn	占卦(점괘) 占卜(점복) 占術(점술) 卜占(복점) 占星術(점성술)/ 占居(점거) 占據(점거) 占領(점령) 占有(점유) 強占(강점) 獨占(독점) 複占(복점) 買占(매점) 先占(선점) 獨寡占(독과점)
中 5급II 2468	广 05 총08획	店	가게 shop; store	점:	店 diàn	店房(점방) 店舍(점사) 店員(점원) 店鋪(점포) 商店(상점) 書店(서점) 露店(노점) 本店(본점) 支店(지점) 開店(개점) 閉店(폐점) 百貨店(백화점) 營業店(영업점) 便宜店(편의점)
1급 2469	米 05 총11획	粘	붙을/ 끈끈할 sticky	점	粘 zhān	粘啓(점계): 의견서 또는 증거 서류 따위를 첨부하여 임금에게 글을 올리다. 粘度(점도) 粘膜(점막) 粘性(점성) 粘液(점액) 粘着(점착) 粘土(점토) 粘結炭(점결탄) 粘菌類(점균류) 粘液質(점액질)
1급 2470	雨 08 총16획	霑	젖을 wet	점	沾 zhān	霑濕(점습): 물기에 젖음 霑潤(점윤) 霑汗(점한): 땀에 젖음 均霑(균점): 혜택을 고르게 받거나 이익을 고루 얻음 霑灑時時筆端雨 (점쇄시시필단우): 종이에 먹 뿌려라 때론 붓 끝에 비가오고 李穡
高 4급 2471	黑 05 총17획	點	점 spot	점(:)	点 diǎn	點檢(점검) 點考(점고) 點燈(점등) 點查(점사) 點授(점수): 점지 點數(점수) 點眼(점안) 點滴(점적) 點睛(점정) 點綴(점철) 點呼(점호) 點火(점화) 點鬼簿(점귀부): 죽은 사람의 이름을 적는 장부
高 3급II 2472	氵水11 총14획	漸	점점/ 점차 gradually	점:	渐 jiàn/jiān	漸加(점가) 漸減(점감) 漸近(점근) 漸騰(점등) 漸寫(점사) 漸悟(점오) 漸染(점염) 漸移(점이) 漸漸(점점) 漸增(점증) 漸進(점진) 漸次(점차) 漸層法(점층법) 漸入佳境(점입가경)
中 4급II 2473	扌手08 총11획	接	이을 join; contact; connect	접	接 jiē	接見(접견) 接近(접근) 接待(접대) 接脈(접맥) 接木(접목) 接續(접속) 接受(접수) 接收(접수) 接岸(접안) 接戰(접전) 接種(접종) 接觸(접촉) 間接(간접) 直接(직접) 迎接(영접)
高 3급 2474	虫 09 총15획	蝶	나비 butterfly	접	蝶 dié	蝶兒(접아): 나비 蝶泳(접영): butterfly stroke 蜂蝶(봉접): 벌과 나비 胡(蝴)蝶(호접): 나비 胡蝶夢(호접몽): 나비에 관한 꿈 인생의 덧없음. 장자(莊子)가 꿈에 호랑나비가 되어 날아다님 ㅋ접몽·호접지몽(胡蝶之夢)
中 4급 2475	一 01 총02획	丁	고무래 rake 장정 adult 넷째천간	정	丁 dīng/zhēng	兵丁(병정) 壯丁(장정) 丁寧(정녕): 조금도 틀림없이 꼭. 또는 더 이를 데 없이 정말로 대하는 태도가 친절함. 충고하거나 알리는 태도가 매우 간곡함 丁卯(정묘) 丁未(정미) 丁丑(정축) 丁亥年(정해년)

급수	부수	한자	훈	음	중국어	용례
2급(名) 2476	氵水02 총05획	汀	물가 waterside	정	汀 tīng	汀洲(정주): 강·늪·못 따위에서 물이 얕고 흙이나 모래가 드러난 곳 汀岸(정안): 물가 蘆汀(노정): 갈대가 우거진 물가 沙汀(사정): 바닷가의 모래톱 汀上洞(정상동): 강원 삼척 雨汀邑(우정읍): 화성시
1급 2477	田 02 총07획	町	밭두둑 ridge	정	町 tīng dīng	町步(정보): 땅 넓이의 단위로 면적이 한 정(町)으로 끝이 나고 끝수가 없을 때의 일컬음《1정보는 약 3,000평임 9,917.4㎡》 町[まち]: 도회(都會); 읍내(邑內). 한국의 읍(邑), 한국의 동(洞)에 해당
1급 2478	酉 02 총09획	酊	술 취할 drunk	정	酊 dīng dǐng	酩酊(명정): 정신을 차리지 못할 정도로 술에 취함. 만취(漫((滿)醉). 酒酊(주정): 술에 취해 정신없이 말하거나 행동함. 또는 그런 말이나 행동 乾酒酊(건주정): 술에 취한 체하고 하는 주정. 강주정
高 3급 2479	言 02 총09획	訂	바로잡을 correction; revision	정	订 dìng	訂正(정정): 틀린 곳을 고쳐 바로잡음 訂定(정정): 잘잘못을 의논하여 정함 更訂(경정) 考訂(고정) 校訂(교정): 글자나 글귀 따위를 바르게 고침 修訂(수정) 新訂(신정) 再訂(재정) 增訂(증정) 改訂版(개정판)
1급 2480	金 02 총10획	釘	못 nail	정	钉 dīng dìng	釘錮(정고): 못을 박아서 단단히 붙임 地釘(지정): 땅속에 박는 통나무 토막이나 콘크리트 기둥 釘倒蟲(정도충): 장구벌레(모기의 애벌레) 眼中釘(안중정): 눈엣가시 二寸釘(이촌정): 길이가 두 치 되는 쇠못
中 3급Ⅱ 2481	頁 02 총11획	頂	정수리 summit	정	顶 dǐng	頂角(정각) 頂上(정상) 頂位(정위) 頂點(정점) 登頂(등정) 山頂(산정) 絶頂(절정) 頂門一鍼(정문일침): 따끔한 충고나 교훈. 頂上一鍼 脫帽露頂(탈모노정): 모자를 벗어서 정수리를 드러낸다.
高 3급Ⅱ 2482	亠 07 총09획	亭	정자 bower; pergola	정	亭 tíng	亭閣(정각) 亭舍(정사) 亭午(정오) ☞ 정오(正午) 亭子(정자): 기둥과 지붕만 있는 집 茶亭(다정) 射亭(사정): 활터에 세운 정자 驛亭(역정) 老人亭(노인정) 狎鷗亭(압구정) 八角亭(팔각정)
中 5급 2483	亻人09 총11획	停	머무를 stay	정	停 tíng	停刊(정간) 停年(정년) 停頓(정돈) 停電(정전) 停戰(정전) 停止(정지) 停車(정차) 停滯(정체) 停會(정회) 停留場(정류장) 調停(조정): 분쟁을 중간에서 화해시키거나 타협해서 합의하도록 함. 紛爭調停
中 3급Ⅱ 2484	二 02 총04획	井	우물 well	정(:)	井 jǐng	井然(정연): 짜임새와 조리가 있음 井邑詞(정:읍사): 백제 때의 가요 井邑市(정읍시) 井田法(정전법) 井底蛙(정저와): 우물 안 개구리 井華水(정화수): 새벽에 길은 우물물 市井雜輩(시:정잡배): 시정의 부랑배
1급 2485	穴 04 총09획	穽	함정 pitfall	정	阱 jǐng	陷穽(함정): ① 짐승 따위를 잡기 위하여 파 놓은 구덩이. 허방다리 ② 남을 어려움에 빠뜨리려는 계략의 비유 深穽(심정): 깊은 함정 落穽下石(낙정하석): 어려운 처지에 놓인 사람을 도와주기는커녕 도리어 괴롭힘
中 7급Ⅱ 2486	止 01 총05획	正	바를 right	정(:)	正 zhèng	正月(정월) 正答(정:답) 正當(정:당) 正大(정:대) 正道(정:도) 正面(정:면) 正常(정:상) 正室(정:실) 正午(정:오) 正意(정:의) 正義(정:의) 正直(정:직) 正統(정:통) 正確(정:확) 正體性(정:체성)
高 3급Ⅱ 2487	彳 05 총08획	征	칠 attack	정	征 zhēng	征伐(정벌): 적이나 죄 있는 무리를 무력으로 침. 정토(征討) 征服(정복): ① 정벌하여 복종시킴 ② 어려운 일을 겪어 이겨 냄 征倭(정왜) 征夷(정이) 征塵(정진) 遠征(원정): 먼 곳으로 싸우러 나감
中 4급Ⅱ 2488	攵支05 총09획	政	정사(政事) politics; affairs	정	政 zhèng	政局(정국) 政權(정권) 政黨(정당) 政府(정부) 政事(정사) 政勢(정세) 政爭(정쟁) 政治(정치) 家政(가정) 國政(국정) 施政(시정) 議政(의정) 議政府(의정부) 行政府(행정부)
高 4급 2489	攵支12 총16획	整	가지런할 tidy; orderly	정:	整 zhěng	整理(정리) 整頓(정돈) 整列(정렬) 整備(정비) 整然(정연) 整地(정지) 整合(정합) 補整(보정) 構造調整(구조조정) 整理整頓(정리정돈) 整整齊齊(정정제제) 整形外科(정형외과)
2급 2490	口 04 총07획	呈	드릴 give; presentation	정	呈 chéng	謹呈(근정) 拜呈(배정) 肅呈(숙정): 편지의 첫머리에 쓰는 인사말 贈呈(증정): 남에게 선물이나 기념품 따위를 드림 獻呈(헌정): 물품을 바침 呈才(정재): 대궐 안의 잔치 때에 벌이던 춤과 노래 露呈(노정): 드러내어 보임

급수	부수	한자	훈음	음	中	용례
高 4급II 2491	禾 07 총12획	程	한도/ 길 limit/ process	정	程 chéng	程度(정도): 알맞은 한도 工程(공정) 日程(일정) 過程(과정): 일의 진행·발전하는 경로 課程(과정): 맡긴 일의 정도 敎育課程(교육과정) 程門立雪(정문입설): 정(程)씨 문 앞에 서서 눈을 맞는다. 제자가 스승을 존경함
高 3급II 2492	廴 04 총07획	廷	조정 Imperial Court	정	廷 tíng	朝廷(조정): 임금이 나라의 정치를 의논 또는 집행하는 곳 廷論(정론): 조정에서 이루어진 공론(公論) 廷爭(정쟁): 임금의 앞에서 간(諫)하여 다툼 宮廷(궁정) 法廷(법정) 廷吏(정리) 滿廷諸臣(만정제신)
中 6급II 2493	广 07 총10획	庭	뜰 garden	정	庭 tíng	庭球(정구): tennis 庭園(정원) 家庭(가정) 校庭(교정) 宮庭(궁정) 門庭(문정): 대문이나 중문 안에 있는 뜰 春庭(춘정): 춘부장(春府丈) 親庭(친정) 門庭若市(문정약시): 📖 문전성시(門前成市)
1급 2494	扌手07 총10획	挺	빼어날 extract	정	挺 tǐng	空挺(공정) 挺傑(정걸): 썩 뛰어남 挺爭(정쟁): 남보다 앞장서서 다툼 挺身(정신): 어떤 일에 앞장서서 나아감 挺身隊(정신대): ① 일제(日帝)가 식민지 여성들을 강제로 동원하여 만든 무리 ② 결사대 挺水植物(정수식물)
2급(名) 2495	王玉 07 총11획	珽	옥 이름 jade	정	珽 tǐng	安珽(안정): 1494(성종 25)~1548(명종 3) 조선 중기의 문신·서화가 李珽 誣告獄(이정 무고옥): 조선 효종(孝宗) 8년(1657)에 당진 사람 이정(李珽)이 충청도의 선비들이 역모(逆謀)를 꾸민다고 무고(誣告)한 사건
2급 2496	舟 07 총13획	艇	배 boat	정	艇 tǐng	艇首(정수): 뱃머리 艇身(정신): 보트의 길이 短艇(단정): boat 艦艇(함정) 競艇(경정): 조정(漕艇) 보트 레이스 救命艇(구명정) 警備艇(경비정) 魚雷艇(어뢰정) 掃海艇(소해정) 潛水艇(잠수정)
中 6급 2497	宀 05 총08획	定	정할 settle	정	定 dìng	定款(정관) 定期(정기) 定立(정립) 定義(정의) 定員(정원) 定着(정착) 定限(정한) 定婚(정혼) 決定(결정) 規定(규정) 豫定(예정) 認定(인정) 確定(확정) 劃定(획정) 定足數(정족수)
1급 2498	石 08 총13획	碇	닻 anchor	정	碇 dìng	碇泊(정박): 배가 닻을 내리고 머무름 擧碇(거정): 대궐 안의 잔치 때에 선유락(船遊樂)에 닻을 잡는 기녀 留碇(유정): 배가 머물러 닻을 내림 碇泊燈(정박등): 정박 중인 배가 밤에 갑판 위에 높이 내거는 등불
1급 2499	金 08 총16획	錠	덩이 lump	정	锭 dìng	錠劑(정제): 가루약을 뭉쳐서 눌러 둥글넓적한 원판이나 원뿔 모양으로 만든 약제 錠玉沙(정옥사): 옥과 돌을 갈거나 깎는 데 쓰는, 붉은 갈색의 매우 단단한 모래 施錠(시정): 자물쇠를 채워 문을 잠금 西洋錠(서양정): 맹꽁이자물쇠
中 3급II 2500	貝 02 총09획	貞	곧을 chaste	정	贞 zhēn	貞潔(정결) 貞烈(정렬) 貞敏(정민) 貞淑(정숙): 행실이 곧고 마음씨가 맑고 고움 貞節(정절) 貞操(정조) 貞忠(정충): 절개가 곧고 충성스러움 貞觀政要(정관정요): 오긍(吳兢)이 당태종과 신하의 정치문답을 정리한 책
2급 2501	亻人09 총11획	偵	염탐할 spy; scout;	정	侦 zhēn	偵客(정객) 偵邏(정라) 偵察(정찰) 偵諜(정첩) 偵探(정탐) 密偵(밀정) 探偵(탐정) 偵察機(정찰기) 偵察隊(정찰대) 偵察兵(정찰병) 偵探客(정탐객) 偵察衛星(정찰위성)
1급 2502	巾 09 총12획	幀	그림족자 hanging scroll	정 탱	帧 zhèng	影幀(영정): 사람의 얼굴을 그린 족자(簇子). 영상(影像). 초상화(肖像畵) 裝幀(장정): 표지(表紙)나 속표지, 도안 따위와 같은 겉모양이 꾸며지다 幀畫(탱화): 부처·보살·성현 등을 그려서 벽에 거는 그림
2급(名) 2503	木 09 총13획	楨	광나무 wax-leaf privet	정	桢 zhēn	楨幹(정간): 담을 쌓을 때에 양편에 세우는 나무 기둥이라는 뜻으로 ① 나무의 으뜸이 되는 줄기 ② 사물(事物)의 근본(根本)을 이르는 말
2급(名) 2504	示 09 총14획	禎	상서로울 auspicious	정	祯 zhēn	禎祥(정상): 경사롭고 복스러운 징조 禎瑞(정서) 孫基禎(손기정): (1912~2002) 1936년 제11회 베를린 올림픽대회 마라톤에 참가하여 2시간 29분 19초 2로 당시 올림픽 신기록 금메달 한국의 체육인이다.
2급(名) 2505	方 07 총11획	旌	기(旗) honor guards flag	정	旌 jīng	旌旗(정기): 정(旌)과 기(旗) 旌善(정선): 선행을 드러내어 포상함 旌善郡(정선군): 강원도. 정선 아리랑 旌善叢瑣錄(정선총쇄록) 敷文振武旌(부문진무정): 조선 고종이 황제가 되어 사용한 의장기(儀仗旗)

급수	부수/획수	한자	훈/뜻	음	간체/중국어	용례
中 3급II 2506	氵水08 총11획	淨	깨끗할 clean	정	浄/净 jìng	淨潔(정결) 淨書(정서) 淨化(정화): 불순하거나 더러운 것을 깨끗하게 함 淨火(정화) 不淨(부정) 自淨(자정) 淨水器(정수기) / 淨宮(정궁): 절 淨侶(정려) 淨地(정지) 極樂淨土(극락정토)
中 4급 2507	靑 08 총16획	靜	고요할 quiet	정	静/静 jìng	靜觀(정관) 靜脈(정맥) 靜逸(정일) 靜肅(정숙) 靜的(정적) 靜寂(정적) 靜止(정지) 靜坐(정좌) 靜態(정태): 움직이지 않는 상태 靜物畵(정물화) 靜中動(정중동) 四海波靜(사해파정): 태평함
中 5급II 2508	忄心08 총11획	情	뜻 sentiment	정	情/情 qíng	情景(정경) 情交(정교) 情談(정담) 情報(정보) 情分(정분) 情事(정사) 情狀(정상) 情緖(정서) 情勢(정세) 情實(정실) 情熱(정열) 情意(정의) 情誼(정의) 情趣(정취) 情況(정황)
1급 2509	靑 05 총13획	靖	편안할 peaceful	정(:)	靖/靖 jìng	靖國(정국): 어지럽던 나라를 태평하게 함 靖難(정난) 靖亂 靖邊(정변) 宣靖陵(선정릉): 사적 199호 조선 9대 임금 성종과 계비 정현왕후 윤씨의 무덤인 선릉(宣陵), 11대 임금 중종의 무덤인 정릉(靖陵)이 있다. 靖國功臣(정국공신)
1급 2510	目 08 총13획	睛	눈동자 pupil	정	睛 jīng	眼睛(안정): 눈동자 白睛(백정): 눈알의 흰자위 漏睛瘡(누정창): 눈자위에 난 종기(腫氣)가 곪아 터져 고름이 흐르는 병 畵龍點睛(화룡점정): 용을 그릴 때 마지막에 눈을 그려 완성시킨다.
中 4급II 2511	米 08 총14획	精	정할/정기/ 쓿은 쌀 refined	정	精/精 jīng	精密(정밀) 精巧(정교) 精讀(정독) 精算(정산) 精練(정련) / 精鍊(정련) 精神(정신) 精氣(정기) 精液(정액) 精誠(정성) 精製(정제) 精白(정백) 精油(정유) 精肉(정육) 精米所(정미소)
2급(名) 2512	日 08 총12획	晶	맑을 crystal	정	晶 jīng	晶光(정광) 晶系(정계) 結晶(결정): ① 물질이 일정한 법칙에 따라 고체로 응결하는 일 ② 애써 노력하여 좋은 결과를 이루는 것 氷晶(빙정) 水晶(수정) 液晶(액정): 액체와 고체의 중간 상태에 있는 물질. 液晶畵面 水晶體(수정체)
2급(名) 2513	鼎 00 총13획	鼎	솥 pot; kettle	정	鼎 dǐng	鼎談(정담): 세 사람이 솥발같이 벌려 마주 앉아 하는 이야기 鼎立(정립) 鼎新(정신): 낡은 것을 새로이 고침 鼎祚(정조): 임금의 자리 나라의 운명 鐘鼎文(종정문): 종이나 솥에 있는 글자 鐘鳴鼎食(종명정식)
2급(名) 2514	阝邑12 총15획	鄭	나라 춘추전국시대	정:	鄭/郑 zhèng	鄭國(정국): BC806~BC375 鄭重(정중): 태도나 분위기가 점잖고 엄숙하다. 鄭夢周(정몽주): 고려 말기의 충신 鄭麟趾(정인지): 조선 초기의 문신 鄭衛之音(정위지음): 정나라와 위나라에서 유행하던 음악 난세(亂世)의 음(音)
中 8급 2515	弓 04 총07획	弟	아우 younger brother	제:	弟 dì	弟子(제자) 弟夫(제부) 弟嫂(제수): 남자 형제 사이에서 동생의 아내 妹弟(매제) 師弟(사제) 妻弟(처제) 兄弟(형제) 義兄弟(의형제) 兄弟姉妹(형제자매) 結義兄弟(결의형제) 難兄難弟(난형난제)
1급 2516	忄心07 총10획	悌	공손할 polite	제:	悌 tì	悌友(제우): 형제 사이나 어른과 어린이 사이에 우애가 두터움 仁悌(인제) 林悌(임제): (1549~1587) 조선시대 시인(詩人) 孝悌洞(효제동): 종로구 孝悌忠信(효제충신): 효도(孝道)와 우애(友愛), 충성(忠誠)과 벗 사이의 믿음
1급 2517	木 07 총11획	梯	사다리 ladder	제	梯 tī	階梯(계제): ① 계단과 사닥다리라, 일이 진행되는 순서나 절차 ② 어떤 일을 할 수 있게 된 형편이나 기회 ③ 옆으로 비스듬히 세운 사닥다리 梯山航海(제산항해): 험한 산을 사닥다리로 오르고 배로 바다를 건넌다.
中 6급II 2518	竹 05 총11획	第	차례 order	제:	第 dì	第宅(제택): 살림집과 정자 第舍(제사) 第一(제일) 第次(제차): 차례 及第(급제) 落第(낙제) 第看下回(제간하회): 나중에 결과가 나타나게 되는 일 本第入納(본제입납): 편지 겉봉에 자기 이름을 쓰고 그 밑에 쓰는 말
高 4급II 2519	刀 06 총08획	制	절제할/ 마를 moderation/ cut out	제:	制 zhì	制度(제도) 制動(제동) 制服(제복) 制約(제약) 制御(제어) 制裁(제재) 制定(제정) 制止(제지) 制霸(제패) 制限(제한) 規制(규제) 法制(법제) 節制(절제) 體制(체제) 制憲節(제헌절)
中 4급II 2520	衣 08 총14획	製	지을 make	제:	制 zhì	製鋼(제강) 製菓(제과) 製糖(제당) 製圖(제도) 製鍊(제련) 製本(제본) 製絲(제사) 製藥(제약) 製作(제작) 製材(제재) 製劑(제제) 製造(제조) 製紙(제지) 製鐵(제철) 製品(제품)

급수	부수/획수	한자	훈	음	중국어	용례
中 4급 2521	巾 06 총09획	帝	임금 emperor	제:	帝 dì	帝國(제국) 帝君(제군) 帝城(제성) 帝王(제왕) 帝位(제위) 帝威(제위) 帝政(제정) 武帝(무제) 日帝(일제) 皇帝(황제) 帝國主義(제국주의) 三神上帝(삼신상제) 玉皇上帝(옥황상제)
1급 2522	口 09 총12획	啼	울 weep	제	啼 tí	啼哭(제곡): 큰 소리로 욺 啼聲(제성) 啼鳥(제조) 啼血(제혈) 笑啼兩難(소제양난): 웃어야 할지 울어야 할지 모름. 기쁜 일과 슬픈 일이 함께 닥침 春好鳥啼來(춘호조제래): 봄이 좋으니 새는 울면서 오는 구나
1급 2523	足 09 총16획	蹄	굽 hoof	제	蹄 tí	削蹄(삭제) 口蹄疫(구제역): 소나 돼지에, 전염성 바이러스 병으로 입 안의 점막이나 발톱 사이에 물집이 생겨 짓무름 麟蹄郡(인제군): 강원도 馬不停蹄(마부정제): 달리는 말은 말굽을 멈추지 않는다.
中 4급Ⅱ 2524	阝阜07 총10획	除	덜 deduct; exclusion	제	除 chú	除却(제각) 除去(제거) 除隊(제대) 除名(제명) 除煩(제번) 除雪(제설) 除數(제수) 除夜(제야) 除外(제외) 除籍(제적) 除斥(제척) 免除(면제) 排除(배제) 削除(삭제) 除草劑(제초제)
中 4급Ⅱ 2525	示 06 총11획	祭	제사 religious; festival	제:	祭 jì	祭祀(제사): 신령이나 죽은 사람의 넋에게 음식을 바쳐 정성을 나타내는 의식 祭官(제관) 祭器(제기) 祭禮(제례) 祭典(제전) 祝祭(축제) 祭祀蒸嘗(제사증상): 겨울 제사는 증(蒸)이라 하고 가을 제사는 상(嘗)이라 함
高 4급Ⅱ 2526	阝阜11 총14획	際	즈음/ 가[邊] the time/ verge	제:	际 jì	際會(제회) 國際(국제): 나라와 나라의 교제 또는 그 관계 無際(무제): 넓고 멀어서 끝이 없음. 무애(無涯). 實際(실제): 현실의 경우나 형편 此際(차제): 이때. 이 기회(機會)
高 4급Ⅱ 2527	扌手09 총12획	提	끌 pull; drag; draw; trail	제	提 tí dī	提高(제고) 提供(제공) 提起(제기) 提督(제독): 함대사령관 提燈(제등) 提訴(제소) 提示(제시) 提案(제안) 提請(제청) 提携(제휴) 前提(전제): 어떠한 사물이나 현상을 이루기 위하여 먼저 내세우다
高 3급 2528	土 09 총12획	堤	둑 bank; dike	제	堤 dī	堤防(제방) 堤川市(제천시): 충청북도 防潮堤(방조제) 防波堤(방파제) 輪中堤(윤중제) 金堤平野(김제평야): 전라북도 堤潰蟻穴(제궤의혈): 개미구멍으로 큰 둑이 무너진다. 특례 蟻(개미 의)
中 6급Ⅱ 2529	頁 09 총18획	題	제목 title; subject	제	题 tí	題目(제목) 題跋(제발) 題詞(제사) 題言(제언) 題材(제재) 課題(과제) 題號(제호) 難題(난제) 命題(명제) 問題(문제) 宿題(숙제) 議題(의제) 主題(주제) 標題(표제) 話題(화제)
高 3급Ⅱ 2530	齊 00 총14획	齊	가지런할 arrange	제	斉.齐 qí, jì, zhāi	齊家(제가) 齊等(제등) 齊唱(제창) 一齊(일제) 整齊(정제) 間於齊楚(간어제초): 제(齊)나라와 초(楚)나라 사이, 약한 자가 강한 자들 사이에 끼어 괴로움을 받음 擧案齊眉(거안제미) 修身齊家(수신제가)
2급 2531	刀 14 총16획	劑	약제 medicine; drug; remedy	제	剤/剂 jì	洗劑(세제) 藥劑(약제) 溶劑(용제) 製劑(제제) 調劑(조제) 錠劑(정제) 湯劑(탕제) 防腐劑(방부제) 消化劑(소화제) 鎭痛劑(진통제) 觸媒劑(촉매제) 抗生劑(항생제) 解熱劑(해열제)
高 4급Ⅱ 2532	氵水14 총17획	濟	건널 ferry; across	제:	济/济 jì, jǐ	濟度(제도) 決濟(결제) 經濟(경제) 救濟(구제) 辨濟(변제) 濟州道(제주도) 濟河焚舟(제하분주): 필사의 각오로 싸움에 임함 經世濟民(경세제민) 經國濟世(경국제세) 同舟濟江(동주제강)
中 3급Ⅱ 2533	言 09 총16획	諸	모두 all	제	诸 zhū	諸家(제가): ① 문중의 여러 집안 ② 여러 대가(大家) ③ '제자백가(諸子百家)' 諸君(제군): '여러분'의 뜻 諸軍(제군) 諸島(제도) 諸臣(제신) 諸般(제반) 諸彦(제언) 諸位(제위) 諸賢(제현) 諸侯(제후)
1급 2534	爪 00 총04획	爪	손톱 nail; claw	조	爪 zhǎo zhuǎ	爪角(조각): 짐승의 발톱과 뿔 爪痕(조흔) 爪甲(조갑): 손톱과 발톱 鴻爪(홍조) 假爪角(가조각): 비파(琵琶)를 탈 때 四爪鉤(사조구): 수군의 병기(兵器) 爪牙之士(조아지사): 믿을 만하고 도움이 되는 신하
高 3급 2535	弓 01 총04획	弔	조상할 condole	조:	吊 diào	弔問(조문) 弔文(조문) 弔意(조의) 弔儀(조의) 弔喪(조상) 慶弔(경조) 謹弔(근조) 弔問客(조문객) 慶弔相問(경조상문) 弔民伐罪(조민벌죄): 백성을 위로하고 죄를 벌한 것은 千字文 13/125

급수	부수	한자	훈	음	중국어	용례
中 4급II 2536	日 02 총06획	早	이를 early	조	早 zǎo	早期(조기) 早産(조산) 早速(조속) 早熟(조숙) 早朝(조조) 早秋(조추) 早春(조춘) 早退(조퇴) 早晩間(조만간): 앞으로 곧 早失父母(조실부모) 早朝割引(조조할인) 時機尙早(시기상조)
中 3급II 2537	儿 04 총06획	兆	억조/ 조짐 trillion/ symptom	조	兆 zhào	億兆(억조) 兆朕(조짐): 어떤 일이 생길 기미가 보이는 현상 佳兆(가조) 吉兆(길조) 前兆(전조) 徵兆(징조) 京兆(경조): 서울 不吉之兆(불길지조): 흉한 일이 있을 징조. 불상지조(不祥之兆)
1급 2538	目 06 총11획	眺	볼 view	조	眺 tiào	眺覽(조람): ① 똑똑히 살펴봄 ② 부처나 보살이 빛으로 중생을 굽어 살핌 眺覽(조람) 眺臨(조림): 내려다봄 眺賞(조상): 경치를 바라보고 즐김 眺望(조망): 먼 곳을 바라봄. 또는 그 경치. 조망권(眺望權) prospect right
中 4급II 2539	力 05 총07획	助	도울 help; assist	조	助 zhù	助力(조력) 助勢(조세) 助手(조수) 助言(조언) 助長(조장) 共助(공조) 救助(구조) 幇助(방조) 補助(보조) 相助(상조) 協助(협조) 助桀爲虐(조걸위학): 폭군 걸(桀)을 도와 백성을 못살게 군다.
1급 2540	阝阜05 총08획	阻	막힐 steep	조	阻 zǔ	阻梗(조경): 꽉 막힘 阻泥(조니): 못하게 막음 阻害(조해): 저해 (沮害) 阻面(조면): 오랫동안 서로 만나 보지 못함 阻防(조방): 막아서 못하게 함 阻隘(조애): 험하고 좁다 阻險(조험) 隔阻(격조) 深阻(심조)
高 3급II 2541	禾 05 총10획	租	조세 tax	조	租 zū	租界(조계) 租稅(조세): 세금(稅金) 租調(조조): 조세로 받아들이던 곡식과 지방 특산물 租借(조차) 十一租(십일조): 중세 교회가 징수하던 세 十一條(십일조): 기독교 신자가 수입의 10분의 1을 교회에 바치는 것
中 7급 2542	示 05 총10획	祖	할아비 grandfather	조	祖 zǔ	祖考(조고): 돌아가신 할아버지 祖姑(조고): 조부모의 자매 祖國(조국) 祖母(조모) 祖父(조부) 祖上(조상) 先祖(선조) 祖父母(조부모) 烈祖(열조): 큰 공로와 업적이 있는 조상 玄祖(현조): 오대조(五代祖)
1급 2543	米 05 총11획	粗	거칠 coarse	조	粗 cū	粗鋼(조강): 가공되지 않은, 제강로에서 제조된 그대로의 강철 粗略(조략) 粗俗(조속) 粗惡(조악) 粗雜(조잡): 거칠고 잡스러워 품위가 없다. 粗製(조제) 粗造(조조) 粗品(조품) 粗衣粗食(조의조식)
高 4급 2544	糸 05 총11획	組	짤 set up	조	组 zǔ	組閣(조각) 組立(조립) 組別(조별) 組成(조성) 組員(조원) 組長(조장) 組織(조직) 組版(조판) 勞組(노조) 組織的(조직적) 全教組(전교조) 勞動組合(노동조합) 協同組合(협동조합)
2급(名) 2545	示 05 총10획	祚	복(福) (good) luck, good fortune	조	祚 zuò	祚胤(조윤)☞ 자손 景祚(경조): 아주 크나큰 복 福祚(복조) 寶祚(보조) 聖祚(성조) 帝祚(제조) 踐祚(천조) 皇祚(황조) 大祚榮(대조영): 발해 시조 溫祚王(온조왕): 백제의 시조
1급 2546	冫 08 총10획	凋	시들 wither	조	凋 diāo	凋落(조락): ① 나뭇잎이 시들어 떨어짐 ② 쇠하여 보잘것없이 됨. 조령(凋零) 凋殘(조잔) 凋弊(조폐): ① 시들어 없어짐 ② 쇠약(衰弱)하여 해짐 凋盡(조진): 시들어 없어짐 枯凋(고조): 말라서 시듦 後凋(후조)
2급 2547	彡 08 총11획	彫	새길 carve	조	雕 diāo	彫刻(조각): 재료를 새기거나 깎아서 입체적으로 형상을 만듦 彫琢(조탁): ① 보석 따위를 새기거나 쫌 ② 문장이나 글을 매끄럽게 다듬음 彫塑(조소): 조각과 소조를 아울러 이르는 말 談天彫龍(담천조룡)
1급 2548	禾 08 총13획	稠	빽빽할 dense	조	稠 chóu	稠林(조림): 빽빽하게 들어선 숲 稠密(조밀): 성기지 않고 빽빽함 稠雜(조잡): 빽빽하고 복잡하다. 稠坐(조좌): 빽빽하게 앉아 있음 粘稠(점조): 끈기가 있고 밀도가 빽빽하다. 奧密稠密(오밀조밀)
中 5급II 2549	言 08 총15획	調	고를 harmonize	조	调 diào tiáo	調達(조달) 調理(조리) 調査(조사) 調書(조서) 調律(조율) 調節(조절) 調定(조정) 調停(조정) 調整(조정) 調和(조화) 強調(강조) 論調(논조) 調練師(조련사) 調味料(조미료)
2급(名) 2550	日 06 총10획	曹	성(姓) surname 曺의 俗字	조	曹 cáo	曹國(조국): (1965~) 문재인 정부 첫 민정수석, 두 번째 법무부 장관 曹植(조식): (1501~1572) 조선시대 중기의 학자 호 남명(南冥) 曹晩植(조만식): (1883~1950) 독립운동가/ 曺氏 27번째로 많은 성씨

급수	부수	한자	훈	음	中文	용례
1급 2551	日 07 총11획	曹	무리 fellow; companion	조	曹 cáo	曹操(조조): 중국 후한(後漢) 말의 영웅 曹丕(조비): 위(魏) 초대황제 法曹(법조): 법률의 실무에 종사하는 사람 曹溪宗(조계종): 불교종파 六曹(육조): 여섯 관부(官府)《吏曹·戶曹·禮曹·兵曹·刑曹·工曹》
1급 2552	氵水11 총14획	漕	배로 실어나를 row	조	漕 cáo	運漕(운조): 배로 물건을 나름 漕軍(조군) 漕卒(조졸) 漕倉(조창) 競漕(경조): 보트 레이스 漕艇競技(조정경기): Rowing 漕復米(조복미) 漕運船(조운선): 물건을 실어 나르는 데 쓰는 배
1급 2553	辶辵11 총15획	遭	만날 meet	조	遭 zāo	遭遇(조우): ① 신하가 뜻에 맞는 임금을 만남 ② 우연히 만남. 조봉(遭逢) 遭難(조난): 항해에서 재난을 만남 遭禍(조화): 화를 입거나 재앙을 만남 獨木橋冤家遭(독목교원가조): 외나무다리에서 원수를 만난다.
1급 2554	木 11 총15획	槽	구유 trough	조	槽 cáo	槽桶(조통): 구유 槽廠(조창): 절에서는 행자실 石槽(석조) 水槽(수조) 浴槽(욕조): 목욕물을 담는 용기 沈槽(침조) 石漏槽(석루조) 油槽船(유조선): 석유 따위를 운반하는 배
1급 2555	米 11 총17획	糟	지게미 dreg	조	糟 zāo	糟粕(조박): ① 재강(술을 거르고 남은 찌끼) ② 다 밝혀서 새로운 의의가 없는 것 油糟肥(유조비): 기름을 짜 낸 찌끼로 만든 거름 糟糠之妻(조강지처): 지게미와 쌀겨로 끼니를 이어가며 고생을 같이 해온 아내
中 4급II 2556	辶辵07 총11획	造	지을 make	조	造 zào	造景(조경) 造林(조림) 造物(조물) 造船(조선) 造成(조성) 造語(조어) 造詣(조예) 造幣(조폐) 造形(조형) 造花(조화) 造化(조화) 造次間(조차간): ① 얼마 되지 않는 짧은 시간 ② 아주 급한 때
中 4급II 2557	鳥 00 총11획	鳥	새 bird	조	鸟 niǎo diāo	鳥籠(조롱) 鳥類(조류) 鳥獸(조수) 鳥葬(조장) 吉鳥(길조) 白鳥(백조) 留鳥(유조)↔候鳥(후조): 철새 鳥瞰圖(조감도) 鳥足之血(조족지혈) 共命之鳥(공명지조) 一石二鳥(일석이조)
高 4급 2558	木 07 총11획	條	가지/ 조목 branch/ item	조	条.条 tiáo	條件(조건) 條款(조관) 條令(조령) 條例(조례) 條理(조리) 條目(조목) 條文(조문) 條約(조약) 條項(조항) 條件附(조건부) 金科玉條(금과옥조): 금이나 옥처럼 귀중히 여기어 꼭 지켜야 하는 법칙이나 규정
2급 2559	扌手08 총11획	措	둘[置] put	조	措 cuò	措置(조치): 문제나 사태를 해결하기 위해 필요한 대책을 세움. 또는 그 대책 措處(조처): 조치(措置) 擧措(거조): 말이나 행동의 태도. 행동거지 措手不及(조수불급): 일이 썩 급하여 손을 댈 겨를이 없음
2급 2560	金 03 총11획	釣	낚을/ 낚시 fishing/ angling	조	钓 diào	釣竿(조간): 낚싯대 釣臺(조대): 낚시터 釣船(조선): 낚싯배 釣針(조침): 낚싯바늘 釣名(조명): 거짓을 꾸며 명예를 구함 釣而不綱(조이불강): 낚시질은 해도 그물까지 치지는 않았다.
1급 2561	木 08 총12획	棗	대추 jujube	조	枣 zǎo	棗卵(조란): 대추 크기만 하게 빚어 잣가루를 묻혀 만든 세실과(細實果) 棗木(조목) 棗玉(조옥) 棗油錠(조유정): 백익병(百益餅): 대추다식 棗東栗西(조동율서) 棗栗梨柹(조율이시): 제사에 대추·밤·배·감
1급 2562	言 05 총12획	詔	조서 royal edict	조	诏 zhào	詔書(조서): 임금의 명령을 일반에게 알릴 목적으로 적은 문서. 조명(詔命). 조칙(詔勅) 詔旨(조지): 임금의 명령 密詔(밀조) 優詔(우조): 신하나 백성에게 내리는 임금의 말을 높여 이르는 말
高 3급II 2563	灬火09 총13획	照	비칠 illuminate	조	照 zhào	照度(조도) 照明(조명) 照射(조사): 광선이나 방사선 따위를 쬠 照査(조사): 대조(對照)하여 조사함 照準(조준) 照會(조회) 觀照(관조) 參照(참조) 日照權(일조권) 可照時間(가조시간)
中 6급 2564	月 08 총12획	朝	아침 morning	조	朝 zhāo cháo	朝貢(조공) 朝廷(조정) 朝鮮王朝(조선왕조): 1392~1910 지배한 왕조 朝不慮夕(조불려석) 朝三暮四(조삼모사): 간사한 꾀로 남을 속여 희롱함 朝名市利(조명시리): 명예는 조정에서 다투고 이익은 저자에서 다투라
高 4급 2565	氵水12 총15획	潮	밀물/ 조수 tide	조	潮 cháo	潮流(조류): ① 밀물과 썰물의 바닷물의 흐름 ② 시대 흐름 潮水(조수): 주기적으로 들어왔다 나갔다 하는 바닷물. 조석수(潮汐水) 干潮(간조)↔滿潮(만조) 潮差(조차) 潮力發電(조력발전)

급수	부수/획수	한자	훈	음	중국어	용례
1급 2566	口 12 총15획	嘲	비웃을 jeer; ridicule	조	嘲 cháo zhāo	嘲弄(조롱): 비웃거나 깔보면서 놀림　嘲罵(조매)　嘲名(조명) 嘲笑(조소)　嘲謔(조학): 조롱하고 놀림　嘲戲(조희)　冷嘲(냉조) 自嘲(자조): 자기를 스스로 비웃는 일　解嘲(해조): 남의 조롱에 대하여 변명함
2급(名) 2567	走 07 총14획	趙	나라 이름	조	赵 Zhào	趙(조): (BC403~BC228) 戰國七雄의 하나. 우리나라 7번째로 많은 姓氏 晉楚更覇　趙魏困橫(진초경패 조위곤횡): 진나라, 초나라는 번갈아 패권을 잡았고, 조나라 위나라는 연횡책(連橫策) 탓에 어려움을 겪었다. 千字文
1급 2568	聿 08 총14획	肇	비롯할 commence	조	肇 zhào	肇國(조국): 처음으로 나라가 세워지거나 나라를 세움. 또는 나라가 세워지거나 나라를 세운 처음　肇基(조기): ☞ 개원(開元)　肇造(조조): 처음으로 만듦 肇秋(조추): 초가을　肇基王迹(조기왕적): 개국(開國)의 기초
高 5급 2569	扌手13 총16획	操	잡을 grasp; cautious	조(:)	操 cāo	操心(조:심)　操鍊(조:련): 교련(敎鍊)　操身(조신): 몸가짐을 조심함 操業(조업)　操作(조작)　操制(조제)　操縱(조종)　操筆(조필) 情操(정조)　貞操(정조)　志操(지조)　體操(체조)　操縱士(조종사)
高 3급 2570	火 13 총17획	燥	마를 dry	조	燥 zào	燥渴(조갈): 목이 마름　燥濕(조습): 물기의 마름과 젖음, 마름과 축축함 乾燥(건조): 말라서 습기가 없음　焦燥(초조): 애를 태워서 마음을 졸임 無味乾燥(무미건조): 재미나 멋이 없고 메마름. 건조무미(乾燥無味)
1급 2571	糸 13 총19획	繰	고치 켤 spin	조	缲 qiāo sāo, zǎo	繰絲(조사): 고치나 목화 따위에서 실을 뽑아냄　繰綿(조면): 목화의 씨를 앗아 솜을 만듦　繰出(조출)　再繰(재조)　繰越(조월)☞ 移越 繰綿機(조면기)　繰絲量(조사량)　繰絲湯(조사탕): 고치를 켜낸 물
1급 2572	++艸16 총20획	藻	마름 algal	조(:)	藻 zǎo	藻類(조류): 은화(隱花)식물인 수초의 통칭　海藻類(해조류): 褐藻類, 綠藻類, 紅藻類　藻井(조정): 반자널에 해초 무늬를 그린 소란 반자 詞(辭)藻(사조): ① 시가(詩歌)나 문장 ② 시문의 문채(文彩)나 말의 수식
1급 2573	足 13 총20획	躁	조급할 hasty	조	躁 zào	躁急(조급): 참을성이 없이 급하다.　躁悶(조민): 조급하여 가슴이 답답하다. 躁鬱症(조울증): 양극성 기분 장애 (정신이 상쾌하고 흥분된 상태와 우울하고 억제된 상태가 교대로 나타나거나 둘 가운데 한쪽이 주기적으로 나타나는 병)
中 7급Ⅱ 2574	足 00 총07획	足	발 foot	족	足 zú	足部(족부)　足鎖(족쇄)　足掌(족장)　足跡(족적)　手足(수족) 滿足(만족)　不足(부족)　自足(자족)　充足(충족)　豊足(풍족) 足且足矣(족차족의): 흡족(洽足)하게 아주 넉넉함　安分知足(안분지족)
中 6급 2575	方 07 총11획	族	겨레 clan; tribe; ethnic; race	족	族 zú	族類(족류)　族閥(족벌)　族譜(족보)　族屬(족속)　族親(족친) 家族(가족)　貴族(귀족)　民族(민족)　部族(부족)　氏族(씨족) 遺族(유족)　遠族(원족)　種族(종족)　親族(친족)　血族(혈족)
1급 2576	竹 11 총17획	簇	가는대 [小竹] / 조릿대 thin bamboo	족	簇 cù	簇子(족자): 글씨나 그림 등을 벽에 걸거나 두루마리처럼 만든 물건 上簇(상족): 누에올리기　下簇(하족): 누에고치를 섶에서 따냄 簇頭里(족두리): 부녀자가 예복을 입을 때에 머리에 얹던 검은 관
中 4급 2577	子 03 총06획	存	있을 exist	존	存 cún	存立(존립)　存亡(존망)　存命(존명)　存無(존무)　存問(존문) 存否(존부)　存在(존재)　存續(존속)　存置(존치)　存廢(존폐) 共存(공존)　旣存(기존)　保存(보존)　生存(생존)　依存(의존)
中 4급Ⅱ 2578	寸 09 총12획	尊	높을 respect	존	尊 zūn	尊敬(존경)　尊貴(존귀)　尊待(존대)　尊卑(존비): 높음과 낮음 尊屬(존속): 부모 또는 그와 같은 항렬 이상에 속하는 혈족　尊嚴(존엄) 尊重(존중)　尊稱(존칭)　釋尊(석존)　至尊(지존)　自尊心(자존심)
高 3급 2579	扌手05 총08획	拙	졸할 clumsy	졸	拙 zhuō	拙稿(졸고)　拙劣(졸렬)　拙文(졸문)　拙速(졸속)　拙作(졸작) 拙著(졸저)　拙戰(졸전)　拙筆(졸필)　古拙(고졸)　巧拙(교졸) 疏拙(소졸)　壅拙(옹졸)　庸拙(용졸)　稚拙(치졸)　拙丈夫(졸장부)
中 5급Ⅱ 2580	十 06 총08획	卒	마칠/ 군사 finish/ soldier	졸	卒 zú cù	卒(졸): 한편에 다섯씩 있는 장기짝. 만만하거나 우습게 보는 대상을 비유 卒更(졸경)　卒哭(졸곡)　卒倒(졸도)　卒壽(졸수)　卒業(졸업) 卒徒(졸도)　卒兵(졸병)　軍卒(군졸)　驛卒(역졸)　捕卒(포졸)

급수	부수	한자	훈	음	중국어	예시
1급 2581	犭犬08 총11획	猝	갑자기 suddenly	졸	猝 cù	猝富(졸부): 벼락부자 猝死(졸사) 猝然(졸연) 猝地(졸지): '졸지에' 猝難變通(졸난변통): 어떤 일을 갑자기 당하여 미처 조처할 수 없음 猝猝了當(졸졸요당) 猝地風波(졸지풍파): 갑작스레 일어나는 풍파
中 4급II 2582	宀 05 총08획	宗	마루 ridge; religion; ancestral	종	宗 zōng	宗家(종가) 宗廟(종묘) 宗孫(종손) 宗族(종족) 宗中(종중) 宗親(종친) 宗敎(종교) 宗團(종단) 宗師(종사) 宗旨(종지) 宗派(종파) 世宗(세종) 宗主國(종주국) 宗廟社稷(종묘사직)
2급(名) 2583	王玉08 총12획	琮	옥홀 jade scepter	종	琮 cóng	玉笏(옥홀): 제후가 조회할 때 천자가 지니던 옥으로 만든 홀 琮琤[cóng zhēng]: 옥이나 돌이 부딪쳐 나는 소리
2급 2584	糸 08 총14획	綜	모을/gather; synthesis 잉아 綜絲	종	综 zōng zèng	綜練(종련): 두루 통하여 숙련함 綜合(종합): 한데 모아 합함 綜核(종핵): 치밀하게 속속들이 뒤지어 밝힘 作綜(작종): 한데 모아서 맴 綜合大學(종합대학) 綜合病院(종합병원) 綜合廳舍(종합청사)
1급 2585	足 08 총15획	踪	자취/track 발자취/footprint	종	踪 zōng	昧踪(매종): 자취를 감춤 失踪(실종): ① 종적을 잃음 ② 사람의 소재 및 생사를 알 수 없게 됨 失踪者(실종자) 發踪指示(발종지시): 사냥개를 풀어 짐승이 있는 곳을 가리켜 잡게 한다. 어떻게 하라고 방법을 가르쳐 보임
中 5급 2586	糸 05 총11획	終	마칠 end; finish	종	终 zhōng	終講(종강) 終決(종결) 終結(종결) 終乃(종내) 終禮(종례) 終了(종료) 終末(종말) 終熄(종식) 終業(종업) 終點(종점) 終着(종착) 終務式(종무식) 終身制(종신제) 終止符(종지부)
中 4급 2587	彳 08 총11획	從	좇을 obey; obedience	종(:)	從.从 cóng	從氏(종:씨) 從兄(종:형): 사촌 형 從祖父(종:조부): 할아버지의 형제 從軍(종군) 從來(종래) 從僕(종복) 從事(종사) 從屬(종속) 從量制(종량제) 從業員(종업원) 從便爲之(종편위지): 편리를 따름
1급 2588	心 11 총15획	慫	권할 persuade	종	怂 sǒng	慫慂(종용): 잘 설득(說得)하고 달래어 권(勸)함 특급II 慂(권할 용)
高 3급II 2589	糸 11 총17획	縱	세로 vertical	종	縱/纵 zòng	縱貫(종관): 세로로 꿰뚫음 縱軍(종군): 군사들을 풀어놓고 마음대로 하게 함 縱絲(종사): 날실 縱搖(종요): 배나 항공기 따위가 세로로 흔들림 縱橫(종횡): 거침없이 오가거나 이리저리 다님 放縱(방종) 操縱(조종)
1급 2590	月肉09 총13획	腫	종기 swelling; abscess	종:	肿 zhǒng	腫氣(종기): 피부가 곪으면서 생기는 큰 부스럼 腫毒(종독) 腫脹(종창) 腫瘍(종양): 계속 진행되는 세포 분열에 의한 조직의 새로운 증식이나 증대 根腫(근종) 筋腫(근종) 面腫(면종) 浮腫(부종) 腦腫瘍(뇌종양)
中 5급II 2591	禾 09 총14획	種	씨 seed	종(:)	种 zhǒng zhòng	種類(종:류) 種別(종:별) 種子(종자) 種苗(종묘) 種豚(종돈) 種卵(종란) 種玉(종옥): 미인을 아내로 삼음 種牛(종우) 種兎(종토) 種瓜得瓜(종과득과) 種豆得豆(종두득두): 콩을 심으면 콩이 나온다.
1급 2592	足 09 총16획	踵	발꿈치 heel	종	踵 zhǒng	踵武(종무): 뒤를 이음 踵接(종접): 발부리와 발꿈치처럼 끊이지 않고 이음 踵至(종지): 남의 뒤를 따라오거나 따라감 接踵(접종): 바싹 붙어서 따름 摩頂放踵(마정방종): 정수리부터 발꿈치까지 모두 닳는다, 온몸을 희생함
中 4급 2593	金 09 총17획	鍾	쇠북 bell 술잔 특급II 鐘(中)	종	锺/钟 zhōng	鍾鉢(종발) 鍾情(종정): 종애(鍾愛) 茶鍾(차종): 차를 따라 마시는 종지 특급II 鐘閣(종각) 鐘樓(종루) 打鐘(타종) 鐘路區(종로구) 鐘乳石(종유석) 鐘鳴鼎食(종명정식) 三鐘祈禱(삼종기도)
中 7급II 2594	工 02 총05획	左	왼/왼쪽 left	좌:	左 zuǒ	左傾(좌경) 左右(좌우) 左翼(좌익) 左遷(좌천)↔榮轉(영전) 左側(좌측) 左之右之(좌지우지): 제 마음대로 다루거나 휘두름 左宜右有(좌의우유): 재덕(才德)을 두루 갖춤 左衝右突(좌충우돌)
高 3급 2595	亻人05 총07획	佐	도울 assist	좌:	佐 zuǒ	補佐(보좌): 상관을 도와 일을 처리함 補佐官(보좌관) 王佐之材(才)(왕좌지재): 임금을 도와 큰일을 할 만한 인물 佐命之士(좌명지사): 천자가 될 사람을 보필하여 대업을 성취시키는 사람

급수	부수	한자	훈	음	중국어	용례
中 3급II 2596	土 04 총07획	坐	앉을 sit	좌	坐 zuò	坐客(좌객): 앉은뱅이 坐礁(좌초): ① 암초에 얹힘 ② 곤경에 빠짐 坐不安席(좌불안석) 坐井觀天(좌정관천) 坐脫立亡(좌탈입망) 看晨月坐自夕(간신월좌자석): 새벽달 보려고 초저녁부터 나앉는다.
高 4급 2597	广 07 총10획	座	자리 seat	좌	座 zuò	座客(좌객): 자리에 앉은 손님 座談(좌담) 座席(좌석) 座主(좌주) 座中(좌중) 座下(좌하) 計座(계좌) 滿座(만좌) 座談會(좌담회) 座右銘(좌우명): 옆에 두고 가르침으로 삼는 문구 碩座敎授(석좌교수)
1급 2598	扌手07 총10획	挫	꺾을 break	좌	挫 cuò	挫折(좌절): ① 마음이나 기운이 꺾임 ② 계획이나 일 따위가 실패로 돌아감 挫氣(좌기) 挫傷(좌상) 挫閃(좌섬): 뼈마디가 물러앉아 그 둘레의 막이 상하여 붓고 아픈 병 捻挫(염좌): sprain 삠, 접질림 특례 捻(비틀 염)
中 5급 2599	罒网08 총13획	罪	허물 guilt; crime	죄	罪 zuì	罪科(죄과) 罪過(죄과) 罪悚(죄송) 罪囚(죄수) 罪惡(죄악) 罪人(죄인) 犯罪(범죄) 謝罪(사죄) 赦罪(사죄) 罪責感(죄책감) 綱常罪人(강상죄인): 삼강(三綱)과 오상(五常)에 어긋나는 행위를 한 사람
中 7급 2600	丶 04 총05획	主	임금 lord 주인 host; master	주	主 zhǔ	主君(주군) 主幹(주간) 主客(주객) 主觀(주관) 主婦(주부) 主義(주의) 主意(주의) 主人(주인) 主將(주장) 主張(주장) 主宰(주재) 主題(주제) 主旨(주지) 主枝(주지) 主體(주체)
中 7급 2601	亻人05 총07획	住	살 live; abode residence	주	住 zhù	住家(주가) 住居(주거) 住民(주민) 住民登錄(주민등록) 住所(주소) 住持(주지): 한 절을 주관하는 승려. 주승(主僧) 住宅(주택) 居住(거주) 安住(안주) 移住(이주) 永住權(영주권)
中 6급II 2602	氵水05 총08획	注	부을/ 물댈 pour/ irrigate	주	注 zhù	注目(주목) 注視(주시) 注液(주액) 注意(주의): 정신을 차려 조심함 注油(주유) 注入(주입) 注射器(주사기) 注文津(주문진): 강릉시 注文暴注(주문폭주): 어떤 상품에 대한 주문량이 갑자기 많아지는 일
高 3급II 2603	木 05 총09획	柱	기둥 pillar	주	柱 zhù	柱聯(주련): 기둥이나 벽 따위에 장식으로 써 붙이는 글귀 柱石(주석) 柱心(주심) 柱礎(주초) 四柱(사주): 태어난 해·달·날·시의 네 육십갑자 電柱(전주) 柱檄鐵(주격철): 비격진천뢰 속에 장착하는 쇠막대
1급 2604	言 05 총12획	註	글뜻 풀 explain	주	注 zhù	註釋(주석): 낱말이나 문장의 뜻을 쉽게 풀이함 또는 그 글 註解(주해): 본문(本文)의 뜻을 알기 쉽게 주를 달아 풀이함 脚註(각주): 본문(本文) 밑에 붙인 풀이 頭註(두주): 위쪽에 적은 주석
2급 2605	馬 05 총15획	駐	머무를 halt; stay; station	주	驻 zhù	駐屯(주둔): 군대가 임무 수행을 위해 어떤 지역에 머무름 進駐(진주) 駐在(주재): ① 한곳에 머물러 있음 ② 직무상으로 파견되어 머물러 있음 駐車場(주차장) 駐美大使(주미대사) 駐韓美軍(주한미군)
高 3급 2606	舟 00 총06획	舟	배 boat	주	舟 zhōu	舟遊(주유): 뱃놀이 舟艇(주정): 소형의 배 舟形(주형) 方舟(방주) 泛舟(범주): 배를 물에 띄움 維舟(유주): 제후가 타는 배. 계주(繫舟) 一葉片舟(일엽편주) 水則載舟 水則覆舟(수즉재주 수즉복주)
高 5급II 2607	巛 03 총06획	州	고을 country	주	州 zhōu	州助(주조): 신라 주(州)의 버금 벼슬 慶州(경주) 光州(광주) 廣州(광주) 羅州(나주) 星州(성주) 驪州(여주) 濟州(제주) 晉州(진주) 忠州(충주) 州府郡縣(주부군현): 지방 행정구역 단위
高 3급II 2608	氵水06 총09획	洲	물가/ 섬 shore/ delta	주	洲 zhōu	洲島(주도) 滿洲(만주): 중국 동북지방(요령, 길림, 흑룡강, 내몽고) 濠洲(호주): 오스트레일리아 三角洲(삼각주): 토사(土砂) 사주(砂洲) 六大洲(육대주): 아시아·아프리카·유럽·북아메리카·남아메리카·오세아니아
中 4급 2609	木 02 총06획	朱	붉을 scarlet	주	朱 zhū	朱木(주목): 상록 침엽 교목 열매가 붉게 익음 朱脣(주순) 朱紅(주홍) 朱黃(주황) 朱蒙(주몽): 동명성왕 朱熹(주희): 남송사상가. 朱子學 近朱者赤(근주자적): 주사(朱砂 붉은 염료)를 가까이 하는 사람은 붉어진다.
高 3급II 2610	王玉06 총10획	珠	구슬 bead	주	珠 zhū	珠算(주산): 수판셈 珠玉(주옥): ① 구슬과 옥 ② 여럿 가운데 가장 아름답고 귀한 것 珠汗(주한): 구슬땀 默珠(묵주) 念珠(염주) 眞珠(진주) 如意珠(여의주) 眞珠婚式(진주혼식): 결혼 30주년

번호	급수	부수/획수	한자	훈/뜻	음	中	용례
2611	高3급II	木 06 총10획	株	그루 stock; stump	주	株 zhū	株價(주가) 株券(주권) 株式(주식) 株主(주주) 株主權(주주권) 大株主(대주주) 株守(주수): 변통할 줄 모르고 어리석게 지키기만 함 枯木朽株(고목후주): 마른 나무와 썩은 등걸, 쓰이지 못하는 사람이나 물건
2612	1급	言 06 총13획	誅	벨 behead	주	诛 zhū	誅求(주구): 강제로 빼앗음 誅戮(주륙) 誅滅(주멸) 誅伐(주벌) 誅罰(주벌) 誅殺(주살) 誅斬賊盜 捕獲叛亡(주참적도 포획반망): 강도와 도적을 죽이고 베며, 배반한 자, 도망한 자는 포획해야 한다. 千字文 114/125
2613	中4급II	走 00 총07획	走	달릴 run	주	走 zǒu	走狗(주구): ① 사냥할 때 부리는 개 ② 앞잡이 走力(주력) 走路(주로) 走者(주자) 走行(주행) 逃走(도주) 疾走(질주) 走馬燈(주마등) 走光性(주광성): 빛에 대한 생물의 주성(走性) 走馬看山(주마간산)
2614	1급	口 05 총08획	呪	빌 invoke; imprecate	주	咒 zhòu	呪文(주문): 술법을 부리거나 귀신을 쫓을 때 외는 글귀 呪物(주물) 呪術(주술) 呪願(주원) 呪香(주향) 埋呪(매주) 誦呪(송주) 詛呪(저주) 呪術師(주술사) 秘密呪(비밀주)
2615	高4급	口 05 총08획	周	두루 all around	주	周 zhōu	周年(주년) 周密(주밀) 周鉢(주발) 周邊(주변) 周旋(주선) 周易(주역) 周圍(주위) 周知(주지) 周到綿密(주도면밀) 弔民伐罪 周發殷湯: 죄지은 사람을 친 것은, 주나라 무왕 발과 은나라 탕왕이다. 千字文
2616	5급II	辶辵08 총12획	週	주일/돌 week	주	周 zhōu	週間(주간) 週期(주기) 週末(주말) 週番(주번) 週報(주보) 週日(주일) 週中(주중) 週初(주초) 隔週(격주) 今週(금주) 來週(내주) 每週(매주) 週刊誌(주간지) 週期的(주기적)
2617	中3급II	宀 05 총08획	宙	집 cosmos	주	宙 zhòu	宙水(주수): 하천의 퇴적물로 된 토지의 점토층에 고여 있는 지하수 宇宙(우주): 모든 천체를 포함하는 전 공간 宇宙船(우주선) 碧宙(벽주): 푸른 하늘 宙合樓(주합루): 창덕궁(昌德宮) 안의 한 누
2618	1급	月肉05 총09획	冑	자손/descendant 맏아들/firstborn son	주	冑 zhòu	冑孫(주손): 맏손자 冑裔(주예):☞후손 國冑(국주): 임금의 장자 태자(太子), 세자(世子) 華冑(화주): 왕족이나 귀족의 자손 특급II 胄(투구 주; 冂) 甲冑(갑주): 갑옷과 투구
2619	1급	糸 05 총11획	紬	명주 pongee	주	紬 chōu/chóu	紬緞(주단): 명주(明紬)와 비단(緋緞) 등의 총칭 紬繹(주역) 紬績(주적) 明紬(명주): 명주실로 무늬 없이 짠 피륙. 면주(綿紬) 紬亢羅(주항라): 명주실로 짠 항라 卽于紬(즉우주): 비단의 한 가지
2620	1급	糸 03 총09획	紂	주 임금/cruel tyrant 껑거리끈	주	纣 zhòu	紂王(주왕): 은(殷)나라의 최후의 임금 이름은 제신(帝辛), 주(紂)는 시호(諡號) 주(周)나라 무왕(武王)에게 살해(殺害)됨. 악(惡)한 임금의 전형으로 하(夏)나라의 걸왕(桀王)과 함께 걸주(桀紂)라 일컬어짐
2621	高3급II	大 06 총09획	奏	아뢸 inform a superior; recital	주(:)	奏 zòu	奏書(주서): 임금에게 올리는 문서 上奏(상주) 奏薦(주천) 奏效(주효) 奏任官(주임관)/演奏(연주) 間奏(간주) 獨奏(독주) 合奏(합주) 後奏(후주) 演奏者(연주자) 前奏曲(전주곡) 吹奏樂(취주악)
2622	1급	車 09 총16획	輳	몰려들 gather; crowded	주	辏 còu	輻輳(폭주): 두 눈의 주시선(注視線)이 눈앞의 한 점으로 모이는 일 輳補(주보): 이것저것 모아서 깁거나 보탬 輻輳論(폭주론) 輻輳幷臻(폭주병진): 한 곳에 많이 몰려듦을 이르는 말 특급II 臻(이를 진)
2623	中4급	酉 03 총10획	酒	술 wine; alcohol	주(:)	酒 jiǔ	酒量(주량) 酒類(주류) 酒幕(주막) 酒稅(주세) 酒宴(주연) 酒店(주점) 酒酊(주정) 麥酒(맥주) 燒酒(소주) 藥酒(약주) 洋酒(양주) 酒案床(주안상) 酒池肉林(주지육림): 호사스러운 술잔치
2624	中6급	日 07 총11획	晝	낮 daytime	주	昼/晝 zhòu	晝間(주간) 晝夜(주야) 晝學(주학) 晝行(주행) 晝餐(주찬): 午餐 白晝(백주): 대낮 晝光色(주광색): 조명에서, 햇빛에 가까운 색 晝耕夜讀(주경야독) 晝夜長川(주야장천) 不撤晝夜(불철주야)
2625	1급	亻人09 총11획	做	지을 make	주	做 zuò	看做(간주): 그러한 것으로 여김. 그렇다고 침 做去(주거): 실행하여 나감 做工(주공): 공부나 일을 힘써 함 做恭(주공): 공손한 태도를 가짐 做作(주작) 做出(주출) 做錯(주착): 잘못인 것을 알면서 저지른 過失

급수	부수	한자	훈	음	중국어	용례
1급 2626	口 11 총14획	嗾	부추길 instigate	주	嗾 sǒu	嗾囑(주촉): 부추겨서 시킴 使嗾(사주): 남을 부추겨 좋지 않은 일을 시킴 承嗾(승주): 사주를 받음 陰嗾(음주): 나쁜 일을 하도록 부추김 指嗾(지주): 달래고 꾀어서 어떤 일을 하도록 부추김
1급 2627	广 12 총15획	廚	부엌 kitchen	주	厨 chú	廚房(주방): 음식을 만들거나 차리는 방 官廚(관주) 庖廚(포주): '푸주'의 본딧말 燒廚房(소주방): 조선 때 대궐 안의 음식을 만들던 곳 有脚書廚(유각서주): 다리가 있는 서재(書齋), 박식한 사람을 이르는 말
2급(名) 2628	田 14 총19획	疇	이랑 ridge; category	주	畴 chóu	疇壟(주롱): 논밭의 두둑이랑 疇輩(주배)☞ 동배(同輩) 疇生(주생): 같은 종류의 것이 한 곳에 모여서 생김 範疇(범주): 같은 성질을 가진 부류나 범위. 카테고리 田疇(전주): 밭둑
1급 2629	足 14 총21획	躊	머뭇거릴 hesitate	주	踌 chóu	躊躇(주저): 과감하게 또는 적극적으로 하지 못하고 머뭇거리며 망설이는 것 躊日(주일): 접때. 지난번 躊躇躊躇(주저주저): 몹시 주저함 躊躇滿志(주저만지): 무슨 일을 끝마치고 스스로 만족해하는 형용
高 3급Ⅱ 2630	金 14 총22획	鑄	쇠 불릴 casting	주	鋳/铸 zhù	鑄鋼(주강) 鑄物(주물) 鑄字(주자) 鑄錢(주전) 鑄貨(주화) 鑄型(주형) 鑄造(주조): 쇠붙이를 녹여 거푸집에 부어 물건을 만듦 鎔鑄(용주): 쇠붙이를 녹여 기물(器物)을 만든다. 일을 성취함을 비유
中 4급Ⅱ 2631	竹 00 총06획	竹	대 bamboo	죽	竹 zhú	竹竿(죽간) 竹簡(죽간) 竹刀(죽도) 竹島(죽도) 竹林(죽림) 竹山(죽산) 竹鹽(죽염) 竹杖(죽장) 竹匠(죽장) 竹槍(죽창) 竹窓(죽창) 竹筒(죽통) 竹皮(죽피) 竹馬故友(죽마고우)
高 3급 2632	亻人07 총09획	俊	준걸 eminent	준	俊 jùn	俊傑(준걸): 재주와 슬기가 뛰어남. 또는 그런 사람. 준골(俊骨). 준사(俊士) 俊敏(준민) 俊辯(준변) 俊秀(준수): 재주·슬기와 풍채가 빼어나다. 俊魚(준어) 俊異(준이) 俊才(준재) 俊豪(준호) 賢俊(현준)
2급(名) 2633	氵水07 총10획	浚	깊게 할 dredging	준	浚 jùn Xùn	浚渠(준거) 浚骨(준골) 浚剝(준박) 浚井(준정) 浚渫(준설): 하천, 항만 바다에 쌓인 흙을 쳐내어 바닥을 깊게 하는 일 浚照(준조): 물이 깊고 맑다. 許浚(허준): 조선 선조 때의 명의(名醫)
2급(名) 2634	土 07 총10획	埈	높을 steep	준	埈 jùn	李埈鎔(이준용): 1870년(고종 7)-1917년 흥선대원군의 적손(嫡孫)이다. 李埈鎔 擁立事件(이준용 옹립사건): 1886년(1차) 1894년 7월 23일(2차)
2급(名) 2635	山 07 총10획	峻	높을 lofty	준	峻 jùn	峻拒(준거): 엄정한 태도로 거절함 峻急(준급) 峻嶺(준령) 峻峯(준봉) 峻隘(준애): 험하고 좁다. 峻截(준절) 峻峙(준치): 높이 솟아 우뚝하다. 峻嚴(준엄): ① 타협함이 없이 매우 엄격하다. ② 형편이 매우 어렵고 엄하다.
2급(名) 2636	日 07 총11획	晙	밝을 bright	준	晙 jùn	權晙(권준): 1895년~1959년 호 백인(百忍) 의열단에 참여하고 중국군 장교로 항일전쟁에 참전 동양척식회사 투탄(投彈)의거 독립 운동가이다.
1급 2637	立 07 총12획	竣	마칠 finish	준	竣 jùn	竣工(준공): ① 공사를 다 마침 ② 공역(公役)을 마침. 준역(竣役) 竣工式(준공식): 준공을 축하하는 의식 竣事(준사): 사업을 끝마침 告竣(고준): ① 준공(竣工)되었음을 알림 ② 준공(竣工) 未竣(미준)
2급(名) 2638	馬 07 총17획	駿	준마 fine horse	준	骏 jùn	駿骨(준골) 駿馬(준마): 썩 잘 달리는 말 千金駿馬(천금준마) 八駿馬(팔준마): 주(周)나라 목왕(穆王)이 사랑하던 여덟 마리의 준마 採紅駿使(채홍준사): 아름다운 처녀와 좋은 말을 구하려고 보내던 벼슬아치
2급 2639	冫 08 총10획	准	비준 ratify; ratification.	준	准 zhǔn	准可(준가): 요구하거나 부탁한 것을 들어줌 准尉(준위) 准將(준장) 批准(비준): 체결된 조약에 국회의 동의를 얻는 절차 認准(인준): 행정 행위에 대한 입법부의 승인 傳准(전준): 조선시대 재산소유권에 대한 공증
高 4급Ⅱ 2640	氵水10 총13획	準	준할 level; standard	준	准 zhǔn	準據(준거) 準法(준법) 準備(준비) 準用(준용) 準紙(준지) 準請(준청) 準則(준칙) 準行(준행) 基準(기준) 標準(표준) 準決勝(준결승) 準優勝(준우승) 水準器(수준기): 수평기(水平器)

급수	부수	한자	훈	음	中/pinyin	용례
高3급 2641	辶辵12 총16획	遵	좇을 obey	준	遵 zūn	遵據(준거): 전례(前例)나 명령 따위에 의거(依據)해 따름 遵法(준법) 遵守(준수) 遵養(준양): 도(道)를 좇아서 덕을 기름 遵行(준행): 관례나 명령을 좇아서 행함 遵法精神(준법정신)
1급 2642	木 12 총16획	樽	술통 wine barrel	준	樽 zūn	樽床(준상): 제사를 지낼 때에 준뢰(樽罍)를 올려놓는 상 樽所(준소): 제사 때, 준상(樽床)을 차려 놓는 곳 金樽(금준) 樽前山 [지명] 다루마에 산. 홋카이도 시코츠호수(支笏湖) 옆의 활화산
2급(名) 2643	氵水14 총17획	濬	깊을 deep	준ː	浚 jùn	濬潭(준담) 濬源(준원): 깊은 근원 濬源殿(준원전): 태조 이성계 濬池(준지): 깊은 못. '바다' 濬川(준천): 개천을 파서 쳐냄 濬哲之寶(준철지보): 조선 閣臣에게 내리는 교지에 찍던 어보(御寶)
1급 2644	虫 15 총21획	蠢	꾸물거릴 wriggle	준ː	蠢 chǔn	蠢動(준동): 벌레 따위가 꿈적거린다. 보잘것없는 무리가 소란을 피움 蠢然(준연): 꿈질거리는 모양이 굼뜨다. 蠢愚(준우): 굼뜨고 어리석다. 蠢爾蠻荊(준이만형): 어리석은 형만의 오랑캐 詩經-小雅
中8급 2645	丨 03 총04획	中	가운데 center; middle	중	中 zhōng zhòng	中間(중간) 中堅(중견) 中國(중국) 中斷(중단) 中途(중도) 中毒(중독) 中世(중세) 中心(중심) 中央(중앙) 中庸(중용) 中原(중원) 中正(중정) 中學(중학) 中和(중화) 中華(중화)
高3급Ⅱ 2646	亻人04 총06획	仲	버금 second; mediation	중(ː)	仲 zhòng	仲介(중개) 仲媒(중매) 仲保者(중보자): 예수 그리스도 Mediator 仲裁(중재): 제3자가 분쟁 당사자 사이에 끼어들어 조정하고 해결하다. 仲兄(중형): 자기의 둘째 형 仲秋節(중추절) 伯仲之勢(백중지세)
中7급 2647	里 02 총09획	重	무거울/heavy/ 거듭 repeat	중ː	重 zhòng chóng	重大(중대) 重量(중량) 重傷(중상) 重役(중역) 重要(중요) 重鎭(중진) 重責(중책) 重態(중태) 比重(비중) 嚴重(엄중) 重複(중복) 重生(중생) 重修(중수) 重譯(중역) 重任(중임)
中4급Ⅱ 2648	血 06 총12획	衆	무리 crowd	중ː	众 zhòng	衆生(중생) 衆論(중론) 衆智(중지) 公衆(공중) 觀衆(관중) 群衆(군중) 大衆(대중) 民衆(민중) 衆口難防(중구난방) 衆寡不敵(중과부적): 적은 수로 많은 수를 맞서지 못함. 과부적중(寡不敵衆)
中3급Ⅱ 2649	卩 07 총09획	卽	곧 namely	즉	即 jí	卽刻(즉각) 卽決(즉결) 卽答(즉답) 卽發(즉발) 卽事(즉사) 卽死(즉사) 卽世(즉세) 卽時(즉시) 卽位(즉위) 卽效(즉효) 卽興的(즉흥적) 卽決審判(즉결심판) 卽席食品(즉석식품)
1급 2650	木 15 총19획	櫛	빗 comb	즐	栉 zhì	櫛沐(즐목): 머리를 빗고 목욕함 櫛比(즐비): 빽빽하게 늘어서 있다. 巾櫛(건즐) 梳櫛(소즐): 빗질 櫛文土器(즐문토기): 빗살무늬 토기 櫛風沐雨(즐풍목우): 바람에 머리를 빗고, 비에 몸을 씻는다. 갖은고생을 다함
1급 2651	氵水02 총05획	汁	즙 juice; sap; latex	즙	汁 zhī	生汁(생즙) 汁液(즙액) 汁滓(즙재) 羹汁(갱즙) 多汁(다즙) 膽汁(담즙) 米汁(미즙) 果實汁(과실즙) 沙果汁(사과즙) 果汁飮料(과즙음료) 金汁(금즙): 기침, 감기에 쓰는 분청(糞淸)
1급 2652	⺾艸09 총13획	葺	기울 repair	즙	葺 qì	葺茅(즙모): 띠로 지붕을 임 葺繕(즙선): 낡거나 헌것을 고침 葺治(즙치): 집을 고치고 지붕을 새로 이음 修葺(수즙): 집을 고치고 지붕을 새로 이는 일 葺屋(즙옥): [qìwū] 초가집. 지붕을 이다.
高3급Ⅱ 2653	疒 05 총10획	症	증세 symptoms	증(ː)	症 zhèng	症狀(증상) 症勢(증세) 症候(증후) 厭症(염증) 炎症(염증) 滯症(체증) 痛症(통증) 合倂症(합병증) 後遺症(후유증) 症候群(증후군): 몇몇의 증후가 늘 함께 인정이 되나 그 원인이 불명할 때
中3급 2654	日 08 총12획	曾	일찍 once	증	曾 zēng céng	曾經(증경): '일찍이' '이전에 겪은' 일찍이 벼슬을 지낸 것. 시간이 좀 경과된 것 曾孫(증손) 曾祖(증조) 未曾有(미증유): 한 번도 있어 본 적이 없음 曾參殺人(증삼살인): 여러 사람이 왜곡하여 전달하면 사실처럼 받아들여짐
高3급Ⅱ 2655	忄心12 총15획	憎	미울 hate	증	憎 zēng	憎愛(증애): 애증 憎惡(증오): 몹시 미워함 憎怨(증원): 미워하고 원망함 憎嫉(증질): 증오하고 질투(嫉妬)함 可憎(가증): 괘씸하고 얄밉다. 見憎(견증) 愛憎(애증) 憎惡心(증오심) 愛憎厚薄(애증후박)

급수	부수/획수	한자	훈/음	음	중국어	용례
中 4급II 2656	土 12 총15획	增	더할 increase	증	增 zēng	增加(증가) 增減(증감) 增强(증강) 增多(증다) 增大(증대) 增俸(증봉) 增産(증산) 增設(증설) 增殖(증식) 增額(증액) 增員(증원) 增援(증원) 增資(증자) 增進(증진) 增幅(증폭)
高 3급 2657	貝 12 총19획	贈	줄[送] donation; present	증	赠 zèng	贈與(증여): 자기의 재산을 무상(無償)으로 상대편에게 줌. 贈遺(증유) 贈賂(증뢰) 贈別(증별) 贈呈(증정) 寄贈(기증) 受贈(수증) 遺贈(유증) 追贈(추증) 贈與稅(증여세) 負擔附贈與(부담부증여)
高 3급II 2658	++艸10 총14획	蒸	찔 steam	증	蒸 zhēng	蒸氣(증기): 액체 증발, 고체 승화(昇華)로 생긴 기체 蒸民(증민): 백성 蒸發(증발): ① 액체 상태에서 기체 상태로 변함 ② 없어져 행방을 모름 蒸散(증산) 蒸溜水(증류수) 水蒸氣(수증기) 汗蒸幕(한증막)
中 4급 2659	言 12 총19획	證	증거 proof; evidence	증	证 zhèng	證據(증거) 證券(증권) 證明(증명) 證書(증서) 證言(증언) 證人(증인) 證左(증좌): 참고가 될 만한 증거 證參(증참) 檢證(검증) 反證(반증) 傍證(방증) 保證(보증) 住民登錄證(주민등록증)
中 3급II 2660	丿 03 총04획	之	갈 go; of	지	之 zhī	之乎者也(지호자야): 상투적으로 쓰던 어조사 人之常情(인지상정) 之南之北(지남지북): 갈팡질팡함 學而時習之不亦說乎 (학이시습지불역열호): 배우고 때때로 익히면 또한 기쁘지 아니한가?
2급(名) 2661	++艸04 총08획	芝	지초 gromwell; Reishi mushroom	지	芝 zhī	芝草(지초): ① 지치 ② 영지(靈芝) 雷芝(뇌지): 연꽃 靈芝(영지) 芝峯集(지봉집): 이수광(李睟光)이 지은 책 芝峯類說(지봉유설) 芝蘭之交(지란지교) 芝蘭之化(지란지화) 芝蘭之室(지란지실)
中 5급 2662	止 00 총04획	止	그칠 stop; end; restraint	지	止 zhǐ	止水(지수) 止揚(지양) 止血(지혈) 禁止(금지) 防止(방지) 中止(중지) 停止(정지) 靜止(정지) 制止(제지) 閉止(폐지) 止於至善(지어지선): 지극히 선한 경지에 이르러 움직이지 않는다.
2급(名) 2663	土 04 총07획	址	터 site; place; ground	지	址 zhǐ	故址(고지): 예전에 건물(建物)·성(城) 등이 있었던 터. 또는 그 자취 基址(기지) 寺址(사지) 城址(성지) 遺址(유지) 陶窯址(도요지) 住居址(주거지): 고대에 인류가 생활하던 움집터 따위의 살림 유적
1급 2664	示 04 총09획	祉	복(福) blessing	지	祉 zhǐ	福祉(복지): 행복한 삶 福祉國家(복지국가) 福祉社會(복지사회) 福祉部(복지부) 保健福祉部(보건복지부): 행정 각 부의 하나 보건 위생·방역·의정·약정·구호·자활 지도·부녀·아동 및 사회 보장에 관한 사무처리
中 4급II 2665	支 00 총04획	支	지탱할/ 가를 support branch	지	支 zhī	支給(지급) 支配(지배) 支部(지부) 支拂(지불) 支店(지점) 支援(지원) 支障(지장) 支持(지지): 붙들어서 버팀 支出(지출) 支撑(지탱) 支離滅裂(지리멸렬): 이리저리 흩어져 갈피를 잡을 수 없음
中 3급II 2666	木 04 총08획	枝	가지 branch	지	枝 zhī qí	枝幹(지간): 가지와 줄기 枝莖(지경) 枝條(지조) 枝葉的(지엽적) 南枝春信(남지춘신): 매화는 봄에 남쪽 가지에서부터 꽃을 피운다. 文人畵 五枝選多型(오지선다형): 다섯 개의 가운데 정답을 고르는 문제 형식
1급 2667	月肉04 총08획	肢	팔다리 limb 사지(四肢)	지	肢 zhī	肢幹(지간): 팔다리와 몸 肢體(지체) 四肢(사지): 두 팔과 두 다리 前肢(전지) 後肢(후지) 節肢動物(절지동물): 갑각류·곤충류 區分肢(구분지): 어떤 개념에 속해 있으면서 서로 다른 작은 개념들
中 3급 2668	口 02 총05획	只	다만 only	지	只 zhī zhǐ	只管(지관): 오직 이것뿐 只今(지금): ① 이제 ② 이 시간 ③ 곧 只孫(지손): 몽골의 연회복 但只(단지): 다만(다른 것이 아니라 오로지) 只此(지차): 지차불선 只此不宣(지차불선): 나머지가 없음
1급 2669	木 05 총09획	枳	탱자[枳椇子] trifoliate orange	지 기	枳 zhǐ	枳殼(지각) 枳棘(지극) 枳實(지실) 枳塞(지색): 벼슬길이 막힘 枳城(지성): 탱자 울타리 枳椇子(지구자): 헛개나무(호깨나무) 열매 橘化爲枳(귤화위지): 사람도 환경에 따라 기질이 변한다는 말
1급 2670	口 06 총09획	咫	여덟 치 eight ch'i (3.03cm)×8 = 24.24cm	지	咫 zhǐ	咫尺(지척): 아주 가까운 거리 咫尺不辨(지척불변): 분별할 수 없음 咫尺之間(지척지간) 咫尺之地(지척지지) 天威咫尺(천위지척) 名數咫聞(명수지문): 조선 헌종(憲宗) 6년(1840) 민노행(閔魯行) 엮음

급수	부수	한자	훈	음	中	예시
中 4급II 2671	至 00 총06획	至	이를 reach	지	至 zhì	至極(지극) 至急(지급) 至善(지선) 至賤(지천): 매우 천함 冬至(동지) 至高至純(지고지순) 至公無私(지공무사) 夏至(하지) 至誠感天(지성감천) 水至淸則無魚(수지청즉무어)
高 3급II 2672	氵水03 총06획	池	못 pool; pond	지	池 chí	池塘(지당) 蓮池(연지) 天池(천지) 咸池(함지) 貯水池(저수지) 池魚之殃(지어지앙): 앙급지어(殃及池魚): 재앙이 못의 물고기에 미친다. 金城湯池(금성탕지): 방비가 견고한 성. 금성철벽(金城鐵壁)
中 7급 2673	土 03 총06획	地	따/ 땅 land; earth	지	地 dè	地殼(지각) 地球(지구) 地帶(지대) 地圖(지도) 地盤(지반) 地方(지방) 地上(지상) 地域(지역) 地獄(지옥) 地位(지위) 地籍(지적) 地中(지중) 地震(지진) 地表(지표) 地下(지하)
2급 2674	日 02 총06획	旨	뜻 intention; meaning	지	旨 zhǐ	教旨(교지): 임금이 문무관 4품 이상의 관리(官吏)에게 주던 사령(辭令) 聖旨(성지) 承旨(승지) 都承旨(도승지) 論旨(논지) 要旨(요지) 趣旨(취지): 어떤 일의 근본이 되는 목적이나 긴요한 뜻. 취의(趣意)
中 4급II 2675	扌手06 총09획	指	가리킬/ 손가락 point at finger	지	指 zhǐ	指令(지령) 指目(지목) 指紋(지문) 指示(지시) 指摘(지적) 指定(지정) 指針(지침) 指稱(지칭) 指彈(지탄) 指向(지향) 指揮者(지휘자) 指鹿爲馬(지록위마) 指呼之間(지호지간)
2급 2676	月肉06 총10획	脂	기름/ 비계 fat; lard	지	脂 zhī	脂膏(지고) 脂肪(지방): 지방산과 글리세롤이 결합한 유기 화합물 脂肉(지육) 脂澤(지택) 樹脂(수지) 油脂(유지) 脫脂(탈지) 脂肪肝(지방간) 高脂血症(고지혈증) 全脂粉乳(전지분유)
中 4급II 2677	心 03 총07획	志	뜻 intend; ambition	지	志 zhì	志望(지망) 志士(지사) 志操(지조) 志學(지학) 志向(지향) 意志(의지) 寸志(촌지) 志願書(지원서) 三國志(삼국지): 중국 진(晉)나라 진수(陳壽 233~297)가 지은 위(魏)·오(吳)·촉(蜀) 삼국의 역사책
高 4급 2678	言 07 총14획	誌	기록할 record; magazine	지	誌 zhì	墓誌(묘지) 書誌(서지) 日誌(일지): 그날그날의 일을 적은 기록 雜誌(잡지): 일정한 이름을 가지고 호를 거듭하며 정기적으로 간행하는 출판물. 碑誌(비지) 週刊誌(주간지) 月刊誌(월간지) 學術誌(학술지)
中 5급II 2679	矢 03 총08획	知	알 know	지	知 zhī	知覺(지각) 知能(지능) 知性(지성) 知識(지식) 知音(지음) 知的(지적) 知天命(지천명): ① 하늘의 뜻을 앎 ② 50살을 이르는 말 道知事(도지사): 道伯 知己之友(지기지우): 마음이 잘 통하는 친구
高 4급 2680	日 08 총12획	智	슬기/ 지혜 intelligence; wisdom	지	智 zhì	智育(지육) 智慧(지혜) 奇智(기지): 기발하고 특출한 지혜 機智(기지): 재치 있게 대처하는 슬기. 위트(wit) 智異山(지리산) 智仁勇(지인용) 智者樂水(지자요수): 슬기로운 사람은 흐르는 물을 즐김
中 7급 2681	糸 04 총10획	紙	종이 paper	지	纸 zhǐ	紙匣(지갑) 紙面(지면) 紙墨(지묵) 紙榜(지방) 紙幣(지폐) 更紙(갱지) 壁紙(벽지) 色紙(색지) 便紙(편지) 韓紙(한지) 壯版紙(장판지) 紙物鋪(지물포) 紙筆墨(지필묵): 종이와 붓과 먹
中 4급 2682	扌手06 총09획	持	가질 hold; keep	지	持 chí	持見(지견) 持戟(지극) 持論(지론) 持病(지병) 持分(지분) 持續(지속) 持出(지출) 持參(지참) 堅持(견지) 矜持(긍지) 所持(소지) 維持(유지) 持久力(지구력) 持株會社(지주회사)
1급 2683	手 11 총15획	摯	잡을 seize	지	挚 zhì	摯禽(지금): 새매, 송골매, 해청(海靑) 懇摯(간지): 지성스럽고 참되다. 勤摯(근지): 마음을 씀이 도탑고 지극함 眞摯(진지): 태도 따위가 참되고 착실하다. •진지한 이야기 •진지한 태도
高 3급 2684	辶辵12 총16획	遲	더딜/ 늦을 late	지	遲/迟 chí	遲刻(지각) 遲留(지류): 오래 머무름 遲脈(지맥): 느리게 뛰는 맥박 遲發(지발): ① 늦게 출발함 ② 늦게 터짐 ③ 늦게 발생함 遲延(지연) 遲參(지참) 遲滯(지체) 遲進兒(지진아) 遲遲不進(지지부진)
中 7급II 2685	目 03 총08획	直	곧을 straight	직	直 zhí	直感(직감) 直結(직결) 直徑(직경) 直觀(직관) 直拂(직불) 直線(직선) 直選(직선) 直腸(직장) 直接(직접) 直轄(직할) 直航路(직항로) 直言賈禍(직언고화): 바른 말을 하여 화를 부르다

급수	부수	한자	훈	음	중국어	용례
2급(名) 2686	禾 08 총13획	稙	올벼 early-ripening rice	직	稙 zhí	稙禾(직화): 일찍 심는 벼 李元稙(이원직): 1871년~1945년 독립운동가, 국가유공자
2급(名) 2687	禾 10 총15획	稷	피[穀名] millet	직	稷 jì	稷山(직산): 충청남도 천안시 稷神(직신): 곡식을 맡은 신령 社稷壇(사직단): 임금이 토신(土神)과 곡신(穀神)에게 제사 지내던 제단 社稷洞(사직동): 서울시 종로구 '사직단'에서 비롯된 이름
高 4급II 2688	耳 12 총18획	職	직분/ 벼슬 job; post	직	职 zhí	職權(직권) 職級(직급) 職務(직무) 職分(직분) 職業(직업) 職員(직원) 職位(직위) 職場(직장) 職種(직종) 職責(직책) 求職(구직) 就職(취직) 退職(퇴직) 現職(현직) 公職者(공직자)
高 4급 2689	糸 12 총18획	織	짤 weave	직	织 zhī	織匠(직장) 織物(직물) 織造(직조) 紡織(방직) 染織(염직) 組織(조직) 編織(편직) 織女星(직녀성) 絹織物(견직물) 綿織物(면직물) 毛織物(모직물) 牽牛織女(견우직녀)
中 3급II 2690	辰 00 총07획	辰	별/ 다섯째지지 때 time	진 신	辰 chén	辰刻(진각): 시간 또는 시각 壬辰倭亂(임진왜란): 선조 25년(1592) 辰宿列張(진수열장): 별과 별자리들은 열을 지어 펼쳐져있다 千字文 辰星(신성) 元辰(원신): ① 元旦 ② 좋은 때 日月星辰(일월성신)
高 3급II 2691	扌手07 총10획	振	떨칠 shake off	진:	振 zhèn	振動(진동): 흔들려 움직임 振子(진자) 振幅(진폭) 振武(진무): 무력(武力)을 떨쳐 드러냄 振天(진천) 振興(진흥) 不振(부진) 士氣振作(사기진작): 의욕이나 자신감 따위가 충만하여 떨쳐 일어남
高 3급II 2692	雨 07 총15획	震	우레/ 벼락 thunder	진:	震 zhèn	震卦(진괘) 震怒(진노) 震度(진도) 震動(진동) 震災(진재) 震幅(진폭) 强震(강진) 餘震(여진) 地震(지진) 地震帶(지진대) 震天動地(진천동지): ① 소리가 천지를 뒤흔듦 ② 위력이 천하에 떨침
2급 2693	氵水06 총09획	津	나루 ferry 진액 resin	진(:)	津 jīn	津渡(진도) 津頭(진두) 津夫(진부) 津梁(진량) 津岸(진안) 唐津(당진) 鷺梁津(노량진) 蟾津江(섬진강) 正東津(정동진)/ 津氣(진:기) 津液(진액) 松津(송진) 興味津津(흥미진진)
高 4급 2694	王玉 05 총09획	珍	보배 treasure	진	珍 zhēn	珍嘉(진가) 珍景(진경) 珍貴(진귀) 珍技(진기) 珍奇(진기) 珍味(진미) 珍寶(진보) 珍珠(진주) 珍重(진중): 매우 소중히 여기다. 珍島郡(진도군) 珍羞盛饌(진수성찬) 珍品名品(진품명품)
1급 2695	疒 05 총10획	疹	마마 smallpox; measles	진	疹 zhěn	疹恙(진양): '홍역(紅疫)'을 한방에서 이르는 말 痲疹(마진): ☞ 홍역(紅疫) 發疹(발진): 열로 피부나 점막에 좁쌀만 한 종기가 생김. 또는 그 종기 濕疹(습진): 개선충으로 인하여 살갗에 생기는 염증 水疱疹(수포진)
2급 2696	言 05 총12획	診	진찰할 medical examination	진	诊 zhěn	診斷(진단) 診療(진료) 診脈(진맥) 診察(진찰) 診候(진후) 檢診(검진) 問診(문진) 按診(안진) 往診(왕진) 特診(특진) 回診(회진) 休診(휴진) 診斷書(진단서) 診察室(진찰실)
2급(名) 2697	禾 05 총10획	秦	성(姓)/ 나라이름	진	秦 qín	秦(진): BC 221~BC 207 시황제가 주나라 및 육국을 멸망시키고 중국 최초의 통일 국가. 한고조에게 멸망 蘇秦(소진): 합종(合從)을 성공 秦鏡高懸(진경고현): 사리에 밝거나 판결이 공정함 ≒ 명경고현(明鏡高懸)
2급(名) 2698	日 06 총10획	晋	진나라 晉의 속자	진	晋 jìn	특급II 晉(진): BC1042~BC369 춘추시대 화북(華北)의 제후국 西晉(서진) 265~316) 東晉(동진) 317~419) 後晉(후진) 936~947) 晋陽郡(진양군): 1995년 진주시로 통폐합 晋州市(진주시): 경상남도
高 4급 2699	阝阜07 총10획	陣	진칠 camp	진	阵 zhèn	陣營(진영) 陣痛(진통): 산통(產痛) 敵陣(적진) 退陣(퇴진) 後陣(후진): 맨 뒤에 친 진 背水陣(배수진) 長蛇陣(장사진) 背水之陣(배수지진) 陣頭指揮(진두지휘) 陣地構築(진지구축)
高 3급II 2700	阝阜08 총11획	陳	베풀 arrange 묵을 stay	진: 진	陈 chén	陳設(진:설) 陳述書(진:술서) 陳列欌(진:열장) 陳情書(진:정서) 陳腐(진부) 陳氏(진씨) 陳(진): BC1046년~BC478년 陳勝吳廣(진승오광): 어떤 일에 선수를 쳐서 앞지르는 일. 진(秦)나라 BC 209년

#	부수	한자	훈	음	중국어	용례
中 4급II 2701	目 05 총10획	眞	참 truth; reality	진	真 zhēn	眞假(진가) 眞價(진가) 眞骨(진골) 眞理(진리) 眞否(진부) 眞相(진상) 眞率(진솔) 眞實(진실) 眞如(진여) 眞僞(진위) 眞正(진정) 眞情(진정) 眞面目(진면목) 眞善美(진선미)
1급 2702	口 10 총13획	嗔	성낼 anger	진	嗔 chēn	嗔喝(진갈): 꾸지람을 함 嗔言(진언): 성내어 꾸짖는 말 嗔責(진책) 元嗔煞(원진살) 弄過成嗔(농과성진): 장난도 지나치면 노염을 사게 됨 回嗔作笑(회진작소): 성을 내었다가 슬쩍 돌리어 짐짓 웃음을 지음
高 3급II 2703	金 10 총18획	鎭	진압할 suppress	진(:)	鎭/镇 zhèn	鎭痙(진경) 鎭守(진수) 鎭戍(진수) 鎭壓(진압) 鎭定(진정) 鎭重(진중) 鎭火(진화) 鎭營將(진영장) 鎭靜劑(진정제) 鎭痛劑(진통제) 鎭海區(진해구): 경남 창원시 鎭魂祭(진혼제)
中 4급II 2704	辶辵08 총12획	進	나아갈 advance	진:	进 jìn	進擊(진격) 進級(진급) 進度(진도) 進路(진로) 進步(진보) 進士(진사) 進展(진전) 進陟(진척) 進出(진출) 進學(진학) 進取的(진취적) 進退兩難(진퇴양난) 進退維谷(진퇴유곡)
2급 2705	土 11 총14획	塵	티끌 dust	진	尘 chén	塵境(진경) 塵垢(진구): 먼지와 때 塵世(진세) 塵埃(진애): 티끌과 먼지 塵土(진토) 落塵(낙진) 粉塵(분진) 集塵(집진) 風塵(풍진) 塵肺症(진폐증) 輕塵棲弱草(경진서약초): 덧없음
中 4급 2706	皿 09 총14획	盡	다할 exhaust	진:	尽/尽 jìn jǐn	盡力(진력) 盡心(진심) 極盡(극진) 未盡(미진) 消盡(소진) 盡忠報國(진충보국) 氣盡脈盡(기진맥진) 盡善盡美(진선진미) 盡人事待天命(진인사대천명): 사람이 할 수 있는 일 다 하고서 하늘의 뜻 기다림
1급 2707	口 02 총05획	叱	꾸짖을 scold	질	叱 chì	叱罵(질매): 몹시 꾸짖어 나무람 叱辱(질욕): 꾸짖으며 욕함 叱責(질책): 꾸짖어 나무람 大聲叱呼(대성질호): 큰 목소리로 꾸짖음 叱咤(질타): 큰 소리로 꾸짖음 특례 咤(꾸짖을 타)
1급 2708	巾 05 총08획	帙	책권차례/ 책갑 book cover	질	帙 zhì	帙(질): ① 책의 권수의 차례 ② 아래위가 터진 책갑 ③ 책의 한 벌을 세는 단위 帙冊(질책): 여러 권으로 한 벌이 된 책 竹帙(죽질): 대쪽으로 엮은 질 完帙本(완질본): 권책(卷冊) 수가 완전하게 갖추어진 책. 완질(完帙)
1급 2709	辶辵05 총09획	迭	갈마들 take turns	질	迭 dié	迭代(질대): 체대(遞代) 迭犯(질범): 서로 갈마들며 자꾸 침범함 迭罰(질벌): 경질하여 벌줌 迭憊(질비): 서로 갈마들며 고달프게 함 迭請(질청) 更迭(경질): 어떤 직위의 사람을 다른 사람으로 바꿈
高 3급II 2710	禾 05 총10획	秩	차례 order	질	秩 zhì	秩序(질서): 사물의 조리 또는 그 순서 無秩序(무질서) 秩序整然(질서정연): 차례나 순서 따위가 잘 잡혀 바르고 가지런하다. 秩高(질고) 秩卑(질비) 秩宗(질종): 예관(禮官) 俸秩(봉질): 녹봉
1급 2711	足 05 총12획	跌	거꾸러질 fall down	질	跌 diē	跌宕/佚蕩(질탕): 신이 나서 정도가 지나치도록 흥겨움 또는 그렇게 노는 짓 蹉跌(차질): ① 발을 헛디디어 넘어짐 ② 일이 계획에서 어그러짐 折跌傷(절질상): 다리가 부러지거나 접질러서 다침 또는 그 상처
高 3급 2712	女 06 총09획	姪	조카 nephew; niece	질	侄 zhí	姪女(질녀): 조카딸 姪婦(질부): 조카며느리 姪壻(질서): 조카사위 堂姪(당질): 오촌 조카 甥姪(생질): 누이의 아들 叔姪(숙질): 아저씨와 조카 從姪(종질): 사촌 형제의 아들로 오촌 관계
1급 2713	木 06 총10획	桎	차꼬 fetter	질	桎 zhì	桎梏(질곡): ① 옛 형구인 차꼬와 수갑을 아울러 이르는 말 ② 몹시 속박하여 자유를 가질 수 없는 고통의 상태를 비유적으로 이르는 말 桎檻(질함): 발에 칼을 씌워 감옥(監獄)에 넣음
2급 2714	穴 06 총11획	窒	막힐 blocked	질	窒 zhì	窒素(질소): 공기의 약 5분의 4를 차지하는 기체 원소 nitrogen 窒酸(질산) 窒塞(질색): 몹시 싫거나 놀라서 기막힐 지경에 이름 窒息(질식): 숨이 막힘 窒酸鹽(질산염) 酸化窒素(산화질소)
1급 2715	月肉11 총15획	膣	음도 vagina	질	膣 zhì	膣頸(질경) 膣鏡(질경): ☞ 자궁경(子宮鏡) 膣口(질구) 膣炎(질염): 질에 생기는 염증 膣脫(질탈) 膣痙攣(질경련) 膣桿(杆)菌(질간균): 생물 질 속에 늘 존재하는 막대기 모양의 세균. 질 속의 자정(自淨) 작용을 한다.

#	급수	부수/획수	한자	훈/뜻	음	简体/병음	예시
2716	高 3급II	疒 05 총10획	疾	병 disease	질	疾 jí	疾病(질병) 疾視(질시): 밉게 봄 疾走(질주) 疾患(질환) 痼疾(고질): 오래되어 고치기 어려운 병 癎疾(간질) 疳疾(감질) 怪疾(괴질) 痢疾(이질) 痼疾的(고질적) 疾風怒濤(질풍노도)
2717	1급	女 10 총13획	嫉	미워할/ 시기할 envy	질	嫉 jí	嫉視(질시): 시기해 봄 反目嫉視(반목질시) 嫉惡(질오) 嫉逐(질축) 嫉妬(질투): ① 강샘 ② 시기하고 깎아내리려고 함 嫉惡如仇(질악여구) 疾惡如仇[jíèrúchóu]: 나쁜 일이나 나쁜 사람을 원수처럼 증오하다.
2718	中 5급II	貝 08 총15획	質	바탕 quality	질	质 zhì	質權(질권) 質量(질량) 質問(질문) 質樸(朴)(질박) 質疑(질의) 質議(질의) 硬質(경질) 物質(물질) 素質(소질) 軟質(연질) 人質(인질) 品質(품질) 有機質(유기질) 無機質(무기질)
2719	1급	月 06 총10획	朕	나 I; Me; We; symptoms	짐	朕 zhèn	朕(짐): [대명사] 임금이 자기를 가리키는 일인칭 兆朕(조짐): 어떤 일이 생길 기미(幾微)가 보이는 현상
2720	1급	斗 09 총13획	斟	짐작할 guess	짐	斟 zhēn	斟酌(짐작): 어림쳐서 헤아림. 斟量(침량): 사정이나 형편 따위를 어림잡아 헤아림 斟酒(짐주): 술을 잔에 따름
2721	中 3급II	土 08 총11획	執	잡을 grasp	집	执 zhí	執權(집권) 執念(집념) 執務(집무) 執事(집사) 執拗(집요) 執中(집중): 마땅하고 떳떳한 도리를 취함 執着(집착) 執捉(집착) 執行(집행) 子莫執中(자막집중): 융통성이 없음을 가리키는 말
2722	中 6급II	隹 04 총12획	集	모을/ 모일 gather; collection	집	集 jí	集結(집결) 集團(집단) 集散(집산) 集約(집약) 集中(집중) 集積(집적) 集合(집합) 集會(집회) 募集(모집) 收集(수집) 蒐集(수집) 集大成(집대성) 集荷場(집하장) 集賢殿(집현전)
2723	2급	車 09 총16획	輯	모을 edit; compilation	집	辑 jí	輯錄(집록) 輯要(집요) 輯載(집재) 特輯(특집) 編輯(편집) 輯睦(집목): 화목(和睦) 綱目輯要(강목집요) 謨訓輯要(모훈집요) 聖學輯要(성학집요): 임금을 위해 이이가 사서육경의 요점만 뽑아 정리한 책
2724	1급	氵水 12 총15획	澄	맑을 clear	징	澄 chéng dèng	澄水(징수): 맑고 깨끗한 물 明澄(명징): 깨끗하고 맑다 清澄(청징): 맑고 깨끗함 澄泥硯(징니연): 수비(水飛)하여 곱게 된 흙으로 구워서 만든 벼루 澄空(징공)[chéngkōng]: 맑은 하늘
2725	高 3급II	彳 12 총15획	徵	부를 levy; summon	징	徵/征 zhēng zhǐ	徵發(징발) 徵兵(징병) 徵聘(징빙): 예를 갖춰 초대함. 초빙(招聘) 徵憑(징빙): ① 징증(徵證): 증명하는 재료 ② 간접적 사실 徵收(징수) 徵用(징용) 徵集(징집) 徵候(징후): 어떤 일이 일어날 낌새
2726	高 3급	心 15 총19획	懲	징계할 punish	징	惩 chéng	懲戒(징계): ① 잘못을 뉘우치도록 나무라며 경계함 ② 부정이나 부당한 행위에 대하여 제재를 가함 懲罰(징벌) 懲惡(징악) 懲役(징역) 膺懲(응징) 懲一勵百(징일여백): 한 사람을 징계하여 여러 사람을 격려함
2727	1급	又 01 총03획	叉	갈래/ 깍지 낄 branch	차	叉 chā	叉路(차로): 두 갈래로 갈라진 길 叉線(차선): '+'자로 그은 선 叉狀(차상) 叉手(차수) 叉乘(차승): 산가지를 써서 하던 곱셈 방법 交叉(교차) 交叉路(교차로) 夜叉(야차): 모질고 사나운 귀신의 하나
2728	中 3급	一 04 총05획	且	또 and	차	且 qiě jū	且置(차치) 且置勿論(차치물론): 내버려 두고 문제 삼지 아니함 苟且(구차) 況且(황차): 하물며 重且大(중차대): 중요하고도 크다. 且驚且喜(차경차희) 且問且答(차문차답) 且信且疑(차신차의)
2729	中 3급II	止 02 총06획	此	이 this	차	此 cǐ	此世(차세) 此歲(차세) 此亦(차역) 此月(차월) 此際(차제) 此回(차회) 此後(차후) 如此(여차) 此日彼日(차일피일) 此一時彼一時(차일시피일시): 그때는 그때이고 지금은 지금
2730	中 4급II	欠 02 총06획	次	버금 second; next	차	次 cì	次官(차관) 次期(차기) 次男(차남) 次女(차녀) 次例(차례) 次上(차상) 次下(차하) 次序(차서) 次席(차석) 次善(차선) 次元(차원) 次長(차장) 次便(차편) 次兄(차형) 次世代(차세대)

급수	부수/획수	한자	훈음	음	중국어	용례
中 3급II 2731	亻人08 총10획	借	빌/빌릴 borrow	차ː	借 jiè	借款(차관): 정부나 기업·은행 등이 외국 정부나 국제기구에서 자금을 빌려 옴 借名(차명) 借邊(차변) 借用(차용) 借入(차입) 貸借(대차) 借廳入室(차청입실): 대청마루를 빌려 쓰다가 안방까지 들어간다.
高 4급 2732	工 07 총10획	差	다를/ 어긋날 difference	차	差 chà chā cī	差遣(차견): 사람을 보냄 差使(차사): 중요임무를 위해 파견하던 임시 벼슬 差別(차별) 差異(차이) 差益(차익) 格差(격차) 隔差(격차) 咸興差使(함흥차사): 심부름을 가서 깜깜무소식이거나 회답이 더딜 때의 비유
1급 2733	口 10 총13획	嗟	탄식할 sigh	차ː	嗟 jiē	嗟歎(차탄): 탄식하고 한탄함 傷嗟(상차): 슬퍼하고 탄식함 嗟稱(차칭): 마음에 깊이 감동하여 칭찬함 嗟乎(차호): '아 슬프다' 嗟來之食(차래지식): "자, 와서 먹어라." 사람을 업신여겨 푸대접하는 음식
1급 2734	足 10 총17획	蹉	미끄러질 slide; fall down	차	蹉 cuō	蹉過(차과): 과오(過誤). 실책(失策) 실패(失敗) 蹉跌(차질): ① 미끄러져서 넘어짐 ② 일이 실패(失敗)로 돌아감
2급 2735	辶辵11 총15획	遮	가릴 obstruct; isolation	차(ː)	遮 zhē	遮陽(차양): 햇볕을 가리도록 내민 부분. 처마 끝에 덧붙이는 작은 지붕 遮斷(차단) 遮日(차일) 遮止(차지) 遮蔽(차폐) 防遮(방차) 前遮後擁(전차후옹): 많은 사람이 앞뒤로 보호(保護)하여 따름
高 3급 2736	扌手07 총10획	捉	잡을 seize; capture	착	捉 zhuō	捉去(착거): 사람을 붙잡아 감 捉來(착래): 사람을 붙잡아 옴 捉送(착송): 잡아서 보냄 捉囚(착수): 죄인을 잡아 가둠. 捕捉(포착) 捉頭僅捉尾(착두근착미): 대가리를 잡다가 겨우 꽁지를 잡았다.
1급 2737	穴 05 총10획	窄	좁을 narrow	착	窄 zhǎi	窄迫(착박): 답답하게 매우 좁다. 窄小(착소) 窄袖(착수): 좁은 소매 窄暗(착암): 좁고 어두움 偏窄(편착) 狹窄(협착) 腸狹窄(장협착) 量窄(양착): ① 음식이나 술을 먹는 양이 적음 ② 도량이 좁음
1급 2738	扌手10 총13획	搾	짤 wring	착	榨 zhà	搾粕(착박): 기름을 짜고 남은 찌꺼기 搾乳(착유): 소나 염소의 젖을 짬 搾油(착유): 기름을 짬 搾汁(착즙): 물기가 있는 물체에서 즙을 짬 搾取(착취): 누르거나 비틀어서 즙을 짜냄 壓搾(압착): 눌러 짜냄
中 5급II 2739	目 07 총12획	着	붙을 attach; arrive	착	着 zhuó zháo ·zhe	着工(착공) 着手(착수) 着陸(착륙) 着服(착복) 着席(착석) 着信(착신) 着實(착실) 着眼(착안) 着用(착용) 着衣(착의) 着地(착지) 撞着(당착) 到着(도착) 附着(부착) 定着(정착)
高 3급II 2740	金 08 총16획	錯	어긋날/ 섞일 error	착	错 cuò	錯覺(착각) 錯亂(착란) 錯視(착시) 錯誤(착오) 錯雜(착잡) 交錯(교착) 性倒錯症(성도착증) 盤根錯節(반근착절): 서린 뿌리와 얼크러진 마디 처리하기가 매우 어려운 사건을 이르는 말
1급 2741	金 20 총28획	鑿	뚫을 bore	착	凿 záo	鑿空(孔)(착공) 鑿穴(착혈) 掘鑿(굴착) 掘鑿機(굴착기) 鑿飮耕食(착음경식): 우물을 파서 마시며 밭을 갈아먹는다. 천하가 태평하고 생활이 안락함. 요나라 노인이 부른 배와 땅을 두들기며 읊은 노래에서 유래한다.
1급 2742	扌手12 총15획	撰	지을 compose	찬ː	撰 zhuàn	撰文(찬문) 撰修(찬수): 책·문서 따위를 저술하거나 편집함 撰述(찬술): 책이나 글을 지음. 저술 撰定(찬정) 撰進(찬진) 撰集(찬집) 命撰(명찬): 임금이 책을 펴내도록 명함 新撰(신찬)
1급 2743	食 12 총21획	饌	반찬 side dish	찬ː	馔 zhuàn	饌需(찬수): 반찬거리 飯饌(반찬): 밥에 갖추어 먹는 온갖 음식 歲饌(세찬): ① 설에 세배하러 온 사람에게 대접하는 음식 ② 세의(歲儀) 神饌(신찬) 珍羞盛饌(진수성찬): 푸짐하게 잘 차린 맛있는 음식
1급 2744	竹 10 총16획	簒	빼앗을 deprive	찬ː	篡 cuàn	簒立(찬립): 왕위를 빼앗고 스스로 그 자리에 섬 簒弑(찬시): 임금을 죽이고 그 자리를 빼앗음 簒位(찬위): 임금의 자리를 빼앗음 簒奪(찬탈): 왕위, 국가 주권 따위를 억지로 빼앗음 특급II 篡(빼앗을 **찬**)
1급 2745	糸 14 총20획	纂	모을 collect	찬ː	纂 zuǎn	纂集(찬집): 많은 글을 모아 책을 엮음. 또는 그 책 纂輯(찬집): 자료를 모아서 분류하고 책으로 엮음. 또는 그 책 國史編纂委員會(국사편찬위원회): 교육부 산하에 설치한 기관

급수	부수	한자	훈	음	간체	용례
2급 2746	食 07 총16획	餐	밥/먹을 meal; food	찬	餐 cān	晚餐(만찬): 손님을 초대하여 함께 먹는 저녁 식사. 夕餐(석찬) 素餐(소찬): 하는 일 없이 녹(祿)을 타 먹음 午餐(오찬) 朝餐(조찬) 風餐露宿(풍찬노숙): 바람과 이슬을 맞으며 한데에서 먹고 잔다. 객지에서의 고생
2급(名) 2747	王玉 13 총17획	璨	옥빛 jade-green	찬:	璨 càn	璨幽(찬유): 869년(경문왕 9)~958년(광종 9) 고려전기 제4대 광종의 왕사, 국사로 책봉된 승려 자 도광(道光), 시호 원종대사(元宗大師) 여주 고달사지 원종대사탑
2급(名) 2748	火 13 총17획	燦	빛날 bright; brilliant	찬:	灿 càn	燦爛(찬란): 광채가 번쩍번쩍하고 환하다. 燦閃(찬섬): 번쩍번쩍 빛남 燦然(찬연): 빛 따위가 눈부시게 밝다. 燦燦(찬찬): 눈부시게 빛나고 아름답다. 燦燦衣服(찬찬의복): 아름답고 번쩍번쩍하는 비단옷
高 3급II 2749	貝 12 총19획	贊	도울 approve	찬:	赞/贊 zàn	贊決(찬결) 贊同(찬동) 贊反(찬반) 贊否(찬부) 贊成(찬성) 贊頌(찬송): 찬성하여 칭송함 贊助(찬조): 어떤 일에 찬성하여 도움 論贊(논찬): 업적을 논하여 칭송함 協贊(협찬) 贊成票(찬성표)
2급(名) 2750	王玉 19 총23획	瓚	옥잔 jade wine cup ritual	찬	瓒 zàn	瓚爵(찬작): 종묘(宗廟)의 제사 때 쓰는 제기(祭器)인, 찬(瓚)과 작(爵) 瓚爵官(찬작관): 찬과 작에 술을 부어 신위 앞에 드리는 일을 맡아 하는 제관(祭官) 崔瓚植(최찬식): 1881(고종18)~1951. 소설가
高 4급 2751	言 19 총26획	讚	기릴 praise; commend	찬:	讃/赞 zàn	讚歌(찬가) 讚美(찬미) 讚佛(찬불) 讚辭(찬사) 讚賞(찬상) 讚揚(찬양): 아름답고 훌륭함을 기리고 드러냄 讚歎(찬탄) 過讚(과찬) 極讚(극찬) 稱讚(칭찬) 讚頌歌(찬송가) 自畫自讚(자화자찬)
2급(名) 2752	金 19 총27획	鑽	뚫을 bore	찬	钻 zuān zuàn	鑽鍊(찬련): 쇠붙이를 갈고 단련함 鑽石(찬석):☞ 금강석(金剛石) 鑽研(찬연): 깊이 연구함 연찬(研鑽) 鑽刺(찬자): 어떤 일을 주선할 때 가장 빠르고 중요한 방법을 써서 소개하는 일 鑽鐵(찬철): 금강사(金剛砂)
2급 2753	木 01 총05획	札	편지/패 note; auction	찰	札 zhá	書札(서찰) 返札(반찰) 名札(명찰) 牌札(패찰) 標札(표찰) 落札(낙찰) 入札(입찰) 流札(유찰) 應札(응찰) 現札(현찰) 正札制(정찰제) 季札繫劍(계찰계검): 계찰이 검을 걸어 신의를 지킴
2급 2754	刀 06 총08획	刹	절 Buddhist temple	찰	刹 chà shā	刹那(찰나): ① 지극히 짧은 시간↔겁(劫) ② 바로 그때. 순간 刹土(찰토) 巨刹(거찰) 古刹(고찰) 大刹(대찰) 名刹(명찰) 梵刹(범찰) 佛刹(불찰) 寺刹(사찰) 刹竿柱(찰간주)
中 4급II 2755	宀 11 총14획	察	살필 watch	찰	察 chá	察衆(찰중) 監察(감찰) 檢察(검찰) 警察(경찰) 考察(고찰) 觀察(관찰) 査察(사찰) 省察(성찰) 巡察(순찰) 視察(시찰) 按察(안찰) 偵察(정찰) 診察(진찰) 洞察(통찰) 觀察使(관찰사)
1급 2756	扌手 14 총17획	擦	문지를 rub	찰	擦 cā	擦柱(찰주): 탑 상륜(相輪)의 심주 摩擦(마찰): 서로 닿아 비벼짐 塗擦劑(도찰제): 피부에 발라 문지르는 약제 擦過傷(찰과상) 摩拳擦掌(마권찰장) 摩擦電氣(마찰전기) 按擦祈禱(안찰기도)
1급 2757	立 05 총10획	站	역(驛)/마을 post town	참(:)	站 zhàn	站(참): 중앙 관아의 공문을 지방 관아에 전달하며 외국 사신의 왕래, 벼슬아치의 여행과 부임 때 마필(馬匹)을 공급하던 곳 驛站(역참): 역말을 갈아타던 곳 兵站(병참): 군대를 지원하는 보급·정비·회수·교통·위생·건설 등의 일체의 기능
中 5급II 2758	厶 09 총11획	參	참여할/석 participation/three	참삼	参 cān cēn	參加(참가) 參考(참고) 參禮(참례) 參拜(참배) 參事(참사) 參祀(참사) 參與(참여) 參預(참예) 參照(참조) 參政權(참정권) 參事官(참사관): 외무직 1등서기관 參萬(삼만) 壹貳參(일이삼)
高 3급 2759	忄心 11 총14획	慘	참혹할 misery	참	惨 cǎn	慘憺(참담) 慘事(참사) 慘死(참사) 慘敗(참패) 慘酷(참혹) 悽慘(처참) 悲風慘雨(비풍참우): 슬프고 비참한 처지나 상황 滿目愁慘(만목수참): 눈에 띄는 것이 모두 시름겹고 참혹함
2급 2760	斤 07 총11획	斬	벨 cut off; behead	참(:)	斩 zhǎn	斬戮(참륙): 칼로 베어 죽임 斬首(참수) 斬刑(참형) 斬首刑(참수형) 斬屍(참시): 부관참시(剖棺斬屍) 處斬(처참): 목 베어 죽이는 형벌에 처함 斬草除根(참초제근): 걱정이나 재앙이 될 만한 일은 뿌리째 뽑아야 함

급수	부수/획수	한자	훈	음	중국어	용례
1급 2761	土 11 총14획	塹	구덩이 pit; trench; dugout	참	堑 qiàn jiàn	天塹(천참): 천연으로 이루어진 요새지(要塞地) 塹壕(참호): ① 성 둘레의 구덩이 ② 야전(野戰)에서 몸을 숨기어 적의 공격에 대비하는 방어 시설《구덩이를 파서 그 흙으로 앞을 막아 가림》
高 3급 2762	心 11 총15획	慙	부끄러울 shame	참	惭 cǎn	慙愧(참괴): 매우 부끄럽게 여김. 참수(慙羞) 慙悔(참회): 부끄러워서 뉘우침 慙汗(참한): 부끄러워서 흘리는 땀 破戒無慙(파계무참): 계율을 어기면서도 부끄러워함이 없음
1급 2763	亻人 12 총14획	僭	주제넘을 excessive; impudent	참	僭 jiàn	僭濫(참람): 분수에 넘쳐 너무 지나치다. 참월(僭越)하다. 僭妄(참망): 분수에 넘치고 망령되다 僭猥(참외): 참람하고 외람됨 僭稱(참칭): 멋대로 분수에 넘치게 스스로 임금이라 이름 또는 그 칭호
1급 2764	忄心 17 총20획	懺	뉘우칠 repent	참	忏 chàn	懺悔(참회): ① 자기의 잘못을 깨닫고 깊이 뉘우침 ② 신이나 하나님 앞에서 죄를 회개하고 용서를 빎 懺悔錄(참회록): 참회의 고백 기록 三種懺法(삼종참법): 작법참(作法懺), 취상참(取相懺), 무생참(無生懺)
1급 2765	言 17 총24획	讖	예언 prophecy	참	谶 chán	讖文(참문) 讖書(참서) 讖言(참언) 讖謠(참요) 符讖(부참) 讖緯說(참위설): 중국 진대(秦代)에 비롯 음양오행설에 바탕을 두고 일식·월식·지진, 인간 사회의 길흉화복을 예언하던 학설 圖讖說(도참설)
1급 2766	言 17 총24획	讒	참소할 slander	참	谗 chán	讒佞(참녕): 아첨(阿諂)하여 남을 참소(讒訴)함 특급 佞(아첨할 녕{영}) 讒訴(참소): 남을 헐뜯어 없는 죄를 있는 것처럼 꾸며서 고해바침 讒陷(참함): 헐뜯는 말로 남을 죄에 빠뜨림 *모함(謀陷)
中 3급II 2767	日 04 총08획	昌	창성할 prosperous	창(:)	昌 chāng	昌大(창대) 昌盛(창성): 일이나 기세 따위가 크게 일어나 잘되어 감 昌言(창언): 위덕(威德)이 있는 좋은 말 昌運(창운): 앞이 탁 트인 좋은 운 昌慶宮(창경궁) 昌德宮(창덕궁) 昌原市(창원시): 경상남도
1급 2768	亻人 08 총10획	倡	광대 comedian; performer	창:	倡 chàng chāng	倡優(창우): 광대(廣大) 排倡(배창) 倡率(창솔): 앞장서서 부르짖음 倡率(창수): 궁중에서 구나(驅儺)를 할 때에 주문을 외우던 사람 一倡(唱)三歎(일창삼탄): 한 사람이 부르면 세 사람이 도와 부름
中 5급 2769	口 08 총11획	唱	부를 sing	창:	唱 chàng	唱歌(창가) 唱劇(창극) 唱法(창법) 唱和(창화) 復唱(복창) 先唱(선창) 愛唱(애창) 齊唱(제창) 提唱(제창) 重唱(중창) 合唱(합창) 我歌査唱(아가사창): 책망당할 사람이 도리어 책망한다.
1급 2770	女 08 총11획	娼	창녀 prostitute	창(:)	娼 chāng	娼館(창관) 娼樓(창루) 娼妓(창기) 娼女(창녀) 娼婦(창부) 公娼(공창) 私娼(사창) 娼家責禮(창가책례): 창기(娼妓)의 집에서 예의를 따진다는 뜻으로, 예의나 격식을 차리는 것이 격에 맞지 아니함
1급 2771	犭犬 08 총11획	猖	미쳐 날뛸 rage	창	猖 chāng	猖獗(창궐): 전염병이나 못된 세력 따위가 걷잡을 수 없이 퍼짐 猖披(창피): 체면이 깎이거나 아니꼬움을 당한 부끄럼 · ~를 당하다 沈迷猖惑(침미창혹): 미혹하여 미친듯이 날뛰며 갈팡질팡함
1급 2772	++艸 08 총12획	菖	창포 calamus; iris	창	菖 chāng	菖蒲(창포): 천남성과의 여러해살이풀. 온몸에 향기가 있다. 뿌리는 약용하고 단오에 창포물을 만들어 머리를 감거나 술을 빚는다. 石菖蒲(석창포): 뿌리와 줄기는 청량 건위제, 구충제로 쓰고 관상용으로 재배
2급(名) 2773	日 05 총09획	昶	해길 have long day	창:	昶 chǎng	孟昶(맹창): 중국 5대10국 시대 후촉의 제2대이자 마지막 황제(재위 934~965) 金基昶(김기창): 1913~2001 호는 운보 한국화가, 8세에 청각을 상실했고 언어장애를 얻었다 〈청록산수〉와 〈바보산수〉, 〈세종어진〉 등의 작품이 유명하다.
高 3급II 2774	人 08 총10획	倉	곳집/ warehouse 갑자기 suddenly	창(:)	仓 cāng	倉庫(창고) 倉部(창부) 營倉(영창): 부대 안에 감옥 특급 廩(곳집 름) 倉廩實則知禮節(창름실즉지예절): 곡식창고가 가득하면 예절을 안다. 倉卒之間(창:졸지간): 미처 어찌할 수 없는 급작스러운 순간
高 4급II 2775	刀 10 총12획	創	비롯할/ begin 창상(創傷)	창:	创 chuàng chuāng	創刊(창간) 創建(창건) 創團(창단) 創立(창립) 創設(창설) 創始(창시) 創案(창안) 創業(창업) 創意(창의) 創作(창작) 創製(창제) 創造(창조) 創出(창출)/ 創傷(창상): 칼에 다친 상처

급수	부수/획수	한자	훈	음	간체/병음	용례
2급 2776	氵水10 총13획	滄	큰 바다 the ocean	창	沧 cāng	滄茫(창망): 넓고 멀어서 아득하다. • 창망한 대해(大海). 滄溟(창명) 滄桑之變(창상지변): 시절의 변화가 무상함 滄海桑田(창해상전) 滄海一粟(창해일속): 아주 많거나 넓은 것 속의 극히 하찮고 작은 물건
1급 2777	忄心10 총13획	愴	슬플 grieve	창:	怆 chuàng	愴冥(창명): 슬프고 막막하다. 愴悔(창회): 슬퍼하고 뉘우침 感愴(감창): 느낌이 가슴에 사무쳐 슬프다. 酸愴(산창): 가슴 아픈 마음 悲愴(비창): 마음이 몹시 상하고 슬픔 悽愴(처창): 몹시 구슬프다.
高3급Ⅱ 2778	⺿艸10 총14획	蒼	푸를 blue	창	苍 cāng	蒼空(창공) 蒼生(창생): 세상의 모든 사람 蒼天(창천): 새파란 하늘 蒼川(창천): 맑은 새파란 내 蒼苔(창태): 푸릇푸릇한 이끼 蒼波(창파) 蒼黃罔措(창황망조): 너무 급하여 어찌할 바를 모름
1급 2779	木10 총14획	槍	창 spear	창	枪 qiāng	槍劍(창검): ① 창과 검 ② 무기나 무력의 비유 短槍(단창): 짧은 창 竹槍(죽창): ① 대로 만든 창 ② '죽장창(竹長槍)'의 준말 三枝槍(삼지창): 끝이 세 갈래로 갈라진 창 槍林彈雨(창림탄우)
1급 2780	疒10 총15획	瘡	부스럼 tumor	창	疮 chuāng	瘡口(창구) 瘡氣(창기) 瘡毒(창독) 瘡腫(창종): 피부에 나는 온갖 부스럼 瘡疾(창질) 蝸瘡(와창): 손가락·발가락 사이에 뾰루지가 나서 몹시 가렵고 아픈 병 滿身瘡痍(만신창이): 온몸이 상처투성이가 됨
1급 2781	舟10 총16획	艙	부두/선창 wharf	창	舱 cāng	船艙(선창): ① 물가에 다리처럼 만들어 배가 닿을 수 있게 된 곳 ② 배다리 艙口(창구): 선박의 창고에 짐을 싣기 위해 상갑판에 설치한 네모진 구멍 魚艙(어창): 물고기를 넣어 두는, 어선 안에 있는 창고 船尾艙(선미창)
中6급Ⅱ 2782	穴06 총11획	窓	창 window	창	窗 chuāng	窓口(창구): 영업소에 손님과 주고받을 수 있게 창을 내거나 뚫어 놓은 곳 窓門(창문): 공기나 햇빛을 받을 수 있고, 밖을 내다볼 수 있도록 낸 문 東窓(동창) 同窓(동창) 北窓三友(북창삼우): 거문고와 술 및 시
1급 2783	月肉08 총12획	脹	부을 swell	창:	胀 zhàng	脹滿(창만): 배가 불룩해짐 脹症(창증): 배가 잔뜩 부어오르는 증세 肝脹(간창) 乾脹(건창) 鼓脹(고창): 배 속에 가스가 차서 배가 붓는 병 氣脹(기창) 腫脹(종창): 염증이나 종양 등으로 부어오름 膨脹(팽창)
1급 2784	氵水11 총14획	漲	넘칠 overflow	창:	涨 zhǎng	漲濤(창도) 漲流(창류) 漲滿(창만): 물이 불어 넘칠 만큼 가득 참 漲水(창수) 漲溢(창일): ① 큰물이 져 넘침 ② 의욕이 왕성하게 일어남 漲潮(창조): 간조에서 만조에 이르는 상태 漲天(창천) 觀漲(관창)
2급(名) 2785	攵攴08 총12획	敞	시원할/높을/드러날 appear; get cleared	창	敞 chǎng	開敞(개창): ① 눈앞에 거리끼는 것이 없이 훤히 트이어 있음 ② 항만이 외해(外海)에 면하여 있어 풍파를 바로 받음 高敞(고창): 높고 시원함 寬敞(관창): 앞이 탁 트여 넓다. 高敞郡(고창군): 전라북도
1급 2786	广12 총15획	廠	공장/헛간 barn	창:	厂 chǎng	廠(창): '공장, 창고' 또는 '군부대'의 뜻을 더하는 접미사 工廠(공창) 基地廠(기지창): 군에 필요한 보급품의 조달·정비·저장·분배 등을 맡은 부대 軍器廠(군기창) 機械廠(기계창) 兵器廠(병기창) 造幣廠(조폐창)
高3급 2787	日10 총14획	暢	화창할/brightness 펼 spread	창:	畅 chàng	暢達(창달): 거침없이 쭉쭉 벋어나감 暢樂(창락): 온화하고 맑아 즐겁다 暢敍(창서): 마음을 탁 터놓음 流暢(유창) 方暢(방창) 和暢(화창) 曲暢旁通(곡창방통): 말이나 글이 조리가 분명하고 널리 통함
2급 2788	彡11 총14획	彰	드러날/commendation 밝을	창	彰 zhāng	彰善(창선): 남의 착한 행실을 다른 사람이 알도록 드러냄 ⑫ 창악(彰惡) 彰著(창저): 밝혀서 드러냄 表彰狀(표창장) 彰善懲惡(창선징악) 彰往察來(창왕찰래): 지난 일을 분명하게 밝혀서 장차 올 일의 득실을 살핌
2급(名) 2789	采01 총08획	采	풍채 mien	채:	采 cǎi, cài	風采(풍채): 겉으로 드러나 보이는 인상. 采色(채색): 풍채와 안색 喝采(갈채): 외침이나 박수로 칭찬이나 환영/ 采(채)는 관(官)의 의미 采女(채녀): 漢나라 궁녀의 계급 采邑(채읍): 식봉(食封) 采地(채지)
2급(名) 2790	土08 총11획	埰	사패지 (賜牌地) fief; (feud²)	채:	埰 cài	柳景埰(류경채): 1920~1995 한국 현대 추상미술의 선구자이다. 采邑(채읍): 식봉(食封)(고대 중국에서 왕족, 공신, 대신들에게 공로에 대한 보상으로 주는 영지(領地)). 채지(采地)·식읍(食邑)·봉읍(封邑) 이라고도 한다.

#	부수/획수	한자	훈	음	中	용례
中 4급 2791	扌手 08 총11획	採	캘 mining; picking	채ː	采 cǎi	採光(채광) 採鑛(채광) 採掘(채굴) 採算(채산) 採用(채용) 採點(채점) 採集(채집) 採取(채취) 採擇(채택) 採血(채혈) 採薪之憂(채신지우): 땔나무를 할 수 없는 근심 採長補短(채장보단)
高 3급Ⅱ 2792	彡 08 총11획	彩	채색 coloring; luster	채ː	彩 cǎi	彩度(채도): 빛깔의 선명한 정도 彩色(채색) 彩雲(채운) 光彩(광채) 彩飾(채식) 多彩(다채) 文彩(문채) 色彩(색채) 水彩畵(수채화) 異彩(이채) 眞彩(진채) 彩牋紙(채전지): 무늬 색종이 牋(편지 전)
中 3급Ⅱ 2793	++艸 08 총12획	菜	나물 vegetable	채ː	菜 cài	菜飯(채반) 菜蔬(채소) 菜食(채식) 山菜(산채) 野菜(야채) 果珍李柰 菜重芥薑(과진이내 채중개강): 과일은 자두와 능금이 진미이고 나물은 겨자와 생강이 중하다. 특급Ⅱ 柰(능금나무 내) 千字文 8/125
高 3급Ⅱ 2794	亻人 11 총13획	債	빚 debt	채ː	债 zhài	債券(채권) 債權(채권)↔債務(채무) 債用(채용) 負債(부채) 公債(공채) 國債(국채) 社債(사채) 私債(사채) 債權者(채권자) 債務者(채무자) 可分債權(가분채권) 轉換社債(전환사채)
1급 2795	宀 11 총14획	寨	목책(木柵) paling	채	寨 zhài	寨里(채리): 주위에 돌이나 목책을 둘러친 마을. 山寨(산채): ① 산에 돌이나 목책(木柵) 따위를 빙 둘러 만든 진터 ② 산 도둑이 웅거하는 소굴 場寨(장채): 참호(塹壕)와 요새(要塞)
2급(名) 2796	++艸 11 총15획	蔡	성(姓) surname	채ː	蔡 cài	蔡(채): BC1100~BC447 주(周)대 侯國 蔡邕(채ː옹): 133~192 後漢 서예가 陳蔡之厄(진채지액): BC489년 공자(孔子)가 주유열국(周遊列國)할 때 진(陳)나라와 채(蔡)나라 사이에서 횡액(橫厄)을 당한 사건
中 4급 2797	冂 03 총05획	冊	책 book	책	册 cè	冊封(책봉): 왕세자·왕세손·왕후(王侯)·비(妃)·빈(嬪) 등을 봉작(封爵)함 冊曆(책력) 冊房(책방) 冊床(책상) 冊子(책자) 冊欌(책장) 書冊(서책) 高文典冊(고문전책) 冊床退物(책상퇴물): 책상물림
1급 2798	木 05 총09획	柵	울타리 fence; grid; railing	책	栅 shān zhà	柵壘(책루): 군사들이 주둔하던 곳에 적의 침입을 막고자 세운 울짱이나 흙벽 柵狀(책상) 木柵(목책) 防柵(방책) 竹柵(죽책) 鐵柵(철책) 柵門後市(책문후시): 조선 시대에, 중국 청나라와 행하던 밀무역 시장
中 5급Ⅱ 2799	貝 04 총11획	責	꾸짖을 reprove; responsibility	책	责 zé	責望(책망): 허물이나 잘못에 대해 꾸짖거나 나무람 問責(문책) 責任(책임): 도맡아 해야 할 임무나 의무 譴責(견책) 免責(면책) 無責任(무책임) 責人則明(책인즉명): 남을 나무라는 데 밝다.
高 3급Ⅱ 2800	竹 06 총12획	策	꾀 plan	책	策 cè	策動(책동) 策略(책략) 策謀(책모) 策定(책정) 計策(계책) 對策(대책) 術策(술책) 施策(시책) 政策(정책) 劃策(획책) 策功茂實 勒碑刻銘(책공무실 늑비각명): 공적을 돌에 새김 千字文 66/125
中 3급Ⅱ 2801	女 05 총08획	妻	아내 wife	처	妻 qī qì	妻家(처가) 妻男(처남) 妻子(처자) 妻弟(처제) 妻姪(처질) 妻妾(처첩) 恐妻家(공처가) 帶妻僧(대처승) 愛妻家(애처가) 梅妻鶴子(매처학자): 매화 아내에 학 아들. 속세를 떠나 유유자적하는 생활
1급 2802	冫 08 총10획	凄	쓸쓸할 dreary	처	凄 qī	凄涼(처량): ① 마음이 구슬퍼질 만큼 쓸쓸함 ② 서글프고 구슬픔 凄如(처여): 비통한 모양 凄然(처연): 외롭고 쓸쓸하고 구슬픔 凄切(처절): 몹시 처량함 凄雨(처우): 구슬프게(처량하게) 내리는 비
2급 2803	忄心 08 총11획	悽	슬퍼할 grieve	처ː	凄 qī	悽然(처연): 애달프고 구슬프다. 悽絶(처절): ① 참혹할 만큼 구슬픔 ② 더할 나위 없이 처참함 ③ 너무 슬퍼하여 기절할 것 같음 悽慘(처참): 몸서리칠 정도로 슬프고 참혹하다. 悽愴(처창): 몹시 구슬프다.
中 4급Ⅱ 2804	虍 05 총11획	處	곳/ 살 place	처ː	処/处 chù chǔ	處女(처녀) 處士(처사) 處所(처소) 處地(처지) 處長(처장) 處斷(처단) 處理(처리) 處事(처사) 處方(처방) 處罰(처벌) 處分(처분) 處身(처신) 處遇(처우) 處置(처치) 處世術(처세술)
中 3급Ⅱ 2805	尸 01 총04획	尺	자(약30.3cm) ruler(30.3cm)	척	尺 chǐ chě	尺度(척도) 尺寸(척촌) 尺翰(척한) 越尺(월척) 咫尺(지척) 尺貫法(척관법): 길이는 尺, 양은 승(升), 무게는 貫으로 하는 度量衡法. 尺山尺水(척산척수) 三尺童子(삼척동자) 吾鼻三尺(오비삼척)

급수	부수	한자	훈	음	中	
高3급 2806	斤 01 총05획	斥	물리칠 expel	척	斥 chì	斥邪(척사) 斥軋(척알) 斥逐(척축) 斥黜(척출) 排斥(배척) 斥候兵(척후병) 斥和碑(척화비): 조선말 양이(洋夷)를 배척해 세운 비 衛正斥邪(위정척사): 주자학을 지키고 가톨릭을 물리치자고 내세운 주장
高3급II 2807	扌手05 총08획	拓	넓힐 expand	척	拓 tuò tà	干拓(간척): 바다를 둑으로 막아 육지로 만드는 일 干拓地(간척지) 開拓(개척): 산야·황무지를 일구어 논밭을 만듦 開拓者(개척자) 拓本(탁본): 금석(金石)에 새긴 글씨나 그림을 그대로 종이에 박아 냄
2급 2808	隹 02 총10획	隻	외짝 single 凹 雙	척	只 zhī	隻句(척구): 짧은 문구 隻字(척자): 한 글자 隻手(척수): 한쪽 손 隻影(척영) 隻在官(척재관): 피고가 살고 있는 고장의 지방관 隻分隻厘(척푼척리): 몇 푼 안 되는 적은 돈 隻輪不返(척륜불반)
2급(名) 2809	阝阜07 총10획	陟	오를 ascend; advance	척	陟 zhì	陟降(척강): 오르락내리락함. 또는 그 오르내림 進陟(진척): ① 일이 진행되어 감 ② 벼슬이 올라감 禮陟(예척): 승하(昇遐): 세상을 떠남 黜陟(출척): 못된 사람을 내쫓고 착한 사람을 올려 씀 三陟市(삼척시)
1급 2810	月肉06 총10획	脊	등마루 spine	척	脊 jǐ	脊強(척강) 脊髓(척수): 뇌에 연결되는 긴 관상의 신경 중추(中樞) 脊椎動物(척추동물): 등골뼈로 된 척추를 가진 고등 동물의 총칭 脊稜(척릉): 산줄기의 등성이 脊梁山脈(척량산맥): 원줄기 큰 산맥
1급 2811	疒 10 총15획	瘠	여윌 pale; pallid	척	瘠 jí	瘠骨(척골): 훼척골립 瘠薄(척박): 몹시 메마르고 기름지지 못하다. 瘠土(척토) 瘦瘠(수척) 越視秦瘠(월시진척): 남의 일에 무관심함 毀瘠骨立(훼척골립): 너무 슬퍼하여 바짝 말라서 뼈가 앙상하게 드러남
高3급II 2812	戈 07 총11획	戚	친척/ 도끼 relative	척	戚 qī	戚弟(척제) 哀戚(애척): 애도(哀悼) 親戚(친척): 親族과 外戚 姻戚(인척): 혼인으로 맺어진 친척 干戚(간척): 간과(干戈): 방패와 창 干戚舞(간척무): 둑제(纛祭)때에 왼손의 방패 오른손의 도끼를 들고 추는 춤
1급 2813	氵水11 총14획	滌	씻을 wash	척	涤 dí	滌去(척거): 씻어버림 滌煩(척번): 세상의 번뇌를 씻어 없애는 '차(茶)' 滌暑(척서): 몸을 시원하게 함 滌除(척제): 씻어 없앰 滌蕩(척탕): 더러운 것이나 나쁜 것을 말끔히 없앰 洗滌(세척): 깨끗이 씻음 洗淨
1급 2814	扌手15 총18획	擲	던질 throw	척	掷 zhì	擲奸(척간) 擲栖특급II(척사) 一擲(일척) 快擲(쾌척) 投擲(투척) 乾坤一擲(건곤일척): 운명과 흥망을 걸고 단판걸이로 승부나 성패를 겨룸 擲果滿車(척과만거): 던진 과일이 수레에 가득하다. 여성이 사랑을 고백함
中7급 2815	十 01 총03획	千	일천 thousand	천	千 qiān	千金(천금) 千年(천년) 千兩(천량) 千萬(천만) 千字文(천자문) 千慮一得(천려일득) 千萬多幸(천만다행) 千辛萬苦(천신만고) 千載一遇(천재일우): 좀처럼 만나기 어려운 기회 千篇一律(천편일률)
中7급 2816	巛 00 총03획	川	내 stream	천	川 chuān	川邊(천변) 大川(대천) 山川(산천) 漣川(연천) 炭川(탄천) 河川(하천) 良才川(양재천) 淸溪川(청계천) 沃川郡(옥천군) 春川市(춘천시) 洪川郡(홍천군) 仁川廣域市](인천광역시)
2급(名) 2817	金 03 총11획	釧	팔찌 bracelet; armlet	천	钏 chuàn	釧(천): 팔에 끼는 고리모양의 장신구 金釧(금천) 銀釧(은천) 臂釧(비천): 팔찌 環釧(환천) 釧路[くしろ 구시로]: 일본, 홋카이도 雙釧奇逢(쌍천기봉): 한 쌍의 팔찌로 쓴 작자 미상의 조선후기 소설
中7급 2818	大 01 총04획	天	하늘 sky; heaven	천	天 tiān	天干(천간): 십간(十干) 육십갑자의 위 단위 甲·乙·丙·丁·戊·己·庚·辛·壬·癸 天國(천국) 天堂(천당) 天命(천명) 天生(천생) 天壽(천수) 天地(천지) 天下(천하) 天主教(천주교) 天高馬肥(천고마비)
1급 2819	穴 04 총09획	穿	뚫을 bore	천	穿 chuān	穿壙(천광): 시체를 묻을 구덩이를 팜. 또는 그 구덩이 穿鑿(천착): ① 구멍을 뚫음 ② 학문을 깊이 연구함 穿孔機(천공기) 水滴穿石(수적천석) 點滴穿石(점적천석) 山溜穿石(산유천석)
中4급 2820	水 05 총08획	泉	샘 spring	천	泉 quán	泉井(천정) 泉亭(천정) 鑛泉(광천) 九泉(구천) 溫泉(온천) 源泉(원천) 黃泉(황천) 金泉市(김천시): 경북 硫黃泉(유황천) 渴不飮盜泉水(갈불음도천수): 목이 말라도 도천의 물을 마시지는 않음

급수	부수/획수	漢字	訓	音	简体/拼音	用例
中 3급II 2821	氵水08 총11획	淺	얕을 shallow	천:	浅/浅 qiǎn jiān	淺見(천견): 얕은 견문이나 견해 淺綠(천록): 엷은 녹색 淺薄(천박): 학문이나 생각이 얕거나 말과 행동이 상스러움 淺水(천수) 淺識(천식): 얕은 지식이나 식견 淺才(천재): 얕은 재주 淺學(천학) 淺狹(천협)
高 3급II 2822	貝 08 총15획	賤	천할 humble	천:	贱/贱 jiàn	賤待(천대) 賤民(천민) 賤婢(천비) 賤視(천시) 賤息(천식) 賤職(천직) 貴賤(귀천) 微賤(미천) 卑賤(비천) 至賤(지천) 貴鵠賤鷄(귀곡천계) 貴耳賤目(귀이천목) 貧賤之交(빈천지교)
高 3급II 2823	足 08 총15획	踐	밟을 tread	천:	践/践 jiàn	實踐(실천): 실제로 행함 踐踏(천답): 짓밟음 踐修(천수): 닦으며 행함 踐約(천약): 약속을 지켜 실천함 踐言(천언): 말한 대로 실천함 踐祚(천조): 임금의 자리를 이음. 천극(踐極) 踐行(천행): 실지로 행함
1급 2824	口 09 총12획	喘	숨찰 pant	천:	喘 chuǎn	喘急(천급): 심한 천식 喘滿(천만): 숨이 차서 가슴이 몹시 벌떡거림 喘息(천식): 발작적으로 호흡이 곤란한 병 喘促(천촉): 숨을 가쁘게 쉬며 헐떡거림 吳牛喘月(오우천월): 오(吳)나라의 소가 달을 보고 헐떡인다.
高 3급II 2825	辶辵11 총15획	遷	옮길 remove	천:	迁 qiān	遷都(천도): 도읍을 옮김 遷徙(천사) 遷善(천선) 遷移(천이) 遷延(천연): 미루고 지체함 遷幸(천행): 임금이 궁궐을 떠나 거처를 정함 變遷(변천) 三遷(삼천) 左遷(좌천) 播遷(파천): 임금이 피란하던 일
1급 2826	扌手13 총16획	擅	멋대로 할 act willfully	천:	擅 shàn	擅權(천권) 擅斷(천단) 擅離(천리) 擅名(천명): 이름을 드날림 擅報(천보) 擅殺(천살) 擅有(천유) 擅議(천의) 擅恣(천자) 擅朝(천조) 擅行(천행) 擅許(천허) 擅橫(천횡) 獨擅(독천)
高 3급 2827	⺿艸13 총17획	薦	천거할 recommend	천:	荐 jiàn	薦擧(천거): 인재를 추천하는 일 薦望(천망): 벼슬아치를 윗자리로 천거함 薦度(천도): 극락세계로 가도록 기원하는 일 薦新(천신): 새로 난 과실을 神位에 올리는 일 公薦(공천) 落薦(낙천) 自薦(자천) 推薦(추천)
1급 2828	門 12 총20획	闡	밝힐 clarify	천:	阐 chǎn	闡究(천구): 깊이 연구하여 밝혀냄 闡明(천명): 진리나 사실, 입장 따위를 드러내어 밝힘 闡揚(천양): 드러내어 밝혀서 널리 퍼지게 함 闡提(천제): 일천제(一闡提): 부처가 될 수 없는 이 大闡(대천): 문과 급제
1급 2829	凵 03 총05획	凸	볼록할 protuberant	철	凸 tū	凸角(철각): 180°보다 작은 각 凸彫(철조): 浮彫 凸版(철판): 볼록판 凸凹(철요): 볼록함과 오목함 凸形(철형): 가운데가 도도록한 형상 凸面鏡(철면경): 볼록 거울 線畫凸版(선화철판): 선화 볼록판
高 3급II 2830	口 07 총10획	哲	밝을 wise; philosophy	철	哲 zhé	哲學(철학): ① 인간과 세계에 대한 궁극의 근본 원리를 추구하는 학문 ② 자기 자신의 경험 등에서 얻은 기본적인 생각 哲學者(철학자) 明哲(명철) 先哲(선철) 賢哲(현철) 明哲保身(명철보신)
2급(名) 2831	口 09 총12획	喆	밝을/ sagacious 쌍길[吉]	철	喆/哲 zhé	인명용 한자 哲과 同字
1급 2832	糹 08 총14획	綴	엮을/ 꿰맬 file	철	缀 zhuì	綴經(철경): 중국 남제(南齊)의 조호가 천산(天算)에 관하여 쓴 책 綴玉(철옥) 假綴(가철) 補綴(보철) 點綴(점철) 縱綴(종철) 編綴(편철) 橫綴(횡철) 綴字法(철자법) 書類綴(서류철)
高 3급II 2833	彳 12 총15획	徹	통할 penetrate	철	彻 chè	徹夜(철야) 徹底(철저) 觀徹(관철) 貫徹(관철) 透徹(투철) 撤回(철회): ① 제출했던 것을 도로 거두어들임 ② 한번 말한 것을 취소함 徹頭徹尾(철두철미): 처음부터 끝까지 철저하게 徹天之恨(철천지한)
2급 2834	扌手12 총15획	撤	거둘 gather	철	撤 chè	撤去(철거): 건물이나 시설 따위를 걷어치워 버림 撤軍(철군) 撤收(철수) 撤市(철시) 撤罷(철파) 撤廢(철폐) 撤回(철회) 撤家逃走(철가도주): 가족을 모조리 데리고 살림을 챙기어 도망감
2급(名) 2835	氵水12 총15획	澈	맑을 clear	철	澈 chè	鄭澈(정철):1536-1593 조선 선조(宣祖)때 문신 송강가사(松江歌辭), 관동별곡(關東別曲)을 지음 澄澈(징철): 속이 들여다보이도록 맑음 瑩澈(형철): ① 환하게 내다보이도록 맑음 ② 밝고 투철(透徹)함

급수	부수/획수	한자	훈	음	중국어	용례
1급 2836	車 12 총19획	轍	바퀴자국 track	철	辙 zhé	前轍(전철): 앞서 지나간 수레바퀴 자국. 이전 사람의 그릇된 일이나 행동의 자취 前車覆轍(전거복철): 뒤집힌 바퀴 자국 轍環天下(철환천하): 수레를 타고 천하를 다님 不踏覆轍(부답복철): 선인의 실패를 되풀이하지 않음
中 5급 2837	金 13 총21획	鐵	쇠 iron	철	鉄·铁 tiě	鐵鋼(철강) 鐵鈴(철검): 호미 鐵骨(철골) 鐵工(철공) 鐵筋(철근) 鐵道(철도) 鐵絲(철사) 鐵柵(철책) 鐵槌(철퇴) 鐵板(철판) 鐵面皮(철면피) 鐵凹心(철요심) 鐵條網(철조망)
高 3급 2838	小 03 총06획	尖	뾰족할 pointed	첨	尖 jiān	尖端(첨단) 尖兵(첨병) 尖峯(첨봉) 尖銳(첨예) 尖塔(첨탑) 尖頭値(첨두치): 파형(波形)의 최대 높이의 값 尖銳化(첨예화) 尖圓體(첨원체) 最尖端(최첨단) 尖端産業(첨단산업)
高 3급 2839	氵水08 총11획	添	더할 add	첨	添 tiān	添加(첨가) 添附(첨부) 添削(첨삭): ① 문자(文字)를 보태거나 뺌 ② 시문(詩文)·답안(答案) 등을 더하거나 깎거나 하여 고침 添翰(첨한) 添加物(첨가물) 添加劑(첨가제) 添削指導(첨삭지도)
1급 2840	人 11 총13획	僉	다/ 여러 all	첨	佥 qiān	僉尉(첨위): 왕세자의 서녀(庶女)에게 장가든 사람 정·종삼품 당하의 품계 僉位(첨위): 여러분 僉意(첨의): 여러 사람의 의견 僉議(첨의) 僉知(첨지) 僉君子(첨군자) 僉知中樞府事(첨지중추부사)
1급 2841	言 08 총15획	諂	아첨할 flatter	첨	谄 chǎn	諂佞(첨녕): 몹시 아첨(阿諂)함 특급 佞(아첨할 녕) 諂笑(첨소): 아양을 떨며 웃음 諂諛(첨유): 알랑거리며 아첨함 阿諂(아첨): 남의 환심(歡心)을 사기 위해 알랑거림
2급(名) 2842	目 13 총18획	瞻	볼 look up	첨	瞻 zhān	瞻望(첨망) 瞻病(첨병): 절에서, 병이 난 사람을 간호하는 임무 瞻仰(첨앙): 우러러 사모함 顧瞻(고첨): 두루 돌아봄 視瞻(시첨) 瞻星臺(첨성대): 경주시 瞻彼洛矣(첨피낙의): 저 낙수를 바라보니
1급 2843	竹 17 총23획	籤	제비(점대) lot	첨	签 qiān	籤子(첨자): 칼집 옆에 댄 두개의 쇠. 점대(첨 치는데 쓰는 댓가지) 籤紙(첨지): 책 같은 데에 어떤 것을 표하느라고 붙이는 쪽지 當籤(당첨): 제비에 뽑힘 抽籤(추첨): 제비를 뽑음
高 3급 2844	女 05 총08획	妾	첩 concubine	첩	妾 qiè	妾室(첩실): '첩'을 점잖게 이르는 말 妾子(첩자): 서자(庶子) 小妾(소첩) 愛妾(애첩) 妻妾(처첩): 아내와 첩을 아울러 이르는 말 妾御績紡(첩어적방): 남자는 밖에서 일하고, 여자는 안에서 길쌈을 함
1급 2845	巾 05 총08획	帖	문서/ 표제 document	첩	帖 tiē tiě tiè	帖子(첩자): 체지(帖紙)(돈을 받은 표) 증서(證書)(증명하는 문서) 手帖(수첩) 畫帖(화첩) 帖紙(첩지→체지): 임명장 사령(辭令) 花蘭票帖(화란표첩): 가장자리에 꽃무늬를 아로새겨서 만든 표첩
1급 2846	貝 05 총12획	貼	붙일 paste	첩	贴 tiē	貼付(첩부): 발라서 붙임 貼詩(첩시): 옛날 대문에 시(詩) 붙이던 일 貼藥(첩약): 여러 약재를 섞어 봉지에 싼 약 府貼(부첩): 관청에서 보내는 간단한 편지 貼金屛風(첩금병풍): 금가루를 붙여서 만든 병풍
1급 2847	扌手08 총11획	捷	빠를 fast	첩	捷 jié	捷徑(첩경): 지름길 捷報(첩보): 싸움에 이겼다는 소식이나 보고 敏捷(민첩): 능란하고 빠름 大捷(대첩): 크게 이김 큰 승리 百擧百捷(백거백첩): 하는 일마다 잘 되어 감 薩水大捷(살수대첩)
1급 2848	片 09 총13획	牒	편지/ 서찰 letter	첩	牒 dié	牒報(첩보): 서면으로 상관에게 보고하던 일 牒呈(첩정) 牒紙(첩지) 家牒(가첩): 한 집안의 족보 簿牒(부첩): 관아의 장부와 문서 通牒(통첩): 일방적 의사 표시를 내용으로 하는 문서 請牒狀(청첩장)
2급 2849	言 09 총16획	諜	염탐할 spy	첩	谍 dié	諜報(첩보): 적의 정세 등을 몰래 알아내어 보고함. 또는 그 보고 諜者(첩자) 間諜(간첩): 적이나 경쟁 상대의 정보를 몰래 알아내 자기편에 보고하는 사람 諜報員(첩보원) 諜報衛星(첩보위성)
1급 2850	田 17 총22획	疊	거듭 repeatedly; fold	첩	叠/叠 dié	疊書(첩서): 잘못하여 같은 글귀나 글자를 거듭 씀 疊語(첩어): '누구누구'·'울며불며' 따위 疊韻(첩운): 같은 운자(韻字)가 거듭됨 疊雲(첩운): 첩첩이 쌓인 구름 重疊(중첩): 거듭 겹쳐지거나 포개어짐

급수	부수/획수	한자	훈	음	간체/병음	용례
中 8급 2851	青 00 총08획	靑	푸를 blue	청	青/青 qīng	靑果(청과) 靑丘(청구) 靑軍(청군) 靑銅(청동) 靑龍(청룡) 靑色(청색) 靑雲(청운) 靑天(청천) 靑春(청춘) 靑少年(청소년) 靑瓦臺(청와대) 靑丘永言(청구영언) 靑出於藍(청출어람)
中 6급Ⅱ 2852	氵水08 총11획	淸	맑을 clean	청	清/清 qīng	淸潔(청결) 淸廉(청렴) 淸明(청명): 4월 5·6일경 淸貧(청빈) 淸掃(청소) 淸純(청순) 淸雅(청아) 淸淨(청정) 淸濁(청탁) 淸虛(청허) 淸敎徒(청교도) 淸白吏(청백리) 淸州市(청주시)
中 3급 2853	日 08 총12획	晴	갤 fine; clear	청	晴/晴 qíng	晴曇(청담): 날씨의 맑음과 흐림 晴朗(청랑): 날씨가 맑고 화창하다 晴虛(청허) 快晴(쾌청): 하늘이 구름 한 점 없이 맑게 개다. 晴天白日(청천백일): ① 맑게 갠 대낮 ② 원죄가 판명되어 무죄가 되는 일
中 4급Ⅱ 2854	言 08 총15획	請	청할 request	청	請/请 qǐng	請暇(청가) 請求(청구) 請約(청약): 응모하여 인수 계약을 신청하는 일 請援(청원): 구원을 청함 請願(청원): 일이 이루어지도록 청하고 원함 請託(청탁): 청하여 부탁함 請牒(청첩) 請婚(청혼): 결혼하기를 청함
中 4급 2855	耳 16 총22획	聽	들을 hear	청	聴/听 tīng	聽覺(청각) 聽衆(청중) 聽取(청취) 傾聽(경청): 귀를 기울여 들음 敬聽(경청): 공경하는 마음으로 들음 盜聽(도청) 傍聽(방청) 視聽(시청) 聽診器(청진기) 公聽會(공청회) 補聽器(보청기)
高 4급 2856	广 22 총25획	廳	관청/ 청사 government office	청	庁/厅 tīng	廳房(청방): 마루방 大廳(대청) 廳舍(청사) 廳長(청장) 官廳(관청) 臺廳(대청) 區廳(구청) 郡廳(군청) 道廳(도청) 市廳(시청) 檢察廳(검찰청) 警察廳(경찰청) 國稅廳(국세청)
1급 2857	氵水07 총10획	涕	눈물 tears	체	涕 tì	涕淚(체루): 감동하거나 슬피 울어서 흐르는 눈물 流涕(유체): 눈물을 흘림 涕泗(체사): 울어서 흐르는 눈물이나 콧물 感涕(감체): 감격하여 눈물을 흘림 涕泣(체읍): 눈물을 흘리며 욺 鼻涕(비체) 破涕(파체): 눈물을 거둔다.
高 3급 2858	辶辵08 총12획	逮	잡을 arrest	체	逮 dǎi dài	逮事(체사): ① 선왕이 살아있을 때 뵌 일 ② 조상이 살아있을 때 뵌 일 逮捕(체포): 죄인을 쫓아가서 잡음 逮捕監禁罪(체포감금죄) 逮捕令狀(체포영장) 逮拷(체고): 죄인을 체포하여 고문함
高 3급 2859	日 08 총12획	替	바꿀 replace; instead	체	替 tì	替當(체당): 꾸어줌. 입체(立替) 交替(교체) 代替(대체) 移替(이체) 替費地(체비지): 토지 구획 정리 사업의 시행자가 그 사업에 필요한 재원을 확보하기 위하여 환지(換地) 계획에서 제외하여 유보한 땅
高 3급Ⅱ 2860	氵水11 총14획	滯	막힐 stagnation	체	滞/滞 zhì	滯納(체납) 滯留(체류) 滯賃(체임) 滯在(체재) 滯症(체증) 延滯(연체) 積滯(적체) 停滯(정체) 遲滯(지체) 沈滯(침체) 挾滯(협체): 체증에 다른 병이 겹침 滯拂金(체불금): 지급하지 못한 돈
高 3급 2861	辶辵10 총14획	遞	갈릴/ 갈마들 replace	체	逓.递 dì	遞減(체감): 차례로 덜어감 遞改(체개): 관원을 다른 사람으로 갈아들임 驛遞(역체): 역참에서 공문을 주고받던 일. 역전(驛傳) 遞增(체증) 遞信(체신): 우편이나 전신(電信) 郵遞局(우체국) 郵遞筒(우체통)
2급 2862	糸 09 총15획	締	맺을 conclusion	체	缔 dì	締結(체결): ① 얽어서 맴 ② 계약이나 조약 등을 맺음 締交(체교) 締盟(체맹) 締約(체약): 조약이나 계약약속 따위를 맺음 締姻(체인): 부부의 인연을 맺음 結締質(결체질): 내장의 바탕을 이루는 조직
1급 2863	言 09 총16획	諦	살필 examine; consider	체	谛 dì	諦觀(체관): ① 사물의 본질을 살펴 앎. 체시(諦視) ② 단념(斷念) 諦念(체념): ① 도리를 깨닫는 마음 ② 단념 要諦(요체): 중요한 점 四聖諦(사성제): 불교진리 고제(苦諦), 집제(集諦), 멸제(滅諦), 도제(道諦)
中 6급Ⅱ 2864	骨 13 총23획	體	몸 body	체	体.体 tǐ	體感(체감) 體格(체격) 體系(체계) 體軀(체구) 體級(체급) 體面(체면) 體溫(체온) 體育(체육) 體制(체제) 體操(체조) 體質(체질) 體統(체통) 體驗(체험) 團體(단체) 身體(신체)
高 3급 2865	扌手04 총07획	抄	뽑을/ 베낄 copy	초	抄 chāo	抄啓(초계): 인재를 뽑아 임금에게 보고하던 일 抄錄(초록): 필요한 것만 뽑아서 적음 抄本(초본): 원본에서 일부 내용만 뽑아서 베낀 문서 抄寫(초사) 抄譯(초역): 원문의 어느 부분만을 뽑아서 번역함

급수	부수	한자	훈	음	중국어	용례
1급 2866	火 04 총08획	炒	볶을 parch	초	炒 chǎo	炒(초): 노릇노릇하게 약간 볶음 炒麵(麫)(초면): 기름에 볶은 밀국수 炒研(초연): 약재를 불에 볶아서 약연(藥碾)에 넣고 갈아서 가루로 만드는 일 炒黑(초흑): 약재를 볶아서 꺼멓게 함 鷄炒(계초): 닭볶음탕
高 3급 2867	禾 04 총09획	秒	분초 second; an instant	초	秒 miǎo	秒速(초속): 1초 동안 이동하는 속도 秒針(초침): 초를 가리키는 바늘 分秒(분초): ① 시간의 단위인 분과 초 ② 매우 짧은 시간 閏秒(윤초): 표준시와 실제 시각과의 오차를 조정하기 위해서 더하거나 빼게 되는 1초
中 5급 2868	刀 05 총07획	初	처음 beginning	초	初 chū	初級(초급) 初段(초단) 初代(초대) 初等(초등) 初盤(초반) 初步(초보) 初俸(초봉) 初産(초산) 初選(초선) 初演(초연) 初任(초임) 始初(시초) 正初(정초) 初志一貫(초지일관)
中 4급 2869	扌手05 총08획	招	부를 beckon/invite	초	招 zhāo	招待(초대) 招來(초래) 招聘(초빙): 예를 갖추어 불러 맞아들임 招宴(초연) 招請(초청) 招致(초치) 招魂(초혼) 招人鐘(초인종) 招搖過市(초요과시): 남의 이목을 끌도록 요란스럽게 하며 시장을 지나간다.
1급 2870	豸 05 총12획	貂	담비 stoat	초	貂 diāo	狗尾續貂(구미속초): 담비의 꼬리가 모자라 개 꼬리로 잇는다는 뜻 續貂(속초): 훌륭한 사람이나 사물에 변변하지 못한 사람이나 사물이 뒤따름 續貂之譏(속초지기): 쓸 만한 인격자가 없어 그만 못한 사람을 등용함
高 3급II 2871	走 05 총12획	超	뛰어넘을 leap; exceed	초	超 chāo	超過(초과) 超世(초세) 超然(초연) 超越(초월) 超人(초인) 超脫(초탈) 超强度(초강도) 超能力(초능력) 超黨派(초당파) 超音波(초음파) 超特急(초특급) 超現實主義(초현실주의)
高 3급II 2872	月肉03 총07획	肖	닮을/같을 resemble	초	肖 xiào Xiāo	肖似(초사): 닮다. 비슷하다. 肖像(초상): 사람의 얼굴이나 모습을 나타낸 그림이나 사진 肖像權(초상권) 肖像畵(초상화) 不肖子(불초자) 不肖子弟(불초자제): 어버이의 덕망이나 유업을 이어받지 못한 자손
2급 2873	口 07 총10획	哨	망볼 guard; sentry	초	哨 shào	哨戒(초계): 적의 습격에 대비해 경계함. 초계기(哨戒機), 초계정(哨戒艇) 哨兵(초병) 哨堡(초보) 哨所(초소) 哨艦(초함) 步哨(보초) 前哨戰(전초전): 작은 규모의 전투. 본격적인 전투가 벌어지기 전의 작은 충돌
1급 2874	木 07 총11획	梢	나무 끝 treetop	초	梢 shāo sào	梢工(초공): 뱃사공 梢溝(초구): 논도랑이나 밭도랑 梢頭(초두): 나무의 잔가지 끝 末梢(말초): ① 나뭇가지의 끝에서 갈리어 나간 가는 가지 ② 사물의 맨 끄트머리 末梢的(말초적) 末梢神經(말초신경)
1급 2875	石 07 총12획	硝	화약 gunpowder; niter	초	硝 xiāo	硝石(초석): 질산칼륨. 폭발물질의 원료, 은초(銀硝): 질산칼륨 硝煙(초연): 화약의 연기 硝子(초자): 유리(琉璃) 朴硝(박초): 초석을 한 번 구워 만든 이뇨제 硝化綿(초화면): cellulose nitrate
1급 2876	禾 07 총12획	稍	점점 gradually	초	稍 shāo shào	稍食(초식): 벼슬아치가 녹봉으로 받던 쌀. 녹미(祿米) 稍解文字(초해문자): 겨우 글자나 알아볼 정도에 이름 稍蠶食之(초잠식지): 차츰차츰 침노하여 먹어 들어감. 잠식(蠶食)
中 7급 2877	⺿艸06 총10획	草	풀 grass	초	草 cǎo	草廬(초려) 草露(초로) 草綠(초록) 草木(초목) 草原(초원) 草地(초지) 草稿(초고): 초벌 원고 草書(초서): 흘려 쓴 글씨 草案(초안): 초를 잡음 草創期(초창기): 처음으로 시작하는 시기
2급 2878	灬火08 총12획	焦	탈[燥] burn; blaze	초	焦 jiāo	焦槁(초고): 타서 말라 죽음 焦慮(초려) 焦眉(초미): 눈썹에 불이 붙은 것같이 매우 위급함의 비유. 초미지급(焦眉之急) 焦點(초점) 焦燥(초조) 三焦(삼초): 육부(六腑)의 하나 勞心焦思(노심초사)
1급 2879	忄心12 총15획	憔	파리할/수척할 haggard	초	憔 qiáo	憔衰(초쇠): 초췌하고 쇠약하다 憔容(초용): 말라빠진 모습 憔悴(초췌): 고생이나 병 따위로 몸이 여위고 파리하다.
1급 2880	⺿艸12 총16획	蕉	파초 plantain; banana plant	초	蕉 jiāo qiáo	芭蕉(파초): 외떡잎식물 여러해살이풀. 높이 약 5m, 지름 약 20cm 蕉葉扇(초엽선): 파초 잎처럼 넓으면서도 길쭉하게 만든 부채 芭蕉扇(파초선): 파초 잎 모양으로 만든 큰 부채

급수	부수/획수	한자	훈	음	중국어	용례
1급 2881	木 12 총16획	樵	나무할 firewood	초	樵 qiáo	樵逕(초경): 나뭇길 樵童(초동): 땔나무를 하는 시골 아이 樵牧(초목) 樵夫(초부): 나무꾼 樵叟(초수): 늙은 나무꾼 採樵(채초) 樵童牧豎(초동목수): 땔나무를 하는 아이와 짐승을 치는 아이. 초목(樵牧)
1급 2882	石 12 총17획	礁	암초 reef	초	礁 jiāo	礁標(초표) 暗礁(암초): ① 물속에 숨어 있어 보이지 않는 바위 ② 뜻밖에 부닥치는 어려움 坐礁(좌초): ① 배가 암초에 얹힘 ② 곤경에 빠짐의 비유 珊瑚礁(산호초): 산호충 군체의 골격이 퇴적하여 생긴 암초나 섬
2급(名) 2883	木 09 총13획	楚	초나라 the name of country	초	楚 chǔ	楚漢(초한): 楚의 항우(項羽)와 漢의 유방(劉邦) 楚妃守符(초비수부) 四面楚歌(사면초가): 외롭고 곤란한 지경 爲楚非爲趙(위초비위조) 苦楚(고초): 고난(苦難) 楚撻(초달) 艱楚(간초): 힘들고 고생스럽다.
高 3급II 2884	石 13 총18획	礎	주춧돌 foundation stone	초	础 chǔ	礎石(초석): ① 주춧돌 ② 어떤 사물의 기초를 비유적으로 이르는 말 基礎(기초): 사물의 밑바탕 柱礎(주초): 기둥과 주춧돌 定礎(정초): ① 사물의 기초를 잡아 정함 ② 주춧돌을 놓음 머릿돌
1급 2885	酉 08 총15획	醋	초 vinegar	초	醋 cù	醋酸(초산): 자극성의 냄새와 신맛을 가진 액체 [화] '아세트산'의 구칭 柿醋(시초): 감식초 食醋(식초): 식용으로 쓰는 액체 조미료 氷醋酸(빙초산): 수분이 5% 이하, 16℃ 이하에서 얼음 결정 순수한 아세트산
高 3급II 2886	亻人 07 총09획	促	재촉할 urge; push	촉	促 cù	促急(촉급): 촉박하여 매우 급함 促求(촉구): 재촉하여 요구함 促迫(촉박): 기한이 바싹 다가와 있음 促發(촉발) 促成(촉성) 促進(촉진): 재촉하여 빨리 나아가게 함 督促(독촉) 販促(판촉)
2급(名) 2887	虫 07 총13획	蜀	나라이름 the name of country	촉	蜀 shǔ	蜀葵(촉규): 접시꽃 蜀漢(촉한): (221~263)유비(劉備)가 세운 왕조 蜀帝化杜鵑(촉제화두견): 중국 촉나라의 망제는 죽어 혼백이 변해서 두견새가 되었다는 전설. 귀촉도(歸蜀道) ※ 소쩍새는 올빼미과로 두견이와 다름
高 3급 2888	火 13 총17획	燭	촛불 candlelight	촉	烛 zhú	燭光(촉광): 칸델라(candela) 광도의 단위 燭臺(촉대) 洞燭(통촉) 華燭(화촉) 華燭洞房(화촉동방): 첫날밤에 신랑 신부가 자는 방 膏燭以明自煎(고촉이명자전): 재능 때문에 도리어 화를 입음
高 3급II 2889	角 13 총20획	觸	닿을 touch	촉	触/觸 chù	觸角(촉각): 더듬이 觸覺(촉각): 닿는 감각 觸感(촉감) 觸媒(촉매) 觸發(촉발): ① 충동(衝動)·감정이 일어남 ② 접촉(接觸)하여 폭발(爆發)함 觸手(촉수): ① 손을 댐 ② 하등 동물의 촉감기 一觸卽發(일촉즉발)
1급 2890	口 21 총24획	囑	부탁할 entreat	촉	嘱/囑 zhǔ	囑望(촉망): 잘되기를 바라고 기대함 囑言(촉언): 뒷일을 부탁해 말함 囑託(촉탁): 일을 부탁하여 맡김 또는 부탁을 받은 사람 懇囑(간촉): 간곡(懇曲)히 부탁함 委囑(위촉): 일을 맡겨 부탁함 委囑狀(위촉장)
中 8급 2891	寸 00 총03획	寸	마디 inch; little; short	촌	寸 cùn	寸刻(촌각) 寸劇(촌극) 寸數(촌수) 寸陰(촌음) 寸志(촌지) 寸評(촌평) 寸鐵殺人(촌철살인): 날카로운 경구로 상대편의 급소를 찌름 一寸光陰不可輕(일촌광음불가경): 짧은 시간이라고 가벼이 여기지 말라
1급 2892	忄心 03 총06획	忖	헤아릴 consider	촌	忖 cǔn	忖度(촌탁): 남의 마음을 미루어 헤아림. 요탁(料度) 忖徒典(촌도전): 신라 30대 문무왕 때 설치한 관아(官衙) 忖想[cǔnxiǎng]: 자세히 생각하다 헤아리다 상상하다 (=忖思)
中 7급 2893	木 03 총07획	村	마을 village	촌	村 cūn	村落(촌락) 村老(촌로) 村路(촌로) 村長(촌장) 江村(강촌) 農村(농촌) 僻村(벽촌) 富村(부촌) 貧村(빈촌) 漁村(어촌) 鄕村(향촌) 民俗村(민속촌) 選手村(선수촌) 地球村(지구촌)
1급 2894	土 10 총13획	塚	무덤 tumulus; tomb	총	塚/冢 zhǒng	置塚(치총): 미리 잡아 두었다가 만드는 무덤 貝塚(패총): 조개더미 舞踊塚(무용총): 고구려 벽화고분 雙楹塚(쌍영총): 고구려 쌍기둥 무덤 四神塚(사신총) 天馬塚(천마총) 將軍塚(장군총): 경주 신라고분
高 4급II 2895	金 06 총14획	銃	총 gun	총	铳 chòng	銃劍(총검) 銃擊(총격) 銃器(총기) 銃殺(총살) 銃傷(총상) 銃聲(총성) 銃彈(총탄) 銃筒(총통) 銃砲(총포) 拳銃(권총) 小銃(소총) 獵銃(엽총) 銃劍術(총검술) 機關銃(기관총)

급수	부수	한자	훈음	음	중국어	용례
高 4급II 2896	糸 11 총17획	總	다[皆] all / 거느릴	총	総/总 zǒng	總計(총계) 總括(총괄) 總督(총독) 總論(총론) 總理(총리) 總務(총무) 總額(총액) 總長(총장) 總點(총점) 總責(총책) 總販(총판) 總合(총합) 總體的(총체적) 總罷業(총파업)
高 3급 2897	耳 11 총17획	聰	귀 밝을 clever	총	聪/聪 cōng	聰氣(총기) 聰敏(총민) 聰明(총명) 聰悟(총오) 聰哲(총철) 聰慧(총혜) 聰明睿智(총명예지): 듣지 못한 것이 없고(聰) 보지 못한 것이 없으며(明) 통하지 않은 것이 없고(睿) 알지 못하는 것이 없다(智)
1급 2898	又 16 총18획	叢	떨기/ 모일 cluster	총	丛 cóng	叢書(총서) 叢論(총론) 論叢(논총): 논문을 모아 간행한 책 叢林(총림): ① 잡목이 우거진 숲 ② 講院·禪院·律院을 갖춘 종합 도량 叢中(총중): 떼를 지은 뭇사람 가운데 叢生(총생): 뭉쳐나기
1급 2899	宀 16 총19획	寵	사랑할 favor	총	宠 chǒng	寵眷(총권) 寵臣(총신) 寵愛(총애): 남달리 귀엽게 여겨 사랑함. 굄 寵兒(총아): ① 특별한 사랑을 받는 사람 ② 시운時運을 타고 입신출세한 사람 恩寵(은총): 높은 사람에게서 받는 특별한 은혜와 사랑. 하나님의 인류에 대한 사랑
1급 2900	扌手12 총15획	撮	모을 gather 사진 찍을	촬	撮 cuō zuǒ	撮髮(촬발): 한 줌의 머리털 撮要(촬요): 요점만 골라서 취함 撮影(촬영): 형상을 사진이나 영화로 찍음 撮影所(촬영소): 영화를 촬영·제작하는 데에 필요한 설비를 갖춘 곳. 스튜디오 撮像管(촬상관)
2급(名) 2901	山 08 총11획	崔	성(姓)/ 높을 surname	최	崔 cuī	崔圭夏(최규하): (1919년~2006년) 10대 대통령 재임(1979~1980) 崔致遠(최치원): 자는 고운(孤雲) 9세기 통일신라 말기의 학자. 당(唐)나라에서 문장가로서 이름을 떨쳤음. 유교·불교·도교에 모두 이해가 깊음
高 3급II 2902	亻人11 총13획	催	재촉할 urge; push	최	催 cuī	催告(최고): 재촉하는 뜻으로 내는 통지. 최고장(催告狀), 공시최고(公示催告) 催租(최조) 催眠(최면) 催眠術(최면술) 催促(최촉): 재촉 開催(개최) 主催(주최) 催淚彈(최루탄) 催乳劑(최유제)
中 5급 2903	日 08 총12획	最	가장 most; best; first; utmost	최	最 zuì	最强(최강) 最古(최고) 最高(최고) 最多(최다) 最上(최상) 最善(최선) 最先等(최선등) 最新(최신) 最惡(최악) 最低(최저) 最適(최적) 最終(최종) 最下(최하) 最後(최후) 最優秀(최우수)
高 3급 2904	扌手05 총08획	抽	뽑을 pull out; abstract	추	抽 chōu	抽利(추리) 抽象(추상) [반] 具象 抽象化(추상화) 抽象畫(추상화) 抽稅(추세): 세액을 계산함 抽身(추신): 어려운 처지에서 몸을 뺌 抽籤(추첨): 제비를 뽑음 抽出(추출) 抽水帶(추수대): 沿岸帶
1급 2905	酉 02 총09획	酋	우두머리 chief; headman	추	酋 qiú	酋渠(추거): 오랑캐의 우두머리나 괴수. 추호(酋豪). 酋渠長(추거장) 酋長(추장): ① 만족(蠻族) 마을의 우두머리. 추령(酋領). 추수(酋帥) ② 씨족사회를 통솔하는 우두머리 酋矛(추모): 끝이 꼬부라진 긴 창
中 7급 2906	禾 04 총09획	秋	가을 autumn; fall	추	秋 qiū	秋季(추계) 秋穀(추곡) 秋冬(추동) 秋分(추분) 秋收(추수) 秋霜(추상) 秋夕(추석) 秋波(추파) 秋凉黃菊發(추량황국발) 秋毫不犯(추호불범): 매우 청렴해서 남의 것을 조금도 건드리지 않음
2급(名) 2907	木 09 총13획	楸	가래 wild walnut	추	楸 qiū	楸島(추도): 경남 충무반도 楸地嶺(추지령): 강원도 통천, 회양 楸哥嶺地溝帶(추가령지구대): 백두산에서 비롯한 백두대간이 추가령에서 한북정맥이라는 이름을 달고 남서쪽으로 이어진다.
1급 2908	魚 09 총20획	鰍	미꾸라지 loach; mudfish.	추	鰍 qiū	鰍魚(추어): 미꾸라지. 미꾸릿과의 민물고기 泥鰍(이추): 미꾸라지 鰍湯(추탕) 鰍魚湯(추어탕): 미꾸라지를 넣고 얼큰하게 끓인 국
1급 2909	⺿艸 04 총10획	芻	꼴 fodder; grass	추	刍 chú	芻牧(추목) 芻米(추미): 가축의 먹이와 사람의 양식 芻草(추초) 反芻(반추): ① 소나 양 따위가 먹은 것을 되씹는 짓. 되새김 ② 어떤 일을 되풀이하여 음미하고 생각함 反芻動物(반추동물): 소·양 따위
2급(名) 2910	阝邑10 총13획	鄒	추나라 the name of country	추	邹 Zōu	味鄒王(미추왕): 신라 13대 임금 彌鄒忽(미추홀): 지금의 인천(仁川) 鄒魯之鄕(추로지향): 공자와 맹자의 고향이란 뜻으로, 예절을 알고 학문이 왕성한 곳을 일컫는 말 鄒(추): 중국 춘추시대에 있던 나라

급수	부수/획수	한자	훈/뜻	음	중국어	용례
2급 2911	走 10 총17획	趨	달아날 tendency	추	趋 qū	趨利(추리) 趨勢(추세): 대세의 흐름이나 경향 趨迎(추영): 뛰어나가 맞아들임 趨向(추향): ① 대세를 쫓아감 ② 마음에 쏠리어 따라감 歸趨(귀추): 일이 되어 나가는 형편 趨光性(추광성): 走光性
中 3급Ⅱ 2912	辶辵06 총10획	追	쫓을/ 따를 chase; pursue	추	追 zhuī	追加(추가) 追擊(추격) 追更(추경) 追究(추구) 追求(추구) 追窮(추궁) 追突(추돌) 追慕(추모) 追放(추방) 追憶(추억) 追越(추월) 追跡(추적) 追從(추종) 追徵(추징) 追後(추후)
1급 2913	木 10 총14획	槌	칠[擊] attack 방망이 mallet; club	추 퇴	槌 chuí	槌剝(추박): 매질하여 재물을 빼앗음 紙槌(지추): 중국 화병(畫甁) 槌輕釘聳(퇴경정용): 망치가 가벼우면 못이 도로 솟는다. 鐵槌(철퇴): 끝이 둥글고 울퉁불퉁한 쇠몽둥이 囤 철퇴를 가하다.
1급 2914	金 10 총18획	鎚	쇠망치 iron hammer	추	锤 chuí	鎚殺(추살): 쇠망치로 쳐서 죽임 鐵鎚(철추):☞ 철추(鐵椎) 쇠망치 空氣鎚(공기추): 공기해머
中 4급 2915	扌手08 총11획	推	밀 push	추 퇴	推 tuī	推究(추구): 이치로 미루어 생각해 밝힘 推戴(추대): 윗사람으로 떠받듦 推理(추리) 推算(추산) 推進(추진) 推薦(추천) 推測(추측) 推敲(퇴고): 시문을 지을 때 자구(字句)를 여러 번 생각하여 고침
1급 2916	木 08 총12획	椎	몽치/ 등골 mallet/ spine	추	椎 chuí zhuī	椎擊(추격): 들이닥치면서 침 椎骨(추골): 척추골 椎鹵(추로): 어리석고 미련함 椎朴(추박): 꾸밈이 없고 수수함 頸椎(경추): 목등뼈 脊椎(척추): 등골뼈 椎骨敲髓(추골고수): 남을 몹시 고생스럽게 함
1급 2917	金 08 총16획	錐	송곳 awl; drill	추	锥 zhuī	方錐(방추): ① 날이 네모진 송곳 ② '방추형'의 준말 圓錐(원추) 錐臺(추대): 원뿔대 囊中之錐(낭중지추): 뛰어난 사람은 숨어 있어도 저절로 드러난다. 立錐之地(입추지지): 매우 좁아 여유가 없음
1급 2918	土 12 총15획	墜	떨어질 fall; crash	추	坠 zhuì	墜落(추락): ① 높은 곳에서 떨어짐 ② 위신이나 가치 따위가 떨어짐 擊墜(격추): 적의 비행기를 총포 또는 미사일을 쏘아 떨어뜨림 加膝墜淵(가슬추연): 기분에 따라 무릎에 앉혀 귀여워하거나 연못에 빠뜨린다.
1급 2919	木 11 총15획	樞	지도리 pivot; hinge; hub; center	추	枢 shū	樞軸(추축): ① 사물의 가장 긴요한 부분 ② 정치나 권력의 중심 樞機卿(추기경): 교황의 최고 고문으로 교회 행정과 교황 선출에 관여함 中樞的(중추적) 中樞院(중추원) 中樞神經(중추신경)
1급 2920	金 08 총16획	錘	저울추 weight; poise	추	锤 chuí	錘線(추선): ① 추에 맨 줄 ② 연직선(鉛直線) 錘鉛(추연): 납추 錘鐘(추종): 추가 달린 괘종 紡錘(방추): ① 물레의 가락 ② 북 秤錘(칭추): 저울추 錘時計(추시계):☞ 진자시계(振子時計)
高 3급 2921	酉 10 총17획	醜	추할 ugly	추	丑 chǒu	醜男(추남): 못생긴 남자 囤 미남(美男) 醜女(추녀): 囤 미녀(美女) 醜聞(추문) 醜虜(추로): 외국인이나 포로를 낮잡아 이르는 말 醜雜(추잡) 醜態(추태) 醜行(추행) 美醜(미추): 아름다움과 추함
中 3급 2922	一 03 총04획	丑	소/ cattle 둘째 지지	축	丑 chǒu	丑時(축시): 12시의 2째(오전1~3시), 24시의 3째(1시30분~2시30분) 辛丑(신축): 60갑자의 38째 丑坐未向(축좌미향): 남서향(南西向) 십이지(十二支): 子·丑·寅·卯·辰·巳·午·未·申·酉·戌·亥
中 5급 2923	示 05 총10획	祝	빌 celebrate	축	祝 zhù	祝歌(축가) 祝禱(축도) 祝文(축문) 祝杯(축배) 祝福(축복) 祝辭(축사) 祝壽(축수) 祝願(축원) 祝祭(축제) 祝賀(축하) 慶祝(경축) 祝結婚(축결혼) 祝盛典(축성전) 祝壽宴(축수연)
高 3급Ⅱ 2924	田 05 총10획	畜	짐승/ 가축 livestock	축	畜 chù xù	畜舍(축사) 畜産(축산): 가축을 길러 생활에 유용한 물질을 생산하는 일 畜生(축생) 畜協(축협) 家畜(가축) 屠畜(도축) 牧畜(목축) 畜産業(축산업) 農畜産物(농축산물) 養畜農家(양축농가)
高 4급Ⅱ 2925	⺿艸10 총14획	蓄	모을/ 쌓을 store up; save up	축	蓄 xù	蓄熱(축열) 蓄英(축영) 蓄藏(축장) 蓄財(축재) 蓄積(축적) 蓄妾(축첩) 備蓄(비축) 貯蓄(저축) 含憤蓄怨(함분축원) 蓄膿症(축농증) 蓄音機(축음기) 蓄電池(축전지) 含蓄性(함축성)

급수	부수	한자	훈	음	간체/병음	용례
高 3급 2926	辶(辵)07 총11획	逐	쫓을 expel; driving out	축	逐 zhú	逐鹿(축록): 제위 또는 정권·지위 등을 얻으려고 다투는 일. 각축(角逐) 逐出(축출) 逐次(축차) 角逐戰(각축전) 驅逐艦(구축함): 수뢰(水雷) 구축함 逐條審議(축조심의): 한 조목씩 차례로 모두 심의함
2급 2927	車 05 총12획	軸	굴대 axis; axle	축	轴 zhóu zhòu	軸頭(축두): 두루마리나 족자 따위의 첫머리에 있는 시·글씨·그림 따위 基軸(기축): 토대나 중심이 되는 긴요한 곳 基軸通貨(기축통화) 主軸(주축) 車軸(차축) 地軸(지축) 天方地軸(천방지축)
高 4급II 2928	竹 10 총16획	築	쌓을 build	축	筑 zhù	築臺(축대) 築城(축성) 築造(축조) 築港(축항) 改築(개축) 建築(건축) 構築(구축) 修築(수축) 新築(신축) 增築(증축) 築室道謀(축실도모): 집을 지으며 쓸데없는 의논을 하여 실패함 詩經
高 4급 2929	糸 11 총17획	縮	줄일 reduce; diminish	축	缩 suō	縮小(축소) 縮刷(축쇄) 縮約(축약) 縮影(축영) 縮尺(축척) 縮合(축합) 減縮(감축) 軍縮(군축) 緊縮(긴축) 濃縮(농축) 短縮(단축) 收縮(수축) 壓縮(압축) 萎縮(위축) 凝縮(응축)
2급 2930	足 12 총19획	蹴	찰 kick	축	蹴 cù	蹴球(축구): 11명이 한 팀이 되어 공을 차서 상대편의 골에 공을 많이 넣는 것으로 승부를 겨루는 경기 蹴踏(축답): 발로 차고 짓밟음 失蹴(실축): 공을 잘못 차다 一蹴(일축): 단번에 거절하거나 물리침
中 7급 2931	日 05 총09획	春	봄 spring	춘	春 chūn	春季(춘계) 春夢(춘몽) 春困症(춘곤증) 春秋服(춘추복) 春蘭秋菊(춘란추국) 春風秋霜(춘풍추상): 남에게는 봄바람처럼 부드럽게, 자신에게는 가을 서리처럼 엄격함 新春文藝(신춘문예)
2급(名) 2932	木 09 총13획	椿	참죽나무 kind of red oak	춘	椿 chūn	椿堂(춘당): 편지 등에서, 남의 아버지를 높여 이르는 말. 춘부장(春府丈) 椿丈(춘장): '춘부장(春府丈)'의 준말 椿府丈(춘부장): 남의 아버지에 대한 존칭. 春府(춘부). 춘정(椿庭)
中 7급 2933	凵 03 총05획	出	날[生] come out; leave	출	出 chū	出講(출강) 出勤(출근) 出納(출납) 出力(출력) 出産(출산) 出席(출석) 出身(출신) 出題(출제) 出衆(출중) 出處(출처) 出告反面(출고(곡)반면): 나갈 때는 갈 곳을 아뢰고, 들어와서는 얼굴을 보여드림
1급 2934	黑 05 총17획	黜	내칠 expel; excommunicate	출	黜 chù	黜校(출교) 黜敎(출교) 黜黨(출당): 정당에서 자격을 박탈하고 내쫓음 黜免(출면) 黜斥(출척): 허물이 있는 사람을 내쫓아 쓰지 아니함 勸賞黜陟(권상출척): 권하여 상주고 내치거나 올려준다. 千字文
中 5급II 2935	儿 04 총06획	充	채울 fill; full	충	充 chōng	充當(충당) 充滿(충만) 充分(충분) 充實(충실) 充員(충원) 充溢(충일) 充積(충적) 充電(충전) 凹방전(放電) 充塡(충전) 充足(충족) 充血(충혈) 充電器(충전기) LPG充塡所(충전소)
2급(名) 2936	氵水04 총07획	沖	화(和)할/빌/찌를 alluvial	충	冲 chōng chòng	崔沖(최충): 984~1068 고려 문신 沖年(충년): 열 살 안팎의 어린 나이 沖積(충적): 흙과 모래가 흐르는 물에 운반되어 쌓임 沖積世(충적세): 신석기시대 이후 현대 沖和之氣(충화지기): 하늘과 땅 사이의 조화된 기운
中 4급II 2937	心 04 총08획	忠	충성 loyal; fidelity	충	忠 zhōng	忠恪(충각) 忠告(충고) 忠僕(충복) 忠恕(충서) 忠誠(충성) 忠臣(충신) 忠實(충실) 忠義(충의) 忠節(충절) 忠情(충정) 忠直(충직) 忠孝(충효) 忠武公(충무공) 忠魂塔(충혼탑)
2급 2938	衣 04 총10획	衷	속마음 true heart	충	衷 zhōng	衷心(충심): 마음에서 우러나오는 참된 마음 衷情(충정): 마음에서 우러나오는 참된 정(情) 苦衷(고충): 괴로운 심정이나 사정 折衷(절충): 서로 다른 견해를 치우치지 않게 조절하여 알맞게 함
高 3급II 2939	行 09 총15획	衝	찌를/부딪칠 pierce	충	冲 chōng chòng	衝激(충격): 서로 세차게 부딪침 衝擊(충격): 마음에 받은 심한 자극이나 영향 衝突(충돌): 서로 맞부딪침 衝動(충동): 남을 부추김 衝天(충천) 折衝(절충): 적의 창끝을 꺾어 막는다, 외교나 교섭에서 담판하거나 흥정하는 일
中 4급II 2940	虫 12 총18획	蟲	벌레 insect	충	虫/虫 chóng	蟲聲(충성) 蟲室(충실) 蟲積(충적) 蟲齒(충치) 蟲害(충해) 甲蟲(갑충) 昆蟲(곤충) 松蟲(송충) 幼蟲(유충) 益蟲(익충) 害蟲(해충) 寄生蟲(기생충) 肝吸蟲(간흡충) 驅蟲劑(구충제)

급수	부수	한자	훈	음	中	용례
1급 2941	忄心08 총11획	悴	파리할 haggard	췌ː	悴 cuì	悴顔(췌안): 여윈(파리한) 얼굴　悴容(췌용): 초췌한 얼굴 憔悴(초췌): 고생이나 병 따위로 몸이 여위고 파리하다. 盡悴(진췌): 몸이 여위도록 마음과 힘을 다하여 애씀　榮(營)悴(영췌)
1급 2942	⺿艸08 총12획	萃	모을 collect; extraction	췌ː	萃 cuì	萃卦(췌괘): 못이 땅 위에 있고 물이 모임을 상징하는 택지췌(澤地萃)의 괘 萃然(췌연): 모이는 모양　拔萃(발췌): 글 가운데에서 필요하거나 중요한 부분만을 뽑아냄　拔萃文(발췌문)　拔萃案(발췌안)
1급 2943	月肉12 총16획	膵	췌장 pancreas	췌ː	膵 cuì	膵管(췌관): 이자관(胰子管)　膵癌(췌암): 췌장에 기생하는 악성 종양 膵臟(췌장): 위(胃) 뒤쪽에 있는 가늘고 긴 삼각주 모양 장기(臟器)로 소화효소를 냄. 이자　膵臟炎(췌장염): 췌장의 염증. 갑자기 발병
1급 2944	貝11 총18획	贅	혹 wen	췌ː	贅 zhuì	贅居(췌거): 처가살이　贅壻(췌서): 데릴사위　贅肉(췌육): 굳은살 贅言(췌언): 쓸데없는 군더더기 말. 췌담(贅談). 췌사(贅辭) 贅役(췌역): 허드렛일　贅剩(췌잉): 쓸데없이 덧붙은 군더더기
中 3급II 2945	口04 총07획	吹	불 blow	취ː	吹 chuī	吹奏(취주): 관악기를 불어서 연주함　吹奏樂團(취주악단) 吹笛(취적): 피리를 붊　吹打手(취타수)　音盤吹入(음반취입) 鼓吹(고취): ① 북을 치고 피리를 붊 ② 힘을 내도록 용기를 북돋움
2급 2946	火04 총08획	炊	불 땔 cooking; kitchen work	취ː	炊 chuī	炊飯(취반): 밥을 지음　炊事(취사): 음식을 장만하는 일 炊煙(취연): 밥 짓는 연기　炊事兵(취사병)　炊事道具(취사도구) 自炊(자취): 밥을 직접 지어 먹으면서 생활함　榮枯一炊(영고일취)
中 4급II 2947	又06 총08획	取	가질 take; management	취ː	取 qǔ	取扱(취급)　取得(취득)　取捨(취사): 취할 것은 취하고 버릴 것은 버림 取消(취소)　取笑(취소)　取食(취식)　取材(취재)　攝取(섭취) 搾取(착취)　取捨選擇(취사선택)　捨生取義(사생취의)
1급 2948	女08 총11획	娶	장가들 marry; wedding	취ː	娶 qǔ	娶嫁(취가): 가취(嫁娶)　嫁娶(가취): 시집가고 장가드는 일 娶禮(취례): 아내를 맞는 예식　娶妻(취처): 아내를 얻음 장가를 듦
2급(名) 2949	耳08 총14획	聚	모을/ 모일 assemble	취ː	聚 jù	聚落(취락): 인가가 모여 있는 곳　聚散(취산): 모임과 흩어짐　聚集(취집) 聚合(취합): 한데 모아 합침　聚形(취형)　車胤聚螢(차윤취형) 聚斂之臣(취렴지신): 백성을 가혹하게 다루고 세금, 뇌물을 긁어모으는 신하
高 4급 2950	走08 총15획	趣	뜻/ 취미 interest 달릴	취ː	趣 qù	趣味(취미): ① 즐기기 위해 하는 일 ② 감흥을 느껴 마음이 당기는 멋 趣舍(취사): 나아감과 머무름　趣意(취의)　趣旨(취지)　趣向(취향) 趣馬(취마)　深趣(심취)　情趣(정취)　興趣(흥취)　惡趣味(악취미)
高 3급 2951	自04 총10획	臭	냄새 stinking	취ː	臭 chòu xiù	臭覺(취각): 후각(嗅覺: 냄새를 맡는 감각)　臭氣(취기): 좋지 않은 냄새 口臭(구취)　惡臭(악취)　腋臭(액취)　體臭(체취)　香臭(향취) 脫臭劑(탈취제)　口尙乳臭(구상유취)　黃口乳臭(황구유취)
1급 2952	月肉06 총10획	脆	연할/ 무를 tender	취ː	脆 cuì	脆怯(취겁): 무르고 겁이 많아 쓰일 데가 없음　脆薄(취박): 연하고 얇음 脆弱(취약): 무르고 약함　脆弱性(취약성)　脆弱階層(취약계층) 脆軟(취연): 무르고 부드러움　脆銀石(취은석): (黃antimony化) 광물
中 4급 2953	尢09 총12획	就	나아갈 approach; accomplish	취ː	就 jiù	就縛(취박): 잡혀서 묶임　就業(취업)　就任(취임)　就職(취직) 就寢(취침): 잠자리에 듦　就學(취학)　就航(취항)　去就(거취) 成就(성취)　進就(진취)　就任式(취임식)　就勞事業(취로사업)
1급 2954	羽08 총14획	翠	푸를/ green jadeite 물총새	취ː	翠 cuì	翠簾(취렴): 푸른 대오리로 엮어 만든 발　翡翠(비취): 치밀하고 짙은 푸른색의 윤이 나는 보석 구슬《장신구·장식품》　翡翠色(비취색) 翡翠衾(비취금): 화려한 이불　翡翠簪(비취잠): 비취로 만든 비녀
高 3급II 2955	酉08 총15획	醉	취할 be drunk	취ː	醉/酔 zuì	醉客(취객)　醉氣(취기)　醉中(취중)　醉興(취흥)　痲醉(마취) 熟醉(숙취)　宿醉(숙취)　深醉(심취)　昏醉(혼취): 정신이 없도록 술에 취함 醉生夢死(취생몽사): 술에 취하여 자는 동안에 꾸는 꿈속에서 살고 죽는다.

급수	부수	한자	훈	음	中	용례
高 3급II 2956	亻人09 총11획	側	곁 side	측	侧 cè, zē zhāi	側近(측근): 곁의 가까운 곳 側目(측목): ① 곁눈질을 함 ② 바로 보지 못함 側面(측면) 側柏(측백) 側室(측실) 貴側(귀측) 南側(남측) 北側(북측) 兩側(양측) 左側(좌측) 右側(우측) 側面圖(측면도)
高 4급II 2957	氵水09 총12획	測	헤아릴 measure	측	测 cè	測量(측량): ① 높이, 깊이, 넓이, 방향 따위를 잼 ② 생각해 헤아림 測定(측정): ① 헤아려 정함 ② 양의 크기를 잼 計測(계측) 豫測(예측) 測程儀(측정의): 배의 속도나 항행 거리를 재는 기계
1급 2958	忄心09 총12획	惻	슬플 grieve	측	恻 cè	惻憫(측민): 가엾게 여기어 걱정함 惻然(측연): 가엽게 여기는 모양 惻隱(측은): 가엽고 애처로움 惻愴(측창): 괴로워하고 슬퍼함 懇惻(간측): ① 매우 딱하고 가엾다 ② 지극히 간절하다
高 4급 2959	尸 12 총15획	層	층[層階] layer; fold	층	層/层 céng	層階(층계) 層數(층수) 階層(계층) 高層(고층) 斷層(단층) 單層(단층) 復層(복층) 深層(심층) 低層(저층) 高位層(고위층) 層間騷音(층간소음): 공동 주택에서 아랫집에 들리는 윗집의 생활 소음
中 4급II 2960	氵水05 총08획	治	다스릴 rule; govern	치	治 zhì	治國(치국) 治療(치료) 治水(치수) 治世(치세) 治安(치안) 治粧(치장) 治績(치적) 治下(치하) 政治(정치) 統治(통치) 禁治産者(금치산자): 자기 재산의 관리·처분을 금지하는 선고를 받은 사람
1급 2961	亻人06 총08획	侈	사치할 luxurious	치	侈 chǐ	侈麗(치려): 크고 아름답다. 侈傲(치오): 우쭐하고 거만하다. 奢侈(사치): 필요 이상의 돈이나 물건을 쓰거나 분수에 지나친 생활을 함 外侈(외치): 분수에 넘치게 사치함 不侈不儉(불치불검): 아주 수수함
2급(名) 2962	山 06 총09획	峙	언덕/ hill 우뚝 솟을 confront	치	峙 zhì shì	峙立(치립): 높이 솟아 우뚝 섬 峙積(치적): 높이 쌓거나 쌓임 對峙(대치): 서로 맞서서 버팀. 대치상황(對峙狀況), 대치정국(對峙政局) 大峙洞(대치동): 서울시 강남구 大峙驛(대치역): 지하철 3호선 역
1급 2963	疒 06 총11획	痔	치질 hemorrhoids	치	痔 zhì	痔疾(치질): 항문 안팎에 생기는 질병 痔漏(치루): 작은 구멍이 생기고 고름이 나옴. 누치(瘻痔) 痔裂(치열): 점막이 찢어지고 난치성의 궤양 痔核(치핵): 직장(直腸)의 정맥이 울혈(鬱血)로 혹과 같이 된 치질
高 3급II 2964	心 06 총10획	恥	부끄러울 shame	치	耻 chǐ	恥部(치부): ① 음부(陰部) ② 남에게 알리고 싶지 않은 부끄러운 부분 恥事(치사): 행동이나 말 따위가 쩨쩨하고 남부끄럽다. 恥辱(치욕): 수치와 모욕 廉恥(염치) 羞恥(수치) 國恥日(국치일): 1910. 8. 29.
高 3급II 2965	亻人08 총10획	値	값 value	치	值 zhí	價値(가치): 값. 값어치. 희소가치(稀少價値) 數値(수치): 계산하여 얻은 값. 숫값 値域(치역): range 加重値(가중치) 近似値(근사치) 平均値(평균치) 値遇(치우): 마침 만나다. ちぐう [値遇]: 해후함
高 4급II 2966	罒网08 총13획	置	둘[措] place	치	置 zhì	置中(치중) 置重(치중) 代置(대치) 放置(방치) 配置(배치) 設置(설치) 位置(위치) 措置(조치) 置之度外(치지도외): 내버려 두고 문제로 삼지 않음 置之忘域(치지망역): 잊어버리고 생각하지 아니함
中 5급 2967	至 04 총10획	致	이를 reach	치	致 zhì	致富(치부) 致死(치사) 致詞(辭)(치사) 致仕(치사) 致誠(치성) 致意(치의) 致疑(치의) 致賀(치하) 致享(치향) 極致(극치) 送致(송치) 一致(일치) 致命傷(치명상) 致命的(치명적)
1급 2968	糸 10 총16획	緻	빽빽할 delicate	치	致 zhì	緻密(치밀): ① 자상하고 꼼꼼함 ② 올이 배고 톡톡함 緻巧(치교): 치밀하고 교묘하다. 堅緻(견치): 단단하고 치밀하다. 工緻(공치) 細緻(세치) 精緻(정치): 정교(精巧)하고 치밀(緻密)함
1급 2969	口 10 총13획	嗤	비웃을 laugh	치	嗤 chī	嗤罵(치매): 비웃으며 꾸짖음 嗤侮(치모): 비웃고 업신여김 嗤笑(치소): 비웃음. 냉소(冷笑) 嗤點(치점): 비웃어서 손가락질함. 손가락질하여 비웃음
1급 2970	馬 03 총13획	馳	달릴 run	치	驰 chí	驅馳(구치): 말이나 수레를 빨리 몰아 달림 馳突(치돌): 힘차게 달림 馳詣(치예): 어른 앞으로 빨리 달려 나감. 치진(馳進) 背馳(배치): 서로 반대가 되어 어긋남 相馳(상치): 일이나 뜻이 서로 어긋남

급수	부수/획수	한자	훈	음	간체/병음	용례
3급II 2971	禾 08 총13획	稚	어릴 childish	치	稚 zhì	稚氣(치기): 어리고 유치한 기분이나 감정 稚魚(치어): 알에서 깬 지 얼마 안 되는 어린 물고기 稚拙(치졸): 유치(幼稚)하고 졸렬(拙劣)함 稚戲(치희): ① 어리석은 짓 ② 어린아이의 장난 幼稚園(유치원)
2급(名) 2972	隹 05 총13획	雉	꿩 pheasant	치	雉 zhì	雉城(치성): 성가퀴(성 위에 낮게 쌓은 담) 雉岳山(치악산): 강원 원주시 家鷄野雉(가계야치): 집의 닭을 미워하고 들의 꿩을 사랑한다. 春雉自鳴(춘치자명): 봄철의 꿩이 스스로 운다. 때가 되면 스스로 함
中 4급II 2975	齒 00 총15획	齒	이 tooth	치	齿/齿 chǐ	齒垢(치구) 齒科(치과) 齒牙(치아) 齒藥(치약) 齒列(치열) 齒石(치석): 이의 표면에 침에서 분비된 석회분이 엉겨 붙어 굳어진 물질 齒痛(치통) 風齒(풍치) 齒周炎(치주염): 치주 조직의 염증
1급 2973	巾 12 총15획	幟	기(旗) flag	치	帜 zhì	幟(치): 깃발이 아래로 길게 드리우게 된 기 旗幟(기치): 어떤 일에 대한 분명한 태도나 주장 白幟(백치): 백기(白旗) 赤幟(적치): 붉은색의 깃발 大旗幟(대기치): 조선 시대 때 진중에서 방위(方位)를 표시하던 기
1급 2974	火 12 총16획	熾	성할 blaze	치	炽 chì	熾憤(치분): 몹시 화냄 熾盛(치성): 불길같이 성하게 일어남 熾烈(치열): 기세나 세력이 불길같이 맹렬함 熾熱(치열): 열도가 매우 높음 熾張(치장): 기세가 아주 맹렬함 大熾(대치) 熾盛光如來(치성광여래)
1급 2976	疒 14 총19획	癡	어리석을 foolish	치	痴/痴 chī	癡呆(치매): 지능·의지·기억 따위 정신적인 능력이 상실된 상태. 치매환자 白癡(백치): 뇌의 장애·질병 등으로 지능이 낮은 사람. 천치(天癡) 貪嗔癡(탐진치): 곧 탐내어 그칠 줄 모르는 욕심과 노여움과 어리석음
中 5급 2977	刀 07 총09획	則	법칙/ 곧 rule therefore	칙 즉	则 zé	校則(교칙) 規則(규칙) 法則(법칙) 罰則(벌칙) 變則(변칙) 社則(사칙) 稅則(세칙) 細則(세칙) 準則(준칙) 學則(학칙) 犯則金(범칙금) 貧則多事(빈즉다사) 言則是也(언즉시야)
1급 2978	力 07 총09획	勅	칙서 edict	칙	勅/敕 chì	勅庫(칙고) 勅命(칙명): 임금의 명령. 勅令. 勅旨. 勅使(칙사) 勅書(칙서): 임금이 특정인에게 훈계하거나 알릴 내용을 적은 글이나 문서 勞謙謹勅(노겸근칙): 힘써 일하고 겸손하고 삼가고 경계해야 한다. 千字文
中 6급 2979	見 09 총16획	親	친할 friendly; intimate	친	亲 qīn qìng	親交(친교) 親舊(친구) 親近(친근) 親母(친모) 親睦(친목) 親善(친선) 親疏(친소) 親展(친전) 親切(친절) 親戚(친척) 親不因媒(친불인매): 부부 사이의 정의(情誼)는 중매 없이 저절로 생김
中 8급 2980	一 01 총02획	七	일곱 seven	칠	七 qī	七氣(칠기):기쁨(喜)·노여움(怒)·근심(憂)·생각(思)·슬픔(悲)·놀람(驚)·두려움(恐) 七寶(칠보) 七夕(칠석) 七星堂(칠성당) 七去之惡(칠거지악) 七言絶句(칠언절구) 七顚八起(칠전팔기) 七顚八倒(칠전팔도)
高 3급II 2981	氵水11 총14획	漆	옻칠 lacquer	칠	漆 qī	漆器(칠기): ① '칠목기(漆木器)'의 준말 ② 옻칠같이 검은 잿물을 입힌 도자기 칠그릇 漆木(칠목): 옻나무 漆欌(칠장) 漆黑(칠흑) 漆板(칠판) 漆室(칠실) 漆毒(칠독) 金漆(금칠) 漆木箸(칠목저)
高 3급II 2982	氵水04 총07획	沈	잠길 sink 성(姓)	침(:) 심:	沈 chén Shěn	沈降(침강) 沈沒(침몰) 沈黙(침묵) 沈積(침적) 沈澱(침전) 沈滯(침체) 沈痛(침통) 沈澱物(침전물) 沈淸傳(심:청전) 沈魚落雁(침어낙안): 물고기가 물속으로 숨고 날던 기러기가 땅으로 떨어졌다.
高 3급 2983	木 04 총08획	枕	베개 pillow	침:	枕 zhěn	枕木(침목) 枕席(침석) 木枕(목침) 枕腕法(침완법): 서예 자세 鴛鴦枕(원앙침) 高枕短命(고침단명) 枕戈坐甲(침과좌갑): 창을 베고 갑옷(甲-)을 깔고 앉는다. 항상 전투태세를 갖추고 있는 군인의 자세
高 4급II 2984	亻人07 총09획	侵	침노할 invade	침	侵 qīn	侵攻(침공) 侵擄(침노): 남의 나라에 불법으로 쳐들어감 侵掠(침략): 침노해서 약탈(掠奪)함 侵略(침략): 남의 나라를 침노해서 땅을 빼앗음 侵伐(침벌) 侵犯(침범) 侵蝕(침식) 南侵(남침) 不可侵(불가침)
高 3급II 2985	氵水07 총10획	浸	잠길/ 담글/적실 soak; dip	침:	浸 jìn	浸禮(침례): 침례교에서 행하는 온몸을 물에 적시는 세례의 한 형식 浸漏(침루): 액체가 새거나 배어 나옴 浸水(침수): 물에 젖거나 잠김 浸蝕(침식): 지표가 자연현상으로 깎이는 일 浸透(침투): 스며들어 뱀

급수	부수	한자	훈	음	中	용례
高4급 2986	宀 11 총14획	寢	잘/ 잠잘 sleep	침ː	寝/寢 qǐn	寢具(침구): 이부자리·베개 따위 衾枕(금침) 寢囊(침낭) 寢臺(침대) 寢牀(침상) 寢食(침식) 寢息(침식) 寢室(침실) 寢殿(침전) 起寢(기침) 同寢(동침) 不寢番(불침번): 자지 않고 경비를 서는 일
1급 2987	石 05 총10획	砧	다듬잇돌 fulling-block	침ː	砧 zhēn	砧骨(침골): 한방에서 '모루뼈'를 이르는 말 砧聲(침성): 다듬이질 소리 砧杵(침저): 다듬잇돌과 방망이 특례 杵(공이 저) 搗砧(도침): 종이·피륙 따위를 다듬잇돌에 올려놓고 방망이로 두드려 반드럽게 함 搗砧匠(도침장)
中4급 2988	金 02 총10획	針	바늘/ 침 needle	침(ː)	针 zhēn	針母(침ː모): 바느질을 하는 여자 針線(침ː선): ① 바늘과 실 ② 바느질 檢針(검침): 눈금을 검사함 方針(방침) 指針(지침) 秒針(초침) 分針(분침) 時針(시침) 針葉樹(침엽수) 羅針盤(나침반)
1급 2989	金 09 총17획	鍼	침(鍼) acupuncture	침	针 zhēn	鍼灸(침구) 鍼術(침술): 침을 놓아 병을 다스리는 의술 鍼灸術(침구술): 침과 뜸으로 병을 다스리는 의술 手指鍼(수지침) 頂門一鍼(정문일침): 따끔한 충고나 교훈을 이르는 말. 頂上一鍼
1급 2990	虫 11 총17획	蟄	숨을/ 겨울 잠잘 hibernate	칩	蛰 zhé	蟄居(칩거): 나가서 활동하지 않고 집 안에만 죽치고 있음. 칩복(蟄伏) 驚蟄(경칩): 24절기의 하나. 우수(雨水)와 춘분 사이 양력 3월15일경 겨울잠을 자던 벌레나 개구리 따위가 깨어 꿈틀거리기 시작한다는 시기
1급 2991	禾 05 총10획	秤	저울 scale; balance	칭	秤 chèng chēn	秤(칭): 열다섯 근 秤心(칭심): 공평한 마음 秤錘(칭추): 저울추 大秤(대칭) 分秤(분칭) 天平秤(천평칭): 양팔 저울. 천칭(天秤) 我心如秤(아심여칭): 내 마음은 저울과 같다. 마음의 공평함을 이르는 말
高4급 2992	禾 09 총14획	稱	일컬을 call; praise	칭	称/穪 chēng chèn	稱頌(칭송) 稱義(칭의): 의롭다고 인정받음, 의인(義認). justification 稱讚(칭찬) 稱託(칭탁) 假稱(가칭) 對稱(대칭) 略稱(약칭) 愛稱(애칭) 尊稱(존칭) 呼稱(호칭) 稱體裁衣(칭체재의)
中4급II 2993	忄心04 총07획	快	쾌할 pleasure; refreshing	쾌	快 kuài	快感(쾌감) 快刀(쾌도) 快樂(쾌락) 快諾(쾌락) 快適(쾌적) 快活(쾌활) 明快(명쾌) 爽快(상쾌) 愉快(유쾌) 痛快(통쾌) 欣快(흔쾌) 快刀亂麻(쾌도난마): 뒤얽힌 일을 재빠르고 명쾌하게 처리함
中5급 2994	亻人03 총05획	他	다를 other	타	他 tā	他界(타계) 他系(타계) 他國(타국) 他殺(타살) 他律(타율) 他意(타의) 他人(타인) 他種(타종) 他派(타파) 他鄕(타향) 其他(기타) 餘他(여타) 排他的(배타적) 他山之石(타산지석)
中5급 2995	扌手02 총05획	打	칠 strike; hit; knock/dozen	타ː	打 dǎ dá	打開(타개) 打擊(타격) 打倒(타도) 打撲(타박) 打算(타산) 打殺(타살) 打設(타설) 打率(타율) 打者(타자) 打字(타자) 打鐘(타종) 打盡(타진) 打破(타파) 安打(안타) 打樂器(타악기)
高3급 2996	女 04 총07획	妥	온당할 proper; compromise	타ː	妥 tuǒ	妥結(타결): 의견대립에서 서로 양보하여 일을 마무름 妥當(타당) 妥議(타의): 온당하게 타협적으로 의논함. 타상(妥商) 妥定(타정) 妥辦(타판) 妥帖(타첩): 잘 처리함 妥協(타협) 妥當性(타당성)
1급 2997	阝阜05 총08획	陀	비탈질/ 부처 steep Buddha	타	陀 tuó	佛陀(불타): 부처의 원말 補陀落(보타락): 관음보살이 산다는 전설의 산 阿彌陀佛(아미타불): 사방정토(四方淨土)에 있다고 하는 부처의 이름 특례 它(다를 타{뱀 사}) 它們[tā·men]: [대명사] 그것들 저것들
1급 2998	舟 05 총11획	舵	키[正船木] rudder	타	舵 duò	舵機(타기): ① 배의 키 ② 조타기 操舵(조타): 배의 키를 조종함 舵輪(타륜) 方向舵(방향타) 昇降舵(승강타) 轉舵角(전타각) 操縱舵(조종타) 操舵手(조타수) 平衡舵(평형타)
1급 2999	馬 05 총15획	駝	낙타 camel	타	驼 tuó	駝酪(타락): 낙타의 젖 駝鳥(타조): 타조과의 새. 사막·황무지에 사는데, 키는 2-2.5m, 몸무게 136kg가량으로 새 중 가장 큼 駱駝(낙타): 낙타과의 포유동물 키는 약 2m이고 사막 생활에 적합
1급 3000	口 08 총11획	唾	침[涎] spit	타ː	唾 tuò	唾液(타액): 침 唾具(타구): 가래나 침을 뱉는 그릇 唾棄(타기): 침을 뱉듯이 버리고 돌아보지 않음 唾面自乾(타면자건): 꾸준하게 참음 唾手可決(타수가결): 손바닥에 침을 뱉는 것처럼 쉽게 얻을 수 있다.

급수	부수	한자	훈	음	간체	용례
1급 3001	忄心09 총12획	惰	게으를 lazy	타	惰 duò huī	怠惰(태타): 몹시 게으름 惰氣(타기): 게으른 마음이나 기분 惰力(타력): ① 타성의 힘 ② 버릇의 힘 ③ 관성을 일으키는 힘 惰性(타성): 오래되어 굳어진 좋지 않은 버릇 惰弱(타약): 나약(懦弱)
1급 3002	木 09 총13획	楕	길고 둥글 oval; ellipse	타	椭 tuǒ	楕圓(타원): 두 정점으로부터의 거리의 합이 일정한 점의 자취를 말한다. 楕圓囊(타원낭): 타원주머니(속귀의 반고리관과 연결되어있는 기관) 楕圓形(타원형): 길쭉하게 둥근 타원으로 된 평면 도형. 또는 그 모양 긴둥근꼴
高3급 3003	土 12 총15획	墮	떨어질 fall	타	堕 duò huī	墮落(타락): ① 품행이 나빠서 못된 구렁에 빠짐 ② 도심(道心)을 잃고 속심(俗心)으로 떨어짐 ③ 죄를 범하여 불신(不信)의 생활에 빠짐 墮其術中(타기술중): 남의 간악(奸惡)한 꾀에 넘어가거나 빠짐
高3급 3004	扌手03 총06획	托	맡길 entrust	탁	托 tuō	托鉢(탁발): 도를 닦는 승려가 경문을 외면서 집마다 다니며 동냥하는 일 托生(탁생): ① 세상에 태어나 삶을 유지함 ② 남에게 의탁하여 생활함 托葉(탁엽): 턱잎 托鉢僧(탁발승) 無依無托(무의무탁)
2급 3005	言 03 총10획	託	부탁할 entrust	탁	托 tuō	託送(탁송) 付託(부탁): 어떤 일을 해 달라고 청하거나 맡김 信託(신탁): ① 믿고 맡김 ②〔법〕재산의 관리·처분을 남에게 부탁함 依託(의탁) 託兒所(탁아소) 供託金(공탁금) 無依託(무의탁)
高5급 3006	十 06 총08획	卓	높을 eminent; upright	탁	卓 zhuó	卓子(탁자) 卓球(탁구) 食卓(식탁) 卓上空論(탁상공론) 卓見(탁견): 뛰어난 의견이나 견해. 탁식(卓識) 卓越(탁월): 월등하게 뛰어나다. 탁발(卓拔) 탁출(卓出) 卓筆(탁필): 뛰어난 필적 또는 문장
2급 3007	王玉08 총12획	琢	다듬을 chisel; carve	탁	琢 zhuó zuó	琢磨(탁마): ① 옥석(玉石)을 쪼고 갊 ② 학문이나 덕행을 닦음 切磋琢磨(절차탁마): 부지런히 학문이나 덕행을 닦음 특급 啄(쫄 탁) 啄木鳥(탁목조): 딱따구리 啐啄同機(時)(줄탁동기)(시)
高3급 3008	氵水13 총16획	濁	흐릴 muddy	탁	浊 zhuó	濁流(탁류) 濁色(탁색) 濁世(탁세) 濁水(탁수) 濁音(탁음) 濁井(탁정) 濁酒(탁주) 濃濁(농탁) 淸濁(청탁) 混濁(혼탁) 上濁下不淨(상탁하부정): 윗물이 흐리면 아랫물도 깨끗하지 못하다.
高3급 3009	氵水14 총17획	濯	씻을 wash	탁	濯 zhuó	濯征(탁정): 종묘제례 때 조종(祖宗)의 무공을 기리기 위한 악곡 濯足(탁족) 洗濯(세탁) 濯枝雨(탁지우): 음력 6월경에 내리는 큰비 濯鱗淸流(탁린청류): 비늘을 맑은 물에 씻는다. 높은 지위와 명예를 얻음
1급 3010	扌手14 총17획	擢	뽑을 select	탁	擢 zhuó	擢賞(탁상): 여럿 가운데서 뽑아 칭찬함 擢秀(탁수): 여럿 가운데 빼어남 擢用(탁용): 많은 가운데에서 뽑아서 씀 拔擢(발탁): 필요한 사람을 뽑아 씀 擢髮難數(탁발난수): 지은 죄(罪)가 이루 다 헤아릴 수 없을 정도로 많음
1급 3011	金 13 총21획	鐸	방울 bell	탁	铎 duó	鐸鈴(탁령): 방울 鐸舞(탁무): 목탁을 가지고 추는 춤 木鐸(목탁): ① 불공 기구 ② 세상 사람을 깨우쳐 바르게 인도할 만한 사람 3급 譯(번역할 역) 3급 驛(역참 역) 4급 擇(가릴 택) 3급 澤(못 택)
1급 3012	口 04 총07획	呑	삼킬 swallow	탄	吞 tūn	呑刀刮腸(탄도괄장): 칼을 삼켜 창자를 도려낸다, 새로운 사람이 됨 呑舟之魚 不遊枝流(탄주지어 불유지류): 배를 삼킬 만한 큰 고기는 지류에서 놀지 않는다. 현자(賢者)는 항상 고상(高尙)한 뜻을 가짐
1급 3013	土 05 총08획	坦	평탄할 flat	탄	坦 tǎn	坦腹(탄복): 사위를 달리 이르는 말 坦腹之材(탄복지재): 사윗감 順坦(순탄) 坦坦(탄탄): 평평하고 넓다. 坦坦大路(탄탄대로) 平坦(평탄) 虛心坦懷(허심탄회): 거리낌이 없는 마음
高5급 3014	火 05 총09획	炭	숯 charcoal	탄	炭 tàn	炭鑛(탄광) 炭酸(탄산) 炭素(탄소) 石炭(석탄) 煉炭(연탄) 炭酸飮料(탄산음료): 사이다. 콜라 炭水化物(탄수화물): 포도당, 과당, 녹말 따위로 탄소, 수소, 산소로 이루어진 유기 화합물. 3대 영양소
高3급 3015	言 07 총14획	誕	낳을 / 거짓 birth; born/ lie	탄	诞 dàn	誕降(탄강) 誕生(탄생): ① 성인(聖人) 또는 귀인이 태어남 ② 조직·제도·사업체 따위가 새로 생김 誕辰(탄신) 釋誕(석탄) 聖誕(성탄) 誕日鐘(탄일종) 佛誕日(불탄일) 聖誕節(성탄절)

급수	부수/획수	한자	훈/뜻	음	간체/병음	용례
1급 3016	糸 08 총14획	綻	터질 rip	탄	绽 zhàn	綻露(탄로): 비밀 따위를 드러냄 破綻(파탄): ① 찢어져 터짐 ② 일이나 계획 따위가 원만히 해결되지 않고 중도에서 그릇됨 ③ 회사 따위의 재정이 지급 정지 상태가 됨. 經濟破綻(경제파탄)
高 4급 3017	弓 12 총15획	彈	탄알 bullet; spring	탄	彈/弹 dàn tán	彈力(탄력) 彈駁(탄박) 彈性(탄성) 彈壓(탄압) 彈藥(탄약) 彈劾(탄핵) 彈丸(탄환) 彈琴臺(탄금대) 明珠彈雀(명주탄작): 새를 잡는 데 구슬을 쓴다. 작은 것을 탐내다가 큰 것을 손해 보게 됨
1급 3018	忄心12 총15획	憚	꺼릴 avoid	탄	惮 dàn	憚服(탄복): 두려워서 복종함 忌憚(기탄): 어려워함. 꺼림 無所忌憚(무소기탄): 아무것도 꺼리는 바가 없음 過則勿憚改(과즉물탄개): 잘못을 하면 즉시 고치는 것을 꺼리지 말아야 함
高 4급 3019	欠 11 총15획	歎	탄식할 sigh 특례 嘆	탄	叹 tàn	歎服(탄복) 歎息(탄식) 感歎(감탄) 敬歎(경탄) 歎願書(탄원서) 亡羊之歎(망양지탄): 학문의 길이 여러 갈래여서 한 갈래의 진리도 얻기 어려움 望洋之歎(망양지탄): 어떤 일에 자기 자신의 힘이 미치지 못할 때에 하는 탄식
2급(名) 3020	氵水19 총22획	灘	여울 rapids; shallows	탄	滩 tān	沙灘(사탄): 모래톱 가의 여울. 또는 바닥에 모래가 깔린 여울 新灘津(신탄진): 대전광역시 대덕구 玄海灘(현해탄): 대한해협 漢灘江(한탄강): 강원도 철원, 경기도 연천과 포천에 걸쳐 흐르는 강
中 4급 3021	月肉07 총11획	脫	벗을 undress; take off	탈	脱 tuō	脫稿(탈고): 원고 쓰기를 마침 脫穀(탈곡) 脫黨(탈당) 脫落(탈락) 脫漏(탈루) 脫毛(탈모) 脫北(탈북) 脫線(탈선) 脫稅(탈세) 脫盡(탈진) 脫塵(탈진) 脫出(탈출) 虛脫(허탈) 脫獄囚(탈옥수)
高 3급II 3022	大 11 총14획	奪	빼앗을 snatch; deprive	탈	夺 duó	奪取(탈취): 빼앗아 가짐 奪還(탈환): 빼앗겼던 것을 도로 빼앗음. 탈회(奪回) 强奪(강탈) 劫奪(겁탈) 剝奪(박탈) 收奪(수탈) 掠奪(약탈) 爭奪(쟁탈) 侵奪(침탈) 削奪官職(삭탈관직)
1급 3023	目 04 총09획	眈	노려볼 glare at	탐	眈 dān	虎視眈眈(호시탐탐):「범이 먹이를 노린다」는 뜻으로 ①「기회(機會)를 노리며 형세(形勢)를 살핌」을 비유하는 말 ② 날카로운 눈으로 가만히 기회를 노려보고 있는 모양
2급(名) 3024	耳 04 총10획	耽	즐길 indulge; immersion	탐	耽 dān	耽溺(탐닉): 어떤 일을 몹시 즐겨서 거기에 빠짐 耽讀(탐독): 즐겨 읽음 耽羅(탐라): '제주도'의 옛 이름 耽美主義(탐미주의): 아름다움을 최고의 가치와 목적으로 여겨 이를 추구하는 문예 사조. 유미(唯美)주의
中 4급 3025	扌手08 총11획	探	찾을 search	탐	探 tàn	探究(탐구) 探問(탐문) 探訪(탐방) 探査(탐사) 探照(탐조) 探知(탐지) 探索(탐색) 探情(탐정): 남의 뜻을 넌지시 살핌 探偵(탐정): 몰래 남의 깊은 사정을 살펴 알아냄 探險隊(탐험대)
高 3급 3026	貝 04 총11획	貪	탐낼 covet	탐	贪 tān	貪吝(탐린) 貪心(탐심) 貪慾(탐욕) 貪財(탐재) 貪虐(탐학) 食貪(식탐) 貪官汚吏(탐관오리): 탐욕이 많고 행실이 깨끗하지 못한 관리 貪者怨之本(탐자원본): 탐한다는 것은 남의 원한을 사는 근본임
高 3급II 3027	土 10 총13획	塔	탑 pagoda; tower	탑	塔 tǎ	金塔(금탑) 木塔(목탑) 佛塔(불탑) 斜塔(사탑) 寺塔(사탑) 石塔(석탑) 鐵塔(철탑) 尖塔(첨탑) 管制塔(관제탑) 司令塔(사령탑) 多寶塔(다보탑) 釋迦塔(석가탑) 送電塔(송전탑) 象牙塔(상아탑)
1급 3028	扌手10 총13획	搭	탈[乘] ride	탑	搭 dā	搭船(탑선): 승선(乘船) 搭乘(탑승): 배나 비행기, 열차 등에 올라탐 搭乘客(탑승객) 搭乘券(탑승권) 搭載(탑재): 배·비행기·차 등에 물건을 실음 搭載量(탑재량) 鐵搭(철탑):= 쇠스랑(갈퀴 모양 농기구)
1급 3029	宀 05 총08획	宕	호탕할 heroic; vigor and valor	탕	宕 dàng	豪宕(호탕): 기품이 호걸(豪傑)스럽고 방종(放縱)하다. 宕巾(탕건): 갓 아래에 받쳐 쓰던 관 跌宕(질탕): 지나치도록 흥겨움 豪宕不羈(호탕불기): 기개가 호기로워 사소한 일에 얽매이지 않음
高 3급II 3030	氵水09 총12획	湯	끓을 boil	탕	汤 tāng	湯器(탕기) 湯沐(탕목) 湯藥(탕약) 湯液(탕액) 湯劑(탕제) 湯沸室(탕비실): 물을 끓이거나 그릇을 씻을 수 있는 조그만 방 沐浴湯(목욕탕) 藥湯器(약탕기) 金城湯池(금성탕지)

급수	부수/획수	한자	훈	음	简体/拼音	용례
1급 3031	++艸12 총16획	蕩	방탕할/ 쓸어버릴 dissipated; sweeping	탕	荡 dàng	蕩兒(탕아) 蕩盡(탕진) 放蕩(방탕): 주색잡기에 빠져 행실이 좋지 못함 淫蕩(음탕) 蕩減(탕감) 掃蕩(소탕) 蕩平策(탕평책): 고른 등용 蕩蕩平平(탕탕평평): 싸움·논쟁에서 어느 쪽에도 치우치지 않고 공평함
中 6급 3032	大 01 총04획	太	클 great	태	太 tài	太極(태극) 太半(태반): 절반이 지남. 반수 이상. 대반(大半) 太陽(태양) 太陰(태음): '달' 太祖(태조) 太初(태초) 太平(태평) 太平洋(태평양) 太白山脈(태백산맥) 太平聖代(태평성대)
1급 3033	氵水04 총07획	汰	일[淘] wash out useless elements	태	汰 tài	汰揀(태간): 가려 뽑음 汰金(태금): 감흙에 섞여 있는 금을 물로 이는 일 淘汰(도태): 불필요한 부분이 줄어 없어짐 自然淘汰說(자연도태설) 沙汰(사태): 한꺼번에 많이 쏟아져 나오는 일의 비유 山沙汰(산사태)
中 3급II 3034	氺水05 총08획	泰	클 enormous	태	泰 tài	泰國(태국): Thailand 泰山(태산): ① 높고 큰 산 ② 크고 많음을 비유 泰然(태연): 태도나 기색이 아무렇지도 않은 듯이 예사로움 泰山北斗(태산북두) 泰然自若(태연자약) 國泰民安(국태민안)
2급(名) 3035	口 02 총05획	台	별 star	태	台 tái	天台宗(천태종): 불교 종파의 하나 3급II 臺(돈대 대) 略字 돈대(墩臺) 무대(舞臺)
高 3급II 3036	歹 05 총09획	殆	거의/ 위태할 almost danger	태	殆 dài	殆無(태무): 거의 없음 殆無心(태무심): 마음을 거의 쓰지 아니함 殆半(태반): 거의 절반 殆哉(태재): 몹시 위태로움. 또는 그런 일 危殆(위태): 형세가 마음을 놓을 수 없을 만큼 위험하다.
高 3급 3037	心 05 총09획	怠	게으를 lazy	태	怠 dài	怠慢(태만): 게으르고 느림. 과태(過怠) 怠業(태업): 일을 게을리 함 倦怠(권태): 게으름이나 싫증 권태기 懶怠(나태): 느리고 게으름 過怠料(과태료): 가벼운 의무 이행 위반에 대한 벌로 물게 하는 돈
2급 3038	月肉05 총09획	胎	아이 밸 pregnant	태	胎 tāi	胎敎(태교): 태아에게 좋은 영향을 주기 위해 마음과 행동을 삼가는 일 胎氣(태기) 胎動(태동) 胎夢(태몽) 胎盤(태반) 胎兒(태아) 胎葉(태엽) 落胎(낙태) 胚胎(배태) 孕胎(잉태) 胞胎(포태)
1급 3039	++艸05 총09획	苔	이끼 moss; lichen	태	苔 tái	苔類(태류) 苔碑(태비) 苔泉(태천): 이끼가 덮인 샘 甘苔(감태): 김 綠苔(녹태) 碧苔(벽태) 石苔(석태): 돌김 蘚苔(선태): 이끼 靑苔(청태): ① 푸른빛의 이끼 ② 갈파래 ③ 김 海苔(해태): 김
1급 3040	竹 05 총11획	笞	볼기칠 flogging; whipping	태	笞 chī	笞贖(태속): 볼기를 맞는 형벌 대신으로 관가에 바치던 돈 笞罪(태죄) 笞刑(태형): 오형(五刑)의 하나. 태장으로 볼기를 치던 형벌 태벌(笞罰) 笞杖(태장): 태형과 장형(杖刑) 甲笞(갑태) 決笞(결태) 掠笞(약태)
1급 3041	足 05 총12획	跆	밟을 tread; Taekwondo	태	跆 tái	跆拳道(태권도): 우리나라 고유의 전통 무예를 바탕으로 한 운동 또는 그 경기. 손과 발, 또는 몸의 각 부분을 사용하여 차기·지르기·막기 따위로 공격과 방어를 함 跆拳舞(태권무): 태권도의 품세를 응용해서 절도 있게 만든 춤
2급 3042	風 05 총14획	颱	태풍 typhoon	태	台 tái	颱風(태풍): ① 북태평양 서남부에서 발생하여 아시아 대륙 동부로 불어오는 폭풍우를 수반한 맹렬한 열대성 저기압 가운데 중심 최대 풍속이 초속 17m 이상인 것을 이름 ② 폭풍(暴風) 또는 싹쓸바람을 통속적으로 이르는 말
2급(名) 3043	儿 05 총07획	兌	바꿀/ 기쁠 exchange 괘 이름	태	兌 duì	兌管(태관): 색대(가마니 속에 든 곡식을 찔러 빼 보는 연장) 兌卦(태괘): 팔괘의 하나 發兌(발태): 책 따위를 펴내어 널리 팖 兌換紙幣(태환지폐): 정화(正貨)로 바꾸어 주게 되어 있는 지폐
高 4급II 3044	心 10 총14획	態	모습/ 모양 attitude	태	态 tài	態度(태도): ① 몸의 동작이나 몸을 거두는 모양새 ② 사물이나 사태에 대처하는 자세 態勢(태세) 舊態(구태) 事態(사태) 狀態(상태) 生態(생태) 實態(실태) 樣態(양태) 姿態(자태) 作態(작태)
中 5급II 3045	宀 03 총06획	宅	집 house	택	宅 zhái zhè	宅配(택배): 짐·서류 따위를 요구하는 지점까지 직접 배달함. 집 배달 宅地(택지): 집을 지을 땅 舍宅(사택) 社宅(사택) 自宅(자택) 邸宅(저택) 住宅(주택) 家宅軟禁(가택연금)/ 宅內(댁내)

급수	부수/획수	한자	훈	음	중국어	용례
高4급 3046	扌手13 총16획	擇	가릴 select	택	択/择 zé zhái	擇日(택일): 어떤 일을 치를 때 좋은 날짜를 고름. 택길(擇吉) 擇一(택일): 여럿 가운데 하나를 고름 選擇(선택) 採擇(채택) 揀擇(간택): 분간하여 선택함 簡擇(간택): 여럿 중에서 골라냄
高3급Ⅱ 3047	氵水13 총16획	澤	못 pond	택	泽/泽 zé	沼澤(소택): 늪과 못 光澤(광택): 물체의 표면이 번쩍이는 현상 德澤(덕택): 남에게 끼친 덕이나 혜택 潤澤(윤택): ① 윤기 있는 광택 ② 살림이 넉넉함 恩澤(은택): 은혜와 덕택. 仁澤(인택) 惠澤(혜택)
1급 3048	扌手12 총15획	撐	버틸 sustain	탱	撑 hēng	撐柱(탱주): 넘어지지 않게 버티는 기둥 버팀목 撐中(탱중): 화나 욕심 따위가 가슴속에 가득하다. 支撐(지탱): 오래 버티거나 배겨 냄 특급Ⅱ 撑(버틸, 버팀목 탱)
1급 3049	扌手15 총18획	攄	펼 spread	터ː	摅 shū	攄得(터득): 경험이나 연구로 이치를 깨우침 攄意(터의): 뜻을 터득함 攄破(터파): 자기의 속마음을 밝혀서 남의 의혹을 풀어 줌 攄懷(터회): 마음속에 품은 생각을 터놓고 이야기함 또는 그 생각 터포(攄抱)
中8급 3050	土 00 총03획	土	흙 soil	토	土 tǔ	土窟(토굴) 土臺(토대) 土木(토목) 土産(토산) 土俗(토속) 土壤(토양) 土偶(토우) 土人(토인) 土種(토종) 土主(토주) 土地(토지) 土質(토질) 土着(토착) 土豪(토호) 土曜日(토요일)
高3급Ⅱ 3051	口 03 총06획	吐	토할 vomit	토(ː)	吐 tù, tǔ	吐氣(토ː기) 吐痰(토담) 吐露(토로) 吐瀉(토ː사) 吐心(토ː심) 吐乳(토ː유) 吐出(토ː출) 吐血(토ː혈) 實吐(실토) 吐含山(토함산) 吐下劑(토ː하제) 吐哺握髮(토ː포악발) 吐故納新(토고납신)
3급Ⅱ 3052	儿 06 총08획	兎	토끼 rabbit 특급Ⅱ 兔	토	兎/兔 tù	兎影(토영): 월영(月影) 兎脣(토순): 토끼의 입술처럼 갈라진 윗입술 兎死狗烹(토사구팽) 守株待兎(수주대토) 兎營三窟(토영삼굴) 兎羅雉罹(토라치리): 토끼그물에 꿩이 걸린다. 군자가 도리어 화를 입음
高4급 3053	言 03 총10획	討	칠 attack; debate	토(ː)	讨 tǎo	討論(토ː론) 討議(토ː의) 討伐(토벌): 무력으로 쳐 없앰 討逆(토역) 討索(토색): 억지로 달라고 함 檢討(검토): 분석해 따짐 聲討(성토) 爛商討論(난상토론): 여러 사람이 모여서 충분히 의논함 또는 그런 의논
中6급 3054	辶辵 07 총11획	通	통할 pass through	통	通 tōng	通關(통관) 通觀(통관) 通款(통관) 通達(통달) 通路(통로) 通報(통보) 通譯(통역) 通帳(통장) 通知(통지) 通牒(통첩) 通貨(통화) 通話(통화) 通學(통학) 通行(통행) 通姓名(통성명)
1급 3055	木 07 총11획	桶	통(桶) tub	통	桶 tǒng	水桶(수통): 물통 鐵桶(철통) 沐浴桶(목욕통) 休紙桶(휴지통) 漆桶(칠통): ① 옻을 담는 통 ② 옻칠을 한 통 ③ 가사(袈裟)를 담는 통 ④ 선원(禪院)에서, 진리를 깨달은 지혜의 눈이 없는 사람을 꾸짖는 말
高4급 3056	疒 07 총12획	痛	아플 ache; pain	통ː	痛 tòng	痛哭(통곡) 痛念(통념) 痛憤(통분) 痛傷(통상) 痛心(통심) 痛冤(통원) 痛切(통절) 痛症(통증) 痛快(통쾌) 痛歎(통탄) 痛恨(통한) 腹痛(복통) 憤痛(분통) 悲痛(비통) 哀痛(애통)
中4급Ⅱ 3057	糸 06 총12획	統	거느릴 govern	통ː	统 tǒng	統監(통감) 統計(통계) 統括(통괄) 統率(통솔) 統一(통일) 統長(통장) 統制(통제) 統治(통치) 統轄(통할) 統合(통합) 統帥權(통수권): 한 나라의 병력을 지휘하고 통솔하는 권한 大統領(대통령)
1급 3058	竹 06 총12획	筒	통(筒)/대통/대롱 pipe	통	筒 tǒng	氣筒(기통) 算筒(산통): 맹인이 점을 칠 때 쓰는 산가지를 넣는 통 圓筒(원통) 煙筒(연통) 竹筒(죽통) 筆筒(필통) 郵遞筒(우체통) 7급 洞(밝을, 꿰뚫을 통{골 동}) 洞察力(통찰력)
1급 3059	忄心11 총14획	慟	서러워할 wail	통ː	恸 tòng	痛(慟)哭(통곡): 큰 소리로 섧게 움 몹시 슬피 울다. 恸哭[tòngkū] 慟泣(통읍): 슬피 움 慟絶(통절): 너무 슬퍼서 기절함 哀慟(애통): 슬피 울부짖음. 또는 슬프게 한탄함 哀恸[āitòng]
中4급Ⅱ 3060	辶辵06 총10획	退	물러날 retreat	퇴ː	退 tuì	退去(퇴거) 退勤(퇴근) 退步(퇴보) 退社(퇴사) 退室(퇴실) 退嬰(퇴영): 凹 진취(進取) 退營(퇴영) 退院(퇴원) 退位(퇴위) 退任(퇴임) 退場(퇴장) 退藏(퇴장) 退職(퇴직) 退學(퇴학)

급수	부수	한자	훈	음	중국어	용례
1급 3061	月肉10 총14획	腿	넓적다리 thigh	퇴	腿 tuǐ	腿骨(퇴골): 다리뼈 腿節(퇴절): 곤충의 허벅다리 부분의 마디 大腿骨(대퇴골): 넓적다리뼈 사람의 뼈 중에서 가장 큼 大腿筋(대퇴근): 넓적다리 근육 下腿骨(하퇴골): 정강이뼈와 종아리뼈
1급 3062	衤衣10 총15획	褪	바랠[褪色] fading; faded color	퇴	褪 tuì	退(褪)色(퇴색): ① 빛이 바램 ② 존재가 희미해지거나 볼품없이 됨
1급 3063	土 08 총11획	堆	쌓을 heap	퇴	堆 duī zuī	堆肥(퇴비): 두엄 堆石(퇴석): ① 빙퇴석(氷堆石) ② 돌을 높이 쌓음 堆積(퇴적): 많이 덮쳐 쌓임 堆朱(퇴주): 붉은 옻칠을 여러 번 한 공예품 堆疊(퇴첩): 우뚝하게 겹쳐 쌓음 堆金積玉(퇴금적옥): 금과 옥을 모음
1급 3064	頁 07 총16획	頹	무너질 collapse	퇴	颓 tuí	頹落(퇴락): 무너지고 떨어짐 頹壟(퇴롱): ① 무너진 무덤 ② 무너진 두둑 頹俗(퇴속): 쇠퇴하여 문란해진 풍속 퇴풍(頹風) 頹廢(퇴폐): ① 쇠퇴하여 결딴남 ② 도의·풍속 등이 쇠퇴하여 문란해짐
中4급 3065	扌手04 총07획	投	던질 throw	투	投 tóu	投稿(투고) 投球(투구) 投棄(투기) 投機(투기) 投網(투망) 投賣(투매) 投射(투사) 投書(투서) 投手(투수) 投映(투영) 投影(투영) 投資(투자) 投藥(투약) 投票(투표) 投降(투항)
1급 3066	女 05 총08획	妬	샘낼 envy	투	妒 dù	妬忌(투기): 강샘(상대의 이성이 다른 이성을 좋아함을 지나치게 미워하는 샘) 妬視(투시) 妬心(투심) 妬悍(투한): 질투심이 강하고 사납다 嫉妬(질투): ① 강샘 ② 다른 사람을 시기하고 깎아내리려고 함
1급 3067	大 07 총10획	套	씌울 cover	투	套 tào	套頭(투두): 가두(假頭): 얼굴과 머리 뒤까지 가리는 탈 套習(투습): 본을 떠서 함 封套(봉투): 종이로 만든 주머니 語套(어투): 말버릇 常套的(상투적): 늘 써서 버릇되다시피 한 것
高3급Ⅱ 3068	辶辵07 총11획	透	사무칠/ 통할 penetrate	투	透 tòu	透見(투견): 겉으로 드러나지 아니하는 참모습을 꿰뚫어 봄 透過(투과) 透明(투명) 投射(투사) 透寫(투사) 透水(투수) 透濕(투습) 透視(투시) 透熱(투열) 透彫(투조) 透徹(투철) 浸透(침투)
高4급 3069	鬥 10 총20획	鬪	싸움/ 싸울 fight	투	闘/斗 dòu	鬪犬(투견): 개끼리 싸움을 붙임 鬪毆(투구): 서로 싸우며 때림 鬪病(투병) 鬪牛(투우) 鬪爭(투쟁) 鬪志(투지) 鬪魂(투혼) 格鬪技(격투기): 권투·유도·레슬링·태권도 따위 戰鬪機(전투기)
中6급 3070	牛 06 총10획	特	특별할 special	특	特 tè	特講(특강) 特權(특권) 特級(특급) 特技(특기) 特例(특례) 特別(특별) 特報(특보) 特補(특보) 特使(특사) 特赦(특사) 特殊(특수) 特異(특이) 特輯(특집) 特許(특허) 特化(특화)
1급 3071	心 11 총15획	慝	사특할 wicked	특	慝 tè	慝惡(특악): 간사하고 매우 악하다. 慝者(특자): 간사하고 악한 사람 奸慝(간특): 간사하고 사악하다. 邪慝(사특): 요사스럽고 간특하다. 陰慝(음특): 성질이 음흉하고 간사하다. 凶慝(흉특): 흉악하고 간특하다.
1급 3072	己 01 총04획	巴	꼬리/ 땅이름 tail	파	巴 bā	巴豆(파두): 대극과의 상록 활엽 관목 巴蜀(파촉): 중국 사천성의 딴 이름. '巴'는 지금의 重慶 '蜀'은 지금의 成都 巴峽(파협) 三巴戰(삼파전): 셋이 어우러져 싸움 또는 그런 싸움
高3급 3073	扌手04 총07획	把	잡을 grasp	파	把 bǎ bà	把守(파수): 경계해 지킴 把握(파악): 꽉 잡아 쥠. 일을 잘 이해하여 확실하게 바로 앎 把捉(파착): 포착. 마음을 단단히 다잡아 늦추지 않음 拱把(공파): 한 아름 또는 그만큼 굵은 것 把守兵(파수병): 보초병
1급 3074	爪 04 총08획	爬	긁을 scratch; reptile; Reptilia	파	爬 pá	爬癢(파양): 가려운 데를 긁음 爬行(파행): 벌레·짐승 등이 기어 다님 爬蟲類(파충류): 벌레 같이 기어 다니는 동물 종류. 파충강(爬蟲綱): 뱀, 악어, 거북 爬羅剔抉(파라척결): ① 손톱으로 긁거나 후벼 파냄 ② 숨은 인재를 찾아냄
1급 3075	⺾艸04 총08획	芭	파초 a banana plant	파	芭 bā	芭蕉(파초): 높이는 2미터 정도이며, 잎은 뭉쳐나고 긴 타원형이다. 약재로 쓰고 관상용으로 재배한다. 중국이 원산지로 따뜻한 지방에서 자람 芭蕉扇(파초선): 파초의 잎 모양으로 만든 부채

급수	부수	한자	훈	음	중국어	용례
1급 3076	玉 08 총12획	琵	비파 a Korean mandolin [lute]	파	琶 pá	琵琶(비파): 인도에서 중국을 거쳐 삼국시대 우리나라에 들어온 현악기의 하나. 둥글고 긴 타원형의 몸체에 자루는 곧고 짧으며, 4현의 당비파(唐琵琶)와 5현의 향비파(鄕琵琶)가 있음
中 4급II 3077	氵水05 총08획	波	물결 wave; ripple; surge	파	波 bō	波高(파고) 波及(파급) 波濤(파도) 波浪(파랑): 작은 물결과 큰 물결 波紋(파문) 波市(파시): 바다 위에서 열리는 생선 시장 波長(파장) 波瀾萬丈(파란만장): 갖가지 곡절과 시련이 많고 변화가 심함
2급(名) 3078	土 05 총08획	坡	언덕 slope	파	坡 pō	坡州市(파주시): 경기도 松坡區(송파구): 1988년 강동구에서 분리 동(洞)에는 가락(可樂), 거여(巨餘), 마천(馬川), 문정(文井), 방이(芳荑), 삼전(三田), 석촌(石村), 송파(松坡), 오금(梧琴), 오륜(五輪), 잠실(蠶室), 장지(長旨), 풍납(風納)
中 4급II 3079	石 05 총10획	破	깨뜨릴 break; destruction	파:	破 pò	破格(파격) 破鏡(파경): 깨진 거울, 이혼 破壞(파괴) 破滅(파멸) 破産(파산) 破裂(파열) 破廉恥(파렴치) 破顔大笑(파안대소) 破器相接(파기상접) 破邪顯正(파사현정) 破竹之勢(파죽지세)
1급 3080	女 08 총11획	婆	할미 old woman	파	婆 pó	老婆(노파): 늙은 여자 할머니 娑婆(사파): '사바(娑婆)'의 본딧말 産婆(산파): 아이를 받고 산모를 도와주는 일을 직업으로 하던 여자 産婆役(산파역): 어떤 일을 이루어지게 하는 역할을 하는 사람
1급 3081	足 05 총12획	跛	절름발이 cripple	파 피:	跛 bǒ	跛行(파행): ① 절뚝거리며 걸음 ② 일이나 계획 따위가 순조롭게 진행되지 않음 跛行的(파행적) 跛行國會(파행국회) 偏跛(편파): 절뚝발이 跛立(피:립): 한 다리는 들고 한 다리로만 섬
高 3급 3082	頁 05 총14획	頗	자못 very	파	頗 pō	頗多(파다): 아주 많다. 偏頗(편파): 한쪽으로 치우쳐 공평하지 못함 偏頗的(편파적): 공평하지 못하고 한쪽으로 치우치는 경향이 있는 것
高 4급 3083	氵水06 총09획	派	갈래 branch; group	파	派 pài pā	派遣(파견): 임무를 맡겨 사람을 보냄 派兵(파병) 派送(파송) 派閥(파벌): 개인적인 이해관계에 따라 뭉친 배타적 분파(分派) 派生(파생) 系派(계파) 黨派(당파) 宗派(종파) 派出所(파출소)
高 3급 3084	扌手12 총15획	播	뿌릴 sow	파(:)	播 bō	播說(파설): 말을 퍼뜨림 播遷(파천): 임금이 도성을 떠나 피란하던 일 播種(파종): 논밭에 곡식의 씨앗을 뿌리는 일 散播(산파) 直播(직파) 傳播(전파): ① 전하여 널리 퍼뜨림 ② 파동이 매질(媒質) 속을 퍼져 가는 일
高 3급 3085	罒网10 총15획	罷	마칠 finish	파:	罷 bà	罷免(파면): 잘못을 저지른 사람에게 직무나 작업을 그만두게 함. 파출(罷黜) 罷市(파시) 罷業(파업): 하던 일을 중지함 罷場(파장) 罷職(파직) 論罷(논파): 논하여 없앰 革罷(혁파): 묵은 기구, 제도, 법령 따위를 없앰
中 4급 3086	刀 05 총07획	判	판단할 judge; judgment	판	判 pàn	判決(판결) 判斷(판단) 判讀(판독) 判事(판사) 判異(판이) 判定(판정) 理判事判(이판사판): 막다른 데서 어찌할 수 없게 된 지경 이판(理判)은 수행에 전념했고 사판(事判)은 농사짓고 탁발하며 어려운 절 살림을 꾸려갔다.
2급(名) 3087	阝阜04 총07획	阪	언덕 slope	판	阪 bǎn	大阪(대판): 일본 '오사카' 한자음 표기 盤阪(반판): 꾸불꾸불한 고개 峻阪(준판): 몹시 가파른 언덕 阪上走丸(판상주환): 언덕 위에서 공을 굴린다, 어떤 세력에 힘입어 일을 꾀하면 쉽게 이루어지거나 잘 진전됨
高 5급 3088	木 04 총08획	板	널/ 널빤지 board; plank	판	板 bǎn	板子(판자) 板紙(판지) 看板(간판) 甲板(갑판) 鋼板(강판) 氷板(빙판) 板矩形(판구형): 농구에서 백보드의 링 위에 그린 사각형 如印一板(여인일판): 한 판에 찍어 낸 듯이 조금도 서로 다름이 없음
高 3급II 3089	片 04 총08획	版	판목(版木) printing block	판	版 bǎn	版權(판권) 版木(판목): 인쇄하기 위해 글자나 그림을 새긴 나무 版圖(판도): ① 한 나라의 영토 ② 어떤 세력이 미치는 영역이나 범위 版畫(판화) 原版(원판) 組版(조판) 出版(출판) 版權張(판권장)
高 3급 3090	貝 04 총11획	販	팔[賣] sell	판	販 fàn	販禁(판금) 販路(판로) 販賣(판매): 상품 따위를 팖 販促(판촉): 판매가 늘도록 유도하는 일 街販(가판) 市販(시판) 外販(외판) 直販(직판) 總販(총판) 自販機(자판기) 販促社員(판촉사원)

급수/번호	부수/획수	한자	훈음	음	간체/병음	용례
1급 3091	辛 09 총16획	辦	힘들일/힘쓸 effort	판	办 bàn	辦納(판납): 금전이나 물품을 이리저리 변통해 바침 辦務(판무) 辦償(판상) 辦濟(판제) 辦公費(판공비): 공무를 처리하는데 드는 비용 買辦資本(매판자본): 외국 자본과 결탁하여 자국민의 이익을 해치는 토착 자본
中 8급 3092	八 00 총02획	八	여덟 eight	팔	八 bā/bá	八朔(팔삭): 음력 팔월 초하룻날《이날 농가에서 햇곡식을 처음 벰》 八角亭(팔각정) 八等身(팔등신): 키가 얼굴 길이의 8배 되는 몸 八方美人(팔방미인): ① 아름다운 여인 ② 여러 방면에 능한 사람
1급 3093	氵水04 총07획	沛	비쏟아질/늪 swamp	패	沛 pèi	沛然(패연): ① 성대한 모양 ② 비나 물이 쏟아지는 모양이 매우 세차다. 沛者(패자): 고구려 전기 직제의 대관 沛澤(패택): ① 우택(雨澤) ② 죄수를 대사(大赦)하는 은전의 비유 顚沛(전패): 엎어지고 자빠지는 것
中 3급 3094	貝 00 총07획	貝	조개 shell	패	贝 bèi	貝殼(패각): 조가비 貝類(패류): 조개의 종류《쌍패류와 권패류》 貝物(패물): 산호(珊瑚)·호박(琥珀)·수정(水晶)·대모(玳瑁)로 만든 물건 貝塚(패총) 貝貨(패화) 魚貝類(어패류) 二枚貝(이매패)
1급 3095	口 07 총10획	唄	염불소리/찬불(讚佛) prayer repetition	패	呗 bài	梵唄(범패): ① 불교에서 석가여래의 공덕을 찬미하는 노래 ② 불경을 읽는 소리 歌唄(가패): 범패를 부르며 불덕(佛德)을 찬미하는 것 讚唄(찬패): 경전의 글귀나 게송에 곡조를 붙여 부처의 공덕을 기리는 찬가
中 5급 3096	攵支07 총11획	敗	패할 defeated	패	败 bài	敗亡(패망) 敗北(패배) 敗色(패색) 敗訴(패소) 敗者(패자) 敗將(패장) 敗戰(패전) 腐敗(부패) 成敗(성패) 勝敗(승패) 失敗(실패) 敗家亡身(패가망신): 집안의 재산을 다 써 없애고 몸을 망침
1급 3097	亻人06 총08획	佩	찰[帶] wear	패	佩 pèi	佩劍(패검) 佩物(패물): ① 사람이 몸치장으로 차는 귀금속 따위의 장식물 ② 노리개 佩玉(패옥): 벼슬아치의 예복 위에 좌우에 늘이어 차는 옥 佩用(패용): 훈장, 명찰, 리본 따위를 몸에 달거나 참 佩恩(패은)
1급 3098	心 07 총10획	悖	거스를/어그러질 perverse	패	悖 bèi	悖談(패담): 사리에 어그러지게 말함. 또는 그런 말. 패설(悖說) 悖倫(패륜): 사람으로서 마땅히 지켜야 할 도리에 어긋남. 패륜아(悖倫兒) 悖出悖入(패출패입): 도리에 어그러지는 일을 하면 그와 같은 일을 받음
1급 3099	片 08 총12획	牌	패(牌) plate	패	牌 pái	牌札(패찰): 소속 부서·성명 등을 써서 가슴에 달거나 목에 거는 조그만 딱지 名牌(명패): 이름이나 직위를 써서 책상 위에 놓는, 길고 세모진 패 門牌(문패): 성명을 적어 문 옆에 다는 패 賞牌(상패): 상으로 주는 패
1급 3100	禾 08 총13획	稗	피[穀類] barnyard millet	패	稗 bài	稗飯(패반): =피밥(피로 지은 밥) 稗官(패관): 임금이 민간의 풍속이나 정사를 살피기 위해 항간에 떠도는 이야기를 모아 기록시키던 벼슬아치 稗史(패사): 역사 이야기 稗說(패설): '패관소설(稗官小說)'의 준말
2급 3101	雨 13 총21획	霸	으뜸 first; supremacy 특례 覇 俗字	패	霸 bà	霸權(패권): 패자(霸者)의 권력 霸氣(패기): 굳센 기상이나 정신 霸者(패자): ① 제후의 우두머리 ② 운동 경기나 어느 분야에서 으뜸이 되는 사람 連霸(연패) 霸權主義(패권주의) 霸氣滿滿(패기만만)
2급(名) 3102	彡 09 총12획	彭	성(姓) surname 땅이름	팽	彭 péng	彭友德(팽우덕): 중국 절강(浙江) 사람 1597년(선조30) 정유재란 때 아들 신고(信古)와 함께 우리나라에 와서 공을 세우고 귀화(歸化) 彭排(팽배): 방패(防牌)를 무기로 다룬 군병(軍兵). 팽배대장(彭排隊長)
1급 3103	氵水12 총15획	澎	물소리 overflowing	팽	澎 péng	澎湃(팽배): ① 물결이 맞부딪쳐 솟구침 ② 어떤 기세나 사조(思潮)가 맹렬한 기세로 일어남
1급 3104	月肉12 총16획	膨	불을 swell;	팽	膨 péng	膨大(팽대) 膨滿(팽만) 膨潤(팽윤) 膨脹(팽창): ① 부풀어 부피가 커짐. 팽창률(膨脹率) ② 수량이 늘어나거나 규모·세력이 커지거나 크게 발전함 膨膨(팽팽): 부풀어 있다. 膨融性(팽융성): 부피가 늘면서 녹는 성질
1급 3105	忄心09 총12획	愎	강퍅할/괴팍할 fastidious	퍅	愎 bí	愎性(퍅성): 너그럽지 못하고 까다로워 걸핏하면 화를 내는 성질(性質) 剛愎(강퍅): 성미가 까다롭고 고집이 세다. 乖愎(괴:퍅): 괴팍이 표준어임 성미가 까다롭고 별나서 붙임성이 없음

급수	부수/획	漢字	훈	음	中	용례
中 3급II 3106	片 00 총04획	片	조각 thin piece	편(:)	片 piàn piān	片刻(편각) 片肉(편육) 片鱗(편린) 斷片的(단편적) 片言隻字(편언척자): 짧은 말과 글 片箋片玉(편전편옥): 아름다운 문장을 이르는 말 一片丹心(일편단심) 一葉片舟(일엽편주)
中 7급 3107	亻人07 총09획	便	편할ㅣ 똥오줌 ease	편(:) 변	便 biàn pián	便利(편리) 便法(편법) 便乘(편승) 便安(편안) 便宜(편의) 便益(편익) 便紙(편:지) 便宜店(편의점) 便宜主義(편의주의) 形便(형편) 便器(변기) 便祕(변비) 便所(변소) 用便(용변)
1급 3108	革 09 총18획	鞭	채찍 whip	편	鞭 biān	鞭撻(편달): ① 채찍으로 때리는 것 ② 잘 할 수 있도록 따끔하게 나무라는 것 敎鞭(교편): 선생이 수업하면서 사용하는 가느다란 막대기 走馬加鞭(주마가편): 달리는 말에 채찍질한다. 잘하는 사람을 한층 더 장려함
2급(名) 3109	戶 05 총09획	扁	작을/ 넓적할 wide and flat	편	扁 biǎn	扁(片)舟(편주) 扁平(편평) 扁額(편액) 扁桃腺(편도선) 扁鵲不能肉白骨(편작불능육백골): 천하의 명의 편작(扁鵲)도 죽은 사람을 소생시킬 수는 없다. 충신도 망국을 유지할 수는 없음
高 3급II 3110	亻人09 총11획	偏	치우칠 one-sided	편	偏 piān	偏角(편각) 偏見(편견) 偏母(편모) 偏旁(편방) 偏食(편식) 偏愛(편애) 偏倚(편의) 偏重(편중) 偏差(편차) 偏頗(편파) 偏向(편향) 偏狹(편협) 偏執症(편집증) 不偏不黨(불편부당)
高 3급 3111	辶辵09 총13획	遍	두루 widely	편	遍 biàn	遍歷(편력): ① 이곳저곳을 널리 돌아다님. 편답(遍踏) ② 여러 가지 경험을 함 遍在(편재): 두루 퍼져 있음 普遍(보편): 두루 널리 미침 들어맞음 讀書百遍義自通(독서백편의자통): 백번 읽으면 저절로 알게 된다.
中 4급 3112	竹 09 총15획	篇	책 book	편	篇 piān	篇法(편법): 시문(詩文) 등을 편을 지어 만드는 방법 短篇(단편) 長篇(장편) 詩篇(시편) 上篇(상편) 下篇(하편) 玉篇(옥편): 자전(字典)(한자를 글자 하나하나의 뜻과 음을 풀이한 책)
高 3급II 3113	糸 09 총15획	編	엮을 compile	편	编 biān	編曲(편곡) 編成(편성) 編著(편저) 編輯(편집): 수집·정리하고 구성함 編纂(편찬): 여러 가지 자료를 모아 체계적으로 정리해서 책을 만듦 編織物(편직물): 실로 뜨개질한 것처럼 짠 피륙. 편직(編織)
1급 3114	馬 09 총19획	騙	속일 cheat	편	骗 piàn	騙馬(편마): 달리는 말 위에서 부리던 여러 가지 무예 곡마(曲馬) 騙取(편취): 남을 속여 재물이나 이익 등을 빼앗음 欺騙(기편): 기인편재(欺人騙財): 사람을 속이고 재물을 빼앗음
1급 3115	貝 05 총12획	貶	낮출 degrade	폄:	贬 biǎn	貶降(폄강): 벼슬의 등급을 떨어뜨림 貶下(폄하): ① 가치를 깎아내림 ② 치적(治績)이 좋지 못한 수령을 하등으로 깎아내리던 일 生手庖人貶擇安板(생수포인폄택안판): 능력이 부족하면서 조건만 탓함
中 7급II 3116	干 02 총05획	平	평평할 flat	평	平 píng	平均(평균) 平等(평등) 平凡(평범) 平素(평소) 平野(평야) 平溫(평온) 平穩(평온) 平原(평원) 平準(평준) 平和(평화) 公平(공평) 平壤市(평양시) 平準化(평준화) 平澤市(평택시)
2급 3117	土 05 총08획	坪	들[野]/ plain/ 평(3.30㎡)	평	坪 píng	坪(평): 제곱의 단위《여섯 자 제곱》. 3.30㎡ 建坪(건평): 건물 바닥 면적의 합계 평수. 건축 면적 延建坪(연건평) 延坪數(연평수) 坪當價格(평당가격) 坪數制限(평수제한)
高 4급 3118	言 05 총12획	評	평할 criticize; comment	평:	评 píng	評價(평가) 評決(평결) 評論(평론) 評駁(평박) 評語(평어) 評傳(평전) 評點(평점) 評判(평판) 講評(강평) 漫評(만평) 批評(비평) 品評(품평) 總評(총평) 群盲評象(군맹평상)
1급 3119	⺾艸08 총12획	萍	부평초 duckweed	평	萍 píng	浮萍草(부평초): ① 늪이나 연못 물위에 떠서 자라는 다년생 수초 수평(水萍). 개구리밥 ② 정처 없이 떠돌아다니는 신세의 비유 浮萍轉蓬(부평전봉): 정처 없이 떠다니는 낙오된 신세
高 3급II 3120	月肉04 총08획	肺	허파 lungs	폐:	肺 fèi	肺病(폐병) 肺腑(폐부) 肺炎(폐염) 肺癌(폐암) 肺臟(폐장) 心肺(심폐): 심장과 폐 肺結核(폐결핵) 肺活量(폐활량): 폐 속에 최대한도로 공기를 빨아들여, 다시 배출하는 공기의 양. 폐기량(肺氣量).

급수	부수	漢字	訓	音	中文	용례
1급 3121	阝阜07 총10획	陛	대궐 섬돌 royal palace stone steps	폐:	陛 bì	陛下(폐하): 황제나 황후를 높여 일컫던 말 陛見(폐현): 폐하(陛下)를 만나 뵙는 일 納陛(납폐): 천자가 하사 卯陛(묘폐): 동쪽 섬돌 廉陛(염폐): ① 섬돌과 모서리 ② 벼슬의 위차 殿陛(전폐): 전계(殿階)
中 4급 3122	門 03 총11획	閉	닫을 shut; close	폐:	闭 bì	閉講(폐강) 閉校(폐교) 閉幕(폐막) 閉塞(폐색) 閉鎖(폐쇄) 閉業(폐업) 閉店(폐점) 閉廷(폐정) 閉止(폐지) 閉會(폐회) 閉經期(폐경기): 여성의 월경이 없어지는 갱년기(更年期) 월경 폐쇄기
高 3급II 3123	广 12 총15획	廢	폐할/ 버릴 discontinue	폐:	废.废 fèi	廢刊(폐간) 廢校(폐교) 廢棄(폐기) 廢水(폐수) 廢業(폐업) 廢油(폐유) 廢絶(폐절) 廢止(폐지): 없애거나 그만둠 廢蟄(폐칩): 집 안에만 박혀 있음 廢寢忘餐(폐침망찬): 침식을 잊고 일에 몰두함
高 3급 3124	巾 12 총15획	幣	화폐/ 폐백 currency; silk fabrics	폐:	币 bì	幣物(폐물): 선사하는 물건 幣帛(폐백): ① 신부가 처음 시부모를 뵙고 큰절을 하고 올리는 물건 ② 혼인 때 신랑이 신붓집에 보내는 예물 貨幣(화폐): 돈. 금전(金錢) 紙幣(지폐) 造幣公社(조폐공사)
高 3급II 3125	廾 12 총15획	弊	폐단/ 해질 evil; abuse	폐:	弊 bì	弊端(폐단): 좋지 않은 경향이나 해로운 현상 弊絶風淸(폐절풍청) 弊習(폐습) 弊害(폐해) 民弊(민폐) 病弊(병폐) 疲弊(피폐) 弊家(폐가): 자기 집을 弊社(폐사): 자기 회사를 겸손하게 이르는 말
高 3급 3126	++艸12 총16획	蔽	덮을 cover; hide	폐:	蔽 bì	蔽遮(폐차): 가려서 막음 隱蔽(은폐): 덮어 감추거나 숨김 掩蔽(엄폐): 가려서 숨김 掩蔽物(엄폐물) 建蔽率(건폐율) 蔽塞(폐색): [bìsè] [동사] 덮어 가리다. [형용사] 현명하지 못하다.
1급 3127	攵攴14 총18획	斃	죽을 die	폐:	毙 bì	斃死(폐사): 쓰러져 죽음 ・어패류 ~. 病斃(병폐): 병으로 죽음 自斃(자폐): 자살(自殺) 困斃(곤폐): 마소 따위가 지쳐서 죽음 斃死率(폐사율): 전체에 대비하여 쓰러져 죽은 비율
中 4급II 3128	巾 02 총05획	布	베/ 펼 hemp cloth 보시 promulgate	포(:) 보:	布 bù	布木(포목): 베와 무명 布帳(포장): 휘장 布帛尺(포백척): 바느질 자 布局(포:국) 布告(포:고): 일반에게 널리 알림 公布(공포) 宣布(선포) 布告令(포:고령) 布敎(포:교) / 布施(보시): 자비심으로 재물을 베풂
2급 3129	忄心05 총08획	怖	두려워할 fear	포	怖 bù	怖悸(포계): 두려워서 가슴이 울렁거림 恐怖(공포): 무서움과 두려움 畏怖(외포): 몹시 두려워함 恐怖症(공포증): 강박 관념의 하나. 항상 공포·불안을 느끼면서 자기 통제를 하지 못하는 병적 증상
高 4급II 3130	勹 03 총05획	包	쌀[裹] package; inclusion	포(:)	包/包 bāo	包括(포:괄) 包攝(포:섭) 包容(포:용) 包圍(포:위) 包袋(포대) 包裝(포장) 包皮(포피) 包含(포함) 包羞忍恥(포수인치): 부끄러움을 참아 냄 包藏禍心(포장화심): 남을 해칠 마음을 품고 있음
中 3급 3131	扌手05 총08획	抱	안을 embrace	포:	抱/抱 bào	抱卵(포란): 암새가 부화하기 위해 알을 품어 따스하게 하는 일 抱負(포부): 마음속에 지닌 앞날에 대한 계획이나 희망 抱擁(포옹) 抱主(포주): ①기둥서방 懷抱(회포) 抱腹絶倒(포복절도)
1급 3132	广 05 총08획	庖	부엌 kitchen	포	庖.庖 páo	庖稅(포세): 예전에, 가축을 잡는 데에 물리던 세금 庖人(포인): 요리사 庖典(포전): 신라, 궁중의 요리를 맡아보던 관아 庖丁(포정): 백장(←白丁(백정)) 庖廚(포주→푸주): 푸줏간
1급 3133	口 05 총08획	咆	고함지를/ 으르렁거릴 roar	포	咆 páo	咆哮(포효): ① 사나운 짐승이 울부짖음. 또는 그 울부짖는 소리 ② 사람·자연물 따위가 세고 거칠게 내는 소리를 비유한 말
1급 3134	氵水05 총08획	泡	거품 foam	포	泡/泡 pào páo	泡沫(포말): 물거품 泡影(포영): 물거품과 그림자, 사물의 덧없음의 비유 泡幻(포환): 물거품과 환상 氣泡(기포): 고체나 액체 속에 공기나 다른 기체가 들어가 둥그런 형상을 한 것 水泡(수포): ① 물거품 ② 헛된 결과
高 4급 3135	月肉05 총09획	胞	세포/ 태포 cell	포(:)	胞/胞 bāo	胞宮(포궁): 자궁 胞子(포자): 홀씨 胞衣(포의): 혼돈피(混沌皮) 胞胎(포태): 아이를 뱀 僑胞(교포): 외국에 사는 동포 氣胞(기포): ① 허파 꽈리 ② 물고기의 부레 卵胞(난포) 細胞(세포) 胎胞(태포)

급수	부수	한자	훈	음	中
4급II 3136	石 05 총10획	砲	대포 cannon	포:	砲.炮 pào
1급 3137	疒 05 총10획	疱	물집/ 천연두 smallpox	포:	疱 pào
1급 3138	衤衣05 총10획	袍	도포 Korean full-dress attire	포	袍 páo
高 3급 3139	食 05 총14획	飽	배부를 full stomach	포:	飽/饱 bǎo
2급(名) 3140	魚 05 총16획	鮑	절인물고기 salted fish	포:	鮑 bào
2급 3141	扌手04 총07획	抛	던질 throw	포:	抛 pāo
1급 3142	勹 07 총09획	匍	길 crawl	포	匍 pú
高 3급II 3143	扌手07 총10획	捕	잡을 catch; arrest	포:	捕 bǔ
高 3급II 3144	氵水07 총10획	浦	개[水邊] riverside	포	浦 pǔ
1급 3145	囗 07 총10획	圃	채마 밭 green farm	포	圃 pǔ
1급 3146	口 07 총10획	哺	먹일 feed	포:	哺 bǔ
1급 3147	辶辵07 총11획	逋	도망갈 flee	포	逋 bū
1급 3148	月肉07 총11획	脯	포(脯) dried meet	포	脯 pú
2급(名) 3149	⺾艸09 총13획	葡	포도 grape	포	葡 pú
1급 3150	⺾艸10 총14획	蒲	부들 cattail	포	蒲 pú

砲擊(포격) 砲隊(포대) 砲聲(포성) 砲手(포수) 砲音(포음)
砲彈(포탄) 砲火(포화) 大砲(대포) 禮砲(예포) 銃砲(총포)
祝砲(축포) 艦砲(함포) 砲兵隊(포병대) 投砲丸(투포환)

疱瘡(포창): 법정 전염병. 천연두(天然痘) 바이러스에 의하여 일어난다.
홍역(紅疫)처럼 온몸에 발진(發疹)이 있으며 전염력이 매우 강하다.
水疱(수포): 살가죽이 부풀어 올라 속에 장액(漿液)이 잡힌 것

道袍(도포): 옛날에, 남자가 통상예복으로 입던 겉옷. 길이가 길고
소매가 아주 넓으며 등 뒤에는 한 폭의 헝겊이 덧붙음
靑袍(청포): 푸른 도포《사품·오품·육품의 관원이 공복(公服)으로 입었음》

飽食(포식): 배부르게 먹음 飽和(포화): 가득 찬 상태 不飽和(불포화)
飽滿感(포만감): 충분히 먹어 배가 부른 느낌 飽食暖衣(포식난의)
非肉不飽(비육불포): 고기를 먹어야만 배가 부르다. 늙은이가 쇠약해진 지경

鮑尺(포척): 물속에 들어가서 전복을 따는 사람 * 보자기(해녀)
鮑石亭(포석정): 유상(流觴) 곡수연을 즐기던 전복 모양의 돌 홈 경주시
管鮑之交(관포지교): 춘추시대 제(齊)나라의 관중과 鮑叔牙의 친밀한 사귐

抛車(포거): 예전에 쓰던 대포(大砲)의 한 가지 抛棄(포기): ① 하던
일을 도중에 그만두어 버림 ② 자기의 권리나 자격을 쓰지 않음
抛擲(포척): 물건을 내던짐 抛物線(포물선): 원뿔곡선의 하나

匍球(포구): 야구에서, 방망이에 맞아 땅 위로 굴러가는 공. grounder
匍匐(포복): 엎드려 배를 땅에 대고 김 匍匐救之(포복구지):「급(急)히
서둘러 구(救)한다」남의 상사(喪事)에 힘을 다하여 도움을 이르는 말

捕球(포구): 공을 잡음 捕虜(포로): 전투에서 적에 사로잡힌 병사
捕卒(포졸) 捕捉(포착) 捕獲(포획) 捕盜廳(포도청): 범죄자를
잡거나 다스리는 일을 맡던 관청 捕鯨船(포경선): 고래를 잡는 배

浦口(포구): 배가 드나드는 개의 어귀 浦港(포항): 포구와 항구(港口)
浦項市(포항시) 開浦洞(개포동): 서울 강남구 麻浦區(마포구)
木浦市(목포시) 金浦空港(김포공항) 西歸浦市(서귀포시)

圃隱(포은): 고려 말기 정몽주(鄭夢周)의 호(號) 포은재(圃隱齋)
圃田(포전): 남새밭, 채마밭 채소와 과실을 심는 밭 田圃(전포)
老圃(노포): 농사일에 경험이 많은 농부 藥圃(약포): 약초를 심는 밭

哺乳綱(포유강): 척추동물문의 한 강. 새끼를 낳아 젖을 먹여 기른다.
哺乳類(포유류) 反哺之孝(반포지효): 어버이의 은혜에 보답하는
효성(孝誠) 吐哺握髮(토포악발): 손님이 오면 황급히 나가서 맞이함

逋逃(포도): 죄를 짓고 달아남 逋亡(포망): 피하여 도망감
逋稅(포세): 세금을 불법적으로 내지 않음 逋脫(포탈): ① 도망해 피함
② 조세를 피해 면함 逋欠(포흠): 관청의 물건을 사사로이 써 버림

脯菓(포과): 과일을 얇게 저며서 말린 포 脯肉(포육): 얇게 저미어서
양념하여 말린 고기 魚脯(어포): 생선의 살을 얇게 저며서 말린 포
肉脯(육포): 쇠고기를 얇게 저며 말린 포 左脯右醯(좌포우혜)

葡萄(포도): ① 포도과의 낙엽 활엽 덩굴성 나무 ② 맛이 새콤달콤하며
날로 먹거나 건포도·포도주를 만듦 葡萄糖(포도당): 단당류(單糖類)
葡萄酒(포도주) 葡萄汁(포도즙) 葡萄牙(포도아): 포르투갈

菖蒲(창포): 습한 땅에 나는 다년생 풀. 창포물에 머리를 감고 몸을 씻음
蒲柳之姿(포류지자): 갯버들 같은 모습, 허약(虛弱)한 몸을 이르는 말
蒲鞭之政(포편지정): 부들 채찍으로 벌을 준다. 관대한 정치

급수	부수/획수	한자	훈	음	중국어	용례
2급 3151	金 07 총15획	鋪	펼/ 가게 shop; store	포	铺 pū, pù	鋪道(포도): 포장한 길 道路鋪裝(도로포장): 아스팔트, 콘크리트를 깔아 단단하게 꾸미는 일/ 老鋪(노포): 대대로 내려오는 가게 店鋪(점포): 벌여 놓고 파는 곳 典當鋪(전당포) 紙物鋪(지물포)
1급 3152	衣 09 총15획	褒	기릴 praise 襃(본자)	포	褒 bāo	褒賞(포상): 칭찬하고 장려하여 상을 줌. 포상금(褒賞金) 褒章(포장): 국가와 사회에 공헌한 사람에게 칭찬하는 뜻으로 주는 휘장 褒貶(포폄): 칭찬과 나무람. 시비선악을 판단해 결정함
高3급 3153	巾 09 총12획	幅	폭 width	폭	幅 fú	江幅(강폭): 강의 너비 大幅(대폭): 넓은 범위. 큰 정도. 썩 많이 步幅(보폭): 걸음을 걸을 때 앞발 뒤축에서 뒷발 뒤축까지의 거리 小幅(소폭) 增幅(증폭) 車幅(차폭) 畵幅(화폭) 全幅的(전폭적)
中4급II 3154	日 11 총15획	暴	사나울/ 모질 violent	폭 포!	暴 bào pù	暴君(폭군) 暴徒(폭도) 暴騰(폭등) 暴露(폭로) 暴炎(폭염) 暴雨(폭우) 暴風(폭풍) 暴行(폭행) 暴棄(포:기) 暴惡(포:악) 暴虐無道(포:학무도) 暴虎馮河(포:호빙하): 용기는 있으나 무모함
1급 3155	氵水15 총18획	瀑	폭포 waterfall 소나기	폭 포	瀑 pù bào	瀑布(폭포) 飛瀑(비폭) 懸瀑(현폭) 瀑布水(폭포수): 낭떠러지에서 곧장 흘러 떨어지는 물 九龍瀑(구룡폭): 금강산 폭포 가운데 가장 크다 瀑布線都市(폭포선도시): 폭포선을 따라 발달한 수력발전 공업 도시
高4급 3156	火 15 총19획	爆	불 터질 explode	폭	爆 bào	爆擊(폭격) 爆裂(폭렬) 爆發(폭발) 爆死(폭사) 爆殺(폭살) 爆笑(폭소) 爆藥(폭약) 爆音(폭음) 爆竹(폭죽) 爆破(폭파) 爆發的(폭발적) 爆彈酒(폭탄주) 原子爆彈(원자폭탄)
1급 3157	日 15 총19획	曝	쪼일 bask	폭 포	曝 pù bào	曝氣(포기): 물을 정화할 때 많은 구멍으로 물을 떨어뜨리거나 분수로 내뿜어, 공기와 접촉 산소의 흡수로 물속의 유기물을 광물질로 분해하는 방법 曝陽(폭양): ① 뜨겁게 내리쬐는 햇볕 뙤약볕 ② 뜨거운 햇볕에 쬠
2급(名) 3158	木 03 총07획	杓	북두자루 handle; ladle	표	杓 sháo biāo	璇杓(선표): 북두칠성의 자루 杓庭扇(표정선) 杓子定規(표자정규): 무엇이든지 하나의 규칙이나 척도에 맞추려고 하는 융통성 없는 태도 杓子(작자): 구기(술이나 기름, 죽 따위를 풀 때에 쓰는 기구) 柳杓(유작)
1급 3159	豸 03 총10획	豹	표범 leopard	표	豹 bào	豹死有皮(표사유피): 표범은 죽어서 가죽을 남긴다는 말로 사람은 명예를 남기라는 말 見一斑知全豹(견일반지전표): 얼룩무늬 하나를 보고 표범임을 알 수 있다. 사물 일부를 보고 그것의 전체를 미루어 알 수 있다는 말
中6급II 3160	衣 02 총08획	表	겉 surface	표	表 biǎo	表面(표면) 表明(표명) 表象(표상) 表示(표시) 表音(표음) 表題(표제) 表紙(표지) 表出(표출) 表現(표현) 代表(대표) 圖表(도표) 師表(사표) 時間表(시간표) 表裏不同(표리부동)
高4급II 3161	示 06 총11획	票	표/ 쪽지 ticket; ballot	표	票 piào	票決(표결) 開票(개표) 記票(기표) 買票(매표) 暗票(암표) 郵票(우표) 傳票(전표) 錢票(전표) 證票(증표) 投票(투표) 賣(買)票所(매표소) 浮動票(부동표) 投票函(투표함)
1급 3162	刀 11 총13획	剽	겁박할 rob	표	剽 piāo	剽掠(표략): 협박해 빼앗음. 표도(剽盜). 표탈(剽奪) 剽竊(표절): 시나 글, 노래 따위를 지을 때에 남의 작품의 일부를 몰래 따다 씀. Plagiarism 剽悍(표한): 빠르고 사나우며 억세다
高3급 3163	氵水11 총14획	漂	떠다닐 drifting	표	漂 piāo piǎo	漂女(표녀): 빨래하는 여자 漂流(표류): ① 물에 떠서 흘러감 ② 정처 없이 돌아다님 ③ 목적이나 방향을 잃고 헤매 또는 원칙이나 주관이 없이 흔들림 漂泊(표박) 漂白(표백) 漂失(표실) 浮漂(부표) 漂白劑(표백제)
1급 3164	忄心11 총14획	慓	급할 fierce	표	慓 piāo	慓毒(표독): 성질이 사납고 독살스러움 慓悍(표한): 날래고 사나움
高4급 3165	木 11 총15획	標	표할/ 우듬지 mark treetop	표	标 biāo	標旗(표기) 標記(표기) 標榜(표방) 標本(표본) 標語(표어) 標示(표시) 標題(표제) 標準(표준) 標札(표찰) 標致(표치) 目標(목표) 指標(지표) 標識板(표지판) 里程標(이정표)

급수	부수	한자	훈	음	중국어	단어
1급 3166	風 11 총20획	飄	나부낄 whirlwind	표	飘 piāo	飄零(표령): ① 흩날려 떨어짐 ② 이리저리 떠돌아다님 飄拂(표불): 바람을 받아 나부낌 飄然(표연): 바람에 가볍게 팔랑 나부끼는 모양 飄忽(표홀): 홀연히 나타났다 사라지는 모양이 빠름
中 5급II 3167	口 06 총09획	品	물건 thing; stuff	품	品 pǐn	品格(품격) 品階(품계) 品貴(품귀) 品類(품류) 品目(품목) 品詞(품사) 品性(품성) 品位(품위) 品切(품절) 品種(품종) 物品(물품) 商品(상품) 賞品(상품) 性品(성품) 製品(제품)
1급 3168	禾 08 총13획	稟	여쭐/ tell; say 천품(天稟)	품	禀 bǐng	稟決(품결) 稟告(품고) 稟申(품신): 웃어른이나 상사에게 아룀 稟議(품의): 웃어른·상사(上司)에게 글이나 말로 여쭈어 의논함 稟賦(품부): 선천적으로 타고남 稟性(품성) 資稟(자품) 天稟(천품)
中 6급II 3169	風 00 총09획	風	바람 wind	풍	风 fēng	風流(풍류) 風霜(풍상) 風船(풍선) 風速(풍속) 風俗(풍속) 風習(풍습) 風車(풍차) 風景畵(풍경화) 風樹之歎(풍수지탄) 風前燈火(풍전등화) 風餐露宿(풍찬노숙) 風寒暑濕(풍한서습)
3급II 3170	木 09 총13획	楓	단풍 maple	풍	枫 fēng	丹楓(단풍): 늦가을에 잎이 붉고 누르게 변하는 일 그렇게 변한 잎 楓嶽山(풍악산): 가을의 금강산(金剛山)을 이르는 말 풍악
1급 3171	言 09 총16획	諷	풍자할 satirize	풍	讽 fěng	諷諫(풍간): 완곡한 표현으로 잘못을 고치도록 말함 ↔ 직간(直諫) 諷刺(풍자): 남의 결점을 무엇에 빗대어 재치 있게 경계하거나 비판함 諷詠(풍영): 시가 등을 읊조림 諷諭法(풍유법) 諷諭的(풍유적)
中 4급II 3172	豆 06 총13획	豊	풍년 abundance 특급 豐(본자)	풍	丰 fēng	豊年(풍년) 豊滿(풍만) 豊富(풍부) 豊盛(풍성) 豊漁(풍어) 豊饒(풍요) 豊裕(풍유) 豊作(풍작) 豊足(풍족) 豊凶(풍흉) 豊年花子(풍년화자)=풍년거지(혼자만 빠져서 이익을 보지 못하는 사람)
中 3급II 3173	皮 00 총05획	皮	가죽 leather; skin	피	皮 pí	毛皮(모피): 털가죽 皮帶(피대): 벨트 皮膚(피부): 살갗 皮質(피질) 皮革(피혁): 날가죽과 무두질한 가죽 皮相的(피상적): 겉으로 나타난 현상 皮骨相接(피골상접): 살가죽과 뼈가 맞붙을 정도로 썩 마름
中 3급II 3174	彳 05 총08획	彼	저 that	피	彼 bǐ	彼我(피아): 그와 나 彼岸(피안): 이승의 번뇌를 해탈하여 열반의 세계에 도달하는 일 彼此(피차): ① 저것과 이것 ② 이쪽과 저쪽의 양쪽 彼此一般(피차일반) 知彼知己(지피지기) 此日彼日(차일피일)
1급 3175	扌手05 총08획	披	헤칠 open	피	披 pī	披見(피견): 헤쳐 보거나 열어 봄 披瀝(피력): 속마음을 털어놓고 말함 披露(피로) 披抒(피서): 생각한 바를 다 털어 내어 말함. 피사(披瀉) 披露宴(피로연): 결혼·출생 등을 널리 알리는 뜻으로 베푸는 연회(宴會)
高 4급 3176	疒 05 총10획	疲	피곤할 fatigue	피	疲 pí	疲困(피곤): 몸이나 마음이 지치어 고달픔. 피핍(疲乏) 疲鈍(피둔): 피로하여 몸이 둔하다 疲勞(피로): 몸과 정신이 지친 상태 疲弊(피폐): 지치고 쇠약해짐 疲斃(피폐): 기운이 지쳐 죽음
高 3급II 3177	衤衣05 총10획	被	입을 wear	피	被 bèi	被擊(피격) 被告(피고) 被拉(피랍) 被擄(피로): 적에게 사로잡힘 被服(피복) 被殺(피살) 被訴(피소) 被襲(피습) 被害(피해) 被寫體(피사체) 被疑者(피의자) 被選擧權(피선거권)
高 4급 3178	辶走13 총17획	避	피할 avoid	피	避 bì	避匿(피닉) 避亂(피란) 避暑(피서): 더위를 피함 避身(피신) 避姙(피임) 忌避(기피) 逃避(도피) 回避(회피) 避難處(피난처) 避雷針(피뢰침) 死且不避(사차불피): 죽는 한이 있어도 피하지 않음
中 3급 3179	匸 02 총04획	匹	짝 partner	필	匹 pǐ	匹敵(필적): 엇비슷하여 서로 견줄 만함 配匹(배필): 부부로서의 짝 匹夫匹婦(필부필부): 평범한 남녀 匹馬單騎(필마단기) 匹馬單槍(필마단창): 혼자 간단한 무장을 하고 한 필의 말을 타고 감
1급 3180	疋 00 총05획	疋	필(匹) a roll of cloth	필	疋 pǐ yǎ shū	疋(필): 한 필은 장년의 옷 한 벌을 만드는 데 소용된 길이 疋緞(필단): 필로 된 비단 疋木(필목): 필로 된 무명·광목 따위의 총칭 疋帛(필백): 명주(明紬)(명주실로 무늬 없이 짠 피륙)

급수	부수/획수	한자	훈음	음	간체/병음	용례
中 5급II 3181	心 01 총05획	必	반드시 surely; necessarily	필	必 bì	必讀(필독) 必死(필사) 必須(필수) 必修(필수) 必勝(필승) 必是(필시) 必也(필야) 必然(필연) 必要(필요) 必中(필중) 必敗(필패) 必携(필휴) 必需品(필수품) 必勝之勢(필승지세)
高 3급II 3182	田 06 총11획	畢	마칠 finish	필	毕 bì	畢竟(필경): 마침내. 결국에는 畢納(필납): 납세나 납품 등을 끝냄 畢生(필생): 일생. 평생. 한평생 畢業(필업): 학업·사업을 마침 檢査畢證(검사필증) 納稅畢證(납세필증) 申告畢證(신고필증)
中 5급II 3183	竹 06 총12획	筆	붓 brush	필	笔 bǐ	筆記(필기) 筆答(필답) 筆法(필법) 筆寫(필사) 筆順(필순) 筆跡(필적) 筆體(필체) 筆致(필치) 筆筒(필통) 筆寫本(필사본) 筆耕硯田(필경연전): 붓으로 쟁기질하고 벼루로 밭을 일굼. 文筆로 생활을 함
2급(名) 3184	弓 09 총12획	弼	도울 aid	필	弼 bì	弼導(필도): 돌보아 인도함 弼成(필성): 도와서 이루게 함 輔弼之才(보필지재): 임금을 보좌할 만한 재능. 또는 그런 사람 左輔右弼(좌보우필): 임금의 좌우에서 정치를 돕는 신하
1급 3185	丿 04 총05획	乏	모자랄 exhaust	핍	乏 fá	乏盡(핍진): 죄다 없어짐 乏血(핍혈): 혈액의 전체량이 줄어든 상태 缺乏(결핍): ① 다 써서 없어짐. 절핍(絕乏) ② 없어지거나 모자람 窮乏(궁핍): 가난하고 구차함 乏尿症(핍뇨증): 소변 감소증
1급 3186	辶(辵)09 총13획	逼	핍박할/닥칠 urgent	핍	逼 bī	逼近(핍근): 가까이 닥침 逼迫(핍박): ① 매우 절박하게 바싹 닥쳐옴 ② 심히 억압하여 괴롭게 함 逼眞(핍진): 실물과 다름없이 아주 비슷함 逼奪(핍탈): ① 협박하여 빼앗음 ② 임금을 침범하여 그 지위를 빼앗음
中 7급II 3187	一 02 총03획	下	아래 below; under	하:	下 xià	下降(하강) 下級(하급) 下段(하단) 下壇(하단) 下端(하단) 下等(하등) 下落(하락) 下流(하류) 下旬(하순) 下野(하야) 下午(하오) 下位(하위) 下篇(하편) 下請(하청) 下都給(하도급)
中 3급II 3188	亻人05 총07획	何	어찌 why; what; how	하	何 hé	何故(하고) 何等(하등) 何時(하시) 何人(하인) 何必(하필) 何如歌(하여가) 何待明年(하대명년): 기다리기가 매우 지루함 何見之晩(하견지만): 어찌 보는 바가 늦느냐, 깨달음이 늦음을 이르는 말
中 5급 3189	氵水05 총08획	河	물/강 이름 river	하	河 hé	河口(하구) 河豚(하돈): 복어(鰒魚) 河馬(하마) 河伯(하백) 河床(하상) 河舟(하주) 河川(하천) 河海之澤(하해지택) 河海不擇細流(하해불택세류): 강과 바다는 개울물도 마다하지 않는다.
高 3급II 3190	++艸07 총11획	荷	멜/연(蓮) burden lotus	하(:)	荷 hé hè	荷物(하:물): 짐 荷船(하선): 짐을 싣는 배 荷役(하:역): 짐을 싣고 내림 荷重(하중): ① 짐의 무게 ② 물체에 작용하는 외부의 힘 또는 무게 集荷(집하): 집화(集貨) 手荷物(수하물): 손 짐/ 荷花(하화)=연꽃
中 7급 3191	夂 07 총10획	夏	여름 summer	하:	夏 xià	夏季(하계) 夏服(하복) 夏節(하절) 夏至(하지) 立夏(입하) 夏爐多扇(하로동선): 여름의 화로와 겨울의 부채, 격이나 철에 맞지 않는 물건 夏扇多曆(하선동력): 여름의 부채와 겨울의 새해 책력, 철에 맞는 선물
中 3급II 3192	貝 05 총12획	賀	하례할 celebration	하:	贺 hè	賀客(하객) 賀禮(하례) 賀詞(하사) 賀宴(하연) 賀意(하의) 賀正(하정) 慶賀(경하) 敬賀(경하) 祝賀(축하) 致賀(치하) 年賀狀(연하장) 謹賀新年(근하신년): 공하신년(恭賀新年)
1급 3193	辶(辵)09 총13획	遐	멀 distant	하	遐 xiá	遐觀(하관) 遐年(하년): 오래 삶 遐方(하방): 먼 지방. 하향(遐鄉) 遐福(하복): 큰 행복 遐算(하산): 나이가 많도록 오래 삶 遐想(하상): 멀리 떨어져 있는 사람을 생각함 遐情(하정) 昇遐(승하): 임금이 세상을 떠남
1급 3194	王玉09 총13획	瑕	허물/티/흠 blemish	하	瑕 xiá	瑕疵(하자): ① 흠. 결점 ② 법률 또는 당사자가 예상한 상태나 성질이 빠져 있는 일 瑕疵補修(하자보수) 瑕疵擔保(하자담보): 매매와 같은 유상 계약에서, 판매자가 목적물 자체의 숨은 하자로 인하여 지는 담보 책임
1급 3195	虫 09 총15획	蝦	새우/두꺼비 shrimp toad	하	虾 xiā	蝦卵(하란): 새우의 알 大蝦(대하): 왕새우 土蝦(토하): 민물 새우 蝦醢(하해): 새우젓 특급 醢(젓갈 해) 蝦蟆(하마): 두꺼비. 개구리 비슷한 양서류 특급외 蟆(두꺼비 마)

급수	부수	한자	훈	음	간체/병음	용례
1급 3196	雨 09 총17획	霞	노을 sunset	하	霞 xiá	輕霞(경하): 엷은 노을 霞彩(하채): 노을의 아름다운 빛깔 紫霞門(자하문): 경주 불국사. 서울 종로구 청운동에 있는 문. 북문(北門) 煙霞日輝(연하일휘): 안개와 노을과 빛나는 햇살. 아름다운 경치를 비유
2급 3197	虍 03 총09획	虐	모질/ 사나울 cruel	학	虐 nüè	虐待(학대): 몹시 괴롭히거나 가혹하게 대우함 虐殺(학살): 참혹하게 마구 죽임 虐政(학정): 포학한 정치 加虐(가학) 苛虐(가학): 심하게 학대함 凌虐(능학) 自虐(자학) 殘虐(잔학) 暴虐無道(포학무도)
1급 3198	疒 09 총14획	瘧	학질(瘧疾) malaria	학	疟 nüè yào	瘧疾(학질): 학질모기가 매개하는 말라리아 원충에 의한 전염병 간헐적이고 발작적인 고열이 나며, 빈혈 및 황달을 일으키는 수가 많음 瘧氣(학기): 학질 기운 腹瘧(복학): 자라배 溫瘧(온학): 학질의 하나
1급 3199	言 09 총16획	謔	희롱할/ 희롱거릴 joke	학	谑 xuè	謔笑(학소): ① 익살맞은 웃음 ② 희롱하여 웃음 嘲謔(조학) 諧謔(해학): 익살스럽고 풍자적인 말이나 행동. 유머 諧謔劇(해학극) 諧謔的(해학적) 戲謔(희학): 실없는 말로 농지거리를 함
中 8급 3200	子 13 총16획	學	배울 study; learn	학	学/学 xué	學科(학과) 學校(학교) 學力(학력) 學歷(학력) 學問(학문) 學生(학생) 學說(학설) 學術(학술) 學習(학습) 學位(학위) 學院(학원) 學者(학자) 學籍(학적) 學點(학점) 學派(학파)
1급 3201	土 14 총17획	壑	구렁/ 골 valley	학	壑 hè	壑谷(학곡): ① 구렁 ② 지하실 丘壑(구학): 언덕과 골짜기 潭壑(담학): 깊은 골짜기 溪壑之慾(계학지욕): 끝이 없는 욕심을 비유적으로 이르는 말 萬壑千峰(만학천봉): 수많은 골짜기와 산봉우리
高 3급II 3202	鳥 10 총21획	鶴	학 crane	학	鹤 hè	鶴齡(학령): 오래 산 노인의 연령 鶴望(학망): 간절히 바라는 것 鶴舞(학무): 학춤 鶴壽(학수): '장수(長壽)' 仙鶴(선학): 두루미 鶴首苦待(학수고대): 애타게 기다림 群鷄一鶴(군계일학): 뛰어난 사람
高 3급II 3203	氵水03 총06획	汗	땀 sweat	한[:]	汗 hán hàn	汗國(한국): Khan이 통치한 나라 汗黨(한당): '불한당(不汗黨)'의 준말 汗蒸(한:증): 불을 때서 뜨겁게 단 한증막에 들어앉아 땀을 내는 일 發汗(발한): 취한(取汗) 汗牛充棟(한:우충동): 많은 책을 가지고 있음
1급 3204	罒网03 총07획	罕	드물 rare/ 그물 net	한:	罕 hǎn	罕見(한견): 드물게 봄 罕古(한고): 옛날부터 드묾 罕例(한례): 드문 예 罕聞(한문): 보고 들은 것이 적음 罕比(한비): 견줄 만한 것이 드묾 罕言(한언): 말수가 적다 罕有(한유): 드물게 있는 일 罕罔(한망): 그물
高 3급 3205	日 03 총07획	旱	가물 drought	한:	旱 hàn	旱氣(한기): 가뭄 旱稻(한도): 밭벼 旱路(한로): 육로 旱雷(한뢰): 마른천둥 旱魃(한발): 가뭄 旱災(한재): 가뭄으로 생기는 재난과 피해 旱天(한천): 가문 날씨 旱害(한해): 가뭄으로 말미암아 입은 재해
1급 3206	忄心07 총10획	悍	사나울 fierce	한:	悍 hàn	悍勇(한용): 보기에 사납고 용맹한 데가 있다. 猛悍(맹한): 행동이나 성질이 매우 거칠고 사납다 精悍(정한): 날쌔고 용감하다. 慓悍(표한): 빠르고 사나우며 억세다.
2급(名) 3207	阝邑05 총08획	邯	조나라 서울 | 사람이름	한 감	邯 hán	邯鄲之夢(한단지몽): 조(趙)나라 도읍지. 인생과 영화의 덧없음을 비유 邯鄲之步(한단지보): 자기의 본분을 잊고 함부로 남의 흉내를 내면 두 가지 다 잃는다는 말 姜邯贊(강감찬): 고려 초기의 명장(948~1031)
中 4급II 3208	阝阜06 총09획	限	한할/ 한계 limit; definite	한:	限 xiàn	限界(한계) 限度(한도) 限滿(한만) 限定(한정) 局限(국한) 權限(권한) 極限(극한) 期限(기한) 無限(무한) 時限(시한) 有限(유한) 制限(제한) 下限(하한) 限平生(한평생)
中 4급 3209	忄心06 총09획	恨	한[怨] resentment	한:	恨 hèn	恨歎(한탄): 원망을 하거나 뉘우침이 있을 때에 한숨을 쉬며 탄식함 餘恨(여한): 풀지 못하고 남은 원한 怨恨(원한) 痛恨(통한) 悔恨(회한) 千秋遺恨(천추유한): 길이길이 잊지 못할 원한
中 5급 3210	宀 09 총12획	寒	찰 cold	한	寒 hán	寒氣(한기) 寒帶(한대) 寒暖(한란) 寒冷(한랭) 寒暑(한서) 寒食(한식): 동지로부터 105일째 되는 날. 4월 5-6일 寒波(한파) 寒害(한해) 貧寒(빈한) 惡寒(오한): 몸이 오슬오슬 춥고 떨리는 증세

급수	부수	한자	훈	음	中	용례
中 4급 3211	門 04 총12획	閑	한가할 leisure	한	闲 xián	閑暇(한가) 閑良(한량): playboy 閑寥(한료): 한가롭고 고요하다. 閑散(한산): ① 조용하고 쓸쓸하다 ② 일이 없어 한가하다. 閑寂(한적): 한가하고 고요하다 閑職(한직) 忙中閑(망중한)
中 7급II 3212	氵水11 총14획	漢	한수/ 한나라 the Han dynasty	한:	汉 hàn	漢江(한강) 漢南(한남) 漢城(한성) 漢陽(한양) / 漢文(한문) 漢字(한자) 前漢(전한): (BC202-AD220) 漢(한)나라(前漢, 後漢, 蜀漢, 成漢, 北漢, 南漢) 門外漢(문외한) 南漢山城(남한산성)
2급 3213	羽 10 총16획	翰	편지/ letter; message 글/날개	한	翰 hàn	翰墨(한묵): 문한(文翰)과 필묵(筆墨)이라는 뜻으로, 글을 짓거나 쓰는 것 翰飛(한비): 하늘 높이 낢 翰札(한찰) 公翰(공한) 書翰(서한) 翰林院(한림원) 翰林別曲(한림별곡) 翰林宕巾(한림탕건)
1급 3214	氵水13 총16획	澣	빨래할/ wash 열흘	한	澣 hàn	澣滌(한척): 옷과 그릇을 빨고 씻음 澣濯(한탁): 때 묻은 옷을 빪 上澣(상한): 초하루부터 열흘까지의 사이. 상순(上旬)
中 8급 3215	韋 08 총17획	韓	한국/ Korea 나라이름	한(:)	韩 hán	韓國(한:국) 韓方(한:방) 韓服(한:복) 韓式(한:식) 韓食(한:식) 韓藥(한:약) 韓紙(한:지) 韓半島(한:반도) 韓醫院(한:의원) 韓明澮(한명회): 1415~1487 조선 세조 때의 문신 韓石峯(한석봉)
高 3급II 3216	刀 10 총12획	割	벨/ 나눌 cut	할	割 gē	割據(할거) 割當(할당) 割腹(할복) 割賦(할부) 割愛(할애) 割引(할인) 割增(할증) 分割(분할) 役割(역할) 割增料(할증료) 割席分坐(할석분좌): 교제를 끊고 자리를 갈라서 같은 자리에 앉지 아니함
1급 3217	車 10 총17획	轄	다스릴/ control 비녀장	할	辖 xiá	管轄(관할): 권한에 의하여 통제하거나 지배함. 또는 그 지배가 미치는 범위 直轄(직할): 중간에 다른 기구나 조직을 두지 않고 직접 관할함 總轄(총할) 統轄(통할): 모두 거느려서 다스림 管轄區域(관할구역)
高 3급II 3218	口 04 총07획	含	머금을 contain	함	含 hán	含量(함량) 含笑(함소) 含水(함수) 含有(함유) 含蓄(함축) 包含(포함) 含憤蓄怨(함분축원) 含哺鼓腹(함포고복) 含血噴人(함혈분인): 근거 없는 말을 하여 남을 함정에 빠뜨리는 일
1급 3219	凵 06 총08획	函	함(函) box	함	函 hán	函數(함수):《y=f(x)로 표시함》함수관계(函數關係) 函丈(함장): 스승 函尺(함척) 管物函(관물함): 군대에서, 병사 개인의 물건을 보관하는 함 書函(서함) 國旗函(국기함) 私書函(사물함) 投票函(투표함)
1급 3220	氵水08 총11획	涵	젖을 wet	함	涵 hán	涵泳(함영): 무자맥질 涵養(함양): ① 능력이나 성품을 기르고 닦음 함육(涵育) ② 물리 포화대(飽和帶)에 물을 보급함 또는 그런 여러 과정 涵養薰陶(함양훈도): 사람을 가르치고 지도하여 재주와 덕을 갖추게 함
高 3급 3221	口 06 총09획	咸	다 all	함	咸 xián	咸告(함고): 다 일러바침 咸安(함안) 咸陽(함양) 咸昌(함창) 咸興差使(함흥차사): 조선 태조 이성계가 왕위를 물려주고 함흥에 있을 때, 태종이 보낸 차사를 혹은 죽이고 혹은 잡아 가두어 돌려보내지 아니하였던 데서 유래
1급 3222	口 09 총12획	喊	소리칠 shout	함:	喊 hǎn	喊聲(함성): 여럿이 크게 지르는 소리 高喊(고함): 크게 부르짖거나 외치는 소리 鼓喊(고함): 북을 치고 여럿이 함께 소리를 지름
1급 3223	糸 09 총15획	緘	봉할 seal	함	缄 jiān	緘口(함구): 입을 다물고 말을 하지 않음. 함묵(緘默) 緘封(함봉): 편지의 겉봉을 봉함 封緘(봉함): 편지를 봉투에 넣고 봉함 緘口無言(함구무언): 입을 다물고 말이 없음
1급 3224	鹵 09 총20획	鹹	짤 [鹽味] salty	함	咸 xián	鹹苦(함고): 짜고 씀 鹹水(함수): 짠물. 바닷물. ↔ 담수(淡水) 海鹹河淡 鱗潛羽翔(해함하담 인잠우상): 바닷물은 짜고 민물은 심심하며, 비늘 달린 물고기는 물속으로 잠기고 깃털 달린 새들은 날아다닌다. 千字文 9/125
高 3급II 3225	阝阜08 총11획	陷	빠질 fall off; trap	함:	陷.陷 xiàn	陷落(함락): ① 땅이 무너져 내려앉음 ② 적의 요새(要塞)·진지를 빼앗음 陷壘(함루) 陷沒(함몰) 陷城(함성) 陷入(함입) 陷穽(함정) 陷地(함지) 缺陷(결함) 謀陷(모함) 陷沒地震(함몰지진)

급수	부수	한자	훈음	음	中	뜻풀이
1급 3226	金 06 총14획	銜	재갈 gag	함	衔 xián	銜勒(함륵): 말의 입에 물리는 쇠로 만든 물건(物件). 재갈 銜枚(함매): 떠들지 못하도록 군졸들의 입에 나무 막대기를 물리던 일 銜字(함자): 남의 이름을 높여 일컫는 말 名銜(명함) 職銜(직함)
1급 3227	木 14 총18획	檻	난간/ 우리 banister cage	함ː	槛 jiàn kǎn	欄檻(난함): 난간(欄干)/ 檻車(함거) 檻機(함기): 맹수를 잡기 위하여 설치하는, 함정과 덫. 檻械. 檻致(함치): 죄인을 함거로 보냄. 함송(檻送) 檻倉(함창): 해군에서, 법을 어긴 군인을 가두기 위하여 함정에 설치한 감옥
2급 3228	舟 14 총20획	艦	큰 배/ 싸움배 warship	함ː	舰 jiàn	艦隊(함대) 艦上(함상) 艦長(함장) 軍艦(군함) 戰艦(전함) 艦艇(함정): 전함·잠수함·어뢰정·소해정(掃海艇) 등 군함의 총칭 巡洋艦(순양함) 潛水艦(잠수함) 航空母艦(항공모함)
中 6급 3229	口 03 총06획	合	합할 unite; combinate	합	合 hé gě	合格(합격) 合當(합당) 合同(합동) 合力(합력) 合流(합류) 合成(합성) 合勢(합세) 合宿(합숙) 合乘(합승) 合資(합자) 合唱(합창) 合致(합치) 合衆國(합중국) 合縱連衡(합종연횡)
1급 3230	皿 06 총11획	盒	합(盒) bowl with a lid	합	盒 hé	盒子(합자): 음식을 담는 놋그릇의 하나 爐盒(노합): 향로와 향합 飯盒(반합) 粉盒(분합) 沙盒(사합) 鍮盒(유합): 놋쇠로 만든 합 饌盒(찬합) 香盒(향합): 향을 담아두는 뚜껑이 있는 그릇
1급 3231	虫 06 총12획	蛤	조개 clam	합	蛤 gé há	蛤殼(합각): 조가비. 자개 蛤匣(합갑): 조개껍데기 蛤子(합자): 홍합이나 섭조개를 말린 어물 蛤醢(합해) 蛤膾(합회) 大蛤(대합): 백합과의 바닷조개 紅蛤(홍합): 홍합과의 바닷조개 蛤魚菜(합어채)
2급(名) 3232	亠 02 총04획	亢	높을/ 목 heighten	항	亢 kàng	亢羅(항라): 구멍이 송송 뚫어진 여름 옷감 亢進(항진): ① 기세나 기능 따위가 자꾸 높아짐. 더함 ② 병세 따위가 심하여짐 亢旱(항한): 극심한 가뭄 亢龍有悔(항용유회): 하늘 끝까지 올라간 용이 내려갈 길밖에 없음을 후회한다.
高 4급 3233	扌手04 총07획	抗	겨룰 compete	항ː	抗 kàng	抗拒(항거) 抗告(항고): 상급 법원에 상소(上訴)하는 일 抗訴(항소) 抗菌(항균) 抗命(항명) 抗辯(항변) 抗議(항의): 반대의 뜻을 주장함 항변(抗卞) 抗爭(항쟁) 對抗(대항) 抵抗(저항) 抗生劑(항생제)
2급(名) 3234	氵水04 총07획	沆	넓을 wide	항ː	沆 hàng	崔沆(최항): 고려 시대 무신(武臣) 정권기의 집권자(?~1257) 沆瀣(항해): ① 해기(海氣) ② 한밤중의 이슬 기운. 북쪽의 야반의 기운 **특급** 瀣(이슬 기운 **해**)
高 4급Ⅱ 3235	舟 04 총10획	航	배 sail; navigation	항ː	航 háng	航空(항공) 航路(항로) 航速(항속) 航海(항해) 缺航(결항) 歸航(귀항) 難航(난항) 密航(밀항) 巡航(순항) 順航(순항) 運航(운항) 回航(회항) 航法士(항법사) 航空母艦(항공모함)
1급 3236	月肉03 총07획	肛	항문 anus	항	肛 gāng	肛門(항문): 고등 포유동물의 소화기의 말단(末端), 곧 직장(直腸)이 끝나는 곳에 있어, 체내의 똥을 배설하는 구멍. 똥구멍 脫肛(탈항): 직장(直腸)의 점막(粘膜)이 항문 밖으로 빠져서 처짐
1급 3237	缶 03 총09획	缸	항아리 jar	항	缸 gāng	缸--[항아리]: 아래위가 좁고 배가 부른 질그릇 단지 독 缸胎(항태): ① 오지그릇의 하나 ② 몸 酒缸(주항): 술독 〚借〛 溺(尿)缸(요항): 요강(방에 두고 오줌을 누는 그릇) 취음(取音)
高 3급Ⅱ 3238	頁 03 총12획	項	항목/ 목 item	항ː	项 xiàng	項軟(항연): 목에 힘이 없어 머리를 제대로 가누지 못하는 증상 項目(항목) 項鎖(항쇄): 칼(중죄인에게 씌우던 刑具) 事項(사항) 條項(조항) 項羽壯士(항우장사): 항우 같은 장사, 힘이 아주 센 사람
中 3급Ⅱ 3239	忄心06 총09획	恒	항상 always; constant	항	恒 héng	恒卦(항괘): 64괘의 하나 천둥과 바람을 상징 恒常(항상) 恒性(항성) 恒星(항성) 恒時(항시) 恒溫(항온) 恒用(항용) 恒久的(항구적) 恒常性(항상성) 恒茶飯事(항다반사): 예사로운 일. 일상 있는 일
高 3급 3240	己 06 총09획	巷	거리 road; street	항ː	巷/衖 xiàng hàng	巷間(항간): 일반 사람들 사이. 여항간(閭巷間). 巷說(항설): 사람들 사이에서 떠도는 말. 항담(巷談) 街談巷說(가담항설): 거리나 항간에 떠도는 소문 '뜬소문'으로 순화 ≒ 街談巷語、街談巷議、街說巷談

급수	부수	한자	훈음	음	중국어	용례
高 4급II 3241	氵水 09 총12획	港	항구 port; airport; harbor 港 (본자)	항:	港.港 gǎng	港口(항구) 港都(항도) 港圖(항도) 港灣(항만) 開港(개항) 軍港(군항) 歸港(귀항) 漁港(어항) 入港(입항) 出港(출항) 空港(공항) 金浦空港(김포공항) 仁川國際空港(인천국제공항)
中 3급 3242	亠 04 총06획	亥	돼지/ pig 열두번째 지지	해	亥 hài	亥年(해년): 돼지해 亥方(해방) 亥時(해시): 오후 9시에서 11시까지 乙亥(을해): 60甲子 중 12번째 해 丁亥(정해): 60갑자 24번째 己亥(기해): 36번째 辛亥年(신해): 48번째 癸亥(계해): 60번째
1급 3243	口 06 총09획	咳	기침 cough	해	咳 ké hāi, kài	咳嗽(해수): 기침 특례 嗽(기침할 수) 咳喘(해천): 기침과 천식(喘息) 鎭咳(진해): 기침을 그치게 함 咳唾(해타) 咳唾成珠(해타성주): 기침과 침이 모두 주옥이 된다. 권세 있는 사람의 말이 잘 통함을 이름
高 3급 3244	言 06 총13획	該	갖출[備]/ prepare 마땅[當]	해	该 gāi	該當(해당): ① 조건 따위에 바로 들어맞음 ② 관련 있는 바로 그것 該博(해박): 여러 방면으로 아는 것이 많다. 該悉(해실): 모두 다 앎 該掌(해장): 그 직무를 맡은 사람 該切(해절): 가장 적절하다.
1급 3245	骨 06 총16획	骸	뼈 bone; skeleton	해	骸 hái	骸骨(해골): 죽은 사람의 살이 썩고 남은 뼈. 또는 그 머리뼈 露骸(노해) 遺骸(유해): 죽은 사람의 몸 殘骸(잔해): 썩거나 타다가 남은 뼈 骸垢想浴(해구상욕): 몸에 때가 있으면 목욕할 것을 생각하게 되고 千字文
1급 3246	馬 06 총16획	駭	놀랄 startle	해	骇 hài	駭怪(해괴): 매우 괴이하다. 놀랄 만큼 괴상하다. 駭愕(해악): 몹시 놀람 駭悖(해패): 몹시 막되고 괴악함 駭怪罔測(해괴망측): 말할 수 없이 괴이하다.
中 7급II 3247	氵水 07 총10획	海	바다 sea	해:	海 hǎi	海量(해량): 넓은 도량 海諒(해량): 넓은 마음으로 양해함 海面(해면) 海拔(해발) 海邊(해변) 海岸(해안) 海洋(해양) 海域(해역) 海運(해운) 海雲(해운) 海溢(해일) 海賊(해적) 海峽(해협)
中 5급II 3248	宀 07 총10획	害	해할 harm	해:	害 hài	害毒(해독) 害惡(해악) 害蟲(해충) 加害(가해) 公害(공해) 迫害(박해) 妨害(방해) 傷害(상해) 損害(손해) 侵害(침해) 被害者(피해자) 百害無益(백해무익) 利害得失(이해득실)
高 3급 3249	大 07 총10획	奚	어찌 why	해	奚 xī	奚琴(해금): 향악기에 속하는 찰현악기(擦絃樂器)의 하나 奚奴(해노): 종 복예(僕隸) 奚如(해여) 奚特(해특): 하특(何特) 奚必(해필): 하필(何必) 3례 溪(시내 계) 4급 鷄(닭 계)
1급 3250	亻人 09 총11획	偕	함께 together	해	偕 xié	偕樂(해락): 여럿이 함께 즐김 偕老(해로): 부부가 평생을 함께 늙음 百年偕老(백년해로): 부부가 되어 한평생을 사이좋게 지내고 즐겁게 함께 늙음 偕老同穴(해로동혈): 생사를 같이하자는 부부 사이의 맹세 3급 皆(다 개)
1급 3251	木 09 총13획	楷	본보기 square style	해	楷 kǎi jiē	楷法(해법): 해서(楷書)의 쓰는 법 楷白(해백): 정확하고 분명하다. 楷書(해서): 네모지고 반듯한 한자 서체 楷篆(해전): 해서와 전서 楷正(해정): 글씨체가 바르고 똑똑하다. 楷條(해조): 해서로 판 도장
1급 3252	言 09 총16획	諧	화할 harmonize; humor	해	谐 xié	諧聲(해성): 형성(形聲): 한자 육서(六書)의 하나. 뜻+음 (예) 住, 注, 柱 諧語(해어): 농담(弄談) 諧謔(해학): 익살스럽고 품위 있는 농담. 유머. 諧和(해화): ① 조화(調和) ② 음악의 곡조가 서로 잘 어울림
中 4급II 3253	角 06 총13획	解	풀 untie; explain	해:	解 jiě xiè	解決(해결) 解雇(해고) 解夢(해몽) 解蒙(해몽) 解放(해방) 解法(해법) 解剖(해부) 解氷(해빙) 解散(해산) 解産(해산) 解析(해석) 解釋(해석) 解說(해설) 解消(해소) 解體(해체)
1급 3254	忄心 13 총16획	懈	게으를 lazy	해:	懈 xiè	懈慢(해만): 게으르고 거만하다 懈怠(해태): ① 게으름 해타(懈惰) ② 어떤 법률 행위를 하여야 할 기일을 이유 없이 넘기어 책임을 다하지 않는 일 懈緩(해완): 태만(怠慢) 勞懈(노해): 피로하여 게으름을 부림
1급 3255	辶辵 13 총17획	邂	우연히 만날 chance meeting	해:	邂 xiè	邂逅(해후): 우연히 서로 만남 邂逅相逢(해후상봉): 오랫동안 헤어졌다가 우연히 서로 다시 만남. 邂逅致斃(해후치폐): 죄인이 형벌을 받은 뒤에 우연히 병을 얻어서 죽음

- 259 -

급수	부수/획수	한자	훈	음	간체/병음	용례
1급 3256	力 06 총08획	劾	꾸짖을/ 캐물을 scold	핵	劾 hé	彈劾(탄핵): ① 죄상을 들어서 책망함. 탄박(彈駁) ② 대통령·국무총리·국무위원·법관 등의 위법에 대하여 국회의 소추에 따라 헌법재판소의 심판으로 해임하거나 처벌하는 일 彈劾權(탄핵권) 彈劾訴追權(탄핵소추권)
高 4급 3257	木 06 총10획	核	씨 kernel; nucleus	핵	核 hé hú	核果(핵과): 씨가 단단한 핵으로 싸여 있는 열매 核絲(핵사): 염색사 核酸(핵산): 세포의 핵이나 원형질 속에 함유된 고분자 화합물 核心(핵심) 核子(핵자) 核武器(핵무기) 原子核(원자핵) 核物理學(핵물리학)
中 6급 3258	行 00 총06획	行	다닐 walking 항렬(行列) degree	행(:) 항	行 xíng háng	行脚(행각): 어떤 목적으로 여기저기로 돌아다님《부정적인 의미로 씀》 行動(행동) 行廊(행랑) 行步(행보) 行實(행:실) 行列(행렬) 行列(항렬): 혈족의 대수(代數) 관계 行爲(행위) 行進(행진)
2급(名) 3259	木 03 총07획	杏	살구 apricot	행	杏 xìng	杏壇(행단): 학문을 닦는 곳《공자가 행단 위에서 제자를 가르쳤다.》 杏林(행림): ① 살구나무 수풀 ② 의원(醫員) 杏仁(행인): 살구 씨 杏花(행화): 살구꽃 銀杏(은행) 杏堂洞(행당동): 서울 성동구
中 6급Ⅱ 3260	干 05 총08획	幸	다행 good fortune	행:	幸 xìng	幸福(행복) 幸偶(행우) 幸運(행운) 幸人(행인) 幸學(행학) 多幸(다행) 不幸(불행) 天幸(천행) 行幸(행행) 幸運兒(행운아) 幸災不仁(행재불인): 남의 재난을 다행(多幸)으로 여기는 것은 어질지 못함
中 6급 3261	口 03 총06획	向	향할 toward; direction	향:	向 xiàng	向方(향방) 向上(향상) 向學(향학) 向後(향후) 方向(방향) 向陽花木(향양화목): 볕을 잘 받은 꽃나무, 크게 잘될 사람을 이르는 말 向隅之歎(향우지탄): 좋은 기회를 만나지 못한 것의 한탄
高 3급 3262	亠 06 총08획	享	누릴 enjoy	향:	享 xiǎng	享年(향년): 한평생을 살아 누린 나이. 곧, 죽은 이의 나이 享樂(향락) 享禮(향례) 享祀(향사) 享壽(향수) 享有(향유) 臘享(납향) 祭享(제향) 春享大祭(춘향대제): 이른 봄에 종묘·사직에 지내는 큰 제사
中 4급Ⅱ 3263	香 00 총09획	香	향기 fragrant	향	香 xiāng	香氣(향기) 香爐(향로) 香料(향료) 香粉(향분) 香水(향수) 香油(향유) 墨香(묵향) 焚香(분향): 향을 피움. 소향(燒香) 香供養(향공양): 부처 앞에 향을 피우는 일 香辛料(향신료): 조미료
中 4급Ⅱ 3264	阝(邑) 10 총13획	鄕	시골 rustic; country	향	鄉/乡 xiāng	鄕校(향교) 鄕里(향리) 鄕愁(향수) 鄕約(향약): 조선 때, 권선징악을 취지로 한 향촌의 자치 규약. 鄕土(향토) 歸鄕(귀향) 理想鄕(이상향) 鄕札(향찰): 신라 때, 한자의 음과 뜻을 빌려 우리말을 표음식으로 적던 표기법
1급 3265	口 16 총19획	嚮	길 잡을 face; toward	향:	嚮/向 xiàng	嚮導(향도): ① 길을 인도함. 또는 그런 사람 ② 군대에서 행진할 때 대오의 선두에서 방향과 속도를 조절하는 사람 향도관(嚮導官) 嚮者(향자): 지난날, 조금 전에, 지난번, 접때
高 3급Ⅱ 3266	音 13 총22획	響	울릴 sound; echo	향:	響/响 xiǎng	響胴(향동): 기타·바이올린 등에서, 공기를 진동시켜 소리를 크게 하는 울림통 響應(향응): ① 메아리처럼 마주쳐 그 소리와 같이 울림 ② 남의 주창에 같은 행동을 취함 影響(영향) 音響(음향) 交響樂團(교향악단)
1급 3267	食 13 총22획	饗	잔치할 feast; banquet	향:	饗/飨 xiǎng	饗設(향설): 잔치를 베풂 饗食(향식): 태뢰(太牢)를 마치고 음식을 나누어 먹는 일 饗宴(향연): 특별히 잘 베풀어 손님을 대접하는 잔치 饗應(향응): 특별히 융숭하게 대접함 또는 그 대접 향응제공(饗應提供)
中 5급 3268	言 04 총11획	許	허락할 allow; permit	허	许 xǔ	許可(허가) 許諾(허락) 許容(허용) 許由(허유) 免許(면허) 許筠(허균): (1569~1618) 조선 문신·소설가 許蘭雪軒(허난설헌) 許由巢父(허유소부): 부귀영화를 마다하는 사람을 비유 동양화 화제의 하나
中 4급Ⅱ 3269	虍 06 총12획	虛	빌 empty	허	虛/虚 xū	虛空(허공) 虛誇(허과) 虛構(허구) 虛妄(허망) 虛事(허사) 虛辭(허사) 虛勢(허세) 虛實(허실) 虛榮(허영) 虛點(허점) 虛禮虛飾(허례허식) 虛心坦懷(허심탄회) 虛張聲勢(허장성세)
1급 3270	口 12 총15획	噓	불[吹] puff	허	嘘/嘘 xū shì	呵噓(가허): 입김을 내 붊 吹噓(취허): ① 숨을 내뿜음 ② 남이 잘한 것을 과장되게 칭찬하여 천거함

급수	부수/획수	한자	훈	음	中文	용례
1급 3271	土 12 총15획	墟	터 site	허	墟 xū	殷墟(은허): 중국 하남성(河南省) 있는 은(殷)나라의 유적(遺蹟) 廢墟(폐허): 파괴당하여 황폐하게 된 터 1920년 창간 낭만주의 동인지 遺墟碑(유허비) 社稷爲墟(사직위허): 사직(社稷)이 폐허가 되었다.
高 3급 3272	車 03 총10획	軒	집 house/ 처마 eaves	헌	轩 xuān	軒擧(헌거): 풍채가 좋고 의기가 당당하다. 軒軒丈夫(헌헌장부) 軒燈(헌등): 처마에 다는 등 東軒(동헌): 고을에서 公事를 처리하는 곳 烏竹軒(오죽헌): 강릉시 梅軒記念館(매헌기념관): 서초구 윤봉길
高 4급 3273	心 12 총16획	憲	법 constitution	헌	宪 xiàn	憲法(헌법): 국가의 최고의 법 憲兵(헌병): 엠피(MP) 憲章(헌장) 憲政(헌정): 입헌(立憲) 정치 制憲節(제헌절) 憲法訴願(헌법소원): 기본권을 침해당한 국민이 그 권리를 구제받기 위하여 헌법재판소에 내는 소원
高 3급Ⅱ 3274	犬 16 총20획	獻	드릴/ 바칠 dedicate	헌	献.献 xiàn	獻官(헌관): 나라에서 제사를 지낼 때 임시로 임명하던 제관 獻金(헌금) 獻納(헌납) 獻物(헌물) 獻身(헌신) 獻爵(헌작): 술잔을 올림 獻呈(헌정): 물품을 바침 獻血(헌혈) 獻花(헌화): 꽃을 바침 또는 그 꽃
1급 3275	欠 09 총13획	歇	쉴 pause	헐	歇 xiē	歇價(헐가): 헐한 값 歇脚(헐각): 잠깐 다리를 쉼 歇看(헐간) 歇客(헐객) 歇泊(헐박) 歇邊(헐변) 歇福(헐복) 歇宿(헐숙) 歇息(헐식) 歇杖(헐장) 歇治(헐치) 歇後(헐후) 間歇的(간헐적)
高 4급 3276	阝阜 13 총16획	險	험할 steep; precipitous	험	险.险 xiǎn	險谷(험곡) 險難(험난): ① 위험하고 어렵다 ② 험하여 고생스럽다 險談(험담) 險狀(험상) 險惡(험악) 險夷(易)(험이): 험난함과 평탄함 險峻(험준) 險地(험지) 冒險(모험) 危險(위험) 探險(탐험)
高 4급Ⅱ 3277	馬 13 총23획	驗	시험 examination	험	験/验 yàn	驗決(험결): 조사하여 결정함 驗氣(험기): 병이 나아가는 기미 驗左(험좌): 참고가 될 만한 증거나 증인 經驗(경험) 試驗(시험) 體驗(체험) 效驗(효험) 受驗生(수험생) 實驗室(실험실)
中 4급 3278	革 00 총09획	革	가죽 leather; reformation	혁	革 gé jí	革帶(혁대): 가죽으로 만든 띠 皮革(피혁) 革細工(혁세공)/ 革代(혁대) 革命(혁명): 급격한 변혁이 일어나는 일. 산업혁명, 시민혁명 革世(혁세) 革新(혁신) 革罷(혁파) 改革(개혁) 變革(변혁)
2급(名) 3279	赤 07 총14획	赫	빛날 bright	혁	赫 hè	朴赫居世(박혁거세): 신라의 시조(始祖)(B.C.69~A.D.4) 赫怒(혁노): 버럭 성을 냄 赫赫之功(혁혁지공): 빛나는 큰 공적 赫赫之光(혁혁지광): 혁혁한 빛, 명성이 세상에 떨치어 빛나는 모양
2급(名) 3280	火 14 총18획	爀	불빛 light	혁	爀 hè	인명용 한자 爀爀(혁혁): 가문이나 업적 등이 매우 빛남
高 3급Ⅱ 3281	玄 00 총05획	玄	검을 black	현	玄 xuán	玄關(현관): 문간 玄妙(현묘): 매우 미묘함 玄武(현무) 玄米(현미) 玄孫(현손): 고손 玄室(현실) 玄寂(현적): 깊숙하고 고요하다. 玄籍(현적): 불교의 경전 玄黃(현황): 하늘과 땅 玄武巖(현무암)
2급 3282	弓 05 총08획	弦	시위 bowstring	현	弦 xuán	弦(현): ① 활시위(활대에 걸어서 켕기는 줄) ② 원 또는 곡선의 호(弧)의 두 끝을 잇는 선분 上弦(상현): 음력 7, 8일 下弦(하현): 22, 23일 解弦更張(해현경장): 느슨해진 것을 긴장하도록 다시 고치거나 개혁하는 것
2급(名) 3283	火 05 총09획	炫	밝을 light; bright	현	炫 xuàn	炫幻/眩幻(현환): 정신이 어지러울 정도로 빛남 炫煌(현황)☞ 현황(眩慌): 어지럽고 황홀함
1급 3284	目 05 총10획	眩	어지러울 dizzy	현	眩 xuàn	眩惑(현혹): 정신이 어지러워져 홀림 또는 정신을 어지럽게 하여 홀리게 함 眩幻(현환): 정신이 어지러울 정도로 빛남 眩慌(현황): 어지럽고 황홀함 眩氣症(현기증): 어지러운 기운이 나는 증세. 어지럼증 어질증
高 3급 3285	糸 05 총11획	絃	줄 chord	현	弦 xián	絃誦(현송): 거문고를 타면서 시를 읊음 管絃樂(관현악): 합주 음악 絃樂器(현악기): 가야금·거문고·바이올린 탄주악기(彈奏樂器) 三絃六角(삼현육각) 絃樂三重奏(현악삼중주): 현악 트리오

급수	부수/획수	한자	훈	음	간체/병음	용례
1급 3286	行 05 총11획	衒	자랑할 boast; brag	현	炫 xuàn	衒求(현구): 자랑하여 남이 알아주기를 바람 衒能(현능): 제 재능을 자랑함 衒學(현학): 스스로 자기 학문을 자랑함. 학자인 체함. 衒學的(현학적) 衒玉賈石(현옥고석): 옥을 진열하고 돌을 판다. 겉과 속이 다른 속임수의 비유
2급(名) 3287	金 05 총13획	鉉	솥귀 kettle ear	현	铉 xuàn	三鉉(삼현): 삼공(三公)으로 太師(태사), 太傅(태부), 太保(태보)의 세 지위 三鉉은 우리나라의 영의정, 좌의정, 우의정을 뜻하며, 솥귀 현이 이름에 많이 쓰이는데 이때는 높은 지위의 아주 중요하고 훌륭한 인물이 되라는 의미
2급(名) 3288	山 07 총10획	峴	고개 ridge; uphill	현	岘 xiàn	論峴洞(논현동): 서울 강남구, 인천 남동구 阿峴洞(아현동): 마포구 書峴驛(서현역): 수인·분당선 경기도 분당구 雁峴洞(안현동): 강릉시 峴底洞(현저동): 서울 서대문구 北阿峴洞(북아현동): 서울 서대문구
中 6급Ⅱ 3289	王玉 07 총11획	現	나타날 appear	현	现 xiàn	現金(현금) 現代(현대) 現狀(현상) 現象(현상) 現像(현상) 現實(현실) 現役(현역) 現場(현장) 現在(현재) 現存(현존) 現地(현지) 現職(현직) 現札(현찰) 現行(현행) 現況(현황)
1급 3290	糸 06 총12획	絢	무늬 pattern	현:	绚 xuàn	絢爛(현란): 눈부시게 빛나고 아름다움 絢采(현채): 말이나 글을 아름답게 꾸미는 일 또는 그 말이나 글
中 4급Ⅱ 3291	貝 08 총15획	賢	어질 sage	현	贤 xián	賢明(현명) 賢壻(현서) 賢人(현인) 賢淑(현숙) 賢友(현우) 賢愚(현우) 賢者(현자) 賢俊(현준) 賢哲(현철) 先賢(선현) 聖賢(성현) 賢母良妻(현모양처): 어진 어머니이면서 또한 착한 아내
高 3급 3292	糸 10 총16획	縣	고을 district; county	현:	県.县 xiàn	縣(현): 주부군현(州府郡縣)의 구획 중에서 최하위 단위 지방 행정 구역 縣監(현감): 고려·조선 때, 작은 현(縣)의 으뜸 벼슬 縣令(현령): ① 신라·고려 때 현(縣)의 으뜸 벼슬 ② 조선 큰 현의 원《종오품임》
高 3급Ⅱ 3293	心 16 총20획	懸	달[繫]/ 매달 hang	현:	悬 xuán	懸隔(현격) 懸欄(현란): 소란반자 懸殊(현수) 懸水(현수) 懸吐(현토): 漢文에 토를 다는 일 懸垂幕(현수막) 懸賞金(현상금) 懸瘦果(현수과) 懸河口辯(현하구변): 물이 거침없이 흐르듯 잘하는 말
高 4급 3294	頁 14 총23획	顯	나타날 appear	현:	顕.显 xiǎn	顯考(현고): 돌아가신 아버지의 신주(神主)나 축문 첫머리에 쓰는 말 顯貴(현귀): 드러나게 높고 귀함 顯在(현재): 겉으로 나타나 있음 顯著(현저): 뚜렷이 드러나 분명하다. 顯微鏡(현미경) 顯忠日(현충일)
高 3급Ⅱ 3295	穴 00 총05획	穴	굴 cave 구멍 hole	혈	穴 xué	穴居(혈거): 동굴 속에서 삶. 혈처(穴處). 經穴(경혈) 窟穴(굴혈) 同穴(동혈) 洞穴(동혈) 墓穴(묘혈) 三姓穴(삼성혈): 제주 고(高)·부(夫)·양(良) 米穴傳說(미혈전설): 탐욕을 경계하는 내용의 전설
中 4급Ⅱ 3296	血 00 총06획	血	피 blood	혈	xiě xuè	血管(혈관) 血氣(혈기) 血糖(혈당) 血眼(혈안) 血壓(혈압) 血液(혈액) 血戰(혈전) 血栓(혈전): 혈관 속에서 피가 굳어진 덩어리 血液型(혈액형) 血肉之親(혈육지친): 한 혈통으로 맺어진 육친
高 3급 3297	女 10 총13획	嫌	싫어할 disgust; hatred	혐	嫌 xián	嫌忌(혐기): 싫어서 꺼림 嫌惡(혐오): 싫어하고 미워함 嫌怨(혐원): 싫어하고 원망함 嫌疑(혐의): ① 꺼리고 미워함 ② 범죄를 저질렀을 가능성이 있다고 봄 嫌氣性細菌(혐기성세균): 파상풍균, 유산균 따위
中 4급Ⅱ 3298	十 06 총08획	協	화할/ 도울 harmonize; cooperation	협	协 xié	協同(협동) 協力(협력) 協商(협상) 協心(협심) 協約(협약) 協議(협의) 協定(협정) 協助(협조) 協調(협조) 協奏(협주) 協診(협진) 協贊(협찬) 協會(협회) 經濟協力(경제협력)
高 3급Ⅱ 3299	月肉 06 총10획	脅	위협할 threat 옆구리	협	胁 xié	脅迫(협박): ① 겁을 주어 남에게 억지로 어떤 일을 하도록 함 ② 상대에게 공포심을 일으키기 위하여 해(害)를 가할 것을 통고하는 일 脅奪(협탈): 으르대어 빼앗음 威脅(위협): 힘으로 으르고 협박함
1급 3300	亻人 07 총09획	俠	의기로울 gallantry	협	侠/侠 xiá	俠客(협객) 俠士(협사) 義俠(의협): 체면을 중히 여기고 신의를 지키는 일 豪俠(호협): 호방하고 의협심이 있다. 武俠誌(무협지) 義俠心(의협심): 남의 어려움을 돕기 위해 자신을 희생하는 의로운 마음

급수	부수	한자	훈음	음	중국어	용례
2급 3301	山 07 총10획	峽	골짜기 ravine; canyon	협	峡/峡 xiá	峽谷(협곡): 산과 산 사이의 좁고 험한 골짜기 峽農(협농): 두메에서 짓는 농사 峽路(협로): 산속의 길 두멧길 海峽(해협): 육지 사이에 끼어 있는 좁고 긴 바다
2급(名) 3302	阝阜07 총10획	陜	땅이름 | 좁을 narrow	합협	陕/陕 jiá xiá	陜川郡(합천군): 경상남도 가야산국립공원. 세계문화유산인 해인사 팔만대장경 등 국보적 가치를 지닌 문화유산들을 보유하고 있다. 峽(陜)谷(협곡) 狹(陜)窄(협착)
1급 3303	犭犬07 총10획	狹	좁을 narrow	협	狭/狭 xiá	狹薄(협박) 狹小(협소) 狹義(협의)↔廣義(광의) 狹窄(협착) 淺狹(천협): 얕고 좁다 狹心症(협심증) 挾軌列車(협궤열차) 狹窄症(협착증): 심장 또는 혈관의 판(瓣)이나 관(管)이 좁아지는 증상
1급 3304	扌手07 총10획	挾	낄 insert	협	挟/挟 jiá xiá	挾攻(협공): 양쪽으로 끼고 들이침. 협격(挾擊) 挾扶(협부): 곁에서 부축함 挾私(협사): 사사로운 정을 둠 挾詐(협사): 속으로 간사한 생각을 품음 挾殺(협살) 挾勢(협세) 挾雜(협잡): 그릇된 짓으로 남을 속임
1급 3305	頁 07 총16획	頰	뺨 cheek	협	颊/頰 jiá	頰骨(협골): 볼의 뼈. 광대뼈 頰筋(협근): 볼의 근육 批頰(비협): 별협(남의 뺨을 때림) 紅頰(홍협): 붉은 뺨 鐘樓批頰沙平反目(종루비협사평반목): 종루에서 뺨 맞고 사평에서 눈 흘긴다.
中8급 3306	儿 03 총05획	兄	형/ 맏 elder brother	형	兄 xiōng	兄夫(형부) 兄嫂(형수) 兄氏(형씨) 兄弟(형제) 妹兄(매형) 阿兄(아형): 형을 친근하게 부르는 말《주로 글에 씀》 妻兄(처형) 雅兄(아형): 남자 친구끼리 높여 부르는 말 兄弟姉妹(형제자매)
中4급 3307	刀 04 총06획	刑	형벌 penalty	형	刑 xíng	刑期(형기) 刑罰(형벌) 刑法(형법) 刑事(형사) 刑杖(형장) 刑曹(형조): 육조의 하나. 법률·소송·형옥(刑獄)·노예 등에 관한 일을 맡았음 死刑(사형) 受刑(수형) 處刑(처형) 刑事責任(형사책임)
2급 3308	土 06 총09획	型	모형 mold; model	형	型 xíng	金型(금형) 蠟型(납형) 模型(모형) 造型(조형) 舊型(구형) 大型(대형) 小型(소형) 新型(신형) 元型(원형) 原型(원형) 類型(유형) 鑄型(주형) 判型·版型(판형) 流線型(유선형)
1급 3309	++艸06 총10획	荊	가시 thorn	형	荊 jīng	荊冠(형관): 가시관 荊棘(형극): ① 나무의 가시 ② 고난의 길을 비유 荊芥(형개): 꿀 풀과 식물 荊芥穗(형개수): 말린 정가의 꽃 이삭 負荊請罪(부형청죄): 회초리를 지고 가서 잘못을 처벌해줄 것을 자청한다.
中6급II 3310	彡 04 총07획	形	모양 form; shape	형	形 xíng	形象(형상) 形成(형성) 形勢(형세) 形式(형식) 形態(형태) 造形(조형) 形容詞(형용사) 形影相弔(형영상조): 몹시 외로워함 形而上學(형이상학): 관념적인 철학 ↔ 形而下學(형이하학)
2급(名) 3311	阝邑04 총07획	邢	성(姓)/ 나라이름	형	邢 xíng	邢(형): 진주 형씨의 시조 형옹(邢顒)은 당 나라 태종 때 사람 邢國(형국): 춘추(春秋)시대, 주(周)의 제후국. 지금의 허베이(河北)성
高3급 3312	亠 05 총07획	亨	형통할 go well	형	亨 hēng héng	亨通(형통): 온갖 일이 뜻대로 됨 萬事亨通(만사형통) 주역(周易) 건괘(乾卦): 元:봄 亨:여름 利:가을 貞:겨울
2급(名) 3313	火 05 총09획	炯	빛날 bright	형	炯 jiǒng	炯心(형심): 밝고 환한 마음 炯眼(형안): ① 반짝반짝 빛나는 눈 또는 날카로운 눈매 ② 사물에 대한 뛰어난 관찰력
2급(名) 3314	玉 10 총15획	瑩	밝을 bright 옥돌 gem	형 영	莹 yíng	瑩澈(형철): ① 환하게 내다보이도록 맑음 ② 밝고 투철(透徹)함 瑩鏡(영경): 맑은 거울 崔瑩(최영):(1316~1388) 고려 말기의 명장·재상 친원파 명나라를 치러 출정하였으나 이성계의 환군으로 실패 피살되었다.
高3급 3315	虫 10 총16획	螢	반딧불 firefly	형	萤/螢 yíng	螢光燈(형광등) 螢光物質(형광물질) 螢雪之功(형설지공) 螢窓雪案(형창설안): 어려운 가운데서도 학문(學問)에 힘씀을 비유 車螢孫雪(차형손설): 차윤(車胤)의 반딧불과 손강(孫康)의 눈(=雪)

급수	부수/획수	한자	훈	음	간체/병음	용례
2급(名) 3316	氵水15 총18획	瀅	물 맑을 clear	형	滢 yíng	瀅澈(형철): 물이 맑고 깨끗함 汀瀅(정형): 물이 맑고 깨끗함 작은 시내
高 3급II 3317	行 10 총16획	衡	저울대 balance; equilibrium	형	衡 héng	衡平(형평): 균형이 맞음 또는 그런 상태 均衡(균형): 어느 한쪽으로 치우치지 않고 고름 平衡(평형) 不均衡(불균형) 度量衡(도량형) 銓衡(전형): 인물의 됨됨이나 재능 따위를 시험하여 뽑음 選考(선고)
2급(名) 3318	香 11 총20획	馨	꽃다울 fragrant	형	馨 xīn	柳馨遠(유형원): (1622~1673) 조선 효종 때의 실학자. 호는 반계(磻溪). 중농사상을 기본으로 한 토지 개혁론을 주장하였다. 저서로 《반계수록》 似蘭斯馨(사란사형): 난초같이 꽃다우니 군자의 지조(志操)를 비유
高 3급 3319	八 02 총04획	兮	어조사 particle	혜	兮 xī	兮也(혜야): 어조사로 윗말을 완화하고 아래의 말을 강조하는 뜻. 也(야)가 붙을 때는 종결의 뜻 寂兮寥兮(적혜요혜): 형체도 소리도 다 없다. 무위자연 노자(老子)사상
1급 3320	⺕ 08 총11획	彗	살별/ 彗 쓰는 비 broom	혜:	彗 huì	彗芒(혜망): 혜성(彗星)의 뒤에 꼬리 같이 길게 끌리는 빛 彗星(혜성): ① 꼬리별. 살별. 미성(尾星) ② 갑자기 나타나 두각을 나타냄 彗變(혜변): 살별이 나타나는 괴변 彗掃(혜소): 비로 깨끗이 청소함
高 3급II 3321	心 11 총15획	慧	슬기로울 wisdom	혜:	慧 huì	慧根(혜근): 진리를 깨닫게 하는 지혜의 힘 慧敏(혜민): 슬기롭고 민첩하다. 慧聖(혜성): 뛰어나게 슬기로움. 또는 그런 사람 慧眼(혜안): 사물의 본질을 꿰뚫어 보는 안목과 식견 慧悟(혜오) 慧智(혜지) 智慧(지혜)
中 4급II 3322	心 08 총12획	惠	은혜 favor; benefit	혜:	恵/惠 huì	惠顧(혜고): ① 남의 방문에 대한 존칭. 왕림 ② 은혜를 베풀어 잘 돌보아 줌 惠澤(혜택) 恩惠(은혜) 施惠(시혜) 慈惠(자혜) 天惠(천혜) 特惠(특혜) 惠諒(혜량): 남이 헤아려 살펴서 이해함 惠民署(혜민서)
1급 3323	酉 12 총19획	醯	식혜 rice nectar	혜	醯 xī	食醯(식혜): 감주(甘酒): 단술 左脯右醯(좌포우혜): 제사상을 차릴 때에 육포는 왼쪽에, 식혜는 오른쪽에 놓는 일. 어동육서 홍동백서 酒果脯醯(주과포혜): 술·과실·포·식혜 따위로 간략하게 차린 제물
高 3급 3324	二 02 총04획	互	서로 each other	호:	互 hù	互角(호각): 서로 역량이 같음 互流(호류): 서로 바꾸거나 교류함 互選(호선): 서로 투표하여 뽑음 互送(호송) 互讓(호양) 互用(호용) 互稱(호칭) 互惠(호혜) 互換(호환) 相互(상호)
中 4급II 3325	戶 00 총04획	戶	집 home 지게문	호:	户 hù	戶口(호구) 戶當(호당) 戶別(호별) 戶數(호수) 戶籍(호적) 戶主(호주) 家戶(가호) 客戶(객호) 富戶(부호) 窓戶(창호) 戶主制(호주제) 門戶開放(문호개방): 마음대로 드나들게 터놓음
2급(名) 3326	戶 07 총11획	扈	따를/ 뒤따를 follow	호:	扈 hù	扈徒(호도): 어가(御駕)를 모시고 따르던 일 또는 모시고 따르던 사람 扈從(호종): 임금이 탄 수레를 호위하여 따르던 일. 또는 그 사람 跋扈(발호): 제 마음대로 날뛰며 행동하는 것 扈衛廳(호위청)
中 3급 3327	丿 04 총05획	乎	어조사 exclamation	호	乎 hū	乎哉(호재): 감탄을 표시하는 말. ~런가 ~로다 斷乎(단호): 과단성 있고 엄격하다 確乎(확호): 든든하고 굳세다 學而時習之不亦說乎 (학이시습지불역열호): 배우고 때때로 익히면 또한 기쁘지 아니한가?
中 4급II 3328	口 05 총08획	呼	부를 call; breathe	호	呼 hū	呼名(호명) 呼訴(호소): 억울하거나 딱한 사정을 남에게 하소연함 呼應(호응) 呼戚(호척): 서로 촌수를 대서 항렬(行列)을 찾아 부름 呼出(호출) 呼稱(호칭) 呼吸(호흡) 呼兄呼弟(호형호제)
中 4급II 3329	女 03 총06획	好	좋을 like; good; favorable	호:	好 hǎo hào	好感(호감) 好機(호기) 好喪(호상) 好手(호수) 好意(호의) 好材(호재) 好戰(호전) 好調(호조) 好評(호평) 好況(호황) 選好(선호) 絶好(절호) 好奇心(호기심) 好事多魔(호사다마)
2급(名) 3330	日 04 총08획	昊	하늘 sky	호:	昊 hào	昊天(호천): ① 넓고 큰 하늘. ② 구천(九天)의 하나. 서쪽 하늘. ③ 사천(四天)의 하나. 여름 하늘 蒼昊(창호): 맑고 푸른 하늘 昊天罔極(호천망극): 어버이의 은혜가 하늘같이 넓고 커서 다함이 없음

급수	부수	한자	훈	음	중국어	용례
1급 3331	弓 05 총 08획	弧	활 bow; arc	호	弧 hú	弧線(호선): 활 등 모양으로 굽은 선 弧形(호형) 括弧(괄호): 묶음표 弧矢(호시): ① 나무로 만든 활과 화살 ② 별자리 이름 28수(宿) 중의 정수(井宿)에 속하는 것으로 큰개자리와 고물자리의 일부에 걸쳐 있음
1급 3332	犭犬 05 총 08획	狐	여우 fox	호	狐 hú	狐媚(호미): 여우의 눈썹이라는 뜻으로, 알씬거리어 아양을 떨고 아첨함 九尾狐(구미호) 狐假虎威(호가호위): 남의 권세를 빌려 위세를 부림 狐死首丘(호사수구) 狐死免泣(호사토읍): 여우의 죽음에 토끼가 운다.
中 3급Ⅱ 3333	虍 02 총 08획	虎	범 tiger	호(:)	虎 hū	虎口(호:구) 虎班(호반): 무반(武班) 囮 학반(鶴班): 문반(文班) 虎狼(호:랑) 虎叱(호:질) 虎患(호:환) 虎死留皮(호:사유피) 虎視眈眈(호:시탐탐) 三人成虎(삼인성호): 여러 사람이 말하면 곧이듣게 됨
1급 3334	王玉 08 총 12획	琥	호박(琥珀) amber	호:	琥 hǔ	琥珀(호박): 황색 밀황색 적갈색의 투명 또는 반투명한 광물질 보석(寶石)
中 6급 3335	虍 07 총 13획	號	이름 name; number	호(:)	号 hào háo	號俸(호봉) 號數(호수) 號室(호실) 番號(번호) 創刊號(창간호) 號令(호령): 지휘하여 명령(命令)함. 큰 소리로 꾸짖음 口號(구호) 號曰百萬(호왈백만): 말로는 백만을 일컬으나, 실상은 얼마 안 됨
高 3급Ⅱ 3336	月肉 05 총 09획	胡	되[狄]/ 오랑캐 savage	호	胡 hú	胡桃(호도): '호두'의 본딧말 胡(蝴)蝶(호접): 나비 丙子胡亂(병자호란): 인조 14년(1636) 청(淸)나라가 침입한 난리 특급Ⅱ 葫(마늘 조롱박 호) 葫蘆瓶(호로병→호리병)
中 5급 3337	氵水 09 총 12획	湖	호수 lake	호	湖 hú	湖畔(호반) 湖水(호수) 湖澤(호택) 湖海(호해) 江湖(강호) 潟湖(석호) 湖西(호서): 충청도 湖南平野(호남평야) 畿湖地方(기호지방): 경기도 및 황해도 남부와 충청남도 북부 지방 전부
1급 3338	王玉 09 총 13획	瑚	산호 coral	호	瑚 hú	珊瑚(산호): 산호과의 자포동물로서, 흔히 그 골격을 말함. 산호충이 모여서 나뭇가지 모양을 형성한 것인데, 바깥쪽은 무르고 속은 단단한 석회질로 되어 있어 속을 가공하여 장식품으로 씀 珊瑚礁(산호초): 퇴적하여 생긴 암초
1급 3339	米 09 총 15획	糊	풀칠할 paste	호	糊 hú hū	糊口(호구): 입에 풀칠한다. 糊口之策(호구지책): 겨우 먹고 살아가는 방책 糊塗(호도): 풀을 바른다, 명확하게 결말을 내지 않고 감추거나 흐지부지 덮어 버림 模糊(모호) 曖昧模糊(애매모호): 말이나 태도가 분명하지 아니하고 희미함
2급(名) 3340	示 05 총 10획	祜	복(福) blessing	호	祜 hù	祜休(호휴): 신이 내리는 행복 福祜(복호) 祜佑 [hù yòu]: 신의 가호 하늘의 도움 徐天祜(서천호): 원(元)나라 학자
高 3급Ⅱ 3341	氵水 07 총 10획	浩	넓을 vast; great	호:	浩 hào	浩蕩(호탕): ① 물이 넓어서 끝이 없다. ② 세차게 뻗치는 듯한 힘이 있다. 浩然之氣(호연지기): ① 하늘과 땅 사이에 가득 찬 넓고 큰 원기(元氣) ② 부끄러운 바 없는 도덕적 용기 ③ 자유스럽고 유쾌한 마음 호기(浩氣)
2급(名) 3342	日 07 총 11획	晧	밝을 bright	호	晧 hào	晧白(호백): 매우 힘 晧雪(호설): 흰 눈 晧首(호수): 백발인 머리 晧然(호연): 아주 명백한 모양 晧月(호월): 썩 맑고 밝은 달 晧晧(호호): ① 깨끗하고 흰 모양 ② 빛나고 밝은 모양
2급(名) 3343	白 07 총 12획	皓	흴[白] white	호	皓 hào	皓齒(호치): 희고 깨끗한 이. 皓礬(호반): 황산아연(黃酸亞鉛)의 속칭 丹脣皓齒(단순호치): 붉은 입술과 흰 이, 아름다운 여자의 비유 皓皓白髮(호호백발): 온통 하얗게 센 머리. 또는 그런 머리를 한 노인
2급(名) 3344	氵水 12 총 15획	澔	넓을 vast	호:	澔/浩 hào	인명용 한자 浩(넓을, 클 호)와 同字
高 3급 3345	毛 07 총 11획	毫	터럭 hair; writing brush	호	毫 háo	毫端(호단): 붓끝 毫髮(호발) 毫釐(호리): ① 자, 저울눈의 호와 이 ② 몹시 적은 분량의 비유. 호리지차(毫釐之差) 호리천리(毫釐千里) 毫末(호말) 毫忽之間(호홀지간): ① 지극히 짧은 사이 ② 조금 어긋난 동안

급수	부수/획수	한자	훈	음	중국어	용례
高 3급II 3346	豕 07 총14획	豪	호걸 hero; brave	호	豪 háo	豪傑(호걸) 豪氣(호기) 豪奢(호사) 豪族(호족) 豪俊(호준) 豪宕(호탕): 기품이 호걸스럽고 방종(放縱)하다. 호탕불기(豪宕不羈) 豪言壯談(호언장담) 豪華燦爛(호화찬란): 빛나고 호화롭다.
2급(名) 3347	土 14 총17획	壕	해자 moat	호	壕 háo	塹壕(참호): ① 성 둘레의 구덩이 ② 야전(野戰)에서 몸을 숨기어 적의 공격에 대비하는 방어 시설 防空壕(방공호): 공습(空襲) 대피용 掩蔽壕(엄폐호): 적의 사격이나 관측으로부터 아군을 보호 구덩이
2급 3348	氵水14 총17획	濠	호주 Australia 해자 moat	호	濠 háo	濠洲(호주): 오스트리아(Australia)의 한자음 표기 外濠(외호): 성 밖 둘레에 판 구덩이 해자(垓子)
2급(名) 3349	金 10 총18획	鎬	호경 Zhou's capital	호	镐 gǎo hào	鎬京(호경): 주(周)나라 서울. 현재의 섬서성(陝西省) 서안(西安) 유적(遺蹟). 서주(西周)의 무왕(武王)이 도읍(都邑) 왕도(王都)였음 鎬京祠宇(호경사우): 호경에 신주(神主)를 두기 위해 따로 지은 집
高 4급II 3350	言 14 총21획	護	도울 patronage; protection	호	护 hù	護國(호국) 護喪(호상) 護送(호송) 護身(호신) 看護(간호) 警護(경호) 辯護(변호) 保護(보호) 守護(수호) 愛護(애호) 擁護(옹호) 護疾忌醫(호질기의): 병을 숨겨 의사에게 보여 주지 않는다.
中 4급 3351	戈 04 총08획	或	혹 perhaps	혹	或 huò	或是(혹시): ① 만일에. 혹야(或也). 혹여(或如). 혹자(或者) ② 어쩌다가 우연히 ③ 확실한 것은 아니지만 짐작하기로 或時(혹시): 어쩌다가 또는 어떤 때에 間或(간혹): 이따금 간간이 어쩌다가 혹간(或間) 設或(설혹): 설령(設令)
高 3급II 3352	心 08 총12획	惑	미혹할 delusion; bewilder	혹	惑 huò	惑道(혹도):늑번뇌도(煩惱道) 困惑(곤혹) 當惑(당혹) 魅惑(매혹) 迷惑(미혹) 不惑(불혹): ① 미혹되지 않음 ② 나이 마흔 살의 일컬음 誘惑(유혹) 疑惑(의혹) 眩惑(현혹): 정신이 어지러워져 홀림
2급 3353	酉 07 총14획	酷	심할/ 독할 harsh; cruel; merciless	혹	酷 kù	酷毒(혹독): ① 몹시 심하다. ② 마음씨나 하는 짓이 매우 모질고 악하다. 酷烈(혹렬) 酷使(혹사) 酷暑(혹서) 酷政(혹정) 酷評(혹평) 酷寒(혹한) 苛酷(가혹) 冷酷(냉혹) 殘酷(잔혹) 慘酷(참혹)
高 3급 3354	日 04 총08획	昏	어두울/ 저물 dusk	혼	昏 hūn	昏迷(혼미): 의식이 흐림 昏睡(혼수): 정신없이 잠이 듦 昏絶(혼절): 아찔하여 까무러침 黃昏(황혼): ① 어둑어둑할 때 ② 쇠퇴하여 종말에 이른 때 昏定晨省(혼정신성): 저녁에는 잠자리를 봐 드리고 새벽에는 안부를 물음
中 4급 3355	女 08 총11획	婚	혼인할 wedding; marry	혼	婚 hūn	婚談(혼담) 婚禮(혼례) 婚事(혼사) 婚姻(혼인) 婚處(혼처) 婚需(혼수): ① 혼인에 드는 물품 ② 혼비(婚費): 혼인에 드는 비용 婚娶(혼취) 約婚(약혼) 請婚(청혼) 華婚(화혼) 結婚式(결혼식)
中 4급 3356	氵水08 총11획	混	섞을 mix; confusion	혼	混 hùn hún	混沌(혼돈) 混同(혼동) 混亂(혼란) 混線(혼선) 混聲(혼성) 混宿(혼숙) 混信(혼신) 混雜(혼잡) 混濁(혼탁) 混合(혼합) 混血(혼혈) 一魚混全川(일어혼전천): 한 마리 물고기가 온 시냇물을 흐려 놓음
1급 3357	氵水09 총12획	渾	흐릴 turbid	혼	浑 hún	渾恐(혼공): 모두 두려워함 渾眷(혼권): 온 식구. 혼가(渾家) 渾淪(혼륜): 혼돈(混沌) 渾身(혼신): 온몸 渾融(혼융): 완전히 융합함 渾然一體(혼연일체): 생각·행동·의지 따위가 완전히 하나가 됨
高 3급II 3358	鬼 04 총14획	魂	넋 soul; spirit	혼	魂 hún	魂靈(혼령) 魂魄(혼백) 魂帛(혼백) 魂神(혼신) 靈魂(영혼) 怨魂(원혼) 招魂(초혼) 鬪魂(투혼) 傷魂(상혼): 마음을 상함 商魂(상혼): 상인의 심리 魂飛魄散(혼비백산): 몹시 놀라 넋을 잃음
高 3급II 3359	心 04 총08획	忽	갑자기 suddenly	홀	忽 hū	疏忽(소홀): 정성이나 조심이 부족함. 忽待(홀대): 소홀히 대접함 忽視(홀시): ① 슬쩍 보아 넘김 ② 깔봄. 忽然(홀연): 뜻밖에 갑자기 忽顯忽沒(홀현홀몰): 문득 나타났다가 홀연히 없어짐
1급 3360	竹 04 총10획	笏	홀(笏) scepter	홀	笏 hū wù	笏(홀): 벼슬아치가 조현(朝見) 할 때 손에 쥐던 패 笏記(홀기): 혼례나 제사 때, 의식의 순서를 적은 글 袍笏(포홀) 袍笏登場(포홀등장): 조복을 입고 홀을 들고 무대에 오르다. 관직에 오르다.

급수	부수/획수	한자	훈/뜻	음	中	용례
1급 3361	忄心08 총11획	惚	황홀할 ecstasy; rapture; bliss	홀	惚 hū	自惚(자홀): ① 스스로 황홀함 ② 자기도취(陶醉)에 빠짐 恍惚(황홀): ① 눈이 부실 만큼 찬란하고 화려함 ② 사물에 마음이 팔려 정신이 어지러움 恍惚感(황홀감) 恍惚境(황홀경) 恍惚難測(황홀난측)
高 3급 3362	弓 02 총05획	弘	클/ 넓을 widely	홍	弘 hóng	弘道(홍도): 도덕을 널리 폄 弘報(홍보): 일반에게 널리 알림 弘文館(홍문관): 궁중의 경서, 문서를 관리하고 임금의 자문에 응하던 관아 弘益人間(홍익인간): 널리 인간 세계를 이롭게 함《단군의 건국이념임》
2급(名) 3363	氵水05 총08획	泓	물 깊을 deep	홍	泓 hóng	深泓(심홍): 깊은 못 澄泓(징홍): 물이 맑고 깊음
高 3급Ⅱ 3364	氵水06 총09획	洪	넓을/ 큰물 flood	홍	洪 hóng	洪量(홍량): ① 넓은 도량 ② 술 따위의 많은 양 또는 다량의 술 洪水(홍수): ① 큰물 ② 사람이나 사물이 많이 쏟아져 나옴의 비유 洪魚(홍어): 가오릿과의 바닷물고기 洪吉童(홍길동) 洪蘭坡(홍난파)
1급 3365	口 06 총09획	哄	떠들썩할 clamor	홍	哄 hōng hòng	哄堂(홍당): 떠들썩한 집 哄動(홍동): 여러 사람이 떠들썩함 哄笑(홍소): 떠들썩하게 웃음 哄然(홍연): 큰 웃음을 터뜨리는 모양 哄脅(홍협): 속이고 협박함 哄然大笑(홍연대소): 큰 소리로 껄껄 웃음
中 4급 3366	糸 03 총09획	紅	붉을 scarlet	홍	紅 hóng gōng	紅蔘(홍삼) 紅袖(홍수): ① 옛 군복의 붉은 소매 ② 나인(궁궐 안에서 왕과 왕비를 가까이 모시는 내명부(內命婦)를 통틀어 이르던 말 紅柿(홍시) 紅疫(홍역) 紅茶(홍차) 粉紅(분홍) 朱紅(주홍) 紅一點(홍일점)
1급 3367	虫 03 총09획	虹	무지개 rainbow	홍	虹 hóng jiàng	虹橋(홍교): 무지개다리 虹霓(홍예): 무지개 특례 霓(무지개 예) 虹霓橋(홍예교): 무지개처럼 만든 둥근 다리 虹霓門(홍예문) 虹彩(홍채): 안구의 각막과 수정체의 사이에 있는 원반상(圓盤狀)의 얇은 막
1급 3368	言 03 총10획	訌	어지러울 internal strife	홍	訌 hòng	內訌(내홍): 내부에서 저희끼리 일으키는 분쟁. 내분(內紛) 訌爭(홍쟁): 내부에서 일어나는 분쟁 내분(內紛)
高 3급 3369	鳥 06 총17획	鴻	기러기 wild goose	홍	鴻 hóng	鴻鵠(홍곡): 큰 인물의 비유 鴻基(홍기) 鴻毛(홍모) 鴻雁(홍안): 큰 기러기와 작은 기러기 鴻恩(홍은) 鴻鵠之志(홍곡지지): 원대한 포부 鴻鵠高飛不集汚地(홍곡고비부집오지): 높이 날면서 더러운 땅에는 머무르지 않음
中 8급 3370	火 00 총04획	火	불 fire	화(:)	火 huǒ	火口(화:구) 火急(화:급) 火力(화:력) 火爐(화:로) 火山(화:산) 火傷(화:상) 火星(화:성) 火藥(화:약) 火焰(화:염) 火葬(화:장) 火災(화:재) 火山巖(화:산암) 火成巖(화:성암) 火曜日(화요일)
中 5급Ⅱ 3371	匕 02 총04획	化	될 change; chemistry	화(:)	化 huà huā	化工(화:공) 化石(화:석) 化身(화:신) 化合(화:합) 化學(화:학) 化粧(화장) 感化(감:화) 敎化(교:화) 同化(동화) 鈍化(둔:화) 變化(변:화) 孵化(부화) 酸化(산화) 進化(진:화) 退化(퇴:화)
中 7급 3372	⺿艸04 총08획	花	꽃 flower; blossom	화	花 huā	花壇(화단) 花粉(화분) 花盆(화분) 花瓶(화병) 花菜(화채) 花草(화초) 花卉(화훼) 菊花(국화) 梅花(매화) 開花期(개화기) 花容月態(화용월태): 꽃다운 얼굴과 고운 자태, 아름다운 여인의 모습
中 4급Ⅱ 3373	貝 04 총11획	貨	재물 goods	화(:)	货 huò	貨幣(화폐) 硬貨(경화) 金貨(금화) 美貨(미화) 寶貨(보화) 良貨(양화) 軟貨(연화) 外貨(외화) 財貨(재화) 鑄貨(주화) 通貨(통화) 貨物(화물) 貨主(화주) 雜貨(잡화) 貨物船(화물선)
2급 3374	革 04 총13획	靴	신[履,鞋]/ 가죽신 shoes	화	靴 xuē	靴工(화공): 구두를 만드는 기능공 靴匠(화장) 軍靴(군화) 短靴(단화) 長靴(장화) 製靴(제화) 靴鞋(화혜) 특례 鞋(신 혜) 脫靴(탈화) 室內靴(실내화) 洋靴店(양화점) 蹴球靴(축구화)
高 3급 3375	禾 00 총05획	禾	벼 rice plant	화	禾 hé	禾穀(화곡): 벼 종류 곡식의 총칭 禾利(화리): ① 조선 말기에 논의 경작권을 매매의 대상으로 일컫던 말 ② 수확이 예상되는 벼를 매매의 대상으로 일컫는 말 禾苗(화묘): 벼의 모 晩禾(만화) 田禾(전화)

급수	부수	한자	훈	음	중국어	용례
中 6급II 3376	口 05 총08획	和	화할 peaceful	화	和 hé huò	和答(화답) 和睦(화목) 和音(화음) 和平(화평) 和合(화합) 柔和(유화) 和魂洋才(화혼양재): 일본 고유의 정신과 서양 도래의 학문 時和年豊(시화연풍): 나라가 태평하고 풍년이 듦 시화세풍(時和歲豊)
中 4급 3377	⺿艸07 총11획	華	빛날 shine; bloom	화	华 huá huà	華奢(화사): 화려하게 곱다. 華麗(화려) 華燭(화촉) 華婚(화혼) 昇華(승화) 華僑(화교) 華商(화상) 華胥之夢(화서지몽): 낮잠 中華民國(중화민국): 臺灣 中华人民共和国(중화인민공화국)
2급(名) 3378	女 11 총14획	嬅	탐스러울 charming 여자이름	화	嬅 huà	嬅容(화용): 여자의 용모가 준려(俊麗)하다. 童嬅(동화) 晶嬅(정화) 李施嬅(이시화): Selena Lee 중국배우
2급(名) 3379	木 11 총15획	樺	벚나무/ cherry blossom 자작나무 white birch	화	桦 huà	樺鐵(화철): 벚나무 껍질과 철 樺燭(화촉): 자작나무 껍질로 만든 초 樺太(화태): '사할린' 樺皮弓(화피궁): 벚나무 껍질을 입혀서 만든 활 白樺(백화): 자작나무 자작나뭇과의 낙엽(落葉) 활엽(闊葉) 교목(喬木)
中 6급 3380	田 07 총12획	畫	그림 picture	화:	画 huà huò	畫家(화가) 畫架(화가): 이젤(easel) 畫廊(화랑) 畫面(화면) 畫法(화법) 畫像(화상) 畫題(화제) 水彩畫(수채화) 畫宣紙(화선지) 畫龍點睛(화룡점정) 畫蛇添足(화사첨족)
中 7급II 3381	言 06 총13획	話	말씀 talk; conversation	화	话 huà	話頭(화두) 話法(화법) 話術(화술) 話題(화제) 講話(강화) 談話(담화) 對話(대화) 童話(동화) 秘話(비화) 野話(야화) 寓話(우화) 逸話(일화) 電話(전화) 通話(통화) 會話(회화)
高 3급II 3382	示 09 총14획	禍	재앙 evil; calamity	화:	祸 huò	禍根(화근) 禍難(화난) 禍福(화복) 禍因(화인) 禍梯(화제): 재앙에 가까이 가는 단계 禍害(화해) 殃禍(앙화) 輪禍(윤화) 災禍(재화) 戰禍(전화) 慘禍(참화) 轉禍爲福(전화위복)
高 4급II 3383	石 10 총15획	確	굳을 firm; certain	확	确 què	確固(확고) 確答(확답) 確率(확률) 確立(확립) 確保(확보) 確報(확보) 確信(확신) 確實(확실) 確約(확약) 確認(확인) 確定(확정) 確證(확증) 正確(정확) 確固不動(확고부동)
高 3급 3384	禾 14 총19획	穫	거둘 harvest	확	获 huò	穫稻(확도): 벼를 거두어들임 收穫(수확): 어떤 일을 하여 얻은 성과 익은 농작물을 거두어들임 多收穫(다수확): 많은 수확 특급II 攫(붙잡을 확) 一攫千金(일확천금): 단번에 많은 재물을 얻음
高 3급 3385	扌手15 총18획	擴	넓힐 enlarge; expand	확	拡/扩 kuò	擴大(확대) 擴散(확산) 擴延(확연): 시간, 공간 따위의 연속적인 확대나 연장 擴張(확장) 擴戰(확전) 擴充(확충) 擴大鏡(확대경) 擴聲器(확성기) 核擴散(핵확산) 軍備擴張(군비확장)
高 3급 3386	丶 02 총03획	丸	둥글/ 알 ball; pellet	환	丸 wán	丸藥(환약): 한제(丸劑) 丸彫(환조): 물체의 형상을 두드러지게 하는 조각법의 하나 睾丸(고환): 포유류의 음낭 속에 있는 공 모양의 기관 逸丸(일환) 流彈(유탄) 彈丸(탄환) 砲丸(포환) 淸心丸(청심환)
2급 3387	幺 01 총04획	幻	헛보일/ 허깨비 illusion	환:	幻 huàn	幻覺(환각) 幻滅(환멸): 이상이나 환상이 깨어짐 幻相(환상) 幻生(환생) 幻影(환영) 幻聽(환청) 夢幻(몽환) 幻覺劑(환각제) 幻燈機(환등기) 幻想曲(환상곡): 자유로운 악상의 낭만적인 악곡
1급 3388	宀 06 총09획	宦	벼슬 government post	환:	宦 huàn	宦官(환관): 내시(內侍) 宦達(환달): 관리로서 출세하여 영화로움에 이름 宦福(환복): 관복(官福) 宦厄(환액): 벼슬길의 재액 宦慾(환욕): 벼슬에 대한 욕심 宦海風波(환해풍파): 벼슬살이에서 겪는 험한 일
2급(名) 3389	木 06 총10획	桓	굳셀 strong; vigorous	환	桓 huán	桓雄(환웅): 하늘을 다스리는 환인(桓因)의 아들이자 단군의 아버지 웅녀와 결혼해 단군(檀君)을 낳았다. 桓一高等學校(환일고등학교) 盤桓(반환): 머뭇거리며 어떤 곳을 멀리 떠나지 못하고 서성이는 일
中 5급 3390	心 07 총11획	患	근심 anxiety	환:	患 huàn	患難(환난): 근심과 재난(災難) 患亂(환란): 근심과 재앙. 병란(兵亂) 患部(환부) 患者(환자) 患害(환해) 患候(환후) 病患(병환) 患得患失(환득환실): 얻지 못할까 근심하고, 얻으면 잃어버릴까 걱정함

급수	부수/획수	한자	훈	음	중국어	용례
高 3급II 3391	扌手09 총12획	換	바꿀 exchange	환ː	换 huàn	換金(환금) 換氣(환기) 換買(환매) 換亂(환란) 換算(환산) 換言(환언) 換率(환율) 換錢(환전) 換票(환표) 交換(교환) 轉換(전환) 兌換(태환) 互換(호환) 換骨奪胎(환골탈태)
1급 3392	口 09 총12획	喚	부를 call	환	唤 huàn	喚起(환기): 주의나 여론, 생각 따위를 불러일으킴 喚聲(환성) 喚醒(환성) 喚呼(환호) 召喚(소환): 법원이 출석을 명령하는 일 阿鼻叫喚(아비규환): 참담한 지경에 빠져 울부짖는 참상의 형용
2급(名) 3393	火 09 총13획	煥	빛날/ 불꽃 bright; flame	환ː	焕 huàn	煥乎(환호): 빛이나 밝다. 문장이 훌륭하다. 煥號(환호): 빛나는 이름 全斗煥(전두환): 11대~12대 대통령 재임 1980~1988 才氣煥發(재기환발): 사리 판단이 날카롭고 재능이 빛난다.
高 4급 3394	王玉 13 총17획	環	고리 ring	환(ː)	环 huán	環境(환경) 環刀(환도): 예전에, 군복에 갖추어 차던 군도(軍刀) 環狀(환상): 고리처럼 둥글게 생긴 형상. 환형(環形) 循環(순환) 花環(화환) 衆人環視(중인환시): 여러 사람이 둘러싸고 지켜봄
高 3급II 3395	辶辵13 총17획	還	돌아올 return	환	还 hái huán	還甲(환갑) 還買(환매) 還賣(환매) 還拂(환불) 還生(환생) 還收(환수) 還元(환원) 召還(소환): 외교 사절을 본국으로 불러들임 合浦珠還(합포주환): 합포에 진주가 돌아오다. 잃어버린 물건을 다시 찾음
1급 3396	魚 10 총21획	鰥	홀아비 widower	환	鳏 guān	鰥居(환거): 홀아비로 삶 鰥夫(환부): 홀아비 鰥寡孤獨(환과고독): 홀아비, 과부, 고아(孤兒), 늙어서 자식 없는 사람
中 4급 3397	欠 18 총22획	歡	기쁠 pleasure	환	欢.欢 huān	歡待(환대): 후하게 접대함 歡聲(환성) 歡送(환송) 歡心(환심) 歡迎(환영): 반갑게 맞음 歡呼(환호): 기뻐서 큰 소리로 부르짖음 歡喜(환희) 歡樂街(환락가): 유흥장이 많이 늘어서 있는 거리
1급 3398	馬 18 총28획	驩	기뻐할 pleased	환	欢 huān	歡(환)과 통자(通字) 交驩(교환): ☞ 교환(交歡): 서로 즐거움을 나눔 驩然(환연): ☞ 환연(歡然): 마음에 즐겁고 기쁘다.
中 7급II 3399	氵水06 총09획	活	살 live	활	活 huó	活氣(활기) 活動(활동) 活力(활력) 活路(활로) 活潑(활발) 活躍(활약) 活字(활자) 活魚(활어) 活況(활황) 復活(부활) 活貧黨(활빈당): 부자의 재물을 빼앗아 가난한 사람을 도와주던 도적의 무리
1급 3400	門 09 총17획	闊	넓을 broad	활	阔 kuò	闊步(활보): ① 어깨를 치고 거드럭거리며 걷는 걸음 ② 남을 얕보고 제멋대로 함. 또는 그런 행동 廣闊(광활): 넓고 막힘이 없이 트여 있다. 闊葉樹(활엽수): 잎이 넓은 나무의 종류《떡갈나무·오동나무 따위》
2급 3401	氵水10 총13획	滑	미끄러울 slippery 익살스러울 jocular	활 골	滑 huá	滑降(활강): 비탈진 곳을 미끄러져 내려오거나 내려감. 滑空(활공) 圓滑(원활) 滑走路(활주로) 險滑(험활) 潤滑油(윤활유) 滑稽(골계): 말이 매끄럽고 익살스러워 웃음을 자아내는 일 특급II 稽(상고할 계)
1급 3402	犭犬10 총13획	猾	교활할 sly	활	猾 huá	猾吏(활리): 교활한 관리 奸猾(간활): 간사하고 교활하다 狡猾(교활): 간사한 꾀가 많음 險猾(험활): 음흉하고 교활함 奸鄕猾吏(간향활리): 간향(奸鄕)과 활리(猾吏)를 아울러 이르는 말
高 4급 3403	氵水05 총08획	況	상황/ conditions 하물며	황ː	况 kuàng	景況(경황) 近況(근황) 不況(불황) 狀況(상황): 일이 되어 가는 형편이나 모양 常況(상황): 평상시의 형편 商況(상황): 상업상의 형편 盛況(성황) 市況(시황) 作況(작황) 好況(호황) 現況(현황)
1급 3404	忄心06 총09획	恍	황홀할 rapture	황	恍 huǎng	恍惚(황홀): ① 눈이 부실 만큼 찬란하고 화려함 ② 사물에 마음이 팔려 정신이 어지러움 恍惚境(황홀경): 황홀한 경지나 지경 昏恍(혼황): 혼수(昏睡)에 이르는 단계 가운데 그 의식의 변화가 얕은 상태
2급(名) 3405	日 06 총10획	晃	밝을 bright	황	晃 huǎng	晃然(황연): ① 환하게 밝은 모양 ② 환히 깨닫는 모양

급수	부수/획수	한자	훈	음	간체/병음	용례
2급(名) 3406	氵水10 총13획	滉	깊을/ 물 깊고 넓을 deep wide	황	滉 huǎng	滉朗(황랑): 달빛이 휘영청 밝음 李滉(이황): (1501~1570) 호는 퇴계(退溪) 학자, 문신(文臣)
中 3급II 3407	白 04 총09획	皇	임금 emperor	황	皇 huáng	皇室(황실) 皇帝(황제): 제국의 군주 皇祖(황조) 皇朝(황조) 皇祚(황조): 황제의 재위 연간 皇后(황후): 황제의 정실 敎皇(교황) 皇龍寺(황룡사) 皇太子(황태자) 皇太后(황태후): 황제의 어머니
1급 3408	几 09 총11획	凰	봉황 Chinese phoenix	황	凰 huáng	鳳凰(봉황): 상상의 상서로운 새. 수컷을 '봉', 암컷을 '황'이라 함 鳳凰紋(봉황문) 雞棲鳳凰食(계서봉황식): 닭둥우리에서 봉황이 닭과 함께 먹이를 먹는다는 뜻으로, 군자(君子)가 소인(小人)과 함께 있음을 비유
1급 3409	彳 09 총12획	徨	헤맬/ 노닐 wander	황	徨 huáng	彷徨(방황): 이리저리 갈 바를 정하지 못하고 헤매어 돌아다님 夢中彷徨(몽중방황): ① 꿈속에서 이리저리 헤맴 ② 몽유병 朝霧四塞失牛彷徨(조무사색 실우방황): 아침 안개에 소 잃고 방황한다.
1급 3410	忄心09 총12획	惶	두려울 fear; panic	황	惶 huáng	惶感(황감): 황송하고 감격스러움 惶怯(황겁): 겁이 나고 두려움 惶恐(황공): 위엄이나 지위에 눌러 두렵다. 惶恐無地(황공무지) 惶悸(황계): 두려워서 두근거림 惶氣(황기) 惶忙(황망) 惶悚(황송)
1급 3411	火 09 총13획	煌	빛날 glitter	황	煌 huáng	煌煌(황황): 번쩍번쩍하고 환하다. 煌斑巖(황반암): 어두운 빛깔의 단단한 화성암(火成巖). 輝煌燦爛(휘황찬란): 광채가 빛나서 눈이 부시다.
1급 3412	辶辵09 총13획	遑	급할/ 허둥거릴 haste	황	遑 huáng	遑急(황급): 허둥지둥하도록 급함. 遑汲(황급): 황황(遑遑)하고 급급(汲汲)함 遑遑(황황): 몹시 급하여 허둥지둥하는 모양
高 3급II 3413	++艸06 총10획	荒	거칠 waste	황	荒 huāng	荒唐(황당): 말이나 행동이 허황하고 터무니없다. 荒凉(황량) 荒野(황야): 거친 들판. 荒原(황원) 荒宴(황연): 주연(酒宴)에 빠짐 荒蕪地(황무지): 손을 대 거두지 않고 내버려 둔 거친 땅 荒廢化(황폐화)
1급 3414	忄心10 총13획	慌	어리둥절할 panic; confused	황	慌 huāng	慌亂(황란): 정신이 얼떨떨하고 뒤숭숭함 慌忙(황망): 몹시 급하고 당황하여 어리둥절함 唐慌(당황): 다급하여 정신이 어리둥절함 恐慌(공황): ① 갑자기 일어나는 심리적인 불안 상태 ② 경제공황(經濟恐慌)
中 6급 3415	黃 00 총12획	黃	누를 yellow; sulfur	황	黄.黄 huáng	黃金(황금) 黃疸(황달) 黃砂(황사) 黃色(황색) 黃牛(황우) 黃泉(황천) 黃昏(황혼) 黃土房(황토방) 黃口小兒(황구소아): 젖내 나는 어린아이라는 뜻으로, 철없이 미숙한 사람을 낮잡아 이르는 말
4급 3416	火 02 총06획	灰	재 ash; gray	회	灰/灰 huī	灰滅(회멸): 불에 타서 없어짐. 灰色(회색) 灰身(회신): 몸을 살라 재처럼 소멸함. 灰燼(회신) 石灰(석회) 洋灰(양회) 灰白色(회백색) 灰色分子(회색분자): 소속·주의·노선 등이 뚜렷하지 않은 사람
1급 3417	忄心06 총09획	恢	넓을 large; spacious	회	恢/恢 huī	恢宏(회굉): 회홍(恢弘): 마음이 너그럽고 이해심이 많다. 恢遠(회원) 恢恢(회회): 넓고 큰 모양 天網恢恢疎而不漏(천망회회소이불루): 하늘의 그물은 굉장히 넓어서 눈은 성기지만 조금도 빠뜨리지 아니함. 老子 제73장
中 4급II 3418	口 03 총06획	回	돌아올 return	회	回 huí	回甲(회갑) 回顧(회고) 回歸(회귀) 回答(회답) 回路(회로) 回復(회복) 回附(회부) 回想(회상) 回收(회수) 回心(회심) 回遊(회유) 回轉(회전) 回避(회피) 回航(회항) 回向(회향)
2급 3419	廴 06 총09획	廻	돌[旋] turn; round	회	回 huí	巡廻(순회) 迂廻(우회) 左廻轉(좌회전) 山盡水廻(산진수회): 산과 물이 엉겨 싸고돎 心機廻轉(심기회전): 마음이 빙 돌아서 달라짐 廻文織錦(회문직금): 구성이 절묘하고 문사가 아름다운 문학작품
1급 3420	彳 06 총09획	徊	머뭇거릴/ 노닐 stroll; ramble	회	徊 huái huí	徘徊(배회): 목적 없이 이리저리 돌아다님 低徊(저회): 머리를 숙이고 사색에 잠기면서 왔다 갔다 함 遲徊(지회): 주저(躊躇)하여 머뭇거림 俯仰低徊(부앙저회): 울려다 보았다 내려다보았다 하면서 어정거림

급수	부수/획수	한자	훈	음	중국어	용례
1급 3421	虫 06 총12획	蛔	회충 roundworm	회	蛔 huí	蛔蟲(회충): 회충과의 기생충. 어린아이 몸속에 많이 기생함. 성숙란이 생채소·생수 등을 통해 사람 몸에 들어가 작은창자에 기생함. 거위. 회(蛔) 蛔蟲症(회충증): ① 회충의 기생으로 생기는 병 ② 거위배 늑회증(蛔症)
高 3급Ⅱ 3422	忄心07 총10획	悔	뉘우칠 repent	회ː	悔 huǐ	悔改(회개): 잘못을 뉘우치고 바로잡음 悔心(회심) 悔言(회언) 悔恨(회한) 後悔(후회) 悔悛(회전): ① 개전(改悛): 행실이나 태도의 잘못을 뉘우치고 마음을 바르게 고쳐먹음 ② 고해성사(告解聖事)'의 전 용어
1급 3423	日 07 총11획	晦	그믐 the end of the month	회	晦 huì	晦冥(회명): 어두움 晦朔(회삭): 그믐과 초하루 晦塞(회색): 꽉 막힘 遵養時晦(준양시회): 도(道)에 따라 뜻을 기르고, 때가 아니면 근신하고 있음 朝菌不知晦朔(조균부지회삭): 수명(壽命)이 매우 짧거나 덧없음을 이르는 말
1급 3424	言 07 총14획	誨	가르칠 instruct	회ː	诲 huì	誨言(회언): 훈계해서 가르치는 말 誨諭(회유): 가르쳐서 깨우침 誨淫(회음): 음탕한 짓을 가르침 誨化(회화): ☞ 교화(敎化) 敎誨(교회): 잘 가르쳐서 잘못을 깨우치게 함 誨人不倦(회인불권)
2급(名) 3425	氵水08 총11획	淮	물 이름/ 강 이름 river name	회	淮 huái	淮河(회하): 화이허강(Huáihé)강 중국 화중(華中) 지방을 흐르는 강 淮南子(회남자): 중국 전한의 회남왕(淮南王) 유안(劉安)이 지은 철학서 淮陽郡(회양군): 강원도 동북쪽에 있는 군. 명승지로 금강산이 있다.
1급 3426	貝 06 총13획	賄	재물/ 뇌물 bribe	회ː	贿 huì	賄賂(회뢰): 사사로운 이익을 얻기 위해 권력자에게 바치는 금품(金品) 財賄(재회): 금전과 물품을 통틀어 이르는 말 贈賄(증회): 뇌물(賂物)을 줌. 증뢰(贈賂)↔수회(收賄)
中 6급Ⅱ 3427	日 09 총13획	會	모일 meeting; assembly	회ː	会/会 huì kuài	會見(회견) 會談(회담) 會費(회비) 會社(회사) 會員(회원) 會話(회화): ① 서로 만나서 이야기함 ② 외국어로 이야기를 나눔 大典會通(대전회통): 조선 500년간의 모든 법령이 수록. 고종 2년(1865)에 간행
2급(名) 3428	木 13 총17획	檜	전나무/ 노송나무 fir tree	회ː	桧.桧 guì huì	檜木(회목): 노송나무. 측백나뭇과의 상록 교목(常綠喬木) 檜皮(회피): 편백의 껍질. 지붕을 이는 데 쓰거나 약용한다. 檜巖寺址(회암사지): 경기 양주시 회천면(檜泉面) 고려 말기에 지은 절
1급 3429	月肉13 총17획	膾	회(膾) raw dishes	회ː	脍 huì	膾炙(회자): 날고기, 구운 고기 널리 사람의 입에 자주 오르내림 生鮮膾(생선회): 생선을 얇게 저며서 간장이나 초고추장에 찍어 먹는 음식 膾炙人口(회자인구): 시문 등이 사람들의 입에 많이 오르내리고 찬양을 받는 것
1급 3430	糸 13 총19획	繪	그림 picture; painting	회ː	絵/绘 huì	繪具(회구): ① 그림을 그리는 데 쓰는 붓·물감 따위 ② 그림물감 繪圖(회도): ① 그림 ② 가옥(家屋)·토지(土地) 따위의 평면도 繪畵(회화): 여러 가지 선이나 색채로 평면상에 형상을 그려 낸 것. 그림
高 3급Ⅱ 3431	忄心16 총19획	懷	품을 embrace	회	怀/怀 huái	懷古(회고): 옛 자취를 돌이켜 생각함. 회구(懷舊). 회고담(懷古談) 懷柔(회유): 어루만지고 잘 달램 懷疑(회의): 의심을 품음 懷抱(회포): 마음속에 품은 생각이나 정 感懷(감회): 감구지회(感舊之懷)
高 3급Ⅱ 3432	刀 12 총14획	劃	그을 draw; mark	획	划 huà	劃數(획수): 글씨에서 획의 수효 劃順(획순) 劃定(획정): 구별해 정함 劃策(획책): 계책을 세움 計劃(계획) 企劃(기획) 劃一的(획일적) 劃期的(획기적): 새로운 시기를 열어 놓을 만큼 뚜렷이 구분되는 것
高 3급Ⅱ 3433	犭犬14 총17획	獲	얻을/ 사로잡을 obtain	획	获 huò	獲得(획득): 손에 넣음. 얻음 漁獲(어획): 수산물을 잡거나 채취함 濫獲(남획): 물고기·짐승 따위를 가리지 않고 마구 잡음 捕獲(포획): ① 적병을 사로잡음 ② 짐승이나 물고기를 잡음
高 3급Ⅱ 3434	木 12 총16획	橫	가로 width; crosswise	횡	横.横 héng hèng	橫斷(횡단) 橫隊(횡대) 橫列(횡렬) 橫幅(횡폭) 橫領(횡령) 橫災(횡재): 뜻하지 않은 재난을 당함 橫財(횡재): 뜻밖에 재물을 얻음 橫死(횡사) 橫暴(횡포) 橫行(횡행): ① 모로 감 ② 제멋대로 행동함
1급 3435	爻 00 총04획	爻	사귈/ 가로 그을 divination sign	효	爻 yáo	爻象(효상): ① 좋지 못한 몰골 ② 괘상(卦象) 爻周(효주): 효거(爻去) 卦爻(괘효): 주역(周易)의 괘와 효 數爻(수효): 사물의 수 六爻(육효): 점괘(占卦)의 여섯 가지 획수 陽爻(양효) 陰爻(음효)

급수	부수	한자	훈	음	중국어	용례
中 7급II 3436	子 04 총07획	孝	효도 filial duty	효ː	孝 xiào	孝經(효경): 공자가 제자인 증자(曾子)에게 전한 효도에 관한 기록한 책 孝敬(효경) 孝女(효녀) 孝道(효도) 孝婦(효부) 孝誠(효성) 孝心(효심) 孝子(효자) 孝行(효행) 孝悌忠信(효제충신)
1급 3437	口 07 총10획	哮	성낼/ 으르렁거릴 roaring	효	哮 xiāo	哮吼(효후): 사나운 짐승 따위가 으르렁거림 嘲哮(조효): 짐승이 소리를 지름. 포효(咆哮) 咆哮(포효): ① 사납게 외침 ② 사나운 짐승이 울부짖음
1급 3438	酉 07 총14획	酵	삭힐 ferment	효ː	酵 jiào	酵素(효소): 생물체 내 화학 반응을 촉매하는 단백질 醱酵(발효): 효모·박테리아 따위 미생물의 작용으로 유기물이 분해되는 현상《술·간장·초·김치 등을 만드는 데 씀》酵母菌(효모균)
中 5급II 3439	攵支06 총10획	效	본받을 imitate; effect	효ː	效 xiào	效果(효과): 보람이 있는 좋은 결과 效力(효력) 效率(효율): 들인 노력(努力)과 얻은 결과의 비율 效驗(효험): 일이나 작용의 보람. 無效(무효) 發效(발효) 藥效(약효): 약의 효험 效果音(효과음)
高 3급 3440	日 12 총16획	曉	새벽 dawn; perceive	효ː	曉/晓 xiāo	曉星(효성): 샛별 曉月(효월): 새벽달/ 曉得(효득): 깨달아 앎 효해(曉解) 曉習(효습): 깨달아 익숙하게 됨 曉示(효시): 깨달아 알아듣도록 타이름 曉然(효연): 요연(瞭然): 분명하고 명백하게
1급 3441	口 14 총17획	嚆	울릴 whine arrow; beginning	효	嚆 hāo	嚆矢(효시): ① 소리 나는 화살 ② 옛날 개전(開戰)의 신호로 쏘았다는 데서 유래된 사물의 '맨 처음'을 비유하는 말
1급 3442	木 02 총06획	朽	썩을 rot	후ː	朽 xiǔ	老朽(노후): 오래되고 낡은 상태 朽落(후락): 낡고 썩어서 못 쓰게 됨 不朽(불후): 썩어 없어지지 않음 死且不朽(사차불후): 죽더라도 썩지 않음 朽木糞牆(후목분장): 썩은 나무는 조각을 할 수 없고 더러운 흙으로 담장을 매끈하게 할 수 없다.
2급(名) 3443	口 03 총06획	后	임금/ 왕후 empress/ queen	후ː	后 hòu	后土(후토): 토지의 신(神) 后稷(후직): 주대(周代)에, 농업을 다스리는 신으로 숭배되었음 王后(왕후): 왕비 皇后(황후): 황제의 정실(正室) 皇太后(황태후): ① 황제의 살아있는 어머니 ② 선제의 살아있는 황후
1급 3444	辶辵06 총10획	逅	만날 meet	후ː	逅 hòu	邂逅(해후):☞ 해후상봉(邂逅相逢): 오랫동안 헤어졌다가 우연히 서로 다시 만남·옛 친구와 ~하다. 邂逅致斃(해후치폐): 죄인이 형벌을 받은 뒤에 우연히 병을 얻어서 죽음
1급 3445	口 04 총07획	吼	울부짖을 roar	후ː	吼 hǒu	獅子吼(사자후): ① 부처의 설법에 모든 짐승이 두려워하고 굴복함 ② 크게 부르짖어 열변을 토함. 吼號(후호): 소리를 높여 부르짖음 吼怒(후노): [hǒunù]: 노호하다. 성내어 으르렁거림.
中 4급 3446	厂 07 총09획	厚	두터울 thick; generous	후ː	厚 hòu	厚德(후덕) 厚朴(후박) 厚薄(후박) 厚謝(후사): 후하게 사례함 厚賜(후사): 후하게 내려 줌 厚生(후생): ① 삶을 넉넉하고 윤택하게 함 ② 건강을 유지하거나 증진함 厚意(후의) 厚誼(후의): 두터운 정
中 7급II 3447	彳 06 총09획	後	뒤 after	후ː	后 hòu	後期(후기) 後斂(후렴): 리프레인(refrain) 後面(후면) 後尾(후미) 後半(후반) 後方(후방) 後拂(후불) 後食(후식) 後援(후원) 後任(후임) 後生可畏(후생가외): 젊은 후학들을 두려워할 만하다.
高 3급 3448	亻人07 총09획	侯	제후 feudal princes	후	侯 hóu hòu	侯爵(후작): 오등작(五等爵) 가운데 둘째 작위 諸侯(제후): 봉건시대에 영토를 가지고 그 영내의 백성을 지배하던 사람 土侯國(토후국) 王侯將相(왕후장상): 제왕·제후·장수·재상의 통칭
高 4급 3449	亻人08 총10획	候	기후/ 철 weather 물을 symptom	후ː	候 hòu hóu	氣候(기후) 惡天候(악천후) 候鳥(후조): 철새 症候(증후): 증세 證候(증후): 증거가 될 만한 기미 徵候(징후): 어떤 일이 일어날 낌새 候補(후보): 선거에서, 어떤 직위나 신분을 얻으려고 나섬. 또는 그런 사람
2급 3450	口 09 총12획	喉	목구멍 throat; gullet	후	喉 hóu	喉頭(후두): 인두(咽頭)에 연결된 기관(氣管)의 앞쪽 부분. 포유동물의 공기 통로이며 발성 기관임 喉頭炎(후두염) 咽喉炎(인후염) 耳鼻咽喉科(이비인후과): 귀·코·목구멍·기관·식도에 생기는 병을 치료하는 병원

급수	부수/획	한자	훈	음	중국어	용례
1급 3451	口 10 총13획	嗅	냄새 맡을 smell	후	嗅 xiù	嗅覺(후각): 냄새를 맡는 감각. 五感〈(嗅覺, 味覺, 聽覺, 視覺, 觸覺)〉 嗅感(후감) 嗅官(후관): 후각을 맡은 기관. 후각기 嗅器(후기) 嗅神經(후신경): 비강(鼻腔)의 점막(粘膜)에 분포된 감각 신경
中 6급 3452	言 03 총10획	訓	가르칠 instruct	훈	训 xùn	訓戒(훈계) 訓讀(훈독) 訓練(훈련) 訓令(훈령) 訓手(훈수) 訓示(훈시) 訓育(훈육) 訓諭(훈유): 가르쳐 타이름 訓長(훈장) 訓蒙字會(훈몽자회): 조선 중종 22년(1527)에 최세진이 지은 한자 학습서
1급 3453	日 09 총13획	暈	무리[光環] halo	훈	晕 yūn yùn	暈色(훈색): 무지개 따위의 둘레가 흐릿한 빛 暈圍(훈위): 달무리나 햇무리 따위의 둥그런 테두리. 훈륜(暈輪) 眩暈(현훈): 정신이 어찔어찔 어지러움. 현기증(眩氣症)
2급(名) 3454	⺣火 10 총14획	熏	불길 fumigate; smoke	훈	熏 xūn xùn	熏煮(훈자): 지지고 삶는다는 뜻으로, 날씨가 몹시 더움의 비유 熏蒸(훈증): 약을 태우는 연기나 끓일 때 나오는 김을 몸에 쏘이는 치료법 특급II 燻(연기 낄 훈) 燻製(훈제): 소금에 절인 고기를 연기에 그을려 말림
2급 3455	力 14 총16획	勳	공(功) merits	훈	勲/勋 xūn	勳章(훈장): 나라에 훈공이 있는 사람에게 주는 휘장(徽章) 훈패(勳牌) 功勳(공훈) 賞勳(상훈) 敍勳(서훈): 훈공의 등급에 따라 훈장을 내림 勳褒章(훈포장): 훈장과 포장을 아울러 이르는 말 報勳處(보훈처)
2급(名) 3456	土 14 총17획	壎	질나팔 ocarina	훈	埙 xūn	壎箎(훈지): 피리의 일종. '壎'흙으로 만들고 '箎'는 대로 만듦. 형제간의 서로 화목함을 이름 특급(저 이름 지) 국악기 중 관악기 저(笛) 이름 瓦壎(와훈): 흙으로 빚어서 구워 만든 훈(壎)
2급(名) 3457	⺾艸14 총18획	薰	향풀 fragrance	훈	薫/薰 xūn	薰氣(훈기): ① 훈훈한 기운 ② 훈김 薰陶(훈도): 덕으로 사람을 감화함 薰育(훈육): 덕(德)으로써 사람을 인도하여 가르치고 기름 香薰(향훈) 薰藥(훈약): 불에 태워서 나오는 기운을 쐬어 병을 치료하는 약
1급 3458	口 09 총12획	喧	지껄일 noisy	훤	喧 xuān	喧騷(훤소): 뒤떠들어서 소란함. 喧呼(훤호): 떠들썩하게 부름 喧藉(훤자): 뭇사람의 입으로 퍼져서 왁자하게 됨 喧爭(훤쟁): 떠들면서 다툼 紛喧(분훤): 시끄럽게 떠들썩함
1급 3459	十 03 총05획	卉	풀 flowering plant	훼	卉 huì	卉木(훼목): 꽃과 나무. 풀과 나무. 초목(草木) 卉服(훼복): 풀로 만든 옷. 오랑캐의 옷을 이른다. 훼의(卉衣) 花卉(화훼): ① 화초(花草) ② 화초를 주제로 하여 그린 그림
1급 3460	口 09 총12획	喙	부리 beak; the tip	훼	喙 huì	喙評(훼평) 鳥喙(조훼) 喙喙(훼훼): 풀벌레의 울음소리 容喙(용훼): 옆에서 간섭하여 말참견함 喙長三尺(훼장삼척): 주둥이가 석 자라도 변명할 수가 없음 '허물이 드러나서 숨길 수가 없음'
高 3급 3461	殳 09 총13획	毁	헐 ruin; break down	훼	毁 huǐ	毁慕(훼모): 헐도록 죽은 어버이를 사모함 毁謗(훼방): 헐뜯어 비방함 毁傷(훼상) 毁損(훼손) 毁譽(훼예): 훼언(毁言)함과 칭찬(稱讚) 積功之塔豈毁乎(적공지탑기훼호): 공을 들인 탑이 어찌 무너지랴
高 4급 3462	扌手09 총12획	揮	휘두를 brandish; command	휘	挥 huī	揮毫(휘호): 붓을 휘둘러 글씨를 쓰거나 그림을 그림. 揮筆(휘필) 發揮(발휘): 재능이나 능력 따위를 떨쳐 나타냄 揮發油(휘발유) 指揮者(지휘자) 一筆揮之(일필휘지): 글씨를 단숨에 써 내림
高 3급 3463	車 08 총15획	輝	빛날 shine; bright	휘	辉 huī	輝度(휘도): 발광체의 표면의 밝기 輝映(휘영) 輝巖(휘암) 輝線(휘선): 스펙트럼에서 밝게 빛나는 선 光輝(광휘): 환하게 빛남 輝煌燦爛(휘황찬란): 광채가 빛나서 눈이 부시다. 야단스럽고 믿을 수 없다.
1급 3464	彐 10 총13획	彙	무리 group	휘	汇 huì	彙報(휘보): ① 여러 가지를 종류에 따라 모은 기록이나 보고 ② 잡지 語彙(어휘): ① 낱말의 수효나 그 낱말의 전체 ② 간단한 설명을 붙여 순서대로 모아 놓은 글 萬彙群象(만휘군상): 삼라만상(森羅萬象)
1급 3465	麻 04 총15획	麾	기(旗) flag	휘	麾 huī	麾(휘): 아악(雅樂)에서 지휘봉처럼 쓰던 기. 대장기(大將旗). 麾動(휘동): 거느려 움직임 麾兵(휘병) 麾旌(휘정): 기(旗) 麾下(휘하): ① 주장(主將)의 지휘 아래 ② 아래 딸린 사졸(士卒), 예하(隷下)

급수	부수/획수	한자	훈	음	중국어	용례
1급 3466	言 09 총16획	諱	숨길/꺼릴 shun	휘	讳 huì	諱(휘): 돌아간 높은 어른의 생전 이름. 諱字 諱音(휘음): 부음(訃音) 諱談(휘담): 꺼려서 드러내 놓고 말하기 어려운. 휘언(諱言) 諱病(휘병) 諱疾忌醫(휘질기의): 병을 숨기고 의원에게 보이기를 꺼린다는 뜻
2급(名) 3467	彳 14 총17획	徽	아름다울 beautiful	휘	徽 huī	徽章(휘장): 신분·직무·명예를 나타내기 위해 붙이는 표장. 마크 徽號(휘호): 왕비(王妃)가 죽은 뒤 시호(諡號)와 함께 올리던 존호(尊號) 徽慶洞(휘경동) 徽文高等學校(휘문고등학교): 민영휘(閔泳徽)설립
中 7급 3468	亻人04 총06획	休	쉴 rest; cease	휴	休 xiū	休暇(휴가) 休刊(휴간) 休講(휴강) 休館(휴관) 休眠(휴면) 休息(휴식) 休業(휴업) 休店(휴점) 休學(휴학) 休憩室(휴게실) 休戰線(휴전선) 萬事休矣(만사휴의): '모든 일이 헛수고로 돌아감'
2급(名) 3469	灬火06 총10획	烋	아름다울 beautiful	휴	烋 xiāo/xiū	金烋(김휴): 조선 중기의 문인(1597~1638). 자는 겸가(謙可)·자미(子美). 호는 경와(敬窩). 저서에《경와집》,《해동문헌총록》이 있다.
高 3급 3470	扌手10 총13획	携	이끌 lead; take	휴	携 xié	携帶(휴대): 손에 들거나 몸에 지님. 휴대품 휴대전화(携帶電話) 提携(제휴): 행동을 함께하기 위해 서로 붙들어 도와줌 기술제휴(技術提携) 扶老携幼(부로휴유): 노인은 부축하고 어린아이는 이끌고 감
1급 3471	忄心06 총09획	恤	불쌍할 pity	휼	恤 xù	救恤(구휼): 빈민이나 이재민 등을 돕고 보살핌. 矜恤(긍휼): 가엾게 여겨 돌보아줌. 患難相恤(환난상휼): 향약의 네 가지 덕목 가운데 하나《어려운 일이 생겼을 때 서로 도와줌》환난상구(患難相救)
中 5급II 3472	凵 02 총04획	凶	흉할 ominous	흉	凶 xiōng	凶家(흉가): 흉갓집 凶計(흉계) 凶年(흉년) 凶物(흉물) 凶煞(흉살): 불길한 운수나 흉한 귀신 凶作(흉작) 陰凶(음흉) 凶惡無道(흉악무도): 성질이 거칠고 사나우며 도리에 어그러짐
1급 3473	儿 04 총06획	兇	흉악할 cruel 凶(통용자)	흉	凶 xiōng	凶(兇)惡(흉악): ① 성질이 악하고 모짊 ② 모습이 보기에 언짢을 만큼 고약함. 성질이 사납고 모짊 凶(兇)漢(흉한): 흉악한 짓을 하는 사람. 악한(惡漢)
2급(名) 3474	勹 04 총06획	匈	오랑캐 savage; barbarous	흉	匈 xiōng	匈奴族(흉노족): 기원전 3세기~1세기경에 몽골 지방에서 활약하던 유목민족. 훈족(Hun族)
1급 3475	氵水06 총09획	洶	용솟음칠 gush	흉	汹 xiōng	洶溶(흉용): 물이 들끓어 오름 洶湧(흉용): 물결이 매우 세차게 일어남 또는 물이 힘차게 솟아남 특급II 湧(샘솟을 용) 湧泉(용천) 洶洶(흉흉): 인심이 몹시 어지럽고 어수선한 모양. 술렁술렁하여 험악한 모양
中 3급II 3476	月肉06 총10획	胸	가슴 bosom; chest	흉	胸 xiōng	胸膈(흉격): ① 심장(心臟)과 비장(脾臟) 사이의 가슴 부분 ② 마음속 胸廓(흉곽): 흉부의 골격 胸襟(흉금): 마음속에 품은 생각 胸背(흉배) 胸部(흉부) 胸像(흉상) 胸圍(흉위): 가슴둘레
中 5급 3477	黑 00 총12획	黑	검을 black	흑	黑/黒 hēi	黑幕(흑막) 黑白(흑백) 黑色(흑색) 黑心(흑심) 黑鉛(흑연) 黑字(흑자): 잉여이익이 생기는 일 黑板(흑판) 黑人種(흑인종) 黑色宣傳(흑색선전): 상대편을 모략하고 혼란을 조장하는 정치적 술책
1급 3478	欠 04 총08획	欣	기쁠 gladly; happily	흔	欣 xīn	欣然(흔연): 기쁘거나 반가워 기분이 좋다. 欣快(흔쾌): 기쁘고 통쾌하다. 男欣女悅(남흔여열): 부부 사이가 화평하고 즐거움. 특급 慼(근심할 척) 欣奏累遣 慼謝歡招(흔주누견 척사환초) 千字文 94/125
1급 3479	疒 06 총11획	痕	흔적 trace/ scar	흔	痕 hén	傷痕(상흔): 상처 자리에 남은 흔적 痕跡(흔적): 뒤에 남은 자취나 자국 痕跡器官(흔적기관): 생물의 기관 가운데 본디 유용한 기관이었으나 현재는 쓸모없이 흔적만 남은 부분. 퇴화기관(退化器官)
1급 3480	欠 00 총04획	欠	하품 yawn 缺의 略字	흠	欠 qiàn	欠伸(흠신): 하품과 기지개. 欠缺(흠결): 欠縮(흠축): 일정한 수효에서 부족이 생김 欠席(흠석): 나가야 할 자리에 나가지 않음 欠節(흠절): ① 부족하거나 잘못된 점 ② 불완전하여 흠이 되는 곳

급수	부수/획수	한자	훈/음	음	간체/병음	용례
2급(名) 3481	欠 08 총12획	欽	공경할 adoration; high regard	흠	钦 qīn	欽敬(흠경): 기뻐하며 존경함 欽慕(흠모): 기쁜 마음으로 사모함 欽羨(흠선): 공경하고 부러워함 欽崇(흠숭): 흠모하고 공경함 欽仰(흠앙) 欽命(흠명): 황제가 내리는 명령 欽定(흠정)
1급 3482	欠 09 총13획	歆	흠향할 gods' acceptance	흠	歆 xīn	歆感(흠감): 신명이 제물을 받고 감응함 歆格(흠격): 신명에 감응함 歆饗(흠향): 신명(神明)이 제물을 받음 歆安之曲(흠안지곡): 고려, 선잠(先蠶)의 제향 때에 아헌(亞獻)과 종헌(終獻)에 연주하던 악곡
高 4급II 3483	口 04 총07획	吸	마실 drink/ 숨 들이쉴 breathe	흡	吸 xī	吸氣(흡기) 吸器(흡기) 吸力(흡력) 吸水(흡수) 吸煙(흡연) 吸引(흡인) 吸入(흡입) 吸着(흡착) 呼吸(호흡) 吸管蟲(흡관충) 吸引力(흡인력) 吸血鬼(흡혈귀) 吸收合倂(흡수합병)
1급 3484	忄心06 총09획	恰	흡사할 resemblance	흡	恰 qià	恰似(흡사): 거의 같음 老人之臥 恰似麥臥(노인지와 흡사맥와): 늙은이 보리 쓰러지듯 한다. 노인은 기력이 약해서 병에 걸리기가 쉬움 恰克圖條約(흡극도조약): 1727년 청나라와 러시아가 국경과 무역에 관한 조약
1급 3485	氵水06 총09획	洽	흡족할 sufficiency	흡	洽 qià	洽覽(흡람): 돌아다니며 여러 사물을 두루두루 봄. 박람(博覽) 洽然(흡연): 아주 흡족한 듯하다. 洽足(흡족): 아쉽거나 모자람이 없이 아주 넉넉함 未洽(미흡): 아직 흡족하지 못하거나 만족스럽지 않음
中 4급II 3486	臼 09 총16획	興	일[盛] rise; excitement	흥(:)	兴 xīng xìng	興隆(흥륭): 일어나 번영함 興亡(흥망) 興味(흥:미) 興奮(흥분) 興業(흥업) 興盛(흥성) 復興(부흥) 興亡盛衰(흥망성쇠) 興盡悲來(흥:진비래): 즐거운 일이 다 하면 슬픈 일이 닥쳐온다.
中 4급II 3487	巾 04 총07획	希	바랄 hope	희	希 xī	希求(희구): 바라고 구함. 기구(冀求) 希臘(희랍): '그리스'의 한자어 希望(희망): ① 어떤 일을 이루거나 얻고자 기대하고 바람. 기망(冀望) 소망(所望) 희원(希願) ② 좋은 일을 기대하는 마음 또는 밝은 전망
高 3급II 3488	禾 07 총12획	稀	드물 rare	희	稀 xī	稀貴(희귀) 稀微(희미): 어렴풋하다 稀薄(희박): 묽거나 엷다 稀釋(희석): 물로 묽게 함 稀罕(희한): 매우 드물거나 신기하다 古稀(고희): '일흔 살' 稀少價値(희소가치) 稀代未聞(희대미문)
2급 3489	女 06 총09획	姬	계집 girl	희	姬/姫 jī	歌姬(가희): 직업적으로 노래를 부르는 여자. 여자 가수 佳姬(가희): 젊고 아리따운 여자 미희(美姬): 아름다운 여자. 미인 舞姬(무희): 춤추는 일을 직업으로 삼는 여자
中 4급 3490	口 09 총12획	喜	기쁠 glad; joy 특급II 囍	희	喜 xǐ	喜劇(희극): ① 사람을 웃길 만한 일이나 사건 ② 코미디↔비극(悲劇) 喜樂(희락): 희열(喜悅) 喜悲(희비) 喜捨(희사): 기꺼이 돈이나 물건을 내놓음 喜笑(희소) 喜消息(희소식) 喜怒哀樂(희로애락)
2급(名) 3491	女 12 총15획	嬉	아름다울/ 즐길 laugh; joy	희	嬉 xī	嬉笑(희소): ① 실없이 웃음 ② 예쁘게 웃는 웃음 嬉遊(희유): 즐겁게 놂 嬉遊曲(희유곡):=디베르티멘토 오락에 알맞도록 짜인 무도곡(舞蹈曲). 嬉戲章(희희장): 용비어천가제 44장의 이름
2급(名) 3492	心 12 총16획	憙	기뻐할 delight	희	憙 xī	인명용 한자 樂憙(락희): 행운을 뜻하는 영어 단어 '럭키(Lucky)'를 음차한 말입니다. 서울 종로 탑골공원 북문에서 낙원상가로 이어지는 구간에 '락희 거리'
2급(名) 3493	灬火12 총16획	熹	빛날 bright	희	熹 xī	朱熹(주희): (1130~1200) 중국 남송(南宋)의 유학자 도학(道學)과 이학(理學)을 합친 이른바 송학(宋學)을 집대성함. 저서(著書)에 자치통감강목, 사서집주, 근사록 등 학문을 주자학(朱子學)이라고 한다.
2급(名) 3494	示 12 총17획	禧	복(福) blessing; happiness	희	禧 xī	禧年(희년): ① 카톨릭의 성년(聖年) ② 이스라엘에서 50년마다 공포되었던 해방의 해. 노예에게 자유를 주고, 가난 때문에 조상의 소유를 팔아야 했던 자들에게 그것을 돌려주었고, 땅을 쉬게 했다.
2급 3495	灬火09 총13획	熙	빛날 bright; shine	희	熙 xī	熙朝(희조): 잘 다스려진 시대 光熙門(광희문): 서울 중구 광희동 朴正熙(박정희): (1917~1979) 재임 1963~1979. 5, 6, 7, 8, 9대 대통령 熙熙壤壤(희희양양): 여러 사람이 왕래가 잦은 모양

급수	부수/획수	한자	훈	음	간체/병음	용례
2급 3496	口 13 총16획	噫	한숨 쉴/ 탄식할 sigh	희	噫 yī	噫嗚(희오): 슬피 탄식(歎息)하고 괴로워하는 모양 噫乎(희호): 찬미하거나 탄식 또는 애통하는 소리 噫欠(희흠): 하품
2급(名) 3497	羊 10 총16획	羲	복희(伏羲) Fu-hsi legend emperor	희	羲 xī	伏羲(복희): 중국 고대의 전설상의 제왕 또는 신 王羲之(왕희지):(307~365) 중국 동진(東晉)의 서예가. 해·행·초의 3체를 예술적인 서체로 완성 첫째가는 서성(書聖)으로 존경받고 있다.
1급 3498	牛 16 총20획	犧	희생 sacrifice	희	犧/牺 xī	犧牲(희생): 제사 지낼 때 제물로 바치는 산 짐승. 생뢰(牲牢) 犧牲羊(희생양) 犧牲者(희생자) 犧牲打(희생타): 야구에서 타자는 아웃이 되지만 자기편의 주자가 진루 또는 득점할 수 있는 타격
高 3급Ⅱ 3499	戈 13 총17획	戲	놀이/ 희롱할 play; drama; 특례 戱(俗字)	희	戲/戏 xì, hū	戲曲(희곡): ① 공연을 목적으로 쓴 연극의 각본 ② 드라마 戲劇(희극): ① 진실하지 않은 행동 ② 익살을 부리는 연극(演劇) 戲弄(희롱): 말·행동으로 실없이 놀리는 짓 戲畵(희화) 遊戲(유희)
1급 3500	言 06 총13획	詰	꾸짖을 taunt; rebuke	힐	诘 jié jí	詰拒(힐거): 서로 트집을 잡아 비난하며 맞서서 겨룸. 힐항(詰抗) 詰難(힐난): 트집을 잡아 거북할 만큼 따지고 듦 詰問(힐문) 詰責(힐책): 잘못을 따져 나무람 詰斥(힐척) 究詰(구힐)

가나다 순서 모양이 비슷한 같은 음(音)의 형성자(形聲字)끼리

[예시]

'可' 가(可阿柯苛哥歌軻), 아(阿), 하(何河荷)

'青' 청(青淸晴請), 정(情靖睛精靜)

총획 순서가 간단한 글자에서 복잡한 총획 순서로 일련번호대로 배치하고,

모양이 비슷한 형성자끼리 묶어서 부수(部首)만 알면 뜻까지도 쉽게 공부할 수 있다.

※ 교육부선정 한문교육용 기초한자 표시 中(중학교 교육용 900자), 高(고등학교 교육용 900자)

※ 한국어문회 급수표시 8급/ 7급Ⅱ/ 7급/ 6급Ⅱ/ 6급/ 5급Ⅱ/ 5급/ 4급Ⅱ/ 4급/ 3급Ⅱ/ 3급/ 2급/ 2급(名)/ 1급 서울 지하철 노선 표시 색상

※ 가나다 순서 형성자끼리 총획수 순서로 일련번호(0001~3500번까지)

※ 한자 뜻에 맞는 영어단어 수록

※ 일본 약자(略字), 중국 간체자(簡體字)와 병음(拼音)

※ 활용예문: 실생활에 필요한 단어, 한자성어, 인명, 지명, 천자문(千字文)

부★록

01

부수(部首)자 214자 획수별 정리표
부수(部首)로 한자 찾기 3500자

부수(部首)자 214개 획수별 정리표

번호	부수	뜻과 음	번호	부수	뜻과 음
1획 001번	一	한 일	2획 027번	厂	(민엄호) 언덕. 굴 바위 엄
1획 002번	丨	뚫을 곤	2획 028번	厶	(마늘모) 사사로울 사
1획 003번	丶	점 주	2획 029번	又	또 우
1획 004번	丿	삐침 별	3획 030번	口	입 구
1획 005번	乙	새 을	3획 031번	囗	(에운 담. 큰 입구) 나라 국
1획 006번	亅	갈고리 궐	3획 032번	土	흙 토
2획 007번	二	두 이	3획 033번	士	선비 사
2획 008번	亠	돼지해머리 두	3획 034번	夂	뒤져서 올 치
2획 009번	亻人	(사람인변) 사람 인	3획 035번	夊	천천히 걸을 쇠
2획 010번	儿	(어진사람인발) 사람 인	3획 036번	夕	저녁 석
2획 011번	入	들 입	3획 037번	大	큰 대
2획 012번	八	여덟 팔	3획 038번	女	계집 녀
2획 013번	冂	멀 경	3획 039번	子	아들 자
2획 014번	冖	(민갓머리) 덮을 멱	3획 040번	宀	(갓머리) 집 면
2획 015번	冫	(이 수 변) 얼음 빙	3획 041번	寸	마디 촌
2획 016번	几	안석 궤	3획 042번	小	작을 소
2획 017번	凵	(위 터진 입구) 입 벌릴 감	3획 043번	尢兀	절름발이 왕
2획 018번	刀	칼 도	3획 044번	尸	주검 시
2획 019번	力	힘 력	3획 045번	屮	풀 철, 왼손 좌
2획 020번	勹	쌀 포	3획 046번	山	메 산
2획 021번	匕	비수 비	3획 047번	巛川	(개미허리) 내 천
2획 022번	匚	(터진 입구) 상자 방	3획 048번	工	장인(匠人) 공
2획 023번	匸	(터진에운담) 감출 혜	3획 049번	己	몸 기
2획 024번	十	열 십	3획 050번	巾	수건 건
2획 025번	卜	점 복	3획 051번	干	방패 간
2획 026번	卩巳	병부(兵符) 절	3획 052번	幺	작을 요

3획 053번	广	(엄 호) 집 엄
3획 054번	廴	(길게 걸을) 끌 인
3획 055번	廾	(밑스물입) 받들/ 팔짱낄 공
3획 056번	弋	주살 익
3획 057번	弓	활 궁
3획 058번	彐彑	(터진가로왈) 돼지머리 계
3획 059번	彡	터럭 삼
3획 060번	彳	(두인 변) 조금 걸을/ 자축거릴 척
4획 061번	心忄⺗	마음 심
4획 062번	戈	창 과
4획 063번	戶	지게 호
4획 064번	手扌	손 수
4획 065번	支	지탱할 지
4획 066번	攴攵	(등글월문) 칠 복
4획 067번	文	글월 문
4획 068번	斗	말 두
4획 069번	斤	도끼 근
4획 070번	方	모 방
4획 071번	无	없을 무
4획 072번	日	날 일
4획 073번	曰	가로 왈
4획 074번	月	달 월
4획 075번	木	나무 목
4획 076번	欠	하품 흠
4획 077번	止	그칠 지
4획 078번	歹歺	(죽을사변) 부서진 뼈/ 살 바른 뼈 알
4획 079번	殳	(갖은등글월문) 칠, 창 수
4획 080번	毋	말 무
4획 081번	比	견줄 비
4획 082번	毛	털 모
4획 083번	氏	성씨 씨
4획 084번	气	(기운기 엄) 기운 기
4획 085번	氵氺水	(삼수 변) 물 수
4획 086번	火	불 화
4획 087번	爪	손톱 조
4획 088번	父	아비 부
4획 089번	爻	점괘 효
4획 090번	爿	(장수장변) 나뭇조각 장
4획 091번	片	조각 편
4획 092번	牙	어금니 아
4획 093번	牛	소 우
4획 094번	犬犭	(개사슴록변) 개 견
4획 095번	辶辵	(책받침) 쉬엄쉬엄 갈 착 7획
5획 096번	玄	검을 현
5획 097번	玉	구슬 옥
5획 098번	瓜	오이 과
5획 099번	瓦	기와 와
5획 100번	甘	달 감
5획 101번	生	날 생
5획 102번	用	쓸 용
5획 103번	田	밭 전
5획 104번	疋	필[匹] 필 발[足] 소
5획 105번	疒	(병질[病疾]엄) 병들 녁
5획 106번	癶	(필발머리) 걸을/등질 발

5획 107번	白	흰 백
5획 108번	皮	가죽 피
5획 109번	皿	그릇 명
5획 110번	目	눈 목
5획 111번	矛	창 모
5획 112번	矢	화살 시
5획 113번	石	돌 석
5획 114번	示 礻	보일 시
5획 115번	禸	발자국 유
5획 116번	禾	벼 화
5획 117번	穴	구멍 혈
5획 118번	立	설 립
6획 119번	网 㓁 冈 罒	그물 망
6획 120번	竹	대 죽
6획 121번	米	쌀 미
6획 122번	糸	실 사
6획 123번	缶	장군 부
6획 124번	羊	양 양
6획 125번	羽	깃 우
6획 126번	老 耂	(늙을로엄) 늙을 로
6획 127번	而	말 이을 이
6획 128번	耒	쟁기 뢰
6획 129번	耳	귀 이
6획 130번	聿	붓 율
6획 131번	肉 月	고기 육
6획 132번	臣	신하 신
6획 133번	自	스스로 자
6획 134번	至	이를 지
6획 135번	臼	절구 구
6획 136번	舌	혀 설
6획 137번	舛	어그러질 천
6획 138번	舟	배 주
6획 139번	艮	그칠/ 괘 이름 간
6획 140번	色	빛 색
6획 141번	艸 艹	풀 초
6획 142번	虍	범 호
6획 143번	虫	벌레 충
6획 144번	血	피 혈
6획 145번	行	다닐 행
6획 146번	衣 衤	(옷의변) 옷 의
6획 147번	襾	덮을 아
7획 148번	見	볼 견
7획 149번	角	뿔 각
7획 150번	言	말씀 언
7획 151번	谷	골 곡
7획 152번	豆	콩 두
7획 153번	豕	돼지 시
7획 154번	豸	(갖은 돼지 시) 발 없는 벌레 치/ 해태 태
7획 155번	貝	조개 패
7획 156번	赤	붉을 적
7획 157번	走	달릴 주
7획 158번	足	발 족
7획 159번	身	몸 신
7획 160번	車	수레 거(차)

7획 161번	辛	매울 신
7획 162번	辰	별 진 / 때 신
7획 163번	邑阝	(우부방) 고을 읍
7획 164번	酉	닭 유
7획 165번	釆	분별할 변
7획 166번	里	마을 리
8획 167번	金	쇠 금
8획 168번	長镸	긴 장
8획 169번	門	문 문
8획 170번	阜阝	(좌부변) 언덕 부
8획 171번	隶	미칠 이
8획 172번	隹	새 추
8획 173번	雨	비 우
8획 174번	靑	푸를 청
8획 175번	非	아닐 비
9획 176번	面	낯 면
9획 177번	革	가죽 혁
9획 178번	韋	다룸가죽 위
9획 179번	音	소리 음
9획 180번	頁	머리 혈
9획 181번	風	바람 풍
9획 182번	飛	날 비
9획 183번	食	밥 식
9획 184번	首	머리 수
9획 185번	香	향기 향
9획 186번	韭	부추[草] 구
10획 187번	馬	말 마
10획 188번	骨	뼈 골
10획 189번	高	높을 고
10획 190번	髟	(터럭발 머리) 머리털 늘어질 표
10획 191번	鬥	싸움 투
10획 192번	鬯	울창주/ 활집 창
10획 193번	鬲	솥 력 / 가로막을 격
10획 194번	鬼	귀신 귀
11획 195번	魚	물고기 어
11획 196번	鳥	새 조
11획 197번	鹵	소금밭 로
11획 198번	鹿	사슴 록
11획 199번	麥	보리 맥
11획 200번	麻	삼 마
12획 201번	黃	누를 황
12획 202번	黍	기장 서
12획 203번	黑	검을 흑
12획 204번	黹	바느질할 치
13획 205번	黽	맹꽁이 맹
13획 206번	鼎	솥 정
13획 207번	鼓	북 고
13획 208번	鼠	쥐 서
14획 209번	鼻	코 비
14획 210번	齊	가지런할 제
15획 211번	齒	이 치
16획 212번	龍	용 룡
16획 213번	龜	거북 구·귀·균
17획 214번	龠	피리[笛] 약

1획 001번	指事	一		한 일	
0001 2293	8급	一 00 총01획	一	한	일
0002 2475	4급	一 01 총02획	丁	고무래/ 장정(壯丁)	정
0003 2980	8급	一 01 총02획	七	일곱	칠
0004 1474	8급	一 02 총03획	三	석	삼
0005 1480	7급II	一 02 총03획	上	윗	상:
0006 2352	3급II	一 02 총03획	丈	어른	장:
0007 3187	7급II	一 02 총03획	下	아래	하:
0008 1350	7급II	一 03 총04획	不	아닐	불·부
0009 2922	3급	一 03 총04획	丑	소/ 2째 지지	축
0010 0360	3급II	一 04 총05획	丘	언덕	구
0011 1246	3급II	一 04 총05획	丙	남녘/ 셋째天干	병:
0012 1371	2급(名)	一 04 총05획	丕	클	비
0013 1601	7급II	一 04 총05획	世	인간	세:
0014 2728	3급	一 04 총05획	且	또	차:
0015 1742	1급	一 05 총06획	丞	정승/ 도울	승
1획 002번	指事	丨		뚫을 곤	
0016 2645	8급	丨 03 총04획	中	가운데	중
0017 0284	2급(名)	丨 06 총07획	串	꿸 l 땅이름	관·곶
1획 003번	象形	丶		점 주	
0018 3386	3급	丶 02 총03획	丸	둥글/ 알	환
0019 0581	3급II	丶 03 총04획	丹	붉을	단
0020 2600	7급	丶 04 총05획	主	임금/ 주인	주
1획 004번	象形	丿		삐침 별	
0021 0550	3급	丿 01 총02획	乃	이에	내:
0022 0348	3급II	丿 02 총03획	久	오랠	구:
0023 2660	3급II	丿 03 총04획	之	갈	지
0024 3185	1급	丿 04 총05획	乏	모자랄	핍
0025 3327	3급	丿 04 총05획	乎	어조사	호
0026 0312	1급	丿 07 총08획	乖	어그러질	괴
0027 1744	3급II	丿 09 총10획	乘	탈	승
1획 005번	象形	乙		새 을	
0028 2230	3급II	乙 00 총01획	乙	새/ 2째 천간	을
0029 0344	8급	乙 01 총02획	九	아홉	구
0030 0131	3급	乙 02 총03획	乞	빌	걸
0031 1878	3급	乙 02 총03획	也	이끼/ 어조사	야:
0032 0685	2급(名)	乙 05 총06획	乭	이름	돌
0033 2187	4급	乙 07 총08획	乳	젖	유
0034 0130	3급II	乙 10 총11획	乾	하늘/ 마를	건
0035 0735	4급	乙 12 총13획	亂	어지러울	란:
1획 006번	象形	亅		갈고리 궐	
0036 0854	3급	亅 01 총02획	了	마칠	료:
0037 1931	3급	亅 03 총04획	予	나/ 줄[與]	여
0038 1433	7급II	亅 07 총08획	事	일	사:
2획 007번	指事	二		두 이	
0039 2258	8급	二 00 총02획	二	두	이:
0040 2102	3급	二 01 총03획	于	어조사	우
0041 2005	8급	二 02 총04획	五	다섯	오:
0042 2128	3급	二 02 총04획	云	이를	운
0043 2484	3급II	二 02 총04획	井	우물	정(:)

번호	급수	부수/획수	한자	훈	음
0044 3324	3급	二 02 총04획	互	서로	호:
0045 0475	1급	二 04 총06획	亘	뻗칠, 걸칠ㅣ베풀	긍 선
0046 1435	1급	二 06 총08획	些	적을	사
0047 1823	3급II	二 06 총08획	亞	버금	아(:)
2획 008번	象形	亠		돼지해머리 두	
0048 0964	5급	亠 01 총03획	亡	망할	망
0049 3232	2급(名)	亠 02 총04획	亢	높을/목	항
0050 0325	6급	亠 04 총06획	交	사귈	교
0051 1938	3급II	亠 04 총06획	亦	또	역
0052 3242	3급	亠 04 총06획	亥	돼지/12째지지	해
0053 3312	3급	亠 05 총07획	亨	형통할	형
0054 0174	6급	亠 06 총08획	京	서울	경
0055 3262	3급	亠 06 총08획	享	누릴	향:
0056 0764	2급(名)	亠 07 총09획	亮	밝을	량
0057 2482	3급II	亠 07 총09획	亭	정자	정
2획 009번	象形	人 亻		(사람인변) 사람 인	
0058 2279	8급	人 00 총02획	人	사람	인
0059 0094	3급II	人 02 총04획	介	낄	개:
0060 0345	1급	亻 02 총04획	仇	원수(怨讐)	구
0061 0460	6급II	人 02 총04획	今	이제	금
0062 1811	1급	亻 02 총04획	什	열사람ㅣ세간	십 집
0063 2280	4급	亻 02 총04획	仁	어질	인
0064 0624	6급II	亻 03 총05획	代	대신할	대:
0065 0810	5급	人 03 총05획	令	하여금/명령할	령(:)
0066 1305	3급II	亻 03 총05획	付	부칠	부:
0067 1413	5급II	亻 03 총05획	仕	섬길/벼슬할	사(:)
0068 1550	5급II	亻 03 총05획	仙	신선	선
0069 2261	5급II	人 03 총05획	以	써	이:
0070 2309	1급	亻 03 총05획	仔	자세할	자
0071 2353	1급	亻 03 총05획	仗	의장(儀仗)	장
0072 2994	5급	亻 03 총05획	他	다를	타
0073 0095	2급(名)	亻 04 총06획	价	클/심부름꾼	개:
0074 0124	5급	亻 04 총06획	件	물건	건
0075 0485	1급	亻 04 총06획	伎	재간/재주	기
0076 0489	3급II	人 04 총06획	企	꾀할	기
0077 1215	4급II	亻 04 총06획	伐	칠[討]	벌
0078 1273	4급	亻 04 총06획	伏	엎드릴	복
0079 1858	3급II	亻 04 총06획	仰	우러를	앙:
0080 2006	1급	亻 04 총06획	伍	다섯 사람	오:
0081 2263	2급(名)	亻 04 총06획	伊	저[彼]	이
0082 2302	5급II	亻 04 총06획	任	맡길	임(:)
0083 2646	3급II	亻 04 총06획	仲	버금	중(:)
0084 3468	7급	亻 04 총06획	休	쉴	휴
0085 0009	2급(名)	亻 05 총07획	伽	절	가
0086 0583	3급II	亻 05 총07획	但	다만	단:
0087 1138	3급	亻 05 총07획	伴	짝	반:
0088 1204	3급II	亻 05 총07획	伯	맏, 맏이	백
0089 1352	4급II	亻 05 총07획	佛	부처/프랑스	불
0090 1429	3급	亻 05 총07획	似	닮을/비슷할	사:
0091 1781	3급	亻 05 총07획	伸	펼	신

번호	급수	부수/획수	한자	훈	음
0092 1934	3급	人 05 총07획	余	나	여
0093 2108	2급(名)	亻人 05 총07획	佑	도울	우:
0094 2161	5급	亻人 05 총07획	位	자리	위
0095 2296	1급	亻人 05 총07획	佚	편안 │ 질탕(跌宕)	일/질
0096 2335	6급II	亻人 05 총07획	作	지을	작
0097 2397	4급II	亻人 05 총07획	低	낮을	저:
0098 2595	3급	亻人 05 총07획	佐	도울	좌:
0099 2601	7급	亻人 05 총07획	住	살	주:
0100 3188	3급II	亻人 05 총07획	何	어찌	하
0101 0015	3급II	亻人 06 총08획	佳	아름다울	가
0102 0267	3급II	亻人 06 총08획	供	이바지할	공:
0103 0755	7급	人 06 총08획	來	올	래(:)
0104 0820	6급	亻人 06 총08획	例	법식	례:
0105 1419	6급	亻人 06 총08획	使	하여금/ 부릴	사:
0106 1754	3급II	亻人 06 총08획	侍	모실	시:
0107 2245	4급	亻人 06 총08획	依	의지할	의
0108 2297	2급(名)	亻人 06 총08획	佾	줄 춤	일
0109 2961	1급	亻人 06 총08획	侈	사치할	치
0110 3097	1급	亻人 06 총08획	佩	찰[帶]	패:
0111 0204	4급II	亻人 07 총09획	係	맬	계:
0112 0773	1급	亻人 07 총09획	侶	짝	려:
0113 0907	1급	亻人 07 총09획	俚	속될	리:
0114 1000	2급(名)	亻人 07 총09획	俛	힘쓸/ 굽힐	면:
0115 1027	3급	亻人 07 총09획	侮	업신여길	모(:)
0116 1264	4급II	亻人 07 총09획	保	지킬	보(:)
0117 1640	4급II	亻人 07 총09획	俗	풍속	속
0118 1791	6급II	亻人 07 총09획	信	믿을	신:
0119 1819	1급	亻人 07 총09획	俄	아까/ 갑자기	아
0120 2632	3급	亻人 07 총09획	俊	준걸	준:
0121 2886	3급II	亻人 07 총09획	促	재촉할	촉
0122 2984	4급II	亻人 07 총09획	侵	침노할	침
0123 3107	7급	亻人 07 총09획	便	편할 │ 똥오줌	편(:)/변
0124 3300	1급	亻人 07 총09획	俠	의기로울/ 호협할	협
0125 3448	3급	亻人 07 총09획	侯	제후	후
0126 0099	4급II	亻人 08 총10획	個	낱	개(:)
0127 0119	1급	亻人 08 총10획	倨	거만할	거:
0128 0369	3급	亻人 08 총10획	俱	함께	구
0129 0408	1급	亻人 08 총10획	倦	게으를	권:
0130 0639	3급II	亻人 08 총10획	倒	넘어질	도:
0131 0762	1급	亻人 08 총10획	倆	재주	량
0132 0885	3급II	亻人 08 총10획	倫	인륜	륜
0133 1176	3급	亻人 08 총10획	倣	본뜰	방
0134 1194	2급	亻人 08 총10획	俳	배우/ 광대	배
0135 1199	5급	亻人 08 총10획	倍	곱	배(:)
0136 1255	2급	亻人 08 총10획	倂	아우를	병:
0137 1287	2급	亻人 08 총10획	俸	녹(祿)/ 봉급	봉:
0138 1309	1급	亻人 08 총10획	俯	구부릴/ 숙일	부:
0139 1681	4급II	亻人 08 총10획	修	닦을	수
0140 2056	2급(名)	亻人 08 총10획	倭	왜나라/ 왜국	왜
0141 2731	3급II	亻人 08 총10획	借	빌/ 빌릴	차:

No.	급수	부수/획	한자	뜻	음
0142 / 2774	3급II	人 08 / 총10획	倉	곳집/ 갑자기	창(:)
0143 / 2768	1급	亻人 08 / 총10획	倡	광대/ 여광대	창:
0144 / 2965	3급II	亻人 08 / 총10획	値	값/ 만날	치
0145 / 3449	4급	亻人 08 / 총10획	候	기후/ 철/ 물을	후:
0146 / 0020	4급II	亻人 09 / 총11획	假	거짓	가:
0147 / 0126	5급	亻人 09 / 총11획	健	굳셀/ 건강할	건:
0148 / 0140	1급	亻人 09 / 총11획	偈	불시(佛詩)	게:
0149 / 1882	2급(名)	亻人 09 / 총11획	倻	가야/ 땅이름	야
0150 / 2113	3급II	亻人 09 / 총11획	偶	짝	우:
0151 / 2170	5급II	亻人 09 / 총11획	偉	클	위
0152 / 2501	2급	亻人 09 / 총11획	偵	염탐할/ 정탐할	정
0153 / 2483	5급	亻人 09 / 총11획	停	머무를	정
0154 / 2625	1급	亻人 09 / 총11획	做	지을	주:
0155 / 2956	3급II	亻人 09 / 총11획	側	곁	측
0156 / 3110	3급II	亻人 09 / 총11획	偏	치우칠	편
0157 / 3250	1급	亻人 09 / 총11획	偕	함께	해
0158 / 0134	4급	亻人 10 / 총12획	傑	뛰어날	걸
0159 / 0315	2급	亻人 10 / 총12획	傀	허수아비/ 꼭두각시	괴:
0160 / 1180	3급	亻人 10 / 총12획	傍	곁	방:
0161 / 1327	2급(名)	亻人 10 / 총12획	傅	스승	부:
0162 / 1393	4급II	亻人 10 / 총12획	備	갖출	비:
0163 / 1467	2급	人 10 / 총12획	傘	우산	산
0164 / 0188	4급	亻人 11 / 총13획	傾	기울	경
0165 / 0454	3급	亻人 11 / 총13획	僅	겨우	근:
0166 / 1504	4급	亻人 11 / 총13획	傷	다칠/ 상할	상
0167 / 2017	3급	亻人 11 / 총13획	傲	거만할	오:
0168 / 2090	2급	亻人 11 / 총13획	傭	품 팔	용
0169 / 2443	5급II	亻人 11 / 총13획	傳	전할	전
0170 / 2794	3급II	亻人 11 / 총13획	債	빚	채:
0171 / 2840	1급	人 11 / 총13획	僉	다/ 여러	첨
0172 / 2902	3급II	亻人 11 / 총13획	催	재촉할	최:
0173 / 0336	2급	亻人 12 / 총14획	僑	더부살이	교
0174 / 0858	3급	亻人 12 / 총14획	僚	동료	료
0175 / 1284	1급	亻人 12 / 총14획	僕	종	복
0176 / 1503	3급II	亻人 12 / 총14획	像	모양/ 형상	상
0177 / 1746	3급II	亻人 12 / 총14획	僧	중	승
0178 / 2071	1급	亻人 12 / 총14획	僥	요행/ 바랄	요
0179 / 2178	3급II	亻人 12 / 총14획	僞	거짓	위
0180 / 2763	1급	亻人 12 / 총14획	僭	주제넘을	참:
0181 / 0023	5급II	亻人 13 / 총15획	價	값	가
0182 / 0135	4급	亻人 13 / 총15획	儉	검소할	검:
0183 / 0196	2급(名)	亻人 13 / 총15획	儆	경계할	경:
0184 / 1231	2급	亻人 13 / 총15획	僻	궁벽할/ 후미질	벽
0185 / 1918	5급	亻人 13 / 총15획	億	억[數字]	억
0186 / 2252	4급	亻人 13 / 총15획	儀	거동	의
0187 / 2212	4급	亻人 14 / 총16획	儒	선비	유
0188 / 0853	1급	亻人 15 / 총17획	儡	꼭두각시	뢰:
0189 / 1488	3급II	亻人 15 / 총17획	償	갚을	상
0190 / 2122	4급	亻人 15 / 총17획	優	넉넉할	우
0191 / 0537	1급	亻人 19 / 총21획	儺	푸닥거리	나

번호	급수	부수/획	한자	뜻	음
0192 / 1929	1급	亻人 20 / 총22획	儼	엄연할	엄
2획 010번	象形	儿		(어진사람인발) 사람 인	
0193 / 2140	5급II	儿 02 / 총04획	元	으뜸	원
0194 / 2216	2급(名)	儿 02 / 총04획	允	맏[伯]/ 진실로	윤
0195 / 3306	8급	儿 03 / 총05획	兄	형/ 맏	형
0196 / 0302	6급II	儿 04 / 총06획	光	빛	광
0197 / 1551	8급	儿 04 / 총06획	先	먼저	선
0198 / 2537	3급II	儿 04 / 총06획	兆	억조/ 조/ 조짐(兆朕)	조
0199 / 2935	5급II	儿 04 / 총06획	充	채울	충
0200 / 3473	1급	儿 04 / 총06획	兇	흉악할/ 통용자 凶	흉
0201 / 0442	3급II	儿 05 / 총07획	克	이길	극
0202 / 0998	3급II	儿 05 / 총07획	免	면할	면
0203 / 3043	2급(名)	儿 05 / 총07획	兌	바꿀/기쁠/ 괘 이름	태
0204 / 1821	5급II	儿 06 / 총08획	兒	아이	아
0205 / 3052	3급II	儿 06 / 총08획	兔	토끼 특급II 兎	토
0206 / 0707	1급	儿 09 / 총11획	兜	투구|도솔천	두
0207 / 0478	2급(名)	儿 12 / 총14획	兢	떨릴/ 삼갈	긍
2획 011번	象形	入		들 입	
0208 / 2305	7급	入 00 / 총02획	入	들	입
0209 / 0551	7급II	入 02 / 총04획	內	안	내:
0210 / 2431	7급II	入 04 / 총06획	全	온전(穩全)	전
0211 / 0761	4급II	入 06 / 총08획	兩	두	량:
0212 / 2191	2급(名)	入 07 / 총09획	兪	대답할/ 인월도(人月刂) 성(姓)	유
2획 012번	指事	八		여덟 팔	
0213 / 3092	8급	八 00 / 총02획	八	여덟	팔
0214 / 0265	6급II	八 02 / 총04획	公	공평할	공
0215 / 0882	8급	八 02 / 총04획	六	여섯	륙
0216 / 3319	3급	八 02 / 총04획	兮	어조사/ 감탄사	혜
0217 / 0266	6급II	八 04 / 총06획	共	한가지	공:
0218 / 1252	5급II	八 05 / 총07획	兵	병사/ 군사	병
0219 / 0368	5급II	八 06 / 총08획	具	갖출	구(:)
0220 / 0496	3급II	八 06 / 총08획	其	그	기
0221 / 2434	5급II	八 06 / 총08획	典	법	전:
0222 / 0166	3급II	八 08 / 총10획	兼	겸할	겸
0223 / 0527	2급(名)	八 14 / 총16획	冀	바랄	기
2획 013번	象形	冂		멀 경	
0224 / 2797	4급	冂 03 / 총05획	冊	책	책
0225 / 2386	5급	冂 04 / 총06획	再	두	재:
0226 / 1032	3급	冂 07 / 총09획	冒	무릅쓸	모
0227 / 1001	2급(名)	冂 09 / 총11획	冕	면류관	면:
2획 014번	象形	冖		(민갓머리) 덮을 멱	
0228 / 0290	3급II	冖 07 / 총09획	冠	갓	관
0229 / 1018	3급	冖 08 / 총10획	冥	어두울	명
0230 / 2145	1급	冖 08 / 총10획	冤	원통할 특급II 寃(俗字)	원(:)
2획 015번	象形	冫		(이 수 변) 얼음 빙	
0231 / 0687	7급	冫 03 / 총05획	冬	겨울	동(:)
0232 / 0757	5급	冫 05 / 총07획	冷	찰	랭:
0233 / 1879	1급	冫 05 / 총07획	冶	풀무/불릴/ 대장간	야:
0234 / 0695	3급II	冫 08 / 총10획	凍	얼	동:
0235 / 0898	1급	冫 08 / 총10획	凌	업신여길/ 능가할	릉

번호	급수	부수/획수	한자	훈	음
0236 2546	1급	冫 08 총10획	凋	시들	조
0237 2639	2급	冫 08 총10획	准	비준/ 승인할	준
0238 2802	1급	冫 08 총10획	凄	쓸쓸할	처
0239 0897	1급	冫 13 총15획	凜	찰/ 늠름할	름
0240 2240	3급	冫 14 총16획	凝	엉길	응
2획 016번	象形		几	안석 궤	
0241 0418	1급	几 00 총02획	几	안석(案席)	궤
0242 1219	3급II	几 01 총03획	凡	무릇	범(:)
0243 3408	1급	几 09 총11획	凰	봉황	황
0244 0102	1급	几 10 총12획	凱	개선할/ 즐길	개:
2획 017번	象形		凵	(위 터진 입구) 입 벌릴 감	
0245 3472	5급II	凵 02 총04획	凶	흉할	흉
0246 2933	7급	凵 03 총05획	出	날[生]	출
0247 2829	1급	凵 03 총05획	凸	볼록할	철
0248 2064	1급	凵 03 총05획	凹	오목할	요
0249 3219	1급	凵 06 총08획	函	함(函)	함
2획 018번	象形		刀	칼 도	
0250 0637	3급II	刀 00 총02획	刀	칼	도
0251 2281	2급	刀 01 총03획	刃	칼날	인:
0252 1334	6급II	刀 02 총04획	分	나눌	분(:)
0253 2461	5급II	刀 02 총04획	切	끊을/간절할|온통	절체
0254 0035	3급II	刀 03 총05획	刊	새길/ 책 펴낼	간
0255 0801	4급II	刀 04 총06획	列	벌릴/ 벌일	렬
0256 3307	4급	刀 04 총06획	刑	형벌	형
0257 0912	6급II	刀 05 총07획	利	이할	리
0258 1243	6급	刀 05 총07획	別	다를/ 나눌	별
0259 1463	1급	刀 05 총07획	刪	깎을	산
0260 2868	5급	刀 05 총07획	初	처음	초
0261 3086	4급	刀 05 총07획	判	판단할	판
0262 0030	4급	刀 06 총08획	刻	새길	각
0263 0299	1급	刀 06 총08획	刮	긁을/ 깎을	괄
0264 0406	4급	刀 06 총08획	券	문서	권
0265 0638	5급II	刀 06 총08획	到	이를	도:
0266 1655	3급II	刀 06 총08획	刷	인쇄할/ 쓸	쇄:
0267 2313	3급II	刀 06 총08획	刺	찌를	자척
0268 2519	4급II	刀 06 총08획	制	절제할/ 법도/ 마를	제:
0269 2754	2급	刀 06 총08획	刹	절	찰
0270 0443	1급	刀 07 총09획	剋	이길	극
0271 0741	1급	刀 07 총09획	剌	발랄할	랄
0272 1459	3급II	刀 07 총09획	削	깎을	삭
0273 2435	7급II	刀 07 총09획	前	앞	전
0274 2977	5급	刀 07 총09획	則	법칙|곧	칙즉
0275 0081	3급II	刀 08 총10획	剛	굳셀	강
0276 1124	1급	刀 08 총10획	剝	벗길	박
0277 1320	1급	刀 08 총10획	剖	쪼갤	부:
0278 1325	4급II	刀 09 총11획	副	버금	부:
0279 2436	1급	刀 09 총11획	剪	가위	전(:)
0280 2307	1급	刀 10 총12획	剩	남을	잉:
0281 2775	4급II	刀 10 총12획	創	비롯할	창:
0282 3216	3급II	刀 10 총12획	割	벨/ 나눌	할

0283 3162	1급	刀 11 총13획	剽	겁박할	표		0307 0825	5급II	力 10 총12획	勞	일할	로
0284 3432	3급II	刀 12 총14획	劃	그을	획		0308 1745	6급	力 10 총12획	勝	이길	승
0285 0136	3급II	刀 13 총15획	劍	칼	검:		0309 0453	4급	力 11 총13획	勤	부지런할	근(:)
0286 0448	4급	刀 13 총15획	劇	심할/ 연극	극		0310 1036	3급	力 11 총13획	募	모을/ 뽑을	모
0287 0879	2급 (名)	刀 13 총15획	劉	성(姓)/ 죽일/ 묘금도(卯金刂)	류		0311 1607	4급II	力 11 총13획	勢	형세/ 권세	세:
0288 1230	1급	刀 13 총15획	劈	쪼갤	벽		0312 3455	2급	力 14 총16획	勳	공(功)	훈
0289 2531	2급	刀 14 총16획	劑	약제/ 약 지을	제		0313 0781	3급II	力 15 총17획	勵	힘쓸	려:
2획 019번	象形		力	힘 력			0314 0413	4급	力 18 총20획	勸	권할	권:
0290 0785	7급II	力 00 총02획	力	힘	력		2획 020번	象形		勹	쌀 포	
0291 0008	5급	力 03 총05획	加	더할	가		0315 2331	1급	勹 01 총03획	勺	구기	작
0292 0258	6급II	力 03 총05획	功	공[勳]	공		0316 1090	3급II	勹 02 총04획	勿	말[禁]	물
0293 0800	3급	力 04 총06획	劣	못할	렬		0317 3130	4급II	勹 03 총05획	包	쌀[裹]	포(:)
0294 0138	1급	力 05 총07획	劫	위협할	겁		0318 3474	2급 (名)	勹 04 총06획	匈	오랑캐	흉
0295 0561	4급II	力 05 총07획	努	힘쓸	노		0319 3142	1급	勹 07 총09획	匍	길/ 기다	포
0296 2539	4급II	力 05 총07획	助	도울	조:		0320 1275	1급	勹 09 총11획	匐	길	복
0297 3256	1급	力 06 총08획	劾	꾸짖을/ 캐물을	핵		2획 021번	象形		匕	비수 비	
0298 0179	1급	力 07 총09획	勁	굳셀	경		0321 1361	1급	匕 00 총02획	匕	비수	비:
0299 0999	4급	力 07 총09획	勉	힘쓸	면:		0322 3371	5급II	匕 02 총04획	化	될	화(:)
0300 1158	1급	力 07 총09획	勃	노할/ 우쩍 일어날	발		0323 1333	8급	匕 03 총05획	北	북녘 | 달아날	북 배:
0301 2088	6급II	力 07 총09획	勇	날랠/ 날쌤	용:		0324 1760	1급	匕 09 총11획	匙	숟가락	시:
0302 2978	1급	力 07 총09획	勅	칙서	칙		2획 022번	象形		匚	(터진 입구) 상자 방	
0303 0063	1급	力 09 총11획	勘	헤아릴	감		0325 0301	1급	匚 04 총06획	匡	바룰 바로잡다	광
0304 0697	7급II	力 09 총11획	動	움직일	동:		0326 2355	1급	匚 04 총06획	匠	장인	장
0305 0896	1급	力 09 총11획	勒	굴레	륵		0327 0073	1급	匚 05 총07획	匣	갑(匣)/ 작은 상자	갑
0306 1072	4급II	力 09 총11획	務	힘쓸	무:		0328 1385	2급	匚 08 총10획	匪	비적/ 도둑 대[竹]상자	비:

2획 023번	象形	匚		(터진에운담) 감출 혜	
0329 3179	3급	匚 02 총04획	匹	짝	필
0330 0373	6급	匚 09 총11획	區	구분할/ 지경	구
0331 0577	1급	匚 09 총11획	匿	숨길/ 숨을	닉

2획 024번	指事	十		열 십	
0332 1810	8급	十 00 총02획	十	열	십
0333 2815	7급	十 01 총03획	千	일천	천
0334 1740	2급	十 02 총04획	升	되/ 오를	승
0335 2004	7급II	十 02 총04획	午	낮/ 일곱째 지지	오:
0336 1137	6급II	十 03 총05획	半	반(半)	반:
0337 3459	1급	十 03 총05획	卉	풀	훼
0338 0943	1급	十 04 총06획	卍	만(卍)	만:
0339 1378	3급II	十 06 총08획	卑	낮을	비:
0340 2580	5급II	十 06 총08획	卒	마칠/ 군사	졸
0341 3006	5급	十 06 총08획	卓	높을/ 뛰어날	탁
0342 3298	4급II	十 06 총08획	協	화할/ 도울	협
0343 0545	8급	十 07 총09획	南	남녘	남
0344 1125	4급II	十 10 총12획	博	넓을	박

2획 025번	象形	卜		점 복	
0345 1272	3급	卜 00 총02획	卜	점	복
0346 1237	2급 (名)	卜 02 총04획	卞	성(姓)/ 조급할	변:
0347 2467	4급	卜 03 총05획	占	점칠/ 차지할	점(:)
0348 0309	1급	卜 06 총08획	卦	점괘/ 걸	괘
0349 1577	2급 (名)	卜 09 총11획	卨	사람이름	설

쉬어가기

2획 026번	象形	卩 巳		병부(兵符) 절	
0350 1054	3급	卩 03 총05획	卯	토끼/ 4째지지	묘:
0351 2160	4급	卩 04 총06획	危	위태할	위
0352 2287	4급II	卩 04 총06획	印	도장	인
0353 0028	3급	卩 05 총07획	却	물리칠	각
0354 0734	4급	卩 05 총07획	卵	알	란:
0355 0407	4급	卩 06 총08획	卷	책/ 두루마리	권(:)
0356 2649	3급II	卩 07 총09획	卽	곧	즉
0357 0194	3급	卩 10 총12획	卿	벼슬	경

2획 027번	象形	厂		(민엄호) 언덕. 굴 바위 엄	
0358 1870	3급	厂 02 총04획	厄	액/ 재앙	액
0359 3446	4급	厂 07 총09획	厚	두터울	후:
0360 2148	5급	厂 08 총10획	原	언덕/ 근본	원
0361 0415	3급	厂 10 총12획	厥	그[其]	궐
0362 1974	2급	厂 12 총14획	厭	싫어할/ 싫을	염:

2획 028번	象形	厶		(마늘모) 사사로울 사	
0363 0112	5급	厶 03 총05획	去	갈	거:
0364 2758	5급II	厶 09 총11획	參	참여할 ǀ 석	참 삼

2획 029번	象形	又		또 우	
0365 2100	3급	又 00 총02획	又	또	우:
0366 2727	1급	又 01 총03획	叉	갈래/ 깍지 낄	차
0367 0469	3급II	又 02 총04획	及	미칠	급
0368 1133	6급II	又 02 총04획	反	돌이킬	반:
0369 2101	5급II	又 02 총04획	友	벗	우:
0370 1668	4급II	又 06 총08획	受	받을	수(:)

0371 1706	4급	又 06 총08획	叔	아재비	숙		0395 3261	6급	口 03 총06획	向	향할	향
0372 2947	4급II	又 06 총08획	取	가질/취할	취		0396 3443	2급(名)	口 03 총06획	后	임금/왕후	후
0373 1135	3급	又 07 총09획	叛	배반할	반		0397 1335	1급	口 04 총07획	吩	분부할	분
0374 2898	1급	又 16 총18획	叢	떨기/모일	총		0398 0230	5급II	口 04 총07획	告	고할/알릴	고
3획 030번	象形		口	입 구			0399 0393	4급	口 04 총07획	君	임금/왕세자	군
0375 0352	7급	口 00 총03획	口	입	구(:)		0400 0772	2급(名)	口 04 총07획	呂	성(姓)/법칙/음률	려
0376 0001	5급	口 02 총05획	可	옳을	가:		0401 0920	1급	口 04 총07획	吝	아낄	린
0377 0218	1급	口 02 총05획	叩	두드릴	고		0402 0974	1급	口 04 총07획	呆	어리석을	매
0378 0219	6급	口 02 총05획	古	예	고:		0403 1314	4급	口 04 총07획	否	아닐 / 막힐, 나쁠	부: 비
0379 0353	4급II	口 02 총05획	句	글귀	구		0404 2012	2급(名)	口 04 총07획	吳	성(姓)/나라이름	오
0380 0427	3급	口 02 총05획	叫	부르짖을	규		0405 2007	3급	口 04 총07획	吾	나	오
0381 1420	3급II	口 02 총05획	司	맡을	사		0406 2231	3급	口 04 총07획	吟	읊을	음
0382 1418	5급II	口 02 총05획	史	사기(史記)/역사(歷史)	사:		0407 2490	2급	口 04 총07획	呈	드릴	정
0383 1610	3급	口 02 총05획	召	부를	소		0408 2945	3급II	口 04 총07획	吹	불	취:
0384 2107	7급II	口 02 총05획	右	오를/오른(쪽)	우:		0409 3012	1급	口 04 총07획	吞	삼킬	탄
0385 2668	3급	口 02 총05획	只	다만	지		0410 3218	3급II	口 04 총07획	含	머금을	함
0386 2707	1급	口 02 총05획	叱	꾸짖을	질		0411 3445	1급	口 04 총07획	吼	울부짖을	후:
0387 3035	2급(名)	口 02 총05획	台	별	태		0412 3483	4급II	口 04 총07획	吸	마실/숨 들이쉴	흡
0388 0024	6급II	口 03 총06획	各	각각	각		0413 0002	1급	口 05 총08획	呵	꾸짖을	가:
0389 0530	5급	口 03 총06획	吉	길할	길		0414 0232	1급	口 05 총08획	呱	울	고
0390 0689	7급	口 03 총06획	同	한 가지	동		0415 1017	7급	口 05 총08획	命	목숨	명:
0391 0904	3급II	口 03 총06획	吏	벼슬아치/관리/아전	리:		0416 1093	4급II	口 05 총08획	味	맛	미:
0392 1013	7급II	口 03 총06획	名	이름	명		0417 1307	1급	口 05 총08획	咐	분부할/불[吹]	부
0393 3051	3급II	口 03 총06획	吐	토할	토(:)		0418 1782	1급	口 05 총08획	呻	읊조릴	신
0394 3229	6급	口 03 총06획	合	합할	합		0419 2403	1급	口 05 총08획	咀	씹을	저:

번호	급수	부수/획수	한자	훈	음
0420 2615	4급	口 05 총08획	周	두루	주
0421 2614	1급	口 05 총08획	呪	빌	주
0422 3133	1급	口 05 총08획	咆	고함지를/으르렁거릴	포
0423 3328	4급II	口 05 총08획	呼	부를	호
0424 3376	6급II	口 05 총08획	和	화할	화
0425 0326	1급	口 06 총09획	咬	물[齧]	교
0426 1861	3급II	口 06 총09획	哀	슬플	애
0427 2290	1급	口 06 총09획	咽	목구멍ㅣ목멜	인열
0428 2388	3급	口 06 총09획	哉	어조사 감탄, 의문, 반문	재
0429 2670	1급	口 06 총09획	咫	여덟 치	지
0430 3167	5급II	口 06 총09획	品	물건	품
0431 3221	3급	口 06 총09획	咸	다	함
0432 3243	1급	口 06 총09획	咳	기침	해
0433 3365	1급	口 06 총09획	哄	떠들썩할	홍
0434 0005	1급	口 07 총10획	哥	성(姓)/노래	가
0435 0246	3급II	口 07 총10획	哭	울	곡
0436 0614	3급II	口 07 총10획	唐	당나라/당황할	당(:)
0437 1440	2급	口 07 총10획	唆	부추길	사
0438 2146	4급II	口 07 총10획	員	인원	원
0439 2830	3급II	口 07 총10획	哲	밝을	철
0440 2873	2급	口 07 총10획	哨	망볼	초
0441 3095	1급	口 07 총10획	唄	염불소리/찬불(讚佛)	패:
0442 3146	1급	口 07 총10획	哺	먹일	포
0443 3437	1급	口 07 총10획	哮	성낼/으르렁거릴	효
0444 0214	3급II	口 08 총11획	啓	열	계:
0445 1088	7급	口 08 총11획	問	물을	문:
0446 1500	5급II	口 08 총11획	商	장사	상
0447 1824	1급	口 08 총11획	啞	벙어리	아(:)
0448 2205	3급	口 08 총11획	唯	오직	유
0449 2769	5급	口 08 총11획	唱	부를	창:
0450 3000	1급	口 08 총11획	唾	침[涎]	타:
0451 0054	1급	口 09 총12획	喝	꾸짖을	갈
0452 0335	1급	口 09 총12획	喬	높을	교
0453 0532	1급	口 09 총12획	喫	먹을/마실	끽
0454 0593	4급II	口 09 총12획	單	홑	단
0455 1501	3급II	口 09 총12획	喪	잃을/초상	상(:)
0456 1560	5급	口 09 총12획	善	착할	선:
0457 2193	1급	口 09 총12획	喩	깨우칠	유
0458 2522	1급	口 09 총12획	啼	울	제
0459 2824	1급	口 09 총12획	喘	숨찰	천:
0460 2831	2급(名)	口 09 총12획	喆	밝을/쌍길[吉]	철
0461 3222	1급	口 09 총12획	喊	소리칠	함:
0462 3392	1급	口 09 총12획	喚	부를	환:
0463 3450	2급	口 09 총12획	喉	목구멍	후
0464 3458	1급	口 09 총12획	喧	지껄일	훤
0465 3460	1급	口 09 총12획	喙	부리	훼:
0466 3490	4급	口 09 총12획	喜 특(튀) 囍	기쁠	희
0467 0518	1급	口 10 총13획	嗜	즐길	기
0468 1423	1급	口 10 총13획	嗣	이을	사:
0469 1510	1급	口 10 총13획	嗇	아낄	색

번호	급수	부수/획수	한자	뜻	음
0470 2016	3급	口 10 총13획	嗚	슬플/ 탄식소리	오
0471 2702	1급	口 10 총13획	嗔	성낼	진
0472 2733	1급	口 10 총13획	嗟	탄식할	차
0473 2969	1급	口 10 총13획	嗤	비웃을	치
0474 3451	1급	口 10 총13획	嗅	냄새 맡을	후
0475 0014	1급	口 11 총14획	嘉	아름다울	가
0476 0375	1급	口 11 총14획	嘔	게울	구(:)
0477 1485	3급	口 11 총14획	嘗	맛볼	상
0478 2626	1급	口 11 총14획	嗾	부추길	주
0479 1346	1급	口 12 총15획	噴	뿜을	분
0480 2566	1급	口 12 총15획	嘲	비웃을	조
0481 3270	1급	口 12 총15획	噓	불[吹]	허
0482 0526	4급II	口 13 총16획	器	그릇	기
0483 3496	2급	口 13 총16획	噫	한숨 쉴	희
0484 3441	1급	口 14 총17획	嚆	울릴	효
0485 1406	1급	口 16 총19획	嚬	찡그릴	빈
0486 3265	1급	口 16 총19획	嚮	길 잡을	향:
0487 1928	4급	口 17 총20획	嚴	엄할	엄
0488 2341	1급	口 18 총21획	嚼	씹을	작
0489 0549	1급	口 19 총22획	囊	주머니	낭
0490 2890	1급	口 21 총24획	囑	부탁할	촉
3획 031번	象形	囗		(에운 담/ 큰 입구) 나라 국	
0491 1416	8급	囗 02 총05획	四	넉	사:
0492 1662	3급	囗 02 총05획	囚	가둘	수
0493 3418	4급II	囗 03 총06획	回	돌아올	회
0494 2288	5급	囗 03 총06획	因	인할	인
0495 0250	4급	囗 04 총07획	困	곤할/ 괴로울	곤:
0496 0221	5급	囗 05 총08획	固	굳을	고(:)
0497 0811	1급	囗 05 총08획	囹	옥(獄)	령
0498 1911	1급	囗 07 총10획	圄	옥	어
0499 3145	1급	囗 07 총10획	圃	채마 밭	포
0500 0410	2급	囗 08 총11획	圈	우리[牢]	권
0501 0390	8급	囗 08 총11획	國	나라	국
0502 2171	4급	囗 09 총12획	圍	에워쌀	위
0503 2152	6급	囗 10 총13획	園	동산	원
0504 2147	4급II	囗 10 총13획	圓	둥글	원
0505 0668	6급II	囗 11 총14획	圖	그림	도
0506 0595	5급II	囗 11 총14획	團	둥글	단
3획 032번	象形	土		흙 토	
0507 3050	8급	土 00 총03획	土	흙	토
0508 0429	2급 (名)	土 03 총06획	圭	서옥(瑞玉)/ 홀(笏)/ 쌍토	규
0509 2385	6급	土 03 총06획	在	있을	재:
0510 2673	7급	土 03 총06획	地	따/ 땅	지
0511 0110	2급	土 04 총07획	坑	구덩이	갱
0512 0439	4급	土 04 총07획	均	고를	균
0513 1166	1급	土 04 총07획	坊	동네	방
0514 2596	3급II	土 04 총07획	坐	앉을	좌:
0515 2663	2급 (名)	土 04 총07획	址	터	지
0516 0251	3급	土 05 총08획	坤	따	곤
0517 0625	2급	土 05 총08획	垈	집터	대

번호	급수	부수/획수	한자	훈	음
0518 1670	3급II	土 05 총08획	垂	드리울	수
0519 3013	1급	土 05 총08획	坦	평탄할	탄
0520 3078	2급(名)	土 05 총08획	坡	언덕	파
0521 3117	2급	土 05 총08획	坪	들[野]/평수/평평할	평
0522 0370	1급	土 06 총09획	垢	때	구
0523 2224	2급(名)	土 06 총09획	垠	지경/끝/언덕	은
0524 3308	2급	土 06 총09획	型	모형(模型)/거푸집/본보기	형
0525 0982	3급	土 07 총10획	埋	묻을	매
0526 1590	4급II	土 07 총10획	城	재	성
0527 1862	2급(名)	土 07 총10획	埃	티끌	애
0528 2634	2급(名)	土 07 총10획	埈	높을	준
0529 0153	4급	土 08 총11획	堅	굳을	견
0530 0498	5급II	土 08 총11획	基	터	기
0531 0617	6급II	土 08 총11획	堂	집	당
0532 1200	3급II	土 08 총11획	培	북돋울	배
0533 1316	1급	土 08 총11획	埠	부두	부
0534 1827	1급	土 08 총11획	堊	흰 흙	악
0535 1943	4급	土 08 총11획	域	지경	역
0536 2721	3급II	土 08 총11획	執	잡을	집
0537 2790	2급(名)	土 08 총11획	埰	사패지(賜牌地)/영지(領地)	채
0538 3063	1급	土 08 총11획	堆	쌓을	퇴
0539 0064	1급	土 09 총12획	堪	견딜	감
0540 0660	1급	土 09 총12획	堵	담	도
0541 1266	4급II	土 09 총12획	報	갚을/알릴	보
0542 1265	1급	土 09 총12획	堡	작은 성	보
0543 1925	1급	土 09 총12획	堰	둑	언
0544 2070	2급(名)	土 09 총12획	堯	요임금	요
0545 2376	7급II	土 09 총12획	場	마당	장
0546 2528	3급	土 09 총12획	堤	둑	제
0547 0103	2급(名)	土 10 총13획	塏	높은 땅	개
0548 0316	3급	土 10 총13획	塊	흙덩이	괴
0549 0615	2급(名)	土 10 총13획	塘	못[池]	당
0550 0656	3급	土 10 총13획	塗	칠할	도
0551 1509	3급II	土 10 총13획	塞	막힐ㅣ변방	색새
0552 1630	1급	土 10 총13획	塑	흙 빚을	소
0553 2449	1급	土 10 총13획	塡	메울	전
0554 2894	1급	土 10 총13획	塚	무덤	총
0555 3027	3급II	土 10 총13획	塔	탑	탑
0556 0191	4급II	土 11 총14획	境	지경	경
0557 1062	4급	土 11 총14획	墓	무덤	묘
0558 1711	1급	土 11 총14획	塾	글방	숙
0559 2705	2급	土 11 총14획	塵	티끌	진
0560 2761	1급	土 11 총14획	塹	구덩이	참
0561 1080	3급II	土 12 총15획	墨	먹	묵
0562 1345	3급	土 12 총15획	墳	무덤	분
0563 2656	4급II	土 12 총15획	增	더할	증
0564 2918	1급	土 12 총15획	墜	떨어질	추
0565 3003	3급	土 12 총15획	墮	떨어질	타
0566 3271	1급	土 12 총15획	墟	터	허
0567 0042	1급	土 13 총16획	墾	개간할	간

0568 0584	5급	土 13 총16획	壇	단/ 제단	단		3획 036번	指事	夕		저녁 석	
0569 1232	4급II	土 13 총16획	壁	벽	벽		0589 1538	7급	夕 00 총03획	夕	저녁	석
0570 2020	2급(名)	土 13 총16획	塽	물가	오		0590 2058	8급	夕 02 총05획	外	바깥	외
0571 2033	1급	土 13 총16획	壅	막을	옹		0591 0579	6급	夕 03 총06획	多	많을	다
0572 2379	3급	土 13 총16획	墻	담	장		0592 1705	1급	夕 03 총06획	夙	이를	숙
0573 1852	4급II	土 14 총17획	壓	누를	압		0593 1880	6급	夕 05 총08획	夜	밤	야:
0574 3201	1급	土 14 총17획	壑	구렁	학		0594 1052	3급II	夕 11 총14획	夢	꿈	몽
0575 3347	2급(名)	土 14 총17획	壕	해자	호		3획 037번	象形	大		큰 대	
0576 3456	2급(名)	土 14 총17획	壎	질 나팔	훈		0595 0623	8급	大 00 총03획	大	큰	대(:)
0577 0306	1급	土 15 총18획	壙	뫼 구덩이	광:		0596 1299	7급	大 01 총04획	夫	지아비	부
0578 0871	1급	土 15 총18획	壘	보루/ 진(陣)	루		0597 2062	1급	大 01 총04획	夭	일찍 죽을/ 어릴	요:
0579 0320	3급II	土 16 총19획	壞	무너질	괴:		0598 2818	7급	大 01 총04획	天	하늘	천
0580 0844	1급	土 16 총19획	壟	밭두둑	롱:		0599 3032	6급	大 01 총04획	太	클	태
0581 1906	3급II	土 17 총20획	壤	흙덩이/ 부드러운 흙	양:		0600 1800	6급	大 02 총05획	失	잃을	실
3획 033번	象形	士		선비 사			0601 1853	3급II	大 02 총05획	央	가운데	앙
0582 1412	5급II	土 00 총03획	士	선비	사:		0602 2268	3급	大 03 총06획	夷	오랑캐	이
0583 2301	3급II	土 01 총04획	壬	북방/ 9째 천간	임:		0603 0508	4급	大 05 총08획	奇	기특할	기
0584 2358	4급	土 04 총07획	壯	장할/ 씩씩할	장:		0604 0552	3급	大 05 총08획	奈	어찌	내
0585 1519	1급	土 09 총12획	壻	사위 壻婿	서:		0605 1286	5급II	大 05 총08획	奉	받들	봉:
0586 2294	2급	土 09 총12획	壹	한/ 하나 갖은 한	일		0606 1343	3급II	大 05 총08획	奔	달릴	분
0587 1691	3급II	土 11 총14획	壽	목숨	수		0607 1926	1급	大 05 총08획	奄	문득	엄:
3획 034번	象形	夂		뒤져서 올 치			0608 0209	3급II	大 06 총09획	契	맺을	계:
급외	급수 외	夂 02 총05획	处	處(곳 처)의 속자(俗字)	처:		0609 0430	2급(名)	大 06 총09획	奎	별 이름	규
3획 035번	象形	夊		천천히 걸을 쇠			0610 2621	3급II	大 06 총09획	奏	아뢸	주(:)
0588 3191	7급	夊 07 총10획	夏	여름	하:		0611 3067	1급	大 07 총10획	套	씌울/ 덮개	투

번호	급수	부수/획	漢字	훈	음
0612 3249	3급	大 07 총10획	奚	어찌	해
0613 1452	1급	大 09 총12획	奢	사치할	사
0614 2445	1급	大 09 총12획	奠	정할/ 제사	전
0615 2018	1급	大 10 총13획	奧	깊을	오(:)
0616 3022	3급II	大 11 총14획	奪	빼앗을	탈
0617 1547	2급(名)	大 12 총15획	奭	클/ 쌍백(雙百)	석
0618 1348	3급II	大 13 총16획	奮	떨칠	분:
3획 038번	象形		女	계집 녀	
0619 0554	8급	女 00 총03획	女	계집/ 여자	녀
0620 0560	3급II	女 02 총05획	奴	종	노
0621 0036	1급	女 03 총06획	奸	간사할/ 범할	간
0622 0965	3급II	女 03 총06획	妄	망령될	망:
0623 1372	3급II	女 03 총06획	妃	왕비	비
0624 1933	4급II	女 03 총06획	如	같을	여
0625 3329	4급II	女 03 총06획	好	좋을	호:
0626 0487	1급	女 04 총07획	妓	기생	기:
0627 1056	4급	女 04 총07획	妙	묘할	묘:
0628 1169	4급	女 04 총07획	妨	방해할	방
0629 1365	1급	女 04 총07획	妣	죽은 어미	비
0630 2063	2급	女 04 총07획	妖	요사할	요
0631 2304	2급	女 04 총07획	妊	아이 밸 특급II 姙	임:
0632 2996	3급	女 04 총07획	妥	온당할	타:
0633 0220	3급II	女 05 총08획	姑	시어미	고
0634 0978	4급	女 05 총08획	妹	누이/ (손아래)누이	매
0635 1595	7급II	女 05 총08획	姓	성/ 성씨(姓氏)	성:
0636 1753	6급II	女 05 총08획	始	비로소	시:
0637 2162	4급	女 05 총08획	委	맡길	위
0638 2312	4급	女 05 총08획	姉	손윗누이 姊의 俗字	자
0639 2801	3급II	女 05 총08획	妻	아내	처
0640 2844	3급	女 05 총08획	妾	첩	첩
0641 3066	1급	女 05 총08획	妬	샘낼	투
0642 0045	3급	女 06 총09획	姦	간음할	간:
0643 0084	2급(名)	女 06 총09획	姜	성(姓)	강
0644 1952	2급(名)	女 06 총09획	妍	고울	연:
0645 2067	2급(名)	女 06 총09획	姚	예쁠	요
0646 2165	4급	女 06 총09획	威	위엄	위
0647 2269	1급	女 06 총09획	姨	이모	이
0648 2289	3급	女 06 총09획	姻	혼인	인
0649 2317	4급	女 06 총09획	姿	모양	자:
0650 2712	3급	女 06 총09획	姪	조카	질
0651 3489	2급	女 06 총09획	姬	계집	희
0652 0548	3급II	女 07 총10획	娘	계집	낭
0653 0944	2급	女 07 총10획	娩	낳을	만:
0654 1431	1급	女 07 총10획	娑	춤출/ 사바세상	사
0655 1793	1급	女 07 총10획	娠	아이 밸	신
0656 2013	3급	女 07 총10획	娛	즐길	오:
0657 1324	4급II	女 08 총11획	婦	며느리	부
0658 1379	3급II	女 08 총11획	婢	계집종/ 여종	비:
0659 2046	1급	女 08 총11획	婉	순할/ 아름다울	완:
0660 2770	1급	女 08 총11획	娼	창녀	창(:)

번호	급수	부수/획	한자	훈	음
0661 2948	1급	女 08 총11획	娶	장가들	취
0662 3080	1급	女 08 총11획	婆	할미	파
0663 3355	4급	女 08 총11획	婚	혼인할	혼
0664 0983	3급II	女 09 총12획	媒	중매	매
0665 1099	1급	女 09 총12획	媚	아첨할/ 예쁠	미
0666 1679	1급	女 09 총12획	嫂	형수	수
0667 1764	1급	女 09 총12획	媤	시집	시
0668 2156	2급(名)	女 09 총12획	媛	계집/미녀	원
0669 0018	1급	女 10 총13획	嫁	시집갈	가
0670 2717	1급	女 10 총13획	嫉	미워할	질
0671 3297	3급	女 10 총13획	嫌	싫어할	혐
0672 2421	1급	女 11 총14획	嫡	정실(正室)	적
0673 3378	2급(名)	女 11 총14획	嫨	탐스러울	화
0674 0337	1급	女 12 총15획	嬌	아리따울	교
0675 3491	2급(名)	女 12 총15획	嬉	아름다울	희
0676 1402	1급	女 14 총17획	嬪	궁녀 벼슬이름	빈
0677 1991	1급	女 14 총17획	嬰	어린아이	영
0678 1497	1급	女 17 총20획	孀	홀어미	상
0679 1905	2급	女 17 총20획	孃	아가씨	양
3획 039번	象形		子	아들 자	
0680 2308	7급II	子 00 총03획	子	아들	자
0681 0264	4급	子 01 총04획	孔	구멍	공
0682 2306	1급	子 02 총05획	孕	아이 밸	잉
0683 2310	7급	子 03 총06획	字	글자	자
0684 2577	4급	子 03 총06획	存	있을	존
0685 3436	7급II	子 04 총07획	孝	효도	효
0686 0207	4급	子 05 총08획	季	계절/ 막내	계
0687 0233	4급	子 05 총08획	孤	외로울	고
0688 0993	3급II	子 05 총08획	孟	맏	맹
0689 1645	6급	子 07 총10획	孫	손자	손
0690 1710	3급	子 08 총11획	孰	누구	숙
0691 1323	1급	子 11 총14획	孵	알 깔	부
0692 3200	8급	子 13 총16획	學	배울	학
3획 040번	象形		宀	(갓머리) 집 면	
0693 1665	4급II	宀 03 총06획	守	지킬	수
0694 1832	7급II	宀 03 총06획	安	편안	안
0695 2103	3급II	宀 03 총06획	宇	집	우
0696 3045	5급II	宀 03 총06획	宅	집	택
0697 0321	1급	宀 04 총07획	宏	클	굉
0698 1648	2급(名)	宀 04 총07획	宋	성(姓)/ 송나라	송
0699 2040	5급	宀 04 총07획	完	완전할	완
0700 0285	4급II	宀 05 총08획	官	벼슬	관
0701 2045	1급	宀 05 총08획	宛	완연할/ 굽을	완
0702 2247	3급	宀 05 총08획	宜	마땅	의
0703 2497	6급	宀 05 총08획	定	정할	정
0704 2582	4급II	宀 05 총08획	宗	마루	종
0705 2617	3급II	宀 05 총08획	宙	집	주
0706 3029	1급	宀 05 총08획	宕	호탕할	탕
0707 0109	5급II	宀 06 총09획	客	손	객
0708 1553	4급	宀 06 총09획	宣	베풀	선

번호	급수	부수/획수	한자	뜻	음
0709 1801	8급	宀 06 총09획	室	집	실
0710 2184	1급	宀 06 총09획	宥	너그러울/용서할	유
0711 3388	1급	宀 06 총09획	宦	벼슬	환
0712 0017	7급II	宀 07 총10획	家	집	가
0713 0405	4급II	宀 07 총10획	宮	집	궁
0714 1619	1급	宀 07 총10획	宵	밤[夜]	소
0715 1792	1급	宀 07 총10획	宸	대궐	신
0716 1954	3급II	宀 07 총10획	宴	잔치	연
0717 2094	4급II	宀 07 총10획	容	얼굴	용
0718 2392	3급	宀 07 총10획	宰	재상	재
0719 3248	5급II	宀 07 총10획	害	해할	해
0720 0372	1급	宀 08 총11획	寇	도적(盜賊)	구
0721 0509	4급	宀 08 총11획	寄	부칠	기
0722 1113	4급II	宀 08 총11획	密	빽빽할	밀
0723 1709	5급II	宀 08 총11획	宿	잘 / 별자리	숙 수:
0724 2291	3급	宀 08 총11획	寅	범/ 동방 3째지지	인
0725 2417	3급II	宀 08 총11획	寂	고요할	적
0726 0980	1급	宀 09 총12획	寐	잘	매
0727 1326	4급II	宀 09 총12획	富	부자/ 가멸	부
0728 2116	1급	宀 09 총12획	寓	부칠[寄]	우
0729 3210	5급	宀 09 총12획	寒	찰	한
0730 0279	3급II	宀 11 총14획	寡	적을	과
0731 0559	3급II	宀 11 총14획	寧	편안	녕
0732 0857	1급	宀 11 총14획	寥	쓸쓸할	료
0733 0940	1급	宀 11 총14획	寞	고요할	막
0734 1803	5급II	宀 11 총14획	實	열매	실
0735 2010	1급	宀 11 총14획	寤	잠깰	오
0736 2755	4급II	宀 11 총14획	察	살필	찰
0737 2795	1급	宀 11 총14획	寨	목책(木柵)	채
0738 2986	4급	宀 11 총14획	寢	잘/ 잠잘	침
0739 0294	3급II	宀 12 총15획	寬	너그러울	관
0740 0859	1급	宀 12 총15획	寮	동관(同官)/벼슬아치	료
0741 1456	5급	宀 12 총15획	寫	베낄	사
0742 1808	3급II	宀 12 총15획	審	살필	심(:)
0743 2899	1급	宀 16 총19획	寵	사랑할	총
0744 1271	4급II	宀 17 총20획	寶	보배	보
3획 041번	指事		寸	마디 촌	
0745 2891	8급	寸 00 총03획	寸	마디	촌
0746 1425	4급II	寸 03 총06획	寺	절	사
0747 1290	3급II	寸 06 총09획	封	봉할	봉
0748 1443	4급	寸 07 총10획	射	쏠	사(:)
0749 2175	2급	寸 08 총11획	尉	벼슬	위
0750 2361	4급II	寸 08 총11획	將	장수/ 장차	장(:)
0751 2442	4급	寸 08 총11획	專	오로지	전
0752 1807	3급	寸 09 총12획	尋	찾을	심
0753 2578	4급II	寸 09 총12획	尊	높을	존
0754 0631	6급II	寸 11 총14획	對	대할	대:
0755 0664	4급II	寸 13 총16획	導	인도할	도:
3획 042번	會意		小	작을 소	
0756 1608	8급	小 00 총03획	小	작을	소:

번호	급수	부수/획수	한자	훈	음
0757 1609	7급	小 01 총04획	少	적을	소:
0758 2838	3급	小 03 총06획	尖	뾰족할	첨
0759 1483	3급II	小 05 총08획	尙	오히려/ 높을	상(:)
3획 043번	象形		尢	절름발이	왕
0760 2105	3급	尢 01 총04획	尤	더욱	우
0761 1185	1급	尢 04 총07획	尨	삽살개	방
0762 2953	4급	尢 09 총12획	就	나아갈	취:
3획 044번	象形		尸	주검	시
0763 2805	3급II	尸 01 총04획	尺	자(약30.3cm)	척
0764 2215	2급(名)	尸 01 총04획	尹	성(姓)/ 다스릴	윤:
0765 0575	2급	尸 02 총05획	尼	여승, 중	니
0766 0389	5급II	尸 04 총07획	局	판[形局]	국
0767 0570	2급	尸 04 총07획	尿	오줌/ 소변	뇨
0768 1096	3급II	尸 04 총07획	尾	꼬리	미:
0769 0118	4급	尸 05 총08획	居	살	거
0770 0398	4급	尸 05 총08획	屈	굽힐	굴
0771 1758	2급	尸 06 총09획	屍	주검	시:
0772 2024	5급	尸 06 총09획	屋	집	옥
0773 1574	1급	尸 07 총10획	屑	가루	설
0774 2440	5급II	尸 07 총10획	展	펼	전:
0775 1256	3급	尸 08 총11획	屛	병풍	병(:)
0776 0659	1급	尸 09 총12획	屠	죽일	도
0777 0869	3급	尸 11 총14획	屢	여러	루:
0778 0916	3급II	尸 12 총15획	履	밟을	리:
0779 2959	4급	尸 12 총15획	層	층[層階]	층
0780 1642	4급	尸 18 총21획	屬	붙일	속
3획 045번	象形		屮	풀 철, 왼손	좌
0781 0708	3급	屮 01 총04획	屯	진칠	둔
3획 046번	象形		山	메	산
0782 1461	8급	山 00 총03획	山	메/ 뫼	산
0783 0488	2급(名)	山 04 총07획	岐	갈림길	기
0784 0074	2급(名)	山 05 총08획	岬	곶(串)	갑
0785 0079	2급(名)	山 05 총08획	岡	산등성이	강
0786 1826	3급	山 05 총08획	岳	큰 산	악
0787 1837	3급II	山 05 총08획	岸	언덕	안:
0788 2962	2급(名)	山 06 총09획	峙	언덕/ 우뚝 솟을	치
0789 0647	5급	山 07 총10획	島	섬	도
0790 1291	3급II	山 07 총10획	峯	봉우리	봉
0791 2635	2급(名)	山 07 총10획	峻	높을/ 준엄할	준:
0792 3288	2급(名)	山 07 총10획	峴	고개/ 재	현:
0793 3301	2급	山 07 총10획	峽	골짜기	협
0794 0080	2급(名)	山 08 총11획	崗	언덕	강
0795 0510	1급	山 08 총11획	崎	험할	기
0796 0886	2급(名)	山 08 총11획	崙	산 이름	륜
0797 1356	3급	山 08 총11획	崩	무너질	붕
0798 1733	4급	山 08 총11획	崇	높을	숭
0799 1864	1급	山 08 총11획	崖	언덕	애
0800 2901	2급(名)	山 08 총11획	崔	성(姓)/ 높을	최
0801 2115	1급	山 09 총12획	嵎	산굽이	우
0802 0374	1급	山 11 총14획	嶇	험할	구

0803 0816	3급II	山 14 총17획	嶺	고개/ 재	령
0804 1537	1급	山 14 총17획	嶼	섬(작은 섬)	서(:)
0805 2061	1급	山 18 총21획	巍	높고 클	외
0806 1849	3급II	山 20 총23획	巖	바위	암
3획 047번	象形	巛 川		(개미허리) 내 천	
0807 2816	7급	巛 00 총03획	川	내	천
0808 2607	5급II	巛 03 총06획	州	고을	주
0809 1719	3급II	巛 04 총07획	巡	돌[廻]/ 순행할	순
0810 1622	2급 (名)	巛 08 총11획	巢	새집	소
3획 048번	象形	工		장인(匠人) 공	
0811 0257	7급II	工 00 총03획	工	장인[匠人]	공
0812 0113	4급	工 02 총05획	巨	클	거
0813 0324	3급II	工 02 총05획	巧	공교(工巧)할	교
0814 2594	7급II	工 02 총05획	左	왼	좌:
0815 1069	1급	工 04 총07획	巫	무당	무:
0816 2732	4급	工 07 총10획	差	다를/ 어긋날	차
3획 049번	象形	己		몸 기	
0817 0479	5급II	己 00 총03획	己	몸	기
0818 2260	3급II	己 00 총03획	已	이미	이:
0819 1414	3급	己 00 총03획	巳	뱀/ 6째지지(地支)	사:
0820 3072	1급	己 01 총04획	巴	꼬리	파
0821 3240	3급	己 06 총09획	巷	거리	항:
3획 050번	象形	巾		수건 건	
0822 0123	1급	巾 00 총03획	巾	수건	건
0823 1749	7급II	巾 02 총05획	市	저자/ 도시	시:

0824 3128	4급II	巾 02 총05획	布	베/ 펼 | 보시	포(:) 보:
0825 1221	1급	巾 03 총06획	帆	돛	범:
0826 3487	4급II	巾 04 총07획	希	바랄	희
0827 1205	1급	巾 05 총08획	帛	비단	백
0828 2708	1급	巾 05 총08획	帙	책권차례/ 책갑	질
0829 2845	1급	巾 05 총08획	帖	문서/ 표제	첩
0830 1673	3급II	巾 06 총09획	帥	장수	수
0831 2521	4급	巾 06 총09획	帝	임금	제:
0832 1441	4급II	巾 07 총10획	師	스승	사
0833 1545	6급	巾 07 총10획	席	자리	석
0834 0629	4급II	巾 08 총11획	帶	띠	대(:)
0835 1484	4급II	巾 08 총11획	常	떳떳할/ 항상(恒常)	상
0836 2370	4급	巾 08 총11획	帳	장막/ 휘장	장
0837 1186	1급	巾 09 총12획	幇	도울	방
0838 1033	2급	巾 09 총12획	帽	모자	모
0839 2502	1급	巾 09 총12획	幀	그림족자	정탱
0840 3153	3급	巾 09 총12획	幅	폭	폭
0841 0941	3급II	巾 11 총14획	幕	장막/ 군막	막
0842 2974	1급	巾 12 총15획	幟	기(旗)	치
0843 3124	3급	巾 12 총15획	幣	화폐/ 폐백	폐:
3획 051번	象形	干		방패 간	
0844 0034	4급	干 00 총03획	干	방패	간
0845 3116	7급II	干 02 총05획	平	평평할	평
0846 0555	8급	干 03 총06획	年	해	년
0847 3260	6급II	干 05 총08획	幸	다행	행:

0848 0040	3급II	干 10 총13획	幹	줄기	간
3획 052번	象形		幺	작을 요	
0849 3387	2급	幺 01 총04획	幻	헛보일	환:
0850 2179	3급II	幺 02 총05획	幼	어릴	유
0851 2188	3급II	幺 06 총09획	幽	그윽할	유
0852 0521	3급	幺 09 총12획	幾	몇	기
3획 053번	象形		广	(엄 호) 집 엄	
0853 2356	2급(名)	广 03 총06획	庄	전장(田莊)	장
0854 1363	1급	广 04 총07획	庇	덮을	비:
0855 1481	4급II	广 04 총07획	床	상/ 평상	상
0856 1515	5급	广 04 총07획	序	차례	서:
0857 0172	3급	广 05 총08획	庚	별/ 일곱째천간	경
0858 1308	4급II	广 05 총08획	府	마을/ 관청[官廳]	부(:)
0859 2398	4급	广 05 총08획	底	밑	저:
0860 2468	5급II	广 05 총08획	店	가게	점:
0861 3132	1급	广 05 총08획	庖	부엌	포
0862 0640	6급	广 06 총09획	度	법도 | 헤아릴	도(:) 탁
0863 1489	2급(名)	广 06 총09획	庠	학교	상
0864 0234	4급	广 07 총10획	庫	곳집	고
0865 2493	6급II	广 07 총10획	庭	뜰	정
0866 2597	4급	广 07 총10획	座	자리	좌:
0867 0086	4급II	广 08 총11획	康	편안할	강
0868 1524	3급	广 08 총11획	庶	여러	서:
0869 1845	1급	广 08 총11획	庵	암자	암
0870 2089	3급	广 08 총11획	庸	떳떳할	용

0871 2202	2급(名)	广 08 총11획	庾	곳집/ 곳간 노적가리	유
0872 0753	3급II	广 10 총13획	廊	사랑채/ 행랑	랑
0873 0804	3급	广 10 총13획	廉	청렴할	렴
0874 0281	1급	广 11 총14획	廓	둘레 | 클	곽확
0875 0385	1급	广 11 총14획	廐	마구간	구
0876 0305	5급II	广 12 총15획	廣	넓을	광:
0877 1063	3급	广 12 총15획	廟	사당	묘:
0878 2456	1급	广 12 총15획	廛	가게/ 터전	전:
0879 2627	1급	广 12 총15획	廚	부엌	주
0880 2786	1급	广 12 총15획	廠	공장/ 헛간	창
0881 3123	3급II	广 12 총15획	廢	폐할/ 버릴	폐:
0882 0780	2급(名)	广 16 총19획	廬	농막(農幕)/ 오두막집	려
0883 2856	4급	广 22 총25획	廳	관청	청
3획 054번	象形		廴	(길게 걸을) 끌 인	
0884 1947	4급	廴 04 총07획	延	늘일/ 끌	연
0885 2492	3급II	廴 04 총07획	廷	조정	정
0886 0125	5급	廴 06 총09획	建	세울	건:
0887 3419	2급	廴 06 총09획	廻	돌[旋]	회
3획 055번	象形		廾	(밑스물입) 받들/팔짱낄 공	
0888 1238	2급(名)	廾 02 총05획	弁	고깔	변:
0889 0843	3급II	廾 04 총07획	弄	희롱할	롱:
0890 3125	3급II	廾 12 총15획	弊	폐단/ 해질	폐:
3획 056번	象形		弋	주살 익	
0891 1768	6급	弋 03 총06획	式	법	식
0892 1765	1급	弋 09 총12획	弑	윗사람 죽일	시:

번호	급수	부수/획수	한자	훈	음
3획 057번	象形		弓	활	궁
0893 0401	3급II	弓 00 총03획	弓	활	궁
0894 2285	4급II	弓 01 총04획	引	끌	인
0895 2535	3급	弓 01 총04획	弔	조상할	조
0896 1351	2급	弓 02 총05획	弗	아닐/말[勿] 달러($)	불
0897 3362	3급	弓 02 총05획	弘	클/넓을	홍
0898 2264	1급	弓 03 총06획	弛	늦출	이
0899 2515	8급	弓 04 총07획	弟	아우	제
0900 0562	1급	弓 05 총08획	弩	쇠뇌	노
0901 3282	2급	弓 05 총08획	弦	시위/활시위	현
0902 3331	1급	弓 05 총08획	弧	활	호
0903 1890	6급II	弓 07 총10획	弱	약할	약
0904 0089	6급	弓 08 총11획	強	강할	강(:)
0905 2369	4급	弓 08 총11획	張	베풀	장
0906 3184	2급(名)	弓 09 총12획	弼	도울	필
0907 3017	4급	弓 12 총15획	彈	탄알	탄:
0908 0090	2급(名)	弓 13 총16획	彊	굳셀	강
0909 1102	2급(名)	弓 14 총17획	彌	미륵/오랠	미
0910 0956	1급	弓 19 총22획	彎	굽을	만
3획 058번	象形		彐彑	(터진가로왈) 돼지머리 계	
0911 3320	1급	彐 08 총11획	彗	살별/혜성/쓰는 비	혜:
0912 3464	1급	彐 10 총13획	彙	무리	휘
3획 059번	象形		彡	터럭 삼	
0913 3310	6급II	彡 04 총07획	形	모양	형
0914 1922	2급(名)	彡 06 총09획	彦	선비	언:
0915 1400	2급(名)	彡 08 총11획	彬	빛날	빈
0916 2547	2급	彡 08 총11획	彫	새길	조
0917 2792	3급II	彡 08 총11획	彩	채색	채:
0918 3102	2급(名)	彡 09 총12획	彭	성(姓)/땅이름	팽
0919 2788	2급	彡 11 총14획	彰	드러날	창
0920 1990	3급II	彡 12 총15획	影	그림자	영:
3획 060번	象形		彳	(두인 변) 자축거릴/조금 걸을 척	
0921 1168	1급	彳 04 총07획	彷	헤맬	방(:)
0922 1939	3급II	彳 04 총07획	役	부릴	역
0923 1353	1급	彳 05 총08획	彿	비슷할	불
0924 2052	4급II	彳 05 총08획	往	갈	왕:
0925 2487	3급II	彳 05 총08획	征	칠	정
0926 3174	3급II	彳 05 총08획	彼	저	피:
0927 0628	6급	彳 06 총09획	待	기다릴	대:
0928 0890	4급II	彳 06 총09획	律	법칙/법	률
0929 3420	1급	彳 06 총09획	徊	머뭇거릴	회
0930 3447	7급II	彳 06 총09획	後	뒤	후:
0931 0180	3급II	彳 07 총10획	徑	지름길/길	경
0932 0649	4급	彳 07 총10획	徒	무리	도
0933 1522	3급II	彳 07 총10획	徐	천천할	서(:)
0934 0712	4급II	彳 08 총11획	得	얻을	득
0935 1196	1급	彳 08 총11획	徘	어정거릴	배
0936 1448	1급	彳 08 총11획	徙	옮길	사
0937 1915	3급II	彳 08 총11획	御	거느릴	어:
0938 2587	4급	彳 08 총11획	從	좇을	종(:)

번호	급수	부수/획수	한자	훈	음
0939 1278	4급II	彳 09 총12획	復	회복할/ 돌아올 ǀ 다시	복 부:
0940 1722	3급	彳 09 총12획	循	돌[環]/ 좇을	순
0941 3409	1급	彳 09 총12획	徨	헤맬/노닐/ 방황할	황
0942 1100	3급II	彳 10 총13획	微	작을	미
0943 2725	3급II	彳 12 총15획	徵	부를	징
0944 0636	5급II	彳 12 총15획	德	큰	덕
0945 2833	3급II	彳 12 총15획	徹	통할	철
0946 3467	2급(名)	彳 14 총17획	徽	아름다울	휘

| 4획 061번 | 象形 | 心 忄 ㅓ | 마음 심 |

번호	급수	부수/획수	한자	훈	음
0947 1804	7급	心 00 총04획	心	마음	심
0948 3181	5급II	心 01 총05획	必	반드시	필
0949 0481	3급	心 03 총07획	忌	꺼릴	기
0950 0966	3급	忄心03 총06획	忙	바쁠	망
0951 0967	3급	心 03 총07획	忘	잊을	망
0952 2282	3급II	心 03 총07획	忍	참을	인
0953 2677	4급II	心 03 총07획	志	뜻	지
0954 2892	1급	忄心03 총06획	忖	헤아릴	촌:
0955 0558	5급II	心 04 총08획	念	생각	념:
0956 1337	1급	心 04 총08획	忿	성낼	분:
0957 2937	4급II	心 04 총08획	忠	충성	충
0958 2993	4급II	忄心04 총07획	快	쾌할	쾌
0959 3359	3급II	心 04 총08획	忽	갑자기	홀
0960 0139	1급	忄心05 총08획	怯	겁낼	겁
0961 0314	3급II	忄心05 총08획	怪	괴이할/ 기이할	괴(:)
0962 0473	6급II	心 05 총09획	急	급할	급
0963 0563	4급II	心 05 총09획	怒	성낼	노:
0964 1438	5급	心 05 총09획	思	생각	사(:)
0965 1594	5급II	忄心05 총08획	性	성품	성:
0966 1854	1급	忄心05 총08획	怏	원망할	앙:
0967 2142	4급	心 05 총09획	怨	원망할	원(:)
0968 2271	2급(名)	忄心05 총08획	怡	기쁠/ 화할	이
0969 3037	3급	心 05 총09획	怠	게으를	태
0970 3129	2급	忄心05 총08획	怖	두려워할	포:
0971 0025	1급	忄心06 총09획	恪	삼갈	각
0972 0269	3급II	忄心06 총10획	恭	공손할	공
0973 0262	3급II	心 06 총10획	恐	두려울	공(:)
0974 1521	3급II	心 06 총10획	恕	용서할	서:
0975 1774	4급II	心 06 총10획	息	쉴/ 숨쉴	식
0976 1895	1급	心 06 총10획	恙	병/ 근심할	양:
0977 2226	4급II	心 06 총10획	恩	은혜	은
0978 2318	3급	心 06 총10획	恣	마음대로/ 방자할	자:
0979 2964	3급II	心 06 총10획	恥	부끄러울	치
0980 3209	4급	忄心06 총09획	恨	한[怨]	한:
0981 3239	3급II	忄心06 총09획	恒	항상	항
0982 3404	1급	忄心06 총09획	恍	황홀할	황
0983 3417	1급	忄心06 총09획	恢	넓을/ 클	회
0984 3471	1급	忄心06 총09획	恤	불쌍할/ 구휼할	휼
0985 3484	1급	忄心06 총09획	恰	흡사할/ 마치	흡
0986 0913	1급	忄心07 총10획	悧	영리할	리
0987 1652	1급	忄心07 총10획	悚	두려울	송:

번호	급수	부수/획수	한자	훈	음
0988 1802	1급	心 07 총11획	悉	다	실
0989 1967	3급II	忄心07 총10획	悅	기쁠	열
0990 2008	3급II	忄心07 총10획	悟	깨달을	오
0991 2201	3급II	心 07 총11획	悠	멀	유
0992 2439	1급	忄心07 총10획	悛	고칠	전
0993 2516	1급	忄心07 총10획	悌	공손할	제
0994 3098	1급	心 07 총10획	悖	거스를/어그러질	패
0995 3206	1급	忄心07 총10획	悍	사나울	한
0996 3390	5급	心 07 총11획	患	근심	환
0997 3422	3급II	忄心07 총10획	悔	뉘우칠	회
0998 0208	1급	忄心08 총11획	悸	두근거릴	계
0999 0635	2급(名)	心 08 총12획	悳	큰[德]	덕
1000 0650	2급	忄心08 총11획	悼	슬퍼할	도
1001 0682	2급(名)	忄心08 총11획	惇	도타울	돈
1002 0971	1급	忄心08 총11획	惘	멍할	망
1003 1110	1급	心 08 총12획	悶	답답할	민
1004 1387	4급II	心 08 총12획	悲	슬플	비
1005 1542	3급II	忄心08 총11획	惜	아낄	석
1006 1828	5급II	心 08 총12획	惡	악할 | 미워할	악 오
1007 2204	3급	忄心08 총11획	惟	생각할	유
1008 2508	5급II	忄心08 총11획	情	뜻	정
1009 2803	2급	忄心08 총11획	悽	슬퍼할	처
1010 2941	1급	忄心08 총11획	悴	파리할	췌
1011 3322	4급II	心 08 총12획	惠	은혜	혜
1012 3352	3급II	心 08 총12획	惑	미혹할	혹
1013 3361	1급	忄心08 총11획	惚	황홀할	홀
1014 0068	6급	心 09 총13획	感	느낄	감
1015 0568	3급	心 09 총12획	惱	번뇌할	뇌
1016 1494	4급II	心 09 총13획	想	생각	상
1017 1688	3급II	心 09 총13획	愁	근심	수
1018 1830	1급	忄心09 총12획	愕	놀랄	악
1019 1865	6급	心 09 총13획	愛	사랑	애(:)
1020 1886	2급	心 09 총13획	惹	이끌	야:
1021 2117	3급II	心 09 총13획	愚	어리석을	우
1022 2194	1급	忄心09 총12획	愉	즐거울	유
1023 2195	3급	心 09 총13획	愈	나을/더욱	유
1024 2250	6급II	心 09 총13획	意	뜻	의:
1025 2324	3급II	心 09 총13획	慈	사랑	자
1026 2958	1급	忄心09 총12획	惻	슬플	측
1027 3001	1급	忄心09 총12획	惰	게으를	타:
1028 3105	1급	忄心09 총12획	愎	강퍅할/괴퍅할	퍅
1029 3410	1급	忄心09 총12획	惶	두려울	황
1030 0104	1급	忄心10 총13획	慨	성낼	개:
1031 0317	3급	忄心10 총13획	愧	부끄러울	괴:
1032 0892	1급	忄心10 총13획	慄	떨릴/두려워할	률
1033 1796	3급II	忄心10 총13획	愼	삼갈	신:
1034 2777	1급	忄心10 총13획	愴	슬플	창:
1035 3044	4급II	心 10 총14획	態	모습/모양	태:
1036 3414	1급	忄心10 총13획	慌	어리둥절할	황
1037 0087	1급	忄心11 총14획	慷	슬플/강개할	강:

번호	급수	부수/획수	한자	훈	음
1038 0106	3급	忄心11 총14획	慨	슬퍼할	개:
1039 0173	4급II	心 11 총15획	慶	경사	경:
1040 0292	3급II	忄心11 총14획	慣	익숙할/ 버릇	관
1041 0778	4급	忄心11 총15획	慮	생각할	려:
1042 0951	3급	忄心11 총14획	慢	거만할/ 게으를	만:
1043 1037	3급II	忄心11 총15획	慕	그릴/ 사모할	모:
1044 2084	3급II	心 11 총15획	慾	욕심	욕
1045 2121	3급II	心 11 총15획	憂	근심	우
1046 2176	4급	心 11 총15획	慰	위로할	위
1047 2588	1급	心 11 총15획	慫	권할	종
1048 2762	3급	心 11 총15획	慙	부끄러울	참
1049 2759	3급	忄心11 총14획	慘	참혹할	참
1050 3059	1급	忄心11 총14획	慟	서러워할	통:
1051 3071	1급	心 11 총15획	慝	사특할	특
1052 3164	1급	忄心11 총14획	慓	급할/ 날랠	표
1053 3321	3급II	心 11 총15획	慧	슬기로울/ 지혜	혜:
1054 0142	2급	心 12 총16획	憩	쉴	게:
1055 0176	1급	忄心12 총15획	憬	동경할/ 깨달을	경:
1056 0700	1급	忄心12 총15획	憧	동경할/ 그리워할	동:
1057 0797	3급	忄心12 총15획	憐	불쌍히 여길	련
1058 1076	1급	忄心12 총15획	憮	어루만질	무:
1059 1112	3급	忄心12 총15획	憫	민망할/ 불쌍히 여길	민
1060 1344	4급	忄心12 총15획	憤	분할	분:
1061 1394	1급	心 12 총16획	憊	고단할/ 고달플	비:
1062 1410	1급	心 12 총16획	憑	비길[依]/ 기댈	빙
1063 2655	3급II	忄心12 총15획	憎	미울/ 미워할	증
1064 2879	1급	忄心12 총15획	憔	파리할/ 수척할	초
1065 3018	1급	忄心12 총15획	憚	꺼릴	탄
1066 3273	4급	心 12 총16획	憲	법	헌:
1067 3492	2급(名)	心 12 총16획	憙	기뻐할	희
1068 0043	3급II	心 13 총17획	懇	간절할/ 정성	간:
1069 0069	2급	忄心13 총16획	憾	섭섭할	감:
1070 0608	1급	忄心13 총16획	憺	참담할/ 편안할	담
1071 1919	3급II	忄心13 총16획	憶	생각할	억
1072 2019	1급	忄心13 총16획	懊	한할	오:
1073 2241	4급II	心 13 총17획	應	응할	응:
1074 3254	1급	忄心13 총16획	懈	게으를	해:
1075 0536	1급	忄心14 총17획	懦	나약할	나:
1076 2726	3급	心 15 총19획	懲	징계할	징
1077 0723	1급	忄心16 총19획	懶	게으를	라:
1078 3293	3급II	心 16 총20획	懸	달[繫]/ 매달	현:
1079 3431	3급II	忄心16 총19획	懷	품을	회
1080 2764	1급	忄心17 총20획	懺	뉘우칠	참
1081 0387	3급	忄心18 총21획	懼	두려워할	구
1082 0799	3급II	心 19 총23획	戀	그릴/ 사모할/ 그리워할	련:
4획 062번	象形		戈	창	과
1083 0270	2급	戈 00 총04획	戈	창[槍]	과
1084 1066	3급	戈 01 총05획	戊	5째 천간	무:
1085 1664	1급	戈 02 총06획	戍	수자리 (변방을 지키는 일)	수
1086 1730	3급	戈 02 총06획	戌	개/ 11째지지	술

1087 2221	1급	戈 02 총06획	戎	병기(兵器)/ 되/오랑캐	융		1110 3004	3급	扌手03 총06획	托	맡길	탁
1088 1589	6급II	戈 03 총07획	成	이룰	성		1111 0471	1급	扌手04 총07획	扱	거둘/ 미칠/ 다룰/ 처리할	급
1089 1818	3급II	戈 03 총07획	我	나	아		1112 0486	5급	扌手04 총07획	技	재주	기
1090 0201	4급	戈 03 총07획	戒	경계할	계		1113 1300	3급II	扌手04 총07획	扶	도울	부
1091 3351	4급	戈 04 총08획	或	혹	혹		1114 1336	1급	扌手04 총07획	扮	꾸밀	분
1092 2812	3급II	戈 07 총11획	戚	친척/ 겨레	척		1115 1364	4급	扌手04 총07획	批	비평할	비
1093 0445	1급	戈 08 총12획	戟	창	극		1116 1516	1급	扌手04 총07획	抒	풀	서
1094 2464	1급	戈 10 총14획	截	끊을	절		1117 1743	4급II	手 04 총08획	承	이을	승
1095 0884	1급	戈 11 총15획	戮	죽일	륙		1118 1871	1급	扌手04 총07획	扼	잡을	액
1096 2458	6급II	戈 12 총16획	戰	싸움	전		1119 1917	3급II	扌手04 총07획	抑	누를	억
1097 0634	2급	戈 13 총17획	戴	일[首荷] (머리에)이다.	대		1120 2462	4급	扌手04 총07획	折	꺾을	절
1098 3499	3급II	戈 13 총17획	戲	놀이/ 희롱할	희		1121 2865	3급	扌手04 총07획	抄	뽑을/ 베낄	초
4획 063번	象形		戶	지게 호			1122 3065	4급	扌手04 총07획	投	던질	투
1099 3325	4급II	戶 00 총04획	戶	집/ 지게 문	호		1123 3073	3급	扌手04 총07획	把	잡을	파
1100 0775	1급	戶 04 총08획	戾	어그러질	려		1124 3141	2급	扌手04 총07획	抛	던질	포
1101 1173	4급II	戶 04 총08획	房	방	방		1125 3233	4급	扌手04 총07획	抗	겨룰	항
1102 1615	7급	戶 04 총08획	所	바	소		1126 0114	4급	扌手05 총08획	拒	막을	거
1103 3109	2급 (名)	戶 05 총09획	扁	작을/ 현판/ 넓적할	편		1127 0313	1급	扌手05 총08획	拐	후릴/ 속일	괴
1104 1555	1급	戶 06 총10획	扇	부채	선		1128 0354	3급II	扌手05 총08획	拘	잡을	구
1105 3326	2급 (名)	戶 07 총11획	扈	따를/ 뒤따를	호		1129 0534	1급	手 05 총09획	拏	잡을/ 붙잡을	나
1106 1386	1급	戶 08 총12획	扉	사립문/ 문짝	비		1130 0747	2급	扌手05 총08획	拉	끌/ 꺾을/ 끌고 갈	랍
4획 064번	象形		手扌	손 수			1131 0961	1급	扌手05 총08획	抹	지울/ 바를	말
1107 1661	7급II	手 00 총04획	手	손	수(:)		1132 1065	1급	扌手05 총08획	拇	엄지손가락	무
1108 2382	6급II	扌手00 총03획	才	재주	재		1133 1117	4급	扌手05 총08획	拍	칠	박
1109 2995	5급	扌手02 총05획	打	칠	타		1134 1139	1급	扌手05 총08획	拌	버릴/쪼갤/ 뒤섞다	반

번호	급수	부수/획수	한자	훈	음
1135 / 1154	3급II	扌手05 총08획	拔	뽑을/뺄	발
1136 / 1190	4급II	手 05 총09획	拜	절	배
1137 / 1354	3급II	扌手05 총08획	拂	떨칠ǀ도울	불필
1138 / 1850	3급	扌手05 총08획	押	누를/수결	압
1139 / 2065	1급	扌手05 총08획	拗	우길	요
1140 / 2399	3급II	扌手05 총08획	抵	막을[抗]/거스를	저
1141 / 2579	3급	扌手05 총08획	拙	졸할/못날	졸
1142 / 2807	3급II	扌手05 총08획	拓	넓힐ǀ박을	척탁
1143 / 2869	4급	扌手05 총08획	招	부를	초
1144 / 2904	3급	扌手05 총08획	抽	뽑을	추
1145 / 3131	3급	扌手05 총08획	抱	안을	포
1146 / 3175	1급	扌手05 총08획	披	헤칠	피
1147 / 0229	1급	扌手06 총09획	拷	칠/때릴	고
1148 / 0268	1급	扌手06 총09획	拱	팔짱낄/두 손 맞잡을	공
1149 / 0300	1급	扌手06 총09획	括	묶을	괄
1150 / 0411	3급II	手 06 총10획	拳	주먹	권
1151 / 0531	1급	扌手06 총09획	拮	일할	길
1152 / 0535	1급	手 06 총10획	拿	잡을[挐同]	나
1153 / 0643	3급	扌手06 총09획	挑	돋울	도
1154 / 1736	3급II	扌手06 총09획	拾	주울ǀ열	습십
1155 / 1769	1급	扌手06 총09획	拭	씻을/닦을	식
1156 / 1833	1급	扌手06 총09획	按	누를/살필	안(:)
1157 / 2682	4급	扌手06 총09획	持	가질	지
1158 / 2675	4급II	扌手06 총09획	指	가리킬/손가락	지
1159 / 0542	1급	扌手07 총10획	捏	꾸밀/반죽할	날
1160 / 0945	1급	扌手07 총10획	挽	당길	만
1161 / 1955	1급	扌手07 총10획	捐	버릴	연
1162 / 2494	1급	扌手07 총10획	挺	빼어날	정
1163 / 2598	1급	扌手07 총10획	挫	꺾을	좌
1164 / 2691	3급II	扌手07 총10획	振	떨칠	진
1165 / 2736	3급	扌手07 총10획	捉	잡을	착
1166 / 3143	3급II	扌手07 총10획	捕	잡을/사로잡을	포
1167 / 3304	1급	扌手07 총10획	挾	낄	협
1168 / 0310	3급	扌手08 총11획	掛	걸[懸]	괘
1169 / 0399	2급	扌手08 총11획	掘	팔	굴
1170 / 0409	1급	扌手08 총11획	捲	거둘/말	권
1171 / 0543	1급	扌手08 총11획	捺	누를	날
1172 / 0651	1급	扌手08 총1획	掉	흔들	도
1173 / 0759	3급	扌手08 총11획	掠	노략질할	략
1174 / 1195	3급II	扌手08 총11획	排	밀칠/물리칠	배
1175 / 1288	1급	扌手08 총11획	捧	받들	봉
1176 / 1437	3급	扌手08 총11획	捨	버릴	사
1177 / 1621	4급II	扌手08 총11획	掃	쓸[掃除]	소(:)
1178 / 1669	4급II	扌手08 총11획	授	줄	수
1179 / 1927	1급	扌手08 총11획	掩	가릴	엄
1180 / 2375	3급II	手 08 총12획	掌	손바닥	장(:)
1181 / 2473	4급II	扌手08 총11획	接	이을	접
1182 / 2559	2급	扌手08 총11획	措	둘[置]	조
1183 / 2791	4급	扌手08 총11획	採	캘	채
1184 / 2847	1급	扌手08 총11획	捷	빠를	첩

1185 2915	4급	扌手08 총11획	推	밀/ 옮다. 추천하다.	추퇴
1186 3025	4급	扌手08 총11획	探	찾을	탐
1187 0047	1급	扌手09 총12획	揀	가릴	간
1188 0141	2급	扌手09 총12획	揭	높이들[擧]/ 걸[掛]	게
1189 0437	2급(名)	扌手09 총12획	揆	헤아릴	규
1190 1060	1급	扌手09 총12획	描	그릴	묘
1191 1478	2급	扌手09 총12획	插	꽂을	삽
1192 1678	3급	扌手09 총12획	搜	찾을	수
1193 1829	2급	扌手09 총12획	握	쥘/ 잡을	악
1194 1883	1급	扌手09 총12획	揶	야유할	야
1195 1900	3급II	扌手09 총12획	揚	날릴/ 떨칠/ 오르다	양
1196 2155	4급	扌手09 총12획	援	도울/ 구원할	원
1197 2192	1급	扌手09 총12획	揄	야유할/ 끌	유
1198 2239	1급	扌手09 총12획	揖	읍할	읍
1199 2527	4급II	扌手09 총12획	提	끌	제
1200 3391	3급II	扌手09 총12획	換	바꿀	환
1201 3462	4급	扌手09 총12획	揮	휘두를	휘
1202 0648	1급	扌手10 총13획	搗	찧을	도
1203 1126	1급	扌手10 총13획	搏	두드릴/ 잡을	박
1204 1145	2급	扌手10 총13획	搬	옮길/ 운반할	반
1205 1632	1급	扌手10 총13획	搔	긁을	소
1206 1647	4급	扌手10 총13획	損	덜	손
1207 2073	3급	扌手10 총13획	搖	흔들	요
1208 2738	1급	扌手10 총13획	搾	짤	착
1209 3028	1급	扌手10 총13획	搭	탈[乘]	탑
1210 3470	3급	扌手10 총13획	携	이끌/ 끌	휴
1211 0935	2급	手 11 총15획	摩	문지를	마
1212 1039	1급	扌手11 총14획	摸	더듬을	모
1213 2419	3급II	扌手11 총14획	摘	딸[手收]	적
1214 2683	1급	手 11 총15획	摯	잡을	지
1215 0556	1급	扌手12 총15획	撚	비빌/ 비틀	년
1216 0571	1급	扌手12 총15획	撓	휠	뇨
1217 0622	1급	扌手12 총15획	撞	칠	당
1218 0826	1급	扌手12 총15획	撈	건질/ 잡을	로
1219 0831	1급	扌手12 총15획	擄	노략질할/ 사로잡다	로
1220 1077	1급	扌手12 총15획	撫	어루만질	무(:)
1221 1131	1급	扌手12 총15획	撲	칠[擊]/ 두드릴	박
1222 1162	1급	扌手12 총15획	撥	다스릴	발
1223 1472	1급	扌手12 총15획	撒	뿌릴	살
1224 2742	1급	扌手12 총15획	撰	지을/ 글 지을	찬
1225 2834	2급	扌手12 총15획	撤	거둘	철
1226 2900	1급	扌手12 총15획	撮	모을/ 사진 찍을	촬
1227 3048	1급	扌手12 총15획	撐	버틸	탱
1228 3084	3급	扌手12 총15획	播	뿌릴	파(:)
1229 0120	4급	扌手13 총16획	據	근거/ 의거할	거
1230 0149	4급	手 13 총17획	擊	칠[打]	격
1231 0466	1급	扌手13 총16획	擒	사로잡을	금
1232 0599	1급	扌手13 총16획	撻	때릴/ 매질할	달
1233 0606	4급II	扌手13 총16획	擔	멜	담
1234 1233	1급	手 13 총17획	擘	엄지손가락/ 쪼개다.	벽

번호	급수	부수/획수	한자	뜻	음
1235 / 2032	3급	扌手13 총16획	擁	낄/ 안을	옹:
1236 / 2569	5급	扌手13 총16획	操	잡을	조(:)
1237 / 2826	1급	扌手13 총16획	擅	멋대로 할	천:
1238 / 3046	4급	扌手13 총16획	擇	가릴	택
1239 / 0122	5급	手 14 총18획	擧	들	거:
1240 / 0633	1급	扌手14 총17획	擡	들[擧]	대
1241 / 2255	1급	扌手14 총17획	擬	비길	의:
1242 / 2756	1급	扌手14 총17획	擦	문지를	찰
1243 / 3010	1급	扌手14 총17획	擢	뽑을	탁
1244 / 1152	1급	手 15 총19획	攀	더위잡을	반
1245 / 2078	1급	扌手15 총18획	擾	시끄러울/ 어지러울	요
1246 / 2814	1급	扌手15 총18획	擲	던질	척
1247 / 3049	1급	扌手15 총18획	攄	펼	터:
1248 / 3385	3급	扌手15 총18획	擴	넓힐	확
1249 / 1904	1급	扌手17 총20획	攘	물리칠	양:
1250 / 1588	3급	扌手18 총21획	攝	다스릴/ 당길	섭
1251 / 0343	1급	扌手20 총23획	攪	흔들/ 어지러울	교
4획 065번	會意		支	지탱할	지
1252 / 2665	4급II	支 00 총04획	支	지탱할/ 가를	지
4획 066번	形聲 象形		攴攵	(등글월문) 칠	복
1253 / 1663	4급II	攵攴02 총06획	收	거둘	수
1254 / 0097	5급	攵攴03 총07획	改	고칠	개(:)
1255 / 0259	4급	攵攴03 총07획	攻	칠[擊]	공:
1256 / 1175	6급II	攵攴04 총08획	放	놓을	방(:)
1257 / 0225	4급II	攵攴05 총09획	故	연고	고(:)
1258 / 2488	4급II	攵攴05 총09획	政	정사(政事)	정
1259 / 3439	5급II	攵攴06 총10획	效	본받을	효:
1260 / 0334	8급	攵攴07 총11획	敎	가르칠	교:
1261 / 0366	5급	攵攴07 총11획	救	구원할	구:
1262 / 1109	3급	攵攴07 총11획	敏	민첩할/ 재빠를	민
1263 / 1523	3급	攴 07 총11획	敍	펼/ 차례/ 서술할	서:
1264 / 3096	5급	攵攴07 총11획	敗	패할	패:
1265 / 0065	4급	攵攴08 총12획	敢	감히/ 구태여	감:
1266 / 0683	3급	攵攴08 총12획	敦	도타울	돈
1267 / 1466	4급	攵攴08 총12획	散	흩을/ 흩어질	산:
1268 / 2785	2급(名)	攵攴08 총12획	敞	시원할/ 드러날	창
1269 / 0195	5급II	攵攴09 총13획	敬	공경할	경:
1270 / 0236	1급	攵攴10 총14획	敲	두드릴	고
1271 / 1330	2급	攵攴11 총15획	敷	펼	부(:)
1272 / 1695	7급	攵攴11 총15획	數	셈 / 자주	수: / 삭
1273 / 2422	4급II	攵攴11 총15획	敵	대적할/ 원수	적
1274 / 2489	4급	攵攴12 총16획	整	가지런할	정:
1275 / 0808	1급	攵攴13 총17획	斂	거둘	렴:
1276 / 3127	1급	攵攴14 총18획	斃	죽을	폐:
4획 067번	象形		文	글월	문
1277 / 1082	7급	文 00 총04획	文	글월	문
1278 / 1143	1급	文 08 총12획	斑	아롱질/ 얼룩	반
4획 068번	象形		斗	말	두
1279 / 0702	4급II	斗 00 총04획	斗	말 10되 18.039ℓ / 별 이름	두
1280 / 0855	5급	斗 06 총10획	料	헤아릴	료(:)

번호	급수	부수/획수	한자	훈	음
1281 1446	3급II	斗 07 총11획	斜	비낄	사
1282 2720	1급	斗 09 총13획	斟	짐작할	짐
1283 1842	1급	斗 10 총14획	斡	돌/ 관리할	알
4획 069번	象形		斤	도끼 근	
1284 0449	3급	斤 00 총04획	斤	근/ 날[刃]/ 도끼	근
1285 2806	3급	斤 01 총05획	斥	물리칠	척
1286 1303	1급	斤 04 총08획	斧	도끼	부
1287 2760	2급	斤 07 총11획	斬	벨	참(:)
1288 1453	3급	斤 08 총12획	斯	이	사
1289 1797	6급II	斤 09 총13획	新	새	신
1290 0596	4급II	斤 14 총18획	斷	끊을	단:
4획 070번	象形		方	모 방	
1291 1165	7급II	方 00 총04획	方	모[棱]	방
1292 1909	3급	方 04 총08획	於	어조사 | 탄식할	어 오
1293 1757	4급II	方 05 총09획	施	베풀	시:
1294 0776	5급II	方 06 총10획	旅	나그네	려
1295 1179	2급(名)	方 06 총10획	旁	곁/ 두루	방:
1296 1558	3급II	方 07 총11획	旋	돌[廻]	선
1297 2505	2급(名)	方 07 총11획	旌	기(旗)	정
1298 2575	6급	方 07 총11획	族	겨레	족
1299 0504	7급	方 10 총14획	旗	기/ 깃발	기
4획 071번	象形		无	없을 무	
1300 0519	3급	无 07 총11획	旣	이미	기

쉬어가기

번호	급수	부수/획수	한자	훈	음
4획 072번	象形		日	날 일	
1301 2295	8급	日 00 총04획	日	날	일
1302 0582	3급II	日 01 총05획	旦	아침	단
1303 1713	3급II	日 02 총06획	旬	열흘	순
1304 2123	2급(名)	日 02 총06획	旭	아침 해	욱
1305 2536	4급II	日 02 총06획	早	이를	조:
1306 2674	2급	日 02 총06획	旨	뜻/ 맛있을	지
1307 3205	3급	日 03 총07획	旱	가물	한:
1308 0252	1급	日 04 총08획	昆	맏/ 형	곤
1309 1016	6급II	日 04 총08획	明	밝을	명
1310 1106	2급(名)	日 04 총08획	旼	화할/온화할	민
1311 1107	2급(名)	日 04 총08획	旻	하늘/ 가을하늘	민
1312 1171	1급	日 04 총08획	昉	밝을/ 마침	방
1313 1541	3급	日 04 총08획	昔	예[古]/ 옛	석
1314 1741	3급II	日 04 총08획	昇	오를	승
1315 1859	1급	日 04 총08획	昂	높을/ 오를	앙
1316 1941	4급	日 04 총08획	易	바꿀 | 쉬울	역 이:
1317 2053	2급(名)	日 04 총08획	旺	왕성할	왕:
1318 2767	3급II	日 04 총08획	昌	창성할	창(:)
1319 3330	2급(名)	日 04 총08획	昊	하늘	호:
1320 3354	3급	日 04 총08획	昏	어두울	혼
1321 0979	1급	日 05 총09획	昧	어두울	매
1322 1055	2급(名)	日 05 총09획	昴	별이름	묘
1323 1249	2급(名)	日 05 총09획	昞	밝을	병:
1324 1248	2급(名)	日 05 총09획	昺	밝을/ 빛날	병:

번호	급수	부수/획수	한자	훈	음
1325 / 1596	4급II	日 05 / 총09획	星	별	성
1326 / 1613	3급	日 05 / 총09획	昭	밝을	소
1327 / 1759	4급II	日 05 / 총09획	是	이[斯]/ 옳을	시:
1328 / 1985	4급	日 05 / 총09획	映	비칠	영(:)
1329 / 2125	2급(名)	日 05 / 총09획	昱	햇빛 밝을/ 햇빛 빛날	욱
1330 / 2337	6급II	日 05 / 총09획	昨	어제	작
1331 / 2773	2급(名)	日 05 / 총09획	昶	해길/ 밝을	창:
1332 / 2931	7급	日 05 / 총09획	春	봄	춘
1333 / 1755	7급II	日 06 / 총10획	時	때	시
1334 / 1835	1급	日 06 / 총10획	晏	늦을	안:
1335 / 2698	2급(名)	日 06 / 총10획	晋	진나라/ 나라이름	진:
1336 / 3405	2급(名)	日 06 / 총10획	晃	밝을	황
1337 / 0946	3급II	日 07 / 총11획	晚	늦을	만:
1338 / 1591	2급(名)	日 07 / 총11획	晟	밝을	성
1339 / 1794	3급	日 07 / 총11획	晨	새벽	신
1340 / 2624	6급	日 07 / 총11획	晝	낮	주
1341 / 2636	2급(名)	日 07 / 총11획	晙	밝을	준:
1342 / 3342	2급(名)	日 07 / 총11획	晧	밝을	호:
1343 / 3423	1급	日 07 / 총11획	晦	그믐	회
1344 / 0175	5급	日 08 / 총12획	景	볕	경(:)
1345 / 1268	4급	日 08 / 총12획	普	넓을	보:
1346 / 1544	2급(名)	日 08 / 총12획	晳	밝을	석
1347 / 2512	2급(名)	日 08 / 총12획	晶	맑을	정
1348 / 2680	4급	日 08 / 총12획	智	슬기/ 지혜	지
1349 / 2853	3급	日 08 / 총12획	晴	갤	청
1350 / 0021	4급	日 09 / 총13획	暇	틈/ 겨를	가:
1351 / 0539	4급II	日 09 / 총13획	暖	따뜻할	난:
1352 / 1532	3급	日 09 / 총13획	暑	더울	서:
1353 / 1846	4급II	日 09 / 총13획	暗	어두울	암:
1354 / 1986	2급(名)	日 09 / 총13획	暎	비칠 映의 俗字	영:
1355 / 3453	1급	日 09 / 총13획	暈	무리[光環]	훈
1356 / 1020	1급	日 10 / 총14획	暝	저물/ 어두울	명
1357 / 2787	3급	日 10 / 총14획	暢	화창할	창:
1358 / 1038	3급	日 11 / 총15획	暮	저물	모:
1359 / 2346	3급II	日 11 / 총15획	暫	잠깐/ 잠시	잠(:)
1360 / 3154	4급II	日 11 / 총15획	暴	사나울/ 모질	폭 포:
1361 / 0605	1급	日 12 / 총16획	曇	흐릴	담
1362 / 0786	3급II	日 12 / 총16획	曆	책력	력
1363 / 1582	2급(名)	日 12 / 총16획	暹	햇살치밀/ 나라이름	섬
1364 / 3440	3급	日 12 / 총16획	曉	새벽	효:
1365 / 1866	1급	日 13 / 총17획	曖	희미할/ 가릴/ 흐릴	애
1366 / 1535	1급	日 14 / 총18획	曙	새벽	서:
1367 / 2079	5급	日 14 / 총18획	曜	빛날	요:
1368 / 0307	1급	日 15 / 총19획	曠	빌/ 밝을	광:
1369 / 3157	1급	日 15 / 총19획	曝	쪼일	폭 포
4획 073번	指事		曰	가로 왈	
1370 / 2049	3급	日 00 / 총04획	曰	가로	왈
1371 / 0244	5급	日 02 / 총06획	曲	굽을	곡
1372 / 1992	1급	日 02 / 총06획	曳	끌	예:
1373 / 0168	4급	日 03 / 총07획	更	고칠│ 다시	경 갱:

번호	급수	부수/획수	한자	뜻	음
1374 / 1520	6급II	日 06 / 총10획	書	글	서
1375 / 2550	2급(名)	日 06 / 총10획	曺	성(姓)	조
1376 / 2551	1급	日 07 / 총11획	曹	무리	조
1377 / 2654	3급II	日 08 / 총12획	曾	일찍	증
1378 / 2859	3급	日 08 / 총12획	替	바꿀	체
1379 / 2903	5급	日 08 / 총12획	最	가장	최
1380 / 3427	6급II	日 09 / 총13획	會	모일	회
4획 074번	象形		月	달 월	
1381 / 2158	8급	月 00 / 총04획	月	달	월
1382 / 2183	7급	月 02 / 총06획	有	있을	유
1383 / 1274	6급	月 04 / 총08획	服	옷	복
1384 / 1355	3급	月 04 / 총08획	朋	벗	붕
1385 / 1460	3급	月 06 / 총10획	朔	초하루	삭
1386 / 2719	1급	月 06 / 총10획	朕	나	짐
1387 / 0754	5급II	月 07 / 총11획	朗	밝을	랑
1388 / 0973	5급II	月 07 / 총11획	望	바랄	망
1389 / 0499	5급	月 08 / 총12획	期	기약할	기
1390 / 0500	1급	月 08 / 총12획	朞	돌(1주년)	기
1391 / 2564	6급	月 08 / 총12획	朝	아침/ 조정	조
4획 075번	象形		木	나무 목	
1392 / 1044	8급	木 00 / 총04획	木	나무	목
1393 / 0959	5급	木 01 / 총05획	末	끝	말
1394 / 1092	4급II	木 01 / 총05획	未	아닐	미
1395 / 1285	6급	木 01 / 총05획	本	근본(根本)	본
1396 / 2753	2급	木 01 / 총05획	札	편지/ 패	찰
1397 / 3442	1급	木 02 / 총06획	朽	썩을	후
1398 / 0419	1급	木 02 / 총06획	机	책상	궤
1399 / 1116	6급	木 02 / 총06획	朴	성(姓)/ 순박할/ 후박나무	박
1400 / 2609	4급	木 02 / 총06획	朱	붉을	주
1401 / 0037	2급(名)	木 03 / 총07획	杆	몽둥이	간
1402 / 0480	1급	木 03 / 총07획	杞	구기자	기
1403 / 0703	2급(名)	木 03 / 총07획	杜	막을	두
1404 / 0905	6급	木 03 / 총07획	李	오얏(자두)/ 성(姓)	리
1405 / 1638	5급II	木 03 / 총07획	束	묶을	속
1406 / 2354	1급	木 03 / 총07획	杖	지팡이	장
1407 / 2383	5급II	木 03 / 총07획	材	재목	재
1408 / 2893	7급	木 03 / 총07획	村	마을	촌
1409 / 3158	2급(名)	木 03 / 총07획	杓	북두자루	표
1410 / 3259	2급(名)	木 03 / 총07획	杏	살구/ 은행	행
1411 / 0132	2급(名)	木 04 / 총08획	杰	뛰어날/ 호걸	걸
1412 / 0272	6급II	木 04 / 총08획	果	실과/ 열매	과
1413 / 0694	8급	木 04 / 총08획	東	동녘	동
1414 / 0926	7급	木 04 / 총08획	林	수풀	림
1415 / 0977	2급	木 04 / 총08획	枚	낱/ 줄기	매
1416 / 1058	1급	木 04 / 총08획	杳	아득할	묘
1417 / 1174	1급	木 04 / 총08획	枋	다목/ 인방	방
1418 / 1188	3급	木 04 / 총08획	杯	잔(盞) 俗字(盃)	배
1419 / 1543	3급	木 04 / 총08획	析	쪼갤	석
1420 / 1649	4급	木 04 / 총08획	松	소나무	송
1421 / 2054	1급	木 04 / 총08획	枉	굽을	왕

번호	급수	부수/획수	한자	훈	음
1422 2666	3급II	木 04 총08획	枝	가지	지
1423 2983	3급	木 04 총08획	枕	베개	침ː
1424 3088	5급	木 04 총08획	板	널/ 널빤지	판
1425 0003	2급(名)	木 05 총09획	柯	가지	가
1426 0011	3급II	木 05 총09획	架	시렁	가ː
1427 0060	1급	木 05 총09획	柑	귤/ 감자(甘蔗: 사탕수수)	감
1428 0224	3급	木 05 총09획	枯	마를	고
1429 0351	1급	木 05 총09획	柩	널[棺]	구
1430 0357	1급	木 05 총09획	枸	구기자/ 호깨(헛개)나무	구
1431 0872	4급	木 05 총09획	柳	버들	류(ː)
1432 1034	3급	木 05 총09획	某	아무	모ː
1433 1206	2급	木 05 총09획	柏	측백나무/ 잣나무	백
1434 1250	2급(名)	木 05 총09획	柄	자루	병ː
1435 1439	5급	木 05 총09획	査	조사할	사
1436 1750	1급	木 05 총09획	柿	감	시ː
1437 1971	3급II	木 05 총09획	染	물들	염ː
1438 2182	1급	木 05 총09획	柚	유자	유
1439 2189	3급II	木 05 총09획	柔	부드러울	유
1440 2603	3급II	木 05 총09획	柱	기둥	주
1441 2669	1급	木 05 총09획	枳	탱자[枳棋子]	지기
1442 2798	1급	木 05 총09획	柵	울타리	책
1443 0133	2급(名)	木 06 총10획	桀	하(夏)왕 이름	걸
1444 0143	5급II	木 06 총10획	格	격식	격
1445 0213	3급II	木 06 총10획	桂	계수나무	계ː
1446 0329	8급	木 06 총10획	校	학교	교ː
1447 0451	6급	木 06 총10획	根	뿌리	근
1448 0644	3급II	木 06 총10획	桃	복숭아	도
1449 0691	2급	木 06 총10획	桐	오동나무	동
1450 0891	3급II	木 06 총10획	栗	밤	률
1451 1498	3급II	木 06 총10획	桑	뽕나무	상
1452 1761	2급(名)	木 06 총10획	柴	섶[薪]	시ː
1453 1834	5급	木 06 총10획	案	책상/ 생각	안ː
1454 2389	3급II	木 06 총10획	栽	심을	재ː
1455 2432	1급	木 06 총10획	栓	마개	전
1456 2611	3급II	木 06 총10획	株	그루	주
1457 2713	1급	木 06 총10획	桎	차꼬	질
1458 3257	4급	木 06 총10획	核	씨	핵
1459 3389	2급(名)	木 06 총10획	桓	굳셀	환
1460 0169	1급	木 07 총11획	梗	줄기/막힐/ 대개	경ː
1461 0202	3급II	木 07 총11획	械	기계	계ː
1462 0247	1급	木 07 총11획	梏	수갑(手匣)	곡
1463 0767	3급II	木 07 총11획	梁	들보/ 다리	량
1464 0914	3급	木 07 총11획	梨	배/ 배나무	리
1465 0976	3급II	木 07 총11획	梅	매화	매
1466 1222	1급	木 07 총11획	梵	불경/ 범어	범ː
1467 1623	1급	木 07 총11획	梳	얼레빗	소
1468 2009	2급	木 07 총11획	梧	오동나무	오(ː)
1469 2517	1급	木 07 총11획	梯	사다리	제
1470 2558	4급	木 07 총11획	條	가지/ 조목	조
1471 2874	1급	木 07 총11획	梢	나무 끝	초

번호	급수	부수/획수	한자	뜻	음
1472 3055	1급	木 07 총11획	桶	통(桶)	통
1473 0253	1급	木 08 총12획	棍	몽둥이	곤
1474 0286	1급	木 08 총12획	棺	널	관
1475 0444	4급II	木 08 총12획	極	다할/ 극진할	극
1476 0446	1급	木 08 총12획	棘	가시	극
1477 0520	3급	木 08 총12획	棄	버릴	기
1478 0503	2급	木 08 총12획	棋	바둑	기
1479 0619	1급	木 08 총12획	棠	아가위/ 팥배나무	당
1480 0696	2급	木 08 총12획	棟	마룻대	동
1481 1008	1급	木 08 총12획	棉	목화	면
1482 1289	1급	木 08 총12획	棒	막대/ 몽둥이	봉
1483 1357	1급	木 08 총12획	棚	사다리/ 시렁	붕
1484 1477	3급II	木 08 총12획	森	수풀/ 빽빽할	삼
1485 1527	1급	木 08 총12획	棲	깃들일	서
1486 1777	7급	木 08 총12획	植	심을	식
1487 2249	1급	木 08 총12획	椅	의자	의
1488 2344	1급	木 08 총12획	棧	사다리/ 잔도	잔
1489 2561	1급	木 08 총12획	棗	대추	조
1490 2916	1급	木 08 총12획	椎	몽치/ 등골	추
1491 0903	2급(名)	木 09 총13획	楞	네모질[四角]	릉
1492 1901	3급	木 09 총13획	楊	버들	양
1493 1930	6급II	木 09 총13획	業	업/ 일/ 직업	업
1494 1962	1급	木 09 총13획	椽	서까래	연
1495 2197	2급(名)	木 09 총13획	楡	느릅나무	유
1496 2503	2급(名)	木 09 총13획	楨	광나무	정
1497 2883	2급(名)	木 09 총13획	楚	초나라	초
1498 2907	2급(名)	木 09 총13획	楸	가래	추
1499 2932	2급(名)	木 09 총13획	椿	참죽나무	춘
1500 3002	1급	木 09 총13획	楕	길고 둥글	타
1501 3170	3급II	木 09 총13획	楓	단풍	풍
1502 3251	1급	木 09 총13획	楷	본보기/ 해서	해
1503 0318	2급(名)	木 10 총14획	槐	회화나무/ 느티나무	괴
1504 0383	4급	木 10 총14획	構	얽을	구
1505 1146	1급	木 10 총14획	槃	쟁반	반
1506 1181	1급	木 10 총14획	榜	방(榜)붙일	방
1507 1988	4급II	木 10 총14획	榮	영화/ 꽃	영
1508 2779	1급	木 10 총14획	槍	창	창
1509 2913	1급	木 10 총14획	槌	칠[擊]/ 방망이	추퇴
1510 0108	3급II	木 11 총15획	槪	대개	개
1511 0282	1급	木 11 총15획	槨	외관(外棺), 덧널	곽
1512 0456	2급(名)	木 11 총15획	槿	무궁화	근
1513 0733	6급II	木 11 총15획	樂	즐길/ 노래/ 좋아할	락악요
1514 0768	2급(名)	木 11 총15획	樑	들보	량
1515 0870	3급II	木 11 총15획	樓	다락	루
1516 1040	4급	木 11 총15획	模	본뜰/ 법	모
1517 1896	4급	木 11 총15획	樣	모양	양
1518 2554	1급	木 11 총15획	槽	구유	조
1519 2919	1급	木 11 총15획	樞	지도리	추
1520 3165	4급	木 11 총15획	標	표할/ 우듬지	표
1521 3379	2급(名)	木 11 총15획	樺	벚나무/ 자작나무	화

번호	급수	부수/획수	한자	뜻	음
1522 / 0338	5급	木 12 / 총16획	橋	다리	교
1523 / 0441	1급	木 12 / 총16획	橘	귤	귤
1524 / 0522	4급	木 12 / 총16획	機	틀/ 기계	기
1525 / 0716	1급	木 12 / 총16획	橙	등자(귤과 비슷함)/ 걸상	등
1526 / 1132	1급	木 12 / 총16획	樸	순박할/ 통나무	박
1527 / 1699	6급	木 12 / 총16획	樹	나무	수
1528 / 2642	1급	木 12 / 총16획	樽	술통	준
1529 / 2881	1급	木 12 / 총16획	樵	나무할	초
1530 / 3434	3급II	木 12 / 총16획	橫	가로	횡
1531 / 0137	4급II	木 13 / 총17획	檢	검사할	검
1532 / 0148	1급	木 13 / 총17획	檄	격문(檄文)	격
1533 / 0585	4급II	木 13 / 총17획	檀	박달나무	단
1534 / 2381	1급	木 13 / 총17획	檣	돛대	장
1535 / 3428	2급(名)	木 13 / 총17획	檜	전나무/ 노송나무	회
1536 / 0423	1급	木 14 / 총18획	櫃	궤짝	궤
1537 / 3227	1급	木 14 / 총18획	檻	난간/ 우리	함
1538 / 2650	1급	木 15 / 총19획	櫛	빗	즐
1539 / 0739	3급II	木 17 / 총21획	欄	난간	란
1540 / 1876	1급	木 17 / 총21획	櫻	앵두	앵
1541 / 0414	4급II	木 18 / 총22획	權	권세	권
4획 076번	象形		欠	하품 흠	
1542 / 3480	1급	欠 00 / 총04획	欠	하품 缺의 略字	흠
1543 / 2730	4급II	欠 02 / 총06획	次	버금	차
1544 / 3478	1급	欠 04 / 총08획	欣	기쁠/ 기뻐할	흔
1545 / 2083	3급II	欠 07 / 총11획	欲	하고자할	욕
1546 / 0293	2급	欠 08 / 총12획	款	항목/ 정성	관
1547 / 0502	3급	欠 08 / 총12획	欺	속일	기
1548 / 3481	2급(名)	欠 08 / 총12획	欽	공경할	흠
1549 / 3275	1급	欠 09 / 총13획	歇	쉴	헐
1550 / 3482	1급	欠 09 / 총13획	歆	흠향할	흠
1551 / 0006	7급	欠 10 / 총14획	歌	노래	가
1552 / 0376	2급	欠 11 / 총15획	歐	구라파/ 칠	구
1553 / 3019	4급	欠 11 / 총15획	歎	탄식할 통嘆	탄
1554 / 3397	4급	欠 18 / 총22획	歡	기쁠/ 기뻐할	환
4획 077번	象形		止	그칠 지	
1555 / 2662	5급	止 00 / 총04획	止	그칠	지
1556 / 2486	7급II	止 01 / 총05획	正	바를	정
1557 / 2729	3급II	止 02 / 총06획	此	이	차
1558 / 1259	4급II	止 03 / 총07획	步	걸음	보
1559 / 1068	4급II	止 04 / 총08획	武	호반/ 굳셀	무
1560 / 2055	2급	止 05 / 총09획	歪	기울/ 비뚤	왜/외
1561 / 1606	5급II	止 09 / 총13획	歲	해	세
1562 / 0787	5급II	止 12 / 총16획	歷	지날	력
1563 / 0426	4급	止 14 / 총18획	歸	돌아갈	귀
4획 078번	象形		歹歺	(죽을사변) 부서진/ 살 발린 뼈 알	
1564 / 1426	6급	歹 02 / 총06획	死	죽을	사
1565 / 1051	1급	歹 04 / 총08획	歿	죽을	몰
1566 / 1855	3급	歹 05 / 총09획	殃	재앙	앙
1567 / 3036	3급II	歹 05 / 총09획	殆	거의/ 위태할	태
1568 / 1675	3급II	歹 06 / 총10획	殊	다를	수

번호	급수	부수/획	한자	훈	음
1569 1715	3급	歹 06 총10획	殉	따라죽을	순
1570 1778	2급	歹 08 총12획	殖	불릴/ 번식할	식
1571 2343	4급	歹 08 총12획	殘	남을/ 해칠	잔
1572 2134	1급	歹 10 총14획	殞	죽을	운
1573 0807	1급	歹 13 총17획	殮	염(殮)할	렴
1574 1404	1급	歹 14 총18획	殯	빈소	빈
1575 1584	1급	歹 17 총21획	殲	다 죽일	섬
4획 079번	指事	殳		(갖은등글월문) 칠, 창 수	
1576 0586	4급	殳 05 총09획	段	층계(層階)	단
1577 2227	2급 (名)	殳 06 총10획	殷	은나라/ 성하다할	은
1578 1470	4급II	殳 07 총11획	殺	죽일 | 감할/ 빠를	살쇄:
1579 0032	1급	殳 08 총12획	殼	껍질	각
1580 2447	3급II	殳 09 총13획	殿	전각/대궐/ 큰집	전:
1581 3461	3급	殳 09 총13획	毁	헐	훼:
1582 0377	1급	殳 11 총15획	毆	때릴	구
1583 2256	1급	殳 11 총15획	毅	굳셀	의
4획 080번	象形	毋		말 무	
1584 1064	1급	毋 00 총04획	毋	말[勿]	무
1585 1026	8급	毋 01 총05획	母	어미	모:
1586 0975	7급II	毋 03 총07획	每	매양	매(:)
1587 0673	4급II	毋 05 총09획	毒	독	독
4획 081번	象形	比		견줄 비	
1588 1362	5급	比 00 총04획	比	견줄	비:
1589 1366	2급 (名)	比 05 총09획	毖	삼갈	비
1590 1369	2급 (名)	比 05 총09획	毘	도울	비

번호	급수	부수/획	한자	훈	음
4획 082번	象形	毛		털 모	
1591 1024	4급II	毛 00 총04획	毛	터럭/ 털	모
1592 3345	3급	毛 07 총11획	毫	터럭/ 가는 털	호
1593 2459	1급	毛 13 총17획	氈	담(毯)/ 모전	전:
4획 083번	象形	氏		성씨 씨	
1594 1813	4급	氏 00 총04획	氏	각시/ 성씨(姓氏)	씨
1595 1104	8급	氏 01 총05획	民	백성	민
4획 084번	象形	气		(기운기 엄) 기운 기	
1596 0495	7급II	气 06 총10획	氣	기운/ 공기	기
4획 085번	象形	氵水氺		(삼수 변) 물 수	
1597 1660	8급	水 00 총04획	水	물	수
1598 1408	5급	水 01 총05획	氷	얼음 冰(본자)	빙
1599 1979	6급	水 01 총05획	永	길	영:
1600 0365	4급II	水 02 총07획	求	구할[索]	구
1601 2651	1급	氵水 02 총05획	汁	즙/ 진액	즙
1602 1224	1급	氵水 02 총05획	氾	넘칠	범:
1603 2476	2급 (名)	氵水 02 총05획	汀	물가	정
1604 0077	7급II	氵水 03 총06획	江	강	강
1605 1220	2급	氵水 03 총06획	汎	넓을/ 뜰	범:
1606 1932	3급	氵水 03 총06획	汝	너	여:
1607 2011	3급	氵水 03 총06획	汚	더러울	오:
1608 2672	3급II	氵水 03 총06획	池	못	지
1609 3203	3급II	氵水 03 총06획	汗	땀	한(:)
1610 0161	5급II	氵水 04 총07획	決	결단할	결
1611 0255	1급	氵水 04 총07획	汨	골몰할 | 물 이름	골멱

번호	급수	부수/획수	한자	훈	음
1612 / 0470	1급	氵水04 총07획	汲	물길을	급
1613 / 0492	2급(名)	氵水04 총07획	沂	물 이름	기
1614 / 0494	5급	氵水04 총07획	汽	물 끓는 김	기
1615 / 0679	1급	氵水04 총07획	沌	엉길	돈
1616 / 1002	2급(名)	氵水04 총07획	沔	물 이름/ 빠질	면
1617 / 1045	2급	氵水04 총07획	沐	머리감을/ 목욕할	목
1618 / 1050	3급II	氵水04 총07획	沒	빠질/ 가라앉다	몰
1619 / 1083	2급(名)	氵水04 총07획	汶	물 이름/ 내 이름	문
1620 / 1430	3급II	氵水04 총07획	沙	모래	사
1621 / 2023	2급(名)	氵水04 총07획	沃	기름질/ 물댈	옥
1622 / 2051	2급(名)	氵水04 총07획	汪	넓을	왕(:)
1623 / 2936	2급(名)	氵水04 총07획	沖	화(和)할/ 깊을/ 빌	충
1624 / 2982	3급II	氵水04 총07획	沈	잠길/ 성(姓)	침(:)/심:
1625 / 3033	1급	氵水04 총07획	汰	일[淘]/ 씻을	태
1626 / 3093	1급	氵水04 총07획	沛	비 쏟아질/ 늪	패:
1627 / 3234	2급(名)	氵水04 총07획	沆	넓을	항:
1628 / 0576	3급II	氵水05 총08획	泥	진흙	니
1629 / 0960	1급	氵水05 총08획	沫	물거품	말
1630 / 1118	3급	氵水05 총08획	泊	머무를/ 배댈	박
1631 / 1227	1급	氵水05 총08획	泛	뜰	범:
1632 / 1228	5급II	氵水05 총08획	法	법	법
1633 / 1376	1급	氵水05 총08획	沸	끓을/ 용솟음할	비:/불
1634 / 1374	2급(名)	氵水05 총08획	泌	분비할/ 스며 흐를	비:/필
1635 / 1417	2급(名)	氵水05 총08획	泗	물 이름	사:
1636 / 1571	1급	氵水05 총08획	泄	샐	설
1637 / 1612	2급(名)	氵水05 총08획	沼	못/ 늪	소
1638 / 1949	3급II	氵水05 총08획	沿	물 따라갈	연(:)
1639 / 1980	3급	氵水05 총08획	泳	헤엄칠	영:
1640 / 2181	6급	氵水05 총08획	油	기름	유
1641 / 2238	3급	氵水05 총08획	泣	울	읍
1642 / 2402	2급	氵水05 총08획	沮	막을[遮]	저:
1643 / 2602	6급II	氵水05 총08획	注	부을/ 물댈	주:
1644 / 2820	4급	水05 총08획	泉	샘	천
1645 / 2960	4급II	氵水05 총08획	治	다스릴	치
1646 / 3034	3급II	氺水05 총08획	泰	클	태
1647 / 3077	4급II	氵水05 총08획	波	물결	파
1648 / 3134	1급	氵水05 총08획	泡	거품/ 물거품	포
1649 / 3189	5급	氵水05 총08획	河	물/ 강 이름	하
1650 / 3363	2급(名)	氵水05 총08획	泓	물 깊을	홍
1651 / 3403	4급	氵水05 총08획	況	상황/ 하물며	황:
1652 / 0690	7급	氵水06 총09획	洞	골/ 밝을/ 꿰뚫을	동:/통:
1653 / 0727	2급	氵水06 총09획	洛	물 이름/ 강 이름	락
1654 / 1263	1급	氵水06 총09획	洑	보/ 스며 흐를	보/복
1655 / 1573	1급	氵水06 총09획	洩	샐/ 퍼질	설/예
1656 / 1603	5급II	氵水06 총09획	洗	씻을	세:
1657 / 1674	2급(名)	氵水06 총09획	洙	물가/ 강 이름	수
1658 / 1714	2급(名)	氵水06 총09획	洵	참으로	순
1659 / 1894	6급	氵水06 총09획	洋	큰 바다	양
1660 / 2608	3급II	氵水06 총09획	洲	물가/ 섬	주
1661 / 2693	2급	氵水06 총09획	津	나루/ 진액	진(:)

번호	급수	부수/획수	한자	뜻	음
1662 3083	4급	氵水06 총09획	派	갈래	파
1663 3364	3급II	氵水06 총09획	洪	넓을	홍
1664 3399	7급II	氵水06 총09획	活	살	활
1665 3475	1급	氵水06 총09획	洶	용솟음칠	흉
1666 3485	1급	氵水06 총09획	洽	흡족할	흡
1667 0557	1급	氵水07 총10획	涅	열반(涅槃)/ 개흙	녈 열
1668 0750	3급II	氵水07 총10획	浪	물결	랑(:)
1669 0873	5급II	氵水07 총10획	流	흐를	류
1670 1322	3급II	氵水07 총10획	浮	뜰	부
1671 1586	3급	氵水07 총10획	涉	건널	섭
1672 1618	6급II	氵水07 총10획	消	사라질	소
1673 2082	5급	氵水07 총10획	浴	목욕할	욕
1674 2086	1급	氵水07 총10획	涌	물 솟을	용:
1675 2633	2급(名)	氵水07 총10획	浚	깊게 할	준:
1676 2857	1급	氵水07 총10획	涕	눈물	체
1677 2985	3급II	氵水07 총10획	浸	잠길	침:
1678 3144	3급II	氵水07 총10획	浦	개[水邊]	포
1679 3247	7급II	氵水07 총10획	海	바다	해:
1680 3341	3급II	氵水07 총10획	浩	넓을	호:
1681 0497	2급(名)	氵水08 총11획	淇	물 이름	기
1682 0600	3급II	氵水08 총11획	淡	맑을	담
1683 0653	1급	氵水08 총11획	淘	쌀일	도
1684 0765	3급II	氵水08 총11획	涼	서늘할	량
1685 0867	3급	氵水08 총11획	淚	눈물	루:
1686 0887	1급	氵水08 총11획	淪	빠질	륜
1687 0927	1급	氵水08 총11획	淋	임질/ 물 뿌릴	림
1688 1707	3급II	氵水08 총11획	淑	맑을	숙
1689 1724	2급(名)	氵水08 총11획	淳	순박할	순
1690 1806	4급II	氵水08 총11획	深	깊을	심
1691 1863	3급	氵水08 총11획	涯	물가	애
1692 1872	4급II	氵水08 총11획	液	진	액
1693 2233	3급II	氵水08 총11획	淫	음란할	음
1694 2506	3급II	氵水08 총11획	淨	깨끗할	정
1695 2821	3급II	氵水08 총11획	淺	얕을	천:
1696 2839	3급	氵水08 총11획	添	더할	첨
1697 2852	6급II	氵水08 총11획	淸	맑을	청
1698 3220	1급	氵水08 총11획	涵	젖을	함
1699 3356	4급	氵水08 총11획	混	섞을	혼:
1700 3425	2급(名)	氵水08 총11획	淮	물 이름/ 강 이름	회
1701 0053	3급	氵水09 총12획	渴	목마를	갈
1702 0067	4급II	氵水09 총12획	減	덜	감:
1703 0116	1급	氵水09 총12획	渠	개천/ 도랑	거
1704 0591	2급(名)	氵水09 총12획	湍	여울	단
1705 0641	3급II	氵水09 총12획	渡	건널	도
1706 1057	1급	氵水09 총12획	渺	아득할/ 물 질펀할	묘:
1707 1159	2급(名)	氵水09 총12획	渤	바다이름	발
1708 1191	1급	氵水09 총12획	湃	물결칠	배
1709 1572	1급	氵水09 총12획	渫	파낼	설
1710 1776	2급(名)	氵水09 총12획	湜	물 맑을	식
1711 1958	2급(名)	氵水09 총12획	淵	못	연

번호	급수	부수/획수	한자	훈	음
1712 2038	1급	氵水09 총12획	渦	소용돌이	와
1713 2167	2급(名)	氵水09 총12획	渭	물 이름	위
1714 2208	1급	氵水09 총12획	游	헤엄칠	유
1715 2292	1급	氵水09 총12획	湮	묻힐/ 잠길	인
1716 2323	2급(名)	氵水09 총12획	滋	불을[益]	자
1717 2957	4급Ⅱ	氵水09 총12획	測	헤아릴	측
1718 3030	3급Ⅱ	氵水09 총12획	湯	끓을	탕
1719 3241	4급Ⅱ	氵水09 총12획	港	항구	항
1720 3337	5급	氵水09 총12획	湖	호수	호
1721 3357	1급	氵水09 총12획	渾	흐릴	혼
1722 0216	3급Ⅱ	氵水10 총13획	溪	시내	계
1723 0382	1급	氵水10 총13획	溝	도랑	구
1724 0578	2급	氵水10 총13획	溺	빠질	닉
1725 0665	1급	氵水10 총13획	滔	물 넘칠	도
1726 0877	1급	氵水10 총13획	溜	처마 물/ 떨어지다	류
1727 1010	3급Ⅱ	氵水10 총13획	滅	꺼질/멸할/ 멸망할	멸
1728 1019	1급	氵水10 총13획	溟	바다	명
1729 2026	6급	氵水10 총13획	溫	따뜻할	온
1730 2095	2급(名)	氵水10 총13획	溶	녹을/녹일/ 질펀히 흐를	용
1731 2149	4급	氵水10 총13획	源	근원	원
1732 2299	1급	氵水10 총13획	溢	넘칠	일
1733 2393	1급	氵水10 총13획	滓	찌끼	재
1734 2640	4급Ⅱ	氵水10 총13획	準	준할/ 법도	준
1735 2776	2급	氵水10 총13획	滄	큰 바다	창
1736 3401	2급	氵水10 총13획	滑	미끄러울| 익살스러울	활|골
1737 3406	2급(名)	氵水10 총13획	滉	깊을/ 물 깊고 넓을	황
1738 0107	1급	氵水11 총14획	漑	물댈	개
1739 0791	2급(名)	氵水11 총14획	漣	잔물결	련
1740 0868	3급Ⅱ	氵水11 총14획	漏	샐	루
1741 0939	3급Ⅱ	氵水11 총14획	漠	넓을/ 사막	막
1742 0949	4급Ⅱ	氵水11 총14획	滿	찰	만(:)
1743 0952	3급	氵水11 총14획	漫	흩어질/ 물 질펀할	만
1744 1475	1급	氵水11 총14획	滲	스밀	삼
1745 1914	5급	氵水11 총14획	漁	고기 잡을	어
1746 1965	4급Ⅱ	氵水11 총14획	演	펼/ 멀리 흐를	연
1747 2363	1급	水 11 총14획	漿	즙/ 미음	장
1748 2420	3급	氵水11 총14획	滴	물방울	적
1749 2472	3급Ⅱ	氵水11 총14획	漸	점점/ 점차	점
1750 2552	1급	氵水11 총14획	漕	배로 실어 나를	조
1751 2784	1급	氵水11 총14획	漲	넘칠	창
1752 2813	1급	氵水11 총14획	滌	씻을	척
1753 2860	3급Ⅱ	氵水11 총14획	滯	막힐	체
1754 2981	3급Ⅱ	氵水11 총14획	漆	옻칠	칠
1755 3163	3급	氵水11 총14획	漂	떠다닐/ 뜰	표
1756 3212	7급Ⅱ	氵水11 총14획	漢	한수/ 한나라	한
1757 0050	1급	氵水12 총15획	澗	산골 물	간
1758 0165	4급Ⅱ	氵水12 총15획	潔	깨끗할	결
1759 0422	1급	氵水12 총15획	潰	무너질	궤
1760 0603	2급	氵水12 총15획	潭	못[池]	담
1761 1149	2급(名)	氵水12 총15획	潘	성(姓)/ 뜨물	반

번호	급수	부수/획수	한자	뜻	음
1762 / 1161	1급	氵水12 총15획	潑	물 뿌릴	발
1763 / 1269	2급(名)	氵水12 총15획	潘	물 이름	반
1764 / 1479	1급	氵水12 총15획	澁	떫을	삽
1765 / 1546	1급	氵水12 총15획	潟	개펄	석
1766 / 2220	3급II	氵水12 총15획	潤	불을/ 윤택할	윤
1767 / 2348	3급II	氵水12 총15획	潛	잠길	잠
1768 / 2565	4급	氵水12 총15획	潮	밀물/ 조수	조
1769 / 2724	1급	氵水12 총15획	澄	맑을	징
1770 / 2835	2급(名)	氵水12 총15획	澈	맑을/ 물 맑을	철
1771 / 3103	1급	氵水12 총15획	澎	물소리/ 물 부딪는 소리	팽
1772 / 3344	2급(名)	氵水12 총15획	澔	넓을	호
1773 / 0147	4급	氵水13 총16획	激	격할	격
1774 / 0566	2급	氵水13 총16획	濃	짙을	농
1775 / 0607	1급	氵水13 총16획	澹	맑을/ 담박할	담
1776 / 0805	2급(名)	氵水13 총16획	濂	물 이름/ 내 이름	렴
1777 / 2000	2급(名)	氵水13 총16획	濊	종족이름/ 깊을/흐릴	예
1778 / 2448	1급	氵水13 총16획	澱	앙금	전
1779 / 3008	3급	氵水13 총16획	濁	흐릴	탁
1780 / 3047	3급II	氵水13 총16획	澤	못	택
1781 / 3214	1급	氵水13 총16획	澣	빨래할	한
1782 / 0669	1급	氵水14 총17획	濤	물결/ 큰 물결	도
1783 / 0743	3급	氵水14 총17획	濫	넘칠	람
1784 / 1403	1급	氵水14 총17획	濱	물가	빈
1785 / 1738	3급II	氵水14 총17획	濕	젖을	습
1786 / 2532	4급II	氵水14 총17획	濟	건널	제
1787 / 2643	2급(名)	氵水14 총17획	濬	깊을/ 깊게 할	준
1788 / 3009	3급	氵水14 총17획	濯	씻을	탁
1789 / 3348	2급	氵水14 총17획	濠	호주/ 해자	호
1790 / 0677	1급	氵水15 총18획	瀆	도랑/ 더럽힐	독
1791 / 0779	1급	氵水15 총18획	濾	거를	려
1792 / 1457	1급	氵水15 총18획	瀉	쏟을	사
1793 / 1809	2급(名)	氵水15 총18획	瀋	즙낼/ 물 이름	심
1794 / 3155	1급	氵水15 총18획	瀑	폭포 소나기	폭
1795 / 3316	2급(名)	氵水15 총18획	瀅	물 맑을	형
1796 / 0788	1급	氵水16 총19획	瀝	스밀	력
1797 / 1407	1급	氵水16 총19획	瀕	물가	빈
1798 / 0736	1급	氵水17 총20획	瀾	물결	란
1799 / 0296	1급	氵水 18 총21획	灌	물댈	관
1800 / 1658	1급	氵水 19 총22획	灑	뿌릴	쇄
1801 / 3020	2급(名)	氵水19 총22획	灘	여울	탄
1802 / 0957	2급	氵水22 총25획	灣	물굽이	만
4획 086번	象形		火	불 화	
1803 / 3370	8급	火 00 총04획	火	불	화
1804 / 3416	4급	火 02 총06획	灰	재	회
1805 / 0350	1급	火 03 총07획	灸	뜸	구
1806 / 2333	1급	火 03 총07획	灼	불사를	작
1807 / 2387	5급	火 03 총07획	災	재앙	재
1808 / 0171	2급(名)	火 04 총08획	炅	빛날	경
1809 / 1970	3급II	火 04 총08획	炎	불꽃/ 불탈	염
1810 / 2314	1급	火 04 총08획	炙	구울/ 고기구울	자, 적

1811 2866	1급	火 04 총08획	炒	볶을	초		1836 2316	1급	灬火09 총13획	煮	삶을	자(:)
1812 2946	2급	火 04 총08획	炊	불 땔	취:		1837 2437	1급	灬火09 총13획	煎	달일	전(:)
1813 1247	2급(名)	火 05 총09획	炳	불꽃	병:		1838 2563	3급II	灬火09 총13획	照	비칠	조:
1814 2336	1급	火 05 총09획	炸	터질	작		1839 3393	2급(名)	火 09 총13획	煥	빛날/ 불꽃	환:
1815 3014	5급	火 05 총09획	炭	숯	탄:		1840 3411	1급	火 09 총13획	煌	빛날	황
1816 3283	2급(名)	火 05 총09획	炫	밝을/ 빛날	현:		1841 3495	2급	灬火09 총13획	熙	빛날	희
1817 3313	2급(名)	火 05 총09획	炯	빛날	형:		1842 1556	1급	火 10 총14획	煽	부채질할/ 불 부칠	선
1818 0728	1급	火 06 총10획	烙	지질	락		1843 1775	1급	火 10 총14획	熄	불 꺼질	식
1819 0802	4급	灬火06 총10획	烈	매울/ 세찰	렬		1844 2098	2급	火 10 총14획	熔	녹을	용
1820 2015	3급II	灬火06 총10획	烏	까마귀	오		1845 2139	2급(名)	灬火10 총14획	熊	곰	웅
1821 3469	2급(名)	灬火06 총10획	烋	아름다울/ 경사로울	휴		1846 3454	2급(名)	灬火10 총14획	熏	불길	훈
1822 1293	1급	火 07 총11획	烽	봉화	봉		1847 1712	3급II	灬火11 총15획	熟	익을	숙
1823 1924	3급	灬火07 총11획	焉	어찌/ 어조사	언		1848 1969	5급	灬火11 총15획	熱	더울	열
1824 1075	5급	灬火08 총12획	無	없을	무		1849 1978	2급(名)	火 11 총15획	熀	빛날	엽
1825 1347	1급	火 08 총12획	焚	불사를	분		1850 0684	2급(名)	火 12 총16획	燉	불빛/ 불빛성할	돈
1826 1959	7급	灬火08 총12획	然	그럴	연		1851 0717	4급II	火 12 총16획	燈	등	등
1827 1972	1급	火 08 총12획	焰	불꽃/ 불 댕길	염		1852 0860	1급	火 12 총16획	燎	횃불/ 화톳불	료
1828 2878	2급	灬火08 총12획	焦	탈[燥]	초		1853 0922	1급	火 12 총16획	燐	도깨비불	린
1829 0540	1급	火 09 총13획	煖	더울	난:		1854 1635	3급II	火 12 총16획	燒	사를/ 불사를	소(:)
1830 0794	2급	火 09 총13획	煉	달굴/ 불릴	련		1855 1960	4급	火 12 총16획	燃	탈/ 불탈	연
1831 0984	1급	火 09 총13획	煤	그을음	매		1856 1966	3급II	灬火12 총16획	燕	제비	연(:)
1832 1213	3급	火 09 총13획	煩	번거로울/ 괴로워할	번		1857 2975	1급	火 12 총16획	熾	성할/ 불 활활 탈	치
1833 1471	1급	灬火09 총13획	煞	죽일	살		1858 3493	2급(名)	灬火12 총16획	熹	빛날	희
1834 1961	4급II	火 09 총13획	煙	연기	연		1859 1587	2급(名)	火 13 총17획	燮	불꽃	섭
1835 2126	2급(名)	火 09 총13획	煜	빛날/ 불꽃 빛날	욱		1860 1989	4급	火 13 총17획	營	경영할	영

번호	급수	부수/획수	한자	훈	음
1861 / 2570	3급	火 13 / 총17획	燥	마를	조
1862 / 2748	2급(名)	火 13 / 총17획	燦	빛날	찬:
1863 / 2888	3급	火 13 / 총17획	燭	촛불	촉
1864 / 0670	2급(名)	灬火14 / 총18획	燾	비칠/비출, 덮을	도
1865 / 1799	1급	火 14 / 총18획	燼	불탄 끝/깜부기불	신:
1866 / 3280	2급(名)	火 14 / 총18획	爀	불빛/빛날	혁
1867 / 3156	4급	火 15 / 총19획	爆	불 터질	폭
1868 / 0834	3급II	火 16 / 총20획	爐	화로	로
1869 / 0737	2급	火 17 / 총21획	爛	빛날/문드러질	란:

4획 087번	象形	爪		손톱 조	
1870 / 2534	1급	爪 00 / 총04획	爪	손톱	조
1871 / 2395	5급	爪 04 / 총08획	爭	다툴	쟁
1872 / 3074	1급	爪 04 / 총08획	爬	긁을	파
1873 / 2177	4급II	爪 08 / 총12획	爲	하/할	위(:)
1874 / 2340	3급	爪 14 / 총18획	爵	벼슬	작

4획 088	會意象形	父		아비 부	
1875 / 1302	8급	父 00 / 총04획	父	아비	부
1876 / 1884	1급	父 09 / 총13획	爺	아비	야

4획 089번	象形	爻		점괘 효	
1877 / 3435	1급	爻 00 / 총04획	爻	사귈/가로 그을	효
1878 / 1499	1급	爻 07 / 총11획	爽	시원할	상:
1879 / 2274	1급	爻 10 / 총14획	爾	너	이:

4획 090번	象形	爿		(장수장변) 나뭇조각 장	
특급II	특급II	爿 04 / 총08획	牀	평상	상

쉬어가기

4획 091번	指事	片		조각 편	
1880 / 3106	3급II	片 00 / 총04획	片	조각	편(:)
1881 / 3089	3급II	片 04 / 총08획	版	판목(版木)	판
1882 / 3099	1급	片 08 / 총12획	牌	패(牌)	패
1883 / 2848	1급	片 09 / 총13획	牒	편지/서찰	첩

4획 092번	象形	牙		어금니 아	
1884 / 1814	3급II	牙 00 / 총04획	牙	어금니	아

4획 093번	象形	牛		소 우	
1885 / 2106	5급	牛 00 / 총04획	牛	소	우
1886 / 1030	2급(名)	牛 02 / 총06획	牟	성(姓)/보리/클/소 울	모
1887 / 0848	1급	牛 03 / 총07획	牢	우리[畜舍]	뢰
1888 / 1031	1급	牛 03 / 총07획	牡	수컷	모
1889 / 1049	4급II	牛 04 / 총08획	牧	칠[養]	목
1890 / 1091	7급II	牛 04 / 총08획	物	물건	물
1891 / 1512	1급	牛 05 / 총09획	牲	희생	생
1892 / 3070	6급	牛 06 / 총10획	特	특별할	특
1893 / 0154	3급	牛 07 / 총11획	牽	이끌/끌	견
1894 / 1529	1급	牛 08 / 총12획	犀	무소(코뿔소)	서:
1895 / 3498	1급	牛 16 / 총20획	犧	희생	희

4획 094번	象形	犬 犭		(개사슴록변) 개 견	
1896 / 0150	4급	犬 00 / 총04획	犬	개	견
1897 / 1223	4급	犭犬02 / 총05획	犯	범할	범:
1898 / 0304	3급II	犭犬04 / 총07획	狂	미칠	광
1899 / 1482	4급II	犬 04 / 총08획	狀	형상/모양	문서	상	장:
1900 / 2412	1급	犭犬04 / 총07획	狄	오랑캐	적

번호	급수	부수/획수	한자	뜻	음
1901 0355	3급	犭犬05 총08획	狗	개	구
1902 2404	1급	犭犬05 총08획	狙	원숭이/ 엿볼	저
1903 3332	1급	犭犬05 총08획	狐	여우	호
1904 0327	1급	犭犬06 총09획	狡	교활할	교
1905 1666	1급	犭犬06 총09획	狩	사냥할	수
1906 0751	1급	犭犬07 총10획	狼	이리	랑
1907 3303	1급	犭犬07 총10획	狹	좁을	협
1908 0994	3급II	犭犬08 총11획	猛	사나울	맹
1909 1763	1급	犭犬08 총11획	猜	시기할	시
1910 2581	1급	犭犬08 총11획	猝	갑자기	졸
1911 2771	1급	犭犬08 총11획	猖	미쳐 날뛸	창
1912 1061	1급	犭犬09 총12획	猫	고양이	묘
1913 2060	1급	犭犬09 총12획	猥	외람할/ 함부로	외
1914 2186	3급II	犭犬09 총12획	猶	오히려/ 같을	유
1915 1442	1급	犭犬10 총13획	獅	사자	사
1916 2153	1급	犭犬10 총13획	猿	원숭이	원
1917 3402	1급	犭犬10 총13획	猾	교활할	활
1918 2025	3급II	犭犬11 총14획	獄	옥[囚舍]	옥
1919 2364	4급	犬 11 총15획	獎	장려할	장
1920 2373	2급(名)	犭犬11 총14획	獐	노루	장
1921 0675	5급II	犭犬13 총16획	獨	홀로	독
1922 3433	3급II	犭犬14 총17획	獲	얻을/ 사로잡을	획
1923 0809	3급	犭犬15 총18획	獵	사냥	렵
1924 1702	3급II	犬 15 총19획	獸	짐승	수
1925 3274	3급II	犬 16 총20획	獻	드릴/ 바칠	헌

4획 095번	象形	辶辵 7획	(책받침) 쉬엄쉬엄 갈 착		
1926 2104	1급	辶辵03 총07획	迂	에돌/ 멀	우
1927 1789	1급	辶辵03 총07획	迅	빠를	신
1928 0450	6급	辶辵04 총08획	近	가까울	근
1929 1134	3급	辶辵04 총08획	返	돌아올	반
1930 1982	4급	辶辵04 총08획	迎	맞을	영
1931 0010	2급(名)	辶辵05 총09획	迦	부처이름	가
1932 1120	3급II	辶辵05 총09획	迫	핍박할/ 닥칠	박
1933 1731	3급II	辶辵05 총09획	述	펼/ 지을	술
1934 2709	1급	辶辵05 총09획	迭	갈마들	질
1935 0645	4급	辶辵06 총10획	逃	도망할/ 달아날	도
1936 1095	3급	辶辵06 총10획	迷	미혹할	미
1937 1653	4급II	辶辵06 총10획	送	보낼	송
1938 1942	4급II	辶辵06 총10획	逆	거스를	역
1939 2414	1급	辶辵06 총10획	迹	자취	적
1940 2912	3급II	辶辵06 총10획	追	쫓을/ 따를	추
1941 3060	4급II	辶辵06 총10획	退	물러날	퇴
1942 3444	1급	辶辵06 총10획	逅	만날	후
1943 0655	3급II	辶辵07 총11획	途	길[行中]	도
1944 0790	4급II	辶辵07 총11획	連	이을	련
1945 0818	1급	辶辵07 총11획	逞	쾌할/ 굳셀	령
1946 1292	3급II	辶辵07 총11획	逢	만날	봉
1947 1525	3급	辶辵07 총11획	逝	갈[往]	서
1948 1620	1급	辶辵07 총11획	逍	노닐/ 거닐	소
1949 1639	6급	辶辵07 총11획	速	빠를	속

번호	급수	부수/획수	한자	훈	음
1950 / 2556	4급II	辶辵07 총11획	造	지을	조:
1951 / 2926	3급	辶辵07 총11획	逐	쫓을	축
1952 / 3054	6급	辶辵07 총11획	通	통할	통
1953 / 3068	3급II	辶辵07 총11획	透	사무칠	투
1954 / 3147	1급	辶辵07 총11획	逋	도망갈	포
1955 / 0436	1급	辶辵08 총12획	逵	길거리	규
1956 / 2298	3급II	辶辵08 총12획	逸	편안할	일
1957 / 2616	5급II	辶辵08 총12획	週	주일	주
1958 / 2704	4급II	辶辵08 총12획	進	나아갈	진:
1959 / 2858	3급	辶辵08 총12획	逮	잡을	체
1960 / 0277	5급II	辶辵09 총13획	過	지날	과:
1961 / 0598	4급II	辶辵09 총13획	達	통달할	달
1962 / 0663	7급II	辶辵09 총13획	道	길	도:
1963 / 0710	1급	辶辵09 총13획	遁	숨을	둔:
1964 / 1690	3급	辶辵09 총13획	遂	드디어	수
1965 / 2118	4급	辶辵09 총13획	遇	만날	우:
1966 / 2132	6급II	辶辵09 총13획	運	옮길	운:
1967 / 2172	3급	辶辵09 총13획	違	어긋날	위
1968 / 2209	4급	辶辵09 총13획	遊	놀	유
1969 / 3111	3급	辶辵09 총13획	遍	두루	편
1970 / 3186	1급	辶辵09 총13획	逼	핍박할	핍
1971 / 3193	1급	辶辵09 총13획	遐	멀	하
1972 / 3412	1급	辶辵09 총13획	遑	급할/허둥거릴	황
1973 / 0158	3급	辶辵10 총14획	遣	보낼	견:
1974 / 0613	1급	辶辵10 총14획	遝	뒤섞일	답
1975 / 1631	1급	辶辵10 총14획	遡	거스를	소
1976 / 1646	1급	辶辵10 총14획	遜	겸손할	손:
1977 / 2074	3급	辶辵10 총14획	遙	멀	요
1978 / 2154	6급	辶辵10 총14획	遠	멀	원:
1979 / 2861	3급	辶辵10 총14획	遞	갈릴	체
1980 / 2423	4급	辶辵11 총15획	適	맞을	적
1981 / 2553	1급	辶辵11 총15획	遭	만날	조
1982 / 2735	2급	辶辵11 총15획	遮	가릴	차(:)
1983 / 2825	3급II	辶辵11 총15획	遷	옮길	천:
1984 / 0861	2급(名)	辶辵12 총16획	遼	멀	료
1985 / 1566	5급	辶辵12 총16획	選	가릴	선:
1986 / 2211	4급	辶辵12 총16획	遺	남길	유
1987 / 2641	3급	辶辵12 총16획	遵	좇을	준:
1988 / 2684	3급	辶辵12 총16획	遲	더딜/늦을	지
1989 / 0988	1급	辶辵13 총17획	邁	갈[行]	매:
1990 / 2077	1급	辶辵13 총17획	邀	맞을	요
1991 / 3178	4급	辶辵13 총17획	避	피할	피:
1992 / 3255	1급	辶辵13 총17획	邂	우연히 만날	해:
1993 / 3395	3급II	辶辵13 총17획	還	돌아올	환
1994 / 1241	4급II	辶辵15 총19획	邊	가[側]	변
1995 / 0726	1급	辶辵19 총23획	邏	순라	라

5획 096번	象形	玄	검을 현		
1996 / 3281	3급II	玄 00 총05획	玄	검을	현
1997 / 2322	3급	玄 05 총10획	玆	이 茲艹(무성할 자)	자
1998 / 0893	3급II	玄 06 총11획	率	비율/거느릴	률/솔

5획 097번	象形	玉		구슬 옥	
1999 2050	8급	⺩玉 00 총04획	王	임금	왕
2000 2021	4급II	玉 00 총05획	玉	구슬	옥
2001 0349	2급(名)	⺩玉 03 총07획	玖	옥돌	구
2002 1108	2급(名)	⺩玉 04 총08획	玟	아름다운 돌/ 옥돌	민
2003 2043	1급	⺩玉 04 총08획	玩	즐길/ 놀/ 장난할	완
2004 0031	2급(名)	⺩玉 05 총09획	珏	쌍옥(雙玉)	각
2005 0812	2급(名)	⺩玉 05 총09획	玲	옥 소리	령
2006 1105	2급(名)	⺩玉 05 총09획	珉	옥돌	민
2007 1121	1급	⺩玉 05 총09획	珀	호박(琥珀)	박
2008 1464	1급	⺩玉 05 총09획	珊	산호	산
2009 2694	4급	⺩玉 05 총09획	珍	보배	진
2010 0431	2급(名)	⺩玉 06 총10획	珪	홀/ 서옥	규
2011 1142	6급II	⺩玉 06 총10획	班	나눌	반
2012 1716	2급(名)	⺩玉 06 총10획	珣	옥 이름	순
2013 2266	2급(名)	⺩玉 06 총10획	珥	귀고리	이
2014 2610	3급II	⺩玉 06 총10획	珠	구슬	주
2015 0367	6급II	⺩玉 07 총11획	球	공	구
2016 0874	1급	⺩玉 07 총11획	琉	유리	류
2017 0908	6급II	⺩玉 07 총11획	理	다스릴	리
2018 2495	2급(名)	⺩玉 07 총11획	珽	옥 이름	정
2019 3289	6급II	⺩玉 07 총11획	現	나타날	현
2020 0287	2급(名)	⺩玉 08 총12획	琯	옥피리	관
2021 0462	3급II	⺩玉 08 총12획	琴	거문고	금
2022 0501	2급(名)	⺩玉 08 총12획	琪	아름다운 옥	기
2023 0511	2급(名)	⺩玉 08 총12획	琦	옥 이름	기
2024 1370	1급	⺩玉 08 총12획	琵	비파	비
2025 2583	2급(名)	⺩玉 08 총12획	琮	옥홀	종
2026 3007	2급	⺩玉 08 총12획	琢	다듬을	탁
2027 3076	1급	⺩玉 08 총12획	琶	비파	파
2028 3334	1급	⺩玉 08 총12획	琥	호박(琥珀)	호
2029 1531	2급	⺩玉 09 총13획	瑞	상서/ 상서로울	서
2030 1554	2급(名)	⺩玉 09 총13획	瑄	도리옥/ 크고 둥근 옥	선
2031 1734	2급(名)	⺩玉 09 총13획	瑟	큰 거문고	슬
2032 1987	2급(名)	⺩玉 09 총13획	瑛	옥빛	영
2033 2157	2급(名)	⺩玉 09 총13획	瑗	구슬	원
2034 3194	1급	⺩玉 09 총13획	瑕	허물/ 티	하
2035 3338	1급	⺩玉 09 총13획	瑚	산호	호
2036 2096	2급(名)	⺩玉 10 총14획	瑢	패옥소리	용
2037 3315	2급(名)	玉 10 총15획	瑩	밝을|옥돌	형영
2038 0455	2급(名)	⺩玉 11 총15획	瑾	아름다운 옥	근
2039 1559	2급(名)	⺩玉 11 총15획	璇	옥/ 옥 이름	선
2040 2374	2급(名)	⺩玉 11 총15획	璋	홀[圭]/ 반쪽 홀	장
2041 0177	2급(名)	⺩玉 12 총16획	璟	옥빛	경
2042 0523	2급(名)	⺩玉 12 총16획	璣	별이름/ 구슬	기
2043 1234	1급	玉 13 총18획	璧	구슬	벽
2044 2747	2급(名)	⺩玉 13 총17획	璨	옥빛/ 옥 빛날	찬
2045 3394	4급	⺩玉 13 총17획	環	고리	환(:)
2046 1506	1급	玉 14 총19획	璽	옥새(玉璽)	새
2047 1569	2급(名)	⺩玉 14 총18획	璿	구슬/ 아름다운 옥	선

번호	급수	부수/획수	한자	뜻	음
2048 0200	2급(名)	玉 15 총19획	瓊	구슬/ 옥	경
2049 0845	1급	玉 16 총20획	瓏	옥 소리	롱
2050 2750	2급(名)	玉 19 총23획	瓚	옥잔/ 제기	찬
5획 098번	象形		瓜	오이	과
2051 0271	2급	瓜 00 총05획	瓜	오이	과
5획 099번	象形		瓦	기와	와
2052 2035	3급II	瓦 00 총05획	瓦	기와	와
2053 2319	1급	瓦 06 총11획	瓷	사기그릇	자
2054 1257	1급	瓦 08 총13획	瓶	병/ 단지	병
2055 0157	2급(名)	瓦 09 총14획	甄	질그릇	견
2056 2034	2급(名)	瓦 13 총18획	甕	독	옹
5획 100번	指事		甘	달	감
2057 0059	4급	甘 00 총05획	甘	달	감
2058 1805	3급II	甘 04 총09획	甚	심할	심
5획 101번	象形		生	날	생
2059 1511	8급	生 00 총05획	生	날	생
2060 1465	5급II	生 06 총11획	産	낳을	산
2061 1513	1급	生 07 총12획	甥	생질	생
2062 1628	1급	生 07 총12획	甦	깨어날	소
5획 102번	象形		用	쓸	용
2063 2085	6급II	用 00 총05획	用	쓸	용
2064 1260	2급(名)	用 02 총07획	甫	클	보
5획 103번	象形		田	밭	전
2065 2429	4급II	田 00 총05획	田	밭	전
2066 0072	4급	田 00 총05획	甲	갑옷/ 첫째천간	갑
2067 1780	4급II	田 00 총05획	申	납[猿]/ 펼/ 알릴/ 9째지지	신
2068 2180	6급	田 00 총05획	由	말미암을	유
2069 0544	7급II	田 02 총07획	男	사내	남
2070 2430	2급(名)	田 02 총07획	甸	경기	전
2071 2477	1급	田 02 총07획	町	밭두둑	정
2072 0210	6급II	田 04 총09획	界	지경	계
2073 0610	3급	田 04 총09획	畓	논	답
2074 2059	3급	田 04 총09획	畏	두려워할	외
2075 0876	4급II	田 05 총10획	留	머무를	류
2076 1071	1급	田 05 총10획	畝	이랑 / 밭이랑	무 묘
2077 1140	1급	田 05 총10획	畔	밭두둑	반
2078 2924	3급II	田 05 총10획	畜	짐승/ 가축	축
2079 0758	4급	田 06 총11획	略	간략할	략
2080 2272	4급	田 06 총11획	異	다를	이
2081 3182	3급II	田 06 총11획	畢	마칠	필
2082 1209	6급	田 07 총12획	番	차례	번
2083 3380	6급	田 07 총12획	畫	그림 / 그을	화 획
2084 0512	1급	田 08 총13획	畸	뙈기밭/ 불구(不具)	기
2085 0620	5급II	田 08 총13획	當	마땅	당
2086 0525	3급II	田 10 총15획	畿	경기(京畿)	기
2087 0092	2급(名)	田 14 총19획	疆	지경	강
2088 2628	2급(名)	田 14 총19획	疇	이랑/ 밭두둑	주
2089 2850	1급	田 17 총22획	疊	거듭	첩

쉬어가기

5획 104번	象形	疋	필[匹] 발[足]	필 소
2090 3180	1급	疋 00 총05획 疋	필(匹)	필
2091 1624	1급	疋 07 총12획 疏	성길 疏와 同字	소
2092 1625	3급II	疋 07 총12획 疏	소통할/ 트일	소
2093 2254	4급	疋 09 총14획 疑	의심할	의
5획 105번	象形	疒	(병질[病疾]엄) 병들 녁	
2094 1462	1급	疒 03 총08획 疝	산증(疝症)	산
2095 1940	3급II	疒 04 총09획 疫	전염병	역
2096 0061	1급	疒 05 총10획 疳	감질	감
2097 0597	1급	疒 05 총10획 疸	황달	달
2098 0688	1급	疒 05 총10획 疼	아플	동
2099 1251	6급	疒 05 총10획 病	병	병
2100 2653	3급II	疒 05 총10획 症	증세	증
2101 2695	1급	疒 05 총10획 疹	마마/ 홍역	진
2102 2716	3급II	疒 05 총10획 疾	병	질
2103 3137	1급	疒 05 총10획 疱	물집/ 천연두	포
2104 3176	4급	疒 05 총10획 疲	피곤할	피
2105 2270	1급	疒 06 총11획 痍	상처	이
2106 2326	1급	疒 06 총11획 疵	허물/ 흠	자
2107 2963	1급	疒 06 총11획 痔	치질	치
2108 3479	1급	疒 06 총11획 痕	흔적/ 흉터	흔
2109 0183	1급	疒 07 총12획 痙	경련	경
2110 0705	1급	疒 07 총12획 痘	역질(疫疾)/ 천연두	두
2111 0915	1급	疒 07 총12획 痢	이질/ 설사	리
2112 3056	4급	疒 07 총12획 痛	아플	통

2113 0222	1급	疒 08 총13획 痼	고질	고
2114 0601	1급	疒 08 총13획 痰	가래	담
2115 0934	2급	疒 08 총13획 痲	저릴	마
2116 1382	1급	疒 08 총13획 痺	저릴	비
2117 1910	1급	疒 08 총13획 瘀	어혈질	어
2118 1680	1급	疒 09 총14획 瘦	여윌/ 파리할	수
2119 1902	1급	疒 09 총14획 瘍	헐/ 종기	양
2120 3198	1급	疒 09 총14획 瘧	학질(瘧疾)	학
2121 0878	1급	疒 10 총15획 瘤	혹	류
2122 1633	1급	疒 10 총15획 瘙	피부병	소
2123 2780	1급	疒 10 총15획 瘡	부스럼	창
2124 2811	1급	疒 10 총15획 瘠	여윌/ 파리할	척
2125 0051	1급	疒 12 총17획 癎	간질, 경풍	간
2126 0862	2급	疒 12 총17획 療	병 고칠	료
2127 1848	2급	疒 12 총17획 癌	암	암
2128 1235	1급	疒 13 총18획 癖	버릇	벽
2129 2196	1급	疒 13 총18획 癒	병 나을	유
2130 2976	1급	疒 14 총19획 癡	어리석을	치
2131 1898	1급	疒 15 총20획 癢	가려울	양
2132 0724	1급	疒 16 총21획 癩	문둥이/ 나병	라
2133 2451	1급	疒 19 총24획 癲	미칠	전
5획 106번	象形	癶	(필발머리) 걸을/등질	발
2134 0212	3급	癶 04 총09획 癸	북방/ 열째천간	계
2135 0714	7급	癶 07 총12획 登	오를	등
2136 1160	6급II	癶 07 총12획 發	필	발

5획 107번	指事	白		흰 백
2137 1203	8급	白 00 총05획	흰	백
2138 1208	7급	白 01 총06획	일백	백
2139 2413	5급II	白 03 총08획	과녁	적
2140 0098	3급	白 04 총09획	다[總]	개
2141 3407	3급II	白 04 총09획	임금	황
2142 0239	2급(名)	白 06 총11획	언덕/ 부르는 소리	고
2143 0330	1급	白 06 총11획	달 밝을	교
2144 3343	2급(名)	白 07 총12획	흴[白]	호

5획 108번	象形	皮		가죽 피
2145 3173	3급II	皮 00 총05획	가죽	피

5획 109번	象形	皿		그릇 명
2146 1012	1급	皿 00 총05획	그릇	명
2147 1339	1급	皿 04 총09획	동이	분
2148 1983	2급(名)	皿 04 총09획	찰[滿]	영
2149 2275	4급II	皿 05 총10획	더할	익
2150 3230	1급	皿 06 총11획	합(盒)	합
2151 0657	4급	皿 07 총12획	도둑	도(:)
2152 1592	4급II	皿 07 총12획	성할	성:
2153 0996	3급II	皿 08 총13획	맹세	맹
2154 2345	1급	皿 08 총13획	잔	잔
2155 0070	4급II	皿 09 총14획	볼	감
2156 2706	4급	皿 09 총14획	다할	진:
2157 1147	3급II	皿 10 총15획	소반	반
2158 0832	2급(名)	皿 11 총16획	성(姓)/ 밥그릇/ 창 자루(손잡이)	로

5획 110번	象形	目		눈 목
2159 1046	6급	目 00 총05획	눈	목
2160 0992	3급II	目 03 총08획	소경/ 눈멀	맹
2161 2685	7급II	目 03 총08획	곧을	직
2162 0046	4급	目 04 총09획	볼	간
2163 1003	1급	目 04 총09획	곁눈질할	면
2164 1098	3급	目 04 총09획	눈썹	미
2165 1493	5급II	目 04 총09획	서로	상
2166 1598	6급II	目 04 총09획	살필	덜	성 생
2167 1721	2급	目 04 총09획	방패	순
2168 3023	1급	目 04 총09획	노려볼	탐
2169 1007	3급II	目 05 총10획	잘	면
2170 2701	4급II	目 05 총10획	참	진
2171 3284	1급	目 05 총10획	어지러울/ 아찔할	현
2172 0412	1급	目 06 총11획	돌볼/ 돌아볼	권
2173 1838	4급II	目 06 총11획	눈	안:
2174 2538	1급	目 06 총11획	볼/ 바라볼	조:
2175 2739	5급II	目 07 총12획	붙을	착
2176 0674	4급II	目 08 총13획	감독할	독
2177 1047	3급II	目 08 총13획	화목할	목
2178 1671	3급	目 08 총13획	졸음	수
2179 2510	1급	目 08 총13획	눈동자	정
2180 0661	1급	目 09 총14획	볼	도
2181 1998	2급(名)	目 09 총14획	슬기/ 깊고 밝을	예:
2182 0950	1급	目 11 총16획	속일	만

번호	급수	부수/획수	한자	뜻	음
2183 0066	1급	目 12 총17획	瞰	굽어볼	감
2184 0701	1급	目 12 총17획	瞳	눈동자	동
2185 0863	1급	目 12 총17획	瞭	밝을/ 눈 밝을	료
2186 1244	1급	目 12 총17획	瞥	눈 깜짝할/ 언뜻 볼	별
2187 1729	3급II	目 12 총17획	瞬	눈깜짝일/ 눈 깜짝할	순
2188 2842	2급(名)	目 13 총18획	瞻	볼	첨

| 5획 111번 | 象形 | 矛 | 창 모 |

| 2189 1028 | 2급 | 矛 00 총05획 | 矛 | 창(槍) | 모 |
| 2190 0477 | 1급 | 矛 04 총09획 | 矜 | 자랑할/ 불쌍히 여길 | 긍 |

| 5획 112번 | 象形 | 矢 | 화살 시 |

2191 1748	3급	矢 00 총05획	矢	화살	시
2192 2246	3급	矢 02 총07획	矣	어조사	의
2193 2679	5급II	矢 03 총08획	知	알	지
2194 0371	1급	矢 05 총10획	矩	모날/ 법/ 곱자	구
2195 0590	6급II	矢 07 총12획	短	짧을	단(:)
2196 2057	1급	矢 08 총13획	矮	난쟁이	왜
2197 0339	3급	矢 12 총17획	矯	바로잡을	교:

| 5획 113번 | 象形 | 石 | 돌 석 |

2198 1539	6급	石 00 총05획	石	돌	석
2199 1368	1급	石 04 총09획	砒	비상	비:
2200 2987	1급	石 05 총10획	砧	다듬잇돌	침:
2201 3079	4급II	石 05 총10획	破	깨뜨릴	파:
2202 3136	4급II	石 05 총10획	砲	대포	포:
2203 0432	1급	石 06 총11획	硅	규소	규
2204 1953	4급II	石 06 총11획	硏	갈	연:
2205 0170	3급II	石 07 총12획	硬	굳을	경
2206 0875	2급	石 07 총12획	硫	유황	류
2207 1957	2급	石 07 총12획	硯	벼루	연:
2208 2875	1급	石 07 총12획	硝	화약	초
2209 0838	1급	石 08 총13획	碌	푸른 돌	록
2210 1358	1급	石 08 총13획	硼	붕사(硼砂)	붕
2211 1383	4급	石 08 총13획	碑	비석	비
2212 1656	1급	石 08 총13획	碎	부술	쇄:
2213 2498	1급	石 08 총13획	碇	닻	정
2214 1229	3급II	石 09 총14획	碧	푸를	벽
2215 1540	2급	石 09 총14획	碩	클	석
2216 2325	2급	石 09 총14획	磁	자석	자
2217 0851	1급	石 10 총15획	磊	돌무더기	뢰
2218 3383	4급II	石 10 총15획	確	굳을	확
2219 0199	1급	石 11 총16획	磬	경쇠	경:
2220 0936	3급II	石 11 총16획	磨	갈	마
2221 1150	2급(名)	石 12 총17획	磻	반계(磻溪)/ 물 이름	반
2222 2882	1급	石 12 총17획	礁	암초	초
2223 2884	3급II	石 13 총18획	礎	주춧돌	초
2224 1868	2급	石 14 총19획	礙	거리낄	애:
2225 0782	2급(名)	石 15 총20획	礪	숫돌/ 거친 숫돌	려:
2226 0789	1급	石 15 총20획	礫	조약돌	력
2227 1153	1급	石 15 총20획	礬	백반/ 명반(明礬)	반

| 5획 114번 | 象形 | 示 礻 | 보일 시 |

| 2228 1751 | 5급 | 示 00 총05획 | 示 | 보일 | 시: |

번호	급수	부수/획수	한자	훈	음
2229 1434	6급II	示 03 총08획	社	모일	사
2230 1415	3급II	示 03 총08획	祀	제사	사
2231 0493	3급II	示 04 총09획	祈	빌	기
2232 2664	1급	示 04 총09획	祉	복(福)	지
2233 1375	4급	示 05 총10획	祕	숨길 특례 秘	비
2234 1421	1급	示 05 총10획	祠	사당	사
2235 1783	6급II	示 05 총10획	神	귀신	신
2236 2109	2급(名)	示 05 총10획	祐	복(福)/도울	우
2237 2545	2급(名)	示 05 총10획	祚	복(福)	조
2238 2542	7급	示 05 총10획	祖	할아비	조
2239 2923	5급	示 05 총10획	祝	빌	축
2240 3340	2급(名)	示 05 총10획	祜	복(福)	호
2241 1490	3급	示 06 총11획	祥	상서/상서로울	상
2242 2525	4급II	示 06 총11획	祭	제사	제
2243 3161	4급II	示 06 총11획	票	표/쪽지	표
2244 0467	4급II	示 08 총13획	禁	금할	금
2245 0839	3급II	示 08 총13획	祿	녹 salary	록
2246 1276	5급II	示 09 총14획	福	복	복
2247 2504	2급(名)	示 09 총14획	禎	상서로울	정
2248 3382	3급II	示 09 총14획	禍	재앙	화
2249 1916	1급	示 11 총16획	禦	막을	어
2250 1567	3급II	示 12 총17획	禪	선/봉선(封禪)/고요할	선
2251 3494	2급(名)	示 12 총17획	禧	복(福)	희
2252 0822	6급	示 13 총18획	禮	예도(禮度)	례
2253 0671	1급	示 14 총19획	禱	빌	도

번호	급수	부수/획수	한자	훈	음
5획 115번	象形		禸	발자국	유
2254 2112	2급(名)	禸 04 총09획	禹	성(姓)/하우씨	우(:)
2255 0465	3급II	禸 08 총13획	禽	새/날짐승	금
5획 116번	象形		禾	벼	화
2256 3375	3급	禾 00 총05획	禾	벼	화
2257 0672	1급	禾 02 총07획	禿	대머리	독
2258 1427	4급	禾 02 총07획	私	사사(私事)/사사로울	사
2259 1667	4급	禾 02 총07획	秀	빼어날	수
2260 1253	2급(名)	禾 03 총08획	秉	잡을	병
2261 0276	6급II	禾 04 총09획	科	과목	과
2262 1367	1급	禾 04 총09획	秕	쭉정이	비
2263 2867	3급	禾 04 총09획	秒	분초/초침	초
2264 2906	7급	禾 04 총09획	秋	가을	추
2265 1856	1급	禾 05 총10획	秧	모	앙
2266 2541	3급II	禾 05 총10획	租	조세/구실	조
2267 2697	2급(名)	禾 05 총10획	秦	성/벼 이름/나라이름	진
2268 2710	3급II	禾 05 총10획	秩	차례	질
2269 2991	1급	禾 05 총10획	秤	저울	칭
2270 2273	4급II	禾 06 총11획	移	옮길	이
2271 1605	4급II	禾 07 총12획	稅	세금	세
2272 2491	4급II	禾 07 총12획	程	한도/길[道]	정
2273 2876	1급	禾 07 총12획	稍	점점/벼 줄기 끝	초
2274 3488	3급II	禾 07 총12획	稀	드물	희
2275 0901	1급	禾 08 총13획	稜	모날	릉
2276 2548	1급	禾 08 총13획	稠	빽빽할	조

2277 2686	2급(名)	禾 08 총13획	稙	올벼/ 일찍 심은	직
2278 2971	3급II	禾 08 총13획	稚	어릴	치
2279 3100	1급	禾 08 총13획	稗	피[穀類]	패
2280 3168	1급	禾 08 총13획	稟	여쭐/줄/ 천품(天稟)	품
2281 2591	5급II	禾 09 총14획	種	씨	종(ː)
2282 2992	4급	禾 09 총14획	稱	일컬을	칭
2283 0019	1급	禾 10 총15획	稼	심을	가
2284 0238	3급II	禾 10 총15획	稿	원고/볏짚	고
2285 0249	4급	禾 10 총15획	穀	곡식	곡
2286 0666	3급	禾 10 총15획	稻	벼	도
2287 2687	2급(名)	禾 10 총15획	稷	피[穀名]/ 기장	직
2288 1048	2급(名)	禾 11 총16획	穆	화목할	목
2289 2425	4급	禾 11 총16획	積	쌓을	적
2290 1701	1급	禾 12 총17획	穗	이삭	수
2291 2001	1급	禾 13 총18획	穢	더러울	예
2292 2028	2급	禾 14 총19획	穩	편안할/ 평온할	온
2293 3384	3급	禾 14 총19획	穫	거둘	확
5획 117번	象形		穴	구멍 혈	
2294 3295	3급II	穴 00 총05획	穴	굴/구멍	혈
2295 0346	4급II	穴 02 총07획	究	연구할/ 궁구할	구
2296 0260	7급II	穴 03 총08획	空	빌	공
2297 0402	1급	穴 03 총08획	穹	하늘	궁
2298 0686	3급II	穴 04 총09획	突	갑자기/ 부딪칠	돌
2299 2485	1급	穴 04 총09획	穽	함정	정
2300 2819	1급	穴 04 총09획	穿	뚫을	천

2301 2066	1급	穴 05 총10획	窈	고요할/ 그윽할	요
2302 2737	1급	穴 05 총10획	窄	좁을	착
2303 2714	2급	穴 06 총11획	窒	막힐/막을	질
2304 2782	6급II	穴 06 총11획	窓	창	창
2305 0395	1급	穴 07 총12획	窘	군색할	군ː
2306 0400	2급	穴 08 총13획	窟	굴	굴
2307 0404	4급	穴 10 총15획	窮	다할/궁할	궁
2308 2076	1급	穴 10 총15획	窯	기와/가마/ 도기(陶器)	요
2309 0435	1급	穴 11 총16획	窺	엿볼	규
2310 2466	3급	穴 17 총22획	竊	훔칠	절
5획 118번	象形		立	설 립	
2311 0929	7급II	立 00 총05획	立	설	립
2312 2757	1급	立 05 총10획	站	역(驛)마을	참ː
2313 1254	3급	立 05 총10획	竝	나란히	병ː
2314 0190	3급	立 06 총11획	竟	마침내	경ː
2315 2371	6급	立 06 총11획	章	글	장
2316 2637	1급	立 07 총12획	竣	마칠	준ː
2317 0699	6급II	立 07 총12획	童	아이	동(ː)
2318 1687	1급	立 08 총13획	竪	세울	수
2319 0592	4급II	立 09 총14획	端	끝/바를	단
2320 0056	1급	立 09 총14획	竭	다할	갈
2321 0193	5급	立 15 총20획	競	다툴	경ː
6획 119번	象形		网罒㓁罔	그물 망	
2322 3204	1급	罒网03 총07획	罕	드물/그물	한ː
2323 0970	3급	罒网03 총08획	罔	없을	망

No.	급수	부수/획수	한자	뜻	음
2324 0311	1급	罒网08 총13획	罫	줄[罫線]	괘
2325 2599	5급	罒网08 총13획	罪	허물	죄
2326 2966	4급II	罒网08 총13획	置	둘[措]	치
2327 1218	4급II	罒网09 총14획	罰	벌할	벌
2328 1533	3급II	罒网09 총14획	署	마을[官廳]	서
2329 0987	1급	罒网10 총15획	罵	꾸짖을/ 욕할	매
2330 3085	3급	罒网10 총15획	罷	마칠/ 방면(放免)할	파
2331 0917	1급	罒网11 총16획	罹	걸릴	리
2332 0725	4급II	罒网14 총19획	羅	벌일/ 벌릴/ 깁/ 새그물	라
2333 0515	1급	罒网19 총22획	羈	굴레/ 나그네	기
6획 120번	象形	竹		대 죽	
2334 2631	4급II	竹 00 총06획	竹	대	죽
2335 0039	1급	竹 03 총09획	竿	낚싯대/ 장대	간
2336 1616	4급II	竹 04 총10획	笑	웃음	소
2337 3360	1급	竹 04 총10획	笏	홀(笏)	홀
2338 0930	1급	竹 05 총11획	笠	삿갓	립
2339 1310	3급II	竹 05 총11획	符	부호/ 부신(符信)	부(:)
2340 2416	3급II	竹 05 총11획	笛	피리	적
2341 2518	6급II	竹 05 총11획	第	차례	제:
2342 3040	1급	竹 05 총11획	笞	볼기칠	태
2343 0452	4급	竹 06 총12획	筋	힘줄	근
2344 0612	7급II	竹 06 총12획	答	대답	답
2345 0713	6급II	竹 06 총12획	等	무리	등:
2346 1216	2급(名)	竹 06 총12획	筏	뗏목	벌
2347 1718	1급	竹 06 총12획	筍	죽순	순
2348 2800	3급II	竹 06 총12획	策	꾀	책
2349 3058	1급	竹 06 총12획	筒	통(筒)/ 대통/ 대롱	통
2350 3183	5급II	竹 06 총12획	筆	붓	필
2351 1948	1급	竹 07 총13획	筵	대자리	연
2352 0100	1급	竹 08 총14획	箇	낱	개(:)
2353 0288	4급	竹 08 총14획	管	대롱/ 주관할	관
2354 0505	2급(名)	竹 08 총14획	箕	키	기
2355 1119	1급	竹 08 총14획	箔	발[簾]	박
2356 1469	7급	竹 08 총14획	算	셈	산:
2357 2452	1급	竹 08 총14획	箋	기록할/ 찌지	전
2358 1226	4급	竹 09 총15획	範	법	범:
2359 1495	2급	竹 09 총15획	箱	상자	상
2360 2347	1급	竹 09 총15획	箴	경계/ 바늘	잠
2361 2408	1급	竹 09 총15획	箸	젓가락	저
2362 2455	1급	竹 09 총15획	篆	전자(篆字)	전:
2363 2438	1급	竹 09 총15획	箭	살[矢]	전:
2364 2465	5급II	竹 09 총15획	節	마디	절
2365 3112	4급	竹 09 총15획	篇	책	편
2366 0676	3급	竹 10 총16획	篤	도타울	독
2367 2744	1급	竹 10 총16획	篡	빼앗을	찬:
2368 2928	4급II	竹 10 총16획	築	쌓을	축
2369 2576	1급	竹 11 총17획	簇	가는대[小竹]/ 조릿대	족
2370 0052	4급	竹 12 총18획	簡	대쪽/ 간략할	간(:)
2371 0594	1급	竹 12 총18획	簞	소쿠리/ 대광주리	단
2372 2349	1급	竹 12 총18획	簪	비녀	잠

번호	급수	부수/획수	漢字	훈	음
2373 / 0806	1급	竹 13 / 총19획	簾	발	렴
2374 / 1328	3급II	竹 13 / 총19획	簿	문서/장부(帳簿)	부
2375 / 1637	1급	竹 13 / 총19획	簫	퉁소	소
2376 / 0745	1급	竹 14 / 총20획	籃	대바구니	람
2377 / 2428	4급	竹 14 / 총20획	籍	문서	적
2378 / 0846	2급	竹 16 / 총22획	籠	대바구니	롱(:)
2379 / 2843	1급	竹 17 / 총23획	籤	제비(점대)	첨
2380 / 0919	1급	竹 19 / 총25획	籬	울타리	리

| 6획 121번 | 象形 | 米 | 쌀 미 |

번호	급수	부수/획수	漢字	훈	음
2381 / 1094	6급	米 00 / 총06획	米	쌀	미
2382 / 1341	4급	米 04 / 총10획	粉	가루	분(:)
2383 / 0931	1급	米 05 / 총11획	粒	낟알	립
2384 / 1122	1급	米 05 / 총11획	粕	지게미	박
2385 / 2469	1급	米 05 / 총11획	粘	붙을/끈끈할	점
2386 / 2543	1급	米 05 / 총11획	粗	거칠	조
2387 / 1641	3급	米 06 / 총12획	粟	조	속
2388 / 2357	3급II	米 06 / 총12획	粧	단장할	장
2389 / 0769	1급	米 07 / 총13획	粱	기장	량
2390 / 1694	1급	米 08 / 총14획	粹	순수할	수
2391 / 2511	4급II	米 08 / 총14획	精	정할/정기/쓿은 쌀	정
2392 / 3339	1급	米 09 / 총15획	糊	풀/풀칠할	호
2393 / 0616	3급II	米 10 / 총16획	糖	엿	당
2394 / 0088	1급	米 11 / 총17획	糠	겨	강
2395 / 1041	1급	米 11 / 총17획	糢	모호할/본보기	모
2396 / 1349	1급	米 11 / 총17획	糞	똥	분
2397 / 2555	1급	米 11 / 총17획	糟	지게미	조
2398 / 0771	4급	米 12 / 총18획	糧	양식	량

| 6획 122번 | 象形 | 糸 | 실 사 |

번호	급수	부수/획수	漢字	훈	음
2399 / 0203	4급	糸 01 / 총07획	系	이어 맬	계
2400 / 0428	3급	糸 02 / 총08획	糾	얽힐/꼴/살필	규
2401 / 0482	4급	糸 03 / 총09획	紀	벼리	기
2402 / 1888	5급II	糸 03 / 총09획	約	맺을	약
2403 / 2620	1급	糸 03 / 총09획	紂	주 임금/껑거리끈	주
2404 / 3366	4급	糸 03 / 총09획	紅	붉을	홍
2405 / 0472	6급	糸 04 / 총10획	級	등급	급
2406 / 0547	4급	糸 04 / 총10획	納	들일	납
2407 / 0573	1급	糸 04 / 총10획	紐	맺을/끈	뉴
2408 / 1085	2급	糸 04 / 총10획	紊	어지러울/문란할	문
2409 / 1084	3급II	糸 04 / 총10획	紋	무늬	문
2410 / 1177	2급	糸 04 / 총10획	紡	길쌈/잣다 물레를 돌려 실을 뽑다	방
2411 / 1340	3급II	糸 04 / 총10획	紛	어지러울	분
2412 / 1432	1급	糸 04 / 총10획	紗	비단/깁	사
2413 / 1508	3급II	糸 04 / 총10획	索	찾을 | 노[동아줄]	색 삭
2414 / 1617	4급II	糸 04 / 총10획	素	본디/흴[白]	소(:)
2415 / 1720	4급II	糸 04 / 총10획	純	순수할	순
2416 / 2681	7급	糸 04 / 총10획	紙	종이	지
2417 / 0062	1급	糸 05 / 총11획	紺	감색	감
2418 / 0866	3급II	糸 05 / 총11획	累	여러/자주/묶을	루:
2419 / 1141	1급	糸 05 / 총11획	絆	얽어맬/줄	반
2420 / 1604	4급II	糸 05 / 총11획	細	가늘	세:

번호	급수	부수/획수	漢字	훈	음
2421 1614	2급	糸 05 총11획	紹	이을	소
2422 1784	2급	糸 05 총11획	紳	큰 띠[帶]	신
2423 2544	4급	糸 05 총11획	組	짤	조
2424 2586	5급	糸 05 총11획	終	마칠	종
2425 2619	1급	糸 05 총11획	紬	명주	주
2426 3285	3급	糸 05 총11획	絃	줄	현
2427 0164	5급II	糸 06 총12획	結	맺을	결
2428 0331	2급	糸 06 총12획	絞	목맬	교
2429 0474	5급	糸 06 총12획	給	줄	급
2430 0729	3급II	糸 06 총12획	絡	이을/ 얽을	락
2431 1450	4급	糸 06 총12획	絲	실	사
2432 2222	1급	糸 06 총12획	絨	가는베	융
2433 2327	3급II	糸 06 총12획	紫	자줏빛	자
2434 2463	4급II	糸 06 총12획	絶	끊을	절
2435 3057	4급II	糸 06 총12획	統	거느릴	통
2436 3290	1급	糸 06 총12획	絢	무늬	현
2437 0155	3급	糸 07 총13획	絹	비단	견
2438 0184	4급II	糸 07 총13획	經	지날/ 경서/ 세로줄/다스릴	경
2439 0082	3급II	糸 08 총14획	綱	벼리	강
2440 0513	1급	糸 08 총14획	綺	비단	기
2441 0529	3급II	糸 08 총14획	緊	긴할	긴
2442 0840	6급	糸 08 총14획	綠	푸를	록
2443 0888	1급	糸 08 총14획	綸	벼리	륜
2444 0902	1급	糸 08 총14획	綾	비단	릉
2445 0972	2급	糸 08 총14획	網	그물	망
2446 1009	3급II	糸 08 총14획	綿	솜	면
2447 1389	1급	糸 08 총14획	緋	비단	비
2448 2206	3급II	糸 08 총14획	維	벼리	유
2449 2339	1급	糸 08 총14획	綽	너그러울	작
2450 2584	2급	糸 08 총14획	綜	모을	종
2451 2832	1급	糸 08 총14획	綴	엮을/ 철할	철
2452 3016	1급	糸 08 총14획	綻	터질	탄
2453 0588	1급	糸 09 총15획	緞	비단	단
2454 0795	5급II	糸 09 총15획	練	익힐	련
2455 1006	1급	糸 09 총15획	緬	멀/ 가는 실	면
2456 1536	3급II	糸 09 총15획	緖	실마리	서
2457 1565	6급II	糸 09 총15획	線	줄	선
2458 1963	4급	糸 09 총15획	緣	인연	연
2459 2048	3급II	糸 09 총15획	緩	느릴	완
2460 2174	3급	糸 09 총15획	緯	씨/ 가로	위
2461 2862	2급	糸 09 총15획	締	맺을	체
2462 3113	3급II	糸 09 총15획	編	엮을	편
2463 3223	1급	糸 09 총15획	緘	봉할	함
2464 1128	1급	糸 10 총16획	縛	얽을	박
2465 1874	1급	糸 10 총16획	縊	목맬	액
2466 2968	1급	糸 10 총16획	緻	빽빽할	치
2467 3292	3급	糸 10 총16획	縣	고을	현
2468 1214	3급II	糸 11 총17획	繁	번성할	번
2469 1297	2급	糸 11 총17획	縫	꿰맬	봉
2470 1359	1급	糸 11 총17획	繃	묶을	붕

번호	급수	부수/획수	한자	뜻	음
2471 2426	4급	糸 11 총17획	績	길쌈/ 실 낳을	적
2472 2589	3급II	糸 11 총17획	縱	세로/ 늘어질	종
2473 2896	4급II	糸 11 총17획	總	다[皆]/ 거느릴	총:
2474 2929	4급	糸 11 총17획	縮	줄일/ 줄어질	축
2475 1562	2급	糸 12 총18획	繕	기울	선:
2476 2689	4급	糸 12 총18획	織	짤	직
2477 0160	1급	糸 13 총19획	繭	고치	견:
2478 0205	3급	糸 13 총19획	繫	맬	계:
2479 1703	1급	糸 13 총19획	繡	수놓을	수:
2480 1747	2급(名)	糸 13 총19획	繩	노끈	승
2481 1944	1급	糸 13 총19획	繹	풀[解]	역
2482 2571	1급	糸 13 총19획	繰	고치 켤	조
2483 3430	1급	糸 13 총19획	繪	그림	회:
2484 0206	4급	糸 14 총20획	繼	이을	계:
2485 2745	1급	糸 14 총20획	纂	모을	찬:
2486 1643	4급II	糸 15 총21획	續	이을	속
2487 2457	1급	糸 15 총21획	纏	얽을	전
2488 1585	2급	糸 17 총23획	纖	가늘	섬
6획 123번	象形		缶	장군 부	
2489 3237	1급	缶 03 총09획	缸	항아리	항
2490 0162	4급II	缶 04 총10획	缺	이지러질	결
6획 124번	象形		羊	양 양	
2491 1893	4급II	羊 00 총06획	羊	양	양
2492 1097	6급	羊 03 총09획	美	아름다울	미(:)
2493 1683	1급	羊 05 총11획	羞	부끄러울	수
2494 0396	4급	羊 07 총13획	群	무리	군
2495 1563	1급	羊 07 총13획	羨	부러워할 / 무덤길	선: 연:
2496 2251	4급II	羊 07 총13획	義	옳을	의:
2497 3497	2급(名)	羊 10 총16획	羲	복희(伏羲)	희
2498 0111	1급	羊 13 총19획	羹	국	갱:
6획 125번	象形		羽	깃 우	
2499 2110	3급II	羽 00 총06획	羽	깃	우:
2500 2029	3급	羽 04 총10획	翁	늙은이	옹
2501 1737	6급	羽 05 총11획	習	익힐	습
2502 2276	2급(名)	羽 05 총11획	翊	도울	익
2503 2277	1급	羽 05 총11획	翌	다음날	익
2504 1491	1급	羽 06 총12획	翔	날[飛]	상
2505 1390	1급	羽 08 총14획	翡	물총새	비:
2506 2954	1급	羽 08 총14획	翠	푸를/ 물총새	취:
2507 3213	2급	羽 10 총16획	翰	편지/ 글/ 날개	한:
2508 2278	3급II	羽 11 총17획	翼	날개	익
2509 2080	2급(名)	羽 14 총20획	耀	빛날	요
6획 126번	象形		老耂	(늙을로엄) 늙을 로	
2510 0824	7급	老 00 총06획	老	늙을	로:
2511 0228	5급	老 02 총06획	考	생각할/ 상고할	고(:)
2512 0517	2급(名)	老 04 총10획	耆	늙을	기
2513 2315	6급	老 05 총09획	者	놈/ 사람	자
6획 127번	象形		而	말 이을 이	
2514 2262	3급	而 00 총06획	而	말 이을	이
2515 0553	3급II	而 03 총09획	耐	견딜	내:

- 334 -

6획 128번	象形	耒		쟁기 뢰	
2516 2130	1급	耒 04 총10획	耘	김맬	운
2517 1025	1급	耒 04 총10획	耗	소모할/ 줄	모
2518 0189	3급II	耒 04 총10획	耕	밭갈[犁田]	경
6획 129번	象形	耳		귀 이	
2519 2265	5급	耳 00 총06획	耳	귀	이:
2520 1881	3급	耳 03 총09획	耶	어조사	야
2521 3024	2급(名)	耳 04 총10획	耽	즐길	탐
2522 0856	1급	耳 05 총11획	聊	애오라지/ 귀 울/ 즐기다	료
2523 1411	3급	耳 07 총13획	聘	부를	빙
2524 1599	4급II	耳 07 총13획	聖	성인/ 거룩할	성:
2525 1089	6급II	耳 08 총14획	聞	들을	문(:)
2526 2949	2급(名)	耳 08 총14획	聚	모을/ 모일	취:
2527 0798	3급II	耳 11 총17획	聯	연이을	련
2528 1600	4급II	耳 11 총17획	聲	소리	성
2529 2093	1급	耳 11 총17획	聳	솟을	용:
2530 2897	3급	耳 11 총17획	聰	귀 밝을	총
2531 2688	4급II	耳 12 총18획	職	직분	직
2532 0847	1급	耳 16 총22획	聾	귀먹을	롱
2533 2855	4급	耳 16 총22획	聽	들을	청
6획 130번	象形	聿		붓 율	
2534 1704	4급	聿 07 총13획	肅	엄숙할	숙
2535 2568	1급	聿 08 총14획	肇	비롯할/ 시작할	조:
6획 131번	象形	肉月		고기 육	
2536 2213	4급II	肉 00 총06획	肉	고기/ 몸	육
2537 0490	1급	月肉02 총06획	肌	살[膚肉]/ 살가죽	기
2538 0895	1급	月肉02 총06획	肋	갈빗대	륵
2539 0038	3급II	月肉03 총07획	肝	간	간(:)
2540 2872	3급II	月肉03 총07획	肖	닮을/ 같을	초
2541 3236	1급	月肉03 총07획	肛	항문	항
2542 0152	3급	月肉04 총08획	肩	어깨	견
2543 0231	1급	月肉04 총08획	股	넓적다리	고
2544 0322	1급	月肉04 총08획	肱	팔뚝	굉
2545 0476	3급	月肉04 총08획	肯	즐길/ 옳이 여길	긍:
2546 1172	1급	月肉04 총08획	肪	기름/ 살찔/ 비계	방
2547 1373	3급II	月肉04 총08획	肥	살찔	비:
2548 2214	7급	月肉04 총08획	育	기를	육
2549 2667	1급	月肉04 총08획	肢	팔다리/ 사지	지
2550 3120	3급II	月肉04 총08획	肺	허파	폐:
2551 1189	1급	月肉05 총09획	胚	아기 밸	배
2552 1192	4급II	月肉05 총09획	背	등	배:
2553 1518	1급	月肉05 총09획	胥	서로	서
2554 2166	3급II	月肉05 총09획	胃	밥통	위
2555 2218	2급(名)	月肉05 총09획	胤	자손/ 이을/ 맏아들	윤
2556 2618	1급	月肉05 총09획	胄	자손/ 맏아들	주
2557 3038	2급	月肉 05 총09획	胎	아이 밸	태
2558 3135	4급	月肉05 총09획	胞	세포/ 태보	포(:)
2559 3336	3급II	月肉05 총09획	胡	되[狄]/ 오랑캐/ 턱밑 살	호
2560 0303	1급	月肉06 총10획	胱	오줌통	광
2561 0574	5급II	月肉06 총10획	能	능할	능

번호	급수	부수/획수	한자	훈	음
2562 0692	1급	月肉06 총10획	胴	큰창자/ 몸통	동
2563 0989	4급II	月肉06 총10획	脈	줄기	맥
2564 2676	2급	月肉06 총10획	脂	기름	지
2565 2810	1급	月肉06 총10획	脊	등마루	척
2566 2952	1급	月肉06 총10획	脆	연할	취
2567 3299	3급II	月肉06 총10획	脅	위협할	협
2568 3476	3급II	月肉06 총10획	胸	가슴	흉
2569 0029	3급II	月肉07 총11획	脚	다리	각
2570 0181	1급	月肉07 총11획	脛	정강이	경
2571 1723	3급	月肉07 총11획	脣	입술	순
2572 3021	4급	月肉07 총11획	脫	벗을	탈
2573 3148	1급	月肉07 총11획	脯	포(脯)	포
2574 0078	1급	月肉08 총12획	腔	속 빌	강
2575 1311	1급	月肉08 총12획	腑	육부(六腑)	부
2576 1312	3급II	肉 08 총14획	腐	썩을	부
2577 1380	1급	月肉08 총12획	脾	지라	비(:)
2578 1786	2급	月肉08 총12획	腎	콩팥	신:
2579 1873	1급	月肉08 총12획	腋	겨드랑이	액
2580 2047	1급	月肉08 총12획	腕	팔뚝	완(:)
2581 2783	1급	月肉08 총12획	脹	부을	창:
2582 0127	1급	月肉09 총13획	腱	힘줄	건
2583 0569	3급II	月肉09 총13획	腦	골/ 뇌수	뇌
2584 1280	3급II	月肉09 총13획	腹	배/ 마음	복
2585 1564	1급	月肉09 총13획	腺	샘	선
2586 2069	3급	月肉09 총13획	腰	허리	요
2587 2377	4급	月肉09 총13획	腸	창자	장
2588 2590	1급	月肉09 총13획	腫	종기/ 부스럼	종:
2589 0145	1급	月肉10 총14획	膈	가슴/ 흉격	격
2590 0237	1급	月肉10 총14획	膏	기름/ 살찔	고
2591 1127	1급	月肉10 총14획	膊	팔뚝	박
2592 1182	1급	月肉10 총14획	膀	오줌통	방
2593 3061	1급	月肉10 총14획	腿	넓적다리	퇴:
2594 0342	2급	月肉11 총15획	膠	아교	교
2595 0942	2급	月肉11 총15획	膜	꺼풀	막
2596 1331	2급	月肉11 총15획	膚	살갗	부
2597 1735	1급	月肉11 총15획	膝	무릎	슬
2598 2715	1급	月肉11 총15획	膣	음도	질
2599 1561	1급	月肉12 총16획	膳	선물/ 반찬	선:
2600 2943	1급	月肉12 총16획	膵	췌장	췌:
2601 3104	1급	月肉12 총16획	膨	불을	팽
2602 0567	1급	月肉13 총17획	膿	고름	농
2603 0609	2급	月肉13 총17획	膽	쓸개	담:
2604 0711	1급	月肉13 총17획	臀	볼기	둔
2605 1397	1급	月肉13 총17획	臂	팔	비:
2606 1920	1급	月肉13 총17획	臆	가슴	억
2607 2242	1급	月肉13 총17획	膺	가슴	응:
2608 3429	1급	月肉13 총17획	膾	회(膾)	회:
2609 0748	1급	月肉15 총19획	臘	섣달	랍
2610 2367	3급II	月肉18 총22획	臟	오장	장:

쉬어가기

6획 132번	象形	臣		신하 신
2611 1785	5급II	臣 00 총06획	臣	신하	신
2612 2036	3급	臣 02 총08획	臥	누울	와:
2613 0928	3급II	臣 11 총17획	臨	임할	림

6획 133번	象形	自		스스로 자
2614 2311	7급II	自 00 총06획	自	스스로	자
2615 2951	3급	自 04 총10획	臭	냄새	취:

6획 134번	象形	至		이를 지
2616 2671	4급II	至 00 총06획	至	이를	지
2617 2967	5급	至 04 총10획	致	이를	치:
2618 0632	3급II	至 08 총14획	臺	대/ 돈대	대

6획 135번	象形	臼		절구 구
2619 0362	1급	臼 00 총06획	臼	절구	구
2620 0363	1급	臼 07 총13획	舅	시아비/ 외삼촌	구
2621 1936	4급	臼 07 총14획	與	줄/ 더불	여:
2622 3486	4급II	臼 09 총16획	興	일[盛]	흥(:)
2623 0364	5급II	臼 12 총18획	舊	예	구:

6획 136번	象形	舌		혀 설
2624 1570	4급	舌 00 총06획	舌	혀	설
2625 1436	4급II	舌 02 총08획	舍	집	사
2626 1517	2급(名)	舌 06 총12획	舒	펼	서:

6획 137번	會意	舛		어그러질 천
2627 1728	2급(名)	舛 06 총12획	舜	순임금	순
2628 1079	4급	舛 08 총14획	舞	춤출	무:

쉬어가기

6획 138번	象形	舟		배 주
2629 2606	3급	舟 00 총06획	舟	배	주
2630 1144	3급II	舟 04 총10획	般	일반/ 돌/ 반야(般若)	반
2631 3235	4급II	舟 04 총10획	航	배	항:
2632 1123	2급	舟 05 총11획	舶	배/ 큰 배	박
2633 1557	5급	舟 05 총11획	船	배	선
2634 2998	1급	舟 05 총11획	舵	키[正船木]	타
2635 2496	2급	舟 07 총13획	艇	배/ 거룻배 작은 배	정
2636 2781	1급	舟 10 총16획	艙	부두/ 선창	창
2637 3228	2급	舟 14 총20획	艦	큰 배/ 싸움배	함:

6획 139번	會意	艮		그칠/ 괘 이름 간
2638 0041	2급(名)	艮 00 총06획	艮	괘 이름/ 그칠/ 어긋날	간
2639 0760	5급II	艮 01 총07획	良	어질	량
2640 0044	1급	艮 11 총17획	艱	어려울	간

6획 140번	會意	色		빛 색
2641 1507	7급	色 00 총06획	色	빛	색
2642 1975	1급	色 13 총19획	艶	고울	염:

6획 141번	象形	艸 艹 艹		풀 초
2643 1860	2급(名)	++艸02 총06획	艾	쑥	애
2644 0968	1급	++艸03 총07획	芒	까끄라기	망
2645 2332	1급	++艸03 총07획	芍	함박꽃/ 작약	작
2646 0096	1급	++艸04 총08획	芥	겨자	개
2647 1170	3급II	++艸04 총08획	芳	꽃다울	방
2648 1301	1급	++艸04 총08획	芙	연꽃	부
2649 1338	2급(名)	++艸04 총08획	芬	향기/ 향기로울	분

번호	급수	부수/획수	한자	뜻	음
2650 / 1815	3급II	++艸04 총08획	芽	싹	아
2651 / 1993	2급(名)	++艸04 총08획	芮	성(姓)	예
2652 / 2129	2급(名)	++艸04 총08획	芸	향풀	운
2653 / 2661	2급(名)	++艸04 총08획	芝	지초	지
2654 / 2909	1급	++艸04 총10획	芻	꼴	추
2655 / 3075	1급	++艸04 총08획	芭	파초	파
2656 / 3372	7급	++艸04 총08획	花	꽃	화
2657 / 0004	1급	++艸05 총09획	苛	가혹할	가
2658 / 0226	6급	++艸05 총09획	苦	쓸[味覺]	고
2659 / 0356	3급	++艸05 총09획	苟	진실로/구차할	구
2660 / 1029	2급(名)	++艸05 총09획	茅	띠[草名]	모
2661 / 1059	3급	++艸05 총09획	苗	모/싹	묘
2662 / 1067	3급II	++艸05 총09획	茂	무성할	무
2663 / 1225	2급(名)	++艸05 총09획	范	성(姓)	범
2664 / 1887	3급II	++艸05 총09획	若	같을/반야	약/야
2665 / 1984	6급	++艸05 총09획	英	꽃부리	영
2666 / 2143	2급	++艸05 총09획	苑	나라동산	원
2667 / 3039	1급	++艸05 총09획	苔	이끼	태
2668 / 0580	3급II	++艸06 총10획	茶	차	다/차
2669 / 0969	3급	++艸06 총10획	茫	아득할/망망할	망
2670 / 1717	2급(名)	++艸06 총10획	荀	풀 이름	순
2671 / 2092	1급	++艸06 총10획	茸	풀날/녹용/우거지다	용
2672 / 2877	7급	++艸06 총10획	草	풀	초
2673 / 3309	1급	++艸06 총10획	荊	가시	형
2674 / 3413	3급II	++艸06 총10획	荒	거칠	황
2675 / 0182	1급	++艸07 총11획	莖	줄기	경
2676 / 0938	3급II	++艸07 총11획	莫	없을	막
2677 / 2041	2급(名)	++艸07 총11획	莞	왕골/빙그레할	완/환
2678 / 2359	3급II	++艸07 총11획	莊	씩씩할/장엄할/별장	장
2679 / 3190	3급II	++艸07 총11획	荷	멜/연꽃	하
2680 / 3377	4급	++艸07 총11획	華	빛날	화
2681 / 0273	2급	++艸08 총12획	菓	과자/실과(과일)	과
2682 / 0391	3급II	++艸08 총12획	菊	국화	국
2683 / 0440	3급II	++艸08 총12획	菌	버섯	균
2684 / 0654	1급	++艸08 총12획	萄	포도	도
2685 / 0756	2급(名)	++艸08 총12획	萊	명아주	래
2686 / 0900	1급	++艸08 총12획	菱	마름	릉
2687 / 0995	1급	++艸08 총12획	萌	움[芽]/싹	맹
2688 / 1267	1급	++艸08 총12획	菩	보살	보
2689 / 1708	1급	++艸08 총12획	菽	콩	숙
2690 / 2163	1급	++艸08 총12획	萎	시들	위
2691 / 2772	1급	++艸08 총12획	菖	창포	창
2692 / 2793	3급II	++艸08 총12획	菜	나물	채
2693 / 2942	1급	++艸08 총12획	萃	모을	췌
2694 / 3119	1급	++艸08 총12획	萍	부평초	평
2695 / 0055	2급	++艸09 총13획	葛	칡	갈
2696 / 0438	1급	++艸09 총13획	葵	아욱/해바라기	규
2697 / 0698	2급(名)	++艸09 총13획	董	바를[正]	동
2698 / 0731	5급	++艸09 총13획	落	떨어질	락
2699 / 0948	8급	++艸09 총13획	萬	일만	만

번호	급수	부수/획수	한자	뜻	음
2700 1889	1급	++艸09 총13획	蒻	꽃 밥	약
2701 1977	5급	++艸09 총13획	葉	잎	엽
2702 2378	3급II	++艸09 총13획	葬	장사지낼	장:
2703 2407	3급II	++艸09 총13획	著	나타날/ 분명할	저:
2704 2652	1급	++艸09 총13획	葺	기울	즙
2705 3149	2급(名)	++艸09 총13획	葡	포도	포
2706 0105	3급II	++艸10 총14획	蓋	덮을	개(:)
2707 1053	3급II	++艸10 총14획	蒙	어두울/ 입을/ 몽골	몽
2708 1454	1급	++艸10 총14획	蓑	도롱이	사
2709 1693	1급	++艸10 총14획	蒐	모을	수
2710 2097	1급	++艸10 총14획	蓉	연꽃/ 부용	용
2711 2658	3급II	++艸10 총14획	蒸	찔	증
2712 2778	3급II	++艸10 총14획	蒼	푸를	창
2713 2925	4급II	++艸10 총14획	蓄	모을/ 쌓을	축
2714 3150	1급	++艸10 총14획	蒲	부들	포
2715 0792	3급II	++艸11 총15획	蓮	연꽃/ 연밥	련
2716 0953	1급	++艸11 총15획	蔓	덩굴	만
2717 1011	2급	++艸11 총15획	蔑	업신여길	멸
2718 1296	2급(名)	++艸11 총15획	蓬	쑥	봉
2719 1476	2급	++艸11 총15획	蔘	삼	삼
2720 2136	2급(名)	++艸11 총15획	蔚	고을이름	울
2721 2235	1급	++艸11 총15획	蔭	그늘/ 덕택	음
2722 2329	1급	++艸11 총15획	蔗	사탕수수	자
2723 2362	2급(名)	++艸11 총15획	蔣	성(姓)/ 줄(식물)	장
2724 2796	2급(名)	++艸11 총15획	蔡	성(姓)/ 거북	채:
2725 1078	1급	++艸12 총16획	蕪	거칠	무
2726 1210	1급	++艸12 총16획	蕃	불을/ 무성할	번
2727 1626	3급	++艸12 총16획	蔬	나물	소
2728 2880	1급	++艸12 총16획	蕉	파초	초
2729 3031	1급	++艸12 총16획	蕩	방탕할/ 쓸어버릴	탕:
2730 3126	3급	++艸12 총16획	蔽	덮을	폐:
2731 0091	1급	++艸13 총17획	薑	생강	강
2732 1101	1급	++艸13 총17획	薇	장미	미
2733 1129	3급II	++艸13 총17획	薄	엷을	박
2734 1579	2급(名)	++艸13 총17획	薛	성(姓)	설
2735 1636	1급	++艸13 총17획	蕭	쓸쓸할/ 맑은대쑥	소
2736 1798	1급	++艸13 총17획	薪	섶/ 섶나무	신
2737 2380	1급	++艸13 총17획	薔	장미	장
2738 2827	3급	++艸13 총17획	薦	천거할	천:
2739 0744	2급	++艸14 총18획	藍	쪽	람
2740 1473	1급	++艸14 총18획	薩	보살	살
2741 1534	1급	++艸14 총18획	薯	감자	서:
2742 2330	1급	++艸14 총18획	藉	깔/ 핑계할	자:
2743 2366	3급II	++艸14 총18획	藏	감출	장:
2744 3457	2급(名)	++艸14 총18획	薰	향풀	훈
2745 0718	2급	++艸15 총19획	藤	등나무	등
2746 1211	1급	++艸15 총19획	藩	울타리/ 덮을	번
2747 1891	6급II	++艸15 총19획	藥	약	약
2748 2002	4급II	++艸15 총19획	藝	재주	예:
2749 0283	1급	++艸16 총20획	藿	콩잎/ 미역	곽

2750 0833	2급(名)	++艸16 총20획	蘆	갈대	로		2773 2887	2급(名)	虫 07 총13획	蜀	나라이름	촉
2751 1629	3급II	++艸16 총20획	蘇	되살아날/깨어날	소		2774 1114	3급	虫 08 총14획	蜜	꿀	밀
2752 2027	1급	++艸16 총20획	蘊	쌓을	온		2775 1388	1급	虫 08 총14획	蜚	바퀴/날[飛]	비
2753 2572	1급	++艸16 총20획	藻	마름	조		2776 1773	1급	虫 09 총15획	蝕	좀먹을	식
2754 0738	3급II	++艸17 총21획	蘭	난초	란		2777 2039	1급	虫 09 총15획	蝸	달팽이	와
6획 142번	象形		虍	범 호			2778 2474	3급	虫 09 총15획	蝶	나비	접
2755 3333	3급II	虍 02 총08획	虎	범/호랑이	호(:)		2779 3195	1급	虫 09 총15획	蝦	새우/두꺼비	하
2756 3197	2급	虍 03 총09획	虐	모질/사나울	학		2780 1021	1급	虫 10 총16획	螟	멸구/마디충	명
2757 0129	1급	虍 04 총10획	虔	공경할	건		2781 2223	2급	虫 10 총16획	融	녹을/화할	융
2758 2804	4급II	虍 05 총11획	處	곳/살	처:		2782 3317	3급	虫 10 총16획	螢	반딧불	형
2759 3269	4급II	虍 06 총12획	虛	빌	허		2783 0618	1급	虫 11 총17획	螳	버마재비(사마귀)	당
2760 0830	1급	虍 07 총13획	虜	사로잡을/포로	로		2784 0722	1급	虫 11 총17획	螺	소라	라
2761 2120	1급	虍 07 총13획	虞	염려할/나라이름	우		2785 2990	1급	虫 11 총17획	蟄	숨을/겨울 잠잘	칩
2762 3335	6급	虍 07 총13획	號	이름	호(:)		2786 1151	1급	虫 12 총18획	蟠	서릴	반
6획 143번	象形		虫	벌레 충			2787 2940	4급II	虫 12 총18획	蟲	벌레	충
2763 3367	1급	虫 03 총09획	虹	무지개	홍		2788 1583	2급(名)	虫 13 총19획	蟾	두꺼비	섬
2764 1086	1급	虫 04 총10획	蚊	모기	문		2789 0749	1급	虫 15 총21획	蠟	밀	랍
2765 2286	1급	虫 04 총10획	蚓	지렁이	인		2790 2644	1급	虫 15 총21획	蠢	꾸물거릴	준:
2766 0589	1급	虫 05 총11획	蛋	새알	단:		2791 2350	2급	虫 18 총24획	蠶	누에	잠
2767 1449	3급II	虫 05 총11획	蛇	긴 뱀	사		2792 0958	2급	虫 19 총25획	蠻	오랑캐	만
2768 0332	1급	虫 06 총12획	蛟	교룡(蛟龍)	교		6획 144번	會意		血	피 혈	
2769 3231	1급	虫 06 총12획	蛤	조개/대합조개	합		2793 3296	4급II	血 00 총06획	血	피	혈
2770 3421	1급	虫 06 총12획	蛔	회충	회		2794 2648	4급II	血 06 총12획	衆	무리	중:
2771 1294	3급	虫 07 총13획	蜂	벌	봉		6획 145번	象形		行	다닐 행	
2772 1795	1급	虫 07 총13획	蜃	큰 조개/무명조개	신		2795 3258	6급	行 00 총06획	行	다닐 l 항렬(行列)	행(:) 항

번호	급수	부수/획수	한자	훈	음
2796 1951	2급(名)	行 03 총09획	衍	넓을/ 퍼질/ 넘칠	연
2797 1732	6급II	行 05 총11획	術	재주	술
2798 3286	1급	行 05 총11획	衒	자랑할	현
2799 0016	4급II	行 06 총12획	街	거리	가(:)
2800 1825	1급	行 07 총13획	衙	마을[官廳]	아
2801 2173	4급II	行 09 총15획	衛	지킬	위
2802 2939	3급II	行 09 총15획	衝	찌를/ 부딪칠	충
2803 3314	3급II	行 10 총16획	衡	저울대	형
2804 0388	1급	行 18 총24획	衢	네거리	구
6획 146번	象形	衣 衤		(옷의변) 옷 의	
2805 2244	6급	衣 00 총06획	衣	옷	의
2806 3160	6급II	衣 02 총08획	表	겉	표
2807 0461	1급	衣 04 총09획	衾	이불	금
2808 0546	1급	衤衣04 총09획	衲	기울[縫]	납
2809 1023	1급	衤衣04 총09획	袂	소매	몌
2810 1659	3급II	衣 04 총10획	衰	쇠할	쇠
2811 2151	2급(名)	衣 04 총10획	袁	성(姓)/ 옷 길	원
2812 2938	2급	衣 04 총10획	衷	속마음/ 정성	충
2813 0012	1급	衣 05 총11획	袈	가사(袈裟)	가
2814 0254	1급	衣 05 총11획	袞	곤룡포	곤:
2815 0626	1급	衣 05 총11획	袋	자루	대
2816 1677	1급	衤衣05 총10획	袖	소매	수
2817 3138	1급	衤衣05 총10획	袍	도포	포
2818 3177	3급II	衤衣05 총10획	被	입을	피:
2819 0240	1급	衤衣06 총11획	袴	바지	고
2820 0803	3급II	衣 06 총12획	裂	찢어질	렬
2821 2390	3급II	衣 06 총12획	裁	옷 마를/ 마름질	재
2822 0909	1급	衤衣07 총12획	裡	속	리:
2823 0910	3급II	衣 07 총13획	裏	속	리:
2824 1261	3급II	衤衣07 총12획	補	기울/ 도울	보:
2825 1995	1급	衣 07 총13획	裔	후손	예:
2826 2207	3급II	衤衣07 총12획	裕	넉넉할	유:
2827 2360	4급	衣 07 총13획	裝	꾸밀	장
2828 0721	2급	衣 08 총13획	裸	벗을/ 벌거벗을	라:
2829 1197	2급(名)	衣 08 총14획	裵	성(姓)	배
2830 1381	1급	衣 08 총13획	裨	도울	비
2831 1486	3급II	衣 08 총14획	裳	치마	상
2832 2520	4급II	衣 08 총14획	製	지을	제:
2833 0057	1급	衤衣09 총14획	褐	갈색/ 굵은베	갈
2834 1281	4급	衤衣09 총14획	複	겹칠	복
2835 3152	1급	衣 09 총15획	襃	기릴 褒(本字)	포
2836 3062	1급	衤衣10 총15획	褪	바랠[褪色]	퇴:
2837 1903	2급(名)	衣 11 총17획	襄	도울	양(:)
2838 0468	1급	衤衣13 총18획	襟	옷깃	금:
2839 0963	1급	衤衣15 총20획	襪	버선	말
2840 1739	3급II	衣 16 총22획	襲	엄습할	습
6획 147번	象形	襾		덮을 아	
2841 1514	8급	襾 00 총06획	西	서녘	서
2842 2068	5급II	襾 03 총09획	要	요긴할/ 구할	요(:)
2843 1279	3급II	襾 12 총18획	覆	다시/ 뒤집힐 / 덮을	복 부

7획 148번	會意	見		볼 견	
2844 0151	5급II	見 00 총07획	見	볼|뵈올	견:현:
2845 0434	5급	見 04 총11획	規	법	규
2846 0997	2급(名)	見 04 총11획	覓	찾을	멱
2847 1752	4급II	見 05 총12획	視	볼	시:
2848 0146	1급	見 07 총14획	覡	박수[男巫]	격
2849 2979	6급	見 09 총16획	親	친할	친
2850 0457	1급	見 11 총18획	覲	뵐	근
2851 0033	4급	見 13 총20획	覺	깨달을	각
2852 0746	4급	見 14 총21획	覽	볼	람
2853 0297	5급II	見 18 총25획	觀	볼	관

7획 149번	象形	角		뿔 각	
2854 0027	6급II	角 00 총07획	角	뿔	각
2855 2401	1급	角 05 총12획	觝	씨름/닥뜨릴	저:
2856 3253	4급II	角 06 총13획	解	풀	해:
2857 1505	1급	角 11 총18획	觴	잔	상
2858 2889	3급II	角 13 총20획	觸	닿을	촉

7획 150번	會意	言		말씀 언	
2859 1921	6급	言 00 총07획	言	말씀	언
2860 0211	6급II	言 02 총09획	計	셀	계:
2861 1319	1급	言 02 총09획	訃	부고(訃告)	부:
2862 2479	3급	言 02 총09획	訂	바로잡을	정
2863 0483	7급II	言 03 총10획	記	기록할	기
2864 1790	1급	言 03 총10획	訊	물을	신:
2865 3005	2급	言 03 총10획	託	부탁할	탁
2866 3053	4급	言 03 총10획	討	칠	토(:)
2867 3368	1급	言 03 총10획	訌	어지러울/무너질	홍
2868 3452	6급	言 03 총10획	訓	가르칠	훈:
2869 0163	3급II	言 04 총11획	訣	이별할	결
2870 0572	1급	言 04 총11획	訥	말더듬거릴	눌
2871 1178	4급II	言 04 총11획	訪	찾을	방:
2872 1576	4급II	言 04 총11획	設	베풀	설
2873 1650	3급II	言 04 총11획	訟	송사할	송:
2874 1816	1급	言 04 총11획	訝	의심할/맞을	아
2875 2037	1급	言 04 총11획	訛	그릇될	와:
2876 3268	5급	言 04 총11획	許	허락할	허
2877 1451	3급	言 05 총12획	詐	속일	사
2878 1422	3급II	言 05 총12획	詞	말/글	사
2879 1627	3급II	言 05 총12획	訴	호소할/하소연할	소
2880 1981	3급	言 05 총12획	詠	읊을	영:
2881 2405	1급	言 05 총12획	詛	저주할	저:
2882 2562	1급	言 05 총12획	詔	조서/고할	조:
2883 2604	1급	言 05 총12획	註	글 뜻 풀/주낼	주:
2884 2696	2급	言 05 총12획	診	진찰할/볼/맥보다	진
2885 3118	4급	言 05 총12획	評	평할/평론할	평:
2886 0278	3급II	言 06 총13획	誇	자랑할	과:
2887 0421	1급	言 06 총13획	詭	속일	궤:
2888 1492	3급II	言 06 총13획	詳	자세할	상
2889 1756	4급II	言 06 총13획	詩	시	시
2890 1766	4급II	言 06 총13획	試	시험	시(:)

번호	급수	부수/획수	한자	훈	음
2891 1994	1급	言 06 총13획	詣	이를[至]	예
2892 2612	1급	言 06 총13획	誅	벨	주
2893 3244	3급	言 06 총13획	該	갖출[備]/ 마땅[當]/ 그	해
2894 3381	7급II	言 06 총13획	話	말씀	화
2895 3500	1급	言 06 총13획	詰	꾸짖을	힐
2896 1070	1급	言 07 총14획	誣	속일	무
2897 1526	3급	言 07 총14획	誓	맹세할	서
2898 1578	5급II	言 07 총14획	說	말씀 ǀ 달랠	설 세
2899 1593	4급II	言 07 총14획	誠	정성	성
2900 1654	3급	言 07 총14획	誦	욀	송
2901 1912	7급	言 07 총14획	語	말씀	어
2902 2014	4급II	言 07 총14획	誤	그르칠	오
2903 2210	3급II	言 07 총14획	誘	꾈	유
2904 2284	4급II	言 07 총14획	認	알[知]	인
2905 2678	4급	言 07 총14획	誌	기록할	지
2906 3015	3급	言 07 총14획	誕	낳을/ 거짓	탄
2907 3424	1급	言 07 총14획	誨	가르칠	회
2908 0274	5급II	言 08 총15획	課	공부할/ 과정/ 매길	과
2909 0602	5급	言 08 총15획	談	말씀	담
2910 0766	3급	言 08 총15획	諒	살펴 알/ 믿을	량
2911 0842	4급II	言 08 총15획	論	논할	론
2912 1391	1급	言 08 총15획	誹	헐뜯을	비
2913 1696	3급	言 08 총15획	誰	누구	수
2914 2203	1급	言 08 총15획	諛	아첨할	유
2915 2228	2급(名)	言 08 총15획	誾	향기/ 온화할	은
2916 2248	1급	言 08 총15획	誼	정(情)/ 옳을	의
2917 2549	5급II	言 08 총15획	調	고를	조
2918 2841	1급	言 08 총15획	諂	아첨할	첨
2919 2854	4급II	言 08 총15획	請	청할	청
2920 0048	1급	言 09 총16획	諫	간할	간
2921 0538	3급II	言 09 총16획	諾	허락할	낙/락
2922 1035	3급II	言 09 총16획	謀	꾀/ 꾀할	모
2923 1767	1급	言 09 총16획	諡	시호	시
2924 1843	3급	言 09 총16획	謁	뵐/ 아뢸	알
2925 1923	1급	言 09 총16획	諺	언문/속담/ 상말	언
2926 2168	3급II	言 09 총16획	謂	이를	위
2927 2199	1급	言 09 총16획	諭	타이를/ 깨우칠	유
2928 2321	2급	言 09 총16획	諮	물을	자
2929 2533	3급II	言 09 총16획	諸	모두/ 모든	제
2930 2849	2급	言 09 총16획	諜	염탐할	첩
2931 2863	1급	言 09 총16획	諦	살필	체
2932 3171	1급	言 09 총16획	諷	풍자할/ 욀	풍
2933 3199	1급	言 09 총16획	謔	희롱할	학
2934 3252	1급	言 09 총16획	諧	화할	해
2935 3466	1급	言 09 총16획	諱	숨길/ 꺼릴	휘
2936 0093	4급II	言 10 총17획	講	욀/ 익힐	강
2937 0167	3급II	言 10 총17획	謙	겸손할	겸
2938 0719	2급	言 10 총17획	謄	베낄	등
2939 1115	1급	言 10 총17획	謐	고요할	밀
2940 1183	1급	言 10 총17획	謗	헐뜯을	방

번호	급수	부수/획수	한자	훈	음
2941 1444	4급II	言 10 총17획	謝	사례할	사
2942 2075	4급II	言 10 총17획	謠	노래	요
2943 0378	1급	言 11 총18획	謳	노래할	구
2944 0458	3급	言 11 총18획	謹	삼갈	근
2945 0880	2급	言 11 총18획	謬	그르칠	류
2946 1042	2급(名)	言 11 총18획	謨	꾀	모
2947 2424	1급	言 11 총18획	謫	귀양 갈	적
2948 0524	1급	言 12 총19획	譏	비웃을/ 나무랄	기
2949 0604	1급	言 12 총19획	譚	클/ 말씀	담
2950 1270	3급II	言 12 총19획	譜	족보	보
2951 1779	5급II	言 12 총19획	識	알 | 기록할	식 지
2952 2659	4급	言 12 총19획	證	증거	증
2953 0197	4급II	言 13 총20획	警	깨우칠/ 경계할	경
2954 1398	1급	言 13 총20획	譬	비유할	비
2955 1945	3급II	言 13 총20획	譯	번역할	역
2956 2253	4급II	言 13 총20획	議	의논할	의
2957 0159	1급	言 14 총21획	譴	꾸짖을	견
2958 2003	3급II	言 14 총21획	譽	기릴/ 명예	예
2959 3350	4급II	言 14 총21획	護	도울/ 보호할	호
2960 0678	6급II	言 15 총22획	讀	읽을 | 구절	독 두
2961 1242	5급II	言 16 총23획	變	변할	변
2962 1697	1급	言 16 총23획	讐	원수	수
2963 1908	3급II	言 17 총24획	讓	사양할	양
2964 2765	1급	言 17 총24획	讖	예언	참
2965 2766	1급	言 17 총24획	讒	참소할	참
2966 2751	4급	言 19 총26획	讚	기릴	찬
7획 151번	象形		谷	골 곡	
2967 0245	3급II	谷 00 총07획	谷	골	곡
7획 152번	象形		豆	콩 두	
2968 0704	4급II	豆 00 총07획	豆	콩	두
2969 0516	3급	豆 03 총10획	豈	어찌	기
2970 3172	4급II	豆 06 총13획	豊	풍년 특급 豐	풍
7획 153번	象形		豕	돼지 시	
2971 0681	3급	豕 04 총11획	豚	돼지	돈
2972 1502	4급	豕 05 총12획	象	코끼리/ 꼴/ 모양	상
2973 3346	3급II	豕 07 총14획	豪	호걸	호
2974 1997	4급	豕 09 총16획	豫	미리	예
2975 2409	1급	豕 09 총16획	豬	돼지	저
7획 154번	象形		豸	(갖은 돼지 시) 발 없는 벌레 치/ 해태 태	
2976 1762	1급	豸 03 총10획	豺	승냥이	시
2977 3159	1급	豸 03 총10획	豹	표범	표
2978 2870	1급	豸 05 총12획	貂	담비	초
2979 0991	2급(名)	豸 06 총13획	貊	맥국(貊國)/ 종족이름	맥
2980 1043	3급II	豸 07 총14획	貌	모양/ 얼굴	모
7획 155번	象形		貝	조개 패	
2981 3094	3급	貝 00 총07획	貝	조개	패
2982 1317	4급	貝 02 총09획	負	질[荷]	부
2983 2500	3급II	貝 02 총09획	貞	곧을	정
2984 0261	3급II	貝 03 총10획	貢	바칠	공
2985 2384	5급II	貝 03 총10획	財	재물	재

2986 0291	3급II	貝 04 총11획	貫	꿸	관(:)		3011 1202	2급	貝 08 총15획	賠	물어줄	배:
2987 1399	4급II	貝 04 총11획	貧	가난할	빈		3012 1332	3급II	貝 08 총15획	賦	부세(賦稅)/ 조세/ 구실	부:
2988 2799	5급II	貝 04 총11획	責	꾸짖을	책		3013 1455	3급	貝 08 총15획	賜	줄	사:
2989 3026	3급	貝 04 총11획	貪	탐낼/ 탐할	탐		3014 1487	5급	貝 08 총15획	賞	상줄	상
2990 3090	3급	貝 04 총11획	販	팔[賣]	판		3015 2718	5급II	貝 08 총15획	質	바탕	질
2991 3373	4급II	貝 04 총11획	貨	재물	화:		3016 2822	3급II	貝 08 총15획	賤	천할	천:
2992 0425	5급	貝 05 총12획	貴	귀할	귀:		3017 3291	4급II	貝 08 총15획	賢	어질	현
2993 0627	3급II	貝 05 총12획	貸	빌릴/ 뀔	대:		3018 0662	1급	貝 09 총16획	賭	내기/ 걸	도
2994 0985	5급	貝 05 총12획	買	살	매:		3019 0852	3급II	貝 09 총16획	賴	의뢰할/ 힘입을	뢰:
2995 1074	3급II	貝 05 총12획	貿	무역할/ 바꿀	무:		3020 0384	2급	貝 10 총17획	購	살	구
2996 1377	5급	貝 05 총12획	費	쓸	비:		3021 1329	1급	貝 10 총17획	賻	부의(賻儀)	부:
2997 1602	2급	貝 05 총12획	貰	세놓을/ 세낼	세:		3022 2944	1급	貝 11 총18획	贅	혹	췌:
2998 2259	2급	貝 05 총12획	貳	두/ 갖은 두	이:		3023 2657	3급	貝 12 총19획	贈	줄[送]	증
2999 2406	5급	貝 05 총12획	貯	쌓을	저:		3024 2749	3급II	貝 12 총19획	贊	도울	찬:
3000 2846	1급	貝 05 총12획	貼	붙일	첩		3025 1644	1급	貝 15 총22획	贖	속죄할	속
3001 3115	1급	貝 05 총12획	貶	낮출	폄:		7획 156번	會意		赤	붉을 적	
3002 3192	3급II	貝 05 총12획	賀	하례할	하:		3026 2411	5급	赤 00 총07획	赤	붉을	적
3003 0022	2급 (名)	貝 06 총13획	賈	성(姓) | 장사	가 고		3027 1447	2급	赤 04 총11획	赦	용서할	사:
3004 0850	1급	貝 06 총13획	賂	뇌물	뢰		3028 3279	2급 (名)	赤 07 총14획	赫	빛날/ 붉을	혁
3005 2303	3급II	貝 06 총13획	賃	품삯/ 품팔이	임:		7획 157번	會意		走	달릴 주	
3006 2320	4급	貝 06 총13획	資	재물/ 밑천	자		3029 2613	4급II	走 00 총07획	走	달릴	주
3007 2418	4급	貝 06 총13획	賊	도둑	적		3030 1318	3급	走 02 총09획	赴	다다를[趨而至]/ 나아갈[趨]	부:
3008 3426	1급	貝 06 총13획	賄	재물/ 뇌물	회:		3031 0484	4급II	走 03 총10획	起	일어날	기
3009 1401	3급	貝 07 총14획	賓	손/ 손님	빈		3032 2159	3급II	走 05 총12획	越	넘을	월
3010 0986	5급	貝 08 총15획	賣	팔	매(:)		3033 2871	3급II	走 05 총12획	超	뛰어넘을	초

- 345 -

번호	급수	부수/획수	한자	뜻	음
3034 / 2567	2급(名)	走 07 총14획	趙	나라 이름	조
3035 / 2950	4급	走 08 총15획	趣	뜻/ 취미/ 달릴	취
3036 / 2911	2급	走 10 총17획	趨	달아날	추
7획 158번	象形		足	발 족	
3037 / 2574	7급II	足 00 총07획	足	발	족
3038 / 0115	3급II	足 05 총12획	距	상거할/ 떨어질	거
3039 / 1155	1급	足 05 총12획	跋	밟을	발
3040 / 2711	1급	足 05 총12획	跌	거꾸러질/ 넘어질	질
3041 / 3041	1급	足 05 총12획	跆	밟을	태
3042 / 3081	1급	足 05 총12획	跛	절름발이 | 비스듬히 설	파/피
3043 / 0646	3급	足 06 총13획	跳	뛸	도
3044 / 0827	6급	足 06 총13획	路	길	로
3045 / 2415	3급II	足 06 총13획	跡	발자취	적
3046 / 2087	1급	足 07 총14획	踊	뛸	용
3047 / 0611	3급II	足 08 총15획	踏	밟을	답
3048 / 2585	1급	足 08 총15획	踪	자취/ 발자취	종
3049 / 2823	3급II	足 08 총15획	踐	밟을	천
3050 / 2198	2급(名)	足 09 총16획	踰	넘을	유
3051 / 2190	1급	足 09 총16획	蹂	밟을	유
3052 / 2523	1급	足 09 총16획	蹄	굽	제
3053 / 2592	1급	足 09 총16획	踵	발꿈치	종
3054 / 0667	1급	足 10 총17획	蹈	밟을	도
3055 / 2734	1급	足 10 총17획	蹉	미끄러질/ 넘어질	차
3056 / 2427	3급II	足 11 총18획	蹟	자취/ 사적(史蹟)	적
3057 / 0417	1급	足 12 총19획	蹶	일어설/ 넘어질	궐
3058 / 2930	2급	足 12 총19획	蹴	찰	축
3059 / 2410	1급	足 13 총20획	躇	머뭇거릴	저
3060 / 2573	1급	足 13 총20획	躁	조급할/ 성급할	조
3061 / 1892	3급	足 14 총21획	躍	뛸	약
3062 / 2629	1급	足 14 총21획	躊	머뭇거릴	주
3063 / 0925	1급	足 20 총27획	躪	짓밟을	린
7획 159번	象形		身	몸 신	
3064 / 1787	6급II	身 00 총07획	身	몸	신
3065 / 0403	1급	身 03 총10획	躬	몸	궁
3066 / 0379	1급	身 11 총18획	軀	몸	구
7획 160번	象形		車	수레 거(차)	
3067 / 0117	7급II	車 00 총07획	車	수레 | 수레	거/차
3068 / 1841	1급	車 01 총08획	軋	삐걱거릴	알
3069 / 0397	8급	車 02 총09획	軍	군사	군
3070 / 0420	3급	車 02 총09획	軌	바퀴자국/ 굴대	궤
3071 / 3272	3급	車 03 총10획	軒	집/ 처마	헌
3072 / 1956	3급II	車 04 총11획	軟	연할	연
3073 / 0007	2급(名)	車 05 총12획	軻	수레/ 사람이름	가
3074 / 2927	2급	車 05 총12획	軸	굴대	축
3075 / 0333	3급II	車 06 총13획	較	견줄/ 비교할	교
3076 / 1770	2급(名)	車 06 총13획	軾	수레가로나무	식
3077 / 2391	3급II	車 06 총13획	載	실을	재
3078 / 0185	5급	車 07 총14획	輕	가벼울	경
3079 / 0947	1급	車 07 총14획	輓	끌/ 애도할	만
3080 / 1262	2급(名)	車 07 총14획	輔	도울	보

번호	급수	부수/획수	한자	훈	음
3081 0763	2급	車 08 총15획	輛	수레	량
3082 0793	1급	車 08 총15획	輦	가마/ 수레	련
3083 0889	4급	車 08 총15획	輪	바퀴	륜
3084 1198	3급II	車 08 총15획	輩	무리	배
3085 3463	3급	車 08 총15획	輝	빛날	휘
3086 1277	1급	車 09 총16획	輻	바퀴살	복/폭
3087 1700	3급II	車 09 총16획	輸	보낼/ 나를	수
3088 2723	2급	車 09 총16획	輯	모을	집
3089 2622	1급	車 09 총16획	輳	몰려들	주
3090 1937	3급	車 10 총17획	輿	수레	여
3091 2441	1급	車 10 총17획	輾	돌아누울	전
3092 3217	1급	車 10 총17획	轄	다스릴	할
3093 2444	4급	車 11 총18획	轉	구를	전
3094 0340	1급	車 12 총19획	轎	가마	교
3095 2836	1급	車 12 총19획	轍	바퀴자국	철
3096 0323	1급	車 14 총21획	轟	울릴/ 수레소리	굉

7획 161번	象形		辛	매울 신	
3097 1788	3급	辛 00 총07획	辛	매울	신
3098 0227	1급	辛 05 총12획	辜	허물	고
3099 0742	1급	辛 07 총14획	辣	매울	랄
3100 1239	3급	辛 09 총16획	辨	분별할	변
3101 3091	1급	辛 09 총16획	辦	힘들일/ 힘쓸	판
3102 1458	4급	辛 12 총19획	辭	말씀	사
3103 1240	4급	辛 14 총21획	辯	말씀/ 말 잘할	변

쉬어가기

7획 162번	象形		辰	별 때	진 신
3104 2690	3급II	辰 00 총07획	辰	별/ 다섯째지지/ 때	진 신
3105 2081	3급II	辰 03 총10획	辱	욕될	욕
3106 0565	7급II	辰 06 총13획	農	농사	농

7획 163번	會意		邑阝	(우부방) 고을 읍	
3107 2237	7급	邑 00 총07획	邑	고을	읍
3108 2030	2급(名)	邑 03 총10획	邕	막힐[壅]/ 화락할[雍]	옹
3109 0533	3급	阝邑 04 총07획	那	어찌	나
3110 1184	3급	阝邑 04 총07획	邦	나라	방
3111 1428	3급II	阝邑 04 총07획	邪	간사할	사
3112 3311	2급(名)	阝邑 04 총07획	邢	성(姓)/ 나라이름	형
3113 0361	2급(名)	阝邑 05 총08획	邱	언덕/ 땅이름	구
3114 1611	2급(名)	阝邑 05 총08획	邵	고을이름/ 성(姓)	소
3115 2400	1급	阝邑 05 총08획	邸	집	저
3116 3207	2급(名)	阝邑 05 총08획	邯	조(趙)나라 서울/ 사람이름	한 감
3117 0328	3급	阝邑 06 총09획	郊	들[野]/ 성 밖	교
3118 2124	2급(名)	阝邑 06 총09획	郁	성할	욱
3119 0394	6급	阝邑 07 총10획	郡	고을	군
3120 0752	3급II	阝邑 07 총10획	郞	사내	랑
3121 0280	3급	阝邑 08 총11획	郭	둘레/ 외성	곽
3122 1321	6급II	阝邑 08 총11획	部	떼/ 거느릴	부
3123 2119	4급	阝邑 08 총11획	郵	우편/ 역참	우
3124 0658	5급	阝邑 09 총12획	都	도읍	도
3125 2910	2급(名)	阝邑 10 총13획	鄒	추나라	추
3126 3264	4급II	阝邑 10 총13획	鄕	시골	향

번호	급수	부수/획수	한자	훈	음
3127 1396	1급	阝邑 11 총14획	鄙	더러울	비ː
3128 0715	2급(名)	阝邑 12 총15획	鄧	나라이름	등ː
3129 2514	2급(名)	阝邑 12 총15획	鄭	나라	정ː

7획 164번 / 象形 / 酉 / 닭 유

번호	급수	부수/획수	한자	훈	음
3130 2185	3급	酉 00 총07획	酉	닭/10째지지	유
3131 2478	1급	酉 02 총09획	酊	술 취할	정
3132 2905	1급	酉 02 총09획	酋	우두머리	추
3133 1193	4급II	酉 03 총10획	配	나눌/짝	배ː
3134 2334	3급	酉 03 총10획	酌	술 부을/잔질할	작
3135 2623	4급	酉 03 총10획	酒	술	주(ː)
3136 0730	1급	酉 06 총13획	酪	쇠젖/진한유즙	락
3137 1014	1급	酉 06 총13획	酩	술 취할	명ː
3138 1689	1급	酉 06 총13획	酬	갚을/술 권할	수
3139 1468	2급	酉 07 총14획	酸	실[味覺]/초(醋)	산
3140 3353	2급	酉 07 총14획	酷	심할/독할	혹
3141 3438	1급	酉 07 총14획	酵	삭힐/술밑	효ː
3142 1725	1급	酉 08 총15획	醇	전국술/순후할	순
3143 2885	1급	酉 08 총15획	醋	초	초
3144 2955	3급II	酉 08 총15획	醉	취할/술 취할	취ː
3145 1597	1급	酉 09 총16획	醒	깰/술 깰	성
3146 2921	3급	酉 10 총17획	醜	추할	추
3147 2257	6급	酉 11 총18획	醫	의원	의
3148 2365	1급	酉 11 총18획	醬	장	장ː
3149 1163	1급	酉 12 총19획	醱	술 괼	발
3150 3323	1급	酉 12 총19획	醯	식혜/초	혜
3151 0121	1급	酉 13 총20획	醵	추렴할	거ː갹
3152 0823	2급(名)	酉 13 총20획	醴	단술[甘酒]	례ː
3153 1907	1급	酉 17 총24획	釀	술빚을	양

7획 165번 / 象形 / 釆 / 분별할 변

번호	급수	부수/획수	한자	훈	음
3154 2789	2급(名)	釆 01 총08획	采	풍채/캘/채지(采地)	채ː
3155 1549	3급II	釆 13 총20획	釋	풀	석

7획 166번 / 會意 / 里 / 마을 리

번호	급수	부수/획수	한자	훈	음
3156 0906	7급	里 00 총07획	里	마을	리ː
3157 2647	7급	里 02 총09획	重	무거울/거듭	중ː
3158 1885	6급	里 04 총11획	野	들[坪]	야ː
3159 0770	5급	里 05 총12획	量	헤아릴	량
3160 0911	1급	里 11 총18획	釐	다스릴	리

8획 167번 / 象形 / 金 / 쇠 금

번호	급수	부수/획수	한자	훈	음
3161 0463	8급	金 00 총08획	金	쇠/성(姓)	금 김
3162 1304	2급(名)	金 02 총10획	釜	가마[鬴]	부
3163 2480	1급	金 02 총10획	釘	못	정
3164 2988	4급	金 02 총10획	針	바늘/침	침(ː)
3165 2560	2급	金 03 총11획	釣	낚을/낚시	조ː
3166 2817	2급(名)	金 03 총11획	釧	팔찌	천
3167 0709	3급	金 04 총12획	鈍	둔할/무딜	둔ː
3168 2217	2급(名)	金 04 총12획	鈗	창/병기	윤
3169 0075	2급(名)	金 05 총13획	鉀	갑옷	갑
3170 0358	1급	金 05 총13획	鉤	갈고리	구
3171 0814	1급	金 05 총13획	鈴	방울	령
3172 1164	2급(名)	金 05 총13획	鉢	바리때	발

번호	급수	부수/획수	한자	뜻	음
3173 / 1950	4급	金 05 / 총13획	鉛	납	연
3174 / 2022	2급(名)	金 05 / 총13획	鈺	보배/ 단단한 쇠	옥
3175 / 3287	2급(名)	金 05 / 총13획	鉉	솥 귀	현
3176 / 0693	4급II	金 06 / 총14획	銅	구리	동
3177 / 1015	3급II	金 06 / 총14획	銘	새길	명
3178 / 1552	1급	金 06 / 총14획	銑	무쇠	선
3179 / 1676	2급(名)	金 06 / 총14획	銖	저울눈 한 냥(兩)의 1/24, 1.56g	수
3180 / 2225	6급	金 06 / 총14획	銀	은	은
3181 / 2433	1급	金 06 / 총14획	銓	사람가릴/ 저울질할	전(:)
3182 / 2895	4급II	金 06 / 총14획	銃	총	총
3183 / 3226	1급	金 06 / 총14획	銜	재갈	함
3184 / 1295	1급	金 07 / 총15획	鋒	칼날/ 칼끝	봉
3185 / 1999	3급	金 07 / 총15획	銳	날카로울	예
3186 / 3151	2급	金 07 / 총15획	鋪	펼/ 가게	포
3187 / 0083	3급II	金 08 / 총16획	鋼	강철	강
3188 / 0223	1급	金 08 / 총16획	錮	막을	고
3189 / 0464	3급II	金 08 / 총16획	錦	비단	금:
3190 / 0841	4급II	金 08 / 총16획	錄	기록할	록
3191 / 1548	2급(名)	金 08 / 총16획	錫	주석	석
3192 / 2396	1급	金 08 / 총16획	錚	쇳소리	쟁
3193 / 2453	4급	金 08 / 총16획	錢	돈	전:
3194 / 2499	1급	金 08 / 총16획	錠	덩이	정
3195 / 2740	3급II	金 08 / 총16획	錯	어긋날/ 섞일	착
3196 / 2920	1급	金 08 / 총16획	錘	저울추	추
3197 / 2917	1급	金 08 / 총16획	錐	송곳	추
3198 / 0128	2급(名)	金 09 / 총17획	鍵	자물쇠/ 열쇠	건:
3199 / 0587	2급	金 09 / 총17획	鍛	쇠 불릴/ 단련할	단
3200 / 0642	1급	金 09 / 총17획	鍍	도금할	도:
3201 / 0796	3급II	金 09 / 총17획	鍊	쇠 불릴/ 단련할	련:
3202 / 2200	1급	金 09 / 총17획	鍮	놋쇠	유
3203 / 2593	4급	金 09 / 총17획	鍾	쇠북/ 술잔 특례 鐘(通字)	종
3204 / 2989	1급	金 09 / 총17획	鍼	침(鍼)	침
3205 / 1657	3급II	金 10 / 총18획	鎖	쇠사슬	쇄:
3206 / 2099	2급(名)	金 10 / 총18획	鎔	쇠 녹일/ 녹일	용
3207 / 2300	2급(名)	金 10 / 총18획	鎰	무게이름 1鎰은 384g	일
3208 / 2703	3급II	金 10 / 총18획	鎭	진압할	진(:)
3209 / 2914	1급	金 10 / 총18획	鎚	쇠망치	추
3210 / 3349	2급(名)	金 10 / 총18획	鎬	호경/ 빛날/ 냄비	호:
3211 / 0192	4급	金 11 / 총19획	鏡	거울	경:
3212 / 2091	2급(名)	金 11 / 총19획	鏞	쇠북/ 종	용
3213 / 2837	5급	金 13 / 총21획	鐵	쇠	철
3214 / 3011	1급	金 13 / 총21획	鐸	방울	탁
3215 / 0071	3급II	金 14 / 총22획	鑑	거울	감
3216 / 2630	3급II	金 14 / 총22획	鑄	쇠 불릴/ 쇠 부어 만들	주
3217 / 0308	4급	金 15 / 총23획	鑛	쇳돌	광:
3218 / 2752	2급(名)	金 19 / 총27획	鑽	뚫을/ 끌	찬
3219 / 2741	1급	金 20 / 총28획	鑿	뚫을	착
8획 168번	象形		長镸長	긴	장
3220 / 2368	8급	長 00 / 총08획	長	긴/ 길/ 어른	장(:)

쉬어가기

8획 169번	象形	門		문 문
3221 1087	8급	門 00 총08획	門 문	문
3222 1581	1급	門 02 총10획	閃 번쩍일	섬
3223 3122	4급	門 03 총11획	閉 닫을	폐
3224 0049	7급II	門 04 총12획	間 사이	간(:)
3225 0101	6급	門 04 총12획	開 열	개
3226 1111	2급(名)	門 04 총12획	閔 성(姓)/ 근심할/ 위문할	민
3227 2219	3급	門 04 총12획	閏 윤달	윤:
3228 3211	4급	門 04 총12획	閑 한가할/ 문지방	한
3229 0076	1급	門 05 총13획	閘 수문	갑
3230 0026	3급II	門 06 총14획	閣 집	각
3231 0433	2급	門 06 총14획	閨 안방	규
3232 1217	2급	門 06 총14획	閥 문벌	벌
3233 0774	1급	門 07 총15획	閭 마을/ 이문(里門)	려
3234 1968	3급	門 07 총15획	閱 볼[覽]/ 검열할	열
3235 1844	2급(名)	門 08 총16획	閼 막을/ 가로 막을	알
3236 1973	2급(名)	門 08 총16획	閻 마을	염
3237 1847	1급	門 09 총17획	闇 숨을/ 닫힌 문	암:
3238 3400	1급	門 09 총17획	闊 넓을	활
3239 0416	2급	門 10 총18획	闕 대궐	궐
3240 0295	5급II	門 11 총19획	關 관계할/ 빗장	관
3241 2828	1급	門 12 총20획	闡 밝힐	천:
3242 1236	1급	門 13 총21획	闢 열	벽

쉬어가기

8획 170번	象形	阜 阝		(좌부변) 언덕 부
3243 1315	2급(名)	阜 00 총08획	阜 언덕	부:
3244 1167	4급II	阝阜04 총07획	防 막을	방
3245 2042	1급	阝阜04 총07획	阮 성(姓)/ 관문 이름	완:
3246 3087	2급(名)	阝阜04 총07획	阪 언덕	판
3247 1306	3급II	阝阜05 총08획	附 붙을	부(:)
3248 1822	3급II	阝阜05 총08획	阿 언덕	아
3249 2540	1급	阝阜05 총08획	阻 막힐/ 험할	조
3250 2997	1급	阝阜05 총08획	陀 비탈질/ 부처	타
3251 0085	4급	阝阜06 총09획	降 내릴 | 항복할	강: 항:
3252 0865	1급	阝阜06 총09획	陋 더러울/ 좁을	루:
3253 3208	4급II	阝阜06 총09획	限 한할/ 한정	한:
3254 1580	2급(名)	阝阜07 총10획	陝 땅이름	섬
3255 2141	5급	阝阜07 총10획	院 집	원
3256 2524	4급II	阝阜07 총10획	除 덜/ 섬돌	제
3257 2699	4급	阝阜07 총10획	陣 진칠	진
3258 2809	2급(名)	阝阜07 총10획	陟 오를	척
3259 3121	1급	阝阜07 총10획	陛 대궐 섬돌	폐:
3260 3302	2급(名)	阝阜07 총10획	陜 땅이름 | 좁을	합 협
3261 0652	3급II	阝阜08 총11획	陶 질그릇	도
3262 0883	5급II	阝阜08 총11획	陸 뭍	륙
3263 0899	3급II	阝阜08 총11획	陵 언덕	릉
3264 1201	1급	阝阜08 총11획	陪 모실/ 도울	배:
3265 2234	4급II	阝阜08 총11획	陰 그늘	음
3266 2700	3급II	阝阜08 총11획	陳 베풀/늘어놓을 묵을/나라이름	진: 진

번호	급수	부수/획수	한자	훈	음
3267 / 3225	3급II	⻖阜08 총11획	陷	빠질	함
3268 / 0215	4급	⻖阜09 총12획	階	섬돌	계
3269 / 0630	4급II	⻖阜09 총12획	隊	무리	대
3270 / 0894	3급II	⻖阜09 총12획	隆	높을	륭
3271 / 1684	2급(名)	⻖阜09 총12획	隋	수나라	수
3272 / 1899	6급	⻖阜09 총12획	陽	볕	양
3273 / 2114	1급	⻖阜09 총12획	隅	모퉁이	우
3274 / 0144	3급II	⻖阜10 총13획	隔	사이 뜰/ 막힐	격
3275 / 0447	1급	⻖阜10 총13획	隙	틈	극
3276 / 1867	1급	⻖阜10 총13획	隘	좁을	애
3277 / 2133	1급	⻖阜10 총13획	隕	떨어질	운
3278 / 2372	4급II	⻖阜11 총14획	障	막을	장
3279 / 2526	4급II	⻖阜11 총14획	際	즈음/ 가[邊]/ 사이/ 때	제
3280 / 0921	3급	⻖阜12 총15획	隣	이웃	린
3281 / 1685	3급II	⻖阜13 총16획	隨	따를	수
3282 / 3276	4급	⻖阜13 총16획	險	험할	험
3283 / 2229	4급	⻖阜14 총17획	隱	숨을	은
8획 171번	象形		隶	미칠	이
3284 / 0821	3급	隶08 총16획	隸	종	례
8획 172번	象形		隹	새	추
3285 / 2808	2급	隹02 총10획	隻	외짝/ 한 새한마리	척
3286 / 2338	1급	隹03 총11획	雀	참새	작
3287 / 0241	2급	隹04 총12획	雇	품 팔/ 품을 사다	고
3288 / 1817	3급II	隹04 총12획	雅	맑을/ 바를/ 아름답다	아
3289 / 1839	3급	隹04 총12획	雁	기러기	안

번호	급수	부수/획수	한자	훈	음
3290 / 2138	5급	隹04 총12획	雄	수컷	웅
3291 / 2722	6급II	隹04 총12획	集	모을	집
3292 / 2031	2급(名)	隹05 총13획	雍	화(和)할	옹
3293 / 2972	2급(名)	隹05 총13획	雉	꿩	치
3294 / 2328	2급	隹06 총14획	雌	암컷	자
3295 / 1698	3급	隹09 총17획	雖	비록	수
3296 / 1812	3급II	隹10 총18획	雙	두/ 쌍	쌍
3297 / 2351	4급	隹10 총18획	雜	섞일	잡
3298 / 0541	4급II	隹11 총19획	難	어려울	난
3299 / 0918	4급	隹11 총19획	離	떠날	리
8획 173번	象形		雨	비	우
3300 / 2111	5급II	雨00 총08획	雨	비	우
3301 / 1575	6급II	雨03 총11획	雪	눈	설
3302 / 2131	5급II	雨04 총12획	雲	구름	운
3303 / 1342	1급	雨04 총12획	雰	눈 날릴/ 안개	분
3304 / 0813	3급	雨05 총13획	零	떨어질/ 영[數字]	령
3305 / 0849	3급II	雨05 총13획	雷	우레	뢰
3306 / 2446	7급II	雨05 총13획	電	번개	전
3307 / 1692	3급II	雨06 총14획	需	쓰일/ 쓸/ 구할	수
3308 / 2692	3급II	雨07 총15획	震	우레/ 벼락/ 진동할	진
3309 / 2470	1급	雨08 총16획	霑	젖을	점
3310 / 1496	3급II	雨09 총17획	霜	서리	상
3311 / 3196	1급	雨09 총17획	霞	노을	하
3312 / 1073	3급	雨11 총19획	霧	안개	무
3313 / 0828	3급II	雨13 총21획	露	이슬/ 드러날	로

번호	급수	부수/획수	한자	뜻	음
3314 / 3101	2급	雨 13 / 총21획	霸	으뜸 특급II 覇	패:
3315 / 0819	3급II	雨 16 / 총24획	靈	신령	령
3316 / 1869	1급	雨 16 / 총24획	靄	아지랑이	애:

8획 174번	會意	靑	푸를 청		
3317 / 2851	8급	靑 00 / 총08획	靑	푸를	청
3318 / 2509	1급	靑 05 / 총13획	靖	편안할	정(:)
3319 / 2507	4급	靑 08 / 총16획	靜	고요할	정

8획 175번	象形	非	아닐 비		
3320 / 1384	4급II	非 00 / 총08획	非	아닐	비(:)
3321 / 1103	1급	非 11 / 총19획	靡	쓰러질	미

9획 176번	象形	面	낯 면		
3322 / 1005	7급	面 00 / 총09획	面	낯	면:

9획 177번	象形	革	가죽 혁		
3323 / 3278	4급	革 00 / 총09획	革	가죽	혁
3324 / 2283	1급	革 03 / 총12획	靭	질길	인
3325 / 3374	2급	革 04 / 총13획	靴	신[履,鞋]	화
3326 / 0962	2급(名)	革 05 / 총14획	鞅	말갈(鞅鞨)	말
3327 / 0263	1급	革 06 / 총15획	鞏	굳을/ 묶을	공
3328 / 1836	1급	革 06 / 총15획	鞍	안장	안:
3329 / 0392	2급(名)	革 08 / 총17획	鞠	국문할/공 성(姓)/기를	국
3330 / 0058	2급(名)	革 09 / 총18획	鞨	오랑캐이름	갈
3331 / 3108	1급	革 09 / 총18획	鞭	채찍	편

9획 178번	會意	韋	다룸가죽 위		
3332 / 2169	2급(名)	韋 00 / 총09획	韋	가죽	위
3333 / 3215	8급	韋 08 / 총17획	韓	한국/ 나라이름	한(:)

9획 179번	會意	音	소리 음		
3334 / 2232	6급II	音 00 / 총09획	音	소리	음
3335 / 2135	3급II	音 10 / 총19획	韻	운/ 운치	운:
3336 / 3266	3급II	音 13 / 총22획	響	울릴	향:

9획 180번	象形	頁	머리 혈		
3337 / 0187	3급II	頁 02 / 총11획	頃	잠깐/ 이랑	경
3338 / 2481	3급II	頁 02 / 총11획	頂	정수리	정
3339 / 1682	3급	頁 03 / 총12획	須	모름지기	수
3340 / 1726	5급II	頁 03 / 총12획	順	순할	순:
3341 / 3238	3급II	頁 03 / 총12획	項	항목/ 목	항:
3342 / 0680	2급(名)	頁 04 / 총13획	頓	조아릴	돈:
3343 / 1148	1급	頁 04 / 총13획	頒	나눌/ 반포할	반
3344 / 1651	4급	頁 04 / 총13획	頌	기릴/ 칭송할	송:
3345 / 1996	2급	頁 04 / 총13획	預	맡길/ 미리	예:
3346 / 2044	1급	頁 04 / 총13획	頑	완고할	완
3347 / 2127	2급(名)	頁 04 / 총13획	項	삼갈	욱
3348 / 0815	5급	頁 05 / 총14획	領	거느릴/ 옷깃	령
3349 / 3082	3급	頁 05 / 총14획	頗	자못	파
3350 / 0186	1급	頁 07 / 총16획	頸	목	경
3351 / 0706	6급	頁 07 / 총16획	頭	머리	두
3352 / 1405	3급	頁 07 / 총16획	頻	자주	빈
3353 / 3064	1급	頁 07 / 총16획	頹	무너질	퇴
3354 / 3305	1급	頁 07 / 총16획	頰	뺨	협
3355 / 0275	1급	頁 08 / 총17획	顆	낟알	과
3356 / 1831	1급	頁 09 / 총18획	顎	턱	악

번호	급수	부수/획수	한자	뜻	음
3357 1840	3급II	頁 09 총18획	顔	낯/ 얼굴	안:
3358 1875	4급	頁 09 총18획	額	이마	액
3359 2529	6급II	頁 09 총18획	題	제목	제
3360 0881	5급II	頁 10 총19획	類	무리	류(:)
3361 2150	5급	頁 10 총19획	願	원할	원:
3362 2450	1급	頁 10 총19획	顚	엎드러질	전:
3363 0242	3급	頁 12 총21획	顧	돌아볼	고
3364 2460	1급	頁 13 총22획	顫	떨	전:
3365 3294	4급	頁 14 총23획	顯	나타날	현:
3366 0298	1급	頁 18 총27획	顴	광대뼈	관권

9획 181번	會意	風	바람 풍		
3367 3169	6급II	風 00 총09획	風	바람	풍
3368 3042	2급	風 05 총14획	颱	태풍	태
3369 3166	1급	風 11 총20획	飄	나부낄	표

9획 182번	象形	飛	날 비		
3370 1392	4급II	飛 00 총09획	飛	날	비
3371 1212	3급	飛 12 총21획	飜	번역할	번

9획 183번	象形	食	밥 식		
3372 1771	7급II	食 00 총09획	食	밥/ 먹을	식
3373 0491	3급	食 02 총11획	飢	주릴	기
3374 1136	3급II	食 04 총13획	飯	밥	반
3375 2236	6급II	食 04 총13획	飮	마실	음(:)
3376 1424	2급	食 05 총14획	飼	기를	사
3377 1772	3급II	食 05 총14획	飾	꾸밀	식
3378 3139	3급	食 05 총14획	飽	배부를	포:
3379 1897	5급II	食 06 총15획	養	기를	양:
3380 2267	1급	食 06 총15획	餌	미끼/ 먹이	이:
3381 1820	3급	食 07 총16획	餓	주릴	아:
3382 1935	4급II	食 07 총16획	餘	남을	여
3383 2746	2급	食 07 총16획	餐	밥	찬
3384 0289	3급II	食 08 총17획	館	집	관
3385 1258	1급	食 08 총17획	餠	떡	병:
3386 2454	1급	食 08 총17획	餞	보낼	전:
3387 0459	1급	食 11 총20획	饉	주릴/ 흉년	근:
3388 0954	1급	食 11 총20획	饅	만두	만
3389 2072	1급	食 12 총21획	饒	넉넉할	요
3390 2743	1급	食 12 총21획	饌	반찬	찬:
3391 3267	1급	食 13 총22획	饗	잔치할	향:

9획 184번	象形	首	머리 수		
3392 1672	5급II	首 00 총09획	首	머리	수

9획 185번	象形	香	향기 향		
3393 3263	4급II	香 00 총09획	香	향기	향
3394 1282	2급(名)	香 09 총18획	馥	향기	복
3395 3318	2급(名)	香 11 총20획	馨	꽃다울	형

9획 186번	象形	韭	부추[草] 구		
특급	특급	韭 00 총09획	韭	부추	구

10획 187번	象形	馬	말 마		
3396 0932	5급	馬 00 총10획	馬	말	마:
3397 1409	2급(名)	馬 02 총12획	馮	탈[乘] | 성(姓)	빙풍
3398 1727	1급	馬 03 총13획	馴	길들일	순

번호	급수	부수/획수	한자	훈	음
3399 2970	1급	馬 03 총13획	馳	달릴	치
3400 1130	1급	馬 04 총14획	駁	논박할	박
3401 0013	1급	馬 05 총15획	駕	멍에	가(:)
3402 0359	1급	馬 05 총15획	駒	망아지	구
3403 0564	1급	馬 05 총15획	駑	둔한 말	노
3404 1313	1급	馬 05 총15획	駙	부마	부:
3405 2605	2급	馬 05 총15획	駐	머무를	주:
3406 2999	1급	馬 05 총15획	駝	낙타	타
3407 0732	1급	馬 06 총16획	駱	낙타	락
3408 3246	1급	馬 06 총16획	駭	놀랄	해
3409 2638	2급(名)	馬 07 총17획	駿	준마	준:
3410 0514	3급II	馬 08 총18획	騎	말 탈	기
3411 0506	2급(名)	馬 08 총18획	騏	준마	기
3412 3114	1급	馬 09 총19획	騙	속일	편
3413 0720	3급	馬 10 총20획	騰	오를	등
3414 1634	3급	馬 10 총20획	騷	떠들	소
3415 0380	3급	馬 11 총21획	驅	몰	구
3416 0341	1급	馬 12 총22획	驕	교만할	교
3417 0198	4급	馬 13 총23획	驚	놀랄	경
3418 1946	3급II	馬 13 총23획	驛	역	역
3419 3277	4급II	馬 13 총23획	驗	시험	험:
3420 0528	2급(名)	馬 16 총26획	驥	천리마	기
3421 3398	1급	馬 18 총28획	驩	기뻐할	환
3422 0784	2급(名)	馬 19 총29획	驪	검은말	려

쉬어가기

번호	급수	부수/획수	한자	훈	음
10획 188번	象形		骨	뼈 골	
3423 0256	4급	骨 00 총10획	骨	뼈	골
3424 3245	1급	骨 06 총16획	骸	뼈	해
3425 1686	1급	骨 13 총23획	髓	뼛골/ 골수	수
3426 2864	6급II	骨 13 총23획	體	몸	체
10획 189번	象形		高	높을 고	
3427 0235	6급II	高 00 총10획	高	높을	고
10획 190번	會意		髟	(터럭발 머리) 머리털 늘어질 표	
3428 1157	4급	髟 05 총15획	髮	터럭	발
10획 191번	象形		鬥	싸움 투	
3429 3069	4급	鬥 10 총20획	鬪	싸움	투
10획 192번	象形		鬯	울창주 창	
3430 2137	2급	鬯 19 총29획	鬱	답답할/ 막힐	울
10획 193번	象形		鬲	솥 력 막을 격	
阜 10 0144	3급II	阜 10 총13획	隔	사이 뜰	격
虫 06 2223	2급	虫 06 총16획	融	녹을	융
10획 194번	象形		鬼	귀신 귀	
3431 0424	3급II	鬼 00 총10획	鬼	귀신	귀:
3432 0319	1급	鬼 04 총14획	魁	괴수	괴
3433 3358	3급II	鬼 04 총14획	魂	넋	혼
3434 0981	2급	鬼 05 총15획	魅	매혹할	매
3435 1156	1급	鬼 05 총15획	魃	가물	발
3436 1207	1급	鬼 05 총15획	魄	넋	백
3437 2164	2급(名)	鬼 08 총18획	魏	성(姓)	위
3438 0937	2급	鬼 11 총21획	魔	마귀	마

11획 195번	**象形**	**魚**		물고기 어			3462 0217	4급	鳥 10 총21획	鷄	닭	계
3439 1913	5급	魚 00 총11획	魚	고기/ 물고기	어		3463 1877	1급	鳥 10 총21획	鶯	꾀꼬리	앵
3440 0835	2급 (名)	魚 04 총15획	魯	노나라/ 노둔할	로		3464 3202	3급II	鳥 10 총21획	鶴	학	학
3441 3140	2급 (名)	魚 05 총16획	鮑	절인물고기	포		3465 0381	2급	鳥 11 총22획	鷗	갈매기	구
3442 1568	5급II	魚 06 총17획	鮮	고울/ 생선	선		3466 0829	2급 (名)	鳥 13 총24획	鷺	해오라기	로
3443 0178	1급	魚 08 총19획	鯨	고래	경		3467 2243	2급 (名)	鳥 13 총24획	鷹	매	응(:)
3444 1283	1급	魚 09 총20획	鰒	전복	복		3468 0740	1급	鳥 19 총30획	鸞	난새	란
3445 2908	1급	魚 09 총20획	鰍	미꾸라지	추		**11획 197번**	**象形**	**鹵**		소금밭 로	
3446 3396	1급	魚 10 총21획	鰥	홀아비	환		3469 3224	1급	鹵 09 총20획	鹹	짤[鹽味]	함
3447 0955	1급	魚 11 총22획	鰻	뱀장어	만		3470 1976	3급II	鹵 13 총24획	鹽	소금	염
3448 0923	1급	魚 12 총23획	鱗	비늘	린		**11획 198번**	**象形**	**鹿**		사슴 록	
11획 196번	**象形**	**鳥**		새 조			3471 0836	3급	鹿 00 총11획	鹿	사슴	록
3449 2557	4급II	鳥 00 총11획	鳥	새	조		3472 0507	2급 (名)	鹿 08 총19획	麒	기린	기
3450 0347	1급	鳥 02 총13획	鳩	비둘기	구		3473 0783	4급II	鹿 08 총19획	麗	고울	려
3451 1022	4급	鳥 03 총14획	鳴	울	명		3474 0837	1급	鹿 08 총19획	麓	산기슭	록
3452 1298	3급II	鳥 03 총14획	鳳	봉새	봉:		3475 1445	1급	鹿 10 총21획	麝	사향노루	사:
3453 1964	1급	鳥 03 총14획	鳶	솔개	연		3476 0924	2급 (名)	鹿 12 총23획	麟	기린	린
3454 1851	2급 (名)	鳥 05 총16획	鴨	오리	압		**11획 199번**	**會意**	**麥**		보리 맥	
3455 1857	1급	鳥 05 총16획	鴦	원앙 원앙새의 암컷	앙		3477 0990	3급II	麥 00 총11획	麥	보리	맥
3456 2144	1급	鳥 05 총16획	鴛	원앙 원앙새의 숫컷	원		3478 1004	1급	麥 04 총15획	麵	국수/ 밀가루	면
3457 3369	3급	鳥 06 총17획	鴻	기러기	홍		**11획 200번**	**會意**	**麻**		삼 마	
3458 0248	1급	鳥 07 총18획	鵠	고니/ 과녁	곡		3479 0933	3급II	麻 00 총11획	麻	삼/ 대마	마(:)
3459 0156	1급	鳥 07 총18획	鵑	두견새	견		3480 3465	1급	麻 04 총15획	麾	기(旗)	휘
3460 1360	2급 (名)	鳥 08 총19획	鵬	새/ 붕새	붕		**12획 201번**	**形聲**	**黃**		누를 황	
3461 2342	1급	鳥 08 총19획	鵲	까치	작		3481 3415	6급	黃 00 총12획	黃	누를	황

12획 202번	會意		黍	기장 서	
3482 1528	1급	黍 00 총12획	黍	기장	서ː
3483 0777	1급	黍 03 총15획	黎	검을/ 무리	려
12획 203번	會意		黑	검을 흑	
3484 3477	5급	黑 00 총12획	黑	검을	흑
3485 1081	3급II	黑 04 총16획	默	잠잠할	묵
3486 2471	4급	黑 05 총17획	點	점	점(ː)
3487 2934	1급	黑 05 총17획	黜	내칠	출
3488 0621	4급II	黑 08 총20획	黨	무리	당
12획 204번	象形		黹	바느질할 치	
특급	특급	黹 05 총17획	黻	수(繡): 고대의 예복에 놓는 수	불
특급	특급	黹 07 총19획	黼	수(繡) (고대 천자의 예복)	보
13획 205번	象形		黽	맹꽁이 맹	
3489 1245	1급	黽 12 총25획	鼈	자라	별
13획 206번	象形		鼎	솥 정	
3490 2513	2급 (名)	鼎 00 총13획	鼎	솥	정
13획 207번	會意		鼓	북 고	
3491 0243	3급II	鼓 00 총13획	鼓	북	고
13획 208번	象形		鼠	쥐 서	
3492 1530	1급	鼠 00 총13획	鼠	쥐	서ː
14획 209	形聲		鼻	코 비	
3493 1395	5급	鼻 00 총14획	鼻	코	비ː
14획 210번	象形		齊	가지런할 제	
3494 2530	3급II	齊 00 총14획	齊	가지런할	제
3495 2394	1급	齊 03 총17획	齋	재계할	재

15획 211번	象形		齒	이 치	
3496 2973	4급II	齒 00 총15획	齒	이	치
3497 0817	1급	齒 05 총20획	齡	나이	령
16획 212번	象形		龍	용 룡	
3498 0864	4급	龍 00 총16획	龍	용	룡
3499 1187	2급 (名)	龍 03 총19획	龐	높은 집/ 클	방
16획 213번	象形		龜	거북 구 귀	
3500 0386	3급	龜 00 총16획	龜	거북ㅣ 거북ㅣ 터질	구 귀 균
17획 214번	象形		龠	피리[笛] 약	
특급	특급	龠 09 총26획	龥	부를	유

部首(부수)

한자(漢字) 자전(字典)에서 각 부(部)의 머리[首]로 한자를 자형구성면에서 정리·분류·배열하기 위한 한 가지 방법이다.

한자를 단자(單字)마다 좌우·상하·내외 ·본말(本末) ·주종(主從) 등으로 2대분하여 구성 요소를 추출하고, 그 중에서 대략의 意義 분류를 나타내는 부분을 같이하는 것을 모아 한 부로 만들고, 그 부에 공통되는 의부가 있는 형태를 색인에 내어 부수로 삼는다.

부수는 단자로 된 것도 있으나, 상용되지 않는 것(1획의 ㅣ·ヽ·ノ·亅, 2획의 亠·冂·冖·冫·凵·勹·卩, 3획의 屮·巛·幺· 등)도 있다. 획수가 많은 것으로는 16획의 龍·龜, 17획의 龠 등이 있다.

자주 나오는 부수는 변(邊)·방(傍)·머리(頭)·받침 ·에운담 등이다. 부수의 배열은 중국 옥편(玉篇)의 계통을 따르는 뜻 분류 중심의 것이 많으나 근대에는 주로 획수 순이다.
[네이버 지식백과] 부수 [部首] (두산백과)

부★록 02

약자(略字) 대비표(對比表)
주요 유사자(類似字)
상대적인 뜻을 가진 한자
둘 이상의 음을 가진 한자
잘못 읽기 쉬운 한자
한자성어(漢字成語) 700
십간(十干)·십이지(十二支)·육십갑자(六十甲子)
연령에 따른 호칭
결혼기념일을 나타내는 한자어
24방위(方位) / 24절기(節氣)
한국의 성씨(姓氏)와 본관(本貫)
성씨 가나다 순서 인구수 표시
인명용 한자 조회_가나다 순서 형성자끼리 8,636자

약자(略字) 대비표(對比表) (1) 1급용 가나다순서

4급II	假 仮	1급	嘔 呕	3급II	臺 薹 台간자	4급	龍 竜 龙간자	2급	插 挿
5급	價 価 价간자	2급	歐 欧	1급	擡 抬	3급II	樓 楼	4급II	狀 状
4급	覺 覚 觉간자	1급	毆 殴	6급	圖 図 图간자	4급	離 难 离간자	4급II	牀 床
4급II	減 减	1급	謳 謳	1급	濤 涛	1급	壘 塁 垒	3급	嘗 嘗 尝
4급II	監 监	1급	驅 驱	2급名	燾 焘	3급II	臨 临	3급	桑 桒
3급II	鑑 鑒 鉴간자	3급	驅 駆	5급	獨 独	4급	滿 満	3급	敍 叙
3급II	蓋 盖	2급	鷗 鴎	6급	讀 読 读간자	2급	灣 湾	3급II	釋 釈
5급	擧 挙	1급	鉤 鈎	4급II	燈 灯	8급	萬 万	5급	船 舩
4급	據 拠 据간자	1급	廏 厩 厩간자	6급	樂 楽 乐간자	2급	蠻 蛮	2급	纖 繊
4급	傑 杰	3급	龜 亀 龟간자	4급	亂 乱	5급	賣 売	2급	變 変 간자
4급	儉 倹	5급	舊 旧	3급	濫 濫	3급	麥 麦	3급	攝 摂 摄간자
3급II	劍 剣	8급	國 国	2급	藍 藍	3급II	貌 皃	4급II	聲 声
4급II	檢 検	4급	勸 勧 劝간자	1급	籃 籃	3급II	夢 梦	3급II	燒 焼 烧간자
4급	堅 坚	4급II	權 権 权간자	4급	覽 覧	3급	廟 庿 庙간자	4급	屬 属
4급II	缺 欠	4급	歸 帰 归간자	1급	蠟 蝋 蜡간자	5급	無 无	4급II	續 続
3급II	徑 径	3급	旣 既	7급	來 来	2급名	彌 弥	4급II	收 収
1급	莖 茎	3급	棄 弃	4급II	兩 両 两간자	3급II	迫 廹	3급II	壽 寿
4급II	經 経	7급	氣 気 气간자	3급II	涼 凉	6급	發 発	1급	粹 粋
5급	輕 軽	3급II	緊 紧	3급II	勵 励	5급	變 変	7급	數 数
4급	繼 継	3급II	寧 寍 寧간자	2급名	盧 廬	4급II	邊 辺	3급II	獸 獣
3급II	寬 寛	3급	惱 悩	4급II	麗 麗 丽간자	2급	倂 併 并간자	3급II	隨 随
5급	觀 観 观간자	3급II	腦 脳	3급II	聯 联	4급II	寶 宝	1급	髓 髄
5급	關 関 关간자	4급II	單 单	3급II	戀 恋	2급	敷 旉	4급	肅 粛 肃간자
3급II	館 舘 馆간자	5급	團 団 团간자	3급	獵 猟 猎간자	4급II	佛 仏	4급	繡 繍 绣간자
5급	廣 広 广간자	4급II	斷 断	3급II	靈 霊 灵간자	3급	拂 払	3급II	濕 湿
4급	鑛 鉱	4급II	擔 担	1급	齡 齢	5급	寫 写	3급II	乘 乗
3급II	壞 壊 坏간자	2급	膽 胆	6급	禮 礼	4급II	師 师	2급	腎 肾
8급	敎 教	5급	當 当	6급	勞 労 劳간자	4급	絲 糸	5급	實 実
6급	區 区	4급II	黨 党	3급II	爐 炉	4급	辭 辞	3급	雙 双
1급	嶇 岖	6급	對 対 对간자	2급	籠 篭 笼간자	1급	滲 渗	3급II	亞 亜

- 358 -

약자(略字) 대비표(對比表) (2) 1급용 가나다순서

급	정자	약자	급	정자	약자	급	정자	약자	급	정자	약자	급	정자	약자
1급	啞	唖	4급II	員	貟	1급	豬	猪 猪간자	5급	參	参	2급	霸	覇
5급	兒	児	6급	遠	远간자	5급	傳	伝	3급	慘	惨	3급	廢	廃
5급	惡	悪	1급	寃	冤	4급	轉	転	4급	冊	册	2급	鋪	舗铺간자
3급	巖	岩	5급II	偉	伟	1급	塵	厘	4급II	處	処	4급II	豐	豊
4급II	壓	圧	4급	圍	囲围	6급	戰	戦	3급II	淺	浅	8급	學	学
2급	礙	碍	4급II	衛	卫간자	4급	錢	銭	3급II	賤	贱	1급	檻	槛
6급	藥	薬	4급II	爲	為	3급	竊	窃	3급II	踐	践	2급	艦	艦
4급	樣	様	4급	僞	偽伪간자	4급	點	点奌	3급	遷	迁	1급	鹹	鹹
3급II	壤	壌	2급名	兪	俞	6급	定	㝎	5급	鐵	鉄	4급II	解	觧
2급	孃	嬢娘간자	4급	隱	隠	4급	靜	静	4급	聽	聴	4급II	虛	虚
3급II	讓	譲让간자	4급II	陰	隂阴간자	3급II	齊	斉	4급	廳	庁	3급II	獻	献
1급	釀	醸酿간자	1급	蔭	蔭荫간자	2급	劑	剤	3급II	滯	滞滞간자	4급	險	険
4급	嚴	厳	4급II	應	応	4급II	濟	済	3급	遞	逓递간자	4급II	驗	験
4급	與	与	3급	宜	冝	4급	條	条	6급	體	体	4급II	賢	贤
4급II	餘	余	6급	醫	医	5급	卒	卆	3급II	觸	触	3급	縣	県
2급地	礪	砺	3급	貳	弍弐	4급	從	従从간자	4급II	總	総	4급	顯	顕
3급II	譯	訳	3급	壹	壱	6급	晝	昼	2급	沖	冲	2급	峽	峡
3급II	驛	駅	4급	姊	姉	3급II	鑄	鋳	4급	蟲	虫	3급	螢	蛍
2급名	淵	渊渕	1급	棧	栈	4급II	準	凖准	3급II	醉	酔	6급	號	号
2급	姸	妍	4급	殘	残	3급II	卽	即	4급II	齒	歯	6급	畵	画
4급II	硏	研	3급	蠶	蚕	3급II	蒸	蒸	1급	癡	痴	3급	擴	拡
4급	鉛	鈆	4급	雜	雑杂간자	4급II	增	増	3급	漆	柒	4급	歡	歓欢간자
3급	鹽	塩	8급	長	长	4급	證	証	3급	沈	沉	3급II	懷	懐
4급II	榮	栄	4급	壯	壮	4급	珍	珎	4급	稱	称	6급	會	会
4급	營	営	3급II	莊	荘庄간자	4급	盡	尽	3급	墮	堕	1급	膾	膾
4급II	藝	芸	4급	裝	装	4급II	眞	真	4급	彈	弾	1급	繪	絵
3급II	譽	誉	4급	將	将	특급II/2급	晉	晋(통자)	2급	兌	兊	2급	勳	勲勋간자
4급	豫	予	4급	奬	奨	5급	質	貭	4급	擇	択	4급II	興	兴
6급	溫	温	3급	哉	㦲	3급II	贊	賛	3급II	澤	沢	2급	姬	姫
2급	鬱	欝郁간자	5급	爭	争	4급	讚	讃	3급II	兔	兎	3급II	戱	戯戏간자

주요 유사자 (類似字)

음이 다른 모양이 비슷한 한자

名〔이름   명〕有名(유명)
各〔각각   각〕各自(각자)

代〔대신   대〕代表(대표)
伐〔칠   벌〕討伐(토벌)

延〔끌/늘일 연〕延期(연기)
廷〔조정   정〕朝廷(조정)

旦〔아침   단〕元旦(원단)
且〔또   차〕且置(차치)

貝〔조개   패〕貝類(패류)
具〔갖출   구〕具備(구비)

午〔낮   오〕午前(오전)
牛〔소   우〕牛乳(우유)

巨〔클   거〕巨人(거인)
臣〔신하   신〕忠臣(충신)

雨〔비   우〕雨期(우기)
兩〔두   량〕兩立(양립)

天〔하늘   천〕天地(천지)
夭〔일찍 죽을 요〕夭折(요절)

失〔잃을   실〕得失(득실)
矢〔화살   시〕弓矢(궁시)

土〔흙   토〕土地(토지)
士〔선비   사〕學士(학사)

日〔날   일〕生日(생일)
曰〔가로   왈〕子曰(자왈)

未〔아닐   미〕未詳(미상)
末〔끝   말〕末端(말단)

友〔벗   우〕友情(우정)
反〔돌이킬 반〕反對(반대)

今〔이제   금〕古今(고금)
令〔하여금 령〕命令(명령)

甲〔갑옷   갑〕甲皮(갑피)
申〔진술할 신〕申告(신고)

冶〔쇠 불릴 야〕陶冶(도야)
治〔다스릴 치〕政治(정치)

刺〔찌를   자〕刺客(자객)
剌〔발랄할 랄〕潑剌(발랄)

怒〔성낼   노〕憤怒(분노)
恕〔용서할 서〕容恕(용서)

客〔손   객〕旅客(여객)
容〔얼굴   용〕容貌(용모)

捐〔버릴   연〕捐金(연금)
損〔덜   손〕損失(손실)

陟〔오를   척〕進陟(진척)
涉〔건널   섭〕交涉(교섭)

絡〔이을   락〕連絡(연락)
給〔줄   급〕給料(급료)

徒〔무리   도〕學徒(학도)
徙〔옮길   사〕移徙(이사)

村〔마을   촌〕村落(촌락)
材〔재목   재〕材料(재료)

早〔이를   조〕早熟(조숙)
旱〔가물   한〕旱害(한해)

看〔볼   간〕看護(간호)
着〔붙을   착〕着服(착복)

明〔밝을   명〕明月(명월)
朋〔벗   붕〕朋友(붕우)

衷〔화할   충〕衷心(충심)
哀〔슬플   애〕悲哀(비애)

祝〔빌   축〕祝賀(축하)
祀〔제사   사〕祭祀(제사)

閉〔닫을   폐〕閉門(폐문)
閑〔한가할 한〕閑散(한산)

瑞〔상서   서〕瑞氣(서기)
端〔끝   단〕極端(극단)

綠〔푸를   록〕綠陰(녹음)
緣〔인연   연〕緣故(연고)

侮〔업신여길 모〕侮辱(모욕)
悔〔뉘우칠 회〕悔改(회개)

重〔무거울 중〕重傷(중상)
童〔아이   동〕童話(동화)

雲〔구름   운〕雲集(운집)
雪〔눈   설〕雪景(설경)

宜〔마땅   의〕便宜(편의)
宣〔베풀   선〕宣告(선고)

柱〔기둥   주〕柱礎(주초)
桂〔계수나무 계〕月桂(월계)

貪〔탐할   탐〕貪官(탐관)
貧〔가난할 빈〕淸貧(청빈)

逐〔쫓을   축〕逐出(축출)
遂〔이룰   수〕遂行(수행)

眠〔잠잘   면〕睡眠(수면)
眼〔눈   안〕眼鏡(안경)

借〔빌   차〕借用(차용)
惜〔아낄   석〕惜別(석별)

田〔밭   전〕田畓(전답)
由〔말미암을 유〕由來(유래)

官〔벼슬   관〕官職(관직)
宮〔집   궁〕宮女(궁녀)

飯〔밥	반〕	飯床(반상)	場〔마당	장〕	場所(장소)	壬〔북방	임〕	壬方(임방)
飮〔마실	음〕	飮料(음료)	揚〔날릴	양〕	揚名(양명)	王〔임금	왕〕	帝王(제왕)
						玉〔구슬	옥〕	玉石(옥석)
苦〔쓸	고〕	苦痛(고통)	辛〔매울	신〕	辛苦(신고)			
若〔같을	약〕	若干(약간)	幸〔다행	행〕	幸運(행운)	水〔물	수〕	水質(수질)
						氷〔얼음	빙〕	氷山(빙산)
深〔깊을	심〕	深淺(심천)	決〔결단할	결〕	決心(결심)	永〔길	영〕	永遠(영원)
探〔더듬을	탐〕	探索(탐색)	快〔쾌할	쾌〕	快樂(쾌락)			
						住〔살	주〕	住所(주소)
侍〔모실	시〕	侍女(시녀)	免〔면할	면〕	免許(면허)	佳〔아름다울	가〕	佳人(가인)
待〔기다릴	대〕	期待(기대)	兎〔토끼	토〕	山兎(산토)	往〔갈	왕〕	往來(왕래)
油〔기름	유〕	石油(석유)	勸〔권할	권〕	勸農(권농)	汗〔땀	한〕	汗顔(한안)
抽〔뽑을	추〕	抽出(추출)	歡〔기쁠	환〕	歡呼(환호)	汚〔더러울	오〕	汚點(오점)
						朽〔썩을	후〕	不朽(불후)
淸〔맑을	청〕	淸潔(청결)	惟〔생각할	유〕	思惟(사유)			
情〔뜻	정〕	情感(정감)	推〔밀	추〕	推進(추진)	囚〔가둘	수〕	罪囚(죄수)
						因〔인한	인〕	原因(원인)
頃〔잠깐	경〕	頃刻(경각)	活〔살	활〕	活動(활동)	困〔곤할	곤〕	疲困(피곤)
項〔목	항〕	項目(항목)	浩〔넓을	호〕	浩然(호연)			
						比〔견줄	비〕	比較(비교)
起〔일어날	기〕	起居(기거)	鄕〔시골	향〕	鄕土(향토)	北〔북녘	북〕	南北(남북)
赴〔다다를	부〕	赴任(부임)	卿〔벼슬	경〕	公卿(공경)	此〔이	차〕	彼此(피차)
俗〔풍속	속〕	俗世(속세)	互〔서로	호〕	相互(상호)	枚〔낱	매〕	枚數(매수)
裕〔넉넉할	유〕	裕福(유복)	瓦〔기와	와〕	瓦家(와가)	枝〔가지	지〕	枝葉(지엽)
						技〔재주	기〕	技術(기술)
陸〔뭍	륙〕	陸地(육지)	干〔방패	간〕	干戈(간과)			
睦〔화목할	목〕	和睦(화목)	于〔어조사	우〕	于今(우금)	冒〔무릅쓸	모〕	冒險(모험)
			千〔일천	천〕	千里(천리)	胃〔밥통	위〕	胃腸(위장)
思〔생각	사〕	思想(사상)				冑〔투구	주〕	甲冑(갑주)
恩〔은혜	은〕	恩功(은공)	己〔몸	기〕	自己(자기)			
			已〔이미	이〕	已往(이왕)	幹〔줄기	간〕	幹部(간부)
族〔겨레	족〕	民族(민족)	巳〔뱀	사〕	巳生(사생)	斡〔돌	알〕	斡旋(알선)
旅〔나그네	려〕	旅行(여행)				翰〔편지	한〕	書翰(서한)
			切〔끊을	절〕	切斷(절단)			
哀〔슬플	애〕	哀歡(애환)	功〔공	공〕	功過(공과)	微〔작을	미〕	微笑(미소)
衰〔쇠할	쇠〕	衰弱(쇠약)	攻〔칠	공〕	攻守(공수)	徵〔부를	징〕	徵集(징집)
						徽〔아름다울	휘〕	徽章(휘장)
句〔글귀	구〕	文句(문구)	大〔큰	대〕	大成(대성)			
旬〔열흘	순〕	上旬(상순)	太〔클	태〕	太初(태초)	季〔계절	계〕	季節(계절)
			犬〔개	견〕	犬馬(견마)	秀〔빼어날	수〕	秀才(수재)
亦〔또한	역〕	亦是(역시)				委〔맡길	위〕	委任(위임)
赤〔붉을	적〕	赤色(적색)	鳥〔새	조〕	鳥獸(조수)			
			烏〔까마귀	오〕	烏合(오합)			
			島〔섬	도〕	落島(낙도)			

老〔늙을　　　로〕老少(노소)
考〔생각할　　고〕考察(고찰)
孝〔효도　　　효〕孝誠(효성)

濁〔흐릴　　　탁〕淸濁(청탁)
燭〔촛불　　　촉〕華燭(화촉)
獨〔홀로　　　독〕獨立(독립)

書〔글　　　　서〕文書(문서)
晝〔낮　　　　주〕晝夜(주야)
畫〔그림　　　화〕圖畫(도화)

儉〔검소할　　검〕儉素(검소)
檢〔검사할　　검〕檢査(검사)
險〔험할　　　험〕險難(험난)

間〔사이　　　간〕間接(간접)
問〔물을　　　문〕問答(문답)
聞〔들을　　　문〕見聞(견문)
開〔열　　　　개〕開拓(개척)
閉〔닫을　　　폐〕閉會(폐회)

음·모양이 비슷한

佛〔부처　　　불〕佛敎(불교)
拂〔떨칠　　　불〕支拂(지불)

婢〔계집종　　비〕奴婢(노비)
碑〔비석　　　비〕碑石(비석)

挑〔돋울　　　도〕挑戰(도전)
桃〔복숭아　　도〕桃花(도화)

標〔표할　　　표〕標識(표지)
漂〔떠다닐　　표〕漂流(표류)

提〔끌　　　　제〕提示(제시)
堤〔둑　　　　제〕堤防(제방)

燥〔마를　　　조〕乾燥(건조)
操〔잡을　　　조〕操縱(조종)

枯〔마를　　　고〕枯渴(고갈)
姑〔시어미　　고〕姑婦(고부)

郡〔고을　　　군〕郡邑(군읍)
群〔무리　　　군〕群衆(군중)

刑〔형벌　　　형〕刑罰(형벌)
形〔모양　　　형〕形象(형상)

恨〔한[怨]　　 한〕怨恨(원한)
限〔한정　　　한〕限界(한계)

賭〔내기　　　도〕賭博(도박)
睹〔볼　　　　도〕目睹(목도)

兢〔떨릴　　　긍〕兢兢(긍긍)
競〔다툴　　　경〕競爭(경쟁)

暑〔더울　　　서〕寒暑(한서)
署〔관청　　　서〕官署(관서)

弟〔아우　　　제〕兄弟(형제)
第〔차례　　　제〕第一(제일)

純〔순수할　　순〕純潔(순결)
鈍〔둔할　　　둔〕鈍感(둔감)

亨〔형통할　　형〕亨通(형통)
享〔누릴　　　향〕享有(향유)

粉〔가루　　　분〕粉末(분말)
紛〔어지러울　분〕紛爭(분쟁)

復〔회복할　　복〕復歸(복귀)
複〔겹칠　　　복〕重複(중복)

慢〔거만할　　만〕倨慢(거만)
漫〔흩어질　　만〕散漫(산만)

渴〔목마를　　갈〕渴望(갈망)
喝〔꾸짖을　　갈〕恐喝(공갈)

仗〔의장　　　장〕儀仗(의장)
杖〔지팡이　　장〕短杖(단장)

潑〔뿌릴　　　발〕潑剌(발랄)
撥〔다스릴　　발〕反撥(반발)

侯〔제후　　　후〕諸侯(제후)
候〔기후　　　후〕氣候(기후)

廷〔조정　　　정〕朝廷(조정)
庭〔뜰　　　　정〕家庭(가정)

輝〔빛날　　　휘〕光輝(광휘)
揮〔휘두를　　휘〕指揮(지휘)

賞〔상줄　　　상〕授賞(수상)
償〔갚을　　　상〕償還(상환)

栽〔심을　　　재〕栽培(재배)
裁〔마를　　　재〕裁量(재량)

澤〔못　　　　택〕沼澤(소택)
擇〔가릴　　　택〕選擇(선택)

密〔빽빽할　　밀〕密林(밀림)
蜜〔꿀　　　　밀〕蜜月(밀월)

曆〔책력　　　력〕陽曆(양력)
歷〔지낼　　　력〕經歷(경력)

郞〔사내　　　랑〕郞君(낭군)
朗〔밝을　　　랑〕明朗(명랑)

毫〔터럭　　　호〕秋毫(추호)
豪〔호걸　　　호〕富豪(부호)

班〔나눌　　　반〕班長(반장)
斑〔아롱질　　반〕斑點(반점)

祿〔녹　　　　록〕祿俸(녹봉)
錄〔기록할　　록〕錄音(녹음)

槪〔대개　　　개〕槪論(개론)
慨〔슬퍼할　　개〕慨嘆(개탄)

俳〔배우　　　배〕俳優(배우)
排〔물리칠　　배〕排斥(배척)

藍〔쪽　　　　람〕藍色(남색)
籃〔바구니　　람〕搖籃(요람)

旺〔왕성할　왕〕旺盛(왕성)
枉〔굽힐　　왕〕枉臨(왕림)

搖〔흔들　　요〕搖動(요동)
遙〔멀　　　요〕遙遠(요원)
謠〔노래　　요〕民謠(민요)

摘〔딸　　　적〕摘發(적발)
滴〔방울　　적〕餘滴(여적)
適〔알맞을　적〕適當(적당)

搏〔칠　　　박〕搏殺(박살)
博〔넓을　　박〕博學(박학)
縛〔얽을　　박〕束縛(속박)

肛〔항문　　항〕肛門(항문)
紅〔붉을　　홍〕紅色(홍색)
訌〔어지러울홍〕內訌(내홍)

嘔〔토할　　구〕嘔吐(구토)
歐〔구라파　구〕歐美(구미)
毆〔칠　　　구〕毆打(구타)

撞〔칠　　　당〕撞着(당착)
憧〔동경할　동〕憧憬(동경)
瞳〔눈동자　동〕瞳孔(동공)

僕〔종　　　복〕公僕(공복)
撲〔칠　　　박〕撲滅(박멸)

墳〔무덤　　분〕墳墓(분묘)
憤〔분할　　분〕憤怒(분노)

姿〔모양　　자〕姿勢(자세)
恣〔방자할　자〕恣意(자의)

拍〔칠　　　박〕拍手(박수)
泊〔배댈　　박〕碇泊(정박)

簿〔문서　　부〕帳簿(장부)
薄〔엷을　　박〕薄氷(박빙)

復〔다시　　복〕復習(복습)
腹〔배　　　복〕腹部(복부)

뜻과 모양이 비슷한

墜〔떨어질　추〕墜落(추락)
墮〔떨어질　타〕墮落(타락)

載〔실을　　재〕積載(적재)
戴〔일　　　대〕戴冠(대관)

減〔덜　　　감〕減少(감소)
滅〔멸할　　감〕滅亡(멸망)

踏〔밟을　　답〕踏步(답보)
蹈〔밟을　　도〕舞蹈(무도)

灸〔뜸　　　구〕鍼灸(침구)
炙〔구울　　자〕膾炙(회자)

綱〔벼리　　강〕綱領(강령)
網〔그물　　망〕網羅(망라)

黑〔검을　　흑〕黑白(흑백)
墨〔먹　　　묵〕墨色(묵색)

析〔쪼갤　　석〕分析(분석)
折〔꺾을　　절〕折半(절반)

帥〔장수　　수〕將帥(장수)
師〔스승　　사〕師範(사범)

哲〔밝을　　철〕賢哲(현철)
晳〔밝을　　석〕明晳(명석)

음과 뜻이 비슷한

煩〔번거울　번〕煩惱(번뇌)
繁〔번성할　번〕繁盛(번성)

詞〔말　　　사〕歌詞(가사)
辭〔말씀　　사〕辭典(사전)

古〔옛　　　고〕古今(고금)
故〔연고　　고〕緣故(연고)

怨〔원망할　원〕怨恨(원한)
冤〔원통할　원〕冤魂(원혼)

現〔나타날　현〕現象(현상)
顯〔나타날　현〕顯著(현저)

原〔언덕　　원〕原本(원본)
源〔근원　　원〕源泉(원천)

모양·음·뜻이 비슷한

練〔익힐　　련〕練習(연습)
鍊〔단련할　련〕鍛鍊(단련)

辨〔분별할　변〕辨別(변별)
辯〔말씀　　변〕辯論(변론)

獲〔얻을　　획〕獲得(획득)
穫〔거둘　　확〕收穫(수확)

制〔절제할　제〕節制(절제)
製〔지을　　제〕製造(제조)

卷〔책　　　권〕卷頭(권두)
券〔문서　　권〕證券(증권)

迷〔미혹할　미〕迷惑(미혹)
謎〔수수께끼미〕謎題(미제)

象〔코끼리　상〕象牙(상아)
像〔모양　　상〕想像(상상)

士〔선비　　사〕進士(진사)
仕〔섬길　　사〕奉仕(봉사)

低〔낮을　　저〕低級(저급)
底〔밑　　　저〕底力(저력)

植〔심을　　식〕植木(식목)
殖〔불릴　　식〕繁殖(번식)

括〔묶을　　괄〕總括(총괄)
刮〔긁을　　괄〕刮目(괄목)
割〔벨　　　할〕割引(할인)

상대적인 뜻을 가진 한자

加(더할 가)	↔	減(덜 감)
可(옳을 가)	↔	否(아닐 부)
甘(달 감)	↔	苦(쓸 고)
強(강할 강)	↔	弱(약할 약)
開(열 개)	↔	閉(닫을 폐)
客(손 객)	↔	主(주인 주)
去(갈 거)	↔	來(올 래)
乾(하늘 건)	↔	坤(땅 곤)
京(서울 경)	↔	鄕(시골 향)
輕(가벼울 경)	↔	重(무거울 중)
苦(괴로울 고)	↔	樂(즐길 락)
高(높을 고)	↔	低(낮을 저)
古(예 고)	↔	今(이제 금)
曲(굽을 곡)	↔	直(곧을 직)
功(공 공)	↔	過(허물 과)
公(공평할 공)	↔	私(사사로울 사)
敎(가르칠 교)	↔	學(배울 학)
禁(금할 금)	↔	許(허락할 허)
吉(길할 길)	↔	凶(흉할 흉)
暖(따뜻할 난)	↔	冷(찰 랭)
難(어려울 난)	↔	易(쉬울 이)
內(안 내)	↔	外(바깥 외)
多(많을 다)	↔	少(적을 소)
大(큰 대)	↔	小(작을 소)
同(한가지 동)	↔	異(다를 이)
動(움직일 동)	↔	靜(고요할 정)
得(얻을 득)	↔	失(잃을 실)
老(늙을 로)	↔	少(젊을 소)
利(이로울 리)	↔	害(해로울 해)
賣(팔 매)	↔	買(살 매)
明(밝을 명)	↔	暗(어두울 암)
問(물을 문)	↔	答(대답할 답)
發(떠날 발)	↔	着(붙을 착)
本(근본 본)	↔	末(끝 말)
貧(가난할 빈)	↔	富(부자 부)
死(죽을 사)	↔	活(살 활)
上(위 상)	↔	下(아래 하)
生(날 생)	↔	死(죽을 사)
先(먼저 선)	↔	後(뒤 후)
善(착할 선)	↔	惡(악할 악)
送(보낼 송)	↔	迎(맞을 영)
首(머리 수)	↔	尾(꼬리 미)
受(받을 수)	↔	授(줄 수)
勝(이길 승)	↔	敗(패할 패)
是(옳을 시)	↔	非(아닐 비)
始(비로소 시)	↔	終(마칠 종)
新(새 신)	↔	舊(예 구)
深(깊을 심)	↔	淺(얕을 천)
哀(슬플 애)	↔	歡(기쁠 환)
溫(따뜻할 온)	↔	冷(찰 랭)
往(갈 왕)	↔	來(올 래)
遠(멀 원)	↔	近(가까울 근)
有(있을 유)	↔	無(없을 무)
陰(그늘 음)	↔	陽(볕 양)
因(인할 인)	↔	果(과연 과)
自(스스로 자)	↔	他(남 타)
長(긴 장)	↔	短(짧을 단)
前(앞 전)	↔	後(뒤 후)
正(바를 정)	↔	誤(그르칠 오)
早(일찍 조)	↔	晩(늦을 만)
朝(아침 조)	↔	夕(저녁 석)
祖(할아비 조)	↔	孫(손자 손)
左(왼쪽 좌)	↔	右(오른쪽 우)
晝(낮 주)	↔	夜(밤 야)
眞(참 진)	↔	僞(거짓 위)
進(나아갈 진)	↔	退(물러갈 퇴)
集(모을 집)	↔	散(흩어질 산)
天(하늘 천)	↔	地(땅 지)
初(처음 초)	↔	終(마칠 종)
出(나갈 출)	↔	入(들 입)
豊(풍년 풍)	↔	凶(흉년 흉)
彼(저 피)	↔	此(이 차)
寒(찰 한)	↔	暑(더울 서)
黑(검을 흑)	↔	白(흰 백)
興(흥할 흥)	↔	亡(망할 망)
喜(기쁠 희)	↔	悲(슬플 비)

둘 이상의 음을 가진 한자

降	내릴 강 - 降下(강하) 항복할 항 - 降服(항복)	不	아닐 불 - 不問(불문) 아닐 부 - 不當(부당)	刺	찌를 자 --- 刺客(자객) 찌를 척 --- 刺殺(척살)
更	다시 갱 --- 更新(갱신) 고칠 경 --- 變更(변경)	殺	죽일 살 --- 殺生(살생) 감할 쇄 --- 相殺(상쇄)	切	끊을 절 --- 切斷(절단) 온통 체 --- 一切(일체)
見	볼 견 --- 見學(견학) 뵈올 현 --- 謁見(알현)	狀	형상 상 --- 狀態(상태) 문서 장 --- 賞狀(상장)	提	끌 제 --- 提携(제휴) 보리수 리 --- 菩提(보리)
句	구절 구 --- 句讀(구두) 글귀 귀 --- 句節(귀절)	塞	변방 새 --- 要塞(요새) 막을 색 --- 窮塞(궁색)	辰	별 진 --- 辰時(진시) 때 신 --- 生辰(생신)
金	쇠 금 --- 金庫(금고) 성 김 --- 金氏(김씨)	索	찾을 색 --- 索引(색인) 쓸쓸할 삭 --- 索莫(삭막)	車	수레 차 --- 車庫(차고) 수레 거 --- 車馬(거마)
龜	땅이름 구 --- 龜尾(구미) 거북 귀 --- 龜鑑(귀감) 터질 균 --- 龜裂(균열)	說	말씀 설 --- 說明(설명) 달랠 세 --- 遊說(유세)	參	참여할 참 --- 參席(참석) 석 삼 --- 參拾(삼십)
茶	차 다 --- 茶菓(다과) 차 차 --- 紅茶(홍차)	省	살필 성 --- 反省(반성) 덜 생 --- 省略(생략)	拓	넓힐 척 --- 開拓(개척) 박을 탁 --- 拓本(탁본)
糖	엿 당 --- 糖分(당분) 설탕 탕 --- 砂糖(사탕)	衰	쇠할 쇠 --- 衰弱(쇠약) 상복 최 --- 衰服(최복)	推	밀 추 --- 推進(추진) 밀 퇴 --- 推敲(퇴고)
度	법도 도 --- 制度(제도) 헤아릴 탁 -度支部(탁지부)	宿	잘 숙 --- 宿泊(숙박) 별 수 --- 星宿(성수)	則	법칙 칙 --- 規則(규칙) 곧 즉 --- 則効(즉효)
讀	읽을 독 --- 讀書(독서) 구절 두 --- 吏讀(이두)	拾	주울 습 --- 拾得(습득) 열 십 --- 拾萬(십만)	沈	잠길 침 --- 沈沒(침몰) 성 심 --- 沈氏(심씨)
洞	골 동 --- 洞里(동리) 밝을 통 --- 洞察(통찰)	食	먹을 식 --- 食事(식사) 밥 사 --- 簞食(단사)	宅	집 택 --- 宅地(택지) 집 댁 --- 宅內(댁내)
樂	즐길 락 --- 苦樂(고락) 풍류 악 --- 音樂(음악) 좋아할 요 --- 樂山(요산)	識	알 식 --- 知識(지식) 기록할 지 --- 標識(표지)	便	편할 편 --- 便利(편리) 똥오줌 변 --- 便所(변소)
率	비율 률 --- 能率(능률) 거느릴 솔 --- 統率(통솔)	惡	악할 악 --- 善惡(선악) 미워할 오 --- 憎惡(증오)	布	베 포 ---布木(포목) 베풀 보 --- 布施(보시)
復	회복할 복 --- 回復(회복) 다시 부 --- 復活(부활)	易	바꿀 역 --- 交易(교역) 쉬울 이 --- 容易(용이)	暴	모질 포 --- 暴惡(포악) 사나울 폭 --- 暴君(폭군)
否	아닐 부 --- 否定(부정) 막힐 비 --- 否塞(비색)	咽	목구멍 인 --- 咽喉(인후) 목멜 열 --- 嗚咽(오열)	皮	가죽 피 --- 皮革(피혁) 가죽 비 --- 鹿皮(녹비)
北	북녘 북 --- 北向(북향) 달아날 배 --- 敗北(패배)	炙	구울 자 --- 膾炙(회자) 구울 적 --- 散炙(산적)	行	다닐 행 --- 行路(행로) 항렬 항 --- 行列(항렬)

잘못 읽기 쉬운 한자

可憐	가련(○) 가린(×)	蔓延	만연(○) 만정(×)	洗淨	세정(○) 세쟁(×)	將帥	장수(○) 장사(×)	綻露	탄로(○) 정로(×)
恪別	각별(○) 격별(×)	邁進	매진(○) 만진(×)	贖罪	속죄(○) 독죄(×)	沮止	저지(○) 조지(×)	洞察	통찰(○) 동찰(×)
看做	간주(○) 간고(×)	明澄	명징(○) 명증(×)	殺到	쇄도(○) 살도(×)	傳播	전파(○) 전번(×)	推敲	퇴고(○) 추고(×)
減殺	감쇄(○) 감살(×)	杳然	묘연(○) 향연(×)	水洗	수세(○) 수선(×)	躊躇	주저(○) 수저(×)	膨脹	팽창(○) 팽장(×)
概括	개괄(○) 개활(×)	未洽	미흡(○) 미합(×)	示唆	시사(○) 시준(×)	叱責	질책(○) 힐책(×)	平坦	평탄(○) 평단(×
改悛	개전(○) 개준(×)	撲滅	박멸(○) 업멸(×)	軋轢	알력(○) 알락(×)	執拗	집요(○) 집유(×)	捕捉	포착(○) 포족(×)
坑道	갱도(○) 항도(×)	潑剌	발랄(○) 발자(×)	謁見	알현(○) 갈견(×)	斬新	참신(○) 점신(×)	割引	할인(○) 활궁(×)
更迭	경질(○) 갱질(×)	拔萃	발췌(○) 발졸(×)	隘路	애로(○) 익로(×)	懺悔	참회(○) 섬매(×)	陜川	합천(○) 협천(×)
汨沒	골몰(○) 일몰(×)	拔擢	발탁(○) 발요(×)	領袖	영수(○) 영유(×)	刺殺	척살(○) 자살(×)	肛門	항문(○) 홍문(×)
刮目	괄목(○) 활목(×)	報酬	보수(○) 보주(×)	嗚咽	오열(○) 명인(×)	喘息	천식(○) 서식(×)	降將	항장(○) 강장(×)
口腔	구강(○) 구공(×)	布施	보시(○) 포시(×)	訛傳	와전(○) 화전(×)	諦念	체념(○) 제념(×)	偕老	해로(○) 개로(×)
拘碍	구애(○) 구득(×)	補塡	보전(○) 포진(×)	渦中	와중(○) 과중(×)	涕泣	체읍(○) 제읍(×)	解弛	해이(○) 해야(×)
救恤	구휼(○) 구혈(×)	不朽	불후(○) 불구(×)	吟味	음미(○) 금미(×)	寵愛	총애(○) 용애(×)	享樂	향락(○) 형락(×)
詭辯	궤변(○) 위변(×)	沸騰	비등(○) 불등(×)	溺死	익사(○) 약사(×)	撮影	촬영(○) 최영(×)	忽然	홀연(○) 총연(×)
團欒	단란(○) 단락(×)	使嗾	사주(○) 사족(×)	一括	일괄(○) 일활(×)	衷心	충심(○) 애심(×)	廓然	확연(○) 곽연(×)
撞着	당착(○) 동착(×)	奢侈	사치(○) 사다(×)	一擲	일척(○) 일정(×)	熾熱	치열(○) 직열(×)	恍惚	황홀(○) 광홀(×)
陶冶	도야(○) 도치(×)	撒布	살포(○) 산포(×)	剩餘	잉여(○) 승여(×)	鍼術	침술(○) 함술(×)	欣快	흔쾌(○) 근쾌(×)
瀆職	독직(○) 속직(×)	棲息	서식(○) 처식(×)	箴言	잠언(○) 함언(×)	拓本	탁본(○) 척본(×)	詰責	힐책(○) 길책(×)

한자성어(漢字成語)
첫 한자 가나다순서 총획수가 적은 형성자끼리

급수 번호	漢字	音	뜻풀이 / 활용예문
1/1/8/4II 001	呵呵大笑	가:가대소	너무 우스워서 한바탕 껄껄 웃음. 소리를 내어 크게 웃음
1/1/1/4II 002	苛斂誅求	가:렴주구	가혹하게 세금을 거두거나 백성의 재물을 억지로 빼앗음
3II/8/3II/7 003	佳人薄命	가:인박명	아름다운 여자는 수명이 짧음《소식(蘇軾)이 지은 시에서 유래함》 ㈜ 미:인박명(美人薄命): 미인은 불행하거나 병약하여 요절하는 일이 많음 ㈜ 홍안박명(紅顏薄命): 얼굴이 예쁜 여자는 팔자가 사나운 경우가 많음
4II/5/3/5II 004	街談巷說	가담항설	거리나 항간에 떠도는 소문. '뜬소문'으로 순화 ㈜ 가담항어(街談巷語), 가담항의(街談巷議), 가설항담(街說巷談)
7/5/8/7 005	家給人足	가급인족	집집마다 먹고사는 것에 부족함이 없이 넉넉함
4/4/4II/3 006	刻骨難忘	각골난망	남에게 입은 은혜가 뼈에 새길 만큼 커서 잊히지 아니함
4/3/4II/3II 007	刻舟求劍	각주구검	배에서 칼을 물속에 떨어뜨리고 뱃전에 빠뜨린 자리를 표시해 두었다가 배가 정박한 뒤에 칼을 찾으려 했다는 고사(故事)에서, 미련하고 융통성이 없음의 비유
6/6/5/4II 008	角者無齒	각자무치	뿔이 있는 짐승은 이가 없다는 뜻으로, 사람이 여러 가지 복을 겸하지 못함을 이름
1/5/4/7 009	奸臣賊子	간신적자	간사한 신하와 불효한 자식 ㈜ 난신적자(亂臣賊子): 나라를 어지럽게 하는 신하와 부모의 뜻을 거스르는 자식
3II/2/5/3II 010	肝膽相照	간:담상조	간과 쓸개를 내놓고 서로에게 내보인다. 서로 속마음을 터놓고 친하게 사귐
1/6/3II/4II 011	竿頭之勢	간두지세	대막대기 끝에 선 것 같은 아주 위태로운 형세
4/6/6/5 012	甘言利說	감언이설	달콤한 말과 이로운 이야기, 남의 비위에 맞게 꾸민 달콤한 말과 이로운 조건을 내세워 꾀는 말
4/1/6/3II 013	甘吞苦吐	감탄고토	달면 삼키고 쓰면 뱉는다. 제 비위에 맞으면 좋아하고 맞지 않으면 싫어한다는 말
4/7II/8/7 014	敢不生心	감:불생심	감히 엄두도 내지 못함 ㈜ 감불생의(敢不生意) ㈜ 언감생심(焉敢生心)
6/3/5/5 015	感慨無量	감:개무량	마음속에서 느끼는 감동이나 느낌이 끝이 없음. 또는 그 감동이나 느낌
6/3II/5II/3II 016	感之德之	감:지덕지	분에 넘치는 듯해서 매우 고맙게 여기는 모양
4/7/3II/8 017	甲男乙女	갑남을녀	갑이란 남자와 을이란 여자의 뜻으로, 평범한 사람들을 이르는 말 ㈜ 장삼이사(張三李四): 이름이나 신분이 특별하지 못한 평범한 사람들 ㈜ 필부필부(匹夫匹婦): 평범한 남녀
4II/1/4II/8 018	康衢煙月	강구연월	강구(康衢)는 사통오달의 큰길로서 사람의 왕래가 많은 거리 연월(煙月)은 연기(煙氣)가 나고 달빛이 비친다. 태평한 세상의 평화로운 풍경
7/5/4II/4II 019	江湖煙波	강호연파	① 강·호수 위에 안개처럼 보얗게 이는 잔물결 ② 자연의 풍경
5/5II/3II/5 020	改過遷善	개:과천선	지난날의 잘못이나 허물을 고쳐 올바르고 착하게 됨. ㈜ 개과자신(改過自新)
3II/7II/3II/6II 021	蓋世之才	개:세지재	온 세상을 뒤덮을 만한 재주 또는 그런 재주를 가진 사람

번호	한자	독음	뜻
5/6/1/3II 022	去頭截尾	거:두절미	① 머리와 꼬리를 자름 ② 요점만 간단히 말함
7II/8/5/4 023	車水馬龍	거수마룡	수레는 흐르는 물과 같고 말은 하늘로 오르는 용과 같다는 뜻으로, 많은 수레와 말들이 오가며 떠들썩하다는 말
7/3II/4II/5 024	車載斗量	거재두량	물건을 수레에 싣고 말로 된다는 뜻으로, 물건이나 인재 따위가 흔해서 귀하지 않음의 비유
4/7II/5/4 025	居安思危	거안사위	평안(平安)할 때에도 위험(危險)과 곤란이 닥칠 것을 생각하며 잊지 말고 미리 대비해야 함
5/5/3II/3 026	擧案齊眉	거:안제미	밥상을 눈썹과 가지런하도록 공손히 들어 남편 앞에 가지고 간다는 뜻으로, 남편을 깍듯이 공경함을 이르는 말
3II/8/3II/8/1 027	乾坤一擲	건곤일척	운명과 흥망을 걸고 단판걸이로 승부나 성패를 겨룸
3/8/3/7 028	乞人憐天	걸인연천	거지가 하늘을 불쌍히 여긴다는 뜻으로, 불행한 처지의 사람이 행복한 사람을 동정함을 이르는 말
5II/7II/5/5II 029	格物致知	격물치지	실제 사물의 이치를 연구하여 지식을 완전하게 함《대학의 용어》 ㊤ 격치(格致)
3II/7II/3II/6 030	隔世之感	격세지감	오래지 않은 동안에 몰라보게 변하여 아주 다른 세상이 된 것 같은 느낌 ㊤ 금석지감(今昔之感)
3II/2/1/1 031	隔靴搔癢	격화소양	신을 신고 발바닥을 긁는다는 뜻으로, 성이 차지 않음을 이르는 말 ㊤ 격화파양(隔靴爬癢)
4/5/3II/5II 032	犬馬之勞	견마지로	개나 말 정도의 하찮은 힘이라는 뜻으로, 윗사람에게 충성(忠誠)을 다하는 자신의 노력을 낮추어 이르는 말
4/3II/3II/5 033	犬兔之爭	견토지쟁	개와 토끼의 다툼이라는 뜻으로, 양자의 싸움에 제삼자가 이익을 봄을 이르는 말
5II/6II/5/4II 034	見利思義	견:리사의	눈앞에 이익이 보일 때, 먼저 의리를 생각함 見利思義 見危授命(견리사의 견위수명): 이익을 보면 의를 생각하고, 위태로움을 보면 목숨을 바친다. 안중근(安重根) 의사(義士) 유필(遺筆)
5II/4/4II/7 035	見危授命	견:위수명	나라가 위태로울 때는 자신의 목숨까지도 바친다. 견위치명(見危致命)이라고도 한다. 《논어(論語)》〈헌문(憲問)〉편에 나온다.
5II/1/3II/3II 036	見蚊拔劍	견:문발검	모기를 보고 칼을 뺀다는 뜻으로, 하찮은 일에 너무 크게 성내어 덤빔
5II/7II/8/7 037	見物生心	견:물생심	어떠한 실물을 보게 되면 그것을 가지고 싶은 욕심이 생김
3/6/3II/6II 038	牽強附會	견강부회	사리에 맞지 않은 말을 억지로 끌어다 붙여 자기에게 유리하도록 함
4/3II/7II/3II 039	堅忍不拔	견인불발	굳게 참고 견뎌 마음이 흔들리지 않음
5II/6/4II/3II 040	結者解之	결자해지	맺은 사람이 풀어야 한다는 뜻으로, 자기가 저지른 일은 자기가 해결하여야 함을 이르는 말
5II/7/4II/4II 041	結草報恩	결초보은	죽은 뒤에라도 은혜를 잊지 않고 갚음을 이르는 말 ㊤ 刻骨難忘(각골난망) ㊤ 白骨難忘(백골난망)
3II/8/3II/6II 042	兼人之勇	겸인지용	혼자서 능히 몇 사람을 당해 낼만한 용기
5II/3/6/3II 043	敬而遠之	경:이원지	① 공경(恭敬)하되 가까이하지는 아니함 ② 겉으로는 공경(恭敬)하는 체하면서 속으로는 꺼리어 멀리함. ㊤ 경원(敬遠)
5II/7/6/8 044	敬天愛人	경:천애인	하늘을 공경(恭敬)하고 사람을 사랑함
4/7/7II/7 045	驚天動地	경천동지	하늘을 놀라게 하고 땅을 움직이게 한다는 뜻으로, 몹시 세상(世上)을 놀라게 함을 이르는 말
4II/8/4II/7II 046	經國濟世	경국제세	나라 일을 경륜(經綸)하고 세상을 구제(救濟)함. '경제(經濟)'의 본말
4II/7II/4II/8 047	經世濟民	경세제민	세사(世事)를 잘 다스려 도탄(塗炭)에 빠진 백성(百姓)을 구(求)함 경국제세(經國濟世)라고도 함. ㊤ 경제(經濟)

번호	한자	독음	뜻
4II/ 7/ 3/ 7 048	經天緯地	경천위지	온 천하를 조직적으로 잘 계획하여 다스림
5/ 5/ 3II/ 7II 049	輕擧妄動	경거망동	경솔하여 생각 없이 망령되게 행동함. 또는 그런 행동
4/ 8/ 3II/ 7 050	傾國之色	경국지색	임금이 혹하여 나라가 기울어져도 모를 정도의 미인이라는 뜻으로, 뛰어나게 아름다운 미인을 이르는 말 图 경국(傾國) 图 경성지색(傾城之色) 단순호치(丹脣皓齒) 절세가인(絶世佳人) 천하일색(天下一色)
1/ 6II/ 1/ 6 051	鯨戰蝦死	경전하사	고래 싸움에 새우 등 터진다는 뜻으로, 강한 자끼리 서로 싸우는 통에 아무 상관도 없는 약한 자가 해를 입음을 비유적으로 이르는 말
4/ 2/ 3/ 3II 052	季札掛劍	계:찰괘검	계찰(季札)이 검을 걸어 놓는다는 뜻으로, 신의(信義)를 중(重)히 여김 계찰괘검(季札掛劍)이라는 고사가 생기게 되었으며 "현검(懸劍)"이라 부르기도 한다.
4/ 4/ 7/ 4 053	鷄卵有骨	계란유골	계란에도 뼈가 있다는 뜻으로, 운이 없는 사람은 모처럼 좋은 기회를 만나도 역시 일이 잘 안됨을 이르는 말
4/ 4/ 3/ 4 054	鷄鳴狗盜	계명구도	닭의 울음소리를 잘 내는 사람과 개의 흉내를 잘 내는 좀도둑이라는 뜻으로, ① 천한 재주를 가진 사람도 때로는 요긴하게 쓸모가 있음을 비유하여 이르는 말 ②「야비(野鄙)하게 남을 속이는 꾀」를 비유한 말 ③ 잔재주를 자랑함
4/ 8/ 3II/ 4 055	孤軍奮鬪	고군분투	① 외로이 떨어져 있는 군사가 많은 수의 적군과 용감하게 잘 싸움 ② 남의 도움을 받지 아니하고 힘에 벅찬 일을 잘해 나가는 것을 비유적으로 이르는 말
4/ 7II/ 5/ 4 056	孤立無援	고립무원	고립(孤立)되어 도움을 받을 데가 없음
4/ 3II/ 4II/ 4 057	孤掌難鳴	고장난명	외손뼉만으로는 소리가 울리지 아니한다는 뜻으로, 혼자의 힘만으로 어떤 일을 이루기 어려움을 이르는 말
3II/ 4II/ 3II/ 6 058	姑息之計	고식지계	당장 편한 것만 택하는 꾀나 방법. 고식책(姑息策)
5/ 3II/ 7II/ 6 059	固執不通	고집불통	고집이 세어 융통성이 없음. 또는 그런 사람
6/ 4II/ 3II/ 6 060	苦肉之策	고육지책	자기 몸을 상해 가면서까지 꾸며 내는 계책이라는 뜻으로, 어려운 상태를 벗어나기 위해 어쩔 수 없이 꾸며 내는 계책을 이르는 말 图 고육책(苦肉策) 图 고육지계(苦肉之計): 적을 속이기 위하여 자신의 괴로움을 무릅쓰고 꾸미는 계책
6/ 4/ 4/ 7 061	苦盡甘來	고진감래	쓴 것이 다하면 단 것이 온다는 뜻으로, 고생 끝에 즐거움이 옴을 이르는 말 图 흥진비래(興盡悲來): 즐거운 일이 다하면 슬픈 일이 닥쳐온다.
4II/ 7II/ 6II/ 7 062	故事成語	고사성어	옛이야기에서 유래한, 한자로 이루어진 말
1/ 1/ 3II/ 5II 063	股肱之臣	고굉지신	다리와 팔뚝에 비길 만한 신하라는 뜻으로, 임금이 가장 신임하는 중신을 이르는 말 图 고굉(股肱): ① 다리와 팔이란 뜻으로, 온몸을 이르는 말 ② '고굉지신'의 준말
6II/ 3/ 7II/ 3II 064	高枕安眠	고침안면	베개를 높이 해서 편안히 잔다는 뜻으로, 근심 없이 편안히 잘 지냄을 이르는 말 图 고침(高枕)
1/ 1/ 4/ 4II 065	膏粱珍味	고량진미	기름진 고기와 좋은 곡식으로 만든 맛있는 음식 图 고량(膏粱)
3II/ 3II/ 4/ 3II 066	鼓腹擊壤	고복격양	태평한 세월을 즐김을 이르는 말. 중국 요 임금 때 한 노인이 배를 두드리고 땅을 치면서 요 임금의 덕을 찬양하고 태평성대를 즐겼다는 데서 유래한다.
5/ 8/ 3II/ 7II 067	曲學阿世	곡학아세	바른 길에서 벗어난 학문으로 세상 사람들에게 아첨함
4/ 4II/ 5II/ 4 068	骨肉相殘	골육상잔	가까운 혈족끼리 서로 해치고 죽임
7II/7II/4II/7II 069	空前絶後	공전절후	비교할 만한 것이 이전에도 없고 이후에도 없음 图 전무후무(前無後無)
7II/ 8/ 3II/ 3II 070	空中樓閣	공중누각	아무런 근거나 토대가 없는 가공의 사물이나 생각 图 신기루(蜃氣樓).
5II/ 3II/ 7II/ 3II 071	過猶不及	과:유불급	정도를 지나침은 미치지 못한 것과 같다는 뜻으로, 중용(中庸)이 중요함을 이르는 말. '논어'의 '先進篇'에 나오는 말이다. 图 과불급(過不及)

3II/ 8/ 3II/ 4II **072**	誇大妄想	과:대망상	자기의 현재 상태를 턱없이 크게 과장해서 사실인 것처럼 믿는 일. 또는 그런 생각
4II/ 4II/ 8/ 3II **073**	官尊民卑	관존민비	관리는 높고 귀하며 백성은 낮고 천하다고 여기는 생각 • 시대착오적인 ~ 사상
4/ 2급/ 3II/ 6 **074**	管鮑之交	관포지교	중국 춘추 시대의 관중(管仲)과 포숙아(鮑叔牙)의 사귐이 매우 친밀하였다는 고사에서 나온 말로, 아주 친한 친구 사이의 다정한 교제를 일컬음
3II/ 4/ 3II/ 4II **075**	冠婚喪祭	관혼상제	관례, 혼례, 상례, 제례를 아울러 이르는 말
1/ 6/ 5II/ 6II **076**	刮目相對	괄목상대	눈을 비비고 상대편을 본다는 뜻으로, 남의 학식이나 재주가 놀랄 만큼 부쩍 느는 것을 일컬음
3/ 6II/ 4II/ 5 **077**	矯角殺牛	교:각살우	소의 뿔을 바로잡으려다가 소를 죽인다는 뜻으로, 잘못된 점을 고치려다가 그 방법이나 정도가 지나쳐 오히려 일을 그르침
3II/ 6/ 5/ 7 **078**	巧言令色	교언영색	남의 환심을 사려고 아첨하는 교묘한 말과 보기 좋게 꾸미는 얼굴빛
2/ 3II/ 3II/ 2 **079**	膠柱鼓瑟	교주고슬	비파나 거문고의 기러기발을 아교로 붙여 놓으면 가락을 바꿀 수 없다는 뜻으로, 고지식하여 조금도 융통성이 없음을 비유해서 하는 말
8/ /8/ 5II/ 8 **080**	敎學相長	교:학상장	가르치고 배우는 과정에서 스승과 제자가 함께 성장함
8/ 5/ 3II/ 4 **081**	九曲肝腸	구곡간장	굽이굽이 서린 창자라는 뜻으로, 깊은 마음속이나 시름이 쌓인 마음속의 비유
8/ 6/ 8/ 8 **082**	九死一生	구사일생	죽을 고비를 여러 차례 넘기고 겨우 살아남 🔁 백사일생(百死一生) 십생구사(十生九死)
8/ 8/ 7/ 6II **083**	九十春光	구십춘광	① 봄의 석 달 동안 ② 석 달 동안의 화창한 봄 날씨 ③ 노인(老人)의 마음이 청년(靑年)처럼 젊음을 이르는 말
8/ 5/ 8/ 4II **084**	九牛一毛	구우일모	아홉 마리의 소 가운데 박힌 하나의 털이란 뜻으로, 매우 많은 것 가운데 극히 적은 수를 이르는 말
8/ 4/ 4II/ 4 **085**	九折羊腸	구절양장	아홉 번 꼬부라진 양의 창자라는 뜻으로, ① 꼬불꼬불한 험한 산길 ② 세상이 복잡하여 살아가기 어렵다는 말
7/ 3/ 3II/ 3II **086**	口蜜腹劍	구:밀복검	입에는 꿀이 있고 배 속에는 칼이 있다는 뜻으로, 말로는 친한 체하나 속으로는 해칠 생각을 가짐을 이르는 말
7/ 3II/ 4/ 3 **087**	口尙乳臭	구:상유취	입에서 아직 젖내가 난다는 뜻으로, 말이나 행동이 유치함을 이르는 말
5/ 8/ 4/ 4II **088**	救國干城	구:국간성	나라를 구하는 방패와 성이란 뜻으로, 나라를 구하여 지키는 믿음직한 군인이나 인물을 의미함 🔁 간성지재(干城之材), 동량지기(棟梁之器)
3/ 3II/ 4II/ 1 **089**	狗尾續貂	구미속초	담비의 꼬리가 모자라 개 꼬리로 잇는다는 뜻으로, ① 벼슬을 함부로 줌. ② 훌륭한 것에 하찮은 것이 뒤를 이음.
8/ 1/ 7/ 4II **090**	國粹主義	국수주의	자기 나라의 문화나 전통, 국민적 특수성만을 가장 우수한 것으로 믿고 유지·보존하며 남의 나라 것을 배척하는 주의
4/ 7II/ 8 / 6II **091**	君子三樂	군자삼락	군자의 세 가지 즐거움. 첫째: 부모가 살아 계시고 형제가 무고한 것, 둘째: 하늘과 사람에게 부끄러워할 것이 없는 것, 셋째: 천하의 영재를 얻어서 가르치는 것을 이른다.
4/ 3II/ 1/ 4 **092**	群盲撫象	군맹무상	여러 맹인(盲人)이 코끼리를 더듬는다는 뜻으로, 즉 자기의 좁은 소견과 주관으로 사물을 그릇 판단함 🔁 군맹평상(群盲評象)
4/ 5/ 3II/ 4 **093**	群雄割據	군웅할거	① 많은 영웅들이 각각 한 지방에 웅거하여 세력을 과시하며 서로 다투는 상황을 이르는 말 ② 여러 영웅이 세력을 다투어 땅을 갈라 버티고 있음
4/ 4II/ 3II/ 3II **094**	窮餘之策	궁여지책	① 궁한 끝에 나는 한 꾀 ② 막다른 골목에서 그 국면(局面)을 타개하려고 생각다 못해 짜낸 꾀 🔁 궁여일책(窮餘一策)
4/ 4/ 8/ 3II **095**	群鷄一鶴	군계일학	닭의 무리 속에 있는 한 마리의 학이라는 뜻으로, 평범한 많은 사람 가운데서 뛰어난 사람을 이름 🔁 계군일학(鷄群一鶴)
1/ 8/ 7/ 7 **096**	捲土重來	권:토중래	땅을 말아 일으킬 것 같은 기세로 다시 온다는 뜻으로, 한 번 실패하였으나 힘을 회복하여 다시 쳐들어옴을 이르는 말. 중국 당나라 두목 항우가 유방과의 결전에서 패하여 오강(烏江) 근처에서 자결한 것을 탄식한 말에서 유래한다.

4/ 5/ 3/ 5Ⅱ 097	勸善懲惡	권:선징악	착한 일을 권장(勸奬)하고 악한 일을 징계(懲戒)함
4Ⅱ/ 3Ⅱ/ 6Ⅱ/ 7 098	權謀術數	권모술수	목적 달성을 위하여 수단과 방법을 가리지 아니하는 온갖 모략이나 술책 ㊤ 계략(計略) 모략(謀略) 권모술책(權謀術策)
4Ⅱ/ 7Ⅱ/ 8/ 8 099	權不十年	권불십년	권세는 10년을 넘지 못한다는 뜻으로, ① 권력은 오래가지 못하고 늘 변함 ② 또는 영화는 일시적이어서 계속되지 않음
3Ⅱ/ 5Ⅱ/ 4Ⅱ/ 6 100	克己復禮	극기복례	자기의 욕심을 누르고 예의범절을 따름 ㊤ 극복(克復)
6/ 3Ⅱ/ 6/ 5 101	近墨者黑	근:묵자흑	먹을 가까이하는 사람은 검어진다는 뜻으로, 나쁜 사람과 가까이 지내면 나쁜 버릇에 물들기 쉬움을 비유적으로 이르는 말 ㊤ 근주자적(近朱者赤): 붉은 것을 가까이하면 붉어진다.
6Ⅱ/ 3/ 3Ⅱ/ 6 102	今昔之感	금석지감	지금과 옛날을 비교할 때 차이가 매우 심하여 느껴지는 감정
6Ⅱ/ 6Ⅱ/ 5/ 6Ⅱ 103	今始初聞	금시초문	이제야 비로소 처음으로 들음
3Ⅱ/ 2/ 5Ⅱ/ 6Ⅱ 104	琴瑟相和	금슬상화	거문고와 비파소리가 조화를 이룬다는 뜻으로, 부부사이가 다정하고 화목함 ㊤ 금슬지락(琴瑟之樂): '금실지락(:부부간의 화목한 즐거움 금실)'의 본딧말
8/ 6Ⅱ/ 4Ⅱ/ 4 105	金科玉條	금과옥조	금이나 옥처럼 귀중히 여기어 꼭 지켜야 하는 법칙이나 규정
8/ 3Ⅱ/ 3Ⅱ/ 3Ⅱ 106	金蘭之契	금란지계	쇠처럼 단단하고 난초향기처럼 그윽한 사귐. 친구 사이의 매우 두터운 정을 이르는 말. 두 사람의 마음이 같으니 그 예리함이 금석을 자를 수 있고, 같은 마음에서 나오는 말은 그 향기가 난과 같다. ㊤ 金蘭之交(금란지교) 金蘭之誼(금란지의)
8/ 6/ 3Ⅱ/ 5Ⅱ 107	金石盟約	금석맹약	쇠와 돌같이 굳게 맹세(盟誓)하여 맺은 약속(約束) ㊤ 금석지약(金石之約): 금석처럼 굳고 변함없는 언약
8/ 4Ⅱ/ 3Ⅱ/ 3Ⅱ 108	金城湯池	금성탕지	「쇠로 만든 성(城)과 끓는 물을 채운 못」이란 뜻으로 ① 매우 견고한 성(城)과 해자(垓子) ② 침해받기 어려운 장소를 비유 ㊤ 금성철벽(金城鐵壁): ① 방비가 견고한 성 ② 견고하고 빈틈이 없는 사물을 비유적으로 일컫는 말
8/ 3Ⅱ/ 4Ⅱ/ 5 109	金枝玉葉	금지옥엽	① 금으로 된 가지와 옥으로 된 잎이라는 뜻으로, 임금의 가족을 높여 이르는 말 ② 귀한 자손을 이르는 말
3Ⅱ/ 7Ⅱ/ 3/ 7 110	錦上添花	금:상첨화	비단 위에 꽃을 더한다는 뜻으로, 좋은 일 위에 또 좋은 일이 더하여짐을 비유적으로 이르는 말
3Ⅱ/ 1/ 7Ⅱ/ 8 111	錦繡江山	금:수강산	비단에 수를 놓은 듯이 아름다운 산천이라는 뜻으로, 우리나라의 산천을 비유한 말
3Ⅱ/ 6/ 6/ 6 112	錦衣夜行	금:의야행	비단옷을 입고 밤길을 다닌다는 뜻으로, 아무 보람이 없는 일을 함을 이르는 말
3Ⅱ/ 6/ 3Ⅱ/ 4Ⅱ 113	錦衣還鄉	금:의환향	비단옷을 입고 고향에 돌아온다는 뜻으로, 출세를 하여 고향에 돌아가거나 돌아옴
4/ 4Ⅱ/ 7/ 8 114	奇想天外	기상천외	보통 사람이 생각할 수 없는 놀랍고 엉뚱한 생각
4/ 3Ⅱ/ 3Ⅱ/ 6 115	奇巖怪石	기암괴석	기묘한 바위와 괴상하게 생긴 돌
3Ⅱ/ 3Ⅱ/ 3Ⅱ/ 4Ⅱ 116	騎虎之勢	기호지세	호랑이를 타고 달리는 기세라는 뜻으로, 범을 타고 달리는 사람이 도중에서 내릴 수 없는 것처럼 도중(途中)에서 그만두거나 물러설 수 없는 형세를 이르는 말
7Ⅱ/ 6Ⅱ/ 8/ 3Ⅱ 117	氣高萬丈	기고만장	① 일이 뜻대로 잘되어 뽐내는 기세가 대단함 ② 펄펄 뛸 만큼 몹시 성이 남
7Ⅱ/ 4/ 4Ⅱ/ 4 118	氣盡脈盡	기진맥진	기운(氣運)이 없어지고 맥이 풀렸다는 뜻으로, 온몸의 힘이 다 빠져 버림
4Ⅱ/ 6/ 4Ⅱ/ 8 119	起死回生	기사회생	거의 죽을 뻔하다 다시 살아남
3/ 7Ⅱ/ 4/ 7Ⅱ 120	欺世盜名	기세도명	세상 사람을 속이고 헛된 명예를 탐냄
2/ 6/ 7/ 5 121	洛陽紙貴	낙양지귀	중국 진(晉)나라의 좌사(左思)가 《삼도부(三都賦)》를 지었을 때 낙양 사람이 다투어 이것을 베낀 까닭에 종이 값이 올랐다는 고사에서 나온 말로, 어떤 책이 널리 읽혀 매우 잘 팔리는 것을 비유적으로 이르는 말 ㊤ 낙양지가(洛陽紙價) 낙양지가고(洛陽紙價高) 낙양지가귀(洛陽紙價貴)

#	한자	독음	뜻
5/7/5II/8 **122**	落花流水	낙화유수	① 떨어지는 꽃과 흐르는 물이란 뜻으로, 가는 봄의 경치를 말함 ② 떨어지는 꽃에 정이 있으면 흐르는 물에도 또한 정이 있어 그것을 띄워 흐르기를 바란다는 뜻으로, 남녀가 서로 그리워함을 이르는 말
4/5II/4/7II **123**	亂臣賊子	난:신적자	나라를 어지럽게 하는 신하와 부모의 뜻을 거스르는 자식. 囧 간신적자(奸臣賊子)
4II/4/7II/5 **124**	難攻不落	난공불락	공격하기 어려워 좀처럼 함락되지 아니함
4II/8/4II/8 **125**	難兄難弟	난:형난제	누구를 형이라 하고 누구를 아우라 하기 어렵다는 뜻으로, 두 사물의 낫고 못함을 분간하기 어려움의 비유
2/5II/4/4II **126**	爛商討議	난:상토의	충분히 생각하고 의견을 나누어 토의함 囧 난상공론(爛商公論), 난상공의(爛商公議), 난상숙의(爛商熟議), 난상토론(爛商討論)
7II/4/8/2 **127**	男負女戴	남부여대	남자는 지고 여자는 인다는 뜻으로, 가난한 사람들이 살 곳을 찾아 떠돌아다니는 것을 이르는 말
8/2급/8/3II **128**	南柯一夢	남가일몽	꿈과 같이 헛된 한때의 부귀영화. 囧 남가지몽(南柯之夢)
8/1/8/1 **129**	南橘北枳	남귤북지	남쪽 땅의 귤나무를 북쪽에 옮겨 심으면 탱자나무로 변한다는 뜻으로, 사람도 그 처해 있는 곳에 따라 선하게도 되고 악하게도 됨을 이르는 말
8/7II/8/8 **130**	南男北女	남남북녀	예전부터 우리나라에서 남쪽 지방은 남자가 잘나고, 북쪽 지방은 여자가 곱다는 뜻으로 일러 내려오는 말
3II/3/7II/4II **131**	浪漫主義	낭:만주의	19세기 초에 유럽을 휩쓴 예술상의 사조 및 그 운동《고전주의와 합리주의에 반대하고 꿈이나 공상의 세계를 동경하고 감상적인 정서를 중시》로맨티시즘
1/8/3II/1 **132**	囊中之錐	낭중지추	주머니 속의 송곳이란 뜻으로, 재능이 뛰어난 사람은 숨어 있어도 남의 눈에 저절로 드러난다는 뜻
7II/3II/8/5 **133**	內憂外患	내:우외환	나라 안팎의 여러 가지 어려움
7/2급/3II/3II **134**	老萊之戲	노:래지희	노래자(老萊子)의 유희. 중국 초나라 때의 효자인 노래자가 나이 칠십에 어린애의 옷을 입고 늙은 부모 앞에서 재롱을 부려 즐겁게 해 드림으로써 늙음을 잊게 했다는 고사에서 온 말. 囧 반의지희(斑衣之戲). 채의오친(彩衣娛親)
4II/4/4II/3II **135**	怒甲移乙	노:갑이을	갑에게 당(當)한 노염을 을에게 옮긴다는 뜻으로, 어떤 사람에게서 당한 노염을 전혀 관계없는 딴사람에게 화풀이함을 이르는 말 囧 노갑을이(怒甲乙移)
4II/6II/8/6II **136**	怒發大發	노:발대발	몹시 노하여 펄펄 뛰며 성을 냄
4II/4/3II/3II **137**	怒髮衝冠	노:발충관	곤두선 머리털이 갓을 추켜올린다. 대단히 성을 내어 머리털이 곤두섬. 크게 노한 용사(勇士)의 모양을 형용한 말 출전 사기(史記)
5II/7/2/5 **138**	勞心焦思	노심초사	몹시 마음을 쓰며 애를 태움 囧 초심고려(焦心苦慮)
6/4/3/7 **139**	路柳墻花	노:류장화	아무나 쉽게 꺾을 수 있는 길가의 버들과 담 밑의 꽃. 창녀나 기생을 이름
6/4II/3II/7 **140**	綠陰芳草	녹음방초	나무가 푸르게 우거진 그늘과 꽃다운 풀이라는 뜻으로, 여름의 아름다운 경치
6/6/4/3II **141**	綠衣紅裳	녹의홍상	연두저고리에 다홍치마라는 뜻으로, 젊은 여자의 고운 옷차림을 이르는 말
4II/6II/6/5 **142**	論功行賞	논공행상	공로의 있음과 없음, 크고 작음을 논하여 공적에 따라 상을 주는 일
3II/4II/6/4II **143**	弄假成眞	농가성진	장난삼아 한 것이 참으로 한 것과 같이 됨 囧 가롱성진(假弄成眞)
3II/3/3II/4II **144**	弄瓦之慶	농:와지경	딸을 낳은 즐거움. 중국에서 딸을 낳으면 흙으로 만든 실패를 장난감으로 주었다는 데서 유래한다. 囧 농와지희(弄瓦之喜)
3II/2/3II/4II **145**	弄璋之慶	농:장지경	장(璋)으로 만든 구기를 갖고 노는 경사란 뜻으로, 아들을 낳은 경사 囧 농장지희(弄璋之喜) ↔ 농와지경(弄瓦之慶)
3II/4/3II/4 **146**	累卵之危	누:란지위	층층이 쌓아 놓은 알의 위태로움, 몹시 아슬아슬한 위기를 비유적으로 이르는 말 囧 누란지세(累卵之勢): 층층이 쌓아 놓은 알의 형세
6/2급/5/4II **147**	多岐亡羊	다기망양	달아난 양을 찾는데 길이 여러 갈래로 갈려 양을 잃었다. ① 학문의 길이 다방면으로 갈려 진리를 얻기 어려움 ② 방침이 많아 도리어 갈 바를 모름

6/6/4Ⅱ/5 148	多多益善	다다익선	많으면 많을수록 더욱 좋음. 한(漢)나라의 장수 한신이 고조와 장수의 역량에 대하여 얘기할 때, 자신은 병사의 수가 많을수록 잘 지휘할 수 있다고 한 말에서 유래	
3Ⅱ/3/2/4Ⅱ 149	丹脣皓齒	단순호치	붉은 입술과 하얀 이란 뜻으로, ① 여자(女子)의 아름다운 얼굴을 이르는 말 ② 미인(美人)의 얼굴	
4Ⅱ/3Ⅱ/7Ⅱ/7 150	單刀直入	단도직입	혼자서 칼 한 자루를 들고 적진으로 곧장 쳐들어간다는 뜻으로, 여러 말을 늘어놓지 아니하고 바로 요점이나 본문제를 중심적으로 말함을 이르는 말	
1/7Ⅱ/특Ⅱ/6Ⅱ 151	簞食瓢飮	단사표음	① 대그릇의 밥과 표주박에 든 물이라는 뜻으로, 좋지 못한 적은 음식 ② 청빈한 생활 🔁 단표(簞瓢)	
4Ⅱ/8/3Ⅱ/6 152	斷金之交	단:금지교	우의가 두터운 벗 사이의 교분. 친구 사이의 정의가 매우 두터운 교분. 쇠붙이도 끊을 만큼 우정이 깊음 🔁 단금지계(斷金之契)	
4Ⅱ/4/3Ⅱ/4 153	斷機之戒	단:기지계	맹자가 수학(修學) 도중 집으로 돌아왔을 때 그의 어머니가 짜던 베틀의 실을 끊어 훈계하였다는 데서, 학문을 중도에서 그만둠은 짜던 베의 날을 끊는 것과 같다는 말 🔁 단기지교(斷機之敎)	
6Ⅱ/3/6Ⅱ/8 154	堂狗風月	당구풍월	① 무식쟁이라도 유식한 사람과 사귀면 견문이 넓어짐 ② 무슨 일 하는 것을 오래 오래 보고 듣고 하면 자연히 할 줄 알게 된다. 당구삼년폐풍월(堂狗三年吠風月): 서당 개 삼년이면 풍월을 읊는다.	
1/특Ⅱ/4/1 155	螳螂拒轍	당랑거철	제 분수를 모르고 강적에게 반항함 《'장자'에 나오는 말로, 중국 제나라의 장공(莊公)이 사냥을 나가는데 사마귀가 앞발을 들고 수레바퀴를 멈추려 했다는 데서 유래함》. 🔁 당랑지부(螳螂之斧)	
8/4/6/7 156	大驚失色	대:경실색	몹시 놀라 얼굴빛이 하얗게 질림	
8/4Ⅱ/3Ⅱ/6Ⅱ 157	大器晩成	대:기만성	큰 그릇을 만드는 데는 시간이 오래 걸린다는 뜻으로, 크게 될 사람은 늦게 이루어짐을 이르는 말	
8/7/8/4 158	大同小異	대:동소이	혜시(惠施)의 소동이(小同異), 대동이(大同異) 론(論)에서 비롯된 말로, 거의 같고 조금 다름. 서로 비슷비슷함	
8/6Ⅱ/6/5Ⅱ 159	大書特筆	대:서특필	어떤 사실이나 사건을 특히 두드러지게 글자를 크게 쓴다는 뜻으로, 어떤 기사에 큰 비중을 두어 다룸 🔁 특필대서(特筆大書)	
8/4Ⅱ/7Ⅱ/6Ⅱ 160	大義名分	대:의명분	① 사람으로서 마땅히 지키고 행하여야 할 도리나 본분 ② 어떤 일을 꾀하는 데 내세우는 합당한 구실이나 이유	
5Ⅱ/5Ⅱ/7/3 161	德必有隣	덕필유린	덕이 있으면 따르는 사람이 있어 외롭지 않음을 이르는 말	
7Ⅱ/4/3/5Ⅱ 162	道聽塗說	도:청도설	길거리에 떠돌아다니는 뜬소문	
3/5/3Ⅱ/6 163	塗炭之苦	도탄지고	진흙이나 숯불에 떨어진 것과 같은 고통이라는 뜻으로, 가혹한 정치로 말미암아 백성이 심한 고통을 겪는 것	
5Ⅱ/7Ⅱ/4Ⅱ/8 164	獨不將軍	독불장군	① 무슨 일이든 자기 생각대로 혼자 처리하는 사람. ② 따돌림을 받는 외로운 사람 ③ 혼자서는 장군이 못 된다는 뜻으로, 남과 협조하여야 한다는 말	
6Ⅱ/6Ⅱ/3Ⅱ/5Ⅱ 165	讀書尙友	독서상우	책을 읽음으로써 옛 현인(賢人)과 벗함	
2/5Ⅱ/5/4Ⅱ 166	頓首再拜	돈:수재배	머리가 땅에 닿도록 두 번 절함. 또는 그 절	
7/5Ⅱ/4/3Ⅱ 167	同價紅裳	동가홍상	같은 값이면 다홍치마라는 뜻으로, 같은 값이면 좋은 물건을 가짐을 이르는 말	
7/6/5Ⅱ/3 168	同病相憐	동병상련	같은 병을 앓는 사람끼리 서로 가엾게 여긴다는 뜻으로, 어려운 처지에 있는 사람끼리 서로 가엾게 여김을 이르는 말	
7/4Ⅱ/4/3Ⅱ 169	同床異夢	동상이몽	같은 자리에 자면서 다른 꿈을 꾼다는 뜻으로, 겉으로는 같이 행동하면서도 속으로는 각각 딴생각을 하고 있음을 이르는 말	
8/7/8/7Ⅱ 170	東問西答	동문서답	동쪽을 묻는 데 서쪽을 대답한다는 뜻으로, 묻는 말에 대(對)하여 전혀 엉뚱한 대답(對答)을 함	
8/3Ⅱ/8/4Ⅱ 171	東奔西走	동분서주	동쪽으로 뛰고 서쪽으로 뛴다는 뜻으로, 사방으로 이리저리 몹시 바쁘게 돌아다님을 이르는 말	

8/ 6/ 4Ⅱ/ 3Ⅱ 172	東醫寶鑑	동의보감	조선 선조 때, 허준(許浚)이 편찬한 한방(韓方) 의서(醫書).
3Ⅱ/ 7Ⅱ/ 6Ⅱ/ 2 173	凍足放尿	동:족방뇨	언 발에 오줌 누기라는 뜻으로, 잠시의 효력이 있을 뿐, 그 효력은 없어지고 마침내는 더 나쁘게 될 일을 함. 앞을 내다보지 못하는 고식지계를 비웃는 말
2/ 3Ⅱ/ 3Ⅱ/ 5Ⅱ 174	棟梁之材	동량지재	한 집안이나 한 나라의 기둥이 될 만한 인재
4Ⅱ/ 4/ 7Ⅱ/ 4 175	斗酒不辭	두주불사	말술도 사양하지 않는다는 뜻으로, 술을 매우 잘 먹음을 이르는 말
2/ 8/ 7Ⅱ/ 7 176	杜門不出	두문불출	문을 닫고 나가지 않는다는 뜻으로, 집에만 틀어박혀 사회(社會)의 일이나 관직(官職)에 나아가지 않음을 이르는 말
2/ 3Ⅱ/ 4Ⅱ/ 1 177	杜漸防萌	두점방맹	점(漸)은 사물의 시작이고 맹(萌)은 싹이므로, 결과가 좋지 않을 것 같아 보이면 사물의 첫 단계에서 아예 제거하는 것이 상책이라는 말이다.
4Ⅱ/ 특/ 5Ⅱ/ 2 178	得隴望蜀	득롱망촉	후한(後漢)의 광무제(光武帝)가 농(隴)나라를 평정한 후 다시 촉(蜀)나라까지 원했다는 고사에서 만족할 줄 모르고 계속 욕심을 부림의 비유 ㈜ 망촉(望蜀) 隴:(고개 이름 롱) 중국의 지명. 감숙성(甘肅省) 동남부(東南部)를 이름
4Ⅱ/ 7/ 6/ 6 179	得少失多	득소실다	얻은 것은 적고 잃은 것은 많음. 소득보다 손실이 큼
4Ⅱ/ 6Ⅱ/ 3Ⅱ/ 3Ⅱ 180	得意揚揚	득의양양	바라던 일이 이루어져서 우쭐거리며 뽐냄
7/ 6/ 7/ 3Ⅱ 181	登高自卑	등고자비	① 지위가 높아질수록 자신을 낮춤 ② 낮은 곳에서부터 높이 올라가듯이, 모든 일에 반드시 차례를 밟아야 함
7/ 4/ 8 182	登龍門	등용문	어려운 관문을 통과하여 크게 출세하게 됨. 또는 그 관문을 이르는 말. 잉어가 중국 황허강(黃河江) 상류의 급류인 용문을 오르면 용이 된다는 전설에서 유래한다.
4Ⅱ/ 7/ 7/ 6 183	燈下不明	등하불명	등잔 밑이 어둡다. 가까이에 있는 물건이나 사람을 잘 찾지 못함을 이르는 말
4Ⅱ/ 8/ 5/ 6 184	燈火可親	등화가친	'서늘한 가을밤은 등불을 가까이하여 글 읽기에 좋다'는 뜻
5/ 5/ 8/ 6 185	馬耳東風	마:이동풍	말의 귀에 동풍이 불어도 아랑곳하지 아니한다는 뜻으로, 남의 말을 귀담아듣지 아니하고 지나쳐 흘려버림을 이르는 말
3Ⅱ/ 1/ 4Ⅱ/ 4 186	磨斧爲針	마부위침	도끼를 갈아 바늘을 만든다는 뜻으로, 아무리 이루기 힘든 일도 끊임없는 노력과 끈기 있는 인내로 성공하고야 만다는 뜻
3Ⅱ/ 7/ 3Ⅱ/ 7 187	莫上莫下	막상막하	더 낫고 더 못함의 차이가 거의 없음
3Ⅱ/ 4Ⅱ/ 3Ⅱ/ 5 188	莫逆之友	막역지우	허물이 없이 아주 친한 친구(親舊)
3/ 7/ 3Ⅱ/ 4 189	晚時之歎	만:시지탄	시기에 늦어 기회를 놓쳤음을 안타까워하는 탄식
8/ 3Ⅱ/ 3Ⅱ/ 4Ⅱ 190	萬頃蒼波	만:경창파	한없이 넓은 바다나 호수의 푸른 물결
8/ 6/ 6Ⅱ/ 3Ⅱ 191	萬古風霜	만:고풍상	오랜 세월 동안 겪어 온 많은 고생
8/ 7Ⅱ/ 7/ 3 192	萬事休矣	만:사휴의	만 가지 일이 끝장이라는 뜻으로, 모든 것이 헛수고로 돌아감을 이르는 말
8/ 3Ⅱ/ 5/ 2 193	萬壽無疆	만:수무강	① 한없이 목숨이 긺 ② 탈 없이 오래 삶《건강과 장수를 빌 때 쓰는 말》 ㈜ 만세무강(萬世無疆)
8/ 1/ 4/ 4 194	萬彙群象	만:휘군상	온갖 일과 물건이라는 뜻으로 수없이 모여 이룬 무리를 표현한 말이다. ㈜ 삼라만상(森羅萬象)
5/ 4Ⅱ/ 3Ⅱ/ 1 195	亡羊補牢	망양보뢰	양을 잃고서 그 우리를 고친다는 뜻으로 ① 실패한 후에 일을 대비함 ② 이미 어떤 일을 실패한 뒤에 뉘우쳐도 소용이 없음
5/ 5/ 3Ⅱ/ 5 196	望雲之情	망:운지정	자식이 객지에서 고향에 계신 어버이를 생각하는 마음 ㈜ 망운지회(望雲之懷)

3II/ 4/ 3II/ 4 197	麥秀之嘆	맥수지탄	보리 이삭이 무성함을 탄식한다는 뜻으로, 곧 고국의 멸망을 탄식한다. 기자(箕子)는 무왕을 만나러 가는 길에 옛 은나라 도읍지를 지나게 되었는데 호화롭던 거리는 온데간데없고, 그 자리에는 곡식만 무성하게 자라고 있었다.
3II/ 8/ 4II/ 4 198	孟母斷機	맹:모단기	맹모단기지교(孟母斷機之敎): 맹자의 어머니가 아들이 학업을 중단하고 돌아왔을 때, 짜던 베를 칼로 잘라서 훈계한 고사(故事). ㈜ 단기지계(斷機之戒)
3II/ 8/ 8/ 3II 199	孟母三遷	맹:모삼천	맹모삼천지교(孟母三遷之敎): 맹자의 어머니가 맹자를 가르치기 위해 세 번 이사했다는 고사
3II/ 8/ 1/ 4 200	盲人摸象	맹인모상	일부분을 알면서도 전체를 아는 것처럼 여기는 어리석음을 이르는 말 ㈜ 군맹무상(群盲撫象): 여러 소경이 코끼리를 만진다는 뜻으로, 사물을 좁은 소견과 주관으로 잘못 판단함 ㈜ 군맹평상(群盲評象)
7/ 4/ 3II/ 4II 201	面從腹背	면:종복배	겉으로는 복종하는 체하면서 내심으로는 배반함 ㈜ 양봉음위(陽奉陰違) ㈜ 면:종후언(面從後言)
7II/ 5II/ 5II/ 3II 202	名實相符	명실상부	①이름과 실상(實相)이 서로 들어맞음 ②알려진 것과 실제(實際)의 상황(狀況)이나 능력(能力)에 차이(差異)가 없음
6II/ 4/ 5/ 8 203	明鏡止水	명경지수	맑은 거울과 고요한 물이란 뜻으로, 맑고 고요한 심경을 이름
6/ 3II/ 5/ 8 204	明若觀火	명약관화	불을 보듯 분명하고 뻔하다 불을 보는 것 같이 밝게 보인다는 뜻으로, 더 말할 나위 없이 명백(明白)함
6II/ 3II/ 4II/ 6II 205	明哲保身	명철보신	총명하고 사리에 밝아 일을 잘 처리하여 자기 몸을 보전함
7/ 6/ 3II/ 4 206	命在頃刻	명:재경각	금방 숨이 끊어질 지경에 이름. 거의 죽게 됨
4II/ 3/ 7/ 3 207	毛遂自薦	모수자천	자기가 자기를 추천함. 일의 앞뒤도 모르고 나서는 사람을 비유함 중국 춘추 전국시대(戰國時代)에 조(趙)나라 평원군이 초(楚)나라에 구원을 청하기 위하여 사신을 물색할 때에 모수(毛遂)가 스스로를 추천하였다는 데서 유래한다.
2/ 2/ 1/ 4II 208	矛盾撞着	모순당착	창과 방패(防牌)라는 뜻으로, 말이나 행동의 앞뒤가 서로 일치되지 아니함 ㈜ 이율배반(二律背反), 자가당착(自家撞着), 자기모순(自己矛盾)
8/ 5/ 5II/ 5 209	木牛流馬	목우유마	중국 삼국 시대에, 제갈량이 식량을 운반하기 위하여 말이나 소의 모양으로 만든 수레. 기계 장치를 만들어 움직이게 하였음
6/ 7II/ 5II/ 4 210	目不識丁	목불식정	아주 간단한 글자인 '丁'자를 보고도 그것이 '고무래'인 줄을 알지 못한다는 뜻으로, 글을 읽을 줄 모름. 또는 그런 사람을 이르는 말 ㈜ 일자무식(一字無識)
6/ 7II/ 3II/ 5II 211	目不忍見	목불인견	차마 눈으로 볼 수 없을 정도로 딱하거나 참혹한 상황
1/ 6/ 3/ 1 212	猫頭縣鈴	묘:두현령	쥐가 고양이 목에 방울을 단다는 뜻으로, 실행할 수 없는 헛된 논의를 이르는 말 ㈜ 묘:항현령(猫項懸鈴)
1/ 8/ 3II/ 3II 213	巫山之夢	무:산지몽	무산(巫山)의 꿈이라는 뜻으로, 남녀의 밀회나 정교를 이르는 말, 특히 미인과의 침석을 말하기도 함
4II/ 3II/ 3II/ 4 214	武陵桃源	무:릉도원	도연명(陶淵明)의 도화원기(桃花源記)에 나오는 선경(仙境) 이야기에서 세속을 떠난 별천지(別天地) ㈜ 도원(桃源). 선경(仙境)
5/ 4/ 4II/ 8 215	無骨好人	무골호인	뼈가 없이 좋은 사람이라는 뜻으로, 성질(性質)이 아주 순하여 어느 누구의 비위에나 두루 맞는 사람을 이르는 말
5/ 4II/ 3II/ 3 216	無味乾燥	무미건조	재미나 멋이 없고 메마름 ㈜ 건조무미(乾燥無味)
5/ 7/ 7II/ 4II 217	無所不爲	무소불위	하지 못하는 것이 어디에도 없음 권력이나 힘을 마구 휘두를 때 쓰는 부정적 표현임
5/ 4II/ 4/ 7II 218	無爲徒食	무위도식	아무 하는 일 없이 놀고먹기만 함
5/ 4II/ 7II/ 7 219	無爲自然	무위자연	① 자연에 맡겨 덧없는 행동은 하지 않음 ② 사람의 힘을 들이지 않은 본디 그대로의 자연
4/ 5II/ 3II/ 5II 220	無知莫知	무지막지	무지(無知)하고 상스러우며 포악하다.
7/ 4II/ 8/ 5II 221	文房四友	문방사우	종이·붓·먹·벼루의 네 문방구 ㈜ 사우(四友) ㈜ 문방사보(文房四寶)

번호	한자	독음	뜻
7/ 5II/ 2/ 2 222	文質彬彬	문질빈빈	문(文: 글을 꾸미는 형식), 질(質: 글의 내용이 되는 바탕)이 잘 어울려 아름다운 모양. 덕을 빛내는 예악(禮樂)과 덕의 본질인 도의(道義)가 갖추어 있는 모양 문질빈빈이 된 후에야 군자가 된다고 했음<논어論語 옹야雍也>
특II/ 1/ 3II/ 6 223	刎頸之交	문경지교	생사를 같이할 수 있는 아주 가까운 사이 또는 그런 친구 **특급II** 刎(목 벨 문)
8/ 8/ 7II 224	門外漢	문외한	① 어떤 일에 바로 관계(關係)가 없는 사람 ② 어떤 일에 전문적(專門的) 지식(知識)이나 조예(造詣)가 없는 사람
8/ 7II/ 6II/ 7II 225	門前成市	문전성시	찾아오는 사람이 많아 집 문 앞이 시장을 이루다시피 함을 이르는 말
8/ 7II/ 2/ 3 226	門前沃畓	문전옥답	집 앞 가까이에 있는 좋은 논이라는 뜻으로, 곧 많은 재산(財産)을 일컫는 말 집 가까이에 있는 기름진 논
6II/ 8/ 5II/ 8 227	聞一知十	문:일지십	한 가지를 들으면 열을 미루어 앎
3II/ 6/ 4II/ 4 228	勿失好機	물실호기	좋은 기회(機會)를 놓치지 않음
7II/ 7/ 8/ 4II 229	物心一如	물심일여	사물과 마음이 구분 없이 하나의 근본으로 통합됨
7/ 3II/ 8/ 6 230	物我一體	물아일체	외물(外物)과 자아, 객관과 주관, 또는 물질계와 정신계가 어울려 하나가 됨
7II/ 8/ 4/ 8 231	物外閑人	물외한인	세상(世上)의 시끄러움에서 벗어나 한가(閑暇)하게 지내는 사람
3II/ 8/ 3II/ 6II 232	尾生之信	미생지신	우직하여 융통성이 없이 약속만을 굳게 지킴. 중국 춘추 시대에 미생(尾生) 이라는 자가 다리 밑에서 만나자고 한 여자와의 약속을 지키기 위하여 홍수에도 피하지 않고 기다리다가 마침내 익사하였다는 고사에서 유래한다.
6/ 4/ 4II/ 4II 233	美辭麗句	미:사여구	아름다운 말로 듣기 좋게 꾸민 글귀
4II/ 4/ 6/ 7II 234	博覽強記	박람강기	여러 가지의 책을 널리 많이 읽고 기억을 잘함
4II/ 3/ 7II/ 4II 235	博而不精	박이부정	① 여러 방면(方面)으로 널리 아나 정통(精通)하지 못함 ② 널리 알되 능숙(能熟)하거나 정밀(情密)하지 못함
4II/8/ 6/ 5II 236	博學多識	박학다식	학식이 넓고 아는 것이 많음 翏 다식(多識) 박학(博學) 해박(該博)
3II/ 6II/ 6/ 5 237	薄利多賣	박리다매	이익을 적게 보고 많이 파는 일
4/ 3II/ 8/ 4II 238	拍掌大笑	박장대소	손뼉을 치면서 크게 웃음 翏 가가대소(呵呵大笑): 소리를 내어 크게 웃음
6II/ 7/ 8/ 4II 239	反面敎師	반:면교사	① 사람이나 사물 따위의 부정적인 면에서 얻는 깨달음이나 가르침을 주는 대상을 이르는 말 ② 1960년대 중국 문화대혁명 때 마오쩌둥이 처음 사용한 것으로 전해진다. 마오쩌둥은 부정적인 것을 보고 긍정적으로 개선할 때, 그 부정적인 것을 '반면교사(反面敎師)'라고 하였다. 이는 혁명에 위협은 되지만 사람들에게 교훈이 되는 제국주의자・반동파・수정주의자를 일컫는 말이었다.
6II/ 1/ 3II/ 7II 240	反哺之孝	반:포지효	까마귀 새끼가 자란 뒤에 늙은 어미에게 먹이를 물어다 주는 효성이라는 뜻으로, 자식이 부모의 은혜에 보답함을 이르는 말. 鳥有反哺之孝(오유반포지효): 까마귀에게도 그 새끼가 자라서 어버이에게 먹이를 먹여 주는 일이 있다.
6II/ 6II/ 6II/ 4 241	半信半疑	반:신반의	반쯤은 믿고 반쯤은 의심함
3II/ 3II/ 5/ 3II 242	盤溪曲徑	반계곡경	서려 있는 계곡과 구불구불한 길이라는 뜻으로, 일을 순서대로 정당하게 하지 아니하고 그릇된 수단을 써서 억지로 함을 이르는 말 翏 방기곡경(2旁2岐曲徑)
2/ 3II/ 3II/ 4II 243	磻溪隨錄	반계수록	실학자인 유형원이 조선 효종 때인 17세기 후반에 지은 책이다. '반계'는 유형원의 호이며, '수록'은 '수시로 적어 놓은 글'이라는 뜻이다. 사회 개혁에 대한 내용을 담고 있으며, 훗날 실학사상의 기초가 되었다.
3II/ 6/ 3II/ 4 244	拔本塞源	발본색원	근본(根本)을 빼내고 원천(源泉)을 막아 버린다는 뜻으로, 사물의 폐단(弊端)을 없애기 위해서 그 뿌리째 뽑아 버림을 이르는 말
3II/ 8/ 3II/ 7II 245	拔山蓋世	발산개세	① 산을 뽑고, 세상(世上)을 덮을 만한 기상(氣像) ② 아주 뛰어난 기운(氣運). 역발산기개세(力拔山氣蓋世): 힘은 산을 뽑을 만큼 매우 세고 기개는 세상을 덮을 만큼 웅대함을 이르는 말

번호	한자	독음	뜻
6Ⅱ/4/3/7Ⅱ **246**	發憤忘食	발분망식	어떤 일에 열중하여 끼니까지 잊고 힘씀
3/3Ⅱ/5/8 **247**	傍若無人	방:약무인	곁에 사람이 없는 것처럼 아무 거리낌 없이 함부로 말하고 행동하는 태도가 있음
4Ⅱ/8/4 **248**	背水陣	배수진	① 강이나 바다를 등지고 치는 진《물러설 수 없어 힘을 다하여 싸우게 함》. ② 더 이상 물러설 수 없음을 비유적으로 이르는 말 중국 한(漢)나라의 한신이 강을 등지고 진을 쳐서 힘을 다하여 싸우도록 하여 조(趙)나라의 군사를 물리쳤다는 데서 유래한다. 圇 배수지진(背水之陣)
4Ⅱ/4Ⅱ/3/5Ⅱ **249**	背恩忘德	배은망덕	남한테 입은 은덕(恩德)을 저버림
8/4/4Ⅱ/3 **250**	白骨難忘	백골난망	죽어서 백골이 되어도 잊을 수 없다는 뜻으로, 남에게 큰 은덕을 입었을 때 고마움의 뜻으로 이르는 말
8/7/6Ⅱ/8 **251**	白面書生	백면서생	희고 고운 얼굴에 글만 읽고 세상일에는 조금도 경험이 없는 사람을 이르는 말
8/3 **252**	白眉	백미	중국 촉(蜀)나라 마량(馬良)의 5형제 중 흰 눈썹이 섞인 양(良)의 재주가 가장 뛰어나다는 데서 온 말로, 여럿 중에서 가장 뛰어난 사람이나 물건을 이르는 말
8/6/8/6 **253**	白衣民族	백의민족	예로부터 흰 옷을 숭상(崇尙)하여 즐겨 입은 한민족(韓民族)을 이르는 말
8/6/4/8 **254**	白衣從軍	백의종군	벼슬이 없는 사람으로 군대(軍隊)를 따라 싸움터에 나감을 이르는 말
7/7Ⅱ/5/4 **255**	百家爭鳴	백가쟁명	① 많은 학자·지식인 등의 활발한 논쟁과 토론. ② 1956년 중국 공산당이 정치 투쟁을 위해 내세운 말. 마르크스주의는 다른 사상과 경쟁하면서 지도적 위치를 차지해야 한다는 주장
7/6Ⅱ/5/3Ⅱ **256**	百計無策	백계무책	있는 꾀를 다 써도 소용이 없음 圇 계무소출(計無所出)
7/8/8/6Ⅱ **257**	百年大計	백년대계	먼 앞날을 미리 내다보고 세우는 크고 중요한 계획(計劃)
7/8/5/6 **258**	百年下淸	백년하청	중국의 황하강(黃河江)이 늘 흐려 맑을 때가 없다는 뜻으로, 아무리 오랜 시일이 지나도 어떤 일이 이루어지기 어려움을 이르는 말.
7/8/1/7 **259**	百年偕老	백년해로	부부가 되어 한평생을 사이좋게 지내고 즐겁게 함께 늙음 • ~를 기원하다.
7/6Ⅱ/7/8 **260**	百發百中	백발백중	백 번 쏘아 백 번 맞는다는 뜻으로 ① 쏘기만 하면 명중(命中)함 ② 계획이 예정대로 들어맞음 ③ 무슨 일이든지 생각하는 대로 다 들어맞음
7/4/7Ⅱ/4 **261**	百折不屈	백절불굴	백 번 꺾여도 굴하지 않는다는 뜻으로, 어떤 어려움에도 굽히지 않음
7/3Ⅱ/1/6 **262**	百尺竿頭	백척간두	백 자나 되는 높은 장대 위에 올라섰다는 뜻으로, 위태로움이 극도에 달함 百尺竿頭進一步(백척간두진일보): 백 자나 되는 높은 장대 위에 다다라 또 한걸음 더 나아간다는 뜻으로, 이미 할 수 있는 일을 다 한 것인데 또 한 걸음 나아간다.
7/8/3/3 **263**	百八煩惱	백팔번뇌	불교(佛敎)에서 나온 말로 인간의 과거(過去), 현재(現在), 미래(未來)에 걸친 108가지의 번뇌(煩惱), 즉 사람의 마음속에 엄청난 번뇌를 이름
7/5Ⅱ/5/4Ⅱ **264**	百害無益	백해무익	해롭기만 하고 하나도 이로울 것이 없음
3Ⅱ/6Ⅱ/8/3 **265**	伯樂一顧	백낙일고	명마(名馬)가 백낙(伯樂)을 만나 세상에 알려진다는 뜻으로, ① 훌륭한 사람에게 인정(認定)받음을 이르는 말 ② 알아주는 사람이 있어야 능력을 발휘할 수 있음을 이르는 말
3Ⅱ/3Ⅱ/4Ⅱ/3 **266**	伯牙絶絃	백아절현	백아가 거문고 줄을 끊어 버렸다는 뜻으로, 자기를 알아주는 절친한 벗, 즉 지기지우(知己之友)의 죽음을 슬퍼함을 이르는 말
3Ⅱ/3Ⅱ/3Ⅱ/4Ⅱ **267**	伯仲之勢	백중지세	서로 우열을 가리기 힘든 형세. 圇 백중세(伯仲勢)
4/3/7/4Ⅱ **268**	普遍主義	보:편주의	개체보다는 보편이 보다 참된 실재라고 하는 주장 圇 개체주의(個體主義)
4/7/7Ⅱ/7Ⅱ **269**	伏地不動	복지부동	땅에 엎드려 움직이지 않는다는 뜻으로, 마땅히 해야 할 일을 하지 않고 몸을 사림의 비유
3Ⅱ/4/3/4Ⅱ **270**	封庫罷職	봉고파직	어사나 감사가 부정을 저지른 한 고을의 원을 파면시키고 관가의 창고를 봉해 잠그던 일 圇 봉고(封庫) 圇 봉고파출(封庫罷黜)

번호	한자	독음	뜻
271 (8/5Ⅱ/7Ⅰ/5Ⅱ)	父傳子傳	부전자전	대대로 아버지가 아들에게 전함 [유] 부자상전(父子相傳) 부전자승(父傳子承)
272 (7/5/4Ⅱ/3Ⅱ)	夫唱婦隨	부창부수	남편이 주장하고 아내가 이에 잘 따름 또는 부부 사이의 그런 도리
273 (7Ⅱ/5Ⅱ/3Ⅱ/7)	不知其數	부지기수	너무 많아서 그 수효를 헤아릴 수가 없음. 또는 그 수효
274 (3Ⅱ/6Ⅱ/3Ⅱ/7)	附和雷同	부:화뇌동	줏대 없이 남의 의견에 따라 움직임. [준] 뇌동(雷同) [유] 뇌동부화(雷同附和) 부화수행(附和隨行) 수중축대(隨衆逐隊) 여진여퇴(旅進旅退)
275 (4Ⅱ/5/4Ⅱ/4)	富貴榮華	부:귀영화	재산이 많고 지위가 높으며 귀하게 되어서 세상에 드러나 온갖 영광을 누림
276 (8/6Ⅱ/8/5Ⅱ)	北窓三友	북창삼우	거문고, 술, 시(詩)를 아울러 이르는 말
277 (4/4/1/6Ⅱ)	粉骨碎身	분골쇄신	① 뼈가 가루가 되고 몸이 부서진다는 뜻으로, 정성으로 노력함을 이르는 말 ② 참혹하게 죽음 또는 그렇게 죽임
278 (1/6Ⅱ/2/4)	焚書坑儒	분서갱유	중국의 진시황이 민간의 서적을 불사르고 수많은 유생을 구덩이에 묻어 죽인 일 [유] 갱유분서(坑儒焚書)
279 (7Ⅱ/5/5/4Ⅱ)	不可思議	불가사의	사람의 생각으로는 미루어 헤아릴 수도 없다는 뜻으로, 사람의 힘이 미치지 못하고 상상(想像)조차 할 수 없는 오묘(奧妙)한 것
280 (7Ⅱ/6Ⅱ/2/7)	不共戴天	불공대천	하늘을 함께 이지 못한다는 뜻으로, 이 세상에서 더불어 살 수 없을 정도로 큰 원한을 가짐을 비유하는 말 [유] 불구대천(不俱戴天) 대천지원수(戴天之怨讐) 불구대천지수(不俱戴天之讐)
281 (7Ⅱ/7/5/5Ⅱ)	不問可知	불문가지	묻지 않아도 알 수 있음
282 (7Ⅱ/7/5/7Ⅱ)	不問曲直	불문곡직	옳고 그름을 따지지 않음
283 (7Ⅱ/6/4Ⅱ/4Ⅱ)	不服申請	불복신청	① 행정 처분의 위법 또는 부당을 이유로, 그 취소나 변경을 관계 행정 기관에 청구하는 일 ② 원판결에 대해 불복할 때, 동일 또는 상급 법원에 그 취소나 변경의 재판을 요구하는 신청
284 (7Ⅱ/1/7Ⅱ/4)	不撓不屈	불요불굴	한번 먹은 마음이 흔들리거나 굽힘이 없음
285 (7Ⅱ/5Ⅱ/7Ⅱ/6Ⅱ)	不要不急	불요불급	필요하지도 급하지도 아니함 ·~한 공사
286 (7Ⅱ/2/6/6)	不撤晝夜	불철주야	밤낮을 가리지 아니함 ·~ 학업에 정진하다
287 (7Ⅱ/3Ⅱ/7Ⅱ/7)	不恥下問	불치하문	자기보다 못한 사람에게 묻는 것을 부끄러워하지 않음
288 (7Ⅱ/3Ⅱ/7Ⅱ/4Ⅱ)	不偏不黨	불편부당	아주 공평하여 어느 쪽으로도 치우침이 없음. '공정함', '편들지 않음'으로 순화 [유] 무편무당(無偏無黨)
289 (2급/4Ⅱ/8/7)	鵬程萬里	붕정만리	① 앞길이 매우 멀고도 멂 [유] 산천만리(山川萬里): 산을 넘고 내를 건너 아주 멂 ② '전도(前途)가 양양(洋洋)한 장래(將來)'를 비유한 말 ·~의 원대한 꿈
290 (4Ⅱ/3Ⅱ/3/3Ⅱ)	非夢似夢	비:몽사몽	완전히 잠이 들지도 잠에서 깨어나지도 않은 어렴풋한 상태
291 (4Ⅱ/8/4Ⅱ/5)	非一非再	비:일비:재	같은 일이 한두 번이나 한둘이 아니고 많음
292 (4Ⅱ/4/1/3)	悲憤慷慨	비:분강개	슬프고 분(憤)한 느낌이 마음속에 가득 차 있음
293 (특외/4Ⅱ/3Ⅱ/4)	髀肉之歎	비:육지탄	능력을 발휘할 때를 얻지 못하여 한갓 세월만 보냄에 대한 탄식 중국 촉나라 유비(劉備)가 오랫동안 말을 타고 전쟁터에 나가지 못하여 넓적다리만 살찜을 한탄한 데서 유래 특외 髀 (넓적다리 비)/ 특급Ⅱ 嘆(탄식할 탄)
294 (4Ⅱ/6/8/4Ⅱ)	貧者一燈	빈자일등	가난한 사람이 바친 하나의 등(燈)이 부자가 바치는 수많은 등보다 공덕이 크다는 뜻으로, 물질의 많고 적음보다 정성이 소중함을 일컫는 말
295 (5/5/3Ⅱ/7Ⅱ)	氷炭之間	빙탄지간	얼음과 숯 사이란 뜻으로, ① 둘이 서로 어긋나 맞지 않는 사이 ② 서로 화합할 수 없는 사이

5Ⅱ/ 7Ⅱ/ 3Ⅱ/ 7 296	士氣衝天	사:기충천	사기(士氣)가 하늘을 찌를 듯이 높음
5Ⅱ/ 7Ⅱ/ 7Ⅱ/ 5Ⅱ 297	士農工商	사:농공상	예전에, 선비·농부·공장(工匠)·상인의 네 가지 신분을 아울러 일컫던 말
8/ 3/ 5/ 6 298	四顧無親	사:고무친	사방(四方)을 돌아보아도 친척(親戚)이 없다는 뜻으로, 의지할 데가 도무지 없음 • ~의 고아 ⓤ 무의무탁(無依無托)
8/ 7/ 2名/ 7 299	四面楚歌	사:면초가	아무에게도 도움을 받지 못하는, 외롭고 곤란한 지경에 빠진 형편을 이르는 말 《중국 초(楚)나라 항우가 한(漢)나라 군사에게 포위되었던 고사에서 유래함》
8/ 7/ 7/ 6Ⅱ 300	四面春風	사:면춘풍	두루춘풍(누구에게나 좋게 대하여 호감을 사는 일. 또는 그런 사람)
8/ 6Ⅱ/ 8/ 3Ⅱ 301	四分五裂	사:분오열	네 갈래 다섯 갈래로 나뉘지고 찢어진다는 뜻으로, ① 이리저리 갈기갈기 찢어짐 ② 천하가 심히 어지러움 ③ 질서 없이 몇 갈래로 뿔뿔이 헤어지거나 떨어짐
8/ 6Ⅱ/ 8/ 4Ⅱ 302	四書三經	사:서삼경	사서(四書): 논어(論語)·맹자(孟子)·중용(中庸)·대학(大學)) 삼경(三經): 시경(詩經)·서경(書經)·주역(周易)
8/ 6/ 8/ 4Ⅱ 303	四通八達	사:통팔달	길이 사방(四方) 팔방으로 통(通)해 있음. 길이 여러 군데로 막힘없이 통함
6/ 8/ 5Ⅱ/ 4Ⅱ 304	死生決斷	사:생결단	죽고 삶을 돌보지 않고 끝장을 내려고 함
3Ⅱ/ 7Ⅱ/ 3Ⅱ/ 3Ⅱ 305	沙上樓閣	사상누각	모래 위에 세운 다락집이라는 뜻으로, 기초가 약하여 오래 견디지 못할 일이나 실현 불가능한 일
7Ⅱ/ 8/ 6/ 3 306	事大交隣	사대교린	큰 나라는 섬기고 이웃 나라와는 사귐
7Ⅱ/ 5Ⅱ/ 4/ 7Ⅱ 307	事必歸正	사:필귀정	모든 일은 반드시 바른길로 돌아감
8/ 3Ⅱ/ 8/ 6Ⅱ 308	山紫水明	산자수명	산은 자줏빛으로 선명하고 물은 맑다는 뜻으로, 산수의 경치가 썩 좋음을 이르는 말 ⓤ 산명수자 (山明水紫)
8/ 6Ⅱ/ 8/ 6Ⅱ 309	山戰水戰	산전수전	산에서의 싸움과 물에서의 싸움이라는 뜻으로, 세상의 온갖 고난을 다 겪어 세상일에 경험이 많음을 이르는 말
8/ 7/ 7/ 8 310	山川草木	산천초목	산천(山川)과 초목(草木) 곧 「산과 물과 나무와 풀」이라는 뜻으로, 자연(自然)을 일컫는 말
8/ 7Ⅱ/ 4/ 4Ⅱ 311	山海珍味	산해진미	산과 바다에서 나는 갖가지 진귀한 산물로 잘 차린 맛이 좋은 음식 ⓤ 산진해미(山珍海味) 산진해착(山珍海錯) 수륙진미(水陸珍味)
4Ⅱ/ 6Ⅱ/ 6Ⅱ/ 8 312	殺身成仁	살신성인	몸을 죽여 인(仁)을 이룸 즉, 옳은 일을 위해 목숨을 버림
8/ 3Ⅱ/ 8/ 3Ⅱ 313	三綱五倫	삼강오륜	유교의 도덕에서 기본이 되는 君爲臣綱, 父爲子綱, 夫爲婦綱 세 가지 강령과 지켜야 할 君臣有義, 父子有親, 夫婦有別, 長幼有序, 朋友有信 다섯 가지의 도리(道理)
8/ 3/ 7/ 2名 314	三顧草廬	삼고초려	중국 삼국 시대에, 유비(劉備)가 제갈량(諸葛亮)의 초려(草廬)를 세 번이나 찾아가 마침내 그를 군사(軍師)로 삼았다는 데서, 인재를 맞아들이기 위해 참을성 있게 노력한다는 말 ⓤ 초려삼고(草廬三顧)
8/ 8/ 4/ 8 315	三水甲山	삼수갑산	함경남도의 지세(地勢)가 험한 삼수(三水)와 갑산(甲山)이 교통이 불편한 오지(奧地)라는 뜻으로, '몹시 어려운 지경'을 이르는 말
8/ 3Ⅱ/ 8/ 7 316	三旬九食	삼순구식	삼순, 곧 한 달에 아홉 번 밥을 먹는다는 뜻으로, 집안이 가난하여 먹을 것이 없어 굶주린다는 말
8/ 5/ 8/ 6Ⅱ 317	三位一體	삼위일체	① 세 가지가 같은 목적을 이루기 위하여 하나로 통합되는 일 ② 기독교에서 성부(聖父), 성자(聖子), 성령(聖靈)의 세 위격이 하나의 실체인 하나님 안에 존재한다는 교의. 325년 제1차 니케아 공의회에서 정식으로 채택
8/ 8/ 6Ⅱ/ 3Ⅱ 318	三人成虎	삼인성호	세 사람이면 없던 호랑이도 만든다는 뜻으로, 거짓말도 여러 사람이 하면 곧이듣게 된다는 말
8/ 4/ 3Ⅱ/ 7Ⅱ 319	三從之道	삼종지도	여자(女子)가 따라야 할 세 가지 도리. 여자는 어려서 아버이께 순종하고 시집가서는 남편에게 순종하고, 남편이 죽은 뒤에는 아들을 따르는 도리

번호	한자	한글	뜻
320 (8/3Ⅱ/6Ⅱ/7Ⅱ)	三尺童子	삼척동자	키가 3척 밖에 안 되는 어린 아이로, 아직 세상 물정을 모르는 아이를 가리킴. 한나라 때의 도량형(度量衡)에 의하면 1척은 약 22Cm 3척은 약 66센티미터 정도
321 (8/3/3Ⅱ/8)	三遷之敎	삼천지교	맹자의 어머니가 맹자를 가르치기 위해 집을 세 번 옮긴 일 준 삼천(三遷) 유 삼사(三徙) 맹모삼천지교(孟母三遷之敎).
322 (3Ⅱ/4Ⅱ/8/4)	森羅萬象	삼라만상	우주에 있는 온갖 사물과 현상 유 만휘군상(萬彙群象)
323 (4/3Ⅱ/3Ⅱ/4Ⅱ)	傷弓之鳥	상궁지조	화살을 한 번 맞아 혼이 난 새는 구부러진 나무만 봐도 놀란다는 뜻으로, 항상 의심과 두려운 마음을 갖는 것을 이르는 말
324 (3Ⅱ/4Ⅱ/3Ⅱ/7)	桑田碧海	상전벽해	뽕나무 밭이 변하여 푸른 바다가 된다는 뜻으로, 세상일이 덧없이 변천함이 심함을 비유하는 말. 벽해상전 상전창해 창상(滄桑) 【준말】상해(桑海)
325 (3/3/3Ⅱ/5)	塞翁之馬	새옹지마	모든 것은 변화가 많아서 인생의 길흉화복(吉凶禍福)을 예측할 수 없다는 뜻 변방에 노인이 기르던 말이 오랑캐 땅으로 달아나서 노인이 낙심하였는데 그 후에 달아났던 말이 준마를 한 필 데리고 와서 그 덕분에 훌륭한 말을 얻게 되었으나 아들이 그 준마를 타다가 떨어져서 다리가 부러졌으므로 노인이 다시 낙심하였는데, 그로 인하여 아들이 전쟁에 나가지 아니하고 죽음을 면할 수 있었다는 이야기에서 유래한다.
326 (8/7Ⅱ/4/6)	生不如死	생불여사	형편이 몹시 어려워서 삶이 죽느니만 못하다는 뜻
327 (8/5/3Ⅱ/6)	先見之明	선견지명	어떤 일이 일어나기 전에 미리 앞을 내다보고 아는 지혜
328 (6Ⅱ/2/7/4Ⅱ)	雪膚花容	설부화용	눈같이 흰 살결과 꽃같이 아름다운 얼굴이라는 뜻으로, 미인의 용모를 이르는 말
329 (6/7/5/3Ⅱ)	雪上加霜	설상가상	눈 위에 또 서리가 덮인다는 뜻으로, 난처한 일이나 불행이 잇따라 일어남을 이르는 말
330 (5Ⅱ/4Ⅱ/5Ⅱ/7)	說往說來	설왕설래	서로 변론해서 말로 옥신각신함 유 언왕설래(言往說來)
331 (3Ⅱ/6Ⅱ/3/6Ⅱ)	聲東擊西	성동격서	동쪽에서 소리를 내고 서쪽에서 적을 친다는 뜻으로, 동쪽을 치는 듯이 하면서 실제로는 서쪽을 치는 병법(兵法)의 하나. 상대를 기만(欺瞞)하여 공격함의 비유
332 (7Ⅱ/4Ⅱ/8/4)	世俗五戒	세:속 오:계	신라 진평왕 때 원광법사가 지은 화랑(花郞)의 다섯 가지 계율. 1. 사군이충(事君以忠), 2. 사친이효(事親以孝), 3. 교우이신(交友以信), 4. 임전무퇴(臨戰無退), 5. 살생유택(殺生有擇)
333 (5Ⅱ/5/8/5Ⅱ)	歲寒三友	세:한삼우	추운 겨울철의 세 벗이라는 뜻으로, 소나무·대나무·매화나무 유 송죽매(松竹梅) 참 (5Ⅱ/5/4/2) 歲寒松柏(세한송백): 추운 시절의 소나무와 잣나무. 즉 어지러운 시대에도 변치 않는 선비의 굳은 지조와 절개를 그 푸름에 비유
334 (8/3/8/6)	小貪大失	소:탐대실	작은 것을 탐내다가 큰 것을 잃음
335 (8/8/3Ⅱ/5)	騷人墨客	소인묵객	시문(詩文) 서화(書畵)를 일삼는 사람이란 뜻으로, 문사(文士), 시인(詩人)과 서예가(書藝家), 화가(畵家) 등 풍류(風流)를 아는 사람
336 (5Ⅱ/7Ⅱ/5/3Ⅱ)	束手無策	속수무책	손을 묶인 듯이 어찌 할 방책(方策)이 없어 꼼짝 못하게 된다는 뜻으로, 뻔히 보면서 어쩔 도리가 없어 꼼짝 못함
337 (2/2/3Ⅱ/4)	宋襄之仁	송:양지인	송(宋)나라 양공(襄公)의 어짊 이라는 뜻으로, 지나치게 착하기만 하여 쓸데없는 아량을 베풀어 실속이 없음을 이르는 말
338 (4Ⅱ/5Ⅱ/4/6Ⅱ)	送舊迎新	송:구영신	묵은해를 보내고 새해를 맞는다는 뜻으로, ① 묵은해를 보내고, 새해를 맞이함 ② 구관(舊官)을 보내고, 신관(新官)을 맞이함
339 (8/5/3Ⅱ/6)	水魚之交	수어지교	물이 없으면 살 수 없는 물고기와 물의 관계라는 뜻으로, 아주 친밀하여 떨어질 수 없는 사이를 비유적으로 이르는 말
340 (8/3/1/6)	水滴穿石	수적천석	물방울이 바위를 뚫는다는 뜻으로, 작은 노력이라도 끈기 있게 계속하면 큰일을 이룰 수 있음. 산류천석(山溜穿石), 점적천석(點滴穿石), 적수성연(積水成淵), 우공이산(愚公移山), 적토성산(積土成山)
341 (7Ⅱ/7Ⅱ/3Ⅱ/4)	手不釋卷	수불석권	손에서 책을 놓지 않고 늘 글을 읽음. 주경야독수불석권(晝耕夜讀手不釋卷): 낮에는 밭을 갈고 밤에는 글을 읽으며 손에서는 책을 놓지 말아야 함
342 (4Ⅱ/3Ⅱ/6/3Ⅱ)	守株待兎	수주대토	한 가지 일에만 얽매여 발전을 모르는 어리석은 사람을 비유적으로 이르는 말 그루터기에 토끼가 부딪쳐 죽은 것을 잡은 후, 그루터기만 지키고 있었다.
343 (5Ⅱ/3Ⅱ/5/7)	首丘初心	수구초심	여우가 죽을 때 머리를 자기가 살던 굴(언덕) 쪽으로 둔다는 뜻으로, ① 근본을 잊지 않음 ② 죽어서라도 고향땅에 묻히고 싶어 하는 마음

	번호	한자	한글	뜻
5II/ 1/ 4II/ 4II	344	首鼠兩端	수서양단	쥐가 구멍에서 머리를 내밀고 나갈까 말까 망설인다는 뜻으로, 머뭇거리며 진퇴나 거취를 결정짓지 못하는 상태를 이르는 말
1/ 7II/ 3/ 5II	345	袖手傍觀	수수방관	팔짱을 끼고 보고만 있다는 뜻으로, 간섭하거나 거들지 아니하고 그대로 버려둠을 이르는 말 '내버려 둠', '보고만 있음'으로 순화
3II/ 5II/ 4II/ 3II	346	壽福康寧	수복강녕	오래 살고 복을 누리며 건강하고 평안함
3II/ 5/ 6/ 3II	347	壽則多辱	수즉다욕	오래 살면 욕됨이 많다는 뜻으로, 오래 살수록 고생이나 망신이 많음을 이르는 말
3/ 4/ 3/ 특II	348	誰怨誰咎	수원수구	누구를 원망하고 누구를 탓하겠느냐는 뜻으로, 남을 원망하거나 탓할 것이 없음을 이르는 말 ㊁ 수원숙우(誰怨孰尤)
5II/ 3II/ 3II/ 5	349	宿虎衝鼻	숙호충비	자는 범의 코를 찌른다는 뜻으로, 화(禍)를 스스로 불러들이는 일의 비유
3/ 5/ 4II/ 5	350	脣亡齒寒	순망치한	입술이 없으면 이가 시리다는 뜻으로, 서로 이해관계가 밀접한 사이에 어느 한쪽이 망하면 다른 한쪽도 그 영향을 받아 온전하기 어려움을 이르는 말
3/ 4II/ 2/ 7II	351	脣齒輔車	순치보거	순망치한(脣亡齒寒)과 보거상의(輔車相依: 수레의 덧방나무와 바퀴처럼 뗄 수 없다)를 합친 말로, 서로 없어서는 안 될 밀접한 관계를 이르는 말
5II/ 7/ 6/ 4	352	順天者存	순:천자존	순천자존 역천자망(順天者存 逆天者亡): 하늘을 순종하는 사람은 보존되고 하늘을 거스르는 사람은 망한다는 말 순천명(順天命): 하늘의 뜻에 따름 ㊉ 역천명(逆天命)
2/ 4II/ 3II/ 6II	353	升斗之利	승두지리	되나 말만 한 이익이라는 뜻으로, 대수롭지 않은 이익을 이르는 말 ㊁ 승두지리(蠅頭之利): 파리 대가리만 한 대수롭지 않은 이익을 이르는 말
3II/ 6/ 8/ 3	354	乘勝長驅	승승장구	싸움에 이긴 여세를 타서 계속 몰아침
4II/ 4II/ 3II/ 7	355	是非之心	시:비지심	사단(四端)의 하나. 옳고 그름을 가릴 줄 아는 마음 시비지심 지지단야(是非之心 智之端也): 옳고 그름을 가리는 마음은 지(智)의 근본임
4II/ 6/ 4II/ 4	356	視死如歸	시:사여귀	죽음을 고향에 돌아가는 것처럼 여긴다는 뜻으로, 죽음을 두려워하지 않는다는 말
6/ 5/ 8/ 3II	357	始終一貫	시:종일관	일 따위를 처음부터 끝까지 한결같이 함 ㊁ 수미일관(首尾一貫) 종시일관(終始一貫)
5/ 7/ 3II/ 5	358	識字憂患	식자우환	학식(學識)이 있는 것이 오히려 근심을 사게 됨
6/ 5/ 5/ 4II	359	信賞必罰	신:상필벌	공이 있는 사람에게는 반드시 상을 주고 죄가 있는 사람에게는 반드시 벌을 준다는 뜻으로, 상벌을 공정하고 엄중히 함을 이르는 말
6/ 6/ 6/ 4	360	身言書判	신언서판	예전에, 인물을 고르는 표준으로 삼던 네 가지 조건 《身 [신수]》·言 [말씨]·書 [문필]·判 [판단력]》
6II/ 8/ 7II/ 8	361	身土不二	신토불이	사람의 신체와 그 사람이 태어난 고장의 토양은 둘이 아니고 하나라는 뜻으로, 우리나라에서 생산된 농작물이 우리 체질에 맞는다는 말
6/ 3II/ 6/ 4II	362	新陳代謝	신진대사	① 묵은 것이 없어지고 새것이 대신 생김 ② 물질대사(物質代謝): 생물이 영양 물질을 섭취하고 필요하지 않은 물질을 몸 밖으로 배출시키는 작용. 물질 교대
6/ 7/ 3II/ 3II	363	神出鬼沒	신출귀몰	귀신같이 나타났다가 사라진다는 뜻으로, 그 움직임을 쉽게 알 수 없을 만큼 자유자재로 나타나고 사라짐을 비유적으로 이르는 말
5II/ 7II/ 4II/ 4II	364	實事求是	실사구시	사실에 토대를 두어 진리를 탐구하는 일. 공리공론을 떠나서 정확한 고증을 바탕으로 하는 과학적·객관적 학문 태도를 이른 것으로, 중국 청나라 고증학의 학문 태도에서 볼 수 있다. 조선 시대 실학파의 학문에 큰 영향을 주었다.
5II/ 8/ 5/ 4II	365	實學思想	실학사상	17세기 중엽 이후에, 성리학의 공리공론에 반대하여 정치·경제적 현실 문제와 과학, 기술, 역사, 문학, 풍습과 같은 우리 문화에 대한 광범위한 연구를 통하여 당시 조선의 변화와 개혁을 주장하던 새로운 사상 조류
7/ 4/ 8/ 4	366	心機一轉	심기일전	마음의 기틀이 한 번 변하다. 어떠한 계기를 통해 지금까지 지녔던 생각과 자세를 완전히 바꾸다 ㉠ 좌절하지 말고 심기일전해서 꼭 합격하도록 하렴
4II/ 5/ 3II/ 5	367	深思熟考	심:사숙고	깊이 잘 생각함 ㊁ 심사숙려(深思熟慮)
8/ 8/ 4II/ 3II	368	十年減壽	십년감수	수명이 십 년이나 줄 정도로 위험한 고비를 겪음

번호	한자	독음	뜻
369 8/1/8/3Ⅱ	十匙一飯	십시일반	열 사람이 밥 한 술씩 보태면 한 사람 먹을 분량이 된다는 뜻으로, 여럿이 조금씩 힘을 합하면 한 사람을 돕기 쉬움을 이르는 말
370 3Ⅱ/5/3/1	阿鼻叫喚	아비규환	① 불교 아비지옥과 규환지옥을 아울러 이르는 말 ② 여러 사람이 비참한 지경에 빠져 울부짖는 참상을 비유
371 3Ⅱ/4Ⅱ/4Ⅱ/8	我田引水	아:전인수	자기 논에 물을 끌어 댄다는 뜻으로, 자기에게만 이롭게 함을 이르는 말
372 7Ⅱ/4/4/5	安居危思	안거위사	편안할 때에 어려움이 닥칠 것을 미리 대비하여야 함
373 7Ⅱ/6Ⅱ/5Ⅱ/7Ⅱ	安分知足	안분지족	편안한 마음으로 제 분수를 지키며 만족함을 앎
374 7Ⅱ/4Ⅱ/6Ⅱ/7Ⅱ	安貧樂道	안빈낙도	가난 속에서도 편안한 마음으로 도(道)를 즐김 ㊠ 안분지족(安分知足): 편안한 마음으로 제 분수를 지키며 만족함을 앎
375 7Ⅱ/7/7Ⅱ/7	安心立命	안심입명	자신의 불성(佛性)을 깨닫고 삶과 죽음을 초월함으로써 마음의 편안함을 얻는 것
376 4Ⅱ/7Ⅱ/5/8	眼下無人	안:하무인	눈 아래에 사람이 없다는 뜻으로, 방자하고 교만하여 남을 업신여김을 이르는 말 ㊠ 안중무인(眼中無人), 방약무인(傍若無人)
377 4Ⅱ/8/1/3Ⅱ	暗中摸索	암:중모색	물건을 어둠 속에서 더듬어 찾는다는 뜻으로, 확실한 방법을 모르는 채 일의 실마리나 해결책을 찾으려고 애씀
378 3Ⅱ/3/4/3	哀乞伏乞	애걸복걸	애처롭게 사정하며 간절히 빌고 또 빎
379 1/1/4/1	曖昧模糊	애:매모호	말이나 태도 따위가 분명하지 아니하고 희미함
380 6Ⅱ/4Ⅱ/4/7	藥房甘草	약방감초	약방의 감초가 어느 처방이든 빠짐없이 들어가듯 ① 무슨 일이나 빠짐없이 끼임 ② 반드시 끼어야 할 사물
381 6Ⅱ/4Ⅱ/6/7Ⅱ	弱肉强食	약육강식	약한 자가 강한 자에게 먹힌다는 뜻으로, 강한 자가 약한 자를 희생시켜서 번영하거나, 약한 자가 강한 자에게 끝내는 멸망됨을 이르는 말 ㊠ 우승열패(優勝劣敗), 적자생존(適者生存)
382 4Ⅱ/6/3/4Ⅱ	羊頭狗肉	양두구육	양의 머리를 걸어 놓고 개고기를 판다는 뜻으로, 겉보기만 그럴듯하게 보이고 속은 변변하지 아니함을 이르는 말
383 3Ⅱ/7Ⅱ/4/7Ⅱ	梁上君子	양상군자	대들보 위에 있는 군자(君子)라는 뜻으로, ① 집안에 들어온 도둑 ② 도둑을 완곡하게 이르는 말
384 5Ⅱ/6Ⅱ/6/7	良藥苦口	양약고구	효험이 좋은 약은 입에 쓰다는 뜻으로, 충언(忠言)은 귀에는 거슬리나 자신에게 이롭다는 말 ㊠ 충언역이(忠言逆耳)
385 4Ⅱ/6/4/8	兩者擇一	양:자택일	둘 가운데 하나를 고름. 이자택일(二者擇一)
386 6/7/3Ⅱ/5Ⅱ	陽春佳節	양춘가절	따뜻하고 좋은 봄철
387 5Ⅱ/3Ⅱ/4/5	養虎遺患	양:호유환	범을 길러 화근(禍根)을 남긴다는 뜻으로, ① 화근을 길러서 걱정거리를 산다. 스스로 화를 자초했다는 말 ② 은혜를 베풀어 준 이로부터 도리어 해를 입게 됨
388 5/6/4Ⅱ/3Ⅱ	魚頭肉尾	어두육미	물고기는 머리 쪽이, 짐승은 꼬리 쪽이 맛이 있다는 말 ㊠ 어두봉미(魚頭鳳尾) 어두일미(魚頭一味)
389 5/2/7Ⅱ/3	魚魯不辨	어로불변	어(魚) 자와 노(魯) 자를 구별하지 못한다는 뜻으로, 아주 무식함의 비유 ㊠ 어로막변(魚魯莫辨)
390 5/7/3Ⅱ/6	漁夫之利	어부지리	두 사람이 이해관계로 서로 싸우는 사이에 엉뚱한 사람이 애쓰지 않고 가로챈 이익을 이르는 말 ㊧ 어리(漁利) ㊠ 견토지쟁(犬免之爭)
391 7/7Ⅱ/6Ⅱ/5Ⅱ	語不成說	어:불성설	말이 조금도 사리에 맞지 않음 ㊧ 불성설(不成說)
392 3Ⅱ/6/3Ⅱ/6Ⅱ	抑强扶弱	억강부약	강한 자를 누르고 약한 자를 도와줌. 출전 三國志(삼국지) 魏志(위지). ㊥ 억약부강(抑弱扶强): 약한 자를 억누르고 강한 자를 도와줌
393 5/3Ⅱ/3Ⅱ/8	億兆蒼生	억조창생	수많은 백성. 억조(億兆): 셀 수 없을 만큼 많은 수의 비유 창생(蒼生): 세상의 모든 사람. 생(生)은 '살다, 낳다'외에 '사람, 인간'을 뜻
394 6/7/7Ⅱ/4Ⅱ	言語道斷	언어도단	말문이 막힌다는 뜻으로, 어이가 없어 이루 말로 나타낼 수 없음을 이르는 말 ㊠ 언어동단(同斷)

6/8/7/4 395	言中有骨	언중유골	말 속에 뼈가 있다는 뜻으로, 예사로운 말 속에 단단한 속뜻이 들어 있음을 이르는 말
3/4/8/7 396	焉敢生心	언감생심	감히 그런 마음을 먹을 수 없음《부사적으로도 씀》. ㊌ 안감생심(安敢生心) 감불생심(敢不生心) 감불생의(敢不生意)
4Ⅱ/3Ⅱ/3Ⅱ/2 397	如鼓琴瑟	여고금슬	거문고와 비파를 타는 것과 같다는 뜻으로, 부부(夫婦) 간에 화락함을 비유해 이르는 말
4Ⅱ/3Ⅱ/3Ⅱ/5 398	如履薄氷	여리박빙	얇은 얼음을 밟는 것과 같다. 아주 조심함. 아주 위험한 짓, 위태위태하여 마음이 몹시 불안함. 출전 詩經(시경)
4/7/5/3Ⅱ 399	易地思之	역지사지	처지(處地)를 바꾸어서 생각하여 봄. '역지즉개연(易地則皆然)'이라는 표현에서 비롯된 말로 다른 사람의 처지에서 생각하라는 뜻이다. ㊙ 아전인수(我田引水)
4Ⅱ/7/6/5 400	逆天者亡	역천자망	하늘을 거스르는 자는 망한다. ㊐ 순천자존 역천자망(順天者存 逆天者亡): 하늘을 따르는 사람은 존재하고, 하늘을 거스르는 사람은 망한다.
4/8/4Ⅱ/5 401	緣木求魚	연목구어	나무에 올라가서 물고기를 구하듯 도저히 불가능한 일을 하려고 함
3Ⅱ/3Ⅱ/7Ⅱ/4Ⅱ 402	炎涼世態	염량세태	세력 있을 때는 아첨하며 따르고 권세가 없어지면 푸대접하는 세상인심
특Ⅱ/4/3Ⅱ/4Ⅱ 403	拈華微笑	염화미소	석가모니가 연꽃을 들어 대중에게 보였을 때 마하가섭(摩訶迦葉)만이 그 뜻을 깨닫고 미소 지었다는 데서, 마음에서 마음으로 전하는 일 ㊌ 염화시중(拈華示衆) 이심전심(以心傳心) 교외별전(敎外別傳)
4Ⅱ/3/4Ⅱ/3Ⅱ 404	榮枯盛衰	영고성쇠	인생이나 사물의 번성함과 쇠락함이 서로 바뀜 ㊌ 흥망성쇠(興亡盛衰) ㊚ 소식(消息): 천지의 시운(時運)이 자꾸 변화하는 일
8/7Ⅱ/6Ⅱ 405	五車書	오:거서	다섯 수레에 실을 만한 책이란 뜻으로, 많은 장서(藏書)를 이르는 말 ㊌ 오거지서(五車之書) 한우충동(汗牛充棟) 남아수독오거서(男兒須讀五車書)
8/7/3/8 406	五里霧中	오:리무중	오 리에 걸친 짙은 안개 속에 있다는 뜻으로, 무슨 일에 대해 방향이나 갈피를 잡을 수 없음의 비유
8/8/4Ⅱ/7/4Ⅱ 407	五十步百步	오:십보백보	차이가 있기는 하지만, 본질적으로는 차이가 없다는 말. 오십소백(五十笑百) 오십보소백보(五十步笑百步)
3/7/5/3 408	吾不關焉	오불관언	나는 상관하지 않음. 또는 그러한 태도. 焉(어찌 언) 어찌, 이에, 이, 여기
3/5/8/3Ⅱ 409	吾鼻三尺	오비삼척	내 콧물이 석 자나 흘러내렸다는 뜻으로, 자기 사정이 급하여 남을 돌볼 겨를이 없음을 이르는 말
1/1/7Ⅱ/3 410	寤寐不忘	오:매불망	자나 깨나 잊지 못하다. 라는 뜻으로, 사랑하는 사람을 그리워하여 잠 못 들거나 근심 또는 생각이 많아 잠 못 드는 것을 비유하는 말로 사용된다.
2/3Ⅱ/7/3 411	吳越同舟	오월동주	오(吳)나라 사람과 월(越)나라 사람이 한 배에 타고 있다. ① 어려운 상황에서는 원수라도 협력하게 됨 ② 뜻이 전혀 다른 사람들이 한자리에 있게 됨
3Ⅱ/4Ⅱ/3/5 412	烏飛梨落	오비이락	까마귀 날자 배 떨어진다는 뜻으로, 아무 관계도 없이 한 일이 공교롭게도 때가 같아 억울하게 의심을 받거나 난처한 위치에 서게 됨을 이르는 말
3Ⅱ/6/3Ⅱ/5 413	烏合之卒	오합지졸	까마귀가 모인 것처럼 질서가 없이 모인 병졸이라는 뜻으로, 임시로 모여들어서 규율이 없고 무질서한 병졸 또는 군중을 이르는 말
3/3Ⅱ/4/5Ⅱ 414	傲霜孤節	오:상고절	서릿발이 심한 추위 속에서도 굴하지 않고 홀로 꼿꼿하다는 뜻으로, 충신(忠臣) 또는 국화(菊花)를 말함 傲(거만할 오)
4Ⅱ/6/3/1 415	玉石俱焚	옥석구분	옥이나 돌이 모두 다 불에 탄다는 뜻으로, 옳은 사람이나 그른 사람이 구별 없이 모두 재앙을 받음을 이르는 말
5/7Ⅱ/3Ⅱ/5 416	屋上架屋	옥상가옥	지붕 위에 거듭 지붕을 얹는다는 뜻으로, 물건이나 일을 부질없이 거듭함의 비유.
6/4Ⅱ/5Ⅱ/6Ⅱ 417	溫故知新	온고지신	옛것을 익히고 그것을 미루어서 새것을 앎 ≪논어≫의 <위정편(爲政篇)>에 나오는 공자의 말이다.
3Ⅱ/2/3Ⅱ/4 418	瓦釜雷鳴	와:부뇌명	기왓가마가 우레와 같은 소리를 내면서 끓는다는 뜻으로, 별로 아는 것도 없는 사람이 과장해서 말함을 비유적으로 이르는 말 ㊐ 황종훼기 와부뇌명(黃鐘毁棄 瓦釜雷鳴): 군자는 버림을 받고 소인이 발호함
3/1/3/2 419	臥薪嘗膽	와:신상담	섶에 누워 쓸개를 맛본다는 뜻으로, 원수를 갚거나 마음먹은 일을 이루려고 괴로움과 어려움을 참고 견딤 ㊗ 상담(嘗膽)

번호	한자	독음	뜻
1/ 6Ⅱ/ 3Ⅱ/ 5 420	蝸角之爭	와각지쟁	달팽이의 더듬이 위에서 싸운다는 뜻으로, 하찮은 일로 승강이하는 짓이나 작은 나라끼리의 싸움
8/ 3Ⅱ/ 7/ 3Ⅱ 421	外柔內剛	외:유내강	겉으로는 부드럽고 순하게 보이나 속은 곧고 굳셈 🈯 내강외유
1/ 특Ⅱ/ 3Ⅱ/ 8 422	窈窕淑女	요:조숙녀	말과 행동이 품위 있고 정숙한 여자
6Ⅱ/ 8/ 6Ⅱ/ 8 423	樂山樂水	요산요수	산과 물을 좋아함. 곧, 자연을 즐기고 좋아함
3Ⅱ/ 6/ 7Ⅱ/ 4Ⅱ 424	欲速不達	욕속부달	일을 빨리하려고 하면 도리어 이루지 못함
4/ 6/ 3/ 3 425	龍頭蛇尾	용두사미	머리는 용이고 꼬리는 뱀이라는 뜻으로, 처음은 왕성하나 끝이 흐지부지됨의 비유
4/ 4Ⅱ/ 3Ⅱ/ 3Ⅱ 426	龍味鳳湯	용미봉탕	용과 봉황으로 만든 음식이라는 뜻으로, 맛이 매우 좋은 음식을 비유적으로 이르는 말
4/ 3Ⅱ/ 4Ⅱ/ 3 427	龍蛇飛騰	용사비등	용이 살아 움직이는 것같이 아주 활기 있는 필력을 비유적으로 이르는 말
5/ 5/ 6Ⅱ/ 4Ⅱ 428	牛耳讀經	우이독경	쇠귀에 경 읽기의 뜻으로, 아무리 가르치고 일러 주어도 알아듣지 못하거나 효과가 없다는 말 🈯 우이송경(牛耳誦經) 쇠귀: 소의 귀, 소귀, 우이(牛耳)
3Ⅱ/ 5Ⅱ/ 7/ 5Ⅱ 429	羽化登仙	우:화등선	날개가 돋아 신선(神仙)이 되어 하늘에 오른다는 뜻으로, 술이 거나하게 취하여 기분이 좋음. 소식(蘇軾)의 적벽부(赤壁賦)
5Ⅱ/ 7Ⅱ/ 4Ⅱ/ 1 430	雨後竹筍	우:후죽순	비가 온 뒤에 여기저기 많이 솟는 죽순이라는 뜻으로, 어떤 일이 한때에 많이 일어남의 비유
3Ⅱ/ 6/ 4Ⅱ/ 8 431	愚公移山	우공이산	우공이 산을 옮긴다는 뜻으로, 어떤 일이든 끊임없이 노력하면 반드시 이루어짐을 이르는 말. 우공(愚公)이라는 노인이 집을 가로막은 산을 옮기려고 대대로 산의 흙을 파서 나르겠다고 하여 이에 감동한 하느님이 산을 옮겨 주었다는 데서 유래한다. 🈯 수적천석(水滴穿石) 마부작침(磨斧作針) 적토성산(積土成山)
3Ⅱ/ 8/ 2/ 5Ⅱ 432	憂國衷情	우국충정	나랏일을 근심하고 염려하는 참된 마음
4/ 3Ⅱ/ 7Ⅱ/ 4Ⅱ 433	優柔不斷	우유부단	어물어물 망설이기만 하고 결단성이 없음
2/ 8/ 3Ⅱ/ 7 434	旭日昇天	욱일승천	떠오르는 아침 해라는 뜻으로, 기세나 세력이 성대함의 비유
5Ⅱ/ 3Ⅱ/ 3Ⅱ/ 4 435	雲泥之差	운니지차	구름과 진흙의 차이라는 뜻으로, 서로 간의 매우 심한 차이를 이르는 말 🈯 천양지차(天壤之差): 하늘과 땅 사이와 같이 엄청난 차이. 운니지자
6/ 3Ⅱ/ 3/ 5Ⅱ 436	遠禍召福	원:화소복	화를 멀리하고 복을 불러들임
8/ 6Ⅱ/ 4Ⅱ/ 3Ⅱ 437	月明星稀	월명성희	달이 밝으면 별빛은 희미해진다는 뜻으로, 한 영웅(英雄)이 나타나면 다른 군웅(群雄)의 존재가 희미해짐을 비유
8/ 7Ⅱ/ 5/ 8 438	月下氷人	월하빙인	월하노인(月下老人)과 빙상인(氷上人)이라는 뜻으로, 중매를 하는 사람 부부의 인연을 맺어 준다는 전설상의 노인 🈯 월로(月老) 🈯 빙인(氷人)
4/ 4/ 8/ 4 439	危機一髮	위기일발	여유가 조금도 없이 아슬아슬하게 닥친 위기의 순간 🈯 위여일발(危如一髮)
2/ 3Ⅱ/ 8/ 4Ⅱ 440	韋編三絶	위편삼절	종이가 없던 옛날에는 대나무에 글자를 써서 책으로 만들어 사용했었는데, 공자가 주역을 즐겨 읽어 책의 가죽 끈이 세 번이나 끊어졌다는 뜻으로, 책을 열심히 읽음을 이르는 말 ≪사기≫의 에서 유래한다. 🈯 삼절(三絶)
4/ 6Ⅱ/ 6Ⅱ/ 6Ⅱ 441	威風堂堂	위풍당당	풍채나 기세가 위엄이 있고 씩씩함
7/ 7/ 5/ 6 442	有口無言	유:구무언	입은 있으나 말이 없다는 뜻으로, 변명이나 항변할 말이 없음
7/ 4Ⅱ/ 5/ 5 443	有備無患	유:비무환	미리 준비가 되어 있으면 걱정할 것이 없음 ≪서경≫의 <열명편>에 나오는 말임
3Ⅱ/ 5Ⅱ/ 4Ⅱ/ 3Ⅱ 444	柔能制剛	유능제강	부드러운 것이 능히 굳센 것을 이김

번호	한자	독음	뜻
5II/ 3II/ 7/ 7II 445	流芳百世	유방백세	향기가 백대에 걸쳐 흐름이란 뜻으로, 꽃다운 이름이 후세에 길이 전함
5II/ 6/ 1/ 7 446	流言蜚語	유언비어	아무 근거 없이 널리 퍼진 소문. 터무니없이 떠도는 말. 뜬소문(-所聞)
3II/ 3II/ 7II/ 4 447	悠悠自適	유유자적	여유가 있어 한가롭고 걱정이 없는 모양이라는 뜻으로, 속세를 떠나 아무 속박 없이 자기 마음대로 자유롭고 마음 편히 삶
3/ 3II/ 5II/ 4II 448	唯我獨尊	유아독존	① 세상에서 자기 혼자만이 잘났다고 뽐내는 태도. ② 세상에서 자기 혼자 잘났다고 뽐내는 태도. 천상천하 유아독존(天上天下唯我獨尊)
3/ 8/ 5/ 8 449	唯一無二	유일무이	오직 하나뿐이고 둘도 없음
4/ 3/ 8/ 8 450	遺臭萬年	유취만년	냄새가 만 년에까지 남겨진다는 뜻으로, 더러운 이름을 만대(萬代)까지 남김
5II/ 8/ 7II/ 7 451	類萬不同	유:만부동	① 비슷한 것이 많으나 서로 같지는 않음 ② 정도에 넘침. 또는 분수에 맞지 않음
5II/ 5II/ 5II/ 4 452	類類相從	유:유상종	같은 무리끼리 서로 왕래하며 사귐
4/ 3II/ 7II/ 7 453	隱忍自重	은인자중	밖으로 드러내지 아니하고 참고 감추어 몸가짐을 신중(愼重)히 함 마음속으로 참고 견디며 몸가짐을 조심함
3/ 6II/ 3II/ 8 454	吟風弄月	음풍농월	맑은 바람과 밝은 달에 대하여 시를 짓고 즐겁게 놂 준 풍월(風月) 동 음풍영월(吟風詠月)
4II/ 5II/ 6/ 4II 455	陰德陽報	음덕양보	남이 모르게 덕행을 쌓은 사람은 뒤에 그 보답을 받게 됨을 이르는 말 사람이 보지 않는 곳에서 좋은 일을 베풀면 반드시 그 일이 드러나서 갚음을 받음
2/ 2/ 5/ 특II 456	泣斬馬謖	읍참마속	큰 목적을 위하여 자기가 아끼는 사람을 버림을 이르는 말 ≪삼국지≫의 〈마속전(馬謖傳)〉에 나오는 말로, 중국 촉나라 제갈량이 군령을 어기어 가정(街亭) 싸움에서 패한 마속을 눈물을 머금고 참형에 처하였다는 데서 유래한다.
4/ 7/ 7/ 4II 457	異口同聲	이:구동성	입은 다르지만 하는 말은 같다는 뜻으로, 여러 사람의 말이 한결같음을 이르는 말 동 이구동음(異口同音)
8/ 4II/ 4II/ 6II 459	二律背反	이:율배반	서로 모순되는 두 개의 명제가 동등한 권리로서 주장되는 일. 안티노미(antinomy)
5II/ 4/ 4/ 6 458	以卵擊石	이:란격석	달걀로 돌을 친다는 뜻으로, 아주 약한 것으로 강한 것에 대항하려는 어리석음을 비유적으로 이르는 말 동 이란투석(以卵投石)
5II/ 7/ 5II/ 7 461	以心傳心	이:심전심	마음과 마음으로 서로 뜻이 통함. ≪전등록≫에 나오는 말로 원래는 불교의 법통을 계승할 때에 쓰였다. 동 심심상인(心心相印)
5II/ 5/ 4II/ 5 462	以熱治熱	이:열치열	열은 열로써 다스린다는 뜻으로, 힘은 힘으로 물리침을 이르는 말
5/ 6/ 7/ 5 460	耳目口鼻	이:목구비	① 귀, 눈, 입, 코를 아울러 이르는 말 ② 귀, 눈, 입, 코 등(等)을 중심(中心)으로 본 얼굴의 생김새
6/7II/7II/4/3II 464	李下不整冠	이:하부정관	자두나무 밑에서 갓을 고쳐 쓰면 도둑으로 오인되기 쉬우므로 자두나무 밑에서 갓을 고쳐 쓰지 말라는 뜻으로, 남에게 의심을 받을 만한 일은 하지 말라는 말
3/ 4II/ 4/ 3 463	泥田鬪狗	이전투구	진흙탕에서 싸우는 개라는 뜻으로, 자기의 이익을 위하여 비열하게 다툼을 비유적으로 이르는 말
8/ 7/ 3II/ 7 466	人面獸心	인면수심	사람의 얼굴을 하고 있으나 마음은 짐승과 같다는 뜻으로, 마음이나 행동이 몹시 흉악(凶惡)함을 이르는 말
8/ 6/ 4II/ 7II 467	人死留名	인사유명	사람은 죽어서 이름을 남긴다는 뜻으로, 사람의 삶이 헛되지 않으면 그 이름이 길이 남는다는 말. 동 표사유피(豹死留皮) 호사유피(虎死留皮)
4/ 4II/ 6/ 4 468	仁義禮智	인의예지	인(仁), 의(義), 예(禮), 지(智)의 사단(四端). 사람으로서 갖추어야 할 네 가지 마음가짐, 곧 어짊과 의로움과 예의와 지혜 관 인의예지신(仁義禮智信): 오덕(五德)
4/ 6/ 5/ 4II 469	仁者無敵	인자무적	어진 사람에게는 적이 없음 어진 사람은 널리 사람을 사랑하므로 천하(天下)에 적대(敵對)할 사람이 없음

번호	한자	독음	뜻
5/ 6II/ 4II/ 4II **465**	因果應報	인과응보	원인(原因)과 결과(結果)는 서로 물고 물린다는 뜻으로, ① 과거 또는 전생의 선악의 인연에 따라서 뒷날 길흉화복의 갚음을 받게 됨을 이르는 말 ② 좋은 일에는 좋은 결과가, 나쁜 일에는 나쁜 결과가 따름 ㉞ 과보(果報)
3II/ 3II/ 4II/ 5II **470**	忍之爲德	인지위덕	참는 것이 덕이 됨
8/ 4/ 7/ 8 **471**	一刻千金	일각천금	매우 짧은 시간도 천금같이 귀중함《좋은 계절 등에 씀》
8/ 5/ 4II/ 4II **472**	一擧兩得	일거양득	① 한 번 들어 둘을 얻음 ② 한 가지의 일로 두 가지의 이익을 보는 것
8/ 7/ 8/ 6 **473**	一口二言	일구이언	한 입으로 두 말을 한다는 뜻으로, 한 가지 일에 대해 말을 이랬다저랬다 함 ㉞ 일구양설(一口兩舌)
8/ 3II/ 4II/ 4II **474**	一刀兩斷	일도양단	칼로 쳐서 두 동강이를 내듯이 어떤 일을 선뜻 결정함
8/ 3II/ 3/ 8 **475**	一蓮托生	일련탁생	① 좋든 나쁘든 행동·운명을 같이함. ② 〔불교〕 죽은 뒤 함께 극락정토에서 같은 연꽃 위에 왕생함
8/ 2/ 5/ 4 **476**	一網打盡	일망타진	그물을 한번 쳐서 물고기를 모조리 잡는다는 뜻으로, 어떤 무리를 한꺼번에 모조리 잡음
8/ 4II/ 5II/ 6 **477**	一脈相通	일맥상통	사고방식·상태·성질 등이 서로 통하거나 비슷함
8/ 6/ 1/ 7 **478**	一目瞭然	일목요연	한 번 보고도 분명히 안다는 뜻으로, 잠깐 보고도 환하게 알 수 있음을 이르는 말
8/ 4II/ 7/ 4 **479**	一罰百戒	일벌백계	한 사람이나 한 가지 죄를 엄하게 벌줌으로써 여러 사람을 경계함
8/ 4/ 7II/ 4 **480**	一絲不亂	일사불란	한 오라기의 실도 흐트러지지 않았다는 뜻으로, 질서나 체계 따위가 잘 잡혀 있어서 조금도 흐트러짐이 없음을 이르는 말
8/ 1/ 7/ 7 **481**	一瀉千里	일사천리	강물이 쏟아져 단번에 천리를 간다는 뜻으로, ① 조금도 거침없이 빨리 진행됨 ② 문장이나 글이 명쾌함
8/ 6/ 8/ 4II **482**	一石二鳥	일석이조	한 개의 돌을 던져 두 마리의 새를 맞추어 떨어뜨린다는 뜻으로, 한 가지 일을 해서 두 가지 이익을 얻음을 이르는 말 ㉞ 일거양득(一擧兩得)
8/ 4II/ 8/ 7 **483**	一笑一少	일소일소	한 번 웃으면 그만큼 더 젊어짐. 일소일소 일노일로(一笑一少 一怒一老): 웃으면 젊어지고 성내면 빨리 늙어짐. 곧 웃고 지내라는 말
8/ 7/ 7/ 6II **484**	一心同體	일심동체	한마음 한 몸. 곧, 서로 굳게 결합함
8/ 5/ 3/ 8 **485**	一魚濁水	일어탁수	한 마리의 고기가 물을 흐린다는 뜻으로, 한 사람의 잘못으로 여러 사람이 해를 입게 됨의 비유
8/ 6/ 3II/ 7II **486**	一言之下	일언지하	한 마디로 잘라 말함
8/ 5/ 5II/ 7 **487**	一葉知秋	일엽지추	나뭇잎 하나가 떨어짐을 보고 가을이 옴을 안다는 뜻으로, 한 가지 일을 보고 장차 오게 될 일을 미리 짐작함
8/ 6/ 4II/ 8 **488**	一衣帶水	일의대수	① 한 줄기의 좁은 냇물이나 바닷물 ② 겨우 냇물 하나를 사이에 둔 가까운 이웃
8/ 5II/ 3II/ 3II **489**	一以貫之	일이관지	한 이치로 모든 일을 꿰뚫음 ㉞ 일관(一貫)
8/ 8/ 8/ 6II **490**	一日三省	일일삼성	하루의 일 세 가지를 살핀다는 뜻으로, 하루에 세 번씩 자신의 행동을 반성함
8/ 8/ 4II/ 8/ 7 **491**	一日如三秋	일일여삼추	하루가 삼 년 같다는 뜻으로, 몹시 애태우며 기다림을 이르는 말
8/ 8/ 3II/ 8 **492**	一日之長	일일지장	① 하루 먼저 세상에 났다는 뜻으로, 연령이 조금 위임을 이르는 말 ② 조금 나음. 또는 그런 선배
8/ 8/ 8/ 6II **493**	一長一短	일장일단	일면의 장점과 다른 일면의 단점을 통틀어 이르는 말
8/ 7/ 7/ 3II **494**	一場春夢	일장춘몽	한바탕의 봄꿈이라는 뜻으로, 헛된 영화(榮華)나 덧없는 일을 비유한 말

번호	한자	한글	뜻
8/ 3Ⅱ/ 3Ⅱ/ 6 495	一觸卽發	일촉즉발	한 번 건드리기만 해도 폭발할 것같이 몹시 위급한 상태
8/ 8/ 6Ⅱ/ 4Ⅱ 496	一寸光陰	일촌광음	소년이로학난성(少年易老學難成) 일촌광음불가경(一寸光陰不可輕) 미각지당춘초몽(未覺池塘春草夢) 계전오엽이추성(階前梧葉已秋聲): 소년은 늙기 쉽고 학문은 이루기 어려우니, 아주 짧은 시간이라도 아껴 가벼이 해서는 안 되리라. 못가 봄풀에 얽힌 봄날의 화사한 꿈 깨기도 전에, 뜰 앞의 오동 나뭇잎은 이미 가을임을 알리는구나. <주희(朱熹) 우성(偶成)>
8/ 4Ⅱ/ 8/ 4Ⅱ 497	一波萬波	일파만파	한 물결이 연쇄적으로 많은 물결을 일으킨다는 뜻으로, 한 사건이나 일이 확대되거나 번짐을 이르는 말
8/ 5/ 3/ 7 498	一敗塗地	일패도지	싸움에 한 번 패하여 땅에 떨어진다는 뜻으로, 한 번 싸우다가 여지없이 패하여 다시 일어나지 못함
8/ 3Ⅱ/ 3Ⅱ/ 7 499	一片丹心	일편단심	한 조각 붉은 마음이라는 뜻으로, 진심에서 우러나오는 변치 않는 마음을 이르는 말
8/ 5Ⅱ/ 4/ 3Ⅱ 500	一筆揮之	일필휘지	한숨에 글씨나 그림을 줄기차게 쓰거나 그림
8/ 특Ⅱ/ 7/ 8 501	一攫千金	일확천금	단번에 천금을 움켜쥔다는 뜻으로, 힘들이지 않고 단번에 많은 재물을 얻음을 이르는 말　특급Ⅱ 攫(움킬 확)
8/ 3Ⅱ/ 8/ 4Ⅱ 502	日久月深	일구월심	날이 오래고 달이 깊어 간다는 뜻으로, 무언가 바라는 마음이 세월이 갈수록 더해짐을 이르는 말
8/ 4Ⅱ/ 6Ⅱ/ 6Ⅱ 503	日暖風和	일난풍화	일기(日氣)가 따뜻하고 바람이 온화(溫和)함 날씨가 따뜻하고 바람이 온화함
8/ 3/ 3Ⅱ/ 4 504	日暮途窮	일모도궁	날은 저물고, 갈 길은 막힌다는 뜻으로, 늙고 병약하여 앞날이 얼마 남지 않음을 비유해 이르는 말　🈁 일모도원(日暮途遠)
8/ 4/ 8/ 4Ⅱ 505	日就月將	일취월장	「날마다 달마다 성장하고 발전한다.」는 뜻으로, 학업이 날이 가고 달이 갈수록 진보함을 이름【준말】일취(日就) 장취(將就) 🈁 일장월취(日將月就)　🈁 괄목상대(刮目相對)
3Ⅱ/ 3/ 2/ 3Ⅱ 506	臨渴掘井	임갈굴정	목이 말라야 우물을 판다는 뜻으로, 평소에 준비 없이 있다가 일을 당하여 허둥지둥 서두름을 이르는 말
3Ⅱ/ 4/ 4Ⅱ/ 5Ⅱ 507	臨機應變	임기응변	그때그때 처한 사태에 맞추어 즉각 그 자리에서 결정하거나 처리함 🈁 응변(應變) 방편(方便), 변통(變通): 그때그때 처한 형편에 맞추어 그 자리에서 결정하거나 처리함
3Ⅱ/ 6Ⅱ/ 5/ 4Ⅱ 508	臨戰無退	임전무퇴	세속 오계의 하나. 전장(戰場)에 나아가 물러나지 않음을 이르는 말
7Ⅱ/ 6Ⅱ/ 3Ⅱ/ 7Ⅱ 509	立身揚名	입신양명	출세해서 세상에 이름을 들날림
7Ⅱ/ 7Ⅱ/ 1/ 5Ⅱ 510	自家撞着	자가당착	같은 사람이 하는 말과 행동의 앞뒤가 어긋나 모순됨 🈁 모순당착(矛盾撞着) 자기모순(自己矛盾)
7Ⅱ/ 4/ 3Ⅱ/ 4Ⅱ 511	自覺症狀	자각증상	환자 자신이 느끼는 병의 증상. 자각 증세
7Ⅱ/ 6/ 7Ⅱ/ 4Ⅱ 512	自強不息	자강불식	스스로 힘써 몸과 마음을 가다듬는 것을 쉬지 않음
7Ⅱ/ 4/ 3Ⅱ/ 7 513	自激之心	자격지심	자기가 한 일에 대해 자기 스스로 미흡(未洽)하게 여기는 마음
7Ⅱ/ 5/ 7Ⅱ/ 7Ⅱ 514	自給自足	자급자족	자기가 필요한 것을 자기가 스스로 생산하여 충당함
7Ⅱ/ 7/ 7Ⅱ/ 7Ⅱ 515	自問自答	자문자답	스스로 묻고 스스로 대답한다는 뜻으로, 마음속으로 대화함을 이르는 말
7Ⅱ/ 7Ⅱ/ 6Ⅱ/ 7Ⅱ 516	自手成家	자수성가	물려받은 재산 없이 스스로의 힘으로 일가를 이룸 곧, 스스로의 힘으로 사업을 이룩하거나 큰일을 이룸
7Ⅱ/ 2/ 7Ⅱ/ 1 517	自繩自縛	자승자박	자기의 줄로 자기를 묶다. 자신이 한 말과 행동에 자신이 구속되어 괴로움을 당함
7Ⅱ/ 6Ⅱ/ 7Ⅱ/ 4Ⅱ 518	自業自得	자업자득	자기가 저지른 일의 과보를 자기가 받음 🈁 자업자박(自業自縛)
7Ⅱ/ 8/ 3Ⅱ/ 4 519	自中之亂	자중지란	같은 무리 속에서 일어나는 싸움

번호	한자	독음	뜻
520 (7II/5/4II/5)	自初至終	자초지종	처음부터 끝까지의 과정
521 (7II/4II/7II/3)	自暴自棄	자포자기	절망에 빠져 자신을 포기하고 돌아보지 않음
522 (7II/6/7II/4)	自畵自讚	자화자찬	자기가 그린 그림을 스스로 칭찬한다는 뜻으로, 자기가 한 일을 스스로 자랑함
523 (6II/7/8/8)	作心三日	작심삼일	마음먹은 지 삼일이 못 간다는 뜻으로, 결심이 얼마 되지 않아 흐지부지 된다.
524 (8/1/5/4)	長袖善舞	장수선무	장수선무(長袖善舞): 소매가 길면 춤추기가 수월하다. 다전선가(多錢善賈): 재물이 넉넉하면 일을 하거나 성공하기가 쉽다는 말
525 (4/8/6/8)	張三李四	장삼이사	① 이름이나 신분이 특별하지 못한 평범한 사람들 ② 사람에게 성리(性理)가 있는 줄은 알지만, 그 모양이나 이름을 지어 말할 수 없음의 비유
526 (6II/6/5II/3II)	才勝德薄	재승덕박	재주는 있으나 덕이 적음 아는 것이나 능력은 뛰어나나 인품이 부족한 사람을 가리킬 때 씀
527 (5/7/7/3II)	赤手空拳	적수공권	맨손과 맨주먹이라는 뜻으로, 아무것도 가진 것이 없음을 이르는 말 윤 척수공권(隻手空拳) 隻(외짝, 새 한 마리 **척**)
528 (4/6/3/1)	賊反荷杖	적반하장	도둑이 도리어 매를 든다는 뜻으로, 잘못한 사람이 아무 잘못도 없는 사람을 나무람을 이르는 말 예 적반하장도 유분수지.
529 (4/6/8/4)	適者生存	적자생존	환경에 적응하는 생물만이 살아남고, 그렇지 못한 것은 도태되어 사라지는 현상
530 (4/5II/4/7)	適材適所	적재적소	어떤 일에 적당한 재능을 가진 자에게 적합한 지위나 임무를 맡김
531 (4/8/6II/8)	積小成大	적소성대	작은 것도 쌓이면 크게 됨. 적은 것도 쌓이면 많아짐 윤 적진성산(積塵成山) 적토성산(積土成山)
532 (7II/6II/4II/6II)	前代未聞	전대미문	이제까지 들은 적이 없다는 뜻으로, 매우 놀랍거나 새로운 일을 이르는 말 윤 미증유(未曾有): 지금까지 한 번도 있어 본 적이 없음
533 (7II/6II/6/8)	電光石火	전:광석화	번갯불이나 부싯돌의 불이 번쩍이는 것처럼, ① 극히 짧은 시간 ② 아주 신속한 동작 ③ 일이 매우 빠른 것을 가리키는 말
534 (6II/6II/2/2)	戰戰兢兢	전:전긍긍	몹시 두려워 벌벌 떨며 조심함. 어떤 위기감에 떠는 심정(心情)을 비유 • 비밀이 탄로날까봐 ~하면서 지냈다. 준 전긍(戰兢)
535 (1/4/7II/1)	輾轉不寐	전:전불매	누워서 이리저리 뒤척거리며 잠을 이루지 못함 윤 전전반측(輾轉反側)
536 (4/3II/4II/5II)	轉禍爲福	전:화위복	재화(災禍)가 바뀌어 오히려 복(福)이 됨. 어떤 불행한 일이라도 끊임없는 노력과 강인한 의지로 힘쓰면 불행을 행복으로 바꾸어 놓을 수 있다는 말
537 (5II/특II/2/3II)	切磋琢磨	절차탁마	옥·돌 따위를 갈고 닦아서 빛을 낸다는 뜻으로, 부지런히 학문이나 덕행을 닦음을 이르는 말 준 절마(切磨) 절차(切磋)
538 (5II/4II/3II/7)	切齒腐心	절치부심	몹시 분하여 이를 갈고 마음을 썩임. 대단히 분(憤)하게 여기고 마음을 썩임
539 (4II/7II/3II/8)	絶世佳人	절세가인	이 세상에서는 견줄 사람이 없을 정도로 뛰어나게 아름다운 여자 절대가인(絶代佳人) 절세미인(絶世美人)
540 (4II/8/3II/6II)	絶長補短	절장보단	긴 것을 잘라서 짧은 것을 보충한다는 뜻으로, 장점이나 넉넉한 부분에서 단점이나 부족한 것을 보충함을 이르는 말 (絶長補短·截長補短)
541 (3II/7/3II/4II)	漸入佳境	점:입가경	들어갈수록 점점 재미있는 경지로 들어감
542 (3II/4/3II/특II)	井底之蛙	정저지와	① 우물 밑의 개구리 ② 소견(所見)이나 견문(見聞)이 몹시 좁은 것
543 (3II/8/8/1)	頂門一鍼	정문일침	정수리에 침을 놓는다는 뜻으로, 상대방의 급소를 찌르는 따끔한 충고나 교훈을 이르는 말 윤 정상일침(頂上一鍼)
544 (4II/7/3II/4II)	鳥足之血	조족지혈	새 발의 피라는 뜻으로, 매우 적은 분량을 비유적으로 이르는 말
545 (6/5/3/5)	朝令暮改	조령모개	아침에 명령을 내렸다가 저녁에 다시 고친다는 뜻으로, 법령을 자꾸 고쳐서 갈피를 잡기가 어려움을 이르는 말

번호	한자	독음	뜻
546 (6/8/3/8)	朝三暮四	조삼모사	간사한 꾀로 남을 속여 희롱함을 이르는 말 중국 송나라의 저공(狙公)의 고사로, 먹이를 아침에 세 개, 저녁에 네 개씩 주겠다는 말에는 원숭이들이 적다고 화를 내더니 아침에 네 개, 저녁에 세 개씩 주겠다는 말에는 좋아하였다는 데서 유래한다. 줌 조삼(朝三)
547 (1/1/3Ⅱ/3Ⅱ)	糟糠之妻	조강지처	지게미와 쌀겨로 끼니를 이을 때의 아내라는 뜻으로, 가난하고 천할 때부터 고생을 함께 겪어온 아내
548 (7Ⅱ/4/7Ⅱ/3Ⅱ)	足脫不及	족탈불급	맨발로 뛰어도 따라가지 못한다는 뜻으로, 능력·역량·재질 따위의 차이가 뚜렷함을 이르는 말
549 (4/5/3Ⅱ/7)	存亡之秋	존망지추	존속과 멸망, 또는 생존과 사망이 결정되는 아주 절박한 경우나 시기
550 (4Ⅱ/3/6Ⅱ/2)	宗廟社稷	종묘사직	왕실과 나라를 아울러 이르던 말
551 (5Ⅱ/4Ⅱ/4Ⅱ/4Ⅱ)	種豆得豆	종두득두	콩을 심으면 반드시 콩이 나온다는 뜻으로, 원인에 따라 결과가 생김을 이르는 말 유 종과득과(種瓜得瓜) 인과응보(因果應報)
552 (3Ⅱ/3Ⅱ/5/4)	縱橫無盡	종횡무진	자유자재로 행동하여 거침이 없는 상태 유 종횡무애(縱橫無礙)
553 (7Ⅱ/3/7Ⅱ/1)	左顧右眄	좌:고우면	이쪽저쪽을 돌아본다는 뜻으로, 앞뒤를 재고 망설임을 이르는 말 유 좌고우시(左顧右視), 좌면우고(左眄右顧), 좌우고면(左右顧眄), 　　좌첨우고(左瞻右顧), 수서양단(首鼠兩端)
554 (7Ⅱ/3Ⅱ/7Ⅱ/3Ⅱ)	左之右之	좌:지우지	왼쪽으로 돌렸다 오른쪽으로 돌렸다 한다는 뜻으로, 사람이 어떤 일이나 대상을 제 마음대로 다루거나 휘두름
555 (7/3Ⅱ/7/3Ⅱ)	左衝右突	좌:충우돌	① 이리저리 마구 찌르고 부딪침. 유 좌우충돌(左右衝突) ② 아무에게나 또는 아무 일에나 함부로 맞닥뜨림
556 (3Ⅱ/7/7/6)	坐不安席	좌:불안석	앉아도 자리가 편안하지 않다는 뜻으로, 마음이 불안하거나 걱정스러워서 한군데에 가만히 앉아 있지 못하고 안절부절못하는 모양을 이르는 말
557 (3Ⅱ/3Ⅱ/5Ⅱ/7)	坐井觀天	좌:정관천	우물 속에 앉아 하늘을 본다는 뜻으로, 견문이 매우 좁음을 이르는 말
558 (7/5Ⅱ/1/3Ⅱ)	主客顚倒	주객전도	주인과 손의 위치가 서로 뒤바뀐다는 뜻으로, 사물의 경중(輕重), 선후(先後), 완급(緩急) 따위가 서로 뒤바뀜 유 객반위주(客反爲主)
559 (4Ⅱ/5/5/1)	走馬加鞭	주마가편	달리는 말에 채찍질한다는 뜻으로, 잘하는 사람을 한층 더 장려함을 이르는 말
560 (4Ⅱ/5/4/8)	走馬看山	주마간산	말을 타고 달리며 산천을 구경한다는 뜻으로, 자세히 살피지 않고 대충 보고 지나감을 이르는 말
561 (4/3Ⅱ/4Ⅱ/7)	酒池肉林	주지육림	술로 연못을 이루고 고기로 숲을 이룬다는 뜻으로, 호사스러운 술잔치의 비유 유 육산포림(肉山脯林) 육산주지(肉山酒池)
562 (6/3Ⅱ/6/6Ⅱ)	晝耕夜讀	주경야독	낮에는 농사짓고 밤에는 글을 읽는다는 뜻으로, 어려운 여건 속에서도 꿋꿋이 공부함을 이르는 말 관 주경야독 수불석권(晝耕夜讀 手不釋卷): 낮에는 밭을 갈고 밤에는 글을 읽으며 손에서는 책을 놓지 말아야 함
563 (4Ⅱ/5/4Ⅱ/5Ⅱ)	竹馬故友	죽마고우	대나무 말을 타고 놀던 벗이라는 뜻으로, 어렸을 때부터 같이 놀며 친하게 지내 온 벗 유 죽마구우(竹馬舊友)
564 (4Ⅱ/1/1/특Ⅱ)	竹杖芒鞋	죽장망혜	대지팡이와 짚신의 뜻으로, 먼 길을 떠날 때의 아주 간편한 차림새를 이르는 말
565 (4Ⅱ/3Ⅱ/7Ⅱ/4Ⅱ)	衆寡不敵	중:과부적	적은 수로 많은 수를 맞서지 못함 유 과부적중(寡不敵衆)
566 (4Ⅱ/7/4Ⅱ/4Ⅱ)	衆口難防	중:구난방	여러 사람의 입을 막기 어렵다는 뜻으로, 막기 어려울 정도로 여럿이 마구 지껄임을 이르는 말
567 (4Ⅱ/4/3Ⅱ/3)	支離滅裂	지리멸렬	이리저리 흩어지고 찢기어 갈피를 잡을 수 없음 유 지리분산(支離分散)
568 (4Ⅱ/4Ⅱ/6/7)	至誠感天	지성감천	지극한 정성에는 하늘도 감동한다는 뜻으로, 무엇이든 정성껏 하면 하늘이 움직여 좋은 결과를 맺는다는 뜻
569 (3Ⅱ/5/3Ⅱ/3)	池魚之殃	지어지앙	연못에 사는 물고기의 재앙이란 뜻으로, 아무런 상관도 없는데 재앙을 입었다는 뜻

번호	한자	독음	뜻
2/ 3II/ 3II/ 6 570	芝蘭之交	지란지교	지초와 난초 같은 향기로운 사귐이라는 뜻으로, 벗 사이의 맑고도 고귀한 사귐 유 관포지교(管鮑之交), 금란지계(金蘭之契), 금란지교(金蘭之交), 금란지의(金蘭之誼), 금석지계(金石之契), 금석지교(金石之交), 단금지계(斷金之契), 단금지교(斷金之交), 담수지교(淡水之交), 막역지우(莫逆之友), 문경지교(刎頸之交), 수어지교(水魚之交), 고산유수(高山流水), 백아절현(伯牙絶絃), 지기지우(知己之友) 반 市道之交(시도지교): 시장과 길거리에서 이루어지는 교제라는 뜻으로, 이익이 있으면 서로 합하고, 이익이 없으면 헤어지는 시정(市井)의 장사꾼과 같은 교제
5II/ 7/ 3II/ 8 571	知命之年	지명지년	천명(天命)을 알 나이라는 뜻으로, 나이 오십을 이르는 말 유 지천명(知天命)
5II/ 6/ 7II/ 6 572	知者不言	지자불언	지식이 많고 사리에 밝은 사람은 재능을 감추고 함부로 말하지 아니함
5/ 3II/ 5/ 5 573	知彼知己	지피지기	적의 사정과 나의 사정을 자세히 앎.《손자》〈모공편(謀攻篇)〉에 나온 말이다. 유 지적지아(知敵知我) 예 지피지기면 백전백승이라
5II/ 6/ 6/ 8 574	知行合一	지행합일	지행합일설(知行合一說): 지식과 행위는 원래 하나이므로, 알고 행하지 아니하면 진짜 아는 것이 아니라는 학설. 중국 명나라 왕양명이 주장한 수양법임 반 선지후행설(先知後行說): 먼저 그 이치를 알고 난 뒤에 행해야 한다는 학설
4II/ 3/ 4II/ 5 575	指鹿爲馬	지록위마	윗사람을 농락하여 권세를 마음대로 함을 이르는 말 진(秦)나라의 조고(趙高)가 자신의 권세를 시험하여 보고자 황제 호해(胡亥)에게 사슴을 가리키며 말이라고 한 데서 유래한다.
4II/4II/3II/7II 576	指呼之間	지호지간	손짓하여 부를 만큼 가까운 거리
4/ 1/ 4II/ 1 577	珍羞盛饌	진수성찬	맛이 좋은 음식으로 많이 잘 차린 것을 뜻하여, 성대하게 차린 진귀(珍貴)한 음식. 유 수륙진미(水陸珍味) 준 성찬(盛饌)) 반 소찬(素饌) ※ 羞(부끄러울, 바칠, 음식 수)
4II/ 4II/ 4II/ 4II 578	進退兩難	진:퇴양난	이러지도 저러지도 못하는 난처한 처지에 놓여 있음 유 사면초가(四面楚歌) 진퇴무로(進退無路) 진퇴유곡(進退維谷)
4II/ 4II/ 3II/ 3II 579	進退維谷	진:퇴유곡	앞으로 나아갈 수도 뒤로 물러날 수도 없이, 꼼짝할 수 없는 궁지에 몰림
3II/ 8/ 3II/8 580	此日彼日	차일피일	이날저날 하고 자꾸 기한을 미루는 모양 예 일을 차일피일 미루다. 차일피일 끌기만 한다.
2/ 7II/ 8/ 3 581	滄海一粟	창해일속	큰 바다에 던져진 좁쌀 한 톨이라는 뜻으로 ① 지극히 작거나 보잘것없는 존재를 의미함 ② 이 세상에서의 인간 존재의 허무함을 이르는 말
3II/ 4II/ 7II/ 3II 582	妻城子獄	처성자옥	아내는 성(城)이고 자식은 감옥 이라는 뜻으로, 처자를 거느린 사람은 집안일에 매이어 자유로이 활동을 할 수 없음을 가리키는 말
2/ 7II/ 7II/ 3II 583	隻手空拳	척수공권	외손에 맨주먹이란 뜻으로, 곧 아무 것도 가진 것이 없음 유 적수공권(赤手空拳): 맨손과 맨주먹, 아무것도 가진 것이 없음을 이르는 말
7/ 4/ 8/ 4II 584	千慮一得	천려일득	천 번을 생각하여 하나를 얻는다는 뜻으로, 어리석은 사람도 많은 생각 가운데는 한 가지쯤 좋은 생각을 할 수 있다는 말
7/ 4/ 8/ 6 585	千慮一失	천려일실	천 번 생각에 한 번 실수라는 뜻으로, 지혜로운 사람도 많은 생각 가운데는 잘못하는 것이 있을 수 있다는 말
7/ 3II/ 8/ 3II 586	千載一遇	천재일우	천 년 동안 단 한 번 만난다는 뜻으로, 좀처럼 만나기 어려운 좋은 기회를 이르는 말
7/ 4/ 8/ 6 587	千差萬別	천차만별	여러 가지 사물이 모두 차이(差異)가 있고 구별(區別)이 있음
7/ 4II/ 8/ 4 588	千態萬象	천태만상	천 가지 모습과 만 가지 형상이라는 뜻으로, 온갖 사물이 한결같지 아니하고 모양·모습이 각각 다름을 이르는 말
7/ 4/ 8/ 4II 589	千篇一律	천편일률	여러 시문(詩文)의 격조가 변화 없이 비슷비슷하다는 뜻으로, 여러 사물이 거의 비슷비슷하여 특색이 없음을 비유하여 이르는 말
7/ 6/ 5/ 3II 590	天高馬肥	천고마비	하늘이 높고 말이 살찐다는 뜻으로, 하늘이 맑고 모든 것이 풍성함을 이르는 말 예 천고마비의 계절 유 추고마비(秋高馬肥)
7/ 7II/ 7/ 2 591	天方地軸	천방지축	하늘 방향이 어디이고 땅의 축이 어디인지 모른다는 뜻으로 ① 너무 급하여 방향을 잡지 못하고 함부로 날뛰는 일 ② 못난 사람이 종작없이 덤벙이는 일

번호	한자	한글	뜻
592 7/8/4/6II	天生緣分	천생연분	하늘에서 정해 준 연분. 천생인연(天生因緣). [예][속담] [천생연분에 보리 개떡] 보리 개떡을 먹을망정 부부가 의좋게 산다는 말
593 7/3II/3II/4	天壤之差	천양지차	하늘과 땅 사이와 같이 엄청난 차이 [유] 천양지판(天壤之判). 운니지차(雲泥之差)
594 7/2/6II/4II	天佑神助	천우신조	하늘과 신령이 도움
595 7/6/5/2	天衣無縫	천의무봉	① 하늘의 직녀가 짜 입은 옷은 솔기가 없다는 뜻으로, 시문(詩文) 등이 매우 자연스러워 조금도 꾸민 데가 없음을 이름 ② 완전무결해 흠이 없음을 이르는 말
596 7/4II/2/3	天眞爛漫	천진난만	천진함이 넘친다는 뜻으로, 조금도 꾸밈없이 아주 순진(純眞)하고 참됨 말이나 행동에 아무런 꾸밈이 없이 순진하고 천진함 [예] 천진난만한 어린이
597 4II/6/1/특외	泉石膏肓	천석고황	산수를 사랑하는 것이 너무 정도에 지나쳐 마치 불치의 고질과 같다는 뜻으로, 벼슬길에 나서지 않음을 이르는 말. 특급외 肓(명치끝 황) [유] 연하고질(煙霞痼疾): 자연의 아름다운 경치를 몹시 사랑하고 즐기는 성벽(性癖) 연하지벽(煙霞之癖)
598 3II/6/3II/3	徹頭徹尾	철두철미	처음부터 끝까지 철저(徹底)하게 [유] 철상철하(徹上徹下): ① 철두철미 ② 위에서부터 아래까지 꿰뚫듯 훤함
599 8/5II/3II/5II	靑雲之士	청운지사	① 학덕을 겸한 높은 사람 ② 높은 지위나 벼슬에 오른 사람
600 8/7/8/8	靑天白日	청천백일	푸른 하늘에 쨍쨍하게 빛나는 밝은 태양이란 뜻으로, 훌륭한 인물은 세상 사람들이 다 알아본다는 의미 ① 하늘이 맑게 갠 대낮 ② 맑은 하늘에 뜬 해 ③ 혐의나 원죄(冤罪)가 풀리어 무죄가 됨. [예] 청천백일 만지홍기(靑天白日 滿地紅旗): 중화민국(中華民國)의 국기(國旗)
601 8/7/3/2	靑出於藍	청출어람	푸른색이 쪽에서 나왔으나 쪽보다 더 푸르다는 뜻으로, 제자가 스승보다 나은 것을 비유하는 말 [본] 청출어람 이청어람(靑出於藍 而靑於藍)
602 6II/6II/6II/8	淸風明月	청풍명월	맑은 바람과 밝은 달이라는 뜻으로 ① 결백하고 온건한 성격을 평하여 이르는 말 ② 풍자와 해학으로 세상사를 논함을 비유하여 이르는 말
603 3/3II/5II/6II	晴耕雨讀	청경우독	갠 날은 논밭을 갈고 비 오는 날은 책을 읽는다는 뜻으로, 부지런히 일하며 공부함을 이르는 말
604 5/4II/8/3II	初志一貫	초지일관	처음에 세운 뜻을 끝까지 밀고 나감
605 7/6/7/7	草綠同色	초록동색	풀빛과 녹색은 같은 빛깔이란 뜻으로, 같은 처지의 사람과 어울리거나 기우는 것
606 2/3/3II/6II	焦眉之急	초미지급	눈썹이 타게 될 만큼 위급한 상태란 뜻으로, 그대로 방치할 수 없는 매우 다급한 일이나 경우를 비유한 말 [준] 초미(焦眉)
607 8/5/4II/8	寸鐵殺人	촌:철살인	한 치의 쇠붙이로도 살인한다는 뜻으로, 간단한 말로도 남을 감동시키거나 남의 약점을 찌를 수 있음을 이르는 말
608 7/6II/5/5	秋風落葉	추풍낙엽	① 가을바람에 떨어지는 나뭇잎 ② 세력이나 형세가 갑자기 기울거나 시듦을 비유한 말
609 7/3/3II/5	秋毫之末	추호지말	가을철에 털갈이하여 가늘어진 짐승의 털끝이라는 뜻으로, 매우 가는 것을 이르는 말
610 7/7/5II/5II	春秋筆法	춘추필법	오경(五經: 시경·서경·주역·예기·춘추)의 하나인『춘추(春秋)』와 같이 비판적이고 엄정한 필법을 이르는 말 대의명분(大義名分)을 밝혀 세우는 사필(史筆)의 논법
611 7/7/7/7	春夏秋冬	춘하추동	봄·여름·가을·겨울의 네 철. 춘하추동절 동서남북방(春夏秋冬節 東西南北方): 춘하추동은 계절이요, 동서남북(東西南北)은 방위(方位)임
612 7/4II/7/5II	出將入相	출장입상	나가서는 장수(將帥)가 되고 들어와서는 재상(宰相)이 됨 곧, 문무(文武)를 다 갖추어 장상(將相)의 벼슬을 모두 지낸다는 뜻
613 4II/6/4II/5	忠言逆耳	충언역이	충직한 말은 귀에 거슬린다는 뜻으로, 바르게 충고하는 말일수록 듣기 싫어한다는 말 [유] 양약고구(良藥苦口)
614 4II/3/5/4	取捨選擇	취:사선택	여럿 가운데서 쓸 것은 쓰고 버릴 것은 버림
615 3II/8/3II/6	醉生夢死	취:생몽사	술에 취해 자는 동안에 꾸는 꿈속에서 살고 죽는다는 뜻으로, 한평생을 아무 하는 일도 없이 흐리멍덩하게 살아감의 비유

4II/3II/6/8 616	置之度外	치:지도외	내버려 두고 문제로 삼지 않음
8/1/8/4II 617	七顚八起	칠전팔기	일곱 번 넘어져도 여덟 번째 일어난다는 뜻으로, 실패(失敗)를 거듭하여도 굴하지 않고 다시 일어섬
8/3II/8/1 618	七縱七擒	칠종칠금	제갈공명(諸葛孔明)의 전술로 일곱 번 놓아주고 일곱 번 사로잡는다는 뜻으로, 마음대로 잡았다 놓아주었다 함을 이르는 말
4/8/1/8 619	針小棒大	침:소봉대	바늘만한 것을 몽둥이 만하다고 말함이란 뜻으로, 작은 일을 크게 과장(誇張)하여 말함을 이름
4II/3II/4/3II 620	快刀亂麻	쾌도난마	잘 드는 칼로 어지럽게 뒤엉킨 삼 가닥을 자른다는 뜻으로, 어지럽게 뒤얽힌 일을 재빠르고 명쾌하게 처리함의 비유
5/8/3II/6 621	他山之石	타산지석	다른 산의 나쁜 돌이라도 자기의 구슬을 가는 데 소용이 된다는 뜻으로, 다른 사람의 하찮은 언행일지라도 자기의 지덕(知德)을 연마하는 데 도움이 된다는 말
5/7II/7II/4II 622	卓上空論	탁상공론	탁자(卓子) 위에서만 펼치는 헛된 논설(論說)이란 뜻으로, 실현성이 없는 허황된 이론을 일컬음
3/4II/3/3II 623	貪官汚吏	탐관오리	탐욕(貪慾)이 많고 행실이 깨끗하지 못한 부정(不正)을 일삼는 벼슬아치
6/7II/4II/6II 626	太平聖代	태평성대	어진 임금이 다스리는 태평한 세상이나 시대
3II/8/8/4II 624	泰山北斗	태산북두	중국의 제일 명산인 태산(泰山)과 북두성(北斗星)이라는 뜻으로 ① 학문(學問)·예술(藝術) 분야(分野)의 대가(大家) ② 세상 사람들에게서 존경을 받는 사람의 비유 준 산두(山斗), 태두(泰斗)
3II/7/7II/3II 625	泰然自若	태연자약	마음에 어떠한 충동을 받아도 움직임이 없이 천연스러움
3II/1/2/4 627	吐哺握髮	토:포악발	민심을 수람하고 정무를 보살피기에 잠시도 편안함이 없음을 이르는 말 중국 주(周)나라의 주공(周公)이 식사 때나 목욕할 때 내객이 있으면 먹던 것을 뱉고, 감고 있던 머리를 거머쥐고 영접하였다는 데서 유래한다. 준 토악(吐握), 유 토포착발(吐哺捉髮), 악발토포(握髮吐哺)
3II/6/3/특II 628	兎死狗烹	토사구팽	토끼가 잡히고 나면 충실했던 사냥개도 쓸모가 없어져 잡아먹게 된다는 뜻으로, 필요할 때는 쓰고 필요하지 않을 때는 야박하게 버리는 경우를 이르는 말 교토사양구팽(狡兎死良狗烹) 특급 兎(토끼 토) 兔의 俗字 특급 烹(삶을 팽)
4II/1/8/3II 629	波瀾萬丈	파란만장	파도(波濤)의 물결치는 것이 만장(萬丈)의 길이나 된다는 뜻으로, 생활이나 일의 진행이 갖가지 곡절과 시련이 많고 변화가 심함
4II/2/3II/8 630	破瓜之年	파:과지년	참외를 깨는 나이란 뜻으로 '瓜(과)'를 파자(破字)하면 八八이 되는 데, 팔 더하기 팔은 16세 첫 경도(經度)가 있게 되는 나이란 뜻도 된다. 옛날 결혼 적령기 팔 곱하기 팔로 해석하여 남자의 나이 64세를 나타내기도 함 준 파과(破瓜)
4II/3II/4/7 631	破邪顯正	파:사현정	사견(邪見)과 사도(邪道)를 깨고 정법(正法)을 드러내는 일. 삼론종의 근본 교의이다. 준 파현(破顯). 유 위정척사(衛正斥邪). 척사위정(斥邪衛正)
4II/3II/8/4II 632	破顔大笑	파:안대소	얼굴이 찢어지도록 크게 웃는다는 뜻으로, 즐거운 표정으로 크게 웃음 유 파안일소(破顔一笑)
4II/4II/3II/4II 633	破竹之勢	파:죽지세	대나무를 쪼개는 기세(氣勢)라는 뜻으로, ① 곧 세력이 강대하여 대적을 거침없이 물리치고 쳐들어가는 기세 ② 세력이 강하여 걷잡을 수 없이 나아가는 모양
8/7II/6/8 634	八方美人	팔방미인	① 어느 모로 보나 아름다운 여인. ② 여러 방면에 능한 사람 ③ 누구에게나 잘 보이려고 처세하는 사람을 낮잡아 이르는 말 ④ 아무 일에나 조금씩 손대는 사람을 조롱해 이르는 말
5/7II/5/6II 635	敗家亡身	패:가망신	집안의 재산을 다 써 없애고 몸을 망침
특급/1/4II/1 636	敝袍破笠	폐:포파립	해어진 옷과 부서진 갓이란 뜻으로, 초라한 차림새의 비유 특급 敝(해질 폐) 유 폐의파관(弊衣破冠). 폐의파립(弊衣破笠) 3급 弊(폐단, 해질 폐)
3/3II/4II/3II 637	抱腹絶倒	포:복절도	배를 그러안고 넘어질 정도로 웃음 유 봉복절도(捧腹絶倒)
4II/3II/2/5 638	暴虎馮河	포:호빙하	맨손으로 범을 때려잡고 걸어서 황허강(黃河江)을 건넌다는 뜻으로, 용기는 있으나 무모함을 이르는 말. ≪논어≫의 <술이편(述而篇)>에 나온 말이다.

급수	한자	독음	뜻
6II/ 3II/ 7II/ 7 **639**	表裏不同	표리부동	겉과 속이 같지 않음」이란 뜻으로, 마음이 음흉(陰凶)맞아서 겉과 속이 다름 반 표리상응(表裏相應): 안팎에서 손이 서로 맞음
6II/ 6/ 3II/ 4 **640**	風樹之歎	풍수지탄	나무는 조용히 있고 싶어도 바람이 멎지 않으니 뜻대로 되지 않는다는 말로 효도를 하려고 해도 부모가 살아 계시지 않는다는 뜻 수욕정이풍부지(樹欲靜而風不止) 자욕양이친부대(子欲養而親不待) 출전 한시외전(韓詩外傳)
6II/ 7II/ 4II/ 8 **641**	風前燈火	풍전등화	바람 앞의 등불이라는 뜻으로, 사물이 매우 위태로운 처지에 놓여 있음을 비유적으로 이르는 말. 유 풍전등촉(風前燈燭)
6II/ 2/ 3II/ 5II **642**	風餐露宿	풍찬노숙	바람과 이슬을 맞으며 한데에서 먹고 잔다는 뜻으로, 객지에서 겪는 모진 고생을 이르는 말
3II/ 3II/ 8/ 3II **643**	彼此一般	피:차일반	저것이나 이것이나 마찬가지임. 다 같음 유 피장파장: 서로 낫고 못함이 없음. 상대편과 같은 행동을 하여 서로 같은 처지나 경우가 됨을 이른다.
3/ 7/ 3II/ 6II **644**	匹夫之勇	필부지용	하찮은 남자의 용기라는 뜻으로, 소인이 깊은 생각 없이 혈기만 믿고 함부로 부리는 용기를 이름
3/ 7/ 3/ 4II **645**	匹夫匹婦	필부필부	평범한 남자와 평범한 여자 유 갑남을녀(甲男乙女) 장삼이사(張三李四)
7II/ 6/ 7II/ 3II **646**	下石上臺	하:석상대	아랫돌을 빼서 윗돌을 괴고 윗돌을 빼서 아랫돌을 괸다는 뜻으로, 임시변통으로 이리저리 둘러맞춤을 이르는 말 유 미봉책(彌縫策) 고식지계(姑息之計)
3II/ 6/ 6II/ 8 **647**	何待明年	하대명년	어떻게 명년(明年)[來年]을 기다리냐는 뜻으로, 기다리기가 몹시 지루함을 이르는 말
3II/ 5II/ 6/ 6 **648**	鶴首苦待	학수고대	학처럼 목을 길게 빼고 기다린다는 뜻으로, 몹시 애타게 기다림을 이르는 말
3II/ 5/ 5II/ 2 **649**	汗牛充棟	한:우충동	짐으로 실으면 소가 땀을 흘리고, 쌓으면 들보에까지 가득 찰 만큼 많다는 뜻으로, 썩 많은 책을 가지고 있음을 가리키는 말
2/ 특II/ 3II/ 3II **650**	邯鄲之夢	한단지몽	당나라의 노생(盧生)이 한단(邯鄲)에서 여옹(呂翁)의 베개를 빌려서 잠을 잤는데, 꿈속에서 80년 동안 부귀영화를 다 누렸으나, 깨어 보니 메조로 밥을 짓는 동안이었다는 고사에서, 인생과 영화의 덧없음을 비유한 말 유 황량몽(黃粱夢) 한단몽침(邯鄲夢枕) 노생지몽(盧生之夢) 남가일몽(南柯一夢)
2/ 특II/ 3II/ 4II **651**	邯鄲之步	한단지보	한단의 걸음걸이라는 뜻으로, 제 분수를 잊고 무턱대고 남을 흉내 내다가 이것저것 다 잃음을 비유. 연(燕)나라의 한 소년이 조(趙)나라의 서울 한단(邯鄲)에 가서 우아한 걸음걸이를 보고 배웠으나 완전하게 배우지 못하고 돌아와 자기 고향의 걸음걸이도 잊고 제대로 걸을 수 없었다는 말이다. 유 한단학보(邯鄲學步)
4/ 5II/ 6/ 3II **652**	閑雲野鶴	한운야학	한가로이 떠도는 구름과 들에 노니는 학이라는 뜻으로, 아무 매인 데 없는 한가로운 생활로 유유자적(悠悠自適)하는 경지를 이르는 말
7II/ 7II/ 4/ 6 **653**	漢江投石	한:강투석	한강에 아무리 돌을 많이 집어넣어도 메울 수 없다는 뜻으로, 한강에 돌 던지기 ①아무리 도와도 보람이 없는 것 ②아무리 투자를 하거나 애를 써도 보람이 없음
3II/ 4/ 4II/ 4 **654**	含憤蓄怨	함분축원	분한 마음을 품고 원한을 쌓음
3/ 4II/ 4/ 6 **655**	咸興差使	함흥차사	심부름을 가서 오지 아니하거나 늦게 온 사람을 이르는 말. 조선 태조 이성계가 왕위(王位)를 물려주고 함흥에 있을 때에, 태종이 보낸 차사(差使)를 혹은 죽이고 혹은 잡아 가두어 돌려보내지 아니하였던 데서 유래한다.
6/ 4/ 4II/ 3II **656**	合從連衡	합종연횡	중국 전국시대(戰國時代)의 최강국인 진(秦)과 연(燕)·제(齊)·초(楚)·한(韓)·위(魏)·조(趙)의 6국 사이의 외교 전술. BC 4세기 말 여러 나라를 유세하고 있던 소진(蘇秦)은 우선 연에게, 이어서 다른 5국에게 '진 밑에서 쇠꼬리가 되기보다는 차라리 닭의 머리가 되자'고 설득하여, 6국을 종적(縱的)으로 연합시켜 서쪽의 강대한 진나라와 대결할 공수동맹을 맺도록 하였다. 이것을 합종(合從:從은 縱)이라 한다. 뒤에 위나라 장의(張儀)는 합종은 일시적 허식에 지나지 않으며 진을 섬겨야 한다고, 6국을 돌며 연합할 것을 설득하여 진이 6국과 개별로 횡적 동맹을 맺는 데 성공하였다.
1/ 7/ 7/ 3II **657**	偕老同穴	해로동혈	부부가 한평생을 같이 지내며 같이 늙고, 죽어서는 같이 무덤에 묻힌다는 뜻으로, ① 부부사랑의 굳은 맹세를 뜻함 ② 부부의 금실이 좋아서 함께 늙고 함께 묻힘 유 백년해로(百年偕老): 부부가 되어 한평생을 사이좋게 지내고 즐겁게 함께 늙음

1/ 3II/ 3/ 4II **658**	駭怪罔測	해괴망측	말할 수 없이 괴상(怪狀)하고 야릇함 ㊟ 해괴(駭怪): 매우 괴이하다 놀랄 만큼 괴상하다
4II/ 7/ 1/ 3II **659**	虛心坦懷	허심탄회	마음을 비우고 생각을 터놓음 명랑하고 거리낌이나 숨김이 없는 마음
4II/ 4/ 4II/ 4II **660**	虛張聲勢	허장성세	헛되이 목소리의 기세만 높인다는 뜻으로, 실력이 없으면서도 허세로만 떠벌림
4II/ 4II/ 5II/ 5II **661**	虛虛實實	허허실실	허를 찌르고 실을 꾀하는 계책
3/ 3/ 3II/ 7 **662**	軒軒丈夫	헌헌장부	외모가 준수하고 풍채가 당당한 남자
4II/ 8/ 5/ 3II **663**	賢母良妻	현모양처	어진 어머니이면서 또한 착한 아내 ㊌ 양처현모(良妻賢母)
3II/ 6/ 3II/ 1 **664**	懸頭刺股	현:두자고	상투를 천장에 달아매고, 송곳으로 허벅다리를 찔러서 잠을 깨운다는 뜻으로, 학업(學業)에 매우 힘씀을 이르는 말
3II/ 5/ 7/ 4 **665**	懸河口辯	현:하구변	물이 거침없이 흐르듯 잘하는 말 ㊌ 현하웅변(懸河雄辯) 현하지변(懸河之辯)
3/ 6II/ 3II/ 6II **666**	螢雪之功	형설지공	반딧불, 눈과 함께 하는 노력이라는 뜻으로, 고생을 하면서 부지런하고 꾸준하게 공부하는 자세. 차윤(車胤) 반딧불을 주머니에 담아 그 빛으로, 손강(孫康)은 눈빛에 책을 비추어 글을 읽었다. ㊟ 형설(螢雪) ㊌ 형창설안(螢窓雪案)
4II/ 7II/ 6/ 2 **667**	好事多魔	호:사다마	좋은 일에는 흔히 방해되는 일이 많음 또는 그런 일이 많이 생김
4II/ 6/ 4II/ 7II **668**	好衣好食	호:의호식	좋은 옷을 입고 좋은 음식을 먹음 ㊌금의옥식(錦衣玉食) ㊙ 악의악식(惡衣惡食)
3II/ 8/ 3II/ 8 **669**	呼父呼兄	호부호형	아버지를 아버지라고 부르고 형을 형이라고 부름. 그러나 서자(庶子)들은 같은 아버지 밑에서 태어났지만 아버지를 아버지라 부르지 못하고 형을 형이라 부르지 못했지요. 홍길동이 집을 떠나면서 "아버지를 아버지라 부르지 못하고 형을 형이라 부르지 못하니 제가 어찌 떠나지 않을 수 있겠습니까?"
4II/ 8/ 4II/ 8 **670**	呼兄呼弟	호형호제	서로 형이니 아우니 하고 부른다는 뜻으로, 매우 가까운 친구로 지냄을 일컫는 말 ㊌ 왈형왈제 (曰兄曰弟)
1/ 4II/ 3II/ 4 **671**	狐假虎威	호가호위	여우가 호랑이의 위세를 빌려 호기를 부린다는 뜻으로, 남의 권세를 빌려 위세를 부림의 비유
2/ 7/ 3/ 4II **672**	昊天罔極	호:천망극	어버이의 은혜가 하늘같이 넓고 커서 다함이 없음《제사 때 축문(祝文)에 씀》 욕보심은 호천망극(欲報深恩 昊天罔極): 깊은 은혜를 갚고자 하나 하늘처럼 넓고 커서 다함이 없음
3II/ 6/ 4II/ 3II **673**	虎死留皮	호:사유피	호랑이는 죽어서 가죽을 남긴다는 뜻으로, 사람은 죽어서 명예를 남겨야 함을 이르는 말 ㊌ 표사유피(豹死留皮) 인사유명(人死留名)
3II/ 4II/ 1/ 1 **674**	虎視眈眈	호:시탐탐	범이 먹이를 노린다는 뜻으로, ① 기회(機會)를 노리며 형세를 살핌을 비유하는 말 ② 날카로운 눈으로 가만히 기회를 노려보고 있는 모양
3II/ 7/ 3II/ 7II **675**	浩然之氣	호:연지기	① 하늘과 땅 사이에 가득 찬 넓고 큰 원기(元氣) ② 도의에 뿌리를 박고 공명정대하여 조금도 부끄러울 바 없는 도덕적 용기 ③ 사물에서 해방되어 자유스럽고 유쾌한 마음 호기(浩氣)
1/ 7/ 3II/ 3II **676**	糊口之策	호구지책	겨우 먹고 살아가는 방책 ㊌ 호구책(糊口策) 호구지계(糊口之計)
3II/ 7II/ 1/ 8 **677**	惑世誣民	혹세무민	세상을 어지럽히고 세상 사람을 미혹하게 하여 속임
3/ 6/ 3/ 6 **678**	昏定晨省	혼정신성	밤에는 부모의 잠자리를 보아 드리고 이른 아침에는 부모의 밤새 안부를 묻는다는 뜻으로, 부모를 잘 섬기고 효성을 다함을 이르는 말 ㊟ 정성(定省)
1/ 7/ 8/ 5 **679**	渾然一致	혼:연일치	의견이나 주장 따위가 완전히 하나로 일치함 ㊐ 혼연일체(渾然一體): 생각·행동·의지 따위가 완전히 하나가 됨
3II/ 4II/ 1/ 4 **680**	魂飛魄散	혼비백산	혼백이 이리저리 날아 흩어진다는 뜻으로, 몹시 놀라 넋을 잃음을 이르는 말

4/ 3Ⅱ/ 4/ 6Ⅱ **681**	紅爐點雪	홍로점설	홍로상일점설(紅爐上一點雪): ① 빨갛게 달아오른 화로 위의 눈 한 송이라는 뜻으로, 큰일을 하는 데 작은 힘은 아무 도움이 되지 않음을 이르는 말 ② 사욕(私慾)이나 의혹이 일시에 꺼져 없어짐을 이르는 말
7/ 6/ 8/ 7 **682**	花朝月夕	화조월석	① 꽃 피는 아침과 달 밝은 저녁이라는 뜻으로, 경치가 좋은 시절을 이르는 말 ② 음력 2월 보름과 8월 보름을 이르는 말
4/ 1/ 3Ⅱ/ 3Ⅱ **683**	華胥之夢	화서지몽	중국 전설상의 임금인 황제(黃帝)가 화서(華胥)라는 나라에 갔던 꿈으로, 좋은 꿈을 이르는 말 참 화서지국(華胥之國): 잘 다스려진 태평한 나라
6/ 4/ 4/ 1 **684**	畵龍點睛	화:룡점정	용을 그릴 때 마지막에 눈을 그려 완성시킨다는 뜻으로, 가장 중요한 부분을 완성시킴을 이르는 말 특급 畵(그림 화)
6/ 3Ⅱ/ 3/ 7 **685**	畵蛇添足	화:사첨족	뱀을 그리는데 없는 발까지 그려 넣었다는 뜻으로, 쓸데없는 군일을 하여 도리어 실패함을 이르는 말 준 사족(蛇足)
6/ 8/ 3Ⅱ/ 1 **686**	畵中之餠	화:중지병	그림 속의 떡이란 뜻으로, ① 바라만 보았지 소용이 닿지 않음을 비유한 말 ② 보기만 했지 실제로 얻을 수 없음 준 화병(畵餠)
4Ⅱ/ 5/ 7Ⅱ/ 7Ⅱ **687**	確固不動	확고부동	확고하여 흔들리거나 움직이지 않음 유 확고불발(確固不拔)
5/ 4Ⅱ/ 5Ⅱ/ 1 **688**	患難相恤	환:난상휼	향약의 네 가지 덕목 가운데 하나 《어려운 일이 생겼을 때 서로 도와줌》 유 환난상구(患難相救)
3Ⅱ/ 4/ 3Ⅱ/ 2 **689**	換骨奪胎	환:골탈태	① 뼈대를 바꾸어 끼고 태를 바꾸어 쓴다는 뜻으로, 고인의 시문의 형식을 바꾸어서 그 짜임새와 수법이 먼저 것보다 잘되게 함을 이르는 말. ② 사람이 보다 나은 방향으로 변하여 전혀 딴사람처럼 됨 준 탈태(奪胎) 환골(換骨) 환탈(換奪)
1/ 3Ⅱ/ 4/ 5Ⅱ **690**	鰥寡孤獨	환과고독	① 늙어서 아내 없는 사람, 늙어서 남편 없는 사람, 어려서 어버이 없는 사람, 늙어서 자식 없는 사람을 아울러 이르는 말 ② 외롭고 의지할 데 없는 처지
3Ⅱ/ 3Ⅱ/ 5/ 특Ⅱ **691**	荒唐無稽	황당무계	허황(虛荒)되고 근거(根據)가 없다. 말이나 행동이 터무니없고 근거가 없음 유 황탄무계(荒誕無稽)하다. 특Ⅱ 稽(머무를/ 상고할 계)
6Ⅱ/ 6/ 6/ 4 **692**	會者定離	회:자정리	사람은 누구나 만나면 헤어지기 마련이라는 뜻으로, 인생의 무상함을 이르는 말 유 생자필멸(生者必滅): 생명이 있는 것은 반드시 죽음. 성자필쇠(盛者必衰)
3Ⅱ/ 5Ⅱ/ 1/ 5Ⅱ **693**	橫說竪說	횡설수설	조리가 없는 말을 함부로 지껄임 또는 그런 말
7Ⅱ/ 1/ 4Ⅱ/ 6Ⅱ **694**	孝悌忠信	효:제충신	부모에 대한 효도, 형제 사이의 우애, 임금에 대한 충성, 벗 사이의 믿음을 통틀어 이르는 말
7Ⅱ/ 8/ 5/ 3 **695**	後生可畏	후:생가외	젊은 후학들을 두려워할 만하다는 뜻으로, 후진들이 선배들보다 젊고 기력이 좋아, 학문을 닦음에 따라 큰 인물이 될 수 있으므로 가히 두렵다는 말
4/ 3Ⅱ/ 5/ 3Ⅱ **696**	厚顔無恥	후:안무치	뻔뻔스러워 부끄러움이 없음
6/ 3Ⅱ/ 7/ 6Ⅱ **697**	訓蒙字會	훈몽자회	조선 중종 22년(1527)에 최세진이 지은 한자 학습서 3,360자의 한자를 33항목으로 종류별로 모아서 한글로 음과 뜻을 달았다.
4Ⅱ/ 5/ 4Ⅱ/ 3Ⅱ **698**	興亡盛衰	흥망성쇠	흥하고 망함과 성하고 쇠함
4Ⅱ/ 4/ 4Ⅱ/ 7 **699**	興盡悲來	흥:진비래	즐거운 일이 다하면 슬픈 일이 닥쳐온다는 뜻으로, 세상일이 돌고 돌아 순환됨을 가리키는 말
4/ 4Ⅱ/ 3Ⅱ/ 6Ⅱ **700**	喜怒哀樂	희로애락	기쁨과 노여움과 슬픔과 즐거움을 아울러 이르는 말

십간(十干) · 십이지(十二支) · 육십갑자(六十甲子)

2021년도 한국식 연령 기준

1	갑자 甲子	子 쥐	1864년생	158세	1924년생	98세	1984년생	38세
2	을축 乙丑	丑 소	1865년생	157세	1925년생	97세	1985년생	37세
3	병인 丙寅	寅 호랑이	1866년생	156세	1926년생	96세	1986년생	36세
4	정묘 丁卯	卯 토끼	1867년생	155세	1927년생	95세	1987년생	35세
5	무진 戊辰	辰 용	1868년생	154세	1928년생	94세	1988년생	34세
6	기사 己巳	巳 뱀	1869년생	153세	1929년생	93세	1989년생	33세
7	경오 庚午	午 말	1870년생	152세	1930년생	92세	1990년생	32세
8	신미 辛未	未 양	1871년생	151세	1931년생	91세	1991년생	31세
9	임신 壬申	申 원숭이	1872년생	**150세**	1932년생	**90세**	1992년생	**30세**
10	계유 癸酉	酉 닭	1873년생	149세	1933년생	89세	1993년생	29세
11	갑술 甲戌	戌 개	1874년생	148세	1934년생	88세	1994년생	28세
12	을해 乙亥	亥 돼지	1875년생	147세	1935년생	87세	1995년생	27세
13	병자 丙子	子 쥐	1876년생	146세	1936년생	86세	1996년생	26세
14	정축 丁丑	丑 소	1877년생	145세	1937년생	85세	1997년생	25세
15	무인 戊寅	寅 호랑이	1878년생	144세	1938년생	84세	1998년생	24세
16	기묘 己卯	卯 토끼	1879년생	143세	1939년생	83세	1999년생	23세
17	경진 庚辰	辰 용	1880년생	142세	1940년생	82세	2000년생	22세
18	신사 辛巳	巳 뱀	1881년생	141세	1941년생	81세	2001년생	21세
19	임오 壬午	午 말	1882년생	**140세**	1942년생	**80세**	2002년생	**20세**
20	계미 癸未	未 양	1883년생	139세	1943년생	79세	2003년생	19세
21	갑신 甲申	申 원숭이	1884년생	138세	1944년생	78세	2004년생	18세
22	을유 乙酉	酉 닭	1885년생	137세	1945년생	77세	2005년생	17세
23	병술 丙戌	戌 개	1886년생	136세	1946년생	76세	2006년생	16세
24	정해 丁亥	亥 돼지	1887년생	135세	1947년생	75세	2007년생	15세
25	무자 戊子	子 쥐	1888년생	134세	1948년생	74세	2008년생	14세
26	기축 己丑	丑 소	1889년생	133세	1949년생	73세	2009년생	13세
27	경인 庚寅	寅 호랑이	1890년생	132세	1950년생	72세	2010년생	12세
28	신묘 辛卯	卯 토끼	1891년생	131세	1951년생	71세	2011년생	11세
29	임진 壬辰	辰 용	1892년생	**130세**	1952년생	**70세**	2012년생	**10세**
30	계사 癸巳	巳 뱀	1893년생	129세	1953년생	69세	2013년생	9세

31	갑오 甲午	午 말	1894년생	128세	1954년생	68세	2014년생	8세
32	을미 乙未	未 양	1895년생	127세	1955년생	67세	2015년생	7세
33	병신 丙申	申 원숭이	1896년생	126세	1956년생	66세	2016년생	6세
34	정유 丁酉	酉 닭	1897년생	125세	1957년생	65세	2017년생	5세
35	무술 戊戌	戌 개	1898년생	124세	1958년생	64세	2018년생	4세
36	기해 己亥	亥 돼지	1899년생	123세	1959년생	63세	2019년생	3세
37	경자 庚子	子 쥐	1900년생	122세	1960년생	62세	2020년생	2세
38	신축 辛丑	丑 소	1901년생	121세	1961년생	61세	2021년생	1세
39	임인 壬寅	寅 호랑이	1902년생	120세	1962년생	60세	2022년생	0세
40	계묘 癸卯	卯 토끼	1903년생	119세	1963년생	59세	2023년생	-1세
41	갑진 甲辰	辰 용	1904년생	118세	1964년생	58세	2024년생	-2세
42	을사 乙巳	巳 뱀	1905년생	117세	1965년생	57세	2025년생	-3세
43	병오 丙午	午 말	1906년생	116세	1966년생	56세	2026년생	-4세
44	정미 丁未	未 양	1907년생	115세	1967년생	55세	2027년생	-5세
45	무신 戊申	申 원숭이	1908년생	114세	1968년생	54세	2028년생	-6세
46	기유 己酉	酉 닭	1909년생	113세	1969년생	53세	2029년생	-7세
47	경술 庚戌	戌 개	1910년생	112세	1970년생	52세	2030년생	-8세
48	신해 辛亥	亥 돼지	1911년생	111세	1971년생	51세	2031년생	-9세
49	임자 壬子	子 쥐	1912년생	110세	1972년생	50세	2032년생	-10세
50	계축 癸丑	丑 소	1913년생	109세	1973년생	49세	2033년생	-11세
51	갑인 甲寅	寅 호랑이	1914년생	108세	1974년생	48세	2034년생	-12세
52	을묘 乙卯	卯 토끼	1915년생	107세	1975년생	47세	2035년생	-13세
53	병진 丙辰	辰 용	1916년생	106세	1976년생	46세	2036년생	-14세
54	정사 丁巳	巳 뱀	1917년생	105세	1977년생	45세	2037년생	-15세
55	무오 戊午	午 말	1918년생	104세	1978년생	44세	2038년생	-16세
56	기미 己未	未 양	1919년생	103세	1979년생	43세	2039년생	-17세
57	경신 庚申	申 원숭이	1920년생	102세	1980년생	42세	2040년생	-18세
58	신유 辛酉	酉 닭	1921년생	101세	1981년생	41세	2041년생	-19세
59	임술 壬戌	戌 개	1922년생	100세	1982년생	40세	2042년생	-20세
60	계해 癸亥	亥 돼지	1923년생	99세	1983년생	39세	2043년생	-21세

연령에 따른 호칭

나이	한자	한글	뜻
10세	沖年	충년	열 살 안팎의 어린 나이
15세	志學	지학	지학(志學-학문에 뜻을 둠) 학문에 뜻을 둘 나이 (論語)
20세	弱冠	약관	남자에 한해 스물은 관례를 치루어 성인이 되는 나이 (禮記)
30세	而立	이립	모든 기초를 세우는 나이 (論語)
40세	不惑	불혹	세상의 거짓됨에 미혹되지 않을 나이
48세	桑壽	상수	상(桑)자를 십(十)이 네 개와 팔(八)이 하나인 글자로 파자(破字)하여 48세로 봄
50세	知天明	지천명	① 하늘의 뜻을 앎 ② 쉰 살을 달리 이르는 말
60세	耳順	이순	생각하는 것이 원만하여 어떤 일을 들으면 곧 이해가 되는 나이
61세	還甲 華甲 回甲	환갑 화갑 회갑	60갑자(甲子)가 다 지나고 다시 태어난 해의 간지(干支)가 돌아왔음을 의미
62세	進甲	진갑	환갑의 이듬해. 또는 그해의 생일
70세	古稀	고희	두보의 곡강 시에서 유래한 것 종심(從心): 뜻대로 행하여도 어긋나지 않을 나이를 의미
77세	喜壽	희수	희(喜)자를 초서체로 쓰면 그 모양이 七十七을 세로로 써 놓은 것과 비슷한 데서 유래
80세	傘壽	산수	산(傘)자의 팔(八)과 십(十)이 들어 있어 산(傘)에서 유래 중수(中壽): 보통 사람보다 꽤 많은 나이
88세	米壽	미수	米자가 八十八의 합성어에서 유래
90세	卒壽	졸수	卒자의 초서가 九자와 十자가 합성된 것에서 유래
91세	望百	망백	백을 바라본다는 뜻으로, 아흔한 살을 일컫는 말
99세	白壽	백수	白자가 百자에서 위의 한 획을 뺀 것으로 99가 됨에 유래
100세	期頤	기이	백 살의 나이 또는 그 나이의 사람 기이지수(期頤之壽) 상수(上壽): 최상의 수명을 누렸다는 의미

결혼기념일을 나타내는 한자어

주년	한자	한글	선물
1주년	紙婚式	지혼식	종이 제품, 서적류
2주년	藁(綿)婚式	고(면)혼식	밀짚, 면제품
3주년	糖菓婚式	당과혼식	사탕, 과자류
4주년	革婚式	혁혼식	가죽제품
5주년	木婚式	목혼식	목제품
6주년	鐵婚式	철혼식	철제품
7주년	花婚式	화혼식	꽃 선물
8주년	電氣器具婚式	전기기구혼식	전기기구
9주년	陶器婚式	도기혼식	도기류
10주년	錫婚式	석혼식	주석(朱錫), 알루미늄제품
11주년	鋼鐵婚式	강철혼식	강철제품
12주년	麻(絹)婚式	마(견)혼식	마제품, 견제품
13주년	繡婚式	수혼식	레이스
14주년	象牙婚式	상아혼식	상아제품
15주년	銅婚式, 水晶婚式	동혼식, 수정혼식	구리로 된 선물 크리스탈(crystal)제품
20주년	磁器婚式	자기혼식	도자기류
25주년	銀婚式	**은혼식**	**은제품**
30주년	眞珠婚式	진주혼식	진주
35주년	珊瑚婚式	산호혼식	산호
40주년	碧玉婚式	벽옥혼식	사파이어, 모직
45주년	紅玉婚式	홍옥혼식	루비, 명주
50주년	金婚式	**금혼식**	**금제품**
55주년	翡翠婚式	비취혼식, 에메랄드혼식	비취, 에메랄드
60주년	回婚式 金剛石婚式	회혼식 금강석혼식	60년째에 회혼례(回婚禮) 다이아몬드

24방위(方位) / 24절기(節氣)

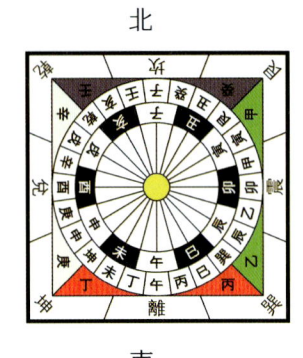

24절기(節氣)

춘(春) 봄	입춘(立春)	양력 2월 4일경	이때부터 봄이 시작됨
	우수(雨水)	양력 2월 18일	봄비가 내리기 시작하는 시기임
	경칩(驚蟄)	양력 3월 5일경	겨울잠을 자던 개구리가 깨어 꿈틀거리기 시작함
	춘분(春分)	양력 3월 21일	밤낮의 길이가 같음
	청명(淸明)	양력 4월 5일경	천지가 상쾌하게 맑은 공기로 가득 찬다는 시기
	곡우(穀雨)	양력 4월 20일경	봄비가 내려서 온갖 곡식을 기름지게 한다는 시기
하(夏) 여름	입하(立夏)	양력 5월 5일경	이때부터 여름이 시작됨
	소만(小滿)	양력 5월 21일경	만물이 점차 생장(生長)하여 가득 찬다.
	망종(芒種)	양력 6월 6일경	보리는 익어 먹게 되고 모를 심게 됨
	하지(夏至)	양력 6월 21일경	북반구에서는 낮이 가장 길고 밤이 가장 짧음
	소서(小暑)	양력 7월 7일경	이때부터 본격적인 무더위가 시작됨
	대서(大暑)	양력 7월 23일경	일 년 중 가장 무더운 시기임
추(秋) 가을	입추(立秋)	양력 8월 8일경	이때부터 가을이 시작됨
	처서(處暑)	양력 8월 23일경	이 시기부터 더위가 수그러지기 시작한다 함
	백로(白露)	양력 9월 8일경	이 무렵에 이슬이 내리며 가을 기운이 느껴짐
	추분(秋分)	양력 9월 23일경	해가 추분점에 이르러 낮과 밤의 길이가 같아짐
	한로(寒露)	양력 10월 8일경	이 시기부터 찬 이슬이 내리기 시작한다고 함
	상강(霜降)	양력 10월 24일경	서리가 내리기 시작할 무렵
동(冬) 겨울	입동(立冬)	양력 11월 7일경	이때부터 겨울이 시작됨
	소설(小雪)	양력 11월 22일경	이 무렵부터 눈이 내리기 시작함
	대설(大雪)	양력 12월 7일경	이 무렵에 눈이 가장 많이 내린다고 함
	동지(冬至)	양력 12월 22일경	북반구에서는 일 년 중 낮이 가장 짧고 밤이 가장 길다.
	소한(小寒)	양력 1월 6일경	이 무렵부터 겨울 추위가 시작된다고 함
	대한(大寒)	양력 1월 20일경	한 해의 가장 추운 때임

한국의 성씨(姓氏)와 본관(本貫)

성 씨	인구 순위	인구가 많은 본관 100
김(金)	1,069만명 (21.5%)	△김해(金海) 446만명 9.0% △경주(慶州) 180만명 △광산(光山) 93만명 △김녕(金寧) △안동(安東金氏, 구(舊)) △의성(義城) △김해(金海법흥) △김해(金海사성) △강릉(江陵) △선산(善山) △청풍(淸風) △삼척(三陟) △연안(延安)
이(李)	731만명 (14.7%)	△전주(全州) 263만명(5.3%) △경주(慶州) (139만명) △성주(星州) △광주(廣州) △연안(延安) △한산(韓山) △전의(全義) △함평(咸平) △합천(陜川) △영천(永川) △벽진(碧珍) △고성(固城)
박(朴)	419만명 (8.4%)	△밀양(密陽) 310만명(6.2%) △반남(潘南) △함양(咸陽) △순천(順天) △무안(務安)
최(崔)	233만명 (4.7%)	△경주(慶州) (95만명) △전주(全州) △해주(海州) △강릉(江陵)
정(鄭)	215만명 (4.3%)	△동래(東萊) △경주(慶州) △진주(晋州) △연일(延日) △하동(河東) △나주(羅州) △초계(草溪)
강(姜)	118만명(2.4%)	△진주(晋州) (97만명)
조(趙)	106만명(2.1%)	△한양(趙氏) △함안(趙氏) △풍양(趙氏)
윤(尹)	102만명(2.1%)	△파평(坡平)
장(張)	99만명(2.0%)	△인동(仁同) △안동(安東)
임(林)	82만명(1.7%)	△나주(林氏) △평택(林氏)

△청주 한씨(淸州 韓氏)　△안동 권씨(安東 權氏)　△평산 신씨(平山 申氏)　△고령 신씨(高靈 申氏)
△순흥 안씨(順興 安氏)　△달성 서씨(達城 徐氏)　△이천 서씨(利川 徐氏)　△해주 오씨(海州 吳氏)
△남양 홍씨(南陽 洪氏)　△남평 문씨(南平 文氏)　△창녕 조씨(昌寧 曺氏)　△제주 고씨(濟州 高氏)
△수원 백씨(水原 白氏)　△문화 류씨(文化 柳氏)　△밀양 손씨(密陽 孫氏)　△경주 손씨(慶州 孫氏)
△창원 황씨(昌原 黃氏)　△여산 송씨(礪山 宋氏)　△은진 송씨(恩津 宋氏)　△남원 양씨(南原 梁氏)
△제주 양씨(濟州 梁氏)　△청송 심씨(靑松 沈氏)　△강릉 유씨(江陵 劉氏)　△창녕 성씨(昌寧 成氏)
△단양 우씨(丹陽 禹氏)　△연안 차씨(延安 車氏)　△의령 남씨(宜寧 南氏)　△신안 주씨(新安 朱氏)
△장수 황씨(長水 黃氏)　△평해 황씨(平海 黃氏)　△여흥 민씨(驪興 閔氏)　△정선 전씨(旌善 全氏)
△천안 전씨(天安 全氏)　△현풍 곽씨(玄風 郭氏)　△양천 허씨(陽川 許氏)　△김해 허씨(金海 許氏)
△담양 전씨(潭陽 田氏)　△영월 엄씨(寧越 嚴氏)　△진주 하씨(晋州 河氏)　△능성 구씨(綾城 具氏)
△충주 지씨(忠州 池氏)　△기계 유씨(杞溪 兪氏)　△원주 원씨(原州 元氏)　△나주 나씨(羅州 羅氏)
△풍천 임씨(豊川 任氏)　△여양 진씨(驪陽 陳氏)　△성주 배씨(星州 裵氏)　△영산 신씨(靈山 辛氏)
△나주 정씨(羅州 丁氏)

성씨 가나다 순서	인구 순위	인구수
가(賈)	112위	9,936명
간(簡)	140위	2,520명
갈(葛)	145위	2,086명
감(甘)	123위	6,024명
강(姜)	006위	1,176,847명
강(康)	057위	91,625명
견(甄)	151위	1,251명
경(慶)	105위	13,012명
경(景)	132위	3,923명
계(桂)	118위	6,636명
고(高)	022위	471,396명
공(孔)	056위	91,869명
곽(郭)	036위	203,188명
구(具)	041위	193,080명
구(丘)	101위	15,382명
국(鞠)	095위	20,547명
권(權)	015위	705,941명
금(琴)	085위	25,432명
기(奇)	081위	28,829명
길(吉)	074위	38,173명
김(金)	001위	10,689,959명
나(羅)	048위	160,946명
라(羅)	083위	25,960명
남(南)	031위	275,648명
남궁(南宮)	093위	21,308명
노(盧)	033위	256,229명

성씨 가나다 순서	인구 순위	인구수
노(魯)	066위	58,698명
단(段)	148위	1,612명
당(唐)	152위	1,146명
도(都)	067위	56,850명
도(陶)	153위	1,037명
동(董)	128위	5,462명
두(杜)	121위	6,428명
마(馬)	073위	38,949명
맹(孟)	089위	22,028명
명(明)	080위	29,110명
모(牟)	091위	21,534명
목(睦)	115위	8,848명
문(文)	023위	464,040명
민(閔)	045위	171,740명
박(朴)	003위	4,192,074명
반(潘)	082위	28,062명
방(方)	055위	94,831명
방(房)	077위	33,520명
배(裵)	026위	400,641명
백(白)	028위	381,986명
범(范)	133위	3,826명
변(卞)	060위	78,156명
변(邊)	063위	60,633명
복(卜)	113위	9,538명
봉(奉)	106위	12,927명
부(夫)	110위	10,536명

성씨 가나다 순서	인구 순위	인구수
빈(賓)	127위	5,593명
사(史)	109위	10,730명
사공(司空)	130위	4,476명
상(尙)	142위	2,376명
서(徐)	013위	751,704명
서문(西門)	146위	2,028명
석(石)	070위	49,203명
석(昔)	108위	11,355명
선(宣)	071위	42,733명
선우(鮮于)	135위	3,588명
설(薛)	072위	42,646명
설(偰)	137위	2,937명
성(成)	037위	199,124명
소(蘇)	068위	52,427명
소(邵)	150위	1,309명
손(孫)	025위	457,303명
송(宋)	018위	683,494명
승(承)	139위	2,619명
시(施)	143위	2,235명
시(柴)	144위	2,114명
신(申)	014위	741,081명
신(辛)	042위	192,877명
신(愼)	069위	51,865명
심(沈)	032위	271,749명
안(安)	017위	685,639명
양(梁)	024위	460,600명

성씨 가나다 순서	인구 순위	인구수
양(楊)	062위	69,101명
어(魚)	098위	18,849명
엄(嚴)	051위	144,425명
여(呂)	064위	60,522명
여(余)	096위	20,134명
연(延)	076위	34,766명
염(廉)	061위	69,387명
예(芮)	104위	13,568명
오(吳)	012위	763,281명
옥(玉)	086위	25,107명
온(溫)	129위	5,418명
왕(王)	084위	25,565명
용(龍)	102위	15,276명
우(禹)	040위	194,713명
원(元)	053위	129,522명
위(魏)	078위	31,342명
유(柳)	021위	478,990명
류(柳)	047위	163,703명
유(劉)	030위	302,511명
유(俞)	046위	167,927명
유(庾)	103위	13,868명
육(陸)	087위	23,455명
윤(尹)	008위	1,020,547명
은(殷)	099위	16,894명
음(陰)	126위	5,604명
이(李)	002위	7,306,828명

성씨 가나다 순서	인구 순위	인구수
인(印)	088위	22,363명
임(林)	010위	823,921명
임(任)	043위	191,261명
장(張)	009위	992,721명
장(蔣)	092위	21,508명
장(章)	124위	5,764명
전(全)	019위	559,110명
전(田)	044위	186,469명
전(錢)	134위	3,678명
정(鄭)	005위	2,151,879명
정(丁)	034위	243,803명
정(程)	107위	11,683명
제(諸)	090위	21,976명
제갈(諸葛)	125위	5,655명
조(趙)	007위	1,055,567명
조(曺)	027위	398,260명
좌(左)	136위	3,378명
주(周)	075위	37,240명
주(朱)	039위	194,766명
지(池)	050위	153,491명
지(智)	122위	6,070명
진(陳)	049위	157,599명
진(秦)	097위	19,301명
진(晋)	116위	7,566명
진(陣)	147위	1,740명
차(車)	038위	194,782명

성씨 가나다 순서	인구 순위	인구수
채(蔡)	052위	131,557명
천(千)	054위	121,780명
최(崔)	004위	2,333,927명
최(催)	119위	6,582명
추(秋)	065위	60,483명
탁(卓)	094위	21,099명
태(太)	114위	9,063명
팽(彭)	138위	2,935명
편(片)	100위	16,689명
표(表)	079위	30,743명
피(皮)	120위	6,578명
하(河)	035위	230,481명
하(夏)	141위	2,475명
한(韓)	011위	773,404명
함(咸)	059위	80,659명
허(許)	029위	326,770명
현(玄)	058위	88,824명
형(邢)	117위	7,239명
호(扈)	131위	4,340명
호(胡)	149위	1,494명
홍(洪)	020위	558,853명
황(黃)	016위	697,171명
황보(皇甫)	111위	10,383명
기타 성씨	기타	123,516명

2015년도 통계청 자료를 기준으로 작성

인명용 한자 조회   가나다 순서 형성자끼리 8,636자

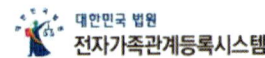
https://efamily.scourt.go.kr/cs/CsBltnWrtList.do?bltnbordId=0000010

가 44자												감 36자		
可	옳을	가	駕	멍에	가	慤	삼갈/성실할 慤의 本字	각	偘	강직할 侃과 同字	간	甘	달 고(苦)	감
呵	꾸짖을	가	佳	아름다울	가	愨	정성/삼갈	각	姦	간음할	간	泔	뜨물	감
坷	험할	가	街	거리	가	推	칠/두드릴	각	看	볼/돌볼	간	坩	도가니	감
苛	매울	가	家	집	가	覺	깨달을	각	柬	가릴/편지	간	邯	땅 이름│ 趙나라 서울	감/한
茄	매울/가혹할	가	嫁	시집갈	가	간 38자			揀	가릴/가려 뽑을	간	柑	귤/감자나무	감
柯	자루/가지	가	稼	심을	가	干	방패	간	諫	간할 잘못된 일을 고치도록 말하다	간	疳	감질	감
珂	옥 이름	가	假	거짓	가	刊	새길/책 펴낼	간	間	사이/틈	간	紺	감색 검읏빛을 띤 푸른빛	감
哥	노래/ 성(姓)/형	가	暇	틈/겨를	가	奸	간사할/범할	간	澗	산골 물	간	嵌	끼울/산골짜기	감
歌	노래	가	葭	갈대	가	忏	방해할	간	磵	계곡의 시내	간	酣	흥겨울/술 즐길	감
謌	노래 歌와 同字	가	嘏	클	하/가	肝	간/간장(肝臟)	간	癎	간기/간질 癇과 同字	간	坎	구덩이	감
舸	큰 배	가	斝	술잔/옥잔	가	杆	몽둥이/나무 이름	간	癇	간질(癇疾)	간	欿	바랄	감
軻	수레/사람이름	가	賈	성(姓)│장사	가/고	桿	막대	간	簡	대쪽/간략할	간	玲	옥 이름│옥	감/람
訶	꾸짖을 呵와 同字	가	價	값	가	玕	옥돌	간	慳	아낄	간	弇	사람 이름	감
加	더할	가	榎	개오동나무	가	迁	구할	간	갈 16자			龕	감실	감
伽	절	가	檟	개오동나무	가	矸	산 돌│깨끗한	간/안	堨	땅 이름	갈	淦	물 이름/배에 괸 물	감
迦	땅 이름	가	각 18자			秆	짚	간	曷	어찌	갈	埳	구덩이	감
茄	연 줄기	가	各	각각	각	竿	장대/낚싯대	간	渴	목마를	갈	欲	서운할/시름겨울	감
苆	연 줄기/가지	가	恪	삼갈	각	衎	즐길/곧을	간	喝	꾸짖을	갈	勘	헤아릴	감
架	시렁 가로지른 긴 나무	가	咯	토할	각	栞	표할/도표(道標)	간	葛	칡	갈	堪	견딜	감
迦	막을/부처이름	가	閣	집/누각/내각(內閣)	각	赶	달릴	간	蕠	칡	갈	嶔	험준할	감
枷	칼/도리깨	가	擱	놓을	각	程	짚/볏짚	간	楬	푯말	갈	戡	칠	감
珈	머리꾸미개	가	角	뿔	각	幹	줄기	간	竭	다할	갈	減	덜	감
哿	좋을/가할	가	埆	메마를	각	榦	줄기 幹과 通字	간	褐	갈색/굵은베	갈	感	느낄	감
痂	헌데 딱지	가	桷	서까래	각	艮	괘 이름/그칠/어긋날	간	碣	비석	갈	憾	한할/섭섭할	감
耞	도리깨	가	却	물리칠	각	茛	독초이름	간	羯	불깐 흑 양	갈	撼	흔들	감
袈	가사	가	卻	물리칠	각	懇	정성/간절할	간	蝎	나무좀	갈	轗	가기 힘들	감
笳	갈잎 피리	가	脚	다리	각	墾	따비할/개간할	간	噶	맹세할/벼슬 이름	갈	敢	감히/용감/구태여	감
跏	책상다리할	가	刻	새길	각	艱	어려울	간	鞨	말갈(靺鞨)	갈	澉	씻을	감
嘉	아름다울	가	珏	쌍옥	각	齦	깨물	간	蠍	전갈	갈	橄	감람나무	감
			殼	껍질	각	侃	굳셀/강직할	간	秸	볏짚	갈			

- 404 -

인명용 한자 조회 가나다 순서 형성자끼리 8,636자 (2/61)

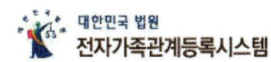

https://efamily.scourt.go.kr/cs/CsBltnWrtList.do?bltnbordId=0000010

憨	어리석을 감	崗	언덕 岡의 俗字 강	櫃	참죽나무/ 나무 이름 강	開	열 개	苣	상추 거
瞰	굽어볼 감	剛	굳셀 강	殭	굳어질 강	愾	성낼 개	秬	찰기장 거
矙	엿볼 감	堈	독/ 항아리 강	薑	생강 강	慨	슬퍼할/ 분개할 개	距	떨어질/ 상거할 거
監	볼/ 살필/ 벼슬 감	綱	벼리 그물의 위쪽 굵은 줄 강	薑	생강 강	漑	물 댈 개	渠	도랑/ 개천 거
鑑	거울/ 본보기 감	鋼	강철 강	疆	지경(地境) 강	槪	대개(大槪) 대강(大綱) 개	蕖	연꽃 거
鑒	거울 鑑과 同字 감	降	내릴ㅣ 항복할 강/항	韁	고삐 강	槩	평미레 槪와 同字 개	鉅	클/강할 거
鹻	소금기 감	絳	진홍 강	**개 29자**		**객 2자**		駏	버새 수말과 노새 사이의 잡종 거
갑 6자		踉	세울 강	介	낄 개	客	손 객	車	수레ㅣ 수레/성(姓) 거/차
甲	갑옷/ 첫째 천간 갑	罡	별 이름/ 북두칠성 강	价	클/ 착할/ 심부름꾼 개	喀	토할 객	居	살 거
匣	갑 갑	鏗	굳셀 강	玠	큰 홀(笏) 개	**갱 7자**		倨	거만할 거
岬	곶(串)/ 산허리 갑	強	강할/ 굳셀 ㅡ 弱 강	芥	겨자 개	坑	구덩이 갱	據	일할/ 근거 據의 간체자 거
胛	어깨뼈 갑	强	강할/ 굳셀 強의 俗字 강	芥	겨자 개	更	다시ㅣ 고칠 갱/경	腒	날짐승 포/ 말린 새고기 거
鉀	갑옷 갑	繈	포대기 강	疥	옴 개	粳	메벼 갱	裾	옷자락 거
閘	물문/ 수문 갑	襁	포대기 강	匃	빌/ 구걸할 개	硜	돌 소리 갱	踞	웅크릴/ 걸어앉을 거
강 51자		襁	포대기 강	改	고칠 개	賡	이을 갱	鋸	톱 거
江	강 강	鏹	돈/ 돈꿰미 강	皆	다 개	鏗	금옥 소리 갱	莒	감자 거
扛	들 강	鐹	돈/ 돈꿰미 강	揩	닦을/ 문지를 개	羹	국 갱	筥	광주리 거
杠	깃대 강	康	편안 강	個	낱 개	**갹 1자**		據	근거/ 의거할 거
玒	옥 이름 강	慷	편안할 강	箇	낱 個와 通字 개	醵	추렴할 갹	遽	급히/ 갑자기 거
矼	징검다리 강	慷	슬플/ 강개할 강	豈	개가(凱歌) 어찌 개/기	**거 32자**		蘧	풀이름/ 패랭이꽃 거
舡	오나라 배 강	稴	겨 강	凱	즐길/ 개선(凱旋)할 개	去	갈 거	籧	대자리 거
豇	동부/ 광저기 콩과 덩굴성 식물 강	糠	겨 강	剴	알맞을 개	呿	입 벌릴 거	擧	들 lift 거
茳	천궁모종 (川芎) 강	鱇	아귀 강	塏	높고 건조할 개	胠	겨드랑이 거	**건 24자**	
悾	정성 강	僵	어리석을 강	愷	즐거울 개	袪	떨어 없앨 거	巾	수건 건
腔	속 빌 강	講	욀/ 익힐/ 설명할 강	鎧	갑옷 개	祛	떨어 없앨 거	件	물건/ 사건 건
控	양 갈빗대 강	顜	밝을 강	闓	열 개	袪	소매 거	乾	하늘/ 卦 乾과 同字 건
忼	강개할 강	壃	지경[彊] 강	盖	덮을 蓋의 俗字 개	巨	클 거	乾	하늘↔坤/ 마를↔濕 건
羌	종족 이름 강	僵	쓰러질 강	蓋	덮을 개	拒	막을 거	漧	하늘 乾의 古字 건
姜	성씨/ 생강 薑의 簡體字 강	彊	굳셀 彊과 同字 강	盖	덮을 개	炬	횃불 거	建	세울 건
岡	산등성이 강	壇	지경 강	硲	돌 부딪는 소리 개	昍	밝을 거	建	세울ㅣ 걸어가는 모양 건/율

- 405 -

인명용 한자 조회

가나다 순서 형성자끼리 8,636자

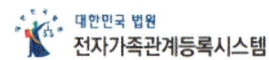

健	굳셀/튼튼할	건	儉	검소할	검	**견**	**20자**		潔	깨끗할	결	肩	빗장	경
揵	멜	건	劍	칼	검	犬	개	견	潔	맑은 물	결	絅	당길/끌어 칠	경
湕	물 이름	건	劒	칼 劍과 同字	검	畎	밭도랑	견	鍥	새길	결	駉	살질/목장	경
楗	문빗장	건	撿	단속할	검	見	볼│뵐	견현	鐬	새길	결	冏	빛날	경
腱	힘줄 밑동	건	檢	검사(檢査)할	검	筧	홈통	견	逞	뛸	결	囧	빛날 冏과 同字	경
犍	불깐 소	건	瞼	눈꺼풀/눈시울	검	肩	어깨	견	結	맺을	결	烱	빛날	경
睷	눈으로 셀	건	**겁**	**5자**		狷	성급할	견	焆	불빛	결	更	고칠│다시	경갱
踺	밟을	건	刦	겁탈할	겁	絹	비단(緋緞)	견	関	마칠/문 닫을	결	哽	목멜	경
鍵	열쇠/자물쇠	건	刧	겁탈할 刦의 俗字	겁	羂	올무	견	**겸**	**18자**		綆	두레박줄	경
鞬	동개 활과 화살을 꽂아 지는 물건	건	劫	위협할	겁	鵑	두견이	견	岭	산이 작고 높을	겸	梗	대개	경
虔	정성/공경할	건	怯	겁낼	겁	牽	끌/이끌	견	拑	입 다물	겸	硬	굳을	경
愆	허물	건	迲	갈/자래[單位]	겁	堅	굳을	견	箝	재갈 먹일	겸	鯁	생선 뼈	경
搴	빼낼	건	**게**	**3자**		鰹	가물치	견	鉗	칼[項鎖]/다물/집게	겸	巠	물줄기	경
褰	걷어 올릴	건	偈	불시(佛詩)	게	遣	보낼	견	黔	강 이름/얕은 금향 빛	겸	俓	지름길	경
蹇	절뚝발이	건	揭	걸/높이 들	게	譴	꾸짖을	견	兼	겸할	겸	涇	찰	경
謇	떠듬거릴	건	憩	쉴/휴식할	게	繾	곡진(曲盡)할: 매우 정성스럽다	견	傔	시중들	겸	剄	목 벨	경
騫	이지러질	건	**격**	**13자**		甄	질그릇	견	慊	찐덥지 않을	겸	勁	굳셀	경
걸	**7자**		挌	칠/두드릴	격	縳	명주(明紬)	견	嶮	산 높고 험한 모양	겸	徑	지름길	경
乞	빌	걸	格	격식(格式)/바로잡을	격	繭	고치	견	嗛	겸손할/모자랄/부족할	겸	逕	통할	경
朅	걸	걸	骼	마른 뼈	격	蠒	고치	견	槏	문설주	겸	脛	정강이	경
杰	뛰어날 傑의 俗字	걸	鬲	막을	격	譑	밝을/덜/정결할	견	蒹	갈대	겸	莖	줄기	경
桀	왜/桀王: 夏왕조 최후의 왕	걸	隔	사이 뜰	격	**결**	**16자**		薕	갈대	겸	莄	줄기	경
傑	뛰어날	걸	膈	흉격(胸膈)	격	決	결단할	결	歉	흉년 들	겸	逕	소로	경
榤	왜 닭이 올라앉는 막대기	걸	覡	박수: 남자 무당	격	抉	도려낼	결	縑	합사 비단	겸	痙	심줄 땅길	경
朅	갈/떠날	걸	轂	부딪칠	격	玦	패옥(佩玉)	결	謙	겸손할	겸	經	지날/글/날[판緯]/다스릴	경
검	**10자**		擊	칠[打]	격	缺	이지러질	결	鎌	낫	겸	輕	가벼울	경
芡	가시연꽃	검	欿	때까치	격	訣	이별할	결	鼸	두더지	겸	頸	목	경
茜	가시연꽃	검	激	격할/물결 부딪칠	격	觖	서운해 할	결	**경**	**87자**		炅	빛날	경
鈐	비녀장/자물쇠	검	檄	격문: 널리 일반에 알려 부추기기 위한 글	격	契	맑을	결	冂	멀/먼데	경	庚	별/일곱째 천간	경
黔	검을	검	闃	고요할	격	潔	깨끗할 潔의 俗字	결	坰	들	경	鶊	꾀꼬리	경

인명용 한자 조회 가나다 순서 형성자끼리 8,636자 (4/61)

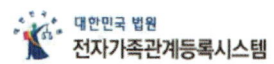

https://efamily.scourt.go.kr/cs/CsBltnWrtList.do?bltnbordId=0000010

慶	경사	경	敬	공경할	경	誡	경계할	계	고	71자		靠	기댈	고
京	서울	경	敬	공경할	경	屆	이를[至]	계	叩	두드릴	고	杲	밝을	고호
京	서울	경	儆	경계할	경	季	계절/ 끝/ 막내	계	尻	꽁무니	고	股	넓적다리	고
倞	굳셀	경	儆	경계할	경	悸	두근거릴	계	古	예/ 옛날	고	羖	검은 암양	고
勍	셀	경	璥	옥 이름	경	癸	북방(北方)/ 열째 천간	계	估	값	고	刳	가를	고
景	볕	경	璥	옥 이름	경	界	지경	계	沽	살/ 팔	고	胯	사타구니	고
暻	밝을	경	擎	들	경	堺	지경	계	姑	시어미 → 婦	고	袴	바지	고
璟	옥빛	경	擎	들	경	計	셀/ 꾀	계	固	굳을	고	孤	외로울	고
璥	옥빛 璟과 同字	경	憼	공경할	경	契	맺을/ 부족 이름/ 사람 이름	계글설	苦	쓸[味覺]	고	呱	울	고
憬	깨달을	경	憼	공경할	경	瘈	미칠	계	苦	쓸[味覺]	고	苽	줄	고
黥	자자(刺字)할/ 묵형(墨刑)	경	檠	도지개	경	禊	계제	계	枯	마를	고	苽	줄	고
鯨	고래	경	檠	도지개 활을 바로잡는 틀	경	桂	계수나무	계	故	옛/ 연고(緣故)	고	菰	향초	고
畊	밭갈	경	橵	도지개	경	烓	화덕	계	牯	암소	고	菰	향초	고
耕	밭갈[犁田]	경	橵	도지개	경	啓	열/ 가르칠/ 인도할	계	罟	그물	고	觚	술잔	고
耿	빛날	경	瞰	밝을	경	棨	창[儀仗]/ 중계[壁柱]	계	涸	얼어붙을	고	庫	곳집	고
褧	홑옷	경	瞰	밝을	경	綮	발 고운 비단	계	詁	주낼	고	羔	새끼 양	고
頃	이랑/ 잠깐	경	警	깨우칠/ 경계할	경	階	섬돌/ 층계/ 계단(階段)	계	辜	허물	고	糕	떡	고
傾	기울	경	警	깨우칠/ 경계할	경	堦	섬돌/ 층계 階와 同字	계	酤	계명주	고	高	높을	고
熲	빛날	경	驚	놀랄	경	溪	시내	계	鈷	다리미	고	橐	볏짚	고
穎	홑옷	경	驚	놀랄	경	磎	시내	계	痼	고질	고	暠	흴	고
竟	다할/ 마침내	경	燛	밝을	경	谿	시내	계	鋦	땜질할	고	槁	마를	고
境	지경	경	磬	경쇠	경	綮	맬/ 매달	계	鴣	자고	고	槀	마를 槁의 本字	고
鏡	거울	경	罄	빌/ 다할	경	雞	닭	계	鹽	염지	고	敲	두드릴	고
競	다툴/ 겨룰	경	謦	기침	경	鷄	닭	계	考	생각할/ 상고(相考)할	고	膏	살찔	고
竸	겨룰 競의 俗字	경	瓊	옥	경	稽	머무를	계	攷	상고할 考의 古字	고	稿	볏짚/ 원고(原稿)	고
悸	근심할	경	계	34자		髻	상투	계	拷	칠	고	篙	상앗대	고
卿	벼슬	경	系	이어 맬	계	薊	삽주/ 엉겅퀴	계	栲	북나무	고	藁	마를	고
卿	벼슬	경	係	맬/ 걸릴	계	罭	물고기 그물	계	告	고할/ 알릴	고	藳	마를	고
煢	근심할/ 외로울	경	戒	경계할	계	繫	맬/ 매달/ 얽어맬	계	郜	나라 이름	고	皐	부르는 소리	고
煢	외로울	경	械	형틀	계	繼	이을	계	誥	고할	고	皋	못	고

인명용 한자 조회   가나다 순서 형성자끼리 8,636자 (5/61)

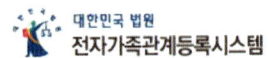
https://efamily.scourt.go.kr/cs/CsBltnWrtList.do?bltnbordId=0000010

翱	날	고	裍	걷어 올릴	곤	攻	칠[擊] 반 守	공	夸	자랑할	과	霍	빠를	곽
鵠	새 이름	고	閫	문지방 (門地枋)	곤	空	빌/ 하늘	공	侉	자랑할	과	藿	콩잎/ 미역	곽
雇	품살	고	齫	이 빠질	곤	控	당길	공	跨	타넘을	과	蘿	콩잎/ 미역	곽
顧	돌아볼	고	坤	땅	곤	倥	어리석을	공	誇	자랑할	과	癨	곽란(癨亂)/ 토악질	곽
賈	값 ㅣ 장사	가 고	昆	형	곤	崆	산 이름	공	銙	대구(帶鉤) 띠쇠/띠고리	과	관	42자	
鼓	북	고	崑	산 이름	곤	箜	공후(箜篌) 하프와 비슷한 현악기	공	果	실과(實果)	과	卝	쌍상투	관
鼔	북 칠	고	崐	곤륜산	곤	恐	두려울	공	菓	과자/ 과일	과	串	곶(바다로 뻗어 나온 곳) 꿸/ 익힐	곶 관
瞽	소경	고	棍	몽둥이	곤	跫	발자국 소리	공	菓	과자/ 과일	과	官	벼슬	관
箍	테	고	琨	옥돌	곤	蛬	메뚜기	공	猓	긴꼬리원숭이	과	涫	끓을	관
睾	불알/ 못	고	緄	띠	곤	鞏	묶을/ 굳을	공	稞	보리	과	琯	옥피리	관
櫜	활집	고	錕	붉은 쇠	곤	貢	바칠	공	窠	보금자리	과	棺	널	관
蠱	뱃속벌레/ 고혹(蠱惑)	고	鯤	곤어/ 곤이	곤	槓	지렛대	공	課	공부할/과정 매길[賦課]	과	菅	골풀/ 왕골	관
곡	12자		鶤	댓닭	곤	贛	줄	공	顆	낟알	과	管	대롱/ 피리 관리(管理)	관
曲	굽을	곡	袞	곤룡포	곤	釭	살촉	공	夥	많을	과	綰	얽을	관
谷	골	곡	衮	곤룡포	곤	孔	구멍/ 공자(孔子)	공	踝	복사뼈	과	輨	줏대	관
哭	울	곡	滾	넘쳐흐를	곤	公	공평할	공	裹	쌀	과	錧	비녀장	관
斛	휘/ 열 말[十斗]	곡	堃	땅 坤과 同字	곤	蚣	지네	공	騍	암말	과	館	집/ 객사(客舍)	관
槲	떡갈나무	곡	髠	머리 깎을	곤	共	한가지/ 함께	공	科	과정	과	舘	집/ 객사 館의 略字	관
梏	쇠고랑	곡	褌	잠방이	곤	供	이바지할	공	蝌	올챙이	과	冠	갓	관
鵠	고니	곡	鵾	댓닭/ 싸움닭	곤	恭	공손할	공	堝	도가니	과	貫	꿸	관
嚳	고할	곡	골	6자		拱	팔짱 낄/ 두 손 맞잡을	공	過	지날	과	慣	익숙할/ 버릇	관
穀	곡식	곡	汩	빠질	골	珙	큰 옥	공	撾	칠/ 북채	과	梡	도마 ㅣ 도마	관 완
縠	주름 비단	곡	骨	뼈	골	栱	두공(枓栱)	공	鍋	노구솥	과	筦	피리	관
觳	뿔잔/ 곱송그릴	곡	滑	익살스러울 ㅣ 미끄러울	골 활	蛬	귀뚜라미	공	寡	적을	과	款	항목(項目)/ 정성	관
轂	수레바퀴	곡	搰	팔	골	龔	공손할	공	곽	9자		窾	빌	관
곤	24자		榾	등걸	골	곶	1자		郭	둘레/ 외성 성씨(姓氏)	곽	祼	강신제 (降神祭)	관
困	곤할	곤	鶻	송골매	골	串	곶(바다로 뻗어 나온 곳) 꿸/ 익힐	곶 관	廓	둘레	곽	寛	너그러울	관
悃	정성	곤	공	27자		과	26자		槨	덧널/ 외관 槨과 同字	곽	寬	너그러울	관
捆	두드릴	곤	工	장인(匠人)	공	戈	창	과	椁	덧널/ 외관(外棺)	곽	寬	너그러울	관
梱	문지방 (門地枋)	곤	功	공[勳] 반 過	공	瓜	오이	과	鞟	무두질한 가죽	곽	髖	허리뼈	관

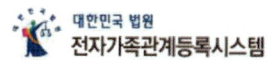

인명용 한자 조회 가나다 순서 형성자끼리 8,636자 (6/61)
https://efamily.scourt.go.kr/cs/CsBltnWrtList.do?bltnbordId=0000010

盥	대야	관	炗	햇빛 뜨거울/光의 俗字	광	罣	걸	괘	轟	울릴/수레소리	굉	蕎	메밀	교
雚	황새	관	映	햇볕 뜨거울	광	罫	줄/그물눈	괘	교	47자		蕎	메밀	교
灌	물댈	관	侊	성할	광	詿	그르칠	괘	巧	공교할	교	橋	다리	교
灌	물댈	관	洸	물 솟을	광	咼	입 비뚤어질	괘	交	사귈	교	矯	바로잡을	교
瓘	옥 이름	관	珖	옥피리	광	괴	15자		佼	예쁠	교	轎	가마	교
瓘	옥 이름	관	桄	광랑나무	광	怪	괴이(怪異)할	괴	郊	들[野]/성 밖	교	蹻	발돋움할	교
爟	봉화	관	胱	오줌통	광	拐	속일/후릴	괴	咬	새소리/물	교	趫	재빠를	교
罐	두레박	관	硄	돌 소리	광	乖	어그러질	괴	姣	예쁠	교	驕	교만할	교
罐	두레박	관	茪	결명차(決明茶)	광	傀	클/허수아비	괴	狡	교활할	교	鄗	땅 이름/산 이름	호/교
鑵	두레박	관	絖	고운 솜	광	塊	흙덩이	괴	校	학교	교	榷	외나무다리	교
鑵	두레박	관	匡	바룰	광	愧	부끄러울	괴	晈	달빛	교	暞	밝을	교
觀	볼	관	恇	겁낼	광	媿	창피 줄/부끄러울	괴	皎	달 밝을	교	嘐	닭 울	교
觀	볼	관	框	문테	광	槐	회화나무	괴	絞	목맬	교	膠	아교	교
顴	광대뼈	관	筐	광주리	광	瑰	구슬 이름	괴	蛟	교룡(蛟龍)	교	翹	우뚝할/꼬리 긴 깃털	교
顴	광대뼈	관	誆	속일/게으를	광	魁	으뜸/괴수	괴	較	견줄/비교할	교	噱	웃는 소리	교
鸛	황새	관	狂	미칠	광	蒯	황모(黃茅)그령/기름새	괴	鉸	가위	교	嗷	부르짖을	교
關	관계할/빗장/관문	관	誑	속일/기만(欺瞞)할	광	瓌	구슬 이름	괴	餃	교자(만두)경단(瓊團)	교	磽	자갈 땅/메마른 땅	교
괄	10자		広	넓을	광	廥	여물 광	괴	骹	발회목	교	嚙	깨물	교
佸	이를/힘쓸	괄	廣	넓을	광	繪	띠 매듭	괴	鵁	해오라기	교	攪	흔들/어지러울	교
刮	긁을/깎을	괄	壙	광/뫼 구덩이	광	壞	무너질	괴	鮫	상어	교	구	105자	
括	묶을	괄	獷	사나울	광	괵	1자		齩	깨물	교	九	아홉	구
适	빠를	괄	曠	밝을	광	馘	귀 벨	괵	敎	가르칠	교	仇	원수	구
栝	노송나무	괄	爌	불빛 환할	광	굉	08자		敎	본받을 敎의 俗字	교	厹	세모창	구
筈	하눌타리	괄	纊	솜	광	宏	클	굉	窖	움	교	咎	소리 높일	구
聒	떠들썩할	괄	鑛	쇳돌	광	浤	용솟음할	굉	喬	높을	교	究	연구할/궁구할	구
髺	머리 묶을	괄	磺	쇳돌/유황	광	紘	갓끈/벼리/굵은 밧줄	굉	僑	더부살이	교	鳩	비둘기	구
鴰	재두루미	괄	괘	7자		肱	팔뚝	굉	撟	들	교	口	입	구
恝	여유가 없을	괄	卦	걸/점괘(占卦)	괘	閎	마을 문	굉	憍	교만할	교	扣	두드릴	구
광	27자		挂	그림족자	괘	訇	큰소리	굉	嬌	아리따울	교	咎	허물	구
光	빛	광	掛	걸	괘	觵	뿔잔	굉	嶠	뾰족하게 높을	교	釦	금테 두를	구

- 409 -

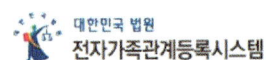

인명용 한자 조회 가나다 순서 형성자끼리 8,636자 (7/61)

https://efamily.scourt.go.kr/cs/CsBltnWrtList.do?bltnbordId=0000010

久	오랠	구	舅	시아비	구	購	살	구	懼	두려워할	구	屈	8자
玖	옥돌	구	舊	예	구	覯	만날	구	戵	창	구	屈	굽힐/ 굽을	굴
灸	뜸	구	舊	예 新	구	構	깍지	구	癯	여윌	구	倔	고집 셀	굴
疚	오랜 병	구	匶	널	구	寇	도둑	구	衢	네거리	구	崛	우뚝 솟을	굴
柩	널	구	求	구할	구	區	구분할/ 지경/ 행정구역	구	鸜	구관조	구	淈	흐릴	굴
勾	굽을	구	俅	공손할	구	傴	구부릴	구	國	14자		堀	굴/ 팔	굴
句	글귀	구/귀	捄	담을	구	歐	칠/ 구라파(Europe)	구	局	판[形局]/ 부분/ 관청	국	掘	팔	굴
佝	꼽추	구	救	구원할/ 건질/ 돕다	구	嘔	게울/ 구토(嘔吐)	구	跼	구부릴	국	窟	굴	굴
劬	수고로울	구	球	공	구	嶇	험할/ 산 가파를	구	匊	움켜 뜰	국	詘	굽힐	굴
拘	잡을	구	逑	짝	구	嫗	할미	구	掬	움킬	국	宮	8자
狗	개	구	毬	공	구	搆	끌	구	菊	국화	국	弓	활	궁
坸	때	구	裘	갓옷	구	漚	담글/ 물거품	구	蘜	국화	국	芎	궁궁이	궁
岣	산꼭대기	구	絿	급박할	구	毆	때릴	구	簕	대 뿌리	국	营	궁궁이	궁
昫	따뜻할	구	銶	끌	구	甌	사발	구	趜	궁구할	국	穹	하늘	궁
珣	옥돌	구	具	갖출	구	謳	노래할	구	鞠	공	국	躬	몸	궁
苟	진실로/ 구차할	구	俱	함께	구	軀	몸	구	麴	누룩	국	躳	몸	궁
荀	진실로/ 구차할	구	颶	구풍 몹시 강한 바람	구	驅	몰	구	麯	누룩	국	窮	다할/ 궁할	궁
朐	포	구	韭	부추	구	鷗	갈매기	구	国	나라	국	宮	집/ 궁궐	궁
疴	곱사등이	구	垢	때	구	彀	활 당길	구	國	나라	국	權	19자
枸	구기자 (枸杞子)	구	姤	만날	구	觳	새 새끼	구	鞫	국문할	국	券	문서/ 증서	권
耉	늙은이 耈, 耇와 同字	구	詬	꾸짖을	구	廐	마구간	구	軍	9자		卷	책/ 말/ 두루마리	권
耈	늙을/ 늙은이	구	矩	곱자	구	厩	마구간 廐의 俗字	구	君	임금/ 군자/ 남자의 높임말	군	倦	게으를	권
鉤	갈고리	구	榘	곱자	구	璆	옥 경쇠/ 아름다운 옥	구	郡	고을	군	勌	게으를	권
蒟	구장	구	冓	짤	구	糗	볶은 쌀/ 미숫가루	구	捃	주울	군	捲	거둘/ 말	권
駒	망아지	구	溝	봇도랑	구	龜	나라 이름 거북 틀	구/귀/균	桾	고욤나무	군	湀	물돌아 흐를	권
丘	언덕	구	搆	이해 못할	구	龜	나라 이름 거북 틀	구/귀/균	窘	막힐/ 군색할	군	惓	삼갈	권
坵	언덕	구	媾	화친할	구	鼅	제비	구	裙	치마	군	圈	우리	권
邱	언덕/ 땅 이름	구	構	얽을	구	窶	가난할	구	群	무리	군	棬	나무 그릇	권
蚯	지렁이	구	遘	만날	구	屨	신	구	軍	군사	군	睠	돌아볼	권
臼	절구	구	篝	배롱	구	瞿	볼	구	皸	틀 손발이 얼어서 터지다.	군	綣	정다울	권

- 410 -

인명용 한자 조회 가나다 순서 형성자끼리 8,636자

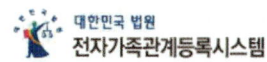

蜷	구부릴	권	繢	수놓을	궤	欈	호미자루	규	囷	곳집	균	劤	힘줄	근
拳	주먹	권	櫃	함	궤	跬	반걸음	규	菌	버섯	균	筋	힘줄	근
眷	돌아볼	권	饋	먹일	궤	閨	안방/도장방	규	箘	버섯	균	根	뿌리	근
勸	권할	권	闠	성시 바깥문	궤	頄	광대뼈	규	覠	크게 볼	균	跟	발꿈치	근
勧	권할	권	簋	제기 이름	궤	規	법	규	龜	나라 이름 거북 틀	구귀균	墐	노란 진흙	근
権	권세 權 俗字	권	餽	보낼	궤	嫢	가는 허리	규	龟	나라 이름 거북 틀	구귀균	勤	부지런할	근
權	권세	권	귀	8자		槻	물푸레나무	규	麕	노루	균	僅	겨우	근
權	권세	권	句	글귀	구귀	窺	엿볼	규	귤	1자		菫	제비꽃	근
궐	6자		鬼	귀신	귀	闚	엿볼	규	橘	귤/귤나무	귤	堇	제비꽃	근
厥	그[其]/돌궐(突厥)	궐	貴	귀할	귀	逵	한길/길거리	규	극	11자		墐	매흙질할	근
獗	날뛸	궐	晷	해그림자	귀	湀	물이 솟아 흐를	규	克	이길	극	漌	맑을	근
蕨	고사리	궐	鏏	삽	귀	揆	헤아릴	규	剋	이길	극	廑	겨우	근
蕨	고사리	궐	龜	나라 이름 거북 틀	구귀균	睽	어길	규	尅	이길	극	嫤	여자 이름	근
闕	대궐	궐	龟	나라 이름 거북 틀	구귀균	葵	아욱/해바라기	규	亟	빠를	극	瑾	아름다운 옥	근
蹶	넘어질	궐	歸	돌아갈	귀	葵	아욱/해바라기	규	極	다할	극	槿	무궁화나무	근
궤	20자		규	37자		睽	사팔눈/어그러질/반목할	규	郤	틈	극	懃	은근할	근
几	안석	궤	叫	부르짖을	규	騤	말 끌밋할	규	隙	틈	극	覲	뵐	근
机	책상	궤	糾	얽힐/꼴	규	頍	머리 들	규	屐	나막신	극	謹	삼갈	근
麂	큰 노루	궤	糺	꼴 糾와 同字	규	樛	휠	규	戟	창	극	饉	흉년 들	근
氿	샘	궤	赳	헌걸찰	규	嫣	성	규	棘	가시/멧대추나무	극	글	2자	
軌	바퀴 자국/수레바퀴	궤	虯	규룡	규	潙	강 이름	규	劇	심할/연극	극	劜	뜻	글
佹	의지할	궤	圭	홀	규	竅	구멍	규	근	27자		契	맺을/부족 이름/사람 이름	계글설
詭	속일	궤	刲	찌를	규	巋	가파를	규	斤	도끼/근(무게600g)	근	금	20자	
跪	꿇어앉을	궤	邽	고을 이름	규	균	13자		劤	힘셀	근	今	이제	금
劂	새김칼	궤	奎	별 이름	규	匀	고를	균	芹	미나리	근	妗	외숙모	금
撅	옷 걷을	궤	珪	홀/서옥	규	均	고를	균	菦	미나리	근	昑	밝을	금
匱	함	궤	莖	딸기	규	勻	적을	균	近	가까울	근	芩	풀이름	금
憒	심란할	궤	茥	딸기	규	畇	밭 일굴	균	釿	큰 자귀	근	苓	풀이름	금
潰	무너질	궤	硅	규소	규	鈞	서른 근	균	靳	가슴걸이	근	衿	옷깃	금
樻	나무 이름	궤	煃	불꽃	규	筠	대나무	균	卺	술잔	근	衾	이불	금

- 411 -

인명용 한자 조회 가나다 순서 형성자끼리 8,636자

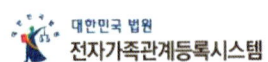

笒	첨대	금	肯	즐길/긍정할 옳이 여길	긍	氣	기운	기	羈	굴레/나그네	기	耆	늙을	기
琴	거문고	금	矜	자랑할/불쌍히 여길	긍	暣	볕 기운	기	羇	굴레/나그네 羈와 同字	기	偈	공손할	기
黅	누른빛	금	殑	까무러칠	긍	恈	사랑할/믿을/기댈	기/지	其	그/어조사	기	嗜	즐길	기
金	쇠/성(姓)	금/김	兢	떨릴/삼갈	긍	芪	단너삼, 황기(黃芪)	기	淇	강 이름	기	鬐	갈기	기
唫	입 다물	금	기	107자		祇	지신(地神)	기	猉	강아지	기	鰭	지느러미	기
嶔	높고 험할	금	己	몸/자기 여섯째 천간	기	祇	지신(地神)	기	基	터	기	幾	몇/기미	기
錦	비단	금	屺	민둥산	기	沂	물 이름	기	期	기약할	기	畿	경기(京畿)	기
禽	새/날짐승	금	杞	구기자/나무 이름	기	圻	경기(京畿)/지경(地境)	기/은	朞	돌	기	機	틀, 기계/기회(機會)	기
擒	사로잡을	금	玘	패옥	기	肵	적대(炙臺)	기	欺	속일	기	璣	구슬	기
檎	능금나무	금	忌	꺼릴	기	祈	빌	기	棊	바둑	기	璂	모난 구슬	기
禁	금할	금	紀	벼리	기	祁	빌	기	棋	바둑	기	磯	물가 강가의 자갈밭	기
噤	입 다물	금	記	기록할	기	旂	용대기(龍大旗)	기	碁	바둑	기	禨	조짐	기
襟	옷깃	금	起	일어날	기	頎	헌걸찰	기	琪	아름다운 옥	기	蟣	서캐	기
급	13자		企	꾀할	기	蘄	풀이름	기	璂	피변(皮弁) 꾸미개	기	檖	갈	기
及	미칠	급	肌	살[膚肉]	기	炁	기운 氣와 同字	기	棋	일주년	기	譏	나무랄	기
伋	속일	급	飢	주릴	기	旣	이미	기	祺	복/길할	기	饑	주릴	기
汲	물길을	급	伎	재간(才幹)	기	墍	맥질할/흙 바를	기	禥	복/길할	기	綥	연둣빛	기
扱	미칠	급	技	재주	기	曁	및/함께/미칠	기	旗	기/깃발	기	器	그릇/도구/기관(器官)	기
圾	위태할	급	妓	기생	기	奇	기특할/기이할	기	箕	키: 곡식을 까부르는 기구	기	冀	바랄	기
岌	산 높을	급	忮	해칠/사나울	기	剞	새김칼	기	蜝	방게	기	驥	천리마	기
芨	말오줌나무	급	庋	시렁	기	寄	부칠/맡길/의지할	기	綨	연둣빛 비단	기	夔	조심할	기
笈	책 상자	급	岐	갈림길	기	埼	험할	기	僛	비틀거려 춤출	기	虁	조심할	기
級	등급	급	歧	두 갈래길	기	崎	험할	기	嶬	높을/산 우뚝 솟은 모양	기	긴	1자	
皀	고소할	급	芰	세발 마름/수초(水草)	기	掎	끌	기	錤	호미	기	緊	긴할/굳게 얽을	긴
急	급할	급	跂	육발이	기	琦	옥 이름	기	騏	준마	기	길	6자	
給	줄(공급할)/넉넉할	급	弃	버릴 棄의 古字	기	攲	기울	기	麒	기린	기	吉	길할 凶흉(凶)	길
礏	산 우뚝 솟을	급	棄	버릴	기	畸	뙈기밭/불구(不具)	기	豈	어찌/개가(凱歌)	기/개	佶	바를/건장할	길
긍	6자		祁	성할	기	綺	비단	기	隑	사닥다리	기	姞	삼갈	길
亘	뻗칠/걸칠	긍	祁	성할	기	錡	세발솥	기	檕	오리나무	기	拮	일할	길
亙	뻗칠/걸칠 亘의 本字	긍	汽	물 끓는 김	기	騎	말 탈	기	䩹	바랄	기	桔	도라지	길

인명용 한자 조회

가나다 순서 형성자끼리 8,636자

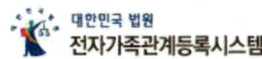

https://efamily.scourt.go.kr/cs/CsBltnWrtList.do?bltnbordId=0000010

한자	뜻	음	한자	뜻	음	한자	뜻	음	한자	뜻	음	한자	뜻	음
蛣	장구벌레	길	饘	풀보기 잔치/ 음식 보낼	난	鼐	가마솥	내	孥	자식	노	누	3자 루22	25
김	1자		赧	부끄러울/ 얼굴 붉힐	난	嬭	젖	내	弩	쇠뇌	노	啂	젖 먹을	누
金	쇠 ㅣ 성(姓)	금김	暖	따뜻할	난	녀	1 (여)		怒	성낼	노	耨	김맬/ 호미	누
낌	1자		煖	더울/ 따뜻할	난	女	계집/ 여자	녀	笯	새장	노	檽	나무 이름	누
喫	마실	낌	難	어려울	난	녁	1 (역)		駑	둔할/ 둔한 말	노	눈	1자	
나	18자 라23	41	날	2자 랄4	6	惄	근심할	녁	猱	산 이름	노	嫩	어릴	눈
那	어찌	나	捏	꾸밀/ 이길	날	년	4 (연)		譇	기뻐할	노	눌	3자	
挪	옮길	나	捺	누를	날	年	해	년	猱	원숭이	노	吶	말 더듬을	눌
娜	아리따울	나	남	6자 람20	26	秊	해 年의 本字	년	瑙	마노	노	肭	살찔	눌
梛	나무 이름	나	男	사내	남	撚	비빌/ 비틀/ 비비어 꼬다	년	臑	앞다리	노	訥	말더듬거릴	눌
奈	어찌	나내	枏	녹나무	남	碾	맷돌	년	농	7자 롱13	20	뉴	5자	
奈	능금나무	나내	南	남녘	남	념	4 (염)		農	농사	농	忸	익을/ 익숙할	뉴
拏	잡을	나	湳	물 이름	남	念	생각	념	儂	나	농	杻	감탕나무 ㅣ 수갑 추/ 싸리 축	뉴
挐	잡을 拏와 同字	나	喃	재잘거릴	남	捻	비틀	념	濃	짙을	농	狃	맬	뉴
拿	잡을 拏의 俗字	나	楠	녹나무	남	拈	집을	념	噥	소곤거릴	농	紐	끈	뉴
胳	살져서 맛있을	나	납	2자 랍4	6	恬	편안할	념	膿	고름	농	鈕	인꼭지	뉴
孨	많을	나	肭	기울	납	녑	1 (엽)		穠	무성할	농	뉵	1자	
旀	기 펄렁일	나	納	들일/ 바칠	납	惗	사랑할	녑	醲	진한 술	농	衄	코피	뉵
橠	나무 무성할	나	낭	3자 랑18	21	녕	7 (영)		뇌	3자 뢰19	22	능	1자 릉10	11
喇	나팔	나	娘	아가씨	낭	侫	아첨할	녕	惱	번뇌할/ 괴로워할	뇌	能	능할	능
誽	붙잡을	나	曩	접때	낭	甯	차라리	녕	腦	골/ 뇌수	뇌	니	12자	
懦	나약할	나	囊	주머니	낭	寧	편안	녕	餒	주릴	뇌	尼	중	니
糯	찰벼	나	내	9자 래9	18	儜	괴로워할	녕	뇨	7자		泥	진흙	니
儺	푸닥거리/ 역귀 쫓을	나	乃	이에/ 곧	내	嚀	간곡할	녕	尿	오줌	뇨	呢	소곤거릴	니
낙	2자 락11	13	奶	젖	내	濘	진창	녕	淖	진흙	뇨	怩	부끄러워할	니
諾	허락할/ 대답할	낙	內	안	내	獰	모질/ 사나울	녕	嫋	예쁠	뇨	妮	계집종	니
諾	허락할/ 대답할	낙	柰	어찌	나내	노	13자 로40	53	鬧	지껄일/ 시끄러울	뇨	柅	무성할	니
난	7자 란18	25	奈	능금나무	나내	奴	종	노	撓	휠/ 어지러울	뇨	馜	진한 향기	니
偄	연약할	난	耐	견딜	내	努	힘쓸	노	鐃	징	뇨	祢	아비 사당 禰와 同字	니
愞	약할	난	廼	이에	내	呶	지껄일	노	嬲	희학질할	뇨	禰	아비 사당	니

인명용 한자 조회 가나다 순서 형성자끼리 8,636자

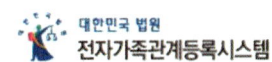

瀰	많을|물가득할	니미	袒	옷통 벗을	단	達	통달할	달	噉	씹을	담	磹	밑바닥	당
儂	마음 좋을	니	彖	판단할	단	撻	때릴/매질할	달	儋	멜/항아리	담	襠	잠방이	당
膩	미끄러울	니	耑	끝/시초	단	澾	미끄러울	달	擔	멜/맡을	담	鐺	쇠사슬	당
닉	**2자**		湍	여울	단	韃	종족 이름	달	澹	맑을/담박할	담	黨	무리	당
匿	숨을	닉	煓	불꽃 성할	단	闥	궐문(闕門)	달	憺	참담할/편안할	담	儻	빼어날	당
溺	빠질	닉	端	끝/바를/실마리	단	獺	수달	달	膽	쓸개	담	讜	곧은 말	당
닐	**2자**		段	계단(階段)/단락(段落)	단	**담**	**36자**		薝	치자나무	담	唐	당나라	당
昵	친할	닐	椴	자작나무	단	坍	무너질	담	黮	문신할	담	塘	못[池]/연못	당
暱	친할 昵과 同字	닐	腶	약포	단	炎	불탈	담	薚	지모	담	溏	진창	당
다	**10자**		緞	비단	단	倓	고요할	담	蕁	지모	담	搪	뻗을	당
多	많을	다	鍛	쇠 불릴	단	淡	맑을/묽을	담	曇	흐릴	담	瑭	옥 이름	당
夛	많을	다	蛋	새알	단	坎	평평한 땅	담	壜	술병	담	糖	엿|사탕	당탕
苳	마름	다	蜑	오랑캐 이름	단	惔	속탈	담	罎	술병 壜과 同字	담	餹	엿 餳과 同字	당
荖	마름	다	短	짧을	단	啖	씹을/먹을	담	**답**	**5자**		餳	엿	당
爹	아비	다	單	홑	단	郯	나라 이름	담	沓	겹칠/유창할	답	撞	칠	당
茶	차	다	鄲	조나라 서울	다단	毯	담요	담	踏	밟을	답	幢	기(旗)	당
茶	차	다	癉	앓을	단	痰	가래	담	畓	논	답	戇	어리석을	당
檪	봄에 딴 차	다	簞	소쿠리/광주리	단	紞	옷 채색 선명할	담	答	대답	답	**대**	**25자**	
㯖	봄에 딴 차	다	亶	믿음/진실로	단	談	말씀	담	遝	뒤섞일	답	大	큰	대
䆈	깊은 모양	다	壇	단	단	鐔	창	담	**당**	**27자**		汏	일	대
鄲	조나라 서울	다단	檀	박달나무	단	啗	먹일	담	倘	만일/혹시/빼어날	당	昊	햇빛|클	대영
癉	풍부할|관대할	다차	團	둥글	단	聃	귓바퀴 없을	담	堂	집	당	代	대신할	대
觰	뿔 밑동	다	愽	근심할	단	湛	즐길	담	瞠	볼	당	垈	집터	대
단	**31자**		漙	이슬 많을	단	偡	넉넉할	담	螗	사마귀	당	岱	대산(岱山)=泰山	대
丹	붉을	단	斷	끊을	단	黵	검을	담	鏜	종고 소리	당	玳	대모	대
旦	아침	단	**달**	**10자**		覃	미칠	담	棠	아가위/팥배나무	당	袋	자루	대
但	다만	단	怛	슬플	달	墰	땅 이름	담	當	당할/마땅할	당	貸	빌릴	대
担	떨칠	단	妲	여자의 자	달	潭	못[池]/깊을	담	檔	의자	당	黛	눈썹 먹	대
昍	밝을	단	疸	황달	달	禫	담제	담	瑭	귀고리 옥	당	待	기다릴	대
胆	어깨 벗을	단	靼	다룸가죽	달	譚	클/말씀/이야기	담	螳	사마귀	당	帶	띠 belt	대

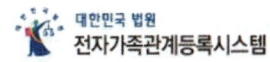

인명용 한자 조회   가나다 순서 형성자끼리 8,636자 (12/61)

https://efamily.scourt.go.kr/cs/CsBltnWrtList.do?bltnbordId=0000010

隊	무리	대	涂	도랑	도	堵	담	도	毒	독	독	**동**	**36자**	
碓	방아	대	途	길[行中]	도	屠	잡을	도	纛	둑[儀仗旗]	독	冬	겨울	동
對	대할/대답할	대	稌	찰벼	도	睹	볼	도	督	감독할/살펴볼	독	苳	겨우살이	동
懟	무성할	대	塗	칠할/진흙	도	覩	볼 睹의 古字	도	獨	홀로	독	疼	아플	동
懟	원망할	대	酴	술밑	도	賭	내기/노름/도박(賭博)	도	篤	도타울	독	同	한가지	동
坮	대 臺의 古字	대	挑	돋울	도	闍	망루/성곽 문	도	瀆	도랑/더럽힐	독	仝	한가지 同과 同字	동
擡	들 擡의 俗字	대	洮	씻을	도	道	길	도	犢	송아지	독	仝	무지할	동
曻	해가 돋을	대	桃	복숭아	도	導	이를	도	牘	편지	독	洞	골 / 밝을	동통
臺	대/돈대(墩臺)	대	逃	도망할/달아날	도	導	이끌/인도할	도	櫝	궤(櫃)/함(函)	독	呵	큰소리칠	동
儓	하인	대	跳	뛸	도	滔	물 넘칠	도	讀	읽을/구절	독두	峒	산 이름	동
擡	들	대	鼗	땡땡이	도	掏	꺼낼	도	黷	더럽힐	독	垌	항아리	동
戴	일[首荷]	대	徒	무리	도	慆	기뻐할	도	**돈**	**13자**		炯	뜨거울	동
鐓	창고달 창끝에 뾰족한 쇠	대	島	섬	도	稻	벼	도	沌	엉길/어두울	돈	茼	쑥갓	동
댁	**1자**		嶋	섬	도	蹈	밟을	도	旽	밝을	돈	胴	큰창자/몸통	동
宅	댁/집	댁택	擣	찧을	도	韜	감출/활집	도	頓	조아릴	돈	桐	오동나무	동
덕	**3자**		菟	새삼	도	鞱	감출 韜와 同字	도	豚	돼지	돈	銅	구리	동
悳	큰/덕 德의 古字	덕	菟	호랑이/고을의 이름	도	韜	노도	도	惇	도타울	돈	彤	붉을/붉은 칠할	동
德	큰/클 德의 俗字	덕	悼	슬퍼할	도	圖	그림	도	弴	활	돈	東	동녘	동
德	덕	덕	掉	흔들	도	馟	향기로울	도	焞	귀갑 지지는 불/밝을	돈순	凍	얼	동
도	**68자**		棹	노	도	濤	큰 물결	도	敦	도타울	돈	涷	소나기	동
刀	칼	도	陶	질그릇	도	幬	성채	도	潡	큰물	돈	棟	용마루	동
叨	탐낼/탐할	도	淘	쌀일	도	搗	찧을	도	墩	돈대	돈	蝀	무지개	동
忉	근심할	도	掏	가릴	도	檮	등걸	도	暾	해 돋을/아침 해	돈	動	움직일	동
夲	나아갈	도	萄	포도	도	燾	비출	도	燉	불빛/이글거릴	돈	董	동독할	동
弢	활집	도	葡	포도	도	禱	빌	도	躉	거룻배	돈	蕫	동독할	동
到	이를	도	裪	복	도	禱	빌	도	**돌**	**4자**		童	아이	동
倒	넘어질	도	祹	복	도	櫂	노/상앗대	도	乭	이름	돌	僮	아이종	동
度	법도/헤아릴	도탁	鋾	쇳덩이	도	饕	탐할	도	咄	꾸짖을	돌	勤	자랄	동
渡	건널	도	盜	도둑/훔칠	도	**독**	**12자**		突	갑자기	돌	潼	강 이름	동
鍍	도금할	도	都	도읍/모두/모개/도거리	도	禿	대머리	독	堗	굴뚝	돌	憧	동경할/그리워할	동

- 415 -

인명용 한자 조회 가나다 순서 형성자끼리 8,636자 (13/61)

https://efamily.scourt.go.kr/cs/CsBltnWrtList.do?bltnbordId=0000010

董	황모/연뿌리	동	芚	채소 이름	둔	騰	오를	등	烙	지질	락	랄	4자 (날) 6	
薑	황모(黃茅)/연뿌리	동	莔	채소 이름	둔	**라**	25자 (나) 41		絡	이을/얽을	락	剌	어그러질	랄
曈	동틀	동	迍	머뭇거릴	둔	剆	칠	라	落	떨어질	락	辢	매울	랄
朣	달 뜰	동	窀	광중	둔	砢	돌 쌓일	라	落	떨어질	락	辣	매울	랄
瞳	눈동자	동	鈍	둔할/무딜	둔	倮	알몸	라	酪	진한 유즙	락	埒	낮은 담/울타리	랄
橦	나무 이름	동	遁	숨을/달아날	둔	裸	벌거벗을	라	酪	진한 유즙	락	**람**	20자 (남) 26	
艟	배	동	遯	달아날 遁과 同字	둔	臝	벌거벗을	라	駱	낙타	락	惏	탐할	람
두	20자		臀	볼기	둔	蓏	열매 '나'에 없음	라	犖	얼룩소	락	婪	예쁠	람
斗	말/북두칠성 measure	두	**둘**	1자		蓏	열매	라	樂	즐길 노래/풍류 좋아할	락 악 요	婪	탐할	람
抖	떨	두	乽	음역자 (音譯字)	둘	摞	정돈할	라	**란**	20자 (난) 25		濼	과실 장아찌	람
阧	치솟을	두	**득**	1자		瘰	연주창	라	丹	붉을 | 모란(牡丹)	단 란	嵐	남기	람
枓	주두	두	得	얻을	득	螺	소라	라	卵	알	란	濫	넘칠	람
蚪	올챙이	두	**등**	18자		騾	노새	라	亂	어지러울	란	藍	쪽 남빛의 물감의 원료 풀	람
杜	팥배나무	두	等	무리/같을 가지런할	등	喇	나팔	라	闌	가로막을	란	藍	쪽/남빛/짙은 푸른빛	람
肚	배	두	登	오를	등	覼	자세할	라	攔	막을	란	灆	물 맑을	람
豆	콩	두	凳	걸상	등	懶	게으를	라	瀾	물결	란	灆	물 맑을	람
荳	콩	두	鄧	나라 이름	등	癩	약물 중독	라	幱	내리닫이	란	燣	불 번질	람
荳	콩	두	嶝	고개	등	羅	벌일/비단/새그물	라	蘭	난초	란	璼	옥 이름	람
逗	머무를	두	磴	자드락길	등	儸	기민하게 처리할	라	蘭	난초	란	襤	누더기	람
脰	목	두	燈	등잔	등	囉	소리 얽힐	라	瓓	옥 광채	란	籃	바구니	람
痘	천연두	두	橙	등자나무	등	曪	햇빛 없을	라	爛	문드러질	란	覽	볼	람
頭	머리	두	磴	돌 비탈길	등	邏	순라/순행할	라	斕	문채 '난'에 없음	란	攬	잡을	람
陡	험할	두	鐙	등자	등	蘿	무/쑥	라	欄	난간	란	擥	잡을 攬과 同字	람
兜	투구	두	滕	물 솟을	등	蘿	무/쑥	라	襴	난삼	란	擥	잡을 攬과 同字	람
斁	섞을	두	藤	등나무	등	鑼	돈 꾸러미	라	欒	목란 '난'에 없음	란	欖	감람나무	람
竇	구멍	두	藤	등나무	등	鑼	징 '나'에 없음	라	嬾	게으를	란	纜	닻줄	람
讀	읽을 | 구절	독 두	籐	대 기구	등	蠃	노새	라	灤	새어 흐를	란	**랍**	4자 (납) 6	
蠹	좀 (좀과의 곤충)	두	縢	노/꿰맬	등	**락**	11자 (낙) 13		欒	나무 이름	란	拉	꺾을	랍
둔	9자		螣	등사(螣蛇)	등	洛	강 이름	락	鑾	방울	란	臘	납향	랍
屯	진 칠	둔	謄	베낄	등	珞	구슬 목걸이	락	鸞	난새	란	蠟	밀 beeswax	랍

인명용 한자 조회 가나다 순서 형성자끼리 8,636자

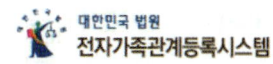

鑞	땜납	랍	萊	명아주	래	呂	음률	려	蠡	좀먹을	려	憐	불쌍히 여길	련
랑	**19자 (낭) 21**		騋	큰 말	래	侶	짝	려	**력**	**13자 (역) 28**		聯	연이을	련
郎	사나이 娘 낭(娘)	랑	**랭**	**1자 (냉) 1**		梠	평고대	려	力	힘	력	孌	아름다울	련
郞	사내 郎의 略字	랑	冷	찰	랭	閭	이문(里門)	려	曆	책력	력	臠	이룰 '연'에 없음	련
廊	사랑채/행랑/복도	랑	**략**	**3자 (약) 21**		櫚	종려나무	려	歷	지날 / 지낼 역사(歷史)	력	戀	그리워할/사모할	련
瑯	옥돌	랑	掠	노략질할	략	戾	어그러질	려	瀝	거를	력	攣	걸릴	련
榔	나무 이름	랑	略	간략할/다스릴	략	唳	울	려	擽	칠	력	臠	저민 고기	련
蜋	사마귀	랑	畧	다스릴	략	旅	나그네/여행/군사	려	櫪	말구유	력	攣	잇다. 이을	련
螂	사마귀	랑	**량**	**20자 (양) 57**		膂	등골뼈	려	癧	연주창 (連珠瘡)	력	**렬**	**9자 (열) 16**	
浪	물결	랑	良	어질/좋을	량	黎	검을	려	轢	갈/ 차에 칠	력	劣	못할	렬
庹	높을	랑	俍	좋을	량	藜	나라 이름	려	靂	벼락	력	列	줄	렬
狼	이리	랑	悢	슬퍼할	량	藜	나라 이름	려	櫟	상수리나무	력	冽	찰	렬
琅	옥소리/옥 이름	랑	踉	뛸	량	邌	천천히 갈	려	礫	조약돌	력	洌	맑을	렬
晾	햇볕에 쬘 '낭'에 없음	랑	駺	꼬리 흰 말	낭량	慮	생각할	려	轣	삐걱거릴	력	捩	내걸	렬
朗	밝을	랑	兩	두	량	濾	거를	려	酈	땅 이름	력	烈	매울	렬
烺	빛 밝을	랑	倆	재주	량	儢	힘쓰지 아니할	려	**련**	**22자 (연) 82**		裂	찢어질	렬
茛	수크령/미치광이 풀	랑	輛	수레	량	鑢	줄	려	連	이을/잇닿을	련	颲	사나운 바람	렬
稂	강아지 풀	랑	魎	도깨비	량	厲	갈	려	漣	물놀이	련	挀	비틀	렬
硠	돌 부딪는 소리	랑	亮	밝을	량	勵	힘쓸	려	蓮	연꽃/ 연밥	련	**렴**	**7자 (염) 31**	
閬	솟을대문	랑	喨	소리 맑을	량	癘	창질	려	蓮	연꽃/ 연밥	련	廉	청렴할	렴
駺	꼬리 흰 말	랑량	凉	서늘할	량	曬	햇살 퍼질	려	璉	호련	련	磏	거친 숫돌	렴
래	**10자 (내) 18**		涼	서늘할 凉의 俗字	량	礪	거친 숫돌	려	輦	손수레	련	濂	내 이름	렴
來	올	래	諒	살펴 알 / 믿을	량	蠣	굴	려	鏈	쇠사슬	련	簾	발: 대로 엮어 가리는 데 쓰는 물건	렴
来	올 來의 簡體	래	梁	들보/성씨/나라이름	량	糲	현미	려	鰱	연어	련	殮	염할	렴
逨	올 來의 同字	래	樑	들보	량	麗	고울	려	湅	누일	련	斂	거둘	렴
徠	올/위로할	래	粱	기장 수수와 비슷한 곡류	량	儷	짝	려	煉	불릴	련	瀲	넘칠	렴
淶	강 이름	래	量	헤아릴	량	驪	가라말	려	楝	멀구슬나무	련	**렵**	**3자 (엽) 15**	
崍	산 이름	래	糧	양식	량	廬	오두막집	려	練	익힐	련	獵	사냥	렵
唻	노래하는 소리 '내'에 없음	래	粮	양식 糧과 同字	량	臚	살갗	려	鍊	쇠 불릴	련	躐	밟을	렵
萊	명아주	래	**려**	**31자 (여) 51**		驢	나귀	려	鰊	물고기 이름	련	鬣	갈기	렵

- 417 -

인명용 한자 조회 가나다 순서 형성자끼리 8,636자 (15/61)

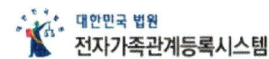

https://efamily.scourt.go.kr/cs/CsBltnWrtList.do?bltnbordId=0000010

령	32자 (영) 93		逞	굳셀	령	潞	물 이름	로	菉	조개풀	록	耒	따비/ 쟁기	뢰
另	헤어질	령	靈	신령	령	櫓	오동나무 '노'에 없음	로	菉	조개풀	록	誄	뇌사(誄詞)/ 조문(弔文)	뢰
令	하여금/ 명령/ 법령	령	欞	격자창	령	璐	아름다운 옥	로	碌	푸른 돌/ 돌 모양	록	牢	우리[畜舍]	뢰
伶	영리할	령	례	10자 (예) 75		蕗	물감나무	로	祿	녹/ 복	록	賂	뇌물	뢰
泠	깨우칠	령	例	법식	례	露	이슬	로	禄	녹/ 복	록	雷	우레	뢰
呤	속삭일	령	隷	종/ 붙을/ 서체이름	례	鏀	금길 '노'에 없음	로	綠	푸를/ 초록빛	록	蕾	꽃봉오리	뢰
岭	산 이름	령	隸	붙을 隷의 古字	례	鷺	해오라기	로	錄	기록할	록	磊	돌 굴려 내릴	뢰
岺	고개/ 재	령	澧	강 이름	례	潦	큰비	로/료	鵦	새 이름	록	酹	부을	뢰
姈	여자 슬기로울	령	禮	예도	례	魯	노나라/ 노둔할	로	鹿	사슴	록	磊	돌무더기	뢰
怜	영리할	령	禮	예도(禮度)	례	櫓	방패	로	漉	거를	록	賚	줄[賜]	뢰
囹	옥(獄)	령	礼	예도 禮의 古字	례	艣	노	로	麓	산기슭	록	賴	의뢰할/ 힘입을	뢰
昤	날빛 영롱할	령	礼	예도 禮의 古字	례	盧	밥그릇	로	簏	대 상자	록	頼	의뢰할	뢰
朎	달빛 영롱할 '영'에 없음		醴	단술[甘酒]	례	瀘	물이름	로	轆	도르래	록	瀨	여울	뢰
玲	옥 소리	령	鱧	가물치	례	嚧	웃을	로	론	1자 (논) 1		籟	세 구멍 퉁소	뢰
苓	도꼬마리	령	로	42자 (노) 53		壚	흑토/ 검은 흙	로	論	논할/ 말할	론	儡	꼭두각시	뢰
秢	벼 처음 익을	령	老	늙을	로	爐	화로	로	롱	13자 (농) 20		攂	갈 擂의 本字	뢰
笭	종다래끼/ 어구(漁具)	령	窂	우리	로	蘆	갈대	로	弄	희롱할	롱	礧	바위너설	뢰
蛉	잠자리	령	旅	검을	로	蘆	갈대	로	儱	건목 칠/ 미숙한 모양	롱	罍	술독/ 제기(祭器)의 하나	뢰
羚	영양(羚羊)	령	鹵	소금	로	瓏	비취옥	로	攏	누를	롱	纇	실마디/ 흠/ 결점	뢰
翎	깃	령	滷	소금밭	로	櫨	두공	로	瀧	비 올/ 젖을	롱	료	24자 (요) 76	
聆	들을	령	勞	일할	로	艣	뱃머리	로	壟	밭두둑	롱	了	마칠	료
輪	사냥 수레	령	撈	잡을	로	轤	도르래	로	隴	언덕	롱	料	헤아릴/ 값/ 재료	료
鈴	방울	령	澇	큰 물결	로	鑪	화로	로	曨	어스레할	롱	聊	귀 울/ 애오라지	료
零	떨어질/ 영[數字]	령	癆	중독	로	顱	머리뼈	로	瓏	옥 소리	롱	膋	발기름	료
澪	강 이름	령	虜	포로/ 사로잡을	로	髗	머리뼈	로	朧	흐릿할/ 몽롱할	롱	廖	공허할	료
領	거느릴/ 옷깃	령	虜	포로/ 사로잡을	로	鸕	가마우지	로	蘢	개여뀌	롱	蓼	여뀌	료
嶺	고개/ 재/ 산봉우리	령	擄	노략질할	로	鱸	농어	로	礱	갈	롱	蓼	여뀌 쓰고 매운맛	료
鴒	할미새	령	鑛	부레 그릇	로	록	15자 (녹) 15		籠	대바구니	롱	醪	막걸리	료
齡	소금	령	輅	수레	로	氯	새길/ 나무 깎을	록	聾	귀먹을	롱	飂	높이 부는 바람	료
齡	나이	령	路	길	로	淥	밭을: 액체만을 따로 받아내다.	록	뢰	19자 (뇌) 22		僚	동료	료

- 418 -

인명용 한자 조회

가나다 순서 형성자끼리 8,636자

嘹	울 / 료	僂	정성스러울 / 루	縲	포승 / 류	隆	클/ 높을 / 륭	俐	영리할 / 리
寮	벼슬아치/동관(同官) / 료	蔞	쑥 / 루	纍	갇힐 / 류	窿	뜻 '융'에 없음 / 륭	唎	가는 소리 / 리
潦	큰비/ 장마 / 로료	蔞	쑥 / 루	謬	그르칠 / 류	窿	활꼴 / 륭	莉	말리 / 리
獠	밤 사냥 / 료	樓	다락 / 루	類	무리 / 류	癃	느른할 / 륭	莉	말리 / 리
嫽	예쁠 / 료	熡	불꽃 / 루	륙 4 (육)10		륵 3 (늑)3		梨	배/배나무 / 리
撩	다스릴 / 료	瘻	부스럼 / 루	六	여섯 / 륙	肋	갈빗대 / 륵	痢	설사/이질(痢疾) / 리
瞭	밝을 / 료	褸	남루할 / 루	陸	뭍/ 육지 / 륙	泐	돌 갈라질 / 륵	蜊	참조개 / 리
瞭	눈이 밝을 / 료	縷	실 / 루	勠	협력할 / 륙	勒	굴레 / 륵	里	마을 / 리
燎	횃불 / 료	耬	씨 뿌리는 기구 / 루	戮	죽일 / 륙	름 5 (늠)5		俚	속될 / 리
遼	멀 / 료	螻	땅강아지 / 루	륜 10 (윤)30		菻	쑥 / 름	哩	어조사 / 리
療	병 고칠 / 료	謱	곡진할 '누'에 없음 / 루	侖	둥글/생각할 / 륜	凜	찰 / 름	浬	해리 / 리
繚	동일 / 료	鏤	새길 / 루	倫	인륜 / 륜	凛	찰 / 름	狸	삵 / 리
鐐	은(銀) / 료	髏	해골 / 루	掄	가릴 / 륜	澟	서늘할 / 름	理	다스릴 / 리
飇	바람 / 료	壘	진 / 루	淪	빠질/ 물놀이 / 륜	廩	곳집/쌀 곳간 / 름	裏	속 / 리
룡 3 (용)39		류 19 (유)115		崙	산 이름 / 륜	릉 10 (능)11		裡	속 / 리
竜	龍의 略字 / 룡	柳	버들/성씨(류,유) / 류	崘	산 이름 / 륜	倰	속일 / 릉	鯉	잉어 / 리
龍	용 / 룡	流	흐를 / 류	圇	완전할 / 륜	凌	능가(凌駕)할 / 업신여길 / 릉	貍	삵 / 리
龔	용 / 룡	琉	유리 / 류	綸	벼리/ 낚싯줄 / 륜	陵	언덕/무덤 / 릉	釐	다스릴 / 리
루 25 (누)25		瑠	유리 琉와 同字 / 류	輪	바퀴 / 륜	菱	마름 / 릉	厘	釐,廛의 俗字 / 리
陋	좁을/더러울 / 루	硫	유황 / 류	錀	금 / 륜	蔆	마름 / 릉	浬	다다를 / 리
累	묶을 / 루	旒	깃발 / 류	률 8 (율)17		薐	마름 / 릉	苙	임할 / 리
漯	강 이름 '누'에 없음 / 루	留	머무를 / 류	律	법/ 법칙/운율/ 가락 / 률	稜	모 / 릉	苙	임할 / 리
淚	눈물 / 루	溜	방울져 떨어질 / 류	嵂	가파를 / 률	綾	비단 / 릉	犂	밭을 갈 / 리
漏	샐/빠뜨리다 / 루	榴	석류 / 류	栗	밤/ 밤나무 / 률	楞	모/네모질[四角] / 릉	犁	얼룩소 / 리
婁	끌/ 별 이름 / 루	遛	머무를 / 류	慄	두려워할 / 률	棱	모/네모질[四角] / 릉	莅	벗길 / 리
僂	구부릴 / 루	瘤	혹 / 류	溧	강 이름 / 률	리 45 (이)103		嫠	과부 / 리
屢	여러/ 자주 / 루	鶹	올빼미 / 류	瑮	옥 무늬 / 률	吏	벼슬아치 / 리	离	도깨비/산신 / 리
漊	비 지적지적할 '누'에 없음 / 루	劉	죽일/성씨(유) 묘금도(卯金刀) / 류	稴	볏가리 / 률	李	오얏/성(姓)자두나무 / 리	摛	퍼질 / 리
嘍	시끄러울 / 루	瀏	맑을 / 류	率	헤아릴 거느릴 / 률,솔	利	이할/날카로울 / 리	漓	스며들 / 리
嶁	봉우리 / 루	榴	석류나무 / 류	륭 4 (융)8		俐	똑똑할 / 리	璃	유리 / 리

인명용 한자 조회 가나다 순서 형성자끼리 8,636자

https://efamily.scourt.go.kr/cs/CsBltnWrtList.do?bltnbordId=0000010

螭	교룡	리	繗	이을	린	마	13자		卍	만자	만	末	끝	말
魑	도깨비	리	蟒	반딧불	린	馬	말	마	娩	해산할	만	抹	바를	말
黐	끈끈이	리	轔	수레 소리	린	媽	어미	마	晩	늦을/저물	만	沫	거품	말
離	떠날/떼놓을	리	鏻	굳셀	린	瑪	마노	마	輓	끌	만	茉	말리	말
灕	물 이름 '이'에 없음	리	驎	얼룩말	린	碼	마노	마	曼	길[長]/끌	만	茉	말리	말
籬	울타리	리	鱗	비늘	린	螞	말거머리	마	慢	거만할/느릴/게으를	만	秣	꼴	말
羅	근심	리	麟	기린	린	麻	삼	마	漫	흩어질/질펀할	만	耗	끝	말
厘	바를	리	麐	기린	린	痲	저릴	마	墁	흙손/바를	만	靺	말갈(靺鞨)/버선	말
履	밟을/신	리	藺	골풀	린	麼	잘	마	挽	당길	만	帕	머리띠	말
贏	야월	리	蘭	골풀	린	摩	문지를	마	嫚	업신여길	만	襪	버선	말
邐	이어질	리	躙	짓밟을	린	磨	갈	마	幔	막/장막	만	韈	버선	말
린	31 (인) 70		躪	짓밟을	린	劘	깎을	마	蔓	덩굴	만	망	22자	
吝	아낄	린	躙	짓밟을	린	魔	마귀	마	蘰	덩굴	만	亡	망할	망
悋	아낄	린	림	10 (임) 25		蟇	두꺼비	마	縵	무늬 없는 비단	만	忙	바쁠	망
燐	불꽃 '인'에 없음	린	玲	옥 이름	옥	감림	막	13자		謾	속일	만	妄	허망할	망
粦	도깨비불	린	琳	무성할	림침	莫	없을	막	鏝	흙손 벽을 바르는 도구	만	邙	산 이름	망
潾	물 맑을	린	林	수풀	림	蟆	없을	막	饅	만두	만	汒	황급할	망
獜	맑을	린	淋	물 뿌릴	림	寞	고요할/쓸쓸할	막	鬘	머리 장식	만	芒	까끄라기	망
鄰	이웃 隣의 本字	린	琳	아름다운 옥	림	寞	고요할/쓸쓸할	막	鰻	뱀장어	만	芒	까끄라기	망
隣	이웃	린	琳	알고자 할	림	漠	사막	막	萬	일만	만	忘	잊을	망
撛	붙들	린	碄	깊을	림	漠	사막	막	万	일만	만	茫	아득할	망
獜	튼튼할/괴이한 짐승	린	痳	임질	림	幕	장막(帳幕)	막	滿	찰	만	茫	아득할	망
嶙	가파를	린	霖	장마	림	幕	장막(帳幕)	막	瞞	속일	만	望	바랄	망
璘	사람 이름	린	臨	임할	림	膜	꺼풀	막	蹣	비틀거릴	만	望	보름	망
潾	물소리 '인'에 없음	린	립	5 (입) 8		膜	꺼풀	막	鏋	금	만	罔	없을/그물	망
璘	옥빛	린	立	설	립	瞙	눈 흐릴	막	巒	뫼/멧부리	만	惘	멍할	망
橉	나무 이름	린	岦	산 우뚝할	립	鏌	칼 이름	막	彎	굽을	만	網	그물	망
燐	도깨비불	린	砬	돌 소리	립	邈	멀	막	灣	물굽이	만	輞	바퀴 테	망
瞵	눈빛 '인'에 없음	린	笠	우리	립	만	30자		蠻	오랑캐	만	魍	도깨비	망
磷	돌 틈을 물이 흐르는 모양	린	粒	알	립	万	일만	만	말	11자		莽	우거질	망

- 420 -

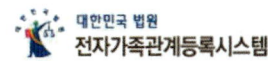

인명용 한자 조회 가나다 순서 형성자끼리 8,636자

莽	우거질 망	**맥** 8자		沔	물 흐를 면	鳴	울 명	牟	소 우는 소리 모
莽	우거질 망	陌	두렁 맥	眄	애꾸눈 면	冥	어두울 명	侔	가지런할 모
莽	우거질 망	貊	북방 종족 맥	麪	밀가루 면	溟	어두울 명	悴	탐할 모
漭	넓을 망	貉	북방 종족 맥	麵	밀가루 면	慏	맘 너그러울 명	眸	눈동자 모
매 25자		貘	짐승 이름 맥	面	낯/얼굴 면	蓂	명협 명	牡	수컷 모
呆	어리석을 매	脈	줄기/맥 맥	湎	빠질 면	蓂	명협 명	皃	얼굴 모
每	매양 매	麥	보리 맥	緬	가는 실 면	暝	어두울 명	貌	모양/얼굴 모
梅	매화/매화나무 매	驀	말 탈 맥	眠	잘/잠잘 면/민	瞑	눈 감을 명	冒	무릅쓸 모
苺	딸기 매	驀	말 탈 맥	棉	목화 면	螟	마디충 명	媢	강샘할 모
莓	딸기 매	**맹** 10자		綿	이어질 면	**몌** 1자		帽	모자 모
苺	나무딸기 매	盲	소경 맹	緜	햇솜 면	袂	소매 몌	瑁	서옥 모
霉	매우 매	氓	백성 맹	**멸** 5자		**모** 49자		某	아무 모
酶	술밑 매	甿	백성 맹	滅	멸망할 멸	毛	털 모	謀	꾀/꾀할 모
枚	줄기 매	虻	등에 맹	蔑	업신여길 멸	芼	풀 우거질 모	募	모을 모
玫	붉은 옥 매	孟	맏 맹	衊	업신여길 멸	茅	풀 우거질 모	募	모을 모
妹	누이 매	猛	사나울 맹	篾	대 껍질 멸	眊	눈 흐릴 모	摸	찾을 모
昧	새벽 매	萌	싹 맹	衊	모독할 멸	耗	줄 모	摹	찾을 모
沫	땅 이름 매	萌	싹 맹	**명** 21자		旄	깃대 장식 모	慕	힘쓸 모
眛	어두울 매	盟	맹세 맹	皿	그릇 명	耄	늙은이 모	慕	힘쓸 모
寐	잠잘 매	甍	용마루 맹	名	이름 명	軞	병거 모	嫫	예쁠 모
魅	도깨비 매	**멱** 4자		洺	강 이름 명	髦	다팔머리 모	暮	저물 모
埋	묻을 매	覓	찾을 멱	茗	차 싹 명	矛	창 모	暮	저물 모
媒	중매 매	幎	덮을 멱	茗	차 싹 명	茅	띠 모	模	법 모
煤	그을음 매	冪	덮을 멱	酩	술 취할 명	茅	띠 모	模	법 모
楳	매화나무 매	冪	덮을 멱	銘	새길 명	蝥	해충 모	慕	그릴/그리워할 모
買	살 매	**면** 15자		命	목숨/명령 명	蟊	해충 모	慕	그릴/그리워할 모
賣	팔 매	免	면할 면	榠	홈통 명	母	어미 모	摹	베낄 모
罵	욕할 매	勉	힘쓸 면	明	밝을 명	侮	업신여길 모	摹	베낄 모
邁	갈 매	俛	힘쓸 면	眀	밝게 볼 명	姆	여스승 모	謨	꾀 모
邁	갈 매	冕	면류관 면	鵬	초명 명	姥	할미 모	謨	꾀 모

- 421 -

인명용 한자 조회 가나다 순서 형성자끼리 8,636자 (19/61)

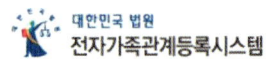

撫	법(法)	모/무	묘	22자		珷	옥돌	무	文	글월	문	洣	강 이름	미
목	8자		卯	토끼/넷째 지지	묘	鵡	앵무새	무	汶	내 이름	문	敉	어루만질	미
木	나무	목	妙	묘할	묘	巫	무당	무	抆	닦을	문	迷	미혹할	미
沐	머리 감을	목	竗	땅 이름	묘	誣	속일/무고(誣告)할	무	炆	따뜻할	문	謎	수수께끼	미
目	눈	목	眇	애꾸눈	묘	畝	이랑	무/묘	紋	무늬	문	糜	죽	미
苜	거여목 콩과의 두해살이풀	목	渺	아득할	묘	務	힘쓸/ 일	무	紊	어지러울	문	麋	큰사슴	미
睦	화목할/ 친할/ 성(姓)	목	苗	모/ 모종	묘	霧	안개	무	蚊	모기	문	蘼	천궁	미
牧	칠/	목	苗	모/ 모종	묘	堥	언덕	무	雯	구름무늬	문	尾	꼬리	미
穆	화목할/ 공경할	목	描	그릴	묘	騖	달릴	무	刎	목 벨	문	娓	장황할	미
鶩	집오리	목	描	그릴	묘	楙	무성할	무	吻	입술	문	梶	나무 끝	미
몰	2자		猫	고양이	묘	懋	힘쓸	무	玧	붉은 구슬 l 귀막이 구슬	문/윤	弭	활고자 / 그칠	미
沒	가라앉을	몰	猫	고양이	묘	貿	무역할/ 바꿀	무	門	문	문	美	아름다울	미
歿	죽을	몰	貓	고양이	묘	無	없을	무	們	들/ 무리	문	渼	물놀이	미
몽	16자		錨	닻	묘	无	없을 無의 古字	무	問	물을	문	嵄	산	미
雺	안개	몽	錨	닻	묘	撫	어루만질	무	捫	어루만질	문	媄	빛 고울	미
夢	꿈	몽	杳	어두울	묘	憮	어루만질	무	聞	들을	문	躾	예절 가르칠	미
夢	꿈	몽	昴	별자리 이름	묘	嘸	분명하지 않을	무	悗	잊을	문	眉	눈썹	미
濛	이슬비	몽	畝	이랑	무/묘	廡	집	무	璊	붉은 옥	문	湄	물가	미
蒙	입을	몽	淼	물 아득할	묘	橅	법	무	懣	번민할	문	媚	아첨할	미
蒙	입을	몽	墓	무덤	묘	蕪	거칠어질	무	물	3자		嵋	산 이름	미
濛	가랑비올	몽	墓	무덤	묘	蕪	거칠어질	무	勿	말[禁]	물	煝	빛날	미
懞	어두울	몽	廟	사당	묘	膴	포	무	沕	아득할	물	楣	문미(門楣)	미
幪	덮을	몽	藐	작을	묘	舞	춤출	무	物	물건/ 만물	물	瑂	옥돌	미
曚	어두울	몽	무	31자		儛	춤출	무	미	46자		槑	깊이 들어갈	미
朦	풍부할	몽	毋	말	무	繆	얽을	무	未	아닐	미	微	작을	미
矇	청맹과니	몽	拇	엄지손가락	무	묵	3자		味	맛	미	嫩	착하고 아름다울	미
艨	싸움배	몽	戊	다섯째 천간	무	墨	먹	묵	菋	맛 味와 同字	미	嬍	착하고 아름다울	미
鸏	비둘기	몽	茂	무성할/ 우거질	무	嘿	고요할	묵	米	쌀	미	溦	물가	미
鸏	비둘기	몽	茂	무성할/ 우거질	무	默	잠잠할	묵	侎	어루만질	미	薇	장미(薔薇)/ 고비	미
瞢	어두울	몽	武	호반(虎班)	무	문	19자		采	점점	미	薇	장미(薔薇)/ 고비	미

- 422 -

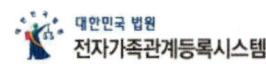

인명용 한자 조회 가나다 순서 형성자끼리 8,636자

黴	곰팡이	미	旼	화락할	민	粕	지게미	박	泮	학교	반	鈸	방울	발
蘪	고삐	미	玟	옥돌	민	舶	큰 배	박	畔	두둑	반	髮	터럭	발
靡	쓰러질	미	旻	하늘	민	鉑	금박	박	胖	희생 반 쪽	반	魃	가물귀신	발
蘼	장미(薔薇)/천궁(川芎)	미	瑉	옥돌	민	箔	발[簾]	박	絆	줄	반	勃	우쩍 일어날	발
瀰	많을 l 물가득할	니미	砇	옥돌	민	剝	벗길	박	頖	학교 이름	반	哱	어지러울	발
彌	두루	미	眠	볼	민	毫	땅 이름	박	攽	나눌	반	浡	일어날	발
弥	두루 彌와 同字	미	胹	물결 가없는 모양	민	博	넓을	박	朌	나눌	반	脖	배꼽	발
瀰	물 넓을	미	敏	민첩할/재빠를	민	膊	포	박	盼	눈 예쁠	반	渤	바다 이름	발
獼	원숭이	미	暋	총명할	민	餺	박공	박	頒	나눌	반	鵓	집비둘기	발
亹	힘쓸	미	罠	대구	민	縛	묶을	박	班	나눌	반	發	필/ 쏠	발
민	**37자**		瑉	옥돌	민	薄	엷을	박	斑	얼룩	반	潑	뿌릴	발
民	백성	민	緡	낚싯줄	민	薄	엷을	박	般	일반/ 돌	반	撥	다스릴	발
泯	망할	민	悶	답답할/번민할	민	鏄	종	박	搬	옮길	반	醱	술 괼	발
岷	산 이름	민	閔	위문할	민	髆	어깻죽지 뼈	박	槃	비틀거릴	반	鉢	바리때	발
珉	옥돌	민	憫	민망할	민	欂	두공	박	槃	쟁반	반	**방**	**43자**	
敃	강잉할	민	潣	물 졸졸 흘러내릴	민	雹	우박/ 누리	박	擎	덜	반	方	모[稜]/방법/ 방향	방
苠	속대	민	閩	종족 이름	민	駁	논박할/얼룩말	박	盤	소반	반	仿	헤맬	방
眠	잠잘	면민	黽	힘쓸/ 맹꽁이	민	駮	짐승 이름	박	磐	너럭바위	반	坊	동네	방
罠	낚싯줄	민	**밀**	**5자**		撲	칠[擊]	박	瘢	흉터	반	彷	거닐	방
愍	근심할	민	密	빽빽할	밀	璞	옥 덩어리	박	蟠	가뢰	반	防	막을/ 둑	방
鈱	철판	민	滵	빨리 흐르는 모양	밀	樸	순박할/통나무	박	潘	뜨물	반	妨	방해할	방
暋	굳셀	민	樒	침향	밀	**반**	**34자**		磻	강 이름	반	昉	때마침	방
顊	강할	민	蜜	꿀	밀	反	돌이킬/되돌릴	반	蟠	서릴	반	枋	다목	방
顐	강할	민	謐	고요할	밀	扳	끌어당길	반	豳	나라 이름	반	肪	기름	방
瑶	옥돌	민	**박**	**26자**		返	돌아올/돌려보낼	반	攀	더위잡을	반	芳	꽃다울	방
碈	옥돌	민	朴	성(姓)/후박나무	박	叛	배반할	반	礬	명반	반	芳	꽃다울	방
緡	낚싯줄	민	拍	칠	박	飯	밥	반	**발**	**17자**		房	방	방
鍲	돈꿰미	민	泊	머무를/배 댈	박	半	반	반	拔	뽑을/ 뺄	발	放	놓을	방
忞	힘쓸 忟과 同字	민	迫	핍박할/닥칠	박	伴	짝	반	炦	불기운	발	倣	본뜰	방
忟	힘쓸	민	珀	호박(琥珀)	박	拌	버릴	반	跋	밟을	발	紡	길쌈/ 자을	방

인명용 한자 조회 가나다 순서 형성자끼리 8,636자

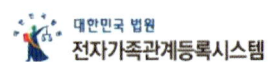

https://efamily.scourt.go.kr/cs/CsBltnWrtList.do?bltnbordId=0000010

舫	배	방	背	등	배	佰	일백	백	閥	공훈	벌	擗	가슴 칠	벽
訪	찾을	방	褙	속적삼	배	帛	비단	백	罰	벌할	벌	擘	엄지손가락	벽
旊	옹기장	방	扒	뺄	배	苩	성(姓), 꽃	백	罸	죄	벌	檗	황벽나무	벽
髣	비슷할	방	貝	조개	패/배	苩	성(姓), 꽃	백	橃	떼	벌	蘖	황경나무	벽
魴	방어	방	坏	언덕	배	珀	호박	백	**범**	**17자**		糵	황경나무	벽
旁	두루	방	杯	잔	배	柏	나무 이름	백	凡	무릇	범	璧	둥근 옥	벽
傍	곁	방	盃	잔 杯의 俗字	배	栢	나무 이름 柏의 俗字	백	氾	뜰	범	甓	벽돌	벽
搒	배 저을	방	俖	아니 될	배	趙	넘칠	백	帆	돛	범	癖	적취	벽
徬	시중들	방	胚	아이 밸	배	魄	넋	백	机	수부나무	범	襞	주름	벽
滂	비 퍼부을	방	拜	절	배	**번**	**17자**		訉	말 많을	범	闢	열	벽
榜	매	방	湃	물결 이는 모양	배	袢	속옷	번	釩	떨칠	범	霹	벼락	벽
膀	쌍배	방	配	나눌/짝	배	番	차례/갈마들	번	梵	범어	범	鷿	논병아리	벽
蒡	인동덩굴	방	倍	곱	배	幡	기	번	渢	뜰	범	鼊	거북	벽
蔣	인동덩굴	방	培	북돋울	배	燔	구울	번	犯	범할	범	碧	푸를	벽
牓	패	방	陪	쌓아올릴	배	蕃	우거질	번	汎	넘칠	범	甂	가를	벽
磅	돌 떨어지는 소리/파운드(pound)	방	焙	불에 쬘	배	蕃	우거질	번	范	풀이름	범	**변**	**17자**	
螃	방게	방	蓓	꽃봉오리	배	藩	덮을	번	范	풀이름	범	卞	조급할	변
謗	헐뜯을	방	蔀	황배 풀	배	藩	덮을	번	笵	법	범	忭	기뻐할	변
鎊	깎을	방	賠	물어줄	배	磻	강 이름	번	範	법	범	抃	손뼉 칠	변
尨	삽살개	방	俳	광대	배	繙	되풀이 풀이할	번	泛	뜰	범	弁	고깔	변
厖	클	방	排	밀칠	배	膰	제사 고기	번	渢	물소리	범	鴘	매	변
邦	나라	방	徘	노닐	배	翻	날	번	颿	말 달릴	범	釆	분별할	변
梆	목어	방	琲	구슬꿰미	배	飜	번역할/뒤칠	번	**법**	**2자**		便	편할	변
蚌	방합	방	裵	옷 치렁치렁할 裵의 古體	배	煩	번거로울/괴로워할	번	法	법	법	胼	살갖 틀	변
舽	배	방	裴	성(姓) 本字/긴 옷	배	樊	울	번	琺	법랑	법	骿	더할	변
幫	도울	방	輩	무리	배	繁	번성할/많을	번	**벽**	**19자**		骿	나란히 할	변/병
幇	도울 幫과 同字	방	**백**	**12자**		蘩	산 흰 쑥	번	辟	임금	벽	骿	통갈비	변
龐	클	방	白	흰	백	**벌**	**6자**		僻	후미질	벽	辨	분별할	변
배	**27자**		百	일백	백	伐	칠/벨	벌	劈	쪼갤	벽	辯	말씀/말 잘할	변
北	북녘/달아날	북/배	伯	맏	백	筏	떼	벌	壁	벽	벽	辮	땋을	변

인명용 한자 조회 가나다 순서 형성자끼리 8,636자

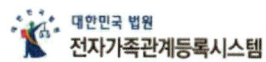

邊	가 변	竝	나란히 병	堡	작은 성 보	服	옷/입을/복종/일할 복	縫	꿰맬 봉
邉	제기 이름 변	幷	어우를 병	潶	사람 이름 보	箙	전동 복	漨	내 이름 봉
變	변할 변	并	어우를 병	葆	풀 더부룩할 보	菔	무 복	蓬	쑥 봉
별	13자	倂	아우를 병	褓	포대기 보	鵬	새 이름 복	蓬	쑥 봉
別	다를/나눌 별	迸	흩어질 병	菩	보살/보리 보	僕	종 복	鋒	칼끝 봉
莂	모종낼 별	屛	병풍 병	蔔	보살/보리[菩提] 보	墣	흙덩이 복	熢	연기 자욱할 봉
蒾	모종낼 별	甁	병/단지 병	報	갚을/알릴 보	㡒	건 복	縫	꿰맬 봉
炦	불기운 별	絣	이을 병	普	넓을/널리 보	濮	물이름 복	篷	뜸 봉
勫	클 별	缾	두레박 병	溥	물 이름 보	復	회복할/다시 복/부	奉	받들 봉
馝	향기 별	輧	수레 병	譜	족보/계보/악보/연보 보	腹	배(背) 복	俸	녹(祿) 봉
彆	활 뒤틀릴 별	餠	떡 병	鴇	능에/너새(느싯과의 겨울새) 보	複	겹칠/겹옷 복	捧	받들 봉
馦	짙지 않은 향기 별	駢	나란히 할 병/변	寶	보배 보	蝮	살무사 복	琫	칼집 장식 봉
撇	털 별	鉼	판금 병	宝	보배 寶의 俗字 보	輹	바퀴통/복토(伏兎) 복	棒	몽둥이 봉
瞥	언뜻 볼 별	鮮	판금 병	珤	보배 寶의 古字 보	鍑	솥 복	菶	풀 무성할 봉
鷩	금계(錦鷄)/붉은 꿩 별	**보**	31자	珵	보배 寶의 同字 보	馥	향기 복	芃	풀 무성할 봉
鱉	자라 별	步	걸음 보	寶	보배 寶의 同字 보	覆	다시/덮을/뒤집힐 복	封	봉할 봉
鼈	자라 별	歩	걸음 보	**복**	30자	鰒	전복 복	鳳	봉새/봉황 봉
병	26자	玒	옥 그릇 보	卜	점 복	**본**	1자	鵂	鳳의 古字/성(姓) 궉
丙	남녘/셋째 천간 병	甫	클 보	扑	칠 복	本	근본(根本) 본	**부**	72자
炳	밝을 병	俌	도울 보	伏	엎드릴/기(起) 복	**볼**	1자	父	아비 부
柄	자루 병	烳	횃불 보	茯	복령 복	乶	땅 이름 볼	斧	도끼 부
昞	밝을 병	補	기울/도울 보	莀	복령 복	**봉**	26자	釜	가마 부
昺	밝을 昞과 同字 병	晡	볼 보	宓	성(姓) 복	丰	예쁠 봉	夫	지아비 부
抦	잡을 병	盙	제기 이름 보	匐	길 복	夆	끌 봉	扶	도울 부
病	병/질병 병	溥	넓을 보	萄	무 복	浲	물 이름 봉	玞	옥돌 부
鈵	굳을 병	輔	도울/덧방나무 보	葡	무 복	峯	봉우리 봉	芙	부용 아욱과의 낙엽 관목 부
兵	병사(兵士) 병	簠	제기 이름 보	福	복 복	峰	봉우리 峯과 同字 봉	芣	부용 부
秉	잡을 병	黼	수 보	福	복 화(禍) 복	逢	만날 봉	蚨	파랑강충이 부
棅	자루 柄과 同字 병	洑	보 보	蝠	박쥐 복	烽	봉화 봉	荴	널리 퍼질 부
並	나란히 竝과 同字 병	保	지킬 보	輻	바퀴살 복	蜂	벌 봉	趺	책상다리할 부

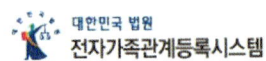

인명용 한자 조회 가나다 순서 형성자끼리 8,636자 (23/61)

鈇	도끼	부	罦	그물	부	膚	살갗	부	畚	삼태기	분	堋	광중	붕
麩	밀기울	부	筟	대청	부	**북** 1자			焚	불사를	분	棚	시렁/사다리	붕
不	아닐	부	蜉	하루살이	부	北	북녘ǀ달아날	북배	犇	달아날	분	硼	붕사(硼砂)	붕
抔	움킬	부	艀	작은 배	부	**분** 39자			賁	클	분	漰	물결치는 소리	붕
否	아닐	부	孵	알 깔	부	分	나눌	분	濆	물가	분	繃	묶을	붕
芣	질경이	부	阜	언덕	부	汾	클	분	噴	뿜을	분	髼	머리 흐트러질	붕
罘	그물	부	埠	선창	부	扮	꾸밀	분	憤	분할/결낼	분	鵬	붕새	붕
付	줄/ 부칠	부	赴	다다를 [趨而至]	부	吩	뿜을	분	墳	무덤	분	**비** 92자		
咐	분부할	부	訃	부고	부	忿	걸레	분	蕡	들깨/열매 많을	분	匕	비수	비
拊	어루만질	부	負	질[荷]	부	坌	먼지	분	膹	곰국	분	比	견줄	비
府	마을[官廳]	부	媍	며느리	부	枌	흰 느릅나무	분	轒	병거	분	庀	다스릴	비
附	붙을	부	剖	쪼갤	부	盼	햇빛	분	奮	떨칠	분	仳	떠날	비
荂	귀목 풀	부	掊	그러모을	부	芬	향기로울	분	糞	똥	분	庇	덮을	비
胕	장부	부	涪	물거품	부	芬	향기로울	분	**불** 13자			屁	방귀	비
俯	구푸릴	부	部	떼/ 거느릴/ 분류(分類)	부	肦	머리 클	분	不	아닐	불부	批	비평할/칠	비
祔	합사(合祀)할	부	蔀	빈지문/ 덮개	부	忿	성낼	분	弗	아닐/말[勿]	불	沘	강 이름	비
符	부호(符號)/부신(符信)	부	婦	며느리	부	氛	기운	분	佛	부처	불	妣	죽은 어미	비
袝	나들이옷	부	副	버금	부	盆	동이	분	拂	떨칠	불	枇	비파나무	비
腑	장부(臟腑)	부	富	부자/가멸	부	砏	큰소리	분	彿	비슷할	불	芘	당아욱	비
跗	발등	부	復	회복할ǀ다시	복부	紛	어지러울	분	岪	산길	불	毖	삼갈	비
腐	썩을	부	傅	스승	부	粉	가루	분	芾	풀 우거질	불	毘	도울	비
駙	곁마	부	溥	넓을	부	棼	마룻대	분	艴	발끈할	불	毗	도울 毗와 同字	비
鮒	붕어	부	榑	부상(榑桑) 전설상의 神木	부	菜	향내 나는 나무	분	髯	비슷할	불	砒	비상(砒霜)	비
缶	장군 액체를 담는 그릇	부	敷	펼	부	湓	용솟음할	분	祓	푸닥거리할	불	秕	쭉정이	비
孚	미쁠	부	賻	부의(賻儀)	부	雰	안개/눈 날릴	분	紱	인끈	불	粃	쭉정이	비
俘	사로잡을	부	簿	문서/장부	부	黺	옷에 오색 수놓을	분	韍	폐슬(蔽膝)	불	蚍	왕개미	비
浮	뜰	부	鳧	오리	부	鼢	두더지	분	黻	슬갑(膝甲)/보불(黼黻)	불	紕	가선	비
莩	갈대청	부	裒	모을	부	体	용렬할	분	**붕** 9자			琵	비파	비
荸	갈대청	부	賦	부세(賦稅)	부	笨	거칠	분	朋	벗	붕	丕	클	비
桴	마룻대	부	頫	머리 숙일	부	奔	달릴	분	崩	무너질	붕	伾	힘셀	비

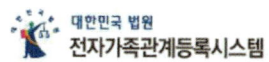

인명용 한자 조회 가나다 순서 형성자끼리 8,636자 (24/61)

邳	클/땅이름	비	鼙	작은북	비	鼻	코	비	矉	찡그릴	빈	四	넉	사
狉	삵의 새끼	비	非	아닐	비	濞	물소리	비	馪	향기	빈	泗	물 이름	사
痞	뱃속 결릴	비	剕	발 벨	비	蓖	아주까리	비	蠙	진주조개	빈	柶	윷/숟가락	사
妃	왕비	비	匪	대상자	비	篦	빗치개	비	繽	어지러울	빈	駟	사마	사
圮	무너질	비	裴	클	비	貔	비휴(貔貅)	비	鑌	강철	빈	史	사기(史記)/역사(歷史)	사
芾	작은 모양	비	悱	표현 못할	비	臂	팔	비	馥	향내 물큰 날	빈	使	하여금/부릴	사
肥	살찔	비	悲	슬플	비	譬	비유할	비	鬢	살쩍/귀밑털	빈	駛	달릴	사
淝	강 이름	비	腓	장딴지	비	羆	큰 곰	비	頻	자주	빈	司	맡을	사
沸	끓을	비	扉	문짝	비	贔	힘쓸	비	嚬	찡그릴	빈	伺	엿볼	사
狒	비비/개 코 원숭이	비	斐	오락가락할	비	轡	고삐	비	瀕	물가	빈	祠	사당	사
費	쓸	비	菲	엷을	비	빈	32자		蘋	네가래/개구리밥	빈	祠	사당	사
泌	분비할ㅣ스며흐를	비/필	菲	엷을	비	牝	암컷	빈	顰	찡그릴	빈	笥	옷상자	사
祕	숨길	비	棐	도지개 뒤틀린 활을 바로 잡는 틀	비	玭	구슬 이름	빈	豳	나라 이름	빈/반	詞	말/글	사
祕	숨길	비	榧	비자나무	비	份	빛날 彬의 古字	빈	빙	6자		覗	엿볼	사
秘	숨길 祕의 俗字	비	緋	붉은빛	비	邠	나라 이름	빈	氷	얼음	빙	嗣	이을	사
卑	낮을	비	翡	물총새	비	貧	가난할	빈	凭	기댈 憑의 簡體	빙	飼	먹일	사
俾	더할	비	蜚	바퀴	비	浜	물가	빈	憑	기댈/비길[依]	빙	寺	절	사
婢	계집 종	비	誹	헐뜯을	비	彬	빛날	빈	娉	장가들	빙	死	죽을	사
埤	더할	비	霏	눈 펄펄 내릴	비	霦	옥 광채	빈	聘	부를/찾아갈	빙	糸	가는 실	사
郫	고을 이름	비	馡	향기로울	비	斌	빛날	빈	騁	달릴	빙	絲	실	사
陴	성가퀴 성 위에 낮게 쌓은 담	비	騑	곁마	비	贇	예쁠	빈	사	86자		私	사사(私事)	사
庳	집 낮을	비	飛	날	비	賓	손	빈	士	선비	사	邪	간사(奸邪)할	사
椑	술통	비	騛	빠른 말	비	儐	인도할	빈	仕	섬길/벼슬할	사	些	적을	사
萆	비해	비	渒	강 이름	비	擯	물리칠	빈	巳	뱀/여섯째 지지	사	似	닮을/같을	사
脾	지라[脾臟]	비	痹	저릴	비	濱	물가	빈	汜	지류(支流)	사	姒	동서	사
痺	저릴	비	備	갖출	비	嬪	아내	빈	祀	제사	사	沙	모래	사
睥	흘겨볼	비	憊	고달플	비	檳	빈랑나무	빈	祀	제사	사	砂	모래	사
碑	비석	비	鞴	풀무	비	璸	구슬 이름	빈	乍	잠깐	사	紗	깁	사
裨	도울	비	閟	문 닫을	비	殯	염할	빈	咋	깨물	사	娑	춤출	사
髀	넓적다리	비	鄙	다라울	비	臏	종지뼈	빈	詐	속일	사	莎	향부자	사

- 427 -

인명용 한자 조회 가나다 순서 형성자끼리 8,636자 (25/61)

https://efamily.scourt.go.kr/cs/CsBltnWrtList.do?bltnbordId=0000010

莎	향부자	사	徙	옮길	사	疝	산증(疝症)	산	薩	보살	살	上	윗	상:
痧	쥐통(콜레라)	사	赦	용서할	사	訕	헐뜯을	산	蕯	보살	살	峠	고개	상
裟	가사	사	斜	비낄	사	刪	깎을	산	**삼** 13자			床	상 牀의 俗字	상
鯊	문절망둑 鯊와 同字	사	蛇	긴 뱀	사	姍	헐뜯을	산	三	석	삼	牀	평상[床]	상
鯊	文鯽망둑/ 모래무지	사	斯	이/ 이것	사	珊	산호	산	杉	삼나무	삼	狀	형상 l 문서	상 장
社	모일/ 토지의 신	사	傞	취한 춤	사	狻	사자	산	衫	적삼	삼	尙	오히려	상
社	모일/ 토지의 신	사	奢	사치할	사	祘	셈	산	釤	낫	삼	徜	노닐	상
卸	풀	사	肆	방자할	사	蒜	마늘	산	芟	풀 벨	삼	晌	정오(正午)	상
事	일	사	簔	도롱이	사	蒜	마늘	산	苂	풀 벨	삼	常	떳떳할/ 항상/ 보통	상
剚	찌를	사	蓑	도롱이	사	産	낳을	산	參	석 참여할	삼	嘗	맛볼	상
舍	집	사	蜡	납향	사	產	낳을	산	滲	스밀	삼	嚐	맛볼	상
捨	버릴	사	賜	줄	사	僝	착할	산	蔘	삼/ 인삼	삼	裳	치마	상
思	생각	사	㒲	잘게 부술	사	剷	깎을	산	蓡	삼/ 인삼	삼	賞	상줄	상
俟	기다릴	사	禠	복(福)	사	篡	큰 피리	산	糝	나물죽	삼	償	갚을	상
涘	물가	사	寫	베낄	사	鏟	대패	산	鬖	헝클어질	삼	相	서로	상
竢	기다릴	사	瀉	쏟을	사	傘	우산	산	森	수풀/ 나무가 빽빽할	삼	湘	물 이름	상
査	조사할	사	辭	말씀	사	散	흩을	산	**삽** 12자			廂	곁채	상
渣	찌끼	사	**삭** 9자			橵	산자	산	卅	서른	삽	想	생각	상:
楂	떼	사	削	깎을	삭	繖	일산(日傘)	산	揷	꽂을	삽	箱	상자	상
皯	여드름	사	索	노, 동아줄 l찾을	삭 색	霰	싸라기눈	산	插	꽂을	삽	緗	담황색	상
唆	부추길	사	朔	초하루	삭	算	셀	산	歃	마실	삽	霜	서리	상
梭	북[織具] 씨실을 푸는 기구	사	捌	바를	삭	酸	실/ 초	산	鍤	가래/ 삽 shovel	삽	孀	홀어미	상
射	쏠/ 궁술	사	槊	창	삭	潸	눈물 흐를	산	啑	쪼아 먹을	삽	庠	학교	상
榭	정자/ 사당	사	萷	말오줌때	삭	潛	눈물 흐를	산	翣	운삽(雲翣)	삽	祥	상서(祥瑞)	상
謝	사례할	사	數	자주 l 셀, 셈	삭 수	孿	쌍둥이	산	霅	비올	삽	祥	상서(祥瑞)	상
麝	사향노루	사	爍	빛날	삭	**살** 6자			霎	가랑비	삽	詳	자세할	상
師	스승	사	鑠	쇠 녹일	삭	乷	땅이름 音譯字	살	鈒	새길	삽	翔	날[飛]	상
獅	사자	사	**산** 27자			殺	죽일 감할/ 빠를	살 쇄	颯	바람 소리	삽	樣	상수리나무 l모양	상 양
篩	체 치거나 거르는 기구	사	山	메/ 뫼	산	煞	죽일 殺과 同字	살	澁	떫을 澀과 同字	삽	桑	뽕나무	상
鰤	물고기 이름	사	汕	오구 그물의 하나	산	撒	뿌릴	살	**상** 44자			鋿	방울 소리	상

인명용 한자 조회   가나다 순서 형성자끼리 8,636자

顙	이마	상	**생** 7자		恕	용서할	서	撕	훈계할	서	潟	개펄	석
爽	시원할	상	生	날	생	忞	용서할 恕의 古字	서	鉏	호미	서	碣	주춧돌	석
塽	높고 밝은 땅	상	牲	희생	생	絮	솜	서	鋤	호미	서	錫	주석 tin	석
懹	성품 밝을	상	眚	재앙	생	徐	천천할	서	耡	호미/구실이름	서	奭	클/쌍백(雙百)	석
商	장사	상	笙	생황	생	悆	잊을ㅣ느슨해질	여서	嶼	섬(작은섬)	서	釋	풀/설명하다	석
象	코끼리	상	甥	생질	생	敍	펼/차례	서	崱	섬 island	서	**선** 57자		
像	모양	상	鉎	녹	생	叙	펼/차례 敍의 俗字	서	藇	아름다울	서	仙	신선	선
潒	세찰	상	省	덜ㅣ살필	생성	敘	펼/차례 敍의 俗字	서	蕷	아름다울	서	亻	날	선
橡	상수리	상	**서** 59자			逝	갈[往]	서	**석** 26자			秈	메벼	선
喪	잃을/죽을/상복 입다	상	西	서녘	서	誓	맹세할	서	夕	저녁	석	亘	뻗칠ㅣ베풀	긍선
傷	다칠	상	序	차례	서	庶	여러	서	汐	조수	석	先	먼저	선
殤	어려서 죽을	상	抒	풀	서	嫬	여자의 字	서	石	돌	석	洗	씻을	선
觴	잔	상	芧	상수리	서	捿	깃들일	서	矽	석비레 부석돌이 많이 섞인 흙	석	珗	옥돌	선
鬺	삶을	상	茅	상수리	서	棲	깃들일	서	秳	섬=(十斗) 백이십 근	석	烍	들불	선
새 6자			紓	늘어질	서	栖	깃들일 棲와 同字	서	鉐	놋쇠	석	筅	솔	선
偲	책선할 (責善)	새시	舒	펼	서	黍	기장	서	碩	클	석	詵	말 전할/많을	선
鰓	아가미	새	墅	농막	서	犀	무소	서	鼫	다람쥐	석	跣	맨발	선
塞	변방ㅣ막힐	새색	豫	미리ㅣ펼	예서	焎	밝을	서	昔	예[古]	석	銑	무쇠	선
賽	굿할	새	胥	서로	서	暑	더울	서	惜	아낄	석	洒	씻을ㅣ삼갈/엄숙할	세선
曬	가득 채울	새	絙	서로 胥와 同字	서	署	마을[官廳]	서	腊	육포	석	宣	베풀	선
璽	옥새(玉璽)	새	偦	재주 있을	서	曙	새벽	서	析	쪼갤	석	愃	상쾌할ㅣ너그러울	선훤
색 8자			揟	고기 잡을	서	薯	감자/참마	서	淅	쌀일	석	渲	바림	선
色	빛	색	壻	사위	서	藷	감자/참마	서	晳	밝을	석	琁	도리옥	선
索	찾을ㅣ노[동아줄]	색삭	壻	사위	서	緖	실마리	서	晰	밝을 晳과 同字	석	扇	부채	선
塞	변방ㅣ막힐	새색	湑	이슬 맺힐	서	鼠	쥐	서	蜥	도마뱀	석	煽	부채질할	선
嗇	아낄	색	惰	슬기/지혜	서	瑞	상서	서	席	자리	석	騸	불깔	선
澁	껄끄러울	색	稰	가을할	서	筮	점대	서	蓆	자리/클 席과 同字	석	船	배	선
澀	깔깔할 澁의 本字	색	諝	슬기	서	澨	물가	서	蕟	자리/클 席과 同字	석	旋	돌[廻]	선
穡	거둘	색	謂	슬기 諝 同字	서	噬	씹을	서	褯	자리ㅣ=藉(깔개)	석자	璇	옥	선
槭	앙상할	색	書	글	서	遾	미칠/이를	서	舄	신/신발 까치	석작	嫙	예쁠	선

- 429 -

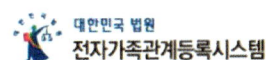

한자	뜻	음
璇	아름다운 옥	선
暶	밝을	선
嫙	아름다울	선
鏇	갈이 틀 [鏇盤]	선
善	착할	선
墡	흰 흙/ 백토(白土)	선
歚	고을	선
膳	선물/반찬	선
敾	사람 이름	선
繕	기울	선
鐥	대야	선
饍	반찬[膳]	선
羨	부러워할	선
譱	착할	선
僊	춤 훨훨 출	선
腺	샘	선
線	줄	선
綫	줄	선
選	가릴	선
譔	가르칠	선
嬋	고울	선
禪	선/ 참선/ 봉선(封禪)	선
禪	선/ 참선/ 봉선(封禪)	선
蟬	매미 선	선
鱓	드렁허리/ 사선(蛇鱓)	선
鮮	고울	선
蘚	이끼	선
蘚	이끼	선
癬	버짐	선
鱻	고울/ 생선	선

한자	뜻	음
瓗	아름다운 옥 | 옥 이름	선 수
璿	구슬	선
설	28자	
舌	혀	설
泄	샐	설
枻	도지개 | 배의 노	설 예
紲	고삐	설
渫	파낼	설
媟	깔볼	설
揲	셀	설
碟	가죽 다룰	설
洩	샐	설
契	맺을 | 부족 이름 사람 이름	계 글 설
偰	맑을	설
楔	문설주	설
稧	볏짚	설
齧	깨물	설
屑	가루	설
雪	눈	설
設	베풀	설
蔎	향 풀	설
蔎	향 풀	설
禼	사람 이름	설
卨	사람 이름	설
說	말씀 | 달랠 | 기뻐할	설 세 열
搆	없앨	설
爇	불사를	설
暬	설만할	설
褻	무람없을	설
薛	성(姓)/ 맑은대쑥	설

한자	뜻	음
薛	성(姓)/ 맑은대쑥	설
섬	15자	
閃	번쩍일	섬
陝	땅이름	섬
剡	땅 이름	섬
睒	언뜻 볼	섬
摻	섬섬할	섬
銛	가래	섬
憸	아첨할	섬
暹	햇살치밀/ 나라이름	섬
韱	산부추	섬
孅	가늘	섬
殲	다 죽일	섬
纖	가늘	섬
蟾	두꺼비	섬
贍	넉넉할	섬
譫	헛소리	섬
섭	15자	
涉	건널	섭
緤	비단 이을 紲	섭
葉	잎 | 땅 이름	엽 섭
葉	잎 | 땅 이름	엽 섭
燮	불꽃 섭	섭
欆	삿자리 갈대를 엮어서 만든 자리	섭
躞	걸을	섭
聶	소곤거릴	섭
攝	다스릴/ 잡을/당길	섭
囁	소곤거릴	섭
懾	두려워할	섭
灄	강 이름	섭

한자	뜻	음
躡	밟을	섭
鑷	족집게	섭
顳	관자놀이	섭
성	31자	
成	이룰	성
成	이룰	성
城	성/ 재 castle	성
城	성/ 재 castle	성
娍	아름다울	성
宬	서고	성
晟	밝을	성
晟	밝을	성
晠	밝을	성
珹	옥이름	성
盛	성할/ 담을 반 쇠(衰)	성
盛	성할/ 담을	성
筬	바디: 베틀에 딸린 기구	성
誠	정성	성
誠	정성	성
性	성품/ 성별	성
姓	성/ 성씨(姓氏)	성
胜	비릴	성
星	별 성	성
猩	성성이 성	성
惺	깨달을	성
貹	재물/ 넉넉할	성
胜	비릴 새 이름	성 정
瑆	옥빛	성
𦗴	귀 밝을	성
醒	깰	성

한자	뜻	음
省	살필 덜	성 생
聖	성인/ 거룩할	성
聖	성인/ 거룩할	성
騂	붉은 말/ 붉은 소	성
聲	소리	성
세	18자	
世	인간	세
笹	가는대/ 조릿대	세
貰	세놓을	세
忕	익숙해질	세
㛮	고요할/ 여자이름	세
洒	씻을 | 엄숙할	세 선
洗	씻을	세
涗	잿물	세
帨	수건	세
稅	세금	세
蛻	허물	세
說	달랠 | 말씀 | 기뻐할	세 설 열
細	가늘	세
彗	살별=彗星 / 빗자루	세 혜
勢	형세	세
歲	해	세:
銴	구리 녹날	세
繐	가늘고 설핀 베	세
소	74자	
小	작을	소
少	적을	소
召	부를	소
佋	소목(昭穆) 조상의 신주를 모시는 차례	소
劭	힘쓸	소

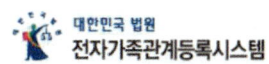

인명용 한자 조회

가나다 순서 형성자끼리 8,636자

邵	높을 邵와 通字	소	霄	하늘	소	蕭	쓸쓸할/ 맑은 대 쑥	소	**솔** 7자		**쇠** 2자	
邵	땅이름/ 성(姓)	소	魈	이매 네 발 가진 도깨비	소	蕭	쓸쓸할/ 맑은 대 쑥	소	乺	솔	衰	쇠할	쇠
沼	못/ 늪	소	霰	싸라기눈/ 진눈깨비	소	瀟	물 이름/ 맑고 깊을	소	帥	장수 | 거느릴	수솔	釗	힘쓸/ 만날| 쇠/ 사람 이름	쇠소
昭	밝을	소조	鮹	물고기 이름	소	瀟	물 이름/ 맑고 깊을	소	率	거느릴 | 헤아릴	솔률	**수** 95자		
炤	밝을| 비출	소조	鮹	소금	소	簫	퉁소	소	窣	구멍에서 갑자기 나올	솔	水	물	수
柖	나무 흔들릴	소	掃	쓸[掃除]	소	燒	사를	소	遳	군사를 거느릴	솔	手	손	수
玿	아름다운 옥	소	埽	쓸	소	艘	배/ 척 고물(船尾)	소	衞	거느리다 인도하다	솔	殳	창	수
紹	이을	소	梳	얼레빗	소	蘇	차조기/ 되살아날	소	蟀	귀뚜라미	솔	囚	가둘	수
韶	풍류/ 아름다울	소	疏	소통할/ 트일	소	蘇	차조기/ 되살아날	소	**송** 12자			泅	헤엄칠	수
所	바	소	疎	성길/트일 疏와 同字	소	**속** 11자			宋	성(姓)	송:	收	거둘	수
泝	거슬러 올라갈	소	蔬	나물	소	束	묶을	속	松	소나무	송	戍	수자리 국경을 지키던 일	수
訴	호소할	소	蔬	나물	소	涑	물 이름	속	淞	물 이름/ 강 이름	송	汓	헤엄칠	수
笑	웃음	소	巢	새집	소	速	빠를	속	訟	송사할	송:	守	지킬	수
咲	웃음 笑의 古字	소	璅	옥돌	소	遬	빠를속	속	頌	기릴/ 칭송할	송:	狩	사냥할	수
釗	힘쓸/만날| 쇠/ 사람 이름	소쇠	槊	풀막	소	俗	풍속	속	鬆	더벅머리	송	秀	빼어날	수
素	본디/ 흴[白]	소	繅	고치 켤	소	浽	비 올 / 큰 비바람	속	悚	두려울	송	琇	옥돌	수
傃	향할	소	酥	연유(煉乳)	소	粟	조	속	竦	공경할/ 두려울	송	綉	수놓을	수
塐	토우	소	穌	긁어모을	소	謖	일어날	속	送	보낼	송	銹	쇳 녹날	수
愫	정성	소	甦	깨어날	소	屬	붙일	속	誦	욀	송	受	받을	수
嗉	모이주머니	소	翛	날개소리	소	續	이을	속	憽	똑똑할	송	授	줄	수
膆	모이주머니	소	筱	가는 대	소	贖	속죄할	속	憁	똑똑할	송	綬	인끈	수
蕭	깨끗할 | 멈출	소어	篠	조릿대	소	**손** 8자			**쇄** 8자			垂	드리울	수
消	사라질	소	搔	긁을	소	孫	손자	손	刷	인쇄할/ 쓸/ 닦을	쇄	睡	졸음	수
捎	없앨	소	瘙	피부병	소	遜	겸손할	손	殺	죽일 | 감할/ 빠를	살쇄	陲	위태할	수
宵	밤[夜]	소	騷	떠들	소	蓀	향 풀	손	碎	부술	쇄:	鷞	새매	수
逍	노닐	소	塑	흙빚을	소	蓀	향 풀	손	瑣	옥가루	쇄:	岫	산굴	수
焇	녹일	소	溯	거슬러 올라갈 遡와 同字	소	飧	밥	손	鎖	쇠사슬	쇄:	峀	산굴[岫]	수
蛸	갈거미	소	遡	거스를	소	飱	저녁밥/ 물만밥	손	鎻	쇠사슬	쇄:	袖	소매	수
箾	음악/ 칼집	소	愬	하소연할	소	巽	부드러울/ 異卦/ 異方	손	灑	뿌릴	쇄:	首	머리	수
銷	쇠 녹일	소	嘯	휘파람	소	損	덜	손	曬	쬘	쇄	帥	장수 | 거느릴	수솔

- 431 -

인명용 한자 조회 가나다 순서 형성자끼리 8,636자

洙	물가	수	須	모름지기	수	藪	숲/늪/덤불	수	순 42자		焞	귀갑 지지는 불 ǀ 밝을	돈순
茱	수유(茱萸)	수	鬚	수염	수	籔	숲/늪/덤불	수	旬	열흘	순	諄	거듭이를	순
萸	수유(茱萸)	수	晬	돌	수	籔	휘/16두斗 조리/따리	수	侚	재빠를	순	醇	전국 술 군물을 타지 않은 진한 술	순
殊	다를	수	睟	바로 볼	수	樹	나무	수	恂	미쁠/무서울	순	錞	악기이름	순
銖	저울눈	수	晬	얼굴 윤기	수	輸	보낼	수	洵	참으로	순	鶉	메추리	순
祟	빌미	수	粹	순수할	수	穗	이삭	수	徇	부릴/조리돌릴	순	舜	순임금	순
修	닦을	수	睟	재물	수	穗	이삭	수	姁	미칠 영향이나 작용 따위가	순	蕣	무궁화	순
葰	수신 식품제조용 첨가물	수	隋	수나라	수	獸	짐승	수	峋	깊숙할	순	橓	무궁화	순
蓨	수산 oxalic酸	수	隨	따를	수	繡	수놓을	수	荀	풀이름	순	橁	무궁화나무	순
脩	길[長]	수	璲	구슬	수	**숙** 20자			荀	풀이름	순	瞬	눈깜짝일	순
叟	늙은이	수	髓	골수	수	夙	이를	숙	殉	따라죽을	순	蓴	순채 수련과의 여러해살이 풀	순
廋	숨길	수	骸	뼛골	수	叔	아재비	숙	栒	나무이름	순	蒓	순채 수련과의 여러해살이 풀	순
搜	찾을	수	綏	편안할	수	俶	비롯할	숙	珣	옥 이름	순	鬊	헝클어질	순
溲	반죽할	수	竪	세울 豎의 俗字	수	淑	맑을	숙	眴	눈 깜작할	순	**술** 6자		
嫂	형수	수	豎	세울/더벅머리	수	婌	궁녀 벼슬	숙	筍	죽순	순	戌	개 술	술
瘦	여윌	수	愁	근심	수	菽	콩	숙	詢	물을	순	垅	높을	술
瞍	소경	수	酬	갚을	수	叔	콩	숙	駒	말이 달려갈	순	述	펼	술
膄	파리할	수	遂	드디어/이를/이룰	수	琡	옥 이름	숙	巡	돌[廻]/순행할	순	術	재주	술
颼	바람 소리	수	隧	길[路]	수	倏	갑자기	숙	盹	사귈	순	絉	끈	술
宿	별자리ǀ잘/묵을	수숙	燧	봉화	수	儵	빠를	숙	脣	광대뼈	순	鉥	돗바늘	술
羞	부끄러울	수	璹	패옥	수	宿	잘/묵을ǀ별자리	숙수	盹	졸	순	**숭** 4자		
饈	드릴	수	邃	깊을	수	孰	누구	숙	純	순수할ǀ가장자리	순준	崇	높을 숭	숭
售	팔	수	壽	목숨	수	塾	글방	숙	盾	방패	순	嵩	산 높을	숭
睢	부릅떠 볼/성(姓)	수	寿	목숨 壽의 俗字	수	熟	익을	숙	循	돌[環]	순	崧	산 높을/우뚝 솟을	숭
濉	물 이름	수	蒐	모을	수	肅	엄숙할	숙	楯	난간	순	菘	배추	숭
誰	누구	수	蒐	모을	수	潚	물 맑을	숙	紃	끈	순	**쉬** 3자		
雖	비록 수	수	需	쓰일/쓸	수	繡	무성할	숙	順	순할	순	倅	버금	쉬
瑈	옥 이름 ǀ 아름다운 옥	수선	漱	양치할	수	驌	말 이름	숙	馴	길들일	순	淬	담금질할	쉬
讎	원수	수	嗽	기침할	수	鷫	신조/신령한 새	숙	脣	입술	순	焠	담금질	쉬
讐	원수	수	數	셈	수	璹	옥 그릇	숙	淳	순박할	순	**슬** 7자		

인명용 한자 조회

가나다 순서 형성자끼리 8,636자 (30/61)

https://efamily.scourt.go.kr/cs/CsBltnWrtList.do?bltnbordId=0000010

虱	이/蝨과 同字	슬	媵	잉아	승	施	베풀	시:	廝	하인	시	紳	띠[帶]	신
蝨	이/악폐(惡弊)	슬	僧	중	승	絁	깁	시	澌	다할	시	囟	정수리	신
瑟	큰거문고	슬	鬙	머리 헝클어질	승	枾	감나무/柿의 本字	시	嘶	말울/목쉴	시	汛	물 뿌릴	신
璱	아름다운옥	슬	繩	노끈	승	柿	감/감나무	시	漦	흐를	시	迅	빠를	신
虄	붉고 푸를	슬	蠅	파리	승	是	이[斯]/옳을	시	諡	시호(諡號)	시	訊	물을	신
膝	무릎	슬	**시**	60자		匙	숟가락	시	釃	술 거를	시	臣	신하	신
璱	푸른 구슬	슬	尸	주검	시	媞	복 안존할	시제	**식**	17자		腎	콩팥	신
습	8자		屎	똥|끙끙거릴	시히	禔	복(福)/편안할	시제지	式	법	식	頤	눈 크게 뜨고 볼	신
拾	주울|열	습십	屍	주검	시	提	복(福)/편안할	시제지	拭	씻을	식	身	몸	신
習	익힐	습	市	저자(시장) 인가가 많은 번화한 곳	시	諟	다스릴	시체	栻	점치는 판	식	辛	매울	신
慴	두려워할	습	柿	감	시	鍉	열쇠	시	軾	수레 가로나무	식	莘	족두리풀/세신[細辛]	신
熠	쐐기	습	矢	화살	시	柴	섶[薪]	시	食	밥/먹을	식	藎	족두리풀/세신[細辛]	신
褶	주름/사마치	습	示	보일	시	豺	승냥이	시	飾	꾸밀	식	新	새	신
濕	젖을	습	沶	내 이름	시	翅	날개	시	蝕	좀먹을	식	薪	섶/섶나무/땔나무	신
隰	진펄	습	眎	볼	시	翃	날개	시	簒	땅이름/대 밥통	식	薪	섶/섶나무/땔나무	신
襲	엄습할	습	視	볼	시	猜	시기할	시	息	쉴	식	辰	때|별/5째지지	신진
승	18자		眡	볼	시	豉	메주	시	媳	며느리	식	宸	대궐	신
升	되	승	豕	돼지	시	偲	힘쓸	시	熄	불 꺼질	식	娠	아이밸	신
阩	오를	승	兕	외뿔소	시	偲	책선할(責善)	새시	埴	찰흙	식	晨	새벽	신
陞	오를	승	始	비로소/처음	시:	媤	시집	시	植	심을	식	脤	제육(祭肉)	신
阼	해 뜰	승	枲	수삼/모시풀	시:	毸	날개 칠	시	殖	불릴	식	蜃	큰 조개	신
昇	오를	승	侍	모실	시:	緦	시마(緦麻)	시	湜	물 맑을	식	伸	걷는 모양	신
丞	받들	승	恃	믿을	시:	諰	두려워할	시	寔	이(是)	식	姺	걸을	신
丞	정승	승	時	때	시	顋	뺨	시	識	알|적을	식지	駪	많을	신
巹	도울	승	旹	때 時의 古字	시	啻	뿐 다만-뿐 아니라	시	**신**	38자		信	믿을	신
承	이을	승	塒	홰 새가 깃들이는 곳	시	試	시험	시	申	납[猿]	신	哂	웃을	신
泽	땅 이름	승	蒔	모종낼	시	弑	윗사람죽일	시	伸	펼	신	矧	하물며	신
乘	탈	승	蒔	모종할	시	蓍	시초/톱풀(가새풀)	시	呻	읊조릴	신	愼	삼갈	신
勝	이길	승	詩	시	시	蓍	시초/톱풀(가새풀)	시	神	귀신	신	蜃	조개풀	신
塍	밭두둑	승	眡	볼	시	厮	하인 廝와 同字	시	神	귀신	신	蜃	조개풀	신

인명용 한자 조회 가나다 순서 형성자끼리 8,636자 (31/61)

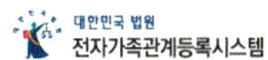
https://efamily.scourt.go.kr/cs/CsBltnWrtList.do?bltnbordId=0000010

燼	불탄 끝/ 깜부기불	신	拾	주울丨열	습십	峨	산 높을 峩와 同字	아	顎	턱	악	眼	눈	안
璶	옥 돌	신	**쌍 2자**			娥	예쁠	아	鰐	악어	악	雁	기러기	안
贐	노자(路資)	신	双	雙의 俗字	쌍	莪	다북 쑥/ 지칭개	아	鶚	물수리	악	鴈	기러기	안
실 6자			雙	두/쌍	쌍	莪	다북 쑥/ 지칭개	아	齶	잇몸	악	鳫	불빛 鴈 同字	안
失	잃을	실	**씨 1자**			硪	바위	아	噩	놀랄	악	顏	낯/얼굴	안
室	집	실	氏	각시/ 성씨(姓氏)	씨	皒	흰빛	아	堊	흰 흙	악	餴	배불리 먹을 보리를 서로 먹을	안온
悉	다	실	**아 42자**			蛾	누에나방	아	惡	악할 악丨 미워할	악오	**알 11자**		
蟋	귀뚜라미	실	丫	가장귀 나뭇가지의 갈라진 부분	아	餓	주릴	아:	偓	거리낄	악	空	구멍	알
實	열매丨이룰	실지	牙	어금니	아	鵝	거위	아	喔	닭소리	악	軋	삐걱거릴	알
実	열매 實의 略字	실	芽	싹	아	鵞	거위 鵝와 同字	아	握	쥘 악	악	訐	들추어낼	알
심 16자			芛	싹	아	婀	여자 스승	아	渥	비 젖을/ 두터울	악	揠	뽑을	알
心	마음	심	枒	야자나무	아	阿	언덕	아	幄	장막(帳幕)	악	遏	막을	알
沁	스며들	심	迓	맞을	아	妸	여자의 자	아	齷	악착할	악	謁	뵐	알
芯	골풀	심	砑	갈	아	婀	아리따울	아	樂	즐길丨풍류丨좋아할	락악요	嘎	새소리	알
芯	골풀	심	笌	대순/죽순	아	疴	병(病)/ 입 앓이	아	**안 21자**			斡	돌/ 관리할	알
沈	성씨丨잠길	심침	訝	의심할	아	娿	아리따울	아	安	편안	안	頞	콧대	알
甚	심할	심:	雅	맑을	아	啊	사랑할	아	晏	편안할	안	閼	막을	알
葚	오디	심:	鴉	갈 까마귀	아	犽	부드러울 불깐 개	아의	侒	편안할	안	鴶	뻐꾹새	알
諶	믿을	심	兒	아이	아	衙	마을[官廳] 아	아	按	누를	안	**암 20자**		
深	깊을	심	兒	아이丨 다시 난 이	아예	**악 24자**			妟	종용할	안	岩	바위[巖]	암
尋	찾을	심	亞	버금	아	岳	큰 산	악	案	책상	안:	巖	바위	암
潯	물가	심	亞	버금	아	嶽	큰산[岳]/ 긴 뿔 모양	악	桉	안수(桉樹) 案과 同字	안	啽	움켜 먹을	암
燖	삶을	심	啞	벙어리	아	咢	시끄럽게 다툴	악	晏	늦을	안:	晻	어두울 (날이 어둡다)	암
審	살필	심	婭	동서(同壻)	아	愕	놀랄	악	鞍	안장	안:	庵	암자	암
瀋	즙낼/ 물 이름	심	椏	가장귀질	아	鄂	땅이름	악	鮟	아귀	안	菴	암자/ 풀 이름	암
鐔	날 밑 칼과 칼자루 사이에 테	심	錏	투구 목가리개	아	腭	잇몸	악	犴	들개/ 옥(獄)	안	葊	암자/ 풀 이름	암
鱏	심어/ 철갑상어	심	我	나	아:	萼	꽃받침	악	矸	깨끗한	안	蓭	암자 庵과 同字	암
십 3자			俄	아까	아	覨	오래	악	岸	언덕	안	馣	향기로울	암
十	열	십	哦	읊조릴 성오(醒悟)의 감탄사	아	諤	곧은 말 할	악	婩	고울	안	嵒	바위 品과 同字	암
什	열사람丨세간	십집	峨	산 높을	아	鍔	칼날	악	銨	연한 쇠	안	癌	암/ 악성 종양(腫瘍)	암

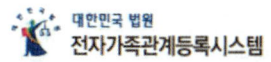

인명용 한자 조회 가나다 순서 형성자끼리 8,636자 (32/61)

https://efamily.scourt.go.kr/cs/CsBltnWrtList.do?bltnbordId=0000010

한자	뜻	음	한자	뜻	음	한자	뜻	음	한자	뜻	음	한자	뜻	음
喑	잠꼬대	암	艾	쑥|다스릴	애예	磑	맷돌	애	惹	이끌	야	佯	거짓	양
媕	머뭇거릴	암	厓	언덕	애	藹	초목 우거질	애	耶	어조사	야	徉	노닐	양
菴	풀이름 菴의 古字	암	啀	물어뜯을	애	靄	아지랑이	애	倻	가야	야	洋	큰 바다	양
暗	어두울	암	涯	물가	애	**액**	**11자**		捓	야유할 揶와 同字	야	烊	구울	양
腤	고기 삶을	암	捱	막을	애	厄	액	액	揶	야유할	야	恙	병/근심할	양
誾	욀	암	崖	언덕	애	阨	막힐	액	爺	아비	야	眻	눈썹 사이	양
闇	숨을/닫힌 문	암	崕	벼랑	애	扼	잡을	액	椰	야자나무	야	痒	가려울[癢]	양
黯	검을	암	睚	눈초리	애	戹	좁을	액	野	들[坪]	야:	漾	물 출렁거릴	양
頷	턱	암	溰	물가	애	呃	울	액	埜	들 野의 古字	야	樣	모양|상수리나무	양상
압	**4자**		賹	사람 이름	애	掖	낄/겨드랑이	액	**약**	**18자**	**21**	養	기를	양
押	누를	압	哀	슬플	애	液	진	액	若	반야|같을	야약	瀁	물 깊을	양
狎	친압할 너무 지나치게 친하다.	압	埃	티끌	애	腋	겨드랑이	액	偌	반야|같을	야약	癢	가려울	양
鴨	오리	압	挨	칠	애	搤	잡을	액	約	맺을|부절	약요	易	볕 陽과 同字	양
壓	누를	압	娭	계집종	애	縊	목맬	액	葯	꽃밥	약	陽	볕	양
앙	**13자**		唉	그래/대답하는 소리	애	額	이마	액	蒻	꽃밥	약	暘	해돋을	양
卬	나	앙	欸	한숨 쉴	애	**앵**	**7자**		弱	약할	약	揚	날릴	양
仰	우러를	앙:	焥	빛날	애	嬰	예쁠	앵	蒻	부들	약	敭	날릴[揚] 揚의 古字	양
昂	높을	앙	騃	어리석을	애	罃	물독	앵	蒻	부들	약	楊	버들	양
昻	높을[昂]	앙	隘	좁을	애	鶯	꾀꼬리	앵	篛	대 껍질	약	煬	녹일	양
央	가운데	앙	碍	거리낄[礙]	애	罌	양병	앵	鸙	댓 닭 몸집이 큰 싸움닭 종류	약	瘍	헐	양
泱	물 깊고 넓을	앙	礙	거리낄	애	嚶	꾀꼬리소리	앵	龠	피리	약	暢	치장한 수레	양
怏	원망할	앙	愛	사랑	애	櫻	앵두	앵	爚	사를	약	颺	날릴	양
坱	먼지	앙	僾	비슷할/돋보기	애	鸚	앵무새	앵	禴	봄 제사/종묘 제사	약	椋	푸조나무 느릅나무과의 낙엽교목	양
殃	재앙	앙	噯	숨/어머나	애	**야**	**15자**		籥	피리	약	襄	도울	양
秧	모/볏모	앙	曖	희미할	애	也	이끼/어조사	야	鑰	자물쇠	약	攘	물리칠	양
盎	동이	앙	暧	흐릿할	애	冶	풀무	야	藥	약	약	瀼	이슬 많은 모양	양
鞅	가슴걸이	앙	薆	숨길	애	夜	밤	야	藥	약	약	孃	아가씨	양
鴦	원앙	앙	靉	구름 낄	애	若	반야|같을	야약	躍	뛸	약	壤	흙덩이	양
애	**34자**		獃	못생길	애	偌	반야|같을	야약	**양**	**37자**	**57**	蘘	양하 생강과의 여러해살이풀	양
艾	쑥|다스릴	애예	皚	흴	애	惹	이끌	야	羊	양	양	穰	볏 줄기/볏짚	양

- 435 -

인명용 한자 조회   가나다 순서 형성자끼리 8,636자

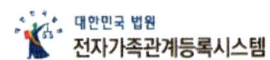

禳	빌[祈]/제사 이름 양	언	16자	掩	가릴 엄	余	나/餘의 俗字 여	延	늘일 연
禳	빌[祈]/제사 이름 양	言	말씀 언	淹	담글 엄	悆	잊을/느슨해질 여서	涎	침 연
釀	술빚을 양	彦	선비 언	崦	산 이름 엄	艅	배 이름 여	姸	빛날 연
讓	사양할 양	彥	선비 언	罨	그물 엄	餘	남을 여	挻	당길 연
鑲	거푸집 속 양	諺	언문/속담 언	醃	절일 엄	舁	마주들 여	埏	땅 끝 연
驤	머리 들 양	匽	엎드릴 언	閹	고자/내시 엄	與	더불/줄 여	莚	벋을/풀 이름 연
어	16자	偃	쓰러질 언	龑	고명할(高明) 엄	歟	어조사 여	莚	벋을/풀 이름 연
於	어조사 어	堰	둑 언	嚴	엄할 엄	璵	옥 여	筵	대자리 연
淤	진흙 어	鼴	봉새 언	严	엄할 嚴의 略字 엄	礖	돌 여	沿	따를/물 따라갈 연
唹	고요히 웃을 어	鼴	두더지 언	儼	엄연할 엄	轝	수레 輿와 同字 여	鉛	납 연
瘀	어혈질 어	鼹	두더지 언	曮	해가 돌 엄	輿	수레 여	兗	바를/땅이름 연
圄	옥 어	焉	어찌 언	업	4자	역	14자 녁1+력13= 28	兖	땅이름 연
敔	막을 어	傿	고을 이름/신선(神仙)의 이름 언	業	업 업	亦	또 역	渷	물 이름 연
語	말씀 어	嫣	싱긋 웃을 언	嶫	산 높을 업	役	부릴 역	姸	고울 연
齬	이어긋날 어	喁	즐길 언	嶪	높고 험할 업	疫	전염병 역	妍	고울 연
圉	마부 어	鄢	고을 이름 언	鄴	땅 이름 업	易	바꿀/쉬울 역이	研	갈 연
魚	고기/물고기 어	讞	평의할(評議) 언	에	2자	晹	햇살 약할 역	衍	넓을 연
漁	고기 잡을 어	얼	8자	恚	성낼 에	逆	거스릴 역	娟	예쁠 연
御	거느릴 어	壆	땅 이름 얼	曀	음산할 에	域	지경 역	娟	예쁠 연
禦	막을 어	臬	문지방 얼	엔	1자	淢	빨리 흐를 역	捐	버릴 연
馭	말 부릴 어	孼	서자 얼	円	화폐단위 엔	閾	문지방 역	涓	졸졸 흐를 연
飫	배부를 어	蘖	그루터기 얼	여	19자+녀1+려31= 51	嶧	산이름 역	悁	성낼 연
衛	멈출/깨끗할 어소	孽	싹 얼	予	나 여	懌	기뻐할 역	宴	잔치 연
억	6자	糱	누룩 얼	伃	아름다울 여	繹	풀[解] 역	烟	연기[煙]/煙과 同字 연
抑	누를 억	糵	누룩 얼	妤	여관(女官) 여	譯	번역할 역	煙	연기 연
億	억[數字] 억	蘗	누룩 얼	汝	너 여:	驛	역/역참(驛站) 역	軟	연할 연
憶	생각할 억	엄	14자	如	같을 여	연	57자+녀4+련21= 82	渊	못/淵의 俗字 연
臆	가슴 억	广	집 엄	伽	온순할 여	困	못 연	淵	못 연
檍	참죽나무 억	奄	문득 엄	茹	먹을 여	沇	강 이름/흐를 연윤	蜎	웅숭깊을 연
繶	끈 억	俺	나 엄	茹	꼭두서니 여	均	고를/따를 균연	掾	아전(衙前) 연

인명용 한자 조회

가나다 순서 형성자끼리 8,636자 (34/61)

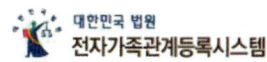
https://efamily.scourt.go.kr/cs/CsBltnWrtList.do?bltnbordId=0000010

椽	서까래	연	噎	목멜	열	曄	빛날	엽	韺	풍류 이름	영	纓	갓끈	영
緣	인연	연	㵸	물 흐르는 모양	열	曅	빛날	엽	韺	풍류 이름	영	**예** 65자 +례10=		75
櫞	구연(레몬)	연	**염** 20자 +녑4+렴7=		31	皣	빛날	엽	盈	찰[滿]	영	乂	깎을	예
硯	벼루	연	冉	나아갈	염	爗	빛날	엽	楹	기둥	영	刈	벨	예
硎	벼루	연	苒	풀 우거질	염	靨	보조개	엽	浧	거침없이 흐를	영	艾	쑥 | 다스릴	애예
然	그럴	연	蒅	풀 우거질	염	**영** 55자 +녕7+령31=		93	郢	땅이름	영	艾	쑥 | 다스릴	애예
嬿	아리잠직할	연	髥	구레나룻	염	永	길	영	睈	똑바로 볼	영	壁	다스릴	예
燃	탈	연	炎	불꽃/불탈	염	咏	읊을 詠과 同字	영	塋	무덤	영	曳	끌	예
堧	빈땅	연	琰	옥	염	泳	헤엄칠	영	榮	영화/꽃	영	拽	끌	예
瑌	옥돌	연	扊	빗장	염	栐	나무 이름	영	栄	영화/꽃 榮의 略字	영	汭	물굽이	예
輭	연할 軟의 本字	연	焰	불꽃/불 댕길	염	詠	읊을	영	荣	영화/꽃 榮의 俗字	영	芮	성(姓)/풀 뾰족뾰족	예
鳶	솔개	연	閻	마을	염	昊	햇빛 | 클	대영	荣	영화/꽃 榮의 俗字	영	芮	성(姓)/풀 뾰족뾰족	예
演	펼	연	染	물들	염	迎	맞을	영	濚	물 졸졸 흐를	영	枘	장부/촉꽂이	예
夤	창 | 장창(長槍)	연인	厭	싫어할	염	英	꽃부리	영	嶸	산 가파를	영	蚋	모기/파리매	예
縯	길	연	懕	편안할	염	英	꽃부리	영	蠑	영원(蠑螈) 도롱뇽과에 양서류	영	医	동개 | 의원 醫	예의
燕	제비	연	檿	산뽕나무	염	映	비칠	영	瑩	옥돌 | 밝을	영형	嫕	유순할	예
嚥	침 삼킬	연	饜	물릴/포식할	염	瀯	물 이름	영	瀯	얽힐	영	嬄	유순할	예
嬿	아름다울	연	魘	가위눌릴	염	濴	물 이름	영	瀠	물 돌아나갈	영	瞖	눈에 백태 낄	예
曣	청명할	연	黶	검정사마귀	염	暎	비칠 映의 俗字	영	營	경영할	영	緊	창 전대	예
臙	연지	연	艶	고울	염	暎	비칠 映의 俗字	영	灣	물소리	영	翳	가릴/일산(日傘)	예
醼	잔치	연	艷	고울	염	瑛	옥빛	영	憕	지킬	영	鷖	갈매기	예
讌	이야기할	연	灩	출렁거릴	염	瑛	옥빛	영	影	그림자	영:	兒	아이 | 다시 난 이	아예
瓀	옥돌	연	鹽	소금	염	煐	빛날	영	潁	물 이름	영	帠	법, 법칙	예
蠕	꿈틀거릴	연	**엽** 11자 +녑1+렵3=		15	煐	빛날	영	穎	이삭	영	倪	어릴	예
열 7자 +렬9=		16	葉	나뭇잎	엽	朠	달빛	영	贏	가득할	영	洯	물가	예
悅	기쁠	열	葉	땅 이름 | 잎	섭엽	朠	달빛	영	瀛	바다	영	埉	성가퀴 성 위에 쌓은 낮은 담	예
說	말씀 달랠 기뻐할	설세열	葉	땅 이름 | 잎	섭엽	碤	물속 돌	영	贏	남을	영	掜	비길	예
閱	볼[覽]	열	爗	불빛 | 이글거릴	엽황	鍈	방울 소리	영	嬰	어린아이	영	猊	사자	예
咽	목멜 | 목구멍	열인	燁	빛날	엽	鍈	방울 소리	영	瓔	옥돌	영	郳	나라 이름	예
熱	더울	열	燁	빛날	엽	霙	진눈깨비	영	癭	혹 불거져 나온 살덩어리	영	睨	흘겨볼	예

인명용 한자 조회 가나다 순서 형성자끼리 8,636자 (35/61)

蜺	무지개	예	蕊	꽃술	예	迃	굽을	오	澳	물굽이	오	韞	감출	온
霓	암무지개	예	蕋	꽃술	예	吳	성(姓)	오	隩	감출	오	蘊	쌓을	온
鯢	도롱뇽	예	橤	꽃술/드리울	예	娛	즐길	오	塢	물가	오	藴	쌓을	온
麑	사슴새끼	예	蘂	꽃술 蕊의 俗字	예	蒊	풀이름	오	燠	불 위로할 따뜻할	오우욱	偲	안온할/기댈	온은
羿	사람이름	예	蘃	꽃술[蕊] 蕊의 俗字	예	蜈	지네	오	襖	웃옷	오	穏	평온할 穩의 俗字	온
枻	도지개|배의 노	설예	鏧	아름다울	예	筽	버들고리	오	麈	무찌를	오	穩	편안할/평온할	온
珋	옥돌	예	譽	기릴/ 명예	예	誤	그르칠	오	**옥**	5자		饇	배불리 먹을 보리를 서로 먹을	안온
詣	이를[至]	예	**오**	58자		俁	갈래지을	오	玉	구슬	옥	**올**	4자	
裔	후손	예	午	낮	오	烏	까마귀	오	鈺	보배	옥	兀	우뚝할	올
預	맡길/미리	예	仵	짝	오	嗚	슬플	오	沃	기름질	옥	杌	나무 그루터기/위태로울	올
豫	미리|펼	예서	忤	거스를	오	塢	산언덕	오	屋	집	옥	嗢	목멜	올
睿	밝을|준설할	예준	旿	밝을	오	敖	거만할	오	獄	옥[囚舍]	옥	膃	살찔	올
睿	슬기	예	迕	만날	오	傲	거만할	오	**온**	24자		**옹**	18자	
叡	밝을	예	五	다섯	오	嗷	시끄러울	오	昷	어질/온화할	온	禺	땅 이름	옹
壡	밝을	예	伍	다섯사람	오	嫯	업신여길	오	媼	어질/온화할	온	喁	숨 쉴/입을 벌름거릴	옹
埶	심을 藝,勢 同字	예	吾	나	오	慠	오만할	오	媼	할미	온	顒	우러를/공경할	옹
蓻	심을	예	俉	맞이할	오	遨	놀	오	媪	할미	온	瓮	독/ 항아리	옹
蓺	심을	예	浯	강 이름	오	熬	볶을	오	溫	따뜻할	온	翁	늙은이	옹
藝	심을 藝와 同字	예	悟	깨달을	오	獒	사나운 개	오	慍	성낼	온	滃	구름 일	옹
藝	재주	예	唔	글 읽는 소리	오	聱	듣지 아니할	오	榲	기둥	온	蓊	동/ 장다리 꽃이 피는 줄기	옹
艺	재주	예	捂	닿을	오	謷	헐뜯을	오	瑥	사람이름	온	邕	막힐/화(和)할	옹
芸	藝의 俗字|향초 이름	예운예운	珸	아름다운 돌	오	鏊	번철	오	熅	숯불	온	雝	할미새/화(和)할	옹
蕓	藝의 俗字|향초 이름	예운	晤	밝을	오	顤	높을	오	馧	성한모양 蓋과 同字	온	廱	화락할/막힐/天子教宮	옹
囈	잠꼬대	예	梧	오동나무	오	鏊	준마	오	氳	기운 성할	온	癰	종기/악창/등창	옹
銳	날카로울	예	寤	잠깰	오	鰲	자라 鼇의 俗字	오	瘟	염병	온	雍	화(和)할/누그러질	옹
瘱	고요할	예	窹	부엌	오	鼇	자라	오	縕	묵은 솜	온	擁	낄/ 안을	옹:
濊	깊을/濊貊 종족이름	예	鼯	날다람쥐	오	惡	악할|미워할	악오	蒀	쌓을/붕어마름	온	壅	막을/북돋우다	옹
獩	민족 이름/예맥(濊貊)	예	汙	더러울 汚와 同字	오	噁	성낼	오	輼	와거 (臥車)	온	癕	악창(惡瘡)	옹
薉	거친 풀	예	汚	더러울	오	奧	깊을	오	醞	술빚을	온	甕	독/ 옹기 장단을 맞추는 악기	옹
穢	더러울	예	圬	흙손	오	懊	한할	오	馧	향기로울	온	甕	독/ 두레박	옹

인명용 한자 조회 가나다 순서 형성자끼리 8,636자 (36/61)

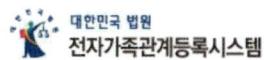

https://efamily.scourt.go.kr/cs/CsBltnWrtList.do?bltnbordId=0000010

字	뜻	음	字	뜻	음	字	뜻	음	字	뜻	음	字	뜻	음
饔	아침밥	옹	翫	구경할	완	往	갈	왕	窔	깊을	요	繇	성할/역사(役事)	요
와	18자		完	완전할	완	迋	갈	왕	凹	오목할	요	鷂	익더귀/새매의 암컷	요
瓦	기와	와	浣	빨	완	瀇	물 깊고 넓을	왕	拗	우길	요	樂	즐길/풍류/좋아할	락악요
囮	후림새[媒鳥]	와	垸	회 섞어 바를	완	**왜**	5자		坳	우묵하게 팬 곳	요	窯	기와 가마	요
訛	그릇될	와	莞	왕골/빙그레할	완	歪	기울/비뚤	왜	窈	고요할	요	徼	구할	요
臥	누울	와	蒝	왕골/빙그레할	완	娃	미인/예쁠	와왜	姚	예쁠	요	邀	맞을	요
柮	나무 마디	와	梡	도마/도마	관완	倭	왜나라	왜	約	맺을/묶을/부절(符節)	약요	擾	시끄러울	요
哇	토할	와	脘	중완[胃腑]	완	矮	난쟁이	왜	要	요긴할	요	曜	빛날/요일(曜日)	요:
洼	웅덩이	와	琓	나라이름	완	媧	사람 이름	왜	偠	낭창거릴	요	燿	빛날/비칠	요
娃	예쁠	와	輐	둥글	완	**외**	14자		喓	벌레소리	요	耀	빛날	요
蛙	개구리	와	宛	완연할	완	外	바깥	외	腰	허리	요	**욕**	8자	
窪	웅덩이	와	涴	물 굽이쳐 흐를	완	畏	두려워할	외	窅	움펑눈	요	浴	목욕할	욕
窊	우묵할	와	惋	한탄할	완	偎	어렴풋할	외	堯	요임금	요	欲	하고자 할	욕
媕	정숙할	와	盌	주발	완	渨	잠길	외	僥	요행/바랄	요	慾	욕심	욕
渦	소용돌이	와	婉	순할/아름다울	완	煨	불씨	외	嶢	높을	요	辱	욕될	욕
猧	발바리/몸집이 작은 개	와	腕	팔뚝	완	猥	외람할/함부로	외	澆	물 댈	요	溽	무더울	욕
萵	상추	와	琬	홀 완	완	嵬	구불구불할	외	墝	메마른 땅	요	蓐	요/깔개/거적	욕
窩	움집	와	椀	주발[碗]	완	磈	돌 우툴두툴할	외	嬈	아리따울	요	褥	요/침구/깃저고리	욕
蝸	달팽이	와	碗	주발[椀]	완	嵔	높을 울퉁불퉁 평탄하지 않은	외	橈	노/꺾일/꺾어질	요	縟	화문 놓을	욕
譌	거짓말	와	豌	완두 완	완	嵬	높을/험준할	외	蕘	나무할	요	**용**	36자 +룡3=	39
완	32자		鋺	주발/저울 바탕	완원	隗	험할	외	遶	두를/에워싸다	요	冗	한산할/번잡할[穴]	용
刓	깎을	완	婠	품성 좋을	완	魏	높고 험한 모양	외	繞	두를/둘러싸다	요	宂	일없을/번잡할	용
阮	성(姓)	완원	緩	느릴	완	巍	높고 클	외	蟯	요충	요	用	쓸	용
妧	좋을	완	**왈**	1자		聵	청각장애인	외	饒	넉넉할	요	甬	종꼭지	용
忨	탐할	완	曰	가로	왈	**요**	45자 +뇨7+료24=	76	徭	구실	요	俑	허수아비	용
抏	꺾을	완	**왕**	7자		幺	작을	요	搖	흔들	요	涌	물 솟을	용
岏	가파를	완	王	임금	왕	夭	어릴/일찍 죽을	요	暚	햇빛	요	埇	길 돋울	용
玩	즐길	완	汪	넓을	왕	妖	요사할	요	瑤	아름다운 옥	요	硧	숫돌	용
杬	나무 이름/어루만질	원완	旺	왕성할	왕	殀	일찍 죽을	요	遙	멀	요	蛹	번데기	용
頑	완고할	완	枉	굽을	왕	祅	재앙	요	謠	노래	요	踊	뛸	용

인명용 한자 조회 가나다 순서 형성자끼리 8,636자

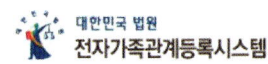

慂	권할	용	吁	탄식할	우	雩	기우제	우	慪	공경할	우	蕓	평지/유채(油菜)	운
勇	날랠	용	宇	집	우	霧	물소리	우	憂	근심	우	橒	나무이름	운
湧	물 솟을 涌과 同字	용	扜	당길	우	譐	망령되이 말할	우	優	넉넉할	우	篔	대 이름	운
踊	뛸	용	圩	오목할	우	禹	성(姓)	우	耰	고무래/곰방메	우	員	더할	인원	운 원
庸	떳떳할	용	邘	땅 이름	우	偶	혼자 걸을	우	燠	불 위로할 따뜻할	오 우 욱	隕	떨어질	운
傭	품팔이	용	芋	토란	클	우 후	寓	집	우	욱	12자	鄖	나라이름	운
墉	담[垣]	용	茟	토란	클	우 후	瑀	옥돌/패옥(佩玉)	우	旭	아침 해	욱	殞	죽을	운
慵	게으를	용	杅	바리/만족할	우	踽	홀로걸을	우	昱	햇빛 밝을	욱	熉	노란모양	운
槦	살대나무/병기 없는 시렁	용	玗	옥돌	우	齲	충치	우	煜	빛날	욱	篔	왕대	운
鏞	쇠북/ 종	용	盱	해뜰	우	俁	얼굴 클	우	郁	성할	욱	賱	구름이 일	운
容	얼굴	용	迂	에돌	우	虞	염려할/나라이름	우	栯	나무이름/산 앵두	욱	霣	떨어질/구름이 비를 몰아오다	운
俗	불안할	용	盂	사발	우	麌	수사슴/떼 지어모일	우	彧	문채(文彩)/아름다운 광채	욱	頵	둥글 둥글	운 혼
溶	녹을	용	盱	눈 부릅뜰	우	郵	우편	우	稢	문채(文彩)/아름다운 광채	욱	惲	도타울	운
嵱	산 이름	용	竽	피리	우	偶	짝	우	稶	무성할/黍稷 무성할	욱	運	옮길	운
瑢	패옥소리	용	紆	얽힐	우	寓	부칠[寄]	우	稢	서직 무성할 稶의 本字	욱	暈	무리[光環]	운 훈
熔	녹을	용	訏	속일	우	愚	기쁠	우	勖	힘쓸	욱	腪	넉넉할	운
榕	나무이름/벵골보리수	용	釪	바리때	우	庽	머무를	우	項	삼갈	욱	韵	운 韻 簡體字	운
蓉	연꽃/ 부용	용	猛	물 소용돌이쳐 흐를	용	隅	모퉁이	우	燠	불	위로할	따뜻할	오 우 욱	韻	운 音韻, 韻致	운
蓉	연꽃/ 부용	용	尤	더욱	우	嶇	산굽이	우	**운**	29자		**울**	7자	
鎔	쇠 녹일	용	优	오곡 휠	우	堣	땅이름	우	云	이를	운	乭	땅이름	울
茸	풀 날/녹용(鹿茸)	용	疣	사마귀	우	愚	어리석을	우	沄	돌아 흐를/소용돌이칠	운	菀	무성할	울
茸	풀 날/녹용(鹿茸)	용	訧	허물	우	遇	만날	우	雲	높을	운	蔚	무성할	울
聳	솟을	용	牛	소	우	褕	복	우	妘	중국의 성씨/여자의 자	운	蔚	고을이름	울
甬	사나울	용	右	오를/오른쪽	우	褍	복	우	芸	향 풀	운	蔚	고을이름	울
舂	찧을/절구질	용	佑	도울 右·祐 通字	우	耦	짝 둘이 나란히 서서 갈다.	우	芸	향 풀	운	黦	검을	울
憃	천치(天癡)	용	祐	복(福)/도울	우	鍝	귀고리	우	紜	어지러울	운	鬱	답답할	울
우	68자		祐	복(福)/도울	우	藕	연뿌리	우	耘	김맬	운	**웅**	2자	
又	또	우	羽	깃	우	藕	연뿌리	우	雲	구름	운	雄	수컷	웅
友	벗	우	㝢	비 雨와 同字	우	曩	날/ 나를	우	澐	큰 물결	운	熊	곰	웅
于	어조사	우	雨	비	우	麀	암사슴	우	蕓	평지 겨갓과 두해살이풀	운	**원**	49자	

인명용 한자 조회 가나다 순서 형성자끼리 8,636자

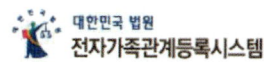

https://efamily.scourt.go.kr/cs/CsBltnWrtList.do?bltnbordId=0000010

元	으뜸	원	圓	둥글	원	萎	시들/ 마를	위	尉	벼슬	위	攸	아득할/ 바(所)	유
沅	물 이름	원	冤	원통할	원	䓕	시들/ 마를	위	熨	찜질할	위	悠	멀	유
阮	성씨 | 나라이름	완원	寃	원통할[冤]	원	痿	저릴	위	慰	위로할	위	酉	닭	유
杬	나무 이름 나무 이름	완원	原	언덕	원	諉	번거롭게	위	爲	하/ 할	위	猶	오히려	유
芫	팥꽃나무	원	源	근원	원	餧	먹일	위	僞	거짓	위	猷	꾀할	유
朊	달빛 희미할	원	嫄	여자이름	원	魏	성(姓)/ 나라이름	위	蔿	애기 풀/ 고을 이름	위	楢	졸참나무	유
笎	대 무늬	원	愿	삼갈	원	威	위엄	위	蒍	애기 풀/ 고을 이름	위	蚰	하루살이	유
阮	집	원	諼	천천히 말할	원	葳	둥굴레/ 초목 무성할	위	骫	뼈가 굽을	위	蕕	누린내 풀	유
黿	큰 자라	원	願	원할	원	胃	밥통	위	유	91자 +뉴5+류19= 115		乳	젖	유
爰	이에	원	騵	붉은말	원	渭	물 이름/ 강 이름	위	尤	망설일/ 머뭇거릴	유	幽	그윽할	유
援	도울/ 당길	원	袁	성(姓)	원	喟	한숨 쉴	위	幼	어릴	유	臾	잠깐	유
媛	계집/ 미인	원	猿	원숭이	원	蝟	고슴도치	위	泑	물빛 검을	유	庾	곳집/ 노적가리	유
湲	물 흐를	원	猨	물 흐를	원	謂	이를	위	呦	사슴 울	유	茰	수유(茱萸) 쉬나무의 열매	유
猨	원숭이 猿과 同字	원	園	동산	원	韋	다룸가죽	위	聈	고요할	유	萸	수유(茱萸) 쉬나무의 열매	유
瑗	구슬	원	遠	멀	원	偉	클	위	蚴	꿈틀거릴	유	腴	살찔	유
楥	느티나무	원	薗	동산	원	幃	휘장	위	黝	검푸를	유	瘐	병들	유
褑	패옥 띠	원	蒝	동산	원	圍	에워쌀/ 둘레	위	由	말미암을	유	諛	아첨할	유
怨	원망할	원	轅	끌채	원	葦	갈대	위	油	기름	유	柔	부드러울	유
苑	나라동산	원	邍	넓은 들판	원	葦	갈대	위	柚	유자	유	揉	휠/ 주무를	유
苑	나라동산	원	월	5자		暐	빛날/ 햇빛	위	秞	곡식 무성할	유	瑈	옥 이름	유
倇	즐거워할	원	月	달	월	煒	빛날/ 붉은빛	위	蚰	그리마 마디발(절지)동물	유	糅	섞을	유
婉	순할 | 아름다울	완원	刖	발꿈치 벨	월	違	어긋날	위	釉	유약/ 잿물	유	蹂	밟을	유
蜿	굼틀거릴	원	粤	어조사	월	瑋	옥 이름	위	鼬	족제비	유	鞣	다룬 가죽	유
鋺	저울 바탕	원	越	넘을	월	褘	휘장/ 아름다울	위	有	있을	유	俞	人月刂 兪의 俗字	유
鴛	원앙	원	鉞	도끼	월	衛	지킬	위	侑	짝/ 권할	유	兪	대답할/ 성씨(姓氏)	유
鵷	원추새 봉황의 한 가지	원	위	42자		衞	지킬 衛 本字	위	洧	물 이름	유	揄	야유할	유
洹	강 이름 | 세차게 흐를	원환	危	위태할	위	緯	씨	위	宥	너그러울	유	喩	깨우칠	유
垣	담	원	位	자리	위	闈	대궐안작은문	위	囿	동산	유	愉	즐거울	유
貟	수효	원	委	맡길	위	韙	바를	위	姷	짝	유	瑜	아름다울	유
員	인원/수효	원	逶	구불구불 갈	위	韡	밝고 성한모양	위	鮪	상어	유	逾	넘을	유

- 441 -

인명용 한자 조회 가나다 순서 형성자끼리 8,636자

愈	나을	유	曘	햇빛	유	閏	윤달	윤	澱	물가	은	齗	잇몸	은
楡	느릅나무	유	燸	따뜻할	유	閠	윤달	윤	銀	은/돈, 화폐	은	**을** 3자		
牖	판장문	유	窬	비뚤	유	閏	윤달	윤	恩	은혜	은	乙	새	을
褕	고울	유	牖	들창(窓)/깨우칠	유	潤	불을/젖을/윤택할	윤	慇	사전검색에 없음 물과 같은 은혜	은	圪	흙더미 우뚝할	을
瘉	병 나을 癒와 同字	유	遺	남길/끼칠	유	橍	나무 이름	윤	蒑	풀이름	은	鳦	제비	을
癒	병 나을	유	壝	제단	유	斎	물 깊고 넓을	윤	蒽	풀이름	은	**음** 14자		
踰	넘을	유	遺	물고기 떼 지어 놀	유	贇	예쁠	빈윤	溵	사람 이름	은	吟	읊을	음
諭	타이를	유	讀	성낼	유	**율** 9자 +률8= 17			殷	은나라	은	音	소리	음
鍮	놋쇠	유	籲	부를/고를	유	聿	붓	율	滩	강 이름 濦과 同字	은	愔	화평할	음
逌	만족할/바[攸,所]	유	籲	부를/구할	유	建	세울/엎지를 걸어가는 모양	건율	蒑	풀빛 푸른	은	喑	벙어리	음
莠	가라지/강아지풀	유	**육** 5자 +뉵1+륙4= 10			汩	물 흐를	율	蒑	풀빛 푸른	은	噾	크게 외칠	음
誘	꾈	유	肉	고기	육	喬	송곳질할	율	慇	은근할	은	馨	소리 화할	음
媃	아리따울	유	育	기를	육	潏	사주(沙洲)	율	誾	언쟁할	은	崟	험준할	음
緌	갓끈	유	堉	기름진 땅	육	燏	빛날	율	狺	으르렁거릴	은	淫	음란할	음
唯	오직	유	毓	키울	육	霱	상서로운 구름 상서로운 구름	율율	圁	물 이름	은	霪	장마	음
惟	생각할	유	儥	팔	육	颶	큰 바람	율	誾	향기	은	陰	그늘/응달	음
帷	휘장/장막	유	**윤** 20자 +륜10= 30			鴥	빨리 날	율	誾	온화할	은	廕	덮을	음
瑜	옥돌	유	尹	성(姓)/다스릴	윤	**융** 5자 +륭3= 8			鄞	땅 이름	은	蔭	풀 그늘	음
維	벼리	유	允	맏[伯]/진실로	윤	戎	병장기/오랑캐	융	憖	물을/원할/억지로	은	蔭	풀 그늘	음
裕	넉넉할	유	沇	강 이름 흐를	연윤	狨	원숭이 이름	융	齗	이 고를 [齒齊]	은	飮	마실	음
渘	물 이름	유	阭	높을	윤	絨	가는베	융	億	기댈/안온할	은온	**읍** 6자		
溛	깊을	유	玧	붉은 구슬/귀막이 구슬	문윤	融	녹을	융	濦	강 이름 澱와 同字	은	邑	고을	읍
游	헤엄칠	유	鈗	창	윤	瀜	물 깊고 넓을	융	隱	숨을/숨길	은	浥	젖을	읍
遊	놀	유	勻	고를/나눌	균윤	**은** 37자			嶾	산 높을	은	挹	뜰/읍(揖)할	읍
㽕	열매 많이 열릴	유	苑	연뿌리	윤	听	웃을 입을 벌리고 벙글거리다	은	檃	도지개 뒤틀린 활을 바로 잡는 틀	은	悒	근심할	읍
蕤	꽃 드리워질	유	荺	연뿌리	윤	圻	경기(京畿)	기은	檼	마룻대/도지개	은	泣	울	읍
需	쓰일/구할/부드러울	수유	昀	햇빛	윤	訢	기뻐할	은	蘟	고사리와 비슷한 나물	은	揖	읍할 공경을 나타내는 예의	읍
儒	선비	유	鋆	금/황금(黃金)	윤	垽	앙금/찌꺼기	은	蘟	고사리와 비슷한 나물	은	**응** 5자		
濡	젖을/적실	유	胤	자손/이을	윤	垠	지경	은	癮	두드러기	은	凝	엉길	응
孺	어릴/젖먹이	유	亂	이을 胤과 同字	윤	珢	옥돌	은	嚚	어리석을	은	應	응할	응

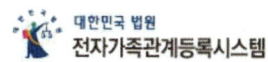

인명용 한자 조회 가나다 순서 형성자끼리 8,636자 (40/61)
https://efamily.scourt.go.kr/cs/CsBltnWrtList.do?bltnbordId=0000010

膺	가슴	응	擬	비길	의	羨	볠/ 흰 비름	이	翊	도울	익	茵	자리/깔개/사철 쑥	인
瞻	노려 볼 (怒視)	응	嶷	산 이름	의	痍	상처	이	翌	다음날	익	氤	기운성할	인
鷹	매/ 송골매	응	毅	굳셀	의	杝	나무이름/피나무	이	熤	빛날/사람 이름	익	䄄	벼꽃	인
의	32자		劓	코벨	의	迤	든든할/비스듬할	이	翼	날개	익	裀	제사 지낼 禋과 同字	인
衣	옷	의	醫	의원	의	訑	자랑할/으쓱거릴	이	瀷	물 이름/강 이름	익	裀	요(까는 침구)	인
依	의지할	의	医	동개ㅣ의원 醫의 俗字	예의	貤	거듭할	이	인	43자 +린27= 70		婣	혼인 姻과 同字	인
嫕	여자 이름	의	이	48자 +니11+리44= 103		肄	미칠	이	人	사람	인	絪	기운	인
矣	어조사	의	二	두	이	易	바꿀/周易 쉬울	역이	儿	사람	인	寅	범[虎]/셋째 地支/ 東北	인
宜	마땅	의	貳	두/갖은 두	이	怡	기쁠	이	仁	어질	인	璌	사람 이름	인
誼	정(情)	의	已	이미	이	珆	옥돌ㅣ무늬	이태	忈	어질 仁의 古字	인	夤	공손할	인
倚	기댈	의	尔	너	이	貽	줄[與]	이	忎	어질 仁의 古字	인	戭	창/장창(長槍)	연인
猗	불깐 개ㅣ부드러울	아의	以	써	이	飴	엿	이	芢	씨/ 풀이름	인	膶	등심	인
欹	아!(감탄사)	의	苡	율무/질경이[苢]	이	咦	아름다울ㅣ즐거워할	이희	芢	씨/ 풀이름	인	濥	물줄기	인
椅	의자	의	苢	율무/질경이[苢]	이:	嬇	기쁠	이	刃	칼날	인	堙	막을	인
漪	물놀이	의	而	말 이을	이	頤	턱	이	仞	길	인	湮	묻힐	인
漪	눈서리 흰 모양	의	鳾	제비	이	移	옮길	이	沏	끈적거릴	인	禋	제사지낼 裀과 同字	인
螘	개미 蟻와 同字	의	弛	늦출	이	異	다를	이	忍	참을	인	諲	공경할	인
饐	밥 쉴	의	伊	저[彼]	이	廙	공경할	이	牣	가득할	인	䩚	작은 북	인
懿	아름다울	의	咿	선웃음 칠	이	羡	넓을	이	靭	질길 靷과 同字	인	軔	작은 북 䩚 同字	인
意	뜻	의	耳	귀	이	肄	익힐	이	靷	질길	인	일	14자 +릴2= 16	
薏	율무	의	佴	버금	이	爾	너	이	認	알[知]	인	一	한	일
薏	율무	의	姬	여자 이름	이	薾	번성할	이	引	끌	인	壹	한/ 갖은 한	일
義	옳을	의	胹	힘줄이 질길	이	邇	가까울	이	蚓	지렁이	인	日	날	일
儀	거동	의	栮	목이버섯	이	彝	떳떳할 彞의 俗字	이	靭	가슴걸이	인	昢	기뻐할	일
礒	돌 모양	의	珥	귀고리	이:	彞	떳떳할	이	印	도장	인	駰	역말[驛馬]	일
蟻	개미	의	聏	화할	이	익	9자 닉2	11	因	인할	인	佚	편안	일
艤	배댈	의	夷	오랑캐	이	弋	주살	익	姻	혼인	인	劮	기쁠	일
議	의논할	의	姨	이모	이	益	더할	익	咽	목구멍ㅣ목멜	인열	泆	음탕할/넘칠	일
疑	의심할	의	洟	콧물	이	謚	빙그레할	익	洇	잠길	인	軼	앞지를	일
儗	참람할/분수에 넘칠	의	黄	벨/ 흰 비름	이	鶷	새 이름	익	茵	자리/깔개/사철 쑥	인	佾	줄 춤	일

인명용 한자 조회 가나다 순서 형성자끼리 8,636자

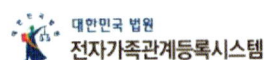

逸	달아날 逸과 同字	일	媵	보낼	잉	頿	코밑수염	자	藉	깔/핑계할	자	孱	잔약할	잔
逸	편안할/달아날	일	자	59자		者	놈	자	작	23자		潺	물 졸졸 흐를	잔
溢	넘칠	일	子	아들	자	煮	삶을	자	勺	구기	작	驏	안장 없는 말	잔
鎰	무게이름	일	仔	자세할	자	赭	붉은 흙	자	汋	삶을	작	잠	8자	
임	15자 +림10=25		字	글자	자	姿	모양	자	犳	표범/아롱이 짐승	작	岑	산 높을	잠
壬	북방	임	孖	쌍둥이	자	咨	차탄할/물을	자	芍	함박꽃	작	涔	괸 물	잠
任	맡길	임	孜	부지런할	자	諮	물을	자	芍	함박꽃	작	暫	잠깐	잠
妊	아이 밸	임	秄	북돋울	자	恣	마음대로/방자할	자	灼	불사를	작	箴	경계	잠
姙	아이 밸 妊과 同字	임	耔	북돋울	자	茨	남가새/지붕 일	자	酌	술 부을/잔질할	작	潛	잠길/자맥질할	잠
袵	옷깃	임	蚱	며루 蚱蚄蟲	자	茦	남가새/지붕 일	자	作	지을	작	潜	잠길/자맥질 潛의 俗字	잠
荏	들깨	임	牸	암컷	자	瓷	사기그릇	자	岝	산 높을	작	簪	비녀	잠
荏	들깨	임	自	스스로	자	粢	서직(黍稷)/기장/젯밥	자	怍	부끄러워할	작	蠶	누에	잠
恁	생각할	임	刺	찌를|찌를	자 척	資	재물	자	昨	어제	작	잡	6자	
託	생각할	임	莿	풀 가시	자	茲	무성할	자	炸	터질	작	卡	관(關)/중국어 card	잡
紝	짤	임	姉	손윗누이	자	兹	초목 무성할	자	柞	떡갈나무	작	眨	눈 깜작일	잡
飪	익힐	임	姊	손윗누이	자	滋	불을[益]	자	斫	쪼갤	작	磼	산 높을	잡
誑	믿을	임	炙	구울|구울	자 적	慈	사랑	자	斮	쪼갤	작	襍	섞일	잡
賃	품삯	임:	柘	메 뽕나무	자	嬨	너그럽고 순할	자	雀	참새	작	雜	섞일	잡
鵀	젖을	임	呰	구차할	자	孳	새끼 칠	자	舃	신|까치	석 작	囃	장단 잡을	잡
稔	익을	임	泚	맑을	자	磁	자석	자	鵲	까치	작	장	64자	
입	3자 립5 8		疷	지치	자	玆	이/검을 兹와 通字	자	焯	밝을	작	丈	어른	장
入	들	입	疵	허물	자	鎡	호미	자	綽	너그러울	작	仗	의장(儀仗)	장
廿	스물[廾]	입	眥	흘길	자	鶿	가마우지	자	碏	삼갈/잡색의 돌	작	杖	지팡이	장
廿	스물	입	眦	흘길	자	胾	고깃점	자	爵	벼슬	작	庄	전장(田莊)	장
잉	6자		紫	자줏빛	자	蔗	사탕수수	자	嚼	씹을	작	粧	단장할	장
仍	인할	잉	觜	털 뿔	자	蔗	사탕수수	자	잔	7자		匠	장인	장
孕	아이 밸	잉	貲	재물	자	鷓	자고(鷓鴣) 메추라기 비슷한 새	자	剗	깎을	잔	壯	장할	장
芿	새 풀싹	잉	訾	훼방할/헐뜯을	자	褯	자리/포대기	석 자	殘	남을	잔	壮	장할	장
艿	새 풀싹	잉	雌	암컷	자	鮓	생선젓 소금에 절인 어물	자	棧	사다리	잔	妝	꾸밀	장
剩	남을	잉	髭	코밑수염	자	藉	깔/핑계할	자	盞	잔	잔	狀	문서|형상	장 상

인명용 한자 조회 가나다 순서 형성자끼리 8,636자

戕	찌를	장	章	글	장	扗	있을	재	鎗	종소리	쟁	疽	종기	저
奘	클	장	偉	놀랄	장	災	재앙	재	**저** 51자	菹	김치/채소 절임	저
牂	암양	장	障	막을	장	灾	재앙 災 同字	재	宁	쌓을	저	葅	김치/채소 절임	저
莊	씩씩할/풀 성할	장	鄣	나라 이름	장	斎	재계할	재	佇	우두커니 설	저	蛆	구더기	저
庄	씩씩할/풀 성할	장	獐	노루	장	哉	어조사	재	苧	모시	저	詛	저주할	저
糚	단장할	장	漳	물 이름/강 이름	장	栽	심을	재	芧	모시	저	雎	물수리	저
裝	꾸밀	장	嶂	산봉우리	장	哉	심을	재	紵	모시	저	齟	이 어긋날	저
將	장수/장차	장	璋	홀[圭]/반쪽 홀	장	溨	강이름	재	貯	쌓을	저	這	이	저
将	장수/장차 將의 俗字	장	暲	해 돋을	장	裁	옷 마를	재	氐	근본	저	猪	돼지[豬]	저
漿	즙/미음	장	樟	녹나무	장	載	실을	재	低	낮을	저	渚	물가	저
蒋	성(姓)/줄 볏과의 여러해살이풀	장	瘴	장기/풍토병	장	溨	물 이름	재	底	밑	저	陼	삼각주	저
蔣	성(姓)/줄 볏과의 여러해살이풀	장	麞	노루	장	賊	재물	재	抵	막을[抗]/거스를	저	著	나타날	저
奬	장려할 奬의 略字	장	場	마당	장	捭	손바닥에 받을	재	邸	집	저	着	나타날	저
獎	장려할/권면할	장	腸	창자	장	宰	재상	재	柢	뿌리	저	楮	닥나무	저
醬	장	장	掌	손바닥	장	梓	가래나무	재	牴	닿을	저	褚	솜옷	저
鏘	옥 소리	장	葬	장사지낼	장	榟	가래나무	재	羝	숫양	저	箸	젓가락	저
臧	착할	장	塟	장사지낼	장	滓	찌끼	재	袛	속적삼	저	瀦	웅덩이	저
贓	장물	장	嬙	궁녀	장	縡	일[事]	재	詆	꾸짖을	저	潴	웅덩이	저
藏	감출	장	墻	담/경계/牆과 同字	장	崽	자식(子息)	재	觝	씨름	저	儲	쌓을	저
藏	감출	장	廧	담/담장(-牆)	장	齋	재계할/집/齋室/書齋	재	杵	공이	저	藷	감자	저
欌	장롱	장	牆	담	장	齌	가질	재	杼	북(織具)	저	諸	감자	저
欌	장롱	장	薔	장미	장	纔	겨우	재	樗	가죽나무	저	躇	머뭇거릴	저
臟	오장	장	蔷	장미	장	**쟁** 8자	沮	막을[遮]	저	蹖	머뭇거릴	저
臓	오장	장	檣	돛대	장	爭	다툴	쟁	咀	씹을	저	**적** 33자
長	긴/길/어른	장	**재** 27자	狰	짐승이름	쟁	岨	돌산	저	吊	조상할	적
張	베풀	장	才	재주	재	崢	가파를	쟁	狙	원숭이/엿볼	저	赤	붉을	적
帳	장막/휘장/장부책	장	材	재목	재	琤	옥 소리	쟁	姐	맏누이	저	狄	오랑캐	적
萇	보리수	장	財	재물	재	箏	쟁[악기이름]	쟁	苴	암삼	저	逖	멀	적
餦	엿/유과 유밀과의 하나	장	再	두	재	諍	간할	쟁	苜	암삼	저	荻	물 억새	적
牂	숫양/소의 밥통	장	在	있을	재	錚	쇳소리	쟁	罝	짐승그물	저	荻	물 억새	적

- 445 -

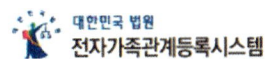

인명용 한자 조회 가나다 순서 형성자끼리 8,636자 (43/61)

https://efamily.scourt.go.kr/cs/CsBltnWrtList.do?bltnbordId=0000010

炙	구울ㅣ구울	자/적	佃	밭갈	전	旃	기(旗)	전	癲	미칠	전	竊	훔칠	절
的	과녁	적	屇	구멍	전	悛	고칠	전	殱	다할	전	**점**	21자	
菂	연밥	적	畑	화전	전	錢	새길	전	廛	가게	전	占	점령할/점칠	점
迪	나아갈	적	畋	사냥할	전	展	펼	전	鄽	가게	전	佔	볼/엿볼	점
笛	피리	적	鈿	비녀	전	輾	돌아누울	전	纏	얽을	전	岾	절 이름/땅 이름	점
迹	자취	적	全	온전	전	專	오로지	전	躔	궤도	전	店	가게	점
跡	발자취	적	佺	신선이름	전	傳	전할	전	篆	전자(篆字)	전	玷	옥티/이지러질	점
寂	고요할	적	荃	향초(香草)/겨자무침	전	嫥	전일(專一)할/오로지	전	戰	싸움	전	苫	이엉/거적	점
駒	별박이 이마에 흰 점이 박힌 말	적	荌	향초(香草)/겨자무침	전	塼	벽돌 甎의 同字	전	靛	청대(靑黛)쪽으로 만든 검푸른 닭	전	粘	붙을	점
賊	도둑	적	栓	마개	전	磚	벽돌 甎의 俗字	전	靦	부끄러울	전	蛅	쐐기 쐐기나방의 애벌레	점
勣	공(功)	적	痊	병 나을	전	甎	벽돌	전	澶	물 고요할	전	笘	회초리	점
磧	서덜 강가의 돌이 많은 곳	적	筌	통발	전	膞	저민 고기	전	氈	담(毯)	전	覘	엿볼	점
積	쌓을	적	詮	갖출	전	轉	구를	전	邅	머뭇거릴	전	颭	물결 일	점
績	길쌈/실 낳을	적	輇	상여 차	전	囀	지저귈	전	氊	누린내	전	黏	차질 끈기가 있어 들어붙다	점
蹟	자취	적	銓	사람가릴	전	奠	정할/제사	전	顫	떨릴	전	霑	젖을	점
翟	꿩	적	吮	빨	전	飦	죽	전	鱣	전어/철갑상어	전	鮎	메기	점
糴	쌀 사들일	적	典	법	전	牋	장계	전	鸇	새매	전	點	점	점
摘	딸[手收]	적	琠	옥이름	전	箋	기록할	전	顓	오로지	전	奌	점찍을 點의 略字	점
滴	물방울	적	腆	두터울	전	錢	돈	전	飦	죽	전	点	점 點의 俗字	점
嫡	정실	적	瞋	넉넉할	전	餞	보낼	전	**절**	11자		埑	빠질	점
敵	대적할	적	錪	가마솥	전	箋	성(姓)/언치	전	切	끊을ㅣ온통	절/체	漸	점점/차츰	점
適	맞을/갈	적	前	앞	전	電	번개	전	絕	끊을	절	蔪	풀이 서로 둘러싸다	점
樀	처마	적	剪	가위	전	雋	영특할ㅣ새 살찔	준/전	絶	끊을	절	簟	대자리	점
謫	귀양 갈	적	湔	씻을	전	鐫	새길	전	截	끊을 말을 잘하는 모양	절	**접**	9자	
鏑	살촉	적	揃	자를	전	殿	전각	전	嵒	산모롱이	절	接	이을	접
籍	문서	적	煎	달일	전	澱	앙금	전	折	꺾을	절	椄	접붙일	접
覿	볼	적	箭	살[矢]	전	瘢	어루러기	전	浙	강이름	절	跕	밟을/천천히 갈	접
전	81자		翦	자를	전	塡	메울	전	晢	밝을ㅣ별 반짝일	절/체	楪	평상	접
田	밭	전	髯	살쩍 늘어질	전	顚	이마/엎드러질	전	節	마디	절	蝶	나비	접
甸	경기	전	栴	단향목	전	巔	산꼭대기	전	癤	부스럼	절	蹀	밟을/종종걸음	접

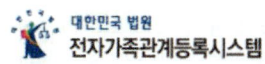

인명용 한자 조회   가나다 순서 형성자끼리 8,636자 (44/61)

https://efamily.scourt.go.kr/cs/CsBltnWrtList.do?bltnbordId=0000010

鰈	가자미	접	炡	빛날	정	碇	닻	정	檉	능수버들/ 위성류(渭城柳)	정	緹	붉은 비단	제
蜨	나비 蝶의 本字	접	眰	바라볼	정	錠	덩이	정	**제**	48자		踶	발로 찰	제
摺	접을	접	晸	동틀	정	胜	비릴/ 새 이름	성정	弟	아우	제	醍	맑은 술/ 제호(醍醐)	제
정	87자		柾	나무 바를	정	旌	기(旗)	정	娣	제수	제	題	제목	제
丁	고무래/ 장정/넷째 천간	정	証	간(諫)할	정	貞	곧을	정	悌	공손할	제	鯷	메기	제
汀	물가	정	鉦	징 낫쇠로 된 민속 타악기	정	偵	정탐할/ 염탐할	정	梯	사다리	제	齊	가지런할	제
叮	정성스러울	정	整	가지런할	정	幀	그림 족자	정	第	차례	제	儕	동배(同輩)	제
玎	옥 소리	정	廷	조정	정	湞	물 이름	정	稊	돌피/ 가라지 밭에 난 강아지풀	제	劑	약제	제
朾	칠/깃대/ 문설주	정	侹	긴 모양/ 평탄할	정	楨	광나무	정	睇	흘끗 볼	제	済	건널	제
灯	등불/ 열화(烈火)	정	庭	뜰/ 집안	정	遉	엿볼	정	制	마를/ 절제할	제	濟	건널	제
疔	정(疔) 못과 같은 부스럼	정	涏	물결 곧을	정	禎	상서로울	정	猘	미친 개	제	擠	밀	제
町	밭두둑	정	挺	빼어날	정	楨	상서로울	정	製	지을	제	隮	오를	제
訂	바로잡을	정	珽	옥 이름	정	淨	깨끗할	정	姼	예쁠	제	臍	배꼽	제
酊	술 취할	정	梃	몽둥이	정	埩	밭 갈	정	帝	임금	제	薺	냉이	제
釘	못	정	莛	줄기	정	静	조용할 靜의 略字	정	偙	준걸	제	蕠	냉이	제
頂	정수리	정	艇	거룻배/ 작은 배	정	靜	고요할	정	啼	울	제	虀	양념할	제
亭	정자	정	綎	인끈/ 인꼭지에 꿴 끈	정	頲	아름다울	정	蹄	굽	제	躋	오를	제
停	머무를	정	筳	꾸리 대 실을 감은 뭉치	정	瀞	맑을	정	蹏	굽/짐승 발 蹄의 同字	제	霽	갤	제
渟	물괼	정	鋌	쇳덩이	정	情	뜻/ 감정/ 정성	정	鍗	큰 가마	제	諸	모두	제
婷	예쁠	정	霆	벼락	정	婧	날씬한	정정	除	덜	제	鯑	복	제
諪	조정할 (調停)	정	頱	곧을 머리통이 홀쭉하다	정	彰	꾸밀/ 깨끗할	정	晢	밝을/ 별 반짝반짝할	절제	**조**	87자	
井	우물	정	呈	드릴	정	靖	편안할	정	祭	제사	제	刁	바라: 군악기/ 조두(刁斗): 징	조
姃	엄전할 정숙하고 점잖다.	정	程	탁자	정	睛	눈동자	정	際	즈음/ 가[邊]	제	爪	손톱	조
穽	함정/ 허방다리	정	珵	옥 이름/ 패옥(佩玉)	정	精	정할/ 쓿은 쌀	정	提	끌	제	笊	조리	조
正	바를	정	程	한도/ 길[道]	정	黅	검푸른 빛	정	堤	둑	제	弔	조상할	조
怔	황급할	정	酲	숙취(宿醉)	정	靚	단장할	정	隄	둑/ 막을	제	釣	낚시	조
征	칠/ 정벌(征伐)	정	鋥	칼날세울	정	晶	맑을	정	媞	행복(幸福)/ 안존(安存)할	시제	早	이를	조
姃	단정할	정	定	정할	정	棖	문설주	정	瑅	옥 이름	제	皂	검을/ 하인	조
怔	두려워할	정	淀	얕은 물	정	鼎	솥	정	禔	복(福)/ 편안할	시제지	兆	억조	조
政	정사(政事) 정치 또는 행정상의 일	정	掟	둘러칠	정	鄭	나라이름	정	禔	복(福)/ 편안할 복(福)	시제지	佻	경박할/ 방정맞을	조

- 447 -

인명용 한자 조회 가나다 순서 형성자끼리 8,636자 (45/61)

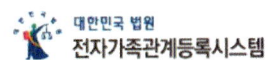
https://efamily.scourt.go.kr/cs/CsBltnWrtList.do?bltnbordId=0000010

晁	아침 朝의 古字	조	琱	옥 다듬을	조	趙	나라	조	卒	마칠	졸	左	왼	좌
窕	그윽할/ 정숙할	조	稠	빽빽할	조	銚	불리지 않은 쇠	조	猝	갑자기	졸	佐	도울	좌
眺	볼/ 바라볼	조	蜩	매미	조	懆	근심할	조	**종**	**26자**		坐	앉을	좌
祧	조묘(祧廟)	조	調	고를丨 아침	조/ 주	操	잡을	조	伀	두려워할	종	剉	꺾을/ 쪼개다	좌
絩	실 수효/ 오색실(五色絲)	조	雕	아로새길	조	噪	떠들썩할	조	宗	마루	종	座	자리	좌
誂	꾈/ 희롱할/ 별안간	조	鵰	수리/ 독수리	조	澡	씻을	조	倧	신인(神人)	종	挫	꺾을/ 결박하다	좌
銚	가래 흙을 떠서 던지는 농기구	조	鯛	도미	조	璪	면류관장식	조	淙	물소리	종	莝	여물/ 꼴을 베다	좌
找	채울	조	曺	성(姓)	조	燥	마를	조	悰	즐길	종	痤	뾰루지/ 옴/ 등창	좌
助	도울	조	曹	무리/ 마을	조	臊	누린내/ 고약한 냄새	조	棕	종려나무[椶]	종	髽	북상투 막 끝어 올려 튼 상투	좌
徂	갈	조	傮	마칠	조	繰	야청 통견 검푸른 거칠고 얇은 비단	조	琮	옥홀	종	**죄**	**1자**	
阻	막힐	조	漕	배로 실어 나를	조	藻	말/ 마름 물속 민꽃식물의 총칭	조	綜	모을	종	罪	허물	죄
俎	도마	조	嘈	지껄일	조	薻	말/ 마름 물속 민꽃식물의 총칭	조	踪	자취	종	**주**	**78자**	
殂	죽을	조	嶆	깊을	조	譟	시끄러울	조	柊	메(방망이)/ 박달목서	종	主	주인/임금	주
租	조세	조	遭	만날	조	躁	조급할/ 성급할	조	終	마칠	종	住	살	주
祖	할아비/ 조상	조	槽	구유	조	嬥	날씬할	조	螽	메뚜기	종	注	부을/ 물 댈	주
祖	할아비/ 조상	조	糟	지게미	조	糶	쌀 내어 팔	조	從	좇을/ 따를	종	姝	사람 이름/ 여자 예쁜 모양	주
粗	거칠	조	艚	거룻배	조	鼂	아침/ 바다거북	조	樅	전나무	종	拄	떠받칠	주
組	짤	조	釣	낚을/낚시	조	竃	부엌	조	瑽	패옥소리	종	柱	기둥	주
胙	제 지낸 고기	조	造	지을	조	**족**	**5자**		慫	권할	종	炷	심지	주
祚	복(福)	조	糙	매조미쌀/ 현미(玄米)	조	足	발	족	縱	세로	종	蛀	나무좀	주
祚	복(福)	조	鳥	새	조	族	겨레	족	蹤	자취	종	紸	댈/ 서로 닿게 하다	주
昭	밝을丨 비출	소/ 조	蔦	담쟁이덩굴	조	瘯	옴/ 피부병 이름	족	腫	종기	종	貯	재물	주
炤	밝을 昭와 同字	소/ 조	條	가지/ 조리/조목	조	簇	가는대 [小竹]	족	種	씨	종	註	글 뜻 풀	주
詔	조서	조	絛	끈/ 실올 땋은 납작한 끈	조	鏃	화살촉	족	瘇	수중다리/ 다리가 붓다	종	鉒	쇳돌	주
照	비칠	조	棗	대추/ 대추나무	조	**존**	**3자**		踵	발꿈치	종	駐	머무를	주
蚤	벼룩	조	朿	대추나무 棗의 俗字	조	存	있을	존	鍾	쇠북/종/ 발(鍾鉢)	종	霔	장마/ 시우(時雨)	주
厝	둘/ 措와 同字	조	朝	아침	조	拵	꽂을	존	鐘	쇠북/종	종	丟	갈/ 아주 갈	주
措	둘[置]	조	潮	밀물/ 조수	조	尊	높을	존	椶	종려나무	종	州	고을	주
凋	시들	조	嘲	비웃을	조	**졸**	**3자**		憁	생각할	종	洲	물가	주
彫	새길	조	肇	비롯할/ 칠	조	拙	졸할	졸	**좌**	**9자**		舟	배	주

- 448 -

인명용 한자 조회 가나다 순서 형성자끼리 8,636자 (46/61)

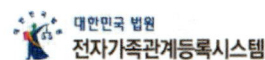

侏	가릴/속일	주	調	고를|아침	조주	**죽**	**2자**	儁	영특할	준	眾	무리 衆의 本字	중
珠	구슬	주	賙	진휼(賑恤)할 곤궁한 백성을 도와줌	조주	竹	대	죽	憯	똑똑할	준	衆	무리	중
輈	끌채/수레 채	주	霌	운우의 모양/구름과 비	주	粥	죽	죽	寯	모을	준	**즉**	**3자**
朱	붉을	주	紂	껑거리끈/殷최후 紂임금	주	**준**	**48자**	儁	뛰어날	준	即	곧 卽의 俗字	즉
侏	난쟁이	주	肘	장부(臟腑)|팔꿈치	부주	俊	준걸	준	埻	과녁	준	卽	곧	즉
邾	나라이름	주	奏	아뢸	주	俊	뒷걸음질 칠	준	綧	피륙 넓이	준	喞	두근거릴	즉
姝	예쁠	주	湊	모일	주	埈	높을	준	偆	가멸(富)	준	**즐**	**2자**
珠	구슬	주	湊	모일	주	浚	깊게 할	준	惷	어수선할	준	櫛	빗/빗질/긁어내다	즐
株	그루/주식(株式)	주	腠	살결	주	峻	높을/준엄할	준	蠢	꾸물거릴	준	騭	수말/오를	즐
硃	주사(朱砂)	주	輳	몰려들	주	陖	가파를	준	僎	갖출	준	**즙**	**6자**
蛛	거미	주	酒	술	주	逡	물러갈	준	儁	모일	준	汁	즙	즙
絑	붉을/분홍색의 비단	주	酎	진한 술	주	晙	밝을	준	墫	술통	준	葺	기울	즙
誅	벨/죄인을 죽이다	주	遒	굳셀	주	焌	불태울	준	撙	누를	준	茸	기울 짚으로 지붕을 이다	즙
趎	사람 이름	주	逎	굳셀	주	竣	마칠	준	遵	좇을	준	楫	노 배를 젓는 막대기	즙집
鼄	거미 蛛와 同字	주	晝	낮	주	畯	농부	준	樽	술통	준	檝	노 楫과 同字	즙
走	달릴	주	做	지을	주	皴	주름	준	蹲	기쁠	준	蕺	삼백초	즙
呪	빌	주	啾	부추길	주	晙	볼	준	蹲	걸어앉을	준	**증**	**15자**
説	빌	주	蒛	누에섶	주	葰	클	준	罇	술두루미	준	拯	건질	증
宙	집	주	晭	밝을	주	葰	클	준	鱒	송어	준	烝	찔/김 오를 뭇: 매우 많은 수효	증
胄	자손	주	尌	세울	주	踆	그칠	준	鐏	창고달 창끝에 끼우는 뾰족한 쇠	준	蒸	찔	증
冑	투구	주	澍	단비	주	駿	준마	준	睿	밝을|준설할	예준	蒸	찔	증
紬	명주	주	廚	부엌	주	餕	대궁/먹다 남은 밥	준	濬	깊을	준	症	증세	증
周	두루	주	儔	짝	주	鵔	금계	준	**줄**	**3자**	曾	일찍	증
晭	햇빛	주	幬	휘장	주	迿	앞설	준	茁	풀싹	줄	增	더할	증
椆	나무 이름	주	燽	밝을/드러날	주	純	순수할/생사|가선(-緟)	순준	茁	풀싹	줄	憎	미울	증
週	돌/주일/칠요(七曜)	주	疇	이랑/밭두둑	주	准	비준/승인할	준	乼	줄 묶거나 동이는 데 씀	줄	嶒	산 높고 험할	증
啁	밝을	주	籌	산(算)가지/헤아릴	주	隼	새매	준	**중**	**5자**	矰	주살	증
裯	홑이불	주	躊	머뭇거릴	주	準	준할 準의 俗字	준	中	가운데	중	甑	시루	증
聃	귀/귀가 밝다	주	鑄	쇠 불릴/쇠 부어 만들	주	準	준할/평평할	준	仲	버금	중	罾	어망	증
綢	빽빽할 주	주	籒	주문(籒文)/대전(大篆)	주	雋	영특할|새 살찔	준전	重	무거울	중	繒	비단	증

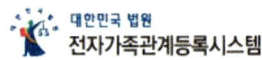

인명용 한자 조회 가나다 순서 형성자끼리 8,636자 (47/61)

https://efamily.scourt.go.kr/cs/CsBltnWrtList.do?bltnbordId=0000010

贈	줄[送]/보낼/선물	증	鮨	젓갈	지	櫍	주춧돌	지	抮	되돌릴	진	縝	붉은 비단	진
證	증거	증	至	이를	지	禔	복(福)/편안할	시제지	昣	밝을	진	眞	참 眞의 略字	진
지	**65자**		志	뜻	지	禔	복(福)/편안할	시제지	珍	보배	진	眞	참	진
之	갈	지	痣	사마귀	지	實	열매/이를	실지	殄	끊을/다할	진	嗔	성낼	진
芝	지초(芝草)/영지(靈芝)	지	誌	기록할	지	漬	적실	지	袗	홑옷	진	瞋	성할	전
芝	지초(芝草)/영지(靈芝)	지	銕	새길	지	墀	섬돌 위 뜰	지	疹	마마/홍역/천연두	진	愼	愼 삼갈 신 땅 이름	진
支	지탱할/가를	지	汦	붙을	지	遲	더딜/늦을	지	畛	밭두렁	진	塡	메울/진정할	전진
吱	가는 소리	지	坻	머무를	지	摯	잡을	지	診	진찰할	진	槇	우듬지 전/결 고울	진
枝	가지	지	忯	믿을	지	贄	폐백	지	軫	수레 뒤턱나무	진	瑱	귀막이 옥 전/누를	진
肢	팔다리	지	抵	손바닥	지	鷙	맹금	지	趁	좇을	진	瞋	부릅뜰	진
駃	굳셀	지	底	숫돌 砥와 同字	지	篪	저[笛]이름	지	鉁	보배	진	稹	떨기로 날	진
止	그칠/멈출	지	泜	강 이름	지	識	알/적을	식지	津	나루	진	禛	복 받을	진
址	터/자리·장소	지	坻	모래섬	지	躓	넘어질	지	珒	옥 이름	진	禛	복 받을	진
阯	터/토대	지	祇	공경할	지	**직**	**6자**		陣	진칠/줄	진	縝	맺을/고울	진
沚	물가	지	祗	공경할	지	直	곧을	직	陳	베풀/묵을/늘어놓을	진	鎭	진압할	진
芷	구릿대/어수리	지	舐	핥을	지	稙	올벼/일찍 심은 벼	직	蒒	사철 쑥	진	鬒	숱 많고 검을	진
茋	구릿대/어수리	지	砥	숫돌	지	稷	피[穀名]	직	蓁	사철 쑥	진	進	나아갈	진
祉	복(福)	지	秖	벼 처음 익을	지	禝	사람 이름 稷과 通字	직	璶	설렐	진	璡	옥돌	진
祉	복(福)	지	紙	종이	지	職	직분	직	秦	성(姓)/주대(周代)의 나라	진	靖	품행이 바를	진
趾	발	지	舣	만날	지	織	짤	직	溱	많을	진	晫	밝을	진
只	다만	지	知	알	지	**진**	**65자**		榛	개암나무	진	儘	다스릴	진
枳	탱자	지	知	알 知의 異體字	지	辰	때/별/5째지지	신진	蓁	우거질	진	瞋	눈동자	진
咫	짧은 길이 여덟 치(3.03㎝)	지	智	슬기/지혜	지	侲	동자(童子)	진	蓁	우거질	진	塵	티끌	진
軹	굴대 머리	지	矯	슬기 智의 異體字	지	唇	놀랄	진	臻	이를/모일	진	盡	다할/다될	진
勚	굳건할	지	蜘	거미	지	振	떨칠	진	轃	이를/큰 수레 뚬(大車簀)	진	尽	다할 盡의 俗字	진
地	따/땅	지	踟	머뭇거릴	지	桭	처마	진	晋	나아갈 晉의 俗字	진	儘	다할/최고에 달할	진
池	못 물을 모아 둔 곳	지	滍	땅 젖을	지	賑	움직일	진	晉	나아갈/진나라 해가 솟아 만물이 나아감	진	**질**	**20자**	
旨	뜻/맛있을	지	持	가질	지	賑	구휼할/진휼(賑恤)	진	搢	꽂을	진	叱	꾸짖을	질
指	가리킬	지	㫈	섬	지	震	우레	진	瑨	아름다운 옥	진	帙	책권차례	질
脂	기름	지	搘	버틸	지	枃	바디/사침대	진	瑨	아름다운 옥	진	迭	갈마들	질

인명용 한자 조회 가나다 순서 형성자끼리 8,636자 (48/61)

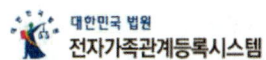

秩	차례	질	濈	샘물 솟을	집	槎	나무 벨	차	攛	던질	찬	斬	벨	참
跌	거꾸러질	질	潗	샘물 솟을	집	磋	갈[磨]	차	賛	도울 贊의 俗字	찬	嶄	높을	참
侄	어리석을	질	鏶	쇳조각/판금, 금속판	집	蹉	미끄러질	차	贊	도울	찬	塹	구덩이 참	참
姪	조카	질	**징**	7자		鹺	소금	차	儧	모을/ 모일 儹의 俗字	찬	慚	부끄러	참
垤	개밋둑	질	澄	맑을 澂과 同字	징	箚	글/찌를 간단한 서식의 상소문	차	儹	모을	찬	槧	판(板)	참
郅	고을 이름	질	瞪	바로 볼	징	遮	가릴/ 막을	차	劗	끊을	찬	慙	부끄러울	참
桎	차꼬	질	徵	부를	징	饘	풍부할 | 관대할	다차	攢	모일/ 토롱(土壟)	찬	鑱	끌	참
窒	막힐	질	澂	맑을 澄의 古字	징	**착**	10자		孉	희고 환할	찬	僭	주제넘을	참
絰	요질/수질	질	澱	맑을 澄과 同字	징	窄	좁을	착	巑	높이 솟을	찬	憯	마음아플	참
蛭	거머리	질	懲	징계할	징	搾	짤	착	瓚	옥잔	찬	譖	참소할	참
膣	음도	질	癥	적취(積聚)	징	捉	잡을	착	欑	모을/ 假葬 휘추리나무	찬	儳	약은 토끼	참
疾	병	질	**차**	25자		齪	악착할	착	纘	이을	찬	儳	어긋날	참
嫉	미워할	질	叉	갈래	차	着	붙을	착	讃	기릴 讚의 略字	찬	攙	찌를	참
蒺	남가새	질	且	또	차	錯	어긋날	착	讚	기릴	찬	巉	가파를	참
質	바탕	질	次	버금	차	斲	깎을	착	鑽	뚫을	찬	欃	살별(혜성)/ 박달나무	참
瓆	사람 이름	질	佽	도울	차	擉	작살/ 찌를	착	趲	놀라 흩어질	찬	讒	참소할	참
鑕	모루 대장간, 쇠로 만든 모탕	질	此	이	차	戳	창으로 찌를	착	爨	불 땔	찬	鑱	보습 쟁기에 삽 모양의 쇳조각	참
짐	3자		岔	갈림길	차	鑿	뚫을	착	**찰**	6자		饞	탐할	참
朕	나(임금의 자칭)/ 조짐	짐:	車	수레	거차	**찬**	28자		扎	뽑을	찰	懺	뉘우칠	참
斟	짐작할	짐	硨	옥돌	차	粲	선명할/ 정미(精米)	찬	札	편지	찰	讖	예언	참
鴆	짐새 올빼미 비슷한 毒鳥	짐	侘	자랑할/ 실의할	차	澯	맑을	찬	紮	묶을	찰	**창**	43자	
집	11자		姹	자랑할/ 아름다운 여자	차	燦	빛날	찬	刹	절	찰	刱	비롯할	창
什	열사람 | 세간	십집	茶	차	다차	璨	옥빛	찬	察	살필	찰	昌	창성할	창
咠	참소할/ 귓속말하다	집	茶	차	다차	餐	밥	찬	擦	문지를	찰	倡	광대	창
楫	노 배를 젓는 막대기	집	借	빌/ 빌릴	차	撰	지을	찬	**참**	25자		娼	창녀	창
戢	그칠/ 무기를 거두어 들이다	집	借	빌릴	차	饌	반찬	찬	站	역(驛)마을	참	唱	부를	창
緝	거둘/ 모을	집	差	다를	차	簒	빼앗을 篡의 通字	찬	參	참여할	참	淐	물 이름	창
輯	모을	집	嵯	우뚝 솟을/ 산 높고 험할	차	篡	빼앗을 篡의 俗字	찬	慘	참혹할	참	猖	미쳐 날뛸	창
執	잡을	집	嗟	탄식할	차:	纂	모을	찬	驂	곁마	참	菖	창포(菖蒲)	창
集	모을	집	瑳	옥빛	차	竄	숨을	찬	黲	검푸르죽죽할	참	菖	창포(菖蒲)	창

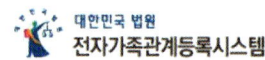

인명용 한자 조회   가나다 순서 형성자끼리 8,636자 (49/61)
https://efamily.scourt.go.kr/cs/CsBltnWrtList.do?bltnbordId=0000010

한자	뜻	음	한자	뜻	음	한자	뜻	음	한자	뜻	음	한자	뜻	음
昌	사람 이름	창	廠	공장/헛간	창	蚱	벼메뚜기	책	隻	외짝	척	茜	꼭두서니 진홍색의 염료 풀	천
閶	천문(天門)	창	氅	새털	창	責	꾸짖을 債의 古字	책/채	倜	대범할	척	蒨	꼭두서니	천
昶	해길	창	暢	화창할	창	嘖	외칠	책	陟	오를	척	倩	아름다울	천
邑	향풀	창	彰	드러날	창	幘	머리쓰개	책	捗	거둘	척	蒨	풀 더북할	천
倀	미칠/귀신 이름	창	**채**	20자		簀	살 평상	책	戚	친척/겨레	척	靝	하늘	천
悵	슬플	창	采	풍채	채	策	꾀/채찍	책	慽	근심할	척	俴	엷을	천
脹	부을/팽창(膨脹)	창	彩	채색	채	磔	책형(磔刑)	책	慼	근심할 慽과 同字	척	淺	얕을	천
漲	넘칠	창	埰	사패지(賜牌地)	채	**처**	9자		滌	씻을	척	賤	천할	천
鋹	날카로울	창	寀	채지	채	妻	아내	처	墌	터 坧과 同字	척	踐	밟을	천
倉	곳집	창	採	캘	채	凄	쓸쓸할	처	摭	주울	척	濺	흩뿌릴	천
創	비롯할	창	婇	여자 이름	채	悽	쓸쓸할 凄와 同字	처	蹠	밟을/跖과 同字	척	喘	숨찰	천
傖	천할	창	菜	나물	채	郪	고을 이름	처	擲	던질	척	僢	어그러질	천
滄	찰	창	埰	나물	채	悽	슬퍼할	처	躑	머뭇거릴/철쭉꽃	척	遷	옮길	천
愴	슬플	창	採	참나무	채	萋	풀성할	처	**천**	36자		韆	그네	천
搶	빼앗을	창	晱	주목할	채	處	곳	처	川	내	천	闡	밝힐	천
滄	큰 바다	창	綵	비단	채	処	處의 略字	처	玔	옥고리	천	儃	머뭇거릴	천
蒼	푸를	창	茝	어수리 산형(繖形)과	채	覤	엿볼	처	釧	팔찌	천	擅	멋대로할	천
蒼	푸를	창	砦	목책	채	**척**	25자		千	일천	천	蕆	경계할	천
槍	창	창	釵	비녀	채	尺	자 30.3cm	척	仟	일천 千과 同字	천	薦	천거할	천
戧	다칠 創의 古字	창	責	꾸짖을 債의 古字	책/채	斥	물리칠	척	阡	두렁/밭두렁 길	천	薦	천거할	천
瑲	옥소리	창	債	빚	채	刺	찌를	척	芊	풀 무성할	천	**철**	23자	
瘡	부스럼	창	琗	옥빛	채	坧	터/기지(基地)	척	天	하늘	천	凸	볼록할	철
艙	부두	창	寨	목책(木柵)	채	拓	넓힐/주울 | 박을	척/탁	祆	하늘	천	埑	밝을 哲과 同字	철
蹌	추창할 (趨蹌)	창	蔡	성(姓)/풀/거북	채	跖	밟을/발바닥	척	舛	어그러질	천	哲	밝을	철
鶬	왜가리/꾀꼬리	창	蔡	성(姓)/풀/거북	채	剔	뼈 바를	척	辿	천천히 걸을	천	喆	쌍길[吉] 哲의 俗字	철
窓	창	창	**책**	11자		惕	두려워할	척	穿	뚫을	천	悊	공경할	철
窗	창 窓의 本字	창	冊	책	책	蜴	도마 뱀	척	泉	샘	천	剟	깎을	철
淌	큰 물결	창	册	책	책	脊	등마루	척	洊	이를/연거푸	천	掇	주울	철
惝	멍할	창	柵	울타리	책	墌	박토/메마른 땅	척	荐	천거(荐居)할/자리(薦席)	천	啜	훌쩍거릴	철
敞	시원할	창	箣	책/채찍	책	瘠	여윌	척	臶	거듭	천	惙	근심할	철

- 452 -

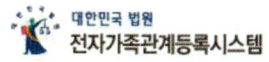

인명용 한자 조회 가나다 순서 형성자끼리 8,636자 (50/61)
https://efamily.scourt.go.kr/cs/CsBltnWrtList.do?bltnbordId=0000010

綴	꿰맬/엮을	철	諂	아첨할	첨	圊	뒷간	청	초	62자		杪	끝	초
輟	그칠	철	瀸	적실	첨	婧	날씬한	정청	艸	풀	초	秒	분초	초
錣	물미 끝에 받은 끝이 뾰족한 쇠	철	櫼	쐐기	첨	蜻	귀뚜라미	청	草	풀	초	秒	밭 거듭	초
歠	마실	철	籤	제비(점대)	첨	請	청할	청	草	풀	초	鈔	좋은 쇠	초
飻	탐할 饕의 本字	철	첨	15자		請	청할	청	初	처음	초	鈔	노략질할	초
饕	탐할	철	妾	첩	첩	鯖	청어	청	招	부를	초	俶	근심할	초
撤	거둘	철	帖	문서	첩	鶄	해오라기	청	怊	슬퍼할	초	愀	정색할	초
徹	통할	철	呫	소곤거릴	첩	聽	들을	청	妱	여자의 자	초	鍫	가래	초
澈	맑을	철	怗	고요할	첩	廳	관청	청	岧	산 높을	초	鍬	가래 鍫와 同字	초
瞮	눈 밝을	철	貼	붙일	첩	체	20자		茗	완두/능소화	초	椒	산초나무	초
轍	바퀴자국	철	倢	빠를	첩	切	끊을 I 온통	절체	苕	완두/능소화	초	酢	초 신맛이 나는 조미료	초
鉄	쇠 鐵의 略字	철	捷	빠를/이길	첩	砌	섬돌	체	迢	멀	초	醋	초/식초(食醋)	초
銕	쇠 鐵의 古字	철	睫	속눈썹	첩	玼	옥빛 깨끗할	체	超	뛰어 넘을	초	醮	초례(醮禮) 전통적 혼인 예식	초
鐵	쇠	철	堞	성가퀴	첩	剃	머리 깎을	체	貂	담비	초	焦	탈[燥]	초
첨	19자		喋	재잘거릴	첩	涕	눈물	체	軺	수레	초	僬	명찰할 (明察)	초
尖	뾰족할	첨	牒	편지	첩	逮	잡을	체	髫	다박머리	초	憔	파리할/수척할	초
沾	젖을	첨	諜	염탐할	첩	棣	산 앵두나무	체	齠	이 갈	초	嶕	높을	초
惉	가락 어지러울/알삽(戛澀)	첨	輒	문득	첩	靆	구름 낄	체	肖	닮을/같을	초	媶	아월	초
忝	욕될/더럽힐	첨	褺	겹옷	첩	替	바꿀	체	俏	닮을/어여쁘다	초	嘦	먹을	초
添	더할	첨	疊	거듭	첩	彘	돼지	체	悄	근심할	초	蕉	파초(芭蕉)	초
甜	달[甘] 甛의 本字	첨	청	18자		蔕	가시	체	哨	망볼	초	蕉	파초	초
甛	달[甘]	첨	青	푸를	청	締	맺을	체	峭	가파를	초	樵	나무할	초
僉	다/여러	첨	青	푸를	청	諦	살필	체	梢	나무 끝	초	燋	홰	초
簽	이름 둘/쪽지	첨	清	서늘할	청	髢	딴 머리	체	硝	화약	초	礁	암초	초
詹	이를(至)	첨	清	맑을	청	遞	갈릴/갈마들	체	稍	점점	초	顦	파리할	초
幨	휘장	첨	清	맑을	청	滯	막힐	체	綃	생사(生絲)	초	鷦	뱁새	초
檐	처마/추녀	첨	菁	우거질	청	殢	나른할	체	誚	꾸짖을	초	譙	꾸짖을	초
瞻	볼	첨	菁	순무	청	蔕	꼭지(과실이 달린 줄기)	체	鞘	칼집	초	剿	끊을/노략질할	초
襜	수레 휘장	첨	晴	갤	청	諟	이 I 살필	시체	抄	뽑을	초	勦	노곤할	초
簷	처마/모자 갓 둘레	첨	晴	갤	청	體	몸	체	炒	볶을	초	楚	초나라	초

- 453 -

인명용 한자 조회 가나다 순서 형성자끼리 8,636자

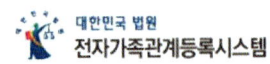

한자	뜻	음	한자	뜻	음	한자	뜻	음	한자	뜻	음	한자	뜻	음
礎	주춧돌	초	摠	모두	총	椎	쇠몽치/등골	추	鷞	원추/봉황의 한 가지	추	逐	쫓을	축
趠	넘을	초	總	다[皆]/거느릴	총	錐	송곳	추	惆	실심할/슬퍼할	추	蹙	찡그릴/움츠릴	축
韉	오색 빛	초	総	다/합할 總의 略字	총	騅	오추마 푸르고 흰 얼룩말	추	搥	종아리 칠	추	縮	줄일	축
촉	12자		聰	귀 밝을/총명할	총	魋	북상투	추	箠	채찍	추	踧	종종걸음 칠	축
促	재촉할	촉	聡	귀 밝을/聰의 略字	총	鵻	호도애/산비둘기	추	錘	저울추	추	鼀	두꺼비	축
蜀	나라이름	촉	驄	총이말/청총마	총	酋	우두머리	추	陬	모퉁이	추	蹴	찰	축
蜀	촉규화/접시꽃	촉	銃	총	총	鰌	미꾸라지 鰍와 同字	추	娵	별 이름	추	**춘**	4자	
燭	촛불	촉	葱	우거질	총	秋	가을	추	諏	가릴	추	春	봄	춘
觸	닿을	촉	鏦	창	총	湫	늪/다할	추	僦	빌	추	椿	참죽나무	춘
躅	자취/머뭇거릴	촉	叢	떨기/모일	총	啾	소리	추	墜	떨어질	추	瑃	옥 이름	춘
髑	해골	촉	寵	사랑할	총	萩	사철 쑥	추	樞	지도리	추	賰	넉넉할	춘
囑	부탁할	촉	**촬**	1자		蒭	사철 쑥	추	瘳	병나을	추	**출**	4자	
曯	비출	촉	撮	모을/사진 찍을	촬	楸	가래	추	醜	추할	추	出	날[生]	출
矚	볼	촉	**최**	11자		揫	모을	추	簉	버금 자리	추	黜	내칠	출
爥	촛불	촉	脺	갓난아이 음부	최	甃	우물벽돌	추	穐	가을/秋의 古字	추	朮	차조/삽주	출
矗	우뚝 솟을	촉	崔	성(姓)/높을	최	鞦	그네	추	麤	거칠	추	怵	두려울	출
촌	5자		催	재촉할	최	鷲	무수리 황샛과에 딸린 물새	추	**축**	19자		**충**	10자	
寸	마디	촌	漼	깊은 모양	최	鰍	미꾸라지 鰌와 同字	추	丑	소	축	虫	벌레 蟲의 俗字	충
吋	인치(inch) 寸과 同字	촌	摧	꺾을	최	追	쫓을/따를	추	竺	천축(天竺) '印度'의 옛 이름	축	蟲	벌레	충
忖	헤아릴	촌	璀	옥빛 찬란할	최	搥	칠	추	筑	악기이름/비파(琵琶)	축	充	채울/찰	충
村	마을	촌	確	산 높고 험한 모양	최	縋	매어달	추	築	쌓을	축	琉	귀막이/귀고리 옥	충
邨	마을 村의 古字	촌	最	가장	최	鎚	쇠망치	추	妯	동서 형제의 아내끼리 호칭	축	冲	빌 沖의 俗字	충
총	18자		嘬	물(齧)	최	芻	꼴	추	舳	고물/배의 뒤쪽	축	沖	화(和)할/빌	충
冢	클/무덤	총	榱	서까래	최	鄒	추나라	추	軸	굴대	축	忡	근심할	충
塚	무덤	총	縗	상복 이름	최	蒭	꼴	추	祝	빌	축	忠	충성	충
悤	바쁠	총	**추**	50자		皺	주름/마른 대추	추	祝	빌	축	衷	속마음	충
葱	파	총	抽	뽑을	추	縐	주름질/주름진 피륙	추	畜	짐승	축	衝	찌를	충
蔥	파	총	帚	비/혜성	추	趨	달아날	추	蓄	모을/쌓을	축	**췌**	10자	
蔥	파 葱의 本字	총	隹	새/꽁지 짧은 새의 총칭	추	雛	병아리	추	蓄	모을/쌓을	축	悴	파리할	췌
憁	바쁠	총	推	밀	추	騶	마부	추	豖	발 얽은 돼지의 걸음	축	萃	모을	췌

- 454 -

인명용 한자 조회 가나다 순서 형성자끼리 8,636자

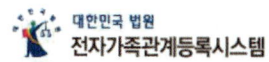

萃	모을	췌	廁	뒷간 廁과 同字	측	菑	묵정밭	치	漆	옻	칠	拖	끌	타
瘁	병들	췌	側	곁	측	緇	검을	치	**침**	**16자**		駝	낙타	타
膵	췌장	췌	測	헤아릴	측	輜	짐수레	치	沈	잠길/ 가라앉을 | 성(姓)	침심	佗	짊어질/ 다를	타
脺	췌장	췌	惻	슬플	측	錙	저울눈	치	忱	정성	침	沱	물 이름/ 눈물 흐를	타
顇	파리할	췌	**층**	**1자**		鯔	숭어	치	枕	베개	침	坨	비탈질/ 땅 이름	타
揣	헤아릴	췌	層	층[層階]	층	絺	가는 칡베	치	侵	침노할	침	拕	끌	타
惴	두려워할	췌	**치**	**41자**		雉	꿩	치	浸	잠길/ 물에 적시다	침	陀	비탈질/ 부처	타
贅	혹	췌	卮	잔	치	薙	깎을	치	寖	잠길/ 물에 흠뻑 적시다	침	柁	키/ 배의 방향을 잡는 기구	타
취	**17자**		阤	비탈	치	稚	어릴	치	寢	잘	침	舵	키[正船木]	타
吹	불	취	馳	달릴	치	穉	어릴 稚와 同字	치	鋟	새길	침	詑	속일	타
炊	불 땔	취	豸	발 없는 벌레	치	痴	어리석을 癡의 俗字	치	駸	말달릴	침	跎	헛디딜	타
取	가질	취	侈	사치할	치	癡	어리석을	치	針	바늘 鍼의 간체자	침	駞	낙타	타
取	쌓을	취	哆	입 벌릴	치	幟	기(旗)	치	鍼	침(鍼) 의료용	침	鮀	모래무지	타
娶	장가들	취	治	다스릴	치	熾	성할	치	砧	다듬잇돌	침	鴕	타조	타
聚	모을	취	峙	언덕	치	齒	이	치	郴	고을 이름	침	朶	꽃송이	타
趣	뜻	취	時	제사 터	치	褫	옷 벗길/ 빼앗을	치	琛	보배	침	躱	비킬/ 몸을 감추다	타
驟	빠를/ 달릴	취	痔	치질	치	鴙	꿩	치	棽	무성할 | 우거질	림침	妥	온당할	타
臭	냄새	취	踌	머뭇거릴	치	鴟	솔개	치	椹	모탕 밑에 괴는 나무토막	침	咤	꾸짖을	타
脆	연할	취	恥	부끄러울	치	**칙**	**4자**		**칩**	**1자**		詫	자랑할	타
就	나아갈	취	値	값	치	則	법칙	칙	蟄	숨을	칩	唾	침[涎]	타
鷲	독수리	취	置	둘[措]	치:	勅	칙서(勅書) 임금의 명령을 적은 문서	칙	**칭**	**2자**		惰	게으를	타
毳	솜털	취	寘	둘	치	敕	칙서(勅書) 勅과 同字	칙	秤	저울	칭	楕	길고 둥글 橢와 同字	타
橇	썰매	취	蚩	어리석을	치	飭	신칙할 단단히 타일러서 조심함	칙	稱	일컬을	칭	橢	길쭉할	타
翠	푸를/ 물총새	취	嗤	비웃을	치	**친**	**3자**		**쾌**	**3자**		隋	떨어질	타
醉	취할	취	致	이를	치	親	친할	친	夬	괘 이름/ 결단할	쾌	駄	짐 실을	타
嘴	부리	취	瘥	풍병	치	櫬	무궁화나무	친	快	쾌할	쾌	鼉	자라/악어	타
측	**7자**		鴟	솔개	치	襯	속옷	친	噲	목구멍	쾌	**탁**	**26자**	
仄	기울	측	緻	빽빽할	치	**칠**	**3자**		**타**	**28자**		托	맡길	탁
昃	해 기울	측	梔	치자나무	치	七	일곱	칠	打	칠	타	矺	돌로	탁
厠	뒷간	측	淄	강 이름	치	柒	옻[漆]	칠	他	다를	타	託	부탁할	탁

인명용 한자 조회 가나다 순서 형성자끼리 8,636자

沰	떨어뜨릴	탁	彈	탄알	탄	宕	호탕할	탕	兌	바꿀/기쁠	태	痛	아플	통
拓	넓힐/주울｜박을	척 탁	暺	밝을	탄	帑	국고/재물	탕	娩	더딜	태	筒	대통(-筒)	통
拆	터질/부술 坼과 同字	탁	殫	다할	탄	湯	끓을	탕	脫	벗을｜기뻐할	탈 태	樋	나무 이름	통
坼	터질/갈라질 柝과 同字	탁	驒	연전총(連錢驄) 둥글고 흰 무늬가 박힌 말	탄	碭	무늬 있는 돌	탕	埭	둑/보(洑)	태	統	거느릴/본 가닥의 실	통
柝	쪼갤/딱따기	탁	嘆	한숨쉴 歎과 同字	탄	燙	데울	탕	態	모습	태	慟	서러워할	통
卓	높을	탁	歎	탄식할	탄	蕩	방탕할/쓸어버릴	탕	**택** 4자			**퇴** 7자		
倬	클	탁	攤	펼	탄	盪	방탕할/쓸어버릴	탕	宅	댁｜집	댁 택	退	물러날	퇴
晫	밝을	탁	灘	여울	탄	盪	씻을	탕	垞	사람 이름	택	腿	넓적다리	퇴
琸	사람 이름	탁	癱	사지 틀릴	탄	蘯	쓸어버릴 蕩과 동자	탕	擇	가릴	택	褪	바랠[褪色] 빛이 바래어 옅어지다	퇴
逴	멀	탁	憚	너그러울/평탄할	탄	糖	엿/사탕	당 탕	澤	못	택	堆	쌓을	퇴
踔	뛰어날	탁	**탈** 3자			**태** 24자			**탱** 3자			槌	망치	퇴
度	법도｜헤아릴	도 탁	侻	추할	탈	太	클/성(姓)/심히/매우	태	掌	버틸/버팀목	탱	隤	무너질/무너뜨릴	퇴
啄	쫄	탁	脫	벗을	탈	汰	일[淘]	태	撐	버틸	탱	頹	무너질/쇠퇴(衰頹)	퇴
涿	방울져 떨어질	탁	奪	빼앗을	탈	泰	클/편안할 태국(泰國)	태	撑	버틸 撐과 同字	탱	**투** 자		
琢	다듬을	탁	**탐** 7자			鈦	티타늄 titanium	태	**터** 1자			投	던질	투
槖	자루 橐의 俗字	탁	忐	맘 허할	탐	台	별	태	攄	펼	터	妬	투기할	투
橐	전대(纏帶) 주머니의 한 가지	탁	眈	노려볼	탐	邰	나라이름	태	**토** 5자			妒	샘낼	투
濁	흐릴	탁	耽	즐길	탐	孕	아이 밸	태	土	흙	토	套	씌울/덮개	투
濯	씻을	탁	酖	술에 빠질	탐	苔	이끼	태	吐	토할	토	透	사무칠	투
擢	뽑을	탁	探	찾을	탐	菭	이끼	태	兎	토끼 兔의 俗字	토	偸	훔칠	투
籜	낙엽	탁	貪	탐낼	탐	怠	게으를	태	兔	토끼	토	渝	변할	투
籜	대 꺼풀	탁	嚪	많을/먹는 소리	탐	迨	미칠	태	討	칠	토	骰	주사위	투
鐸	방울	탁	**탑** 6자			胎	아이 밸	태	**톤** 1자			鬪	싸움	투
탄 16자			塔	탑 搭 탈 탑	탑	殆	거의/위태할	태	噸	느릿할	톤	**퉁** 1자		
呑	삼킬	탄	塔	탑	탑	玳	옥돌｜용무늬 있는 홀	이 태	**통** 10자			佟	성씨	퉁
坦	평탄할	탄	傝	답답할	탑	答	볼기 칠	태	洞	골｜밝을	동 통	**특** 4자		
炭	숯	탄	塌	떨어질	탑	跆	밟을	태	恫	슬플/상심할	통	忒	변할	특
綻	터질	탄	搨	베낄	탑	颱	태풍	태	筒	대통(-筒)/대롱	통	特	특별할	특
誕	낳을/거짓/태어날	탄	榻	긴 걸상	탑	駘	둔마(鈍馬)	태	通	통할	통	慝	사특할	특
憚	꺼릴	탄	**탕** 10자			鮐	복어	태	桶	통(桶) 담기 위한 깊은 그릇	통	匿	사특할	특

인명용 한자 조회 가나다 순서 형성자끼리 8,636자

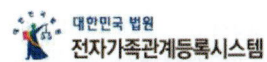

한자	뜻	음	한자	뜻	음	한자	뜻	음	한자	뜻	음	한자	뜻	음
틈	1자		皤	머리 흴	파	悖	거스를	패	褊	옷 좁을	편	閉	닫을	폐
闖	엿볼	틈	罷	마칠	파	佩	찰[帶]	패	艑	거룻배	편	敝	해질	폐
파	31자		擺	벌릴/열	파	珮	찰[帶] 佩와 同字	패	蝙	박쥐	편	弊	폐단/해질	폐
巴	꼬리/땅 이름	파	灞	강 이름	파	牌	패(牌)/방패/명패	패	篇	책	편	幣	화폐	폐
把	잡을	파	**판**	9자		稗	피[穀類]	패	編	엮을	편	蔽	덮을	폐
妑	새앙머리	파	判	판단할	판	覇	으뜸 霸의 俗字	패	翩	빨리 날	편	薜	덮을	폐
杷	비파나무	파	坂	언덕	판	霸	으뜸	패	諞	교묘히 말할	편	獘	넘어질 弊의 俗字	폐
爬	긁을/기어 다닐	파	阪	언덕	판	**팽**	8자		騙	속일	편	斃	죽을	폐
爸	아비 아버지의 속칭	파	版	판목	판	砰	돌 구르는 소리	팽	**폄**	3자		廢	폐할/버릴	폐
芭	파초	파	板	널	판	祊	제사이름	팽	砭	돌침	폄	癈	폐할/고질	폐
芑	파초	파	販	팔[賣]	판	烹	삶을	팽	窆	하관할 [葬下棺]	폄	嬖	사랑할	폐
笆	가시대	파	鈑	금박	판	彭	성(姓)	팽	貶	낮출/떨어뜨릴	폄	**포**	43자	
耙	써레	파	辦	힘들일	판	澎	물소리	팽	**평**	12자		布	베/펼	포
琶	비파	파	瓣	꽃잎/날름/외씨(오이씨)	판	膨	불을	팽	平	평평할	평	佈	펼	포
葩	꽃	파	**팔**	5자		蟚	방게 蟛과 同字	팽	坪	들[野]	평	怖	두려워할	포
叵	어려울	파	八	여덟	팔	蟛	방게 바위겟과의 하나	팽	抨	탄핵할	평	包	쌀[裹]	포
怕	두려워할	파	叭	나팔	팔	**퍅**	1자		怦	조급할	평	庖	부엌	포
波	물결	파	汃	물결치는 소리	팔	愎	강퍅할	퍅	泙	물소리	평	咆	고함지를 [咆哮]	포
坡	언덕/고개	파	朳	고무래	팔	**편**	19자		枰	바둑판	평	抱	안을	포
岥	비탈	파	捌	깨뜨릴	팔	片	조각	편	苹	다북쑥	평	泡	거품	포
玻	유리(琉璃)	파	**패**	16자		便	똥오줌 ǀ 편할	변편	萍	부평초 (浮萍草)	평	苞	떨기/쌀/꽃봉오리	포
破	깨뜨릴	파	沛	비 쏟아질	패	緶	꿰맬	편	蓱	부평초 개구리밥	평	笣	떨기/쌀/꽃봉오리	포
婆	할미	파	旆	기(旗)	패	鞭	채찍	편	薸	부평초 萍과 同字	평	胞	세포	포
菠	시금치	파	霈	비 쏟아질	패	扁	작을	편	評	평할/비평/품평	평	炮	싸서구울	포
跛	절름발이	파	貝	조개	배패	偏	치우칠	편	鮃	넙치	평	炰	구울	포
頗	자못/한쪽으로 치우침	파	唄	염불소리/찬불(讚佛)	패	匾	평평할	편	**폐**	15자		疱	물집	포
簸	까부를	파	狽	이리	패	惼	좁을	편	吠	짖을	폐	砲	대포	포
派	갈래	파	浿	강이름	패	徧	두루 미칠 遍과 同字	편	肺	허파	폐	袍	도포	포
播	뿌릴	파	敗	패할	패	遍	두루	편	陛	대궐 섬돌	폐	麭	박	포
鄱	고을 이름	파	孛	살별=혜성 (彗星)	패	萹	마디풀	편	獘	짐승 이름	폐	鉋	대패/글겅이	포

- 457 -

인명용 한자 조회 가나다 순서 형성자끼리 8,636자

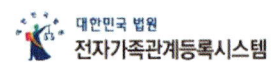

飽	배부를	포	爆	터질/불 터질	폭	飆	폭풍	표	佖	점잖을/가득할	필	岈	산골 휑할	하
鞄	혁공(革工)	포	曝	쬘/쪼일	폭	飇	폭풍	표	咇	향기로울	필	何	어찌	하
鮑	절인물고기	포	**표**	**29자**		**품**	**2자**		泌	분비할 l 스며 흐를	비필	河	물	하
抛	버릴 抛의 本字	포	杓	북두 자루	표	品	물건	품	苾	필추(苾芻)/향기로울	필	抲	지휘할	하
拋	던질	포	豹	표범	표	稟	여쭐	품	馝	필추(苾芻)/향기로울	필	吹	껄껄 웃을	하
匍	길	포	表	겉/밝히 드러낼	표	**풍**	**7자**		珌	칼집 장식 옥	필	荷	멜/짐/연꽃(蓮花)	하
捕	잡을	포	俵	나누어줄	표	風	바람	풍	鉍	창 자루	필	荷	멜/짐/연꽃(蓮花)	하
浦	개[水邊]	포	褾	목도리	표	楓	단풍	풍	鞑	향기로울	필	閜	크게 열릴	하
圃	채마 밭	포	票	표/쪽지/불똥 튈	표	瘋	두풍(頭風)	풍	駜	말 살찔	필	嗬	웃을	하
哺	먹일	포	僄	가벼울	표	諷	풍자할	풍	畢	마칠	필	昰	여름/夏의 古字	하
逋	도망갈	포	剽	겁박할	표	馮	성씨	풍	滭	용솟음칠	필	夏	여름	하
脯	포(脯)	포	勡	으를	표	豊	풍년/豐의 俗字	풍	歠	다할	필	厦	큰집/헐소청(歇所廳)	하
晡	신시(申時) 오후 4시 전후	포	摽	칠	표	豐	풍년	풍	蓽	콩	필	廈	큰집/문간방/廈의 通字	하
葡	포도	포	漂	떠다닐	표	**피**	**10자**		單	족대	필	賀	하례할	하
葡	포도	포	嫖	날랠	표	皮	가죽	피	篳	울타리	필	讚	대답할	하
蒲	부들	포	嘌	빠를	표	彼	저	피	蹕	길 치울	필	遐	멀	하
蒲	부들	포	慓	급할	표	陂	방죽/비탈	피	韠	폐슬(蔽膝)/슬갑(膝甲)	필	瑕	허물	하
誧	도울	포	標	표할	표	披	헤칠/나눌	피	鞸	슬갑(膝甲)	필	煆	불사를	하
鋪	펼/가게	포	熛	불똥	표	疲	피곤할	피	筆	붓	필	煆	클 l 클	가하
餔	저녁밥	포	瓢	표주박	표	被	입을	피	弼	도울	필	碬	숫돌	하
鯆	돌고래	포	瞟	들을	표	詖	치우칠	피	潷	샘이 용솟을	필	瘕	기생충병	하
襃	기릴	포	縹	옥색	표	鞁	가슴걸이	피	觱	피리[觱篥]/쌀쌀할	필	蝦	두꺼비/새우	하
暴	모질 l 사나울	포폭	鏢	칼끝	표	髲	다리: 덧 넣었던 딴 머리/假髮	피	鵯	직박구리	필	蕸	연잎	하
儤	번(番)설/숙직/과외	포	飄	나부낄	표	避	피할	피	**핍**	**3자**		赮	붉을	하
暴	급할	포	驃	누런 말	표	**픽**	**1자**		乏	모자랄	핍	霞	노을	하
폭	**6자**		鰾	부레	표	腷	답답할	픽	偪	다가올/배가 부를	핍	鍜	목 투구/경개(頸鎧)	하
幅	폭	폭	髟	머리털 늘어질	표	**필**	**26자**		逼	핍박할	핍	鰕	새우	하
輻	바큇살/몰려들	복폭	彪	범	표	匹	짝	필	**하**	**33자**		嚇	자랑할	하
曝	사나울	포폭	殍	굶어 죽을	표	疋	필(匹)	필	下	아래	하	罅	갈라진 틈	하
瀑	폭포	폭	鑣	재갈	표	必	반드시	필	呀	입 벌릴	하	嚇	웃음소리 l 노할/성낼	하혁

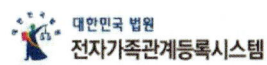

인명용 한자 조회 가나다 순서 형성자끼리 8,636자

謼	속일 하	恨	한[怨] 한	喊	소리칠 함	沆	넓을 항	絯	묶을 해
학 13자		寒	찰 한	緘	봉할 함	杭	거룻배 항	頦	턱/아래턱 해
狢	오소리 학	閑	한가할 한	諴	화할 함	炕	말릴 항	該	갖출[備]/마땅[當] 해
虐	모질 학	澖	넓을 한	鹹	짤[鹽味] 함	航	배 항	骸	뼈 해
瘧	학질(瘧疾) 학	嫻	우아할 한	陷	빠질 함	頏	목구멍/새날아내릴 항	駭	놀랄 해
謔	희롱할 학	閒	익힐 한	唅	재갈[銜] 함	夯	멜 항	哈	웃을 해
郝	고을 이름 학	閒	한가할/閑의 本字 한	銜	재갈 함	行	항렬ǀ다닐 항행	祄	하늘이 도울 해
确	자갈땅 학	僩	너그러울/노할/굳셀 한	檻	난간 함	桁	차꼬 항	祔	하늘이 도울 해
嗃	엄할 학	嫺	우아할 한	艦	큰 배/싸움배 함	肛	항문 항	海	바다 해
學	배울 학	楠	큰 나무 한	轞	함거(轞車) 죄수를 호송하는 수레 함	項	항목 항	海	바다 해
学	배울/學 略字 학	鷳	솔개 한	闞	범 우는소리 함	缸	항아리 항	害	해할 해
鷽	메까치 학	漢	한수/한나라 한:	**합** 14자		瓨	벙어리저금통 항	奚	어찌 해
壑	골/구렁/땅이 움쑥하게 팬 곳 학	暵	마를/말릴 한	合	합할 합	恒	항상 항	偕	함께 해
鶴	학/두루미 학	翰	편지 한	匌	돌/만날/음울할 합	恆	항상/恒과 同字 항	楷	본보기 해
皬	흴 학	瀚	넓고 클 한	郃	고을 이름 합	姮	항아(姮娥) 전설속 선녀/어린 궁녀 항	瑎	검은 옥돌 해
한 32자		韓	한국/나라 한	哈	마실 합	嫦	항아/姮의 俗字 항	諧	화할 해
汗	땀 한	鷳	흰 꿩 한	盒	합(盒) 합	降	내릴ǀ항복할 강항	解	풀 해
扞	막을 한	巚	산이 높은 모양 한	蛤	조개 합	巷	거리 항	懈	게으를 해
忓	방해할ǀ아름다울 간한	**할** 3자		閤	쪽문/협문(夾門) 합	港	항구 항	瀣	바다 이름 해
邗	땅 이름 한	割	벨/나눌 할	柙	짐승우리 합	**해** 39자		嶰	골짜기 해
罕	드물 한	瞎	애꾸눈 할	陜	좁을/땅 이름 합	亥	돼지 해	獬	짐승 이름 해
閈	이문(里門) 한	轄	다스릴 할	盍	덮을ǀ새이름 갈 합	孩	어린아이 해	廨	관아(官衙) 해
澣	빨 한	**함** 18자		嗑	입 다물 합	陔	섬돌 해	邂	우연히 만날 해
鼾	코 골 한	含	머금을 함	溘	갑자기 합	垓	지경(地境)/땅 가장자리 해	蟹	게 해
旱	가물 한	萏	꽃봉오리 함	榼	통/술통/뚜껑/칼집 합	咳	기침 해	薤	염교/백합과의 여러해살이풀 해
悍	사나울 한	函	함(函) 함	闔	문짝 합	姟	백 조/수의 단위, 조의 100배 해	薢	염교/백합과의 여러해살이풀 해
捍	막을 한	涵	젖을 함	**항** 자		晐	갖출/햇빛이 골고루 비칠 해	灘	이슬 해
駻	사나운 말 한	莟	연꽃봉오리 함	亢	높을 항	欬	기침 해	鮭	어채 해
邯	사람이름/조(趙)나라 서울 감한	菡	연꽃봉오리 함	伉	짝/강직할 항	晐	눈 큰 모양 해	醢	젓갈 해
限	한계/한정할 한	咸	다 함	抗	겨룰 항	痎	학질 해	**핵** 4자

- 459 -

인명용 한자 조회 가나다 순서 형성자끼리 8,636자

劾	꾸짖을	핵	墟	터	허	嚇	웃음소리|노할/성낼	하/혁	晛	눈 붉거질	현	叶	맞을/화합할	협
核	씨	핵	歔	흐느낄	허	爀	불빛	혁	蜆	가막조개	현	夾	낄	협
翮	깃촉	핵	**헌** 10자			赫	진한 붉은색	혁	誢	말다툼할	현	俠	의기로울/호협(豪俠)할	협
覈	핵실할	핵	旺	밝을	헌/훤	鬩	다툴	혁	鋧	작은 끌	현	匧	상자	협
행 8자			軒	집	헌	**현** 45자			絢	무늬	현	挾	낄	협
行	다닐|항렬	행/항	輇	초헌	헌	玄	검을	현	儇	영리할	현	埉	물가	협
荇	마름 풀	행	憲	법	헌	怰	팔	현	嬛	산뜻할	현	悏	생각할	협
莕	마름 풀	행	憲	총명할	헌	弦	시위	현	繯	맬/얽을	현	狹	좁을	협
杏	살구	행	幰	수레 포장	헌	泫	눈물 흘릴/이슬 맺힐	현	翾	날	현	峽	골짜기	협
幸	다행	행	攇	비길	헌	妶	여자 이름	현	譞	영리할/말이 많을	현	浹	두루 미칠	협
倖	요행	행	櫶	나무이름	헌	呟	소리	현	賢	어질	현	莢	콩꼬투리	협
悻	발끈 성낼	행	獻	드릴/바칠	헌	珬	옥돌	현	琄	패옥 늘어질	현	筴	콩꼬투리	협
涬	기운	행	巘	봉우리	헌	昡	햇빛	현	鋗	노구솥	현	愜	쾌할	협
향 12자			**헐** 1자			炫	밝을	현	騽	검푸른 말	현	篋	상자	협
向	향할	향	歇	쉴	헐	眩	어지러울/아찔할	현	縣	고을	현	鋏	가위	협
珦	옥 구슬	향	**험** 5자			痃	힘줄 땅기는 병	현	懸	매달[繫]/걸/늘어질	현	頰	뺨	협
晑	밝을	향	險	험할	험	舷	뱃전	현	顕	나타날 顯의 略字	현	洽	젖을	협
餉	먹일/양식	향	嶮	험할 險과 同字	험	絃	줄	현	顯	나타날/드러날	현	協	화할	협
享	누릴	향	玁	오랑캐 이름	험	衒	자랑할	현	灦	물 깊고 맑을	현	恊	맞을	협
香	향기	향	驗	시험/증험할	험	衏	돌아다니며 팔 衒의 古字	현	譞	구할/뜬소문	현	脅	위협할	협
麝	사향 사슴	향	玁	오랑캐 이름	험	梘	땅 이름	현	**혈** 6자			脇	갈비 脅과 同字	협
鄕	시골	향	**혁** 자			鉉	솥귀	현	孑	외로울	혈	**형** 27자		
薌	곡식 냄새	향	洫	고요할	혁	見	볼|뵈올	견/현	穴	굴	혈	兄	형	형
嚮	길 잡을	향	溢	빌[虛]/넘칠	혁	俔	엿볼	현	血	피	혈	刑	형벌	형
響	울릴	향	革	가죽	혁	峴	고개	현	頁	머리	혈	形	모양	형
饗	잔치할	향	奕	클	혁	娊	허리 가늘	현	絜	잴/헤아릴|깨끗할	혈/결	邢	성(姓)	형
허 5자			弈	바둑	혁	睍	한정할	현	翓	나아갈	혈	侀	이룰	형
許	허락할	허	焱	불꽃	혁	弦	활/성(姓)	현	**혐** 1자			型	모형/거푸집	형
虛	빌	허	爀	붉을	혁	現	나타날	현	嫌	싫어할	혐	荊	모형나무	형
噓	불[吹]	허	赫	빛날	혁	睍	햇살	현	**협** 21자			荊	가시	형

인명용 한자 조회 가나다 순서 형성자끼리 8,636자

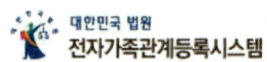

亨	형통할	형	傒	묶을/가둘 중국 동북쪽 오랑캐	혜	嫮	아름다울	호	昊	하늘	호	頀	구할	호
泂	멀/깊고 넓을 迥과 同字	형	徯	샛길/기다릴	혜	虍	호피(虎皮) 무늬	호	淏	맑을	호	顥	클	호
迥	멀	형	謑	창피 줄	혜	虎	범	호	浩	넓을	호	灝	물줄기 멀	호
逈	멀 迥의 俗字	형	蹊	지름길	혜	琥	호박(琥珀)	호	晧	밝을	호	**혹**	4자	
炯	빛날	형	惠	은혜 惠의 略字	혜	娍	재치 있을	호	皓	흴[白]	호	或	혹	혹
詗	염탐	형	惠	은혜	혜	號	이름/부르짖을	호	澔	넓을	호	惑	미혹할	혹
珩	패옥	형	潓	물결	혜	号	부를 號의 俗字	호	聕	들릴	호	酷	심할	혹
陘	지레목 산줄기 끊어진 곳	형	憓	사랑할	혜	好	좋을	호	毫	터럭	호	熇	뜨거울/불김/불꽃	혹/효
娙	여관(女官)이름	형	憓	밝힐	혜	芐	지황(地黃) 芦와 同字	호	豪	호걸	호	**혼**	13자	
夐	멀/아득할	형	蕙	혜초/난초/향 풀의 이름	혜	芐	지황(地黃) 芦와 同字	호	儫	영웅	호	昏	어두울	혼
滎	실개천	형	蘳	혜초/난초/향 풀의 이름	혜	弧	활	호	壕	해자	호	婚	혼인할	혼
熒	등불 반짝거릴	형	槥	나무 이름	혜	狐	여우	호	濠	호주	호	閽	문지기	혼
瑩	옥돌/밝을	형/영	譓	슬기로울 譿와 同字	혜	瓠	박	호	壺	병	호	俒	완전할	혼
瀅	물 맑을	형	鏸	날카로울	혜	怙	믿을	호	滈	장마	호	圂	뒷간	혼
螢	반딧불	형	鞋	신	혜	岵	초목이 많은 산	호	蒿	쑥	호	溷	어지러울	혼
鎣	줄	형	醯	식혜	혜	祜	복(福)	호	薧	쑥	호	混	섞을	혼
瀠	사람이름	형	**호**	76자		祐	복(福)	호	犒	호궤할	호	焜	빛날	혼
衡	저울대	형	互	서로	호	瓳	벽돌/반호 사각형의 큰 벽돌	호	鄗	땅 이름/산 이름	호/교	涽	어지러울 정하여지지 않을	혼
馨	꽃다울	형	冱	얼/찰	호	胡	되[狄]/턱밑 살	호	皞	흴	호	渾	흐릴	혼
혜	26자		冱	찰 冱와 同字	호	湖	호수	호	縞	흰 깁/명주(明紬)	호	琿	아름다운 옥	혼
兮	감출	혜	戶	집/지게	호	猢	원숭이	호	鎬	호경	호	魂	넋	혼
兮	어조사	혜	旲	환히/분명하게	호	葫	마늘/호리병박	호	滸	물가	호	顐	얼굴 둥글	운/혼
盻	눈 흘길	혜	芦	지황(地黃)	호	葫	마늘/물외	호	嫮	아름다울	호	**홀**	자	
訡	진실한 말	혜	芦	지황(地黃)	호	瑚	산호	호	嗥	짖을	호	囫	온전할	홀
彗	살별=彗星/빗자루	세/혜	扈	따를	호	蝴	나비	호	皞	밝을	호	忽	갑자기	홀
嘒	반짝거릴	혜	滈	강 이름	호	糊	풀칠할	호	濩	퍼질	호	惚	황홀할	홀
暳	별 반짝거릴	혜	熩	빛날	호	醐	제호(醍醐)	호	濩	퍼질	호	笏	홀(笏)	홀
槥	널	혜	薅	빛	호	餬	기식(寄食)	호	頀	도울	호	**홍**	자	
慧	슬기로울/지혜	혜	乎	어조사	호	鬍	수염	호	護	도울	호	弘	클	홍
譿	슬기로울 譓와 同字	혜	呼	부를	호	昦	밝을	고/호	頀	구할	호	泓	물 깊을	홍

- 461 -

인명용 한자 조회 가나다 순서 형성자끼리 8,636자
https://efamily.scourt.go.kr/cs/CsBltnWrtList.do?bltnbordId=0000010

汞	수은(水銀)	홍	嘩	시끄러울 譁와 同字	화	喚	부를	환	蛞	올챙이/ 민달팽이	활	瑝	옥 소리	황
紅	붉을	홍	樺	벚나무/ 자작나무	화	瑗	환옥(環玉)	환	闊	넓을	활	榥	배/ 깃대 艎 큰 배	황
虹	무지개	홍	樺	벚나무/ 자작나무	화	煥	빛날/ 불꽃	환	濶	넓을	활	遑	급할	황
訌	어지러울	홍	譁	지껄일/ 시끄러울	화	宦	벼슬	환	滑	익살스러울 / 미끄러울	골 활	蝗	메뚜기/ 황충[食苗蟲]	황
澒	수은	홍	譁	지껄일/ 시끄러울	화	洹	강 이름/ 세차게 흐를	원 환	猾	교활할	활	篁	대숲	황
鴻	기러기	홍	驊	준마(駿馬)	화	桓	굳셀	환	豁	넓을	활	荒	거칠	황
洪	넓을	홍	畫	그림	화	絙	끈목/ 인끈(印-)	환	**황**	36자		荒	거칠	황
哄	떠들썩할	홍	畵	그림 畫의 俗字	화	患	근심	환	肓	명치끝	황	慌	어렴풋할/ 어리둥절할	황
晎	날 밝으려 할	홍	話	말씀	화	晥	밝을	환	況	상황/ 하물며	황	慌	어렴풋할/ 어리둥절할	황
烘	불 쬘	홍	禍	재화(災禍)/ 재앙(災殃)	화	睆	밝을	환	怳	멍할	황	黃	누를	황
銾	쇠뇌	홍	禍	재화(災禍)/ 재앙(災殃)	화	皖	샛별/ 환할	환	貺	줄/ 하사할	황	潢	웅덩이	황
篊	홈통	홍	**확**	자		豢	기를	환	恍	황홀할	황	璜	패옥	황
鬨	싸움소리	홍	廓	둘레/ 클	곽 확	擐	입을	환	晃	밝을	황	簧	생황	황
화	27자		碻	굳을 確과 同字	확	寰	경기 고을	환	晄	밝을	황	**회**	30자	
火	불	화	確	굳을	확	圜	두를	환	愰	들뜰	황	灰	재	회
化	될	화	礭	회초리	확	環	고리	환	滉	깊을	황	恢	넓을	회
花	꽃	화	穫	거둘/ 벼 벨	확	還	돌아올	환	幌	휘장	황	盔	바리/ 주발/ 투구	회
花	꽃	화	穫	거둘/ 벼 벨	확	轘	환형(轘刑)/ 거열(車裂)할	환	榥	책상	황	詼	조롱할	회
貨	재물	화	鑊	가마솥	확	鐶	고리/ 귀고리	환	熀	불빛 이글거릴	황	回	돌아올	회
靴	신[履,鞋]	화	彟	두리번거릴	확	鬟	쪽찐 머리	환	鍠	종소리	황	個	어정거릴/ 사리에 어둡다.	회
禾	벼	화	攫	움킬	확	鍰	무게단위/ 고리	환	皇	임금	황	徊	머뭇거릴	회
和	화할	화	穫	창(槍)/ 송곳	확	鰥	홀아비	환	凰	봉황	황	洄	돌아 흐를/ 거슬러 흐를	회
俰	화할	화	擴	넓힐	확	懽	기뻐할 歡과 同字	환	徨	헤맬	황	廻	돌[旋] 迴와 同字	회
龢	풍류 조화될	화	**환**	34자		歡	기쁠/ 기뻐할	환	惶	두려울	황	迴	돌아올 回와 同字	회
華	빛날/ 중국	화	丸	둥글	환	歡	기쁠/ 기뻐할	환	湟	웅덩이	황	茴	회향풀	회
華	빛날/ 중국	화	紈	흰 깁	환	驩	기뻐할 歡과 通字	환	隍	해자	황	茴	회향풀	회
澕	물 깊을	화	幻	헛보일	환	驩	기뻐할 歡과 通字	환	媓	어머니	황	蛔	회충	회
澕	물 깊을	화	奐	빛날	환	瓛	옥홀(玉笏)	환	喤	울음소리	황	悔	뉘우칠	회
嫷	탐스러울	화	換	바꿀	환	**활**	7자		堭	해자	황	晦	그믐	회
嫷	탐스러울	화	渙	물 흩어질	환	活	살	활	煌	빛날	황	誨	가르칠	회

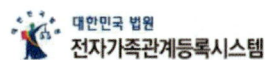

인명용 한자 조회 가나다 순서 형성자끼리 8,636자 (60/61)

https://efamily.scourt.go.kr/cs/CsBltnWrtList.do?bltnbordId=0000010

한자	뜻	음	한자	뜻	음	한자	뜻	음	한자	뜻	음	한자	뜻	음
淮	물 이름	회	淆	뒤섞일	효	**후**	29자		**훈**	22자		烜	마를	훤
匯	물돌아 모일	회	崤	산 이름	효	朽	썩을	후	訓	가르칠	훈	喧	지껄일	훤
賄	재물/뇌물	회	殽	섞일/안주	효	后	임금/왕후	후	君	향내	훈	暄	따뜻할	훤
會	모일	회	餚	반찬	효	垕	두터울 厚의 古字	후	勛	공[勳] 勳의 古字	훈	愃	상쾌할/너그러울	선/훤
会	모일 會의 俗字	회	孝	효도	효	垢	두터울 厚의 古字	후	塤	질 나발 壎과 同字	훈	萱	원추리	훤
獪	교활할	회	傚	점잖을	효	逅	만날	후	暈	무리[光環]	운/훈	萲	원추리	훤
澮	봇도랑	회	哮	성낼	효	吽	물어뜯을	후	輝	태울/빛날	훈/휘	煊	밝을/따뜻할	훤
檜	전나무/노송나무	회	洨	물 이름	효	吼	울부짖을	후	葷	매운 채소	훈	諠	지껄일/잊을	훤
膾	회(膾)/잘게 저민 날고기	회	庨	궁실(宮室) 높은 모양	효	芋	토란/클	우/후	熏	불길 燻의 俗字	훈	諼	속일/잊을	훤
繪	그림	회	窙	높은 기운	효	芌	토란/클	우/후	燻	불길	훈	**훼**	8자	
絵	그림 繪의 俗字	회	酵	삭힐	효	姁	할미	후	勳	공(功)	훈	卉	풀	훼
鱠	회(膾)/뱅어	회	効	본받을 效의 俗字	효	呴	불/아첨하여 웃는 모양	후	勲	공(功) 勳의 俗字	훈	卉	풀	훼
頮	세수할/낯 씻을	회	洨	강 이름	효	煦	따스할	후	壎	질 나팔	훈	芔	풀	훼
懷	품을	회	恔	쾌할	효	後	뒤	후	獯	오랑캐 이름	훈	虺	독사/작은 뱀	훼
획	5자		效	본받을	효	厚	두터울	후	薰	향풀	훈	喙	부리	훼
画	그을	획	傲	본받을	효	矦	임금	후	蘍	향풀	훈	毁	헐	훼
劃	그을	획	虓	범 울부짖을	효	侯	제후	후	蕙	향풀	훈	毀	헐	훼
獲	얻을	획	嚆	재치 있을	호/효	候	기후	후	蘮	향초(香草)	훈	燬	불	훼
獲	얻을	획	烋	거들거릴/경사로울	효/휴	喉	목구멍	후	蘍	향초(香草)	훈	**휘**	11자	
嚄	외칠	획	梟	올빼미	효	堠	봉화대	후	曛	석양빛	훈	揮	휘두를	휘
횡	6자		皛	나타날	효	帿	과녁	후	燻	연기치밀 薰의 俗字	훈	暉	햇빛	휘
宖	집 울릴	횡	曉	새벽	효	猴	원숭이	후	纁	분홍빛	훈	煇	태울/빛날	훈/휘
鈜	쇳소리	횡	驍	날랠	효	篌	공후(箜篌) 하프와 비슷한 악기	후	鑂	금빛바랠	훈	輝	빛날	휘
澋	물이 빙 돌	횡	嚆	울릴	효	餱	건량(乾糧)	후	**훌**	1자		翬	날개훨훨칠/꿩/깃털	휘
橫	가로	횡	嚆	울릴	효	歂	즐거워할	후	欻	문득	훌	彙	무리	휘
鐄	큰 쇠북/종, 종소리	횡	歊	김이 오를	효	珝	옥 이름	후	**훙**	2자		煒	빨갈/빛/빛날	위/휘
黌	글방/학교	횡	熇	불김/뜨거울	효/혹	詡	자랑할	후	薨	죽을	훙	諱	숨길/꺼릴	휘
효	32자		謼	부를 호 呼/부르짖을 謼		酗	주정할	후	薧	죽을	훙	麾	기(旗)	휘
爻	사귈/가로 그을	효	斆	가르칠	효	嗅	맡을	후	**훤**	10자		撝	찢을	휘
肴	안주	효	囂	들렐	효	譃	망령된 말	후	昍	밝을	헌/훤	徽	아름다울	휘

인명용 한자 조회

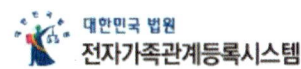

가나다 순서 형성자끼리 8,636자 (61/61)
https://efamily.scourt.go.kr/cs/CsBltnWrtList.do?bltnbordId=0000010

휴 10자
한자	뜻	음
休	쉴	휴
咻	지껄일/신음 소리	휴
庥	그늘	휴
烋	거들거릴/아름다울	휴/효
髹	옻칠할	휴
鵂	수리부엉이	휴
畦	밭이랑/밭두렁	휴
携	이끌	휴
虧	이지러질	휴
隳	무너뜨릴	휴

휼 7자
한자	뜻	음
卹	가엾이 여길	휼
恤	불쌍할	휼
遹	좇을/간사할	휼
譎	속일	휼
鐍	걸쇠	휼
霱	상서로운 구름	율/휼
鷸	도요새	휼

흉 7자
한자	뜻	음
凶	흉할	흉
兇	흉악할	흉
匈	오랑캐	흉
洶	용솟음칠	흉
恟	두려워할	흉
胷	가슴 胸과 同字	흉
胸	가슴	흉

흑 1자
한자	뜻	음
黑	검을	흑

흔 9자
한자	뜻	음
忻	기뻐할	흔
欣	기쁠	흔
昕	해 돋을	흔
炘	화끈거릴	흔
掀	치켜들	흔
憪	기뻐할	흔
很	패려궂을	흔
痕	흉터	흔
釁	틈/피 바를	흔

흘 9자
한자	뜻	음
仡	날랠	흘
屹	산 우뚝할	흘
吃	말더듬을	흘
汔	거의	흘
迄	이를	흘
疙	머리 종기/쥐 부스럼	흘
紇	질 낮은 실	흘
訖	이를[至]	흘
齕	씹을/깨물	흘

흠 5자
한자	뜻	음
欠	하품	흠
欽	공경할	흠
廞	진열할	흠
歆	흠향할 神이 제물을 받음	흠
鑫	기쁠/興盛할 xīn	흠

흡 8자
한자	뜻	음
吸	마실	흡
恰	흡사할	흡
洽	흡족할	흡
翕	합할/모을 翕과 同字	흡
翖	합할/모을	흡
噏	들이쉴	흡
潝	물 빨리 흐를	흡
歙	줄일	흡

흥 1자
한자	뜻	음
興	일[盛]	흥

희 41자
한자	뜻	음
希	바랄	희
俙	비슷할	희
唏	슬퍼할	희
悕	슬퍼할	희
晞	마를	희
烯	불빛	희
欷	흐느낄	희
稀	드물	희
豨	멧돼지	희
姬	삼갈 진/姬의 俗字	희
姫	여자/아가씨 여자의 美稱	희
熙	아름다울/즐거워할	이/희
熙	빛날	희
熙	빛날	희
熙	빛날 熙의 俗字	희
熙	화할	희
嫼	기쁠	희
咥	웃을	희
喜	기쁠	희
僖	즐거울	희
嬉	아름다울	희
憘	기쁠[喜]	희
嘻	탄식하는 소리/화락할	희
噫	몹시 더울	희
熺	빛날[熹]	희
熹	빛날	희
憙	기뻐할	희
橲	나무이름	희
禧	복(福)	희
禧	복(福)	희
譆	감탄할	희
囍	쌍희(雙喜)	희
噫	한숨 쉴	희
羲	복희(伏羲)	희
曦	햇빛	희
爔	불	희
犧	희생	희
戱	놀이[戲]	희
戲	놀이	희
爎	들불/야화(野火)	희
餼	보낼	희

히 1자
한자	뜻	음
屎	똥/끙끙거릴	시/히

힐 6자
한자	뜻	음
犵	오랑캐 이름	힐
詰	꾸짖을	힐
黠	약을	힐
頡	곧은 목	힐
襭	옷깃[衽]/옷자락 걷을	힐
纈	홀치기염색	힐

인명용 한자 조회

★ 주의사항

■ 한자는 지정된 발음으로만 사용할 수 있습니다. 그러나 첫소리(初聲)가 "ㄴ" 또는 "ㄹ"인 한자는 각각 소리나는 바에 따라 "ㅇ" 또는 "ㄴ"으로 사용할 수 있습니다.

■ 동자(同字)·속자(俗字)·약자(略字)는 조회되는 한자에 한하여 사용할 수 있습니다.

■ "示"변과 "礻"의 변, "艹"변과 "⺾"변은 서로 바꾸어 쓸 수 있습니다. 동일한 한자 예시 예) 福=福, 蘭=蘭

일러두기

적색 한양해서 중학교 교육용 900자

청색 한양해서 고등학교 교육용 900자

녹색 밑줄 여러 가지 음(音)으로 발음되는 글자

적색 밑줄 두음법칙에서 누락된 글자

諱(부를 호) 부르짖을 효 자전과 다른 글자

恩 '은' 사전에 없음

전자가족관계등록시스템에 등록된 글자는 이형(異形) 한자포함 8,636자 입니다.